Betriebsverfassungsgesetz
Basiskommentar

Thomas Klebe, Jürgen Ratayczak,
Micha Heilmann, Sibylle Spoo

Betriebsverfassungsgesetz

Basiskommentar mit Wahlordnung

11., überbearbeitete
und aktualisierte Auflage

Bund-Verlag

Bibliografische Information Der Deutschen Bibliothek
Die Deutsche Bibliothek verzeichnet diese Publikation in der Deutschen Nationalbibliografie; detaillierte bibliografische Daten sind im Internet über http://dnb.ddb.de abrufbar.

11., überarbeitete und aktualisierte Auflage 2003

Lektorat: Stefan Soost
Herstellung: Inga Tomalla, Frankfurt am Main
Umschlag: Angelika Richter, Heidesheim
Satz: Satzbetrieb Schäper GmbH, Bonn
Druck: fgb · freiburger graphische betriebe
Printed in Germany 2003
ISBN 3-7663-3444-1

www.bund-verlag.de

Vorwort

Mit der vorliegenden 11. Auflage wird die Kontinuität des Basiskommentars unterstrichen und der bisherige zweijährige Rhythmus der Neuauflagen beibehalten. Dadurch kann ganz aktuell vor allem die neue Rechtsprechung zum Betriebsverfassungs-Reformgesetz 2001 einbezogen werden. Aber auch die betrieblichen Erfahrungen mit dem neuen Gesetz sind in die Kommentierung eingeflossen. Dieses betrifft die Änderungen bei der Betriebsratswahl, die tarifvertraglichen Regelungen nach § 3, die verbesserten Arbeitsgrundlagen, hier insbesondere das Zur-Verfügung-Stellen von Informations- und Kommunikationstechniken, sowie die Ausweitung der Mitwirkungs- und Mitbestimmungsrechte der Betriebsräte im Bereich der Beschäftigungssicherung und Qualifikation.

Kommentiert wurden auch aktuelle gesetzliche Entwicklungen, wie z. B. die Betriebsratsrechte bei der »Riester-Rente« sowie die möglichen Auswirkungen der Vorschläge der Hartz-Kommission auf das Betriebsverfassungsgesetz. Ebenso wurde der Einfluss der Schuldrechtsreform 2002 auf das Arbeitsrecht behandelt.

Unverändert ist die Rechtsprechung zum Arbeitsrecht stark in Bewegung. Dieses betrifft insbesondere die Mitbestimmungsrechte der Betriebsräte nach § 87 sowie im Zusammenhang mit Betriebsänderungen. Gerichtsentscheidungen, insbesondere die des Bundesarbeitsgerichtes, sind bis Ende 2002 eingearbeitet.

Mit der Neuauflage hoffen die Autoren, weiter bei der Bewältigung rechtlicher und praktischer Probleme umfassende Hilfestellung geben zu können. Wie schon in den Vorauflagen wurde auf die Kommentierung der Vorschriften zur Seeschifffahrt und zur Luftfahrt (§§ 114–117) verzichtet. Die §§ 122–124, 127–129 und 131–132, die praktisch bedeutungslos geworden sind, wurden nicht abgedruckt.

Die Wahlordnung vom 11. 12. 2001 (BGBl. I S. 3494) ist in den Anhang aufgenommen. Ebenso wie in den Vorauflagen wird auf den Abdruck der Wahlordnung-Post verzichtet.

In dem Autorenteam findet mit der Neuauflage teilweise ein Wechsel statt. Aus Altersgründen scheiden Albert Gnade, Karl Kehrmann sowie Wolfgang Schneider aus, die schon an dem Betriebsverfassungsgesetz 1972 maßgeblich mitgearbeitet haben. Ihr Name ist mit dem Basiskommentar eng verbunden. Sie haben ihn engagiert und kompetent geprägt. Dafür gebührt Ihnen unser Dank.

Neu im Autorenteam sind Sibylle Spoo und Micha Heilmann.

Die Verfasser sehen mit Interesse den hoffentlich zahlreichen Anregungen und Hinweisen aus der Praxis entgegen. Dies gilt insbesondere für Erfahrungen mit der Anwendung der neuen Gesetzesregelungen.

Die Verfasser

Inhaltsverzeichnis

Vorwort 5
Abkürzungsverzeichnis 14
Gesetzestext 23

Erläuterungen

Erster Teil: Allgemeine Vorschriften

§ 1 Errichtung von Betriebsräten 103
§ 2 Stellung der Gewerkschaften und Vereinigungen der Arbeitgeber 105
§ 3 Abweichende Regelungen 108
§ 4 Betriebsteile, Kleinstbetriebe 113
§ 5 Arbeitnehmer 115
§ 6 Arbeiter und Angestellte (aufgehoben) 127

Zweiter Teil: Betriebsrat, Betriebsversammlung, Gesamt- und Konzernbetriebsrat

Erster Abschnitt: Zusammensetzung und Wahl des Betriebsrats

§ 7 Wahlberechtigung 128
§ 8 Wählbarkeit 131
§ 9 Zahl der Betriebsratsmitglieder 132
§ 10 Vertretung der Minderheitsgruppen (aufgehoben) 135
§ 11 Ermäßigte Zahl der Betriebsratsmitglieder 135
§ 12 Abweichende Verteilung der Betriebsratssitze (aufgehoben) 135
§ 13 Zeitpunkt der Betriebsratswahlen 135
§ 14 Wahlvorschriften 137
§ 14a Vereinfachtes Wahlverfahren für Kleinbetriebe 141
§ 15 Zusammensetzung nach Beschäftigungsarten und Geschlechtern 148
§ 16 Bestellung des Wahlvorstands 155

§ 17 Bestellung des Wahlvorstands in Betrieben ohne Betriebsrat 159
§ 17 a Bestellung des Wahlvorstands im vereinfachten Wahlverfahren 162
§ 18 Vorbereitung und Durchführung der Wahl 163
§ 18 a Zuordnung der leitenden Angestellten bei Wahlen 166
§ 19 Wahlanfechtung 170
§ 20 Wahlschutz und Wahlkosten 173

Zweiter Abschnitt: Amtszeit des Betriebsrats

§ 21 Amtszeit 177
§ 21 a Übergangsmandat 179
§ 21 b Restmandat 181
§ 22 Weiterführung der Geschäfte des Betriebsrats 182
§ 23 Verletzung gesetzlicher Pflichten 183
§ 24 Erlöschen der Mitgliedschaft 189
§ 25 Ersatzmitglieder 190

Dritter Abschnitt: Geschäftsführung des Betriebsrats

§ 26 Vorsitzender 194
§ 27 Betriebsausschuss 196
§ 28 Übertragung von Aufgaben auf Ausschüsse 198
§ 28 a Übertragung von Aufgaben auf Arbeitsgruppen 200
§ 29 Einberufung der Sitzungen 204
§ 30 Betriebsratssitzungen 206
§ 31 Teilnahme der Gewerkschaften 207
§ 32 Teilnahme der Schwerbehindertenvertretung 208
§ 33 Beschlüsse des Betriebsrats 209
§ 34 Sitzungsniederschrift 211
§ 35 Aussetzung von Beschlüssen 212
§ 36 Geschäftsordnung 213
§ 37 Ehrenamtliche Tätigkeit, Arbeitsversäumnis 214
§ 38 Freistellungen 233
§ 39 Sprechstunden 238
§ 40 Kosten und Sachaufwand des Betriebsrats 239
§ 41 Umlageverbot 253

Vierter Abschnitt: Betriebsversammlung

§ 42 Zusammensetzung, Teilversammlung, Abteilungsversammlung 254
§ 43 Regelmäßige Betriebs- und Abteilungsversammlungen 257
§ 44 Zeitpunkt und Verdienstausfall 261

§ 45 Themen der Betriebs- und Abteilungsversammlungen ... 264
§ 46 Beauftragte der Verbände ... 266

Fünfter Abschnitt: Gesamtbetriebsrat

§ 47 Voraussetzungen der Errichtung, Mitgliederzahl, Stimmengewicht ... 268
§ 48 Ausschluss von Gesamtbetriebsratsmitgliedern ... 272
§ 49 Erlöschen der Mitgliedschaft ... 272
§ 50 Zuständigkeit ... 273
§ 51 Geschäftsführung ... 277
§ 52 Teilnahme der Gesamtschwerbehindertenvertretung ... 281
§ 53 Betriebsräteversammlung ... 281

Sechster Abschnitt: Konzernbetriebsrat

§ 54 Errichtung des Konzernbetriebsrats ... 283
§ 55 Zusammensetzung des Konzernbetriebsrats, Stimmengewicht ... 285
§ 56 Ausschluss von Konzernbetriebsratsmitgliedern ... 286
§ 57 Erlöschen der Mitgliedschaft ... 286
§ 58 Zuständigkeit ... 287
§ 59 Geschäftsführung ... 288
§ 59a Teilnahme der Konzernschwerbehindertenvertretung ... 289

Dritter Teil: Jugend- und Auszubildendenvertretung

Erster Abschnitt: Betriebliche Jugend- und Auszubildendenvertretung

§ 60 Errichtung und Aufgabe ... 290
§ 61 Wahlberechtigung und Wählbarkeit ... 292
§ 62 Zahl der Jugend- und Auszubildendenvertreter, Zusammensetzung der Jugend- und Auszubildendenvertretung ... 292
§ 63 Wahlvorschriften ... 294
§ 64 Zeitpunkt der Wahlen und Amtszeit ... 295
§ 65 Geschäftsführung ... 296
§ 66 Aussetzung von Beschlüssen des Betriebsrats ... 297
§ 67 Teilnahme an Betriebsratssitzungen ... 297
§ 68 Teilnahme an gemeinsamen Besprechungen ... 299
§ 69 Sprechstunden ... 299
§ 70 Allgemeine Aufgaben ... 300
§ 71 Jugend- und Auszubildendenversammlung ... 302

Zweiter Abschnitt: Gesamt-Jugend- und Auszubildendenvertretung

§ 72 Voraussetzungen der Errichtung, Mitgliederzahl, Stimmengewicht ... 304
§ 73 Geschäftsführung und Geltung sonstiger Vorschriften ... 306

Dritter Abschnitt: Konzern-Jugend- und Auszubildendenvertretung

§ 73a Voraussetzung der Errichtung, Mitgliederzahl, Stimmengewicht ... 308
§ 73b Geschäftsführung und Geltung sonstiger Vorschriften ... 309

Vierter Teil: Mitwirkung und Mitbestimmung der Arbeitnehmer

Erster Abschnitt: Allgemeines

§ 74 Grundsätze für die Zusammenarbeit ... 310
§ 75 Grundsätze für die Behandlung der Betriebsangehörigen ... 315
§ 76 Einigungsstelle ... 323
§ 76a Kosten der Einigungsstelle ... 331
§ 77 Durchführung gemeinsamer Beschlüsse, Betriebsvereinbarungen ... 334
§ 78 Schutzbestimmungen ... 343
§ 78a Schutz Auszubildender in besonderen Fällen ... 345
§ 79 Geheimhaltungspflicht ... 350
§ 80 Allgemeine Aufgaben ... 352

Zweiter Abschnitt: Mitwirkungs- und Beschwerderecht des Arbeitnehmers

§ 81 Unterrichtungs- und Erörterungspflicht des Arbeitgebers ... 367
§ 82 Anhörungs- und Erörterungsrecht des Arbeitnehmers ... 368
§ 83 Einsicht in die Personalakten ... 369
§ 84 Beschwerderecht ... 371
§ 85 Behandlung von Beschwerden durch den Betriebsrat ... 372
§ 86 Ergänzende Vereinbarungen ... 373
§ 86a Vorschlagsrecht der Arbeitnehmer ... 373

Dritter Abschnitt: Soziale Angelegenheiten

§ 87 Mitbestimmungsrechte 375
§ 88 Freiwillige Betriebsvereinbarungen 409
§ 89 Arbeits- und betrieblicher Umweltschutz 410

Vierter Abschnitt: Gestaltung von Arbeitsplatz, Arbeitsablauf und Arbeitsumgebung

§ 90 Unterrichtungs- und Beratungsrechte 412
§ 91 Mitbestimmungsrecht 415

Fünfter Abschnitt: Personelle Angelegenheiten

Erster Unterabschnitt: Allgemeine personelle Angelegenheiten

§ 92 Personalplanung 420
§ 92 a Beschäftigungssicherung 425
§ 93 Ausschreibung von Arbeitsplätzen 429
§ 94 Personalfragebogen, Beurteilungsgrundsätze 432
§ 95 Auswahlrichtlinien 438

Zweiter Unterabschnitt: Berufsbildung

§ 96 Förderung der Berufsbildung 444
§ 97 Einrichtungen und Maßnahmen der Berufsbildung 446
§ 98 Durchführung betrieblicher Bildungsmaßnahmen 448

Dritter Unterabschnitt: Personelle Einzelmaßnahmen

§ 99 Mitbestimmung bei personellen Einzelmaßnahmen 454
§ 100 Vorläufige personelle Maßnahmen 475
§ 101 Zwangsgeld 479
§ 102 Mitbestimmung bei Kündigungen 481
§ 103 Außerordentliche Kündigung und Versetzung in besonderen Fällen 497
§ 104 Entfernung betriebsstörender Arbeitnehmer...... 508
§ 105 Leitende Angestellte......................... 509

Sechster Abschnitt: Wirtschaftliche Angelegenheiten

Erster Unterabschnitt: Unterrichtung in wirtschaftlichen Angelegenheiten

§ 106 Wirtschaftsausschuss 511
§ 107 Bestellung und Zusammensetzung des Wirtschaftsausschusses 515

§ 108 Sitzungen 519
§ 109 Beilegung von Meinungsverschiedenheiten 521
§ 110 Unterrichtung der Arbeitnehmer 523

Zweiter Unterabschnitt: Betriebsänderungen

§ 111 Betriebsänderungen 524
§ 112 Interessenausgleich über die Betriebsänderung, Sozialplan 536
§ 112a Erzwingbarer Sozialplan bei Personalabbau, Neugründungen 547
§ 113 Nachteilsausgleich 549

Fünfter Teil: Besondere Vorschriften für einzelne Betriebsarten

Erster Abschnitt: Seeschifffahrt

§ 114 Grundsätze (nicht kommentiert) 554
§ 115 Bordvertretung (nicht kommentiert) 555
§ 116 Seebetriebsrat (nicht kommentiert) 558

Zweiter Abschnitt: Luftfahrt

§ 117 Geltung für die Luftfahrt (nicht kommentiert) 561

Dritter Abschnitt: Tendenzbetriebe und Religionsgemeinschaften

§ 118 Geltung für Tendenzbetriebe und Religionsgemeinschaften 562

Sechster Teil: Straf- und Bußgeldvorschriften

§ 119 Straftaten gegen Betriebsverfassungsorgane und ihre Mitglieder 571
§ 120 Verletzung von Geheimnissen 573
§ 121 Bußgeldvorschriften 575

Siebenter Teil: Änderung von Gesetzen

§§ 122 bis 124 (nicht abgedruckt) 577

Achter Teil: Übergangs- und Schlussvorschriften

§ 125 Erstmalige Wahlen nach diesem Gesetz (nicht kommentiert) 578
§ 126 Ermächtigung zum Erlass von Wahlordnungen (nicht kommentiert) 580

§§ 127 bis 129 (nicht abgedruckt) 580
§ 130 Öffentlicher Dienst 580
§§ 131 bis 132 (nicht abgedruckt) 581

Artikel 14 BetrVerf-ReformG
In-Kraft-Treten 581

Anhang
Wahlordnung Betriebsverfassungsgesetz 582

Stichwortverzeichnis 609

Abkürzungsverzeichnis

a. A.	anderer Auffassung
a. a. O.	am angeführten Ort
Abs.	Absatz
AFG	Arbeitsförderungsgesetz
AfP	»Archiv für Presserecht« (Fachzeitschrift)
AG	Arbeitgeber; Amtsgericht
AGB	Arbeitsgesetzbuch der (ehemaligen) DDR
AiB	»Arbeitsrecht im Betrieb« (Fachzeitschrift)
AiR	»Arbeitsrecht in der Rechtsprechung« (Fachzeitschrift)
AktG	Aktiengesetz
AMBV	Arbeitsmittelbenutzungsverordnung
AmtsBlEG	Amtsblatt der Europäischen Gemeinschaften
AN	Arbeitnehmer
ÄndG	Änderungsgesetz
Ang.	Angestellter
Anm.	Anmerkung
AP	»Arbeitsrechtliche Praxis« (Nachschlagewerk des BAG)
AR	Aufsichtsrat
Arb.	Arbeiter
ArbBeschFG	Arbeitsrechtliches Beschäftigungsförderungsgesetz
ArbG	Arbeitsgericht
ArbGG	Arbeitsgerichtsgesetz
ArbNErfG	Gesetz über Arbeitnehmererfindungen
ArbSchG	Arbeitsschutzgesetz
ArbStättV	Arbeitsstättenverordnung
ArbZG	Arbeitszeitgesetz
Art.	Artikel
ASiG	Gesetz über Betriebsärzte, Sicherheitsingenieure und andere Fachkräfte für Arbeitssicherheit
AT-Ang.	außertariflicher Angestellter
ATG	Altersteilzeitgesetz

AuA	»Arbeit und Arbeitsrecht« (Fachzeitschrift)
Aufl.	Auflage
AÜG	Arbeitnehmerüberlassungsgesetz
AuR	»Arbeit und Recht« (Fachzeitschrift)
AVG	Angestelltenversicherungsgesetz
AWbG	Arbeitnehmerweiterbildungsgesetz
Az.	Aktenzeichen
AZO	Arbeitszeitordnung
BA	Betriebsausschuss
BAG	Bundesarbeitsgericht
BAT	Bundes-Angestelltentarifvertrag
BaustellV	Baustellenverordnung
BayrObLG	Bayerisches Oberstes Landesgericht
BayVGH	Bayerischer Verwaltungsgerichtshof
BB	»Betriebs-Berater« (Fachzeitschrift)
BBiG	Berufsbildungsgesetz
BDSG	Bundesdatenschutzgesetz
Bea.	Beamte
BErzGG	Gesetz zum Erziehungsgeld und zur Elternzeit
BeschFG	Beschäftigungsförderungsgesetz
BeschSchG	Beschäftigtenschutzgesetz
BetrAVG	Gesetz zur Verbesserung der betrieblichen Altersversorgung
Betriebsversamml.	Betriebsversammlung
BetrR	Der Betriebsrat, Schriftenreihe für die Betriebsräte der IG Chemie-Papier-Keramik (jetzt: IG Bergbau, Chemie und Energie)
BetrVerf-ReformG	Gesetz zur Reform des Betriebsverfassungsgesetzes
BetrVG	Betriebsverfassungsgesetz
BGB	Bürgerliches Gesetzbuch
BGV	Berufsgenossenschaftliche Vorschriften für Sicherheit und Gesundheit bei der Arbeit
BildscharbV	Bildschirmarbeitsverordnung
BioStoffV	Biostoffverordnung
BMA	Bundesministerium für Arbeit und Sozialordnung
BMI	Bundesministerium des Innern
BMPT	Bundesministerium für Post und Telekommunikation
BPersVG	Bundespersonalvertretungsgesetz
BR	Betriebsrat
BRAGO	Bundesrechtsanwaltsgebührenordnung

BRAO	Bundesrechtsanwaltsordnung
BR-Drucks.	Drucksache des Deutschen Bundesrates
BremLGG	Bremisches Landesgleichstellungsgesetz
BR-Info	Informationsdienst für Betriebsräte (Zeitschrift)
BSG	Bundessozialgericht
BSHG	Bundessozialhilfegesetz
BT-Drucks.	Drucksache des Deutschen Bundestages
BUrlG	Bundesurlaubsgesetz
BV	Betriebsvereinbarung
BVerfG	Bundesverfassungsgericht
BVerwG	Bundesverwaltungsgericht
BVerwGE	Entscheidungen des Bundesverwaltungsgerichts
bzw.	beziehungsweise
CAD	Computer Aided Design (Computer gestützte Konstruktion)
CAM	Computer Aided Manufacturing (Computer gestützte Fertigung)
CF	»Computer Fachwissen« (Fachzeitschrift)
CNC	Computer Numerical Control (Numerische Steuerung durch Computer)
CR	»Computer und Recht« (Fachzeitschrift)
DB	»Der Betrieb« (Fachzeitschrift)
DB AG	Deutsche Bahn Aktiengesellschaft
DBGrG	Gesetz über die Gründung einer Deutschen Bahn Aktiengesellschaft
DBP	Deutsche Bundespost
DDR	Deutsche Demokratische Republik
ders.	derselbe
dgl.	dergleichen
d.h.	das heißt
DIN	Deutsche Industrie-Norm(en)
DKK	Däubler/Kittner/Klebe (Hrsg.), BetrVG, 8. Aufl. 2002
DKW	Däubler/Klebe/Wedde, Bundesdatenschutzgesetz, 1996
DM	Deutsche Mark
DV	Datenverarbeitung
DVB	Dienstvereinbarung
EBR	Europäischer Betriebsrat
EBRG	Europäische Betriebsräte-Gesetz
EDV	Elektronische Datenverarbeitung

EFZG	Entgeltfortzahlungsgesetz
EG	Europäische Gemeinschaft
EGV	Vertrag zur Gründung der Europäischen Gemeinschaft
Einl.	Einleitung
einschl.	einschließlich
ENeuOG	Gesetz zur Neuordnung des Eisenbahnwesens
Erl.	Erläuterung(en)
ESt.	Einigungsstelle
EU	Europäische Union
EuGH	Europäischer Gerichtshof
EuroAS	»Europäisches Arbeits- und Sozialrecht« (Fachzeitschrift)
evtl.	eventuell(er)
EWG	Europäische Wirtschaftsgemeinschaft
EWG-V	Vertrag zur Gründung der Europäischen Wirtschaftsgemeinschaft
EzA	Entscheidungssammlung zum Arbeitsrecht
f.	folgende Seite/folgender Paragraph
FA	»Fachanwalt Arbeitsrecht« (Fachzeitschrift)
FAKH	Fitting/Auffarth/Kaiser/Heither, Kommentar zum BetrVG, bis 17. Aufl. 1992
ff.	folgende Seiten/folgende Paragraphen
FFG-NRW	Frauenförderungsgesetz Nordrhein-Westfalen
FKHES	Fitting/Kaiser/Heither/Engels/Schmidt, Kommentar zum BetrVG, 21. Aufl. 2002
Fn.	Fußnote
FS	Festschrift
GBA	Gesamtbetriebsausschuss
GBR	Gesamtbetriebsrat
GBV	Gesamtbetriebsvereinbarung
GefStoffV	Verordnung über gefährliche Stoffe
gerichtl.	gerichtlich
gesetzl.	gesetzlich
GesO	Gesamtvollstreckungsordnung
Gew.	Gewerkschaft
GewO	Gewerbeordnung
GG	Grundgesetz
ggf.	gegebenenfalls
GJAV	Gesamt-Jugend- und Auszubildendenvertretung/-vertreter
GJV	Gesamtjugendvertretung

GleiBG	Gesetz zur Durchsetzung der Gleichberechtigung von Frauen und Männern
GmbH	Gesellschaft mit beschränkter Haftung
HAG	Heimarbeitsgesetz
HandwO	Gesetz zur Ordnung des Handwerks (Handwerksordnung)
HansOLG	Hanseatisches Oberlandesgericht
HessGVBl.	Gesetz- und Verordnungsblatt für das Land Hessen
HessLAG	Hessisches Landesarbeitsgericht
HessLV	Hessische Landesverfassung
HessPersVG	Hessisches Personalvertretungsgesetz
HessStGH	Hessischer Staatsgerichtshof
HessVGH	Hessischer Verwaltungsgerichtshof
HGB	Handelsgesetzbuch
HGlG	Hessisches Gleichberechtigungsgesetz
h. M.	herrschende Meinung
HPersR	Hauptpersonalrat
Hrsg.	Herausgeber
i. d. F.	in der Fassung
InsO	Insolvenzordnung
InsV	Insolvenzverwalter
i. S.	im Sinne
i. V. m.	in Verbindung mit
JAV	Jugend- und Auszubildendenvertretung/-vertreter
JAVG	Gesetz zur Bildung von Jugend- und Auszubildendenvertretungen in den Betrieben
JV	Jugendvertretung
KBR	Konzernbetriebsrat
KJ	Kritische Justiz (Zeitschrift)
KJAV	Konzern-Jugend- und Auszubildendenvertretung
KSchG	Kündigungsschutzgesetz
KO	Konkursordnung
KV	Konkursverwalter
KVP	Kontinuierlicher Verbesserungsprozess
LAG	Landesarbeitsgericht
LAGE	Entscheidungen der Landesarbeitsgerichte
LasthandhabV	Lastenhandhabungsverordnung

leit. Ang.	leitende Angestellte
LG	Landgericht
LPVG	Landespersonalvertretungsgesetz
LPVG NW	Landespersonalvertretungsgesetz Nordrhein-Westfalen
Ls.	Leitsatz, Leitsätze
MB	Mitbestimmung
MBR	Mitbestimmungsrecht(e)
MfS	Ministerium für Staatssicherheit der ehemaligen DDR
MitbGespr./Mitb.	»Das Mitbestimmungsgespräch«, ab 1982 »Die Mitbestimmung« (Fachzeitschrift)
Mitgl.	Mitglied(er)
MTV	Manteltarifvertrag
MuSchG	Mutterschutzgesetz
m. w. N.	mit weiteren Nachweisen
NC	Numerical Control (Numerische Maschinensteuerung)
n. F.	neue Fassung
NJW	»Neue Juristische Wochenschrift« (Fachzeitschrift)
n. rk.	nicht rechtskräftig
Nr./Nrn.	Nummer/Nummern
NW	Nordrhein-Westfalen
NZA	»Neue Zeitschrift für Arbeitsrecht« (Fachzeitschrift)
NZA-RR	NZA-Rechtsprechungs-Report Arbeitsrecht (Fachzeitschrift)
OHG	Offene Handelsgesellschaft
OLG	Oberlandesgericht
OVG	Oberverwaltungsgericht
OWiG	Ordnungswidrigkeitengesetz
PersR	»Der Personalrat« (Fachzeitschrift)
PersV	Personalvertretung
PersVG	Personalvertretungsgesetz
PostPersRG	Postpersonalrechtsgesetz
PR	Personalrat
PSA	Personal-Service-Agentur
PSA-BV	Verordnung über Sicherheit und Gesundheitsschutz bei der Benutzung persönlicher Schutzausrüstungen bei der Arbeit
PTNeuOG	Postneuordnungsgesetz

RdA	»Recht der Arbeit« (Fachzeitschrift)
RDV	»Recht der Datenverarbeitung« (Fachzeitschrift)
Rechtspr.	Rechtsprechung
RegE	Regierungsentwurf
rk.	rechtskräftig
Rn.	Randnummer/Randnummern
RRG	Rentenreformgesetz
RVO	Reichsversicherungsordnung
S.	Seite
SchwbG	Schwerbehindertengesetz
SGB	Sozialgesetzbuch
s. o.	siehe oben
sog.	so genannte
SpA	Sprecherausschuss
SprAuG	Sprecherausschussgesetz
SpTrUG	Gesetz über die Spaltung der von der Treuhandanstalt verwalteten Unternehmen
SR	Schneider/Ratayczak, § 80 BetrVG-Informieren und gestalten (2000)
Stellvertr.	Stellvertreter/Stellvertretung
StGB	Strafgesetzbuch
StPO	Strafprozessordnung
str.	strittig
TQM	Total Quality Management
TV	Tarifvertrag
TVG	Tarifvertragsgesetz
TzBfG	Teilzeit- und Befristungsgesetz
u. a.	unter anderem
u. ä.	und ähnliches
UmwBerG	Gesetz zur Bereinigung des Umwandlungsrechts
UmwG	Umwandlungsgesetz
UN	Unternehmen/Unternehmer
Urt.	Urteil
UVV	Unfallverhütungsvorschrift
v.	von/vom
VBG	Unfallverhütungsvorschriften »Allgemeine Vorschriften«
VDI	Verein Deutscher Ingenieure
VerglO	Vergleichsordnung

VermG	Gesetz zur Regelung offener Vermögensfragen
Versamml.	Versammlung
Vertr.	Vertreter, Vertretung
VG	Verwaltungsgericht
VGH	Verwaltungsgerichtshof
vgl.	vergleiche
v.H.	vom Hundert
VO	Verordnung
Vors.	Vorsitzender
WA	Wirtschaftsausschuss
WO	Wahlordnung
WOP	Verordnung zur Durchführung der Betriebsratswahlen bei den Postunternehmen
WpÜP	Wertpapiererwerbs- und Übernahmegesetz
WV	Wahlvorstand
z.B.	zum Beispiel
ZIP	»Zeitschrift für Wirtschaftsrecht« (Fachzeitschrift)
ZPO	Zivilprozessordnung
ZTR	»Zeitschrift für Tarifrecht« (Fachzeitschrift)

Gesetzestext

Betriebsverfassungsgesetz vom 15. Januar 1972 (BGBl. I S. 13) in der Fassung der Bekanntmachung vom 25. September 2001 (BGBl. I S. 2518), zuletzt geändert durch Gesetz vom 10. Dezember 2001 (BGBl. I 3443).

Erster Teil
Allgemeine Vorschriften

§ 1
Errichtung von Betriebsräten

(1) In Betrieben mit in der Regel mindestens fünf ständigen wahlberechtigten Arbeitnehmern, von denen drei wählbar sind, werden Betriebsräte gewählt. Dies gilt auch für gemeinsame Betriebe mehrerer Unternehmen.

(2) Ein gemeinsamer Betrieb mehrerer Unternehmen wird vermutet, wenn

1. zur Verfolgung arbeitstechnischer Zwecke die Betriebsmittel sowie die Arbeitnehmer von den Unternehmen gemeinsam eingesetzt werden oder
2. die Spaltung eines Unternehmens zur Folge hat, dass von einem Betrieb ein oder mehrere Betriebsteile einem an der Spaltung beteiligten anderen Unternehmen zugeordnet werden, ohne dass sich dabei die Organisation des betroffenen Betriebs wesentlich ändert.

§ 2
Stellung der Gewerkschaften und Vereinigungen der Arbeitgeber

(1) Arbeitgeber und Betriebsrat arbeiten unter Beachtung der geltenden Tarifverträge vertrauensvoll und im Zusammenwirken mit den im Betrieb vertretenen Gewerkschaften und Arbeitgebervereinigungen zum Wohl der Arbeitnehmer und des Betriebs zusammen.

(2) Zur Wahrnehmung der in diesem Gesetz genannten Aufgaben und Befugnisse der im Betrieb vertretenen Gewerkschaften ist deren Beauftragten nach Unterrichtung des Arbeitgebers oder seines Vertreters Zugang zum Betrieb zu gewähren, soweit dem nicht unumgängliche

Notwendigkeiten des Betriebsablaufs, zwingende Sicherheitsvorschriften oder der Schutz von Betriebsgeheimnissen entgegenstehen.

(3) Die Aufgaben der Gewerkschaften und der Vereinigungen der Arbeitgeber, insbesondere die Wahrnehmung der Interessen ihrer Mitglieder, werden durch dieses Gesetz nicht berührt.

§ 3
Abweichende Regelungen

(1) Durch Tarifvertrag können bestimmt werden:

1. für Unternehmen mit mehreren Betrieben

   a) die Bildung eines unternehmenseinheitlichen Betriebsrats oder

   b) die Zusammenfassung von Betrieben,

   wenn dies die Bildung von Betriebsräten erleichtert oder einer sachgerechten Wahrnehmung der Interessen der Arbeitnehmer dient;

2. für Unternehmen und Konzerne, soweit sie nach produkt- oder projektbezogenen Geschäftsbereichen (Sparten) organisiert sind und die Leitung der Sparte auch Entscheidungen in beteiligungspflichtigen Angelegenheiten trifft, die Bildung von Betriebsräten in den Sparten (Spartenbetriebsräte), wenn dies der sachgerechten Wahrnehmung der Aufgaben des Betriebsrats dient;

3. andere Arbeitnehmervertretungsstrukturen, soweit dies insbesondere aufgrund der Betriebs-, Unternehmens- oder Konzernorganisation oder aufgrund anderer Formen der Zusammenarbeit von Unternehmen einer wirksamen und zweckmäßigen Interessenvertretung der Arbeitnehmer dient;

4. zusätzliche betriebsverfassungsrechtliche Gremien (Arbeitsgemeinschaften), die der unternehmensübergreifenden Zusammenarbeit von Arbeitnehmervertretungen dienen;

5. zusätzliche betriebsverfassungsrechtliche Vertretungen der Arbeitnehmer, die die Zusammenarbeit zwischen Betriebsrat und Arbeitnehmern erleichtern.

(2) Besteht in den Fällen des Absatzes 1 Nr. 1, 2, 4 oder 5 keine tarifliche Regelung und gilt auch kein anderer Tarifvertrag, kann die Regelung durch Betriebsvereinbarung getroffen werden.

(3) Besteht im Falle des Absatzes 1 Nr. 1 Buchstabe a keine tarifliche Regelung und besteht in dem Unternehmen kein Betriebsrat, können die Arbeitnehmer mit Stimmenmehrheit die Wahl eines unternehmenseinheitlichen Betriebsrats beschließen. Die Abstimmung kann von mindestens drei wahlberechtigten Arbeitnehmern des Unterneh-

mens oder einer im Unternehmen vertretenen Gewerkschaft veranlasst werden.

(4) Sofern der Tarifvertrag oder die Betriebsvereinbarung nichts anderes bestimmt, sind Regelungen nach Absatz 1 Nr. 1 bis 3 erstmals bei der nächsten regelmäßigen Betriebsratswahl anzuwenden, es sei denn, es besteht kein Betriebsrat oder es ist aus anderen Gründen eine Neuwahl des Betriebsrats erforderlich. Sieht der Tarifvertrag oder die Betriebsvereinbarung einen anderen Wahlzeitpunkt vor, endet die Amtszeit bestehender Betriebsräte, die durch die Regelungen nach Absatz 1 Nr. 1 bis 3 entfallen, mit Bekanntgabe des Wahlergebnisses.

(5) Die aufgrund eines Tarifvertrages oder einer Betriebsvereinbarung nach Absatz 1 Nr. 1 bis 3 gebildeten betriebsverfassungsrechtlichen Organisationseinheiten gelten als Betriebe im Sinne dieses Gesetzes. Auf die in ihnen gebildeten Arbeitnehmervertretungen finden die Vorschriften über die Rechte und Pflichten des Betriebsrats und die Rechtsstellung seiner Mitglieder Anwendung.

§ 4
Betriebsteile, Kleinstbetriebe

(1) Betriebsteile gelten als selbstständige Betriebe, wenn sie die Voraussetzungen des § 1 Abs. 1 Satz 1 erfüllen und

1. räumlich weit vom Hauptbetrieb entfernt oder
2. durch Aufgabenbereich und Organisation eigenständig sind.

Die Arbeitnehmer eines Betriebsteils, in dem kein eigener Betriebsrat besteht, können mit Stimmenmehrheit formlos beschließen, an der Wahl des Betriebsrats im Hauptbetrieb teilzunehmen; § 3 Abs. 3 Satz 2 gilt entsprechend. Die Abstimmung kann auch vom Betriebsrat des Hauptbetriebs veranlasst werden. Der Beschluss ist dem Betriebsrat des Hauptbetriebs spätestens zehn Wochen vor Ablauf seiner Amtszeit mitzuteilen. Für den Widerruf des Beschlusses gelten die Sätze 2 bis 4 entsprechend.

(2) Betriebe, die die Voraussetzungen des § 1 Abs. 1 Satz 1 nicht erfüllen, sind dem Hauptbetrieb zuzuordnen.

§ 5
Arbeitnehmer

(1) Arbeitnehmer (Arbeitnehmerinnen und Arbeitnehmer) im Sinne dieses Gesetzes sind Arbeiter und Angestellte einschließlich der zu ihrer Berufsausbildung Beschäftigten, unabhängig davon, ob sie im Betrieb, im Außendienst oder mit Telearbeit beschäftigt werden. Als Arbeitnehmer gelten auch die in Heimarbeit Beschäftigten, die in der Hauptsache für den Betrieb arbeiten.

(2) Als Arbeitnehmer im Sinne dieses Gesetzes gelten nicht

1. in Betrieben einer juristischen Person die Mitglieder des Organs, das zur gesetzlichen Vertretung der juristischen Person berufen ist;
2. die Gesellschafter einer offenen Handelsgesellschaft oder die Mitglieder einer anderen Personengesamtheit, soweit sie durch Gesetz, Satzung oder Gesellschaftsvertrag zur Vertretung der Personengesamtheit oder zur Geschäftsführung berufen sind, in deren Betrieben;
3. Personen, deren Beschäftigung nicht in erster Linie ihrem Erwerb dient, sondern vorwiegend durch Beweggründe karitativer oder religiöser Art bestimmt ist;
4. Personen, deren Beschäftigung nicht in erster Linie ihrem Erwerb dient und die vorwiegend zu ihrer Heilung, Wiedereingewöhnung, sittlichen Besserung oder Erziehung beschäftigt werden;
5. der Ehegatte, der Lebenspartner, Verwandte und Verschwägerte ersten Grades, die in häuslicher Gemeinschaft mit dem Arbeitgeber leben.

(3) Dieses Gesetz findet, soweit in ihm nicht ausdrücklich etwas anderes bestimmt ist, keine Anwendung auf leitende Angestellte. Leitender Angestellter ist, wer nach Arbeitsvertrag und Stellung im Unternehmen oder im Betrieb

1. zur selbständigen Einstellung und Entlassung von im Betrieb oder in der Betriebsabteilung beschäftigten Arbeitnehmern berechtigt ist oder
2. Generalvollmacht oder Prokura hat und die Prokura auch im Verhältnis zum Arbeitgeber nicht unbedeutend ist oder
3. regelmäßig sonstige Aufgaben wahrnimmt, die für den Bestand und die Entwicklung des Unternehmens oder eines Betriebs von Bedeutung sind und deren Erfüllung besondere Erfahrungen und Kenntnisse voraussetzt, wenn er dabei entweder die Entscheidungen im Wesentlichen frei von Weisungen trifft oder sie maßgeblich beeinflusst; dies kann auch bei Vorgaben insbesondere aufgrund von Rechtsvorschriften, Plänen oder Richtlinien sowie bei Zusammenarbeit mit anderen leitenden Angestellten gegeben sein.

(4) Leitender Angestellter nach Absatz 3 Nr. 3 ist im Zweifel, wer

1. aus Anlass der letzten Wahl des Betriebsrats, des Sprecherausschusses oder von Aufsichtsratsmitgliedern der Arbeitnehmer oder durch rechtskräftige gerichtliche Entscheidung den leitenden Angestellten zugeordnet worden ist oder
2. einer Leitungsebene angehört, auf der in dem Unternehmen überwiegend leitende Angestellte vertreten sind, oder

3. ein regelmäßiges Jahresarbeitsentgelt erhält, das für leitende Angestellte in dem Unternehmen üblich ist, oder,
4. falls auch bei der Anwendung der Nummer 3 noch Zweifel bleiben, ein regelmäßiges Jahresarbeitsentgelt erhält, das das Dreifache der Bezugsgröße nach § 18 des Vierten Buches Sozialgesetzbuch überschreitet.

§ 6
Arbeiter und Angestellte

(aufgehoben)

Zweiter Teil
Betriebsrat, Betriebsversammlung, Gesamt- und Konzernbetriebsrat

Erster Abschnitt

Zusammensetzung und Wahl des Betriebsrats

§ 7
Wahlberechtigung

Wahlberechtigt sind alle Arbeitnehmer des Betriebs, die das 18. Lebensjahr vollendet haben. Werden Arbeitnehmer eines anderen Arbeitgebers zur Arbeitsleistung überlassen, so sind diese wahlberechtigt, wenn sie länger als drei Monate im Betrieb eingesetzt werden.

§ 8
Wählbarkeit

(1) Wählbar sind alle Wahlberechtigten, die sechs Monate dem Betrieb angehören oder als in Heimarbeit Beschäftigte in der Hauptsache für den Betrieb gearbeitet haben. Auf diese sechsmonatige Betriebszugehörigkeit werden Zeiten angerechnet, in denen der Arbeitnehmer

unmittelbar vorher einem anderen Betrieb desselben Unternehmens oder Konzerns (§ 18 Abs. 1 des Aktiengesetzes) angehört hat. Nicht wählbar ist, wer infolge strafgerichtlicher Verurteilung die Fähigkeit, Rechte aus öffentlichen Wahlen zu erlangen, nicht besitzt.

(2) Besteht der Betrieb weniger als sechs Monate, so sind abweichend von der Vorschrift in Absatz 1 über die sechsmonatige Betriebszugehörigkeit diejenigen Arbeitnehmer wählbar, die bei der Einleitung der Betriebsratswahl im Betrieb beschäftigt sind und die übrigen Voraussetzungen für die Wählbarkeit erfüllen.

§ 9
Zahl der Betriebsratsmitglieder

Der Betriebsrat besteht in Betrieben mit in der Regel

5 bis 20 wahlberechtigten Arbeitnehmern aus einer Person,
21 bis 50 wahlberechtigten Arbeitnehmern aus 3 Mitgliedern,
51 wahlberechtigten Arbeitnehmern
bis 100 Arbeitnehmern aus 5 Mitgliedern,
101 bis 200 Arbeitnehmern aus 7 Mitgliedern,
201 bis 400 Arbeitnehmern aus 9 Mitgliedern,
401 bis 700 Arbeitnehmern aus 11 Mitgliedern,
701 bis 1000 Arbeitnehmern aus 13 Mitgliedern,
1001 bis 1500 Arbeitnehmern aus 15 Mitgliedern,
1501 bis 2000 Arbeitnehmern aus 17 Mitgliedern,
2001 bis 2500 Arbeitnehmern aus 19 Mitgliedern,
2501 bis 3000 Arbeitnehmern aus 21 Mitgliedern,
3001 bis 3500 Arbeitnehmern aus 23 Mitgliedern,
3501 bis 4000 Arbeitnehmern aus 25 Mitgliedern,
4001 bis 4500 Arbeitnehmern aus 27 Mitgliedern,
4501 bis 5000 Arbeitnehmern aus 29 Mitgliedern,
5001 bis 6000 Arbeitnehmern aus 31 Mitgliedern,
6001 bis 7000 Arbeitnehmern aus 33 Mitgliedern,
7001 bis 9000 Arbeitnehmern aus 35 Mitgliedern.

In Betrieben mit mehr als 9000 Arbeitnehmern erhöht sich die Zahl der Mitglieder des Betriebsrats für je angefangene weitere 3000 Arbeitnehmer um 2 Mitglieder.

§ 10
Vertretung der Minderheitsgruppen

(aufgehoben)

§ 11
Ermäßigte Zahl der Betriebsratsmitglieder

Hat ein Betrieb nicht die ausreichende Zahl von wählbaren Arbeitnehmern, so ist die Zahl der Betriebsratsmitglieder der nächstniedrigeren Betriebsgröße zugrunde zu legen.

§ 12
Abweichende Verteilung der Betriebsratssitze

(aufgehoben)

§ 13
Zeitpunkt der Betriebsratswahlen

(1) Die regelmäßigen Betriebsratswahlen finden alle vier Jahre in der Zeit vom 1. März bis 31. Mai statt. Sie sind zeitgleich mit den regelmäßigen Wahlen nach § 5 Abs. 1 des Sprecherausschussgesetzes einzuleiten.

(2) Außerhalb dieser Zeit ist der Betriebsrat zu wählen, wenn

1. mit Ablauf von 24 Monaten, vom Tage der Wahl an gerechnet, die Zahl der regelmäßig beschäftigten Arbeitnehmer um die Hälfte, mindestens aber um fünfzig, gestiegen oder gesunken ist,
2. die Gesamtzahl der Betriebsratsmitglieder nach Eintreten sämtlicher Ersatzmitglieder unter die vorgeschriebene Zahl der Betriebsratsmitglieder gesunken ist,
3. der Betriebsrat mit der Mehrheit seiner Mitglieder seinen Rücktritt beschlossen hat,
4. die Betriebsratswahl mit Erfolg angefochten worden ist,
5. der Betriebsrat durch eine gerichtliche Entscheidung aufgelöst ist oder
6. im Betrieb ein Betriebsrat nicht besteht.

(3) Hat außerhalb des für die regelmäßigen Betriebsratswahlen festgelegten Zeitraums eine Betriebsratswahl stattgefunden, so ist der Betriebsrat in dem auf die Wahl folgenden nächsten Zeitraum der regelmäßigen Betriebsratswahlen neu zu wählen. Hat die Amtszeit des Betriebsrats zu Beginn des für die regelmäßigen Betriebsratswahlen festgelegten Zeitraums noch nicht ein Jahr betragen, so ist der Betriebsrat in dem übernächsten Zeitraum der regelmäßigen Betriebsratswahlen neu zu wählen.

§ 14
Wahlvorschriften

(1) Der Betriebsrat wird in geheimer und unmittelbarer Wahl gewählt.

(2) Die Wahl erfolgt nach den Grundsätzen der Verhältniswahl. Sie erfolgt nach den Grundsätzen der Mehrheitswahl, wenn nur ein Wahlvorschlag eingereicht wird oder wenn der Betriebsrat im vereinfachten Wahlverfahren nach § 14 a zu wählen ist.

(3) Zur Wahl des Betriebsrats können die wahlberechtigten Arbeitnehmer und die im Betrieb vertretenen Gewerkschaften Wahlvorschläge machen.

(4) Jeder Wahlvorschlag der Arbeitnehmer muss von mindestens einem Zwanzigstel der wahlberechtigten Arbeitnehmer, mindestens jedoch von drei Wahlberechtigten unterzeichnet sein; in Betrieben mit in der Regel bis zu zwanzig wahlberechtigten Arbeitnehmern genügt die Unterzeichnung durch zwei Wahlberechtigte. In jedem Fall genügt die Unterzeichnung durch fünfzig wahlberechtigte Arbeitnehmer.

(5) Jeder Wahlvorschlag einer Gewerkschaft muss von zwei Beauftragten unterzeichnet sein.

§ 14 a
Vereinfachtes Wahlverfahren für Kleinbetriebe

(1) In Betrieben mit in der Regel fünf bis fünfzig wahlberechtigten Arbeitnehmern wird der Betriebsrat in einem zweistufigen Verfahren gewählt. Auf einer ersten Wahlversammlung wird der Wahlvorstand nach § 17 a Nr. 3 gewählt. Auf einer zweiten Wahlversammlung wird der Betriebsrat in geheimer und unmittelbarer Wahl gewählt. Diese Wahlversammlung findet eine Woche nach der Wahlversammlung zur Wahl des Wahlvorstands statt.

(2) Wahlvorschläge können bis zum Ende der Wahlversammlung zur Wahl des Wahlvorstands nach § 17 a Nr. 3 gemacht werden; für Wahlvorschläge der Arbeitnehmer gilt § 14 Abs. 4 mit der Maßgabe, dass für Wahlvorschläge, die erst auf dieser Wahlversammlung gemacht werden, keine Schriftform erforderlich ist.

(3) Ist der Wahlvorstand in Betrieben mit in der Regel fünf bis fünfzig wahlberechtigten Arbeitnehmern nach § 17 a Nr. 1 in Verbindung mit § 16 vom Betriebsrat, Gesamtbetriebsrat oder Konzernbetriebsrat oder nach § 17 a Nr. 4 vom Arbeitsgericht bestellt, wird der Betriebsrat abweichend von Absatz 1 Sätze 1 und 2 auf nur einer Wahlversammlung in geheimer und unmittelbarer Wahl gewählt. Wahlvorschläge können bis eine Woche vor der Wahlversammlung zur Wahl des Betriebsrats gemacht werden; § 14 Abs. 4 gilt unverändert.

(4) Wahlberechtigten Arbeitnehmern, die an der Wahlversammlung zur Wahl des Betriebsrats nicht teilnehmen können, ist Gelegenheit zur schriftlichen Stimmabgabe zu geben.

(5) In Betrieben mit in der Regel 51 bis 100 wahlberechtigten Arbeitnehmern können der Wahlvorstand und der Arbeitgeber die Anwendung des vereinfachten Wahlverfahrens vereinbaren.

§ 15
Zusammensetzung nach Beschäftigungsarten und Geschlechtern

(1) Der Betriebsrat soll sich möglichst aus Arbeitnehmern der einzelnen Organisationsbereiche und der verschiedenen Beschäftigungsarten der im Betrieb tätigen Arbeitnehmer zusammensetzen.

(2) Das Geschlecht, das in der Belegschaft in der Minderheit ist, muss mindestens entsprechend seinem zahlenmäßigen Verhältnis im Betriebsrat vertreten sein, wenn dieser aus mindestens drei Mitgliedern besteht.

§ 16
Bestellung des Wahlvorstands

(1) Spätestens zehn Wochen vor Ablauf seiner Amtszeit bestellt der Betriebsrat einen aus drei Wahlberechtigten bestehenden Wahlvorstand und einen von ihnen als Vorsitzenden. Der Betriebsrat kann die Zahl der Wahlvorstandsmitglieder erhöhen, wenn dies zur ordnungsgemäßen Durchführung der Wahl erforderlich ist. Der Wahlvorstand muss in jedem Fall aus einer ungeraden Zahl von Mitgliedern bestehen. Für jedes Mitglied des Wahlvorstands kann für den Fall seiner Verhinderung ein Ersatzmitglied bestellt werden. In Betrieben mit weiblichen und männlichen Arbeitnehmern sollen dem Wahlvorstand Frauen und Männer angehören. Jede im Betrieb vertretene Gewerkschaft kann zusätzlich einen dem Betrieb angehörenden Beauftragten als nicht stimmberechtigtes Mitglied in den Wahlvorstand entsenden, sofern ihr nicht ein stimmberechtigtes Wahlvorstandsmitglied angehört.

(2) Besteht acht Wochen vor Ablauf der Amtszeit des Betriebsrats kein Wahlvorstand, so bestellt ihn das Arbeitsgericht auf Antrag von mindestens drei Wahlberechtigten oder einer im Betrieb vertretenen Gewerkschaft; Absatz 1 gilt entsprechend. In dem Antrag können Vorschläge für die Zusammensetzung des Wahlvorstands gemacht werden. Das Arbeitsgericht kann für Betriebe mit in der Regel mehr als zwanzig wahlberechtigten Arbeitnehmern auch Mitglieder einer im Betrieb vertretenen Gewerkschaft, die nicht Arbeitnehmer des

Betriebs sind, zu Mitgliedern des Wahlvorstands bestellen, wenn dies zur ordnungsgemäßen Durchführung der Wahl erforderlich ist.

(3) Besteht acht Wochen vor Ablauf der Amtszeit des Betriebsrats kein Wahlvorstand, kann auch der Gesamtbetriebsrat oder, falls ein solcher nicht besteht, der Konzernbetriebsrat den Wahlvorstand bestellen. Absatz 1 gilt entsprechend.

§ 17
Bestellung des Wahlvorstands in Betrieben ohne Betriebsrat

(1) Besteht in einem Betrieb, der die Voraussetzungen des § 1 Abs. 1 Satz 1 erfüllt, kein Betriebsrat, so bestellt der Gesamtbetriebsrat oder, falls ein solcher nicht besteht, der Konzernbetriebsrat einen Wahlvorstand. § 16 Abs. 1 gilt entsprechend.

(2) Besteht weder ein Gesamtbetriebsrat noch ein Konzernbetriebsrat, so wird in einer Betriebsversammlung von der Mehrheit der anwesenden Arbeitnehmer ein Wahlvorstand gewählt; § 16 Abs. 1 gilt entsprechend. Gleiches gilt, wenn der Gesamtbetriebsrat oder Konzernbetriebsrat die Bestellung des Wahlvorstands nach Absatz 1 unterlässt.

(3) Zu dieser Betriebsversammlung können drei wahlberechtigte Arbeitnehmer des Betriebs oder eine im Betrieb vertretene Gewerkschaft einladen und Vorschläge für die Zusammensetzung des Wahlvorstands machen.

(4) Findet trotz Einladung keine Betriebsversammlung statt oder wählt die Betriebsversammlung keinen Wahlvorstand, so bestellt ihn das Arbeitsgericht auf Antrag von mindestens drei wahlberechtigten Arbeitnehmern oder einer im Betrieb vertretenen Gewerkschaft. § 16 Abs. 2 gilt entsprechend.

§ 17 a
Bestellung des Wahlvorstands im vereinfachten Wahlverfahren

Im Fall des § 14 a finden die §§ 16 und 17 mit folgender Maßgabe Anwendung:

1. Die Frist des § 16 Abs. 1 Satz 1 wird auf vier Wochen und die des § 16 Abs. 2 Satz 1, Abs. 3 Satz 1 auf drei Wochen verkürzt.
2. § 16 Abs. 1 Satz 2 und 3 findet keine Anwendung.
3. In den Fällen des § 17 Abs. 2 wird der Wahlvorstand in einer Wahlversammlung von der Mehrheit der anwesenden Arbeitnehmer gewählt. Für die Einladung zu der Wahlversammlung gilt § 17 Abs. 3 entsprechend.

4. § 17 Abs. 4 gilt entsprechend, wenn trotz Einladung keine Wahlversammlung stattfindet oder auf der Wahlversammlung kein Wahlvorstand gewählt wird.

§ 18
Vorbereitung und Durchführung der Wahl

(1) Der Wahlvorstand hat die Wahl unverzüglich einzuleiten, sie durchzuführen und das Wahlergebnis festzustellen. Kommt der Wahlvorstand dieser Verpflichtung nicht nach, so ersetzt ihn das Arbeitsgericht auf Antrag des Betriebsrats, von mindestens drei wahlberechtigten Arbeitnehmern oder einer im Betrieb vertretenen Gewerkschaft. § 16 Abs. 2 gilt entsprechend.

(2) Ist zweifelhaft, ob eine betriebsratsfähige Organisationseinheit vorliegt, so können der Arbeitgeber, jeder beteiligte Betriebsrat, jeder beteiligte Wahlvorstand oder eine im Betrieb vertretene Gewerkschaft eine Entscheidung des Arbeitsgerichts beantragen.

(3) Unverzüglich nach Abschluss der Wahl nimmt der Wahlvorstand öffentlich die Auszählung der Stimmen vor, stellt deren Ergebnis in einer Niederschrift fest und gibt es den Arbeitnehmern des Betriebs bekannt. Dem Arbeitgeber und den im Betrieb vertretenen Gewerkschaften ist eine Abschrift der Wahlniederschrift zu übersenden.

§ 18a
Zuordnung der leitenden Angestellten bei Wahlen

(1) Sind die Wahlen nach § 13 Abs. 1 und nach § 5 Abs. 1 des Sprecherausschussgesetzes zeitgleich einzuleiten, so haben sich die Wahlvorstände unverzüglich nach Aufstellung der Wählerlisten, spätestens jedoch zwei Wochen vor Einleitung der Wahlen, gegenseitig darüber zu unterrichten, welche Angestellten sie den leitenden Angestellten zugeordnet haben; dies gilt auch, wenn die Wahlen ohne Bestehen einer gesetzlichen Verpflichtung zeitgleich eingeleitet werden. Soweit zwischen den Wahlvorständen kein Einvernehmen über die Zuordnung besteht, haben sie in gemeinsamer Sitzung eine Einigung zu versuchen. Soweit eine Einigung zustande kommt, sind die Angestellten entsprechend ihrer Zuordnung in die jeweilige Wählerliste einzutragen.

(2) Soweit eine Einigung nicht zustande kommt, hat ein Vermittler spätestens eine Woche vor Einleitung der Wahlen erneut eine Verständigung der Wahlvorstände über die Zuordnung zu versuchen. Der Arbeitgeber hat den Vermittler auf dessen Verlangen zu unterstützen, insbesondere die erforderlichen Auskünfte zu erteilen und die erforderlichen Unterlagen zur Verfügung zu stellen. Bleibt der Verständi-

gungsversuch erfolglos, so entscheidet der Vermittler nach Beratung mit dem Arbeitgeber. Absatz 1 Satz 3 gilt entsprechend.

(3) Auf die Person des Vermittlers müssen sich die Wahlvorstände einigen. Zum Vermittler kann nur ein Beschäftigter des Betriebs oder eines anderen Betriebs des Unternehmens oder Konzerns oder der Arbeitgeber bestellt werden. Kommt eine Einigung nicht zustande, so schlagen die Wahlvorstände je eine Person als Vermittler vor; durch Los wird entschieden, wer als Vermittler tätig wird.

(4) Wird mit der Wahl nach § 13 Abs. 1 oder 2 nicht zeitgleich eine Wahl nach dem Sprecherausschussgesetz eingeleitet, so hat der Wahlvorstand den Sprecherausschuss entsprechend Absatz 1 Satz 1 erster Halbsatz zu unterrichten. Soweit kein Einvernehmen über die Zuordnung besteht, hat der Sprecherausschuss Mitglieder zu benennen, die anstelle des Wahlvorstands an dem Zuordnungsverfahren teilnehmen. Wird mit der Wahl nach § 5 Abs. 1 oder 2 des Sprecherausschussgesetzes nicht zeitgleich eine Wahl nach diesem Gesetz eingeleitet, so gelten die Sätze 1 und 2 für den Betriebsrat entsprechend.

(5) Durch die Zuordnung wird der Rechtsweg nicht ausgeschlossen. Die Anfechtung der Betriebsratswahl oder der Wahl nach dem Sprecherausschussgesetz ist ausgeschlossen, soweit sie darauf gestützt wird, die Zuordnung sei fehlerhaft erfolgt. Satz 2 gilt nicht, soweit die Zuordnung offensichtlich fehlerhaft ist.

§ 19
Wahlanfechtung

(1) Die Wahl kann beim Arbeitsgericht angefochten werden, wenn gegen wesentliche Vorschriften über das Wahlrecht, die Wählbarkeit oder das Wahlverfahren verstoßen worden ist und eine Berichtigung nicht erfolgt ist, es sei denn, dass durch den Verstoß das Wahlergebnis nicht geändert oder beeinflusst werden konnte.

(2) Zur Anfechtung berechtigt sind mindestens drei Wahlberechtigte, eine im Betrieb vertretene Gewerkschaft oder der Arbeitgeber. Die Wahlanfechtung ist nur binnen einer Frist von zwei Wochen, vom Tage der Bekanntgabe des Wahlergebnisses an gerechnet, zulässig.

§ 20
Wahlschutz und Wahlkosten

(1) Niemand darf die Wahl des Betriebsrats behindern. Insbesondere darf kein Arbeitnehmer in der Ausübung des aktiven und passiven Wahlrechts beschränkt werden.

(2) Niemand darf die Wahl des Betriebsrats durch Zufügung oder Androhung von Nachteilen oder durch Gewährung oder Versprechen von Vorteilen beeinflussen.

(3) Die Kosten der Wahl trägt der Arbeitgeber. Versäumnis von Arbeitszeit, die zur Ausübung des Wahlrechts, zur Betätigung im Wahlvorstand oder zur Tätigkeit als Vermittler (§ 18a) erforderlich ist, berechtigt den Arbeitgeber nicht zur Minderung des Arbeitsentgelts.

Zweiter Abschnitt

Amtszeit des Betriebsrats

§ 21
Amtszeit

Die regelmäßige Amtszeit des Betriebsrats beträgt vier Jahre. Die Amtszeit beginnt mit der Bekanntgabe des Wahlergebnisses oder, wenn zu diesem Zeitpunkt noch ein Betriebsrat besteht, mit Ablauf von dessen Amtszeit. Die Amtszeit endet spätestens am 31. Mai des Jahres, in dem nach § 13 Abs. 1 die regelmäßigen Betriebsratswahlen stattfinden. In dem Fall des § 13 Abs. 3 Satz 2 endet die Amtszeit spätestens am 31. Mai des Jahres, in dem der Betriebsrat neu zu wählen ist. In den Fällen des § 13 Abs. 2 Nr. 1 und 2 endet die Amtszeit mit der Bekanntgabe des Wahlergebnisses des neu gewählten Betriebsrats.

§ 21a
Übergangsmandat

(1) Wird ein Betrieb gespalten, so bleibt dessen Betriebsrat im Amt und führt die Geschäfte für die ihm bislang zugeordneten Betriebsteile weiter, soweit sie die Voraussetzungen des § 1 Abs. 1 Satz 1 erfüllen und nicht in einen Betrieb eingegliedert werden, in dem ein Betriebsrat besteht (Übergangsmandat). Der Betriebsrat hat insbesondere unverzüglich Wahlvorstände zu bestellen. Das Übergangsmandat endet, sobald in den Betriebsteilen ein neuer Betriebsrat gewählt und das Wahlergebnis bekannt gegeben ist, spätestens jedoch sechs Monate nach Wirksamwerden der Spaltung. Durch Tarifvertrag oder Betriebsvereinbarung kann das Übergangsmandat um weitere sechs Monate verlängert werden.

(2) Werden Betriebe oder Betriebsteile zu einem Betrieb zusammengefasst, so nimmt der Betriebsrat des nach der Zahl der wahlberechtigten Arbeitnehmer größten Betriebs oder Betriebsteils das Übergangsmandat wahr. Absatz 1 gilt entsprechend.

(3) Die Absätze 1 und 2 gelten auch, wenn die Spaltung oder Zusammenlegung von Betrieben und Betriebsteilen im Zusammenhang mit einer Betriebsveräußerung oder einer Umwandlung nach dem Umwandlungsgesetz erfolgt.

§ 21 b
Restmandat

Geht ein Betrieb durch Stilllegung, Spaltung oder Zusammenlegung unter, so bleibt dessen Betriebsrat so lange im Amt, wie dies zur Wahrnehmung der damit im Zusammenhang stehenden Mitwirkungs- und Mitbestimmungsrechte erforderlich ist.

§ 22
Weiterführung der Geschäfte des Betriebsrats

In den Fällen des § 13 Abs. 2 Nr. 1 bis 3 führt der Betriebsrat die Geschäfte weiter, bis der neue Betriebsrat gewählt und das Wahlergebnis bekannt gegeben ist.

§ 23
Verletzung gesetzlicher Pflichten

(1) Mindestens ein Viertel der wahlberechtigten Arbeitnehmer, der Arbeitgeber oder eine im Betrieb vertretene Gewerkschaft können beim Arbeitsgericht den Ausschluss eines Mitglieds aus dem Betriebsrat oder die Auflösung des Betriebsrats wegen grober Verletzung seiner gesetzlichen Pflichten beantragen. Der Ausschluss eines Mitglieds kann auch vom Betriebsrat beantragt werden.

(2) Wird der Betriebsrat aufgelöst, so setzt das Arbeitsgericht unverzüglich einen Wahlvorstand für die Neuwahl ein. § 16 Abs. 2 gilt entsprechend.

(3) Der Betriebsrat oder eine im Betrieb vertretene Gewerkschaft können bei groben Verstößen des Arbeitgebers gegen seine Verpflichtungen aus diesem Gesetz beim Arbeitsgericht beantragen, dem Arbeitgeber aufzugeben, eine Handlung zu unterlassen, die Vornahme einer Handlung zu dulden oder eine Handlung vorzunehmen. Handelt der Arbeitgeber der ihm durch rechtskräftige gerichtliche Entscheidung auferlegten Verpflichtung zuwider, eine Handlung zu unterlassen oder die Vornahme einer Handlung zu dulden, so ist er auf Antrag vom Arbeitsgericht wegen einer jeden Zuwiderhandlung nach vorheriger Androhung zu einem Ordnungsgeld zu verurteilen. Führt der Arbeitgeber die ihm durch eine rechtskräftige gerichtliche Entscheidung auferlegte Handlung nicht durch, so ist auf Antrag vom Arbeitsgericht zu erkennen, dass er zur Vornahme der Handlung durch

Zwangsgeld anzuhalten sei. Antragsberechtigt sind der Betriebsrat oder eine im Betrieb vertretene Gewerkschaft. Das Höchstmaß des Ordnungsgeldes und Zwangsgeldes beträgt 10000 Euro.

§ 24
Erlöschen der Mitgliedschaft

Die Mitgliedschaft im Betriebsrat erlischt durch

1. Ablauf der Amtszeit,
2. Niederlegung des Betriebsratsamtes,
3. Beendigung des Arbeitsverhältnisses,
4. Verlust der Wählbarkeit,
5. Ausschluss aus dem Betriebsrat oder Auflösung des Betriebsrats aufgrund einer gerichtlichen Entscheidung,
6. gerichtliche Entscheidung über die Feststellung der Nichtwählbarkeit nach Ablauf der in § 19 Abs. 2 bezeichneten Frist, es sei denn, der Mangel liegt nicht mehr vor.

§ 25
Ersatzmitglieder

(1) Scheidet ein Mitglied des Betriebsrats aus, so rückt ein Ersatzmitglied nach. Dies gilt entsprechend für die Stellvertretung eines zeitweilig verhinderten Mitglieds des Betriebsrats.

(2) Die Ersatzmitglieder werden unter Berücksichtigung des § 15 Abs. 2 der Reihe nach aus den nicht gewählten Arbeitnehmern derjenigen Vorschlagslisten entnommen, denen die zu ersetzenden Mitglieder angehören. Ist eine Vorschlagsliste erschöpft, so ist das Ersatzmitglied derjenigen Vorschlagsliste zu entnehmen, auf die nach den Grundsätzen der Verhältniswahl der nächste Sitz entfallen würde. Ist das ausgeschiedene oder verhinderte Mitglied nach den Grundsätzen der Mehrheitswahl gewählt, so bestimmt sich die Reihenfolge der Ersatzmitglieder unter Berücksichtigung des § 15 Abs. 2 nach der Höhe der erreichten Stimmenzahlen.

Dritter Abschnitt
Geschäftsführung des Betriebsrats

§ 26
Vorsitzender

(1) Der Betriebsrat wählt aus seiner Mitte den Vorsitzenden und dessen Stellvertreter.

(2) Der Vorsitzende des Betriebsrats oder im Fall seiner Verhinderung sein Stellvertreter vertritt den Betriebsrat im Rahmen der von ihm gefassten Beschlüsse. Zur Entgegennahme von Erklärungen, die dem Betriebsrat gegenüber abzugeben sind, ist der Vorsitzende des Betriebsrats oder im Fall seiner Verhinderung sein Stellvertreter berechtigt.

§ 27
Betriebsausschuss

(1) Hat ein Betriebsrat neun oder mehr Mitglieder, so bildet er einen Betriebsausschuss. Der Betriebsausschuss besteht aus dem Vorsitzenden des Betriebsrats, dessen Stellvertreter und bei Betriebsräten mit

9 bis 15 Mitgliedern aus 3 weiteren Ausschussmitgliedern,

17 bis 23 Mitgliedern aus 5 weiteren Ausschussmitgliedern,

25 bis 35 Mitgliedern aus 7 weiteren Ausschussmitgliedern,

37 oder mehr Mitgliedern aus 9 weiteren Ausschussmitgliedern.

Die weiteren Ausschussmitglieder werden vom Betriebsrat aus seiner Mitte in geheimer Wahl und nach den Grundsätzen der Verhältniswahl gewählt. Wird nur ein Wahlvorschlag gemacht, so erfolgt die Wahl nach den Grundsätzen der Mehrheitswahl. Sind die weiteren Ausschussmitglieder nach den Grundsätzen der Verhältniswahl gewählt, so erfolgt die Abberufung durch Beschluss des Betriebsrats, der in geheimer Abstimmung gefasst wird und einer Mehrheit von drei Vierteln der Stimmen der Mitglieder des Betriebsrats bedarf.

(2) Der Betriebsausschuss führt die laufenden Geschäfte des Betriebsrats. Der Betriebsrat kann dem Betriebsausschuss mit der Mehrheit der Stimmen seiner Mitglieder Aufgaben zur selbständigen Erledigung übertragen; dies gilt nicht für den Abschluss von Betriebsvereinbarungen. Die Übertragung bedarf der Schriftform. Die Sätze 2 und 3 gelten entsprechend für den Widerruf der Übertragung von Aufgaben.

(3) Betriebsräte mit weniger als neun Mitgliedern können die laufenden Geschäfte auf den Vorsitzenden des Betriebsrats oder andere Betriebsratsmitglieder übertragen.

§ 28
Übertragung von Aufgaben auf Ausschüsse

(1) Der Betriebsrat kann in Betrieben mit mehr als 100 Arbeitnehmern Ausschüsse bilden und ihnen bestimmte Aufgaben übertragen. Für die Wahl und Abberufung der Ausschussmitglieder gilt § 27 Abs. 1 Satz 3 bis 5 entsprechend. Ist ein Betriebsausschuss gebildet, kann der Betriebsrat den Ausschüssen Aufgaben zur selbstständigen Erledigung übertragen; § 27 Abs. 2 Satz 2 bis 4 gilt entsprechend.

(2) Absatz 1 gilt entsprechend für die Übertragung von Aufgaben zur selbstständigen Entscheidung auf Mitglieder des Betriebsrats in Ausschüssen, deren Mitglieder vom Betriebsrat und vom Arbeitgeber benannt werden.

§ 28a
Übertragung von Aufgaben auf Arbeitsgruppen

(1) In Betrieben mit mehr als 100 Arbeitnehmern kann der Betriebsrat mit der Mehrheit der Stimmen seiner Mitglieder bestimmte Aufgaben auf Arbeitsgruppen übertragen; dies erfolgt nach Maßgabe einer mit dem Arbeitgeber abzuschließenden Rahmenvereinbarung. Die Aufgaben müssen im Zusammenhang mit den von der Arbeitsgruppe zu erledigenden Tätigkeiten stehen. Die Übertragung bedarf der Schriftform. Für den Widerruf der Übertragung gelten Satz 1 erster Halbsatz und Satz 3 entsprechend.

(2) Die Arbeitsgruppe kann im Rahmen der ihr übertragenen Aufgaben mit dem Arbeitgeber Vereinbarungen schließen; eine Vereinbarung bedarf der Mehrheit der Stimmen der Gruppenmitglieder. § 77 gilt entsprechend. Können sich Arbeitgeber und Arbeitsgruppe in einer Angelegenheit nicht einigen, nimmt der Betriebsrat das Beteiligungsrecht wahr.

§ 29
Einberufung der Sitzungen

(1) Vor Ablauf einer Woche nach dem Wahltag hat der Wahlvorstand die Mitglieder des Betriebsrats zu der nach § 26 Abs. 1 vorgeschriebenen Wahl einzuberufen. Der Vorsitzende des Wahlvorstands leitet die Sitzung, bis der Betriebsrat aus seiner Mitte einen Wahlleiter bestellt hat.

(2) Die weiteren Sitzungen beruft der Vorsitzende des Betriebsrats ein. Er setzt die Tagesordnung fest und leitet die Verhandlung. Der

Vorsitzende hat die Mitglieder des Betriebsrats zu den Sitzungen rechtzeitig unter Mitteilung der Tagesordnung zu laden. Dies gilt auch für die Schwerbehindertenvertretung sowie für die Jugend- und Auszubildendenvertreter, soweit sie ein Recht auf Teilnahme an der Betriebsratssitzung haben. Kann ein Mitglied des Betriebsrats oder der Jugend- und Auszubildendenvertretung an der Sitzung nicht teilnehmen, so soll es dies unter Angabe der Gründe unverzüglich dem Vorsitzenden mitteilen. Der Vorsitzende hat für ein verhindertes Betriebsratsmitglied oder für einen verhinderten Jugend- und Auszubildendenvertreter das Ersatzmitglied zu laden.

(3) Der Vorsitzende hat eine Sitzung einzuberufen und den Gegenstand, dessen Beratung beantragt ist, auf die Tagesordnung zu setzen, wenn dies ein Viertel der Mitglieder des Betriebsrats oder der Arbeitgeber beantragt.

(4) Der Arbeitgeber nimmt an den Sitzungen, die auf sein Verlangen anberaumt sind, und an den Sitzungen, zu denen er ausdrücklich eingeladen ist, teil. Er kann einen Vertreter der Vereinigung der Arbeitgeber, der er angehört, hinzuziehen.

§ 30
Betriebsratssitzungen

Die Sitzungen des Betriebsrats finden in der Regel während der Arbeitszeit statt. Der Betriebsrat hat bei der Ansetzung von Betriebsratssitzungen auf die betrieblichen Notwendigkeiten Rücksicht zu nehmen. Der Arbeitgeber ist vom Zeitpunkt der Sitzung vorher zu verständigen. Die Sitzungen des Betriebsrats sind nicht öffentlich.

§ 31
Teilnahme der Gewerkschaften

Auf Antrag von einem Viertel der Mitglieder des Betriebsrats kann ein Beauftragter einer im Betriebsrat vertretenen Gewerkschaft an den Sitzungen beratend teilnehmen; in diesem Fall sind der Zeitpunkt der Sitzung und die Tagesordnung der Gewerkschaft rechtzeitig mitzuteilen.

§ 32
Teilnahme der Schwerbehindertenvertretung

Die Schwerbehindertenvertretung (§ 94 des Neunten Buches Sozialgesetzbuch) kann an allen Sitzungen des Betriebsrats beratend teilnehmen.

§ 33
Beschlüsse des Betriebsrats

(1) Die Beschlüsse des Betriebsrats werden, soweit in diesem Gesetz nichts anderes bestimmt ist, mit der Mehrheit der Stimmen der anwesenden Mitglieder gefasst. Bei Stimmengleichheit ist ein Antrag abgelehnt.

(2) Der Betriebsrat ist nur beschlussfähig, wenn mindestens die Hälfte der Betriebsratsmitglieder an der Beschlussfassung teilnimmt; Stellvertretung durch Ersatzmitglieder ist zulässig.

(3) Nimmt die Jugend- und Auszubildendenvertretung an der Beschlussfassung teil, so werden die Stimmen der Jugend- und Auszubildendenvertreter bei der Feststellung der Stimmenmehrheit mitgezählt.

§ 34
Sitzungsniederschrift

(1) Über jede Verhandlung des Betriebsrats ist eine Niederschrift aufzunehmen, die mindestens den Wortlaut der Beschlüsse und die Stimmenmehrheit, mit der sie gefasst sind, enthält. Die Niederschrift ist von dem Vorsitzenden und einem weiteren Mitglied zu unterzeichnen. Der Niederschrift ist eine Anwesenheitsliste beizufügen, in die sich jeder Teilnehmer eigenhändig einzutragen hat.

(2) Hat der Arbeitgeber oder ein Beauftragter einer Gewerkschaft an der Sitzung teilgenommen, so ist ihm der entsprechende Teil der Niederschrift abschriftlich auszuhändigen. Einwendungen gegen die Niederschrift sind unverzüglich schriftlich zu erheben; sie sind der Niederschrift beizufügen.

(3) Die Mitglieder des Betriebsrats haben das Recht, die Unterlagen des Betriebsrats und seiner Ausschüsse jederzeit einzusehen.

§ 35
Aussetzung von Beschlüssen

(1) Erachtet die Mehrheit der Jugend- und Auszubildendenvertretung oder die Schwerbehindertenvertretung einen Beschluss des Betriebsrats als eine erhebliche Beeinträchtigung wichtiger Interessen der durch sie vertretenen Arbeitnehmer, so ist auf ihren Antrag der Beschluss auf die Dauer von einer Woche vom Zeitpunkt der Beschlussfassung an auszusetzen, damit in dieser Frist eine Verständigung, gegebenenfalls mit Hilfe der im Betrieb vertretenen Gewerkschaften, versucht werden kann.

(2) Nach Ablauf der Frist ist über die Angelegenheit neu zu beschließen. Wird der erste Beschluss bestätigt, so kann der Antrag auf

Aussetzung nicht wiederholt werden; dies gilt auch, wenn der erste Beschluss nur unerheblich geändert wird.

§ 36
Geschäftsordnung

Sonstige Bestimmungen über die Geschäftsführung sollen in einer schriftlichen Geschäftsordnung getroffen werden, die der Betriebsrat mit der Mehrheit der Stimmen seiner Mitglieder beschließt.

§ 37
Ehrenamtliche Tätigkeit, Arbeitsversäumnis

(1) Die Mitglieder des Betriebsrats führen ihr Amt unentgeltlich als Ehrenamt.

(2) Mitglieder des Betriebsrats sind von ihrer beruflichen Tätigkeit ohne Minderung des Arbeitsentgelts zu befreien, wenn und soweit es nach Umfang und Art des Betriebs zur ordnungsgemäßen Durchführung ihrer Aufgaben erforderlich ist.

(3) Zum Ausgleich für Betriebsratstätigkeit, die aus betriebsbedingten Gründen außerhalb der Arbeitszeit durchzuführen ist, hat das Betriebsratsmitglied Anspruch auf entsprechende Arbeitsbefreiung unter Fortzahlung des Arbeitsentgelts. Betriebsbedingte Gründe liegen auch vor, wenn die Betriebsratstätigkeit wegen der unterschiedlichen Arbeitszeiten der Betriebsratsmitglieder nicht innerhalb der persönlichen Arbeitszeit erfolgen kann. Die Arbeitsbefreiung ist vor Ablauf eines Monats zu gewähren; ist dies aus betriebsbedingten Gründen nicht möglich, so ist die aufgewendete Zeit wie Mehrarbeit zu vergüten.

(4) Das Arbeitsentgelt von Mitgliedern des Betriebsrats darf einschließlich eines Zeitraums von einem Jahr nach Beendigung der Amtszeit nicht geringer bemessen werden als das Arbeitsentgelt vergleichbarer Arbeitnehmer mit betriebsüblicher beruflicher Entwicklung. Dies gilt auch für allgemeine Zuwendungen des Arbeitgebers.

(5) Soweit nicht zwingende betriebliche Notwendigkeiten entgegenstehen, dürfen Mitglieder des Betriebsrats einschließlich eines Zeitraums von einem Jahr nach Beendigung der Amtszeit nur mit Tätigkeiten beschäftigt werden, die den Tätigkeiten der in Absatz 4 genannten Arbeitnehmer gleichwertig sind.

(6) Die Absätze 2 und 3 gelten entsprechend für die Teilnahme an Schulungs- und Bildungsveranstaltungen, soweit diese Kenntnisse vermitteln, die für die Arbeit des Betriebsrats erforderlich sind. Betriebsbedingte Gründe im Sinne des Absatzes 3 liegen auch vor, wenn wegen Besonderheiten der betrieblichen Arbeitszeitgestaltung die

Schulung des Betriebsratsmitglieds außerhalb seiner Arbeitszeit erfolgt; in diesem Fall ist der Umfang des Ausgleichsanspruchs unter Einbeziehung der Arbeitsbefreiung nach Absatz 2 pro Schulungstag begrenzt auf die Arbeitszeit eines vollzeitbeschäftigten Arbeitnehmers. Der Betriebsrat hat bei der Festlegung der zeitlichen Lage der Teilnahme an Schulungs- und Bildungsveranstaltungen die betrieblichen Notwendigkeiten zu berücksichtigen. Er hat dem Arbeitgeber die Teilnahme und die zeitliche Lage der Schulungs- und Bildungsveranstaltungen rechtzeitig bekannt zu geben. Hält der Arbeitgeber die betrieblichen Notwendigkeiten für nicht ausreichend berücksichtigt, so kann er die Einigungsstelle anrufen. Der Spruch der Einigungsstelle ersetzt die Einigung zwischen Arbeitgeber und Betriebsrat.

(7) Unbeschadet der Vorschrift des Absatzes 6 hat jedes Mitglied des Betriebsrats während seiner regelmäßigen Amtszeit Anspruch auf bezahlte Freistellung für insgesamt drei Wochen zur Teilnahme an Schulungs- und Bildungsveranstaltungen, die von der zuständigen obersten Arbeitsbehörde des Landes nach Beratung mit den Spitzenorganisationen der Gewerkschaften und der Arbeitgeberverbände als geeignet anerkannt sind. Der Anspruch nach Satz 1 erhöht sich für Arbeitnehmer, die erstmals das Amt eines Betriebsratsmitglieds übernehmen und auch nicht zuvor Jugend- und Auszubildendenvertreter waren, auf vier Wochen. Absatz 6 Satz 2 bis 6 findet Anwendung.

§ 38
Freistellungen

(1) Von ihrer beruflichen Tätigkeit sind mindestens freizustellen in Betrieben mit in der Regel

200 bis	500 Arbeitnehmern	ein Betriebsratsmitglied,
501 bis	900 Arbeitnehmern	2 Betriebsratsmitglieder,
901 bis	1 500 Arbeitnehmern	3 Betriebsratsmitglieder,
1 501 bis	2 000 Arbeitnehmern	4 Betriebsratsmitglieder,
2 001 bis	3 000 Arbeitnehmern	5 Betriebsratsmitglieder,
3 001 bis	4 000 Arbeitnehmern	6 Betriebsratsmitglieder,
4 001 bis	5 000 Arbeitnehmern	7 Betriebsratsmitglieder,
5 001 bis	6 000 Arbeitnehmern	8 Betriebsratsmitglieder,
6 001 bis	7 000 Arbeitnehmern	9 Betriebsratsmitglieder,
7 001 bis	8 000 Arbeitnehmern	10 Betriebsratsmitglieder,
8 001 bis	9 000 Arbeitnehmern	11 Betriebsratsmitglieder,
9 001 bis	10 000 Arbeitnehmern	12 Betriebsratsmitglieder.

In Betrieben mit über 10000 Arbeitnehmern ist für je angefangene weitere 2000 Arbeitnehmer ein weiteres Betriebsratsmitglied freizustellen. Freistellungen können auch in Form von Teilfreistellungen erfolgen. Diese dürfen zusammen genommen nicht den Umfang der Freistellungen nach den Sätzen 1 und 2 überschreiten. Durch Tarifvertrag oder Betriebsvereinbarung können anderweitige Regelungen über die Freistellung vereinbart werden.

(2) Die freizustellenden Betriebsratsmitglieder werden nach Beratung mit dem Arbeitgeber vom Betriebsrat aus seiner Mitte in geheimer Wahl und nach den Grundsätzen der Verhältniswahl gewählt. Wird nur ein Wahlvorschlag gemacht, so erfolgt die Wahl nach den Grundsätzen der Mehrheitswahl; ist nur ein Betriebsratsmitglied freizustellen, so wird dieses mit einfacher Stimmenmehrheit gewählt. Der Betriebsrat hat die Namen der Freizustellenden dem Arbeitgeber bekannt zu geben. Hält der Arbeitgeber eine Freistellung für sachlich nicht vertretbar, so kann er innerhalb einer Frist von zwei Wochen nach der Bekanntgabe die Einigungsstelle anrufen. Der Spruch der Einigungsstelle ersetzt die Einigung zwischen Arbeitgeber und Betriebsrat. Bestätigt die Einigungsstelle die Bedenken des Arbeitgebers, so hat sie bei der Bestimmung eines anderen freizustellenden Betriebsratsmitglieds auch den Minderheitenschutz im Sinne des Satzes 1 zu beachten. Ruft der Arbeitgeber die Einigungsstelle nicht an, so gilt sein Einverständnis mit den Freistellungen nach Ablauf der zweiwöchigen Frist als erteilt. Für die Abberufung gilt § 27 Abs. 1 Satz 5 entsprechend.

(3) Der Zeitraum für die Weiterzahlung des nach § 37 Abs. 4 zu bemessenden Arbeitsentgelts und für die Beschäftigung nach § 37 Abs. 5 erhöht sich für Mitglieder des Betriebsrats, die drei volle aufeinander folgende Amtszeiten freigestellt waren, auf zwei Jahre nach Ablauf der Amtszeit.

(4) Freigestellte Betriebsratsmitglieder dürfen von inner- und außerbetrieblichen Maßnahmen der Berufsbildung nicht ausgeschlossen werden. Innerhalb eines Jahres nach Beendigung der Freistellung eines Betriebsratsmitglieds ist diesem im Rahmen der Möglichkeiten des Betriebs Gelegenheit zu geben, eine wegen der Freistellung unterbliebene betriebsübliche berufliche Entwicklung nachzuholen. Für Mitglieder des Betriebsrats, die drei volle aufeinander folgende Amtszeiten freigestellt waren, erhöht sich der Zeitraum nach Satz 2 auf zwei Jahre.

§ 39
Sprechstunden

(1) Der Betriebsrat kann während der Arbeitszeit Sprechstunden einrichten. Zeit und Ort sind mit dem Arbeitgeber zu vereinbaren.

Kommt eine Einigung nicht zustande, so entscheidet die Einigungsstelle. Der Spruch der Einigungsstelle ersetzt die Einigung zwischen Arbeitgeber und Betriebsrat.

(2) Führt die Jugend- und Auszubildendenvertretung keine eigenen Sprechstunden durch, so kann an den Sprechstunden des Betriebsrats ein Mitglied der Jugend- und Auszubildendenvertretung zur Beratung der in § 60 Abs. 1 genannten Arbeitnehmer teilnehmen.

(3) Versäumnis von Arbeitszeit, die zum Besuch der Sprechstunden oder durch sonstige Inanspruchnahme des Betriebsrats erforderlich ist, berechtigt den Arbeitgeber nicht zur Minderung des Arbeitsentgelts des Arbeitnehmers.

§ 40
Kosten und Sachaufwand des Betriebsrats

(1) Die durch die Tätigkeit des Betriebsrats entstehenden Kosten trägt der Arbeitgeber.

(2) Für die Sitzungen, die Sprechstunden und die laufende Geschäftsführung hat der Arbeitgeber in erforderlichem Umfang Räume, sachliche Mittel, Informations- und Kommunikationstechnik sowie Büropersonal zur Verfügung zu stellen.

§ 41
Umlageverbot

Die Erhebung und Leistung von Beiträgen der Arbeitnehmer für Zwecke des Betriebsrats ist unzulässig.

Vierter Abschnitt

Betriebsversammlung

§ 42
Zusammensetzung, Teilversammlung, Abteilungsversammlung

(1) Die Betriebsversammlung besteht aus den Arbeitnehmern des Betriebs; sie wird von dem Vorsitzenden des Betriebsrats geleitet. Sie ist nicht öffentlich. Kann wegen der Eigenart des Betriebs eine Versammlung aller Arbeitnehmer zum gleichen Zeitpunkt nicht stattfinden, so sind Teilversammlungen durchzuführen.

(2) Arbeitnehmer organisatorisch oder räumlich abgegrenzter Betriebsteile sind vom Betriebsrat zu Abteilungsversammlungen zusam-

menzufassen, wenn dies für die Erörterung der besonderen Belange der Arbeitnehmer erforderlich ist. Die Abteilungsversammlung wird von einem Mitglied des Betriebsrats geleitet, das möglichst einem beteiligten Betriebsteil als Arbeitnehmer angehört. Absatz 1 Satz 2 und 3 gilt entsprechend.

§ 43
Regelmäßige Betriebs- und Abteilungsversammlungen

(1) Der Betriebsrat hat einmal in jedem Kalendervierteljahr eine Betriebsversammlung einzuberufen und in ihr einen Tätigkeitsbericht zu erstatten. Liegen die Voraussetzungen des § 42 Abs. 2 Satz 1 vor, so hat der Betriebsrat in jedem Kalenderjahr zwei der in Satz 1 genannten Betriebsversammlungen als Abteilungsversammlungen durchzuführen. Die Abteilungsversammlungen sollen möglichst gleichzeitig stattfinden. Der Betriebsrat kann in jedem Kalenderhalbjahr eine weitere Betriebsversammlung oder, wenn die Voraussetzungen des § 42 Abs. 2 Satz 1 vorliegen, einmal weitere Abteilungsversammlungen durchführen, wenn dies aus besonderen Gründen zweckmäßig erscheint.

(2) Der Arbeitgeber ist zu den Betriebs- und Abteilungsversammlungen unter Mitteilung der Tagesordnung einzuladen. Er ist berechtigt, in den Versammlungen zu sprechen. Der Arbeitgeber oder sein Vertreter hat mindestens einmal in jedem Kalenderjahr in einer Betriebsversammlung über das Personal- und Sozialwesen einschließlich des Stands der Gleichstellung von Frauen und Männern im Betrieb sowie der Integration der im Betrieb beschäftigten ausländischen Arbeitnehmer, über die wirtschaftliche Lage und Entwicklung des Betriebs sowie über den betrieblichen Umweltschutz zu berichten, soweit dadurch nicht Betriebs- oder Geschäftsgeheimnisse gefährdet werden.

(3) Der Betriebsrat ist berechtigt und auf Wunsch des Arbeitgebers oder von mindestens einem Viertel der wahlberechtigten Arbeitnehmer verpflichtet, eine Betriebsversammlung einzuberufen und den beantragten Beratungsgegenstand auf die Tagesordnung zu setzen. Vom Zeitpunkt der Versammlungen, die auf Wunsch des Arbeitgebers stattfinden, ist dieser rechtzeitig zu verständigen.

(4) Auf Antrag einer im Betrieb vertretenen Gewerkschaft muss der Betriebsrat vor Ablauf von zwei Wochen nach Eingang des Antrags eine Betriebsversammlung nach Absatz 1 Satz 1 einberufen, wenn im vorhergegangenen Kalenderhalbjahr keine Betriebsversammlung und keine Abteilungsversammlungen durchgeführt worden sind.

§ 44
Zeitpunkt und Verdienstausfall

(1) Die in den §§ 14a, 17 und 43 Abs. 1 bezeichneten und die auf Wunsch des Arbeitgebers einberufenen Versammlungen finden während der Arbeitszeit statt, soweit nicht die Eigenart des Betriebs eine andere Regelung zwingend erfordert. Die Zeit der Teilnahme an diesen Versammlungen einschließlich der zusätzlichen Wegezeiten ist den Arbeitnehmern wie Arbeitszeit zu vergüten. Dies gilt auch dann, wenn die Versammlungen wegen der Eigenart des Betriebs außerhalb der Arbeitszeit stattfinden; Fahrkosten, die den Arbeitnehmern durch die Teilnahme an diesen Versammlungen entstehen, sind vom Arbeitgeber zu erstatten.

(2) Sonstige Betriebs- oder Abteilungsversammlungen finden außerhalb der Arbeitszeit statt. Hiervon kann im Einvernehmen mit dem Arbeitgeber abgewichen werden; im Einvernehmen mit dem Arbeitgeber während der Arbeitszeit durchgeführte Versammlungen berechtigen den Arbeitgeber nicht, das Arbeitsentgelt der Arbeitnehmer zu mindern.

§ 45
Themen der Betriebs- und Abteilungsversammlungen

Die Betriebs- und Abteilungsversammlungen können Angelegenheiten einschließlich solcher tarifpolitischer, sozialpolitischer, umweltpolitischer und wirtschaftlicher Art sowie Fragen der Förderung der Gleichstellung von Frauen und Männern und der Vereinbarkeit von Familie und Erwerbstätigkeit sowie der Integration der im Betrieb beschäftigten ausländischen Arbeitnehmer behandeln, die den Betrieb oder seine Arbeitnehmer unmittelbar betreffen; die Grundsätze des § 74 Abs. 2 finden Anwendung. Die Betriebs- und Abteilungsversammlungen können dem Betriebsrat Anträge unterbreiten und zu seinen Beschlüssen Stellung nehmen.

§ 46
Beauftragte der Verbände

(1) An den Betriebs- oder Abteilungsversammlungen können Beauftragte der im Betrieb vertretenen Gewerkschaften beratend teilnehmen. Nimmt der Arbeitgeber an Betriebs- oder Abteilungsversammlungen teil, so kann er einen Beauftragten der Vereinigung der Arbeitgeber, der er angehört, hinzuziehen.

(2) Der Zeitpunkt und die Tagesordnung der Betriebs- oder Abteilungsversammlungen sind den im Betriebsrat vertretenen Gewerkschaften rechtzeitig schriftlich mitzuteilen.

Fünfter Abschnitt

Gesamtbetriebsrat

§ 47
Voraussetzungen der Errichtung, Mitgliederzahl, Stimmengewicht

(1) Bestehen in einem Unternehmen mehrere Betriebsräte, so ist ein Gesamtbetriebsrat zu errichten.

(2) In den Gesamtbetriebsrat entsendet jeder Betriebsrat mit bis zu drei Mitgliedern eines seiner Mitglieder; jeder Betriebsrat mit mehr als drei Mitgliedern entsendet zwei seiner Mitglieder. Die Geschlechter sollen angemessen berücksichtigt werden.

(3) Der Betriebsrat hat für jedes Mitglied des Gesamtbetriebsrats mindestens ein Ersatzmitglied zu bestellen und die Reihenfolge des Nachrückens festzulegen.

(4) Durch Tarifvertrag oder Betriebsvereinbarung kann die Mitgliederzahl des Gesamtbetriebsrats abweichend von Absatz 2 Satz 1 geregelt werden.

(5) Gehören nach Absatz 2 Satz 1 dem Gesamtbetriebsrat mehr als vierzig Mitglieder an und besteht keine tarifliche Regelung nach Absatz 4, so ist zwischen Gesamtbetriebsrat und Arbeitgeber eine Betriebsvereinbarung über die Mitgliederzahl des Gesamtbetriebsrats abzuschließen, in der bestimmt wird, dass Betriebsräte mehrerer Betriebe eines Unternehmens, die regional oder durch gleichartige Interessen miteinander verbunden sind, gemeinsam Mitglieder in den Gesamtbetriebsrat entsenden.

(6) Kommt im Fall des Absatzes 5 eine Einigung nicht zustande, so entscheidet eine für das Gesamtunternehmen zu bildende Einigungsstelle. Der Spruch der Einigungsstelle ersetzt die Einigung zwischen Arbeitgeber und Gesamtbetriebsrat.

(7) Jedes Mitglied des Gesamtbetriebsrats hat so viele Stimmen, wie in dem Betrieb, in dem es gewählt wurde, wahlberechtigte Arbeitnehmer in der Wählerliste eingetragen sind. Entsendet der Betriebsrat mehrere Mitglieder, so stehen ihnen die Stimmen nach Satz 1 anteilig zu.

(8) Ist ein Mitglied des Gesamtbetriebsrats für mehrere Betriebe entsandt worden, so hat es so viele Stimmen, wie in den Betrieben, für die es entsandt ist, wahlberechtigte Arbeitnehmer in den Wählerlisten eingetragen sind; sind mehrere Mitglieder entsandt worden, gilt Absatz 7 Satz 2 entsprechend.

(9) Für Mitglieder des Gesamtbetriebsrats, die aus einem gemeinsamen Betrieb mehrerer Unternehmen entsandt worden sind, können durch Tarifvertrag oder Betriebsvereinbarung von den Absätzen 7 und 8 abweichende Regelungen getroffen werden.

§ 48
Ausschluss von Gesamtbetriebsratsmitgliedern

Mindestens ein Viertel der wahlberechtigten Arbeitnehmer des Unternehmens, der Arbeitgeber, der Gesamtbetriebsrat oder eine im Unternehmen vertretene Gewerkschaft können beim Arbeitsgericht den Ausschluss eines Mitglieds aus dem Gesamtbetriebsrat wegen grober Verletzung seiner gesetzlichen Pflichten beantragen.

§ 49
Erlöschen der Mitgliedschaft

Die Mitgliedschaft im Gesamtbetriebsrat endet mit dem Erlöschen der Mitgliedschaft im Betriebsrat, durch Amtsniederlegung, durch Ausschluss aus dem Gesamtbetriebsrat aufgrund einer gerichtlichen Entscheidung oder Abberufung durch den Betriebsrat.

§ 50
Zuständigkeit

(1) Der Gesamtbetriebsrat ist zuständig für die Behandlung von Angelegenheiten, die das Gesamtunternehmen oder mehrere Betriebe betreffen und nicht durch die einzelnen Betriebsräte innerhalb ihrer Betriebe geregelt werden können; seine Zuständigkeit erstreckt sich insoweit auch auf Betriebe ohne Betriebsrat. Er ist den einzelnen Betriebsräten nicht übergeordnet.

(2) Der Betriebsrat kann mit der Mehrheit der Stimmen seiner Mitglieder den Gesamtbetriebsrat beauftragen, eine Angelegenheit für ihn zu behandeln. Der Betriebsrat kann sich dabei die Entscheidungsbefugnis vorbehalten. § 27 Abs. 2 Satz 3 und 4 gilt entsprechend.

§ 51
Geschäftsführung

(1) Für den Gesamtbetriebsrat gelten § 25 Abs. 1, die §§ 26, 27 Abs. 2 und 3, § 28 Abs. 1 Satz 1 und 3, Abs. 2, die §§ 30, 31, 34, 35, 36, 37 Abs. 1 bis 3 sowie die §§ 40 und 41 entsprechend. § 27 Abs. 1 gilt entsprechend mit der Maßgabe, dass der Gesamtbetriebsausschuss aus dem Vorsitzenden des Gesamtbetriebsrats, dessen Stellvertreter und bei Gesamtbetriebsräten mit

9 bis 16 Mitgliedern aus 3 weiteren Ausschussmitgliedern,

17 bis 24 Mitgliedern aus 5 weiteren Ausschussmitgliedern,

25 bis 36 Mitgliedern aus 7 weiteren Ausschussmitgliedern,

mehr als 36 Mitgliedern aus 9 weiteren Ausschussmitgliedern besteht.

(2) Ist ein Gesamtbetriebsrat zu errichten, so hat der Betriebsrat der Hauptverwaltung des Unternehmens oder, soweit ein solcher Betriebsrat nicht besteht, der Betriebsrat des nach der Zahl der wahlberechtigten Arbeitnehmer größten Betriebs zu der Wahl des Vorsitzenden und des stellvertretenden Vorsitzenden des Gesamtbetriebsrats einzuladen. Der Vorsitzende des einladenden Betriebsrats hat die Sitzung zu leiten, bis der Gesamtbetriebsrat aus seiner Mitte einen Wahlleiter bestellt hat. § 29 Abs. 2 bis 4 gilt entsprechend.

(3) Die Beschlüsse des Gesamtbetriebsrats werden, soweit nichts anderes bestimmt ist, mit Mehrheit der Stimmen der anwesenden Mitglieder gefasst. Bei Stimmengleichheit ist ein Antrag abgelehnt. Der Gesamtbetriebsrat ist nur beschlussfähig, wenn mindestens die Hälfte seiner Mitglieder an der Beschlussfassung teilnimmt und die Teilnehmenden mindestens die Hälfte aller Stimmen vertreten; Stellvertretung durch Ersatzmitglieder ist zulässig. § 33 Abs. 3 gilt entsprechend.

(4) Auf die Beschlussfassung des Gesamtbetriebsausschusses und weiterer Ausschüsse des Gesamtbetriebsrats ist § 33 Abs. 1 und 2 anzuwenden.

(5) Die Vorschriften über die Rechte und Pflichten des Betriebsrats gelten entsprechend für den Gesamtbetriebsrat, soweit dieses Gesetz keine besonderen Vorschriften enthält.

§ 52
Teilnahme der Gesamtschwerbehindertenvertretung

Die Gesamtschwerbehindertenvertretung (§ 97 Abs. 1 des Neunten Buches Sozialgesetzbuch) kann an allen Sitzungen des Gesamtbetriebsrats beratend teilnehmen.

§ 53
Betriebsräteversammlung

(1) Mindestens einmal in jedem Kalenderjahr hat der Gesamtbetriebsrat die Vorsitzenden und die stellvertretenden Vorsitzenden der Betriebsräte sowie die weiteren Mitglieder der Betriebsausschüsse zu einer Versammlung einzuberufen. Zu dieser Versammlung kann der Betriebsrat abweichend von Satz 1 aus seiner Mitte andere Mitglieder entsenden, soweit dadurch die Gesamtzahl der sich für ihn nach Satz 1 ergebenden Teilnehmer nicht überschritten wird.

(2) In der Betriebsräteversammlung hat

1. der Gesamtbetriebsrat einen Tätigkeitsbericht,
2. der Unternehmer einen Bericht über das Personal- und Sozialwesen einschließlich des Stands der Gleichstellung von Frauen und Männern im Unternehmen, der Integration der im Unternehmen beschäftigten ausländischen Arbeitnehmer, über die wirtschaftliche Lage und Entwicklung des Unternehmens sowie über Fragen des Umweltschutzes im Unternehmen, soweit dadurch nicht Betriebs- und Geschäftsgeheimnisse gefährdet werden,

zu erstatten.

(3) Der Gesamtbetriebsrat kann die Betriebsräteversammlung in Form von Teilversammlungen durchführen. Im Übrigen gelten § 42 Abs. 1 Satz 1 zweiter Halbsatz und Satz 2, § 43 Abs. 2 Satz 1 und 2 sowie die §§ 45 und 46 entsprechend.

Sechster Abschnitt

Konzernbetriebsrat

§ 54
Errichtung des Konzernbetriebsrats

(1) Für einen Konzern (§ 18 Abs. 1 des Aktiengesetzes) kann durch Beschlüsse der einzelnen Gesamtbetriebsräte ein Konzernbetriebsrat errichtet werden. Die Errichtung erfordert die Zustimmung der Gesamtbetriebsräte der Konzernunternehmen, in denen insgesamt mehr als 50 vom Hundert der Arbeitnehmer der Konzernunternehmen beschäftigt sind.

(2) Besteht in einem Konzernunternehmen nur ein Betriebsrat, so nimmt dieser die Aufgaben eines Gesamtbetriebsrats nach den Vorschriften dieses Abschnitts wahr.

§ 55
Zusammensetzung des Konzernbetriebsrats, Stimmengewicht

(1) In den Konzernbetriebsrat entsendet jeder Gesamtbetriebsrat zwei seiner Mitglieder. Die Geschlechter sollen angemessen berücksichtigt werden.

(2) Der Gesamtbetriebsrat hat für jedes Mitglied des Konzernbetriebsrats mindestens ein Ersatzmitglied zu bestellen und die Reihenfolge des Nachrückens festzulegen.

(3) Jedem Mitglied des Konzernbetriebsrats stehen die Stimmen der Mitglieder des entsendenden Gesamtbetriebsrats je zur Hälfte zu.

(4) Durch Tarifvertrag oder Betriebsvereinbarung kann die Mitgliederzahl des Konzernbetriebsrats abweichend von Absatz 1 Satz 1 geregelt werden. § 47 Abs. 5 bis 9 gilt entsprechend.

§ 56
Ausschluss von Konzernbetriebsratsmitgliedern

Mindestens ein Viertel der wahlberechtigten Arbeitnehmer der Konzernunternehmen, der Arbeitgeber, der Konzernbetriebsrat oder eine im Konzern vertretene Gewerkschaft können beim Arbeitsgericht den Ausschluss eines Mitglieds aus dem Konzernbetriebsrat wegen grober Verletzung seiner gesetzlichen Pflichten beantragen.

§ 57
Erlöschen der Mitgliedschaft

Die Mitgliedschaft im Konzernbetriebsrat endet mit dem Erlöschen der Mitgliedschaft im Gesamtbetriebsrat, durch Amtsniederlegung, durch Ausschluss aus dem Konzernbetriebsrat aufgrund einer gerichtlichen Entscheidung oder Abberufung durch den Gesamtbetriebsrat.

§ 58
Zuständigkeit

(1) Der Konzernbetriebsrat ist zuständig für die Behandlung von Angelegenheiten, die den Konzern oder mehrere Konzernunternehmen betreffen und nicht durch die einzelnen Gesamtbetriebsräte innerhalb ihrer Unternehmen geregelt werden können; seine Zuständigkeit erstreckt sich insoweit auch auf Unternehmen, die einen Gesamtbetriebsrat nicht gebildet haben, sowie auf Betriebe der Konzernunternehmen ohne Betriebsrat. Er ist den einzelnen Gesamtbetriebsräten nicht übergeordnet.

(2) Der Gesamtbetriebsrat kann mit der Mehrheit der Stimmen seiner Mitglieder den Konzernbetriebsrat beauftragen, eine Angelegenheit für ihn zu behandeln. Der Gesamtbetriebsrat kann sich dabei die Entscheidungsbefugnis vorbehalten. § 27 Abs. 2 Satz 3 und 4 gilt entsprechend.

§ 59
Geschäftsführung

(1) Für den Konzernbetriebsrat gelten § 25 Abs. 1, die §§ 26, 27 Abs. 2 und 3, § 28 Abs. 1 Satz 1 und 3, Abs. 2, die §§ 30, 31, 34,

35, 36, 37 Abs. 1 bis 3 sowie die §§ 40, 41 und 51 Abs. 1 Satz 2 und Abs. 3 bis 5 entsprechend.

(2) Ist ein Konzernbetriebsrat zu errichten, so hat der Gesamtbetriebsrat des herrschenden Unternehmens oder, soweit ein solcher Gesamtbetriebsrat nicht besteht, der Gesamtbetriebsrat des nach der Zahl der wahlberechtigten Arbeitnehmer größten Konzernunternehmens zu der Wahl des Vorsitzenden und des stellvertretenden Vorsitzenden des Konzernbetriebsrats einzuladen. Der Vorsitzende des einladenden Gesamtbetriebsrats hat die Sitzung zu leiten, bis der Konzernbetriebsrat aus seiner Mitte einen Wahlleiter bestellt hat. § 29 Abs. 2 bis 4 gilt entsprechend.

§ 59a
Teilnahme der Konzernschwerbehindertenvertretung

Die Konzernschwerbehindertenvertretung (§ 97 Abs. 2 des Neunten Buches Sozialgesetzbuch) kann an allen Sitzungen des Konzernbetriebsrats beratend teilnehmen.

Dritter Teil
Jugend- und Auszubildendenvertretung

Erster Abschnitt

Betriebliche Jugend- und Auszubildendenvertretung

§ 60
Errichtung und Aufgabe

(1) In Betrieben mit in der Regel mindestens fünf Arbeitnehmern, die das 18. Lebensjahr noch nicht vollendet haben (jugendliche Arbeitnehmer) oder die zu ihrer Berufsausbildung beschäftigt sind und das 25. Lebensjahr noch nicht vollendet haben, werden Jugend- und Auszubildendenvertretungen gewählt.

(2) Die Jugend- und Auszubildendenvertretung nimmt nach Maßgabe der folgenden Vorschriften die besonderen Belange der in Absatz 1 genannten Arbeitnehmer wahr.

§ 61
Wahlberechtigung und Wählbarkeit

(1) Wahlberechtigt sind alle in § 60 Abs. 1 genannten Arbeitnehmer des Betriebs.

(2) Wählbar sind alle Arbeitnehmer des Betriebs, die das 25. Lebensjahr noch nicht vollendet haben; § 8 Abs. 1 Satz 3 findet Anwendung. Mitglieder des Betriebsrats können nicht zu Jugend- und Auszubildendenvertretern gewählt werden.

§ 62
Zahl der Jugend- und Auszubildendenvertreter, Zusammensetzung der Jugend- und Auszubildendenvertretung

(1) Die Jugend- und Auszubildendenvertretung besteht in Betrieben mit in der Regel

5 bis 20 der in § 60 Abs. 1 genannten Arbeitnehmer aus einer Person,

21 bis 50 der in § 60 Abs. 1 genannten Arbeitnehmer aus 3 Mitgliedern,

51 bis 150 der in § 60 Abs. 1 genannten Arbeitnehmer aus 5 Mitgliedern,

151 bis 300 der in § 60 Abs. 1 genannten Arbeitnehmer aus 7 Mitgliedern,

301 bis 500 der in § 60 Abs. 1 genannten Arbeitnehmer aus 9 Mitgliedern,

501 bis 700 der in § 60 Abs. 1 genannten Arbeitnehmer aus 11 Mitgliedern,

701 bis 1000 der in § 60 Abs. 1 genannten Arbeitnehmer aus 13 Mitgliedern,

mehr als 1000 der in § 60 Abs. 1 genannten Arbeitnehmer aus 15 Mitgliedern.

(2) Die Jugend- und Auszubildendenvertretung soll sich möglichst aus Vertretern der verschiedenen Beschäftigungsarten und Ausbildungsberufe der im Betrieb tätigen in § 60 Abs. 1 genannten Arbeitnehmer zusammensetzen.

(3) Das Geschlecht, das unter den in § 60 Abs. 1 genannten Arbeitnehmern in der Minderheit ist, muss mindestens entsprechend seinem zahlenmäßigen Verhältnis in der Jugend- und Auszubildendenvertretung vertreten sein, wenn diese aus mindestens drei Mitgliedern besteht.

§ 63
Wahlvorschriften

(1) Die Jugend- und Auszubildendenvertretung wird in geheimer und unmittelbarer Wahl gewählt.

(2) Spätestens acht Wochen vor Ablauf der Amtszeit der Jugend- und Auszubildendenvertretung bestellt der Betriebsrat den Wahlvorstand und seinen Vorsitzenden. Für die Wahl der Jugend- und Auszubildendenvertreter gelten § 14 Abs. 2 bis 5, § 16 Abs. 1 Satz 4 bis 6, § 18 Abs. 1 Satz 1 und Abs. 3 sowie die §§ 19 und 20 entsprechend.

(3) Bestellt der Betriebsrat den Wahlvorstand nicht oder nicht spätestens sechs Wochen vor Ablauf der Amtszeit der Jugend- und Auszubildendenvertretung oder kommt der Wahlvorstand seiner Verpflichtung nach § 18 Abs. 1 Satz 1 nicht nach, so gelten § 16 Abs. 2 Satz 1 und 2, Abs. 3 Satz 1 und § 18 Abs. 1 Satz 2 entsprechend; der Antrag beim Arbeitsgericht kann auch von jugendlichen Arbeitnehmern gestellt werden.

(4) In Betrieben mit in der Regel fünf bis fünfzig der in § 60 Abs. 1 genannten Arbeitnehmer gilt auch § 14a entsprechend. Die Frist zur Bestellung des Wahlvorstands wird im Falle des Absatzes 2 Satz 1 auf vier Wochen und im Falle des Absatzes 3 Satz 1 auf drei Wochen verkürzt.

(5) In Betrieben mit in der Regel 51 bis 100 der in § 60 Abs. 1 genannten Arbeitnehmer gilt § 14a Abs. 5 entsprechend.

§ 64
Zeitpunkt der Wahlen und Amtszeit

(1) Die regelmäßigen Wahlen der Jugend- und Auszubildendenvertretung finden alle zwei Jahre in der Zeit vom 1. Oktober bis 30. November statt. Für die Wahl der Jugend- und Auszubildendenvertretung außerhalb dieser Zeit gilt § 13 Abs. 2 Nr. 2 bis 6 und Abs. 3 entsprechend.

(2) Die regelmäßige Amtszeit der Jugend- und Auszubildendenvertretung beträgt zwei Jahre. Die Amtszeit beginnt mit der Bekanntgabe des Wahlergebnisses oder, wenn zu diesem Zeitpunkt noch eine Jugend- und Auszubildendenvertretung besteht, mit Ablauf von deren Amtszeit. Die Amtszeit endet spätestens am 30. November des Jahres, in dem nach Absatz 1 Satz 1 die regelmäßigen Wahlen stattfinden. In dem Fall des § 13 Abs. 3 Satz 2 endet die Amtszeit spätestens am 30. November des Jahres, in dem die Jugend- und Auszubildendenvertretung neu zu wählen ist. In dem Fall des § 13 Abs. 2 Nr. 2 endet die Amtszeit mit der Bekanntgabe des Wahlergebnisses der neu gewählten Jugend- und Auszubildendenvertretung.

(3) Ein Mitglied der Jugend- und Auszubildendenvertretung, das im Laufe der Amtszeit das 25. Lebensjahr vollendet, bleibt bis zum Ende der Amtszeit Mitglied der Jugend- und Auszubildendenvertretung.

§ 65
Geschäftsführung

(1) Für die Jugend- und Auszubildendenvertretung gelten § 23 Abs. 1, die §§ 24, 25, 26, 28 Abs. 1 Satz 1 und 2, die §§ 30, 31, 33 Abs. 1 und 2 sowie die §§ 34, 36, 37, 40 und 41 entsprechend.

(2) Die Jugend- und Auszubildendenvertretung kann nach Verständigung des Betriebsrats Sitzungen abhalten; § 29 gilt entsprechend. An diesen Sitzungen kann der Betriebsratsvorsitzende oder ein beauftragtes Betriebsratsmitglied teilnehmen.

§ 66
Aussetzung von Beschlüssen des Betriebsrats

(1) Erachtet die Mehrheit der Jugend- und Auszubildendenvertreter einen Beschluss des Betriebsrats als eine erhebliche Beeinträchtigung wichtiger Interessen der in § 60 Abs. 1 genannten Arbeitnehmer, so ist auf ihren Antrag der Beschluss auf die Dauer von einer Woche auszusetzen, damit in dieser Frist eine Verständigung, gegebenenfalls mit Hilfe der im Betrieb vertretenen Gewerkschaften, versucht werden kann.

(2) Wird der erste Beschluss bestätigt, so kann der Antrag auf Aussetzung nicht wiederholt werden; dies gilt auch, wenn der erste Beschluss nur unerheblich geändert wird.

§ 67
Teilnahme an Betriebsratssitzungen

(1) Die Jugend- und Auszubildendenvertretung kann zu allen Betriebsratssitzungen einen Vertreter entsenden. Werden Angelegenheiten behandelt, die besonders die in § 60 Abs. 1 genannten Arbeitnehmer betreffen, so hat zu diesen Tagesordnungspunkten die gesamte Jugend- und Auszubildendenvertretung ein Teilnahmerecht.

(2) Die Jugend- und Auszubildendenvertreter haben Stimmrecht, soweit die zu fassenden Beschlüsse des Betriebsrats überwiegend die in § 60 Abs. 1 genannten Arbeitnehmer betreffen.

(3) Die Jugend- und Auszubildendenvertretung kann beim Betriebsrat beantragen, Angelegenheiten, die besonders die in § 60 Abs. 1 genannten Arbeitnehmer betreffen und über die sie beraten hat, auf die nächste Tagesordnung zu setzen. Der Betriebsrat soll Angelegenhei-

ten, die besonders die in § 60 Abs. 1 genannten Arbeitnehmer betreffen, der Jugend- und Auszubildendenvertretung zur Beratung zuleiten.

§ 68
Teilnahme an gemeinsamen Besprechungen

Der Betriebsrat hat die Jugend- und Auszubildendenvertretung zu Besprechungen zwischen Arbeitgeber und Betriebsrat beizuziehen, wenn Angelegenheiten behandelt werden, die besonders die in § 60 Abs. 1 genannten Arbeitnehmer betreffen.

§ 69
Sprechstunden

In Betrieben, die in der Regel mehr als fünfzig der in § 60 Abs. 1 genannten Arbeitnehmer beschäftigen, kann die Jugend- und Auszubildendenvertretung Sprechstunden während der Arbeitszeit einrichten. Zeit und Ort sind durch Betriebsrat und Arbeitgeber zu vereinbaren. § 39 Abs. 1 Satz 3 und 4 und Abs. 3 gilt entsprechend. An den Sprechstunden der Jugend- und Auszubildendenvertretung kann der Betriebsratsvorsitzende oder ein beauftragtes Betriebsratsmitglied beratend teilnehmen.

§ 70
Allgemeine Aufgaben

(1) Die Jugend- und Auszubildendenvertretung hat folgende allgemeine Aufgaben:

1. Maßnahmen, die den in § 60 Abs. 1 genannten Arbeitnehmern dienen, insbesondere in Fragen der Berufsbildung und der Übernahme der zu ihrer Berufsausbildung Beschäftigten in ein Arbeitsverhältnis, beim Betriebsrat zu beantragen;

1a. Maßnahmen zur Durchsetzung der tatsächlichen Gleichstellung der in § 60 Abs. 1 genannten Arbeitnehmer entsprechend § 80 Abs. 1 Nr. 2a und 2b beim Betriebsrat zu beantragen;

2. darüber zu wachen, dass die zugunsten der in § 60 Abs. 1 genannten Arbeitnehmer geltenden Gesetze, Verordnungen, Unfallverhütungsvorschriften, Tarifverträge und Betriebsvereinbarungen durchgeführt werden;

3. Anregungen von in § 60 Abs. 1 genannten Arbeitnehmern, insbesondere in Fragen der Berufsbildung, entgegenzunehmen und, falls sie berechtigt erscheinen, beim Betriebsrat auf eine Erledigung hinzuwirken. Die Jugend- und Auszubildendenvertretung hat die betroffenen in § 60 Abs. 1 genannten Arbeitnehmer über den Stand und das Ergebnis der Verhandlungen zu informieren;

4. die Integration ausländischer, in § 60 Abs. 1 genannter Arbeitnehmer im Betrieb zu fördern und entsprechende Maßnahmen beim Betriebsrat zu beantragen.

(2) Zur Durchführung ihrer Aufgaben ist die Jugend- und Auszubildendenvertretung durch den Betriebsrat rechtzeitig und umfassend zu unterrichten. Die Jugend- und Auszubildendenvertretung kann verlangen, dass ihr der Betriebsrat die zur Durchführung ihrer Aufgaben erforderlichen Unterlagen zur Verfügung stellt.

§ 71
Jugend- und Auszubildendenversammlung

Die Jugend- und Auszubildendenvertretung kann vor oder nach jeder Betriebsversammlung im Einvernehmen mit dem Betriebsrat eine betriebliche Jugend- und Auszubildendenversammlung einberufen. Im Einvernehmen mit Betriebsrat und Arbeitgeber kann die betriebliche Jugend- und Auszubildendenversammlung auch zu einem anderen Zeitpunkt einberufen werden. § 43 Abs. 2 Satz 1 und 2, die §§ 44 bis 46 und § 65 Abs. 2 Satz 2 gelten entsprechend.

Zweiter Abschnitt

Gesamt-Jugend- und Auszubildendenvertretung

§ 72
Voraussetzungen der Errichtung, Mitgliederzahl, Stimmengewicht

(1) Bestehen in einem Unternehmen mehrere Jugend- und Auszubildendenvertretungen, so ist eine Gesamt-Jugend- und Auszubildendenvertretung zu errichten.

(2) In die Gesamt-Jugend- und Auszubildendenvertretung entsendet jede Jugend- und Auszubildendenvertretung ein Mitglied.

(3) Die Jugend- und Auszubildendenvertretung hat für das Mitglied der Gesamt-Jugend- und Auszubildendenvertretung mindestens ein Ersatzmitglied zu bestellen und die Reihenfolge des Nachrückens festzulegen.

(4) Durch Tarifvertrag oder Betriebsvereinbarung kann die Mitgliederzahl der Gesamt-Jugend- und Auszubildendenvertretung abweichend von Absatz 2 geregelt werden.

(5) Gehören nach Absatz 2 der Gesamt-Jugend- und Auszubildendenvertretung mehr als zwanzig Mitglieder an und besteht keine tarifliche Regelung nach Absatz 4, so ist zwischen Gesamtbetriebsrat und Arbeitgeber eine Betriebsvereinbarung über die Mitgliederzahl der Gesamt-Jugend- und Auszubildendenvertretung abzuschließen, in der bestimmt wird, dass Jugend- und Auszubildendenvertretungen mehrerer Betriebe eines Unternehmens, die regional oder durch gleichartige Interessen miteinander verbunden sind, gemeinsam Mitglieder in die Gesamt-Jugend- und Auszubildendenvertretung entsenden.

(6) Kommt im Fall des Absatzes 5 eine Einigung nicht zustande, so entscheidet eine für das Gesamtunternehmen zu bildende Einigungsstelle. Der Spruch der Einigungsstelle ersetzt die Einigung zwischen Arbeitgeber und Gesamtbetriebsrat.

(7) Jedes Mitglied der Gesamt-Jugend- und Auszubildendenvertretung hat so viele Stimmen, wie in dem Betrieb, in dem es gewählt wurde, in § 60 Abs. 1 genannte Arbeitnehmer in der Wählerliste eingetragen sind. Ist ein Mitglied der Gesamt-Jugend- und Auszubildendenvertretung für mehrere Betriebe entsandt worden, so hat es so viele Stimmen, wie in den Betrieben, für die es entsandt ist, in § 60 Abs. 1 genannte Arbeitnehmer in den Wählerlisten eingetragen sind. Sind mehrere Mitglieder der Jugend- und Auszubildendenvertretung entsandt worden, so stehen diesen die Stimmen nach Satz 1 anteilig zu.

(8) Für Mitglieder der Gesamt-Jugend- und Auszubildendenvertretung, die aus einem gemeinsamen Betrieb mehrerer Unternehmen entsandt worden sind, können durch Tarifvertrag oder Betriebsvereinbarung von Absatz 7 abweichende Regelungen getroffen werden.

§ 73
Geschäftsführung und Geltung sonstiger Vorschriften

(1) Die Gesamt-Jugend- und Auszubildendenvertretung kann nach Verständigung des Gesamtbetriebsrats Sitzungen abhalten. An den Sitzungen kann der Vorsitzende des Gesamtbetriebsrats oder ein beauftragtes Mitglied des Gesamtbetriebsrats teilnehmen.

(2) Für die Gesamt-Jugend- und Auszubildendenvertretung gelten § 25 Abs. 1, die §§ 26, 28 Abs. 1 Satz 1, die §§ 30, 31, 34, 36, 37 Abs. 1 bis 3, die §§ 40, 41, 48, 49, 50, 51 Abs. 2 bis 5 sowie die §§ 66 bis 68 entsprechend.

Dritter Abschnitt

Konzern-Jugend- und Auszubildendenvertretung

§ 73a
Voraussetzung der Errichtung, Mitgliederzahl, Stimmengewicht

(1) Bestehen in einem Konzern (§ 18 Abs. 1 des Aktiengesetzes) mehrere Gesamt-Jugend- und Auszubildendenvertretungen, kann durch Beschlüsse der einzelnen Gesamt-Jugend- und Auszubildendenvertretungen eine Konzern-Jugend- und Auszubildendenvertretung errichtet werden. Die Errichtung erfordert die Zustimmung der Gesamt-Jugend- und Auszubildendenvertretungen der Konzernunternehmen, in denen insgesamt mindestens 75 vom Hundert der in § 60 Abs. 1 genannten Arbeitnehmer beschäftigt sind. Besteht in einem Konzernunternehmen nur eine Jugend- und Auszubildendenvertretung, so nimmt diese die Aufgaben einer Gesamt-Jugend- und Auszubildendenvertretung nach den Vorschriften dieses Abschnitts wahr.

(2) In die Konzern-Jugend- und Auszubildendenvertretung entsendet jede Gesamt-Jugend- und Auszubildendenvertretung eines ihrer Mitglieder. Sie hat für jedes Mitglied mindestens ein Ersatzmitglied zu bestellen und die Reihenfolge des Nachrückens festzulegen.

(3) Jedes Mitglied der Konzern-Jugend- und Auszubildendenvertretung hat so viele Stimmen, wie die Mitglieder der entsendenden Gesamt-Jugend- und Auszubildendenvertretung insgesamt Stimmen haben.

(4) § 72 Abs. 4 bis 8 gilt entsprechend.

§ 73b
Geschäftsführung und Geltung sonstiger Vorschriften

(1) Die Konzern-Jugend- und Auszubildendenvertretung kann nach Verständigung des Konzernbetriebsrats Sitzungen abhalten. An den Sitzungen kann der Vorsitzende oder ein beauftragtes Mitglied des Konzernbetriebsrats teilnehmen.

(2) Für die Konzern-Jugend- und Auszubildendenvertretung gelten § 25 Abs. 1, die §§ 26, 28 Abs. 1 Satz 1, die §§ 30, 31, 34, 36, 37 Abs. 1 bis 3, die §§ 40, 41, 51 Abs. 3 bis 5, die §§ 56, 57, 58, 59 Abs. 2 und die §§ 66 bis 68 entsprechend.

Vierter Teil
Mitwirkung und Mitbestimmung der Arbeitnehmer

Erster Abschnitt
Allgemeines

§ 74
Grundsätze für die Zusammenarbeit

(1) Arbeitgeber und Betriebsrat sollen mindestens einmal im Monat zu einer Besprechung zusammentreten. Sie haben über strittige Fragen mit dem ernsten Willen zur Einigung zu verhandeln und Vorschläge für die Beilegung von Meinungsverschiedenheiten zu machen.

(2) Maßnahmen des Arbeitskampfes zwischen Arbeitgeber und Betriebsrat sind unzulässig; Arbeitskämpfe tariffähiger Parteien werden hierdurch nicht berührt. Arbeitgeber und Betriebsrat haben Betätigungen zu unterlassen, durch die der Arbeitsablauf oder der Frieden des Betriebs beeinträchtigt werden. Sie haben jede parteipolitische Betätigung im Betrieb zu unterlassen; die Behandlung von Angelegenheiten tarifpolitischer, sozialpolitischer, umweltpolitischer und wirtschaftlicher Art, die den Betrieb oder seine Arbeitnehmer unmittelbar betreffen, wird hierdurch nicht berührt.

(3) Arbeitnehmer, die im Rahmen dieses Gesetzes Aufgaben übernehmen, werden hierdurch in der Betätigung für ihre Gewerkschaft auch im Betrieb nicht beschränkt.

§ 75
Grundsätze für die Behandlung der Betriebsangehörigen

(1) Arbeitgeber und Betriebsrat haben darüber zu wachen, dass alle im Betrieb tätigen Personen nach den Grundsätzen von Recht und Billigkeit behandelt werden, insbesondere, dass jede unterschiedliche Behandlung von Personen wegen ihrer Abstammung, Religion, Nationalität, Herkunft, politischen oder gewerkschaftlichen Betätigung oder Einstellung oder wegen ihres Geschlechts oder ihrer sexuellen Identität unterbleibt. Sie haben darauf zu achten, dass Arbeitnehmer nicht wegen Überschreitung bestimmter Altersstufen benachteiligt werden.

(2) Arbeitgeber und Betriebsrat haben die freie Entfaltung der Persönlichkeit der im Betrieb beschäftigten Arbeitnehmer zu schützen

und zu fördern. Sie haben die Selbständigkeit und Eigeninitiative der Arbeitnehmer und Arbeitsgruppen zu fördern.

§ 76
Einigungsstelle

(1) Zur Beilegung von Meinungsverschiedenheiten zwischen Arbeitgeber und Betriebsrat, Gesamtbetriebsrat oder Konzernbetriebsrat ist bei Bedarf eine Einigungsstelle zu bilden. Durch Betriebsvereinbarung kann eine ständige Einigungsstelle errichtet werden.

(2) Die Einigungsstelle besteht aus einer gleichen Anzahl von Beisitzern, die vom Arbeitgeber und Betriebsrat bestellt werden, und einem unparteiischen Vorsitzenden, auf dessen Person sich beide Seiten einigen müssen. Kommt eine Einigung über die Person des Vorsitzenden nicht zustande, so bestellt ihn das Arbeitsgericht. Dieses entscheidet auch, wenn kein Einverständnis über die Zahl der Beisitzer erzielt wird.

(3) Die Einigungsstelle hat unverzüglich tätig zu werden. Sie fasst ihre Beschlüsse nach mündlicher Beratung mit Stimmenmehrheit. Bei der Beschlussfassung hat sich der Vorsitzende zunächst der Stimme zu enthalten; kommt eine Stimmenmehrheit nicht zustande, so nimmt der Vorsitzende nach weiterer Beratung an der erneuten Beschlussfassung teil. Die Beschlüsse der Einigungsstelle sind schriftlich niederzulegen, vom Vorsitzenden zu unterschreiben und Arbeitgeber und Betriebsrat zuzuleiten.

(4) Durch Betriebsvereinbarung können weitere Einzelheiten des Verfahrens vor der Einigungsstelle geregelt werden.

(5) In den Fällen, in denen der Spruch der Einigungsstelle die Einigung zwischen Arbeitgeber und Betriebsrat ersetzt, wird die Einigungsstelle auf Antrag einer Seite tätig. Benennt eine Seite keine Mitglieder oder bleiben die von einer Seite genannten Mitglieder trotz rechtzeitiger Einladung der Sitzung fern, so entscheiden der Vorsitzende und die erschienenen Mitglieder nach Maßgabe des Absatzes 3 allein. Die Einigungsstelle fasst ihre Beschlüsse unter angemessener Berücksichtigung der Belange des Betriebs und der betroffenen Arbeitnehmer nach billigem Ermessen. Die Überschreitung der Grenzen des Ermessens kann durch den Arbeitgeber oder den Betriebsrat nur binnen einer Frist von zwei Wochen, vom Tage der Zuleitung des Beschlusses an gerechnet, beim Arbeitsgericht geltend gemacht werden.

(6) Im Übrigen wird die Einigungsstelle nur tätig, wenn beide Seiten es beantragen oder mit ihrem Tätigwerden einverstanden sind. In diesen Fällen ersetzt ihr Spruch die Einigung zwischen Arbeitgeber

und Betriebsrat nur, wenn beide Seiten sich dem Spruch im Voraus unterworfen oder ihn nachträglich angenommen haben.

(7) Soweit nach anderen Vorschriften der Rechtsweg gegeben ist, wird er durch den Spruch der Einigungsstelle nicht ausgeschlossen.

(8) Durch Tarifvertrag kann bestimmt werden, dass an die Stelle der in Absatz 1 bezeichneten Einigungsstelle eine tarifliche Schlichtungsstelle tritt.

§ 76a
Kosten der Einigungsstelle

(1) Die Kosten der Einigungsstelle trägt der Arbeitgeber.

(2) Die Beisitzer der Einigungsstelle, die dem Betrieb angehören, erhalten für ihre Tätigkeit keine Vergütung; § 37 Abs. 2 und 3 gilt entsprechend. Ist die Einigungsstelle zur Beilegung von Meinungsverschiedenheiten zwischen Arbeitgeber und Gesamtbetriebsrat oder Konzernbetriebsrat zu bilden, so gilt Satz 1 für die einem Betrieb des Unternehmens oder eines Konzernunternehmens angehörenden Beisitzer entsprechend.

(3) Der Vorsitzende und die Beisitzer der Einigungsstelle, die nicht zu den in Absatz 2 genannten Personen zählen, haben gegenüber dem Arbeitgeber Anspruch auf Vergütung ihrer Tätigkeit. Die Höhe der Vergütung richtet sich nach den Grundsätzen des Absatzes 4 Satz 3 bis 5.

(4) Der Bundesminister für Arbeit und Sozialordnung kann durch Rechtsverordnung die Vergütung nach Absatz 3 regeln. In der Vergütungsordnung sind Höchstsätze festzusetzen. Dabei sind insbesondere der erforderliche Zeitaufwand, die Schwierigkeit der Streitigkeit sowie ein Verdienstausfall zu berücksichtigen. Die Vergütung der Beisitzer ist niedriger zu bemessen als die des Vorsitzenden. Bei der Festsetzung der Höchstsätze ist den berechtigten Interessen der Mitglieder der Einigungsstelle und des Arbeitgebers Rechnung zu tragen.

(5) Von Absatz 3 und einer Vergütungsordnung nach Absatz 4 kann durch Tarifvertrag oder in einer Betriebsvereinbarung, wenn ein Tarifvertrag dies zulässt oder eine tarifliche Regelung nicht besteht, abgewichen werden.

§ 77
Durchführung gemeinsamer Beschlüsse, Betriebsvereinbarungen

(1) Vereinbarungen zwischen Betriebsrat und Arbeitgeber, auch soweit sie auf einem Spruch der Einigungsstelle beruhen, führt der Arbeitgeber durch, es sei denn, dass im Einzelfall etwas anderes

vereinbart ist. Der Betriebsrat darf nicht durch einseitige Handlungen in die Leitung des Betriebs eingreifen.

(2) Betriebsvereinbarungen sind von Betriebsrat und Arbeitgeber gemeinsam zu beschließen und schriftlich niederzulegen. Sie sind von beiden Seiten zu unterzeichnen; dies gilt nicht, soweit Betriebsvereinbarungen auf einem Spruch der Einigungsstelle beruhen. Der Arbeitgeber hat die Betriebsvereinbarungen an geeigneter Stelle im Betrieb auszulegen.

(3) Arbeitsentgelte und sonstige Arbeitsbedingungen, die durch Tarifvertrag geregelt sind oder üblicherweise geregelt werden, können nicht Gegenstand einer Betriebsvereinbarung sein. Dies gilt nicht, wenn ein Tarifvertrag den Abschluss ergänzender Betriebsvereinbarungen ausdrücklich zulässt.

(4) Betriebsvereinbarungen gelten unmittelbar und zwingend. Werden Arbeitnehmern durch die Betriebsvereinbarung Rechte eingeräumt, so ist ein Verzicht auf sie nur mit Zustimmung des Betriebsrats zulässig. Die Verwirkung dieser Rechte ist ausgeschlossen. Ausschlussfristen für ihre Geltendmachung sind nur insoweit zulässig, als sie in einem Tarifvertrag oder einer Betriebsvereinbarung vereinbart werden; dasselbe gilt für die Abkürzung der Verjährungsfristen.

(5) Betriebsvereinbarungen können, soweit nichts anderes vereinbart ist, mit einer Frist von drei Monaten gekündigt werden.

(6) Nach Ablauf einer Betriebsvereinbarung gelten ihre Regelungen in Angelegenheiten, in denen ein Spruch der Einigungsstelle die Einigung zwischen Arbeitgeber und Betriebsrat ersetzen kann, weiter, bis sie durch eine andere Abmachung ersetzt werden.

§ 78
Schutzbestimmungen

Die Mitglieder des Betriebsrats, des Gesamtbetriebsrats, des Konzernbetriebsrats, der Jugend- und Auszubildendenvertretung, der Gesamt-Jugend- und Auszubildendenvertretung, der Konzern-Jugend- und Auszubildendenvertretung, des Wirtschaftsausschusses, der Bordvertretung, des Seebetriebsrats, der in § 3 Abs. 1 genannten Vertretungen der Arbeitnehmer, der Einigungsstelle, einer tariflichen Schlichtungsstelle (§ 76 Abs. 8) und einer betrieblichen Beschwerdestelle (§ 86) sowie Auskunftspersonen (§ 80 Abs. 2 Satz 3) dürfen in der Ausübung ihrer Tätigkeit nicht gestört oder behindert werden. Sie dürfen wegen ihrer Tätigkeit nicht benachteiligt oder begünstigt werden; dies gilt auch für ihre berufliche Entwicklung.

§ 78a
Schutz Auszubildender in besonderen Fällen

(1) Beabsichtigt der Arbeitgeber, einen Auszubildenden, der Mitglied der Jugend- und Auszubildendenvertretung, des Betriebsrats, der Bordvertretung oder des Seebetriebsrats ist, nach Beendigung des Berufsausbildungsverhältnisses nicht in ein Arbeitsverhältnis auf unbestimmte Zeit zu übernehmen, so hat er dies drei Monate vor Beendigung des Berufsausbildungsverhältnisses dem Auszubildenden schriftlich mitzuteilen.

(2) Verlangt ein in Absatz 1 genannter Auszubildender innerhalb der letzten drei Monate vor Beendigung des Berufsausbildungsverhältnisses schriftlich vom Arbeitgeber die Weiterbeschäftigung, so gilt zwischen Auszubildendem und Arbeitgeber im Anschluss an das Berufsausbildungsverhältnis ein Arbeitsverhältnis auf unbestimmte Zeit als begründet. Auf dieses Arbeitsverhältnis ist insbesondere § 37 Abs. 4 und 5 entsprechend anzuwenden.

(3) Die Absätze 1 und 2 gelten auch, wenn das Berufsausbildungsverhältnis vor Ablauf eines Jahres nach Beendigung der Amtszeit der Jugend- und Auszubildendenvertretung, des Betriebsrats, der Bordvertretung oder des Seebetriebsrats endet.

(4) Der Arbeitgeber kann spätestens bis zum Ablauf von zwei Wochen nach Beendigung des Berufsausbildungsverhältnisses beim Arbeitsgericht beantragen,

1. festzustellen, dass ein Arbeitsverhältnis nach Absatz 2 oder 3 nicht begründet wird, oder
2. das bereits nach Absatz 2 oder 3 begründete Arbeitsverhältnis aufzulösen,

wenn Tatsachen vorliegen, aufgrund derer dem Arbeitgeber unter Berücksichtigung aller Umstände die Weiterbeschäftigung nicht zugemutet werden kann. In dem Verfahren vor dem Arbeitsgericht sind der Betriebsrat, die Bordvertretung, der Seebetriebsrat, bei Mitgliedern der Jugend- und Auszubildendenvertretung auch diese Beteiligte.

(5) Die Absätze 2 bis 4 finden unabhängig davon Anwendung, ob der Arbeitgeber seiner Mitteilungspflicht nach Absatz 1 nachgekommen ist.

§ 79
Geheimhaltungspflicht

(1) Die Mitglieder und Ersatzmitglieder des Betriebsrats sind verpflichtet, Betriebs- oder Geschäftsgeheimnisse, die ihnen wegen ihrer Zugehörigkeit zum Betriebsrat bekannt geworden und vom Arbeitgeber ausdrücklich als geheimhaltungsbedürftig bezeichnet worden

sind, nicht zu offenbaren und nicht zu verwerten. Dies gilt auch nach dem Ausscheiden aus dem Betriebsrat. Die Verpflichtung gilt nicht gegenüber Mitgliedern des Betriebsrats. Sie gilt ferner nicht gegenüber dem Gesamtbetriebsrat, dem Konzernbetriebsrat, der Bordvertretung, dem Seebetriebsrat und den Arbeitnehmervertretern im Aufsichtsrat sowie im Verfahren vor der Einigungsstelle, der tariflichen Schlichtungsstelle (§ 76 Abs. 8) oder einer betrieblichen Beschwerdestelle (§ 86).

(2) Absatz 1 gilt sinngemäß für die Mitglieder und Ersatzmitglieder des Gesamtbetriebsrats, des Konzernbetriebsrats, der Jugend- und Auszubildendenvertretung, der Gesamt-Jugend- und Auszubildendenvertretung, der Konzern-Jugend- und Auszubildendenvertretung, des Wirtschaftsausschusses, der Bordvertretung, des Seebetriebsrats, der gemäß § 3 Abs. 1 gebildeten Vertretungen der Arbeitnehmer, der Einigungsstelle, der tariflichen Schlichtungsstelle (§ 76 Abs. 8) und einer betrieblichen Beschwerdestelle (§ 86) sowie für die Vertreter von Gewerkschaften oder von Arbeitgebervereinigungen.

§ 80
Allgemeine Aufgaben

(1) Der Betriebsrat hat folgende allgemeine Aufgaben:

1. darüber zu wachen, dass die zugunsten der Arbeitnehmer geltenden Gesetze, Verordnungen, Unfallverhütungsvorschriften, Tarifverträge und Betriebsvereinbarungen durchgeführt werden;
2. Maßnahmen, die dem Betrieb und der Belegschaft dienen, beim Arbeitgeber zu beantragen;

2a. die Durchsetzung der tatsächlichen Gleichstellung von Frauen und Männern, insbesondere bei der Einstellung, Beschäftigung, Aus-, Fort- und Weiterbildung und dem beruflichen Aufstieg, zu fördern;

2b. die Vereinbarkeit von Familie und Erwerbstätigkeit zu fördern;

3. Anregungen von Arbeitnehmern und der Jugend- und Auszubildendenvertretung entgegenzunehmen und, falls sie berechtigt erscheinen, durch Verhandlungen mit dem Arbeitgeber auf eine Erledigung hinzuwirken; er hat die betreffenden Arbeitnehmer über den Stand und das Ergebnis der Verhandlungen zu unterrichten;
4. die Eingliederung Schwerbehinderter und sonstiger besonders schutzbedürftiger Personen zu fördern;
5. die Wahl einer Jugend- und Auszubildendenvertretung vorzubereiten und durchzuführen und mit dieser zur Förderung der Belange der in § 60 Abs. 1 genannten Arbeitnehmer eng zusammen-

zuarbeiten; er kann von der Jugend- und Auszubildendenvertretung Vorschläge und Stellungnahmen anfordern;

6. die Beschäftigung älterer Arbeitnehmer im Betrieb zu fördern;
7. die Integration ausländischer Arbeitnehmer im Betrieb und das Verständnis zwischen ihnen und den deutschen Arbeitnehmern zu fördern sowie Maßnahmen zur Bekämpfung von Rassismus und Fremdenfeindlichkeit im Betrieb zu beantragen;
8. die Beschäftigung im Betrieb zu fördern und zu sichern;
9. Maßnahmen des Arbeitsschutzes und des betrieblichen Umweltschutzes zu fördern.

(2) Zur Durchführung seiner Aufgaben nach diesem Gesetz ist der Betriebsrat rechtzeitig und umfassend vom Arbeitgeber zu unterrichten; die Unterrichtung erstreckt sich auch auf die Beschäftigung von Personen, die nicht in einem Arbeitsverhältnis zum Arbeitgeber stehen. Dem Betriebsrat sind auf Verlangen jederzeit die zur Durchführung seiner Aufgaben erforderlichen Unterlagen zur Verfügung zu stellen; in diesem Rahmen ist der Betriebsausschuss oder ein nach § 28 gebildeter Ausschuss berechtigt, in die Listen über die Bruttolöhne und -gehälter Einblick zu nehmen. Soweit es zur ordnungsgemäßen Erfüllung der Aufgaben des Betriebsrats erforderlich ist, hat der Arbeitgeber ihm sachkundige Arbeitnehmer als Auskunftspersonen zur Verfügung zu stellen; er hat hierbei die Vorschläge des Betriebsrats zu berücksichtigen, soweit betriebliche Notwendigkeiten nicht entgegenstehen.

(3) Der Betriebsrat kann bei der Durchführung seiner Aufgaben nach näherer Vereinbarung mit dem Arbeitgeber Sachverständige hinzuziehen, soweit dies zur ordnungsgemäßen Erfüllung seiner Aufgaben erforderlich ist.

(4) Für die Geheimhaltungspflicht der Auskunftspersonen und der Sachverständigen gilt § 79 entsprechend.

Zweiter Abschnitt

Mitwirkungs- und Beschwerderecht des Arbeitnehmers

§ 81
Unterrichtungs- und Erörterungspflicht des Arbeitgebers

(1) Der Arbeitgeber hat den Arbeitnehmer über dessen Aufgabe und Verantwortung sowie über die Art seiner Tätigkeit und ihre Einordnung in den Arbeitsablauf des Betriebs zu unterrichten. Er hat den Arbeitnehmer vor Beginn der Beschäftigung über die Unfall- und Gesundheitsgefahren, denen dieser bei der Beschäftigung ausgesetzt ist, sowie über die Maßnahmen und Einrichtungen zur Abwendung dieser Gefahren und die nach § 10 Abs. 2 des Arbeitsschutzgesetzes getroffenen Maßnahmen zu belehren.

(2) Über Veränderungen in seinem Arbeitsbereich ist der Arbeitnehmer rechtzeitig zu unterrichten. Absatz 1 gilt entsprechend.

(3) In Betrieben, in denen kein Betriebsrat besteht, hat der Arbeitgeber die Arbeitnehmer zu allen Maßnahmen zu hören, die Auswirkungen auf Sicherheit und Gesundheit der Arbeitnehmer haben können.

(4) Der Arbeitgeber hat den Arbeitnehmer über die aufgrund einer Planung von technischen Anlagen, von Arbeitsverfahren und Arbeitsabläufen oder der Arbeitsplätze vorgesehenen Maßnahmen und ihre Auswirkungen auf seinen Arbeitsplatz, die Arbeitsumgebung sowie auf Inhalt und Art seiner Tätigkeit zu unterrichten. Sobald feststeht, dass sich die Tätigkeit des Arbeitnehmers ändern wird und seine beruflichen Kenntnisse und Fähigkeiten zur Erfüllung seiner Aufgaben nicht ausreichen, hat der Arbeitgeber mit dem Arbeitnehmer zu erörtern, wie dessen beruflichen Kenntnisse und Fähigkeiten im Rahmen der betrieblichen Möglichkeiten den künftigen Anforderungen angepasst werden können. Der Arbeitnehmer kann bei der Erörterung ein Mitglied des Betriebsrats hinzuziehen.

§ 82
Anhörungs- und Erörterungsrecht des Arbeitnehmers

(1) Der Arbeitnehmer hat das Recht, in betrieblichen Angelegenheiten, die seine Person betreffen, von den nach Maßgabe des organisatorischen Aufbaus des Betriebs hierfür zuständigen Personen gehört zu werden. Er ist berechtigt, zu Maßnahmen des Arbeitgebers, die ihn betreffen, Stellung zu nehmen sowie Vorschläge für die Gestaltung des Arbeitsplatzes und des Arbeitsablaufs zu machen.

(2) Der Arbeitnehmer kann verlangen, dass ihm die Berechnung und Zusammensetzung seines Arbeitsentgelts erläutert und dass mit ihm die Beurteilung seiner Leistungen sowie die Möglichkeiten seiner beruflichen Entwicklung im Betrieb erörtert werden. Er kann ein Mitglied des Betriebsrats hinzuziehen. Das Mitglied des Betriebsrats hat über den Inhalt dieser Verhandlungen Stillschweigen zu bewahren, soweit es vom Arbeitnehmer im Einzelfall nicht von dieser Verpflichtung entbunden wird.

§ 83
Einsicht in die Personalakten

(1) Der Arbeitnehmer hat das Recht, in die über ihn geführten Personalakten Einsicht zu nehmen. Er kann hierzu ein Mitglied des Betriebsrats hinzuziehen. Das Mitglied des Betriebsrats hat über den Inhalt der Personalakte Stillschweigen zu bewahren, soweit es vom Arbeitnehmer im Einzelfall nicht von dieser Verpflichtung entbunden wird.

(2) Erklärungen des Arbeitnehmers zum Inhalt der Personalakte sind dieser auf sein Verlangen beizufügen.

§ 84
Beschwerderecht

(1) Jeder Arbeitnehmer hat das Recht, sich bei den zuständigen Stellen des Betriebs zu beschweren, wenn er sich vom Arbeitgeber oder von Arbeitnehmern des Betriebs benachteiligt oder ungerecht behandelt oder in sonstiger Weise beeinträchtigt fühlt. Er kann ein Mitglied des Betriebsrats zur Unterstützung oder Vermittlung hinzuziehen.

(2) Der Arbeitgeber hat den Arbeitnehmer über die Behandlung der Beschwerde zu bescheiden und, soweit er die Beschwerde für berechtigt erachtet, ihr abzuhelfen.

(3) Wegen der Erhebung einer Beschwerde dürfen dem Arbeitnehmer keine Nachteile entstehen.

§ 85
Behandlung von Beschwerden durch den Betriebsrat

(1) Der Betriebsrat hat Beschwerden von Arbeitnehmern entgegenzunehmen und, falls er sie für berechtigt erachtet, beim Arbeitgeber auf Abhilfe hinzuwirken.

(2) Bestehen zwischen Betriebsrat und Arbeitgeber Meinungsverschiedenheiten über die Berechtigung der Beschwerde, so kann der Betriebsrat die Einigungsstelle anrufen. Der Spruch der Einigungs-

stelle ersetzt die Einigung zwischen Arbeitgeber und Betriebsrat. Dies gilt nicht, soweit Gegenstand der Beschwerde ein Rechtsanspruch ist.

(3) Der Arbeitgeber hat den Betriebsrat über die Behandlung der Beschwerde zu unterrichten. § 84 Abs. 2 bleibt unberührt.

§ 86
Ergänzende Vereinbarungen

Durch Tarifvertrag oder Betriebsvereinbarung können die Einzelheiten des Beschwerdeverfahrens geregelt werden. Hierbei kann bestimmt werden, dass in den Fällen des § 85 Abs. 2 an die Stelle der Einigungsstelle eine betriebliche Beschwerdestelle tritt.

§ 86 a
Vorschlagsrecht der Arbeitnehmer

Jeder Arbeitnehmer hat das Recht, dem Betriebsrat Themen zur Beratung vorzuschlagen. Wird ein Vorschlag von mindestens 5 vom Hundert der Arbeitnehmer des Betriebs unterstützt, hat der Betriebsrat diesen innerhalb von zwei Monaten auf die Tagesordnung einer Betriebsratssitzung zu setzen.

Dritter Abschnitt

Soziale Angelegenheiten

§ 87
Mitbestimmungsrechte

(1) Der Betriebsrat hat, soweit eine gesetzliche oder tarifliche Regelung nicht besteht, in folgenden Angelegenheiten mitzubestimmen:

1. Fragen der Ordnung des Betriebs und des Verhaltens der Arbeitnehmer im Betrieb;
2. Beginn und Ende der täglichen Arbeitszeit einschließlich der Pausen sowie Verteilung der Arbeitszeit auf die einzelnen Wochentage;
3. vorübergehende Verkürzung oder Verlängerung der betriebsüblichen Arbeitszeit;
4. Zeit, Ort und Art der Auszahlung der Arbeitsentgelte;
5. Aufstellung allgemeiner Urlaubsgrundsätze und des Urlaubsplans sowie die Festsetzung der zeitlichen Lage des Urlaubs für einzel-

ne Arbeitnehmer, wenn zwischen dem Arbeitgeber und den beteiligten Arbeitnehmern kein Einverständnis erzielt wird;

6. Einführung und Anwendung von technischen Einrichtungen, die dazu bestimmt sind, das Verhalten oder die Leistung der Arbeitnehmer zu überwachen;
7. Regelungen über die Verhütung von Arbeitsunfällen und Berufskrankheiten sowie über den Gesundheitsschutz im Rahmen der gesetzlichen Vorschriften oder der Unfallverhütungsvorschriften;
8. Form, Ausgestaltung und Verwaltung von Sozialeinrichtungen, deren Wirkungsbereich auf den Betrieb, das Unternehmen oder den Konzern beschränkt ist;
9. Zuweisung und Kündigung von Wohnräumen, die den Arbeitnehmern mit Rücksicht auf das Bestehen eines Arbeitsverhältnisses vermietet werden, sowie die allgemeine Festlegung der Nutzungsbedingungen;
10. Fragen der betrieblichen Lohngestaltung, insbesondere die Aufstellung von Entlohnungsgrundsätzen und die Einführung und Anwendung von neuen Entlohnungsmethoden sowie deren Änderung;
11. Festsetzung der Akkord- und Prämiensätze und vergleichbarer leistungsbezogener Entgelte, einschließlich der Geldfaktoren;
12. Grundsätze über das betriebliche Vorschlagswesen;
13. Grundsätze über die Durchführung von Gruppenarbeit; Gruppenarbeit im Sinne dieser Vorschrift liegt vor, wenn im Rahmen des betrieblichen Arbeitsablaufs eine Gruppe von Arbeitnehmern eine ihr übertragene Gesamtaufgabe im Wesentlichen eigenverantwortlich erledigt.

(2) Kommt eine Einigung über eine Angelegenheit nach Absatz 1 nicht zustande, so entscheidet die Einigungsstelle. Der Spruch der Einigungsstelle ersetzt die Einigung zwischen Arbeitgeber und Betriebsrat.

§ 88
Freiwillige Betriebsvereinbarungen

Durch Betriebsvereinbarung können insbesondere geregelt werden

1. zusätzliche Maßnahmen zur Verhütung von Arbeitsunfällen und Gesundheitsschädigungen;

1a. Maßnahmen des betrieblichen Umweltschutzes;

2. die Errichtung von Sozialeinrichtungen, deren Wirkungsbereich auf den Betrieb, das Unternehmen oder den Konzern beschränkt ist;

3. Maßnahmen zur Förderung der Vermögensbildung;
4. Maßnahmen zur Integration ausländischer Arbeitnehmer sowie zur Bekämpfung von Rassismus und Fremdenfeindlichkeit im Betrieb.

§ 89
Arbeits- und betrieblicher Umweltschutz

(1) Der Betriebsrat hat sich dafür einzusetzen, dass die Vorschriften über den Arbeitsschutz und die Unfallverhütung im Betrieb sowie über den betrieblichen Umweltschutz durchgeführt werden. Er hat bei der Bekämpfung von Unfall- und Gesundheitsgefahren die für den Arbeitsschutz zuständigen Behörden, die Träger der gesetzlichen Unfallversicherung und die sonstigen in Betracht kommenden Stellen durch Anregung, Beratung und Auskunft zu unterstützen.

(2) Der Arbeitgeber und die in Absatz 1 Satz 2 genannten Stellen sind verpflichtet, den Betriebsrat oder die von ihm bestimmten Mitglieder des Betriebsrats bei allen im Zusammenhang mit dem Arbeitsschutz oder der Unfallverhütung stehenden Besichtigungen und Fragen und bei Unfalluntersuchungen hinzuzuziehen. Der Arbeitgeber hat den Betriebsrat auch bei allen im Zusammenhang mit dem betrieblichen Umweltschutz stehenden Besichtigungen und Fragen hinzuzuziehen und ihm unverzüglich die den Arbeitsschutz, die Unfallverhütung und den betrieblichen Umweltschutz betreffenden Auflagen und Anordnungen der zuständigen Stellen mitzuteilen.

(3) Als betrieblicher Umweltschutz im Sinne dieses Gesetzes sind alle personellen und organisatorischen Maßnahmen sowie alle die betrieblichen Bauten, Räume, technische Anlagen, Arbeitsverfahren, Arbeitsabläufe und Arbeitsplätze betreffenden Maßnahmen zu verstehen, die dem Umweltschutz dienen.

(4) An den Besprechungen des Arbeitgebers mit den Sicherheitsbeauftragten im Rahmen des § 22 Abs. 2 des Siebten Buches Sozialgesetzbuch nehmen vom Betriebsrat beauftragte Betriebsratsmitglieder teil.

(5) Der Betriebsrat erhält vom Arbeitgeber die Niederschriften über Untersuchungen, Besichtigungen und Besprechungen, zu denen er nach den Absätzen 2 und 4 hinzuzuziehen ist.

(6) Der Arbeitgeber hat dem Betriebsrat eine Durchschrift der nach § 193 Abs. 5 des Siebten Buches Sozialgesetzbuch vom Betriebsrat zu unterschreibenden Unfallanzeige auszuhändigen.

Vierter Abschnitt

Gestaltung von Arbeitsplatz, Arbeitsablauf und Arbeitsumgebung

§ 90
Unterrichtungs- und Beratungsrechte

(1) Der Arbeitgeber hat den Betriebsrat über die Planung

1. von Neu-, Um- und Erweiterungsbauten von Fabrikations-, Verwaltungs- und sonstigen betrieblichen Räumen,
2. von technischen Anlagen,
3. von Arbeitsverfahren und Arbeitsabläufen oder
4. der Arbeitsplätze

rechtzeitig unter Vorlage der erforderlichen Unterlagen zu unterrichten.

(2) Der Arbeitgeber hat mit dem Betriebsrat die vorgesehenen Maßnahmen und ihre Auswirkungen auf die Arbeitnehmer, insbesondere auf die Art ihrer Arbeit sowie die sich daraus ergebenden Anforderungen an die Arbeitnehmer so rechtzeitig zu beraten, dass Vorschläge und Bedenken des Betriebsrats bei der Planung berücksichtigt werden können. Arbeitgeber und Betriebsrat sollen dabei auch die gesicherten arbeitswissenschaftlichen Erkenntnisse über die menschengerechte Gestaltung der Arbeit berücksichtigen.

§ 91
Mitbestimmungsrecht

Werden die Arbeitnehmer durch Änderungen der Arbeitsplätze, des Arbeitsablaufs oder der Arbeitsumgebung, die den gesicherten arbeitswissenschaftlichen Erkenntnissen über die menschengerechte Gestaltung der Arbeit offensichtlich widersprechen, in besonderer Weise belastet, so kann der Betriebsrat angemessene Maßnahmen zur Abwendung, Milderung oder zum Ausgleich der Belastung verlangen. Kommt eine Einigung nicht zustande, so entscheidet die Einigungsstelle. Der Spruch der Einigungsstelle ersetzt die Einigung zwischen Arbeitgeber und Betriebsrat.

Fünfter Abschnitt

Personelle Angelegenheiten

Erster Unterabschnitt

Allgemeine personelle Angelegenheiten

§ 92
Personalplanung

(1) Der Arbeitgeber hat den Betriebsrat über die Personalplanung, insbesondere über den gegenwärtigen und künftigen Personalbedarf sowie über die sich daraus ergebenden personellen Maßnahmen und Maßnahmen der Berufsbildung an Hand von Unterlagen rechtzeitig und umfassend zu unterrichten. Er hat mit dem Betriebsrat über Art und Umfang der erforderlichen Maßnahmen und über die Vermeidung von Härten zu beraten.

(2) Der Betriebsrat kann dem Arbeitgeber Vorschläge für die Einführung einer Personalplanung und ihre Durchführung machen.

(3) Die Absätze 1 und 2 gelten entsprechend für Maßnahmen im Sinne des § 80 Abs. 1 Nr. 2 a und 2 b, insbesondere für die Aufstellung und Durchführung von Maßnahmen zur Förderung der Gleichstellung von Frauen und Männern.

§ 92 a
Beschäftigungssicherung

(1) Der Betriebsrat kann dem Arbeitgeber Vorschläge zur Sicherung und Förderung der Beschäftigung machen. Diese können insbesondere eine flexible Gestaltung der Arbeitszeit, die Förderung von Teilzeitarbeit und Altersteilzeit, neue Formen der Arbeitsorganisation, Änderungen der Arbeitsverfahren und Arbeitsabläufe, die Qualifizierung der Arbeitnehmer, Alternativen zur Ausgliederung von Arbeit oder ihrer Vergabe an andere Unternehmen sowie zum Produktions- und Investitionsprogramm zum Gegenstand haben.

(2) Der Arbeitgeber hat die Vorschläge mit dem Betriebsrat zu beraten. Hält der Arbeitgeber die Vorschläge des Betriebsrats für ungeeignet, hat er dies zu begründen; in Betrieben mit mehr als 100 Arbeitnehmern erfolgt die Begründung schriftlich. Zu den Beratungen kann der Arbeitgeber oder der Betriebsrat einen Vertreter des Arbeitsamtes oder des Landesarbeitsamtes hinzuziehen.

§ 93
Ausschreibung von Arbeitsplätzen

Der Betriebsrat kann verlangen, dass Arbeitsplätze, die besetzt werden sollen, allgemein oder für bestimmte Arten von Tätigkeiten vor ihrer Besetzung innerhalb des Betriebs ausgeschrieben werden.

§ 94
Personalfragebogen, Beurteilungsgrundsätze

(1) Personalfragebogen bedürfen der Zustimmung des Betriebsrats. Kommt eine Einigung über ihren Inhalt nicht zustande, so entscheidet die Einigungsstelle. Der Spruch der Einigungsstelle ersetzt die Einigung zwischen Arbeitgeber und Betriebsrat.

(2) Absatz 1 gilt entsprechend für persönliche Angaben in schriftlichen Arbeitsverträgen, die allgemein für den Betrieb verwendet werden sollen, sowie für die Aufstellung allgemeiner Beurteilungsgrundsätze.

§ 95
Auswahlrichtlinien

(1) Richtlinien über die personelle Auswahl bei Einstellungen, Versetzungen, Umgruppierungen und Kündigungen bedürfen der Zustimmung des Betriebsrats. Kommt eine Einigung über die Richtlinien oder ihren Inhalt nicht zustande, so entscheidet auf Antrag des Arbeitgebers die Einigungsstelle. Der Spruch der Einigungsstelle ersetzt die Einigung zwischen Arbeitgeber und Betriebsrat.

(2) In Betrieben mit mehr als 500 Arbeitnehmern kann der Betriebsrat die Aufstellung von Richtlinien über die bei Maßnahmen des Absatzes 1 Satz 1 zu beachtenden fachlichen und persönlichen Voraussetzungen und sozialen Gesichtspunkte verlangen. Kommt eine Einigung über die Richtlinien oder ihren Inhalt nicht zustande, so entscheidet die Einigungsstelle. Der Spruch der Einigungsstelle ersetzt die Einigung zwischen Arbeitgeber und Betriebsrat.

(3) Versetzung im Sinne dieses Gesetzes ist die Zuweisung eines anderen Arbeitsbereichs, die voraussichtlich die Dauer von einem Monat überschreitet, oder die mit einer erheblichen Änderung der Umstände verbunden ist, unter denen die Arbeit zu leisten ist. Werden Arbeitnehmer nach der Eigenart ihres Arbeitsverhältnisses üblicherweise nicht ständig an einem bestimmten Arbeitsplatz beschäftigt, so gilt die Bestimmung des jeweiligen Arbeitsplatzes nicht als Versetzung.

Zweiter Unterabschnitt

Berufsbildung

§ 96
Förderung der Berufsbildung

(1) Arbeitgeber und Betriebsrat haben im Rahmen der betrieblichen Personalplanung und in Zusammenarbeit mit den für die Berufsbildung und den für die Förderung der Berufsbildung zuständigen Stellen die Berufsbildung der Arbeitnehmer zu fördern. Der Arbeitgeber hat auf Verlangen des Betriebsrats den Berufsbildungsbedarf zu ermitteln und mit ihm Fragen der Berufsbildung der Arbeitnehmer des Betriebs zu beraten. Hierzu kann der Betriebsrat Vorschläge machen.

(2) Arbeitgeber und Betriebsrat haben darauf zu achten, dass unter Berücksichtigung der betrieblichen Notwendigkeiten den Arbeitnehmern die Teilnahme an betrieblichen oder außerbetrieblichen Maßnahmen der Berufsbildung ermöglicht wird. Sie haben dabei auch die Belange älterer Arbeitnehmer, Teilzeitbeschäftigter und von Arbeitnehmern mit Familienpflichten zu berücksichtigen.

§ 97
Einrichtungen und Maßnahmen der Berufsbildung

(1) Der Arbeitgeber hat mit dem Betriebsrat über die Errichtung und Ausstattung betrieblicher Einrichtungen zur Berufsbildung, die Einführung betrieblicher Berufsbildungsmaßnahmen und die Teilnahme an außerbetrieblichen Berufsbildungsmaßnahmen zu beraten.

(2) Hat der Arbeitgeber Maßnahmen geplant oder durchgeführt, die dazu führen, dass sich die Tätigkeit der betroffenen Arbeitnehmer ändert und ihre beruflichen Kenntnisse und Fähigkeiten zur Erfüllung ihrer Aufgaben nicht mehr ausreichen, so hat der Betriebsrat bei der Einführung von Maßnahmen der betrieblichen Berufsbildung mitzubestimmen. Kommt eine Einigung nicht zustande, so entscheidet die Einigungsstelle. Der Spruch der Einigungsstelle ersetzt die Einigung zwischen Arbeitgeber und Betriebsrat.

§ 98
Durchführung betrieblicher Bildungsmaßnahmen

(1) Der Betriebsrat hat bei der Durchführung von Maßnahmen der betrieblichen Berufsbildung mitzubestimmen.

(2) Der Betriebsrat kann der Bestellung einer mit der Durchführung der betrieblichen Berufsbildung beauftragten Person widersprechen oder ihre Abberufung verlangen, wenn diese die persönliche oder

fachliche, insbesondere die berufs- und arbeitspädagogische Eignung im Sinne des Berufsbildungsgesetzes nicht besitzt oder ihre Aufgaben vernachlässigt.

(3) Führt der Arbeitgeber betriebliche Maßnahmen der Berufsbildung durch oder stellt er für außerbetriebliche Maßnahmen der Berufsbildung Arbeitnehmer frei oder trägt er die durch die Teilnahme von Arbeitnehmern an solchen Maßnahmen entstehenden Kosten ganz oder teilweise, so kann der Betriebsrat Vorschläge für die Teilnahme von Arbeitnehmern oder Gruppen von Arbeitnehmern des Betriebs an diesen Maßnahmen der beruflichen Bildung machen.

(4) Kommt im Fall des Absatzes 1 oder über die nach Absatz 3 vom Betriebsrat vorgeschlagenen Teilnehmer eine Einigung nicht zustande, so entscheidet die Einigungsstelle. Der Spruch der Einigungsstelle ersetzt die Einigung zwischen Arbeitgeber und Betriebsrat.

(5) Kommt im Fall des Absatzes 2 eine Einigung nicht zustande, so kann der Betriebsrat beim Arbeitsgericht beantragen, dem Arbeitgeber aufzugeben, die Bestellung zu unterlassen oder die Abberufung durchzuführen. Führt der Arbeitgeber die Bestellung einer rechtskräftigen gerichtlichen Entscheidung zuwider durch, so ist er auf Antrag des Betriebsrats vom Arbeitsgericht wegen der Bestellung nach vorheriger Androhung zu einem Ordnungsgeld zu verurteilen; das Höchstmaß des Ordnungsgeldes beträgt 10000 Euro. Führt der Arbeitgeber die Abberufung einer rechtskräftigen gerichtlichen Entscheidung zuwider nicht durch, so ist auf Antrag des Betriebsrats vom Arbeitsgericht zu erkennen, dass der Arbeitgeber zur Abberufung durch Zwangsgeld anzuhalten sei; das Höchstmaß des Zwangsgeldes beträgt für jeden Tag der Zuwiderhandlung 250 Euro. Die Vorschriften des Berufsbildungsgesetzes über die Ordnung der Berufsbildung bleiben unberührt.

(6) Die Absätze 1 bis 5 gelten entsprechend, wenn der Arbeitgeber sonstige Bildungsmaßnahmen im Betrieb durchführt.

Dritter Unterabschnitt

Personelle Einzelmaßnahmen

§ 99
Mitbestimmung bei personellen Einzelmaßnahmen

(1) In Unternehmen mit in der Regel mehr als zwanzig wahlberechtigten Arbeitnehmern hat der Arbeitgeber den Betriebsrat vor jeder Einstellung, Eingruppierung, Umgruppierung und Versetzung zu un-

terrichten, ihm die erforderlichen Bewerbungsunterlagen vorzulegen und Auskunft über die Person der Beteiligten zu geben; er hat dem Betriebsrat unter Vorlage der erforderlichen Unterlagen Auskunft über die Auswirkungen der geplanten Maßnahme zu geben und die Zustimmung des Betriebsrats zu der geplanten Maßnahme einzuholen. Bei Einstellungen und Versetzungen hat der Arbeitgeber insbesondere den in Aussicht genommenen Arbeitsplatz und die vorgesehene Eingruppierung mitzuteilen. Die Mitglieder des Betriebsrats sind verpflichtet, über die ihnen im Rahmen der personellen Maßnahmen nach den Sätzen 1 und 2 bekannt gewordenen persönlichen Verhältnisse und Angelegenheiten der Arbeitnehmer, die ihrer Bedeutung oder ihrem Inhalt nach einer vertraulichen Behandlung bedürfen, Stillschweigen zu bewahren; § 79 Abs. 1 Satz 2 bis 4 gilt entsprechend.

(2) Der Betriebsrat kann die Zustimmung verweigern, wenn

1. die personelle Maßnahme gegen ein Gesetz, eine Verordnung, eine Unfallverhütungsvorschrift oder gegen eine Bestimmung in einem Tarifvertrag oder in einer Betriebsvereinbarung oder gegen eine gerichtliche Entscheidung oder eine behördliche Anordnung verstoßen würde,
2. die personelle Maßnahme gegen eine Richtlinie nach § 95 verstoßen würde,
3. die durch Tatsachen begründete Besorgnis besteht, dass infolge der personellen Maßnahme im Betrieb beschäftigte Arbeitnehmer gekündigt werden oder sonstige Nachteile erleiden, ohne dass dies aus betrieblichen oder persönlichen Gründen gerechtfertigt ist; als Nachteil gilt bei unbefristeter Einstellung auch die Nichtberücksichtigung einer gleich geeigneten befristet Beschäftigten,
4. der betroffene Arbeitnehmer durch die personelle Maßnahme benachteiligt wird, ohne dass dies aus betrieblichen oder in der Person des Arbeitnehmers liegenden Gründen gerechtfertigt ist,
5. eine nach § 93 erforderliche Ausschreibung im Betrieb unterblieben ist oder
6. die durch Tatsachen begründete Besorgnis besteht, dass der für die personelle Maßnahme in Aussicht genommene Bewerber oder Arbeitnehmer den Betriebsfrieden durch gesetzwidriges Verhalten oder durch grobe Verletzung der in § 75 Abs. 1 enthaltenen Grundsätze, insbesondere durch rassistische oder fremdenfeindliche Betätigung, stören werde.

(3) Verweigert der Betriebsrat seine Zustimmung, so hat er dies unter Angabe von Gründen innerhalb einer Woche nach Unterrichtung durch den Arbeitgeber diesem schriftlich mitzuteilen. Teilt der Betriebsrat dem Arbeitgeber die Verweigerung seiner Zustimmung nicht innerhalb der Frist schriftlich mit, so gilt die Zustimmung als erteilt.

(4) Verweigert der Betriebsrat seine Zustimmung, so kann der Arbeitgeber beim Arbeitsgericht beantragen, die Zustimmung zu ersetzen.

§ 100
Vorläufige personelle Maßnahmen

(1) Der Arbeitgeber kann, wenn dies aus sachlichen Gründen dringend erforderlich ist, die personelle Maßnahme im Sinne des § 99 Abs. 1 Satz 1 vorläufig durchführen, bevor der Betriebsrat sich geäußert oder wenn er die Zustimmung verweigert hat. Der Arbeitgeber hat den Arbeitnehmer über die Sach- und Rechtslage aufzuklären.

(2) Der Arbeitgeber hat den Betriebsrat unverzüglich von der vorläufigen personellen Maßnahme zu unterrichten. Bestreitet der Betriebsrat, dass die Maßnahme aus sachlichen Gründen dringend erforderlich ist, so hat er dies dem Arbeitgeber unverzüglich mitzuteilen. In diesem Fall darf der Arbeitgeber die vorläufige personelle Maßnahme nur aufrechterhalten, wenn er innerhalb von drei Tagen beim Arbeitsgericht die Ersetzung der Zustimmung des Betriebsrats und die Feststellung beantragt, dass die Maßnahme aus sachlichen Gründen dringend erforderlich war.

(3) Lehnt das Gericht durch rechtskräftige Entscheidung die Ersetzung der Zustimmung des Betriebsrats ab oder stellt es rechtskräftig fest, dass offensichtlich die Maßnahme aus sachlichen Gründen nicht dringend erforderlich war, so endet die vorläufige personelle Maßnahme mit Ablauf von zwei Wochen nach Rechtskraft der Entscheidung. Von diesem Zeitpunkt an darf die personelle Maßnahme nicht aufrechterhalten werden.

§ 101
Zwangsgeld

Führt der Arbeitgeber eine personelle Maßnahme im Sinne des § 99 Abs. 1 Satz 1 ohne Zustimmung des Betriebsrats durch oder hält er eine vorläufige personelle Maßnahme entgegen § 100 Abs. 2 Satz 3 oder Abs. 3 aufrecht, so kann der Betriebsrat beim Arbeitsgericht beantragen, dem Arbeitgeber aufzugeben, die personelle Maßnahme aufzuheben. Hebt der Arbeitgeber entgegen einer rechtskräftigen gerichtlichen Entscheidung die personelle Maßnahme nicht auf, so ist auf Antrag des Betriebsrats vom Arbeitsgericht zu erkennen, dass der Arbeitgeber zur Aufhebung der Maßnahme durch Zwangsgeld anzuhalten sei. Das Höchstmaß des Zwangsgeldes beträgt für jeden Tag der Zuwiderhandlung 250 Euro.

§ 102
Mitbestimmung bei Kündigungen

(1) Der Betriebsrat ist vor jeder Kündigung zu hören. Der Arbeitgeber hat ihm die Gründe für die Kündigung mitzuteilen. Eine ohne Anhörung des Betriebsrats ausgesprochene Kündigung ist unwirksam.

(2) Hat der Betriebsrat gegen eine ordentliche Kündigung Bedenken, so hat er diese unter Angabe der Gründe dem Arbeitgeber spätestens innerhalb einer Woche schriftlich mitzuteilen. Äußert er sich innerhalb dieser Frist nicht, gilt seine Zustimmung zur Kündigung als erteilt. Hat der Betriebsrat gegen eine außerordentliche Kündigung Bedenken, so hat er diese unter Angabe der Gründe dem Arbeitgeber unverzüglich, spätestens jedoch innerhalb von drei Tagen, schriftlich mitzuteilen. Der Betriebsrat soll, soweit dies erforderlich erscheint, vor seiner Stellungnahme den betroffenen Arbeitnehmer hören. § 99 Abs. 1 Satz 3 gilt entsprechend.

(3) Der Betriebsrat kann innerhalb der Frist des Absatzes 2 Satz 1 der ordentlichen Kündigung widersprechen, wenn

1. der Arbeitgeber bei der Auswahl des zu kündigenden Arbeitnehmers soziale Gesichtspunkte nicht oder nicht ausreichend berücksichtigt hat,
2. die Kündigung gegen eine Richtlinie nach § 95 verstößt,
3. der zu kündigende Arbeitnehmer an einem anderen Arbeitsplatz im selben Betrieb oder in einem anderen Betrieb des Unternehmens weiterbeschäftigt werden kann,
4. die Weiterbeschäftigung des Arbeitnehmers nach zumutbaren Umschulungs- oder Fortbildungsmaßnahmen möglich ist oder
5. eine Weiterbeschäftigung des Arbeitnehmers unter geänderten Vertragsbedingungen möglich ist und der Arbeitnehmer sein Einverständnis hiermit erklärt hat.

(4) Kündigt der Arbeitgeber, obwohl der Betriebsrat nach Absatz 3 der Kündigung widersprochen hat, so hat er dem Arbeitnehmer mit der Kündigung eine Abschrift der Stellungnahme des Betriebsrats zuzuleiten.

(5) Hat der Betriebsrat einer ordentlichen Kündigung frist- und ordnungsgemäß widersprochen und hat der Arbeitnehmer nach dem Kündigungsschutzgesetz Klage auf Feststellung erhoben, dass das Arbeitsverhältnis durch die Kündigung nicht aufgelöst ist, so muss der Arbeitgeber auf Verlangen des Arbeitnehmers diesen nach Ablauf der Kündigungsfrist bis zum rechtskräftigen Abschluss des Rechtsstreits bei unveränderten Arbeitsbedingungen weiterbeschäftigen. Auf Antrag des Arbeitgebers kann das Gericht ihn durch einstweilige Verfügung von der Verpflichtung zur Weiterbeschäftigung nach Satz 1 entbinden, wenn

1. die Klage des Arbeitnehmers keine hinreichende Aussicht auf Erfolg bietet oder mutwillig erscheint oder
2. die Weiterbeschäftigung des Arbeitnehmers zu einer unzumutbaren wirtschaftlichen Belastung des Arbeitgebers führen würde oder
3. der Widerspruch des Betriebsrats offensichtlich unbegründet war.

(6) Arbeitgeber und Betriebsrat können vereinbaren, dass Kündigungen der Zustimmung des Betriebsrats bedürfen und dass bei Meinungsverschiedenheiten über die Berechtigung der Nichterteilung der Zustimmung die Einigungsstelle entscheidet.

(7) Die Vorschriften über die Beteiligung des Betriebsrats nach dem Kündigungsschutzgesetz bleiben unberührt.

§ 103
Außerordentliche Kündigung und Versetzung in besonderen Fällen

(1) Die außerordentliche Kündigung von Mitgliedern des Betriebsrats, der Jugend- und Auszubildendenvertretung, der Bordvertretung und des Seebetriebsrats, des Wahlvorstands sowie von Wahlbewerbern bedarf der Zustimmung des Betriebsrats.

(2) Verweigert der Betriebsrat seine Zustimmung, so kann das Arbeitsgericht sie auf Antrag des Arbeitgebers ersetzen, wenn die außerordentliche Kündigung unter Berücksichtigung aller Umstände gerechtfertigt ist. In dem Verfahren vor dem Arbeitsgericht ist der betroffene Arbeitnehmer Beteiligter.

(3) Die Versetzung der in Absatz 1 genannten Personen, die zu einem Verlust des Amtes oder der Wählbarkeit führen würde, bedarf der Zustimmung des Betriebsrats; dies gilt nicht, wenn der betroffene Arbeitnehmer mit der Versetzung einverstanden ist. Absatz 2 gilt entsprechend mit der Maßgabe, dass das Arbeitsgericht die Zustimmung zu der Versetzung ersetzen kann, wenn diese auch unter Berücksichtigung der betriebsverfassungsrechtlichen Stellung des betroffenen Arbeitnehmers aus dringenden betrieblichen Gründen notwendig ist.

§ 104
Entfernung betriebsstörender Arbeitnehmer

Hat ein Arbeitnehmer durch gesetzwidriges Verhalten oder durch grobe Verletzung der in § 75 Abs. 1 enthaltenen Grundsätze, insbesondere durch rassistische und fremdenfeindliche Betätigungen, den Betriebsfrieden wiederholt ernstlich gestört, so kann der Betriebsrat vom Arbeitgeber die Entlassung oder Versetzung verlangen. Gibt das Arbeitsgericht einem Antrag des Betriebsrats statt, dem Arbeitgeber aufzugeben, die Entlassung oder Versetzung durchzuführen, und führt der Arbeitgeber die Entlassung oder Versetzung einer rechtskräftigen gerichtlichen Entscheidung zuwider nicht durch, so ist auf Antrag des Betriebsrats vom Arbeitsgericht zu erkennen, dass er zur Vornahme der Entlassung oder Versetzung durch Zwangsgeld anzuhalten sei. Das Höchstmaß des Zwangsgeldes beträgt für jeden Tag der Zuwiderhandlung 250 Euro.

§ 105
Leitende Angestellte

Eine beabsichtigte Einstellung oder personelle Veränderung eines in § 5 Abs. 3 genannten leitenden Angestellten ist dem Betriebsrat rechtzeitig mitzuteilen.

Sechster Abschnitt

Wirtschaftliche Angelegenheiten

Erster Unterabschnitt

Unterrichtung in wirtschaftlichen Angelegenheiten

§ 106
Wirtschaftsausschuss

(1) In allen Unternehmen mit in der Regel mehr als einhundert ständig beschäftigten Arbeitnehmern ist ein Wirtschaftsausschuss zu bilden. Der Wirtschaftsausschuss hat die Aufgabe, wirtschaftliche Angelegenheiten mit dem Unternehmer zu beraten und den Betriebsrat zu unterrichten.

(2) Der Unternehmer hat den Wirtschaftsausschuss rechtzeitig und umfassend über die wirtschaftlichen Angelegenheiten des Unternehmens unter Vorlage der erforderlichen Unterlagen zu unterrichten, soweit dadurch nicht die Betriebs- und Geschäftsgeheimnisse des Unternehmens gefährdet werden, sowie die sich daraus ergebenden Auswirkungen auf die Personalplanung darzustellen.

(3) Zu den wirtschaftlichen Angelegenheiten im Sinne dieser Vorschrift gehören insbesondere

1. die wirtschaftliche und finanzielle Lage des Unternehmens;
2. die Produktions- und Absatzlage;
3. das Produktions- und Investitionsprogramm;
4. Rationalisierungsvorhaben;
5. Fabrikations- und Arbeitsmethoden, insbesondere die Einführung neuer Arbeitsmethoden;

5 a. Fragen des betrieblichen Umweltschutzes;

6. die Einschränkung oder Stilllegung von Betrieben oder von Betriebsteilen;
7. die Verlegung von Betrieben oder Betriebsteilen;
8. der Zusammenschluss oder die Spaltung von Unternehmen oder Betrieben;
9. die Änderung der Betriebsorganisation oder des Betriebszwecks sowie
10. sonstige Vorgänge und Vorhaben, welche die Interessen der Arbeitnehmer des Unternehmens wesentlich berühren können.

§ 107
Bestellung und Zusammensetzung des Wirtschaftsausschusses

(1) Der Wirtschaftsausschuss besteht aus mindestens drei und höchstens sieben Mitgliedern, die dem Unternehmen angehören müssen, darunter mindestens einem Betriebsratsmitglied. Zu Mitgliedern des Wirtschaftsausschusses können auch die in § 5 Abs. 3 genannten Angestellten bestimmt werden. Die Mitglieder sollen die zur Erfüllung ihrer Aufgaben erforderliche fachliche und persönliche Eignung besitzen.

(2) Die Mitglieder des Wirtschaftsausschusses werden vom Betriebsrat für die Dauer seiner Amtszeit bestimmt. Besteht ein Gesamtbetriebsrat, so bestimmt dieser die Mitglieder des Wirtschaftsausschusses; die Amtszeit der Mitglieder endet in diesem Fall in dem Zeitpunkt, in dem die Amtszeit der Mehrheit der Mitglieder des Gesamtbetriebsrats, die an der Bestimmung mitzuwirken berechtigt waren, abgelaufen ist. Die Mitglieder des Wirtschaftsausschusses können jederzeit abberufen werden; auf die Abberufung sind die Sätze 1 und 2 entsprechend anzuwenden.

(3) Der Betriebsrat kann mit der Mehrheit der Stimmen seiner Mitglieder beschließen, die Aufgaben des Wirtschaftsausschusses einem Ausschuss des Betriebsrats zu übertragen. Die Zahl der Mitglieder des

Ausschusses darf die Zahl der Mitglieder des Betriebsausschusses nicht überschreiten. Der Betriebsrat kann jedoch weitere Arbeitnehmer einschließlich der in § 5 Abs. 3 genannten leitenden Angestellten bis zur selben Zahl, wie der Ausschuss Mitglieder hat, in den Ausschuss berufen; für die Beschlussfassung gilt Satz 1. Für die Verschwiegenheitspflicht der in Satz 3 bezeichneten weiteren Arbeitnehmer gilt § 79 entsprechend. Für die Abänderung und den Widerruf der Beschlüsse nach den Sätzen 1 bis 3 sind die gleichen Stimmenmehrheiten erforderlich wie für die Beschlüsse nach den Sätzen 1 bis 3. Ist in einem Unternehmen ein Gesamtbetriebsrat errichtet, so beschließt dieser über die anderweitige Wahrnehmung der Aufgaben des Wirtschaftsausschusses; die Sätze 1 bis 5 gelten entsprechend.

§ 108
Sitzungen

(1) Der Wirtschaftsausschuss soll monatlich einmal zusammentreten.

(2) An den Sitzungen des Wirtschaftsausschusses hat der Unternehmer oder sein Vertreter teilzunehmen. Er kann sachkundige Arbeitnehmer des Unternehmens einschließlich der in § 5 Abs. 3 genannten Angestellten hinzuziehen. Für die Hinzuziehung und die Verschwiegenheitspflicht von Sachverständigen gilt § 80 Abs. 3 und 4 entsprechend.

(3) Die Mitglieder des Wirtschaftsausschusses sind berechtigt, in die nach § 106 Abs. 2 vorzulegenden Unterlagen Einsicht zu nehmen.

(4) Der Wirtschaftsausschuss hat über jede Sitzung dem Betriebsrat unverzüglich und vollständig zu berichten.

(5) Der Jahresabschluss ist dem Wirtschaftsausschuss unter Beteiligung des Betriebsrats zu erläutern.

(6) Hat der Betriebsrat oder der Gesamtbetriebsrat eine anderweitige Wahrnehmung der Aufgaben des Wirtschaftsausschusses beschlossen, so gelten die Absätze 1 bis 5 entsprechend.

§ 109
Beilegung von Meinungsverschiedenheiten

Wird eine Auskunft über wirtschaftliche Angelegenheiten des Unternehmens im Sinne des § 106 entgegen dem Verlangen des Wirtschaftsausschusses nicht, nicht rechtzeitig oder nur ungenügend erteilt und kommt hierüber zwischen Unternehmer und Betriebsrat eine Einigung nicht zustande, so entscheidet die Einigungsstelle. Der Spruch der Einigungsstelle ersetzt die Einigung zwischen Arbeitgeber und Betriebsrat. Die Einigungsstelle kann, wenn dies für ihre Entscheidung erforderlich ist, Sachverständige anhören; § 80 Abs. 4 gilt entsprechend. Hat der Betriebsrat oder der Gesamtbetriebsrat eine anderweitige Wahrnehmung der Aufgaben des Wirtschaftsausschusses beschlossen, so gilt Satz 1 entsprechend.

§ 110
Unterrichtung der Arbeitnehmer

(1) In Unternehmen mit in der Regel mehr als 1 000 ständig beschäftigten Arbeitnehmern hat der Unternehmer mindestens einmal in jedem Kalendervierteljahr nach vorheriger Abstimmung mit dem Wirtschaftsausschuss oder den in § 107 Abs. 3 genannten Stellen und dem Betriebsrat die Arbeitnehmer schriftlich über die wirtschaftliche Lage und Entwicklung des Unternehmens zu unterrichten.

(2) In Unternehmen, die die Voraussetzungen des Absatzes 1 nicht erfüllen, aber in der Regel mehr als zwanzig wahlberechtigte ständige Arbeitnehmer beschäftigen, gilt Absatz 1 mit der Maßgabe, dass die Unterrichtung der Arbeitnehmer mündlich erfolgen kann. Ist in diesen Unternehmen ein Wirtschaftsausschuss nicht zu errichten, so erfolgt die Unterrichtung nach vorheriger Abstimmung mit dem Betriebsrat.

Zweiter Unterabschnitt

Betriebsänderungen

§ 111
Betriebsänderungen

In Unternehmen mit in der Regel mehr als zwanzig wahlberechtigten Arbeitnehmern hat der Unternehmer den Betriebsrat über geplante Betriebsänderungen, die wesentliche Nachteile für die Belegschaft oder erhebliche Teile der Belegschaft zur Folge haben können, rechtzeitig und umfassend zu unterrichten und die geplanten Betriebsänderungen mit dem Betriebsrat zu beraten. Der Betriebsrat kann in Unternehmen mit mehr als 300 Arbeitnehmern zu seiner Unterstützung einen Berater hinzuziehen; § 80 Abs. 4 gilt entsprechend; im Übrigen bleibt § 80 Abs. 3 unberührt. Als Betriebsänderungen im Sinne des Satzes 1 gelten

1. Einschränkung und Stilllegung des ganzen Betriebs oder von wesentlichen Betriebsteilen,
2. Verlegung des ganzen Betriebs oder von wesentlichen Betriebsteilen,

3. Zusammenschluss mit anderen Betrieben oder die Spaltung von Betrieben,
4. grundlegende Änderungen der Betriebsorganisation, des Betriebszwecks oder der Betriebsanlagen,
5. Einführung grundlegend neuer Arbeitsmethoden und Fertigungsverfahren.

§ 112
Interessenausgleich über die Betriebsänderung, Sozialplan

(1) Kommt zwischen Unternehmer und Betriebsrat ein Interessenausgleich über die geplante Betriebsänderung zustande, so ist dieser schriftlich niederzulegen und vom Unternehmer und Betriebsrat zu unterschreiben. Das Gleiche gilt für eine Einigung über den Ausgleich oder die Milderung der wirtschaftlichen Nachteile, die den Arbeitnehmern infolge der geplanten Betriebsänderung entstehen (Sozialplan). Der Sozialplan hat die Wirkung einer Betriebsvereinbarung. § 77 Abs. 3 ist auf den Sozialplan nicht anzuwenden.

(2) Kommt ein Interessenausgleich über die geplante Betriebsänderung oder eine Einigung über den Sozialplan nicht zustande, so können der Unternehmer oder der Betriebsrat den Präsidenten des Landesarbeitsamtes um Vermittlung ersuchen. Geschieht dies nicht oder bleibt der Vermittlungsversuch ergebnislos, so können der Unternehmer oder der Betriebsrat die Einigungsstelle anrufen. Auf Ersuchen des Vorsitzenden der Einigungsstelle nimmt der Präsident des Landesarbeitsamtes an der Verhandlung teil.

(3) Unternehmer und Betriebsrat sollen der Einigungsstelle Vorschläge zur Beilegung der Meinungsverschiedenheiten über den Interessenausgleich und den Sozialplan machen. Die Einigungsstelle hat eine Einigung der Parteien zu versuchen. Kommt eine Einigung zustande, so ist sie schriftlich niederzulegen und von den Parteien und vom Vorsitzenden zu unterschreiben.

(4) Kommt eine Einigung über den Sozialplan nicht zustande, so entscheidet die Einigungsstelle über die Aufstellung eines Sozialplans. Der Spruch der Einigungsstelle ersetzt die Einigung zwischen Arbeitgeber und Betriebsrat.

(5) Die Einigungsstelle hat bei ihrer Entscheidung nach Absatz 4 sowohl die sozialen Belange der betroffenen Arbeitnehmer zu berücksichtigen als auch auf die wirtschaftliche Vertretbarkeit ihrer Entscheidung für das Unternehmen zu achten. Dabei hat die Einigungsstelle sich im Rahmen billigen Ermessens insbesondere von folgenden Grundsätzen leiten zu lassen:

1. Sie soll beim Ausgleich oder bei der Milderung wirtschaftlicher Nachteile, insbesondere durch Einkommensminderung, Wegfall

von Sonderleistungen oder Verlust von Anwartschaften auf betriebliche Altersversorgung, Umzugskosten oder erhöhte Fahrtkosten, Leistungen vorsehen, die in der Regel den Gegebenheiten des Einzelfalles Rechnung tragen.

2. Sie hat die Aussichten der betroffenen Arbeitnehmer auf dem Arbeitsmarkt zu berücksichtigen. Sie soll Arbeitnehmer von Leistungen ausschließen, die in einem zumutbaren Arbeitsverhältnis im selben Betrieb oder in einem anderen Betrieb des Unternehmens oder eines zum Konzern gehörenden Unternehmens weiterbeschäftigt werden können und die Weiterbeschäftigung ablehnen; die mögliche Weiterbeschäftigung an einem anderen Ort begründet für sich allein nicht die Unzumutbarkeit.

2a. Sie soll insbesondere die im Dritten Buch des Sozialgesetzbuches vorgesehenen Förderungsmöglichkeiten zur Vermeidung von Arbeitslosigkeit berücksichtigen.

3. Sie hat bei der Bemessung des Gesamtbetrages der Sozialplanleistungen darauf zu achten, dass der Fortbestand des Unternehmens oder die nach Durchführung der Betriebsänderung verbleibenden Arbeitsplätze nicht gefährdet werden.

§ 112a
Erzwingbarer Sozialplan bei Personalabbau, Neugründungen

(1) Besteht eine geplante Betriebsänderung im Sinne des § 111 Satz 3 Nr. 1 allein in der Entlassung von Arbeitnehmern, so findet § 112 Abs. 4 und 5 nur Anwendung, wenn

1. in Betrieben mit in der Regel weniger als 60 Arbeitnehmern 20 vom Hundert der regelmäßig beschäftigten Arbeitnehmer, aber mindestens 6 Arbeitnehmer,
2. in Betrieben mit in der Regel mindestens 60 und weniger als 250 Arbeitnehmern 20 vom Hundert der regelmäßig beschäftigten Arbeitnehmer oder mindestens 37 Arbeitnehmer,
3. in Betrieben mit in der Regel mindestens 250 und weniger als 500 Arbeitnehmern 15 vom Hundert der regelmäßig beschäftigten Arbeitnehmer oder mindestens 60 Arbeitnehmer,
4. in Betrieben mit in der Regel mindestens 500 Arbeitnehmern 10 vom Hundert der regelmäßig beschäftigten Arbeitnehmer, aber mindestens 60 Arbeitnehmer

aus betriebsbedingten Gründen entlassen werden sollen. Als Entlassung gilt auch das vom Arbeitgeber aus Gründen der Betriebsänderung veranlasste Ausscheiden von Arbeitnehmern aufgrund von Aufhebungsverträgen.

(2) § 112 Abs. 4 und 5 findet keine Anwendung auf Betriebe eines Unternehmens in den ersten vier Jahren nach seiner Gründung. Dies gilt nicht für Neugründungen im Zusammenhang mit der rechtlichen Umstrukturierung von Unternehmen und Konzernen. Maßgebend für den Zeitpunkt der Gründung ist die Aufnahme einer Erwerbstätigkeit, die nach § 138 der Abgabenordnung dem Finanzamt mitzuteilen ist.

§ 113
Nachteilsausgleich

(1) Weicht der Unternehmer von einem Interessenausgleich über die geplante Betriebsänderung ohne zwingenden Grund ab, so können Arbeitnehmer, die infolge dieser Abweichung entlassen werden, beim Arbeitsgericht Klage erheben mit dem Antrag, den Arbeitgeber zur Zahlung von Abfindungen zu verurteilen; § 10 des Kündigungsschutzgesetzes gilt entsprechend.

(2) Erleiden Arbeitnehmer infolge einer Abweichung nach Absatz 1 andere wirtschaftliche Nachteile, so hat der Unternehmer diese Nachteile bis zu einem Zeitraum von zwölf Monaten auszugleichen.

(3) Die Absätze 1 und 2 gelten entsprechend, wenn der Unternehmer eine geplante Betriebsänderung nach § 111 durchführt, ohne über sie einen Interessenausgleich mit dem Betriebsrat versucht zu haben, und infolge der Maßnahme Arbeitnehmer entlassen werden oder andere wirtschaftliche Nachteile erleiden.

Fünfter Teil
Besondere Vorschriften für einzelne Betriebsarten

Erster Abschnitt
Seeschifffahrt

§ 114
Grundsätze

(1) Auf Seeschifffahrtsunternehmen und ihre Betriebe ist dieses Gesetz anzuwenden, soweit sich aus den Vorschriften dieses Abschnitts nichts anderes ergibt.

(2) Seeschifffahrtsunternehmen im Sinne dieses Gesetzes ist ein Unternehmen, das Handelsschifffahrt betreibt und seinen Sitz im Geltungsbereich dieses Gesetzes hat. Ein Seeschifffahrtsunternehmen im Sinne dieses Abschnitts betreibt auch, wer als Korrespondentreeder, Vertragsreeder, Ausrüster oder aufgrund eines ähnlichen Rechtsverhältnisses Schiffe zum Erwerb durch die Seeschifffahrt verwendet, wenn er Arbeitgeber des Kapitäns und der Besatzungsmitglieder ist oder überwiegend die Befugnisse des Arbeitgebers ausübt.

(3) Als Seebetrieb im Sinne dieses Gesetzes gilt die Gesamtheit der Schiffe eines Seeschifffahrtsunternehmens einschließlich der in Absatz 2 Satz 2 genannten Schiffe.

(4) Schiffe im Sinne dieses Gesetzes sind Kauffahrteischiffe, die nach dem Flaggenrechtsgesetz die Bundesflagge führen. Schiffe, die in der Regel binnen 24 Stunden nach dem Auslaufen an den Sitz eines Landbetriebs zurückkehren, gelten als Teil dieses Landbetriebs des Seeschifffahrtsunternehmens.

(5) Jugend- und Auszubildendenvertretungen werden nur für die Landbetriebe von Seeschifffahrtsunternehmen gebildet.

(6) Besatzungsmitglieder sind die in § 3 des Seemannsgesetzes genannten Personen. Leitende Angestellte im Sinne des § 5 Abs. 3 dieses Gesetzes sind nur die Kapitäne.

§ 115
Bordvertretung

(1) Auf Schiffen, die mit in der Regel mindestens fünf wahlberechtigten Besatzungsmitgliedern besetzt sind, von denen drei wählbar sind, wird eine Bordvertretung gewählt. Auf die Bordvertretung finden, soweit sich aus diesem Gesetz oder aus anderen gesetzlichen Vorschriften nicht etwas anderes ergibt, die Vorschriften über die Rechte und Pflichten des Betriebsrats und die Rechtsstellung seiner Mitglieder Anwendung.

(2) Die Vorschriften über die Wahl und Zusammensetzung des Betriebsrats finden mit folgender Maßgabe Anwendung:

1. Wahlberechtigt sind alle Besatzungsmitglieder des Schiffes.
2. Wählbar sind die Besatzungsmitglieder des Schiffes, die am Wahltag das 18. Lebensjahr vollendet haben und ein Jahr Besatzungsmitglied eines Schiffes waren, das nach dem Flaggenrechtsgesetz die Bundesflagge führt. § 8 Abs. 1 Satz 3 bleibt unberührt.
3. Die Bordvertretung besteht auf Schiffen mit in der Regel

   5 bis 20 wahlberechtigten Besatzungsmitgliedern aus einer Person,

   21 bis 75 wahlberechtigten Besatzungsmitgliedern aus drei Mitgliedern,

über 75 wahlberechtigten Besatzungsmitgliedern aus fünf Mitgliedern.

4. (aufgehoben)
5. § 13 Abs. 1 und 3 findet keine Anwendung. Die Bordvertretung ist vor Ablauf ihrer Amtszeit unter den in § 13 Abs. 2 Nr. 2 bis 5 genannten Voraussetzungen neu zu wählen.
6. Die wahlberechtigten Besatzungsmitglieder können mit der Mehrheit aller Stimmen beschließen, die Wahl der Bordvertretung binnen 24 Stunden durchzuführen.
7. Die in § 16 Abs. 1 Satz 1 genannte Frist wird auf zwei Wochen, die in § 16 Abs. 2 Satz 1 genannte Frist wird auf eine Woche verkürzt.
8. Bestellt die im Amt befindliche Bordvertretung nicht rechtzeitig einen Wahlvorstand oder besteht keine Bordvertretung, wird der Wahlvorstand in einer Bordversammlung von der Mehrheit der anwesenden Besatzungsmitglieder gewählt; § 17 Abs. 3 gilt entsprechend. Kann aus Gründen der Aufrechterhaltung des ordnungsgemäßen Schiffsbetriebs eine Bordversammlung nicht stattfinden, so kann der Kapitän auf Antrag von drei Wahlberechtigten den Wahlvorstand bestellen. Bestellt der Kapitän den Wahlvorstand nicht, so ist der Seebetriebsrat berechtigt, den Wahlvorstand zu bestellen. Die Vorschriften über die Bestellung des Wahlvorstands durch das Arbeitsgericht bleiben unberührt.
9. Die Frist für die Wahlanfechtung beginnt für Besatzungsmitglieder an Bord, wenn das Schiff nach Bekanntgabe des Wahlergebnisses erstmalig einen Hafen im Geltungsbereich dieses Gesetzes oder einen Hafen, in dem ein Seemannsamt seinen Sitz hat, anläuft. Die Wahlanfechtung kann auch zu Protokoll des Seemannsamtes erklärt werden. Wird die Wahl zur Bordvertretung angefochten, zieht das Seemannsamt die an Bord befindlichen Wahlunterlagen ein. Die Anfechtungserklärung und die eingezogenen Wahlunterlagen sind vom Seemannsamt unverzüglich an das für die Anfechtung zuständige Arbeitsgericht weiterzuleiten.

(3) Auf die Amtszeit der Bordvertretung finden die §§ 21, 22 bis 25 mit der Maßgabe Anwendung, dass

1. die Amtszeit ein Jahr beträgt,
2. die Mitgliedschaft in der Bordvertretung auch endet, wenn das Besatzungsmitglied den Dienst an Bord beendet, es sei denn, dass es den Dienst an Bord vor Ablauf der Amtszeit nach Nummer 1 wieder antritt.

(4) Für die Geschäftsführung der Bordvertretung gelten die §§ 26 bis 36, § 37 Abs. 1 bis 3 sowie die §§ 39 bis 41 entsprechend. § 40 Abs. 2 ist mit der Maßgabe anzuwenden, dass die Bordvertretung in dem für ihre Tätigkeit erforderlichen Umfang auch die für die Verbindung des

Schiffes zur Reederei eingerichteten Mittel zur beschleunigten Übermittlung von Nachrichten in Anspruch nehmen kann.

(5) Die §§ 42 bis 46 über die Betriebsversammlung finden für die Versammlung der Besatzungsmitglieder eines Schiffes (Bordversammlung) entsprechende Anwendung. Auf Verlangen der Bordvertretung hat der Kapitän der Bordversammlung einen Bericht über die Schiffsreise und die damit zusammenhängenden Angelegenheiten zu erstatten. Er hat Fragen, die den Schiffsbetrieb, die Schiffsreise und die Schiffssicherheit betreffen, zu beantworten.

(6) Die §§ 47 bis 59 über den Gesamtbetriebsrat und den Konzernbetriebsrat finden für die Bordvertretung keine Anwendung.

(7) Die §§ 74 bis 105 über die Mitwirkung und Mitbestimmung der Arbeitnehmer finden auf die Bordvertretung mit folgender Maßgabe Anwendung:

1. Die Bordvertretung ist zuständig für die Behandlung derjenigen nach diesem Gesetz der Mitwirkung und Mitbestimmung des Betriebsrats unterliegenden Angelegenheiten, die den Bordbetrieb oder die Besatzungsmitglieder des Schiffes betreffen und deren Regelung dem Kapitän aufgrund gesetzlicher Vorschriften oder der ihm von der Reederei übertragenen Befugnisse obliegt.
2. Kommt es zwischen Kapitän und Bordvertretung in einer der Mitwirkung oder Mitbestimmung der Bordvertretung unterliegenden Angelegenheit nicht zu einer Einigung, so kann die Angelegenheit von der Bordvertretung an den Seebetriebsrat abgegeben werden. Der Seebetriebsrat hat die Bordvertretung über die weitere Behandlung der Angelegenheit zu unterrichten. Bordvertretung und Kapitän dürfen die Einigungsstelle oder das Arbeitsgericht nur anrufen, wenn ein Seebetriebsrat nicht gewählt ist.
3. Bordvertretung und Kapitän können im Rahmen ihrer Zuständigkeiten Bordvereinbarungen abschließen. Die Vorschriften über Betriebsvereinbarungen gelten für Bordvereinbarungen entsprechend. Bordvereinbarungen sind unzulässig, soweit eine Angelegenheit durch eine Betriebsvereinbarung zwischen Seebetriebsrat und Arbeitgeber geregelt ist.
4. In Angelegenheiten, die der Mitbestimmung der Bordvertretung unterliegen, kann der Kapitän, auch wenn eine Einigung mit der Bordvertretung noch nicht erzielt ist, vorläufige Regelungen treffen, wenn dies zur Aufrechterhaltung des ordnungsgemäßen Schiffsbetriebs dringend erforderlich ist. Den von der Anordnung betroffenen Besatzungsmitgliedern ist die Vorläufigkeit der Regelung bekannt zu geben. Soweit die vorläufige Regelung der endgültigen Regelung nicht entspricht, hat das Schifffahrtsunternehmen Nachteile auszugleichen, die den Besatzungsmitgliedern durch die vorläufige Regelung entstanden sind.

5. Die Bordvertretung hat das Recht auf regelmäßige und umfassende Unterrichtung über den Schiffsbetrieb. Die erforderlichen Unterlagen sind der Bordvertretung vorzulegen. Zum Schiffsbetrieb gehören insbesondere die Schiffssicherheit, die Reiserouten, die voraussichtlichen Ankunfts- und Abfahrtszeiten sowie die zu befördernde Ladung.
6. Auf Verlangen der Bordvertretung hat der Kapitän ihr Einsicht in die an Bord befindlichen Schiffstagebücher zu gewähren. In den Fällen, in denen der Kapitän eine Eintragung über Angelegenheiten macht, die der Mitwirkung oder Mitbestimmung der Bordvertretung unterliegen, kann diese eine Abschrift der Eintragung verlangen und Erklärungen zum Schiffstagebuch abgeben. In den Fällen, in denen über eine der Mitwirkung oder Mitbestimmung der Bordvertretung unterliegenden Angelegenheit eine Einigung zwischen Kapitän und Bordvertretung nicht erzielt wird, kann die Bordvertretung dies zum Schiffstagebuch erklären und eine Abschrift dieser Eintragung verlangen.
7. Die Zuständigkeit der Bordvertretung im Rahmen des Arbeitsschutzes bezieht sich auch auf die Schiffssicherheit und die Zusammenarbeit mit den insoweit zuständigen Behörden und sonstigen in Betracht kommenden Stellen.

§ 116
Seebetriebsrat

(1) In Seebetrieben werden Seebetriebsräte gewählt. Auf die Seebetriebsräte finden, soweit sich aus diesem Gesetz oder aus anderen gesetzlichen Vorschriften nicht etwas anderes ergibt, die Vorschriften über die Rechte und Pflichten des Betriebsrats und die Rechtsstellung seiner Mitglieder Anwendung.

(2) Die Vorschriften über die Wahl, Zusammensetzung und Amtszeit des Betriebsrats finden mit folgender Maßgabe Anwendung:

1. Wahlberechtigt zum Seebetriebsrat sind alle zum Seeschifffahrtsunternehmen gehörenden Besatzungsmitglieder.
2. Für die Wählbarkeit zum Seebetriebsrat gilt § 8 mit der Maßgabe, dass
   a) in Seeschifffahrtsunternehmen, zu denen mehr als acht Schiffe gehören oder in denen in der Regel mehr als 250 Besatzungsmitglieder beschäftigt sind, nur nach § 115 Abs. 2 Nr. 2 wählbare Besatzungsmitglieder wählbar sind;
   b) in den Fällen, in denen die Voraussetzungen des Buchstabens a nicht vorliegen, nur Arbeitnehmer wählbar sind, die nach § 8 die Wählbarkeit im Landbetrieb des Seeschifffahrtsunternehmens

besitzen, es sei denn, dass der Arbeitgeber mit der Wahl von Besatzungsmitgliedern einverstanden ist.

3. Der Seebetriebsrat besteht in Seebetrieben mit in der Regel

   5 bis 400 wahlberechtigten Besatzungsmitgliedern aus einer Person,

   401 bis 800 wahlberechtigten Besatzungsmitgliedern aus drei Mitgliedern,

   über 800 wahlberechtigten Besatzungsmitgliedern aus fünf Mitgliedern.

4. Ein Wahlvorschlag ist gültig, wenn er im Falle des § 14 Abs. 4 Satz 1 erster Halbsatz und Satz 2 mindestens von drei wahlberechtigten Besatzungsmitgliedern unterschrieben ist.

5. § 14a findet keine Anwendung.

6. Die in § 16 Abs. 1 Satz 1 genannte Frist wird auf drei Monate, die in § 16 Abs. 2 Satz 1 genannte Frist auf zwei Monate verlängert.

7. Zu Mitgliedern des Wahlvorstands können auch im Landbetrieb des Seeschifffahrtsunternehmens beschäftigte Arbeitnehmer bestellt werden. § 17 Abs. 2 bis 4 findet keine Anwendung. Besteht kein Seebetriebsrat, so bestellt der Gesamtbetriebsrat oder, falls ein solcher nicht besteht, der Konzernbetriebsrat den Wahlvorstand. Besteht weder ein Gesamtbetriebsrat noch ein Konzernbetriebsrat, wird der Wahlvorstand gemeinsam vom Arbeitgeber und den im Seebetrieb vertretenen Gewerkschaften bestellt; Gleiches gilt, wenn der Gesamtbetriebsrat oder der Konzernbetriebsrat die Bestellung des Wahlvorstands nach Satz 3 unterlässt. Einigen sich Arbeitgeber und Gewerkschaften nicht, so bestellt ihn das Arbeitsgericht auf Antrag des Arbeitgebers, einer im Seebetrieb vertretenen Gewerkschaft oder von mindestens drei wahlberechtigten Besatzungsmitgliedern. § 16 Abs. 2 Satz 2 und 3 gilt entsprechend.

8. Die Frist für die Wahlanfechtung nach § 19 Abs. 2 beginnt für Besatzungsmitglieder an Bord, wenn das Schiff nach Bekanntgabe des Wahlergebnisses erstmalig einen Hafen im Geltungsbereich dieses Gesetzes oder einen Hafen, in dem ein Seemannsamt seinen Sitz hat, anläuft. Nach Ablauf von drei Monaten seit Bekanntgabe des Wahlergebnisses ist eine Wahlanfechtung unzulässig. Die Wahlanfechtung kann auch zu Protokoll des Seemannsamtes erklärt werden. Die Anfechtungserklärung ist vom Seemannsamt unverzüglich an das für die Anfechtung zuständige Arbeitsgericht weiterzuleiten.

9. Die Mitgliedschaft im Seebetriebsrat endet, wenn der Seebetriebsrat aus Besatzungsmitgliedern besteht, auch, wenn das Mitglied des Seebetriebsrats nicht mehr Besatzungsmitglied ist. Die Eigenschaft

als Besatzungsmitglied wird durch die Tätigkeit im Seebetriebsrat oder durch eine Beschäftigung gemäß Absatz 3 Nr. 2 nicht berührt.

(3) Die §§ 26 bis 41 über die Geschäftsführung des Betriebsrats finden auf den Seebetriebsrat mit folgender Maßgabe Anwendung:

1. In Angelegenheiten, in denen der Seebetriebsrat nach diesem Gesetz innerhalb einer bestimmten Frist Stellung zu nehmen hat, kann er, abweichend von § 33 Abs. 2, ohne Rücksicht auf die Zahl der zur Sitzung erschienenen Mitglieder einen Beschluss fassen, wenn die Mitglieder ordnungsgemäß geladen worden sind.

2. Soweit die Mitglieder des Seebetriebsrats nicht freizustellen sind, sind sie so zu beschäftigen, dass sie durch ihre Tätigkeit nicht gehindert sind, die Aufgaben des Seebetriebsrats wahrzunehmen. Der Arbeitsplatz soll den Fähigkeiten und Kenntnissen des Mitglieds des Seebetriebsrats und seiner bisherigen beruflichen Stellung entsprechen. Der Arbeitsplatz ist im Einvernehmen mit dem Seebetriebsrat zu bestimmen. Kommt eine Einigung über die Bestimmung des Arbeitsplatzes nicht zustande, so entscheidet die Einigungsstelle. Der Spruch der Einigungsstelle ersetzt die Einigung zwischen Arbeitgeber und Seebetriebsrat.

3. Den Mitgliedern des Seebetriebsrats, die Besatzungsmitglieder sind, ist die Heuer auch dann fortzuzahlen, wenn sie im Landbetrieb beschäftigt werden. Sachbezüge sind angemessen abzugelten. Ist der neue Arbeitsplatz höherwertig, so ist das diesem Arbeitsplatz entsprechende Arbeitsentgelt zu zahlen.

4. Unter Berücksichtigung der örtlichen Verhältnisse ist über die Unterkunft der in den Seebetriebsrat gewählten Besatzungsmitglieder eine Regelung zwischen dem Seebetriebsrat und dem Arbeitgeber zu treffen, wenn der Arbeitsplatz sich nicht am Wohnort befindet. Kommt eine Einigung nicht zustande, so entscheidet die Einigungsstelle. Der Spruch der Einigungsstelle ersetzt die Einigung zwischen Arbeitgeber und Seebetriebsrat.

5. Der Seebetriebsrat hat das Recht, jedes zum Seebetrieb gehörende Schiff zu betreten, dort im Rahmen seiner Aufgaben tätig zu werden sowie an den Sitzungen der Bordvertretung teilzunehmen. § 115 Abs. 7 Nr. 5 Satz 1 gilt entsprechend.

6. Liegt ein Schiff in einem Hafen innerhalb des Geltungsbereichs dieses Gesetzes, so kann der Seebetriebsrat nach Unterrichtung des Kapitäns Sprechstunden an Bord abhalten und Bordversammlungen der Besatzungsmitglieder durchführen.

7. Läuft ein Schiff innerhalb eines Kalenderjahres keinen Hafen im Geltungsbereich dieses Gesetzes an, so gelten die Nummern 5 und 6 für europäische Häfen. Die Schleusen des Nordostseekanals gelten nicht als Häfen.

8. Im Einvernehmen mit dem Arbeitgeber können Sprechstunden und Bordversammlungen, abweichend von den Nummern 6 und 7, auch in anderen Liegehäfen des Schiffes durchgeführt werden, wenn ein dringendes Bedürfnis hierfür besteht. Kommt eine Einigung nicht zustande, so entscheidet die Einigungsstelle. Der Spruch der Einigungsstelle ersetzt die Einigung zwischen Arbeitgeber und Seebetriebsrat.

(4) Die §§ 42 bis 46 über die Betriebsversammlung finden auf den Seebetrieb keine Anwendung.

(5) Für den Seebetrieb nimmt der Seebetriebsrat die in den §§ 47 bis 59 dem Betriebsrat übertragenen Aufgaben, Befugnisse und Pflichten wahr.

(6) Die §§ 74 bis 113 über die Mitwirkung und Mitbestimmung der Arbeitnehmer finden auf den Seebetriebsrat mit folgender Maßgabe Anwendung:

1. Der Seebetriebsrat ist zuständig für die Behandlung derjenigen nach diesem Gesetz der Mitwirkung oder Mitbestimmung des Betriebsrats unterliegenden Angelegenheiten,
   a) die alle oder mehrere Schiffe des Seebetriebs oder die Besatzungsmitglieder aller oder mehrerer Schiffe des Seebetriebs betreffen,
   b) die nach § 115 Abs. 7 Nr. 2 von der Bordvertretung abgegeben worden sind oder
   c) für die nicht die Zuständigkeit der Bordvertretung nach § 115 Abs. 7 Nr. 1 gegeben ist.
2. Der Seebetriebsrat ist regelmäßig und umfassend über den Schiffsbetrieb des Seeschifffahrtsunternehmens zu unterrichten. Die erforderlichen Unterlagen sind ihm vorzulegen.

Zweiter Abschnitt

Luftfahrt

§ 117
Geltung für die Luftfahrt

(1) Auf Landbetriebe von Luftfahrtunternehmen ist dieses Gesetz anzuwenden.

(2) Für im Flugbetrieb beschäftigte Arbeitnehmer von Luftfahrtunternehmen kann durch Tarifvertrag eine Vertretung errichtet werden.

Über die Zusammenarbeit dieser Vertretung mit den nach diesem Gesetz zu errichtenden Vertretungen der Arbeitnehmer der Landbetriebe des Luftfahrtunternehmens kann der Tarifvertrag von diesem Gesetz abweichende Regelungen vorsehen.

Dritter Abschnitt

Tendenzbetriebe und Religionsgemeinschaften

§ 118
Geltung für Tendenzbetriebe und Religionsgemeinschaften

(1) Auf Unternehmen und Betriebe, die unmittelbar und überwiegend

1. politischen, koalitionspolitischen, konfessionellen, karitativen, erzieherischen, wissenschaftlichen oder künstlerischen Bestimmungen oder
2. Zwecken der Berichterstattung oder Meinungsäußerung, auf die Artikel 5 Abs. 1 Satz 2 des Grundgesetzes Anwendung findet,

dienen, finden die Vorschriften dieses Gesetzes keine Anwendung, soweit die Eigenart des Unternehmens oder des Betriebs dem entgegensteht. Die §§ 106 bis 110 sind nicht, die §§ 111 bis 113 nur insoweit anzuwenden, als sie den Ausgleich oder die Milderung wirtschaftlicher Nachteile für die Arbeitnehmer infolge von Betriebsänderungen regeln.

(2) Dieses Gesetz findet keine Anwendung auf Religionsgemeinschaften und ihre karitativen und erzieherischen Einrichtungen unbeschadet deren Rechtsform.

Sechster Teil
Straf- und Bußgeldvorschriften

§ 119
Straftaten gegen Betriebsverfassungsorgane und ihre Mitglieder

(1) Mit Freiheitsstrafe bis zu einem Jahr oder mit Geldstrafe wird bestraft, wer

1. eine Wahl des Betriebsrats, der Jugend- und Auszubildendenvertretung, der Bordvertretung, des Seebetriebsrats oder der in § 3 Abs. 1 Nr. 1 bis 3 oder 5 bezeichneten Vertretungen der Arbeitnehmer behindert oder durch Zufügung oder Androhung von Nachteilen oder durch Gewährung oder Versprechen von Vorteilen beeinflusst,
2. die Tätigkeit des Betriebsrats, des Gesamtbetriebsrats, des Konzernbetriebsrats, der Jugend- und Auszubildendenvertretung, der Gesamt-Jugend- und Auszubildendenvertretung, der Konzern-Jugend- und Auszubildendenvertretung, der Bordvertretung, des Seebetriebsrats, der in § 3 Abs. 1 bezeichneten Vertretungen der Arbeitnehmer, der Einigungsstelle, der in § 76 Abs. 8 bezeichneten tariflichen Schlichtungsstelle, der in § 86 bezeichneten betrieblichen Beschwerdestelle oder des Wirtschaftsausschusses behindert oder stört oder
3. ein Mitglied oder ein Ersatzmitglied des Betriebsrats, des Gesamtbetriebsrats, des Konzernbetriebsrats, der Jugend- und Auszubildendenvertretung, der Gesamt-Jugend- und Auszubildendenvertretung, der Konzern-Jugend- und Auszubildendenvertretung, der Bordvertretung, des Seebetriebsrats, der in § 3 Abs. 1 bezeichneten Vertretungen der Arbeitnehmer, der Einigungsstelle, der in § 76 Abs. 8 bezeichneten Schlichtungsstelle, der in § 86 bezeichneten betrieblichen Beschwerdestelle oder des Wirtschaftsausschusses um seiner Tätigkeit willen oder eine Auskunftsperson nach § 80 Abs. 2 Satz 3 um ihrer Tätigkeit willen benachteiligt oder begünstigt.

(2) Die Tat wird nur auf Antrag des Betriebsrats, des Gesamtbetriebsrats, des Konzernbetriebsrats, der Bordvertretung, des Seebetriebsrats, einer der in § 3 Abs. 1 bezeichneten Vertretungen der Arbeitnehmer, des Wahlvorstands, des Unternehmers oder einer im Betrieb vertretenen Gewerkschaft verfolgt.

§ 120
Verletzung von Geheimnissen

(1) Wer unbefugt ein fremdes Betriebs- oder Geschäftsgeheimnis offenbart, das ihm in seiner Eigenschaft als

1. Mitglied oder Ersatzmitglied des Betriebsrats oder einer der in § 79 Abs. 2 bezeichneten Stellen,
2. Vertreter einer Gewerkschaft oder Arbeitgebervereinigung,
3. Sachverständiger, der vom Betriebsrat nach § 80 Abs. 3 hinzugezogen oder von der Einigungsstelle nach § 109 Satz 3 angehört worden ist,

3a. Berater, der vom Betriebsrat nach § 111 Satz 2 hinzugezogen worden ist,

3b. Auskunftsperson, die dem Betriebsrat nach § 80 Abs. 2 Satz 3 zur Verfügung gestellt worden ist, oder

4. Arbeitnehmer, der vom Betriebsrat nach § 107 Abs. 3 Satz 3 oder vom Wirtschaftsausschuss nach § 108 Abs. 2 Satz 2 hinzugezogen worden ist,

bekannt geworden und das vom Arbeitgeber ausdrücklich als geheimhaltungsbedürftig bezeichnet worden ist, wird mit Freiheitsstrafe bis zu einem Jahr oder mit Geldstrafe bestraft.

(2) Ebenso wird bestraft, wer unbefugt ein fremdes Geheimnis eines Arbeitnehmers, namentlich ein zu dessen persönlichen Lebensbereich gehörendes Geheimnis, offenbart, das ihm in seiner Eigenschaft als Mitglied oder Ersatzmitglied des Betriebsrats oder einer der in § 79 Abs. 2 bezeichneten Stellen bekannt geworden ist und über das nach den Vorschriften dieses Gesetzes Stillschweigen zu bewahren ist.

(3) Handelt der Täter gegen Entgelt oder in der Absicht, sich oder einen anderen zu bereichern oder einen anderen zu schädigen, so ist die Strafe Freiheitsstrafe bis zu zwei Jahren oder Geldstrafe. Ebenso wird bestraft, wer unbefugt ein fremdes Geheimnis, namentlich ein Betriebs- oder Geschäftsgeheimnis, zu dessen Geheimhaltung er nach den Absätzen 1 oder 2 verpflichtet ist, verwertet.

(4) Die Absätze 1 bis 3 sind auch anzuwenden, wenn der Täter das fremde Geheimnis nach dem Tode des Betroffenen unbefugt offenbart oder verwertet.

(5) Die Tat wird nur auf Antrag des Verletzten verfolgt. Stirbt der Verletzte, so geht das Antragsrecht nach § 77 Abs. 2 des Strafgesetzbuches auf die Angehörigen über, wenn das Geheimnis zum persönlichen Lebensbereich des Verletzten gehört; in anderen Fällen geht es auf die Erben über. Offenbart der Täter das Geheimnis nach dem Tode des Betroffenen, so gilt Satz 2 sinngemäß.

§ 121
Bußgeldvorschriften

(1) Ordnungswidrig handelt, wer eine der in § 90 Abs. 1, 2 Satz 1, § 92 Abs. 1 Satz 1 auch in Verbindung mit Abs. 3, § 99 Abs. 1, § 106 Abs. 2, § 108 Abs. 5, § 110 oder § 111 bezeichneten Aufklärungs- oder Auskunftspflichten nicht, wahrheitswidrig, unvollständig oder verspätet erfüllt.

(2) Die Ordnungswidrigkeit kann mit einer Geldbuße bis zu 10000 Euro geahndet werden.

Siebenter Teil
Änderung von Gesetzen

§§ **122** bis **124** (nicht abgedruckt)

Achter Teil
Übergangs- und Schlussvorschriften

§ 125
Erstmalige Wahlen nach diesem Gesetz

(1) Die erstmaligen Betriebsratswahlen nach § 13 Abs. 1 finden im Jahre 1972 statt.

(2) Die erstmaligen Wahlen der Jugend- und Auszubildendenvertretung nach § 64 Abs. 1 Satz 1 finden im Jahre 1988 statt. Die Amtszeit der Jugendvertretung endet mit der Bekanntgabe des Wahlergebnisses der neu gewählten Jugend- und Auszubildendenvertretung, spätestens am 30. November 1988.

(3) Auf Wahlen des Betriebsrats, der Bordvertretung, des Seebetriebsrats und der Jugend- und Auszubildendenvertretung, die nach dem 28. Juli 2001 eingeleitet werden, finden die Erste Verordnung zur Durchführung des Betriebsverfassungsgesetzes vom 16. Januar 1972 (BGBl. I S. 49), zuletzt geändert durch die Verordnung vom 16. Ja-

nuar 1995 (BGBl. I S. 43), die Zweite Verordnung zur Durchführung des Betriebsverfassungsgesetzes vom 24. Oktober 1972 (BGBl. I S. 2029), zuletzt geändert durch die Verordnung vom 28. September 1989 (BGBl. I S. 1795) und die Verordnung zur Durchführung der Betriebsratswahlen bei den Postunternehmen vom 26. Juni 1995 (BGBl. I S. 871) bis zu deren Änderung entsprechende Anwendung.

(4) Ergänzend findet für das vereinfachte Wahlverfahren nach § 14a die Erste Verordnung zur Durchführung des Betriebsverfassungsgesetzes bis zu deren Änderung mit folgenden Maßgaben entsprechende Anwendung:

1. Die Frist für die Einladung zur Wahlversammlung zur Wahl des Wahlvorstands nach § 14a Abs. 1 des Gesetzes beträgt mindestens sieben Tage. Die Einladung muss Ort, Tag und Zeit der Wahlversammlung sowie den Hinweis enthalten, dass bis zum Ende dieser Wahlversammlung Wahlvorschläge zur Wahl des Betriebsrats gemacht werden können (§ 14a Abs. 2 des Gesetzes).
2. § 3 findet wie folgt Anwendung:
   a) Im Fall des § 14a Abs. 1 des Gesetzes erlässt der Wahlvorstand auf der Wahlversammlung das Wahlausschreiben. Die Einspruchsfrist nach § 3 Abs. 2 Nr. 3 verkürzt sich auf drei Tage. Die Angabe nach § 3 Abs. 2 Nr. 4 muss die Zahl der Mindestsitze des Geschlechts in der Minderheit (§ 15 Abs. 2 des Gesetzes) enthalten. Die Wahlvorschläge sind abweichend von § 3 Abs. 2 Nr. 7 bis zum Abschluss der Wahlversammlung zur Wahl des Wahlvorstands bei diesem einzureichen. Ergänzend zu § 3 Abs. 2 Nr. 10 gibt der Wahlvorstand den Ort, Tag und Zeit der nachträglichen Stimmabgabe an (§ 14a Abs. 4 des Gesetzes).
   b) Im Fall des § 14a Abs. 3 des Gesetzes erlässt der Wahlvorstand unverzüglich das Wahlausschreiben mit den unter Buchstabe a genannten Maßgaben zu § 3 Abs. 2 Nr. 3, 4 und 10. Abweichend von § 3 Abs. 2 Nr. 7 sind die Wahlvorschläge spätestens eine Woche vor der Wahlversammlung zur Wahl des Betriebsrats (§ 14a Abs. 3 Satz 2 des Gesetzes) beim Wahlvorstand einzureichen.
3. Die Einspruchsfrist des § 4 Abs. 1 verkürzt sich auf drei Tage.
4. Die §§ 6 bis 8 und § 10 Abs. 2 finden entsprechende Anwendung mit der Maßgabe, dass die Wahl aufgrund von Wahlvorschlägen erfolgt. Im Fall des § 14a Abs. 1 des Gesetzes sind die Wahlvorschläge bis zum Abschluss der Wahlversammlung zur Wahl des Wahlvorstands bei diesem einzureichen; im Fall des § 14a Abs. 3 des Gesetzes sind die Wahlvorschläge spätestens eine Woche vor der Wahlversammlung zur Wahl des Betriebsrats (§ 14a Abs. 3 Satz 2 des Gesetzes) beim Wahlvorstand einzureichen.

5. § 9 findet keine Anwendung.
6. Auf das Wahlverfahren finden die §§ 21 ff. entsprechende Anwendung. Auf den Stimmzetteln sind die Bewerber in alphabetischer Reihenfolge unter Angabe von Familienname, Vorname und Art der Beschäftigung im Betrieb aufzuführen.
7. § 25 Abs. 5 bis 8 findet keine Anwendung.
8. § 26 Abs. 1 findet mit der Maßgabe Anwendung, dass der Wahlberechtigte sein Verlangen auf schriftliche Stimmabgabe spätestens drei Tage vor dem Tag der Wahlversammlung zur Wahl des Betriebsrats dem Wahlvorstand mitgeteilt haben muss.
9. § 31 findet entsprechende Anwendung mit der Maßgabe, dass die Wahl der Jugend- und Auszubildendenvertretung aufgrund von Wahlvorschlägen erfolgt.

§ 126
Ermächtigung zum Erlass von Wahlordnungen

Der Bundesminister für Arbeit und Sozialordnung wird ermächtigt, mit Zustimmung des Bundesrates Rechtsverordnungen zu erlassen zur Regelung der in den §§ 7 bis 20, 60 bis 63, 115 und 116 bezeichneten Wahlen über

1. die Vorbereitung der Wahl, insbesondere die Aufstellung der Wählerlisten und die Errechnung der Vertreterzahl;
2. die Frist für die Einsichtnahme in die Wählerlisten und die Erhebung von Einsprüchen gegen sie;
3. die Vorschlagslisten und die Frist für ihre Einreichung;
4. das Wahlausschreiben und die Fristen für seine Bekanntmachung;
5. die Stimmabgabe;

5a. die Verteilung der Sitze im Betriebsrat, in der Bordvertretung, im Seebetriebsrat sowie in der Jugend- und Auszubildendenvertretung auf die Geschlechter, auch soweit die Sitze nicht gemäß § 15 Abs. 2 und § 62 Abs. 3 besetzt werden können;

6. die Feststellung des Wahlergebnisses und die Fristen für seine Bekanntmachung;
7. die Aufbewahrung der Wahlakten.

§§ **127** bis **129** (nicht abgedruckt)

§ 130
Öffentlicher Dienst

Dieses Gesetz findet keine Anwendung auf Verwaltungen und Betriebe des Bundes, der Länder, der Gemeinden und sonstiger Körperschaften, Anstalten und Stiftungen des öffentlichen Rechts.

§§ 131 bis **132** (nicht abgedruckt)

Artikel 14 des Gesetzes zur Reform des Betriebsverfassungsgesetzes (BetrVerf-ReformG) hat folgenden Wortlaut:

In-Kraft-Treten

Dieses Gesetz tritt am Tage nach der Verkündung in Kraft. Für im Zeitpunkt des In-Kraft-Tretens bestehende Betriebsräte gilt Artikel 1 Nr. 8, 13 und 35 Buchstabe a erst bei deren Neuwahl.

Betriebsverfassungsgesetz

Das Betriebsverfassungsgesetz vom 15. 1. 1972 (BGBl. I S. 13) in der Fassung des Gesetzes zur Reform des Betriebsverfassungsgesetzes (BetrVerf-Reformgesetz) vom 23. 7. 2001 (BGBl. I S. 1852) und der am 25. 9. 2001 bekannt gemachten Neufassung (BGBl. I S. 2518), zuletzt geändert durch Art. 10 des Gesetzes vom 10. 12. 2001 (BGBl. I S. 3443), wird nachstehend in einer den wesentlichen Gehalt der einzelnen Bestimmungen darstellenden Weise erläutert. Soweit es die praxisbezogene Anwendung erfordert, wurde die einschlägige Rechtsprechung und Literatur berücksichtigt. Der Gesetzestext ist jeweils in halbfetter Schrift gesetzt, die sich daran anschließenden Erläuterungen in magerer Schrift. Die besonderen Vorschriften für die Schifffahrt und die Luftfahrt (§§ 114 bis 117), aber auch die §§ 125 und 126 sind lediglich im Wortlaut wiedergegeben und nicht kommentiert. Auf einen Abdruck der §§ 122 bis 124 ist gänzlich verzichtet worden. Gleiches gilt für die Schlussvorschriften der §§ 127–129 sowie der §§ 131 und 132.

Erläuterungen

Erster Teil
Allgemeine Vorschriften

§ 1
Errichtung von Betriebsräten

(1) In Betrieben mit in der Regel mindestens fünf ständigen wahlberechtigten Arbeitnehmern, von denen drei wählbar sind, werden Betriebsräte gewählt. Dies gilt auch für gemeinsame Betriebe mehrerer Unternehmen.

(2) Ein gemeinsamer Betrieb mehrerer Unternehmen wird vermutet, wenn

1. **zur Verfolgung arbeitstechnischer Zwecke die Betriebsmittel sowie die Arbeitnehmer von den Unternehmen gemeinsam eingesetzt werden oder**
2. **die Spaltung eines Unternehmens zur Folge hat, dass von einem Betrieb ein oder mehrere Betriebsteile einem an der Spaltung beteiligten anderen Unternehmen zugeordnet werden, ohne dass sich dabei die Organisation des betroffenen Betriebs wesentlich ändert.**

Die Bestimmung gilt für die Betriebe der **privaten Wirtschaft**. Unter 1
Betrieb wird die organisatorische Einheit verstanden, innerhalb derer

der UN allein oder mit seinen AN mithilfe von technischen und immateriellen Mitteln bestimmte **arbeitstechnische Zwecke** fortgesetzt verfolgt (vgl. etwa BAG, NZA 92, 894). Ein **Betrieb i.S. des Abs. 1** liegt daher vor, wenn die in der Betriebsstätte vorhandenen materiellen und immateriellen Betriebsmittel für den oder die verfolgten arbeitstechnischen Zwecke zusammengefasst, geordnet und gezielt eingesetzt werden und der Einsatz der menschlichen Arbeitskraft von einem einheitlichen Leitungsapparat gesteuert wird (vgl. etwa BAG, BB 91, 2373). Der Betrieb ist somit die **technisch-organisatorische**, das UN die **wirtschaftliche** Einheit. Zum Begriff der »regelmäßig« beschäftigten AN vgl. § 9 Rn. 2f. Zur Wahlberechtigung und Wählbarkeit der AN vgl. §§ 7, 8.

2 Das Gesetz stellt klar, dass nicht nur in Betrieben nach Abs. 1 Satz 1, sondern auch in einem **gemeinsamen Betrieb** mehrerer UN (Gemeinschaftsbetrieb) ein BR zu wählen ist, sofern die in Satz 1 genannten Voraussetzungen erfüllt sind. Die nach dem BetrVG 1972 verlangten alternativen Voraussetzungen, nach denen die beteiligten UN ausdrücklich eine rechtliche Vereinbarung über die einheitliche Leitung des gemeinsamen Betriebs geschlossen haben mussten oder sich eine solche Vereinbarung aus den näheren Umständen des Einzelfalls zu ergeben hatte (vgl. etwa BAG, NZA 98, 723), werden nach dem BetrVG 2001 durch **Vermutungsregelungen** ersetzt, die an zwei unterschiedliche Tatbestände anknüpfen.

3 Nach **Abs. 2 Nr. 1** wird ein Gemeinschaftsbetrieb widerlegbar vermutet, wenn von den UN die in einer Betriebsstätte vorhandenen materiellen und immateriellen Betriebsmittel für den oder die arbeitstechnischen Zwecke genutzt und die AN gemeinsam eingesetzt werden. Dabei ist nicht entscheidend, zu welchem der UN (AG) die AN in einem Arbeitsverhältnis stehen. Ein typisches Beispiel für einen solchen Gemeinschaftsbetrieb ist ein von mehreren UN betriebenes **Rechenzentrum**. Liegen die Voraussetzungen der gemeinsamen Nutzung der Betriebsmittel bzw. des gemeinsamen Einsatzes der AN vor, was nicht nur in der gemeinsamen räumlichen Unterbringung, sondern auch in der personellen, technischen und organisatorischen Verknüpfung der Arbeitsabläufe sichtbar werden kann, wird gesetzlich eine **einheitliche Leitung vermutet**. Dabei ist nicht erforderlich, dass die Leitungsfunktion auch wirtschaftliche Angelegenheiten umfasst. Es genügt, wenn sie sich auf **soziale und personelle Angelegenheiten** erstreckt (vgl. BAG, NZA 90, 977). Die vom Gesetz vermutete Leitungsfunktion kann von den beteiligten UN, wenn es darüber zu einem Rechtsstreit kommt, in dem dann zu führenden Beschlussverfahren **widerlegt** werden.

4 Die zweite Vermutungsregelung (**Abs. 2 Nr. 2**) betrifft den Fall, dass im Zuge der **Spaltung** eines UN von einem Betrieb dieses UN ein oder mehrere Betriebsteile einem anderen UN, das an der Spaltung beteiligt

ist, zugeordnet werden. Der Begriff der Spaltung umfasst die Fälle der **Aufspaltung**, der **Abspaltung** und der **Ausgliederung**. Voraussetzung für die Anwendung der Vermutungsregelung des Abs. 2 Nr. 2 ist, dass sich die Organisation des gespaltenen Betriebs nicht wesentlich ändert. Die an der Spaltung beteiligten UN wollen den Betrieb als gemeinsamen Betrieb weiterführen, um auch zukünftig die Vorteile eines eingespielten Betriebs und seiner Organisation nutzen zu können. Ein wesentliches Indiz dafür, dass sich die Organisation des betroffenen Betriebs nicht wesentlich ändert, besteht in der **gemeinsamen Benutzung** wesentlicher materieller und immaterieller Betriebsmittel; darüber hinaus auch darin, dass die personelle, technische und organisatorische Verknüpfung der Arbeitsabläufe im Wesentlichen gleich bleibt. Die gesetzliche Vermutung eines gemeinsamen Betriebs ist auch bei dieser Vermutungsregelung widerlegbar. Im Streitfall haben die ArbG im Wege des **Beschlussverfahrens** zu entscheiden.

§ 2
Stellung der Gewerkschaften und Vereinigungen der Arbeitgeber

(1) Arbeitgeber und Betriebsrat arbeiten unter Beachtung der geltenden Tarifverträge vertrauensvoll und im Zusammenwirken mit den im Betrieb vertretenen Gewerkschaften und Arbeitgebervereinigungen zum Wohl der Arbeitnehmer und des Betriebs zusammen.

(2) Zur Wahrnehmung der in diesem Gesetz genannten Aufgaben und Befugnisse der im Betrieb vertretenen Gewerkschaften ist deren Beauftragten nach Unterrichtung des Arbeitgebers oder seines Vertreters Zugang zum Betrieb zu gewähren, soweit dem nicht unumgängliche Notwendigkeiten des Betriebsablaufs, zwingende Sicherheitsvorschriften oder der Schutz von Betriebsgeheimnissen entgegenstehen.

(3) Die Aufgaben der Gewerkschaften und der Vereinigungen der Arbeitgeber, insbesondere die Wahrnehmung der Interessen ihrer Mitglieder, werden durch dieses Gesetz nicht berührt.

(1) Mit der angesprochenen Zusammenarbeit wird eine **gesetzliche Forderung** aufgestellt, keineswegs aber die betriebliche Wirklichkeit beschrieben. Dem BR muss bewusst sein, dass er AN-Interessen im betrieblichen Bereich zu vertreten hat. Bei der Austragung gegensätzlicher Interessen soll jedoch angestrebt werden, zum Wohl der AN und des Betriebs zusammenzuarbeiten. Der Grundsatz der vertrauensvollen Zusammenarbeit gebietet daher auch, dass der AG gegenüber dem BR keine vollendeten Tatsachen schafft. Der BR kann andernfalls die Unterlassung mitbestimmungswidriger Maßnahmen verlan- 1

gen (BAG, BB 94, 2273). Es widerspricht auch der vertrauensvollen Zusammenarbeit, wenn der AG bei von ihm gemachten Regelungsvorschlägen dem BR für den Fall der Ablehnung das rechtsmissbräuchliche Ausweichen auf mitbestimmungsfreie Regelungsspielräume androht (vgl. BAG, DB 98, 2119). Im Übrigen erstreckt sich die geforderte Zusammenarbeit nicht nur auf das Verhältnis zwischen AG und BR. Der BR ist darüber hinaus verpflichtet, in allen Fragen mit der Gew. zusammenzuarbeiten. Die besondere Bedeutung der TV auch im Rahmen der Betriebsverfassung wird dadurch hervorgehoben, dass die Zusammenarbeit zwischen AG und BR unter Beachtung der geltenden TV zu erfolgen hat (vgl. DKK-Berg, Rn. 25 f.).

2 Die **Gew.-Eigenschaft** kommt nicht jeder AN-Vereinigung zu. Der Gew.-Begriff deckt sich **nicht** mit dem Koalitionsbegriff des Art. 9 Abs. 3 GG, sondern ist **enger** zu verstehen. Die Gew.-Eigenschaft kommt bei Anwendung des § 2 und bei den gewerkschaftlichen Unterstützungs- und Beratungsfunktionen im Rahmen dieses Gesetzes nur den AN-Vereinigungen (Koalitionen) zu, die auch **tariffähig** sind (h. M.; vgl. etwa DKK-Berg, Rn. 11 ff.). Nach der Rechtspr. des BAG müssen Gew. **folgende Voraussetzungen** erfüllen: freiwilliger Zusammenschluss; unabhängig in ihrem Bestand vom Wechsel der Mitgl.; Gegnerfreiheit (in der Willensbildung von den AG unabhängig); Unabhängigkeit von Staat, Kirchen und Parteien; Eintreten für eine Verbesserung der Arbeits- und Wirtschaftsbedingungen der Mitgl. auf kollektivvertraglicher Basis; überbetriebliche Organisation; Bereitschaft zum Arbeitskampf und dabei soziale Mächtigkeit, damit auf die AG-Seite wirkungsvoller Druck ausgeübt werden kann (vgl. etwa BAG v. 6. 6. 00, NZA 01, 160; vgl. aber auch BVerfG, DB 82, 231 zum Sonderfall eines Hausgehilfinnenverbandes). Zu Unrecht geht das BAG in seiner Rechtspr. (BAG v. 25. 11. 86, AP Nr. 36 zu § 2 TVG) davon aus, dass unter **bestimmten Voraussetzungen** schon der Abschluss von **Anschluss-TV** ein Indiz für die erforderliche Durchsetzungskraft sein kann (vgl. dazu kritisch Zachert, AuR 86, 321 ff.). Gefälligkeits- oder Schein-TV führen allerdings auch nach Meinung des BAG in keinem Fall dazu, eine Organisation dem Kreis der tariffähigen Gew. zuzuordnen (BAG a. a. O.; LAG Köln v. 10. 10. 88 – 5 TaBV 27/88). Die Gew. muss im Übrigen von ihrem **organisatorischen Aufbau** her in der Lage sein, die ihr gestellten Aufgaben zu erfüllen (BAG v. 15. 3. 77, AP Nr. 24 zu Art. 9 GG). Die Christliche Gewerkschaft Bergbau, Chemie und Energie (CGBCE) und die Christliche Gewerkschaft Holz und Bau (CGHB) besitzen deshalb nicht die Gew.-Eigenschaft (BAG v. 16. 1. 90, AP Nrn. 38, 39 zu § 2 TVG). Ebenso die Christliche Gewerkschaft Deutschlands (CGD) (ArbG Gera, AuR 02, 478) und der Interessenverband »Bedienstete der Technischen Überwachung« (BTÜ) (BAG, NZA 01, 160). Zu weiteren Entscheidungen, in denen die Rechtspr. die Gewerkschaftseigenschaft verneint hat, vgl. DKK-Berg, Rn. 23.

(2) Der Zugang zum Betrieb durch Gew.-Vertr. erstreckt sich auf alle Betriebsbereiche, die im Zusammenhang mit der Wahrnehmung der betriebsverfassungsrechtlichen Unterstützungsfunktion aufgesucht werden müssen (zum Zutrittsrecht zu ausgelagerten Arbeitsplätzen vgl. BAG, DB 89, 2439). Dabei sind die im Gesetz aufgeführten Aufgaben der Gew. nicht erschöpfend. Ein Zutrittsrecht besteht auch dann, wenn die Gew. Aufgaben wahrzunehmen hat, die in einem **inneren Zusammenhang** zum BetrVG stehen und an deren Lösung sie ein berechtigtes Interesse hat (BAG v. 26. 6. 73, AP Nr. 2 zu § 2 BetrVG 1972; vgl. auch BAG, AuR 89, 259). Die Gew. ist im Betrieb vertreten, wenn sie in ihm mindestens ein Mitgl. hat (h. M.). **3**

Es bedarf nur der **Unterrichtung** des AG über den Zutritt, nicht seines Einverständnisses. Die Unterrichtung ist an **keine besondere** Form gebunden. Sie kann mündlich – d. h. auch telefonisch – oder schriftlich erfolgen. Die Gew. kann auch ein BR-Mitgl. bitten, in ihrem Auftrag die Unterrichtung vorzunehmen. Die Gew. hat selbst darüber zu befinden, wen sie als Beauftragten entsenden will. Das können somit auch AN eines anderen Betriebs als ehrenamtliche Funktionäre oder hauptberufliche Angestellte der Gew. sein (BAG v. 14. 2. 78, AP Nr. 26 zu Art. 9 GG). **4**

Der Vertr. der Gew. braucht nicht im Einzelnen den Besuchszweck anzugeben. Vielfach wird eine Unterrichtung unmittelbar vor Beginn des Zugangs ausreichen. Die formelle Unterrichtung des AG ist dann nicht erforderlich, wenn dieser ausdrücklich oder stillschweigend darauf verzichtet hat. Das kann sich auch aus einer entsprechenden Übung ergeben. Den im letzten Halbsatz genannten Einschränkungen des Zugangsrechts kommt keine wesentliche praktische Bedeutung zu. Auch vor einem **Arbeitskampf** bestehen keine Beschränkungen für das Zugangsrecht der Gew. zur Wahrnehmung der betriebsverfassungsrechtlichen Aufgaben. **5**

Kommt es zum gerichtlichen Streitverfahren, kann der **Nachweis**, dass die Gew. im Betrieb vertreten ist, auf jede dem Gericht geeignet erscheinende Weise erfolgen, wie etwa durch die Vernehmung eines Gew.-Sekretärs als Zeugen, wobei die Namensnennung der Gew.-Mitgl., die dem Betrieb angehören, nicht erforderlich ist (BAG, DB 93, 95), oder durch notarielle Erklärung (BAG a. a. O.; BVerfG, AuR 94, 196). **6**

(3) Rechte von Gewerkschaften, die sich aus Art. 9 Abs. 3 GG ergeben, werden vom BetrVG nicht berührt. Sie dürfen unabhängig von ihren Aufgaben nach dem BetrVG ihre Aufgaben als Koalition gem. Art. 9 Abs. 3 GG wahrnehmen. Hierzu zählt insbesondere die Werbung für ihre Ziele und von Mitgliedern (vgl. DKK-Berg Rn. 47 m. w. N.). Auch die bei BR-Wahlen übliche Wahlwerbung der Gew. gehört zu ihren koalitionsrechtlichen Befugnissen (vgl. BVerfG, AuR 99, 406). Dic im Betrieb vertretene Gew. darf als Koalition **7**

im betrieblichen Bereich durch betriebsfremde Gew.-Beauftragte beratend tätig werden; z.B. durch anbringen von Informationen am »Schwarzen Brett« (zu der teilweise einschränkenden Rspr. d. BAG vgl. DKK-Berg, Rn. 47f.). Gewerkschaftsmitglieder dürfen, sofern keine nachhaltige Störung von Arbeitsprozessen oder des Betriebsfriedens entsteht, auch während ihrer Arbeitszeit für ihre Gewerkschaft werben (vgl. BVerfG NZA 96, 381, DKK-Berg Rn. 47, a.A. noch BAG DB 92, 843, das durch das BVerfG aufgehoben wurde). Der Versand von E-Mails durch Gewerkschaftsmitglieder außerhalb ihrer Arbeitszeit von ihrem privaten E-Mail-Anschluss an andere Arbeitnehmer an deren betriebliche E-Mail-Adresse stellt keine Verletzung von arbeitsvertraglichen Pflichten dar (LAG Schleswig-Holstein, AiB 01, 305 mit Anm. Klebe/Wedde).

§ 3
Abweichende Regelungen

(1) Durch Tarifvertrag können bestimmt werden:

1. für Unternehmen mit mehreren Betrieben

a) die Bildung eines unternehmenseinheitlichen Betriebsrats oder

b) die Zusammenfassung von Betrieben,

wenn dies die Bildung von Betriebsräten erleichtert oder einer sachgerechten Wahrnehmung der Interessen der Arbeitnehmer dient;

2. für Unternehmen und Konzerne, soweit sie nach produkt- oder projektbezogenen Geschäftsbereichen (Sparten) organisiert sind und die Leitung der Sparte auch Entscheidungen in beteiligungspflichtigen Angelegenheiten trifft, die Bildung von Betriebsräten in den Sparten (Spartenbetriebsräte), wenn dies der sachgerechten Wahrnehmung der Aufgaben des Betriebsrats dient;

3. andere Arbeitnehmervertretungsstrukturen, soweit dies insbesondere aufgrund der Betriebs-, Unternehmens- oder Konzernorganisation oder aufgrund anderer Formen der Zusammenarbeit von Unternehmen einer wirksamen und zweckmäßigen Interessenvertretung der Arbeitnehmer dient;

4. zusätzliche betriebsverfassungsrechtliche Gremien (Arbeitsgemeinschaften), die der unternehmensübergreifenden Zusammenarbeit von Arbeitnehmervertretungen dienen;

5. zusätzliche betriebsverfassungsrechtliche Vertretungen der Arbeitnehmer, die die Zusammenarbeit zwischen Betriebsrat und Arbeitnehmern erleichtern.

(2) Besteht in den Fällen des Absatzes 1 Nr. 1, 2, 4 oder 5 keine tarifliche Regelung und gilt auch kein anderer Tarifvertrag, kann die Regelung durch Betriebsvereinbarung getroffen werden.

(3) Besteht im Falle des Absatzes 1 Nr. 1 Buchstabe a keine tarifliche Regelung und besteht in dem Unternehmen kein Betriebsrat, können die Arbeitnehmer mit Stimmenmehrheit die Wahl eines unternehmenseinheitlichen Betriebsrats beschließen. Die Abstimmung kann von mindestens drei wahlberechtigten Arbeitnehmern des Unternehmens oder einer im Unternehmen vertretenen Gewerkschaft veranlasst werden.

(4) Sofern der Tarifvertrag oder die Betriebsvereinbarung nichts anderes bestimmt, sind Regelungen nach Absatz 1 Nr. 1 bis 3 erstmals bei der nächsten regelmäßigen Betriebsratswahl anzuwenden, es sei denn, es besteht kein Betriebsrat oder es ist aus anderen Gründen eine Neuwahl des Betriebsrats erforderlich. Sieht der Tarifvertrag oder die Betriebsvereinbarung einen anderen Wahlzeitpunkt vor, endet die Amtszeit bestehender Betriebsräte, die durch die Regelungen nach Absatz 1 Nr. 1 bis 3 entfallen, mit Bekanntgabe des Wahlergebnisses.

(5) Die aufgrund eines Tarifvertrages oder einer Betriebsvereinbarung nach Absatz 1 Nr. 1 bis 3 gebildeten betriebsverfassungsrechtlichen Organisationseinheiten gelten als Betriebe im Sinne dieses Gesetzes. Auf die in ihnen gebildeten Arbeitnehmervertretungen finden die Vorschriften über die Rechte und Pflichten des Betriebsrats und die Rechtsstellung seiner Mitglieder Anwendung.

(1) Mit den in § 3 eröffneten **Gestaltungsmöglichkeiten** durch TV **1** (in Ausnahmefällen auch durch BV) sollen die Tarifparteien auf den nachhaltigen **Strukturwandel** reagieren können, dem die UN seit Jahren unterworfen sind. Aufspaltung, Outsourcing und Verschmelzung sind dafür charakterisierende Stichworte. Die Neufassung des § 3 durch das BetrVerf-ReformG kann wesentlich dazu beitragen, sachgerecht auf neue UN- und Betriebsstrukturen zu reagieren (vgl. BT-Drucks. 14/5741, Teil B, zu Art. 1).

Die umfassenden Gestaltungsmöglichkeiten dürfen jedoch nicht den **2** Blick dafür versperren, dass der **Betrieb die Basisstruktur** und der **zentrale Ansatzpunkt** für die betriebliche MB ist. Der Betrieb, auch wenn sich seine Formen teilweise erheblich gewandelt haben, ist und bleibt aus der Sicht des Betriebsverfassungsrechts und der mit diesem Recht verbundenen Schutzfunktion der zentrale Bereich für die betriebliche MB. Das Gesetz selbst trägt diesem Grundsatz Rechnung: Nach wie vor geht § 1 BetrVG von dem »Betrieb« als der **Grundeinheit** aus, in der bei Vorliegen bestimmter Voraussetzungen ein BR als betriebliche AN-Vertr. gewählt wird. § 3 hat lediglich das Ziel, die betriebliche AN-Vertr. bei sich wandelnden Betriebs- und UN-Strukturen diesen Strukturen anzupassen. Hier setzt zugleich die Verantwortung der Tarifparteien ein. Es geht um **sachgerechte Vertretungsstrukturen**, nicht aber um ein unfruchtbares Nebeneinander rivalisierender Betriebsvertr. mit der Gefahr von Spaltungstendenzen.

3 **Nr. 1 a)** des Abs. 1 ermöglicht die Bildung eines BR, der für das **gesamte UN** gebildet wird. Das kann vor allem für kleinere UN sinnvoll sein. Wenn dieses mehrere Betriebe bzw. selbständige Betriebsteile hat, kann anstelle von mehreren BR und eines GBR ein **unternehmenseinheitlicher BR** gebildet werden. Nach **Nr. 1 b)** können in UN mit zahlreichen Betrieben bzw. selbständigen Betriebsteilen (z. B. ein UN mit einem bundesweiten Filialnetz) BR **zusammengefasst** werden; etwa innerhalb bestimmter Regionen in der Form von **Regional-BR**.

4 **Nr. 2** ist rechtliche Grundlage für die Bildung von **Sparten-BR** in UN, die nach produkt- oder projektbezogenen Geschäftsbereichen organisiert sind. Wie die Sparten-BR im Einzelnen strukturiert sind, wird von der Ausgestaltung der Spartenorganisation abhängen. So können z. B. mehrere BR je Sparte oder **betriebsübergreifende Sparten-BR** errichtet werden. Auch **unternehmensübergreifende Sparten-BR** sind ebenso möglich wie die Bildung von **Sparten-GBR** etwa in einem nach Geschäftsbereichen organisierten Konzern. Es wird allerdings gerade bei der Errichtung von spartenbezogenen AN-Vertr. darauf zu achten sein, dass ihre Einrichtung der **sachgerechten Wahrnehmung** der Aufgaben der BR und damit der betrieblichen Interessenvertr. dient. Den durch TV errichteten Vertr. muss nicht nur ein kompetenter Ansprechpartner und Entscheidungsträger auf der AG-Seite gegenüberstehen. Es darf auch nicht zu einem unfruchtbaren Nebeneinander von solchen AN-Vertr. oder gar zu Kompetenzüberschneidungen etwa zwischen BR bzw. GBR auf der einen Seite und Sparten-BR bzw. Sparten-GBR auf der anderen Seite kommen (vgl. auch Rn. 2).

5 Nach **Nr. 3** ist es in besonderem Maße zukünftig möglich, auf **neue Entwicklungen von UN-Strukturen** mit der Bildung entsprechender AN-Vertretungssysteme zu reagieren. So hat sich der Gesetzgeber vorgestellt, dass entlang von Produktionsketten (**just in time**) oder für andere moderne Erscheinungsformen von Produktion, Dienstleistung und Zusammenarbeit von UN entsprechende AN-Vertretungsstrukturen geschaffen werden können. Es ist nach Nr. 3 aber auch zulässig, etwa für einen mittelständischen Konzern mit wenigen kleinen Konzern-UN, statt der an sich vorzusehenden dreistufigen Interessenvertretung (BR, GBR und KBR) eine **zweistufige** oder gar nur eine **einstufige AN-Vertr**. zu errichten. Von praktischer Bedeutung ist ferner, dass in einem **Gleichordnungskonzern** ein Konzern-BR errichtet werden kann. Auch ermöglicht Nr. 3 die Bildung von unter-

nehmensübergreifenden GBR unabhängig von einer Spartenorganisation.

Anders als die in den Nr. 1 bis 3 enthaltenen Vertretungsorgane sind die in **Nr. 4** angesprochenen zusätzlichen betriebsverfassungsrechtlichen Gremien (Arbeitsgemeinschaften) **keine MB-Organe**, sondern dienen der effektiveren Tätigkeit vorhandener AN-Vertr. Das kann beispielsweise die Bildung von **Arbeitsgruppen** zwischen den BR verschiedener UN bedeuten, auch innerhalb eines Konzerns oder innerhalb von Regionen sowie bestimmter Produktions- oder Dienstleistungsbereiche, damit ein Erfahrungsaustausch der AN-Vertr. über gleich gelagerte oder ähnliche Probleme geführt und gemeinsame Lösungen beschlossen werden können. Die zusätzlichen Gremien kommen aber auch **alternativ** zu Regelungen nach Nr. 3 in Betracht, die der unternehmensübergreifenden Zusammenarbeit von AN-Vertr. dienen sollen. 6

Die nach der Regelung der **Nr. 5** zulässigen **zusätzlichen betriebsverfassungsrechtlichen AN-Vertr**. kommen dort in Betracht, wo sie den erforderlichen Kontakt zwischen dem BR und den von ihm vertretenen AN herstellen bzw. intensivieren können. Solche Vertretungen sind beispielsweise sinnvoll, wenn ein unternehmenseinheitlicher BR eines bundesweit tätigen UN gebildet worden ist oder Regional-BR bestehen, in denen Betriebe oder Betriebsteile nicht durch ein BR-Mitgl. vertreten sind. 7

(2) Eine Regelung von AN-Vertretungsstrukturen durch BV ist nur möglich, wenn kein entsprechender TV besteht. Sie ist auch ausgeschlossen, wenn im Betrieb ein anderer TV (z.B.: Lohn- und GehaltsTV, TV über vermögenswirksame Leistungen, TV über betriebliche Altersvorsorge) gilt. Die Regelungssperre für BV wird auch durch TV ausgelöst, die nachwirken (§ 4 Abs. 5 TVG), allgemeinverbindlich sind oder nach § 77 Abs. 3 üblich sind. Der Gesetzgeber hat bei der Schaffung von AN-Vertretungsstrukturen dem **TV den Vorrang** vor Lösungen, die durch die BV geschaffen werden, eingeräumt. Dies gilt auch für eine GBV. Andere Arbeitnehmervertretungsstrukturen nach Abs. 1 Nr. 3 können nur durch TV geschaffen werden. 8

(3) Die Regelung macht besonders deutlich, dass der Gesetzgeber in **allen UN** bzw. in **allen betriebsratsfähigen Betrieben** AN-Vertr. haben will, damit das BetrVG in seinem Geltungsbereich möglichst umfassend Anwendung findet. Es wird bestimmt, dass in den Fällen, in denen in einem UN mit mehreren Betrieben kein BR besteht, ein **unternehmenseinheitlicher BR** gebildet werden kann. Voraussetzung ist, dass kein TV nach § 3 Abs. 1 Nr. 1 a) vorhanden ist. Eine entsprechende Initiative kann durch die **wahlberechtigten AN** (zur Wahlberechtigung vgl. § 7) oder durch eine im **UN vertretene Gew**. ergriffen werden. Die Gew. muss nicht in allen Betrieben vertreten sein. Es reicht aus, dass ihr in einem der Betriebe des UN **ein einziges** 9

Mitgl. angehört (vgl. § 2 Rn. 3, 6). Die Mehrheit der im UN beschäftigten AN muss der Errichtung eines BR zustimmen. Das Gesetz sieht **keine besonderen Formvorschriften** vor. Eine geheime Abstimmung braucht nicht zu erfolgen. Das Ergebnis der Abstimmung muss allerdings dokumentiert werden. Die Abstimmung kann getrennt in den einzelnen Betrieben durchgeführt werden, aber auch in einer Versamml. aller AN des UN. Der **AG hat kein Teilnahmerecht** an der Versamml. Die AN können nicht nur die Bildung eines unternehmenseinheitlichen BR beschließen, sondern zugleich in entsprechender Anwendung des § 17 Abs. 2 einen **WV bestellen**.

10 (4) TV oder BV nach Abs. 1 Nr. 1 bis 3 können den Zeitpunkt festlegen, ab dem die in diesen Bestimmungen enthaltenen Regelungen gelten sollen. Liegt dieser Zeitpunkt **vor der nächsten regelmäßigen BR-Wahl**, endet die Amtszeit des BR, die infolge der Regelungen nach Abs. 1 Nr. 1 bis 3 entfallen, mit der Bekanntgabe des Wahlergebnisses der in diesen Vorschriften vorgesehenen betriebsverfassungsrechtlichen Organisationseinheiten. Legt der TV bzw. die BV den Zeitpunkt der Geltung der Regelungen nach Abs. 1 Nr. 1 bis 3 nicht fest, endet die Amtszeit der BR, die nach diesen Vorschriften entfallen, erst mit **Ablauf der regelmäßigen Amtszeit**. Besteht im Betrieb **kein BR** oder ist die Neuwahl eines BR aus den anderen, in § 13 Abs. 2 genannten Gründen (§ 13 Abs. 2 Nr. 1 bis 5) vor Ablauf der regelmäßigen Amtszeit erforderlich, findet Satz 1 Anwendung. Die Amtszeit der in den betriebsverfassungsrechtlichen Organisationseinheiten durch TV bzw. BV gebildete Vertr. beginnt mit der **Bekanntgabe des Wahlergebnisses**.

11 (5) Die betriebsverfassungsrechtlichen Organisationseinheiten, die nach Abs. 1 Nrn. 1 bis 3 gebildet worden sind, gelten als Betriebe i.S.d. Gesetzes. Ihre Arbeitnehmerzahl ist maßgeblich, z.B. für die Anzahl der BR-Mitglieder, die Größe der Ausschüsse und die Anzahl der Freistellungen. Durch TV oder BV kann keine von § 9 abweichende Größe des BR, oder seiner Ausschüsse vereinbart werden (Hohenstatt/Dzida, DB 02, 2498, 2500; zur Regelung von Freistellungen durch TV oder BV vgl. § 38 Rn. 1). Die betriebsverfassungsrechtlichen Organisationseinheiten haben dieselben Rechte und Pflichten wie Betriebsräte; ihre Mitglieder die Rechtsstellung eines BR-Mitgliedes. Für die nach Abs. 1 Nrn. 4 oder 5 gebildeten zusätzlichen Gremien und Vertretungen gilt dies nicht. Deren Mitglieder haben z.B. nicht den Kündigungsschutz eines BR-Mitglieds nach § 15 KSchG. Dessen Anwendung kann allerdings im TV oder in der BV für die Mitglieder der zusätzlichen Gremien vereinbart werden.

§ 4
Betriebsteile, Kleinstbetriebe

(1) Betriebsteile gelten als selbstständige Betriebe, wenn sie die Voraussetzungen des § 1 Abs. 1 Satz 1 erfüllen und

1. räumlich weit vom Hauptbetrieb entfernt oder

2. durch Aufgabenbereich und Organisation eigenständig sind.

Die Arbeitnehmer eines Betriebsteils, in dem kein eigener Betriebsrat besteht, können mit Stimmenmehrheit formlos beschließen, an der Wahl des Betriebsrats im Hauptbetrieb teilzunehmen; § 3 Abs. 3 Satz 2 gilt entsprechend. Die Abstimmung kann auch vom Betriebsrat des Hauptbetriebs veranlasst werden. Der Beschluss ist dem Betriebsrat des Hauptbetriebs spätestens zehn Wochen vor Ablauf seiner Amtszeit mitzuteilen. Für den Widerruf des Beschlusses gelten die Sätze 2 bis 4 entsprechend.

(2) Betriebe, die die Voraussetzungen des § 1 Abs. 1 Satz 1 nicht erfüllen, sind dem Hauptbetrieb zuzuordnen.

(1) **Betriebsteile** sind **räumlich und organisatorisch unterscheidbare Betriebsbereiche**, die nur dann als selbständige Betriebe gelten, wenn sie neben einer Mindestzahl wahlberechtigter und wählbarer AN (vgl. §§ 7 u. 8) **entweder** räumlich weit vom Hauptbetrieb entfernt **oder** durch Aufgabenbereich und Organisation eigenständig sind (zum Begriff des Betriebsteils vgl. etwa BAG v. 23. 9. 82, AP Nr. 3 zu § 4 BetrVG 1972 und BAG, NZA 92, 894; vgl. umfassend DKK-Trümner, Rn. 28ff.). Für die räumlich weite Entfernung sind die tatsächlichen Lebensverhältnisse entscheidend, insbesondere Verkehrsmöglichkeiten und Gewährleistung der Zusammenarbeit der AN mit dem BR (BAG v. 24. 2. 76, 17. 2. 83, AP Nrn. 2, 4 zu § 4 BetrVG 1972; vgl. auch die Hinweise zur Rechtspr. bei Trümner a.a.O. Rn. 36ff.). Ein **eigener Aufgabenbereich** ist gegeben, wenn ein besonders ausgeprägter arbeitstechnischer Zweck vorliegt. Die **eigenständige Organisation** setzt regelmäßig eine eigene Leitung voraus, wobei jedoch eine relative Eigenständigkeit genügt, sofern der Leitung noch ein erheblicher eigener Entscheidungsspielraum in mitbestimmungspflichtigen Angelegenheiten verbleibt (vgl. BAG v. 17. 2. 83 a.a.O.; v. 9. 12. 92 – 7 ABR 15/92). Vom Hauptbetrieb weit entfernte, voneinander abgegrenzte Betriebsteile, die jeweils die Voraussetzungen des § 1 BetrVG erfüllen, gelten nach § 4 BetrVG auch dann je für sich als selbstständige Betriebe und nicht als einheitlicher Betrieb, wenn sie nahe beieinander liegen (BAG, BB 91, 2373). Andererseits bilden organisatorisch abgegrenzte, vom Hauptbetrieb weit entfernte Betriebsteile bei räumlicher Nähe zueinander einen **einheitlichen Betriebsteil**, wenn der eine Betriebsteil dem anderen, räumlich nahe gelegenen Betriebsteil organisatorisch untergeordnet 1

ist und von dessen Leitung gleichermaßen mitgeleitet wird (BAG a. a. O.).

2 Betriebsteile, die als **selbstständige Betriebe gelten**, weil sie eine der in Abs. 1 Satz 1 angeführten Voraussetzungen erfüllen, in denen aber noch kein BR besteht, können einen eigenen BR wählen und damit eine betriebliche Interessenvertretung »vor Ort« errichten. Den AN in solchen Betriebsteilen wird es jedoch freigestellt, ob sie einen **eigenen BR** wählen oder an der **Wahl des BR im Hauptbetrieb** teilnehmen wollen. Für die Teilnahme an der BR-Wahl des Hauptbetriebs bedarf es eines Beschlusses der **Mehrheit** der AN des Betriebsteils. An der Abstimmung können auch die nicht wahlberechtigten Beschäftigten teilnehmen, sofern es sich um AN i. S. des § 5 Abs. 1 handelt. Sie kann formlos erfolgen, z. B. durch Briefwahl (ArbG Nürnberg AiB 02, 187 mit Anm. Manske). Das Ergebnis muss dokumentiert werden. Die Initiative zur Abstimmung kann von **drei wahlberechtigten AN** (zur Wahlberechtigung vgl. § 7), von der im Betrieb vertretenen **Gew**. oder vom BR des Hauptbetriebs ergriffen werden. Die im Betrieb vertretene Gew. muss nicht zugleich in dem Betriebsteil, über den abgestimmt werden soll, vertreten sein. Der AG hat nicht das Recht, die Initiative zur Abstimmung zu ergreifen.

3 Ist ein Zuordnungsbeschluss nach Abs. 1 Satz 2 gefasst worden, ist der Beschluss dem BR des Hauptbetriebs **spätestens 10 Wochen** vor Ablauf von dessen Amtszeit mitzuteilen. Das ist erforderlich, da dieser spätestens zu diesem Zeitpunkt den WV zur Einleitung der BR-Wahl im Hauptbetrieb zu bestellen hat (vgl. § 16). Auch wenn ein WV im Hauptbetrieb schon bestellt ist, kann ein Zuordnungsbeschluss noch erfolgen, solange das Ergebnis spätestens 10 Wochen vor Ablauf der Amtszeit dem BR mitgeteilt wird (ArbG Nürnberg, a. a. O.). Der WV ist an den Zuordnungsbeschluss gebunden und hat die dadurch getroffene Zuordnung des Betriebsteils bei der Einleitung und Durchführung der Wahl des Hauptbetriebs zu berücksichtigen. Die Zuordnung zum Hauptbetrieb gilt so lange, bis sie durch eine **erneute Abstimmung** der AN des Betriebsteils mit Mehrheit widerrufen wird. Der **Widerruf** erlangt Bedeutung erst für die **nächste BR-Wahl**.

4 Für den Fall, dass durch einen TV oder eine BV nach § 3 Abs. 1 oder 2 eine **andere Zuordnung** des Betriebsteils festgelegt worden ist, geht die Regelung des TV bzw. der BV vor.

5 (2) Betriebe, in denen weniger als fünf AN beschäftigt sind, sind – unabhängig von der räumlichen Entfernung – dem Hauptbetrieb zuzuordnen. Das gilt auch, wenn zwar mehr als fünf AN beschäftigt sind, aber von diesen nicht mindestens drei die Wählbarkeit (vgl. § 8) besitzen. Durch die Zuordnungsregelung wird sichergestellt, dass auch die in Kleinstbetrieben tätigen AN von der Anwendung des Betriebsverfassungsrechts nicht ausgeschlossen sind, sondern von dem **BR des Hauptbetriebs** mit vertreten werden. Für den Fall, dass

die Zuordnung nicht zweckmäßig erscheint, etwa wegen der großen Entfernung zwischen dem Hauptbetrieb und dem Kleinstbetrieb, kann eine **anderweitige Zuordnung** durch TV (vgl. § 3 Abs. 1 Nr. 1 b) oder durch BV (vgl. § 3 Abs. 2 i. V. m. § 3 Abs. 1 Nr. 1 b) erfolgen.

§ 5
Arbeitnehmer

(1) Arbeitnehmer (Arbeitnehmerinnen und Arbeitnehmer) im Sinne dieses Gesetzes sind Arbeiter und Angestellte einschließlich der zu ihrer Berufsausbildung Beschäftigten, unabhängig davon, ob sie im Betrieb, im Außendienst oder mit Telearbeit beschäftigt werden. Als Arbeitnehmer gelten auch die in Heimarbeit Beschäftigten, die in der Hauptsache für den Betrieb arbeiten.

(2) Als Arbeitnehmer im Sinne dieses Gesetzes gelten nicht

1. **in Betrieben einer juristischen Person die Mitglieder des Organs, das zur gesetzlichen Vertretung der juristischen Person berufen ist;**
2. **die Gesellschafter einer offenen Handelsgesellschaft oder die Mitglieder einer anderen Personengesamtheit, soweit sie durch Gesetz, Satzung oder Gesellschaftsvertrag zur Vertretung der Personengesamtheit oder zur Geschäftsführung berufen sind, in deren Betrieben;**
3. **Personen, deren Beschäftigung nicht in erster Linie ihrem Erwerb dient, sondern vorwiegend durch Beweggründe karitativer oder religiöser Art bestimmt ist;**
4. **Personen, deren Beschäftigung nicht in erster Linie ihrem Erwerb dient und die vorwiegend zu ihrer Heilung, Wiedereingewöhnung, sittlichen Besserung oder Erziehung beschäftigt werden;**
5. **der Ehegatte, der Lebenspartner, Verwandte und Verschwägerte ersten Grades, die in häuslicher Gemeinschaft mit dem Arbeitgeber leben.**

(3) Dieses Gesetz findet, soweit in ihm nicht ausdrücklich etwas anderes bestimmt ist, keine Anwendung auf leitende Angestellte. Leitender Angestellter ist, wer nach Arbeitsvertrag und Stellung im Unternehmen oder im Betrieb

1. **zur selbstständigen Einstellung und Entlassung von im Betrieb oder in der Betriebsabteilung beschäftigten Arbeitnehmern berechtigt ist oder**
2. **Generalvollmacht oder Prokura hat und die Prokura auch im Verhältnis zum Arbeitgeber nicht unbedeutend ist oder**

3. regelmäßig sonstige Aufgaben wahrnimmt, die für den Bestand und die Entwicklung des Unternehmens oder eines Betriebs von Bedeutung sind und deren Erfüllung besondere Erfahrungen und Kenntnisse voraussetzt, wenn er dabei entweder die Entscheidungen im Wesentlichen frei von Weisungen trifft oder sie maßgeblich beeinflusst; dies kann auch bei Vorgaben insbesondere aufgrund von Rechtsvorschriften, Plänen oder Richtlinien sowie bei Zusammenarbeit mit anderen leitenden Angestellten gegeben sein.

(4) Leitender Angestellter nach Absatz 3 Nr. 3 ist im Zweifel, wer

1. aus Anlass der letzten Wahl des Betriebsrats, des Sprecherausschusses oder von Aufsichtsratsmitgliedern der Arbeitnehmer oder durch rechtskräftige gerichtliche Entscheidung den leitenden Angestellten zugeordnet worden ist oder

2. einer Leitungsebene angehört, auf der in dem Unternehmen überwiegend leitende Angestellte vertreten sind, oder

3. ein regelmäßiges Jahresarbeitsentgelt erhält, das für leitende Angestellte in dem Unternehmen üblich ist, oder,

4. falls auch bei der Anwendung der Nummer 3 noch Zweifel bleiben, ein regelmäßiges Jahresarbeitsentgelt erhält, das das Dreifache der Bezugsgröße nach § 18 des Vierten Buches Sozialgesetzbuch überschreitet.

1 (1) AN i. S. des BetrVG sind grundsätzlich alle diejenigen Beschäftigten, die in den Betrieb **eingegliedert** sind und in **persönlicher Abhängigkeit** für den Betriebsinhaber weisungsgebundene Arbeit leisten (vgl. etwa BAG, NZA 92, 894). Im Gegensatz dazu sind nach einer weit verbreiteten Auffassung (vgl. dazu FKHES, § 5 Rn. 16 ff. m. w. N.) nur solche Personen betriebsverfassungsrechtlich AN, die in den Betrieb eingegliedert sind **und** in einem Arbeitsverhältnis zum Arbeitgeber stehen (Zwei-Komponenten-Theorie). Auch das BAG hat sich verschiedentlich in diesem Sinne geäußert (so etwa BAG v. 18. 1. 89, AP Nr. 1 zu § 9 BetrVG 1972; zur Kritik an dieser Rechtspr. und zur Zwei-Komponenten-Theorie vgl. DKK-Trümner, § 5 Rn. 14 ff.). Diese Auffassung wird jedoch dem **System der Betriebsverfassung**, insbesondere der **Schutzfunktion** des Betriebsverfassungsrechts, nicht gerecht. In einer Vielzahl von Betrieben gibt es Beschäftigte, die zum Betriebsinhaber in keinem – grundsätzlich durch einen Arbeitsvertrag begründeten – Arbeitsverhältnis stehen. Gleichwohl liegt bei ihnen häufig eine **persönliche** und **wirtschaftliche Abhängigkeit** vor. Sie sind regelmäßig **weisungsgebunden** und dienen mit ihrer Tätigkeit dem **Betriebszweck** des Beschäftigungsbetriebs. Diese Kriterien führen zur Betriebszugehörigkeit und damit zur AN-Eigenschaft i. S. des § 5 Abs. 1.

Es gibt in der betrieblichen Praxis sehr **unterschiedliche Beschäftigungsvarianten**. Sie reichen von der Arbeitnehmerüberlassung über arbeitnehmerähnliche Personen (etwa bestimmte Beschäftigte in schriftstellerischen und journalistischen Berufen) und Beschäftigte in Arbeitsbeschaffungs- und Strukturmaßnahmen nach dem SGB III (förderungsbedürftige Arbeitslose), bis hin zu Formen der Scheinselbstständigkeit (z. B. Franchise-Nehmer, Pharmaberater oder Kosmetikberaterinnen), wobei die Abgrenzung zwischen der AN-Eigenschaft und anderen Rechtsverhältnissen im Einzelfall schwierig sein kann (vgl. dazu umfassend DKK-Trümner, § 5 Rn. 57 ff.). In Zweifelsfällen wird der BR sein **Prüfungsrecht** in Anspruch nehmen. Nach § 80 Abs. 2 Satz 1 hat er Anspruch auf Unterrichtung auch hinsichtlich der Beschäftigung solcher Personen, die nicht in einem Arbeitsverhältnis zum AG stehen (vgl. im Einzelnen § 80 Rn. 14). Der BR hat in eigener Verantwortung zu prüfen, ob sich für ihn Aufgaben i. S. des BetrVG ergeben (BAG NZA 99, 722). So kann es sein, dass MBR nach § 99 unter dem Gesichtspunkt der Einstellung eingegliederter »freier Mitarbeiter« bestehen (BAG a. a. O.). Sog. freie Mitarbeiter sind AN i. S. des § 5 Abs. 1, wenn sie in einem sozialen und wirtschaftlichen Abhängigkeitsverhältnis zum Betrieb stehen. Das gilt unabhängig davon, dass die Vertragsparteien von einer **Selbständigkeit ausgehen** oder eine nicht einem Arbeitsvertrag entsprechende Geschäftsbezeichnung wählen (zu dem für die Unterscheidung zwischen freier Mitarbeit und AN-Eigenschaft wesentlichen Grad der persönlichen Abhängigkeit vgl. BAG, NZA 96, 1145). Entscheidend ist wegen der zwingenden Bestimmungen des Arbeitsrechts der wahre Geschäftsinhalt (vgl. BAG, NZA 93, 174; vgl. zur Abgrenzung von AN zur **»Scheinselbständigkeit«** LG München I, NZA 97, 943; vgl. ferner BAG, AiB 98, 294). Für die Ermittlung des Geschäftsinhaltes kommt es auf die **tatsächliche Durchführung** an (BAG, NZA 95, 161). Deshalb können – je nach Vertragsgestaltung – **Franchise-Verträge** (Vertragsverhältnis über den Vertrieb von Waren und/oder Dienstleistungen, wobei der Franchise-Nehmer im eigenen Namen und für eigene Rechnung sein Geschäft betreibt) zur AN-Eigenschaft führen, wenn die Gesamtbetrachtung aller Umstände des Einzelfalls ergibt, dass der Franchise-Nehmer im Wesentlichen seine Tätigkeit nicht frei gestalten und die Arbeitszeit bestimmen kann (LAG Düsseldorf, DB 88, 293; vgl. auch BAG, BB 90, 1064; DB 97, 2127; zu den vertraglichen Gestaltungsformen beim Franchising vgl. Buschmann, AiB 88, 51 ff.). Aber selbst eine weitgehende Selbstbestimmung über die eigene Arbeitszeit hebt nicht für sich allein den AN-Status auf (vgl. BAG, BB 97, 262). **Keine selbstständige Tätigkeit** liegt z. B. bei **Medienmitarbeitern** (Journalisten, Fotoreportern, Korrespondenten, Rundfunksprechern), **Dozenten** oder sonstigen AN vor, wenn sie in Dienst- oder Schichtplänen eingeteilt sind oder ständig in Dienstbereitschaft stehen müssen (BAG, NZA 98, 705; 98, 597; LAG 2

Düsseldorf, BB 97, 2592; vgl. umfassend DKK-Trümner, Rn. 57ff.; vgl. auch Rn. 4). **Leih-AN** i.S. des AÜG sind zwar vertragsrechtlich Angehörige des Betriebs des Verleihers und haben dort das Wahlrecht; im Betrieb des Entleihers zählen sie jedoch zum Personenkreis i.S. des BetrVG. Sie unterliegen grundsätzlich den Beteiligungsrechten des BR, und zwar auch bei beteiligungspflichtigen Maßnahmen, die nicht ausdrücklich in § 14 AÜG angeführt sind (vgl. BAG, NZA 93, 513). Dies ist etwa bei den MBR in sozialen Angelegenheiten der Fall (FKHES, Rn. 239). Auch in anderer Hinsicht werden nunmehr die Leih-AN den AN nach § 5 Abs. 1 **gleichgestellt**. Das BetrVG 2001 gibt ihnen unter bestimmten Voraussetzungen das **aktive Wahlrecht** zum BR des Beschäftigungsbetriebs (vgl. § 7 Rn. 5f.).

3 Ebenso sind Beschäftigte, die **außerhalb** des räumlichen Bereichs der Betriebsstätte arbeiten, AN nach § 5 Abs. 1. Unbeschadet ihrer Außentätigkeit sind sie weisungsgebunden und mit der Einbindung in die betriebliche Arbeitsorganisation für den Betriebszweck tätig. Das neue Gesetz führt als Beispiele Beschäftigte an, die im **Außendienst** tätig sind oder mit **Telearbeit** beschäftigt werden. Damit trägt das Gesetz auch bei der AN-Eigenschaft i.S. des BetrVG dem funktional zu verstehenden Betriebsbegriff Rechnung: Die Einordnung in die betriebliche Organisation ist, unabhängig von der räumlichen Zusammenfassung, ein **entscheidendes Merkmal** auch für die betriebsverfassungsrechtliche AN-Eigenschaft. Dementsprechend gehört der **ausgelagerte Telearbeitsplatz** zum Betrieb, und die **Tele-AN**, die eine Tätigkeit unter Verwendung der Informations- und Kommunikationstechnik am häuslichen Bildschirm ausüben, sind betriebsverfassungsrechtlich AN (Wedde, Telearbeit [1994]; DKK-Trümner, Rn. 35ff.). Bei der Zuordnung der Tele-AN werden im Einzelnen erfasst: Die **alternierende Telearbeit**, die teils im Betrieb, teils an einem anderen Ort geleistet wird; die **mobile Telearbeit**, die an verschiedenen Orten oder in Betrieben von Kunden oder Lieferanten erbracht wird und eine moderne Variante des herkömmlichen Außendienstes ist; die **häusliche Telearbeit**, die entweder zu Hause oder an einem anderen selbst gewählten Ort verrichtet wird. Ein weiteres Beispiel für die außerhalb des Betriebs erfolgende Tätigkeit, die gleichwohl zur AN-Eigenschaft i.S. des § 5 Abs. 1 führt, sind **Zeitungszusteller** jedenfalls dann, wenn sie ihre Tätigkeit weisungsgebunden wahrzunehmen haben und in einem festen zeitlichen Rahmen ihre Zustelltätigkeit verrichten (vgl. BAG, BB 92, 1486).

4 **Beamte**, die in dem Betrieb eines privatrechtlichen UN aufgrund eines Arbeitsvertrages tätig werden, sind AN i.S. des § 5 Abs. 1. Das gilt ebenso für Bea., die zwar keinen Arbeitsvertrag mit dem Betriebsinhaber haben, aber im Wege der Abordnung, Überlassung oder Zuweisung in den Betrieb des privatrechtlichen UN eingegliedert werden (BAG v. 28. 4. 64, AP Nr. 3 zu § 4 BetrVG). Bei den Privatisierungen der **Deutschen Bundesbahn** und der **Deutschen Bundespost** hat der Gesetzgeber die AN-Eigenschaft im betriebsverfassungsrechtlichen Sinne hinsichtlich der in den privatisierten UN (DB AG, Deutsche Post AG, Deutsche Postbank AG, Deutsche Telekom AG) tätigen Bea. ausdrücklich klargestellt (§ 19 Abs. 1 DBGrG, § 24 Abs. 2 PostPersRG). **Werk-AN** sind nicht AN i. S. des BetrVG. (Werk-AN sind bei einem anderen UN Beschäftigte, die nur deshalb im Betrieb arbeiten, weil dieses andere UN einen Werkvertrag, z. B. Errichtung eines betrieblichen Gebäudes, zu erfüllen hat.) Zu prüfen ist allerdings, ob Schein-Werkverträge abgeschlossen werden, in Wirklichkeit aber eine **AN-Überlassung** vorliegt (zu diesen und anderen Formen des sog. drittbezogenen Personaleinsatzes vgl. DKK-Trümner, Rn. 72 ff.). Auf das Rechtsverhältnis, in dem die betreffenden Personen zum AG stehen, kommt es dann nicht an (vgl. BAG v. 15. 6. 83, AP Nr. 5 zu § 10 AÜG; vgl. auch BAG, DB 86, 331). Der BR hat, wenn Zweifel bestehen, Anspruch auf Einsicht in die mit dem anderen UN abgeschlossenen Verträge, um prüfen zu können, ob AN-Überlassung vorliegt (BAG, NZA 89, 932). Der BR kann auch verlangen, Einsicht in die Listen über die Einsatztage und -zeiten der einzelnen AN zu nehmen (BAG, NZA 89, 932). **Heimarbeiter** und **Hausgewerbetreibende** mit nicht mehr als zwei fremden Hilfskräften gelten als AN i. S. des § 5 Abs. 1. Sie gelten betriebsverfassungsrechtlich aber nur als AN, wenn sie »in der Hauptsache« für den Betrieb arbeiten. Die Beschäftigung für den Betrieb muss gegenüber der Leistung von Heimarbeit für andere Auftraggeber überwiegen (FKHES, Rn. 97). Der AG hat dann ihnen gegenüber wirtschaftlich die gleiche Stellung wie bei den betrieblichen AN. **Wehr- und Zivildienstleistende** bleiben für die Dauer des Ruhens ihres Arbeitsverhältnisses AN des Betriebs. Auch AN, die vorübergehend im Ausland tätig sind, gehören zu den AN des Betriebs, für die der BR zuständig ist (vgl. etwa BAG, DB 86, 331).

Für die AN-Eigenschaft kommt es grundsätzlich **nicht** auf die Länge **5**
der Arbeitszeit und die entsprechende Verdiensthöhe an. Auch **Auszubildende, Anlernlinge, Praktikanten** und **Volontäre** sind ebenso wie **Teilzeitbeschäftigte** (BAG, NZA 92, 894) und **Mehrfachbeschäftigte** (vgl. BAG v. 11. 4. 58, AP Nr. 1 zu § 6 BetrVG) AN i. S. des Gesetzes, und zwar unabhängig von der Höhe des Einkommens und davon, ob wegen des geringen Entgelts Sozialversicherungspflicht besteht. Der Begriff »Berufsausbildung« i. S. des § 5 BetrVG deckt sich nicht mit dem BBiG, sondern ist **erheblich weiter gefasst** (vgl. etwa BAG, DB 82, 606 und BAG, NZA 88, 505). Erfasst werden alle Ausbildungsverhältnisse, die berufliche Kenntnisse, Fertigkeiten und Erfahrungen vermitteln sollen. Es kommt daher weder darauf an, ob auf das Ausbildungsverhältnis das BBiG anwendbar ist, noch auf die Dauer der Betriebszugehörigkeit (vgl. BAG, DB 81, 1935). Voraussetzung ist allerdings, dass die Ausbildung in einem

Betrieb erfolgt (BAG, DB 82, 606), weil dann der kollektivrechtliche Schutz des BetrVG gelten muss, um die mit der Ausbildung einhergehenden sozialen und personellen Abhängigkeiten vom AG durch die Rechte des BR zu sichern (BAG v. 3. 10. 89, AP Nr. 73 zu § 99 BetrVG 1972). Zu ihrer Berufsausbildung Beschäftigte sind – so das BAG – nur dann AN i. S. d. § 5 Abs. 1, wenn sich die Berufsausbildung im Rahmen des **arbeitstechnischen Zwecks** eines Produktions- oder Dienstleistungsbetriebes vollzieht und sie deshalb in vergleichbarer Weise wie die sonstigen AN in den Betrieb eingegliedert sind (BAG, NZA 97, 273, vgl. § 60 Rn. 4). Die Ausbildung muss auf den Erwerb solcher beruflichen Kenntnisse und Fähigkeiten gerichtet sein, die ihrerseits den arbeitstechnischen Zweck des Betriebes fördern. Dies ist bei reinen Ausbildungsbetrieben (sonstige Berufsausbildungseinrichtung i. S. v. § 1 Abs. 5 BBiG), z. B. Berufsförderungswerken, Rehabilitationszentren, nicht der Fall (BAG NZA 94, 713; 97, 273; 97, 326), Der Gesetzgeber hat durch Änderung des BBiG im Jahr 2002 die Möglichkeit geschaffen, dass Auszubildende, deren praktische Berufsausbildung in einer sonstigen Berufsbildungseinrichtung (§ 1 Abs. 5 BBiG) stattfindet und die nicht wahlberechtigt zum BR oder zur JAV sind, eine **besondere Interessenvertretung** wählen können (§ 18 a BBiG, vgl. § 60 Rn. 4). **Überbetriebliche Ausbildungsstätten** (z. B. eine Lehrwerkstatt oder ein Ausbildungszentrum) sind keine sonstigen Berufsausbildungseinrichtungen i. S. v. § 5 Abs. 1 BBiG. Die dort zu ihrer Berufsausbildung Beschäftigen sind AN des Betriebes nach § 5 Abs. 1 (BAG NZA 95,120; DKK-Trümner Rn. 102; FKHES Rn. 260).

6 (2) Unter Abs. 2 Nrn. 1 und 2 fallen die nach Gesetz, Satzung oder Gesellschaftsvertrag zur Vertretung berufenen Personen, z. B. **Vorstandsmitgl**. einer AG und **Geschäftsführer** einer GmbH. Die Nr. 3 bezieht sich etwa auf **Mönche und Ordensschwestern**. Dagegen sind **Krankenschwestern**, wie sie beim Caritas-Verband, der Inneren Mission oder beim Deutschen Roten Kreuz (DRK) tätig sind, grundsätzlich betriebsverfassungsrechtlich AN (DKK-Trümner, Rn. 143 ff.; a. A. BAG v. 20. 2. 86 AP Nr. 2 zu § 5 BetrVG 1972 Rotes Kreuz, das die AN-Eigenschaft von Rote-Kreuz-Schwestern verneint, gleichgültig ob sie in einem Krankenhaus des DRK beschäftigt oder aufgrund eines Gestellungsvertrags im Krankenhaus eines Dritten tätig sind; bejahend allerdings BAG v. 14. 12. 94, AP Nr. 3 zu § 5 BetrVG 1972, wenn die das Personal gestellende Schwesternschaft e. V. mit der Krankenhausbetreibergesellschaft einen Gemeinschaftsbetrieb führt). Für die Frage, ob bei Gestellungsverträgen dem Krankenhausträger AG-Positionen übertragen worden sind, kommt es wesentlich auf den Inhalt des Gestellungsvertrages und dessen tatsächliche Durchführung im Krankenhausbetrieb an (so auch BAG v. 22. 4. 97, EzA § 99 BetrVG Einstellung Nr. 3: DKK-Trümner, Rn. 153). Die Nr. 4 bezieht sich beispielsweise auf **Geisteskranke** und **Suchtkranke**, soweit sie

in Anstalten oder aus sonstigen arbeitstherapeutischen Gründen beschäftigt werden. Sozialhilfeempfänger, die nach § 19 BSHG im Rahmen eines befristeten Arbeitsverhältnisses vom Arbeitgeber beschäftigt werden, und denen bei anderen Arbeitgebern Praktikumsplätze zugewiesen werden, sind nicht generell nach Nr. 4 von der BR-Wahl bei ihrem Arbeitgeber ausgeschlossen (BAG, NZA 01, 629). Ihre Tätigkeit muss aber dem Betriebszweck des Arbeitgebers dienen; sie dürfen nicht selbst der Betriebszweck sein. Das BAG (a. a. O.) hat deshalb im konkreten Fall die Wahlberechtigung verneint, weil der Betriebszweck die Durchführung von Bildungsmaßnahmen war, die Sozialhilfeempfänger aber nicht für die Durchführung von Bildungsmaßnahmen qualifiziert wurden, sondern nur an den Bildungsmaßnahmen teilnahmen. Schwerbehinderte Menschen in einer **Behindertenwerkstatt** nach § 136 SGB IX sind dann keine AN i. S. des BetrVG, wenn die therapeutischen Gesichtspunkte bei der Beschäftigung im Vordergrund stehen und die Arbeit nur Mittel zum Zweck der Rehabilitation ist (vgl. aber Pünnel, AuR 87, 104 m. w. N.; vgl. auch DKK-Trümner, Rn. 156 m. w. N.). Eine die AN-Eigenschaft ausschließende Beschäftigung zur **Wiedereingewöhnung** liegt nur vor, wenn die Beschäftigung vorwiegend als Mittel zur Behebung eines gestörten Verhältnisses der beschäftigten Person zu einer geregelten Erwerbsarbeit eingesetzt wird, nicht aber, wenn die Beschäftigung vorwiegend der Vermittlung beruflicher Kenntnisse und Fertigkeiten dient (BAG, AiB 90, 254). Voraussetzung für die Anwendung der Nr. 5 ist, dass die dort genannten Personen mit dem AG in **häuslicher Gemeinschaft** (Wohnen, Schlafen, Kochen) leben.

(3) Das historisch überlieferte Prinzip der betriebsverfassungs- 7
rechtlichen Begriffsabgrenzung des leit. Ang. geht davon aus, grundsätzlich solche Personen aus dem Geltungsbereich des Betriebsverfassungsrechts herauszunehmen, die als **Mitträger der unternehmerischen Funktion** zur UN-Leitung gehören und damit in einem nicht zu übersehenden funktionalen Gegensatz zu den übrigen AN stehen (vgl. etwa § 2 Betriebsrätegesetz 1920; zum neueren Betriebsverfassungsrecht vgl. etwa BAG v. 28. 4. 64, AP Nr. 4 zu § 4 BetrVG).

An diesem funktionalen Begriff des leit. Ang. hält Abs. 3 Nr. 3 fest. 8
Die in ihm enthaltenen unbestimmten Rechtsbegriffe ermöglichen, ungeachtet der vorgenommenen Änderungen, den **notwendigen Entscheidungsspielraum** für den Rechtsanwender. Damit ist zugleich eine auf das konkrete UN abzustellende differenzierte und sachgerechte Entscheidung mit einer **größtmöglichen Einzelfallgerechtigkeit** gegeben. Darüber hinaus ist festzustellen, dass sich nur mit funktionalen Kriterien die unterschiedlichen Strukturen verschiedener Wirtschaftszweige und Wandlungen der UN-Struktur angemessen bewältigen lassen. Die Regelungen des **Abs. 4** sind demgegenüber

grundsätzlich **nicht geeignet**, festzustellen, ob und inwieweit ein Ang. unter Berücksichtigung der jeweiligen UN-Organisation eine unternehmerische Funktion innehat, die ihn dem Personenkreis der leit. Ang. zuordnet. Dem Abs. 4 (zu den Einzelheiten vgl. Rn. 18 ff.) liegen **formale Abgrenzungskriterien** zugrunde, die eine differenzierte und sachgerechte Entscheidung darüber, ob jemand zum Personenkreis der leit. Ang. gehört, zumindest erschweren, wenn nicht gar unmöglich machen. Die Bestimmung wird überwiegend als missglückt (vgl. etwa Richardi, NZA-Beilage 1/90, S. 2 ff.), teilweise als verfassungswidrig angesehen (vgl. DKK-Trümner, Rn. 246 m. w. N.).

9 Die Auslegung des **Abs. 3** sollte daher so gehandhabt werden, dass prinzipiell **keine Zweifel** mehr verbleiben. Eine Heranziehung der Hilfskriterien des Abs. 4 bringt überdies die Gefahr einer **Ausweitung** des Personenkreises der leit. Ang. mit sich. Wird aber der Kreis der leit. Ang. weiter gezogen, als nach Anwendung der funktionalen Kriterien des Abs. 3 notwendig, können sich **erhebliche negative Konsequenzen** für die Bildung des BR und seine Tätigkeit ergeben, etwa im Hinblick auf die Größe des BR (§ 9), die Freistellungsmöglichkeiten von BR-Mitgl. (§ 38), das Initiativrecht bei Auswahlrichtlinien (§ 95 Abs. 2), das Mitwirkungsrecht bei personellen Einzelmaßnahmen (§ 99 Abs. 1), die Bildung des WA (§ 106 Abs. 1), die Beteiligungsrechte bei Betriebsänderungen (§ 111 Abs. 1) und die Erzwingbarkeit von Sozialplänen bei Massenentlassungen (§ 112 a).

10 Zu den in Abs. 3 genannten Tatbestandsgruppen leit. Ang. ist im Einzelnen auf Folgendes hinzuweisen: Unter die **Nr. 1** fallen nach wie vor nur solche leit. Ang., die **selbstständig** die **Auswahl der Einzustellenden** und der zu **Entlassenden** treffen können. Eine solche umfassende Einstellungs- **und** Entlassungsbefugnis kann sich zwar auf eine Betriebsabteilung beschränken. Sie muss jedoch einen erheblichen Teil der Arbeitnehmerschaft umfassen und sowohl nach außen wirken (Vertretungsbefugnis) als auch im Innenverhältnis gegenüber dem AG. Interne Bindungen beseitigen die Selbständigkeit. Eine bloß delegierte Entscheidungsbefugnis für einen eng begrenzten Personenkreis, z. B. Poliere auf Baustellen, genügt daher nicht.

11 Die **Nr. 2** erstreckt sich auf leit. Ang., die **Generalvollmacht** oder **Prokura** haben. Generalvollmacht ist die Vollmacht zum gesamten Geschäftsbetrieb oder zumindest eine solche, die die Besorgung eines wesentlichen Teils der Geschäfte des Vollmachtgebers umfasst. Die Prokura ist eine gesetzlich festgelegte Vollmacht zur Vornahme aller Rechtsgeschäfte, außer der Veräußerung von Grundstücken. Die **Prokura** reicht für sich **allein nicht aus**, um im betriebsverfassungsrechtlichen Sinne die Eigenschaft als leit. Ang. zu begründen. Nicht jeder Prokurist ist leit. Ang. nach Abs. 3 Nr. 2. So darf die Prokura auch im Verhältnis zum AG **nicht unbedeutend sein**, wobei nicht die Prokura selbst gemeint ist, sondern die Aufgaben, die der AG einem Prokuris-

ten überträgt (BAG, DB 95, 1333). Die sog. Titelprokura reicht daher ebensowenig aus (BAG v. 11. 1. 95, EzA § 5 BetrVG 1972 Nr. 58) wie ein unbedeutender Aufgabenbereich. Somit muss – damit jemand zum Personenkreis der leit. Ang. im betriebsverfassungsrechtlichen Sinne gehört – die Prokura sowohl im **Außenverhältnis** als auch **nach innen umfassend** sein (i. S. einer solchen Abgrenzung BAG v. 27. 4. 88, AP Nr. 37 zu § 5 BetrVG 1972, wonach gesetzlich zulässige Beschränkungen der Prokura – z. B. in Form einer Gesamt- oder Niederlassungsprokura – nur dann die Voraussetzungen für die Zugehörigkeit zum Personenkreis nach Abs. 3 Nr. 3 erfüllen, wenn der betreffende Ang. dazu befugt ist, die mit einer Gesamt- und/oder Niederlassungsprokura verbundene Vertretungsmacht im Innenverhältnis uneingeschränkt wahrzunehmen; vgl. auch BAG, NZA 95, 747).

Voraussetzung für die Anwendung des **Abs. 3 Nr. 3** ist, dass es sich **12**
bei einer **Gesamtbetrachtung** um einen leit. Ang. handelt, der **unternehmerische Entscheidungen** im Wesentlichen frei von Weisungen trifft oder sie maßgeblich beeinflusst, auch wenn er bei seiner Tätigkeit Rechtsvorschriften, Pläne oder Richtlinien beachten muss. Daher handelt es sich **nicht** um einen leit. Ang., wenn sich seine Tätigkeit **schwergewichtig** nur aufgrund von Rechtsvorschriften, Plänen oder Richtlinien vollzieht, so dass davon auszugehen ist, dass kein eigener erheblicher Entscheidungsspielraum besteht. Es ist somit auch auf den **Grad der Verbindlichkeit** von Plänen oder Richtlinien zu achten, in deren Rahmen der betreffende Ang. tätig wird. Besteht eine erhebliche Bindungskraft von Plänen oder Richtlinien, beginnt der Bereich, in dem von »wesentlich freier Entscheidung« und damit von einem leit. Ang. nicht mehr gesprochen werden kann (DKK-Trümner, Rn. 229). Ergibt die Gesamtbetrachtung, dass es sich um einen leit. Ang. handelt, ist es unschädlich, wenn sich seine Tätigkeit in Zusammenarbeit mit anderen leit. Ang. vollzieht.

Bei der Auslegung der Nr. 3 ist die Rechtspr. des BAG zu beachten, **13**
wie sie vor der Änderung der Begriffsabgrenzung des leit. Ang. im Jahre 1989 ergangen ist. Das ergibt sich bereits daraus, dass diese Änderungen zu keiner anderen Abgrenzung des Personenkreises der leit. Ang. geführt haben (vgl. dazu DKK-Trümner, 179 ff.). Nach dieser Rechtspr. gehört ein leit. Ang. erst dann zum Personenkreis des Abs. 3, wenn er – zumindest auf Teilbereichen – **wesentlichen Anteil** an der UN-Führung hat, diese unternehmerischen Aufgaben ihn in einen Interessengegensatz zu den AN und damit zum BR bringen und diese Aufgaben seiner Gesamttätigkeit das Gepräge geben. Solche unternehmerischen (Teil-)Aufgaben beziehen sich auf die wirtschaftliche, technische, kaufmännische, organisatorische, personelle oder wissenschaftliche UN-Führung. Es kommt somit auf die Funktion im UN an; denn der Betrieb verfolgt nur einen arbeitstechnischen Zweck zur Unterstützung und Ausfüllung der UN-Ziele. Auch

eine besonders qualifizierte Arbeitsleistung reicht **nicht** aus, um jemanden in den Personenkreis des § 5 Abs. 3 einzubeziehen. Es genügt auch **nicht** eine akademische Vorbildung. Eine Stellung, die lediglich auf **einem besonderen persönlichen Vertrauen** des AG beruht, reicht ebenfalls nicht aus (BAG v. 9. 12. 75, AP Nr. 11 zu § 5 BetrVG 1972). Die unternehmerischen (Teil-)Aufgaben müssen **regelmäßig** wahrgenommen werden (DKK-Trümner, Rn. 225 f. m. w. N.). Ob ein AN, der mehreren Betrieben desselben UN angehört, leit. Ang. i. S. des § 5 Abs. 3 ist, kann für alle Betriebe des UN nur einheitlich beantwortet werden (BAG v. 25. 10. 89, AP Nr. 42 zu § 5 BetrVG 1972). Völlig unbeachtlich ist, ob sich ein Ang. im Wege der Selbsteinschätzung zu den leit. Ang. rechnet. Die Definition des § 5 Abs. 3 Satz 2 ist **zwingendes Recht** (BAG v. 29. 1. 80, AP Nr. 22 zu § 5 BetrVG 1972). Dies gilt auch dann, wenn die Selbsteinschätzung des Ang. im Rahmen einer Zuordnung aufgrund von AR-Wahlen vorgenommen wurde (DKK-Trümner, Rn. 242).

Aufgrund der bisherigen Rechtspr. des BAG lassen sich folgende Kriterien herausstellen, die erfüllt sein müssen, bevor von einem leit. Ang. gesprochen werden kann (vgl. umfassend Trümner, a. a. O. Rn. 214 ff.):

- Der Ang. muss **spezifische unternehmerische Aufgaben** wahrnehmen, die im Hinblick auf die Gesamttätigkeit des Ang. und die Gesamtheit der UN-Aufgaben erheblich sind.
- Dem Ang. muss zur Bewältigung dieser unternehmerischen Aufgaben ein **eigener erheblicher Entscheidungsspielraum** zur Verfügung stehen, so dass er die **unternehmerischen Entscheidungen** im Wesentlichen frei von Weisungen trifft oder sie doch zumindest maßgeblich beeinflusst. Auch bei einer Zusammenarbeit in einem Team gleichberechtigter Mitarbeiter muss ein eigener, erheblicher Entscheidungsspielraum verbleiben.
- Die Aufgaben müssen dem Ang. aufgrund **besonderer Erfahrungen und Kenntnisse** übertragen worden sein. Ein akademisches Studium oder eine gleichwertige Ausbildung ist allein weder erforderlich noch genügend.
- Aus der Aufgabenstellung des Ang. wird sich ein **Interessengegensatz** zwischen ihm und der Arbeitnehmerschaft ergeben, der allerdings nur ein Indiz für den Status des leit. Ang. ist.
- Die unternehmerischen Aufgaben des Ang. müssen von ihm nach **Arbeitsvertrag** und **Stellung** im UN oder Betrieb wahrgenommen werden.

14 Das Zurücktreten einzelner dieser Abgrenzungskriterien im Rahmen einer Gesamtwürdigung der Tätigkeit des Ang. kann nach Meinung des BAG dadurch ausgeglichen werden, dass andere Kriterien besonders ausgeprägt sind. In bestimmten Fällen lässt das BAG eine

»Schlüsselposition« genügen (vgl. etwa BAG v. 5. 3. 74, AP Nr. 1 zu § 5 BetrVG 1972). Dabei handelt es sich um Ang., die zwar nicht selbst UN-Entscheidungen treffen, aber durch eine über die gesamte Breite des UN-Führungsbereichs wirkende Tätigkeit die Grundlagen für solche Entscheidungen **eigenverantwortlich** erarbeiten. Somit muss auch bei einer derartigen »Schlüsselposition« festgestellt werden, ob sie tatsächlich zu einem maßgeblichen Einfluss auf die UN-Leitung führt.

Beispielsweise hat das BAG die Eigenschaft als leit. Ang. nach § 5 **15** Abs. 3 bei einem **Leiter der Abteilung »Unternehmensplanung«** bejaht. Dabei wurde darauf abgehoben, dass dieser Ang. durch seine Tätigkeit entscheidende unternehmerische Daten setzt, die einen maßgeblichen und direkten Einfluss auf die UN-Leitung ausüben (BAG v. 17. 12. 74, AP Nr. 7 zu § 5 BetrVG 1972). Bejaht hat es sie auch bei einem **Leiter der Abteilungen Absatzplanung, Vertrieb, Organisation und Personal**, der Gesamtprokura hatte, wegen des umfangreichen und wichtigen Tätigkeitsbereiches (BAG v. 23. 3. 76, AP Nr. 14 zu § 5 BetrVG 1972); ferner bei einem **Hauptabteilungsleiter** Finanzen, der in einer bestimmten Größenordnung Entscheidungsbefugnis hat und mehr als 136000 DM im Jahr erhält (BAG, NZA 95, 747), sowie einem **Verkaufsleiter**, der nach Kundenwünschen Industrieanlagen entwirft und Kosten ermittelt (BAG v. 1. 6. 76, AP Nr. 15 zu § 5 Abs. 3 BetrVG 1972). Die Zuordnung zum Personenkreis der leit. Ang. nach § 5 Abs. 3 hat das BAG auch bei dem **Chefpiloten** einer US-amerikanischen Fluggesellschaft vorgenommen und darauf abgestellt, dass die Fluggesellschaft weltweit fünf derartige Funktionen unterhält, wobei die Aufgabe in der Wahrung der Flugsicherheit besteht und zu diesem Zweck weitreichende Befugnisse – auch disziplinarischer Art – gegenüber den zugeordneten 255 Piloten, Kopiloten und Bordingenieuren gegeben sind (BAG v. 25. 10. 89, AP Nr. 42 zu § 5 BetrVG 1972; zu weiteren Beispielen vgl. DKK-Trümner, Rn. 247 ff.).

Das BAG hat die Eigenschaft als leit. Ang. nach § 5 Abs. 3 verneint **16** bei: **Hauptabteilungsleitern**, die ihrerseits noch dem kaufmännischen Direktor des Hauptbüros unterstehen (BAG v. 19. 11. 74, AP Nr. 2 zu § 5 BetrVG 1972); **Abteilungsleitern eines Maschinenbau-UN**, weil die unternehmerischen Teilaufgaben, die sie zu erfüllen haben, nur einen kleinen Ausschnitt in Bezug auf das Gesamt-UN ausmachen (BAG v. 13. 10. 81, AP Nr. 6 zu § 5 BetrVG 1972); **Leiter der Abteilung »Mechanische Fertigung«**, weil die bloße Vorgesetztenstellung, die im Rahmen eines zugewiesenen Aufgaben- und Funktionsbereiches Weisungen ermöglicht, nicht für den notwendigen Gegnerbezug ausreicht (BAG v. 13. 10. 81, a. a. O.); **Leiter des Zentraleinkaufs** eines UN mit 475 AN ohne eigene erhebliche Entscheidungsbefugnis (BAG v. 9. 12. 75, AP Nr. 11 zu § 5 BetrVG 1972);

Betriebsleiter eines Verbrauchermarktes mit 45 AN ohne nennenswerten Entscheidungsspielraum in personellen und kaufmännischen Angelegenheiten (BAG v. 19. 8. 75, AP Nr. 5 zu § 102 BetrVG 1972); **Redakteure** (BAG v. 7. 11. 75, AP Nr. 4 zu § 118 BetrVG 1972); **Fahrsteiger** in Bergwerksbetrieben (BAG v. 23. 1. 86, AP Nr. 30 zu § 5 BetrVG 1972; zu weiteren Beispielen vgl. DKK-Trümner, Rn. 249 ff.); **Restaurantleitern** in Fast-Food-Restaurants mit Team-Bonus und Kompetenz zur Einstellung und Entlassung von gewerblichen Mitarbeitern, die »arbeitgeberseitig« begleitet wird (LAG Frankfurt, NZA-RR 01, 426).

17 Der in Frage kommende Personenkreis ist somit im Verhältnis zur Gesamtbelegschaft sehr klein. Es ist auf das jeweilige UN und die Stellung bzw. Funktion des betreffenden Ang. in diesem UN abzustellen. Wichtige Erkenntnishilfen sind dabei das Organisationsschema bzw. der Organisationsplan des betreffenden UN.

18 (4) Der **Abs. 4** ist gegenüber Abs. 3 Nr. 3 nur nachrangig anzuwenden. Er enthält keine eigenen Tatbestandsmerkmale, nach denen ein Ang. den leit. Ang. zugeordnet werden könnte (BAG v. 22. 2. 94 – 7 ABR 32/93). Der Abs. 4 soll mit seinen Hilfskriterien die Auslegung des Abs. 3 Nr. 3 ausschließlich in Zweifelsfällen erleichtern. Die Regelungen des Abs. 4 sind dafür jedoch **ungeeignet** (vgl. FKHES, Rn. 172 ff.; Richardi, NZA-Beilage 1/90, S. 9; DKK-Trümner, Rn. 380 ff. m. w. N.).

19 Die nicht funktionsbezogenen, sondern formalen Kriterien sind **nicht systemgerecht** (vgl. Rn. 7). Bereits das **erste Hilfskriterium** mit seinem Abstellen auf die bisherige Einordnung ist problematisch. Der bei der letzten Wahl des BR, des SpA oder der bei einer gerichtlichen Entscheidung getroffenen Zuordnung kommt keine wirklich konstitutive Bedeutung zu. Abgesehen davon, dass sich die tatsächlichen Verhältnisse **zwischenzeitlich geändert** haben können, ist es denkbar, dass im Rahmen des neuen innerbetrieblichen Zuordnungsverfahrens nach § 18 a eine andere Zuordnung erfolgt oder aber auch außerhalb dieses Verfahrens (vgl. § 18 a Rn. 5) aufgrund eines entsprechenden Gerichtsverfahrens eine möglicherweise auch nur vorläufige (einstweilige Verfügung) **anders lautende Gerichtsentscheidung** ergeht. Sofern überhaupt auf dieses Auslegungskriterium zurückgegriffen werden kann, gilt es **auch umgekehrt**. Das bedeutet, dass Ang., die schon nach dem bisherigen Recht nicht zum Personenkreis der leit. Ang. gehört haben, **auch künftig nicht** dazu rechnen.

20 Das **zweite Hilfskriterium** ist noch systemwidriger, wenn durch die Betrachtung der Leitungsebene, auf der der Ang. tätig ist, also durch ein formales Kriterium, Zweifel beseitigt werden sollen, die bei einem nach ausschließlich funktionalen Kriterien zu beurteilenden Stabsstellen-Leitenden i. S. des Abs. 3 Nr. 3 geblieben sind. Es ist nicht ersichtlich, wie eine zweifelhaft gebliebene Abgrenzung von leit.

Ang. in **Stabsstellenfunktionen** durch hierarchische Merkmale für leit. Ang. in **Linienfunktionen präzisiert** werden könnte (Clausen/Löhr/Schneider/Trümner, AuR 88, 293 ff.). Soweit eine »überwiegende« Vertretung leit. Ang. auf der betreffenden Leitungsebene verlangt wird, müssen es mehr als 50 v. H. sein (vgl. DKK-Trümner, Rn. 243).

Mit dem **dritten Hilfskriterium** wird auf das regelmäßige Jahres- **21** arbeitsentgelt abgestellt. Gemeint ist damit das Entgelt, das der Ang. regelmäßig erhält und auf das ein Rechtsanspruch besteht. **Freiwillige Zulagen**, insbesondere wenn sie in einem **zeitlichen Zusammenhang** mit der Wahl des SpA gewährt werden, zählen nicht dazu. Das Abstellen auf die Gehaltshöhe als einem formalen Kriterium führt lediglich zu einer **Scheinobjektivität** und bringt den **deutlichsten Bruch** mit den **funktionalen Merkmalen des Abs. 3 Nr. 3**. Von den Möglichkeiten der Manipulation durch den AG einmal abgesehen, ist keine vernünftige Begründung dafür erkennbar, warum jemand schon deswegen zum Personenkreis nach Abs. 3 gehören soll, weil er ein Gehalt bekommt, das in seiner Höhe dem eines leit. Ang. entspricht. So kann beispielsweise ein **hochbezahlter Spezialist** ein Gehalt wie auch leit. Ang. erhalten, ohne deswegen zum Personenkreis nach Abs. 3 zu gehören.

Im Übrigen ergibt sich aus Nr. 3 die Verpflichtung für den AG, die für **22** den Gehaltsvergleich erforderlichen Daten dem WV zur Verfügung zu stellen. Der AG darf sich dabei nicht auf Betriebs- oder Geschäftsgeheimnisse berufen (vgl. Engels/Natter, BB-Beilage 8/89, S. 12; FKHES, Rn. 406).

Wie sehr der Gesetzgeber selbst dem Hilfskriterium der Gehaltshöhe **23** misstraut, zeigt sich am besten durch die Verweisung auf das **Hilfs-Hilfs-Kriterium der Nr. 4**. Mit dieser »Zweifel-im-Zweifel-Regelung«, die auf das Dreifache der Bezugsgröße nach § 18 SGB IV abstellt (2003 betrug das Dreifache dieser Bezugsgröße in den alten Bundesländern einschließlich Berlin-West 85 680 €, in den neuen Bundesländern einschließlich Berlin-Ost 71 820 €), wird sogar der Bezug zum konkreten UN verlassen.

Zu **Abs. 4** ist insgesamt festzustellen, dass die Hilfskriterien zur **24** Auslegung des Abs. 3 Nr. 3 offenkundig **nicht nur ungeeignet**, sondern geradezu **systemwidrig** sind. Sie ermöglichen es, einen Ang. als leit. Ang. zu charakterisieren, ohne dass dieser **überhaupt unternehmerähnliche Funktionen** im UN wahrnehmen muss. Damit aber wäre die Gefahr einer Ausweitung des Personenkreises nach Abs. 3 gegeben, mit allen damit verbundenen Problemen (vgl. Rn. 8).

§ 6
Arbeiter und Angestellte

(aufgehoben)

Zweiter Teil Betriebsrat, Betriebsversammlung, Gesamt- und Konzernbetriebsrat

Erster Abschnitt Zusammensetzung und Wahl des Betriebsrats

§ 7 Wahlberechtigung

Wahlberechtigt sind alle Arbeitnehmer des Betriebs, die das 18. Lebensjahr vollendet haben. Werden Arbeitnehmer eines anderen Arbeitgebers zur Arbeitsleistung überlassen, so sind diese wahlberechtigt, wenn sie länger als drei Monate im Betrieb eingesetzt werden.

1 (1) Wahlberechtigt sind alle AN des Betriebs, die am (letzten) Wahltag das 18. Lebensjahr vollendet haben. Zur Ausübung des Wahlrechts ist es notwendig, dass der AN in die Wählerliste eingetragen ist. Zu den Wahlberechtigten gehören auch die zu ihrer Berufsausbildung Beschäftigten sowie **Anlernlinge, Umschüler, Volontäre, Praktikanten, Tele-AN** (vgl. § 5 Rn. 5) und **Werkstudenten**. Auszubildende, die ein AG mangels entsprechender Einrichtungen für die Ausbildungszeit in einem **anderen Betrieb** ausbilden lässt, sind dort wahlberechtigte AN (LAG Hamm, DB 88, 2058). Erfolgt die Ausbildung in einem reinen Ausbildungsbetrieb (sonstige Berufsausbildungseinrichtung i. S. des § 1 Abs. 5 BBiG), verneint das BAG (AuR 94, 311) allerdings die AN-Eigenschaft der Auszubildenden (vgl. § 5 Rn. 5). **Teilzeitbeschäftigte** sind ebenso wahlberechtigt wie AN, die in Arbeitsverhältnissen **zu mehreren AG** stehen. Auch in Betrieben von privatrechtlich organisierten UN tätige Bea. sind betriebsverfassungsrechtlich AN und daher wahlberechtigt.

2 Eine nur **kurzfristige Tätigkeit** spricht nicht gegen die AN-Eigenschaft von Aushilfskräften, wobei es für die Wahlberechtigung dieses Personenkreises darauf ankommt, ob sie am Tag der Stimmabgabe in einem Arbeitsverhältnis zum Betriebsinhaber stehen (LAG Düsseldorf, DB 90, 238). **Zeitungszusteller** sind in der Regel wahlberechtigt (BAG, BB 92, 1486; LAG Düsseldorf, BB 96, 2692). Dass die Botentätigkeit nur eine Nebentätigkeit darstellt, steht der Wahlberechtigung

nicht entgegen. Bei **behinderten Menschen**, die in einer **Behindertenwerkstatt** tätig sind, ist zu prüfen, ob der Schwerpunkt ihrer Beschäftigung in der Rehabilitation liegt. Ist das der Fall, die Tätigkeit also nur Mittel zum Zweck der Rehabilitation, liegt eine die Wahlberechtigung voraussetzende AN-Eigenschaft nicht vor (vgl. § 5 Rn. 5). Beschäftigte, die aufgrund einer vom Sozialhilfeträger geschaffenen Arbeitsgelegenheit nach § 19 Abs. 1 BSGH bei einem Dritten in einem befristeten Arbeitsverhältnis beschäftigt werden, sind wahlberechtigt, wenn sie nach der konkreten Ausgestaltung ihrer Tätigkeit dem arbeitstechnischen Zweck des Betriebs dienen und nicht selbst Gegenstand des Betriebszwecks sind (BAG NZA 01, 225).

Der Wahlberechtigung steht nicht entgegen, dass die Beschäftigung außerhalb des Betriebs erfolgt, wie das etwa bei **Montage-AN, Vertretern, Kraftfahrern** und **Kundendienstberatern** der Fall ist (vgl. § 5 Rn. 3). AN, die **vorübergehend in das Ausland** entsandt werden, verlieren auch dann nicht das aktive Wahlrecht im entsendenden Betrieb, wenn sie in eine im Ausland bestehende betriebliche Organisation eingegliedert werden (vgl. BAG, AuR 81, 252; BAG, DB 90, 992). **3**

Die AN-Eigenschaft im betriebsverfassungsrechtlichen Sinne **und** damit auch die Wahlberechtigung kann **unabhängig von dem Bestehen eines Arbeitsvertrages** gegeben sein. Es reicht, sofern nicht ein **echter Werkvertrag** vorliegt oder andere Gründe gegen die AN-Eigenschaft sprechen, aus, dass eine Person in den betrieblichen Bereich **eingegliedert** ist, um zusammen mit den schon beschäftigten AN den arbeitstechnischen Zweck des Betriebs durch weisungsgebundene Tätigkeit zu verwirklichen (vgl. BAG, NZA 86, 688; vgl. aber auch BAG, DB 89, 1419; umfassend DKK-Trümner, § 5 Rn. 10, 12 ff.; zum sog. **drittbezogenen Personaleinsatz** aufgrund eines Dienst- oder Werkvertrags vgl. BAG, DB 91, 2343). Es kommt bei solchen Beschäftigungsformen nicht darauf an, wie das Rechtsverhältnis bezeichnet wird. Entscheidend ist die tatsächliche Ausgestaltung und Durchführung des Vertragsverhältnisses (BAG, NZA 94, 1132; BB 96, 60; DKK-Schneider, Rn. 20 ff.; zum Prüfungsrecht des BR hinsichtlich der Art des Beschäftigungsverhältnisses »freier Mitarbeiter« vgl. § 80 Rn. 14). **4**

Das aktive Wahlrecht haben auch **AN eines anderen AG,** die zur Arbeitsleistung überlassen worden sind und diese AN länger als drei Monate im Betrieb eingesetzt werden. Die überlassenen AN haben das Wahlrecht, wenn ihre Beschäftigung für einen Zeitraum von mehr als drei Monaten **vorgesehen** ist. Es ist nicht erforderlich, dass dieser Zeitraum am Wahltag bereits verstrichen ist (FKHES, Rn. 60). Daher hat z.B. auch ein **Leih-AN**, der am Wahltag erst eine Woche im Betrieb ist, dessen Einsatz aber für 4 Monate vorgesehen ist, das aktive Wahlrecht. Das Wahlrecht ist an den konkreten Leih-AN **5** gebunden. Wird bei einem für 4 Monate vorgesehen Einsatz der Leih-AN nach zwei Monaten ausgetauscht und findet die BR-Wahl im dritten Monat statt, haben weder der ursprüngliche, noch der ausgetauschte Leih-AN das Wahlrecht. Der neue Leih-AN hat nur eine vorgesehene Überlassungsdauer von zwei Monaten, der ausgetauschte Leih-AN eine reale von zwei Monaten. Eine Unterbrechung der Überlassung schließt das Wahlrecht nicht in jedem Fall aus. Sofern zwischen den unterbrochenen Einsätzen des Leih-AN ein enger Sachzusammenhang besteht, sind die Einsätze zusammenzurechnen. Ein solcher ist anzunehmen, wenn die Unterbrechung nicht langfristig war, die Unterbrechung nicht vom Leih-AN zu vertreten war und die Einsätze und die Tätigkeit des Leih-AN bei der erneuten Überlassung im selben Betrieb erfolgt (FKHES, Rn. 65).

6 Die Regelung betrifft insbesondere die **Leih-AN** nach dem AÜG (sog. unechte Leiharbeit), ist aber nicht darauf beschränkt (FKHES, Rn. 41). Auch bei anderen Formen des drittbezogenen Personaleinsatzes findet sie Anwendung, wenn die Beschäftigung nicht im Betrieb des Vertrags-AG, sondern im dem Betrieb eines anderen AG, erfolgt, beispielsweise bei der sog. **Konzern-Leihe**, wenn also AN innerhalb eines Konzern von einem UN an ein anderes Konzern-UN ausgeliehen werden (FKHES, Rn. 43). Die Regelung lässt das Recht des WV unberührt, in anderen Fällen zu prüfen, ob die Wahlberechtigung aufgrund AN-Eigenschaft i. S. d. § 5 Abs. 1 besteht (vgl. § 80 Rn. 14).

7 Das Wahlrecht haben auch AN während des **Wehrdienstes** (BAG v. 29. 3. 74, AP Nr. 2 zu § 19 BetrVG 1972), ebenso AN während des **Zivildienstes**; jedoch nicht in dem Betrieb, in dem sie den Zivildienst leisten. Arbeitsbefreiung aufgrund des Mutterschaftsurlaubs, der Elternzeit oder des Erholungsurlaubs steht der Ausübung des aktiven Wahlrechts nicht entgegen. Es ist für das Wahlrecht unschädlich, wenn das Arbeitsverhältnis, wie bei der Ableistung des Wehrdienstes oder der **Elternzeit**, längere Zeit ruht. Die Wiederaufnahme der Tätigkeit ist beabsichtigt und erfolgt regelmäßig auch. AN in der **Freistellungsphase bei Altersteilzeit** im Blockmodell sind wahlberechtigt (DKK-Schneider, Rn. 11 a; Däubler, AiB 01, 684; a. A. LAG Düsseldorf v. 31. 10. 02 – 5 TaBV 42/02, FKHES, Rn. 32; vgl. BAG, NZA 01, 461: Wählbarkeit und Mitgliedschaft im Aufsichtsrat nach dem BetrVG ’52 endet bei Beginn der Freistellungsphase; BVerwG, PersR 02, 438: kein Wahlrecht und keine Wählbarkeit für Arbeiter im öffentlichen Dienst in der Freistellungsphase beim Personalrat). Auch wenn der Arbeitnehmer während der Freistellungsphase keine Arbeitsleistung mehr erbringen muss und nicht mehr in den Betrieb eingegliedert ist, unterliegt er der Mitbestimmung des BR. Betriebsvereinbarungen, die dieser abschließt betreffen auch den AN in der Freistellungsphase. Es ist undemokratisch, AN einerseits den Aus-

wirkungen der Handlungen des BR zu unterwerfen, ihm aber – obwohl er sein Wahlrecht ausüben könnte – keine Einflussmöglichkeit auf die Zusammensetzung des BR zu geben. Ein AN, dessen Arbeitsverhältnis gekündigt wurde, hat selbst nach Ablauf der Kündigungsfrist das aktive Wahlrecht, wenn er die Kündigung beim ArbG angegriffen hat (so BAG, DB 97, 2083, hinsichtlich des passiven Wahlrechts; zum aktiven Wahlrecht des gekündigten AN vgl. im Übrigen DKK-Schneider, Rn. 13). **Beamte** sind – sofern sie keinen Arbeitsvertrag geschlossen haben – nicht wahlberechtigt (BAG, DB 02, 221). Nur wenn ein Gesetz – PostPersRG, DBGrG – dies ausdrücklich vorsieht, steht ihnen das Wahlrecht zu. Daher sind Beamte in privatisierten Post-UN wahlberechtigt (§ 26 PostPersRG).

§ 8
Wählbarkeit

(1) Wählbar sind alle Wahlberechtigten, die sechs Monate dem Betrieb angehören oder als in Heimarbeit Beschäftigte in der Hauptsache für den Betrieb gearbeitet haben. Auf diese sechsmonatige Betriebszugehörigkeit werden Zeiten angerechnet, in denen der Arbeitnehmer unmittelbar vorher einem anderen Betrieb desselben Unternehmens oder Konzerns (§ 18 Abs. 1 des Aktiengesetzes) angehört hat. Nicht wählbar ist, wer infolge strafgerichtlicher Verurteilung die Fähigkeit, Rechte aus öffentlichen Wahlen zu erlangen, nicht besitzt.

(2) Besteht der Betrieb weniger als sechs Monate, so sind abweichend von der Vorschrift in Absatz 1 über die sechsmonatige Betriebszugehörigkeit diejenigen Arbeitnehmer wählbar, die bei der Einleitung der Betriebsratswahl im Betrieb beschäftigt sind und die übrigen Voraussetzungen für die Wählbarkeit erfüllen.

(1) Wählbar sind alle Wahlberechtigten, die das **18. Lebensjahr** 1
(mindestens am letzten Wahltag) vollendet haben und dem Betrieb (oder nach Abs. 1 Satz 2 einem anderen Betrieb des UN oder Konzerns) sechs Monate angehören. In Betrieben von privatrechtlich organisierten UN tätige **Bea.**, wie beispielsweise in den privatisierten UN der Bahn und der Post, sind betriebsverfassungsrechtlich AN und daher wählbar, wenn sie die sonstigen Voraussetzungen für die Wählbarkeit erfüllen (a. A. BAG, DB 02, 221: aktives und passives Wahlrecht für Bea. nur in den ausdrücklich gesetzlich geregelten Fällen). **Ausländische AN** sind unter denselben Voraussetzungen wie deutsche AN wählbar. Für die erforderliche Dauer der Betriebszugehörigkeit sind Unterbrechungen in der Tätigkeit (Krankheit, Urlaub) unerheblich. Etwas anderes gilt nur dann, wenn der betreffende AN zu **keinem Zeitpunkt** innerhalb der geforderten sechs Monate im Betrieb bzw. UN oder Konzern tätig war. Zeiten, die der AN im Betrieb bzw.

im UN oder Konzern **vor Vollendung seines 18. Lebensjahres** verbracht hat, sind voll zu berücksichtigen, und zwar auch dann, wenn es sich um Zeiten der Ausbildung handelt. Wählbar sind auch Mitgl. des WV. Eine Unvereinbarkeit zwischen dem Amt als WV-Mitgl. und dem Amt als zukünftigem BR-Mitgl. besteht nicht (BAG, DB 77, 356).

2 AN, die in einem **Arbeitsverhältnis zu zwei AG** stehen, können in beiden Betrieben in den BR gewählt werden (BAG v. 11. 4. 58, AP Nr. 1 zu § 6 BetrVG). **Teilzeitbeschäftigte** sind wählbar, selbst wenn sie nur eine geringfügige Arbeitszeit oder einen geringfügigen Verdienst haben. AN in Altersteilzeit sind wählbar. Ausgenommen sind AN in der Freistellungsphase des Blockmodells (vgl. LAG Düsseldorf v. 31. 10. 02 – 5 TaBV 42/02; DKK-Schneider, § 7 Rn. 11 a, § 8 Rn. 22; FKHES, § 7 Rn. 32, vgl. BAG, NZA 01, 461: Wählbarkeit und Mitgliedschaft im Aufsichtsrat nach dem BetrVG '52 endet bei Beginn der Freistellungsphase; BVerwG, PersR 02, 438: kein Wahlrecht und keine Wählbarkeit für Arbeiter im öffentlichen Dienst in der Freistellungsphase beim Personalrat). Praktische Voraussetzung für die Ausübung des BR-Mandates ist die Kenntnis der Vorgänge im Betrieb. Diese geht in der Freistellungsphase verloren. Zudem ist – anderes als bei Wehrpflichtigen und Zivildienstleistenden – die fehlende Eingliederung in den Betrieb nicht nur vorübergehend. Bei **freien Mitarbeitern** ist der Grad der persönlichen Abhängigkeit sowie die tatsächliche Ausgestaltung und Durchführung des Vertragsverhältnisses entscheidend (vgl. § 7 Rn. 4). Dagegen sind **Auszubildende**, sofern sie das 18. Lebensjahr vollendet haben und die sonstigen Voraussetzungen des § 8 erfüllen (zur AN-Eigenschaft von Auszubildenden vgl. § 5 Rn. 5) ebenfalls wählbar. Die gleichzeitige Mitgliedschaft im BR und der JAV ist allerdings nicht zulässig (§ 61 Abs. 2 Satz 2). Die Wählbarkeit eines gekündigten AN bleibt erhalten, wenn seiner vor der Wahl erhobenen Kündigungsschutzklage nach Durchführung der BR-Wahl stattgegeben wird (BAG, NZA 97, 1245). Auch ein zum **Wehrdienst** oder zum **Zivildienst** einberufener AN verliert nicht während der Zeit seines Wehr- oder Zivildienstes die Wählbarkeit. Entsprechendes gilt für AN, die sich in **Elternzeit** befinden.

§ 9
Zahl der Betriebsratsmitglieder

Der Betriebsrat besteht in Betrieben mit in der Regel

5 bis 20 wahlberechtigten Arbeitnehmern aus einer Person,
21 bis 50 wahlberechtigten Arbeitnehmern aus 3 Mitgliedern,
51 wahlberechtigten Arbeitnehmern
bis 100 Arbeitnehmern aus 5 Mitglieder,
101 bis 200 Arbeitnehmern aus 7 Mitgliedern,

201 bis 400 Arbeitnehmern aus 9 Mitgliedern,
401 bis 700 Arbeitnehmern aus 11 Mitgliedern,
701 bis 1000 Arbeitnehmern aus 13 Mitgliedern,
1001 bis 1500 Arbeitnehmern aus 15 Mitgliedern,
1501 bis 2000 Arbeitnehmern aus 17 Mitgliedern,
2001 bis 2500 Arbeitnehmern aus 19 Mitgliedern,
2501 bis 3000 Arbeitnehmern aus 21 Mitgliedern,
3001 bis 3500 Arbeitnehmern aus 23 Mitgliedern,
3501 bis 4000 Arbeitnehmern aus 25 Mitgliedern,
4001 bis 4500 Arbeitnehmern aus 27 Mitgliedern,
4501 bis 5000 Arbeitnehmern aus 29 Mitgliedern,
5001 bis 6000 Arbeitnehmern aus 31 Mitgliedern,
6001 bis 7000 Arbeitnehmern aus 33 Mitgliedern,
7001 bis 9000 Arbeitnehmern aus 35 Mitgliedern.

In Betrieben mit mehr als 9000 Arbeitnehmern erhöht sich die Zahl der Mitglieder des Betriebsrats für je angefangene weitere 3000 Arbeitnehmer um 2 Mitglieder.

Für die BR-Größe ist prinzipiell die Zahl der AN bei Erlass des **Wahlausschreibens** maßgebend. Teilzeitbeschäftigte werden (anders als nach § 23 Abs. 1 KSchG) nicht nur anteilig, sondern voll mitgerechnet. Ein weiteres Ansteigen oder Sinken der Beschäftigtenzahl ist grundsätzlich ohne Bedeutung (vgl. aber § 13 Abs. 2 Nr. 1). Die Vorschrift stellt in den ersten beiden Stufen auf die Zahl der regelmäßig beschäftigten **wahlberechtigten** AN ab. Ist (in der dritten Stufe) ein fünfköpfiger BR zu wählen, müssen wenigstens 51 wahlberechtigte AN im Betrieb beschäftigt werden. (Beispiel: Sind im Betrieb 100 AN tätig, werden fünf BR-Mitgl. gewählt, wenn von den 100 AN wenigstens 51 wahlberechtigt sind). Ab der vierten Stufe (ab 101 AN) kommt es auf die Wahlberechtigung nicht mehr an. Leit. Ang. nach § 5 Abs. 3 werden bei der Bestimmung der Zahl der BR-Mitgl. **nicht** mitgezählt. **1**

Zur Ermittlung der Zahl der »regelmäßig« beschäftigten AN ist grundsätzlich auf den Zeitpunkt des Erlasses des Wahlausschreibens abzustellen. Das ist allerdings keine absolute Größe. Entscheidend ist die Zahl der AN, die **üblicherweise** im Betrieb beschäftigt werden. Zur Feststellung der Zahl der regelmäßig beschäftigten AN bedarf es eines **Rückblicks und der Einschätzung der zukünftigen Entwicklung** (BAG, NZA 93, 955). Wehr- oder Zivildienstleistende, Heimarbeiter sowie im gekündigten Arbeitsverhältnis stehende AN sind mitzuzählen, wenn sie Arbeitsplätze innehaben, die »in der Regel« betrieblich besetzt sind. Aushilfs-AN sind mitzuzählen, sofern sie regelmäßig für einen Zeitraum von mindestens sechs Monaten im Jahr beschäftigt werden und auch in Zukunft mit einer derartigen Beschäftigung gerechnet werden kann (BAG, DB 77, 356). Angesichts der Drei-Monats-Regelung in § 7 Satz 2 ist fraglich, ob die Sechs-Monats-Re- **2** gel der Rspr. noch dem Gesetz entspricht. Es ist gleichgültig, ob es sich um dieselben oder um andere Personen handelt (LAG Düsseldorf, DB 90, 238). In Grenzfällen hat der WV bei der Feststellung der Zahl der AN einen gewissen Beurteilungsspielraum (BAG, NZA 93, 955).

3 Hinsichtlich der Anzahl der BR-Mitgl. sind alle Beschäftigten zu berücksichtigen, die zu den **AN im betriebsverfassungsrechtlichen Sinne** zählen. Es werden somit alle Beschäftigten mitgezählt, die in den Betrieb eingegliedert sind, um zusammen mit den im Betrieb schon beschäftigten AN den **arbeitstechnischen Zweck des Betriebs durch weisungsgebundene Tätigkeit** zu verwirklichen (so zutreffend BAG, NZA 86, 688; BAG v. 1. 8. 89 – 1 ABR 54/88). Das ergibt sich bereits aus der neuen Regelung des § 7 Satz 2, wonach AN, die von ihrem AG einem anderen AG (dem Beschäftigungs-AG) zur Arbeitsleistung überlassen worden sind, im Beschäftigungsbetrieb wahlberechtigt sind, sofern die Beschäftigung für länger als drei Monate vorgesehen ist (vgl. § 7 Rn. 5 f.). Es ist somit sachlich richtig, diese Beschäftigten bei der Anzahl der Sitze, die dem BR zustehen, mitzuzählen. Damit ist zugleich die zum früheren Recht ergangene Rechtspr. des BAG (v. 18. 1. 89, AuR 90, 55) überholt; danach waren Leih-AN i. S. des AÜG bei der Ermittlung der Anzahl der BR-Sitze nicht zu berücksichtigen, weil zwar eine abhängige Arbeitsleistung im Beschäftigungsbetrieb vorlag, aber kein Arbeitsverhältnis zum Beschäftigungs-AG. Nach der Rechtsprechung des BAG sind allerdings Leiharbeitnehmer, die nach § 7 Satz 2 wahlberechtigt sind, nicht bei der Bestimmung der Größe des BR vom Wahlvorstand zu berücksichtigen (BAG v. 16. 4. 03, 7 ABR 53/02, zit. nach Pressemitteilung BAG 35/03). Werde dies getan, sei die BR-Wahl anfechtbar. Bei der Feststellung der Anzahl der BR-Mitgl. zählen auch die in den Betrieben von privatrechtlich organisierten UN tätigen Bea. mit. Das gilt auch, wenn sie ohne das Bestehen eines Arbeitsverhältnisses faktisch in den Betrieb eingegliedert sind (FKHES, Rn. 4b). Für die in den privatisierten UN der Post tätigen Bea. gilt dies unabhängig davon, ob die Bea. bei der BR-Wahl eine eigene Gruppe bilden oder darauf verzichten (FKHES a. a. O).

4 Es kann eine **Abweichung** von der Staffel des § 9 in Betracht kommen. Sind im Betrieb nicht genügend wählbare AN vorhanden oder stellen sich trotz des Vorhandenseins genügend wählbarer AN Wahlbewerber nicht in einem ausreichenden Maße zur Verfügung, kann auf die Regelung des § 11 zurückgegriffen werden (vgl. die Erl. dort). Dabei ist diejenige Stufe für die Anzahl der BR-Mitgl. maßgebend, die noch mit wählbaren AN besetzt werden kann. Soweit die **zwingende Minderheitengeschlechtsquote** bei der Vergabe der nach § 9 zu ermittelnden BR-Mandate zu berücksichtigen ist (vgl. § 15 Abs. 2), sich aber nicht genügend Angehörige des Minderheitengeschlechts für eine Kandidatur zur Verfügung stellen, findet § 11 **keine Anwendung**.

Die von diesem Geschlecht mangels ausreichender Kandidaturen nicht einzunehmenden Sitze gehen auf das andere Geschlecht über (vgl. § 11).

§ 10
Vertretung der Minderheitsgruppen

(aufgehoben)

§ 11
Ermäßigte Zahl der Betriebsratsmitglieder

Hat ein Betrieb nicht die ausreichende Zahl von wählbaren Arbeitnehmern, so ist die Zahl der Betriebsratsmitglieder der nächstniedrigeren Betriebsgröße zugrunde zu legen.

Von der nach § 9 vorgeschriebenen Zahl von BR-Mitgl. kann abgewichen werden, wenn **nicht genügend wählbare** AN für die Besetzung der BR-Sitze vorhanden sind. Es ist auch ein **mehrmaliges** Zurückgehen auf die jeweils nächstniedrigere BR-Größe so lange möglich, bis die geringere Zahl von BR-Sitzen voll besetzt werden kann. Es muss sich jedoch **immer** um eine entsprechende Zahl der Staffelung des § 9 handeln. Müsste z. B. ein BR aus sieben Mitgl. bestehen, sind aber nur sechs AN wählbar, so besteht der BR aus fünf Mitgl. Im Übrigen ist § 11 auch anzuwenden, wenn im Betrieb genügend wählbare AN vorhanden sind, sich aber nicht eine ausreichende Zahl als Wahlbewerber zur Verfügung stellt (BAG v. 11. 4. 58, AP Nr. 1 zu § 6 WO). Soweit sich für das in der Minderheit befindliche Geschlecht nach § 15 Abs. 2 eine Mindestanzahl von BR-Sitzen ergibt, sich aber nicht genügend Angehörige dieses Geschlechts für eine Kandidatur zur Verfügung stellen, findet § 11 **keine Anwendung**. Die BR-Sitze, die von dem Minderheitengeschlecht aus diesem Grunde nicht besetzt werden können, gehen auf das andere Geschlecht über.

§ 12
Abweichende Verteilung der Betriebsratssitze

(aufgehoben)

§ 13
Zeitpunkt der Betriebsratswahlen

(1) Die regelmäßigen Betriebsratswahlen finden alle vier Jahre in der Zeit vom 1. März bis 31. Mai statt. Sie sind zeitgleich mit den regelmäßigen Wahlen nach § 5 Abs. 1 des Sprecherausschussgesetzes einzuleiten.

(2) Außerhalb dieser Zeit ist der Betriebsrat zu wählen, wenn

1. **mit Ablauf von 24 Monaten, vom Tage der Wahl an gerechnet, die Zahl der regelmäßig beschäftigten Arbeitnehmer um die Hälfte, mindestens aber um fünfzig, gestiegen oder gesunken ist,**
2. **die Gesamtzahl der Betriebsratsmitglieder nach Eintreten sämtlicher Ersatzmitglieder unter die vorgeschriebene Zahl der Betriebsratsmitglieder gesunken ist,**
3. **der Betriebsrat mit der Mehrheit seiner Mitglieder seinen Rücktritt beschlossen hat,**
4. **die Betriebsratswahl mit Erfolg angefochten worden ist,**
5. **der Betriebsrat durch eine gerichtliche Entscheidung aufgelöst ist oder**
6. **im Betrieb ein Betriebsrat nicht besteht.**

(3) Hat außerhalb des für die regelmäßigen Betriebsratswahlen festgelegten Zeitraums eine Betriebsratswahl stattgefunden, so ist der Betriebsrat in dem auf die Wahl folgenden nächsten Zeitraum der regelmäßigen Betriebsratswahlen neu zu wählen. Hat die Amtszeit des Betriebsrats zu Beginn des für die regelmäßigen Betriebsratswahlen festgelegten Zeitraums noch nicht ein Jahr betragen, so ist der Betriebsrat in dem übernächsten Zeitraum der regelmäßigen Betriebsratswahlen neu zu wählen.

1 (1) Die Amtszeit eines BR beträgt regelmäßig vier Jahre. Die Neuwahl soll grundsätzlich im Wahljahr in dem Zeitraum vom 1. März bis 31. Mai erfolgen. Die Einleitung der Wahl kann bereits vor dem 1. März liegen. Das wird mitunter sogar erforderlich sein, damit sich die Amtszeit des neugewählten BR an die des bisherigen anschließt und keine betriebsratslose Zeit entsteht. Die Wahl selbst muss allerdings in den Wahlzeitraum fallen, es sei denn, dass einer der in Abs. 2 genannten **Sonderfälle** vorliegt.

2 (2) In den hier festgelegten Fällen, die erschöpfend aufgezählt sind, kann die Wahl des BR auch **außerhalb** des gesetzlichen Wahlzeitraums stattfinden. Auch bei diesen Wahlen gelten grundsätzlich die allgemeinen Wahlvorschriften. Es ist jedoch zu beachten, dass bei einer erfolgreichen Anfechtung der BR-Wahl bzw. einer Auflösung des BR durch gerichtl. Entscheidung (Nrn. 4 und 5) eine Bestellung des WV durch den BR nicht in Betracht kommt. In dem Fall der Nr. 4 hat die Bestellung des WV nach § 17 (betriebsratsloser Betrieb) zu erfolgen, in dem Fall der Nr. 5 durch das ArbG nach § 23 Abs. 2. In dem Fall der Nr. 3 (Rücktritt des BR) wird der WV vom geschäftsführenden BR (§ 22) bestellt. Die Regelungen gelten grundsätzlich auch für BR, die nach § 14 a gebildet sind; mit Ausnahme der Nr. 1, es sei denn, die Bildung des BR erfolgte nach § 14 a Abs. 5.

(3) Die Bestimmung stellt sicher, dass in den Fällen des Abs. 2 die nächste, spätestens aber die übernächste Wahl wieder in den gesetzl. vorgeschriebenen Wahlzeitraum fällt. Dadurch können sich **Abweichungen** von der regelmäßigen vierjährigen Amtszeit ergeben. Ihre Dauer kann dann zwischen einem Jahr und fünf Jahren betragen. 3

§ 14
Wahlvorschriften

(1) Der Betriebsrat wird in geheimer und unmittelbarer Wahl gewählt.

(2) Die Wahl erfolgt nach den Grundsätzen der Verhältniswahl. Sie erfolgt nach den Grundsätzen der Mehrheitswahl, wenn nur ein Wahlvorschlag eingereicht wird oder wenn der Betriebsrat im vereinfachten Wahlverfahren nach § 14a zu wählen ist.

(3) Zur Wahl des Betriebsrats können die wahlberechtigten Arbeitnehmer und die im Betrieb vertretenen Gewerkschaften Wahlvorschläge machen.

(4) Jeder Wahlvorschlag der Arbeitnehmer muss von mindestens einem Zwanzigstel der wahlberechtigten Arbeitnehmer, mindestens jedoch von drei Wahlberechtigten unterzeichnet sein; in Betrieben mit in der Regel bis zu zwanzig wahlberechtigten Arbeitnehmern genügt die Unterzeichnung durch zwei Wahlberechtigte. In jedem Fall genügt die Unterzeichnung durch fünfzig wahlberechtigte Arbeitnehmer.

(5) Jeder Wahlvorschlag einer Gewerkschaft muss von zwei Beauftragten unterzeichnet sein.

(1) Es müssen alle Vorkehrungen getroffen werden, damit der Wähler seine Stimme **unbeobachtet** abgeben kann. Eine Wahl durch öffentliche Abstimmung, etwa in einer Betriebsversamml., ist daher **unzulässig**. Der Wähler muss seine Stimme persönlich abgeben. In bestimmten Fällen ist die schriftliche Stimmabgabe zulässig (vgl. § 24 WO). Aber auch im Falle der schriftlichen Stimmabgabe hat der Wähler eine Erklärung abzugeben, dass er den Stimmzettel persönlich gekennzeichnet hat (vgl. § 24 Abs. 1 Nr. 4 WO). 1

(2) Die BR-Wahl wird nach dem **Verhältniswahlprinzip** (Listenwahl) durchgeführt, wenn zwei oder mehr gültige Wahlvorschläge (Vorschlagslisten) eingereicht werden. Der Wähler kann sich nur für eine der eingereichten Vorschlagslisten entscheiden. Der Wähler hat somit nur **eine Stimme**. Je mehr Stimmen auf eine Vorschlagsliste entfallen, desto mehr Wahlbewerber rücken von dieser Liste in den BR ein, und zwar grundsätzlich in der Reihenfolge, in der sie aufgeführt sind. Die Ermittlung erfolgt nach dem **d'Hondtschen (Höchstzahlen-)System**. Die den einzelnen Listen zugefallenen Stim- 2

menzahlen werden in einer Reihe nebeneinander gestellt und durch die Zahlen 1, 2, 3, 4 usw. geteilt.

3 Beispiel: In einem Betrieb mit 600 AN ist ein BR mit 11 Mitgl. zu wählen. Um die 11 BR-Mandate bewerben sich drei Listen. Sie erhalten folgende Stimmenzahlen: Liste 1 = 350 Stimmen, Liste 2 = 160 Stimmen, Liste 3 = 90 Stimmen. Die Ermittlung der auf die Listen (L) entfallenden BR-Sitze geschieht wie folgt:

L 1 = 350 St.	**L 2 = 160 St.**	**L 3 = 90 St.**
: 1 = 350 (1)	160 (3)	90 (5)
: 2 = 175 (2)	80 (7)	45
: 3 = 116,7 (4)	53,3 (10)	
: 4 = 87,5 (6)	40	
: 5 = 70 (8)		
: 6 = 58,3 (9)		
: 7 = 50 (11)		

Es entfallen auf die Liste 1 = 7 Sitze, die Liste 2 = 3 Sitze und die Liste 3 = 1 Sitz.

Die Reihenfolge, in der die einzelnen Wahlbewerber aus der jeweiligen Liste in den BR kommen, kann sich ändern, wenn nach dem Wahlergebnis die **Mindestanzahl von BR-Sitzen**, die das **Minderheitengeschlecht** nach § 15 Abs. 2 zu erhalten hat, nicht erreicht wird. Es ist dann erforderlich, festzustellen, in welchem Umfang das Mehrheitsgeschlecht BR-Sitze an das Minderheitengeschlecht abzugeben hat (vgl. dazu § 15 Rn. 7 ff.).

4 Nach den Grundsätzen der **Mehrheitswahl** wird gewählt, wenn nur ein Wahlvorschlag (Vorschlagsliste) eingereicht wird; ebenso, wenn das Wahlverfahren nach § 14 a Anwendung findet. Bei der Mehrheitswahl hat jeder Wähler **so viele Stimmen**, als BR-Mitgl. zu wählen sind. Wesentlich ist ferner, dass es **keine Rangfolge** der Kandidaten durch die Plazierung auf dem Wahlvorschlag gibt. Die Reihenfolge, in der die Wahlbewerber in den BR einrücken, wird vielmehr durch den Wähler unmittelbar bestimmt. Gewählt sind diejenigen Bewerber, die die **meisten Stimmen** erhalten haben. Die nicht gewählten Kandidaten sind Ersatzmitgl. Auch bei der Mehrheitswahl ist sicherzustellen, dass die dem Minderheitengeschlecht zustehende Mindestanzahl von BR-Sitzen (§ 15 Abs. 2) durch das Wahlergebnis erreicht wird (vgl. § 15 Rn. 9).

5 (3, 4) Die Wahlvorschläge (Vorschlagslisten) sind von den wahlberechtigten AN vor Ablauf von **zwei Wochen** seit Erlass des Wahlausschreibens beim WV einzureichen. Sie **sollen** mindestens doppelt so viele Bewerber aufweisen, wie BR-Mitgl. zu wählen sind. Die einzelnen Bewerber sind in **erkennbarer Reihenfolge** unter fortlaufender Nummer und unter Angabe von Familienname, Vorname,

Geburtsdatum und Art der Beschäftigung im Betrieb aufzuführen. Die schriftliche Zustimmung des Bewerbers zur Aufnahme in die Vorschlagsliste ist beizufügen. Ein Bewerber kann nur auf **einer** Vorschlagsliste vorgeschlagen werden. Ebenso zählt die Unterschrift eines Wahlberechtigten zur Unterstützung des Vorschlags nur auf **einer** Vorschlagsliste. Ein Wahlvorschlag soll **mindestens doppelt so viele** Bewerber aufweisen, wie in dem Wahlgang BR-Mitgl. zu wählen sind (§ 6 Abs. 2 WO). Dies ist jedoch **nicht zwingend**. Ein Wahlvorschlag ist auch dann gültig, wenn weniger Kandidaten auf ihm benannt sind, als BR-Mitgl. gewählt werden müssen. Auch **Wahlbewerber** können den Wahlvorschlag unterzeichnen, auf dem sie selbst als Kandidaten benannt sind (BAG v. 12. 2. 60, AP Nr. 11 zu § 18 BetrVG). Ebenso **kann** ein **WV-Mitgl**. einen Wahlvorschlag **unterzeichnen** (BAG, AuR 77, 376). Ein **WV-Mitgl**. kann auch zugleich **Wahlbewerber** sein (BAG, BB 77, 243). Ein wirksamer Wahlvorschlag setzt voraus, dass sich die **erforderlichen Stützunterschriften** auf der Vorschlagsliste befinden. Deshalb müssen Vorschlags- und Unterschriftenteil gegen Trennung gesichert und zu einer **einheitlichen zusammenhängenden Urkunde** verbunden sein. Das »Sichern« beider Teile mithilfe einer Büroklammer reicht nicht aus, da dabei ein leicht zu bewerkstelligendes zeitweiliges und auf beiden Urkundsteilen spurenloses Trennen möglich ist. Es genügt jedoch das Verbinden mittels einer Heftmaschine (vgl. auch LAG Frankfurt, DB 87, 1204), wobei eine zusätzliche Sicherung dadurch erreicht werden kann, dass alle Blätter aufgefächert so gestempelt sind, dass bei der Entfernung eines Blattes eine Lücke im Stempel entstehen würde (LAG Bremen, BB 98, 1211). Wird die für einen Wahlvorschlag maßgebende Unterschriftenliste in **mehreren Exemplaren** in Umlauf gebracht – etwa in einem großen Betrieb –, muss jeder dieser Unterschriftenlisten eine Vervielfältigung der Vorschlagsliste, also des **Bewerberteils**, vorgeheftet werden. Die Unterzeichner müssen wissen, für welche Kandidaten sie ihre Stützunterschrift abgeben. Das Erfordernis der genauen Übereinstimmung bezieht sich dabei nicht nur auf die Person(en), sondern auch auf die Reihenfolge der Bewerber, die ebenfalls gleich sein muss (LAG Baden-Württemberg v. 8. 11. 76 – 1 a TaBV 6/76). Die Verbindung **unterschiedlicher** Wahlvorschläge, um eine einheitliche Wahlvorschlagsliste zu erreichen, ist unzulässig (vgl. § 6 Abs. 6 WO).

Für **Kleinbetriebe**, in denen nach dem **vereinfachten Wahlverfahren** (§ 14 a) gewählt wird, bestehen besondere Regelungen. Soweit das **zweistufige Wahlverfahren** Anwendung findet, ist für Wahlvorschläge nicht die Schriftform erforderlich (§ 14 a Abs. 2), wenn die Wahlvorschläge in der ersten Wahlversammlung erfolgen. In Betrieben mit in der Regel bis zu zwanzig wahlberechtigten AN genügt außerdem die Unterstützung eines Wahlvorschlags durch zwei Wahlberechtigte (beim zweistufigen Wahlverfahren formlos; beim einstu- 6 figen Wahlverfahren ist die Schriftform erforderlich). Zu den sonstigen Einzelheiten des vereinfachten Wahlverfahrens vgl. die Erl. zu § 14a.

7 Die **Gew.** benötigen für das Einbringen von Wahlvorschlägen **generell** keine Stützunterschriften von AN des Betriebs. Es bleibt den Gew. im Übrigen unbenommen, Stützunterschriften für ihre Wahlvorschläge zu sammeln und damit zugleich für sie zu werben.

8 Wird ein Wahlvorschlag nach Abs. 8 ohne Stützunterschriften eingebracht, hat der WV zu prüfen, ob es sich um eine Gew. i.S. des § 2 handelt (vgl. § 2 Rn. 2) und ob diese im **Betrieb vertreten** ist, also mindestens ein Mitgl. im Betrieb hat. Soweit die Unterzeichnung durch **zwei Beauftragte** gefordert wird, müssen **diese kraft Satzung** dazu befugt oder durch die satzungsmäßigen Organe entsprechend **ermächtigt** worden sein. Werden mehrere Listen eingereicht, die auf die **gleiche Gew**. zurückgehen, hat sich der WV im Zweifel an das satzungsmäßige Organ der Gew. (etwa Vorstand) zu wenden, damit geklärt wird, welche Liste auf der Grundlage des Abs. 3 gültig sein soll. Es ist zulässig, dass auch AN des Betriebs zur Unterzeichnung eines Wahlvorschlags nach Abs. 3 beauftragt werden. Auch in einem solchen Fall muss die Ermächtigung durch die **satzungsmäßigen Organe** der Gew. vorliegen.

9 Besonderheiten bestehen in den Betrieben der **privatisierten Post-UN**. Mit der Aufgabe des Gruppenprinzips im BetrVG ist die **Zuordnung der Bea**. entsprechend ihrer jeweiligen Beschäftigung zu den Gruppen der Ang. und Arb. **gegenstandslos** geworden. Wegen der Besonderheiten im PostPersRG, das den Bea. in beamtenspezifischen Angelegenheiten grundsätzlich ein eigenes Beschlussfassungsrecht einräumt, bleiben die Bea. aber eine **eigenständige Gruppe**, was wiederum besondere Regelungen über die Wahl und die Zusammensetzung des BR sowie das Nachrücken von Ersatzmitgl. erforderlich macht. Dementsprechend legt § 26 PostPersRG n.F. im Wesentlichen fest:

- Die Bea. bilden bei der Wahl zum BR eine eigene Gruppe, es sei denn, sie verzichten mit Mehrheit vor der Wahl in geheimer Abstimmung auf die Bildung einer eigenen Gruppe.
- AN und Bea. müssen entsprechend ihrem zahlenmäßigen Verhältnis im BR vertreten sein, wenn dieser aus mindestens drei Mitgl. besteht.
- AN und Bea. wählen ihre Vertr. in den BR in getrennten Wahlgängen, es sei denn, dass die wahlberechtigten Angehörigen beider Gruppen vor der Wahl in getrennten und geheimen Abstimmungen die gemeinsame Wahl beschließen. Findet das vereinfachte Wahlverfahren nach § 14a Anwendung, wird immer in gemeinsamer

Wahl gewählt. Entsprechendes gilt, wenn einer Gruppe nur ein Vertr. im BR zusteht.

- Bei getrennten Wahlgängen (Gruppenwahl) sind zur Unterzeichnung von Wahlvorschlägen der Gruppen nur die wahlberechtigten Angehörigen der jeweiligen Gruppe berechtigt.
- In Betrieben mit Bea. muss dem WV ein Bea. angehören.
- Ist der BR in gemeinsamer Wahl gewählt, bestimmt sich das Nachrücken von Ersatzmitgl. unter Berücksichtigung des Grundsatzes, dass beide Gruppen entsprechend ihrem zahlenmäßigen Verhältnis im BR vertreten sein müssen.

Die näheren Einzelheiten zum Einbringen von Wahlvorschlägen und zur Durchführung der Wahl sowie der Feststellung des Wahlergebnisses legt die VO zur Durchführung der BR-Wahlen bei den Post-UN **(WOP)** fest. Im Übrigen ist darauf hinzuweisen, dass auch auf die BR-Wahlen in den Betrieben der Post-UN § 15 Abs. 2 Anwendung findet und somit das in der **Minderheit befindliche Geschlecht** Anspruch auf eine **Mindestzahl** von BR-Sitzen hat. Es ist jedoch, sofern die Beamten eine eigene Gruppe bilden, nicht auf den zahlenmäßigen Anteil des Minderheitengeschlechts an der Belegschaft abzustellen; vielmehr ist der zahlenmäßige Anteil des Minderheitengeschlechts innerhalb der jeweiligen **Gruppe** (AN und Bea.) maßgebend (§ 4 Abs. 1 WO-Post). Haben die Beamten entschieden keine Gruppe zu bilden (§ 26 Nr. 1 Post PersRG), werden Beamte und ArbN zur Ermittlung des Minderheitengeschlechts zusammengezählt (§ 4 Abs. 2 WO-Post). 10

§ 14a
Vereinfachtes Wahlverfahren für Kleinbetriebe

(1) In Betrieben mit in der Regel fünf bis fünfzig wahlberechtigten Arbeitnehmern wird der Betriebsrat in einem zweistufigen Verfahren gewählt. Auf einer ersten Wahlversammlung wird der Wahlvorstand nach § 17a Nr. 3 gewählt. Auf einer zweiten Wahlversammlung wird der Betriebsrat in geheimer und unmittelbarer Wahl gewählt. Diese Wahlversammlung findet eine Woche nach der Wahlversammlung zur Wahl des Wahlvorstands statt.

(2) Wahlvorschläge können bis zum Ende der Wahlversammlung zur Wahl des Wahlvorstands nach § 17a Nr. 3 gemacht werden; für Wahlvorschläge der Arbeitnehmer gilt § 14 Abs. 4 mit der Maßgabe, dass für Wahlvorschläge, die erst auf dieser Wahlversammlung gemacht werden, keine Schriftform erforderlich ist.

(3) Ist der Wahlvorstand in Betrieben mit in der Regel fünf bis fünfzig wahlberechtigten Arbeitnehmern nach § 17a Nr. 1 in Verbindung mit § 16 vom Betriebsrat, Gesamtbetriebsrat oder Kon-

zernbetriebsrat oder nach § 17 a Nr. 4 vom Arbeitsgericht bestellt, wird der Betriebsrat abweichend von Absatz 1 Sätze 1 und 2 auf nur einer Wahlversammlung in geheimer und unmittelbarer Wahl gewählt. Wahlvorschläge können bis eine Woche vor der Wahlversammlung zur Wahl des Betriebsrats gemacht werden; § 14 Abs. 4 gilt unverändert.

(4) Wahlberechtigten Arbeitnehmern, die an der Wahlversammlung zur Wahl des Betriebsrats nicht teilnehmen können, ist Gelegenheit zur schriftlichen Stimmabgabe zu geben.

(5) In Betrieben mit in der Regel 51 bis 100 wahlberechtigten Arbeitnehmern können der Wahlvorstand und der Arbeitgeber die Anwendung des vereinfachten Wahlverfahrens vereinbaren.

1 Das vereinfachte Wahlverfahren findet grundsätzlich in Betrieben statt, in denen regelmäßig fünf bis 50 wahlberechtigte AN tätig sind (zur Wahlberechtigung vgl. § 7). Es kann darüber hinaus auch in Betrieben mit in der Regel (zum Begriff »in der Regel« vgl. § 9 Rn. 2 f.) 51 bis 100 wahlberechtigten AN angewandt werden, wenn ein WV bereits vorhanden ist und dieser mit dem AG die Anwendung dieses Wahlverfahrens vereinbart. Das vereinfachte Wahlverfahren erfolgt entweder in einem **zweistufigen Verfahren** oder in einem **einstufigen Verfahren**. Das zweistufige Verfahren kommt zur Anwendung, wenn ein betriebsratsloser Betrieb besteht und in einer ersten Wahlversamml. vor der eigentlichen Wahl (zweite Wahlversamml.) zunächst ein WV zu wählen ist. Diesem Verfahren liegen die Regelungen der Abs. 1 und 2 zugrunde (vgl. Rn. 2 ff.). Ist dagegen in einem betriebsratslosen Betrieb ein WV vom GBR, KBR oder ArbG bestellt worden, greift das in Abs. 3 geregelte einstufige Wahlverfahren Platz. Es kommt lediglich noch zu einer Wahlversamml., in der der BR gewählt wird (vgl. Rn. 10 ff.). Das einstufige Verfahren ist ferner in den Betrieben anzuwenden, in denen bereits ein BR besteht und dessen Neuwahl erforderlich wird. Dann bestellt dieser BR den WV.

2 (1, 2) In dem **zweistufigen Wahlverfahren** kann von drei wahlberechtigten AN oder der im Betrieb vertretenen Gew. (vgl. dazu § 2 Rn. 3, 6) zur **ersten Wahlversamml**. zur Wahl eines WV eingeladen werden. Zwischen der Bekanntgabe der Einladung und der ersten Wahlversamml. muss mindestens eine **Frist von sieben Tagen** liegen. Wird die Einladung beispielsweise an einem Donnerstag im Betrieb bekannt gemacht, darf die Versamml. zur Wahl des WV frühestens am Donnerstag der darauf folgenden Woche durchgeführt werden. Die Einladung hat **schriftlich** zu erfolgen. Sie sollte zweckmäßigerweise an den betrieblichen Stellen zum Aushang kommen, bei denen sichergestellt ist, dass die AN von dem Aushang Kenntnis erhalten. Der AG hat den Aushang zu dulden; andernfalls liegt eine **Wahlbehinderung** nach § 119 vor. Die Einladenden können die Ein-

ladung aber auch unmittelbar an die AN des Betriebs verteilen. Es muss dann aber sichergestellt werden, dass **alle AN** des Betriebs Kenntnis von der Einladung erhalten oder den Umständen nach davon Kenntnis nehmen können. Außerdem besteht die Möglichkeit, die Einladung mittels der im Betrieb vorhandenen Informations- und Kommunikationstechnik, wie etwa Intranet, bekanntzumachen (§ 28 Abs. 1 Satz 4 WO). Die elektronische Form der Bekanntmachung darf aber nur erfolgen, wenn sichergestellt ist, dass alle AN auf diesem Wege Kenntnis erlangen (§ 28 Abs. 1 Satz 5 i. V. m. § 2 Abs. 4 WO). Die Einladung hat **zwingend** neben der Angabe des Ortes, des Tages und der Zeit der Wahlversamml. den Hinweis zu enthalten, dass ab der Bestellung des WV bis zum Ende der Wahlversamml. **Wahlvorschläge** zur Wahl des BR gemacht werden können.

Die Wahlversamml. zur Wahl des WV wird durch die Einladenden, 3
also entweder durch die drei wahlberechtigten AN oder die im Betrieb vertretene Gew., eröffnet. Der AG hat **kein Teilnahmerecht**, ebenso wenig leit. Ang. nach § 5 Abs. 3. Die Einladenden werden zunächst die Wahl eines **Versammlungsleiters** veranlassen. Es kann sich dabei um einen AN des Betriebs handeln. Allerdings sieht das Gesetz nicht die Bestellung eines Versammlungsleiters zwingend vor. Die Einladenden selbst können daher die Versamml. bis zur Wahl eines WV leiten. Wahlvorschläge zur Wahl des WV können sowohl aus der **Mitte der Versamml.** als auch von den **Einladenden** kommen. Als WV-Mitgl. können nur wahlberechtigte AN des Betriebs vorgeschlagen werden. Es kann durch Handaufheben abgestimmt werden. Für die Wirksamkeit des Abstimmungsergebnisses genügt die **Mehrheit der anwesenden AN**. Über die Vorgeschlagenen kann **insgesamt** darüber abgestimmt werden, ob sie den WV bilden sollen, wobei wiederum die relative Mehrheit der Abstimmenden ausreicht. Eine Einzelabstimmung über die vorgeschlagenen Wahlvorstandsmitgl. ist nur erforderlich, wenn dies aus der Mitte der Versamml. verlangt wird, oder mehr als drei Wahlberechtigte kandidieren. Auch zur Entscheidung über diese Frage genügt die relative Mehrheit. Insgesamt können nur **drei Mitgl.** für den WV gewählt werden. Die Wahl von **Ersatzmitgl.** ist zulässig. Ist der WV gebildet, bestimmt die Versamml., wer den Vorsitz übernimmt. Wird der WV-Vors. in der Versamml. nicht bestellt, wird er aus der Mitte des WV gewählt.

Der WV hat als erstes die **Wählerliste** zu erstellen, und zwar noch in 4
der Versamml. Die Wahlberechtigten sollen in dieser Liste mit Familienname, Vorname und Geburtsdatum aufgeführt werden. Der AG hat den WV zu **unterstützen** und ihm insbesondere die für die Aufstellung der Liste erforderlichen Auskünfte zu erteilen und die erforderlichen Unterlagen zur Verfügung zu stellen. Die Wählerliste ist zusammen mit dem Wahlausschreiben, das ebenfalls in der Versamml. zu erlassen ist, an geeigneter Stelle im Betrieb **auszulegen**. In der

Ausfertigung, die im Betrieb ausgelegt wird, sollen die Geburtsdaten der Wahlberechtigten nicht enthalten sein (§ 2 Abs. 4 WO).

5 Das **Wahlausschreiben** ist ebenfalls auf der Wahlversamml. zu erlassen, sobald der WV gewählt worden ist. Es kann auch auf elektronischem Wege, z.B. durch Intranet, bekannt gemacht werden (§ 31 Abs. 2 Satz 2 WO). Es muss dabei sichergestellt sein, dass alle AN Kenntnis erlangen und Änderungen nur durch den WV erfolgen können (§ 31 Abs. 2 Satz 3 i. V. m. § 2 Abs. 4 Satz 4 WO). Das Wahlausschreiben hat bestimmte **Mindestangaben** zu enthalten:

- das Datum des Erlasses;
- die Bestimmung des Ortes, an dem die Wählerliste und die WO ausliegen;
- den Hinweis, dass nur AN wählen können oder gewählt werden können, die in die Wählerliste eingetragen sind und dass Einsprüche gegen die Wählerliste nur vor Ablauf von drei Tagen seit Erlass des Wahlausschreibens schriftlich beim WV eingelegt werden können; der letzte Tag der Frist ist anzugeben;
- den Anteil der Geschlechter und den Hinweis, dass das Geschlecht in der Minderheit im BR mindestens entsprechend seinem zahlenmäßigen Verhältnis vertreten sein muss, wenn der BR aus mindestens drei Mitgl. besteht (§ 31 Abs. 1 Nr. 4 WO);
- die Zahl der zu wählenden BR-Mitgl. und die Angabe, wie viele BR-Sitze mindestens dem Minderheitengeschlecht aufgrund seines Anteils in der Belegschaft zustehen (§ 31 Abs. 1 Nr. 5 WO);
- die Mindestzahl von AN, von denen ein Wahlvorschlag unterstützt sein muss und den Hinweis, dass Wahlvorschläge, die erst auf der Wahlversamml. zur Wahl des WV gemacht werden, nicht der Schriftform bedürfen (§ 31 Abs. 1 Nr. 6 WO);
- dass der Wahlvorschlag einer im Betrieb vertretenen Gewerkschaft von zwei Beauftragten unterzeichnet sein muss;
- dass Wahlvorschläge bis zum Abschluss der Wahlvers. zur Wahl des WV bei diesem eingereicht sein müssen;
- den Hinweis, dass die Stimmabgabe an die Wahlvorschläge gebunden ist und nur solche Wahlvorschläge berücksichtigt werden, die fristgerecht eingereicht worden sind;
- die Bestimmung des Orts, an dem die Wahlvorschläge bis zum Abschluss der Stimmabgabe aushängen;
- Ort, Tag und Zeit der Stimmabgabe (zweite Wahlversamml.);
- den Hinweis, dass wahlberechtigte AN, die an der Wahlversamml. zur Wahl des BR nicht teilnehmen können, Gelegenheit zur nachträglichen schriftlichen Stimmabgabe gegeben wird und dass das Verlangen auf nachträgliche schriftliche Stimmabgabe spätestens

drei Tage vor dem Tag der Wahlversamml. zur Wahl des BR dem WV mitgeteilt sein muss (§ 31 Abs. 1 Nr. 12 WO);

- Ort, Tag und Zeit der nachträglichen schriftlichen Stimmabgabe sowie Betriebsteile und Kleinstbetriebe, für die nachträgliche schriftliche Stimmabgabe beschlossen worden ist (§ 31 Abs. 1 Nr. 13 WO);
- den Ort, an dem Einsprüche, Wahlvorschläge und sonstige Erklärungen gegenüber dem WV abgegeben werden können (Betriebsadresse des WV);
- Ort, Tag und Zeit der öffentlichen Stimmauszählung (§ 31 Abs. 1 Nr. 15 WO).

Die Wahlvorschläge sind bei dem WV in der Wahlversamml. bis zum **Schluss der Versamml.** einzureichen. Die Wahlvorschläge bedürfen, abweichend von § 14 Abs. 4, nicht der Schriftform. Die nach § 14 Abs. 4 erforderliche Unterstützung durch **mindestens drei Wahlberechtigte** bzw. in Betrieben mit bis zu zwanzig wahlberechtigten AN durch **mindestens zwei Wahlberechtigte** kann vielmehr durch **Handaufheben** erfolgen. Wenn verschiedene Wahlvorschläge erfolgen, ist jeweils die Unterstützung durch die entsprechende Anzahl von Wahlberechtigten erforderlich. Das bedeutet aber keineswegs, dass in jedem Fall jeder der Vorgeschlagenen dieser Anzahl von unterstützenden Wahlberechtigten bedarf. Wenn ein Wahlvorschlag erkennbar aus **mehreren Wahlbewerbern** besteht, ist die Unterstützung auch nur durch drei bzw. zwei Wahlberechtigte für diesen Vorschlag erforderlich. Andererseits hat der WV darauf zu achten, dass **verschiedene Wahlvorschläge** nicht von denselben AN unterstützt werden. Das Ergebnis dieser Vorgänge ist zu Protokoll zu nehmen. Im Übrigen ist darauf hinzuweisen, dass auch mehrere Wahlvorschläge nicht zur Listenwahl führen. Die Wahl in dem vereinfachten Wahlverfahren erfolgt immer als **Mehrheitswahl**. 6

Auf folgende **Besonderheiten** des vereinfachten Wahlverfahrens ist noch hinzuweisen: 7

- Die **Einspruchsfrist** gegen die Wählerliste (vgl. § 4 WO) verkürzt sich auf drei Tage nach Erlass des Wahlausschreibens. Da dieses in der Wahlversamml. zur Wahl des WV zu erlassen ist und dieser Tag nicht mitzählt (§ 187 Abs. 1 BGB), endet die Einspruchsfrist am Donnerstag, wenn am Montag derselben Woche die Wahlversamml. erfolgte.
- Auf den Stimmzetteln, die der WV in der Zeit zwischen der Wahlversamml. und dem eigentlichen Wahlgang, der eine Woche später stattfindet, anzufertigen hat, sind die Bewerber in **alphabetischer Reihenfolge** unter Angabe von Familienname, Vorname und Art der Beschäftigung im Betrieb aufzuführen (vgl. § 34 Abs. 1 WO).

- Die Wahl erfolgt stets nach den Grundsätzen der **Mehrheitswahl** (§ 14 Abs. 2 Satz 2).

8 In einer **zweiten Wahlversamml.**, die eine Woche nach der Wahlversamml. zur Wahl des WV stattfindet, wird der BR in **geheimer und unmittelbarer Wahl** gewählt (§ 14a Satz 3 und 4). Im Versammlungsraum muss für die Wähler Gelegenheit sein, die Stimme **unbeobachtet** abzugeben; etwa durch das Vorhandensein von Trennwänden. Ebenso muss eine **verschließbare Wahlurne** vorhanden sein. Der Wähler bekommt im Versammlungsraum einen **Stimmzettel** und einen **Wahlumschlag** ausgehändigt, in den der Stimmzettel nach erfolgter Wahl eingelegt wird (vgl. § 12 Abs. 3 WO). Vor dem Einwurf in die Wahlurne wird die Stimmabgabe in der **Wählerliste vermerkt** (vgl. § 12 Abs. 3 WO). Sollte die Frist zur nachträglichen Stimmabgabe (§ 125 Abs. 4 Nr. 2) mit Beendigung der Wahlversamml. abgelaufen bzw. die schriftlich Abstimmenden die Briefwahl bereits vollzogen haben, öffnet der WV die bis dahin vorliegenden Briefumschläge mit den **schriftlichen Stimmen** (zur schriftlichen Stimmabgabe vgl. die Erl. zu Abs. 4). Nach Feststellung der Gültigkeit und dem Vermerk der Stimmabgabe werden die schriftlich abgegebenen Stimmen (Wahlumschlag mit dem darin befindlichen Stimmzettel) in die Wahlurne geworfen und somit mit den im Versammlungsraum abgegebenen Stimmen **vermischt**. Dieses Verfahren darf **nicht angewandt werden**, wenn die Frist zur nachträglichen Stimmabgabe noch nicht abgelaufen ist (vgl. Rn. 9). In einem solchen Fall hat der WV die Wahlurne verschlossen bis zum Zeitpunkt der im Wahlausschreiben angegebenen öffentlichen Stimmauszählung aufzubewahren.

9 Nach **Beendigung** der Stimmabgabe öffnet der WV in **öffentlicher Sitzung** (Betriebsöffentlichkeit) die Wahlurne (vgl. aber Rn. 8) und stellt das **Wahlergebnis** fest (vgl. § 14 WO). Gewählt sind die Wahlbewerberinnen und Wahlbewerber mit den **höchsten Stimmenzahlen** unter Berücksichtigung der zu vergebenden BR-Mandate. Die nicht gewählten Wahlbewerberinnen und Wahlbewerber sind in der Reihenfolge der auf sie entfallenden Stimmenzahlen **Ersatzmitgl**. Bei der Feststellung des Wahlergebnisses ist § 15 Abs. 2 zu beachten. Das in der Minderheit befindliche Geschlecht hat entsprechend seinem zahlenmäßigen Anteil in der Belegschaft eine **Mindestanzahl** von BR-Sitzen zu erhalten (zu der Frage der Verteilung der Sitze unter Einbeziehung des § 15 Abs. 2 vgl. § 15 Rn. 8ff.). Eine Auszählung der Stimmen und die Bekanntgabe des Wahlergebnisses kann jedoch noch **nicht erfolgen**, wenn die Frist zur nachträglichen Stimmabgabe durch die schriftlich Abstimmenden noch nicht abgelaufen ist (§ 34 Abs. 3 WO). Erst nach Ablauf dieser Frist kann die Feststellung des Wahlergebnisses vorgenommen werden. Die Gewählten sind unmittelbar nach Feststellung des Wahlergebnisses zu **benachrichtigen**. Wird die

Übernahme des Amtes nicht ausdrücklich abgelehnt, gilt die Wahl als **angenommen** (vgl. § 17 Abs. 1 WO). Sobald die Zusammensetzung des gewählten BR feststeht, hat der WV das **endgültige Wahlergebnis** durch Aushang **bekannt zu machen** (vgl. § 18 WO).

(3) Nicht das zweistufige, sondern das **einstufige Verfahren** kommt zur Anwendung, wenn die Wahlversamml. zur Bildung eines WV nicht erforderlich ist. Das ist in folgenden Fällen gegeben: 10

- In einem Betrieb nach § 14a besteht bereits **ein BR;** dieser bestellt den WV, und zwar vier Wochen vor Ablauf der Amtszeit (§ 17a i.V.m. § 16 Abs. 1 Satz 1).
- Es besteht ein BR, dieser bleibt aber **untätig**. Die Bestellung des WV erfolgt durch das ArbG auf Antrag von mindestens drei Wahlberechtigten oder einer im Betrieb vertretenen Gew. (§ 17a i.V.m. § 16 Abs. 2).
- Es besteht kein BR, der WV wird jedoch vom **GBR**, besteht ein solcher nicht, vom **KBR** bestellt (§ 17a i.V.m. § 16 Abs. 3).
- Ein BR besteht nicht, die einberufene Wahlversamml. zur Wahl eines WV kommt **nicht zustande** oder sie kommt zwar zustande, **wählt** aber keinen WV. Die Bestellung des WV erfolgt durch das ArbG auf Antrag von mindestens drei Wahlberechtigten oder einer im Betrieb vertretenen Gew. (§ 17a Nr. 4 i.V.m. § 17 Abs. 4).

Ist ein WV auf einem dieser Wege zustande gekommen, schreibt Abs. 3 das einstufige Wahlverfahren vor: Der BR wird in einer Wahlversamml., zu der der WV eingeladen hat, gewählt. Bei dem einstufigen Wahlverfahren gibt es folgende **Abweichungen** zu dem zweistufigen Wahlverfahren: 11

- Der bestellte WV erlässt unverzüglich das **Wahlausschreiben** mit den Angaben, wie sie grundsätzlich auch bei dem zweistufigen Wahlverfahren zu machen sind (vgl. Rn. 5), allerdings mit Besonderheiten hinsichtlich der Form und Einreichung der Wahlvorschläge (vgl. 4. Aufzählungspunkt). Zu der Möglichkeit, das Wahlausschreiben auf elektronischem Wege, z.B. durch Intranet, bekannt zu machen, vgl. § 36 Abs. 3 Nr. 2 WO; vgl. auch Rn. 5.
- Der WV erstellt unverzüglich die **Wählerliste** (Rn. 4) und weist im Wahlausschreiben darauf hin, an welcher Stelle sie im Betrieb zur Einsicht ausliegt.
- Die **Wahlvorschläge** müssen bis spätestens eine Woche vor der Durchführung der Wahlversamml. zur Wahl des BR (Abs. 3 Satz 2) beim WV eingereicht werden (§ 36 Abs. 5 WO).
- Die Wahlvorschläge müssen **schriftlich** beim WV eingereicht werden. Sie sind von der in § 14 Abs. 4 vorgesehenen Anzahl von AN zu **unterschreiben** (§ 36 Abs. 3 Nr. 1 WO). Auf die

Schriftform und Notwendigkeit des Beibringens von Stützunterschriften ist im Wahlausschreiben hinzuweisen.

Die Wahlversamml. läuft im Übrigen grundsätzlich in der Weise ab, wie auch bei dem zweistufigen Wahlverfahren. Für die technischen Vorbereitungen zur Durchführung der Wahl hat der WV allerdings etwas mehr Zeit, da er nicht erst in einer Wahlversamml. gewählt werden muss und die Wahl selbst bereits eine Woche später stattfindet.

12 (4) Wahlberechtigten, die an der Wahlversamml. zur Wahl des BR nicht teilnehmen können, weil sie aus persönlichen oder dienstlichen Gründen verhindert sind, ist Gelegenheit zur **schriftlichen Stimmabgabe** (Briefwahl) zu geben. Die Regelung gilt sowohl für das einstufige als auch für das zweistufige Wahlverfahren. Diese Wahlberechtigten müssen das Verlangen auf schriftliche Stimmabgabe **spätestens drei Tage** vor dem Tag der Wahlversammlung zur Wahl des BR dem WV mitgeteilt haben. Findet beispielsweise die Wahlversamml. zur Wahl des BR an einem Freitag statt, so ist das Verlangen zur Übersendung der Unterlagen zur schriftlichen Stimmabgabe bis zum Ablauf des Dienstags dieser Woche (Arbeitsschluss) beim WV zu stellen; bei Stattfinden der Wahlversamml. am Montag bis Ablauf des Freitags (Arbeitsschluss) der Vorwoche.

13 Der WV hat den Wahlberechtigten, die **schriftlich** abstimmen, die erforderlichen **Unterlagen auf Verlangen** zu übersenden (vgl. § 35 Abs. 1 WO). Den AN, die in **Betriebsteilen** beschäftigt sind, für die der WV die schriftliche Stimmabgabe beschlossen hat, sind die Unterlagen zur schriftlichen Stimmabgabe unaufgefordert zuzuleiten. Schriftliche Stimmabgaben sind nur zu berücksichtigen, wenn sie **fristgemäß** beim WV eingegangen sind. Fristgemäß bedeutet, dass sie innerhalb der Frist zur nachträglichen Stimmabgabe für die schriftlich Abstimmenden (§ 125 Abs. 4 Nr. 2) eingegangen sein müssen.

§ 15
Zusammensetzung nach Beschäftigungsarten und Geschlechtern

(1) Der Betriebsrat soll sich möglichst aus Arbeitnehmern der einzelnen Organisationsbereiche und der verschiedenen Beschäftigungsarten der im Betrieb tätigen Arbeitnehmer zusammensetzen.

(2) Das Geschlecht, das in der Belegschaft in der Minderheit ist, muss mindestens entsprechend seinem zahlenmäßigen Verhältnis im Betriebsrat vertreten sein, wenn dieser aus mindestens drei Mitgliedern besteht.

(1) Der BR ist die auf gesetzlicher Grundlage bestehende betriebliche Interessenvertr. aller AN des Betriebs. Der BR soll dementsprechend ein **Spiegelbild** der Belegschaftsstruktur sein. Diesem Grundsatz will Abs. 1 Rechnung tragen. Der BR soll sich möglichst aus AN der einzelnen Organisationsbereiche und der verschiedenen Beschäftigungsarten der im Betrieb tätigen AN zusammensetzen. 1

Organisationsbereiche sind die organisatorischen Untergliederungen innerhalb eines Betriebs oder einer anderen in § 3 vorgesehenen betriebsverfassungsrechtlichen Organisationseinheit. Ein Organisationsbereich kann beispielsweise eine Betriebsabteilung sein. Mit **Beschäftigungsarten** sind die im Betrieb vorhandenen verschiedenen Berufsgruppen und Arbeitstätigkeiten gemeint. Die Regelung ist **nicht zwingend**. Sie soll in erster Linie bei der Aufstellung von Wahlvorschlägen beachtet werden, aber auch dem Wähler deutlich machen, dass sich der BR möglichst entsprechend der Organisation des Betriebs und der Struktur der AN-schaft zusammensetzen soll. 2

(2) Das BetrVerf-ReformG 2001 hat eine erheblich andere Regelung zur Berücksichtigung der Geschlechter im BR gebracht, als das nach dem BetrVG 1972 der Fall war. Die frühere Regelung sah vor, dass die Geschlechter entsprechend ihrem zahlenmäßigen Anteil im Betrieb im BR vertreten sein sollten. Nunmehr wird zwingend bestimmt, dass das im Betrieb vorhandene **Minderheitengeschlecht** eine **Mindestanzahl** von Sitzen im BR erhält. 3

Nach der Bestimmung des Abs. 2 muss das Geschlecht, das in der Belegschaft in der Minderheit ist, dann mindestens entsprechend seinem zahlenmäßigen Verhältnis im BR vertreten sein, wenn dieser aus wenigstens drei Mitgl. besteht. Die Vorschrift gilt somit auch beim **vereinfachten Wahlverfahren** mit Ausnahme der Betriebe, in denen fünf bis zwanzig wahlberechtigte AN vorhanden sind und somit ein aus einer Person bestehender BR zu wählen ist. 4

Soweit das Gesetz von der **Belegschaft** spricht, ist grundsätzlich die Zahl der AN i. S. des § 5 Abs. 1 gemeint. Mitzuzählen sind auch die AN, die in den Betrieb **eingegliedert** sind und damit dem Betriebszweck dienen, zum Betriebsinhaber (Beschäftigungs-AG) aber in keinen vertragsrechtlichen Beziehungen stehen, sondern diesem von einem anderen AG zur Arbeitsleistung überlassen worden sind (vgl. dazu § 7 Rn. 13; zu der Problematik des AN-Begriffs vgl. im Übrigen § 5 Rn. 1 f.). Damit ist insbesondere die Gruppe der **Leih-AN** nach dem AÜG gemeint. Aber auch andere Beschäftigte kommen in Betracht, wie z. B. AN im Rahmen der Konzernleihe (vgl. § 7 Rn. 6). Der Gesetzgeber gibt diesen Beschäftigten, sofern sie **länger als drei Monate** im Betrieb eingesetzt werden, das aktive Wahlrecht zum BR (§ 7 Satz 2) und stellt sie damit auch insoweit den anderen AN gleich. 5

6 Bei der Feststellung, wie viele BR-Sitze das Minderheitengeschlecht zwingend zu erhalten hat, ist § 9 zu beachten. Diese Bestimmung legt entsprechend der im Betrieb vorhandenen AN die **Gesamtzahl** der BR-Mandate fest. Bei der **zweiten Stufe** des § 9 ist auf die Zahl der wahlberechtigten AN abzustellen. (Bei der ersten Stufe bei fünf bis 20 wahlberechtigten AN wird ein aus einer Person bestehender BR gewählt, so dass § 15 Abs. 2 ohnehin keine Anwendung findet.) Bei Anwendung der **dritten Stufe** müssen mindestens 51 wahlberechtigte AN im Betrieb beschäftigt werden, damit der BR aus fünf Mitgl. besteht (vgl. auch das Beispiel bei § 9 Rn. 1) und bei der Zuweisung nach § 15 Abs. 2 somit auf fünf Mandate abzustellen ist. Bei der Anwendung der weiteren Stufen des § 9 kommt es für die dem Minderheitengeschlecht zuzuweisenden BR-Mandate nur noch auf die Zahl der AN an, ohne Rücksicht auf deren Wahlberechtigung.

Bei der Feststellung des zahlenmäßigen Anteils des Minderheitengeschlechts in der Belegschaft ist **nicht** – somit anders als bei § 9 – auf die Zahl der **»regelmäßig« beschäftigten AN** abzustellen. Diese Abweichung ist offensichtlich darauf zurückzuführen, dass die Ermittlung des zahlenmäßigen Anteils des Minderheitengeschlechts nicht mit größeren Schwierigkeiten und Unwägbarkeiten verbunden werden sollte. Für die Beschäftigtenzahl und damit für die Feststellung der Anzahl der Mindestsitze für das Minderheitengeschlecht sind daher die entsprechenden AN-Zahlen bei der **Einleitung der Wahl** (Aushang des Wahlausschreibens) maßgebend.

7 Der WV hat, nachdem die zahlenmäßige Größe der Belegschaft feststeht, die Anzahl der Frauen und der Männer im Betrieb zu ermitteln. Das zahlenmäßige Verhältnis ist nach dem d'Hondtschen Höchstzahlsystem zu ermitteln und nicht nach Prozent (DKK-Schneider, Rn. 14; FKHES, 15 f.; Ratayczak, AiB 02, 10 f.; a. A. Etzel, AuR 02, 62; ArbG Ludwigshafen, BB 02, 2016 – nicht rechtskräftig – mit abl. Anm. Boemke). Auch das zahlenmäßige Verhältnis der Arbeiter und Angestellten nach dem BetrVG 1972 (§ 10) ist nur nach dem d'Hondtschen Höchstzahlsystem ermittelt worden. Weder der Wortlaut des Gesetzes, noch seine Entstehungsgeschichte ergeben Anhaltspunkte dafür, das bei der Ermittlung des zahlenmäßigen Verhältnisses der Geschlechter in Prozent gerechnet werden darf. Diese Zahlen sind nebeneinander zu stellen und durch 1, 2, 3, 4 usw. zu teilen (Höchstteilzahlensystem). Nach diesem System wird ermittelt, wie viele BR-Sitze mindestens auf das Minderheitengeschlecht entfallen.

Beispiel: In einem Betrieb sind 120 AN tätig, davon 85 Männer und 35 Frauen. Es sind insgesamt sieben BR-Mandate zu vergeben (vgl. § 9). Eine Auszählung nach dem Höchstzahlensystem ergibt folgendes Ergebnis:

: 1 = **85**	**35**
: 2 = **42,5**	**17,5**
: 3 = **28,3**	11,7
: 4 = **21,3**	
: 5 = **17**	
: 6 = 14,2	

Die Frauen erhalten in diesem Beispiel nach § 15 Abs. 2 eine Mindestzahl von zwei BR-Sitzen.

Die dem Minderheitengeschlecht zustehende Mindestanzahl von Sitzen ist im **Wahlausschreiben** bekannt zu geben. Es hängt nunmehr vom Wahlergebnis ab, ob die Mindestanzahl erfüllt wird. Ist das der Fall oder hat das Minderheitengeschlecht (in dem Beispiel die Frauen) eine über die Mindestanzahl hinausgehende Zahl von Sitzen erhalten, bleibt das Wahlergebnis **unverändert**. Lediglich in den Fällen, in denen das Minderheitengeschlecht nicht die Mindestanzahl erreicht, erfolgt eine **Korrektur des Wahlergebnisses**. Dabei ist in wahltechnischer Hinsicht zwischen der **Mehrheitswahl** (Personenwahl) und der **Verhältniswahl** (Listenwahl) zu unterscheiden. Das soll anhand von Beispielen unter Zugrundelegung der obigen Beschäftigtenzahlen (Betrieb mit 120 AN, davon 85 Männer und 35 Frauen) näher erläutert werden. **8**

Auszählungsbeispiel 1 (Mehrheitswahl)

In dem folgenden Beispiel ergeben sich höhere Stimmenzahlen, als AN (120) im Betrieb sind. Das ist darauf zurückzuführen, dass bei der Personenwahl (nur ein gültiger Wahlvorschlag steht zur Abstimmung) jeder Wähler mehrere Stimmen hat, höchstens allerdings nur so viele, wie BR-Mitgl. zu wählen sind, im Beispiel also maximal sieben Stimmen. Außerdem ist darauf hinzuweisen, dass in dem Beispiel nicht fiktive Namen angeführt werden, sondern im Interesse einer vereinfachten Darstellung das jeweilige Geschlecht mit F (Frau) bzw. M (Mann) bezeichnet wird. Es wird davon ausgegangen, dass sich sechs Männer und vier Frauen zur Wahl stellen. Die Stimmauszählung ergibt folgendes Ergebnis:

F1	85 Stimmen	(4. Mandat)
F2	63 Stimmen	
M1	103 Stimmen	(1. Mandat)
M2	72 Stimmen	(5. Mandat)
M3	62 Stimmen	
F3	101 Stimmen	(2. Mandat)
M4	64 Stimmen	(7. Mandat)
M5	67 Stimmen	(6. Mandat)
F4	55 Stimmen	
M6	88 Stimmen	(3. Mandat)

Das Wahlergebnis zeigt, dass folgende Wahlbewerber in folgender Reihenfolge BR-Sitze einnehmen M1, F3, M6, F1, M2, M5, M4. Darunter befinden sich zwei Frauen (F3, F1). Die von § 15 Abs. 2 verlangte Mindestanzahl von Sitzen für das Minderheitengeschlecht ist erfüllt. Es erfolgt keine Korrektur des Wahlergebnisses.

9 Eine Korrektur des Wahlergebnisses wäre ebenfalls nicht erforderlich, wenn die Frauen mehr als zwei Sitze erhalten hätten. Hätte beispielsweise F2 anstelle von M4 64 Stimmen erhalten und dieser eine Stimme weniger, so würden der BR aus drei Frauen und vier Männern bestehen.

Eine Korrektur des Wahlergebnisses wäre erforderlich geworden, wenn sich unter den gewählten Wahlbewerbern nur eine Frau befunden hätte (im Beispiel hätte etwa F1 nicht genügend Stimmen zur Erreichung eines Sitzes bekommen). Der mit den wenigsten Stimmen gewählte Mann (im Beispiel M4) hätte seinen Sitz zugunsten der Frau abgeben müssen, die mit den erhaltenen Stimmen an nächster Stelle steht. Der BR wäre dann aufgrund der Regelung des § 15 Abs. 2 aus fünf Männern und zwei Frauen zusammengesetzt.

10 Der vorstehend aufgezeigte Weg mit der Korrektur des Wahlergebnisses bei fehlenden (Mindest-)Sitzen für das Minderheitengeschlecht ist bei den BR-Wahlen in dem Zeitraum zwischen dem In-Kraft-Treten des BetrVerfRG (28. Juli 2001) und dem In-Kraft-Treten der neuen WO regelmäßig angewandt worden. Die **neue WO** sieht jedoch **nicht die nachträgliche Korrektur** vor, wenn das in der Minderheit befindliche Geschlecht durch das Wahlergebnis nicht die ihm gesetzlich zustehende Anzahl von Mindestsitzen erhält. Die neue WO geht vielmehr davon aus, dass von vornherein bei der Ermittlung der gewählten BR-Mitgl., sofern die Wahl nach den Grundsätzen der Mehrheitswahl erfolgte, zunächst die dem Minderheitengeschlecht zustehenden Mindestsitze (§ 15 Abs. 2 des Gesetzes) verteilt werden, und zwar in der Reihenfolge der jeweils höchsten Stimmenzahlen (§ 22 Abs. 1 WO). Erst danach erfolgt die Verteilung der weiteren Sitze; wiederum in der Reihenfolge der dann jeweils höchsten Stimmenzahlen, diesmal aber unabhängig von der Geschlechtszugehörigkeit (§ 22 Abs. 2 WO).

Bei diesem Vorgehen, das grundsätzlich zum gleichen Ergebnis führt wie eine nachträgliche Korrektur, ergibt sich bei dem *Auszählungsbeispiel 1* folgende Reihenfolge bei der Besetzung der BR-Sitze:

1. Schritt (Vergabe der Mindestsitze)
F3 (101 Stimmen), F1 (85 Stimmen);

2. Schritt (Vergabe der weiteren Sitze)
M1 (103 Stimmen), M6 (88 Stimmen), M2 (72 Stimmen), M5 (67 Stimmen), M4 (64 Stimmen).

Der BR besteht aus fünf Männern (Mehrheitsgeschlecht) und zwei Frauen (Minderheitengeschlecht). Auch hier sei auf folgende Variante hingewiesen: Würde sich bei dem 2. Schritt unter den Bewerbern eine (weitere) Frau befinden, bekäme das Minderheitengeschlecht über § 15 Abs. 2 hinaus einen weiteren Sitz. Außerdem sei nochmals angemerkt, dass der zuletzt aufgezeigte Auszählungsmodus – vorab Verteilung der Minderheitensitze an das Minderheitengeschlecht – mit In-Kraft-Treten der neuen WO anzuwenden ist. Eine ggf. erforderliche Korrektur erfolgt somit auf diese Weise.

Auszählungsbeispiel 2 (Verhältniswahl) 11

Es wird wiederum von der Belegschaftsgröße und der Zusammensetzung der Belegschaft nach Geschlechtern wie in dem Auszählungsbeispiel 1 ausgegangen. Diesmal erfolgt die Auszählung aber nach den Grundsätzen der Verhältniswahl, weil am Wahlgang zwei Listen teilgenommen haben. Die eine Liste hat 96 Stimmen, die andere 24 Stimmen erhalten.

Die wesentlich geringere Stimmenzahl gegenüber der Mehrheitswahl ergibt sich daraus, dass jeder Wähler nur eine Stimme hat, die er für eine der beiden Listen abgeben konnte. Auch dieses Beispiel wird vereinfacht dargestellt. In der Praxis wird zwar zunächst ermittelt, wie viele Sitze jeder Liste aufgrund des Stimmergebnisses zugefallen sind. Sodann ist festzustellen, welche Wahlbewerber in der Reihenfolge, in der sie auf der Liste angeführt sind, die der Liste zustehenden Sitze einnehmen. In dem Beispiel wird jedoch aus Gründen der Vereinfachung zugleich aufgezeigt, in welcher Reihenfolge Angehörige des jeweiligen Geschlechts auf der Liste 1 bzw. der Liste 2 stehen. Dadurch wird ohne weiteres sofort erkennbar, wie viele Frauen und Männer nach dem Wahlergebnis in den BR kommen und ob eine Korrektur des Wahlergebnisses erforderlich ist.

Liste 1 = 96 Stimmen	**Liste 2 = 24 Stimmen**
:1 = 96 (1) – M	= 24 (5) – F
:2 = 48 (2) – M	= 12 – F
:3 = 32 (3) – F	= 8 – M
:4 = 24 (4) – M	
:5 = 19,2 (6) – M	
:6 = 16 (7) – M	
:7 = 13,7 – F	

Die Liste 1 erhält durch die Höchstteilzahlen 96, 48, 32, 24, 19,2 und 16 sechs Sitze, die Liste 2 durch die Höchstteilzahl 24 einen Sitz. Von den sieben Sitzen nehmen listenübergreifend zwei Frauen einen BR-Sitz ein (von der Liste 1 mit der Höchstteilzahl 32, von der Liste 2 mit der Höchstteilzahl 24). Eine Korrektur des Wahlergebnisses erfolgt nicht, da die Mindestanzahl von Sitzen, die das Minderheitengeschlecht zu bekommen hat, erreicht ist. Der BR besteht aus fünf

Männern und zwei Frauen. Das Ergebnis wäre dasselbe, wenn die Liste 1 aufgrund einer anderen Reihenfolge unter den Gewählten zwei Frauen hätte, bei der Liste 2 dagegen den ersten Platz ein Mann einnehmen würde. Die Mindestanzahl wäre dann allein von der Liste 1 erfüllt worden.

12 Eine Korrektur des Wahlergebnisses wäre dagegen notwendig, wenn an der ersten Stelle der Liste 2 ein Mann stehen würde und sich unter den Gewählten der Liste 1 nur eine Frau befunden hätte. Die Mindestanzahl wäre nicht erfüllt. Es sind dann grundsätzlich zwei Wege zur Auffüllung der Mindestanzahl möglich. Der erste Weg wurde in der Zeit bis zum In-Kraft-Treten der neuen WO beschritten. Bei diesem Vorgehen waren die nach § 125 Abs. 3 sich aus der bisherigen WO ergebenden Grundsätze maßgebend (vgl. dazu auch Däubler, DB 2001 S. 1672). Nach diesen Prinzipien der bisherigen WO wurden die Arb.- und Ang.-Sitze in der Weise verteilt, dass nach dem Höchstzahlensystem zunächst die Verteilung der Arb.-Sitze auf die Listen entsprechend der auf sie entfallenen Stimmen erfolgte. Als nächster Schritt wurde die Verteilung der Ang.-Sitze vorgenommen, und zwar wiederum unter Verwendung der auf die Listen entfallenden Höchstzahlen, wie sie auch zur Verteilung der Arb.-Sitze maßgebend waren.

Nach § 125 Abs. 3 wurde zur Ermittlung der Geschlechtersitze und damit der Mindestquote entsprechend verfahren: Es erfolgte zunächst die Feststellung der dem Minderheitengeschlecht zustehenden (Mindest-)Sitze, sodann die Ermittlung der Sitze des Mehrheitsgeschlechts. Es wurde jeweils mit den Höchstzahlen angefangen. Bei dem abgewandelten Beispiel, wonach an erster Stelle der Liste 2 ein Mann steht, bedeutete das, dass die beiden Sitze für die Frauen als Mindestquote auf die Liste 1 zu entfallen haben (durch die Höchstteilzahlen 96 und 48). Die beiden Frauen der Liste 1 (an dritter Stelle und siebter Stelle stehend) kämen somit in den BR. Bei der Ermittlung der fünf Sitze für die Männer war wiederum mit den Höchstteilzahlen 96 (Liste 1) und 24 (Liste 2) zu beginnen. Die Liste 1 erhielt vier Männersitze (durch die Höchstteilzahlen 96, 48, 32 und 24); die Liste 2 bekam einen Männersitz (durch die Höchstteilzahl 24; Hinweis: die Teilzahl 24 wird zwar zwei Mal vergeben, das ist aber unschädlich, da es sich nicht um den letzten Sitz handelt). In dem abgewandelten Beispiel würden somit von der Liste 1 die an erster, zweiter, vierter und fünfter Stelle stehenden Männer BR-Sitze einnehmen; von der Liste 2 der an erster Stelle stehende Mann.

Der zweite Weg besteht darin, dass das Mehrheitsgeschlecht **den** Sitz zugunsten des Minderheitengeschlechts abgibt, den es nach der zuletzt vergebenden Höchstteilzahl (letzter BR-Sitz) bekommen hat. Auf das abgewandelte Beispiel bezogen würde die Liste 1 **ohne** eine getrennte Auszählung nach den Geschlechtern die ersten sechs Sitze durch die Teilzahlen 96 bis 16 belegen. Die Höchstteilzahl 16 ist zugleich der letzte Sitz, der zu vergeben ist. Dieser Sitz, der von einem Mann eingenommen wird, muss zugunsten der Frau abgegeben werden, die in derselben Vorschlagsliste (in dem Beispiel also in der Liste 1) in der Reihenfolge nach ihm benannt worden ist. Das ist die an siebter Stelle der Liste 1 stehende Frau. Die Liste 1 hat somit nach wie vor sechs Sitze. Ein anderes Ergebnis würde sich zeigen, wenn auf der Liste 1 an siebter Stelle ein Mann wäre, die Liste 1 also insgesamt nur eine Frau als Wahlbewerber hätte. Der zweite Frauensitz würde dann auf die Liste mit der folgenden, noch nicht berücksichtigten Höchstzahl entfallen. Der noch fehlende Sitz für das Minderheitengeschlecht würde an die Liste 2 übergehen, und zwar an die an zweiter Stelle stehende Frau (vgl. dazu § 15 Abs. 5 Nr. 2 WO). Die Liste 2 würde somit statt des einen Sitzes zwei Sitze erhalten.

Der zweite aufgezeigte Weg ist nach In-Kraft-Treten der neuen WO **13**
anzuwenden (zu den Einzelheiten dieses Vorgehens für den Fall, dass sich unter den auf die Vorschlagslisten entfallenden Höchstzahlen nicht die erforderliche Mindestanzahl von Angehörigen des Geschlechts in der Minderheit befindet, vgl. § 15 Abs. 5 WO).

Die Verteilung der BR-Sitze nach § 15 Abs. 2 anlässlich der BR-Wahl **14**
gilt für die **gesamte Amtszeit**, soweit es die dem Minderheitengeschlecht zustehende **Mindestanzahl** von Sitzen betrifft. Das ist auch bei dem Nachrücken von **Ersatzmitgl**. zu beachten (vgl. § 25 Rn. 8). Das gilt selbst dann, wenn sich im Laufe der Amtszeit das zahlenmäßige Verhältnis der Geschlechter zueinander **ändert**. Etwas anderes gilt jedoch hinsichtlich der Sitze, die das Minderheitengeschlecht über die zwingend zustehenden BR-Sitze hinaus erhalten hat (Rn. 8). Insoweit besteht **kein Anspruch** auf Beibehaltung der Anzahl dieser Sitze. Das bedeutet, dass hinsichtlich dieser Sitze bei einem Ausscheiden eines dem Minderheitengeschlecht angehörenden BR-Mitgl. das Nachrücken sich allein nach den Grundsätzen des § 25 bestimmt, also ggf. ein Ersatzmitgl., das dem **Mehrheitsgeschlecht** angehört, nachrückt (vgl. § 25 Rn. 8f.).

§ 16
Bestellung des Wahlvorstands

(1) Spätestens zehn Wochen vor Ablauf seiner Amtszeit bestellt der Betriebsrat einen aus drei Wahlberechtigten bestehenden Wahlvorstand und einen von ihnen als Vorsitzenden. Der Betriebsrat kann die Zahl der Wahlvorstandsmitglieder erhöhen, wenn dies zur ordnungsgemäßen Durchführung der Wahl erforderlich ist. Der Wahlvorstand muss in jedem Fall aus einer ungeraden Zahl von Mitgliedern bestehen. Für jedes Mitglied des Wahlvorstands kann für den Fall seiner Verhinderung ein Ersatzmitglied bestellt werden. In Betrieben mit weiblichen und männ-

lichen Arbeitnehmern sollen dem Wahlvorstand Frauen und Männer angehören. Jede im Betrieb vertretene Gewerkschaft kann zusätzlich einen dem Betrieb angehörenden Beauftragten als nicht stimmberechtigtes Mitglied in den Wahlvorstand entsenden, sofern ihr nicht ein stimmberechtigtes Wahlvorstandsmitglied angehört.

(2) Besteht acht Wochen vor Ablauf der Amtszeit des Betriebsrats kein Wahlvorstand, so bestellt ihn das Arbeitsgericht auf Antrag von mindestens drei Wahlberechtigten oder einer im Betrieb vertretenen Gewerkschaft; Absatz 1 gilt entsprechend. In dem Antrag können Vorschläge für die Zusammensetzung des Wahlvorstands gemacht werden. Das Arbeitsgericht kann für Betriebe mit in der Regel mehr als zwanzig wahlberechtigten Arbeitnehmern auch Mitglieder einer im Betrieb vertretenen Gewerkschaft, die nicht Arbeitnehmer des Betriebs sind, zu Mitgliedern des Wahlvorstands bestellen, wenn dies zur ordnungsgemäßen Durchführung der Wahl erforderlich ist.

(3) Besteht acht Wochen vor Ablauf der Amtszeit des Betriebsrats kein Wahlvorstand, kann auch der Gesamtbetriebsrat oder, falls ein solcher nicht besteht, der Konzernbetriebsrat den Wahlvorstand bestellen. Absatz 1 gilt entsprechend.

1 (1) Die Bestellung hat grundsätzlich durch den noch **amtierenden BR** zu erfolgen. Das Bestellungsverfahren gilt ebenfalls für die BR-Wahl in Kleinbetrieben, wenn auch mit abgekürzten Fristen (vgl. § 17a Nr. 1). Bleibt der BR **untätig**, kann auf Antrag das ArbG den WV bestellen (vgl. Rn. 6; zur alternativen Bestellung des WV bei einem Untätigbleiben des BR durch den GBR bzw. KBR vgl. Rn. 7f.). Die Bestellung des WV durch den BR kann auch auf der Grundlage eines **Übergangsmandats** im Zusammenhang mit betrieblichen Organisationsveränderungen erfolgen (vgl. § 21a Rn. 3).

2 Der noch amtierende BR hat den WV **spätestens zehn Wochen** vor Ablauf der Amtszeit zu bestellen. Dieser Zeitraum ist erforderlich, weil der WV nicht nur sechs Wochen vor der Wahl das Wahlausschreiben erlassen muss, sondern darüber hinaus bei zeitgleicher Durchführung der Wahl eines SpA nach dem SprAuG das **Zuordnungsverfahren** für leit. Ang. nach § 18a (vgl. die Erl. dort) zu betreiben hat. Der Beschluss des BR zur Bestellung des WV hat in einer Sitzung nach § 33 Abs. 1 mit der Mehrheit der Stimmen der anwesenden Mitgl. zu erfolgen. Als WV-Mitgl. kann jeder wahlberechtigte AN bestellt werden. Vom **Zeitpunkt der Bestellung** an besitzen die Mitgl. des WV Kündigungsschutz nach § 103 dieses Gesetzes und nach § 15 Abs. 3 Satz 2 KSchG (vgl. § 103 Rn. 9). Hat der BR den WV bestellt, kann er ihn **nicht mehr abberufen**. Eine Ersetzung ist nur durch das ArbG nach § 18 Abs. 1 Satz 2 möglich

(ArbG Berlin, BB 74, 830). Der WV kann **nicht** als Gremium aufgrund eines Mehrheitsbeschlusses **zurücktreten** (LAG Düsseldorf, DB 75, 840). Davon unberücksichtigt bleibt das Recht des einzelnen WV-Mitgl., sein Amt niederzulegen. Es rückt dann ein Ersatzmitgl. nach. Hat der WV nicht mehr mindest. drei Mitglieder, muss der BR unverzüglich eine Nachbestellung vornehmen. Tut er dies nicht, kann das ArbG auf Antrag entsprechend Abs. 2 die Bestellung vornehmen.

Sind in dem Betrieb weibliche und männliche AN beschäftigt, sollen **3**
dem WV Frauen und Männer angehören. Damit soll auch insoweit der **Gleichstellung** Rechnung getragen werden. Die Regelung ist allerdings als **Soll-Vorschrift** gestaltet. Die Berücksichtigung von Frauen und Männern im WV muss daher nicht zwingend dem zahlenmäßigen Anteil weiblicher und männlicher AN innerhalb der Belegschaft entsprechen. Werden in Betrieben der **privatisierten Post-UN** Bea. beschäftigt, so hat dem WV ein Bea. anzugehören. Das gilt auch dann, wenn die Gruppe der Bea. auf die Bildung einer eigenen Wählergruppe verzichtet hat (vgl. § 26 Nr. 3 PostPersRG).

Die mögliche Erhöhung der Zahl der WV-Mitgl. wird vor allem in **4**
größeren Betrieben in Betracht kommen, in denen die Wahl in mehreren Wahlräumen durchgeführt werden muss. Eine Erhöhung der Zahl der WV-Mitgl. kann, wenn dies zweckmäßig ist, auch noch später vorgenommen werden, solange der BR im Amt ist. Der WV muss jedoch immer aus einer **ungeraden Zahl** von Mitgl. bestehen. Die Bestellung von Ersatzmitgl. ist zweckmäßig. Mängel bei der Bestellung des WV (vgl. BAG v. 2. 3. 55, AP Nr. 1 zu § 18 BetrVG) können ebenso wie seine fehlerhafte Zusammensetzung während der Durchführung des Wahlverfahrens (BAG, BB 89, 496) die Anfechtung begründen.

Auch Leih-AN nach § 7 Satz 2 können Mitglied im WV sein, sofern **5**
sie wahlberechtigt sind. **Mitgl. des noch amtierenden BR** dürfen dem WV angehören. Auch **Wahlbewerber** können Mitgl. des WV sein (BAG v. 4. 10. 77, AP Nr. 2 zu § 18 BetrVG 1972). Die Bestimmung, dass jede im Betrieb vertretene Gew. einen Beauftragten in den WV entsenden kann, findet nur Anwendung, wenn die Gew. nicht bereits durch ein Mitgl. im WV vertreten ist. Der WV ist **berechtigt und verpflichtet** zu prüfen, ob der Beauftragte, der entsandt werden soll, einer Gew. i. S. des § 2 (vgl. § 2 Rn. 2) angehört und diese Gew. im Betrieb vertreten ist. Darüber hinaus muss der Beauftragte wahlberechtigter AN des Betriebs sein. Das ist erforderlich, da nur wahlberechtigte AN Mitgl. des WV sein können (vgl. Abs. 1 Satz 1). Die Aufgaben des entsandten Beauftragten erschöpfen sich in einer **kontrollierenden Beobachtung;** Stimmrecht im WV besteht für den Beauftragten nicht.

(2) Bleibt der BR untätig, kann die Bestellung des WV durch das **6**
ArbG erfolgen. Alternativ dazu kann die Bestellung des WV durch

den GBR, falls ein solcher nicht besteht oder untätig bleibt, durch den KBR vorgenommen werden. Das wird sich wegen der größeren Sachnähe des GBR bzw. des KBR zu dem Betrieb sogar empfehlen, so dass die Anrufung des ArbG wesentlich auf die Fälle beschränkt sein wird, in denen ein GBR und KBR nicht vorhanden sind (zur Bestellung des WV durch den GBR bzw. KBR vgl. Rn. 7f.). Das ArbG wird nur **auf Antrag** tätig. Der Antrag kann von dem Tag an gestellt werden, der – um acht Wochen zurückgerechnet – dem Tag des Ablaufs der Amtszeit des BR entspricht. Soweit drei wahlberechtigte AN des Betriebs antragsberechtigt sind, hat diese Verfahrensvoraussetzung während des **gesamten Verfahrens** zu bestehen (BAG v. 21. 11. 75, AP Nr. 6 zu § 118 BetrVG 1972; vgl. aber BAG v. 4. 12. 86, AP Nr. 13 zu § 19 BetrVG 1972; vgl. auch § 19 Rn. 6). In dem Antrag können Vorschläge für die Zusammensetzung des WV gemacht werden. Auch das ArbG kann, wenn dies zur ordnungsgemäßen Durchführung der Wahl erforderlich ist, **mehr** als drei Mitgl. in den WV berufen und Ersatzmitgl. bestellen. Bis zur **rechtskräftigen** Entscheidung des ArbG kann der BR die Bestellung vornehmen, es sei denn, dass seine Amtszeit abgelaufen ist. In Betrieben mit mehr als 20 wahlberechtigten AN kann das ArbG auch **Nichtbetriebsangehörige** in den WV entsenden, sofern sie Mitgl. einer im Betrieb vertretenen Gew. sind. Dabei kann es sich sowohl um hauptamtliche Gew.-Vertr. handeln als auch um Gew.-Mitgl., die als AN in einem anderen Betrieb tätig sind. Die vom Gesetz verlangte Erforderlichkeit bei der Bestellung nichtbetriebsangehöriger Gew.-Mitgl. ist bereits gegeben, wenn nicht genügend AN des Betriebs zur Übernahme des Amtes als WV-Mitgl. bereit sind (vgl. LAG Düsseldorf, DB 75, 260) oder die AN nicht in der Lage sind, das förmlich ausgestaltete und schwierige Wahlverfahren ordnungsgemäß durchzuführen (DKK-Schneider, Rn. 28; ArbG Hamburg, AiB 00, 282, wenn sich AN möglicherweise im Hinblick auf ihre kurzfristigen Arbeitsverträge nicht bereit finden, das Amt eines WV-Mitgl. zu übernehmen; vgl. auch ArbG Mönchengladbach, BetrR 90, 16, das selbst bei der Bereitschaft von betriebsangehörigen AN zur Übernahme des Amtes als WV-Mitgl. im Falle der erstmaligen BR-Wahl die Notwendigkeit zur Bestellung nichtbetriebsangehöriger Gew.-Mitgl. bejaht, wenn die AN des Betriebs das förmliche Wahlverfahren nicht ordnungsgemäß durchführen können). Hat das ArbG einen WV bestellt und kommt es zum Ausscheiden eines WV-Mitgl., ist die notwendige Ergänzung des WV durch gerichtl. Beschluss nach Abs. 2 möglich. Es bedarf keiner gerichtl. Neubestellung des gesamten WV (ArbG Iserlohn v. 12. 4. 88 – 2 BV 4/88).

7 (3) Die Regelung des Abs. 3 ermöglicht eine Bestellung des WV durch den **GBR**, sofern ein solcher nicht besteht, durch den **KBR**, wenn der BR seiner Verpflichtung zur Bestellung des WV nicht nachkommt. Dazu bedarf es, anders als nach Abs. 2 bei der Einleitung eines Bestellungsverfahrens beim ArbG, **keines förmlichen Antrags**. So können sich etwa AN des Betriebs, in dem die BR-Wahl erfolgen soll, der BR aber bis acht Wochen vor der Wahl den WV nicht bestellt hat, an den GBR bzw. an den KBR wenden, um die Bestellung des WV zu erreichen; Entsprechendes gilt für die im Betrieb vertretene Gew. GBR bzw. KBR können aber auch **von sich aus tätig werden**, wenn sie auf andere Weise von dem Untätigbleiben des BR erfahren haben. GBR bzw. KBR haben bei der Bestellung die in Abs. 1 enthaltenen Grundsätze zu beachten.

Die Bestellung des WV durch den GBR bzw. KBR soll sicherstellen, dass auch bei einem Untätigbleiben des BR keine betriebsratslose Zeit eintritt. Dieses Bestellungsverfahren soll aber nicht die arbeitsgerichtliche Bestellung nach Abs. 2 ersetzen, sondern ist lediglich eine **weitere Alternative**. Ist daher beim ArbG bereits ein Bestellungsverfahren nach Abs. 2 eingeleitet worden, können der GBR bzw. der KBR nicht mehr tätig werden. Umgekehrt kann beim ArbG kein Antrag nach Abs. 2 gestellt werden, wenn der GBR bzw. der KBR bereits beschlossen hat, den WV zu bestellen. 8

§ 17
Bestellung des Wahlvorstands in Betrieben ohne Betriebsrat

(1) Besteht in einem Betrieb, der die Voraussetzungen des § 1 Abs. 1 Satz 1 erfüllt, kein Betriebsrat, so bestellt der Gesamtbetriebsrat oder, falls ein solcher nicht besteht, der Konzernbetriebsrat einen Wahlvorstand. § 16 Abs. 1 gilt entsprechend.

(2) Besteht weder ein Gesamtbetriebsrat noch ein Konzernbetriebsrat, so wird in einer Betriebsversammlung von der Mehrheit der anwesenden Arbeitnehmer ein Wahlvorstand gewählt; § 16 Abs. 1 gilt entsprechend. Gleiches gilt, wenn der Gesamtbetriebsrat oder Konzernbetriebsrat die Bestellung des Wahlvorstands nach Absatz 1 unterlässt.

(3) Zu dieser Betriebsversammlung können drei wahlberechtigte Arbeitnehmer des Betriebs oder eine im Betrieb vertretene Gewerkschaft einladen und Vorschläge für die Zusammensetzung des Wahlvorstands machen.

(4) Findet trotz Einladung keine Betriebsversammlung statt oder wählt die Betriebsversammlung keinen Wahlvorstand, so bestellt ihn das Arbeitsgericht auf Antrag von mindestens drei wahlberechtigten Arbeitnehmern oder einer im Betrieb vertretenen Gewerkschaft. § 16 Abs. 2 gilt entsprechend.

(1, 2) Zu den Aufgaben des GBR oder, wenn ein solcher nicht vorhanden ist, des KBR gehört es, einen Wahlvorstand in betriebsratslosen Betrieben zu bestellen. Der GBR bzw. der KBR hat ein Zutrittsrecht zu den betriebsratslosen Betrieben (FKHES, Rn. 8). Andernfalls 1 könnte er nicht feststellen, ob AN des Betriebes bereit sind das Amt des Wahlvorstands zu übernehmen. GBR bzw. KBR haben ggü. dem Arbeitgeber Anspruch auf Auskunft über alle betriebsratslosen, aber betriebsratsfähigen Betriebe (FKHES, Rn. 9, vgl. § 80 Rn. 19). Der GBR bzw. der KBR kann die Initiative **jederzeit** ergreifen, wenn festgestellt wird, dass der betreffende Betrieb zwar nach § 1 betriebsratsfähig ist, aber noch keinen BR hat. Die Anregung zur Bestellung des WV kann aber auch von der im Betrieb vertretenen **Gew**. oder von **AN** des betroffenen Betriebs kommen. Eines förmlichen Antrags bedarf es nicht.

2 Haben der GBR bzw. der KBR festgestellt, dass ein betriebsratsfähiger, aber betriebsratsloser Betrieb im UN bzw. Konzern vorhanden ist, oder haben sie entsprechende Hinweise erhalten, sollen sie die Bestellung des WV unverzüglich vornehmen. Bei der Bestellung des WV sind die Grundsätze des § 16 Abs. 1 zu beachten. Das Bestellungsverfahren durch den GBR bzw. durch den KBR findet auch auf die Bestellung des WV im vereinfachten Wahlverfahren nach **§ 17a Anwendung** (vgl. § 17a Rn. 2). Besteht im UN kein GBR und auch im Konzern kein KBR oder bestehen diese Betriebsverfassungsorgane zwar, bleiben aber untätig, so kann der WV für den betriebsratsfähigen, aber betriebsratslosen Betrieb durch eine **Betriebsversamml**. bestellt werden. Zur Einladung für die Versamml. sind drei (oder mehr) AN des Betriebs sowie eine im Betrieb vertretene Gew. berechtigt, dagegen nicht der AG. Das Einladungsrecht der Gew. entfällt nicht schon dann, wenn drei AN des Betriebs zu einer Betriebsversamml. zur Wahl eines WV eingeladen haben (LAG Köln, BB 90, 998). Vorschriften über die Form der Einladung bestehen nicht. Die Einladung muss allerdings in einer Weise bekannt gemacht werden, dass alle AN des Betriebs davon **Kenntnis** nehmen können, wie etwa durch Aushang am »Schwarzen Brett« oder ein Rundschreiben. Der AG ist verpflichtet, allen regelmäßig **auswärts beschäftigten AN** die Einladung zu einer Betriebsversamml. zum Zwecke der Wahl eines WV für die erstmalige Wahl eines BR zukommen zu lassen (BAG, DB 92, 2147). Diese Verpflichtung besteht auch, wenn der AG durch die Gew. aufgefordert wurde, die Einladung zur Betriebsversamml. vorzunehmen (LAG Hamburg, AiB 93, 566; vgl. auch ArbG Stuttgart v. 22. 12. 92 – 1 Bv 191/92, das die Verpflichtung des AG in einem Zeitungsvertrieb festgestellt hat, die von den Einberufern übergebene Einladung an die als Zeitungszusteller beschäftigten AN zu versenden). Sind die AN von der einladenden Stelle bzw. vom AG nicht unterrichtet worden und haben sie auch nicht auf andere Weise von der beabsichtigten Durchführung der Versamml. erfahren, so kann die Nichtigkeit der Wahl des WV gegeben sein (BAG, NZA 86, 753). Die Nichtigkeit tritt **nicht** ein, wenn durch das Fernbleiben der nicht unterrichteten AN das Wahlergebnis ohnehin nicht beeinflusst werden konnte. Der AG ist zur Teilnahme nicht berechtigt (str.), ebensowenig

leit. Ang. Gew.-Beauftragte haben auch dann ein Teilnahmerecht, wenn die Gew. nicht selbst zu der Versamml. eingeladen hat, sondern AN des Betriebs. Das ergibt sich nicht nur aus ihrer betriebsverfassungsrechtlichen Unterstützungsfunktion, sondern auch aus § 46 Abs. 1.

Die Zeit der Teilnahme an der Versamml. zur Bestellung des WV ist wie Arbeitszeit zu vergüten. Das gilt einschließlich zusätzlicher Wegezeiten. Auch sonstige Kosten, wie z. B. besondere Fahrkosten, sind vom AG nach § 20 Abs. 3 zu erstatten. 3

Zum **Leiter der Versamml**. kann auch ein Beauftragter (Sekretär) der einladenden Gew. gewählt werden, ohne dass es dazu einer förmlichen Abstimmung bedarf (LAG Berlin, AuR 87, 35). Der WV braucht **nicht in geheimer Abstimmung** gewählt zu werden. Es genügt, wenn aus dem Verlauf der Versamml. hervorgeht, dass die Anwesenden in ihrer Mehrheit mit der Wahl der vorgeschlagenen Kandidaten einverstanden sind und keine berechtigten Zweifel darüber bestehen, wer gewählt ist (LAG Rheinland-Pfalz, AuR 87, 35). Die Versamml. kann aus Gründen der Vereinfachung über einen **kompletten Vorschlag**, der z. B. drei bestimmte WV-Mitgl. und drei Ersatzmitgl. enthält, beschließen. Werden allerdings mehr Kandidaten vorgeschlagen, als WV-Mitgl. erforderlich sind, muss eine Abstimmung über die einzelnen Kandidaten erfolgen, die formlos sein kann. Der Vors. des WV wird ebenfalls durch die Versamml. gewählt. Ist dies nicht geschehen, kann ihn der WV selbst wählen (BAG v. 14. 12. 65, AP Nr. 5 zu § 16 BetrVG). Entsprechend dem Teilnahmerecht sind alle AN stimmberechtigt, somit nicht nur die Wahlberechtigten (FKHES, Rn. 27). Zur Beschlussfähigkeit ist eine Mindestanzahl von Teilnehmern nicht erforderlich (DKK-Schneider, Rn. 25). 4

Zu der Wahlversammlung zur Bestellung eines WV in Kleinbetrieben, auf die das besondere Wahlverfahren nach § 14 a Anwendung findet, vgl. § 17 a Nr. 3. 5

(3) Die Anrufung des ArbG ist zulässig, sobald feststeht, dass eine Betriebsversamml. erfolglos war. Unerheblich ist, warum sie nicht zustande gekommen ist. Bis zur **rechtskräftigen** Entscheidung des ArbG kann die Betriebsversamml. die Wahl des WV noch vornehmen. Hat das ArbG bei der Bestellung des WV **kein Ersatzmitgl**. benannt und scheidet ein WV-Mitgl. aus, kann der nicht mehr vollständige WV durch gerichtl. Beschluss **ergänzt** werden (ArbG Iserlohn v. 12. 4. 88 – 2 BV 4/88; vgl. auch § 16 Rn. 5). Durch den Verweis auf § 16 Abs. 2 in Abs. 4 Satz 2 wird das ArbG in die Lage versetzt, in Betrieben mit in der Regel mehr als 20 wahlberechtigten AN auch WV-Mitgl. zu bestellen, die einer im Betrieb vertretenen Gew. angehören, aber **nicht AN des Betriebs** sind (vgl. auch § 16 Rn. 6). 6

§ 17a
Bestellung des Wahlvorstands im vereinfachten Wahlverfahren

Im Fall des § 14a finden die §§ 16 und 17 mit folgender Maßgabe Anwendung:

1. **Die Frist des § 16 Abs. 1 Satz 1 wird auf vier Wochen und die des § 16 Abs. 2 Satz 1, Abs. 3 Satz 1 auf drei Wochen verkürzt.**
2. **§ 16 Abs. 1 Satz 2 und 3 findet keine Anwendung.**
3. **In den Fällen des § 17 Abs. 2 wird der Wahlvorstand in einer Wahlversammlung von der Mehrheit der anwesenden Arbeitnehmer gewählt. Für die Einladung zu der Wahlversammlung gilt § 17 Abs. 3 entsprechend.**
4. **§ 17 Abs. 4 gilt entsprechend, wenn trotz Einladung keine Wahlversammlung stattfindet oder auf der Wahlversammlung kein Wahlvorstand gewählt wird.**

1 (1) Die Vorschrift passt die Regelungen zur Bestellung des WV an das **vereinfachte Wahlverfahren** nach § 14a an. Das betrifft zunächst die **Verkürzung der Fristen** (Nr. 1): Die Frist zur Bestellung des WV in einem Betrieb, in dem bereits ein BR besteht, und die normalerweise mindestens zehn Wochen vor Ablauf der Amtszeit beträgt (§ 16 Abs. 1 Satz 1), wird auf **vier Wochen** verkürzt; die Fristen für die arbeitsgerichtliche Bestellung des WV (§ 16 Abs. 2 Satz 1) und durch den GBR bzw., wenn ein solcher nicht besteht, durch den KBR (§ 16 Abs. 3 Satz 1), werden jeweils von acht auf **drei Wochen** verkürzt. Eine weitere Besonderheit ist, dass der WV immer aus **drei Personen** besteht (Nr. 2). Eine Erhöhung der Zahl der WV-Mitgl. ist nicht zulässig (Ausschluss des § 16 Abs. 1 Satz 2 und 3). Dagegen können **Ersatzmitgl**. bestellt werden (§ 16 Abs. 1 Satz 4). Die Regelung, dass dem WV **Frauen und Männer** angehören sollen, wenn beide Geschlechter im Betrieb vertreten sind (§ 16 Abs. 1 Satz 5), findet ebenso Anwendung wie die Möglichkeit der Entsendung eines **nicht stimmberechtigten Mitgl**. in den WV durch die im Betrieb vertretene Gew. (§ 16 Abs. 1 Satz 6).

2 Die Bestellung des WV soll auch in den Kleinbetrieben, in denen das vereinfachte Wahlverfahren nach § 14a anzuwenden ist, durch den **GBR** bzw. **KBR** erfolgen. Aber gerade in diesen Bereichen wird in vielen Fällen ein GBR bzw. KBR nicht vorhanden sein. Deshalb kommt der Regelung der Nr. 3 besondere Bedeutung zu. Der WV kann daher, wenn ein GBR bzw. KBR nicht besteht, in einer **Wahlversamml**. von der Mehrheit der anwesenden AN gewählt werden. Zu dieser Versamml. können drei wahlberechtigte AN oder die im Betrieb vertretene Gew. einladen. Kommt trotz Einladung eine Wahlversamml. nicht zustande oder wird auf ihr ein WV nicht gewählt,

kommt die Bestellung durch das **ArbG** nach § 17 Abs. 4 in Betracht (Nr. 4).

§ 18
Vorbereitung und Durchführung der Wahl

(1) Der Wahlvorstand hat die Wahl unverzüglich einzuleiten, sie durchzuführen und das Wahlergebnis festzustellen. Kommt der Wahlvorstand dieser Verpflichtung nicht nach, so ersetzt ihn das Arbeitsgericht auf Antrag des Betriebsrats, von mindestens drei wahlberechtigten Arbeitnehmern oder einer im Betrieb vertretenen Gewerkschaft. § 16 Abs. 2 gilt entsprechend.

(2) Ist zweifelhaft, ob eine betriebsratsfähige Organisationseinheit vorliegt, so können der Arbeitgeber, jeder beteiligte Betriebsrat, jeder beteiligte Wahlvorstand oder eine im Betrieb vertretene Gewerkschaft eine Entscheidung des Arbeitsgerichts beantragen.

(3) Unverzüglich nach Abschluss der Wahl nimmt der Wahlvorstand öffentlich die Auszählung der Stimmen vor, stellt deren Ergebnis in einer Niederschrift fest und gibt es den Arbeitnehmern des Betriebs bekannt. Dem Arbeitgeber und den im Betrieb vertretenen Gewerkschaften ist eine Abschrift der Wahlniederschrift zu übersenden.

(1, 3) Der WV hat die BR-Wahl **einzuleiten, durchzuführen** und das **1** Wahlergebnis **festzustellen**. Daneben hat er allgemein darauf zu achten, dass die Wahl **rechtmäßig** und **ordnungsgemäß** abgewickelt wird. Die entsprechenden Einzelheiten regelt die WO. Der WV hat die Wahlvorbereitungen insbesondere mit der Aufstellung der Wählerliste zu beginnen (zur Ermittlung des zahlenmäßigen Anteils des Minderheitengeschlechts vgl. § 15 Rn. 4 ff.; zu den ansonsten erforderlichen Angaben in der Wählerliste vgl. § 2 Abs. 1 WO). Benötigt der WV die Privatadressen der wahlberechtigten AN (insbesondere im Zusammenhang mit der schriftlichen Stimmabgabe), hat auch diese der AG an ihn herauszugeben (LAG Baden-Württemberg v. 30. 10. 92 – 1 TaBV 2/92; LAG Hamburg v. 3. 3. 87 – 3 TaBV 1/87). Datenschutzrechtliche Bedenken dagegen bestehen nicht (LAG Baden-Württemberg a. a. O.). Kommt es zur zeitgleichen Wahl eines SpA nach dem SprAuG, ist ggf. das Zuordnungsverfahren nach § 18 a zu beachten, das der WV für die Wahl des BR und der WV für die Wahl des SpA gemeinsam durchzuführen haben (vgl. § 18 a). Die Wählerliste ist bis zum Abschluss der Wahl an geeigneter Stelle im Betrieb zur Einsichtnahme auszulegen (§ 2 Abs. 4 WO). Des Weiteren hat der WV **spätestens** sechs Wochen vor dem ersten Tag der Stimmabgabe ein Wahlausschreiben zu erlassen, das vom Vors. und von **mindestens** einem weiteren Mitgl. des WV unterzeichnet sein muss. Das Wahlausschreiben kann ebenso wie die Wählerliste und der Text der WO durch die mittels der im Betrieb vorhandenen Informations- und Kommunikationstechnik, wie etwa Intranet oder E-Mail, bekannt gemacht werden (§ 2 Abs. 4 Satz 3 u. 4, § 3 Abs. 4 Satz 2 u. 3 WO). Die elektronische Form der Bekanntmachung kann aber nur erfolgen, wenn sichergestellt ist, dass alle AN auf diesem Wege Kenntnis erlangen. Außerdem müssen Vorkehrungen dahingehend getroffen werden, dass nur der WV Änderungen am Wahlausschreiben bzw. an der Wählerliste vornehmen kann (vgl. WO, a. a. O.). Mit dem Erlass des Wahlausschreibens ist die BR-Wahl **eingeleitet**. Die Wahl ist so zügig durchzuführen, dass der neu gewählte BR sein Amt **mit Ablauf der Amtszeit des bestehenden BR** antreten kann. Die Stimmauszählung hat betriebsöffentlich zu erfolgen (vgl. BAG, DB 01, 1152). Mit der Bekanntgabe des endgültigen Wahlergebnisses (§ 18 WO) ist die BR-Wahl beendet. Der WV hat noch die Mitglieder des gewählten BR zu der **konstituierenden Sitzung** einzuberufen (§ 29 Abs. 1 BetrVG) und die Wahlakten an den BR zu übergeben, damit dieser sie aufbewahren kann (§ 19 WO).

2 Die **Ersetzung des WV** durch das ArbG kommt in Betracht, wenn er seine Pflichten so **grob** verletzt, dass die Wahl eines neuen BR nicht erfolgen kann bzw. wesentlich gefährdet ist. Der Antrag beim ArbG kann nicht darauf gerichtet sein, die Verpflichtung des WV, die Wahl durchzuführen, zu erzwingen (ArbG Iserlohn, AuR 89, 28). Das schließt nicht aus, dass einzelne Maßnahmen und Entscheidungen des WV **vor Abschluss des Wahlverfahrens** gesondert vor dem ArbG angegriffen werden können (vgl. Rn. 3). Nur die in Satz 2 genannten Antragsteller können einen Antrag auf Ersetzung des WV beim ArbG stellen. Dazu gehört auch der BR, der den untätig gebliebenen WV bestellt hat. Der AG kann den Antrag nicht stellen. Die Abberufung des WV hat keine rückwirkende Kraft; bereits eingeleitete Maßnahmen bleiben **grundsätzlich rechtswirksam**. Der neue WV ist jedoch berechtigt, **rechtsfehlerhafte Maßnahmen** des alten zu berichtigen. Bei der Bestellung eines neuen WV kann das ArbG, wenn dies im Interesse einer ordnungsgemäßen Durchführung der Wahl notwendig ist, **Nichtbetriebsangehörige** in den neuen WV berufen, sofern sie Mitgl. einer im Betrieb vertretenen Gew. sind (zur Bestellung von WV-Mitgl., die nicht dem Betrieb angehören, vgl. auch § 16 Rn. 5).

3 Andererseits können, auch ohne dass es zu einer Ersetzung des WV kommt, **rechtsfehlerhafte Maßnahmen** des WV schon im Laufe des Wahlverfahrens zum Gegenstand eines arbeitsgerichtl. Verfahrens gemacht werden (BAG, AuR 75, 216). Der Abbruch einer Betriebsratswahl kommt nur in Ausnahmefällen in Betracht; so wenn ein schwerer Rechtsfehler nicht zu heilen ist und bei Weiterführung die Wahl mit Sicherheit nichtig wäre (LAG Köln, NZA-RR 99, 247 und AiB 01, 602; LAG Nürnberg, AuR 02, 238; LAG Baden-Württemberg, AiB 98, 401: Abbruch nur, wenn zuverlässig feststellbar ist, dass die Wahl nichtig sein wird; a. A. FKHES, Rn. 42: Abbruch auch, wenn die Wahl mit Sicherheit anfechtbar ist). Durch eine einstweilige Verfügung kann die Betriebsratswahl i. d. R. nicht bis zur endgültigen Klärung der Rechtsfrage ausgesetzt werden (DKK-Schneider, § 19 Rn. 16; FKHES, Rn. 37; LAG Hamm, DB 75, 1176; LAG München, BB 89, 147). Andernfalls entstünde eine betriebsratslose Zeit. Durch eine sog. »Leistungsverfügung« kann u. U. derart in die Wahl eingegriffen werden, das dem Wahlvorstand aufgegeben wird, z. B. bestimmte AN in die Wählerliste aufzunehmen oder einen Wahlvorschlag zur Wahl zuzulassen (FKHES, Rn. 40; DKK-Schneider, § 19 Rn. 18).

(2) Die Frage, ob eine betriebsratsfähige Organisationseinheit vorliegt, kann von den Antragstellern **jederzeit**, also auch unabhängig von einer konkreten BR-Wahl, vor das ArbG getragen werden. Zur Einleitung eines Verfahrens nach § 18 Abs. 2 berechtigte Antragsteller sind der **AG**, die **beteiligten BR** oder eine im Betrieb vertretene **Gew.**; vor der BR-Wahl auch die **beteiligten WV**. Soweit das Gesetz von betriebsratsfähigen Organisationseinheiten spricht, sind im Wesentlichen folgende Streitfragen gemeint: das Vorliegen eines **gemeinsamen Betriebs** mehrerer UN (§ 1 Abs. 2); ob ein Betriebsteil als **selbstständiger Betrieb** gilt (§ 4 Abs. 1 Satz 1); die Bildung eines **unternehmenseinheitlichen BR** durch TV (§ 3 Abs. 1 Nr. 1 erste Alternative); die **Zusammenfassung von Betrieben** (§ 3 Abs. 1 Nr. 1 zweite Alternative); die Bildung von **Sparten-BR** (§ 1 Abs. 1 Nr. 2); die Bildung anderer **AN-Vertretungsstrukturen** (§ 1 Abs. 1 Nr. 3). Der Begriff »Nebenbetrieb«, wie er im früheren Recht (vgl. § 18 Abs. 2 BetrVG 1972) verwendet wurde, ist im geltenden Gesetz nicht mehr enthalten. Er ist in den umfassenderen Begriff »betriebliche Organisationseinheit« aufgegangen. 4

Das Vorliegen einer betriebsratsfähigen Organisationseinheit kann auch als Vorfrage in einem anderen streitigen Verfahren (z. B. in einem Verfahren nach § 99 oder § 102) entschieden werden, solange noch keine bindende Entscheidung über die Betriebsabgrenzung ergangen ist (BAG, NZA 86, 334). Ergeht zwischen zwei BR-Wahlen eine rechtskräftige Entscheidung nach § 18 Abs. 2 dahingehend, dass die letzte Wahl auf der Grundlage einer rechtlich unzutreffenden Organisationseinheit erfolgte, ist das Ergebnis der gerichtl. Feststellung grundsätzlich erst für die **nächste BR-Wahl** maßgebend. Eine rechtskräftige gerichtl. Entscheidung, nach der zwei UN keinen gemeinsamen Betrieb bilden (§ 1 Abs. 2), wirkt auch im Verhältnis zwischen den UN und ihren AN (BAG, BB 91, 2087). 5

§ 18 a
Zuordnung der leitenden Angestellten bei Wahlen

(1) Sind die Wahlen nach § 13 Abs. 1 und nach § 5 Abs. 1 des Sprecherausschussgesetzes zeitgleich einzuleiten, so haben sich die Wahlvorstände unverzüglich nach Aufstellung der Wählerlisten, spätestens jedoch zwei Wochen vor Einleitung der Wahlen, gegenseitig darüber zu unterrichten, welche Angestellten sie den leitenden Angestellten zugeordnet haben; dies gilt auch, wenn die Wahlen ohne Bestehen einer gesetzlichen Verpflichtung zeitgleich eingeleitet werden. Soweit zwischen den Wahlvorständen kein Einvernehmen über die Zuordnung besteht, haben sie in gemeinsamer Sitzung eine Einigung zu versuchen. Soweit eine Einigung zustande kommt, sind die Angestellten entsprechend ihrer Zuordnung in die jeweilige Wählerliste einzutragen.

(2) Soweit eine Einigung nicht zustande kommt, hat ein Vermittler spätestens eine Woche vor Einleitung der Wahlen erneut eine Verständigung der Wahlvorstände über die Zuordnung zu versuchen. Der Arbeitgeber hat den Vermittler auf dessen Verlangen zu unterstützen, insbesondere die erforderlichen Auskünfte zu erteilen und die erforderlichen Unterlagen zur Verfügung zu stellen. Bleibt der Verständigungsversuch erfolglos, so entscheidet der Vermittler nach Beratung mit dem Arbeitgeber. Absatz 1 Satz 3 gilt entsprechend.

(3) Auf die Person des Vermittlers müssen sich die Wahlvorstände einigen. Zum Vermittler kann nur ein Beschäftigter des Betriebs oder eines anderen Betriebs des Unternehmens oder Konzerns oder der Arbeitgeber bestellt werden. Kommt eine Einigung nicht zustande, so schlagen die Wahlvorstände je eine Person als Vermittler vor; durch Los wird entschieden, wer als Vermittler tätig wird.

(4) Wird mit der Wahl nach § 13 Abs. 1 oder 2 nicht zeitgleich eine Wahl nach dem Sprecherausschussgesetz eingeleitet, so hat der Wahlvorstand den Sprecherausschuss entsprechend Absatz 1 Satz 1 erster Halbsatz zu unterrichten. Soweit kein Einvernehmen über die Zuordnung besteht, hat der Sprecherausschuss Mitglieder zu benennen, die anstelle des Wahlvorstands an dem Zuordnungsverfahren teilnehmen. Wird mit der Wahl nach § 5 Abs. 1 oder 2 des Sprecherausschussgesetzes nicht zeitgleich eine Wahl nach diesem Gesetz eingeleitet, so gelten die Sätze 1 und 2 für den Betriebsrat entsprechend.

(5) Durch die Zuordnung wird der Rechtsweg nicht ausgeschlossen. Die Anfechtung der Betriebsratswahl oder der Wahl nach dem Sprecherausschussgesetz ist ausgeschlossen, soweit sie darauf

gestützt wird, die Zuordnung sei fehlerhaft erfolgt. Satz 2 gilt nicht, soweit die Zuordnung offensichtlich fehlerhaft ist.

(1–3) Das Verfahren soll sicherstellen, dass die **Doppelvertretung** eines Ang. durch den BR und den SpA möglichst ausgeschlossen wird. Es soll auch gewährleistet werden, dass nicht derselbe Ang. an den Wahlen zu beiden Vertretungsorganen teilnimmt. Das Zuordnungsverfahren lässt die Möglichkeit unberührt, unabhängig von der Einleitung der Wahl eines BR bzw. der Wahl eines SpA betriebsverfassungsrechtlich zu klären, ob ein bestimmter AN leit. Ang. ist oder nicht. Die Regelungen des § 18 a BetrVG stehen dem nicht entgegen (LAG Berlin, AuR 91, 61, das sogar darauf hinweist, auch ohne das Vorliegen eines konkreten, aktuellen Anlasses bestehe für die betriebsverfassungsrechtliche Klärung, ob ein AN leit. Ang. ist, in der Regel ein Feststellungsinteresse). 1

Dem Zuordnungsverfahren geht eine **getrennte Festlegung** der beiden WV voraus, wer den leit. Ang. zuzuordnen ist. Somit hat der WV für die BR-Wahl wie bisher eigenständig zu prüfen, ob ein Beschäftigter zum Personenkreis der leit. Ang. gehört (zur Begriffsabgrenzung vgl. die Erl. zu § 5 Abs. 3 und 4). Spätestens zwei Wochen vor Einleitung der Wahlen haben sich die beiden WV gegenseitig darüber zu unterrichten, welche Ang. sie den leit. Ang. zugeordnet haben. 2

Erst wenn nach der gegenseitigen Unterrichtung feststeht, dass eine unterschiedliche Zuordnung des WV für die BR-Wahl und des WV für die Wahl des SpA vorliegt, kommt es zu einer **gemeinsamen Sitzung**. In dieser Sitzung soll eine Einigung versucht werden. Der AG hat **kein Teilnahmerecht**. Für den WV der BR-Wahl nehmen nur dessen **stimmberechtigte Mitgl**. teil, also nicht die nach § 16 Abs. 1 Satz 6 zusätzlich entsandten Beauftragten von Gew. Das Teilnahmerecht von Gew.-Beauftragten nach § 31 findet jedoch analog Anwendung. Eine gemeinsame Abstimmung der beiden WV darüber, ob jemand zum Personenkreis der leit. Ang. gehört, erfolgt **nicht**. Verbleiben Streitfälle, ob bestimmte Ang. zu den leit. Ang. gehören, muss darüber durch jeweils getrennte Beschlussfassung in den beiden WV entschieden werden (DKK-Trümner, Rn. 18 m. w. N.; zum Zuordnungsverfahren mit Einschaltung des Vermittlers vgl. Rn. 4). Erfolgt zwar eine Einigung, haben jedoch an der Sitzung nicht alle stimmberechtigten Mitgl. eines WV, wie beispielsweise die Mitgl. des WV für die BR-Wahl, teilgenommen, entscheidet der WV insgesamt. Die Beschlussfassung erfolgt mit der Mehrheit der anwesenden stimmberechtigten Mitgl. in der WV-Sitzung. 3

Kommt eine Einigung zwischen den WV über die Zuordnung zum Personenkreis der leit. Ang. nicht zustande, haben sie sich bis spätestens zum Beginn der letzten Woche vor der Wahleinleitung auf einen **Vermittler zu einigen**, der dem Betrieb, in dem die Wahlen durch- 4 geführt werden, angehört. Er kann auch einem anderen Betrieb des UN oder Konzerns angehören. Findet sich **kein Vermittler**, ist das **Zuordnungsverfahren nicht durchzuführen;** eine Ersatzbestellung des Vermittlers durch das ArbG kommt nicht in Betracht. Die Regelung lässt es zu, dass der AG als Vermittler bestellt wird. Der AG ist dafür jedoch **grundsätzlich ungeeignet**, da er in seiner AG-Stellung selbst ein betriebsverfassungsrechtliches Organ ist. Diese betriebsverfassungsrechtliche Stellung führt zur **Befangenheit des AG** mit der Gefahr, dass willkürliche Entscheidungen bei der Zuordnung nicht auszuschließen sind (so grundsätzlich auch Martens, RdA 88, 202ff. Fn. 41). Von der Bestellung des AG als Vermittler sollte daher grundsätzlich Abstand genommen werden (vgl. auch DKK-Trümner, Rn. 61f.). Kommt eine Einigung über die Person des Vermittlers nicht zustande, entscheidet das **Los** darüber, welcher von den beiden WV Vorgeschlagenen die Vermittlerposition einnehmen soll. Ein bestimmtes Verfahren bei der Losentscheidung ist **nicht vorgesehen**. Es ist daher jede Methode zulässig, die zu einem **Zufallsergebnis** führt und eine Beeinflussung des Ergebnisses ausschließt. Der Losentscheid kann z.B. durch das Ziehen von Losen oder das Werfen einer Münze durchgeführt werden. Der so festgestellte Vermittler ist nicht verpflichtet, das Amt anzunehmen. Wird der Vermittler tätig, hat er sich bei der Frage der Zuordnung an die **gesetzlich vorgegebene Begriffsabgrenzung** des leit. Ang. zu halten (vgl. die Erl. zu § 5 Abs. 3 und 4). Seine Entscheidung hat der Vermittler **nach Beratung** mit dem AG zu treffen.

5 Das **Zuordnungsverfahren entfällt ganz**, wenn bei zeitgleicher Durchführung der Wahlen (Abs. 1) zum Zeitpunkt der Wahleinleitung durch den WV für die Wahl des BR (Aushang des Wahlausschreibens) noch **kein WV für den SpA** besteht (vgl. ArbG Frankfurt, BetrR 89, 189). Es kann allerdings sein, dass ein **UN-SpA** (vgl. § 20 SprAuG) gewählt werden soll und hierfür ein WV vorhanden ist. Dann nimmt der WV für die Wahl des UN-SpA im Rahmen des Zuordnungsverfahrens die Funktionen des SpA-WV gegenüber **sämtlichen BR-WV** der zum UN gehörenden Betriebe wahr. Entstehen wegen der Vielzahl von Einzelfällen faktische Probleme, dürfen sie nicht dazu führen, die BR-Wahl zeitlich so zu verschieben, dass betriebsratslose Zeiten eintreten. Entsprechendes gilt für die Wahl betrieblicher SpA, wenn das Zuordnungsverfahren entfällt oder zwar bereits eingeleitet worden ist, aber abgebrochen werden muss (vgl. DKK-Trümner, Rn. 6f., 78; vgl. ferner ArbG Lingen, BetrR 87, 128; vgl. auch LAG Hamm, BB 90, 1628, wonach der BR allerdings nicht berechtigt sein soll, bei einem nicht gemäß § 18a durchgeführten Zuordnungsverfahren im Wege der einstweiligen Verfügung die Veränderung der Wählerliste für den zu wählenden SpA bzw. den Wahlabbruch zur Wahl des SpA zu verlangen).

(4) Diese Regelung berücksichtigt, dass es zu einem **zeitlichen Auseinanderfallen** der Wahlen des BR und des SpA kommen kann, etwa deswegen, weil der BR außerhalb der regelmäßigen BR-Wahlen aus einem der in § 13 Abs. 2 genannten Gründe neu zu wählen ist. In einem solchen Fall hat der WV für die Wahl des BR den SpA darüber zu unterrichten, welche Beschäftigten er dem Personenkreis der leit. Ang. zuordnen will. Kommt es zu keinem Einvernehmen, benennt der SpA aus seiner Mitte Mitgl., die das in den Abs. 1 bis 3 festgelegte Zuordnungsverfahren anstelle des WV wahrnehmen. Die Regelung gilt auch umgekehrt, also dann, wenn der SpA außerhalb seiner regelmäßigen Amtszeit gewählt wird und dieser Zeitpunkt somit nicht mit der Wahl des BR zusammenfällt. 6

(5) Das Zuordnungsverfahren bringt **keine endgültige Festlegung** darüber, ob jemand zum Personenkreis der leit. Ang. gehört oder nicht. Dem Betreffenden ist es ohne weiteres möglich, jederzeit – somit auch nach den Wahlen des BR und des SpA – das ArbG zur Feststellung anzurufen, ob er zum Personenkreis der leit. Ang. gehört. Das ergibt sich schon daraus, dass eine fehlerhafte Zuordnung zum Personenkreis der leit. Ang. dazu führt, dass für den Betreffenden die **Schutzfunktion** des Betriebsverfassungsrechts **keine Anwendung** findet und er somit in seiner Rechtsposition entscheidend geschmälert wird. Ein solches Feststellungsverfahren kann aber auch durch andere Beteiligte betrieben werden, soweit ein **Rechtsschutzinteresse** besteht. Das ist beispielsweise bei dem BR der Fall, wenn es um personelle Einzelmaßnahmen gegenüber einem Beschäftigten geht, von dem der BR meint, dass die Zuordnung fehlerhaft erfolgt ist. Aber auch andere BR-Rechte können durch eine fehlerhafte Zuordnung beeinträchtigt werden, so etwa der Umfang der Freistellungen von BR-Mitgl. nach § 38 Abs. 1 oder die MB nach § 95 Abs. 2 bei Auswahlrichtlinien (vgl. dazu § 5 Rn. 8). Die Regelung des Abs. 5 legt allerdings fest, dass eine Anfechtung der BR-Wahl oder der Wahl des SpA **insoweit** ausgeschlossen ist, als sie auf eine fehlerhafte Zuordnung gestützt wird. Ist jedoch die Zuordnung nach diesem Verfahren »offensichtlich« fehlerhaft, können die genannten Wahlen **auch aus diesem Grunde** angefochten werden. Eine **offensichtlich fehlerhafte Zuordnung** liegt etwa dann vor, wenn die betrieblichen Rechtsanwender (WV, Vermittler) bei der Abgrenzung vorschnell die Hilfskriterien nach Abs. 4 Nrn. 1 bis 4 anwenden, ohne eine sachgerechte Aufklärung auf der Grundlage des Abs. 3 Nr. 3 vorzunehmen (DKK-Trümner, Rn. 71). 7

§ 19
Wahlanfechtung

(1) Die Wahl kann beim Arbeitsgericht angefochten werden, wenn gegen wesentliche Vorschriften über das Wahlrecht, die Wählbarkeit oder das Wahlverfahren verstoßen worden ist und eine Berichtigung nicht erfolgt ist, es sei denn, dass durch den Verstoß das Wahlergebnis nicht geändert oder beeinflusst werden konnte.

(2) Zur Anfechtung berechtigt sind mindestens drei Wahlberechtigte, eine im Betrieb vertretene Gewerkschaft oder der Arbeitgeber. Die Wahlanfechtung ist nur binnen einer Frist von zwei Wochen, vom Tage der Bekanntgabe des Wahlergebnisses an gerechnet, zulässig.

1 (1) Es müssen Verstöße gegen **wesentliche** Vorschriften über das **Wahlrecht**, die **Wählbarkeit** oder das **Wahlverfahren** vorliegen, damit eine Anfechtung erfolgen kann. Beispielhaft sind anzuführen: Berücksichtigung von nach § 7 Satz 2 wahlberechtigten Leiharbeitnehmern bei der Bestimmung der Größe des zu wählenden BR. Zulassung nicht wählbarer AN als Wahlbewerber, die Verkennung der Wählbarkeit eines gekündigten AN (vgl. § 8) und Ausschließung einer von diesem angeführten Vorschlagsliste von der BR-Wahl (BAG, DB 97, 2083), die Nichteinhaltung von vorgesehenen Fristen, Verbindung unterschiedlicher Vorschlagslisten zu einer Liste; Nichtberücksichtigung der Mindestquote für das in der Minderheit befindliche Geschlecht (§ 15 Abs. 2), obwohl auf den Wahlvorschlagslisten Angehörige des Minderheitsgeschlechts in ausreichender Zahl aufgeführt sind. Eine Wahlanfechtung kommt aber nicht in Betracht, wenn zwar gegen wesentliche Wahlvorschriften verstoßen wurde, der Mangel jedoch **rechtzeitig korrigiert** worden ist oder der Verstoß das Wahlergebnis **nicht ändern** oder **beeinflussen** konnte (vgl. etwa BAG, NZA 93, 949, nach dem eine Berichtigung der Wählerliste nach Ablauf der Einspruchsfrist ohne das Vorliegen der in § 4 Abs. 3 WO genannten Voraussetzungen zwar die Anfechtbarkeit begründet, aber nur, wenn dadurch das Wahlergebnis beeinflusst werden konnte). Die Anfechtung der Wahl des BR kann nicht darauf gestützt werden, dass die Zuordnung zum Personenkreis der leit. Ang. nach § 5 Abs. 3 fehlerhaft erfolgte, es sei denn, dass die Zuordnung **offensichtlich fehlerhaft** ist (vgl. § 18 a Rn. 7). Die Auszählung der Stimmen einer BR-Wahl mittels EDV ist grundsätzlich zulässig, sofern die Verantwortlichkeit des WV für den Auszählungsvorgang gewahrt ist. Das bedeutet insbesondere, dass sich während der im Rechenzentrum stattfindenden Datenerfassung der Stimmzettel dort ständig WV-Mitgl. aufhalten und den Verbleib der Stimmzettel beobachten müssen (LAG Berlin, DB 88, 504).

2 Von der Anfechtung ist die **Nichtigkeit** zu unterscheiden. Sie kann nur in ganz besonderen **Ausnahmefällen** angenommen werden. Es muss gegen allgemeine Grundsätze einer ordnungsgemäßen Wahl in **so hohem Maße** verstoßen worden sein, dass auch der Anschein einer Wahl nicht mehr vorliegt (BAG v. 2. 3. 55, AP Nr. 1 zu § 18 BetrVG; BAG v. 22. 3. 00 – 7 ABR 34/98). So wäre z. B. die Wahl eines BR durch Handaufheben in der Betriebsversamml. nichtig. Dagegen führt die **Verkennung des Betriebsbegriffs** regelmäßig nicht zur Nichtigkeit, sondern nur zur **Anfechtbarkeit** einer darauf beruhenden BR-Wahl (ständige Rechtspr. des BAG, z. B. v. 11. 4. 78, AP Nr. 8 zu § 19 BetrVG 1972, v. 3. 12. 85, AP Nr. 28 zu § 99 BetrVG 1972). Die Verkennung des Betriebsbegriffs kann nicht nur dazu führen, dass ein einheitlicher BR für mehrere Betriebsteile gebildet worden ist, die als selbstständige Betriebe nach § 4 Satz 1 gelten. Es kann auch sein, dass in einem an sich einheitlichen Betrieb, für den nur ein BR zu wählen gewesen wäre, mehrere BR für die einzelnen Betriebsteile gewählt worden sind. Die **Anfechtung** muss sich dann auf die **Wahl aller BR** erstrecken. Die Anfechtung der Wahl nur eines der BR ist in diesem Fall unzulässig (BAG, DB 89, 1619; a. A. LAG Köln, DB 88, 1327). Ist unter Verkennung des Betriebsbegriffs für zwei Betriebe ein gemeinsamer BR gewählt und diese Wahl nicht angefochten worden, kann während der Amtszeit dieses BR für einen dieser Betriebe solange kein eigener BR gewählt werden, als sich die tatsächlichen Verhältnisse nicht wesentlich geändert haben (LAG Hamm v. 18. 9. 96, AP Nr. 40 zu § 19 BetrVG 1972). Die vorstehenden Grundsätze sind auch anzuwenden, wenn es um die Anforderung von BR-Wahlen in einem Gemeinschaftsbetrieb nach § 1 Abs. 2 oder in einer durch TV nach § 3 Abs. 1 Nr. 1–3 gebildeten Organisationseinheit geht (vgl. auch § 18 Abs. 2, der eine gerichtliche Überprüfung solcher Organisationseinheiten ohne einen Zusammenhang mit einer BR-Wahl vorsieht). Die falsche Bestimmung der Größe des zu wählenden BR nach § 9, z.B. durch Berücksichtigung von Leiharbeitnehmern nach § 7 Satz 2, begründet nur eine Anfechtung, aber keine Nichtigkeit der BR-Wahl (vgl. BAG vom 16. 04. 03, 7 ABR 53/03, BAG AiB 92, 452 mit Anm. Grimberg).

3 Entscheidungen und Maßnahmen des WV können bereits **vor Abschluss der Wahl des BR** gerichtlich angegriffen werden (vgl. § 18 Rn. 3). **Einstweilige Verfügungen** gegen Entscheidungen und Maßnahmen des WV sind zwar nicht grundsätzlich ausgeschlossen. Eine **Aussetzung der Wahl des BR** kommt aber wegen der Gefahr, dass für einen erheblichen Zeitraum das Betriebsverfassungsrecht für den betroffenen Betrieb quasi suspendiert würde, **regelmäßig nicht in Betracht** (so grundsätzlich auch LAG Hamm, DB 75, 1176; LAG München, BB 89, 147; LAG Baden-Württemberg, DB 94, 1091). Lediglich bei so schwer wiegenden Mängeln, die nicht nur zur Anfechtbarkeit, sondern zur Nichtigkeit der Wahl führen würden, kann

der Abbruch oder die Untersagung der weiteren Durchführung einer laufenden BR-Wahl durch einstweilige Verfügung in Betracht kommen (LAG Baden-Württemberg, AiB 98, 401; vgl. auch LAG Köln, DB 87, 1996; LAG München, BB 89, 147; LAG Frankfurt v. 21. 3. 90 – 12 TaBV Ga 343/90; LAG Düsseldorf v. 1. 7. 91 – 11 TaBV 66/91; LAG Frankfurt, NZA 93, 1008; vgl. ferner DKK-Schneider, Rn. 16).

4 Die Anfechtung kann sich nicht nur gegen den neu gewählten BR insgesamt richten, sondern auch gegen ein **einzelnes BR-Mitgl.**, wenn lediglich dessen Wahl fehlerhaft gewesen ist (BAG v. 7. 7. 54, AP Nr. 1 zu § 24 BetrVG). Dagegen ist die teilweise Anfechtung einer BR-Wahl, bezogen auf die Wahl einer bestimmten Vorschlagsliste, unzulässig (LAG Baden-Württemberg v. 30. 11. 90 – 15 TaBV 4/90).

5 (2) Anfechtungsberechtigt sind ausschließlich drei wahlberechtigte AN, eine im Betrieb vertretene Gewerkschaft oder der Arbeitgeber. **Nicht anfechtungsberechtigt** ist deshalb der **gewählte BR**, was andererseits nicht ausschließt, dass sich einzelne BR-Mitgl. in ihrer Eigenschaft als AN an dem Anfechtungsverfahren beteiligen. Auch der **WV** als solcher ist nicht anfechtungsberechtigt (vgl. BAG v. 14. 11. 75, AP Nr. 1 zu § 18 BetrVG 1972). Der **einzelne AN** hat selbst dann kein Anfechtungsrecht, wenn er bei ordnungsgemäßer Durchführung der Wahl gewählt worden wäre (BAG v. 20. 4. 56, AP Nr. 3 zu § 27 BetrVG). Die Anfechtungsfrist beginnt mit Ablauf des Tages, an dem das Wahlergebnis durch Aushang bekannt gemacht worden ist. Es handelt sich dabei um den Aushang nach § 18 WO, mit dem die Namen der BR-Mitgl. bekannt gemacht werden, wenn nach Ablauf der in § 17 Abs. 1 WO genannten Frist feststeht, wie sich der neu gewählte BR zusammensetzt. Nach Ablauf der **zweiwöchigen Anfechtungsfrist** kann nur noch eine evtl. vorliegende Nichtigkeit der BR-Wahl gerichtlich geltend gemacht werden. Im Übrigen kann in einem Wahlanfechtungsverfahren das **Rechtsschutzinteresse** für einen Antrag, die Wahl für unwirksam zu erklären, mit **Ablauf der Amtszeit des Gremiums** entfallen, dessen Wahl angefochten wird (BAG, BB 91, 2452).

6 Nach Auffassung des BAG wird ein von mehreren AN eingeleitetes Wahlanfechtungsverfahren nicht unzulässig, wenn AN während der Dauer des gerichtlichen Verfahrens aus dem Arbeitsverhältnis ausscheiden oder anfechtende AN ihren Antrag in der ersten Instanz ohne Zustimmung der übrigen Beteiligten zurücknehmen (BAG v. 12. 2. 85, AP Nr. 11 zu § 19 BetrVG 1972). Allerdings müssen **wenigstens drei AN** das Anfechtungsverfahren weiterbetreiben (BAG v. 4. 12. 86, AP Nr. 13 zu § 19 BetrVG 1972). Scheiden die Wahlanfechtenden während des Beschlussverfahrens aus ihren Arbeitsverhältnissen aus, wird das Wahlanfechtungsverfahren wegen des Wegfalls des Rechtsschutzbedürfnisses unzulässig (BAG, DB 89, 2626). Tritt eine **Gew.** als Antragsteller auf, muss die Verfahrensvorausset-

zung, dass sie im Betrieb vertreten ist, während des ganzen Anfechtungsverfahrens gegeben sein (BAG v. 21. 11. 75, AP Nr. 6 zu § 118 BetrVG 1972).

Eine Entscheidung des ArbG, die der Anfechtung stattgibt, wirkt nur für die **Zukunft**. Dem BR ist zwar die Rechtsgrundlage für sein weiteres Bestehen entzogen. Die von ihm bis dahin vorgenommenen Handlungen bleiben jedoch **rechtswirksam**. Der BR, dessen Wahl erfolgreich angefochten worden ist, darf keinen WV zur Neuwahl bestellen. Vielmehr ist auf die Grundsätze zurückzugreifen, die für einen betriebsratslosen Betrieb gelten (vgl. § 17). Im Gegensatz zur erfolgreichen Anfechtung hat die Feststellung der **Nichtigkeit rückwirkende Kraft**. Ein BR, dessen Wahl für nichtig erklärt wurde, hat von Anfang an nicht bestanden. Auch hier kommen die Grundsätze des § 17 zur Wahl eines WV in einem betriebsratslosen Betrieb zur Anwendung. Die von dem BR, dessen Wahl gerichtl. für nichtig erklärt wurde, vorgenommenen Handlungen sind rechtsunwirksam. Die zwischen dem AG und dem rechtlich nicht existenten BR in der Vergangenheit abgeschlossenen BV können jedoch auf der individualrechtlichen Ebene weiterhin Wirkung entfalten (vgl. DKK-Schneider, Rn. 44). 7

§ 20
Wahlschutz und Wahlkosten

(1) Niemand darf die Wahl des Betriebsrats behindern. Insbesondere darf kein Arbeitnehmer in der Ausübung des aktiven und passiven Wahlrechts beschränkt werden.

(2) Niemand darf die Wahl des Betriebsrats durch Zufügung oder Androhung von Nachteilen oder durch Gewährung oder Versprechen von Vorteilen beeinflussen.

(3) Die Kosten der Wahl trägt der Arbeitgeber. Versäumnis von Arbeitszeit, die zur Ausübung des Wahlrechts, zur Betätigung im Wahlvorstand oder zur Tätigkeit als Vermittler (§ 18a) erforderlich ist, berechtigt den Arbeitgeber nicht zur Minderung des Arbeitsentgelts.

(1, 2) Der Begriff »Wahl« ist im **weitesten Sinne** zu verstehen. Er umfasst alle mit der Wahl zusammenhängenden oder ihr dienenden Handlungen, Betätigungen und Geschäfte. Eine Behinderung der Wahl liegt etwa vor, wenn der AG ihm obliegende bestimmte Handlungen nicht vornimmt, wie Nichtzurverfügungstellung von Wahlräumen, oder durch aktive Maßnahmen die Wahl behindert, z.B. durch Unterbindung notwendiger Gespräche zwischen WV-Mitgl. und AN. Eine Behinderung der Wahl kann auch in der Mitteilung des AG an wahlberechtigte AN liegen, dass sie leit. Ang. und deshalb 1 nicht wahlberechtigt seien, sofern derartige Schreiben geeignet sind, die betroffenen AN von der Wahl abzuhalten (DKK-Schneider, Rn. 11 m. w. N.). Unter das Verbot der Behinderung fällt auch eine **Kündigung**, die anlässlich der Betätigung für die Wahl oder im Zusammenhang mit ihr ausgesprochen wird, um die Entsendung des betreffenden AN in den BR zu verhindern oder ihn wegen seines Einsatzes bei der BR-Wahl zu maßregeln, sofern keine sonstige Verletzung arbeitsvertraglicher Pflichten, die wegen ihrer Schwere eine Kündigung rechtfertigt, vorliegt. Auch die **tatsächliche und finanzielle Unterstützung** einer Gruppe von Wahlbewerbern bei der Herstellung einer Wahlzeitung durch den AG ist ein Verstoß, der zur Unwirksamkeit der Wahl führt (vgl. auch BAG, AuR 87, 82). Bei der Wahl der betrieblichen AN-Repräsentanten hat der **AG strikte Enthaltung und Neutralität** zu üben (vgl. auch ArbG Berlin v. 8. 8. 84 – 18 BV 5/84). So ist das Sammeln von Stützunterschriften durch AG-Repräsentanten eine unzulässige Vorteilsgewährung (LAG Frankfurt v. 23. 8. 01 – 12 TaBV 31/01). Eine Behinderung kann auch dadurch vorliegen, dass der AG ihm obliegende bestimmte Handlungen nicht vornimmt, wie beispielsweise die Nichtzurverfügungstellung der für die BR-Wahl notwendigen Unterlagen (vgl. AG Detmold, BB 79, 783). Ein gekündigter Wahlbewerber, über dessen Kündigungsschutzklage das ArbG noch nicht abschließend entschieden hat, ist berechtigt, zum Zwecke der Wahlwerbung den Betrieb zumindest zeitweise zu betreten und kann diesen Anspruch durch einstweilige Verfügung durchsetzen (ArbG München, AiB 98, 161).

2 Für die im **Betrieb vertretenen Gew**. ergibt sich bereits aus ihrer **umfassenden Unterstützungs- und Beratungsfunktion** im Rahmen der Betriebsverfassung, aber auch aus ihren koalitionsrechtlichen Befugnissen, die Berechtigung einer Werbetätigkeit anlässlich einer BR-Wahl für bestimmte Wahlvorschläge oder Kandidaten. Eine solche Werbetätigkeit der Gew. stellt keine unzulässige Wahlbeeinflussung dar (h. M.). Es gehört auch zum Wesen des Wahlkampfes, dass **Kritik an konkurrierenden Gew**. geübt wird. Der Gew. ist es auch erlaubt, auf ihre Mitgl. dahingehend einzuwirken, dass sie **keine Wahlvorschläge unterschreiben**, die von **konkurrierenden Gew. oder Gruppierungen unterstützt werden**. Das gilt schon deshalb, weil die Glaubwürdigkeit der Wahlaussagen der Gewerkschaft und das Vertrauen in ihre Durchsetzungsfähigkeit wesentlich von dem Eindruck ihrer Geschlossenheit abhängen. Konkurrierende Listen eigener Mitgl. zu der gewerkschaftlich unterstützten Liste sind einem solchen Gesamtbild der Gewerkschaft abträglich (BVerfG, NZA 99, 713; vgl. auch DKK-Schneider, Rn. 26).

3 (3) Es fallen **alle Kosten** darunter, die zur Vorbereitung und Durchführung der BR-Wahl entstehen, z. B. für Stimmzettel, Wahlurnen und Wahlkabinen. Auch die Kosten für die an die **Briefwähler zu ver-**

sendenden Unterlagen (vgl. § 24 Abs. 1 WO) gehören dazu (vgl. BAG v. 3. 12. 87, AP Nr. 13 zu § 20 BetrVG 1972). Entsprechendes gilt für die Kosten, die durch einen vom **WV zu führenden Rechtsstreit** entstehen, beispielsweise zur Klärung seiner Befugnisse (vgl. BAG, DB 93, 1376 zur Tragung von Rechtsanwaltskosten durch den AG). Selbst die Kosten einer später als nichtig erklärten BR-Wahl hat der AG zu übernehmen (vgl. BAG, AuR 98, 247). Auch die Rechtsanwaltskosten einer Wahlanfechtung hat der Arbeitgeber zu tragen (ArbG Aachen, AiB 99, 644). Dem WV sind kommentierte einschlägige Gesetzestexte, zu denen mindestens das BetrVG, die dazu erlassene WO und das SprAuG einschließlich der WO zu diesem Gesetz gehören, zur Verfügung zu stellen. Versäumnis von Arbeitszeit, wie sie insbesondere durch die Ausübung des Wahlrechts oder der Betätigung im WV entsteht, berechtigt den AG nicht zur Minderung des Arbeitsentgelts. Der WV kann seine Aufgaben somit während der Arbeitszeit durchführen.

Die **WV-Mitgl.** bedürfen zur Wahrnehmung von Aufgaben des WV **keiner Genehmigung zum Verlassen ihres Arbeitsplatzes**. Sie haben sich jedoch **ab- und zurückzumelden**, sofern sie nicht ohnehin schon freigestellt sind. Muss die Tätigkeit des WV-Mitgl. aus betriebsbedingten Gründen **außerhalb der Arbeitszeit** durchgeführt werden, haben sie **Anspruch auf entsprechende Arbeitsbefreiung** unter Fortzahlung des Arbeitsentgelts nach § 37 Abs. 3 (BAG, NZA 96, 160). **Überstunden**, die ein Mitgl. des WV ohne seine Tätigkeit im WV geleistet hätte, sind ihm zu vergüten. Das gilt auch dann, wenn es sich dabei nicht um regelmäßig anfallende Überstunden handelt (BAG, AiB 89, 164). 4

Der WV hat bei der Festlegung der notwendigen Maßnahmen zur Durchführung der Wahl und den damit verbundenen Kosten einen **Beurteilungsspielraum**, den er nach den für den BR im Rahmen des § 40, § 37 Abs. 2 und 6 geltenden Grundsätzen zu beachten hat (BAG v. 3. 12. 87, AP Nr. 13 zu § 20 BetrVG 1972). Sofern der WV bei pflichtgemäßer verständiger Würdigung der Umstände die **Hinzuziehung eines Rechtsanwalts** für notwendig erachten konnte, sind die Kosten ebenfalls vom AG zu tragen (vgl. zur Hinzuziehung eines Rechtsanwalts durch den BR wegen der dadurch anfallenden Kosten BAG, DB 80, 2091). Auch Rechtsanwaltskosten, die ein Wahlbewerber für ein einstweiliges Verfügungsverfahren aufwenden muss, um die Genehmigung zum Betreten des Betriebs zum Sammeln von Stützunterschriften für seinen Wahlvorschlag, zur Durchführung von Wahlwerbung u. ä. zu erlangen, gehören zu den zu erstattenden Kosten (vgl. LAG Hamm, DB 80, 1223; LAG Berlin, AuR 89, 28). Weigert sich der AG, für die BR-Wahl erforderliche Gegenstände und Unterlagen zur Verfügung zu stellen, kann sie der WV auf **Rechnung des AG** beschaffen (vgl. ArbG Limburg, AuR 88, 122) oder ihre Heraus- 5 gabe bzw. Zurverfügungstellung ggf. gerichtlich durchsetzen. Der WV ist von dadurch entstehenden **Ansprüchen Dritter** durch den AG **freizustellen** (so grundsätzlich BAG v. 3. 12. 87, AP Nr. 13 zu § 20 BetrVG 1972).

6 Auch **persönliche Kosten**, die den WV-Mitgl. im Rahmen ihrer Aufgabenwahrnehmung entstehen, hat der AG ggf. zu ersetzen. Dazu zählen auch Reisekosten. Benutzt das WV-Mitgl. seinen eigenen Pkw, sind ihm die Kosten mit der betriebsüblichen Kilometerpauschale zu erstatten (vgl. BAG, DB 83, 1366, das darauf abstellt, ob das WV-Mitgl. die Kosten bei vernünftiger Betrachtung als erforderlich ansehen konnte). Auch der **Ersatz von Unfallschäden**, die ein WV-Mitgl. bei der Benutzung des eigenen Pkw erleidet, kommt in Betracht, wenn der AG die Benutzung ausdrücklich gewünscht hat oder die Benutzung erforderlich war, damit das WV-Mitgl. seine gesetzlichen Aufgaben wahrnehmen konnte (vgl. BAG a. a. O., das die Fahrt mit dem eigenen Pkw als erforderlich ansieht, wenn das Mitgl. des WV seine Tätigkeit wegen der Unzumutbarkeit mit anderen Verkehrsmitteln nicht erfüllen kann).

7 Die Kosten einer **notwendigen und angemessenen Schulung** der Mitgl. des WV über die ordnungsgemäße Vorbereitung und Durchführung der Wahl hat der AG ebenfalls zu tragen (zu eng BAG, BB 85, 397, das zwar eine kurzzeitige Teilnahme eines erstmals bestellten WV-Mitgl. für erforderlich hält, bei anderen WV-Mitgl. jedoch auf den konkreten Wissensstand abstellt).

8 Auch die **Wahl selbst** findet während der **Arbeitszeit** statt. Das gilt auch für die Wahlversamml. nach § 14a. Die dadurch bedingte notwendige Versäumnis von Arbeitszeit berechtigt den AG nicht zur Minderung des Entgelts.

Zweiter Abschnitt

Amtszeit des Betriebsrats

§ 21
Amtszeit

Die regelmäßige Amtszeit des Betriebsrats beträgt vier Jahre. Die Amtszeit beginnt mit der Bekanntgabe des Wahlergebnisses oder, wenn zu diesem Zeitpunkt noch ein Betriebsrat besteht, mit Ablauf von dessen Amtszeit. Die Amtszeit endet spätestens am 31. Mai des Jahres, in dem nach § 13 Abs. 1 die regelmäßigen Betriebsratswahlen stattfinden. In dem Fall des § 13 Abs. 3 Satz 2 endet die Amtszeit spätestens am 31. Mai des Jahres, in dem der Betriebsrat neu zu wählen ist. In den Fällen des § 13 Abs. 2 Nr. 1 und 2 endet die Amtszeit mit der Bekanntgabe des Wahlergebnisses des neu gewählten Betriebsrats.

Die **regelmäßige Amtszeit** beträgt für die BR vier Jahre. Sie kann sich 1 jedoch für BR, die zwischen den regelmäßigen Wahlzeiträumen (§ 13 Abs. 1) erneut oder erstmals gewählt werden, verkürzen oder verlängern. Die **Amtszeit** des BR ist **kürzer**, wenn der zwischen dem für die regelmäßigen Wahlen festgesetzten Zeitraum gewählte BR am 1. März des nächstfolgenden regelmäßigen Wahljahres ein Jahr oder länger im Amt war und deshalb nach § 13 Abs. 3 Satz 1 bereits bei der nächstfolgenden regelmäßigen BR-Wahl neu zu wählen ist. Die **Amtszeit** ist **länger**, wenn der zwischenzeitlich gewählte BR am 1. März des Jahres mit regelmäßigen BR-Wahlen weniger als ein Jahr im Amt gewesen ist.

Besteht am Tage der Bekanntgabe des endgültigen Wahlergebnisses 2 kein BR, beginnt die Amtszeit des neuen BR mit der **Bekanntgabe des Wahlergebnisses**, d.h. mit dem Aushang im Betrieb (DKK-Buschmann, Rn. 5). Dies gilt auch dann, wenn der noch amtierende BR nach § 13 Abs. 2 außerhalb des regelmäßigen Wahlzeitraums gewählt wurde (vgl. auch § 22).

Ist zum Zeitpunkt der Bekanntgabe des Wahlergebnisses die Amtszeit 3 des bisherigen BR noch nicht abgelaufen, beginnt die Amtszeit erst mit dem **Ablauf der Amtszeit** des bisherigen BR (zu den Sonderfällen, wenn durch TV oder BV betriebsverfassungsrechtliche Organisationseinheiten nach § 3 gebildet werden und den damit verbundenen Auswirkungen auf die Beendigung der Amtszeit des bisherigen BR vgl. § 3 Rn. 10). Für das Zwischenstadium hat der neu gewählte BR noch nicht die Rechte aus dem BetrVG; diese stehen weiterhin dem bisherigen BR zu. Der neu gewählte BR sollte sich aber vor Beginn seiner Amtszeit konstituieren (vgl. § 29 Rn. 1), damit ein nahtloser Übergang gewährleistet ist. Gegen Kündigungen sind die Mitgl. des neuen BR nach § 103 BetrVG bereits geschützt (vgl. auch BAG, AiB 84, 45); Entsprechendes gilt für Versetzungen (vgl. § 103 Rn. 31).

4 Das **Ende der Amtszeit** des BR ist von der Beendigung der Mitgliedschaft im BR des einzelnen BR-Mitgl. zu unterscheiden. Die Beendigung der Mitgliedschaft des einzelnen BR-Mitgl. berührt die Amtszeit des BR als solche nicht.

5 **Regelmäßige Amtszeit:** Hat die Amtszeit des BR mit Ablauf der Amtszeit des vorherigen BR begonnen, endet sein Amt vier Jahre später mit Ablauf desjenigen Kalendertages, der dem Tag vorausgeht, der dem ersten Tag seiner Amtszeit durch seine kalendermäßige Bezeichnung entspricht (§ 188 BGB).

Beispiel: Ist das Ende der Amtszeit des amtierenden BR am 15. April, beginnt die Amtszeit des neuen BR am 16. April. Sie endet vier Jahre später, mit Ablauf des 15. April. Hat die Amtszeit des BR mit der Bekanntgabe des Wahlergebnisses begonnen, endet sie vier Jahre später an dem Tag, der seiner Bezeichnung nach dem Tage der Bekanntgabe des Wahlergebnisses entspricht (§§ 188, 187 BGB).

6 **Abweichende Amtszeit:** Die Amtszeit eines außerhalb des regelmäßigen Wahlzeitraums gewählten BR endet mit der Bekanntgabe des Wahlergebnisses des neu gewählten BR (BAG v. 28. 9. 83, AP Nr. 1 zu § 21 BetrVG 1972), spätestens jedoch am 31. 5. des nächsten Wahlzeitraums gemäß § 13 Abs. 3.

7 Nach **Beendigung der Amtszeit des BR** ist ein beim ArbG anhängiges **Beschlussverfahren** bis zur Wahl eines neuen BR unterbrochen, wenn zwischen dem Ende der Amtszeit des alten und dem Beginn der Amtszeit des neuen BR eine **betriebsratslose Zeit eintritt**. Der ggf. später neu gewählte BR ist **anstelle** seines Vorgängers Beteiligter des unterbrochenen Beschlussverfahrens (BAG, AiB 81, 64; NZA 89, 396 auch noch in der Beschwerdeinstanz; BB 89, 286 bei Betriebsinhaberwechsel).

8 Auf die Amtszeit des BR hat das **Absinken** der **Zahl der regelmäßig beschäftigten AN** keine Auswirkungen, sondern verpflichtet allenfalls zur Einleitung der Neuwahl (vgl. § 13 Abs. 2 Nr. 1). Unterbleibt diese, kann darin ggf. eine grobe Pflichtverletzung i. S. des § 23 Abs. 1 liegen (vgl. DKK-Buschmann, § 21 Rn. 24 ff.). Verändert sich die Zahl der AN in der Weise, dass andere Stufen des § 9 **erreicht bzw. unterschritten** werden (wenn sich beispielsweise die AN-Zahl in einem Betrieb durch Einstellungen von 190 auf 200 AN erhöht oder durch Personalabbau eine Verringerung der AN-Zahl von 420 auf 380 AN eintritt), wird die Zahl der BR-Mitgl. **nicht** an die veränderten Stufen angepasst. Es erfolgt somit keine Neuwahl, es sei denn, die Anzahl der AN verändert sich in einem Umfang, dass die Voraussetzungen des § 13 Abs. 2 Nr. 1 vorliegen oder die Gründe des § 13 Abs. 2 Nr. 2 oder 3 eine Neuwahl erforderlich machen. Sinkt die

AN-Zahl **auf Dauer** unter die für die Bildung eines BR notwendige Mindestzahl von fünf ständigen wahlberechtigten AN (§ 1 Abs. 1), endet die Amtszeit des BR ebenfalls.

Bei betrieblichen Umstrukturierungen und damit verbundenen Veränderungen der Betriebsstrukturen (wie Spaltung von bzw. Zusammenschluss mit anderen Betrieben) entsteht unter bestimmten Voraussetzungen ein **Übergangsmandat** des BR (vgl. § 21 a); bei Betriebsstilllegungen oder anderen Formen der Auflösung des Betriebs ein **Restmandat** (vgl. § 21 b). Wird allerdings bei einer Spaltung des UN der Betrieb als **gemeinsamer Betrieb** fortgeführt, endet die Amtszeit des BR nicht (zum Gemeinschaftsbetrieb vgl. § 1 Rn. 3 f.). 9

§ 21 a
Übergangsmandat

(1) Wird ein Betrieb gespalten, so bleibt dessen Betriebsrat im Amt und führt die Geschäfte für die ihm bislang zugeordneten Betriebsteile weiter, soweit sie die Voraussetzungen des § 1 Abs. 1 Satz 1 erfüllen und nicht in einen Betrieb eingegliedert werden, in dem ein Betriebsrat besteht (Übergangsmandat). Der Betriebsrat hat insbesondere unverzüglich Wahlvorstände zu bestellen. Das Übergangsmandat endet, sobald in den Betriebsteilen ein neuer Betriebsrat gewählt und das Wahlergebnis bekannt gegeben ist, spätestens jedoch sechs Monate nach Wirksamwerden der Spaltung. Durch Tarifvertrag oder Betriebsvereinbarung kann das Übergangsmandat um weitere sechs Monate verlängert werden.

(2) Werden Betriebe oder Betriebsteile zu einem Betrieb zusammengefasst, so nimmt der Betriebsrat des nach der Zahl der wahlberechtigten Arbeitnehmer größten Betriebs oder Betriebsteils das Übergangsmandat wahr. Absatz 1 gilt entsprechend.

(3) Die Absätze 1 und 2 gelten auch, wenn die Spaltung oder Zusammenlegung von Betrieben und Betriebsteilen im Zusammenhang mit einer Betriebsveräußerung oder einer Umwandlung nach dem Umwandlungsgesetz erfolgt.

(1) Das Übergangsmandat soll sicherstellen, dass bei betrieblichen Organisationsveränderungen in der dadurch ausgelösten Übergangsphase **keine betriebsratslosen Zeiten** vorkommen. Das Übergangsmandat entsteht bei jeder Form einer **Betriebsspaltung**, wenn die Organisationsänderung des Betriebs zum Wegfall des bestehenden Betriebs führt oder durch eine Betriebsspaltung ein Teil der AN aus dem Zuständigkeitsbereich des BR herausfällt und sie dadurch ihren Schutz nach dem BetrVG verlieren würden. 1

2 Das Übergangsmandat für die abgespaltenen Betriebe besteht nur, wenn diese Betriebsteile **betriebsratsfähig** i. S. des § 1 Abs. 1 sind, also mindestens fünf ständig beschäftigte wahlberechtigte AN haben, von denen drei wählbar sind. Es besteht nicht für einen abgespaltenen Betriebsteil, der in einen Betrieb eingegliedert wird, in dem bereits ein BR besteht.

3 Wenn das Übergangsmandat entsteht, bleibt der BR in seiner **bisherigen Zusammensetzung** erhalten. Ihm gehören auch die BR-Mitgl. an, die in die abgespaltenen Betriebsteile übergewechselt sind (DKK-Buschmann, Rn. 32; FKHES, Rn. 16). § 21 a geht als Spezialnorm den Regelungen in § 24 Nr. 3 u. 4 vor. Der BR, der das Übergangsmandat wahrnimmt, hat die **vollen Rechte und Pflichten** nach dem Gesetz nicht nur im Restbetrieb, sondern auch für die abgespaltenen Betriebsteile. Er hat darüber hinaus die Aufgabe, für die abgespaltenen Betriebsteile **unverzüglich WV** zu bestellen, damit es zur Einleitung von BR-Wahlen in diesem Bereich kommt.

4 Das Übergangsmandat ist grundsätzlich auf **sechs Monate** beschränkt. Es kann durch TV oder BV um weitere sechs Monate verlängert werden. Die **Höchstdauer** beträgt somit **ein Jahr**. Das Übergangsmandat endet vor Ablauf der sechs Monate bzw. bei Verlängerung vor Ablauf des Jahres, wenn in den abgespaltenen Betriebsteilen **neue BR** gewählt und die Wahlergebnisse bekannt gegeben worden sind.

5 (2) Das Übergangsmandat entsteht auch, wenn Betriebe oder Betriebsteile zu einem neuen Betrieb **zusammengefasst** werden. Es findet bei allen Formen der Zusammenfassung von Betrieben oder Betriebsteilen Anwendung, unabhängig von der Form gesellschaftsrechtlicher Veränderungen (vgl. aber auch Rn. 6). Das Übergangsmandat nimmt in diesen Fällen der BR wahr, der in dem nach der Zahl der wahlberechtigten AN **größten Betrieb bzw. größten Betriebsteil** vor der Zusammenfassung bestanden hat. Abzustellen ist auf die Zahl der wahlberechtigten AN, die zum Zeitpunkt der Einleitung der BR-Wahl dem Betrieb bzw. Betriebsteil angehörten. Die Regelungen nach Abs. 1 zur Dauer und zum Umfang des Übergangsmandats gelten im Übrigen entsprechend.

6 (3) Das Übergangsmandat nach den Abs. 1 und 2 gilt unabhängig davon, ob die Spaltung des Betriebs oder die Zusammenlegung von Betrieben bzw. Betriebsteilen ausschließlich aufgrund von **Änderungen der Betriebsorganisation** innerhalb eines UN erfolgt oder betriebliche Umstrukturierungen im Zusammenhang mit einem **Betriebsübergang** im Wege der Einzel- oder Gesamtrechtsnachfolge entstehen. Erforderlich ist aber immer das Auftreten betrieblicher Organisationsänderungen. Erfolgt somit ein Vorgang auf UN-Ebene, der den Betrieb in seiner Organisationsform **unberührt** lässt, wie etwa eine Fusion oder ein bloßer Formwechsel, bei dem der Rechtsträger erhalten bleibt und lediglich eine neue Rechtsform erhält, findet

das Übergangsmandat keine Anwendung. Entsprechendes gilt, wenn der Betrieb auf einen **anderen Inhaber** nach § 613 a BGB übertragen wird, ohne dass der neue Inhaber betriebliche Organisationsveränderungen vornimmt.

§ 21 b Restmandat

Geht ein Betrieb durch Stilllegung, Spaltung oder Zusammenlegung unter, so bleibt dessen Betriebsrat so lange im Amt, wie dies zur Wahrnehmung der damit im Zusammenhang stehenden Mitwirkungs- und Mitbestimmungsrechte erforderlich ist.

Zweck der Vorschrift ist die Erhaltung von BR-Rechten bei Still- 1
legung, Spaltung oder Zusammenlegung von Betrieben. Diese Organisationsänderungen betreffen sämtlich Betriebsänderungen i. S. v. § 111. Erforderlich für das Restmandat ist aber, nicht, dass die übrigen Voraussetzungen des § 111, wie z. B. mehr als 20 wahlberechtigte Beschäftigte im UN, vorliegen (DKK-Buschmann, Rn. 3). Das Restmandat bezieht sich nicht nur auf die Abwicklung eines Interessenausgleichs und Sozialplans. Alle Rechte und Befugnisse des BR können im Rahmen des Restmandats wahrgenommen werden, sofern sie mit der Stilllegung, Spaltung oder dem Zusammenschluss des Betriebs im Zusammenhang stehen (DKK-Buschmann, Rn. 5). Voraussetzung ist, dass ein über die tatsächliche Stilllegung, die Spaltung oder den Zusammenschluss überdauernder Regelungsbedarf gegeben ist (BAG, NZA 02, 109). So ist z. B. der BR gem. § 102 vor Ausspruch von Kündigungen von Arbeitnehmern zu hören, die mit Abwicklungsarbeiten beschäftigt sind (FKHES, Rn. 17). Weiterhin ist beispielsweise denkbar, dass bei dem Untergang des Betriebs durch eine der in der Vorschrift genannten Maßnahmen noch Kostenerstattungsansprüche des BR nach § 40 bestehen (vgl. DKK-Buschmann, Rn. 21 m. w. N.).

Während sich das befristete Übergangsmandat (§ 21 a) auch auf neue 2
Aufgaben bezieht, die dem BR nach der Spaltung oder der Zusammenlegung von Betrieben oder Betriebsteilen erwachsen, dient das Restmandat der **Abwicklung der Aufgaben** des BR, wie sie über die Stilllegung des Betriebs oder eine andere Form der Auflösung der betrieblichen Einheit hinaus noch gegeben sein können. Das Restmandat **verlängert** die Amtszeit des BR, die sonst durch den Wegfall der Organisationseinheit enden würde. Diese Funktion des Restmandats führt dazu, dass es – anders als das Übergangsmandat – **nicht zeitlich befristet** ist. Das Restmandat endet erst, wenn im Zusammenhang mit den genannten Maßnahmen **keine Verhandlungsgegenstände mehr offen** sind (BAG, NZA 01, 849). Es kann daher sogar über das Ende der eigentlichen Amtszeit hinaus fortbestehen.

3 Das Restmandat wird von dem BR ausgeübt, **der bei dem Untergehen** des Betriebs **im Amt** war. Diesem BR gehören auch die Mitgl. an, die bereits aus dem Betrieb **ausgeschieden** sind. Wenn einzelne BR-Mitgl. nicht mehr bereit sind, ihr Amt auszuüben bzw. das Amt niederlegen, übt der restliche BR in **entsprechender Anwendung des § 11** die noch wahrzunehmenden Rechte aus. Das gilt selbst dann, wenn (nur) noch ein aus einer Person bestehender BR zur Wahrnehmung der abzuwickelnden Aufgaben bereit ist (BAG, NZA 01, 849). Ein Verhandlungsgegenstand, für den der das Restmandat ausübende BR zuständig ist, liegt auch vor, wenn es um die **Abänderung** eines bereits abgeschlossenen Sozialplans an veränderte Umstände geht. Das folgt aus dem Zweck des Restmandats, das gewährleisten soll, dass die zur Abwicklung einer Betriebsstillegung erforderlichen betrieblichen Regelungen tatsächlich noch getroffen werden können (BAG a. a. O.).

§ 22
Weiterführung der Geschäfte des Betriebsrats

In den Fällen des § 13 Abs. 2 Nr. 1 bis 3 führt der Betriebsrat die Geschäfte weiter, bis der neue Betriebsrat gewählt und das Wahlergebnis bekannt gegeben ist.

1 § 22 stellt sicher, dass grundsätzlich keine betriebsratslose Zeit eintritt und ein BR die Geschäfte aus dem BetrVG wahrnimmt, sofern erst einmal ein BR gewählt ist. Dies ist insbesondere von Bedeutung für die Geschäftsführungsbefugnis eines zurückgetretenen BR, da für diesen die Regelung des § 21 Satz 5 nicht unmittelbar gilt. Die Geschäftsführungsbefugnis nach § 22 besteht in den in § 13 Abs. 2 Nrn. 1 bis 3 aufgeführten Fällen. Sie ist **umfassend** und erstreckt sich auf alle Aufgaben und Rechte des BR. Bei einer Wahlanfechtung führt der zurückgetretene BR so lange die Amtsgeschäfte weiter, bis die Gerichtsentscheidung **rechtskräftig** ist, ggf. erst nach der Entscheidung über eine Nichtzulassungsbeschwerde beim BAG, oder er durch einen neu gewählten BR abgelöst wird oder die normale Amtszeit abgelaufen ist (LAG Düsseldorf, DB 87, 177). Das Rechtsschutzinteresse für die Wahlanfechtung entfällt nicht bereits dadurch, dass der BR seinen Rücktritt beschließt (BAG, DB 92, 231).

2 Wird in den Fällen des § 13 Abs. 2 Nrn. 1 bis 3 auch nach erfolgter Einleitung der Wahl kein neuer BR gewählt, weil z. B. trotz gesetzter Nachfrist keine Vorschlagsliste eingereicht wird, bleibt der bisherige BR, ggf. der Rumpf-BR, bis zum Ablauf seiner Amtszeit im Amt. Der »geschäftsführende« BR kann jedoch jederzeit erneut die Wahl eines BR einleiten. Ggf. finden auch § 16 Abs. 2, 3, § 17 und § 17 a Nr. 3, 4 Anwendung.

3 Die Weiterführung der Geschäfte kommt nicht in Betracht, wenn durch TV nach § 3 Abs. 1 Nr. 1–3 **abweichende BR- bzw. AN-Ver-**

tretungsstrukturen gebildet werden. Die Amtszeit des bisherigen BR endet erst mit der Neuwahl dieser anderen BR- bzw. AN-Vertretungsstrukturen (Bekanntgabe des Wahlergebnisses; vgl. § 3 Abs. 4). Eine analoge Anwendung des § 22 kann aber in Betracht kommen, wenn ein nach § 3 Abs. 1 Nr. 4 gebildetes **zusätzliches Gremium** bzw. eine nach § 3 Abs. 1 Nr. 5 gebildete **zusätzliche Vertretung** zurücktritt. Zur Weiterführung der Geschäfte auf der Grundlage eines **Übergangsmandats** vgl. § 21 a; auf der Grundlage eines **Restmandats** vgl. § 21 b.

§ 23
Verletzung gesetzlicher Pflichten

(1) Mindestens ein Viertel der wahlberechtigten Arbeitnehmer, der Arbeitgeber oder eine im Betrieb vertretene Gewerkschaft können beim Arbeitsgericht den Ausschluss eines Mitglieds aus dem Betriebsrat oder die Auflösung des Betriebsrats wegen grober Verletzung seiner gesetzlichen Pflichten beantragen. Der Ausschluss eines Mitglieds kann auch vom Betriebsrat beantragt werden.

(2) Wird der Betriebsrat aufgelöst, so setzt das Arbeitsgericht unverzüglich einen Wahlvorstand für die Neuwahl ein. § 16 Abs. 2 gilt entsprechend.

(3) Der Betriebsrat oder eine im Betrieb vertretene Gewerkschaft können bei groben Verstößen des Arbeitgebers gegen seine Verpflichtungen aus diesem Gesetz beim Arbeitsgericht beantragen, dem Arbeitgeber aufzugeben, eine Handlung zu unterlassen, die Vornahme einer Handlung zu dulden oder eine Handlung vorzunehmen. Handelt der Arbeitgeber der ihm durch rechtskräftige gerichtliche Entscheidung auferlegten Verpflichtung zuwider, eine Handlung zu unterlassen oder die Vornahme einer Handlung zu dulden, so ist er auf Antrag vom Arbeitsgericht wegen einer jeden Zuwiderhandlung nach vorheriger Androhung zu einem Ordnungsgeld zu verurteilen. Führt der Arbeitgeber die ihm durch eine rechtskräftige gerichtliche Entscheidung auferlegte Handlung nicht durch, so ist auf Antrag vom Arbeitsgericht zu erkennen, dass er zur Vornahme der Handlung durch Zwangsgeld anzuhalten sei. Antragsberechtigt sind der Betriebsrat oder eine im Betrieb vertretene Gewerkschaft. Das Höchstmaß des Ordnungsgeldes und Zwangsgeldes beträgt 10000 Euro.

(1, 2) Diese Vorschrift regelt das Verfahren und die Voraussetzung **1**
für eine **Auflösung des BR** als Kollektivorgan und für einen **Ausschluss eines BR-Mitgl**. aus dem BR **abschließend**. Eine Abwahl des BR oder eine Absetzung einzelner BR-Mitgl. durch die AN des Betriebs ist nicht zulässig. Beide Maßnahmen werden durch das ArbG

im Beschlussverfahren entschieden. Der Antrag muss beim ArbG ausdrücklich gestellt und entsprechend begründet werden. Ein **Misstrauensvotum** auf einer Betriebsversamml. ist kein Antrag, sondern kann höchstens den BR zum Rücktritt bewegen. **Antragsberechtigt** sind ein Viertel der wahlberechtigten AN, die im Betrieb vertretene Gew. oder der AG. Wann eine grobe Verletzung der gesetzl. Pflichten vorliegt, kann nur im Einzelfall beurteilt werden (BAG, AuR 78, 120; vgl. DKK-Trittin, Rn. 9 ff.).

2 Die **grobe Pflichtverletzung** muss objektiv erheblich und offensichtlich schwerwiegend sein (BAG, NZA 94, 184; vgl. aber auch ArbG Marburg, DB 96, 1925). Danach kann eine grobe Verletzung der gesetzl. Pflichten nur angenommen werden, wenn unter Berücksichtigung aller Umstände des Einzelfalles die weitere Amtsausübung des BR untragbar erscheint (BAG a. a. O.; ArbG Marburg, DB 01, 156, verneint eine Amtsenthebung des BR-Mitgl. wegen gehässiger und ungerechtfertigter Diffamierungen gegenüber dem AG, wenn der AG sich seit Jahren hartnäckig bemüht, den BR durch Missachtung und Rechtsverstöße zu provozieren). Auch muss die Verletzung in der Regel schuldhaft sein, und zwar vorsätzlich oder mindestens grob fahrlässig (BAG v. 4. 5. 55, AP Nr. 1 zu § 44 BetrVG). Diese Voraussetzungen liegen keinesfalls vor, wenn BR-Mitgl. die Ursache, z. B. eine Störung des Betriebsfriedens, nicht gesetzt haben (LAG Berlin, BB 88, 1045). Die Nichtwahrnehmung von im Gesetz enthaltenen Rechten und Pflichten, z. B. Betriebsversamml. einzuberufen und durchzuführen (LAG Frankfurt, AuR 94, 107; ArbG Wetzlar, AiB 93, 48) oder MBR nicht wahrzunehmen, kann jedoch – jedenfalls im Wiederholungsfall – einen Antrag auf Auflösung des BR, ggf. auch den Ausschluss eines BR-Mitgl., rechtfertigen (vgl. auch die Beispiele bei DKK-Trittin, Rn. 18 ff., 51 ff.).

3 Allerdings kann ein **einmaliger, besonders schwer wiegender** grober Pflichtverstoß genügen, um den Ausschlussantrag zu rechtfertigen. Eine mehrmalige **Wiederholung** leichter Pflichtverletzungen kann unter gewissen Voraussetzungen zu einer groben Pflichtverletzung werden, wenn mit einer gewissen Beharrlichkeit gegen die gleiche Pflicht fortgesetzt verstoßen wird und auf die Pflichtverletzung aufmerksam gemacht wurde (BAG v. 22. 5. 59, AP Nr. 3 zu § 23 BetrVG; vgl. auch DKK-Trittin, Rn. 11).

4 Eine auf **Rechtsunkenntnis** beruhende Amtspflichtverletzung eines BR-Mitgl. stellt jedoch grundsätzlich keine einen Ausschluss aus dem BR rechtfertigende grobe Pflichtverletzung dar, sondern allenfalls die bewusste und nachhaltige Verletzung der mit der Annahme der Wahl übernommenen Verpflichtungen, sich um den Erwerb der für eine eigenverantwortliche Wahrnehmung des Amtes erforderlichen Kenntnisse zu bemühen (LAG Baden-Württemberg v. 10. 5. 91 – 5 TaBV 4/91). Vor einem Ausschlussverfahren kann auch eine betriebsver-

fassungsrechtliche Abmahnung als milderes Mittel erforderlich sein (ArbG Hildesheim, AuR 97, 336; vgl. auch Kania, DB 96, 374). Ist ein BR-Mitgl. der objektiv fehlerhaften Ansicht, eine BR-Aufgabe wahrzunehmen, kommt eine arbeitsrechtliche **Abmahnung** wegen einer dadurch bedingten Versäumnis der Arbeitszeit nicht in Betracht, wenn es sich um die Verkennung schwieriger oder ungeklärter Rechtsfragen handelt (BAG, NZA 95, 225).

Zur **Amtsenthebung** können nur **grobe Amtspflichtverletzungen**, nicht jedoch **Verstöße gegen die Arbeitspflichten** führen. Werden dem BR-Mitgl. lediglich grobe Amtspflichtverletzungen vorgeworfen, ist sowohl eine außerordentliche Kündigung als auch eine Abmahnung unzulässig und nur ein Amtsenthebungsverfahren möglich (BAG, AuR 94, 273; vgl. § 37 Rn. 7). Ebenso wenig kann wegen unzulässiger BR-Tätigkeit eine individualrechtliche **Abmahnung** ausgesprochen werden (BAG, AiB 94, 273; LAG Berlin, DB 88, 863; BB 91, 2301; LAG Düsseldorf, AiB 93, 569; a. A. offenbar BAG, NZA 94, 500 = AiB 94, 502, wenn für das BR-Mitgl. bei sorgfältiger Prüfung ohne weiteres erkennbar war, dass die Teilnahme an der Schulungsmaßnahme nicht erforderlich war). Eine unzulässige Werbetätigkeit für eine Gewerkschaft (vgl. § 74 Rn. 6) kann nur im Rahmen des Amtsenthebungsverfahrens, nicht jedoch mit einer Abmahnung durch den AG geahndet werden (LAG Schleswig-Holstein, AiB 01, 305). 5

Eine grobe Amtspflichtverletzung kann aber zugleich eine **Verletzung der Pflichten aus dem Arbeitsvertrag** darstellen. In diesem Fall hat der AG grundsätzlich das Wahlrecht. Will er die grobe Verletzung der Arbeitsvertragspflichten ahnden, bedarf es einer außerordentliche Kündigung gemäß § 103 der vorherigen Zustimmung des BR (vgl. Erl. zu § 103). An die **außerordentliche Kündigung** eines BR-Mitgl. ist jedenfalls dann, wenn die Vertragsverletzung in Ausübung des BR-Amtes erfolgt ist, ein besonders strenger Maßstab anzulegen (BAG, BB 87, 1952; vgl. auch DKK-Trittin, Rn. 43 ff. m. w. N.). 6

Ist zum Zeitpunkt der Neuwahl des BR über den Ausschluss eines BR-Mitgl. noch nicht rechtskräftig entschieden, entfällt das **Rechtsschutzinteresse** für das Ausschlussverfahren selbst dann, wenn das betreffende BR-Mitgl. erneut in den BR gewählt wurde (BAG v. 8. 12. 61, 29. 4. 69, AP Nrn. 7, 9 zu § 23 BetrVG). Auch für das Auflösungsverfahren entfällt das Rechtsschutzinteresse, sobald der BR neu gewählt ist (vgl. auch BAG, AuR 91, 348) bzw. sich die Besetzung des BR aus anderen Gründen komplett ändert (LAG Köln, AuR 91, 382; vgl. auch DKK-Trittin, Rn. 34, 56 ff.). 7

Der rechtskräftige Beschluss des ArbG bewirkt den **sofortigen Ausschluss** des BR-Mitgl. aus dem BR, für das ein Ersatzmitgl. (§ 25) nachrückt, bzw. die **sofortige Auflösung und Beendigung** der Amts- 8 zeit des BR, so dass bis zur Neuwahl eine betriebsratslose Zeit eintritt. Im Falle der Auflösung des BR erfolgt die Bestellung des WV durch das ArbG von Amts wegen (vgl. Abs. 2). Der BR kann sich jedoch nicht wie die einzelnen BR-Mitgl. dem Auflösungsantrag dadurch entziehen, dass er seinen **Rücktritt** beschließt, weil sein Amt durch den Beschluss nicht sofort endet, sondern durch die Weiterführung der Geschäfte nach § 22 (zunächst) fortbesteht (vgl. DKK-Trittin, Rn. 16).

9 (3) Bei groben Pflichtverstößen des AG können der BR oder eine im Betrieb vertretene Gew. vom AG die **Duldung, Vornahme oder Unterlassung einer Handlung** durch das ArbG erzwingen (vgl. ergänzend Rn. 16). Das ArbG entscheidet im Beschlussverfahren. Die Verfahren setzen jeweils einen Antrag, jedoch **kein schuldhaftes Verhalten** des AG voraus. Der Anspruch ist bereits bei objektiver Pflichtwidrigkeit gegeben (ständige Rsp. des BAG; vgl. etwa BAG, NZA 91, 382; 91, 609; vgl. auch DKK-Trittin, Rn. 73 ff.), z. B. auch dann, wenn diese von einzelnen Vorgesetzten ohne Wissen des AG begangen wird. Eine **grobe Pflichtverletzung** ist jedenfalls immer anzunehmen bei wiederholter Missachtung der MBR des BR durch den AG bzw. dessen Erfüllungsgehilfen (vgl. BAG, NZA 92, 70; DB 92, 686; LAG Frankfurt, BB 93, 1948; vgl. auch BAG, AiB 93, 117). Sie liegt grundsätzlich auch vor, wenn Zweifel oder ein Rechtsirrtum am Umfang der MBR des BR seitens des AG bestehen. Zweifel an der Rechtslage können nämlich nicht dazu führen, MBR des BR außer Acht zu lassen. Für diesen Fall ist vielmehr das gesetzl. vorgesehene Verfahren vom AG einzuhalten (BAG, DB 85, 2511; DKK-Trittin, Rn. 77; a. A. BAG, NZA 90, 357; vgl. auch BAG, DB 91, 2347, wenn der AG in einer schwierigen und ungeklärten Rechtsfrage eine bestimmte Meinung vertritt).

10 Nach dieser Vorschrift können nur Verpflichtungen des AG aus dem BetrVG geahndet werden, nicht jedoch Verletzungen von arbeitsvertraglichen Verpflichtungen. Zu den zu beachtenden gesetzl. Verpflichtungen zählen aber auch solche betriebsverfassungsrechtlichen Pflichten, die sich aus **anderen Gesetzen**, wie z. B. § 9 Abs. 3 ASiG, § 22 Abs. 1 SGB VII, § 17 Abs. 2 KSchG, §§ 81, 83, 84, 93–99 SGB IX oder aus **TV** ergeben. Die konsequente Nichtanwendung von abgeschlossenen **BV** sowie die beharrliche Missachtung der Informations-, Mitwirkungs- und MBR des BR führen insbesondere zu groben Verstößen gegen die Vors9chrift des Abs. 3 (zu Einzelfällen vgl. DKK-Trittin, Rn. 80 ff.). Aber auch sonstige betriebsverfassungswidrige Verhaltensweisen, wie beispielsweise eine vom AG rechtsmissbräuchlich anberaumte Mitarbeiterbesprechung (vgl. ArbG Osnabrück, AuR 98, 82), können grobe Verstöße sein.

11 Die Vorschrift berechtigt die im Betrieb vertretene **Gew.**, Anträge gegen den AG zu stellen, wenn sie geltend macht, dass eine von den Betriebsparteien abgeschlossene BV gegen die betriebsverfassungsrechtliche Ordnung verstößt, weil sie den in § 77 Abs. 3 normierten **Vorrang des TV** nicht beachtet (BAG, NZA 92, 317; AuR 99, 408, AuR 01, 144; vgl. auch ArbG Marburg, DB 96, 1929; vgl. ergänzend § 77 Rn. 12). Allerdings soll nach der abzulehnenden Rechtspr. die Gew. keinen Anspruch gegen den AG haben, die Anwendung einer BV im Regelungsbereich des § 87 Abs. 1 – im entschiedenen Fall: Lage und Verteilung der Arbeitszeit in einem Schichtbetrieb – deswegen zu unterlassen, weil diese BV gegen zwingende tarifwidrige Vorgaben verstößt, wenn der TV den Betriebsparteien ausdrücklich eine gewisse Gestaltungsfreiheit einräumt (BAG, DB, 92, 275; problematisiert durch BVerfG, NZA 94, 34; a. A. LAG Schleswig-Holstein, AiB, 00, 105 ff.; jetzt auch BAG, AuR 99, 408 zu tarifwidrigen Regelungsabreden und betrieblichen Einheitsregelungen; zur Kritik vgl. DKK-Berg, § 2 Rn. 60; § 77 Rn. 85; DKK-Trittin, Rn. 84). Der Unterlassungsantrag der Gew. ist im Beschlussverfahren geltend zu machen (BAG, AuR 01, 144).

Ein **grober Pflichtverstoß** nach dieser Vorschrift setzt nicht eine mehrmalige Außerachtlassung der betriebsverfassungsrechtlichen Pflichten oder eine Serie von Verstößen gegen das BetrVG voraus (LAG Baden-Württemberg, AiB 88, 281; LAG Hamburg v. 10. 7. 90 – 6 TaBV 3/90; vgl. auch Rn. 5). In gravierenden Fällen kann auch ein **einmaliger schwerwiegender Verstoß** ausreichen, so z. B. auch eine einmalige bewusste Auflehnung gegen die Pflicht zur vertrauensvollen Zusammenarbeit mit dem BR nach §§ 2, 74 (LAG Baden-Württemberg a. a. O.; LAG Hamburg a. a. O.). Eine **Wiederholungsgefahr** des gerügten Verhaltens des AG ist keine Voraussetzung des Anspruchs (BAG, DB 85, 2511). Zu Einzelfällen vgl. DKK-Trittin, Rn. 80 ff. 12

Der Anspruch nach dieser Vorschrift, insbesondere der **Unterlassungsanspruch**, steht **neben anderen Ansprüchen** im BetrVG und verdrängt diese nicht (BAG, DB 83, 1986; BAG, DB 85, 2511; vgl. zu den einzelnen Ansprüchen: § 87 Rn. 81; § 90 Rn. 11; § 94 Rn. 16; § 95 Rn. 13; § 100 Rn. 6; § 101 Rn. 4; § 111 Rn. 21; zum Unterlassungsanspruch BAG, NZA 02, 111; AuR 01, 144; DB 94, 2450; DB 97, 378 und DKK-Trittin, Rn. 117 ff.). Aus dem Gesetzeswortlaut ergibt sich nämlich nicht, dass die Regelung abschließend gemeint ist. Es fehlt das Wort »nur«. Auch die Begründung des RegE (BT-Drucks. VI/1786 S. 39) weist darauf hin, dass mit dieser Regelung eine zusätzliche Sanktionsnorm geschaffen werden sollte. Für den BR ergibt sich unmittelbar ein Unterlassungsanspruch bei einer Verletzung seiner MBR z. B. nach § 87 Abs. 1, auch wenn dies in der Vorschrift nicht ausdrücklich geregelt ist (in diesem Sinne auch BAG, BB 94, 1010; AiB 96, 569; NZA 02, 111; ArbG Würzburg, AiB 96, 560 zur Unterlassung der Veröffentlichung von Fehlzeitenlisten; vgl. auch BAG, DB 96, 431; BB 98, 1006 zu BR-Kosten; LAG Berlin, 13

NZA 96, 1284 bei Kündigungen ohne Interessenausgleich bei Betriebsübergang; ArbG Bielefeld, BB 96, 1114 bei Mehrarbeit; vgl. ferner Leisten, BB 92, 266; Otto, NZA 92, 97). Einer **groben** Pflichtverletzung bedarf es dabei nicht, ein Unterlassungsanspruch ist unabhängig von der Intensität des Verstoßes gegeben (BAG, NZA 02, 111).

14 Der allgemeine Unterlassungsanspruch kann zur Sicherung der Rechte des BR ebenso im **einstweiligen Verfügungsverfahren** geltend gemacht werden, wie dem AG die Verpflichtungen des § 23 Abs. 3 auferlegt werden können (LAG Köln, BB 85, 1232; NZA 94, 911; LAG Frankfurt, BB 88, 68; DB 89, 128; BB 90, 1626; ArbG Köln, NZA 89, 863; ArbG Düsseldorf, NZA 91, 29; ArbG Darmstadt, AuR 94, 202; DKK-Trittin, Rn. 95 m. w. N., auch zur gegenteiligen Auffassung).

15 Ein auf diese Bestimmung gestützter Antrag des BR, dem AG aufzugeben, künftig seine sich aus §§ 99, 100 ergebenden MBR bei personellen Einzelmaßnahmen zu beachten, wird durch das in § 101 vorgesehene Zwangsgeldverfahren nicht ausgeschlossen (BAG, NZA 87, 786; zu den einzelnen Anwendungstatbeständen vgl. DKK-Trittin, Rn. 131 ff.).

16 Das ArbG-Verfahren nach § 23 Abs. 3, das keine die allgemeine Zwangsvollstreckung nach § 85 ArbGG ausschließende Sonderregelung darstellt (BAG, DB 83, 1986), gliedert sich in **zwei Stufen**:

1. in ein **Erkenntnisverfahren**, in dem der AG verurteilt wird, oder durch Prozessvergleich übernimmt, eine Handlung zu unterlassen oder eine Handlung vorzunehmen oder zu dulden, und
2. sofern der AG seiner Verpflichtung aus der Entscheidung des ArbG oder dem Vergleich nicht nachkommt, in ein **Vollstreckungsverfahren** zur Durchsetzung der ArbG-Entscheidung mit gerichtl. Zwangsmaßnahmen nach den Sätzen 2 und 3 dieser Vorschrift.

Die **Androhung eines Ordnungsgeldes** kann auf Antrag jedoch bereits in dem das Erkenntnisverfahren abschließenden Beschluss erfolgen (LAG Bremen v. 18. 7. 86, AP Nr. 6 zu § 23 BetrVG 1972; LAG Frankfurt v. 3. 6. 88 – 12 TaBV 154/87; vgl. im Übrigen DKK-Trittin, Rn. 68, 69 ff., 98 ff.). Eine Identität der Antragsteller im Erkenntnis- und Vollstreckungsverfahren ist nicht erforderlich (LAG Baden-Württemberg v. 26. 4. 93 – 15 TaBV 1/93).

§ 24
Erlöschen der Mitgliedschaft

Die Mitgliedschaft im Betriebsrat erlischt durch

1. **Ablauf der Amtszeit,**
2. **Niederlegung des Betriebsratsamtes,**
3. **Beendigung des Arbeitsverhältnisses,**
4. **Verlust der Wählbarkeit,**
5. **Ausschluss aus dem Betriebsrat oder Auflösung des Betriebsrats aufgrund einer gerichtlichen Entscheidung,**
6. **gerichtliche Entscheidung über die Feststellung der Nichtwählbarkeit nach Ablauf der in § 19 Abs. 2 bezeichneten Frist, es sei denn, der Mangel liegt nicht mehr vor.**

Die Mitgliedschaft der einzelnen BR-Mitgl. erlischt mit **Ablauf der** **1**
Amtszeit des BR; dies gilt auch bei vorzeitiger Beendigung der Amtszeit beispielsweise durch eine erfolgreiche Anfechtung der Wahl (§ 19) oder durch Auflösen des BR aufgrund einer gerichtl. Entscheidung (§ 23 Abs. 1). Die **Amtsniederlegung** kann jederzeit gegenüber dem BR oder seinem Vors. erfolgen, nicht jedoch gegenüber dem AG (LAG Schleswig-Holstein v. 19. 8. 66, AP Nr. 4 zu § 24 BetrVG; LAG Baden-Württemberg, AiB 95, 187). Sie kann formlos erfolgen (LAG Berlin, BB 67, 1424) und wird wirksam, wenn sie dem Vorsitzenden (im Falle der Verhinderung dem Stellvertreter) zugegangen ist oder in einer BR-Sitzung ausgesprochen wurde (DKK-Buschmann, Rn. 7). Auch die ein **Restmandat ausübenden BR-Mitgl**. können ihr Amt niederlegen. Besteht der BR nur noch aus einem Mitgl. und ist eine Belegschaft nicht mehr vorhanden, so kann die Amtsniederlegung gegenüber dem AG erklärt werden (BAG, NZA 01, 669). Von der Amtsniederlegung ist die bloße Absichtserklärung, das Amt niederlegen zu wollen, zu unterscheiden, die rechtlich ohne Bedeutung ist. Der Niederlegende kann einen bestimmten Zeitpunkt für die Niederlegung des Amtes bestimmen. Die Erklärung kann nicht zurückgenommen oder widerrufen werden. Mangelnde Ernsthaftigkeit kann jedoch eingewandt werden. Das BR-Amt endet außerdem mit der **Beendigung des Arbeitsverhältnisses** oder auch durch einvernehmliche Versetzung in einen anderen Betrieb des UN oder Konzerns, es sei denn, das BR-Mitgl. übt noch ein **Rest- oder Übergangsmandat** aus (vgl. §§ 21 a und 21 b; zum Schutz gegen einseitige Versetzungen durch den AG vgl. § 103 Abs. 3). **Befristete Arbeitsverhältnisse** enden auch bei BR-Mitgl. durch Zeitablauf. Die Erreichung des **Rentenalters** ist kein selbstständiger Grund für die Beendigung des Arbeitsverhältnisses und hat für BR-Mitgl. keine anderen Folgen als für andere AN.

Das Amt endet nicht bei einer seitens des AG erklärten außerordent- **2**
lichen **Kündigung** oder bei einer Suspendierung bzw. einem Haus-

verbot, solange nicht die rechtskräftige Zustimmungsersetzung zu der erklärten Kündigung nach § 103 vorliegt (LAG Düsseldorf, DB 77, 1053; ArbG München v. 16. 4. 91 – 15 GaBV 59/91); ggf. kann zum Schutz der BR-Tätigkeit während des Kündigungsrechtsstreits eine einstweilige Verfügung auf Zutritt zum Betrieb bzw. Weiterbeschäftigung erlassen werden (LAG Hamburg v. 2. 3. 76, BetrR 76, 310; DKK-Buschmann, Rn. 15 m. w. N.). Es endet auch nicht bei Einberufung zum **Wehr- oder Zivildienst** oder einer Wehrübung, bei Inanspruchnahme des **Erziehungsurlaubs** nach dem BErzGG, bei einem längeren **Sonderurlaub** oder bei einer vorübergehenden Abordnung in einen anderen Betrieb. Auch bei einer bloßen Veräußerung des Betriebs bleibt das BR-Amt bestehen, da der neue Betriebsinhaber gemäß § 613 a BGB in die Rechte und Pflichten aus den im Zeitpunkt des Übergangs bestehenden Arbeitsverhältnissen eintritt.

3 Das Amt erlischt jedoch bei **Verlust der Wählbarkeit**, z. B. durch Übernahme der Tätigkeit eines leit. Ang., bei **Ausschluss aus dem BR** durch Gerichtsbeschluss nach § 23 Abs. 1 und bei **gerichtl. Feststellung der Nichtwählbarkeit**, z. B. bei Nichtvorliegen der sechsmonatigen Betriebszugehörigkeit bei der Wahl, sofern der Mangel nicht zwischenzeitlich behoben ist; allerdings erst wenn die Gerichtsentscheidung rechtskräftig ist (BAG, DB 84, 302).

§ 25
Ersatzmitglieder

(1) Scheidet ein Mitglied des Betriebsrats aus, so rückt ein Ersatzmitglied nach. Dies gilt entsprechend für die Stellvertretung eines zeitweilig verhinderten Mitglieds des Betriebsrats.

(2) Die Ersatzmitglieder werden unter Berücksichtigung des § 15 Abs. 2 der Reihe nach aus den nichtgewählten Arbeitnehmern derjenigen Vorschlagslisten entnommen, denen die zu ersetzenden Mitglieder angehören. Ist eine Vorschlagsliste erschöpft, so ist das Ersatzmitglied derjenigen Vorschlagsliste zu entnehmen, auf die nach den Grundsätzen der Verhältniswahl der nächste Sitz entfallen würde. Ist das ausgeschiedene oder verhinderte Mitglied nach den Grundsätzen der Mehrheitswahl gewählt, so bestimmt sich die Reihenfolge der Ersatzmitglieder unter Berücksichtigung des § 15 Abs. 2 nach der Höhe der erreichten Stimmenzahlen.

1 (1) Das Ersatzmitgl. tritt als Mitgl. in den BR ein, übernimmt aber nicht kraft Gesetzes zugleich die Funktionen innerhalb des BR (GBR, KBR) des ausgeschiedenen Mitgl. Während der Zeit der Stellvertr. nimmt das Ersatzmitgl. **nicht nur** an **BR-Sitzungen** teil; es nimmt auch **alle** anderen dem BR obliegenden **Tätigkeiten** wahr. Ein Ersatzmitgl. rückt auch dann nach, wenn die zeitweilige Verhinderung sehr

kurz ist und z. B. keine oder nur eine BR-Sitzung stattfindet (vgl. auch BAG v. 17. 1. 79, AP Nr. 5 zu § 15 KSchG 1969). Eine Verhinderung liegt immer dann vor, wenn dem BR-Mitgl. die Amtsausübung tatsächlich oder rechtlich nicht möglich ist. Ist das **zuständige Ersatzmitgl.** ebenfalls **verhindert**, wird es von dem nächst zuständigen Ersatzmitgl. für die Dauer seiner Verhinderung vertreten (BAG, BB 80, 317). Lehnt es ein Ersatzmitgl. bei endgültigem Ausscheiden eines BR-Mitgl. ab, nachzurücken, hat dies das Ausscheiden aus dem BR auch als Ersatzmitgl. zur Folge (ArbG Kassel, AiB 96, 149; vgl. auch Rn. 7).

Unterbleibt die Ladung eines Ersatzmitgl., soll nach der Auffassung des ArbG Berlin der BR-Beschluss nichtig sein (ArbG Berlin v. 17. 2. 88 – 37 Ca 455/87). Dies ist jedoch nicht der Fall, wenn die Verhinderung des BR-Mitgl. plötzlich eingetreten ist und die Ladung eines Ersatzmitgl. nicht mehr möglich war. Die Ladung durch den Vors. des BR ist jedoch nicht Voraussetzung für die Teilnahme des Ersatzmitgl. an einer BR-Sitzung (vgl. DKK-Buschmann, Rn. 7). 2

Zeitweilig verhindert ist ein BR-Mitgl. auch, wenn es von der Beschlussfassung **persönlich unmittelbar betroffen** ist, so z. B. bei der Beratung und Abstimmung über die Zustimmung einer es betreffenden außerordentlichen Kündigung (BAG v. 25. 3. 76, 26. 8. 81, 23. 8. 84, AP Nrn. 6, 13, 17 zu § 103 BetrVG 1972). Die zeitweilige Verhinderung gilt jedoch nur für diesen Beratungsgegenstand. Lediglich hierzu ist ein Ersatzmitgl. zur Sitzung einzuladen. Soll mehreren BR-Mitgl. gekündigt werden, ist jeweils das BR-Mitgl. nur in der es selbst betreffenden Sache verhindert (BAG v. 25. 3. 76 a. a. O.). Ein BR-Mitgl. ist jedoch nicht verhindert bei der **Beschlussfassung über organisatorische Angelegenheiten** des BR, z. B. Wahl oder Abwahl des Vors. bei eigener Kandidatur. 3

Eine krankheitsbedingte **Arbeitsunfähigkeit** eines BR-Mitgl. führt zwar in der Regel, jedoch nicht zwangsläufig, auch zu einer **Amtsunfähigkeit** und somit zu seiner Verhinderung (BAG, NZA 85, 367). Ein BR-Mitgl. kann auch für die Teilnahme an einer BR-Sitzung z. B. seinen **Urlaub** unterbrechen (so BAG v. 5. 5. 87, AP Nr. 5 zu § 44 BetrVG 1972 für die Teilnahme an einer Betriebsversamml.; LAG Hamm v. 21. 1. 87 – 3 Sa 1520/86) oder während **Kurzarbeit** (so BAG, NZA 87, 712 für die Teilnahme an einer Betriebsversamml.) bzw. während der **Elternzeit** nach dem BErzGG BR-Tätigkeit ausüben (LAG München v. 27. 2. 98 – 8 TaBV 98/97; vgl. auch DKK-Buschmann, Rn. 17). 4

Das Ersatzmitgl. genießt bis zu seinem Eintritt in den BR nicht den **Kündigungsschutz** nach § 103 BetrVG, jedoch in den ersten sechs Monaten nach Bekanntgabe des Wahlergebnisses den nachwirkenden Kündigungsschutz von Wahlbewerbern nach § 15 Abs. 3 Satz 2 KSchG. Ferner kann sich die Unwirksamkeit der Kündigung auch 5 aus § 78 sowie aus § 134 BGB ergeben. Hat das Ersatzmitgl. jedoch ein BR-Mitgl. vertreten, hat es während der Dauer der Verhinderung des zu vertretenden BR-Mitgl. alle Schutzrechte eines BR-Mitgl., einschließlich des nachwirkenden Kündigungsschutzes von einem Jahr nach § 15 Abs. 1 Satz 2 KSchG, jedenfalls dann, wenn es konkrete BR-Aufgaben wahrgenommen hat (BAG v. 17. 1. 79, 6. 9. 79, AP Nrn. 5, 7 zu § 15 KSchG 1969). Während der Dauer der Verhinderung eines BR-Mitgl. sind Ersatzmitgl. **vollwertige BR-Mitgl**. mit allen sich aus dieser Stellung ergebenden Rechten und Pflichten (vgl. BAG, BB 79, 888; 80, 317).

6 Der Kündigungsschutz greift zugunsten eines Ersatzmitgl. **vor Eintritt in den BR** dann ein, wenn der Verhinderungsfall noch nicht vorliegt, das Ersatzmitgl. sich jedoch auf eine BR-Sitzung, an der es wegen eines Verhinderungsfalles teilnehmen muss, vorbereitet. In diesem Fall tritt der Kündigungsschutz vom Tag der Ladung zur Sitzung, im Allgemeinen höchstens drei Tage vor der Sitzung, ein (BAG, BB 79, 888). Meldet sich ein BR-Mitgl. krank und bleibt es der Arbeit fern, tritt der Kündigungsschutz des Ersatzmitgl. selbst dann unmittelbar ein, wenn sich später herausstellen sollte, dass das BR-Mitgl. nicht arbeitsunfähig krank war und unberechtigt der Arbeit fernblieb (BAG, BB 87, 1319). Der Schutz, wie er bei Kündigungen besteht, findet auch bei **Versetzungen Anwendung** (§ 103 Abs. 3).

7 Ein Ersatzmitgl., das **arbeitsunfähig erkrankt** ist, rückt gleichwohl automatisch unter den Voraussetzungen des Abs. 1 Satz 1 i. V. m. Abs. 2 in den BR nach (LAG Hamm, DB 95, 2432 = AiB 95, 66). Für die Dauer seiner Verhinderung rückt wiederum ein Ersatzmitgl. nach. Erklärt ein Ersatzmitgl. sich nicht bereit, bei Ausscheiden eines BR-Mitgl. nachzurücken, geht die Stellung als Ersatzmitgl. verloren. Es kann folglich später beim Ausscheiden eines anderen BR-Mitgl. nicht erklären, nachrücken zu wollen (so ArbG Kassel, AiB 96, 6).

8 Erfolgte die Wahl als **Listenwahl** (Verhältniswahl), werden die Ersatzmitgl. in der **Reihenfolge** berücksichtigt, in der sie auf der Liste, der das ausgeschiedene oder verhinderte Mitgl. angehörte, aufgeführt sind. Dabei ist aber zu beachten, dass die **Mindestanzahl** von Sitzen, die der **Geschlechterminderheit nach § 15 Abs. 2** zustehen, nicht unterschritten werden darf. Ist das durch das Ausscheiden eines BR-Mitgl. bzw. die Verhinderung eines Ersatzmitgl. der Fall, kommt von dieser Liste das nächstplatzierte Ersatzmitgl. des Minderheitengeschlechts, auch dann in den BR, wenn ein Ersatzmitg. des Mehrheitsgeschlechts günstiger platziert ist. Hat die Liste kein Ersatzmitglied des in der Minderheit befindlichen Geschlechts mehr, rückt das Ersatzmittel. des Minderheitengeschlechts nach, das auf der Liste mit der nächsthöheren Teilzahl entsprechend platziert ist. Diese Folgen treten aber nur ein, wenn es um die dem Minderheitengeschlecht **zwingend** zustehenden Sitze geht. Etwas anderes gilt hinsichtlich der Sitze, die das Minderheitengeschlecht über die Mindestanzahl nach § 15 Abs. 2 hinaus erhalten hat. Das Nachrücken auf einen solchen Sitz bestimmt sich allein nach den **Grundsätzen von § 25**.

Erfolgte die Wahl als **Mehrheitswahl**, kommt das Ersatzmitgl. mit der nächsthöchsten Stimmenzahl in den BR, um das ausgeschiedene bzw. verhinderte BR-Mitgl. zu ersetzen. Auch bei der Mehrheitswahl darf die Mindestanzahl der dem Minderheitengeschlecht nach § 15 Abs. 2 zustehenden Sitze nicht unterschritten werden; ggf. rückt ein Ersatzmitgl. des Minderheitengeschlechts nach, auch wenn es weniger Stimmen als das an sich in Betracht kommende Ersatzmitgl. des Mehrheitsgeschlechts hat. 9

Die Bestimmung von Ersatzmitgliedern in den **privatisierten Post-UN** wird dadurch kompliziert, das neben den Wahlarten (Verhältnis- oder Mehrheitswahl), die Gruppen (Arbeitnehmer und Beamte) und die Minderheitengeschlechtsquote zu beachten sind (§ 26 Nr. 7 PostPersRG). Es ist wie folgt zu unterscheiden: 10

- Bei Gruppenwahl und Verhältniswahl rückt das Ersatzmitglied aus der Gruppe und Vorschlagsliste, der das ausgeschiedene oder verhinderte BR-Mitglied angehörte, nach.
- Sofern bei Gruppenwahl eine oder beide Gruppen in Mehrheitswahl gewählt haben, rückt zunächst das Gruppenmitglied mit der nächsthöheren Stimmzahl nach (§ 25 Abs. 2 Satz 3)
- Bei gemeinsamer Wahl der Gruppen (§ 26 Nr. 3 Post PersRG) und Verhältniswahl rückt zunächst ein Mitglied der Vorschlagsliste nach, der das ausgeschiedene oder verhinderte BR-Mitglied entstammt. Führt dieses Nachrücken dazu, dass das Verhältnis von ArbN und Beamten nicht mehr ihrem zahlenmäSigen Verhältnis entspricht, rückt der nächste Gruppenangehörige Bewerber der Vorschlagsliste nach. Sind auf dieser Vorschlagsliste keine Gruppenvertreter mehr, springt der Sitz auf die nächste Vorschlagsliste über, auf der sich Gruppenvertreter befinden.
- Bei Gemeinschaftswahl und Mehrheitswahl, rückt der nächste Bewerber der Gruppe nach, sofern dies zur Wahrung des Gruppenproporzes notwendig ist, sonst der nächste Bewerber.

Die so gefundenen Ergebnisse sind jedoch im Hinblick auf die Minderheitengeschlechtsquote zu korrigieren, wenn die durch das Nachrücken nicht mehr gewahrt wäre (s. Erl. zu § 15 Rn. 6f.).

Dritter Abschnitt

Geschäftsführung des Betriebsrats

§ 26
Vorsitzender

(1) Der Betriebsrat wählt aus seiner Mitte den Vorsitzenden und dessen Stellvertreter.

(2) Der Vorsitzende des Betriebsrats oder im Fall seiner Verhinderung sein Stellvertreter vertritt den Betriebsrat im Rahmen der von ihm gefassten Beschlüsse. Zur Entgegennahme von Erklärungen, die dem Betriebsrat gegenüber abzugeben sind, ist der Vorsitzende des Betriebsrats oder im Fall seiner Verhinderung sein Stellvertreter berechtigt.

1 (1) Die Wahl des Vors. und seines Stellvertr. ist eine **gesetzl. Pflichtaufgabe** des BR. Sie erfolgt in der konstituierenden Sitzung. Nach der in Literatur und Rechtspr. vorwiegend vertretenen Auffassung soll der AG Verhandlungen mit dem BR so lange ablehnen können, bis dieser einen Vors. gewählt hat (BAG, DB 85, 1085). Diese Auffassung ist abzulehnen (so auch Wiese, Anm. zu EzA § 102 BetrVG 1972 Nr. 59; vgl. auch DKK-Wedde, Rn. 4), da das Gesetz nicht zwischen **Amtsbeginn und »Amtsausübungsbefugnis«** unterscheidet. Um nicht Gefahr zu laufen, Rechtsnachteile in Kauf nehmen zu müssen, wird jedoch für die betriebliche Praxis empfohlen, die Wahlen rechtzeitig vor Ablauf der Amtszeit des vorherigen BR bzw. unmittelbar nach Bekanntgabe des Wahlergebnisses (z.B. bei erstmaliger Wahl eines BR) durchzuführen.

2 Für die Wahl, an der sich mindestens die Hälfte der BR-Mitgl. gemäß § 33 Abs. 2 beteiligen müssen, bestehen **keine besonderen Wahlvorschriften**. Durch den Wahlleiter muss nur zweifelsfrei festgestellt werden können, wer gewählt worden ist. Möglich ist somit eine offene oder geheime Wahl, eine Wahl durch Stimmzettel, Handaufheben oder sogar Zuruf. Eine geheime Wahl ist durchzuführen, sofern ein BR-Mitgl. dies verlangt.

In entsprechender Anwendung des § 19 BetrVG können Gesetzesverstöße bei der Wahl des BR-Vors. und seines Stellvertr. in einem **Wahlanfechtungsverfahren** binnen einer Frist von zwei Wochen seit Bekanntgabe der Wahl gerichtl. geltend gemacht werden (BAG, AiB 93, 234).

3 Der Vors. oder stellv. Vors. kann jederzeit das **Amt niederlegen** oder ggf. auch ohne Angabe von Gründen **abgewählt** werden. In diesen Fällen, aber auch bei Nichtannahme des Amtes bzw. Ausscheiden aus

dem Betrieb, hat unverzüglich eine **Neuwahl** zu erfolgen, für die die gleichen Grundsätze wie bei der Konstituierung des BR gelten.

Die Sonderstellung der Bea.-Vertr. ist in den **privatisierten Post-UN** auf die Wahrnehmung der Beteiligungsrechte in Personalangelegenheiten beschränkt (vgl. § 28 PostPersRG). Die Bea.-Vertr. sind den AN zuzuordnen und gehören diesen an (vgl. FKHES, § 99 Rn. 242 ff.). 4

(2) Neben der Aufgabe, den BR im Rahmen der von ihm gefassten Beschlüsse zu vertreten sowie der Berechtigung zur Entgegennahme von dem BR gegenüber abzugebenden Erklärungen, ergeben sich **Rechte des Vors**. aus §§ 27 Abs. 1 und 3, 29 Abs. 2 und 3, 34 Abs. 1 Satz 2, 42 Abs. 1 Satz 1, 65 Abs. 2, 69 Satz 4. Nur in diesen Fällen hat der Vors. eine Eigenzuständigkeit bzw. Entscheidungsbefugnis aus eigenem Recht, sofern die Geschäftsordnung des BR keine anderen Regelungen vorsieht. Darüber hinaus können im BR mit weniger als neun Mitgl. dem Vors. **die laufenden Geschäfte** übertragen werden (§ 27 Abs. 3). 5

Überschreitet der Vors. seine **Vertretungsbefugnis**, indem er z. B. ohne Beschlussfassung durch den BR eine BV unterzeichnet oder ohne Beschluss des BR eine Erklärung abgibt, ist diese für den BR nicht bindend. Durch nachträgliche Zustimmung des BR kann die Unwirksamkeit von Erklärungen des Vors. jedoch geheilt werden. Hierfür ist aber ein ausdrücklicher Beschluss des BR erforderlich (vgl. DKK-Wedde, Rn. 22). 6

Der **stellvertr. Vors**. kann die Aufgaben und Befugnisse des Vors. nur dann wahrnehmen, **wenn und solange der Vors. selbst verhindert ist**. Für die Dauer seiner Vertr. hat der stellvertr. Vors. kraft Gesetzes jedoch die gleichen Befugnisse und Zuständigkeiten wie der Vors. (vgl. DKK-Wedde, Rn. 31 ff.). Dieses ist bei einer Eingruppierung »in eigener Sache« der Fall, und die Verhinderung bezieht sich auch auf die schriftliche Mitteilung von der verweigerten Zustimmung des BR nach § 99 Abs. 3 Satz 1 (LAG Düsseldorf, BB 02, 1704, n. rk.). 7

Werden Erklärungen nicht dem Vors., sondern einem anderen – nicht empfangsberechtigten – BR-Mitgl. gegenüber abgegeben, wird dieses lediglich als Bote tätig; dem BR ist die Erklärung in diesem Fall erst zugegangen, wenn sie dem Vors. oder dem BR zur Kenntnis gelangt (BAG, AuR 75, 123; DB 86, 332). Sind sowohl der Vors. als auch sein Stellv. verhindert, kann der AG grundsätzlich jedem BR-Mitgl. gegenüber Erklärungen abgeben, sofern der BR für diesen Fall keine Vorkehrungen getroffen hat (LAG Frankfurt, BB 77, 1048). Der Vors. ist **nicht verpflichtet**, Erklärungen **außerhalb der Arbeitszeit** und außerhalb der Betriebsräume entgegenzunehmen; tut er es doch, gilt die Erklärung als zugegangen (BAG, DB 83, 181). 8

Der BR muss sich auch im Rahmen des Anhörungsverfahrens bei einer beabsichtigten Kündigung grundsätzlich nur das Wissen eines 9 nach dieser Vorschrift berechtigten oder hierzu ausdrücklich ermächtigten BR-Mitgl. zurechnen lassen (BAG, BB 86, 321).

§ 27
Betriebsausschuss

(1) Hat ein Betriebsrat neun oder mehr Mitglieder, so bildet er einen Betriebsausschuss. Der Betriebsausschuss besteht aus dem Vorsitzenden des Betriebsrats, dessen Stellvertreter und bei Betriebsräten mit

9 bis 15 Mitgliedern aus 3 weiteren Ausschussmitgliedern,

17 bis 23 Mitgliedern aus 5 weiteren Ausschussmitgliedern,

25 bis 35 Mitgliedern aus 7 weiteren Ausschussmitgliedern,

37 oder mehr Mitgliedern aus 9 weiteren Ausschussmitgliedern.

Die weiteren Ausschussmitglieder werden vom Betriebsrat aus seiner Mitte in geheimer Wahl und nach den Grundsätzen der Verhältniswahl gewählt. Wird nur ein Wahlvorschlag gemacht, so erfolgt die Wahl nach den Grundsätzen der Mehrheitswahl. Sind die weiteren Ausschussmitglieder nach den Grundsätzen der Verhältniswahl gewählt, so erfolgt die Abberufung durch Beschluss des Betriebsrats, der in geheimer Abstimmung gefasst wird und einer Mehrheit von drei Vierteln der Stimmen der Mitglieder des Betriebsrats bedarf.

(2) Der Betriebsausschuss führt die laufenden Geschäfte des Betriebsrats. Der Betriebsrat kann dem Betriebsausschuss mit der Mehrheit der Stimmen seiner Mitglieder Aufgaben zur selbständigen Erledigung übertragen; dies gilt nicht für den Abschluss von Betriebsvereinbarungen. Die Übertragung bedarf der Schriftform. Die Sätze 2 und 3 gelten entsprechend für den Widerruf der Übertragung von Aufgaben.

(3) Betriebsräte mit weniger als neun Mitgliedern können die laufenden Geschäfte auf den Vorsitzenden des Betriebsrats oder andere Betriebsratsmitglieder übertragen.

1 (1) Die Bildung eines BA ist **zwingend** vorgeschrieben, wenn der BR aus 9 oder mehr Mitgl. besteht (in Betrieben ab 201 AN; vgl. § 9). Bildet der BR keinen BA, handelt er pflichtwidrig, was ggf. zur Auflösung des BR führen kann (vgl. Lenz, AiB 98, 71). Obwohl das BetrVG darüber schweigt, sollte die Bildung möglichst während der **konstituierenden Sitzung** des BR (§ 29) oder kurzfristig danach erfolgen. Die Mitgl. des BA müssen dem BR angehören und werden von diesem nach den Grundsätzen der Verhältniswahl gewählt, sofern mehrere Wahlvorschläge gemacht werden. Bei der Wahl der BA-Mitgl. sind die Wahlvorschläge nicht auf die Listen beschränkt, die

bei der BR-Wahl eingereicht wurden und auf die BR-Mandate entfallen sind. Für die Wahl der BA-Mitgl. können sich **andere Koalitionen und »Listenverbindungen«** bilden (vgl. DKK-Wedde, Rn. 21). Ergibt sich bei Abstimmungen Stimmengleichheit, ist diese Pattsituation durch Losentscheid aufzulösen (BAG, AiB 93, 234; BAG, DB 87, 1995). Außerdem schreibt das Gesetz zwingend eine geheime Wahl vor. Der Vors. des BR und sein Stellvertr. gehören dem Ausschuss jedoch kraft Amtes an. An der Wahl müssen sich mindestens die Hälfte der BR-Mitgl. beteiligen (§ 33 Abs. 2; zur Durchführung von betriebsratsinternen Wahlen vgl. auch ArbG Hamburg, AiB 99, 42 mit Anm. v. Bösche).

Maßgebend für die Größe des BR und damit für die **Zahl der Mitgl. des BA** ist nicht die gesetzl. vorgeschriebene Mitgl.-Zahl, sondern die Zahl der tatsächlich gewählten BR-Mitgl. Sinkt dagegen die Zahl der BR-Mitgl. im Laufe der Amtszeit, hat dies auf die Größe des BA keine Auswirkungen, solange der BR im Amt ist (so für den WA HessLAG, DB 94, 1248). **2**

Die **Wahl von Ersatzmitgl**. – für die das Gesetz keine ausdrückliche Regelung vorsieht – ist zulässig und zweckmäßig. Sie müssen jedoch dem BR angehören. Bei der zeitweiligen Verhinderung eines Mitgl. des BA rückt nicht das nach § 25 in Betracht kommende Ersatzmitgl. auch in den BA nach. Der Vors. des BR ist automatisch Vors. des BA. Für die Teilnahme von **Gew.-Vertr**. an Sitzungen des BA gilt § 31 entsprechend (vgl. auch BAG, NZA 90, 660). Die **Schwerbehindertenvertr**. hat gemäß 95 Abs. 4 SGB IX ein Teilnahmerecht. Auch die **JAV** hat ein Teilnahmerecht an allen Sitzungen des BA in entsprechender Anwendung des § 67 Abs. 1; sie kann immer einen Vertr. entsenden. **3**

Die **Abwahl der weiteren Mitgl. des BA** ist ohne Angabe von Gründen möglich (vgl. hierzu auch BAG, NZA 92, 989). Sie bedarf unter den Voraussetzungen des § 33 Abs. 2 (Beschlussfähigkeit) der Zustimmung der Mehrheit der anwesenden BR-Mitgl. Eine geheime Abstimmung ist gesetzlich nur vorgeschrieben, wenn die Wahl der weiteren Mitgl. des BA nach den **Grundsätzen der Verhältniswahl** erfolgt ist. In diesem Fall bedarf die Abwahl auch einer Mehrheit von drei Vierteln der Stimmen der BR-Mitgl. Nach erfolgter Abwahl eines Mitgl. des BA besteht kein Zwang, eine Neuwahl aller BA-Mitgl. vorzunehmen (BAG, NZA 93, 910). Die **Nachwahl** eines Mitgl. des BA ist zulässig und ausreichend. Sie erfolgt mit einfacher Stimmenmehrheit (Mehrheitswahl), wenn die Liste erschöpft ist, der das bisherige Mitgl. des BA angehörte (BAG a. a. O.). Gleiches gilt für eine Nachwahl, die durch eine Erhöhung der Zahl der Mitgl. des BA im Laufe der BR-Amtszeit notwendig wird. Die Nachwahl wird nach den Grundsätzen der Verhältniswahl durchgeführt, wenn die Liste noch **4** nicht erschöpft ist, der das bisherige Mitgl. des BA angehörte (vgl. auch § 38 Rn. 8).

5 Gesetzesverstöße bei der Wahl der weiteren Mitglieder des BA müssen grundsätzlich in einem **Wahlanfechtungsverfahren** in entsprechender Anwendung des § 19 BetrVG binnen einer Frist von zwei Wochen seit Bekanntgabe der Wahl gerichtlich geltend gemacht werden (BAG a.a.O. sowie BAG, AiB 93, 234; vgl. § 26 Rn. 2). **Antragsbefugt** ist an Stelle von drei Wahlberechtigten ein einzelnes BR-Mitgl.

6 (2) Zu den **laufenden Geschäften** des BR, die Aufgabe des BA sind, gehören alle Angelegenheiten, die keines besonderen Beschlusses des BR bedürfen. Dazu zählen insbesondere die Vorbereitung von Sitzungen, Einholung und Erteilung von Auskünften, Besprechungen mit dem AG oder Gew. u.ä. (vgl. DKK-Wedde, Rn. 35ff.).

7 Die Ausübung der materiellen Mitwirkungs- und MBR des BR, z.B. nach §§ 87, 90, 98, 99 und 102, ist jedoch nur dann und insoweit Aufgabe des BA, wie sie diesem ausdrücklich durch den BR mit der Mehrheit der Stimmen seiner Mitgl. übertragen wurde. Die **Übertragung von Aufgaben zur selbstständigen Erledigung** bedarf der **Schriftform** und kann jederzeit eingeschränkt oder widerrufen werden. **BV** kann jedoch nur der BR in seiner Gesamtheit abschließen (vgl. im Übrigen DKK-Wedde, Rn. 40ff.; vgl. auch § 28a Rn. 10).

8 (3) Bei weniger als 9 Mitgl. können die laufenden Geschäfte (vgl. hierzu Blanke, AiB 81, 120) auf den Vors. oder andere BR-Mitgl. übertragen werden. Dazu bedarf es eines mit einfacher Stimmenmehrheit zu fassenden Beschlusses. Zu den laufenden Geschäften in kleineren Betrieben gehört auch das **Einblicksrecht in die Bruttolohn- und Gehaltslisten** (BAG v. 23. 2. 73, 18. 9. 73, AP Nrn. 2, 3 zu § 80 BetrVG 1972). Über die laufende Geschäftsführung hinaus kann der BR jedoch nicht weitere Aufgaben zur selbstständigen Erledigung auf den Vors. oder andere BR-Mitgl. übertragen.

§ 28
Übertragung von Aufgaben auf Ausschüsse

(1) Der Betriebsrat kann in Betrieben mit mehr als 100 Arbeitnehmern Ausschüsse bilden und ihnen bestimmte Aufgaben übertragen. Für die Wahl und Abberufung der Ausschussmitglieder gilt § 27 Abs. 1 Satz 3 bis 5 entsprechend. Ist ein Betriebsausschuss gebildet, kann der Betriebsrat den Ausschüssen Aufgaben zur selbständigen Erledigung übertragen; § 27 Abs. 2 Satz 2 bis 4 gilt entsprechend.

(2) Absatz 1 gilt entsprechend für die Übertragung von Aufgaben zur selbstständigen Entscheidung auf Mitglieder des Betriebsrats

in Ausschüssen, deren Mitglieder vom Betriebsrat und vom Arbeitgeber benannt werden.

(1) Unabhängig vom Bestehen eines BA nach § 27 kann der BR in Betrieben mit mehr als 100 AN (vgl. § 5 Rn. 1ff.; § 7 Rn. 4ff.) Ausschüsse bilden und ihnen Aufgaben übertragen. So können Fachausschüsse gebildet werden, die bestimmte Themen vorberaten und für die Beschlussfassung des BR vorbereiten. Nur wenn der BR aus wenigstens 9 Mitgl. besteht, ist die Bildung von Ausschüssen möglich, denen bestimmte Aufgaben zur **selbstständigen Erledigung** übertragen werden können, z.B. ein Personal- oder Sozialausschuss (vgl. auch BAG, NZA 85, 96). 1

Für die **Wahl, Abberufung** und **Anfechtung der Wahl** von Ausschussmitgl. sowie zur **Übertragung von Aufgaben** zur selbständigen Erledigung an einen Ausschuss gelten die gleichen Grundsätze wie für den BA (vgl. § 27 Rn. 1ff., 7). Entsprechendes gilt auch für das Teilnahmerecht der **JAV** und der **Schwerbehindertenvertr**. (vgl. § 32 Rn. 1) sowie für die Hinzuziehung des Gew.-Beauftragten zu den Sitzungen der Ausschüsse, einschließlich der gemeinsamen Ausschüsse (BAG, AiB 94, 48). Für die Ausschüsse ist **keine bestimmte Größe** vorgeschrieben (vgl. ergänzend DKK-Wedde, Rn. 12). 2

(2) Die Bildung von gemeinsamen Ausschüssen nach Abs. 2 ist nicht davon abhängig, ob weitere Ausschüsse i.S. dieser Vorschrift bestehen (BAG, NZA 94, 567; DKK-Wedde, Rn. 19). Wird ein Ausschuss gemeinsam aus Mitgl. des BR und Vertr. des AG gebildet, z.B. ein Wohnungs- oder Akkordausschuss bzw. Ausschuss für Arbeitssicherheit oder Umweltschutz (Teichert, AiB 94, 229) oder zur Frauenförderung, ist anzuraten, dass der gemeinsame Ausschuss nur vorbereitende Tätigkeiten wahrnimmt und der BR sich die abschließende Entscheidung vorbehält. Bei einer Übertragung von Aufgaben zur selbstständigen Erledigung auf die Mitglieder des BR im Ausschuss muss eine **paritätische Besetzung** des Ausschusses sichergestellt werden. Nur so können Beteiligungs- und MBR des BR gesichert werden. Der BR sollte durch Beschluss die Modalitäten der Beratung und Beschlussfassung in gemeinsamen Ausschüssen festlegen. Voraussetzung für einen Beschluss im Ausschuss ist auf jedem Fall, dass die Mehrheit der vom BR entsandten Mitgl. im Ausschuss zugestimmt hat. Dem gemeinsamen Ausschuss müssen mindestens zwei BR-Mitgl. angehören (BAG a.a.O.). Sind den BR-Mitgl. in einem paritätischen Ausschuss die Mitwirkungsrechte bei Kündigungen nach § 102 zur selbstständigen Entscheidung übertragen worden, soll nach Ansicht des BAG eine ordnungsgemäße Beschlussfassung unter der Voraussetzung zulässig sein, dass der BR selbstständig und ausschließlich alle seine Mitgl. entsandt hat und sämtliche Mitgl. des BR im paritätischen Ausschuss zugestimmt haben (BAG, NZA 85, 96; vgl. aber auch ArbG Wuppertal, AiB 93, 456). Insbesondere bei 3

gemischten Ausschüssen ist zu empfehlen, die Aufgabenbefugnisse dieser gemischten Ausschüsse in einer BV näher festzulegen.

§ 28 a
Übertragung von Aufgaben auf Arbeitsgruppen

(1) In Betrieben mit mehr als 100 Arbeitnehmern kann der Betriebsrat mit der Mehrheit der Stimmen seiner Mitglieder bestimmte Aufgaben auf Arbeitsgruppen übertragen; dies erfolgt nach Maßgabe einer mit dem Arbeitgeber abzuschließenden Rahmenvereinbarung. Die Aufgaben müssen im Zusammenhang mit den von der Arbeitsgruppe zu erledigenden Tätigkeiten stehen. Die Übertragung bedarf der Schriftform. Für den Widerruf der Übertragung gelten Satz 1 erster Halbsatz und Satz 3 entsprechend.

(2) Die Arbeitsgruppe kann im Rahmen der ihr übertragenen Aufgaben mit dem Arbeitgeber Vereinbarungen schließen; eine Vereinbarung bedarf der Mehrheit der Stimmen der Gruppenmitglieder. § 77 gilt entsprechend. Können sich Arbeitgeber und Arbeitsgruppe in einer Angelegenheit nicht einigen, nimmt der Betriebsrat das Beteiligungsrecht wahr.

1 (1) Der BR kann Aufgaben auf Arbeitsgruppen übertragen (vgl. dazu »Übertragung von Aufgaben auf Arbeitsgruppen – § 28 a BetrVG«, Handlungshilfe für BR und Vertrauensleute, Hrsg. IGM-Vorstand [2002]). Dadurch soll eine unmittelbare Beteiligung der AN im Rahmen der Arbeitsorganisation ermöglicht werden. Dieses Delegationsrecht kann der BR nur in **Betrieben mit mehr als 100 AN** (vgl. dazu § 7 Rn. 1 ff.; DKK-Wedde, Rn. 12) ausüben (bei bis 100 AN siehe DKK-Klebe, § 87 Rn. 39). Eine mögliche Zuständigkeit des GBR oder KBR scheidet aus, da Aufgaben des örtlichen BR delegiert werden sollen und ein Verweis in §§ 51 Abs. 1 und 59 Abs. 1 fehlt.

2 Voraussetzung ist als erstes eine mit dem AG abzuschließende Rahmenvereinbarung, die auch Teil einer BV z. B. zur Einführung von Gruppenarbeit sein kann (siehe § 87 Rn. 77). Bei dieser **Rahmenvereinbarung** handelt es sich um eine **freiwillige BV** i. S. von § 88. Für sie gilt die allgemeine Vorschrift des § 77 zu Abschluss, Wirkung und Kündigung. Sie bedarf zwingend der Schriftform (vgl. § 77 Rn. 6). Für die Beschlussfassung des BR sind § 29 Abs. 2 sowie § 33 Abs. 1 und 2 zu beachten (vgl. hierzu § 29 Rn. 4 f.; § 33 Rn. 3, 5). Eine Nachwirkung besteht nur, wenn sie vereinbart wird (vgl. § 77 Rn. 17).

3 In der Rahmenvereinbarung ist detailliert festzulegen, welchen Arbeitsgruppen in welchem Umfang **Aufgaben** des BR übertragen werden sollen. Die Aufgaben müssen in einem inneren Zusammenhang mit den zu erledigenden Tätigkeiten stehen und dürfen nur die Mitgl.

der Arbeitsgruppe betreffen. Sie dürfen keine Auswirkungen auf andere AN oder die Belegschaft des Betriebs haben. Gegenstand der Rahmenvereinbarung können nur **tätigkeits- und aufgabenbezogene Sachverhalte** sein (BT-Drucks. 14/5741, S. 40). Die Übertragung von Aufgaben können sich **insbesondere** auf Rechte des BR nach § 80 Abs. 1, Entscheidungsvorbereitungen für den BR, die Arbeitsgestaltung, den Arbeitswechsel in der Gruppe, die Reihenfolge der Arbeitsabwicklung, die Zusammenarbeit in der Gruppe und mit anderen Gruppen wie auch auf Arbeitszeitfragen, die Pausen, die Gestaltung der internen und externen Kommunikation (z. B. die Lage und Durchführung von Gruppengesprächen, Konfliktlösungsmechanismen), Berücksichtigung von leistungsschwächeren AN, die Festlegung des Qualifizierungsbedarfs und seine Planung (z. B. wer geht wann bei Kontingentierung?) sowie die Urlaubsplanung beziehen. Unzulässig sind Aufgabenübertragungen z. B. im Zusammenhang mit Fragen der betrieblichen Lohngestaltung (§ 87 Abs. 1 Nr. 10), Festsetzung leistungsbezogener Entgelte (§ 87 Abs. 1 Nr. 11), bei personellen Maßnahmen (§ 99) oder einer Betriebsänderung (§ 111). Hier liegt ein Drittbezug vor, da nicht nur Mitgl. der Arbeitsgruppe, sondern auch andere AN betroffen sind. Deshalb sind auch Aufgabenübertragungen im Zusammenhang mit der Einführung von Überstunden oder Kurzarbeit (§ 87 Abs. 1 Nr. 3) grundsätzlich unzulässig. In der Rahmenvereinbarung nicht enthaltene Aufgaben können nicht wirksam auf die Arbeitsgruppe übertragen werden. Empfehlenswert ist eine **Überprüfungs- und Anpassungsklausel mit Verhandlungsoption** insbesondere bei Veränderungen des Arbeitsprozesses und/oder der personellen Zusammensetzung der Arbeitsgruppe.

Da die Gruppenvereinbarung gemäß § 28 a Abs. 2 kollektivrechtlichen Charakter haben kann – **§ 77 gilt entsprechend** –, sind in der Rahmenvereinbarung weiterhin die **Regelungsbefugnisse der Arbeitsgruppe** im Einzelnen zu bestimmen, d. h. wie die Arbeitsgruppe die übertragenen Aufgaben umsetzen kann. Dazu zählt insbesondere die Frage ob und wenn ja, wie die Geltungsdauer, Kündigungsfrist und Nachwirkung bzw. Nichtnachwirkung (vgl. § 77 Rn. 17) dieser Gruppenvereinbarung zu regeln ist (vgl. Rn. 10). Ebenso ist festzulegen, wer Empfangsberechtigter in der Arbeitsgruppe für eine Widerrufserklärung des BR ist. **4**

Wenn Arbeitsgruppen Aufgaben und Rechte des BR wahrnehmen können, können sie auch als ihre Vertretung, insbesondere gegenüber dem AG, einen **Gruppensprecher** wählen. Dessen Wahlverfahren, Aufgaben und Rechte (Vertretungsbefugnis, Freistellung, Schulung, Kostenregelung, Kündigungsschutz u. a.) sind in der Rahmenvereinbarung zu regeln. **5**

Die Übertragung kann nur auf **Arbeitsgruppen im arbeitsorganisatorischen Sinne** erfolgen, d. h. auf Arbeitsgruppen, in denen AN im **6**

Rahmen einer gemeinsamen Arbeitsaufgabe zusammenwirken. Dieses trifft zunächst für die Gruppenarbeit zu (siehe Definition der teilautonomen Gruppe in § 87 Abs. 1 Nr. 13 sowie § 87 Rn. 77). Dazu gehören auch Arbeitsgruppen, denen ein Projekt zur eigenständigen Erledigung übertragen wird (Projektgruppe). Aber auch Problemlösungsgruppen sowie sonstige Teamarbeiten werden erfasst. Diese Vorschrift bezieht sich nicht auf Arbeitsgruppen des BR. Diese können durch die Einbeziehung von sachkundigen AN als Auskunftspersonen gemäß § 80 Abs. 2 durch den BR gebildet werden (vgl. § 80 Rn. 20 ff.).

7 Neben der bestehenden Rahmenvereinbarung ist für die Übertragung, aber auch für die wirksame Einsetzung eines Gruppensprechers ein **Beschluss des BR** notwendig. Für die Beschlussfassung des BR sind § 29 Abs. 2 sowie § 33 Abs. 1 und 2 zu beachten (vgl. hierzu § 29 Rn. 4 f.; § 33 Rn. 3, 5). Der Beschluss muss mit der Mehrheit der Stimmen seiner Mitgl. (absolute Mehrheit) gefasst werden (vgl. § 33 Rn. 3) und kann nicht durch die Rahmenvereinbarung vorweggenommen werden. Stimmenthaltungen gelten als Ablehnung. Trotz bestehender Rahmenvereinbarung kann somit eine Aufgabenübertragung mangels Mehrheitsbeschlusses unterbleiben oder sich nur auf bestimmte Arbeitsgruppen beziehen. Ebenso kann der BR mittels Beschlusses nur bestimmte Aufgaben aus der Rahmenvereinbarung übertragen oder Aufgaben genau definieren (vgl. zu den Aufgaben Rn. 3). Er ist grundsätzlich nicht verpflichtet, die Rahmenvereinbarung in allen Punkten umzusetzen. Der BR kann die Regelungsbefugnis der Arbeitsgruppe im Einzelnen bestimmen, indem er z. B. der Arbeitsgruppe die Möglichkeit einräumt, Gruppenvereinbarungen nur mit bestimmten Kündigungsfristen und ohne Nachwirkung abzuschließen oder deren Abschluss entsprechend einer BV sogar ausschließen (vgl. Rn. 4), soweit dieses nicht schon Gegenstand der Rahmenvereinbarung ist.

8 Die **Übertragung** bedarf nach der Beschlussfassung des BR der **Schriftform**. Im Einzelnen müssen die übertragenen Aufgaben benannt und hinsichtlich der Regelungsbefugnisse abschließend aufgelistet werden. Nur die schriftlich fixierten Aufgaben und Regelungsbefugnisse können von der Arbeitsgruppe wahrgenommen und umgesetzt werden.

9 Die Übertragung kann durch den BR jederzeit widerrufen werden. Ein Teilwiderruf ist nicht möglich. Da für den **Widerruf** Satz 1 erster Halbsatz und Satz 3 entsprechend gilt, ist ein Beschluss des BR notwendig, der mit der Mehrheit der Stimmen seiner Mitgl. (absolute Mehrheit) gefasst wird (vgl. § 33 Rn. 3). Für die Beschlussfassung des BR sind § 29 Abs. 2 sowie § 33 Abs. 1 und 2 zu beachten (vgl. hierzu § 29 Rn. 4 f.; § 33 Rn. 3, 5). Eine Begründung sieht das Gesetz nicht vor. Der Widerruf muss **schriftlich** gegenüber der Arbeitsgruppe

erklärt werden. Bei fehlender Regelung in der Rahmenvereinbarung bzw. im BR-Beschluss ist er wirksam mit **Zugang** bei der **Arbeitsgruppe**, wenn die Arbeitsgruppe einen Sprecher hat, mit Zugang bei ihm. Zweckmäßig ist die zeitgleiche Information des AG über den Widerruf; er ist unverzüglich zu informieren. Mit dem Zugang des Widerrufs fallen die Aufgaben und Regelungsbefugnisse mit sofortiger Wirkung an den BR zurück. Er ist automatisch **Vertragspartei der Gruppenvereinbarung**. Dem BR stehen dann das Kündigungsrecht, aber auch alle anderen Rechte aus dieser Vereinbarung zu. Dieselben Wirkungen wie bei einem Widerruf treten im Falle der **Kündigung der Rahmenvereinbarung** mit Ablauf der Kündigungsfrist ein, sofern eine Nachwirkung nicht vereinbart worden ist (siehe Rn. 4).

(2) Im Rahmen der wirksam übertragenen Aufgaben kann die Ar- **10**
beitsgruppe **Gruppenvereinbarungen** mit dem AG abschließen. Dabei kann es sich z. B. um Fragen der Durchführung der Qualifizierung, der Pausenregelung, aber auch der Urlaubsplanung handeln (vgl. Rn. 3). Eine Vereinbarung mit dem AG ist **wirksam**, wenn die Mehrheit aller Gruppenmitgl. (absolute Mehrheit) zugestimmt hat. § 33 findet entsprechende Anwendung (siehe § 33 Rn. 3 zur absoluten Mehrheit bei BR-Beschlüssen). Eine solche Vereinbarung kann die Wirkung einer BV haben, da § 77 entsprechend gilt (vgl. im Einzelnen dazu § 77 Rn. 6 ff.). Sie hat dann unmittelbare und zwingende Wirkung und begründet unmittelbare Rechtsansprüche des einzelnen AN. Voraussetzung ist aber immer ein wirksamer Delegationsbeschluss des BR (siehe Rn. 7). Bei **Nichtdurchführung** oder **Verstößen** gegen die Gruppenvereinbarung durch den AG ist der BR gemäß § 80 zuständig. Dieses Recht kann nicht delegiert werden.

Wenn in einer Angelegenheit **keine Einigung** über die Vereinbarung **11**
zwischen AG und Arbeitsgruppe erfolgt, z. B. weil nicht die Mehrheit der Gruppenmitgl. der Vereinbarung zustimmt (vgl. Rn. 10), fällt das Beteiligungs- bzw. MBR automatisch an den BR zurück (§ 28 a Abs. 2 Satz 3). In Streitfällen soll der BR die Verhandlungen mit dem AG führen und ggf. die ESt. anrufen.

Falls über den BR-Beschluss hinausgehende Themen in eine **Grup- 12**
penvereinbarung mit dem AG eingeflossen sind, ist die Vereinbarung **insoweit nichtig**, wobei dieses auch die Unwirksamkeit der gesamten Vereinbarungen nach sich ziehen kann (vgl. im Einzelnen DKK-Wedde, 8. Aufl., Rn. 67). Außerhalb des Beschlussrahmens stehen die Beteiligungs- und MBR nur dem BR zu. Vom BR abgeschlossene BV gehen den Gruppenvereinbarungen vor (Däubler, AuR 01, 1), sofern sie keine Öffnungsklauseln haben.

§ 29
Einberufung der Sitzungen

(1) Vor Ablauf einer Woche nach dem Wahltag hat der Wahlvorstand die Mitglieder des Betriebsrats zu der nach § 26 Abs. 1 vorgeschriebenen Wahl einzuberufen. Der Vorsitzende des Wahlvorstands leitet die Sitzung, bis der Betriebsrat aus seiner Mitte einen Wahlleiter bestellt hat.

(2) Die weiteren Sitzungen beruft der Vorsitzende des Betriebsrats ein. Er setzt die Tagesordnung fest und leitet die Verhandlung. Der Vorsitzende hat die Mitglieder des Betriebsrats zu den Sitzungen rechtzeitig unter Mitteilung der Tagesordnung zu laden. Dies gilt auch für die Schwerbehindertenvertretung sowie für die Jugend- und Auszubildendenvertreter, soweit sie ein Recht auf Teilnahme an der Betriebsratssitzung haben. Kann ein Mitglied des Betriebsrats oder der Jugend- und Auszubildendenvertretung an der Sitzung nicht teilnehmen, so soll es dies unter Angabe der Gründe unverzüglich dem Vorsitzenden mitteilen. Der Vorsitzende hat für ein verhindertes Betriebsratsmitglied oder für einen verhinderten Jugend- und Auszubildendenvertreter das Ersatzmitglied zu laden.

(3) Der Vorsitzende hat eine Sitzung einzuberufen und den Gegenstand, dessen Beratung beantragt ist, auf die Tagesordnung zu setzen, wenn dies ein Viertel der Mitglieder des Betriebsrats oder der Arbeitgeber beantragt.

(4) Der Arbeitgeber nimmt an den Sitzungen, die auf sein Verlangen anberaumt sind, und an den Sitzungen, zu denen er ausdrücklich eingeladen ist, teil. Er kann einen Vertreter der Vereinigung der Arbeitgeber, der er angehört, hinzuziehen.

1 (1) Der WV hat innerhalb einer Woche nach dem Wahltag den BR zur sog. **konstituierenden Sitzung** einzuberufen. Die Sitzung selbst muss allerdings nicht in diesem Zeitraum stattfinden. Sie kann jedoch bereits stattfinden, wenn die Amtszeit des vorherigen BR noch nicht beendet ist. Sie sollte jedenfalls so rechtzeitig stattfinden, dass keine betriebsratslose Zeit eintritt bzw. diese verkürzt wird, da nach Auffassung des BAG vor der Konstituierung des BR z. B. keine Anhörungspflicht des AG bei beabsichtigten Kündigungen bestehen soll (BAG, DB 85, 1085).

2 An der konstituierenden Sitzung nimmt nur der **Vors. des WV** teil. Die Funktion des WV erlischt in dem Moment, in dem der **Wahlleiter** gewählt ist. Dessen Funktion ist wiederum erfüllt, wenn der BR-Vors. und sein Stellvertr. gewählt sind. Ein Teilnahmerecht eines **Beauftragten der im BR vertretenen Gew**. an der konstituierenden Sitzung ist unter den Voraussetzungen des § 31 gegeben.

3 Die konstituierende Sitzung des BR dient insbesondere der **Wahl des Vors. und stellvertr. Vors.** des BR. Zweckmäßigerweise werden in der konstituierenden Sitzung auch gewählt: die weiteren **Mitgl. des BA** (bei BR mit neun und mehr Mitgl.), die **freizustellenden BR-Mitgl.** und der **Schriftführer** (vgl. § 34) sowie ggf. die **Vertr. für den GBR bzw. KBR**, die **Mitgl. des WA** und für **Ausschüsse** oder Kommissionen (vgl. DKK-Wedde, Rn. 2 ff.).

4 (2) In welcher **Form** und mit welchen **Fristen Ladungen** durch den BR-Vors. zu BR-Sitzungen zu erfolgen haben, ist zweckmäßigerweise in der Geschäftsordnung festzulegen. Den Zeitpunkt und die Häufigkeit der BR-Sitzungen bestimmt der Vors. nach pflichtgemäßem Ermessen, sofern der BR keine bestimmten Regeln beschlossen oder in der Geschäftsordnung festgelegt hat.

5 Die **ordnungsgemäße Ladung** aller BR-Mitgl. durch den Vors. unter **Mitteilung der Tagesordnung** ist Voraussetzung für eine rechtswirksame Beschlussfassung (BAG, BB 93, 1433; DB 88, 2259; BB 93, 1933; LAG Hamburg, AiB 93, 653; LAG Nürnberg, AiB 98, 162; vgl. ferner Warschkow, AiB 94, 304; Ketter, AiB 98, 431). Tagesordnungspunkte, die nicht vorher mitgeteilt wurden, sollen nach Auffassung des BAG nur behandelt werden können, wenn alle BR-Mitgl. anwesend sind und sich mit der Behandlung einverstanden erklärt haben (BAG a. a. O.; LAG Köln, AiB 99, 583 mit Anm. v. Mletzko). Auch unter dem Tagesordnungspunkt »Verschiedenes« kann nach Auffassung des BAG der BR nur dann wirksame Beschlüsse fassen, wenn dieser spezifiziert wurde, der BR vollständig versammelt ist und kein BR-Mitgl. der Beschlussfassung widerspricht (BAG, BetrR 93, 63 mit kritischer Anm. v. Ortmann; ArbG Hamburg v. 28. 5. 97 – 28 BV 5/96; kritisch auch DKK-Wedde, Rn. 20 ff.). Unwirksam sind die Beschlüsse des BR auch, wenn für verhinderte BR-Mitgl. nicht die zuständigen **Ersatz-Mitgl.** geladen wurden (vgl. BAG, DB 85, 554; BB 93, 1433), es sei denn, die Verhinderung ist so plötzlich eingetreten, dass eine Benachrichtigung nicht mehr möglich war (vgl. ergänzend § 33 Rn. 2 f.). Die **Heilung des Ladungsmangels** kann in einer späteren Sitzung, zu der ordnungsgemäß **geladen wurde**, erfolgen (BAG, BB 93, 580; LAG Nürnberg a. a. O.). Ist der BR-Vors. selbst verhindert, erfolgt die Einberufung der weiteren BR-Sitzungen durch seinen Stellvertr.

6 Der Nachweis einer wirksamen Beschlussfassung des BR ist nur dann erforderlich, wenn ein Anlass für ernsthafte Zweifel besteht, ob tatsächlich ein Beschluss des BR vorliegt oder dieser ordnungsgemäß zustande gekommen ist (vgl. LAG Frankfurt, BB 94, 574).

7 (3) Beruft der BR-Vors. trotz eines Antrags eine Sitzung nicht ein oder setzt er den beantragten Gegenstand nicht auf die Tagesordnung, handelt er pflichtwidrig (§ 23 Abs. 1). Zum Antragsrecht der JAV vgl.

§ 67. Das Antragsrecht der Schwerbehindertenvertr. ergibt sich aus § 95 Abs. 4 SGB IX.

8 (4) Der **AG** kann an **BR-Sitzungen** nur teilnehmen, wenn die Sitzungen auf seinen Antrag einberufen oder er ausdrücklich zur Sitzung eingeladen worden ist. Die Einladung kann sich auch auf einzelne Punkte der Tagesordnung beschränken (LAG Hamm, AiB 99, 488). Der AG ist verpflichtet, entweder selbst oder durch einen Vertr. an der BR-Sitzung teilzunehmen. Bei dem Vertr. muss es sich um eine für die Leitung des Betriebs verantwortliche Person handeln, nicht jedoch um einen Betriebsfremden. Ein grundsätzliches und hartnäckiges Fernbleiben kann eine Störung der Tätigkeit des BR bedeuten und nach § 119 Abs. 1 Nr. 2 als Straftat geahndet werden. Ein Vertr. des AG-Verbandes kann nur dann an einer BR-Sitzung teilnehmen, wenn er ausdrücklich vom AG dazu aufgefordert wurde. Der AG hat **kein Stimmrecht**. Er ist nicht berechtigt, eine Protokollführung hinzuzuziehen (so auch ArbG Bad Hersfeld, BB 87, 2452, zu den Besprechungen nach § 74 Abs. 1). Er kann auch nicht die Sitzung **leiten** und hat kein **Teilnahmerecht** während der Beschlussfassung.

§ 30
Betriebsratssitzungen

Die Sitzungen des Betriebsrats finden in der Regel während der Arbeitszeit statt. Der Betriebsrat hat bei der Ansetzung von Betriebsratssitzungen auf die betrieblichen Notwendigkeiten Rücksicht zu nehmen. Der Arbeitgeber ist vom Zeitpunkt der Sitzung vorher zu verständigen. Die Sitzungen des Betriebsrats sind nicht öffentlich.

1 Betriebliche Notwendigkeiten können nur in Ausnahmefällen dazu führen, dass eine BR-Sitzung außerhalb der Arbeitszeit stattfindet. Müssen einzelne BR-Mitgl. außerhalb ihrer persönlichen Arbeitszeit an BR-Sitzungen teilnehmen, z. B. in Schichtbetrieben oder Teilzeitbeschäftigte, haben sie Anspruch auf **Freizeitausgleich** nach § 37 Abs. 3 (vgl. § 37 Rn. 18). Der AG kann eine Sitzung, bei der nach seiner Auffassung auf **betriebliche Notwendigkeiten** nicht genügend Rücksicht genommen wurde, nicht verbieten oder gar dem BR-Mitgl. das Arbeitsentgelt entsprechend kürzen, noch hat dies Einfluss auf die Wirksamkeit der vom BR gefassten Beschlüsse.

2 Der AG hat keinen Anspruch darauf, vom BR zu verlangen, seine Sitzungen an **bestimmten Wochentagen** oder zu einem **bestimmten Zeitpunkt** oder für eine bestimmte zeitliche **Dauer** abzuhalten (ArbG Wesel, AuR 89, 60). Der BR ist auch nicht verpflichtet, dem AG nachträglich Auskunft über Beginn und Ende seiner Sitzungen zu erteilen (ArbG Hamburg, AiB 00, 102). Gegen den Willen des BR kann der AG die Absetzung der Sitzung allenfalls durch eine **einst-**

weilige Verfügung des ArbG erwirken. Um den beiderseitigen Interessen gerecht zu werden, empfiehlt es sich für den BR, einen **festen Sitzungsrhythmus** – etwa wöchentlich – festzulegen und dies dem AG mitzuteilen (vgl. ergänzend DKK-Wedde, Rn. 4ff.).

BR-Sitzungen finden grundsätzlich im Betrieb statt. Müssen die Sitzungen jedoch, z.B. weil kein angemessener Sitzungsraum zur Verfügung steht, **außerhalb des Betriebsgeländes** stattfinden, ist der AG nicht berechtigt, eine Abmahnung auszusprechen oder Lohnabzüge für den Sitzungszeitraum vorzunehmen (LAG Berlin, AiB 88, 110). 3

Die Verpflichtung, den **AG** vorher vom **Zeitpunkt der BR-Sitzung** zu verständigen, hat lediglich den Sinn, dass sich der AG wegen des Arbeits- und Produktionsablaufs darauf einstellen kann. Die Tagesordnung ist nicht mitzuteilen. Es bedarf auch keiner Zustimmung des AG für die Sitzung. 4

Aus dem Grundsatz der **Nichtöffentlichkeit** ergibt sich keine über den Rahmen des § 79 hinausgehende Verschwiegenheitspflicht, sondern dass ein Teilnahmerecht neben den BR-Mitgl. nur die Schwerbehinderten-Vertr., die JAV, der Vertr. der Gew. (vgl. BAG, DB 90, 1288; vgl. im Übrigen Erl. zu § 31), der AG (nur im Rahmen des § 29 Abs. 4), Schreibkräfte zur Anfertigung der Sitzungsniederschriften (vgl. § 34 Rn. 2) oder andere vom BR zur Beratung einzelner Tagesordnungspunkte hinzugezogene Personen (Auskunftspersonen, Sachverständige; vgl. § 80 Rn. 20f., 28f.) haben. 5

§ 30 gilt entsprechend für die Sitzungen des BA, WA und anderer vom BR gebildeter Ausschüsse. 6

§ 31
Teilnahme der Gewerkschaften

Auf Antrag von einem Viertel der Mitglieder des Betriebsrats kann ein Beauftragter einer im Betriebsrat vertretenen Gewerkschaft an den Sitzungen beratend teilnehmen; in diesem Fall sind der Zeitpunkt der Sitzung und die Tagesordnung der Gewerkschaft rechtzeitig mitzuteilen.

Die Teilnahme von **Gew.-Beauftragten** kann bereits dann erfolgen, wenn dies lediglich von einem Viertel der BR-Mitgl. beantragt wird. Eines Beschlusses des BR bedarf es nicht; ein entsprechender Antrag kann auch nicht durch **Mehrheitsbeschluss des BR** abgelehnt werden (OVG NRW, PersR 96, 202). Voraussetzung für die **Antragstellung** ist, dass ein BR-Mitgl., das nicht auch Antragsteller sein muss, dieser Gew. angehört. Der Gew. sind der **Zeitpunkt** und die **Tagesordnung rechtzeitig** mitzuteilen. 1

Welchen Vertr. die eingeladene Gew. entsendet, bestimmt diese allein. Der Gew.-Vertr. muss nicht Ang. der Gew. sein; er kann auch AN 2 des Betriebs sein (vgl. ArbG Aachen v. 25. 10. 95 – 5 BV 45/94). Die Entsendung **mehrerer Vertr**. ist möglich und jedenfalls dann zweckmäßig, wenn die Tagesordnungspunkte eine Beratung durch verschiedene Gew.-Vertr. notwendig erscheinen lassen. Auch Gew.-Vertr., die als AN-Vertr. dem AR eines Konkurrenz-UN angehören, kann der AG die Teilnahme an BR-Sitzungen (Ausschüsse, Betriebsversamml.) nicht verwehren, da es keine Unvereinbarkeit zwischen diesen beiden Tätigkeiten gibt (LAG Hamburg, Mitb. 87, 782).

3 Die Hinzuziehung von Beauftragten einer im Betrieb vertretenen Gew. kann auch der **BR** sowohl im Einzelfall als auch generell **beschließen** bzw. in seiner **Geschäftsordnung** regeln (so jetzt auch BAG, DB 90, 1288; vgl. auch BAG, DB 81, 1240 zur Teilnahme an WA-Sitzungen).

4 Im Gegensatz zum Vertr. der AG-Vereinigung (§ 29 Abs. 4 Satz 2) hat der Beauftragte der Gew. **beratende Stimme**, d.h., er darf auf die Willensbildung des BR Einfluss nehmen. Er hat kein Stimmrecht, kann jedoch bei der Beschlussfassung anwesend sein. Der AG kann dem Gew.-Beauftragten den **Zutritt zum Betrieb** nicht verwehren (vgl. u.a. OLG Hamm v. 26. 6. 87 – 1 Ss 164/87). Die Entfernung eines Gew.-Beauftragten einer im Betrieb vertretenen Gew. durch einen Polizeibeamten von einer BR-Sitzung ist rechtswidrig (Widerspruchsbescheid der Polizeidirektion Schleswig-Holstein West v. 12. 3. 91, Az: – 11 – 12.45). Zur **Verschwiegenheitspflicht** siehe § 79 Abs. 2.

5 § 31 ist entsprechend anzuwenden auf Ausschüsse des BR einschl. BA und WA sowie GBR, KBR, JAV, GJAV und KJAV (BAG, DB 81, 1240; vgl. ergänzend DKK-Wedde, Rn. 1, 19f.).

§ 32
Teilnahme der Schwerbehindertenvertretung

Die Schwerbehindertenvertretung (§ 94 des Neunten Buches Sozialgesetzbuch) kann an allen Sitzungen des Betriebsrats beratend teilnehmen.

1 § 32 gilt nicht nur für alle BR-Sitzungen (LAG Hessen, NZA-RR 02, 587: unabhängig davon, ob Fragen schwerbehinderter AN anstehen und welche Themen auf der Tagesordnung stehen), sondern auch für Ausschusssitzungen des BR einschl. BA und WA (BAG, NZA 87, 861) und Arbeitsschutzausschuss (§ 95 Abs. 4 SGB IX). Weiterhin gilt die Vorschrift für die beratende Teilnahme an Sitzungen gemeinsamer Ausschüsse des BR und AG i. S. des § 28 Abs. 2 (BAG, AiB 94, 48) und für Besprechungen mit dem AG nach § 74 Abs. 1 (§ 95 Abs. 5 SGB IX). Eine **Verpflichtung** zur Teilnahme besteht jedoch nicht.

Unterlässt der BR-Vors. die rechtzeitige Ladung, handelt er **pflichtwidrig**.

Die Schwerbehindertenvertr. (zur Zusammenarbeit mit BR vgl. Splanemann, AiB 02, 404; Feldes, AiB 02, 291) hat nicht das Recht, die **Einberufung einer BR-Sitzung** zu beantragen. Sie kann aber verlangen, Angelegenheiten, die einzelne schwerbehinderte Beschäftigte oder die schwerbehinderten Beschäftigten als Gruppe besonders betreffen, auf die **Tagesordnung** der nächsten BR-Sitzung zu setzen (§ 95 Abs. 4 SGB IX). 2

§ 33
Beschlüsse des Betriebsrats

(1) Die Beschlüsse des Betriebsrats werden, soweit in diesem Gesetz nichts anderes bestimmt ist, mit der Mehrheit der Stimmen der anwesenden Mitglieder gefasst. Bei Stimmengleichheit ist ein Antrag abgelehnt.

(2) Der Betriebsrat ist nur beschlussfähig, wenn mindestens die Hälfte der Betriebsratsmitglieder an der Beschlussfassung teilnimmt; Stellvertretung durch Ersatzmitglieder ist zulässig.

(3) Nimmt die Jugend- und Auszubildendenvertretung an der Beschlussfassung teil, so werden die Stimmen der Jugend- und Auszubildendenvertreter bei der Feststellung der Stimmenmehrheit mitgezählt.

(1) Der BR trifft seine Entscheidung durch Beschluss. Voraussetzung für die Beschlussfassung ist die **ordnungsgemäße Ladung aller BR-Mitgl**. und aller **Mitgl. der JAV**, sofern diese im BR Stimmrecht hat (vgl. § 67), und die **rechtzeitige Mitteilung der Tagesordnung**. Für verhinderte BR-Mitgl. sind **Ersatzmitgl**. zu laden. Erfolgt dies nicht, ist der BR an einer wirksamen Beschlussfassung gehindert (BAG v. 23. 8. 84, AP Nr. 17 zu § 103 BetrVG 1972, v. 28. 4. 88 AP Nr. 2 zu § 29 BetrVG 1972 und BAG, BB 93, 1433). Der Mangel der nicht rechtzeitigen Mitteilung oder die Notwendigkeit der Ergänzung der Tagesordnung kann dadurch behoben werden, dass alle BR-Mitgl. anwesend sind und sich einstimmig mit der Behandlung bzw. Ergänzung der Tagesordnung einverstanden erklärt haben (BAG v. 28. 4. 88 a. a. O., vgl. auch BAG, NZA 93, 466; Erl. zu § 29). Dies gilt auch für Beschlüsse zum Tagesordnungspunkt Verschiedenes jedenfalls dann, wenn die Beratungsgegenstände nicht näher bezeichnet sind (BAG, AiB 93, 286 = DB 93, 840; vgl. ergänzend § 29 Rn. 5). Die Vorschrift gilt auch für die Ausschüsse des BR, des GBR, KBR und deren Ausschüsse sowie für die JAV, die GJAV und die KJAV. 1

Eine **ordnungsgemäße Beschlussfassung** setzt weiterhin die Beschlussfähigkeit des BR voraus (vgl. Rn. 5). Diese muss bei jeder 2

Abstimmung des BR bestehen und durch den Vors. erneut festgestellt werden. Sie sollte mit dem Abstimmungsergebnis für jede Abstimmung in der Sitzungsniederschrift vermerkt werden, sofern Veränderungen eingetreten sind (vgl. DKK-Wedde, Rn. 7f.).

3 Eine Beschlussfassung im **Umlaufverfahren** sowie außerhalb von Sitzungen ist unzulässig (LAG Köln, AiB 99, 583). Entsprechendes gilt auch für eine **schriftliche, telegrafische, fernmündliche oder stillschweigende** Beschlussfassung. Ein Beschluss ist nur bei **Stimmenmehrheit der** anwesenden Mitgl. wirksam getroffen worden. In einigen Fällen bedarf jedoch ein Beschluss der Mehrheit der Stimmen der Mitgl. des BR **(absolute Mehrheit)**, so nach §§ 13 Abs. 2 Nr. 3, 27 Abs. 3, 28 Abs. 1, 28a Abs. 1, 36, 50 Abs. 2, 107 Abs. 3. **Stimmenthaltungen** gelten demnach als Ablehnung. Zur Beschlussfassung, dabei auch zu den Besonderheiten in Betrieben der privatisierten Postunternehmen und der privatisierten Deutschen Bahn AG, vgl. im Übrigen DKK-Wedde, Rn. 14ff. mit einigen Beispielen aus der Praxis (vgl. auch Rechtspr.-Übersicht Warschkow, AiB 94, 304; Matusche, AiB 96, 535). In **eigenen, persönlichen** Angelegenheiten (z.B. Umgruppierung, Kündigung oder Ausschlussantrag) ist das betroffene BR-Mitgl. gehindert, an der Beratung und Beschlussfassung des BR teilzunehmen (BAG, AuR 00, 158; LAG Hamm, AiB 99, 461 mit Anm. v. Hess-Grunewald). Für das verhinderte BR-Mitgl. ist ein Ersatzmitgl. zu laden. Die Nichtbeachtung dieser Pflicht führt zur Unwirksamkeit des Beschlusses. Das betroffene BR-Mitgl. hat jedoch Anspruch auf **rechtliches Gehör**.

4 **Nichtig** sind Beschlüsse des BR nur, wenn sie entweder einen **gesetzwidrigen Inhalt** haben oder nicht **ordnungsgemäß** zustande gekommen sind (BAG, AuR 86, 92 mit Anm. v. Heilmann; AiB 88, 346 mit Anm. v. Grimberg). Letzteres ist aber nur bei **groben Verstößen** sowie bei **wesentlichen und unverzichtbaren Verfahrensvorschriften** und nicht schon bei **kleinen Formfehlern** gegeben. BR-Beschlüsse sind hinsichtlich ihrer **Zweckmäßigkeit** nicht überprüfbar (BAG, DB 79, 2091; LAG Nürnberg, AiB 86, 93). Solange ein Beschluss des BR noch keine **Außenwirkung**, z.B. durch Mitteilung an den AG, erlangt hat, kann der BR jederzeit einen gefassten Beschluss durch einen neuen ordnungsgemäßen Beschluss aufheben oder ändern (LAG Hamm, DB 92, 483). Zur Heilung unzulässiger Beschlüsse vgl. § 29 Rn. 5.

5 (2) Die **Beschlussfähigkeit** des BR ist eine unverzichtbare Voraussetzung für das Zustandekommen wirksamer Beschlüsse. Sie setzt die Teilnahme von mindestens der Hälfte der BR-Mitgl. an **jeder Beschlussfassung** voraus. Sind jedoch während der Dauer einer Äußerungsfrist (z.B. § 102 Abs. 2) mehr als die Hälfte der BR-Mitgl. verhindert und können diese nicht durch Ersatzmitgl. vertreten wer-

den, nimmt der Rest-BR in entsprechender Anwendung des § 22 die Beteiligungsrechte wahr (BAG, DB 83, 234).

(3) Die Stimmen der JAV zählen in den Fällen des § 67 Abs. 2 bei der Feststellung der Stimmenmehrheit, nicht jedoch bei der Feststellung der Beschlussfähigkeit mit. 6

§ 34
Sitzungsniederschrift

(1) Über jede Verhandlung des Betriebsrats ist eine Niederschrift aufzunehmen, die mindestens den Wortlaut der Beschlüsse und die Stimmenmehrheit, mit der sie gefasst sind, enthält. Die Niederschrift ist von dem Vorsitzenden und einem weiteren Mitglied zu unterzeichnen. Der Niederschrift ist eine Anwesenheitsliste beizufügen, in die sich jeder Teilnehmer eigenhändig einzutragen hat.

(2) Hat der Arbeitgeber oder ein Beauftragter einer Gewerkschaft an der Sitzung teilgenommen, so ist ihm der entsprechende Teil der Niederschrift abschriftlich auszuhändigen. Einwendungen gegen die Niederschrift sind unverzüglich schriftlich zu erheben; sie sind der Niederschrift beizufügen.

(3) Die Mitglieder des Betriebsrats haben das Recht, die Unterlagen des Betriebsrats und seiner Ausschüsse jederzeit einzusehen.

(1) Die Niederschrift muss **zwingend** enthalten: die Wiedergabe des **Wortlauts der Beschlüsse**, die Angabe des **Stimmenverhältnisses**, des **Datums** und die Beifügung der eigenhändig unterschriebenen **Anwesenheitsliste** aller Teilnehmer. Es muss sich aus ihr auch ergeben, welche Fragen in der Sitzung behandelt worden sind. Die Nichtanfertigung einer Niederschrift hat jedoch keine Auswirkungen auf die Wirksamkeit der vom BR gefassten Beschlüsse, sie erleichtert jedoch deren Nachweis (vgl. im Übrigen DKK-Wedde, Rn. 2ff.). 1

Die **Hinzuziehung einer Schreibkraft** ist zulässig (vgl. BAG, NZA 91, 432; vgl. auch BAG, DB 91, 1523, wonach jedoch kein Anspruch des BR bestehen soll, eine ihm nicht angehörende Person zur Protokollführung hinzuzuziehen). Bedenken wegen der **Nichtöffentlichkeit** der BR-Sitzungen bestehen nicht, da dem BR nach § 40 Abs. 2 vom AG u.a. auch für Sitzungen Büropersonal zur Verfügung zu stellen ist (BAG a.a.O.; a.A. BVerwG, PersR 93, 383, sofern das Gesetz selbst keine Einschränkung enthält). Entsprechendes gilt für die **Verschwiegenheitspflicht**, da die Schreibkraft bereits aufgrund ihres Arbeitsvertragsverhältnisses zur Verschwiegenheit verpflichtet ist (BAG a.a.O.; vgl. auch DKK-Wedde, Rn. 9f.). 2

(2) Der AG hat nur dann und für den Teil der Sitzung Anspruch auf abschriftliche Aushändigung der Niederschrift, soweit er selbst an der 3

Sitzung teilgenommen hat. Gleiches gilt für Beauftragte einer Gew. Der AG ist jedoch nicht berechtigt, seinerseits eine Protokollführung hinzuzuziehen (so auch ArbG Bad Hersfeld, BB 87, 2452 zu Besprechungen gemäß § 74 Abs. 1). **Einwendungen** gegen die Richtigkeit der Niederschrift können nicht nur der AG und der **Gew.-Vertr.**, sondern alle übrigen Sitzungsteilnehmer erheben.

4 (3) Das Recht auf Einsichtnahme in die Unterlagen des BR und seiner Ausschüsse steht nur den BR-Mitgl. zu. Aus diesem Recht ergibt sich jedoch keine Verpflichtung des BR, dem einzelnen BR-Mitgl. die Herstellung von Fotokopien zu gestatten (BAG, DB 82, 2578). Das einzelne BR-Mitgl. ist jedoch berechtigt, sich Notizen zu machen. Der BR kann aber beschließen, dass Unterlagen, Niederschriften u. ä. für alle Mitgl. z. B. als Sitzungsunterlagen fotokopiert werden. Dies dürfte sich grundsätzlich auch empfehlen, da nur so jedes BR-Mitgl. in der Lage ist, sich auf eine Sitzung vorzubereiten. Die **JAV** kann nach § 70 Abs. 2 verlangen, dass der BR ihr die zur Durchführung ihrer Aufgaben erforderlichen Unterlagen zur Verfügung stellt (vgl. auch DKK-Wedde, Rn. 19 ff.).

§ 35
Aussetzung von Beschlüssen

(1) Erachtet die Mehrheit der Jugend- und Auszubildendenvertretung oder die Schwerbehindertenvertretung einen Beschluss des Betriebsrats als eine erhebliche Beeinträchtigung wichtiger Interessen der durch sie vertretenen Arbeitnehmer, so ist auf ihren Antrag der Beschluss auf die Dauer von einer Woche vom Zeitpunkt der Beschlussfassung an auszusetzen, damit in dieser Frist eine Verständigung, gegebenenfalls mit Hilfe der im Betrieb vertretenen Gewerkschaften, versucht werden kann.

(2) Nach Ablauf der Frist ist über die Angelegenheit neu zu beschließen. Wird der erste Beschluss bestätigt, so kann der Antrag auf Aussetzung nicht wiederholt werden; dies gilt auch, wenn der erste Beschluss nur unerheblich geändert wird.

1 Der Antrag auf Aussetzung kann **nur gegen einen Beschluss** des BR und nicht etwa gegen eine Wahlentscheidung gestellt werden. Eine **Frist** für die Stellung des **Aussetzungsantrags** ist nicht vorgeschrieben. Sie ergibt sich jedoch unmittelbar daraus, dass der Beschluss nur für die Dauer von einer Woche von der Beschlussfassung – nicht vom Antrag – an gerechnet, ausgesetzt werden kann. **Antragsberechtigt** ist die Mehrheit der JAV oder die Schwerbehindertenvertr. (§ 95 Abs. 4 SGB IX).

2 Der Grundsatz, dass der BR im Falle eines Aussetzungsantrags den Beschluss vor Ablauf der einwöchigen Aussetzungsfrist nicht voll-

ziehen darf, **gilt nicht uneingeschränkt**, wenn die Gefahr besteht, dass das Schweigen des BR als Zustimmung zu einer beabsichtigten Maßnahme des AG angesehen wird (§ 99 Abs. 3, § 102 Abs. 2). In diesem Fall hat der BR dem AG vor Ablauf der Äußerungsfrist die von ihm getroffene Entscheidung mitzuteilen und gleichzeitig auf den gestellten Aussetzungsantrag hinzuweisen, sofern eine Verständigung vorher nicht möglich ist (so auch DKK-Wedde, Rn. 11).

Der AG verstößt gegen den **Grundsatz der vertrauensvollen Zusammenarbeit**, wenn er nach Ablauf der Äußerungsfrist die personelle Maßnahme durchführt, ohne die endgültige Entscheidung des BR abzuwarten. Die Vorschrift gilt entsprechend auch für **Ausschüsse** (§§ 27, 28), denen Aufgaben zur selbstständigen Erledigung übertragen wurden. Die im Betrieb vertretene Gew. kann zur Hilfestellung bei den Verständigungsverhandlungen herangezogen werden. Bei einer erneuten Beschlussfassung ist das Aussetzungsverfahren endgültig beendet, wenn der BR den früheren Beschluss inhaltlich bestätigt. Ein erneuter Aussetzungsantrag ist nur dann möglich, wenn ein neuer oder inhaltlich anderer Beschluss gefasst worden ist (vgl. DKK-Wedde, Rn. 18). 3

Die **Schwerbehindertenvertr**. kann einen Aussetzungsantrag auch dann stellen, wenn sie entgegen § 95 Abs. 2 SGB IX bei Maßnahmen gegenüber Schwerbehinderten nicht rechtzeitig und umfassend vorher vom AG unterrichtet bzw. angehört wurde (§ 95 Abs. 4 SGB IX). 4

§ 36
Geschäftsordnung

Sonstige Bestimmungen über die Geschäftsführung sollen in einer schriftlichen Geschäftsordnung getroffen werden, die der Betriebsrat mit der Mehrheit der Stimmen seiner Mitglieder beschließt.

Die Geschäftsordnung darf nicht von zwingenden gesetzl. Bestimmungen für die Geschäftsführung (§§ 26 und 41) abweichen. Sie enthält nur Regelungen für die interne Geschäftsführung des BR. So kann z. B. in der Geschäftsordnung geregelt werden, dass die im Betrieb vertretene Gew. ein generelles Teilnahmerecht an den BR-Sitzungen hat (BAG, NZA 90, 660). In der Geschäftsordnung können auch Regelungen aufgenommen werden, die mit dem AG vereinbart oder in einer BV getroffen wurden (vgl. auch Kraushaar, AiB 95, 161). 1

Die Geschäftsordnung gilt grundsätzlich nur für **die Dauer der Amtszeit** des BR. Anderes gilt für die Geschäftsordnung des **GBR/KBR**, da diese Organe keine von vornherein begrenzte Amtszeit haben. Nach den regelmäßigen BR-Wahlen empfiehlt sich aber auch hier eine erneute Beratung und Beschlussfassung. Eine Geschäftsordnung kann 2 durch den BR nur mit der Mehrheit der Stimmen seiner Mitgl. (absolute Mehrheit) beschlossen werden. Dies gilt auch für Änderungen einer einmal beschlossenen Geschäftsordnung.

3 Eine Bekanntmachung oder Mitteilung an den AG ist nicht erforderlich. Die Aushändigung von Auszügen an den AG kann jedoch zweckmäßig sein, soweit es für die Zusammenarbeit notwendig ist. Den einzelnen BR-Mitgl. ist jedoch eine Kopie der Geschäftsordnung auszuhändigen, jedenfalls auf Anforderung (ArbG München, AiB 89, 315).

§ 37
Ehrenamtliche Tätigkeit, Arbeitsversäumnis

(1) Die Mitglieder des Betriebsrats führen ihr Amt unentgeltlich als Ehrenamt.

(2) Mitglieder des Betriebsrats sind von ihrer beruflichen Tätigkeit ohne Minderung des Arbeitsentgelts zu befreien, wenn und soweit es nach Umfang und Art des Betriebs zur ordnungsgemäßen Durchführung ihrer Aufgaben erforderlich ist.

(3) Zum Ausgleich für Betriebsratstätigkeit, die aus betriebsbedingten Gründen außerhalb der Arbeitszeit durchzuführen ist, hat das Betriebsratsmitglied Anspruch auf entsprechende Arbeitsbefreiung unter Fortzahlung des Arbeitsentgelts. Betriebsbedingte Gründe liegen auch vor, wenn die Betriebsratstätigkeit wegen der unterschiedlichen Arbeitszeiten der Betriebsratsmitglieder nicht innerhalb der persönlichen Arbeitszeit erfolgen kann. Die Arbeitsbefreiung ist vor Ablauf eines Monats zu gewähren; ist dies aus betriebsbedingten Gründen nicht möglich, so ist die aufgewendete Zeit wie Mehrarbeit zu vergüten.

(4) Das Arbeitsentgelt von Mitgliedern des Betriebsrats darf einschließlich eines Zeitraums von einem Jahr nach Beendigung der Amtszeit nicht geringer bemessen werden als das Arbeitsentgelt vergleichbarer Arbeitnehmer mit betriebsüblicher beruflicher Entwicklung. Dies gilt auch für allgemeine Zuwendungen des Arbeitgebers.

(5) Soweit nicht zwingende betriebliche Notwendigkeiten entgegenstehen, dürfen Mitglieder des Betriebsrats einschließlich eines Zeitraums von einem Jahr nach Beendigung der Amtszeit nur mit Tätigkeiten beschäftigt werden, die den Tätigkeiten der in Absatz 4 genannten Arbeitnehmer gleichwertig sind.

(6) Die Absätze 2 und 3 gelten entsprechend für die Teilnahme an Schulungs- und Bildungsveranstaltungen, soweit diese Kenntnisse vermitteln, die für die Arbeit des Betriebsrats erforderlich sind. Betriebsbedingte Gründe im Sinne des Absatzes 3 liegen auch vor,

wenn wegen Besonderheiten der betrieblichen Arbeitszeitgestaltung die Schulung des Betriebsratsmitglieds außerhalb seiner Arbeitszeit erfolgt; in diesem Fall ist der Umfang des Ausgleichsanspruchs unter Einbeziehung der Arbeitsbefreiung nach Absatz 2 pro Schulungstag begrenzt auf die Arbeitszeit eines vollzeitbeschäftigten Arbeitnehmers. Der Betriebsrat hat bei der Festlegung der zeitlichen Lage der Teilnahme an Schulungs- und Bildungsveranstaltungen die betrieblichen Notwendigkeiten zu berücksichtigen. Er hat dem Arbeitgeber die Teilnahme und die zeitliche Lage der Schulungs- und Bildungsveranstaltungen rechtzeitig bekannt zu geben. Hält der Arbeitgeber die betrieblichen Notwendigkeiten für nicht ausreichend berücksichtigt, so kann er die Einigungsstelle anrufen. Der Spruch der Einigungsstelle ersetzt die Einigung zwischen Arbeitgeber und Betriebsrat.

(7) Unbeschadet der Vorschrift des Absatzes 6 hat jedes Mitglied des Betriebsrats während seiner regelmäßigen Amtszeit Anspruch auf bezahlte Freistellung für insgesamt drei Wochen zur Teilnahme an Schulungs- und Bildungsveranstaltungen, die von der zuständigen obersten Arbeitsbehörde des Landes nach Beratung mit den Spitzenorganisationen der Gewerkschaften und der Arbeitgeberverbände als geeignet anerkannt sind. Der Anspruch nach Satz 1 erhöht sich für Arbeitnehmer, die erstmals das Amt eines Betriebsratsmitglieds übernehmen und auch nicht zuvor Jugend- und Auszubildendenvertreter waren, auf vier Wochen. Absatz 6 Satz 2 bis 6 findet Anwendung.

(1) Die unentgeltliche Ausübung des Amtes soll die **Unabhängigkeit** des BR-Mitgl. gewährleisten. Den BR-Mitgl. darf wegen ihrer Tätigkeit im BR keine besondere Vergütung irgendwelcher Art gewährt werden. Dem Verbot von Vorteilen steht der Ausschluss jeglicher Benachteiligung gegenüber. Der **pauschale Ersatz** regelmäßig entstehender Auslagen und Aufwendungen ist jedoch zulässig, wenn es sich dabei nicht um eine versteckte Vergütung handelt (LAG Köln, DB 85, 394). In der Weiterzahlung des bisherigen Lohns liegt keine Gewährung eines unberechtigten Vorteils, wenn das BR-Mitgl. wegen seines Amtes an einen schlechter bezahlten Arbeitsplatz versetzt wird. **1**

Die Tätigkeit als BR-Mitgl. steht in sozialversicherungsrechtlicher Hinsicht der Arbeitsleistung gleich (BSG, BB 76, 980). Die BR-Tätigkeit darf gegen den Willen des BR-Mitgl. grundsätzlich weder in einem **Zeugnis** noch in einer dienstlichen **Regelbeurteilung** erwähnt werden (LAG Hamm, DB 76, 1112; LAG Frankfurt, DB 78, 167; BAG, NZA 93, 222 bei entsprechender Tätigkeit nach dem BPersVG); auch mittelbare Aussagen haben zu unterbleiben (ArbG Ludwigshafen, BB 87, 1464). **2**

3 (2) Durch diese Vorschrift wird sichergestellt, dass die Erfüllung der **BR-Aufgaben Vorrang** vor der **arbeitsvertraglichen Verpflichtung** des AN hat, soweit diese nach Umfang und Art des Betriebs zur ordnungsgemäßen Durchführung der BR-Aufgaben erforderlich sind (BAG, ZTR 97, 524; NZA 95, 961; vgl. auch DKK-Wedde, Rn. 10ff.; ferner Esser/Wolmerath, AiB 98, 181; zur Ab- und Rückmeldung vgl. Rn. 11ff.). Das Recht auf Arbeitsbefreiung erstreckt sich auf jegliche BR-Tätigkeit, gleichgültig, ob innerhalb oder außerhalb des Betriebs. Gemäß §§ 51 Abs. 1, 59 Abs. 1 gilt die Vorschrift entsprechend auch für die **Mitgl. des GBR** (LAG München, NZA 91, 905; ArbG München AiB 91, 429) und **KBR**. Sie findet ferner Anwendung für Mitgl. des WA, die nicht BR-Mitgl. sind (ArbG Berlin, AiB 80, 11). Abs. 2 regelt nicht nur die **Arbeitsbefreiung** aus konkretem Anlass, sondern eröffnet auch die Möglichkeit, einzelne BR-Mitgl. generell für einen bestimmten Teil ihrer Arbeitszeit (stundenweise, tageweise) freizustellen (BAG, DB 74, 1439; BB 92, 360), auch in Betrieben mit nach § 38 völlig freigestellten BR-Mitgl. (BAG, NZA 97, 782; FKHES, Rn. 38) sowie als Ersatzfreistellungen für verhinderte freigestellte BR-Mitgl. (BAG, AiB 98, 100) und Aufteilung einer Freistellung auf mehrere BR-Mitgl. (BAG, BetrR 97, 12 mit Anm. v. Troglauer). Daneben regelt § 38 die völlige Freistellung von der Verpflichtung zur Arbeitsleistung, aber auch die Aufteilung einer Freistellung (Teilfreistellung nach § 38 Abs. 1 Satz 3). Der AG hat auch bei der Zuteilung des **Arbeitspensums** auf die Inanspruchnahme des BR-Mitgl. durch BR-Tätigkeit während der Arbeitszeit angemessen Rücksicht zu nehmen (BAG, BB 91, 759; vgl. auch Schneider, PersR 92, 41).

4 Ein BR-Mitgl., das im **Schichtbetrieb** arbeitet, kann ggf. von vor oder nach einer BR-Sitzung liegenden Schichtzeiten zu befreien sein, wenn dies zur aktiven Teilnahme an der BR-Sitzung erforderlich ist (LAG Hamm, DB 92, 232), oder seine Tätigkeit früher beenden, um einigermaßen ausgeschlafen an der Sitzung teilnehmen zu können (ArbG Koblenz, AiB 89, 79). Das Arbeitsentgelt darf deswegen nicht gemindert werden (ArbG Koblenz a.a.O.). Ggf. kommt auch die Zahlung einer vollen Schicht in Betracht, wenn z.B. für im **Fahrdienst beschäftigte** BR-Mitgl. notwendigerweise eine ganze Schicht ausfällt (LAG Düsseldorf v. 23. 8. 77, EzA § 37 BetrVG 1972 Nr. 56). Nimmt ein in **Nachtschicht** arbeitendes BR-Mitgl. an einer ganztägigen BR-Sitzung teil, ist es jedenfalls dann von der Arbeitsleistung unter Fortzahlung des Arbeitsentgelts in der vorausgehenden und nachfolgenden Nachtschicht befreit, wenn es ihm unmöglich oder unzumutbar ist, seine vor oder nach der BR-Sitzung liegende Arbeitszeit einzuhalten (BAG, DB 90, 995; vgl. DKK-Wedde, Rn. 42; vgl. auch Rn. 19ff.).

5 Darüber hinaus gewährt die Vorschrift unter Umständen auch einen Anspruch auf generelle **Befreiung von einer bestimmten Art der**

Arbeit, z. B. Versetzung aus der Wechselschicht in die Normalschicht (BAG v. 13. 11. 64, 3. 6. 69, AP Nrn. 9, 11 zu § 37 BetrVG) oder aus dem Außendienst in den Innendienst (LAG Düsseldorf v. 19. 7. 88 – 8/2 TaBV 57/88) oder von der Akkordarbeit in die Zeitarbeit unter Fortzahlung der bisherigen Vergütung einschl. einer bisher bezahlten Arbeitspause (LAG Hamburg, BetrR 95, 35), sofern diese für eine sachgerechte Erfüllung der Aufgaben des BR erforderlich ist. Der **Umfang der Arbeitsbefreiung** hängt auch davon ab, welche Funktionen das Mitgl. im BR ausübt und welche Aufgaben ihm übertragen wurden. Bei der Frage, ob eine Arbeitsbefreiung erforderlich ist, steht dem BR-Mitgl. ein Beurteilungsspielraum zu (BAG, DB 75, 780). Hinsichtlich des **zeitlichen Aufwands** für BR-Tätigkeit gilt, dass diese nicht mit der Stoppuhr gemessen werden kann. Auch der BR-Vors. hat es nicht allein in der Hand, die **Dauer einer Sitzung** zu bestimmen. Die festgelegte Tagesordnung ist zu erledigen. Er kann nicht einzelnen Mitgl. das Wort entziehen bzw. die Diskussionen abbrechen, sondern muss die Meinungsbildung des BR zu den einzelnen Punkten herbeiführen, beraten und abstimmen lassen (LAG Hamm v. 8. 6. 78, EzA § 37 BetrVG 1972 Nr. 58; ArbG Berlin, DB 88, 863 sowie AuR 81, 61; vgl. auch DKK-Wedde, Rn. 34, 38).

Eine Arbeitsbefreiung ist immer dann erforderlich, wenn das BR- **6**
Mitgl. dies bei gewissenhafter Überlegung und bei ruhiger, vernünftiger Würdigung aller Umstände für notwendig halten durfte (BAG v. 6. 8. 81, EzA § 37 BetrVG 1972 Nr. 73; FKHES, Rn. 38). Bei einer erforderlichen Abwägung der Dringlichkeit der beruflichen Tätigkeit einerseits und der BR-Tätigkeit – etwa einer BR-Sitzung – andererseits haben die BR-Aufgaben im Zweifel Vorrang (vgl. BAG, ZTR 97, 524; vgl. aber auch Rn. 12). Allerdings genügt ein **Beschluss** des BR allein nicht, um die Erforderlichkeit einer Arbeitsbefreiung zu begründen (BAG v. 6. 8. 81, EzA § 37 BetrVG 1972 Nr. 73). Dieser ist andererseits aber nicht Voraussetzung, wenn das BR-Mitgl., das sein **Amt eigenverantwortlich** führt, die BR-Tätigkeit für erforderlich halten durfte (BAG, DB 82, 758). Ein BR, der den weit gesteckten Rahmen seiner gesetzl. Mitwirkungs- und MB-Rechte auszuschöpfen versucht, überschreitet keineswegs die Grenzen der Erforderlichkeit (FKHES, Rn. 34). Die **Erforderlichkeit** muss sich aus den konkreten Umständen ergeben (vgl. DKK-Wedde, Rn. 26 ff.).

Nimmt ein nicht freigestelltes BR-Mitgl. jedoch BR-Tätigkeiten wahr, **7**
die es für erforderlich halten konnte, kommt eine **Abmahnung** durch den AG wegen der damit verbundenen Versäumung von Arbeitszeit nicht in Betracht (BAG, DB 82, 758; vgl. auch BAG, NZA 94, 500, AuR 94, 273; vgl. ferner DKK-Wedde, Rn. 32; § 23 Rn. 5). Dies gilt auch bei der Teilnahme an einer Schulungsmaßnahme nach Abs. 6 gegen den Widerspruch des AG (LAG Berlin v. 2. 3. 88 – 10 Sa 106/87; LAG Baden-Württemberg, AuR 88, 258; a. A. BAG, DB 94,

2554, wenn bei sorgfältiger objektiver Prüfung ohne weiteres erkennbar war, dass die Teilnahme nicht erforderlich war). Entsprechendes gilt, wenn ein BR-Mitgl. der **objektiv fehlerhaften Ansicht ist**, eine BR-Aufgabe wahrzunehmen, sofern es sich um die Verkennung **schwieriger oder ungeklärter Rechtsfragen** handelt (BAG, NZA 95, 225). Bei Verstößen eines BR-Mitgl. gegen betriebsverfassungsrechtliche Pflichten, die nicht zugleich eine **Verletzung der Arbeitspflichten** darstellen, kommt weder eine Kündigung noch eine Abmahnung in Betracht. Wird gleichwohl eine Abmahnung ausgesprochen, ist sie auf Antrag des AN aus der Personalakte zu entfernen (BAG, AuR 94, 273). Zum Schutz des Art. 9 Abs. 3 GG gehört auch die Mitgliederwerbung durch die Koalition und ihre Mitgl., auch soweit es sich um BR-Mitgl. handelt (LAG Schleswig-Holstein, AiB 02, 305; BVerfG, DB 96, 1627).

8 Neben der **Teilnahme an Sitzungen** des BR (ggf. GBR, KBR, EBR), auch wenn diese **außerhalb des Betriebsgeländes** stattfinden (LAG Berlin, DB 88, 863), seiner Ausschüsse und Arbeitsgruppen sowie an **Betriebs- und Arbeitsversamml.** gehören auch die **Vor- und Nachbereitung von Sitzungen**, die **Erledigung des Schriftverkehrs**, die **Erstellung von Sitzungsunterlagen**, Gesprächsnotizen, Niederschriften, die **Einordnung von Unterlagen, Entgegennahme und Bearbeitung von Beschwerden, Betriebsbegehungen**, Ausübung erforderlicher Tätigkeit für den **GBR, KBR, WA, EBR** (vgl. auch LAG München, NZA 91, 905), **Abhaltung von Sprechstunden** im jeweils erforderlichen Umfang (BAG, BB 92, 360) u. ä. zu den erforderlichen Aufgaben von BR-Mitgl. (LAG Berlin v. 17. 12. 80 – 5 Sa 75/80 und v. 11. 12. 80 – 7 Sa 67/80; vgl. ergänzend DKK-Wedde, Rn. 16 ff.). Erforderliche BR-Tätigkeit kann sich auch **außerhalb des Betriebs** vollziehen, u. a. **Besprechungen mit Behörden, Rechtsberatung bei der Gew., Besprechungen mit BR fremder Betriebe**, jedenfalls wenn es um aktuelle betriebliche Fragen geht (LAG Düsseldorf v. 30. 6. 87 – 16 TaBV 41/87; ArbG München, BB 91, 2375; vgl. auch FKHES, Rn. 30; Plander, AiB 97, 195).

9 Zu den **erforderlichen Aufgaben** eines BR-Mitgl. kann auch die Teilnahme als Zuhörer an einer **ArbG-Verhandlung** jedenfalls dann gehören, wenn der BR Beteiligter im Verfahren ist (ArbG Hamburg, AiB 92, 90) oder wenn es sich um einen Rechtsstreit von grundsätzlicher Bedeutung über eine für die Arbeit des betreffenden BR wesentliche Frage – z. B. neue Tarifregelung – handelt (LAG Bremen, DB 90, 742; LAG München, BB 87, 685; LAG Hamburg, DB 81, 2236; vgl. auch BAG, BB 90, 491, wenn es z. B. um die Zustimmung der Hauptfürsorgestelle zu einer erst beabsichtigten Änderungskündigung geht; einschränkend BAG, NZA 95, 225).

10 Auch im **Ausland** können ggf. Veranstaltungen, Sitzungen und Besprechungen des EBR sowie mit betrieblichen Interessenvertretungen

ausländischer Betriebe, mit UN- bzw. Konzernleitungen oder Behörden (z. B. der EU) in Betracht kommen (vgl. DKK-Wedde, Rn. 20f.; DKK-Däubler, Einl. Rn. 198ff.), z. B. wenn der AG grenzüberschreitend ein mitbestimmungspflichtiges EDV-System einführen will (vgl. ArbG München, AiB 91, 429) oder sonstige wirtschaftliche oder organisatorische grenzüberschreitende Maßnahme mit Auswirkungen auf den Betrieb anstehen, wie Fusionen, Investitionen, Produktionsverlagerungen, Standortfragen u. ä. (vgl. LAG Niedersachsen, BB 93, 291, wenn der BR bei der EU-Behörde seine Besorgnis hinsichtlich der geplanten Gründung eines Gemeinschafts-UN artikuliert). Die **Erforderlichkeit** einer Auslandsreise ist nicht rückblickend nach rein objektivem Maßstab, sondern danach zu beurteilen, ob der BR die Reise subjektiv im Zeitpunkt der Entscheidung für erforderlich halten durfte (LAG Niedersachsen a. a. O.). Bei erforderlicher BR-Tätigkeit (aus betriebsbedingten Gründen, vgl. Rn. 19ff.) außerhalb des Betriebs zählt auch die aufgewendete **Wege- und Reisezeit** als Arbeitszeit (BAG, AiB 81, 14; DB 90, 1141). Die Erforderlichkeit kann auch gegeben sein für eine Einladung eines BR-Mitgl. bzw. betrieblichen AN-Vertreters aus einem ausländischen Schwester-UN, um vor einer Betriebsversamml. über gemeinsame Probleme zu referieren. Erforderliche Kosten (Fahr- und Dolmetscherkosten) des Referenten sind vom AG zu tragen (LAG Baden-Württemberg, BB 98, 954).

Das BR-Mitgl. darf seinen Arbeitsplatz ohne Zustimmung des AG **11**
verlassen. Nach der **bisherigen Rechtspr**. genügte die **Abmeldung** beim zuständigen Vorgesetzten unter stichwortartiger Beschreibung des Gegenstandes der Tätigkeit nach Art, Ort und Zeit, nicht dagegen eine nähere Darlegung ihres Inhalts, die dem AG etwa eine Kontrolle der BR-Tätigkeit ermöglichen könnte (BAG, DB 80, 546; DB 82, 758). BR-Mitgl. sind nicht verpflichtet, die Namen von AN anzugeben, die sie im Betrieb aufsuchen wollen, oder die AN generell auf die Sprechstunde des BR zu verweisen (BAG, DB 83, 2419). Im Rahmen seines Zugangsrechtes ist der BR berechtigt, zur Überprüfung der Arbeitssicherheit unangekündigte, stichprobenartige Arbeitsplatzbegehungen vorzunehmen (ArbG Stuttgart, NZA-RR 02, 365).

Von dieser Rechtspr. ist das BAG (NZA 95, 961; DB 97, 2131) **12**
teilweise abgerückt, indem es das BR-Mitgl. zur Aufnahme von BR-Tätigkeit nur noch verpflichtet hält, vor Verlassen des Arbeitsplatzes dem AG den **Ort und die voraussichtliche Dauer** der beabsichtigten BR-Tätigkeit mitzuteilen. Dabei ist für die Beurteilung der Erforderlichkeit vom Standpunkt eines **vernünftigen Dritten** auszugehen (BAG, NZA 94, 127). Angaben zur **Art der BR-Tätigkeit** sind nicht erforderlich, weil diese das BR-Mitgl. bereits im Vorfeld **Rechtfertigungszwängen** aussetzt, die die **Handlungsfreiheit** beeinträchtigen und sich damit auf die **unabhängige Amtsführung** auswirken können (BAG, NZA 95, 961). Orts- und zeitbezogene Angaben sind allenfalls

dann unzureichend, wenn der AG bei der Abmeldung eine **Organisationsproblematik** beschreibt, nach der das BR-Mitgl. für die Zeit der beabsichtigten BR-Tätigkeit unabkömmlich ist und **betriebsbedingte Gründe** eine zeitliche Verlegung der BR-Arbeit verlangen. In diesem Fall muss das BR-Mitglied prüfen, ob und inwieweit die BR-Aufgabe aufgeschoben werden kann. Ist diese dringlich, hat dies das BR-Mitgl. darzulegen (vgl. hierzu Rn. 11). Für die Durchsetzung der **Entgeltfortzahlung** soll eine **abgestufte Darlegungslast** für den Fall gelten, dass der AG mit sog. **erheblichen Zweifeln** an der Erforderlichkeit der BR-Tätigkeit die Entgeltfortzahlung verweigert. Danach hat das BR-Mitgl. die Art und Dauer der BR-Tätigkeit stichwortartig darzulegen (vgl. Rn. 11), damit dem AG eine **Plausibilitätskontrolle** ermöglicht wird. Bleiben die Zweifel, muss der AG die Gründe dafür angeben. Nunmehr hat das BR-Mitgl. substantiiert darzulegen, aufgrund welcher Umstände es die BR-Tätigkeit für erforderlich halten durfte (auch zur Kritik vgl. DKK-Wedde, Rn. 43 ff.).

13 Will ein BR-Mitgl. in Ausübung seiner Amtstätigkeit einen AN am Arbeitsplatz aufsuchen, besteht (zusätzlich) **keine besondere Anmeldepflicht** bei der Personalleitung oder dem zuständigen Abteilungsleiter (ArbG Berlin v. 16. 6. 80 – 37 BV 1/80; ArbG Stuttgart v. 29. 10. 80 – 2 BV 2/80; a. A. LAG Baden-Württemberg, BB 78, 1413; LAG Berlin, BB 81, 1416; LAG Nürnberg, BB 94, 65, wenn es der AG verlangt). Der AG hat bezüglich des **Abmeldeverfahrens** kein Weisungsrecht; folglich besteht auch kein MBR nach § 87 Abs. 1 Nr. 1 (BAG, DB 83, 2419; vgl. auch BAG, BB 90, 1625). Wie die Abmeldung im Einzelnen erfolgt, steht dem BR-Mitgl. frei. Sie kann mündlich erfolgen und muss nicht persönlich durchgeführt werden (BAG, AiB 97, 662). Eine Rückmeldung ist im Allgemeinen nicht erforderlich; allenfalls dann, wenn eine Vertretung wieder rückgängig gemacht werden muss (BAG a. a. O.). BR-Mitgl. sind auch nicht verpflichtet, die von ihnen jeweils aufgewendete Zeit für BR-Tätigkeit schriftlich aufzuzeichnen (vgl. BAG, BB 90, 1625).

14 Das Arbeitsentgelt – einschl. sämtlicher **Zulagen**, die nicht reinen Aufwendungscharakter (wie z. B. Wegegelder) haben, **Prämien- und Akkordlöhne, allgemeine** oder **einmalige Zuwendungen** u. ä. – muss so weitergezahlt werden, als wenn das BR-Mitgl. an seinem Arbeitsplatz verblieben wäre. Die Entgeltfortzahlung ist selbst dann vorzunehmen, wenn ein BR-Mitgl. Arbeitsbefreiung aus Gründen in Anspruch genommen hat, die nicht zu den BR-Aufgaben gehören, in einem entschuldbaren Irrtum aber davon ausgegangen ist, BR-Tätigkeit auszuüben (vgl. BAG, NZA 95, 225). Der AG ist grundsätzlich nicht berechtigt, das Entgelt einzubehalten, wenn er der Auffassung ist, es hätte keine erforderliche BR-Tätigkeit vorgelegen, es sei denn, es liegt ein Missbrauch des Freistellungsanspruchs vor (DKK-Wedde, Rn. 53; vgl. auch BAG, NZA 95, 961). Im Rahmen der Entgeltsicherung ist auch ein umsatzabhängiger Bonus (Jahresprämie) zu berücksichtigen (LAG Berlin, AiB 97, 228 mit Anm. v. Roos; vgl. auch Gaul, BB 98, 101). Dies gilt auch für **Prämien im Bergbau** für zulässigerweise versäumte Untertageschichten (vgl. DKK-Wedde, Rn. 49; FKHES, Rn. 54) sowie für den steuerpflichtigen Teil z. B. der **Nahauslösung** nach dem Bundesmontage-TV in der Eisen-, Metall- und Elektroindustrie (BAG, DB 88, 2206; LAG Frankfurt, NZA 88, 69) sowie für **Anwesenheitsprämien**, die auch bei Fehlzeiten, die durch den Besuch von Schulungsmaßnahmen i. S. der Abs. 6, 7 entstehen, nicht gekürzt werden dürfen (LAG Hamm, DB 88, 2058, das allerdings den Anspruch bei Teilnahme an nicht erforderlichen Schulungen i. S. des Abs. 6 verneint), und für **Antrittsgebühren in der Druckindustrie** für regelmäßige, bestimmte Sonntagsarbeit (BAG, NZA 95, 588). Zu zahlen ist ebenfalls eine **Mehrarbeitsvergütung**, wenn das BR-Mitgl. ohne seine Freistellung zu Überstunden herangezogen worden wäre (BAG, DB 01, 875). **Trinkgelder**, die z. B. in Gaststätten dem Bedienungspersonal im Allgemeinen von den Gästen freiwillig gezahlt werden, sollen dagegen **nicht zum fortzuzahlenden Arbeitsentgelt gehören** (so aber BAG, AiB 96, 319). Bei der Berechnung des **Urlaubsentgelts** sind erfolgte Ausgleichszahlungen nach Abs. 3 zu berücksichtigen (BAG, NZA 96, 105).

Führt ein BR-Mitgl. aus betriebsbedingten Gründen während einer **Kurzarbeitsperiode** BR-Tätigkeit aus, während die anderen AN in dieser Zeit nicht arbeiten, hat es Anspruch auf seine übliche Vergütung (DKK-Wedde, Rn. 49; FKHES, Rn. 54). Nach Auffassung des BAG soll allerdings ein Vergütungsanspruch bei BR-Tätigkeit während der Zeit des Arbeitsausfalls wegen **Schlechtwetters** nicht gegeben sein (BAG, DB 87, 1845). Entsprechendes soll nach der neuen, aber abzulehnenden Rechtspr. des BAG auch gelten, wenn BR-Mitgl. während einer **Aussperrung** BR-Tätigkeit ausüben (BAG, DB 89, 862). Nach diesen Entscheidungen können auch BR-Mitgl. suspendierend ausgesperrt werden. Mit der Aussperrung wird aber nur das Arbeitsverhältnis, nicht das BR-Amt suspendiert (vgl. DKK-Wedde, Rn. 40, 54). 15

Die fortzuzahlenden Bezüge unterliegen der **Steuer- und Sozialversicherungspflicht**. Dies gilt auch für **Sonntags-, Feiertags- und Nachtarbeitszuschläge**, wenn sie nur zur Vermeidung eines Einkommensverlustes gezahlt werden, ohne dass diese Tätigkeiten ausgeführt worden sind. Nach Auffassung des BAG ist der AG in diesen Fällen nicht verpflichtet, eine entsprechende Ausgleichssumme zu zahlen (BAG, BB 81, 429; DB 86, 599 unter Aufgabe seiner früheren Rechtspr. v. 10. 6. 69, AP Nr. 12 zu § 37 BetrVG). 16

(3) Die BR-Mitgl. sollen die ihnen übertragenen Aufgaben grundsätzlich **während der Arbeitszeit** erledigen (FKHES, Rn. 58). Da dies jedoch aus betriebsbedingten Gründen in vielen Fällen nicht 17

möglich ist, z.B. in **Schichtbetrieben**, bei **Job-sharing-Arbeitsverhältnissen** oder bei **Teilzeitbeschäftigung**, gewährt Abs. 3 den betroffenen BR-Mitgl. einen **Ausgleichsanspruch** (vgl. DKK-Wedde, Rn. 48ff., 62f., 65f.). Bezüglich der BR-Tätigkeit gelten die zu Abs. 2 entwickelten Grundsätze (vgl. Rn. 3ff.) mit der Maßgabe, dass auch deren Durchführung außerhalb der Arbeitszeit erforderlich sein muss. Abs. 3 gilt entsprechend für **Mitgl. des WV** (BAG, DB 96, 283). Hinsichtlich der Teilnahme an Schulungs- und Bildungsveranstaltungen vgl. Rn. 22.

18 Ein Ausgleichsanspruch auf Freizeit setzt voraus, dass eine BR-Tätigkeit aus **betriebsbedingten Gründen** außerhalb der (persönlichen) Arbeitszeit durchgeführt worden ist, z.B. in **Schichtbetrieben oder bei Teilzeitbeschäftigung** (so jetzt ausdrücklich in Abs. 3 Satz 2; vgl. auch BAG v. 14. 2. 89, AP Nr. 70 zu § 37 BetrVG 1972; Rn. 19f.). Ein Ausgleichsanspruch besteht somit auch, wenn die Ursache für die BR-Tätigkeit außerhalb der Arbeitszeit dem AG-Bereich zuzuordnen ist (BAG, NZA 94, 765; DB 01, 875). Dagegen soll nach Auffassung des BAG kein Ausgleichsanspruch bestehen, wenn die BR-Tätigkeit aus Gründen, die innerhalb des BR liegen – sog. **betriebsratsbedingten Gründen** –, außerhalb der Arbeitszeit ausgeübt wird (BAG, DB 74, 561; PersR 87, 86).

19 **Betriebsbedingte Gründe** sind insbesondere solche, die sich aus der Eigenart des Betriebs, der betrieblichen Organisation (z.B. Arbeitszeitgestaltung und -modelle), der Gestaltung des Arbeitsablaufs oder Beschäftigungslage ergeben (FKHES, Rn. 79) und vom BR nicht beeinflussbar sind. Dies ist regelmäßig in **Betrieben mit Schichtarbeit**, ggf. auch für Reise- und Wegezeiten, der Fall, sofern auch BR-Mitgl. in Wechselschicht arbeiten. Ein Ausgleichsanspruch besteht auch, wenn das BR-Mitgl. die beabsichtigte BR-Tätigkeit anzeigt, der AG aber keine Möglichkeit zur Ausübung der BR-Tätigkeit während der Arbeitszeit gegeben hat (BAG, NZA 88, 437; vgl. auch DKK-Wedde, Rn. 58f., 62ff.; Rn. 3) oder wenn die BR-Tätigkeit, z.B. eine BR-Sitzung, auf Wunsch des AG außerhalb der Arbeitszeit stattfindet. Ohne vorherige Anzeige können betriebsbedingte Gründe auch dann angenommen werden, wenn sich der AG eindeutig und endgültig auch für zukünftige Fälle geweigert hat, die BR-Tätigkeit während der Arbeitszeit zu ermöglichen (BAG a.a.O.; vgl. auch BAG, DB 94, 1244). Für BR-Mitgl. gilt ggf. Abs. 3 auch bei **Betriebs-, Teil- oder Abteilungsversamml.**, da sie in ihrer Amtseigenschaft an diesen Veranstaltungen teilnehmen (FKHES, Rn. 82).

20 Die erforderliche BR-Tätigkeit über die persönliche tägliche Arbeitszeit von **Schichtarbeitern** und **Teilzeitbeschäftigten** hinaus ist nunmehr gemäß Abs. 3 Satz 2 ausdrücklich betriebsbedingt, so dass Anspruch auf Freizeitausgleich besteht. Dies gilt auch für **Reise- und Wegezeiten**, z.B. zu auswärtigen BR- (GBR-, KBR-) bzw. Ausschusssitzungen sowie Schulungs- und Bildungsveranstaltungen (vgl. hierzu Rn. 40) unter den gleichen Voraussetzungen wie ein vollzeitbeschäftigter AN (so jetzt ausdrücklich Abs. 6 Satz 1 und 2).

Bei **betriebsratsbedingten Gründen** besteht dagegen nach Auffassung des BAG (AuR 74, 246) **kein Ausgleichsanspruch**. Betriebsratsbedingte Gründe sollen demnach immer vorliegen, wenn die BR-Tätigkeit außerhalb der Arbeitszeit aus Gründen erfolgt, die in der **Sphäre des BR** oder in der Person bzw. dem Verhalten des BR-Mitgl. liegen (vgl. BAG, PersR 87, 86), so z. B., wenn der BR eine Sitzung außerhalb der Arbeitszeit durchführt, weil ansonsten die Teilnahme eines Sachverständigen oder eines Gew.-Vertr. nicht möglich ist oder er eine Sitzung über die Beendigung der Arbeitszeit hinaus fortsetzt. Auch bei der Festsetzung von **Zeit und Ort**, z. B. von Sitzungen des BR, GBR, KBR oder der BR-Versamml. (nach § 53), soll es sich im Allgemeinen nicht um betriebsbedingte Gründe handeln (BAG, DB 78, 2177; v. 22. 5. 86 a. a. O.; vgl. auch BAG, NZA 94, 765). Auch die erforderlichen **Reisezeiten**, die ein BR-Mitgl. zur Erfüllung notwendiger BR-Aufgaben, z. B. wegen Teilnahme an einer auswärtigen BR-Versamml., außerhalb der Arbeitszeit aufwendet, sollen regelmäßig keinen Ausgleichsanspruch auslösen (BAG, DB 78, 2177; vgl. aber BAG, NZA 94, 765: Freizeitausgleich, wenn die An- oder Rückreise außerhalb der Arbeitszeit auf Wunsch des AG erfolgt oder das BR-Mitgl. in der Arbeitszeit unabkömmlich ist). Lehnt der AG den Ausgleichsanspruch des BR-Mitgl. in diesen Fällen ab, kann das BR-Mitgl. die Reise am Vortag und/oder am Tag nach der Sitzung während der Arbeitszeit antreten (BAG a. a. O.; vgl. DKK-Wedde, Rn. 59 ff.). 21

Bildungsveranstaltungen nach § 37 Abs. 6 und 7, einschl. An- und Rückreise, rechnet das BAG (AuR 73, 345; DB 77, 2458; DB 91, 49) ebenfalls zur BR-Tätigkeit aus **betriebsratsbedingten Gründen**, soweit diese außerhalb der Arbeitszeit des betreffenden BR-Mitgl. stattfinden. 22

Die **Arbeitsbefreiung** ist vor Ablauf eines Monats zu gewähren. Für den Beginn der Frist ist die Amtshandlung, nicht die Anzeige maßgebend. Das BR-Mitgl. hat grundsätzlich **kein Wahlrecht** zwischen Freizeitausgleich und Mehrarbeitsvergütung. Eine Abgeltung des Anspruchs kommt nur in Betracht, wenn die Arbeitsbefreiung aus betriebsbedingten Gründen nicht innerhalb eines Monats möglich ist. Der Anspruch auf Freizeitausgleich wandelt sich weder durch Ablauf der Monatsfrist nach Satz 2 Halbsatz 1 »automatisch« noch dadurch in einen Vergütungsanspruch nach Satz 2 Halbsatz 2 um, dass der AG den Freizeitausgleich nicht von sich aus gewährt (BAG, BB 00, 774). Der Vergütungsanspruch entsteht, wenn der AG sich auf die Unmöglichkeit des Freizeitausgleiches beruft (BAG a. a. O.) oder das freigestellte BR-Mitgl. darlegt, dass dem AG aus betriebsbedingten Grün- 23 den ein Freizeitausgleich unmöglich ist, wofür das BR-Mitgl. substantiierte Tatsachen vortragen muss (BAG, DB 01, 875). Abzulehnen ist die Auffassung des BAG, DB 77, 2101, wonach der **Ausgleichsanspruch** im gleichen Umfang (1 : 1) bestehen soll, wie das BR-Mitgl. außerhalb seiner Arbeitszeit BR-Tätigkeit ausgeübt hat (vgl. dazu DKK-Wedde, Rn. 68). Die Höhe des Mehrarbeitszuschlags richtet sich grundsätzlich nach den bestehenden Vereinbarungen (TV, Einzelarbeitsvertrag, Betriebsüblichkeit). In der Berücksichtigung des so erzielten höheren Einkommens bei der Berechnung von Urlaubsgeld liegt keine unzulässige Begünstigung des BR-Mitgl. (BAG, NZA 96, 105).

24 (4) Es wird die Angleichung des Arbeitsentgelts von BR-Mitgl. an das **vergleichbarer** AN des Betriebs mit betriebsüblicher Entwicklung sowohl während als auch innerhalb eines Jahres nach Beendigung der Amtszeit sichergestellt. Es geht dabei um die Entwicklung, die vergleichbare AN unter Berücksichtigung der betrieblichen Gegebenheiten genommen haben, wobei Persönlichkeit, Qualifikation und Leistungen dieser vergleichbaren AN zum Vergleich heranzuziehen sind (BAG, DB 93, 1379). Vergleichbar sind die AN, die im Zeitpunkt der Übernahme des BR-Amts eine im Wesentlichen gleich qualifizierte Tätigkeit wie das BR-Mitgl. ausgeübt haben. Betriebsüblich ist eine Entwicklung dann, wenn beispielsweise eine Beförderung des BR-Mitgl. angestanden oder die Mehrheit der vergleichbaren AN des Betriebs einen entsprechenden Aufstieg erreicht hätte (LAG Köln v. 13. 3. 02 – 7 (10) Sa 1061/01; BAG a. a. O.; für freigestellte BR-Mitgl. vgl. im Übrigen § 38 Abs. 3). Hat der Betrieb nur einen vergleichbaren AN, ist der Vergleich mit diesem maßgebend (BAG, DB 83, 2253). Fehlt auch ein vergleichbarer AN, ist die Entwicklung der am ehesten vergleichbaren AN zugrunde zu legen; ansonsten die allgemeine Entwicklung im Betrieb (DKK-Wedde, Rn. 74).

25 Das BR-Mitgl. soll **grundsätzlich** dasselbe Arbeitsentgelt erhalten, das es verdient hätte, wenn es das BR-Amt nicht übernommen und deshalb eine andere berufliche Entwicklung genommen hätte. Während seiner Amtszeit ist das **Arbeitsentgelt** der BR-Mitgl. laufend dem vergleichbarer AN **anzupassen**. Dies gilt auch für freiwillige Verdiensterhöhungen (vgl. BAG, AiB 95, 360). Zu dem Arbeitsentgelt zählen auch allgemeine Zuwendungen, die vergleichbare AN erhalten (BAG, DB 83, 2253; NZA 88, 403), widerrufliche Zulagen (BAG, DB 83, 2253) und Nahauslösungen jedenfalls dann, wenn das BR-Mitgl. wegen seiner BR-Tätigkeit keine Montagearbeiten mehr ausführen kann (BAG, DB 88, 2206, 2367; LAG Hamburg v. 30. 6. 86 – 2 Sa 27/86). In der Praxis erfolgt der Ausgleich nicht selten in der Form einer Pauschale, nicht zuletzt, um dem AG Verwaltungsaufwand zu ersparen. Das ist zulässig, sofern das Benachteiligungs- und Begünstigungsverbot (§ 78) beachtet wird; im Übrigen lässt Abs. 4 einen gewissen Beurteilungsspielraum zu (DKK-Wedde, Rn. 80).

Bei dem Vergleich ist der **Zeitpunkt der Übernahme des BR-Amtes** 26
maßgebend (BAG, BetrR 93, 35). Das BR-Mitgl. ist zu diesem Zeitpunkt mit anderen AN zu vergleichen, die unter Berücksichtigung der **Qualifikation** und der **Persönlichkeit** dieselbe oder eine vergleichbare Arbeit verrichtet haben (BAG, DB 77, 1562; DB 83, 2253; NZA 88, 403; vgl. auch BAG, NZA 91, 694; vgl. DKK-Wedde, Rn. 73 ff.). Dabei sind auch Maßnahmen der betrieblichen **Fort- und Weiterbildung** zu berücksichtigen, an denen zwar vergleichbare AN teilgenommen haben, das BR-Mitgl. wegen der BR-Tätigkeit jedoch nicht teilnehmen konnte (vgl. BAG, DB 83, 2253; DKK-Wedde, Rn. 78).

Das Verbot der geringeren **Bemessung des Arbeitsentgelts** findet 27
auch Anwendung, wenn die **Bewerbung** von BR-Mitgl. um einen höher dotierten Arbeitsplatz zu Unrecht erfolglos bleibt (so auch BAG, NZA 88, 403 zu nicht freigestellten BR-Mitgl.; vgl. auch BAG, NZA 91, 694; NZA 93, 909). Bewerben sich neben dem BR-Mitgl. andere AN des Betriebs um einen höher dotierten Arbeitsplatz, ist der Anspruch des nicht berücksichtigten BR-Mitgl. auf das höhere Arbeitsentgelt gerechtfertigt, wenn eine personelle Auswahl im Rahmen der betriebsüblichen beruflichen Entwicklung zu seiner Beförderung geführt hätte (BAG, NZA 88, 403), und zwar unabhängig davon, ob es sich um ein freigestelltes oder nicht freigestellten BR-Mitgl. handelt (BAG, DB 93, 1379). Dies gilt auch dann, wenn der höher dotierte Arbeitsplatz im Wege der Neueinstellung besetzt wird (BAG, NZA 88, 403). Muss ein AN allein wegen seiner BR-Arbeit seine Tätigkeit als stellv. Schichtführer aufgeben, hat der AG eine etwaige Lohndifferenz auszugleichen (LAG Köln, DB 85, 394).

(5) Neben der **wirtschaftlichen Absicherung** gewährleistet Abs. 5 28
den Schutz des BR-Mitgl. gegen die Zuweisung von unterwertigen beruflichen Tätigkeiten (LAG Frankfurt, BB 86, 2199; Schneider, NZA 84, 21). Die Regelung bezieht sich in erster Linie auf nicht freigestellte BR-Mitgl. Für freigestellte BR-Mitgl. erhält sie Bedeutung, wenn sie nach Beendigung der Freistellung wieder eine berufliche Tätigkeit ausüben. Ob eine Tätigkeit gleichwertig ist, muss unter Berücksichtigung insbesondere der Auffassung der in dem betreffenden Beruf Tätigen beurteilt werden. Die Ausnahmeregelung, dass dem zwingende betriebliche Notwendigkeiten entgegenstehen können, ist eng auszulegen.

(6) Nach Auffassung des BAG (DB 74, 146; DB 75, 504; DB 86, 29
2496) ist die Vermittlung von Kenntnissen dann **erforderlich**, wenn diese unter Berücksichtigung der konkreten Verhältnisse im Betrieb und **im BR** notwendig sind, damit der BR seine gegenwärtigen oder in naher Zukunft anstehenden **Aufgaben** sach- und fachgerecht erfüllen

kann (vgl. Peter, AiB 96, 467; Hamm, Rechtspr.-Übersicht, AiB 94, 545). Die Erforderlichkeit kann sich deshalb auch dadurch ergeben, dass der BR beabsichtigt, in naher Zukunft von seinem Initiativrecht etwa im Bereich des § 80 Abs. 1, § 92a sowie des § 87 Abs. 1 Gebrauch zu machen und zu der entsprechenden Regelungsmaterie das notwendige Wissen benötigt (LAG Düsseldorf v. 18. 1. 77 – 11 TaBV 62/76; vgl. auch DKK-Wedde, Rn. 101 m. w. N.). In ständiger Rechtspr. hat das BAG bestätigt, dass sowohl die Vermittlung von **Grundkenntnissen** als auch von **Spezialwissen** erforderlich sein kann (BAG, DB 79, 507; vgl. auch Schneider, AiB 87, 196). Die Abgrenzung zwischen Grundkenntnissen und Spezialwissen ist im Einzelfall schwierig (vgl. DKK-Wedde, Rn. 91 ff.). Zum **Beurteilungsspielraum** vgl. Rn. 34.

30 Für die Vermittlung allgemeiner **Grundkenntnisse des BetrVG** ist ein konkreter betriebsbezogener Anlass nicht Voraussetzung (vgl. BAG, AuR 92, 60). Dies gilt für alle erstmals gewählten BR-Mitgl. (BAG, DB 82, 704), es sei denn, dass sie bereits vor der Schulung ausreichende Kenntnisse über das BetrVG erlangt haben (BAG, DB 79, 507). Wegen der Schwierigkeit der gesetzl. Materie kann ein BR-Mitgl. nicht darauf verwiesen werden, sich über den Inhalt des Gesetzes im **Selbststudium** zu unterrichten oder auf die **Unterrichtung durch erfahrene BR-Kollegen** zurückzugreifen (BAG, DB 79, 507; NZA 87, 63; AiB 97, 170 mit Anm. v. Peter). Für eine ordnungsgemäße BR-Arbeit ist es unerlässlich, dass **jedes BR-Mitgl**. Grundkenntnisse über das BetrVG als Basis jeder BR-Arbeit haben muss, um seine Aufgaben eigenverantwortlich erfüllen und wahrnehmen zu können (vgl. auch BAG, DB 87, 891). Auch ein langjähriges BR-Mitgl. hat Anspruch auf eine Grundschulung, wenn die dort vermittelten Kenntnisse bei ihm nicht vorliegen (LAG Schleswig-Holstein, AiB 00, 287). Die Vermittlung von Grundkenntnissen beschränkt sich jedoch nicht nur auf Einführungslehrgänge in das BetrVG, sondern auch auf **spezielle, abgeschlossene Teilgebiete** des Gesetzes, ohne dass es in der Regel der Darlegung einer besonderen betrieblichen Situation, die solche Kenntnisse erforderlich macht, bedarf (LAG Nürnberg, AuR 02, 438; LAG Düsseldorf, DB 81, 119).

31 Auch die Vermittlung von Grundkenntnissen des allgemeinen **Arbeitsrechts**, insbesondere des Arbeitsschutzrechts, sowie Schulungsveranstaltungen über Arbeitsschutz und Unfallverhütung **(Arbeitssicherheit)** sind grundsätzlich als eine erforderliche Kenntnisvermittlung anzusehen (BAG, NZA 87, 63; zum Arbeitsrecht vgl. auch ArbG Dortmund v. 28. 9. 93 – 2 BV 54/92; zum Arbeitsschutz/Arbeitssicherheit LAG Hamm, BB 80, 1374; ArbG Lüneburg v. 12. 11. 93 – 1 Ca 777/93 [EG-Richtlinien zum Arbeits- und Gesundheitsschutz]; enger jedoch BAG, NZA 93, 375). Hat der BR gemäß § 28 Ausschüsse gebildet, ist für die ordnungsgemäße Amtsführung erforderlich, dass sämtliche Mitgl. des jeweiligen **Fachausschusses** zumindest über Grundkenntnisse auf dem jeweiligen Fachgebiet verfügen (LAG Düsseldorf v. 24. 3. 80 – 10 TaBV 5/80; v. 12. 10. 81, EzA § 37 BetrVG 1972 Nr. 72; LAG Hamm v. 29. 6. 79, EzA § 37 BetrVG 1972 Nr. 67; vgl. auch DKK-Wedde, Rn. 116; Schneider, AiB 98, 369). Als erforderliche Kenntnisvermittlung sind auch Schulungsmaßnahmen über **sozialpolitische Gesetzesvorhaben** mit Auswirkungen für die BR-Tätigkeit anzusehen (zu eng BAG, DB 88, 1453), jedenfalls dann, wenn damit zu rechnen ist, dass der Gesetzentwurf ohne wesentliche Änderungen verabschiedet wird (vgl. BAG a. a. O.). Als Grundlagenseminar gilt die Vermittlung von Kenntnissen zu neuen gesetzlichen Regelungen wie z. B. zur Novellierung des BetrVG im Jahre 2001 (ArbG Berlin, AiB 02, 566) oder zum Altersvermögensgesetz 2002 (ArbG Darmstadt, AiB 02, 307). Hierbei geht es um die Hebung des Kenntnisstandes auf das **aktuelle, gesetzliche Niveau**. Eine sachgerechte BR-Arbeit erfordert außerdem von jedem BR-Mitgl. ausreichende Kenntnisse über die für den Betrieb geltenden **TV** (LAG Hamm, DB 81, 1678) sowie einen gewissen Stand an **allgemeinen rechtlichen, wirtschaftlichen und technischen Kenntnissen** (vgl. BAG, DB 74, 830).

Die Vermittlung von Grundkenntnissen des BetrVG wird nicht deshalb überflüssig, weil der BR im Zeitpunkt der Durchführung der Veranstaltung zurückgetreten war, da der **zurückgetretene BR** gemäß § 22 die Amtsgeschäfte in vollem Umfang bis zur Neuwahl des BR weiterführt (ArbG Berlin v. 19. 1. 88 – 36 BV 11/87). Dies gilt insbesondere dann, wenn das betroffene BR-Mitgl. für den neuen BR wieder kandidiert (ArbG Berlin, AiB 02, 566). Nach Auffassung des BAG soll dies jedoch nicht kurz vor **Ablauf der Amtszeit** des BR gelten, auch wenn das betreffende BR-Mitglied erneut kandidiert und seine Wiederwahl wahrscheinlich ist, sofern nicht dargelegt werden kann, dass die Kenntnisse für die auf den BR für den Rest seiner Amtszeit noch zukommenden Aufgaben benötigt werden (BAG, DB 90, 230; vgl. auch LAG Schleswig-Holstein, BB 88, 348; vgl. ferner zu Abs. 7 BAG, DB 93, 592). **32**

Bei der **Vertiefung von Kenntnissen** oder bei **Wiederholungsschulungen** zur Auffrischung und Erweiterung der bisherigen Kenntnisse oder bei der Vermittlung von **Spezialwissen** ist bei der Prüfung der Erforderlichkeit auf die **konkrete Aufgabenstellung** des BR abzustellen (vgl. BAG, AuR 92, 60; vgl. ergänzend DKK-Wedde, Rn. 105 ff.). Bei der Frage, ob die Probleme anstehen oder in naher Zukunft anstehen werden, sind die **Initiativrechte des BR**, z. B. nach §§ 80, 87, 92 a, 97, zu berücksichtigen (vgl. DKK-Wedde, Rn. 101). Bei der Beurteilung der Frage, ob die Entsendung eines BR-Mitgl. zu einer Schulungsmaßnahme erforderlich ist, steht dem BR wie den **33**

Gerichten ein gewisser **Beurteilungsspielraum** zu (BAG, DB 75, 780; DB 87, 891).

34 Unter Berücksichtigung der konkreten Verhältnisse im Betrieb und des BR kommen neben den Lehrgängen, die Grundkenntnisse vermitteln (vgl. Rn. 17), auch Schulungsmaßnahmen als Spezialwissen zu Themen wie »Aids im Betrieb« (LAG Frankfurt, NZA 91, 981 = AiB 92, 93), »Betriebsökologie« (vgl. jetzt §§ 80 Abs. 1 Nr. 9, 89; ArbG Wiesbaden, AiB 91, 540; vgl. auch Trümner, AiB 91, 522; a. A. ArbG Köln v. 20. 9. 91 – 5 BVGa 25/91), »Gefahrstoffe am Arbeitsplatz« (LAG Niedersachsen v. 6. 7. 95 – 9 TaBV 106/94), »Suchtkrankheit am Arbeitsplatz« (LAG Düsseldorf v. 9. 8. 95 – 4 TaBV/39), »Sexuelle Belästigung am Arbeitsplatz« (ArbG Wesel, AiB 93, 570), »Mobbing« (ArbG Kiel, AiB 97, 410; ArbG Detmold, AiB 98, 405 jeweils mit Anm. v. Wolmerath; ArbG Frankfurt, AiB 96, 557, wenn erste Anzeichen für eine systematische Schikane erkennbar sind; enger BAG, NZA 97, 781 bei Darlegung einer betrieblichen Konfliktlage, zu deren Erledigung das auf der Schulung vermittelte Wissen benötigt wird), aktuelle Rechtspr. sowie zum Problem des vorläufigen Rechtsschutzes im Verhältnis zum Unterlassungsanspruch nach § 23 Abs. 3 (BAG, AiB 97, 170 mit Anm. v. Peter; AuR 92, 60), EG-Rechtsgrundlagen, soweit sich durch die Umsetzung in nationales Recht Mitwirkungs- und Handlungsmöglichkeiten der betrieblichen Interessenvertretungen ergeben (DKK-Wedde, Rn. 107 a), »Frauenförderung« (vgl. jetzt § 92 Abs. 3), »Integration ausländischer AN im Betrieb« sowie »Maßnahmen zur Bekämpfung von Rassismus und Fremdenfeindlichkeit im Betrieb« (vgl. jetzt § 80 Abs. 1 Nr. 7), Gesprächs-, Diskussions- und Verhandlungsführung, wie »Moderationstechniken« (LAG Schleswig-Holstein, BB 91, 139; ArbG Bremen, AiB 00, 288; vgl. auch BAG, DB 96, 145 = AuR 95, 65), »Schriftliche Kommunikation im Betrieb« (ArbG Hamburg, AiB 94, 116), »Konflikte mit dem Arbeitgeber lösen« (ArbG Heilbronn, AiB 02, 108); **nach Ansicht des BAG aber nicht** »Sprechwirksamkeit« (NZA 94, 190; vgl. auch BAG, BB 95, 37), »ISO 9000«, Rationalisierung durch EDV, »Probleme und Handlungsmöglichkeiten im Bereich Telekommunikation« (ArbG Wetzlar, AiB 96, 3 mit Anm. v. Zubel; ArbG Gießen v. 30. 5. 96 – 2 BV 8/95; HessLAG v. 21. 2. 95 – Sa 1072/94), »PC-Schulung zur Erledigung von BR-Aufgaben« (vgl. BAG, DB 95, 2378; a.A. folgt jetzt aus § 40 Abs. 2: siehe § 40 Rn. 28), »Bilanzanalyse« (a. A. LAG Köln, AuR 02, 357), »Betriebliche Standortsicherung« (ArbG Weiden, BetrR 92, 142; LAG Baden-Württemberg, AiB 98, 102 mit Anm. v. Hess-Grünewald), »Mitreden – Mitgestalten – Mitwirken – Beteiligungsformen im Betrieb«, »Zeitmanagement« (ArbG Fulda v. 11. 9. 96 – 1 BV 4/96; ArbG Augsburg v. 17. 6. 96 – 8 BV 13/95; vgl. jedoch BAG, AuR 95, 65), Wirtschaftsausschuss (LAG Hamm, BB 97, 206, sofern kein Mitgl. Kenntnisse hat), »Arbeitsrechtliches Beschäftigungsför-

derungsgesetz« (ArbG Detmold, AiB 98, 42 mit Anm. v. Ludwig; mittlerweile hat das TzBfG das BeschFG abgelöst), »Betriebliche Öffentlichkeitsarbeit« (VG Köln, PersR 97, 541 zum Personalvertretungsrecht), »Was BR und PR vom Sozialrecht wissen sollten« (ArbG Essen, AiB 98, 581 mit Anm. v. Noll; vgl. auch ArbG Kiel, BB 98, 896, Erforderlichkeit verneint bei Thema »Soziale Sicherung – Grundlagen«) in Betracht. Vgl. im Übrigen die umfassende Zusammenstellung bei DKK-Wedde, Rn. 108. Es ist nicht notwendig, dass die Teilnahme an der Schulungsmaßnahme rückblickend gesehen objektiv wirklich erforderlich war (BAG, DB 75, 780; DB 75, 504; v. 24. 7. 91 – 7 ABR 12/90).

Soweit mit einer Schulungsmaßnahme für die BR-Arbeit **teils erforderliche, teils nicht erforderliche Kenntnisse** vermittelt werden, gilt nach der Rechtspr. des BAG grundsätzlich: Werden im Rahmen der Schulungszeit überwiegend (mehr als 50 v. H.) erforderliche Themen behandelt, ist die gesamte Veranstaltung als erforderlich anzusehen (BAG v. 28. 5. 76, AP Nr. 24 zu § 37 BetrVG 1972), es sei denn, dass die Themen klar voneinander abgrenzbar sind und ein zeitweiser Besuch der Veranstaltung möglich ist (BAG, DB 74, 1772). Der zeitweilige Besuch entsprechender Veranstaltungen dürfte jedoch nur selten möglich sein, da diese grundsätzlich nur als einheitliches Ganzes angeboten werden. Die Teilnahme an nach Abs. 7 anerkannten Schulungsmaßnahmen ist auch nach Abs. 6 zulässig, sofern die Teilnahme für die BR-Arbeit des betreffenden Betriebs erforderlich ist (BAG, DB 84, 1785). **35**

Bei dem Anspruch auf Teilnahme an einer Schulungsveranstaltung nach Abs. 6 handelt es sich um einen **Anspruch des BR**, nicht des einzelnen BR-Mitgl. (vgl. DKK-Wedde, Rn. 124 ff.). Der BR beschließt somit darüber, ob und ggf. welche BR-Mitgl. an welcher Schulungsmaßnahme zu welchem Zeitpunkt teilnehmen. Ohne einen **BR-Beschluss** ist die Teilnahme von BR-Mitgl. an einer Schulungsmaßnahme nicht möglich. Ein vorangegangener Beschluss über die Teilnahme an einem anderen Seminar genügt nicht (BAG, AiB 01, 356 mit Anm. v. Wedde). Auch ein Beschluss des BR nach dem Besuch der Schulung, in dem die Teilnahme der BR-Mitgl. gebilligt wird, begründet keinen Anspruch auf Kostentragung des AG (BAG a. a. O. unter Aufgabe von BAG, AiB 93, 286). Wenn der BR einen »Seminarplan« beschließt, führt die mangelnde Erforderlichkeit bei einzelnen BR-Mitgl. nicht zur automatischen Unwirksamkeit der Entsendung der anderen BR-Mitgl. (LAG Nürnberg, AuR 02, 438). Bei der **Festlegung der zeitlichen Lage** hat der BR die betrieblichen Notwendigkeiten zu berücksichtigen und dem AG die Teilnahme und die zeitliche Lage der Maßnahme rechtzeitig bekannt zu geben (zur Teilnahme v. JAV-Mitgl. vgl. Rudolph/Dannenberg, AiB 97, 213). **Rechtzeitig** ist eine Unterrichtung, die dem AG die Prüfung **36** ermöglicht, ob die Voraussetzungen für die Gewährung einer bezahlten Freistellung vorliegen und die es ihm, falls er die betrieblichen Belange nicht für ausreichend berücksichtigt hält, ferner gestattet, die ESt. anzurufen (BAG, DB 77, 1148). Die **ESt**. ist ggf. unverzüglich, spätestens jedoch innerhalb von **2 Wochen** vom AG anzurufen. Sie darf nur über die Frage der Berücksichtigung der **betrieblichen Notwendigkeiten** entscheiden. Umstritten ist, ob das BR-Mitgl. die Teilnahme bis zum Spruch der ESt. zurückstellen muss, wenn der AG die ESt. angerufen hat (so jedoch BAG a.a.O.; zur Durchsetzung v. BR-Seminaren vgl. Peter, AiB 97, 527).

37 Die Entscheidung, **ob erforderliche** Kenntnisse vermittelt werden, obliegt dem **ArbG**, nicht der ESt. Grundsätzlich bedarf das BR-Mitgl. keiner Erlaubnis oder **Zustimmung des AG** zur Teilnahme an einer Schulungsveranstaltung (BAG, AuR 74, 29). Daher können BR-Mitgl. an Schulungsmaßnahmen auch dann teilnehmen, wenn der AG das ArbG angerufen hat und noch keine rechtskräftige Entscheidung vorliegt (vgl. aber Rn. 36 bei Berücksichtigung betrieblicher Belange). Ggf. kommt auch der Erlass einer **einstweiligen Verfügung** durch das ArbG auf Antrag des AG oder des BR-Mitgl. in Betracht (ArbG Darmstadt, AiB 02, 306; ArbG Heilbronn, AiB 02, 108; OVG Bremen, PersR 91, 176 mit Anm. v. Richter; vgl. auch ArbG Bremen, AiB 00, 288, wenn der AG auf die Mitteilung des BR, dass BR-Mitgl. an einer Schulung teilnehmen sollen, unangemessen lange schweigt; ArbG Dortmund, AiB 01, 727). Das BR-Mitgl. darf, wenn der BR die Teilnahme beschlossen hat, nach erfolgter Abmeldung seinen Arbeitsplatz verlassen und an der Schulungsmaßnahme teilnehmen, auch wenn der AG widersprochen hat (so LAG Baden-Württemberg, AiB 88, 282; a.A. BAG, AiB 94, 502, wenn bei sorgfältiger objektiver Prüfung ohne weiteres erkennbar war, dass die Teilnahme nicht erforderlich war). Der AG ist nach der Rechtspr. nicht bereits deshalb verpflichtet, Schulungskosten zu tragen, weil er auf eine Mitteilung des BR, ein bestimmtes BR-Mitgl. zu dieser Schulungsveranstaltung entsenden zu wollen, geschwiegen hat (BAG, DB 96, 145).

38 Der **Anspruch auf** entsprechende **Fortzahlung des Arbeitsentgelts** und der Kostenübernahme entfällt nicht bei unterlassener oder nicht rechtzeitiger Unterrichtung des AG durch den BR und bei Nichtvorlage des Lehrplans und nicht korrekte Bezeichnung des Lehrgangs, sofern das BR-Mitgl. dennoch an der Schulungsveranstaltung teilnimmt und die übrigen Voraussetzungen vorliegen. Die ordnungsgemäße Unterrichtung des AG ist keine zusätzliche Anspruchsvoraussetzung (LAG Baden-Württemberg, AiB 88, 282).

39 Eine durch generelle **Betriebsferienregelung** erfolgte zeitliche Festlegung des Urlaubs eines BR-Mitgl. wird gegenstandslos, wenn der BR das betreffende BR-Mitgl. zu einer in den Zeitraum der Betriebsferien fallende Schulung entsendet (LAG Niedersachsen, AiB 88,

284). Für die Fortzahlung des Arbeitsentgelts gilt das **Lohnausfallprinzip**. Das bedeutet: Das BR-Mitgl. hat Anspruch auf das Arbeitsentgelt einschl. aller Nebenbezüge, wie z.B. Erschwernis- und Schichtzulagen, Prämien (vgl. LAG Hamm, DB 88, 2058), für regelmäßige Mehrarbeit (BAG, AuR 98, 173 mit Anm. Dieball), Zuschläge für Mehr-, Nacht- oder Sonntagsarbeit (BAG, DB 81, 427) einschl. sog. Antrittsgebühren (BAG, NZA 95, 588; ArbG Stuttgart, AuR 93, 223; vgl. ergänzend DKK-Wedde, Rn. 135, 48 ff.), so als wenn das BR-Mitgl. im Betrieb weitergearbeitet hätte. Die fortzuzahlenden Bezüge unterliegen jedoch der **Steuer- und Sozialversicherungspflicht** (vgl. DKK-Wedde, Rn. 52).

Ersatzmitgl. des BR, die häufig und in einer gewissen Regelmäßigkeit BR-Mitgl. vertreten, haben grundsätzlich Anspruch auf Schulungsmaßnahmen nach Abs. 6. Dies muss im Einzelfall zur Gewährleistung der Arbeitsfähigkeit des BR erforderlich sein (BAG, DB 95, 834; DB 02, 51; vgl. DKK-Wedde, Rn. 121). **Teilzeitbeschäftigten** BR-Mitgl. steht grundsätzlich der gleiche Schulungsanspruch zu wie den vollzeitbeschäftigten BR-Mitgl. Dies gilt auch für die **Entgeltfortzahlung**. Soweit wie BR-Mitgl. wegen ihrer persönlichen Arbeitszeit (z.B. Teilzeitbeschäftigte, **Schichtarbeiter** in einem rollierenden System) die Schulung außerhalb ihrer Arbeitszeit durchführen müssen, ist gemäß Abs. 6 Satz 2 von einem betriebsbedingten Grund auszugehen. Diese BR-Mitgl. haben neben dem Anspruch auf Entgeltfortzahlung einen Freizeitausgleichsanspruch gemäß Abs. 3 für die Zeiten außerhalb ihrer persönlichen Arbeitszeit. Dieser Ausgleichsanspruch ist pro Schulungstag begrenzt auf die Arbeitszeit eines vollzeitbeschäftigten AN. Umfassend dazu DKK-Wedde, Rn. 137 m.w.N. Der Anspruch auf Entgeltfortzahlung besteht auch, wenn das BR-Mitgl. während eines **Streiks** (BAG, DB 91, 1465, selbst für den Fall, dass sich das BR-Mitgl. ohne die Schulung am Streik beteiligt hätte) oder einer **Kurzarbeitsperiode bzw. – im Baugewerbe – an Schlechtwettertagen** an einer Schulungsmaßnahme teilnimmt (Görg, AiB 81, 124; vgl. auch DKK-Wedde, Rn. 49, 136; a.A. BAG, DB 74, 1725; DB 87, 1845). 40

Unerheblich ist, wer **Träger der Schulungsveranstaltung** ist und ob außer BR-Mitgl. auch **andere Personen** teilnehmen (vgl. LAG Nürnberg, AiB 94, 118, wonach auch eine Funktionärsvers. eine erforderliche Schulungsmaßnahme i.S. dieser Vorschrift sein kann). Schulungsmaßnahmen können auch speziell für einen Betrieb (LAG Berlin, BB 93, 291), ein UN, einen Konzern, eine Konzerngruppe oder eine Branche, ggf. unter Beteiligung ausländischer betrieblicher Interessenvertr. im In- oder Ausland, durchgeführt werden (vgl. ergänzend DKK-Wedde, Rn. 107, 142, 20 f.; § 40 Rn. 18 f.). Die **Dauer** der Schulungen ergibt sich aus der sachlichen Notwendigkeit. Eine Schulungsdauer von ein bis zwei Wochen hat das BAG (DB 77, 1323) 41 als erforderlich angesehen, wobei aber auch länger dauernde Schulungsveranstaltungen im Rahmen der Erforderlichkeit liegen können (DKK-Wedde, Rn. 117 m. w. N.). Entsprechendes gilt auch für mehrere einwöchige Seminare zur Vermittlung von Grundkenntnissen, verteilt auf die Amtsperiode (LAG München v. 25. 2. 93 – 7 TaBV 89/92; ArbG Bochum v. 14. 12. 93 – 2 BV 16/83). Während der Zeit der Teilnahme an einer Schulungsmaßnahme unterliegen BR-Mitgl., einschließlich der An- und Abreise, dem gesetzlichen Unfallversicherungsschutz nach § 2 Abs. 1 Nr. 1 SGB VII.

42 Die immer noch bestehende Rechtsunsicherheit in der Anwendung der Vorschrift hat einige BR dazu gebracht, mit dem AG ein **Gesamtzeitvolumen** für Abs. 6 auszuhandeln. Es bleibt dann dem BR überlassen, wie dieser die Verteilung unter den BR-Mitgl. vornimmt. Bezüglich der **Kostentragungspflicht** wird auf § 40 Rn. 14ff. verwiesen.

43 (7) Im Gegensatz zu Abs. 6 handelt es sich um einen **Individualanspruch** des einzelnen BR-Mitgl., ohne Rücksicht auf seinen konkreten Wissensstand (BAG, NZA 97, 169). Für die Teilnahme reicht es aus, dass die betreffende Veranstaltung von der zuständigen obersten Arbeitsbehörde des Landes als geeignet anerkannt ist bzw. nach Veranstaltungsbeginn anerkannt wird, sofern der Antrag rechtzeitig gestellt wurde (BAG, NZA 96, 934; vgl. auch Peter, AiB 97, 223). Zuständig ist die oberste Arbeitsbehörde des Landes, in dem der Veranstalter seinen Sitz hat. Es gilt somit das **Trägerprinzip** (BAG, DB 75, 699; vgl. DKK-Wedde, Rn. 147ff.). Die Schulungsmaßnahme kann auch im Ausland, ggf. nach Abs. 6, durchgeführt werden, sofern geeignete Kenntnisse i. S. dieser Vorschrift vermittelt werden, z. B. Themen zum EU-Recht, Interessenvertretung und Arbeitsrecht in den EU-Mitgliedsländern, EU-Richtlinien zum Gesundheits- und Arbeitsschutz (vgl. ArbG Lüneburg v. 12. 11. 93 – 1 Ca 777/93, das die Maßnahme zutreffend als erforderlich angesehen hat; vgl. auch ArbG Stuttgart v. 4. 4. 95 – 16 BV 258/94; zu Beispielen für das Vorliegen der Geeignetheit vgl. auch DKK-Wedde, Rn. 143).

44 Die zu vermittelnden Kenntnisse müssen für die BR-Arbeit im weiten Sinne dienlich und förderlich (vgl. BAG, DB 94, 535) sein. Der sachliche Zusammenhang mit der BR-Tätigkeit darf dabei nicht zu eng gesehen werden. Nach der abzulehnenden Rechtspr. des BAG (NZA 94, 517) muss, sofern sich eine Schulungsveranstaltung teilweise mit Themen befasst, die nicht i. S. dieser Vorschrift geeignet sind, entweder die Anerkennung verweigert oder durch entsprechende Nebenbestimmungen sichergestellt werden, dass die Veranstaltung in vollem Umfang geeignet ist. Nach zutreffender Auffassung reicht es aus, wenn in der Schulungsveranstaltung überwiegend geeignete Themen behandelt werden (so noch BAG v. 28. 5. 76, AP Nr. 24 zu § 37 BetrVG 1972; DKK-Wedde, Rn. 144). Der gesetzl. Anspruch von drei

Wochen (bzw. vier Wochen für BR-Mitgl., die erstmals gewählt wurden und vorher auch nicht Mitgl. einer JAV waren) kann **zusammenhängend** oder auch in **Teilabschnitten** erfüllt werden. Auch der Anspruch nach Abs. 7 muss vom BR dem AG gegenüber geltend gemacht werden.

Der BR beschließt über die **zeitliche Lage**. Die ESt. kann der AG auch **45** in diesem Fall nur anrufen, wenn er die betrieblichen Notwendigkeiten für nicht ausreichend berücksichtigt hält (vgl. im Übrigen Rn. 20). Nimmt ein BR-Mitgl. unmittelbar vor dem Ende seiner Amtszeit an einer als geeignet anerkannten Schulungsmaßnahme teil, muss es nach Auffassung des BAG darlegen, aufgrund welcher besonderen Umstände des Einzelfalles eine solche Festlegung des Zeitpunkts durch den BR noch pflichtgemäßem Ermessen entspricht (BAG, AiB 93, 430), bzw. prüfen, ob die vermittelten Kenntnisse noch während der Amtszeit in die BR-Arbeit eingebracht werden können (BAG, BB 96, 2569).

Die Dauer des Anspruchs ändert sich nicht dadurch, dass die Amtszeit **46** z.B. wegen einer außerhalb des einheitlichen Wahlzeitraumes (§ 13) durchgeführten Wahl ausnahmsweise mehr oder weniger als vier Jahre beträgt (str.; vgl. DKK-Wedde, Rn. 153 m.w.N.). Wird der »Bildungsurlaub« ganz oder teilweise nicht in Anspruch genommen, verfällt er grundsätzlich mit Ablauf der Amtszeit, es sei denn, er konnte aus dringenden persönlichen oder betrieblichen Gründen nicht genommen werden. Einem nachrückenden **Ersatzmitgl**. steht der Anspruch nach Abs. 7 anteilig für die verbleibende Amtszeit mit der Maßgabe zu, dass die zusätzliche Woche für erstmals gewählte BR-Mitgl. voll zu gewähren ist. Ist die Realisierung durch das Ersatzmitgl. in der laufenden Amtsperiode nicht mehr möglich, behält es den zusätzlichen Anspruch für erstmals gewählte BR-Mitgl. (vgl. DKK-Wedde, Rn. 156f.). Solange das **Ersatzmitgl**. nicht gemäß § 25 Abs. 1 Satz 1 für ein ausgeschiedenes BR-Mitgl. in den BR nachgerückt ist, hat es keinen Anspruch auf bezahlte Freistellung für Schulungsveranstaltungen nach Abs. 7. Wegen der Entgeltfortzahlung bzw. einem Anspruch auf Freizeitausgleich, z.B. bei teilzeitbeschäftigten BR-Mitgl. gemäß Abs. 7 Satz 3, siehe Rn. 39, 40.

§ 38
Freistellungen

(1) Von ihrer beruflichen Tätigkeit sind mindestens freizustellen in Betrieben mit in der Regel

200 bis 500 Arbeitnehmern ein Betriebsratsmitglied,

501 bis 900 Arbeitnehmern 2 Betriebsratsmitglieder,

901 bis 1 500 Arbeitnehmern 3 Betriebsratsmitglieder,

1501 bis 2000 Arbeitnehmern 4 Betriebsratsmitglieder,

2001 bis 3000 Arbeitnehmern 5 Betriebsratsmitglieder,

3001 bis 4000 Arbeitnehmern 6 Betriebsratsmitglieder,

4001 bis 5000 Arbeitnehmern 7 Betriebsratsmitglieder,

5001 bis 6000 Arbeitnehmern 8 Betriebsratsmitglieder,

6001 bis 7000 Arbeitnehmern 9 Betriebsratsmitglieder,

7001 bis 8000 Arbeitnehmern 10 Betriebsratsmitglieder,

8001 bis 9000 Arbeitnehmern 11 Betriebsratsmitglieder,

9001 bis 10000 Arbeitnehmern 12 Betriebsratsmitglieder.

In Betrieben mit über 10000 Arbeitnehmern ist für je angefangene weitere 2000 Arbeitnehmer ein weiteres Betriebsratsmitglied freizustellen. Freistellungen können auch in Form von Teilfreistellungen erfolgen. Diese dürfen zusammen genommen nicht den Umfang der Freistellungen nach den Sätzen 1 und 2 überschreiten. Durch Tarifvertrag oder Betriebsvereinbarung können anderweitige Regelungen über die Freistellung vereinbart werden.

(2) Die freizustellenden Betriebsratsmitglieder werden nach Beratung mit dem Arbeitgeber vom Betriebsrat aus seiner Mitte in geheimer Wahl und nach den Grundsätzen der Verhältniswahl gewählt. Wird nur ein Wahlvorschlag gemacht, so erfolgt die Wahl nach den Grundsätzen der Mehrheitswahl; ist nur ein Betriebsratsmitglied freizustellen, so wird dieses mit einfacher Stimmenmehrheit gewählt. Der Betriebsrat hat die Namen der Freizustellenden dem Arbeitgeber bekannt zu geben. Hält der Arbeitgeber eine Freistellung für sachlich nicht vertretbar, so kann er innerhalb einer Frist von zwei Wochen nach der Bekanntgabe die Einigungsstelle anrufen. Der Spruch der Einigungsstelle ersetzt die Einigung zwischen Arbeitgeber und Betriebsrat. Bestätigt die Einigungsstelle die Bedenken des Arbeitgebers, so hat sie bei der Bestimmung eines anderen freizustellenden Betriebsratsmitglieds auch den Minderheitenschutz im Sinne des Satzes 1 zu beachten. Ruft der Arbeitgeber die Einigungsstelle nicht an, so gilt sein Einverständnis mit den Freistellungen nach Ablauf der zweiwöchigen Frist als erteilt. Für die Abberufung gilt § 27 Abs. 1 Satz 5 entsprechend.

(3) Der Zeitraum für die Weiterzahlung des nach § 37 Abs. 4 zu bemessenden Arbeitsentgelts und für die Beschäftigung nach § 37 Abs. 5 erhöht sich für Mitglieder des Betriebsrats, die drei volle aufeinander folgende Amtszeiten freigestellt waren, auf zwei Jahre nach Ablauf der Amtszeit.

(4) Freigestellte Betriebsratsmitglieder dürfen von inner- und außerbetrieblichen Maßnahmen der Berufsbildung nicht aus-

geschlossen werden. Innerhalb eines Jahres nach Beendigung der Freistellung eines Betriebsratsmitglieds ist diesem im Rahmen der Möglichkeiten des Betriebs Gelegenheit zu geben, eine wegen der Freistellung unterbliebene betriebsübliche berufliche Entwicklung nachzuholen. Für Mitglieder des Betriebsrats, die drei volle aufeinander folgende Amtszeiten freigestellt waren, erhöht sich der Zeitraum nach Satz 2 auf zwei Jahre.

(1) Bei der Berechnung der Schwellenzahl sind Teilzeit AN nach Köpfen zu berücksichtigen und nicht nach Quoten (LAG Saarland, AiB 02, 129). Ebenso sind überlassene AN gem. § 7 Satz 2 zu berücksichtigen (a.A. zu § 9 BetrVG jetzt BAG v. 16. 4. 03 – 7 ABR 53/02). Zur Ermittlung der regelmäßig **beschäftigten AN** vgl. im Einzelnen § 9 Rn. 2 ff. Bei den angegebenen Zahlen handelt es sich um **Mindestfreistellungen**, über die durch TV, BV oder sonstige Regelungen hinausgegangen werden kann (vgl. aber BAG, NZA 97, 1301, wonach eine Verringerung der Zahl der freizustellenden BR-Mitgl. durch BV zulässig sein soll). Auch der BR kann statt der völligen Freistellung eines Mitgl. mehrere BR-Mitgl. teilweise von der Arbeit freistellen, so jetzt ausdrücklich in Abs. 1 Satz 3 (Peter, AiB 02, 282). Die **Teilfreistellungen** dürfen im Falle der gesetzlichen Mindestfreistellung zusammengenommen den Umfang der Mindestfreistellungen nicht überschreiten. Die Schaffung von Teilfreistellungen erfolgt durch einfachen Mehrheitsbeschluss des BR (vgl. § 33). In Betrieben **unter 200 AN** kann dem BR ebenfalls ein Anspruch auf völlige oder teilweise Freistellung von BR-Mitgl. zustehen, wenn dies zur ordnungsgemäßen Durchführung der BR-Arbeit erforderlich ist (BAG v. 2. 4. 74, AP Nr. 10 zu § 37 BetrVG 1972; vgl. im Übrigen § 37 Rn. 3). Arbeitsbefreiungen nach § 37 Abs. 2 können selbst bei sehr umfangreicher Inanspruchnahme nicht auf Freistellungen nach Abs. 1 angerechnet werden (ArbG Berlin v. 1. 10. 85 – 30 BV 12/85). **1**

Für zeitweilig verhinderte freigestellte BR-Mitgl. kann der BR, wenn dies für die ordnungsgemäße Durchführung seiner Aufgaben erforderlich ist, die **Ersatzfreistellung** eines anderen BR-Mitgl. beschließen (BAG, NZA 97, 782; AiB 98, 100; vgl. auch DKK-Wedde, Rn. 23 f.), die ggf. auch im einstweiligen Verfügungsverfahren durchsetzbar ist (ArbG Frankfurt, AiB 91, 25). Die Notwendigkeit von Ersatzfreistellungen hat der BR im Streitfalle nach Auffassung des BAG durch Angabe konkreter Gründe näher darzulegen (BAG, NZA 97, 782; vgl. DKK-Wedde, Rn. 23; kritisch auch Schneider, AiB 99, 308 ff.). Auf den **GBR/KBR** findet die Vorschrift nicht entsprechend Anwendung (LAG München, NZA 91, 905; vgl. § 37 Rn. 3). **2**

(2) Über die Freistellungen der BR-Mitgl. entscheidet nach vorheriger **Beratung** mit dem AG allein der BR. Diese Beratung muss mit dem gesamten BR erfolgen (BAG, NZA 93, 329). Der BR entscheidet ebenfalls alleine, ob, wieviele und in welchem Umfang Teil- statt **3**

Vollfreistellungen erfolgen sollen. Will der BR über die in Abs. 1 festgelegten **Mindestzahlen** hinausgehen, weil für die Durchführung der BR-Tätigkeit weitere Freistellungen erforderlich sind, und erreicht er keine Übereinkunft mit dem AG, muss er nach Ansicht des BAG (NZA 97, 728; 98, 164) eine Klärung **durch das ArbG** herbeiführen. Richtigerweise ist dagegen dem BR die primäre Zuständigkeit über die Erforderlichkeit weitergehender Freistellungen zuzuerkennen, wobei der AG die Möglichkeit hat, gegen diese Entscheidung die ESt. anzurufen (ArbG Darmstadt v. 5. 10. 78 – 2 BV 11/78). Die anderweitige Regelungsbefugnis für die aufgrund von **TV oder BV** über die gesetzliche Mindeststaffel hinausgehenden Freistellungen bezieht sich offenbar nur **auf die Zahl** der ganz oder teilweise freizustellenden BR-Mitgl. und nicht auf eine abweichende Regelung des Freistellungsverfahrens (LAG Nürnberg, DB 91, 1178; LAG Frankfurt, DB 91, 2494; FKHES, Rn. 29).

4 Die Wahl der Freizustellenden erfolgt **geheim** (vgl. ArbG Kassel v. 7. 6. 90 – 4 BV 6/90, wonach das Wahlgeheimnis nur gewahrt ist, wenn nicht die Möglichkeit besteht, dass das Wahlverhalten eines Wählenden erkannt werden kann) aufgrund von Wahlvorschlägen. Nach den Grundsätzen der **Verhältniswahl** erfolgt die Wahl, sofern mindestens zwei Wahlvorschläge gemacht werden (vgl. auch § 27 Rn. 1). Wird nur ein Wahlvorschlag (Vorschlagsliste) eingereicht, oder ist nur ein BR-Mitgl. freizustellen, wird die Wahl als Mehrheitswahl durchgeführt. Jedenfalls bei Verhältniswahl erfolgt die Wahl der freizustellenden BR-Mitgl. **in einem Wahlgang** (LAG Nürnberg, DB 91, 1178; LAG Frankfurt, DB 91, 2494; vgl. ergänzend DKK-Wedde, Rn. 32 ff., 39 ff.; Matusche, Rechtspr.-Übersicht, AiB 94, 486).

5 Ergeben sich bei der Wahl Pattsituationen, sind diese nach Auffassung des BAG durch Losentscheid aufzulösen (BAG, DB 93, 334; DB 87, 1995). Die Wahl der freizustellenden BR-Mitgl. kann analog § 19 Abs. 2 nur innerhalb von zwei Wochen angefochten werden (vgl. BAG, AiB 93, 234 mit Anm. v. Grimberg). Dies gilt auch, wenn die nach Abs. 2 erforderliche Beratung mit dem AG unterblieb (vgl. LAG Berlin, AuR 95, 469).

6 Der BR hat dem AG die Namen der **Freizustellenden** mitzuteilen. Hält der AG den Beschluss des BR für sachlich nicht vertretbar, kann er innerhalb von zwei Wochen die **ESt**. anrufen. Durch den **Spruch der Est**. (bzw. Einigung in der ESt.) wird die Einigung zwischen BR und AG ersetzt. Bestätigt die ESt. jedoch nicht den Beschluss des BR, muss sie andere freizustellende BR-Mitgl. bei Abwägung zwischen einer ordnungsgemäßen BR-Arbeit und der betrieblichen Notwendigkeiten sowie unter Beachtung der Minderheitenregelung bestimmen (Blanke/Trümner, BetrR 90, 25; Engels/Natter, BB-Beilage 8/89, S. 23).

7 Ist der Beschluss des BR wirksam geworden, sind die freigestellten BR-Mitgl. nicht mehr zur Erbringung ihrer Arbeitsleistung verpflichtet. Damit entfällt auch das **Direktionsrecht** des AG. Deshalb können einem freigestellten BR-Mitgl. bestimmte Anwesenheitszeiten im Betrieb durch den AG nicht vorgeschrieben werden, sofern die BR-Tätigkeit in den betriebsüblichen Arbeitszeiten verrichtet wird (ArbG Nienburg, AiB 00, 289). Die **Abberufung** von der Freistellung ist jederzeit ohne Angabe von Gründen möglich. Eine geheime Abstimmung ist gesetzlich nur vorgeschrieben, wenn die Wahl der freigestellten BR-Mitgl. nach den Grundsätzen der **Verhältniswahl** erfolgt ist. In diesem Fall bedarf die Abwahl auch einer Mehrheit von drei Vierteln der Stimmen der BR-Mitgl. (BAG, NZA 93, 329). Dieser Absicherung bedarf es jedoch nicht, wenn lediglich ein Teil der gewählten freizustellenden BR-Mitgl. durch andere BR-Mitgl. ersetzt werden soll (BAG a.a.O.; vgl. im Übrigen § 27 Rn. 2). Im Fall der **Mehrheitswahl** reicht für die Abberufung die einfache Stimmenmehrheit des BR.

Erforderlich werdende **Nachwahlen** finden unabhängig davon statt, ob 8
die Freizustellenden in Verhältnis- oder Mehrheitswahl gewählt wurden, durch **Mehrheitswahl**, wenn die Liste erschöpft ist, der der bisher Freigestellte angehört hat (BAG, BB 02, 1318; NZA 01, 977; NZA, 93, 910; DKK-Wedde, Rn. 58 m.w.N.). Dies gilt auch für Nachwahlen, die durch eine Erhöhung der Zahl der Freistellungen im Laufe der BR-Amtszeit notwendig werden. Einer Neuwahl sämtlicher freizustellender BR-Mitgl. bedarf es selbst dann nicht, wenn die ursprüngliche Wahl nach den Grundsätzen der Verhältniswahl stattgefunden hat (BAG, BB 02, 1318). Die Freistellungsnachwahl wird nach den Grundsätzen der **Verhältniswahl** durchgeführt, wenn die Liste, der der bisher Freigestellte angehört hat, noch nicht erschöpft ist; das ersatzweise freigestellte BR-Mitgl. ist der Vorschlagsliste zu entnehmen, der das zu ersetzende BR-Mitgl. angehörte (BAG, DB 02, 1165; für Mehrheitswahl LAG Berlin, AuR 95, 469; LAG Nürnberg, AiB 98, 582).

(3) Der in § 37 Abs. 4, 5 geregelte **Verdienst- und Tätigkeitsschutz** 9
wird auf zwei Jahre verlängert, wenn ein BR-Mitgl. über drei volle aufeinander folgende Amtszeiten von der Arbeit freigestellt war. Für den Anspruch auf den erhöhten nachwirkenden Schutz kommt es nicht auf die Beendigung der Amtszeit an, sondern auf den Ablauf der Amtszeit des BR, mit der das Mitgl. aus dem BR ausscheidet (vgl. dazu DKK-Wedde, Rn. 75).

(4) Damit freigestellte BR-Mitgl. den Anschluss an ihre **berufliche** 10
Entwicklung nicht verlieren, muss der AG ihnen die Teilnahme an inner- und außerbetrieblichen Maßnahmen der Berufsbildung auch während der Amtszeit ermöglichen (BAG, NZA 91, 694). Darüber hinaus ist freigestellten BR-Mitgl. nach Beendigung ihrer Freistellung innerhalb eines Jahres bzw. zwei Jahren Gelegenheit zu geben, eine wegen der Freistellung unterbliebene betriebsübliche berufliche Entwicklung nachzuholen. Dies gilt auch, wenn nur die Freistellung und

nicht die Tätigkeit im BR endet. Es kommen auch außerbetriebliche Maßnahmen in Betracht, deren Kosten der AG zu tragen hat.

§ 39
Sprechstunden

(1) Der Betriebsrat kann während der Arbeitszeit Sprechstunden einrichten. Zeit und Ort sind mit dem Arbeitgeber zu vereinbaren. Kommt eine Einigung nicht zustande, so entscheidet die Einigungsstelle. Der Spruch der Einigungsstelle ersetzt die Einigung zwischen Arbeitgeber und Betriebsrat.

(2) Führt die Jugend- und Auszubildendenvertretung keine eigenen Sprechstunden durch, so kann an den Sprechstunden des Betriebsrats ein Mitglied der Jugend- und Auszubildendenvertretung zur Beratung der in § 60 Abs. 1 genannten Arbeitnehmer teilnehmen.

(3) Versäumnis von Arbeitszeit, die zum Besuch der Sprechstunden oder durch sonstige Inanspruchnahme des Betriebsrats erforderlich ist, berechtigt den Arbeitgeber nicht zur Minderung des Arbeitsentgelts des Arbeitnehmers.

1 (1) Über die Notwendigkeit der Durchführung von Sprechstunden entscheidet allein der BR. Eine Übereinstimmung zwischen BR und AG muss lediglich hinsichtlich des **Ortes** und der zeitlichen **Lage** herbeigeführt werden. Über die Dauer der Sprechstunden entscheidet der BR allein, wobei er die Erforderlichkeit und Verhältnismäßigkeit zu berücksichtigen hat (DKK-Wedde, Rn. 12; a. A. FKHES, Rn. 11). Den BR-Mitgl., denen die Durchführung der Sprechstunden obliegt, ist **Arbeitsbefreiung** nach § 37 Abs. 2 zu gewähren, soweit sie nicht nach § 38 freigestellt sind (FKHES, Rn. 8). Werden die Sprechstunden aus betriebsbedingten Gründen außerhalb der Arbeitszeit durchgeführt, findet § 37 Abs. 3 Anwendung (FKHES, Rn. 16; DKK-Wedde, Rn. 15). Lediglich die Einrichtung und Abhaltung von Sprechstunden rechtfertigt jedoch nicht die **pauschale Freistellung** eines BR-Mitgl. (BAG, AiB 92, 456).

2 In den Sprechstunden können **alle Angelegenheiten** behandelt werden, die in den Aufgabenbereich des BR fallen und in unmittelbarem Zusammenhang mit dem Arbeitsverhältnis stehen. Hierzu gehört auch die Behandlung von **Beschwerden** (§ 85) und die Entgegennahme von **Anregungen** (§ 80 Abs. 1 Nr. 3). Eine **Beratung und Auskunftserteilung** im Rahmen der Aufgaben des BR ist auch dann zulässig, wenn es sich um arbeitsrechtliche Fragen handelt, sofern das BR-Mitgl. dazu in der Lage ist. Allerdings gehen falsche Rechtsauskünfte eines BR-Mitgl. zu Lasten des AN (vgl. LAG Rheinland-Pfalz, NZA 85, 430; LAG Hamburg, DB 87, 1744).

(2) In Betrieben, die in der Regel mehr als 50 jugendliche AN und Auszubildende beschäftigen, kann die **JAV** Sprechstunden während der Arbeitszeit einrichten. Zeit und Ort sind zwischen BR und AG zu vereinbaren (vgl. im Übrigen § 69; DKK-Wedde, Rn. 20ff.). 3

(3) Der AN ist berechtigt, Sprechstunden des BR aufzusuchen oder auch den BR **außerhalb der Sprechstunden** in Anspruch zu nehmen, wenn dies erforderlich ist (BAG, DB 83, 2419; vgl. auch LAG Berlin v. 3. 11. 80, EzA § 39 BetrVG 1972 Nr. 1). Er braucht dem AG den Anlass seines Besuches nicht mitzuteilen. Ein Verlust an Arbeitsentgelt entsteht nicht. Der AN hat sich lediglich ordnungsgemäß **abzumelden** sowie nach Rückkehr wieder anzumelden. Verweigert der AG ohne triftigen Grund den Besuch der Sprechstunden, kann der AN bei vorliegender Erforderlichkeit auch gegen den Widerspruch des AG die Sprechstunden aufsuchen. 4

Die **kollektive Inanspruchnahme** des BR – mehrere AN zur gleichen Zeit – ist z.B. zur Information über den Stand wichtiger betrieblicher Fragen zulässig (ArbG Hamburg, AiB 82, 15; LAG Hamburg v. 28. 7. 82 – 5 Sa 23/82; ArbG Darmstadt v. 2. 10. 86 – 2 Ca 191/86; a.A. LAG Frankfurt v. 11. 11. 87 – 8 Sa 203/87; LAG Niedersachsen, NZA 87, 33, wenn sich die AN über den Stand von tariflichen Schlichtungsverhandlungen informieren wollen; ArbG Kassel, NZA 87, 534). Im Rahmen ihrer Unterstützungsfunktion nach § 2 Abs. 1 können die im Betrieb vertretenen Gew. in die Sprechstunden einbezogen werden, z.B., um durch Beauftragte bei der Auslegung von TV behilflich zu sein (LAG Baden-Württemberg, BB 74, 1206; DKK-Wedde, Rn. 9). 5

Der AG ist verpflichtet, das **Entgelt**, ggf. einschl. aller Zulagen und Zuschläge, fortzuzahlen, wenn der AN die Sprechstunde des BR aufsucht oder den BR sonstwie in Anspruch nimmt. 6

§ 40
Kosten und Sachaufwand des Betriebsrats

(1) Die durch die Tätigkeit des Betriebsrats entstehenden Kosten trägt der Arbeitgeber.

(2) Für die Sitzungen, die Sprechstunden und die laufende Geschäftsführung hat der Arbeitgeber in erforderlichem Umfang Räume, sachliche Mittel, Informations- und Kommunikationstechnik sowie Büropersonal zur Verfügung zu stellen.

(1) Nach Auffassung des BAG sind nur solche Kosten erstattungsfähig, deren Aufwendung der BR unter Anlegung eines verständigen Maßstabs für erforderlich halten konnte (BAG v. 24. 6. 69, AP Nr. 8 zu § 39 BetrVG). Dazu gehören (vgl. DKK-Wedde, Rn. 14ff., 33ff.; 1

Roos, AiB 98, 188) z. B.: **Kosten für die laufende Geschäftsführung**, einschließlich **Post-, Fernsprech- und Telefaxgebühren** (vgl. Rn. 2ff.). Die Kostentragungspflicht des AG besteht auch für die Tätigkeit eines BR, dessen Wahl angefochten worden ist, und zwar auch im Falle der Nichtigkeit (vgl. BAG, NZA 98, 1133). Die bei Ablauf der Amtszeit des BR vom AG noch nicht erfüllten Kostenfreistellungsansprüche gehen mangels neuem BR nicht unter. Die Befugnis zur Geltendmachung der Ansprüche steht dem alten BR in seiner letzten Besetzung in analoger Anwendung des § 22 zu (BAG, AiB 02, 569 zur alten Rechtslage; siehe jetzt § 21 b: **Restmandat**).

2 Die Kosten für **Dolmetscher** hat der AG zu tragen, wenn diese zur Verständigung mit ausländischen AN, z. B. in den Sprechstunden, Sitzungen oder Betriebsversamml., benötigt werden (LAG Düsseldorf v. 30. 1. 81, EzA § 40 BetrVG 1972 Nr. 49; ArbG Stuttgart, AiB 86, 168). Gleiches gilt für die **Übersetzung** von Schriftstücken für ausländische AN oder ggf. des Tätigkeitsberichts des BR nach § 43, insbesondere in Betrieben mit zahlreichen ausländischen AN (ArbG München, BB 74, 118; FKHES, Rn. 19), bzw. von Unterlagen für die GBR-Mitgl. ins Deutsche in einem Konzern, in dem Englisch Konzernsprache ist (ArbG Frankfurt, AiB 97, 678; vgl. auch Rn. 7).

3 Die Kosten eines **schriftlichen Tätigkeitsberichts** hat der AG zu übernehmen, wenn z. B. ein nicht unerheblicher Teil der Belegschaft verhindert ist, an der Betriebsversamml. teilzunehmen (LAG Baden-Württemberg, AuR 84, 54). Entsprechendes kann für eine **Fragebogenaktion** (BAG, AuR 77, 121) bzw. Kosten für ein betriebliches **Informationsblatt** des BR gelten (BAG, DB 79, 751; vgl. auch OVG Nordrhein-Westfalen, PersR 94, 429; vgl. ferner LAG Düsseldorf v. 1. 3. 91 – 10 TaBV 124/90, das jedoch eine regelmäßige Erscheinungsweise ablehnt).

4 Zu den vom AG zu tragenden Aufwendungen zählen auch **Reisekosten**, einschl. der notwendigen Kosten für angemessene **Unterkunft und Verpflegung** (ArbG Darmstadt, AiB 88, 285), die anlässlich pflichtgemäßer Wahrnehmung der Aufgaben des BR (GBR, KBR, WA) entstehen. Besteht im Betrieb eine für die AN verbindliche **Reisekostenregelung**, gilt diese grundsätzlich auch für Reisen von BR-Mitgl. (BAG, AuR 74, 346; DB 75, 1707). BR-Mitgl. sind grundsätzlich nicht verpflichtet, im Privatwagen eines BR-Kollegen aufgrund vielfältiger Risiken und Probleme mitzufahren (ArbG Marburg, AuR 93, 62; vgl. auch BAG, AuR 93, 120, wenn die Mitfahrt nicht zumutbar erscheint, z. B. wenn die begründete Besorgnis besteht, dass sich der Mitfahrende in besondere Gefahr begibt; vgl. auch ArbG Nürnberg, AiB 96, 248, wonach BR-Mitgl. nicht verpflichtet sind, den eigenen oder einen Firmen-Pkw als Selbstfahrer zu benutzen).

5 Die Kosten für die Hinzuziehung eines **Rechtsanwalts**, z. B. für eine Prozessvertr. bzw. als Beisitzer in einer ESt., sind vom AG zu tragen, wenn der BR bei pflichtgemäßer und verständiger Abwägung aller Umstände die Hinzuziehung für notwendig halten konnte (BAG, DB 90, 740; BAG, DB 95, 835; vgl. auch NZA 96, 892, wonach der BR bei der Überprüfung der Erforderlichkeit einer anwaltlichen Vertretung vor der ESt. ein gesondertes Gebühreninteresse des Rechtsanwalts nicht berücksichtigen darf, wenn dieser den BR vor dem ESt.-Verfahren beraten hat). Die Kostentragungspflicht besteht auch dann, wenn die förmliche Beschlussfassung nachträglich erfolgt (ArbG Elmshorn, AiB 97, 717) oder wenn der Rechtsanwalt vom BR zu seiner außergerichtlichen Vertretung gegenüber dem AG mit dem Ziel beauftragt worden ist, eine gerichtliche Auseinandersetzung zu vermeiden und eine einvernehmliche Regelung herbeizuführen (LAG Schleswig-Holstein, AiB 00, 162; ArbG Lübeck, AiB-Telegramm 99, 27 Ls.). Die Hinzuziehung eines Rechtsanwalts erfordert einen ordnungsgemäßen Beschluss des BR (BAG, NZA 96, 829). Der Beschluss muss dabei die Auftragserteilung und den Auftragsinhalt umfassen, nicht jedoch die namentliche Festlegung des Rechtsanwaltes. Die Wahl kann z.B. an den BR-Vorsitzenden delegiert werden (LAG Schleswig-Holstein, AiB 02, 632). Der BR kann mit der Folge der Erstattungspflicht ohne Zustimmung des AG keine höhere als die gesetzliche Vergütung vereinbaren (LAG Schleswig-Holstein, AiB 98, 470).

6 Die Kostenübernahme des AG soll für die Hinzuziehung eines **Sachverständigen** gemäß § 80 Abs. 3 (FKHES, Rn. 13) nach der abzulehnenden Rechtspr. des BAG nur in Betracht kommen, wenn sich der BR die fehlende Fachkunde nicht kostengünstiger verschaffen kann (BAG, NZA 93, 86; vgl. DKK-Buschmann, § 80 Rn. 132ff.; § 80 Rn. 28). Voraussetzung ist außerdem, dass vorher mit dem AG über die Hinzuziehung des Sachverständigen eine Vereinbarung getroffen wurde (BAG, DB 78, 1747; vgl. auch für die Hinzuziehung eines **fachkundigen Beraters** in schwierigen EDV-Fragen LAG Frankfurt, AuR 91, 93; hinsichtlich der Hinzuziehung eines fachkundigen Referenten auf einer Betriebsversamml. vgl. LAG Baden-Württemberg, AuR 98, 286). Wird ein Rechtsanwalt zur Durchsetzung von Rechten nach dem BetrVG eingeschaltet, soll es sich selbst dann nicht um eine Sachverständigentätigkeit handeln, wenn noch kein Prozess anhängig ist (LAG Schleswig-Holstein, AiB 98, 472; andererseits besteht nach Auffassung des BAG [NZA 98, 900] eine Verpflichtung zur Kostenerstattung auf der Grundlage des § 80 Abs. 3, wenn ein Rechtsanwalt zur gutachterlichen Beratung z.B. über eine abzuschließende BV hinzugezogen wird; vgl. auch LAG Schleswig-Holstein, AiB 00, 162, wonach zur Unterscheidung zwischen einer anwaltlichen Vertretung und einer Tätigkeit als Sachverständiger entscheidend ist, dass der Rechtsanwalt zur Durchsetzung der Rechte des BR beauftragt wurde).

7 Der AG hat auch die Kosten zu tragen, die durch ein erforderliches, auswärtiges Treffen von BR eines UN (BAG, BB 95, 1034) oder die erforderliche Zusammenarbeit mit **ausländischen betrieblichen Interessenvertretungen**, z. B. zur Bildung eines EBR (ArbG Hamburg, AiB 98, 164 mit Anm. v. Kunz), oder durch sonstige erforderliche **Auslandskontakte** (z. B. EU-Behörde) entstehen (vgl. Klebe, FS für Gnade, S. 661, 670) bzw. im Zusammenhang mit der Errichtung oder der Tätigkeit eines EBR anfallen (siehe Anhang 1, § 30 i. V. m. § 16 EBRG; vgl. hierzu DKK-Wedde, § 37 Rn. 20ff.; FKHES, Rn. 50). Hierzu können neben Telefonkosten u. ä. auch solche Kosten gehören, die durch **Besprechungen und Sitzungen** im **Ausland** entstehen. Neben den **Reise- und Übernachtungskosten** (vgl. LAG Niedersachsen, BB 93, 291; ArbG München, AiB 91, 429 mit Anm. v. Däubler = BetrR 93, 47 mit Anm. v. Meißner) für die teilnehmenden BR-Mitgl. hat der AG bzw. UN auch die erforderlichen **Veranstaltungskosten**, ggf. für Dolmetscher, für Simultan-Anlagen und die Übersetzung von Schriftstücken, zu tragen (vgl. ergänzend DKK-Wedde, Rn. 18 f.; § 37 Rn. 5; vgl. ferner Rn. 2; Anhang 1, § 30 i. V. m. § 16 EBRG). Referiert auf Einladung des BR ein betrieblicher AN-Vertreter aus einem ausländischen Schwester-UN in einer Betriebsversammlung über gemeinsame Probleme, hat der AG die erforderlichen Fahr- und Dolmetscherkosten zu tragen (LAG Baden-Württemberg, BB 98, 954).

8 Entstehen dem BR bzw. einem BR-Mitgl. Aufwendungen oder Auslagen, z. B. Reise- oder Schulungskosten, kann vom AG die Zahlung eines angemessenen **Vorschusses** verlangt werden (ArbG Darmstadt, AiB 88, 285, das die Durchsetzung des Anspruchs auch im Wege der einstweiligen Verfügung bejaht). Die Kosten, die **einzelne BR-Mitgl**. im Rahmen und in Ausübung ihrer BR-Tätigkeit machen, hat der AG zu tragen. Es gelten dieselben Grundsätze wie bei den Kosten des BR (vgl. Rn. 1). Zum Ersatz von **Aufwendungen** des einzelnen BR-Mitgl. und zum Ersatz bei der **Aufopferung von Vermögenswerten**, z. B. durch Beschädigung der Kleidung eines BR-Mitgl. bei Ausübung seines Amtes, vgl. DKK-Wedde, Rn. 36ff. m. w. N. Zu dem Ersatz von Aufwendungen gehören selbst die Kosten, die für eine Kinderbetreuung entstehen, wenn BR-Sitzungen außerhalb der Arbeitszeit eines BR-Mitgl. stattfinden (Hess. LAG, AiB 98, 221). Der Aufwand eines freigestellten BR-Mitgl. für seine **regelmäßigen Fahrten von seiner Wohnung in den Betrieb** ist vom AG grundsätzlich nicht als Kosten aus der Tätigkeit des BR nach dieser Vorschrift zu tragen (BAG, BB 91, 2228).

9 Ist die gesetzl. Rechtsstellung eines **einzelnen BR-Mitgl., Ersatzmitgl**. oder **Wahlbewerbers** Streitgegenstand oder durch den Rechtsstreit berührt, hat der AG auch die dem einzelnen BR-Mitgl., Ersatzmitgl. oder Wahlbewerber entstehenden Rechtsanwaltskosten zu tragen, so z. B.:

- bei einem **Ausschlussverfahren** (§ 23 Abs. 1) aus dem BR (BAG, DB 90, 740; AuR 82, 258),
- bei einer **Anfechtung der Wahl** eines BR-Mitgl. nach § 19 (vgl. LAG Düsseldorf, NZA 95, 444),
- bei einem Streit über das **Einblicksrecht eines BR-Mitgl. in die BR-Unterlagen** (BAG, DB 82, 2578),
- bei Erstattung von Reisekosten zur Teilnahme an einer EBR-Sitzung und BR-Versamml. bei **nichtiger BR-Wahl** (BAG, AuR 98, 246),
- bei **Überprüfung von BR-Beschlüssen** (BAG, DB 79, 2091),
- bei einem Streit eines Wahlbewerbers hinsichtlich des **Zugangsrechts** zum Betrieb, z.B. zum Sammeln von Stützunterschriften (LAG Berlin, DB 88, 1172),
- bei Streitigkeiten über die Frage des **aktuellen Nachrückens** in den BR bzw. über die Frage der zeitweiligen **Ersatzmitgliedschaft** im BR (BAG v. 11. 12. 87 – 7 ABR 76/86),
- bei einem Streit zwischen AG und WV über das **Bestehen eines gemeinsamen Betriebs mehrerer UN** und die sich daraus ergebenden Konsequenzen für die Wahl eines BR. Diese Kosten gehören zu den nach § 20 Abs. 3 vom AG zu tragenden Kosten der BR-Wahl (BAG, NZA 93, 415),
- bei der Erstattung einer Ordnungswidrigkeitenanzeige nach § 121 BetrVG wegen unvollständiger Information des WA (LAG Schleswig-Holstein, BB 01, 1048).
- Der AG hat auch die Rechtsanwaltskosten zu tragen z.B. bei einer Klage gegen den BR-Vors. als Vorgesetzten einer BR-Sekretärin (LAG Düsseldorf, AiB 97, 535 mit Anm. v. Grimberg) oder bei einer Unterlassungsklage des BR-Vors. gegen einen Betriebsinspektor (LAG Köln, AiB 98, 163 mit Anm. v. Dornieden).
- Zu erstatten hat der AG auch die Kosten für **Kinderbetreuung**, die einem teilzeitbeschäftigten (Gesamt-)BR-Mitgl. infolge der Teilnahme an über die individuell vereinbarte Arbeitszeit hinausgehenden Sitzungen des (Gesamt-)BR für die Betreuung minderjähriger Kinder entstehen (HessLAG, AiB 98, 221 mit Anm. v. Sossna).

Nach der abzulehnenden Auffassung des BAG (DB 79, 1706; BB 91, 205; DB 94, 2634) sollen **Anwaltskosten**, die einem BR-Mitgl. entstehen, selbst dann nicht erstattungsfähig sein, wenn sie ihren Ursprung im BetrVG haben, so z.B. in einem **Verfahren nach § 103 Abs. 2**. Legt das beteiligte und betroffene BR-Mitgl. Beschwerde ein, hat der AG jedoch im Falle des Obsiegens im Beschwerdeverfahren die Kosten zu tragen (BAG, BB 91, 205). Ein Erstattungsanspruch besteht nicht, wenn der Anwalt in einem Verfahren nach § 103 den BR **10** und das BR-Mitgl. gleichzeitig vertritt, da in diesem Fall wegen »widerstreitender Interessen« nach § 43 a Abs. 4 BRAO beide Anwaltsverträge nichtig sind (LAG Köln, NZA-RR 01, 253). Die Kosten für eine **Lohnklage** (Urteilsverfahren) zur Durchsetzung des Anspruchs auf Entgeltfortzahlung wegen BR-Tätigkeit hat der AG ebenfalls zu tragen, es sei denn, die umstrittene Rechtsfrage hätte ggf. als Vorfrage in dem kostenmäßig günstigeren Beschlussverfahren verbindlich geklärt werden können (FKHES, Rn. 64) oder die Rechtsverfolgung ist von vornherein aussichtslos und mutwillig (BAG, DB 92, 1833). Ebenfalls hat der AG nach der abzulehnenden Auffassung des BAG (BB 01, 1357) die Anwaltskosten eines JAV-Mitgl. in einem Verfahren nach § 78 a Abs. 4 nicht zu tragen.

11 Der BR muss für **jede Gerichtsinstanz** eine förmliche Entscheidung (§ 33) darüber herbeiführen, ob auch in der nächsthöheren Instanz ein Rechtsanwalt für ihn tätig sein soll (LAG Berlin v. 26. 1. 87, AP Nr. 25 zu § 40 BetrVG 1972; vgl. auch LAG Hamburg, AiB 93, 653). Dies kann jedoch dann nicht gelten, wenn es lediglich um die Abwehr eines Rechtsmittels gegen eine Entscheidung geht, die der vom BR beauftragte Rechtsanwalt zu dessen Gunsten erwirkt hat (vgl. auch BAG, AiB 92, 732). Im Übrigen ist eine Nachholung des Beschlusses bzw. die Genehmigung einer einseitigen Handlung des BR-Vors. nach Abschluss eines Rechtszuges im Gerichtsverfahren möglich (LAG Hamm, NZA-RR 98, 422 Ls.), insbesondere, wenn die Beschlussfassung vorher nicht möglich oder zumutbar war (LAG Köln v. 14. 7. 95, LAGE § 40 BetrVG 1972 Nr. 47).

12 Nicht zu den erstattungsfähigen Kosten gehören allerdings nach Auffassung des BAG die **Reisekosten** eines nicht am Gerichtsort der 1. Instanz ansässigen Rechtsanwalts, sofern der BR die Zuziehung eines auswärtigen Rechtsanwalts bei pflichtgemäßer Abwägung aller Umstände nicht für erforderlich halten durfte (BAG, NZA 87, 753; FA 01, 119; vgl. auch ArbG Wetzlar, BB 93, 583). Die Beauftragung eines auswärtigen Rechtsanwalts kann der BR jedoch beschließen, wenn er einen ebenso qualifizierten ortsansässigen Anwalt nicht finden konnte, der auch zur Vertretung bereit war, oder dass dem BR eine solche Sache aufgrund der konkreten Umstände nicht möglich oder zumutbar war. Eine Erforderlichkeit ist alleine deswegen nicht gegeben, weil der AG sich seinerseits durch einen auswärtigen Rechtsanwalt vertreten lässt (so jetzt BAG, FA 01, 119; a. A. BAG v. 2. 4. 87, AP Nr. 3 zu § 87 BetrVG 1972).

13 Auf Verlangen des Anwalts hat der AG **Vorschüsse** auf das Honorar zu zahlen (§ 17 BRAGO; LAG Berlin v. 7. 3. 83, AP Nr. 21 zu § 40 BetrVG 1972). Zu den **Kosten der ESt**. vgl. § 76 a.

14 Zu den nach dieser Vorschrift zu erstattenden Kosten gehören auch die **Kosten für Schulungen** nach § 37 Abs. 6 (BAG, AuR 73, 187; NZA 84, 362; DKK-Wedde, Rn. 56 ff.). Der AG ist jedoch nicht bereits deshalb zur Übernahme der Schulungskosten verpflichtet, weil er auf die Mitteilung des Entsendungsbeschlusses durch den BR geschwiegen hat (BAG, DB 96, 145). Der BR ist nach Auffassung des BAG gemäß dem **Grundsatz der Verhältnismäßigkeit** verpflichtet, hinsichtlich des Umfangs und der Höhe der Aufwendungen auf die Größe und Leistungsfähigkeit des Betriebs Rücksicht zu nehmen (BAG, DB 95, 2118). Allerdings ist der BR keineswegs gehalten, stets die billigste Maßnahme auszuwählen. Einer qualitativ höherwertigen Schulung ist Vorrang zu geben, z.B. Maßnahme an einer zentralen Bildungsstätte, da hier regelmäßig eine effektivere Ausbildung möglich ist (BAG, BB 75, 1111). Außerdem kann er seine Auswahlentscheidung bei vergleichbaren Seminarinhalten auch von dem Veranstalter selbst abhängig machen und in diesem Zusammenhang berücksichtigen, dass **gewerkschaftliche oder gewerkschaftsnahe Anbieter** eine an den praktischen Bedürfnissen der BR-Arbeit ausgerichteten Wissensvermittlung erwarten lassen und eine **gemeinsame Gew.-Zugehörigkeit** ein Klima gegenseitigen Vertrauens schafft, das den Schulungserfolg fördert. Der BR muss sich aus Kostengründen auch nicht auf Bildungsangebote **konkurrierender Gewerkschaften** oder einer vom AG getragenen Bildungseinrichtung verweisen lassen (BAG, AuR 95, 419).

Zu den zu erstattenden Kosten gehören insbesondere die **Fahrkosten**, 15
die Kosten für **Verpflegung** und **Übernachtung** (vgl. auch LAG Schleswig-Holstein, BB 96, 1062 zu anreisebedingten Übernachtungskosten) sowie eine etwaige **Teilnehmergebühr** (bzw. Kurs- oder Lehrgangsgebühr). Aufwendungen für Getränke und Tabakwaren sind jedoch nicht erstattungsfähig (BAG v. 15. 6. 76, AP Nr. 12 zu § 40 BetrVG 1972). Bei einer Schulungsmaßnahme, an der das BR-Mitgl. nach § 37 Abs. 7 teilnimmt, besteht dagegen lediglich Anspruch auf Fortzahlung des Arbeitsentgelts.

Nach der Rechtspr. des BAG ist das BR-Mitgl. zur **Aufschlüsselung** 16
und zum **Nachweis der erstattungsfähigen Kosten** verpflichtet, gleichgültig ob die Schulungsmaßnahme durch eine **Gewerkschaft** oder einen freien, aber **gewerkschaftsnahen Schulungsträger** durchgeführt wurde (BAG, DB 94, 2295; DB 95, 2218; ArbG Marburg, DB 97, 427; vgl. DKK-Wedde, Rn. 65ff.; Wedde, AuR 97, 228). So müssen in der Rechnung **Unterkunft und Verpflegung** getrennt ausgewiesen und angegeben werden, welche **gastronomischen Leistungen** in Rechnung gestellt wurden, damit der AG den Umfang seiner Kostentragungspflicht überprüfen kann (BAG a.a.O.). Nach dieser Rechtspr. ist der AG berechtigt, 20 % des tatsächlichen Verpflegungsaufwandes als **Haushaltsersparnis** anzurechnen, sofern sich das BR-Mitgl. nicht mit der steuerlichen Kostenpauschale begnügt oder die betriebliche Reisekostenordnung bzw. -praxis eine andere Regelung vorsieht.

17 Die **Gew. als Schulungsträger** kann sämtliche Kosten einschl. Aufwendungen für **Referentenhonorare**, Kosten für **Schulungsmaterialien** u.ä., die durch die konkrete Schulungsmaßnahme entstanden sind, auf die Schulungsteilnehmer umlegen (BAG, AuR 95, 419). Hierzu zählen auch **Honoraraufwendungen** für **eigene** oder DGB-Referenten, sofern eine entsprechende Referententätigkeit nicht zu deren Haupt- oder Nebenpflichten aus dem Arbeitsverhältnis gehört (BAG, DB 79, 1799). Die Kostenerstattungspflicht des AG soll nach der Rechtspr. des BAG durch den **koalitionsrechtlichen Grundsatz** dahin gehend eingeschränkt sein, dass die Gew. aus den Schulungsveranstaltungen zumindest keinen Gewinn erzielen darf.

18 Die bisherige Rechtspr. des BAG ist davon ausgegangen, dass dem AG keine **Vorhaltekosten** (Generalkosten) gewerkschaftseigener Schulungseinrichtungen, wie Strom, Heizung, Reinigung und Wasser, auferlegt werden können (BAG, DB 76, 1628; DB 92, 2054). Hiervon ist nunmehr das BAG abgerückt und hat anerkannt, dass zusätzliche **schulungsbedingte Kosten** in gewerkschaftlichen Einrichtungen, wie Strom, Wasser, Reinigung sowie **zusätzliche personelle Aufwendungen** (sog. Grenzkosten) von den Vorhaltekosten abzugrenzen und erstattungsfähig sind (BAG, DB 95, 2118; zur Problematik der sog. Vorhaltekosten bzw. Generalunkosten und zur Kritik an der Rspr. des BAG vgl. umfassend DKK-Wedde, Rn. 68 ff.). Der Träger kann die erstattungsfähigen Kosten durch Einzelkostennachweis ermitteln oder nach betriebswirtschaftlichen Kriterien in einer Weise pauschalieren, die einen Gewinn (Gegnerfinanzierung) von vornherein ausschließt. Sofern zum Nachweis der Forderung zur Vorlage der Unterlagen Geschäftsgeheimnisse berührt werden können, besteht ein berechtigtes Interesse an deren Geheimhaltung (BAG, DB 95, 2118).

19 Die für **Gew**. geltenden Beschränkungen sollen nach der Rechtspr. des BAG weitestgehend auch Anwendung finden auf **gewerkschaftsnahe Bildungseinrichtungen**, bei denen es sich zumeist um gemeinnützige Vereine oder GmbHs handelt, sofern die Gew. kraft satzungsmäßiger Rechte und personeller Verflechtungen maßgebenden Einfluss auf den Inhalt, die Organisation und die Finanzierung der Bildungsarbeit nehmen kann. Auch entsprechende **gewerkschaftsnahe** Bildungsträger können über die **schulungsbedingten Kosten** (vgl. Rn. 18) die ihnen für Schulungsmaßnahmen nach Abs. 6 **konkret entstehenden Aufwendungen**, ggf. durch eine nach anerkannten betriebswirtschaftlichen Kriterien erstellte Jahresrechnung, in Rechnung stellen (BAG, DB 98, 1339). Dies gilt auch für **Personal- und Personalnebenkosten**, die gezielt und ausschließlich für die Organisation und Durchführung von Schulungsmaßnahmen i. S. des Abs. 6 anfallen. Bei strikter Trennung dieses Bereichs von den sonstigen Tätigkeiten wird auch eine Mischkalkulation als zulässig angesehen, nach der die Kosten für die Maßnahme nach Abs. 6 gemeinsam ermittelt und anteilig den einzel-

nen Schulungsveranstaltungen zugeordnet werden (BAG, DB 95, 2118; vgl. DKK-Wedde, Rn. 77 ff.). Die Aufschlüsselungspflicht der berechneten Pauschalgebühren setzt voraus, dass im Einzelnen hinreichend gesicherte satzungsrechtliche oder personelle Möglichkeiten der gewerkschaftlichen Einflussnahme bei der Verwendung der eingenommenen Beträge gegeben sind. Dies hat das BAG (DB 98, 1339) trotz ihrer gewerkschaftlichen Mitgliederstruktur verneint für den Verein Arbeit und Leben – DGB/Volkshochschule – Arbeitsgemeinschaft für politische und soziale Bildung im Lande Nordrhein-Westfalen e. V. und den Verein zur Förderung von Arbeitnehmerinteressen – Bildungskooperation Alb-Donau-Bodensee e. V. Dagegen sah es (a. a. O.) die Voraussetzung der Aufklärungspflicht als gegeben an bei von der gewerkschaftseigenen hbv-KBV GmbH durchgeführten BR-Schulungsmaßnahmen. Die Möglichkeiten der satzungsrechtlichen oder personellen gewerkschaftlichen Einflussnahme wurde auch beim Bildungswerk Springen e. V. verneint (LAG Hamm v. 8. 4. 98 – 3 Ta BV 144/97). Im Übrigen darf die aus der Koalitionseigenschaft abgeleitete besondere Aufschlüsselungspflicht kein zusätzliches Korrektiv zur Verringerung der betriebsverfassungsrechtlichen Kostentragungspflicht des AG sein (BAG, AuR 99, 202; DKK-Wedde, Rn. 75). Die bloße Behauptung des Vorliegens der »Gewerkschaftsnähe« löst keine besonderen Aufschlüsselungspflichten aus (BAG a. a. O.).

Der Anspruch auf Kostenerstattung hängt nicht davon ab, ob der BR **20**
den AG vorher überhaupt oder **rechtzeitig informiert** (LAG Baden-Württemberg, AuR 88, 258); es sei denn, es werden außergewöhnlich **hohe oder atypische Kostenerstattungsansprüche** geltend gemacht, wie z. B. Erteilung einer atypischen Honorarzusage an einen beauftragten Rechtsanwalt (LAG Frankfurt, NZA 88, 441; LAG Schleswig-Holstein, BB 98, 1314). Der BR bleibt auch **nach Amtszeitende** befugt (analog § 22), noch nicht erfüllte Kostenerstattungsansprüche gegen den AG weiter zu verfolgen und an den Gläubiger abzutreten (BAG, BB 02, 2282).

Vor der Insolvenzeröffnung begründete Kostenerstattungsansprüche **21**
sind keine Masse-, sondern einfache Insolvenzverbindlichkeiten (so auch das BAG zur bis Ende 1998 geltenden Konkursordnung: BAG, NZA 94, 1144). Ein AG haftet für diese Verbindlichkeiten nicht, wenn er den Betrieb nach Insolvenzeröffnung gemäß § 613 a BGB übernommen hat (so zur bisherigen Konkursordnung BAG, AiB 94, 759). Der Aufwendungsersatz für BR-Tätigkeit **nach Insolvenzeröffnung** zählt jedoch zu den Masseschulden i. S. des § 55 Abs. 1 InsO und ist somit vorab aus der Insolvenzmasse zu befriedigen (so zur bisherigen Konkursordnung LAG Hamm v. 5. 1. 79, EzA § 40 BetrVG 1972 Nr. 42). Gleiches gilt gemäß § 55 Abs. 2 InsO für Verbindlichkeiten eines **vorläufigen Insolvenzverwalters**, die mit alleiniger Ver-

fügungsbefugnis über das Vermögen des AG von ihm begründet worden sind. Der Erstattungsanspruch der einzelnen BR-Mitgl. nach § 40 unterliegt weder der **tarifvertraglichen Ausschlussfrist** (BAG, BB 73, 474) noch der **kurzen Verjährung** nach § 196 BGB.

22 (2) Nach Abs. 2 ist der AG verpflichtet, dem BR für Sitzungen, Versammlungen, Sprechstunden und die laufende Geschäftsführung die erforderlichen **Sachmittel, Räume, Informations- und Kommunikationstechniken** und das notwendige **Büropersonal** zur Verfügung zu stellen und die hierfür notwendigen Kosten zu tragen. Eine **Grundausstattung** des BR ist grundsätzlich als erforderlich anzusehen (Klebe/Wedde, DB 99, 1945). Dieses ergibt sich nunmehr aus dem BetrVerf-ReformG auch bezüglich der Informations- und Kommunikationstechnik, die zur notwendigen Sachausstattung des BR gehört (Engels/Trebinger/Löhr-Steinhaus, DB 01, 532). Die ablehnende Auffassung des BAG (DB 98, 1821) ist somit überholt. Im Rahmen seines pflichtgemäßen Ermessens entscheidet der BR allein über die **Erforderlichkeit**, wobei er die berechtigten Belange der Belegschaft und des AG zu berücksichtigen hat. Dem BR steht dabei ein **Beurteilungsspielraum** zu, den die Gerichte zu beachten haben (BAG, AuR 99, 237). Der **Verpflichtungsumfang** des AG richtet sich nach den Aufgaben und der Größe des BR, nach der Art und Beschaffenheit des Betriebs sowie nach den besonderen Erfordernissen des Einzelfalles (im Einzelnen siehe DKK-Wedde, Rn. 88). Der BR hat einen Überlassungsanspruch. Er ist grundsätzlich nicht berechtigt, sich die Sachmittel, Techniken oder das Büropersonal selbst zu beschaffen. Dies gilt jedoch nicht, wenn der AG in angemessener Frist seiner Verpflichtung, die erforderlichen Sachmittel, Techniken selbst zu beschaffen, nicht nachgekommen ist. Der BR kann dann vom AG Ersatz der Aufwendungen verlangen (vgl. hierzu auch Besgen, AiB 87, 150; Kort, NZA 90, 598).

23 Zu den erforderlichen **Sachmitteln** gehören u. a. alle für eine büromäßige Erledigung der Aufgaben erforderlichen Utensilien, Schreibmaschinen, Diktiergerät, Aktenordner, Mobiliar sowie Fachliteratur (vgl. Besgen, AiB 87, 150; Kort, NZA 90, 598). Der BR ist berechtigt, für seinen Schriftverkehr Briefpapier mit dem Kopf des UN und dem Zusatz »Der Betriebsrat« zu verwenden (LAG Frankfurt, BB 73, 2451).

24 Die dem BR zur Verfügung zu stellende **Fachliteratur** (BAG, AiB 84, 15) ist ihm grundsätzlich auch zur **ausschließlichen Benutzung** zu überlassen. Dies gilt, auch in kleineren Betrieben, zumindest für die Literatur, die der BR häufig benötigt. Eine Mitbenutzung kann daher allenfalls für die Literatur in Betracht kommen, die der BR selten benötigt (str.; vgl. DKK-Wedde, Rn. 112). Bei der ihm zur alleinigen Benutzung zu überlassenden Literatur hat der BR ein **Auswahlrecht** und braucht sich nicht ausschließlich vom Interesse des AG an einer

möglichst kostengünstigen Ausgabe leiten zu lassen (BAG, DB 96, 2034). Das Wahlrecht schließt auch das Recht ein, zu entscheiden, ob er bei Neuauflagen an dem bisherigen **Kommentar** bzw. **Gesetzessammlung** festhält oder eine andere Ausgabe wählt (BAG, NZA 95, 386). Aufgrund seiner gesetzlichen Aufgabenstellung kann der BR verlangen, dass ihm der AG Kommentare, Gesetzessammlungen u. ä. jeweils auf dem **neuesten Stand** (Neuauflage) beschafft (BAG a. a. O.; ArbG Halberstadt, AuR 98, 330: 2 Kommentare zum BetrVG [DKK, FKHES] sowie Handbuch zur Tarifarbeit im Betrieb).

Allen BR-Mitgl. ist nicht nur der Text des BetrVG, sondern jeweils auch ein Exemplar des aktuellen **Basiskommentars** zum BetrVG (so ArbG Elmshorn v. 19. 2. 91 – ld BV 10/91) zur Verfügung zu stellen. Gleiches gilt für die wichtigsten arbeits- und sozialrechtlichen **Gesetzestexte**, z. B. die **Textsammlung** von Kittner »Arbeits- und Sozialordnung« (BAG, DB 96, 2034; LAG Düsseldorf, BB 88, 1072; LAG Bremen, BB 96, 2303). Neben Kommentaren (vgl. Rn. 24) sind dem BR auch **Fachbücher**, z. B. »Kittner/Zwanziger, Arbeitsrecht, Handbuch für die Praxis« oder »Schaub, Arbeitsrechts-Handbuch« (LAG Bremen a. a. O.; FKHES, Rn. 119 ff.), ggf. **Spezialliteratur**, wie »Ordnungswidrigkeitenverfahren nach dem BetrVG« (ArbG Darmstadt, AiB 96, 482 mit Anm. v. J. Schmidt), **Entscheidungssammlungen** (Besgen, AiB 87, 150; Rn. 96; a. A. LAG Düsseldorf, BB 78, 1413) und **Fachzeitschriften** (z. B. AiB, AuR, PersR, Computer-Fachzeitschrift, Gegenpol oder Arbeits- und Ökologie-Briefe) bereitzustellen (BAG v. 21. 4. 83, AP Nr. 20 zu § 40 BetrVG 1972; LAG Frankfurt, AiB 91, 335; LAG Düsseldorf, BB 98, 2002; ArbG Halberstadt, AiB 98, 585 mit Anm. v. Wedde; ArbG Köln v. 8. 10. 98 – 1 BV 163/98; vgl. auch BVerwG, PersR 88, 242; PersR 89, 293; vgl. ergänzend DKK-Wedde, Rn. 82 ff.). Steht dem BR jedoch bereits eine arbeitsrechtliche Fachzeitschrift zur Verfügung, die sich z. B. regelmäßig auch mit arbeits- und gesundheitswissenschaftlichen Themenstellungen befasst (vorliegend AiB sowie Loseblattsammlung »Krause, Arbeitssicherheit«; »AiB, AuR«; »AiB/Computerzeitschrift«), hat der BR darzulegen, welche betrieblichen oder betriebsratsbezogenen Gründe die **Anschaffung einer weiteren Fachzeitschrift** erfordern (BAG, NZA 95, 591; vgl. ferner LAG Berlin, BB 93, 725; AuR 98, 330; BB 98, 2002). **25**

Der AG hat dem BR einen oder mehrere Räume als **BR-Büros** für die büromäßige Abwicklung seiner Tätigkeit sowie für Sitzungen und Besprechungen mit erforderlichem Mobiliar, wie verschließbare Schränke, Schreibtische, Tische und Stühle zur Verfügung zu stellen (ArbG Bremerhaven, AiB 86, 167; ArbG Heilbronn, BB 84, 982; ArbG Osnabrück v. 19. 11. 90 – 2 BV 18/90; vgl. auch LAG Rheinland-Pfalz, BB 96, 2465; ArbG Halberstadt, AiB 98, 585 mit Anm. v. Wedde; vgl. ArbG Frankfurt, NZA-RR 99, 420; bejahend bei fünf- **26** köpfigen BR). Der Raum muss den Anforderungen an die ArbStättV entsprechen (LAG Köln, AuR 02, 150). Der BR hat Anspruch auf ein Sicherheitsschloss für das BR-Büro außerhalb der allgemeinen Schließanlage (ArbG Mannheim, AiB 01, 48). In diesen Räumen übt der BR das **Hausrecht** aus. Der AG darf deshalb nicht gegen den Willen des BR BR-Büros öffnen und betreten (LAG Nürnberg, NZA 00, 335; ArbG Mannheim, AiB 01, 48). Mit Rücksicht auf dieses Hausrecht ist der AG grundsätzlich verpflichtet, den Zugang Dritter zum BR-Büro zu dulden, soweit dies für die Erfüllung der gesetzlichen Aufgaben des BR erforderlich ist (BAG, BB 92, 144; modifizierend jetzt BAG v. 20. 10. 99 – 7 ABR 37/98 –, wonach der BR die Interessen der Belegschaft an einer sachgerechten Ausübung des BR-Amtes und die berechtigten Interessen des AG gegeneinander abzuwägen hat). Nach Auffassung des BAG ist der AG auch nur in diesem Rahmen verpflichtet, den Zugang von Medienvertretern gegen Vorlage des Presseausweises bzw. eines Rechtsanwalts zum BR-Büro zu dulden (BAG a. a. O.). Der AG kann dem BR die Nutzung einmal zugesagter Räumlichkeiten nicht untersagen, selbst wenn die Räume nicht sachgerecht genutzt werden (ArbG Göttingen, AiB 88, 284, das auch die Voraussetzungen für eine einstweilige Verfügung anerkennt, weil sonst die BR-Arbeit erheblich gefährdet würde; so auch ArbG Berlin, AiB 93, 184), es sei denn, der AG stellt andere, gleichwertige Büroräume zur Verfügung (ArbG Villingen-Schwenningen, AiB 97, 413 mit Anm. v. Kunz). Der AG begeht verbotene Eigenmacht, wenn er den BR aus dem von ihm bislang benutzten Zimmer hinauswirft (ArbG Berlin a. a. O.) oder das BR-Büro eigenmächtig ausräumt und mit einer neuen Schließanlage versieht (ArbG Villingen-Schwenningen a. a. O.). Der BR kann vom AG verlangen, dass dieser nicht ohne vorherige Genehmigung das BR-Büro betritt bzw. dort befindliche Unterlagen, Möbel u. ä. aus dem BR-Büro entfernt (ArbG Villingen-Schwenningen a. a. O.; vgl. auch ArbG Freiburg, AiB 97, 413 zu einem entsprechenden Herausgabeanspruch des BR).

27 Dem BR ist auch **Büropersonal** im erforderlichen Umfang zur Verfügung zu stellen (LAG Baden-Württemberg, AiB 88, 185; vgl. auch BAG v. 17. 10. 90, AP Nr. 8 zu § 108 BetrVG 1972 zur Bereitstellung von Büropersonal für den WA; ArbG Frankfurt v. 7. 8. 90 – 4 BV 9/90; AiB 98, 587 mit Anm. v. Ewald; vgl. auch Pidenz, AiB 98, 421 zur Protokollführung bei BR-, GBR-, KBR-Sitzungen). Den Arbeitsvertrag mit der Bürokraft schließt der AG auch dann ab, wenn diese ausschließlich mit Büroarbeiten des BR beschäftigt werden soll. Die Interessen des BR sind jedoch bei der Auswahl zu berücksichtigen. Der BR ist nicht verpflichtet, eine zur Verfügung gestellte Bürokraft in jedem Fall auch zu beschäftigen. Er kann ggf. eine Schreibkraft ablehnen, zu der er kein Vertrauen hat (BAG, NZA 97, 844). Bei einer begründeten Weigerung hat der AG dem BR eine andere Bürokraft zur Verfügung zu stellen (vgl. auch LAG Berlin, AiB 96, 318). Allerdings kann der BR nicht verlangen, einen bestimmten AN als Bürokraft zu beschäftigen (BAG, NZA 97, 844). Während der Tätigkeit für den BR sind die Bürokräfte dem Weisungsrecht des AG entzogen.

Der AG ist verpflichtet, dem BR im erforderlichen Umfang **Informations- und Kommunikationstechnik** zur Verfügung zu stellen. Durch die Neuregelung in § 40 Abs. 2 wird festgeschrieben, dass diese Technik zur notwendigen Sachausstattung des BR gehört (Engels/Trebinger/Löhr-Steinhaus, DB 01, 532; vgl. FKHES Rn. 127 f.; a. A. LAG Köln, NZA-RR 02, 251, ein Internetanausschluss muss nach wie vor erforderlich sein; dazu kritisch Wedde, CF 11/02, 28). Zur Informations- und Kommunikationstechnik gehören insbesondere Personalcomputer (PC) einschl. Drucker und Software, Telefon, Mobiltelefon, Telefaxgeräte, Fotokopiergeräte, E-mail, Intranet und Internet nebst Zugang. Die Neuregelung erfasst somit die grundsätzliche Nutzung der im Betrieb bzw. im UN vorhandenen Techniken durch den BR (vgl. BT-Drucks. 14/5741, 41). Dieses schließt einen Anspruch des BR auf Übernahme der Kosten durch den AG nach Abs. 1 auf eine entsprechende **Schulung** mit ein. Der AG hat dem BR einen, in größeren Betrieben mehrere, **Personalcomputer (PC)** zur Verfügung zu stellen (Klebe/Wedde, DB 93, 1418; Kort, NZA 90, 598), und zwar einschließlich des entsprechenden Zubehörs wie **Software** und **Drucker**. Ein PC gehört zur üblichen Ausstattung eines Büros und damit zu den erforderlichen Sachmitteln des BR (vgl. zur alten Gesetzesregelung: LAG Hamm, BB 97, 1361; LAG Düsseldorf, AiB 95, 295; Klebe/Kunz, NZA 90, 257 ff.; DKK-Wedde, Rn. 98 m. w. N.). Die alte Rspr. des BAG (DB 99, 1121; v. 11. 3. 98, NZA 98, 953), in der auf den **Umfang** und **Inhalt** der BR-Arbeit abgestellt wird, widerspricht der Neuregelung in § 40 Abs. 2. Zudem ist sie zu eng und verkennt, dass es für umfangreichere Schreibarbeiten, wie sie auch bei der BR-Tätigkeit anfallen, keine realistische Alternative zu einem PC gibt (so zutreffend DKK-Wedde, Rn. 98). Bei der vom BR vorzunehmenden Prüfung der Erforderlichkeit ist von den betrieblichen Verhältnissen zum Zeitpunkt der Beschlussfassung auszugehen (BAG v. 11. 3. 98 a. a. O.). Auf die Größe des BR kommt es nicht an (DKK-Wedde, Rn. 98; a. A. zur alten Gesetzesregelung noch: BAG v. 11. 3. 98 a. a. O.). Der BR muss sich wegen des Vertrauensschutzes grundsätzlich nicht auf die Mitbenutzung beim AG vorhandener Rechner verweisen lassen (BAG v. 11. 3. 98 a. a. O.). Der AG ist auch verpflichtet, dem BR die Information der Belegschaft über ein **EDV-gestütztes Kommunikationssystem** (z. B. E-mail bzw. Intranet) zu gestatten, wenn das System im Betrieb bzw. im UN allgemein zu diesem Zweck genutzt wird (ArbG Frankfurt, NZA-RR 02, 252 verneint Intranet-Zugang, da BR per E-mail Belegschaft mit Informationen versorgen kann; vgl. zur alten Gesetzeslage LAG Köln, NZA 92, 519 = BetrR 92, 68 mit Anm. v. Ortmann; LAG Baden-Württemberg, DB 98, 887; Klebe/Wedde DB 93, 1418; enger BAG, DB 93, 1426 = 28

AiB 93, 657 mit Anm. v. Klebe/Wedde, das zwar im Einzelfall bei Erforderlichkeit, aber nicht einschränkungslos, den AG für verpflichtet hält, dem BR die Nutzung des EDV-Systems zu gestatten; vgl. auch LAG München v. 25. 11. 93 – 3 [4] Ta BV 8/92; vgl. DKK-Wedde, Rn. 76f.; Seebacher, AiB 98, 245; Beckschulze, DB 98, 815). Entsprechendes gilt für zur Verfügungstellung einer eigenen **Homepage** des BR in dem Netzwerk des AG, sofern dieser ein eigenes Datenkommunikationssystem unterhält (ArbG Paderborn, DB 98, 678). Der BR hat Anspruch auf zur Verfügungstellung von **Mobilfunktelefonen** (Handies), wenn auf andere Weise eine unmittelbare, zugleich direkte und zeitnahe Kommunikation zwischen den entsprechenden BR-Mitgl. und den betroffenen AN nicht sichergestellt ist (ArbG Frankfurt, AiB 98, 223 mit Anm. v. Hess-Grunewald). Die Überlassung eines **mobilen Computers** (Laptop, Notebook) soll dagegen ohne nähere Darlegung der Erforderlichkeit für einen GBR nicht bestehen, wenn grundsätzlich in den Niederlassungen stationäre Computer zur Verfügung stehen (so zur alten Rechtslage LAG Köln, BB 98, 538).

29 Der BR kann in der Regel verlangen, dass ihm der AG ein eigenes **Diktiergerät** und **Fotokopiergerät** zur Vervielfältigung von Sitzungsunterlagen, Protokollen u. ä. zur Verfügung stellt (Besgen, AiB 87, 150; Kort, NZA 90, 598); Entsprechendes gilt für ein **Telefaxgerät** (LAG Niedersachsen, DB 02, 1616; vgl. zur alten Gesetzesregelung Kort a. a. O.; vgl. auch LAG Düsseldorf, NZA 93, 1143; LAG Hamm, AiB 98, 43 mit Anm. v. Wedde). Bei besonderen Betriebsstrukturen (hier: Einzelhandelsfilialist) und einer eingeschränkten Erreichbarkeit des AG gerade bei fristgebundenen Stellungnahmen des BR hat dieser Anspruch auf einen Anrufbeantworter, ein Fotokopiergerät sowie ein Faxgerät (BAG, AuR 01, 38 zur alten Gesetzeslage). Dem BR muss im BR-Büro ein **Telefon** zur jederzeitigen, ungehinderten Benutzung zur Verfügung stehen (LAG Baden-Württemberg v. 13. 8. 81 – 11 TaBV 8/81; ArbG Osnabrück v. 19. 11. 90 – 2 BV 18/90; vgl. DKK-Wedde, Rn. 70ff.). Die Nutzung des Telefons dient der innerbetrieblichen Kommunikation und dem Informationsaustausch zwischen AN und BR (BAG, AuR 00, 142). Ein eigener **Telefonamtsanschluss** ist dagegen nicht erforderlich, wenn der BR die betriebliche Telefonanlage ohne Empfänger- und Inhaltskontrolle jederzeit benutzen kann (LAG Frankfurt, NZA 86, 650; vgl. auch BAG, DB 91, 47). In Kleinbetrieben kann die – ungestörte – Mitbenutzung des betrieblichen Fernsprechers ausreichend und zumutbar sein (LAG Rheinland-Pfalz, NZA 93, 426). In Betrieben mit ausgelagerten Betriebsteilen oder Filialen muss die Telefonanlage technisch so geschaltet sein, dass der BR die außerhalb der zentralen Betriebsstätte Beschäftigten direkt anwählen kann (BAG, AiB 99, 702).

30 Für die Bekanntmachungen des BR hat der AG ein oder mehrere **»Schwarze Bretter«** zur Verfügung zu stellen, die an geeigneten, allen AN des Betriebs zugänglichen Stellen anzubringen sind (vgl. BAG, DB 79, 751; FKHES, Rn. 115 ff.). Als »Schwarzes Brett« kann der BR einen abschließbaren Info-Kasten verlangen (ArbG Würzburg, AiB 99, 402). Der **Inhalt der Aushänge** muss sich im Rahmen seiner Aufgaben und seiner Zuständigkeit bewegen (LAG Hamburg, DB 78, 118). Der BR ist jedoch nicht gehindert, **seine Ansicht**, auch wenn sie von der des AG abweicht, am »Schwarzen Brett« bekannt zu geben (LAG Berlin, DB 80, 1704) oder der Belegschaft einen **Interessenkonflikt** mitzuteilen und **Missstände** zu kritisieren (LAG Baden-Württemberg, DB 78, 799; vgl. auch BVerfG, DB 96, 2443 zum Schutz von Werkszeitungen durch die Pressefreiheit; ArbG Hamburg, AiB 95, 774 zur Meinungsfreiheit im Arbeitsverhältnis). Bei **unzulässigen Anschlägen** kann der AG vom BR die **Entfernung** verlangen. Verwehrt der BR die Entfernung, begeht der AG grundsätzlich **verbotene Eigenmacht** (vgl. §§ 858 ff. BGB), wenn er Anschläge, die aus seiner Sicht unzulässig sind, eigenmächtig entfernt oder entfernen lässt, da der BR an dem ihm zur Verfügung gestellten »Schwarzen Brett« ein Besitzrecht ausübt. Der AG ist auf das Mittel der **Gegendarstellung** beschränkt oder kann den **Rechtsweg** beschreiten (LAG Frankfurt, DB 72, 1027; ArbG Gelsenkirchen, AuR 85, 129). Einer eigenmächtigen Entfernung von Anschlägen darf sich der BR nach § 859 Abs. 1 BGB notfalls sogar mit Gewalt widersetzen (vgl. Böhm, RdA 74, 88, 93 f.; DKK-Wedde, Rn. 96 m. w. N.). Der BR kann aber auch nach § 861 Abs. 1 BGB die Wiederanbringung der Anschläge verlangen (Däubler, Gewerkschaftsrechte im Betrieb [10. Aufl.], Rn. 697).

§ 41
Umlageverbot

Die Erhebung und Leistung von Beiträgen der Arbeitnehmer für Zwecke des Betriebsrats ist unzulässig.

Die Vorschrift erstreckt sich nur auf Beiträge für den BR selbst. Ein Verstoß gegen dieses Umlageverbot setzt voraus, dass von AN Beiträge für Zwecke des BR erhoben oder geleistet werden. Mittel aus dem Tronc einer Spielbank dürfen nicht zur Anschaffung von Gegenständen – Büromaterial – durch den AG genutzt werden; diese hat der AG aus seinen Mitteln zu finanzieren (BAG v. 14. 8. 02 – 7 ABR 29/01). Unberührt bleiben Geldsammlungen durch BR-Mitgl. für andere Zwecke (z. B. Geburtstagsgeschenke an AN oder für Opfer einer Katastrophe).

Vierter Abschnitt
Betriebsversammlung

§ 42
Zusammensetzung, Teilversammlung, Abteilungsversammlung

(1) Die Betriebsversammlung besteht aus den Arbeitnehmern des Betriebs; sie wird von dem Vorsitzenden des Betriebsrats geleitet. Sie ist nicht öffentlich. Kann wegen der Eigenart des Betriebs eine Versammlung aller Arbeitnehmer zum gleichen Zeitpunkt nicht stattfinden, so sind Teilversammlungen durchzuführen.

(2) Arbeitnehmer organisatorisch oder räumlich abgegrenzter Betriebsteile sind vom Betriebsrat zu Abteilungsversammlungen zusammenzufassen, wenn dies für die Erörterung der besonderen Belange der Arbeitnehmer erforderlich ist. Die Abteilungsversammlung wird von einem Mitglied des Betriebsrats geleitet, das möglichst einem beteiligten Betriebsteil als Arbeitnehmer angehört. Absatz 1 Satz 2 und 3 gilt entsprechend.

1 (1) Die Betriebsversamml. dient der **gegenseitigen Information von BR und AN, der Aussprache und Meinungsbildung** (BAG, DB 89, 2543) sowie dazu, dass der BR in der Betriebsversamml. **Rechenschaft** über seine Tätigkeit gibt (§ 43 Abs. 1 Satz 1). Die Betriebsversamml. kann weder mit dem AG Vereinbarungen abschließen noch dem BR verbindliche Weisungen erteilen (vgl. BAG a.a.O.). Sie ist dem **BR nicht übergeordnet** und kann deshalb auch **kein rechtswirksames Misstrauensvotum** gegen den BR oder einzelne BR-Mitgl. aussprechen. Die Einberufung erfolgt durch den BR. Es obliegt dem BR, wie die Einladung erfolgen soll (z.B. Anschlag am »Schwarzen Brett«, Rundschreiben, Handzettel). Werden im Betrieb **EDV-gestützte Kommunikationssysteme** (z.B. Intranet) eingesetzt, ist deren Benutzung durch den BR zur Einladung der Teilnehmer der Betriebsversamml. vom AG zu gestatten, wie etwa gegenüber im Außendienst tätigen AN, die den Kontakt zum Betrieb über ein Mailbox-System aufrechterhalten (vgl. LAG Köln, NZA 92, 519; ArbG München, AiB 92, 95; vgl. demgegenüber BAG, BB 93, 1368). Der AG darf nicht die AN des Betriebs oder Gruppen von ihnen zu Versamml. einberufen, in denen Themen behandelt werden, für die nach § 45 die **Betriebsversamml. zuständig** ist und somit auch die Zuständigkeit des BR beeinträchtigt wird. Solche Mitarbeiterversamml. dürfen nicht zu **»Gegenveranstaltungen«** gegenüber Betriebsversamml. missbraucht werden, was sich u.a. darin zeigen kann, dass eine zeitliche Nähe oder gar eine Überschneidung einer solchen Versamml. zu einer Betriebsversamml. besteht (vgl. ArbG Duisburg,

AuR 94, 276; ArbG Darmstadt, AiB 96, 609; zu sog. Mitarbeiterdienstbesprechungen siehe ArbG Osnabrück, AuR 98, 298; vgl. auch BAG, DB 89, 2543, das den AG, wenn eine solche »Gegenveranstaltung« nicht vorliegt, für berechtigt hält, die AN in Mitarbeiterversamml. über betriebliche Belange zu informieren). Die Durchführung einer Mitarbeiterversamml. außerhalb der betriebsüblichen Arbeitszeit ist mitbestimmungspflichtig (§ 87 Abs. 1 Nr. 3), wenn der AG die Teilnahme kraft Weisungsrechts anordnen kann oder der AN zur Teilnahme verpflichtet ist (BAG, DB 01, 2055). Der AG darf die AN auch nicht auffordern, an einer rechtmäßig einberufenen Betriebsversamml. nicht teilzunehmen. Darin kann eine Störung der BR-Tätigkeit liegen (vgl. ArbG Köln, AiB 89, 212; vgl. auch OLG Stuttgart, AiB 89, 23 f., nach dem der Tatbestand des § 119 Abs. 1 Nr. 2 bereits mit der Behinderung der BR-Tätigkeit bei der Einberufung der Betriebsversamml. vollendet ist). Ebenso wenig darf der AG einzelnen AN oder AN-Gruppen die Teilnahme an der Betriebsversamml. untersagen, weil er meint, ihrer Durchführung ständen dringende betriebliche Bedürfnisse entgegen (LAG Hamburg, AiB 89, 212). Auch der Versuch des AG, eine Betriebsversamml. durch Überhängen der Einladung und das Versprechen eines halben Tages Zusatzurlaub bei Nichtteilnahme zu verhindern, ist ein grober Verstoß i. S. von § 23 Abs. 3 (LAG Baden-Württemberg, BetrR 87, 420 ff.). Die **Leitung der Betriebsversamml**. obliegt dem BR-Vors. Er hat das Wort zu erteilen und zu entziehen, ebenso kann er die Redezeit beschränken und Ordnungsrufe erteilen. Werden Abstimmungen durchgeführt, hat er diese zu leiten und das Ergebnis bekannt zu geben. Im Versamml.-Raum hat der BR-Vors. **Hausrecht**. Dieses besteht auch in Bezug auf die Zugangswege zum Versamml.-Raum.

Die Betriebsversamml. besteht aus den **AN des Betriebs**. Auch überlassene AN (z. B. **Leih-AN**) i. S. des § 7 Abs. 2 dürfen an den Betriebsversamml. ebenso wie **Heim-AN** und **Tele-AN** teilnehmen (Schneider, AiB 02, 287). Gleiches gilt für AN, die **Altersteilzeitarbeit** für sich in Anspruch nehmen, unabhängig davon, ob sie jeweils im Betrieb Arbeitsleistung erbringen oder nicht. Es sind auch AN teilnahmeberechtigt, bei denen am Tag der Betriebsversamml. keine Arbeitspflicht besteht, wie etwa während des **Urlaubs** (BAG, NZA 87, 712), der Elternzeit (BAG, DB 90, 793), der **Kurzarbeit** (BAG, NZA 87, 712) oder während eines **Arbeitskampfes** (BAG, NZA 87, 853). 2

Auch für AN, die nur **vorübergehend im Ausland** tätig sind und somit noch zum Betrieb gehören, kann im Ausland eine Teilversamml. durchgeführt werden (LAG Hamm, DB 80, 1030; a. A. BAG, DB 82, 2519). Das wird jedenfalls dann zu gelten haben, wenn nicht zwingende Vorschriften des betreffenden Staates dem entgegenstehen. 3

Die Betriebsversamml. ist **nicht öffentlich**. Es hat daher eine Beschränkung des Teilnehmerkreises grundsätzlich auf diejenigen Per- 4 sonen zu erfolgen, die entweder ein ausdrückliches Teilnahmerecht haben oder vom BR wegen der sachlichen Verbindung zur Betriebsversamml. eingeladen worden sind. **Tonbandaufzeichnungen** vom Verlauf der Betriebsversamml. sind ohne Zustimmung und ohne einen entsprechenden Hinweis des Versammlungsleiters unzulässig (vgl. LAG München, DB 78, 895; vgl. auch zu Wortprotokollen § 43 Rn. 2).

5 Die Teilnahme von **leit. Ang**. ist nur möglich, wenn der BR **nicht** widerspricht. **Betriebsfremde Personen** dürfen im Allgemeinen an der Betriebsversamml. **nicht** teilnehmen. Die Teilnahme von Personen, die zwar nicht zu den AN des Betriebs gehören, aber wegen ihrer **besonderen Funktion** eine enge sachliche Verbindung zum Betrieb haben, ist jedoch zulässig. Das gilt z.B. für Mitgl. des GBR, des WA und der AN-Vertr. im Aufsichtsrat (BAG, DB 77, 2452) sowie für Mitgl. im EBR (LAG Baden-Württemberg, BB 98, 954). Auch die Teilnahme anderer Personen kann notwendig werden, wie etwa von **Referenten oder Sachverständigen**, wobei wegen entstehender Kosten eine Vereinbarung mit dem AG bzw. bei einer Nichteinigung eine arbeitsgerichtl. Entscheidung herbeizuführen ist (BAG, BB 89, 1696). Personen, die kein ausdrückliches gesetzliches Teilnahmerecht haben, bedürfen auf jeden Fall einer Einladung bzw. der Zustimmung des BR zur Teilnahme an der Betriebsversamml. Ein Verstoß gegen den Grundsatz der Nichtöffentlichkeit liegt ebenfalls nicht vor, wenn der BR auf einer Betriebsversamml. einen **betriebsfremden Referenten** ein Kurzreferat halten lässt. Was die Berechtigung der Teilnahme von **Vertr. der Presse, des Rundfunks oder des Fernsehens** zum Zwecke der Berichterstattung über den Verlauf der Betriebsversamml. angeht, wird häufig übersehen, dass der Betrieb nicht lediglich eine bloße Produktionsstätte, sondern auch ein Sozialgebilde und damit ein Teil dieser Gesellschaft ist (vgl. DKK-Berg, Rn. 15 m.w.N.). Die Teilnahme solcher Medienvertreter ist zulässig, wenn dies der BR als sachdienlich ansieht. **Gew.-Vertr**. haben ein **selbstständiges Teilnahmerecht** an der Betriebsversamml. (§ 46 Abs. 1). Voraussetzung ist, dass es sich um eine Gew. i.S. des § 2 (vgl. § 2 Rn. 2) handelt und die Gew. im Betrieb vertreten ist.

6 Betriebsversamml. werden grundsätzlich als **Vollversamml**. aller AN durchgeführt. Vollversamml. haben wegen der besseren Kommunikationsmöglichkeiten grundsätzlich Vorrang vor Teilversamml. (BAG, DB 76, 1291). Teilversamml. sind jedoch zulässig, wenn infolge der Eigenart des Betriebs eine gleichzeitige Versamml. aller AN nicht möglich ist, z.B. weil in mehreren Schichten gearbeitet wird. In erster Linie kommt es auf die organisatorisch-technischen Besonderheiten an. Allein die besondere Größe eines Betriebs macht es nicht erforderlich, anstelle einer Betriebsversamml. als Vollversamml. aller AN

Teilversammlungen durchzuführen (ArbG Wuppertal, AiB 97, 347). Das Gesetz verbietet Versamml. **bestimmter Gruppen** von AN, z. B. von Frauen oder ausländischen AN zwar nicht. Solche Versamml. unterliegen jedoch nicht den Vorschriften des BetrVG und sind somit keine Teilversamml. i. S. des § 42 Abs. 1.

(2) Die **Abteilungsversamml.** ist eine besondere Form der Betriebs- **7**
versamml. Sie soll den einzelnen Betriebsabteilungen die Erörterung ihrer **gemeinsamen Belange**, die in der großen Betriebsversamml. häufig nicht behandelt werden können, ermöglichen. Sie darf nicht mit der Teilversamml. nach Abs. 1 verwechselt werden und kann nur für Beschäftigte von **organisatorisch** oder **räumlich** abgegrenzten Betriebsteilen durchgeführt werden. Für die Durchführung der Abteilungsversamml. gelten dieselben Grundsätze wie für die Betriebsversamml. Liegen die Voraussetzungen für die Durchführung von Abteilungsversamml. vor, hat der BR in jedem Kalenderjahr zwei Betriebsversamml. als Abteilungsversamml. durchzuführen (§ 43 Abs. 1 Satz 2). Der BR entscheidet nach pflichtgemäßem Ermessen, ob die Voraussetzungen gegeben sind. Die Entscheidung darüber trifft er durch einen **Mehrheitsbeschluss** nach § 33.

§ 43
Regelmäßige Betriebs- und Abteilungsversammlungen

(1) Der Betriebsrat hat einmal in jedem Kalendervierteljahr eine Betriebsversammlung einzuberufen und in ihr einen Tätigkeitsbericht zu erstatten. Liegen die Voraussetzungen des § 42 Abs. 2 Satz 1 vor, so hat der Betriebsrat in jedem Kalenderjahr zwei der in Satz 1 genannten Betriebsversammlungen als Abteilungsversammlungen durchzuführen. Die Abteilungsversammlungen sollen möglichst gleichzeitig stattfinden. Der Betriebsrat kann in jedem Kalenderhalbjahr eine weitere Betriebsversammlung oder, wenn die Voraussetzungen des § 42 Abs. 2 Satz 1 vorliegen, einmal weitere Abteilungsversammlungen durchführen, wenn dies aus besonderen Gründen zweckmäßig erscheint.

(2) Der Arbeitgeber ist zu den Betriebs- und Abteilungsversammlungen unter Mitteilung der Tagesordnung einzuladen. Er ist berechtigt, in den Versammlungen zu sprechen. Der Arbeitgeber oder sein Vertreter hat mindestens einmal in jedem Kalenderjahr in einer Betriebsversammlung über das Personal- und Sozialwesen einschließlich des Standes der Gleichstellung von Frauen und Männern im Betrieb sowie der Integration der im Betrieb beschäftigten ausländischen Arbeitnehmer, über die wirtschaftliche Lage und Entwicklung des Betriebs sowie über den betrieblichen Umweltschutz zu berichten, soweit dadurch nicht Betriebs- oder Geschäftsgeheimnisse gefährdet werden.

(3) Der Betriebsrat ist berechtigt und auf Wunsch des Arbeitgebers oder von mindestens einem Viertel der wahlberechtigten Arbeitnehmer verpflichtet, eine Betriebsversammlung einzuberufen und den beantragten Beratungsgegenstand auf die Tagesordnung zu setzen. Vom Zeitpunkt der Versammlungen, die auf Wunsch des Arbeitgebers stattfinden, ist dieser rechtzeitig zu verständigen.

(4) Auf Antrag einer im Betrieb vertretenen Gewerkschaft muss der Betriebsrat vor Ablauf von zwei Wochen nach Eingang des Antrags eine Betriebsversammlung nach Absatz 1 Satz 1 einberufen, wenn im vorhergegangenen Kalenderhalbjahr keine Betriebsversammlung und keine Abteilungsversammlungen durchgeführt worden sind.

1 (1) Die Bestimmung ist **zwingend**. Sie verpflichtet den BR, **vierteljährlich mindestens** eine Betriebsversamml. durchzuführen, die halbjährlich auch in Form von Abteilungsversamml. stattfinden kann, wenn die Voraussetzungen hierfür vorliegen. Die Nichtdurchführung vorgeschriebener Betriebsversamml. erschwert eine konsequente Interessenvertretung durch den BR und kann – insbesondere im Wiederholungsfall – eine grobe Verletzung der gesetzlichen Pflichten des BR nach § 23 Abs. 1 darstellen (LAG Rheinland-Pfalz, BB 60, 982; HessLAG, AiB 94, 404). Der AG hat alles zu **unterlassen**, was die Durchführung der gesetzlich vorgesehenen Betriebsversamml. **verhindern** oder **stören könnte** (vgl. auch § 42 Rn. 1). Die Betriebs- bzw. Abteilungsversamml. finden grundsätzlich während der **Arbeitszeit** statt (vgl. § 44 Abs. 1). Den **konkreten Zeitpunkt** legt der BR nach **pflichtgemäßem Ermessen** durch Mehrheitsbeschluss nach § 33 fest. Der BR hat rechtzeitig einzuladen; eine gesetzl. festgelegte Frist braucht allerdings nicht eingehalten zu werden. Es kommt für die Einladungsfrist stets auf die Gegebenheiten des Einzelfalles an (LAG Düsseldorf, DB 89, 2284; vgl. auch ArbG Bielefeld, DB 90, 1776). Die Form der Einladung bleibt dem BR überlassen (vgl. § 42 Rn. 1). Der in den Versamml. zu erstattende **Tätigkeitsbericht** des BR soll über alle in dem Berichtszeitraum eingetretenen Ereignisse, die für die AN des Betriebs bedeutsam sind, berichten. Der Bericht hat sich vor allem auf die Tätigkeit des BR und seiner Ausschüsse zu erstrecken. Der BR ist keineswegs auf die Darstellung von Fakten beschränkt. Er kann auch Bewertungen abgeben und ggf. an betrieblichen Zuständen, am Verhalten des AG oder anderer Personen deutliche Kritik üben (vgl. auch § 45 Rn. 2). Den Teilnehmern der Betriebsversamml. ist Gelegenheit zu geben, die einzelnen Punkte des Tätigkeitsberichts mit dem BR zu diskutieren.

2 Die Teilnehmer der Betriebsversamml. haben das Recht, den Tätigkeitsbericht und andere Themen, für die die Betriebsversamml. nach § 45 zuständig ist, **unbeeinflusst** zu diskutieren. Deshalb sind **Ton-**

bandaufnahmen oder **Aufzeichnungen auf Bildträger** vom Verlauf der Betriebsversamml. nur ausnahmsweise mit **Zustimmung des Versamml.-Leiters** zulässig. Dabei muss die Tatsache der Aufnahme bekannt gegeben werden (LAG München, DB 78, 895). Auch die Anfertigung eines **Wortprotokolls** ist nur zulässig, wenn der Versamml.-Leiter zustimmt. Auf keinen Fall hat der AG das Recht, ohne Zustimmung des BR Wortprotokolle von Betriebsversamml. anzufertigen, da ansonsten die freie Meinungsäußerung behindert würde (LAG Hamm, AiB 87, 46f.; vgl. auch LAG Düsseldorf, BB 91, 2375, das die Anfertigung stichwortartiger Aufzeichnungen vom Inhalt der Betriebsversamml. durch den AG nur zulässt, wenn in den Aufzeichnungen keine Namen von AN vermerkt werden; a. A. LAG Baden-Württemberg, DB 79, 316). Der BR kann die Unterlassung der Anfertigung eines Wortprotokolls bzw. von Notizen durch den AG auch dann verlangen, wenn er die Protokollierung in der Vergangenheit geduldet hat, da er auf betriebsverfassungsrechtliche Rechte nicht wirksam verzichten kann (LAG Hamm a. a. O.).

Neben den vierteljährlich durchzuführenden Betriebs- bzw. Abtei- **3**
lungsversamml. kann der BR in jedem Kalenderhalbjahr eine weitere Betriebs- bzw. Abteilungsversamml. durchführen. Bei der Frage, ob ihre Durchführung aus besonderen Gründen zweckmäßig erscheint, hat der BR einen weitgehenden **Ermessensspielraum** (BAG, DB 92, 689). So können z. B. besondere Gründe gegeben sein, wenn der BR die AN über bevorstehende Betriebsänderungen informieren oder ihre Auffassung zu bestimmten Fragen, etwa zum bevorstehenden Abschluss einer BV, kennen lernen und diese mit ihnen besprechen will (einschränkend aber BAG, BB 92, 436); ebenso, wenn während einer Tarifauseinandersetzung durch betriebsöffentliche Stellungnahmen des AG zur Tarifpolitik oder wegen der Ankündigung arbeitskampfbedingter Kurzarbeit in der Belegschaft Informations- und Diskussionsbedarf entsteht (ArbG Oldenburg, NZA 89, 652; vgl. DKK-Berg, Rn. 12 m. w. N.).

(2) Der AG ist **berechtigt**, an den regelmäßigen Betriebsversamml. **4**
teilzunehmen. Er ist vom BR unter Mitteilung der Tagesordnung einzuladen. Der AG ist **verpflichtet**, mindestens einmal in jedem Kalenderjahr in einer Betriebsversamml. einen umfassenden Bericht über das **Personal-** und **Sozialwesen** einschließlich des Standes der Gleichstellung von Frauen und Männern im Betrieb, der Integration der im Betrieb beschäftigten ausländischen AN, über die **wirtschaftliche Lage** und **Entwicklung** des Betriebs sowie über den betrieblichen Umweltschutz (zur Definition vgl. § 89 Abs. 3; siehe § 89, Rn. 3) zu geben (z. B. Entwicklung des Personalbestands, weitere Entwicklung der Belegschaftsstärke und ihre Zusammensetzung, Frauenförderung, Maßnahmen zum Umweltschutz, Integrationsangebote für ausländische AN, Sozialeinrichtungen des Betriebs, Produk-

tions- und Absatzlage, Rationalisierungsmaßnahmen oder sonstige Betriebsänderungen i. S. des § 111). Ob durch den Bericht Betriebs- oder Geschäftsgeheimnisse gefährdet werden, hängt **nicht** von der subjektiven Beurteilung durch den AG ab. Es kommt **ausschließlich** darauf an, dass ein Betriebs- oder Geschäftsgeheimnis **objektiv** besteht (vgl. auch § 79 Abs. 1).

5 Wird von den Beschäftigten eines Betriebs **mehrerer UN** ein **einheitlicher BR** gewählt (vgl. § 1 Abs. 2), muss der Bericht nach Abs. 2 von sämtlichen betroffenen AG für **alle UN** in einer Betriebsversamml. gegeben werden (LAG Hamburg, NZA 89, 733). Auch in einem **Tendenz-UN** hat der AG den Bericht zu erstatten (vgl. BAG, DB 77, 962).

6 (3) Der BR kann jederzeit **außerordentliche Betriebsversamml.** einberufen, wenn er dies für erforderlich erachtet. Sie können einberufen werden, wenn der AG »Mitarbeiterversammlungen« zu einer einseitigen Informationspolitik gegenüber der Belegschaft missbraucht (BAG, DB 89, 2543 f.; vgl. auch § 42 Rn. 1). Der BR ist zur Einberufung verpflichtet, wenn dies vom **AG** oder von mindestens einem **Viertel** der **wahlberechtigten AN** des Betriebs verlangt wird. Außerordentliche Betriebsversamml. ermöglichen es, Angelegenheiten zu behandeln, die für die AN von **aktuellem** Interesse sind und nicht bis zu der nächsten ordentlichen Betriebsversamml. nach Abs. 1 verschoben werden können. Während der AG das Teilnahmerecht an den regelmäßigen und den zusätzlichen Betriebs- und Abteilungsversamml. nach Abs. 1 hat, besteht es **nicht** bei den außerordentlichen Betriebsversamml. nach Abs. 3. Etwas anderes gilt dann, wenn die außerordentliche Betriebsversamml. auf Wunsch des AG einberufen wird oder der BR ihn zu der außerordentlichen Betriebsversamml. einlädt. Wegen des Verdienstausfalls für die Teilnahme an diesen Betriebsversamml. vgl. § 44 Rn. 7. Die außerordentlichen Betriebsversamml. können auch als Abteilungsversamml. nach § 42 Abs. 2 durchgeführt werden. Dies ist zwar nicht ausdrücklich vorgesehen, ergibt sich jedoch aus § 44 Abs. 2 (ArbG Stuttgart, BB 77, 1304).

7 (4) Der hier vorgesehene Antrag der Gew. setzt voraus, dass der BR im vorangegangenen Kalenderhalbjahr keine Betriebsversamml. und keine Abteilungsversamml. durchgeführt hat. Unter Kalenderhalbjahr i. S. dieser Bestimmung ist **nicht** ein beliebiger Zeitraum von sechs Monaten zu verstehen, sondern entweder die Zeit vom 1. 1. bis 30. 6. oder vom 1. 7. bis 31. 12. eines Jahres.

8 Der BR ist **verpflichtet**, vor Ablauf von zwei Wochen nach Eingang des Antrags der im Betrieb vertretenen Gew. eine Betriebsversamml. einzuberufen, und zwar grundsätzlich als Vollversamml. aller AN des Betriebs. Eine Aufteilung in Abteilungsversamml. ist in diesem Fall nicht vorgesehen. Die Betriebsversamml. muss innerhalb der zweiwöchigen Frist nicht durchgeführt, sondern nur **einberufen** werden.

Die Durchführung hat allerdings innerhalb eines angemessenen Zeitraums zu erfolgen. Kommt der BR dem Antrag der Gew. nicht nach, so begeht er eine **grobe Amtspflichtsverletzung**, die nach § 23 Abs. 1 zu seiner Auflösung führen kann (vgl. LAG Rheinland-Pfalz, BB 60, 982; ArbG Wetzlar, BB 92, 2216).

§ 44
Zeitpunkt und Verdienstausfall

(1) Die in den §§ 14a, 17 und 43 Abs. 1 bezeichneten und die auf Wunsch des Arbeitgebers einberufenen Versammlungen finden während der Arbeitszeit statt, soweit nicht die Eigenart des Betriebs eine andere Regelung zwingend erfordert. Die Zeit der Teilnahme an diesen Versammlungen einschließlich der zusätzlichen Wegezeiten ist den Arbeitnehmern wie Arbeitszeit zu vergüten. Dies gilt auch dann, wenn die Versammlungen wegen der Eigenart des Betriebs außerhalb der Arbeitszeit stattfinden; Fahrkosten, die den Arbeitnehmern durch die Teilnahme an diesen Versammlungen entstehen, sind vom Arbeitgeber zu erstatten.

(2) Sonstige Betriebs- oder Abteilungsversammlungen finden außerhalb der Arbeitszeit statt. Hiervon kann im Einvernehmen mit dem Arbeitgeber abgewichen werden; im Einvernehmen mit dem Arbeitgeber während der Arbeitszeit durchgeführte Versammlungen berechtigen den Arbeitgeber nicht, das Arbeitsentgelt der Arbeitnehmer zu mindern.

(1) Während der Arbeitszeit finden folgende Versamml. statt: die 1
vierteljährlich durchzuführenden **regelmäßigen Betriebs- bzw. Abteilungsversamml.** (§ 43 Abs. 1 Satz 1 und 2); die **zusätzlichen Betriebsversamml.** bzw. **Abteilungsversamml.** (§ 43 Abs. 1 Satz 4); die Versamml. zur **Bestellung des WV** (§ 17 Abs. 1), die **Wahlversamml.** in Zusammenhang mit dem **vereinfachten Wahlverfahren** (§ 14a) und die auf Antrag des AG einzuberufenden **außerordentlichen Betriebsversamml.** oder Abteilungsversamml. (§ 43 Abs. 3). Wird im Betrieb in der Form der gleitenden Arbeitszeit gearbeitet, ist der BR berechtigt, diese Versamml. in die **Kernarbeitszeit** zu legen (ArbG München v. 27. 7. 72 – 17 Ca 56/72). Kann die Tagesordnung der Betriebsversamml. bis zum Ende der Arbeitszeit nicht abschließend behandelt werden, kann der BR unter Zugrundelegung seines Ermessensspielraumes die Fortsetzung der Versamml. für den nächsten Tag innerhalb der Arbeitszeit bestimmen (vgl. LAG Baden-Württemberg, AiB 86, 67; 89, 209f.; siehe auch Zabel, AiB 96, 346). Der AG darf einzelnen AN oder bestimmten AN-Gruppen die Teilnahme an der Betriebsversamml. auch dann nicht untersagen, wenn er der Meinung ist, der vom BR beschlossene Zeitpunkt sei wegen dringender betrieblicher Bedürfnisse unzulässig (LAG Hamburg, AiB 89,

212). Der AG darf auch nicht einen halben Tag Zusatzurlaub versprechen, um die Teilnahme zu verhindern. Darin liegt ein grober Verstoß i. S. des § 23 Abs. 3 (LAG Baden-Württemberg, BetrR 87, 420 ff.).

2 Die Abhaltung der Betriebsversamml. **außerhalb** der Arbeitszeit ist an strenge Voraussetzungen geknüpft. Unter »Eigenart des Betriebs« ist in erster Linie die **organisatorisch-technische Besonderheit** des konkreten Einzelbetriebs zu verstehen. Die organisatorisch-technische Eigenart des Betriebs muss eine Durchführung der Versamml. außerhalb der Arbeitszeit zwingend erfordern, wie das bei einer technisch untragbaren Störung des eingespielten Betriebsablaufs der Fall sein würde (vgl. BAG, DB 76, 1291). Rein wirtschaftliche Erwägungen können nur in Ausnahmefällen die Versamml. außerhalb der Arbeitszeit notwendig machen (LAG Schleswig-Holstein, AiB 97, 348). Der AG kann sich nicht darauf berufen, dass Produktionsausfälle oder das Nichterbringen von Dienstleistungen zu wirtschaftlichen Einbußen führen. Deshalb haben auch in Lebensmittelfilialbetrieben und Kaufhäusern Betriebsversamml. grundsätzlich während der Öffnungszeiten stattzufinden (BAG, DB 83, 453). Die Duldung der Durchführung der Betriebsversamml. während der Arbeitszeit kann ggf. durch eine einstweilige Verfügung im Beschlussverfahren erzwungen werden (ArbG Frankfurt v. 17. 5. 76 – 11 BV Ga 6/76).

3 Der Anspruch auf Zahlung des Arbeitsentgelts für die Zeit der Teilnahme ist nicht auf die Zeit begrenzt, in der die Versamml. während der persönlichen Arbeitszeit des betreffenden AN stattfindet. Es gilt somit **nicht** das **Lohnausfallprinzip**. Geht die Betriebsversamml. über die Arbeitszeit hinaus, ist der AN so zu stellen, als wenn er während dieser Zeit der Teilnahme **gearbeitet hätte**. Gleiches gilt, wenn der AG die Maschinen für die Schicht abstellt, und die Betriebsversamml. vorzeitig vor Schichtende zum Schluss kommt.

4 Das gilt auch, wenn AN nur geringfügig oder zu bestimmten Zeiten tätig sind, wie beispielsweise **Teilzeitbeschäftigte** oder AN mit **kapazitätsorientierter variabler Arbeitszeit**. Der Grundsatz, dass die Zeit der Teilnahme an den Versamml. wie Arbeitszeit zu vergüten ist, kommt auch dann zur Anwendung, wenn AN während ihres **Urlaubs, Kurzarbeitszeiten** oder während eines **Arbeitskampfes** an der Betriebsversamml. teilnehmen (zum Teilnahmerecht von AN an Betriebsversamml. während solcher arbeitsfreier Zeiten vgl. § 42 Rn. 2). Ein hoher Anteil von **ausländischen** AN ist ein sachlicher Grund dafür, dass der BR zur Betriebsversamml. Dolmetscher hinzuzieht. Der Anspruch auf die Vergütung bleibt auch während der Dolmetscherzeit für alle AN bestehen (ArbG Stuttgart, AiB 86, 168). Die **Kosten der Dolmetschertätigkeit** sind Kosten des BR und deshalb vom AG zu tragen (siehe auch § 40 Rn. 7). Das gilt auch, wenn der BR ein BR-Mitgl. einer ausländischen Tochtergesellschaft zur Betriebs-

versamml. einlädt, um ein Referat über gemeinsame Probleme zu halten und dazu einen Dolmetscher benötigt (LAG Baden-Württemberg, BB 98, 954).

Der Grundsatz, dass der AN so zu stellen ist, als wenn er während der Zeit der Teilnahme gearbeitet hätte, gilt auch dann, wenn die Versamml. wegen der **Eigenart des Betriebs** von vornherein außerhalb der Arbeitszeit stattfindet. Nach Auffassung des BAG (DB 74, 145) ist allerdings die Zeit der Teilnahme, soweit sie über die normale Arbeitszeit hinausgeht, keine »Mehrarbeit«. Ein Anspruch auf Mehrarbeitszuschlag besteht nach dieser Rechtspr. deshalb nicht, es sei denn, ein AN hätte **während** der Betriebsversamml. Mehrarbeit leisten müssen. Auch **besondere Zuschüsse**, wie Schmutzzulagen oder Erschwerniszulagen, die bei einer Arbeitsleistung bezahlt worden wären, sind fortzuzahlen (LAG Düsseldorf, AuR 79, 27). Ebenso sind zusätzliche Wegezeiten und Fahrkosten zu erstatten. Nach Meinung des BAG steht den AN für die Teilnahme an einer vom BR **zu Unrecht außerhalb der Arbeitszeit** einberufenen regelmäßigen Betriebsversamml. ein Vergütungs- und Kostenerstattungsanspruch dann nicht zu, wenn der AG vorher gegenüber der Belegschaft der Einberufung der Betriebsversamml. außerhalb der Arbeitszeit widersprochen hat (BAG, DB 88, 810). **5**

Die Behandlung nicht auf der Tagesordnung stehender, jedoch zulässiger Fragen lässt die Lohnzahlungspflicht des AG unberührt. Dies gilt auch, wenn unzulässige Themen behandelt werden und der AG nicht mit den ihm zur Verfügung stehenden Mitteln dagegen eingeschritten ist (LAG Baden-Württemberg, DB 87, 1441; LAG Bremen, DB 82, 1573; a.A. BAG, DB 92, 689). Eine Kürzung der Vergütung ist ohnehin nicht gerechtfertigt, wenn die Erörterung unzulässiger Themen im Verhältnis zur Gesamtdauer der Betriebsversamml. nur **kurzfristig** ist, wie etwa 15 bis 30 Minuten (vgl. LAG Düsseldorf, DB 81, 1729). Die Lohnzahlungspflicht des AG entfällt auch nicht dadurch, dass eine Betriebsversamml. an dem betreffenden Tag, für den sie einberufen worden ist, nicht zu Ende gebracht werden kann und deshalb der Schluss der Versamml. auf einen **weiteren Tag vertagt** wird (LAG Baden-Württemberg, AiB 86, 67). **6**

(2) Die vom BR bzw. auf Wunsch von mindestens einem Viertel der wahlberechtigten AN nach § 43 Abs. 3 einberufenen Betriebsversamml. finden nur im **Einvernehmen** mit dem AG während der Arbeitszeit statt. Ist der AG mit der Abhaltung dieser Versamml. während der Arbeitszeit einverstanden, so darf den teilnehmenden AN das Arbeitsentgelt nicht gemindert werden. Ein Anspruch auf Vergütung der zusätzlichen Wegezeiten bzw. Erstattung zusätzlicher Fahrkosten besteht allerdings nicht. Der BR kann aber auch, wenn er eine außerordentliche Betriebsversamml. nach § 43 Abs. 3 durchführen muss, diese Versamml. als eine **ordentliche oder zusätzliche** **7**

Betriebsversamml. nach § 43 Abs. 1 durchführen, sofern eine solche Versamml. in dem betreffenden Vierteljahr noch nicht stattgefunden hat (ArbG Heilbronn, AiB 90, 197). Es tritt dann die Kostenfolge nach § 44 Abs. 1 ein, so dass die Zeit der Teilnahme einschließlich der zusätzlichen Wegezeiten den AN wie Arbeitszeit zu vergüten ist, und zwar auch, wenn die Versamml. wegen der Eigenart des Betriebs außerhalb der Arbeitszeit stattfindet.

§ 45
Themen der Betriebs- und Abteilungsversammlungen

Die Betriebs- und Abteilungsversammlungen können Angelegenheiten einschließlich solcher tarifpolitischer, sozialpolitischer, umweltpolitischer und wirtschaftlicher Art sowie Fragen der Förderung der Gleichstellung von Frauen und Männern und der Vereinbarkeit von Familie und Erwerbstätigkeit sowie der Integration der im Betrieb beschäftigten ausländischen Arbeitnehmer behandeln, die den Betrieb oder seine Arbeitnehmer unmittelbar betreffen; die Grundsätze des § 74 Abs. 2 finden Anwendung. Die Betriebs- und Abteilungsversammlungen können dem Betriebsrat Anträge unterbreiten und zu seinen Beschlüssen Stellung nehmen.

1 In den Betriebs- oder Abteilungsversamml. dürfen alle Fragen erörtert werden, die zum Aufgabenbereich des BR gehören oder das Verhältnis zwischen AG und AN betreffen, wobei das Gesetz einen unmittelbaren Bezug der zu behandelnden Themen zum Betrieb oder seinen AN verlangt (vgl. Rn. 2ff.).

2 Es können in den Betriebs- und Abteilungsversamml. auch **betriebliche Missstände** angesprochen und die dafür verantwortlichen Personen kritisiert werden, sofern die Kritik nicht grob unsachlich oder in ehrverletzender Weise vorgetragen wird (vgl. auch Rn. 6). Ebenfalls zulässig ist es, die AN in Betriebs- oder Abteilungsversamml. über die für den **Betrieb maßgebenden TV** und deren Änderungen oder Ergänzungen zu unterrichten. Werden Tarifverhandlungen geführt, können die AN über den jeweiligen Stand informiert werden (LAG Baden-Württemberg, AiB 92, 96; ArbG Wilhelmshaven, NZA 89, 571; vgl. auch § 43 Rn. 3). Auch sozialpolitische oder arbeitsrechtliche Fragen, die sich im **Stadium der Gesetzgebung** befinden, dürfen hinsichtlich des aktuellen Standes und der Auswirkungen nach Abschluss des Gesetzgebungsverfahrens behandelt werden, sofern der Bezug zum Betrieb bzw. den AN vorhanden ist (LAG Hamm v. 8. 7. 96 – 3 Ta BV 71/96; vgl. auch Rn. 3). Der betriebliche **Arbeitsschutz** (vgl. ArbG Frankfurt, AiB 93, 432) und der **betriebliche Umweltschutz** (jetzt ausdrücklich in § 45) gehören ebenfalls zu den thematisch zulässigen Problemen, wie etwa Erörterungen über Abfallvermeidung, Abbau von Umweltbelastungen oder die Entwicklung

umweltfreundlicher Produkte und umweltfreundlicher Produktionstechniken und -verfahren. Auch **Fragen der Krankenversicherung** der AN sind als zulässige sozialpolitische Themen anzusehen (ArbG Paderborn, AiB 97, 414). Durch das 2. GleiBG v. 24. 6. 94 und das BetrVerf-ReformG ist der Themenkreis nochmals erweitert worden. In Betriebsversamml. soll das Thema der Förderung der **Gleichstellung von Frauen und Männern** umfassender behandelt werden und Diskussionen über die Lage der Frauen in Betrieb, Branche und Gesellschaft erfolgen, einschließlich der betrieblichen Handlungsmöglichkeiten. Durch das BetrVerf-ReformG ist die **Integration der im Betrieb beschäftigten ausländischen AN** ausdrücklich als Thema benannt worden. Die Betriebsversamml. kann zu einem Forum gegen das Schweigen im Betrieb gegenüber Fremdenfeindlichkeit werden, alltägliche und strukturelle Formen der Diskriminierung benennen und Maßnahmen diskutieren. Zu den sozialpolitisch zulässigen Themen gehören auch **gew. Aktivitäten und Angelegenheiten**, und zwar nicht nur tarifpolitischer Art. Die in der Betriebsverfassung gesetzlich vorgesehene Zusammenarbeit zwischen BR und der im Betrieb vertretenen Gew. lässt einen weiten Rahmen zu. Deshalb ist beispielsweise ein Referat über »Vertrauensleutearbeit im Betrieb« zulässig (vgl. LAG Düsseldorf, DB 81, 1729; bejahend auch LAG Hamm, DB 87, 2659, mit der Einschränkung, dass das Referat keine Gew.-Werbung enthält).

Der Hinweis auf § 74 Abs. 2 macht deutlich, dass Angelegenheiten 3 **tarifpolitischer, sozialpolitischer, umweltpolitischer** und **wirtschaftlicher Art** auch dann erörtert werden können, wenn sie gleichzeitig parteipolitischen Charakter haben (vgl. § 74 Rn. 4). Daher können Politiker, wenn sie sich an diesen Rahmen halten, als Referenten in Betriebsversamml. auftreten. Deshalb liegt **keine verbotene parteipolitische Betätigung** in der Betriebsversamml. vor, wenn ein Politiker z. B. ein Referat über ein sozialpolitisches Thema hält, das **auch** die AN des Betriebs betrifft. Nach der Rechtspr. des BAG liegt aber dann eine unzulässige parteipolitische Betätigung vor, wenn ein solches Referat gerade und nur zu Zeiten des **Wahlkampfes** von einem Spitzenpolitiker in seinem **Wahlkreis** im Rahmen seiner **Wahlkampfstrategie** gehalten wird (BAG, DB 77, 2452). Im Übrigen bedarf der BR, wenn er einen außenstehenden Referenten zur Betriebsversamml. hinzuziehen will, **keines Einverständnisses** des AG. Das ergibt sich daraus, dass der BR in der **Gestaltung der Tagesordnung** im Rahmen der Zuständigkeit der Betriebsversamml. und unter Berücksichtigung der gestellten Anträge frei ist (BAG a. a. O.).

Der geforderte unmittelbare Bezug zum Betrieb und seinen AN be- 4 deutet nicht, dass ein Thema lediglich die Interessen **nur** des betreffenden Betriebs oder seiner AN berühren muss. Es kann sich auch um Fragen handeln, die für die AN **insgesamt** von Bedeutung sind.

Soweit hinsichtlich der Zulässigkeit der Behandlung bestimmter Themen das Gesetz Grenzen vorsieht, sind diese rechtlich ohne Belang, wenn derartige Fragen in **ausdrücklicher** oder **stillschweigender** Übereinstimmung aller Beteiligten in einer Betriebs- oder Abteilungsversamml. erörtert werden.

5 Der BR ist grundsätzlich **nicht** darauf beschränkt, die Belegschaft allein auf Betriebsversamml. oder durch Anschläge am »Schwarzen Brett« zu unterrichten. Unter bestimmten Voraussetzungen kann der BR für die AN notwendige und innerhalb seiner Zuständigkeit liegende Informationen durch **schriftliche Mitteilung**, etwa durch ein **Informationsblatt**, bekannt geben (so grundsätzlich BAG, DB 79, 751). Zu den Informationswegen zählen im Betrieb und UN vorhandene Informations- und Kommunikationstechniken, auf die der BR einen Überlassungsanspruch hat (vgl. § 40 Rn. 22, 28), wie z.B. Intranet oder E-mail.

6 Im Rahmen der Behandlung von Themen in einer Betriebs- oder Abteilungsversamml. haben die AN das Recht auf **freie Meinungsäußerung** über alle betrieblichen Angelegenheiten. Im Rahmen kritischer Äußerungen zu betrieblichen Missständen kann sich die Kritik auch auf den AG und die mit der Leitung des Betriebs beauftragten Personen erstrecken, sofern sie nicht in einer grob unsachlichen, ehrverletzenden Weise ausgeübt wird (vgl. auch BAG v. 22. 10. 64, AP Nr. 4 zu § 1 KSchG Verhaltensbedingte Kündigung). Da die Betriebsversamml. auch ein **Forum der innerbetrieblichen Auseinandersetzungen** darstellt, darf kein kleinlicher Maßstab angelegt werden (LAG Berlin v. 3. 7. 89 – 18 Sa 24/89).

§ 46
Beauftragte der Verbände

(1) An den Betriebs- oder Abteilungsversammlungen können Beauftragte der im Betrieb vertretenen Gewerkschaften beratend teilnehmen. Nimmt der Arbeitgeber an Betriebs- oder Abteilungsversammlungen teil, so kann er einen Beauftragten der Vereinigung der Arbeitgeber, der er angehört, hinzuziehen.

(2) Der Zeitpunkt und die Tagesordnung der Betriebs- oder Abteilungsversammlungen sind den im Betriebsrat vertretenen Gewerkschaften rechtzeitig schriftlich mitzuteilen.

1 (1, 2) Die im **Betrieb vertretenen Gew**. (zum Gew.-Begriff vgl. § 2 Rn. 2) haben bei Betriebs- oder Abteilungsversamml. ein **eigenständiges Recht** auf Teilnahme. Solche Gew. können daher einen oder mehrere von ihnen bestimmte Vertr. zu diesen Versamml. entsenden. Die Gew. entscheidet **selbst**, wen sie als Beauftragten entsendet (vgl. auch LAG Hamburg, DB 87, 1595, das zutreffend darauf hinweist, der

Erfolg der Unterstützung durch einen Beauftragten der Gew. hänge wesentlich von der Kompetenz des Beraters ab). Ein Gew.-Beauftragter kann nicht deshalb von der Teilnahme an der Betriebsversamml. ausgeschlossen werden, weil er als AN-Vertreter dem **AR eines Konkurrenz-UN** angehört (LAG Hamburg, DB 87, 1595).

Das Entsendungsrecht der Gew. gilt sowohl für die ordentliche als auch für die außerordentliche Betriebs- bzw. Abteilungsversamml. Der Beauftragte der Gew. ist nicht verpflichtet, den AG über seine Teilnahme vorher zu unterrichten, da § 46 gegenüber § 2 Abs. 2 eine **Sonderregelung** ist. Der AG kann dem Beauftragten der Gew. die Teilnahme nicht verwehren. Die Verweigerung des Zugangs zur Betriebsversamml. kann eine **strafbare Behinderung oder Störung der Tätigkeit des BR** gemäß § 119 Abs. 1 Nr. 2 darstellen (LG Siegen, AiB 92, 41 – bestätigt durch OLG Hamm v. 26. 2. 87 – 1 Ss 164/87). Beauftragte der Gew. nehmen an den Betriebs- oder Abteilungsversamml. beratend teil. Sie können das Wort ergreifen und zu den anstehenden Themen Stellung nehmen. **2**

Im Gegensatz zum Beauftragten der Gew. hat der Vertr. einer AG-Vereinigung **kein selbständiges Recht** auf Teilnahme an einer Betriebs- oder Abteilungsversamml. Er kann zu dieser vielmehr nur dann vom AG hinzugezogen werden, wenn der AG dem AG-Verband angehört **und** er oder sein Vertr. tatsächlich an der Betriebs- oder Abteilungsversamml. teilnimmt. Der Vertr. der AG-Vereinigung hat auch **kein** selbstständiges Rederecht. Nimmt aber der AG an einer Betriebsversamml. teil, so kann er vom Leiter der Versamml. (BR-Vors.) verlangen, dass dem von ihm hinzugezogenen Beauftragten seiner AG-Vereinigung zu bestimmten Einzelthemen an seiner Stelle und für ihn das Wort erteilt wird (BAG, DB 78, 2032). **3**

Den im **BR** vertretenen Gew. ist der **Zeitpunkt** und die **Tagesordnung** aller Betriebs- und Abteilungsversamml. mitzuteilen. Eine Gew. ist dann im BR vertreten, wenn ihr wenigstens ein BR-Mitgl. angehört. Es reicht nicht aus, wenn eine Gew. lediglich im Betrieb vertreten ist. Die Mitteilung muss **schriftlich** erfolgen und ggf. auch den **Ort** der Versamml. (was im Gesetz nicht ausdrücklich bestimmt ist) beinhalten (DKK-Berg, Rn. 7 f.). **4**

Fünfter Abschnitt

Gesamtbetriebsrat

§ 47
Voraussetzungen der Errichtung, Mitgliederzahl, Stimmengewicht

(1) Bestehen in einem Unternehmen mehrere Betriebsräte, so ist ein Gesamtbetriebsrat zu errichten.

(2) In den Gesamtbetriebsrat entsendet jeder Betriebsrat mit bis zu drei Mitgliedern eines seiner Mitglieder; jeder Betriebsrat mit mehr als drei Mitgliedern entsendet zwei seiner Mitglieder. Die Geschlechter sollen angemessen berücksichtigt werden.

(3) Der Betriebsrat hat für jedes Mitglied des Gesamtbetriebsrats mindestens ein Ersatzmitglied zu bestellen und die Reihenfolge des Nachrückens festzulegen.

(4) Durch Tarifvertrag oder Betriebsvereinbarung kann die Mitgliederzahl des Gesamtbetriebsrats abweichend von Absatz 2 Satz 1 geregelt werden.

(5) Gehören nach Absatz 2 Satz 1 dem Gesamtbetriebsrat mehr als vierzig Mitglieder an und besteht keine tarifliche Regelung nach Absatz 4, so ist zwischen Gesamtbetriebsrat und Arbeitgeber eine Betriebsvereinbarung über die Mitgliederzahl des Gesamtbetriebsrats abzuschließen, in der bestimmt wird, dass Betriebsräte mehrerer Betriebe eines Unternehmens, die regional oder durch gleichartige Interessen miteinander verbunden sind, gemeinsam Mitglieder in den Gesamtbetriebsrat entsenden.

(6) Kommt im Fall des Absatzes 5 eine Einigung nicht zustande, so entscheidet eine für das Gesamtunternehmen zu bildende Einigungsstelle. Der Spruch der Einigungsstelle ersetzt die Einigung zwischen Arbeitgeber und Gesamtbetriebsrat.

(7) Jedes Mitglied des Gesamtbetriebsrats hat so viele Stimmen, wie in dem Betrieb, in dem es gewählt wurde, wahlberechtigte Arbeitnehmer in der Wählerliste eingetragen sind. Entsendet der Betriebsrat mehrere Mitglieder, so stehen ihnen die Stimmen nach Satz 1 anteilig zu.

(8) Ist ein Mitglied des Gesamtbetriebsrats für mehrere Betriebe entsandt worden, so hat es so viele Stimmen, wie in den Betrieben, für die es entsandt ist, wahlberechtigte Arbeitnehmer in den Wählerlisten eingetragen sind; sind mehrere Mitglieder entsandt worden, gilt Absatz 7 Satz 2 entsprechend.

(9) Für Mitglieder des Gesamtbetriebsrats, die aus einem gemeinsamen Betrieb mehrerer Unternehmen entsandt worden sind, können durch Tarifvertrag oder Betriebsvereinbarung von den Absätzen 7 und 8 abweichende Regelungen getroffen werden.

(1) Die Bildung des GBR ist zwingend vorgeschrieben (BAG, NZA 03, 336). Es bedarf hierzu keines Beschlusses der Einzel-BR. BR i. S. dieser Vorschrift ist auch der nur aus einer Person bestehende BR. Für den Begriff UN ist die rechtliche Selbstständigkeit entscheidend. Für mehrere rechtlich selbstständige UN kann ein GBR nach dieser Vorschrift (s. aber auch die Möglichkeit zur GBR-Bildung aufgrund eines TV nach § 3, vgl. dort Rn. 5) auch dann nicht errichtet werden, wenn die UN untereinander organisatorisch und wirtschaftlich verflochten sind (BAG, DB 76, 588) oder Personengleichheit der Geschäftsführer besteht (BAG, DB 88, 759). Auch für mehrere im Inland gelegene Betriebe eines **ausländischen UN** mit Sitz außerhalb der Bundesrepublik ist ein GBR zu bilden (BAG, DB 76, 295 zur gleichgelagerten Frage der Bildung eines WA). Die Landesverbände und Bezirke der SPD sind keine Betriebe eines UN, so dass dort kein GBR zu bilden ist (BAG, BB 00, 2637). 1

(2) Bei dem GBR handelt es sich **nicht um ein gewähltes**, sondern um ein aus entsandten Mitgl. der BR bestehendes Organ (BAG v. 15. 8. 78, AP Nr. 3 zu § 47 BetrVG 1972). Eine Beendigung tritt insoweit nur ein, wenn die Voraussetzungen für die Bildung des GBR entfallen. Überträgt ein UN seine sämtlichen Betriebe auf mind. zwei andere, rechtl. selbstständige UN, endet das Amt des in dem übertragenden UN gebildeten GBR; das gilt selbst dann, wenn sich die beiden neuen AG zu einer gemeinsamen Betriebsführung zusammengeschlossen haben (BAG, NZA 03, 336). Die Wahl eines GBR durch ein aus Delegierten bestehendes Gremium ist unzulässig (LAG Frankfurt, DB 77, 2056). Der GBR **als Institution** hat keine feste Amtszeit; die von den BR in den GBR entsandten Mitgl. verlieren aber mit dem Amtsende des BR ihre Mitgliedschaft auch im GBR, ungeachtet ihrer möglichen Wiederentsendung (ArbG Stuttgart, DB 76, 1160). Da es sich bei dem GBR um eine Dauereinrichtung handelt, muss er sich nur einmal konstituieren (BAG, NZA 03, 336). 2

Nach früherem Recht entsandte der BR zwei Mitgl. in den GBR, wenn ihm Vertr. beider AN-Gruppen (Arb. und Ang.) angehört hatten. Gehörten dem BR dagegen nur Mitgl. einer Gruppe (Arb. oder Ang.) an, war, unabhängig von der Größe des BR, nur ein Mitgl. in den GBR zu entsenden. Nunmehr entsendet jeder BR mit mehr als **drei** Mitgl. **zwei** Vertr. und ein BR mit **bis zu drei** Mitgl. lediglich **einen** Vertr. in den GBR. Die Neuregelung gilt nur für die nach dem 28. 7. 2001 neu gewählten BR (Art. 14 BetrVerf-ReformG). Besteht der BR nur aus einer Person, ist diese unmittelbar Mitgl. im GBR. Das Gebot, die **Geschlechter** angemessen zu berücksichtigen, soll dem Gleichbe- 3 rechtigungsgrundsatz des Art. 3 Abs. 2 GG Rechnung tragen. Es richtet sich an die einzelnen BR, da nur sie im Rahmen der von ihnen zu beschließenden Entsendung Einfluss auf die personelle Zusammensetzung des GBR nehmen können. Das Gebot ist allerdings auch zu beachten, wenn die Mitgl.-Zahl des GBR durch TV oder BV gemäß Abs. 4 bis 6 abweichend von Satz 1 geregelt wird. Im Gegensatz zu der für die Einzel-BR geltenden Bestimmung (§ 15) handelt es sich zwar lediglich um eine **Sollvorschrift**. Auch ist nicht vorgeschrieben, dass die Geschlechter entsprechend ihrem zahlenmäßigen Verhältnis im Betrieb oder BR zu berücksichtigen sind; verlangt wird nur ihre **angemessene** Berücksichtigung. Das Gesetz gibt den entsendenden BR von daher einen nicht unerheblichen Beurteilungsspielraum. Jedoch erfordert auch das Wort »angemessen« eine grundsätzliche Orientierung am tatsächlichen Anteil der Geschlechter. Sie kann dann zurücktreten, wenn sachliche Gesichtspunkte dies geboten erscheinen lassen. Untersagt ist dagegen die willkürliche Zurücksetzung des Geschlechts. Da dem Gleichberechtigungsgrundsatz Verfassungsrang zukommt, dürfte sie trotz des Sollcharakters der Bestimmung auch die Anfechtbarkeit des Entsendungsbeschlusses in entsprechender Anwendung des § 19 begründen. Ein solcher Fall der willkürlichen Zurücksetzung eines Geschlechts wäre z.B. gegeben, wenn es bei der Abstimmung über zwei den GBR zu entsendende Mitgl. ohne Vorliegen sachlicher Gründe übergangen würde, obwohl es im Verhältnis zu dem anderen Geschlecht im Betrieb und BR über denselben oder aber einen sogar noch höheren Anteil verfügt. Werden in Betrieben der **privatisierten Post-UN** Bea. beschäftigt, muss den zu entsendenden BR-Mitgl. ein Vertreter der Bea. angehören, soweit die Gruppe der Bea. im BR vertreten ist; dieser muss darüber hinaus das Vertrauen der Mehrheit der Bea.-Gruppe erhalten. Wird nur ein Mitgl. entsandt, braucht dies kein Bea. zu sein. Für das Stimmengewicht des Vertreters der Bea. gilt die Vorschrift des Abs. 8 entsprechend. Sie erlangt jedoch nur Bedeutung, soweit im GBR beamtenspezifische Angelegenheiten behandelt werden (vgl. § 32 PostPersRG).

Die zu entsendenden Mitgl. werden von jedem BR durch **einfachen Mehrheitsbeschluss** bestimmt. Sämtliche BR eines UN müssen sich an der Bildung des GBR beteiligen. Ein BR, der keine oder nicht die vom Gesetz vorgeschriebene Anzahl von Vertr. entsendet, **verletzt seine gesetzl. Pflichten** (§ 23 Abs. 1). Der BR kann die in den GBR entsandten Mitgl. jederzeit abberufen und durch andere ersetzen. Eines besonderen Grundes hierzu bedarf es nicht.

5 (3) Ist ein nur aus einer Person bestehender BR im GBR vertreten, kommt die Bestellung eines Ersatzmitgl. nicht in Betracht. Es rückt dann ein im vereinfachten Wahlverfahren (§ 14 a) gewähltes Ersatzmitgl. **zwingend** nach oder übernimmt die Stellvertr.

(4) Durch TV oder BV **kann** die Mitgl.-Zahl des GBR sowohl erhöht **als auch** verringert werden. Es können für mehrere BR gemeinsame oder für einen BR mehr Vertr. entsandt werden als im Gesetz vorgesehen. Das Gebot der angemessenen Berücksichtigung der Geschlechter (Abs. 2 Satz 2) gilt auch für diesen Fall. Zuständig für den Abschluss der BV ist der GBR in der nach Abs. 2 Satz 1 vorgeschriebenen Größe und Zusammensetzung. Die BV ist nicht erzwingbar. 6

(5) Die Vorschrift ist **zwingend**. Sie kommt **nicht** zur Anwendung, **wenn** eine **tarifliche** Regelung über die Mitgl.-Zahl besteht. Dabei ist es unerheblich, ob der TV für den GBR mehr oder weniger als 40 Mitgl. festlegt. Die BV über die Verringerung der Mitgl.-Zahl ist zwischen dem GBR in seiner ursprünglichen Größe und dem UN abzuschließen. Die BV darf nur die herabgesetzte Mitgl.-Zahl des nunmehr zu bildenden GBR regeln und die gemeinsame Entsendung von Mitgl. in dieses Gremium durch BR von Betrieben, die unter Gesichtspunkten der räumlichen Nähe und/oder gleichartiger Interessen zusammengefasst sind. Der gesetzl. GBR nach Abs. 2 ist zur Entsendung von Mitgl. in den verkleinerten GBR nicht berufen. Die **Entsendung hat** vielmehr **durch** die **zusammengefassten BR zu erfolgen** (BAG, DB 78, 2224). Die neue Zahl der Mitgl. kann auch über 40 liegen; entscheidend ist allein, dass durch gemeinsame Entsendung von Mitgl. mehrerer BR eine Reduzierung der ursprünglichen Mitgl.-Zahl herbeigeführt wird. Das Gebot der angemessenen Berücksichtigung der Geschlechter (Abs. 2 Satz 2) gilt auch in diesem Fall. Die Gew. hat nach Auffassung des BAG (NZA 88, 27) kein Antragsrecht, Mängel bei der Konstituierung des GBR oder den Abschluss oder Inhalt von BV gerichtl. überprüfen zu lassen. 7

(6) Die Initiative zur Anrufung der ESt. kann ebenso wie die zum Abschluss einer BV nach Abs. 5 sowohl vom AG als auch vom GBR ausgehen. 8

(7) Maßgebend für die **Stimmenzahl** der einzelnen Mitgl. des GBR ist der Stand der Wählerliste bei der vorangegangenen **BR-Wahl**. Sofern mehrere Mitgl. eines BR in den GBR entsandt sind, können die auf die einzelnen Mitgl. entfallenden Stimmenzahlen auch »krumme« Zahlen sein. Die Mitgl. des GBR sind in ihrer Stimmabgabe zwar grundsätzlich **frei** und an keine Aufträge oder Weisungen des entsendenden BR gebunden. Hat dieser jedoch eine wichtige Frage vorberaten, ist das Mitgl. des GBR schon aus Gründen der Loyalität gehalten, sich über die Meinungsbildung des entsendenden BR nicht grundlos hinwegzusetzen; es liefe andernfalls auch Gefahr, aus dem GBR wieder abberufen zu werden. 9

(8) Obwohl ein Mitglied des GBR keinen Weisungen des entsendenden BR unterliegt (vgl. Rn. 9), kann es, wenn es die Stimmen mehrerer entsendender Betriebe auf sich vereinigt, bei einer Abstimmung je nach der konkreten Fallkonstellation unter Umständen in einen ge- 10

wissen Loyalitätskonflikt geraten. Ein solcher Fall ist denkbar, wenn die BR der mehreren Betriebe, für die das Mitgl. in den GBR entsandt worden ist, in einer wichtigen Angelegenheit nach Vorberatung zu unterschiedlichen Ergebnissen gekommen sind und konträre Standpunkte vertreten. Auch dann bleibt eine Stimmenaufteilung dergestalt, dass es mit dem auf die jeweiligen Betriebe entfallenden Stimmenanteil unterschiedlich votiert, grundsätzlich (Ausnahme s. Rn. 11) unzulässig.

11 (9) Das Stimmengewicht von Mitgl. des GBR, die aus einem gemeinsamen Betrieb mehrerer UN entsandt worden sind, kann durch TV oder BV abweichend von Abs. 7 und 8 geregelt werden. Dadurch kann sichergestellt werden, dass bei Abstimmungen im GBR über Angelegenheiten, die nur AN eines der am gemeinsamen Betrieb beteiligten UN betreffen, auch nur die Stimmenzahl der AN dieses UN berücksichtigt wird.

§ 48
Ausschluss von Gesamtbetriebsratsmitgliedern

Mindestens ein Viertel der wahlberechtigten Arbeitnehmer des Unternehmens, der Arbeitgeber, der Gesamtbetriebsrat oder eine im Unternehmen vertretene Gewerkschaft können beim Arbeitsgericht den Ausschluss eines Mitglieds aus dem Gesamtbetriebsrat wegen grober Verletzung seiner gesetzlichen Pflichten beantragen.

Während ein gerichtl. Ausschluss aus dem BR automatisch auch zur Beendigung der Mitgliedschaft im GBR führt, hat der Ausschluss aus dem GBR **nicht zwangsläufig** auch den Verlust des BR-Amtes zur Folge. Der Ausschluss wird mit **Rechtskraft** des arbeitsgerichtl. Beschlusses wirksam. Es rückt das nach § 47 Abs. 3 bestellte Ersatzmitgl. entsprechend der festgelegten Reihenfolge nach. Ist kein Ersatzmitgl. mehr vorhanden, so hat der entsendende BR ein neues Mitgl. zu bestellen. Im Falle eines Ausschlussantrags kann bei Vorliegen besonders schwerwiegender Gründe die weitere Amtsausübung bis zur rechtskräftigen Entscheidung im Beschlussverfahren durch einstweilige Verfügung vorläufig untersagt werden, wenn den übrigen Mitgl. des GBR eine weitere Zusammenarbeit mit dem auszuschließenden Mitgl. auch bei Anlegen eines strengen Maßstabes nicht einmal vorübergehend zumutbar erscheint (LAG Hamm, BB 75, 1302).

§ 49
Erlöschen der Mitgliedschaft

Die Mitgliedschaft im Gesamtbetriebsrat endet mit dem Erlöschen der Mitgliedschaft im Betriebsrat, durch Amtsnieder-

legung, durch Ausschluss aus dem Gesamtbetriebsrat aufgrund einer gerichtlichen Entscheidung oder Abberufung durch den Betriebsrat.

Der GBR ist eine **ständige Einrichtung**. Er hat **keine feste Amtszeit**. Eine neue Zusammensetzung des GBR nach den regelmäßigen BR-Wahlen (§ 13 Abs. 1) bedeutet weder die Beendigung einer bisherigen noch den Beginn einer neuen Amtszeit des GBR als Organ, sondern betrifft die Amtszeit der Mitglieder dieses Organs. Ein kollektiver Rücktritt des GBR mit der Folge seines völligen Wegfalls ist nicht möglich. Die Amtszeit der einzelnen Mitgl. des GBR kann aus den in dieser Bestimmung vorgesehenen Gründen zu unterschiedlichen Zeitpunkten enden. Die Amtsniederlegung kann im Übrigen jederzeit erklärt werden. Sie ist ohne Einfluss auf die Mitgliedschaft im entsendenden BR.

§ 50
Zuständigkeit

(1) Der Gesamtbetriebsrat ist zuständig für die Behandlung von Angelegenheiten, die das Gesamtunternehmen oder mehrere Betriebe betreffen und nicht durch die einzelnen Betriebsräte innerhalb ihrer Betriebe geregelt werden können; seine Zuständigkeit erstreckt sich insoweit auch auf Betriebe ohne Betriebsrat. Er ist den einzelnen Betriebsräten nicht übergeordnet.

(2) Der Betriebsrat kann mit der Mehrheit der Stimmen seiner Mitglieder den Gesamtbetriebsrat beauftragen, eine Angelegenheit für ihn zu behandeln. Der Betriebsrat kann sich dabei die Entscheidungsbefugnis vorbehalten. § 27 Abs. 2 Satz 3 und 4 gilt entsprechend.

(1) Der GBR ist den einzelnen BR nicht übergeordnet und daher auch 1
nicht weisungsbefugt. Die Beteiligungsbefugnisse nach dem Gesetz werden vielmehr, soweit dieses nicht ausdrücklich etwas anderes bestimmt (etwa bei Regelungen über den WA), primär durch die BR wahrgenommen (Rechtsprechungsübersicht zum GBR bei Kunz, AiB 03, 175). Im Zweifel ist der BR zuständig, nicht der GBR. Im Übrigen ist eine originäre Zuständigkeit des GBR nur dann gegeben, wenn von der zu regelnden Materie her eine **zwingende sachliche Notwendigkeit** für eine einheitliche Regelung auf UN-Ebene besteht. Ob dies zutrifft, lässt sich nur von Fall zu Fall beurteilen. Bloße Gesichtspunkte der Zweckmäßigkeit und der Rentabilität reichen jedoch nicht aus. Sprechen nur solche Gründe für eine einheitliche Regelung innerhalb des UN, so kann der GBR sich lediglich um eine Koordinierung der Tätigkeit der einzelnen BR bemühen. Der GBR kann den BR jedoch keine Weisungen erteilen und auch keine bindenden Richtlinien für deren Arbeit beschließen. Eine Primärzuständigkeit des

GBR steht Regelungen der einzelnen BR nicht entgegen, **solange** der GBR selbst untätig bleibt. Die einzelnen BV werden dann jedoch mit dem Abschluss einer Regelung des GBR unwirksam (LAG Nürnberg, AiB 90, 74 f.). Die gesetzliche Verteilung der Zuständigkeiten zwischen BR und GBR kann weder durch TV noch durch BV geändert werden. Enthält ein TV eine solche Zuständigkeitsregelung, ist diese unwirksam (BAG, DB 99, 1458). Soweit eine Zuständigkeit des GBR kraft Gesetzes gegeben ist, erstreckt sie sich auch auf betriebsratslose Betriebe des UN.

2 Bei **personellen Einzelmaßnahmen** scheidet eine Zuständigkeit des GBR generell aus. Bei Einstellungen, Eingruppierungen, Umgruppierungen und Versetzungen sind ausschließlich die einzelnen BR zu beteiligen. Dies gilt auch bei der Versetzung eines AN von einem Betrieb in einen anderen desselben UN (BAG, NZA 91, 195), und zwar auch dann, wenn der AG eine Reihe von Versetzungen in einer sog. Personalrunde zusammenfasst und deshalb mehrere BR betroffen sind (BAG, AiB 93, 458), oder bei der Besetzung einer Stelle bei der Leitung des UN, auch wenn deren Inhaber Kompetenzen für sämtliche Betriebe haben soll (ArbG Berlin, BB 83, 1920). Ebenso ist für eine Kündigung nicht der GBR, sondern der BR des Betriebs zu hören, in dem der AN beschäftigt ist (LAG Köln, DB 84, 937). Widerspricht ein AN im Falle eines Betriebsübergangs dem Übergang seines Arbeitsverhältnisses auf einen neuen Betriebsinhaber und wird ihm daraufhin wegen fehlender Weiterbeschäftigungsmöglichkeiten gekündigt, so ist der GBR zu der Kündigung selbst dann nicht zu hören, wenn es an jedweder Zuordnung des AN zu einem anderen Betrieb des UN fehlt (BAG, DB 96, 2230).

3 Bei **allgemeinen personellen** Angelegenheiten wie Personalplanung (§ 92), Personalfragebogen und Beurteilungsgrundsätzen (§ 94), Auswahlrichtlinien (§ 95) oder Angelegenheiten, die die Förderung der Berufsbildung (§ 96) oder die Einrichtung und Maßnahmen der Berufsbildung (§ 97) betreffen, kann ein tatsächliches Bedürfnis nach einer unternehmenseinheitlichen Regelung bestehen und damit die Zuständigkeit des GBR gegeben sein (BAG v. 12. 11. 91 – 1 ABR 21/91; vgl. aber auch LAG Baden-Württemberg v. 27. 8. 87 – 13/7 TaBV 7/86, das die Zuständigkeit des GBR für die Aufstellung allgemeiner Beurteilungsgrundsätze für Auszubildende verneint). Entsprechendes gilt für die Ausschreibung von Arbeitsplätzen (§ 93), wenn tatsächlich eine Personaleinsatzplanung auf UN-Ebene erfolgt und sachgerecht ist (vgl. auch LAG München, DB 89, 180, das einen zwingenden Grund für eine unternehmensweite Stellenausschreibung zumindest im Regelfall verneint). Für die Aufstellung von Auswahlrichtlinien nach § 95 ist grundsätzlich der BR zuständig (s. § 95 Rn. 12), jedoch kann ein tatsächliches Bedürfnis für eine unternehmenseinheitliche Regelung zu bejahen sein (vgl. auch BAG, DB 83, 2311).

Auch in **sozialen** Angelegenheiten ist regelmäßig die Zuständigkeit des BR und nicht des GBR gegeben. In die Zuständigkeit des BR fällt beispielsweise die Festlegung von Beginn und Ende der Arbeitszeit, die Einführung von Kurzarbeit (BAG v. 23. 9. 75, AP Nr. 1 zu § 50 BetrVG 1972), die Aufstellung eines Urlaubsplans, die Einführung und Anwendung technischer Kontrolleinrichtungen (a.A. LAG Nürnberg, NZA-RR 03, 21 für die Einführung eines UN-weiten Computersystems zur Fehlzeitenüberwachung), der Gesundheitsschutz im Rahmen des Arbeitsschutzgesetzes und der Bildschirmarbeitsverordnung (LAG Hamburg v. 7. 6. 99 – 7 TaBV 3/98, wonach sich aus der deutschlandweiten Verwendung der gleichen Hard- und Software an allen Arbeitsplätzen im Konzern und der standardisierten Ausstattung der Bildschirmarbeitsplätze keine Notwendigkeit einer UN- bzw. betriebsübergreifenden Regelung ergibt, weil noch Regelungsraum für den Gesundheitsschutz auf örtlicher Ebene bleibt), eine Regelung über die bargeldlose Lohnzahlung (BAG, DB 82, 1674) ebenso wie über die Erstattung von Kontoführungsgebühren (BAG, NZA 02, 988), die Festsetzung der Vorgabezeiten bei einem Akkordsystem (LAG Düsseldorf, BB 91, 2528) oder die Änderung eines Entlohnungsgrundsatzes, auch bei vorheriger Geltung für das ganze UN (LAG Berlin, NZA 89, 73). Bejaht wurde die Zuständigkeit des GBR dagegen für Fragen im Zusammenhang mit Sozialeinrichtungen, deren Wirkungsbereich sich auf das UN erstreckt, etwa eine UN-einheitliche Altersversorgung (BAG, DB 82, 50), UN-einheitliche Richtlinien für die Gewährung von Darlehen an AN aller Betriebe (BAG, DB 76, 1290) oder die Ausgestaltung eines Systems erfolgsabhängiger Vergütung für sämtliche Vertriebsbeauftragte eines UN (LAG Hamm, BB 76, 1028), ebenso für eine auf mehrere oder alle Betriebe des UN anwendbare Spesenregelung (HessLAG v. 4. 9. 97 – 5 TaBV 68/97). Solange der AG keine **unternehmenseinheitliche** Regelung, etwa für eine übertarifliche Vergütung, anstrebt, ist für die Wahrnehmung des MBR nicht der GBR, sondern der BR des jeweils betroffenen Einzelbetriebs zuständig (BAG, DB 95, 832). Die Zuständigkeit des GBR ist aber zu bejahen bei der UN-einheitlichen Einführung eines EDV-Systems mit UN-einheitlichem Standard (LAG Düsseldorf, NZA 88, 211) oder der Einführung eines zentralen computergesteuerten Informations- oder Personaldatenverarbeitungssystems (vgl. BAG, NZA 85, 450) sowie bei der Einführung und Nutzung einer Telefonvermittlungsanlage (BAG, NZA 99, 947). **4**

In wirtschaftlichen Angelegenheiten sind dem GBR nach dem Gesetz ausdrücklich Zuständigkeiten im Zusammenhang mit der Errichtung und der Wahrnehmung der Aufgaben des WA (§§ 107 ff.) zugewiesen. Bei **Betriebsänderungen** (§§ 111 ff.) kommt es darauf an, ob nur ein oder mehrere bzw. alle Betriebe des UN betroffen sind (LAG Berlin, NZA-RR 99, 34; vgl. im Einzelnen § 111 Rn. 20). Werden etwa alle Betriebe des UN infolge eines Konkurses stillgelegt, so ist der GBR **5** nicht nur für die Aufstellung eines Sozialplans, sondern auch für den Interessenausgleich zuständig (BAG, DB 81, 1414), ebenso bei einem notwendig werdenden Personalabbau, der **alle oder mehrere** Betriebe des UN erfasst und den Tatbestand des § 111 erfüllt (BAG, NZA 95, 489). Plant z.B. ein mit der Vermittlung von Versicherungsverträgen befasstes UN mit mehr als 20 AN, alle bisher in eigenständigen Kleinbetrieben organisierten Außendienstmitarbeiter zu entlassen und deren bisherige Aufgaben auf freie Handelsvertreter zu übertragen, ist dies eine in die Zuständigkeit des GBR fallende mitbestimmungspflichtige Betriebsänderung (BAG, NZA 99, 1168). Plant der AG die Verlegung eines Betriebs und dessen Zusammenlegung mit einem anderen seiner Betriebe, ist ebenfalls der GBR für Verhandlungen über einen Interessenausgleich zuständig (BAG, BB 96, 2093). Dasselbe gilt bei einer Stilllegung wesentlicher Betriebsteile in mehreren Betrieben aus Anlass der Neuorganisation des gesamten Ausbildungswesens der UN (LAG Berlin, NZA-RR 99, 34). Liegt der vom AG geplanten Maßnahme ein UN-einheitliches Konzept zugrunde, ist der Interessenausgleich mit dem GBR zu vereinbaren. Aus der Zuständigkeit des GBR zum Abschluss des Interessenausgleichs folgt nicht ohne Weiteres die Zuständigkeit für den Abschluss des Sozialplans; vielmehr müssen auch dafür die Voraussetzungen des § 50 Abs. 1 erfüllt sein, wobei auch der Inhalt des Interessenausgleichs bestimmt, ob ein zwingendes Bedürfnis nach einer betriebsübergreifenden Regelung besteht (BAG, NZA 02, 688). Bei Zweifeln über den zuständigen Verhandlungspartner muss der AG die in Betracht kommenden AN-Vertretungen zur Klärung der Zuständigkeitsfrage auffordern. Weist er ohne weiteres einen der möglichen Verhandlungspartner zurück, trägt er das Risiko, dass sein Verhandlungsversuch als unzureichend gewertet wird, wenn dieser zuständig gewesen wäre (BAG, BB 96, 2093). Der GBR einer Gewerkschaft (in diesem Fall ehemalige ÖTV) ist für den Abschluss einer Vereinbarung zuständig, in der unternehmenseinheitlich alle die Arbeitsbedingungen geregelt werden sollen, die für andere UN in Mantel-TV geregelt werden können (BAG, AuR 92, 313).

6 Soweit eine Zuständigkeit des GBR zu bejahen ist, beschränkt sie sich auf die **notwendigerweise** einheitlich zu regelnden Fragen. Eine vom GBR getroffene **Rahmenvereinbarung** kann der BR unter Berücksichtigung betriebsspezifischer Besonderheiten ggf. näher ausgestalten und konkretisieren (BAG, NZA 84, 49). Der GBR kann in einer von ihm getroffenen Vereinbarung auch ausdrücklich eine **Öffnungsklausel** für ergänzende Regelungen durch die einzelnen BR aufnehmen (vgl. auch BAG, DB 84, 2413). Eine im Rahmen seiner Zuständigkeit getroffene Vereinbarung des GBR gilt unmittelbar für alle AN **sämtlicher** Betriebe des UN. Die Frage, ob der GBR oder ein einzelner örtlicher BR zuständig ist, hat das ArbG auch im Rahmen einer Entscheidung über die Bestellung des Vors. einer ESt. nach § 98

ArbGG zu prüfen (LAG Frankfurt, NZA 85, 33). Auch bei alleiniger Zuständigkeit des GBR verbleibt dem örtlichen BR das Recht, abweichende Vorstellungen durch Einflussnahme auf die Willensbildung im GBR durchzusetzen; dazu können sich auch Vorbesprechungen mit anderen örtlichen BR als notwendig erweisen. Die hierdurch entstehenden Kosten hat der AG als solche der BR-Tätigkeit zu tragen (BAG, NZA 95, 796).

(2) **Beauftragt** ein BR den GBR mit der Mehrheit seiner Stimmen, eine Angelegenheit für ihn zu behandeln, so kann sich der GBR der Übertragung solcher Aufgaben **nicht entziehen**; dasselbe gilt für den **Widerruf**, der **jederzeit** erfolgen kann. Der GBR hat in der ihm übertragenen Angelegenheit grundsätzlich nur für den BR zu verhandeln. Er kann keine endgültige Entscheidung treffen, wenn er hierzu vom BR nicht **ausdrücklich** ermächtigt worden ist. Der BR kann deshalb differenzieren, ob er den GBR nur beauftragen will, für ihn zu verhandeln, oder ob er ihm von vornherein eine Abschlussvollmacht erteilt. Der GBR kann von einem BR auch beauftragt werden, einen Anspruch des BR für diesen **gerichtl. geltend zu machen** (BAG, DB 76, 1290). Die Beauftragung des GBR durch einen BR kann grundsätzlich nur für eine bestimmte Angelegenheit beschlossen werden; die generelle Übertragung eines ganzen Sachbereichs ist nicht möglich (BAG, NZA 93, 714). Überschreitet ein GBR, der nicht originär zuständig ist, wegen fehlerhafter Beauftragung seine Kompetenz, sind seine Handlungen unwirksam; sie können vom BR allerdings nachträglich genehmigt werden (ArbG Rheine v. 16. 1. 89 – 1 Ca 305/88; vgl. aber auch LAG Köln v. 23. 1. 98 – 12 Ta BV 59/97, wonach der BR einem gutgläubigen AG einen diesem nicht mitgeteilten Vorbehalt bei der Beauftragung des GBR nach getroffener Regelung nicht entgegenhalten kann). 7

§ 51
Geschäftsführung

(1) Für den Gesamtbetriebsrat gelten § 25 Abs. 1, die §§ 26, 27 Abs. 2 und 3, § 28 Abs. 1 Satz 1 und 3, Abs. 2, die §§ 30, 31, 34, 35, 36, 37 Abs. 1 bis 3 sowie die §§ 40 und 41 entsprechend. § 27 Abs. 1 gilt entsprechend mit der Maßgabe, dass der Gesamtbetriebsausschuss aus dem Vorsitzenden des Gesamtbetriebsrats, dessen Stellvertreter und bei Gesamtbetriebsräten mit

9 bis 16 Mitgliedern aus 3 weiteren Ausschussmitgliedern,

17 bis 24 Mitgliedern aus 5 weiteren Ausschussmitgliedern,

25 bis 36 Mitgliedern aus 7 weiteren Ausschussmitgliedern,

mehr als 36 Mitgliedern aus 9 weiteren Ausschussmitgliedern besteht.

(2) Ist ein Gesamtbetriebsrat zu errichten, so hat der Betriebsrat der Hauptverwaltung des Unternehmens oder, soweit ein solcher Betriebsrat nicht besteht, der Betriebsrat des nach der Zahl der wahlberechtigten Arbeitnehmer größten Betriebs zu der Wahl des Vorsitzenden und des stellvertretenden Vorsitzenden des Gesamtbetriebsrats einzuladen. Der Vorsitzende des einladenden Betriebsrats hat die Sitzung zu leiten, bis der Gesamtbetriebsrat aus seiner Mitte einen Wahlleiter bestellt hat. § 29 Abs. 2 bis 4 gilt entsprechend.

(3) Die Beschlüsse des Gesamtbetriebsrats werden, soweit nichts anderes bestimmt ist, mit Mehrheit der Stimmen der anwesenden Mitglieder gefasst. Bei Stimmengleichheit ist ein Antrag abgelehnt. Der Gesamtbetriebsrat ist nur beschlussfähig, wenn mindestens die Hälfte seiner Mitglieder an der Beschlussfassung teilnimmt und die Teilnehmenden mindestens die Hälfte aller Stimmen vertreten; Stellvertretung durch Ersatzmitglieder ist zulässig. § 33 Abs. 3 gilt entsprechend.

(4) Auf die Beschlussfassung des Gesamtbetriebsausschusses und weiterer Ausschüsse des Gesamtbetriebsrats ist § 33 Abs. 1 und 2 anzuwenden.

(5) Die Vorschriften über die Rechte und Pflichten des Betriebsrats gelten entsprechend für den Gesamtbetriebsrat, soweit dieses Gesetz keine besonderen Vorschriften enthält.

1 (1) Für die **Geschäftsführung** des BR und dessen innere Organisation gelten weitgehend die für den BR maßgebenden Vorschriften entsprechend. Wenngleich § 37 Abs. 4–7 nicht in Bezug genommen sind, kann die Erforderlichkeit der Teilnahme an **Schulungs- und Bildungsveranstaltungen** nach § 37 Abs. 6 nicht allein nach der im entsendenden BR ausgeübten Tätigkeit beurteilt werden. Es muss auch die hierüber hinausgehende Tätigkeit im GBR berücksichtigt werden, ebenso die Tätigkeit eines Mitgl. des GBR im WA (ArbG Würzburg, AiB 99, 524). Die Entsendung von Mitgl. des GBR zu Schulungsveranstaltungen erfolgt aber nicht durch den GBR, sondern durch die jeweiligen BR (BAG, DB 75, 2092). Ein Mitgl. des GBR kann für voraussichtliche Aufwendungen, etwa erforderliche Reisekosten, einen angemessenen Vorschuss verlangen. Der Anspruch auf Vorschuss oder auch auf Sachleistungen (Fahrzeug) kann auch im Wege der einstweiligen Verfügung durchgesetzt werden (ArbG Darmstadt, AiB 88, 285). Ein GBR hat Anspruch auf eine **Schreibkraft** z.B. zur Protokollführung, wenn auf einer Sitzung umfangreiche Tagesordnungspunkte behandelt werden (ArbG Frankfurt am Main, AiB 98, 587). Für die **Wahl des Vors**. und des stellvertr. Vors. des GBR gelten dieselben Grundsätze wie für die Wahl des Vors. und stellvertr. Vors. des BR (vgl. § 26 Abs. 1). Allerdings sind der Vors.

und der stellvertr. Vors. nach Durchführung der regelmäßigen BR-Wahlen (§ 13 Abs. 1) und der anschließend notwendig werdenden **Neuentsendung** der Mitgl. des GBR **stets neu zu wählen** (ArbG Stuttgart, DB 76, 1160).

Die Staffel über die **Freistellung** von Mitgl. des BR nach § 38 Abs. 1 gilt nicht für den GBR. Der GBR hat jedoch nach § 51 Abs. 1 Satz 1 i.V.m. § 37 Abs. 2 einen Anspruch auf Freistellung eines oder mehrerer Mitgl., wenn und soweit die Freistellung zur ordnungsgemäßen Durchführung der Aufgaben **erforderlich** ist. Auch kann die zeitweilige Verhinderung eines freigestellten BR-Mitgl. infolge seiner Zugehörigkeit zum GBR den BR unter den Voraussetzungen des § 37 Abs. 2 berechtigen, eine anteilige Freistellung eines weiteren BR-Mitgl. zu verlangen (BAG, AuR 97, 252). Eine entsprechende Anwendung des § 38 Abs. 2 auf den GBR kommt allenfalls dann in Betracht, wenn lediglich über die Person des Freizustellenden Streit entsteht (LAG München, NZA 91, 905). Durch TV oder BV kann ein bestimmter Freistellungsumfang für den GBR vereinbart werden. 2

Für die Wahl und Abberufung der weiteren Mitgl. des GBA gilt – anders als beim BR – die **Mehrheitswahl**, die nicht geheim sein muss. Insofern ist gegenüber dem früheren Recht keine Änderung eingetreten. Zwar verweist Abs. 1 Satz 2 nunmehr auf § 27 Abs. 1 insgesamt. Dabei handelt es sich jedoch um ein Redaktionsversehen des Gesetzgebers, der ausweislich der Gesetzesbegründung nur die Verweisungen in dieser Vorschrift an Änderungen der in Bezug genommenen Bestimmungen angepasst hat. Nachdem der ursprünglich vorgesehene Wegfall des Verhältniswahlrechts auch für den BR im Gesetzgebungsverfahren wieder rückgängig gemacht worden war, ist übersehen worden, auch die bereits vorgenommene Änderung der Verweisung in § 51 Abs. 1 Satz 2 wieder rückgängig zu machen. 3

(2) Abs. 2 gilt für die Einladung zur **konstituierenden** Sitzung des GBR. Diese findet nur einmal statt, da der GBR eine Dauereinrichtung ohne feste Amtszeit ist. Die Vorschrift ist entsprechend anzuwenden, wenn nach den regelmäßigen BR-Wahlen oder nach Amtsniederlegung aller GBR-Mitgl. Neuwahlen innerhalb des GBR vorzunehmen sind. Für die Einberufung der späteren Sitzungen gelten die Vorschriften für den BR entsprechend (§ 29 Abs. 2 bis 4). Der GBR ist nicht verpflichtet, seine Sitzungen nur am Ort der Hauptverwaltung eines UN einzuberufen; er kann Sitzungen auch in einem **anderen Betrieb des UN** abhalten (BAG, DB 80, 263). Es ist nicht zu beanstanden, wenn die Sitzungen des GBR in einem Hotel stattfinden. Entsprechende **Tagungskosten** hat insoweit der AG zu tragen. Dies gilt jedenfalls dann, wenn ein geeigneter Sitzungsraum beispielsweise im am Ort befindlichen Betrieb des UN nicht vorhanden ist (ArbG Darmstadt, AiB 88, 285). **Häufigkeit und Dauer** der Sitzungen bestimmt allein der GBR. Der AG hat bei einer zweitägigen Sitzung 4

auch die anfallenden Übernachtungskosten und weitere Tagespauschalen zu tragen. Stellt der AG üblicherweise für Dienstreisen – auch für BR-Tätigkeit – Firmenfahrzeuge aus einem Pool zur Verfügung, so ist eine Nutzung solcher Fahrzeuge auch für die Anreise zur Sitzung des GBR zu gestatten (ArbG Darmstadt a. a. O.). Der GBR ist auch befugt, sich mit ausländischen Interessenvertretungen der AN des UN direkt in Verbindung zu setzen. Der AG hat die Telefon- und Reisekosten zu tragen (ArbG München, AiB 91, 429, für die Reise eines GBR-Vors. zur österreichischen Schwestergesellschaft; LAG Niedersachsen, DB 93, 1043, für Reisekosten nach Brüssel aus Anlass von dort geführten Verhandlungen über Fusionspläne des UN).

5 (3) Bei der Beschlussfassung kommt es **nicht** auf die Zahl der **anwesenden** Mitgl., sondern auf deren Stimmenzahlen gemäß § 47 Abs. 7 an. Ein GBR-Mitgl. kann die ihm zustehenden Stimmen **nur einheitlich** abgeben; ein Aufteilen der Stimmen ist nicht möglich (vgl. aber die Erl. zu § 47 Abs. 9, wenn ein GBR-Mitgl. für mehrere Betriebe entsandt worden ist). Wie bei der Beschlussfassung des BR (§ 33 Abs. 1) ist auch im GBR ein Antrag bei Stimmengleichheit abgelehnt.

6 In besonderen Fällen (z. B. bei der Übertragung von Aufgaben des GBR auf den GBA zur selbstständigen Erledigung nach § 51 Abs. 1, § 27 Abs. 3 oder der Abstimmung über die Geschäftsordnung nach § 51 Abs. 1, § 36) ist für die Beschlussfassung nicht die Mehrheit der anwesenden, sondern die Mehrheit **aller Stimmen** der GBR-Mitgl. erforderlich. Im Übrigen setzt die **Beschlussfähigkeit** des GBR **nicht nur** die Anwesenheit von mindestens der Hälfte seiner Mitgl. voraus. Diese müssen vielmehr auch die Hälfte aller Stimmen auf sich vereinigen. Nimmt die GJAV an der Beschlussfassung teil, so werden die Stimmen der GJAV bei der Feststellung der Stimmenmehrheit, nicht dagegen bei der Frage der Beschlussfähigkeit, mitgerechnet.

7 (4) Anders als im GBR hat bei der Beschlussfassung des GBA und weiterer Ausschüsse des GBR jedes Mitgl. **nur eine Stimme** (§ 33 Abs. 1 und 2). Ein Ausschuss ist nur dann beschlussfähig, wenn mindestens die Hälfte seiner Mitgl. an der Beschlussfassung teilnimmt.

8 (5) Die Vorschrift bezieht sich nicht auf **Organisation** und **Geschäftsführung** des GBR, da diese entweder durch besondere Bestimmungen oder durch Verweisung auf die für den BR geltenden (vgl. Abs. 1) geregelt sind. Sie besagt, dass für den GBR die allgemeinen Grundsätze des Gesetzes und bei der Wahrnehmung von Beteiligungsbefugnissen im Rahmen seiner Zuständigkeit dieselben Rechte und Pflichten gelten wie für den BR. So hat er nach Maßgabe des § 80 Abs. 3 auch das Recht, **Sachverständige** hinzuzuziehen.

§ 52
Teilnahme der Gesamtschwerbehindertenvertretung

Die Gesamtschwerbehindertenvertretung (§ 97 Abs. 1 des Neunten Buches Sozialgesetzbuch) kann an allen Sitzungen des Gesamtbetriebsrats beratend teilnehmen.

Die Vorschrift entspricht § 32 (vgl. auch die Erl. dort) zum Teilnahmerecht der Schwerbehindertenvertr. an BR-Sitzungen. Das Teilnahmerecht erstreckt sich auf **alle** Sitzungen des GBR und seiner Ausschüsse. Inhalt des Rechts ist Beratung, nicht Beschlussfassung. Von der Vorschrift kann weder durch TV noch durch BV abgewichen werden. **1**

§ 53
Betriebsräteversammlung

(1) Mindestens einmal in jedem Kalenderjahr hat der Gesamtbetriebsrat die Vorsitzenden und die stellvertretenden Vorsitzenden der Betriebsräte sowie die weiteren Mitglieder der Betriebsausschüsse zu einer Versammlung einzuberufen. Zu dieser Versammlung kann der Betriebsrat abweichend von Satz 1 aus seiner Mitte andere Mitglieder entsenden, soweit dadurch die Gesamtzahl der sich für ihn nach Satz 1 ergebenden Teilnehmer nicht überschritten wird.

(2) In der Betriebsräteversammlung hat

1. der Gesamtbetriebsrat einen Tätigkeitsbericht,

2. der Unternehmer einen Bericht über das Personal- und Sozialwesen einschließlich des Stands der Gleichstellung von Frauen und Männern im Unternehmen, der Integration der im Unternehmen beschäftigten ausländischen Arbeitnehmer, über die wirtschaftliche Lage und Entwicklung des Unternehmens sowie über Fragen des Umweltschutzes im Unternehmen, soweit dadurch nicht Betriebs- und Geschäftsgeheimnisse gefährdet werden,

zu erstatten.

(3) Der Gesamtbetriebsrat kann die Betriebsräteversammlung in Form von Teilversammlungen durchführen. Im Übrigen gelten § 42 Abs. 1 Satz 1 zweiter Halbsatz und Satz 2, § 43 Abs. 2 Satz 1 und 2 sowie die §§ 45 und 46 entsprechend.

(1–3) Das Wort »mindestens« in Abs. 1 besagt, dass mehrere Versamml. möglich sind, wenn die Gesamtumstände es angezeigt erscheinen lassen, ebenso Teilversamml. (Abs. 3). Sind der Vors., sein Stellvertr. oder andere Mitgl. des BA gleichzeitig Mitgl. des GBR, so kann der BR an deren Stelle zusätzliche Vertr. zu BR-Versamml. entsen- **1** den. Soweit es den Bericht des UN betrifft, hat er auch über den Stand der **Gleichstellung** von Frauen und Männern, die Integration der im UN beschäftigten **ausländischen** AN sowie Fragen des **Umweltschutzes** zu berichten; im Übrigen soll der UN für eine vertiefende, der Bedeutung der Versamml. angemessene Beantwortung von Fragen der Teilnehmer zur Verfügung stehen (LAG Frankfurt, DB 89, 1473). Für die BR-Versamml. sind weitgehend die für die Durchführung von Betriebsversamml. geltenden Vorschriften entsprechend anwendbar.

Sechster Abschnitt

Konzernbetriebsrat

§ 54
Errichtung des Konzernbetriebsrats

(1) Für einen Konzern (§ 18 Abs. 1 des Aktiengesetzes) kann durch Beschlüsse der einzelnen Gesamtbetriebsräte ein Konzernbetriebsrat errichtet werden. Die Errichtung erfordert die Zustimmung der Gesamtbetriebsräte der Konzernunternehmen, in denen insgesamt mehr als 50 vom Hundert der Arbeitnehmer der Konzernunternehmen beschäftigt sind.

(2) Besteht in einem Konzernunternehmen nur ein Betriebsrat, so nimmt dieser die Aufgaben eines Gesamtbetriebsrats nach den Vorschriften dieses Abschnitts wahr.

(1) Ein KBR wird **nur** für Konzerne i.S. des § 18 Abs. 1 AktG 1 vorgesehen. Darunter sind Konzerne zu verstehen, bei denen **ein herrschendes und** ein oder mehrere **abhängige** UN unter der **einheitlichen Leitung** des herrschenden UN zusammengefasst sind. Das Herrschaftsverhältnis kann auf einem Beherrschungsvertrag oder dem Mehrheitsbesitz am Gesellschaftskapital beruhen. Die **Rechtsform** des herrschenden oder der abhängigen UN ist unerheblich (BAG, NZA 89, 18; ArbG Dortmund, AiB 91, 25 f.). Ein KBR kann deshalb auch gebildet werden, wenn die einzelnen UN des Konzerns nicht in Form einer Aktiengesellschaft, sondern etwa als GmbH oder als Personengesellschaften geführt werden. Auch bei einer natürlichen Person als Konzernspitze kann bei Vorliegen der Voraussetzungen des § 18 Abs. 1 AktG ein KBR gebildet werden, wenn sie sich auch in anderen Gesellschaften unternehmerisch betätigt (BAG, DB 96, 1043 f.). Ein **faktischer** Unterordnungskonzern, in dem ein KBR gebildet werden kann, ist dann anzunehmen, wenn das herrschende UN über Mittel verfügt, die es ihm ermöglichen, das abhängige UN seinem Willen zu unterwerfen und diesen bei ihm durchzusetzen. Die einheitliche Leitung kommt dabei oft dergestalt zustande, dass leit. Ang. des führenden Konzern-UN zugleich Organmitgl. der einzelnen Konzerngesellschaften sind (LAG Düsseldorf, AuR 88, 92; zu den Formen faktischer Beherrschung im Automobilbereich vgl. Däubler, CR 88, 834 ff.). Für einen **Gleichordnungskonzern** (§ 18 Abs. 2 AktG) kommt kein KBR in Betracht.

Ein KBR kann auch bei einem Tochter-UN eines **mehrstufigen**, 2 vertikal gegliederten Konzerns gebildet werden (Unterkonzern), wenn diesem ein betriebsverfassungsrechtlich relevanter Spielraum für die bei ihm und für die von ihm abhängigen UN zu treffenden Entscheidungen verbleibt (BAG, DB 81, 895). Wird ein UN von mehreren UN beherrscht, etwa wenn zwei Obergesellschaften ein Stammkapital von jeweils 50 v. H. an einem **Gemeinschafts-UN** halten, bildet das Gemeinschafts-UN mit jedem der herrschenden UN einen Konzern (BAG, DB 87, 1691). Das beherrschte UN kann in diesem Fall Mitgl. in beide KBR entsenden (ArbG Dortmund, AiB 93, 457). Haben Teile eines Konzerns ihren Sitz im **Ausland**, kann ein KBR nur für die im Inland gelegenen UN gebildet werden; im Ausland errichtete AN-Vertr. nehmen nicht an der Bildung des KBR im Inland teil. Liegt die Konzernspitze im Ausland, dann kann für die im Inland gelegenen Teile des Konzerns, also für die abhängigen UN und die inländischen Betriebe des herrschenden UN, ein KBR gebildet werden (str.). Übt das herrschende UN seine Leitungsmacht vom Ausland durch ein inländisches UN aus, dann bildet die inländische UN-Gruppe einen **Konzern im Konzern**, in dem die Voraussetzungen für die Errichtung eines KBR vorliegen (zur grenzüberschreitenden AN-Vertretung vgl. auch das EBRG v. 28. 10. 96, BGBl. I S. 1584).

3 Während die Errichtung des GBR zwingend vorgeschrieben ist (§ 47 Abs. 1), ist die Bildung eines KBR nicht obligatorisch, sondern vom Willen der GBR abhängig. Sie bedarf der **Zustimmung** der GBR der Konzern-UN, die mehr als 50 v. H. (früher: mindestens 75 v.H.) der AN des Konzerns beschäftigen. Das bedeutet, dass ein GBR eines Konzern-UN, das mindestens die genannte Zahl von AN beschäftigt, **auch gegen den Willen der GBR** der anderen Konzern-UN die Errichtung des KBR beschließen kann.

4 Soweit es für die Errichtung eines KBR auf die Zahl der AN ankommt, zählen alle AN mit, ohne Rücksicht darauf, ob sie wahlberechtigt sind oder nicht. Dabei ist auf die Zahl aller Konzern-UN abzustellen, gleichgültig, inwieweit dort (Gesamt-)BR bestehen oder nicht (BAG, NZA 94, 326). Maßgebend ist die Zahl der AN im Zeitpunkt der **Beschlussfassung**. Die Beschlüsse werden in Einzelsitzungen der GBR gefasst. Es genügt die einfache Stimmenmehrheit.

5 Die **Initiative** zur Errichtung des KBR kann **von jedem** GBR ergriffen werden. Der GBR, der die Errichtung des KBR anstrebt, sollte alle übrigen GBR anschreiben und sie auffordern, einen Beschluss über die Errichtung des KBR zu fassen.

6 Die für die Bildung des KBR maßgebenden Grundsätze gelten auch für dessen Auflösung. Der KBR kann also **nicht selbst** seine Auflösung beschließen.

7 (2) Die Bestimmung gilt sowohl für den Fall, in dem ein Konzern-UN nur aus einem betriebsratsfähigen Betrieb besteht, als auch dann, wenn zwar mehrere Betriebe zu einem UN gehören, aber nur in einem Betrieb ein BR gewählt wurde (str.).

8 Der BR hat nach dieser Bestimmung die **Stellung eines GBR**, jedoch nur im Rahmen der Vorschriften über den KBR. So hat er zum Beispiel bei der Errichtung des KBR so viele Stimmen, wie AN in dem UN, dem sein Betrieb angehört, beschäftigt sind. Soweit Aufgaben nicht den KBR betreffen, übt der BR in diesem UN dagegen nicht die Funktion des GBR aus. Dem Feststellungsantrag des BR, dass der AG einem Konzern angehört und der BR zur Errichtung des KBR mit berechtigt ist, fehlt das Rechtsschutzinteresse, solange nicht die BR der UN mit der zur Errichtung eines KBR erforderlichen Quote zugestimmt haben (ArbG Braunschweig, NZA-RR 99, 88).

§ 55 Zusammensetzung des Konzernbetriebsrats, Stimmengewicht

(1) In den Konzernbetriebsrat entsendet jeder Gesamtbetriebsrat zwei seiner Mitglieder. Die Geschlechter sollen angemessen berücksichtigt werden.

(2) Der Gesamtbetriebsrat hat für jedes Mitglied des Konzernbetriebsrats mindestens ein Ersatzmitglied zu bestellen und die Reihenfolge des Nachrückens festzulegen.

(3) Jedem Mitglied des Konzernbetriebsrats stehen die Stimmen der Mitglieder des entsendenden Gesamtbetriebsrats je zur Hälfte zu.

(4) Durch Tarifvertrag oder Betriebsvereinbarung kann die Mitgliederzahl des Konzernbetriebsrats abweichend von Absatz 1 Satz 1 geregelt werden. § 47 Abs. 5 bis 9 gilt entsprechend.

(1) Auf die Zusammensetzung des KBR findet das frühere Gruppenprinzip keine Anwendung mehr. Damit ist gleichzeitig die Regelung entfallen, nach der ein GBR, dem lediglich Vertr. einer AN-Gruppe angehörten, auch nur ein Mitgl. in den KBR entsandte. Nunmehr entsendet jeder GBR, ohne Rücksicht auf seine personelle Zusammensetzung und Größe, **zwei** seiner Mitglieder in den KBR. Nicht ausdrücklich geregelt ist die Frage, ob dies ausnahmslos auch dann gilt, wenn in einem Konzern-UN nur ein BR besteht und dieser gemäß § 54 Abs. 2 die Aufgaben des GBR wahrnimmt. Bei einem aus nur einer Person bestehenden BR scheidet eine Entsendung von zwei Mitgl. zwangsläufig aus; in Anlehnung an § 47 Abs. 2 Satz 1 dürfte die Entsendung nur eines Mitgl. allerdings auch dann in Betracht kommen, wenn der entsendende BR selbst aus nicht mehr als **drei** Mitgl. besteht, da Sachgesichtspunkte für eine insoweit unterschiedliche Behandlung nicht erkennbar sind. Ebenso ist die möglichst angemessene Berücksichtigung der Geschlechter, wie bei der Entsendung der Mitgl. in den GBR nach § 47 Abs. 2 Satz 1 (siehe dort), auch bei der Zusammensetzung des KBR zu beachten. Werden in Betrieben der **privatisierten Post-UN** Bea. beschäftigt, muss den in den KBR zu entsendenden Mitgl. des GBR ein Vertreter der Bea. 1

angehören, der nicht gegen die Mehrheit der Vertreter der Bea. im GBR bestimmt werden kann. Der Vertreter der Bea. im KBR hat so viele Stimmen, wie die Vertreter der Bea. im GBR insgesamt Stimmen haben (vgl. § 33 PostPersRG).

2 (2) Mindestens ein **Ersatzmitgl**. ist jeweils **für ein bestimmtes Mitgl**. des KBR zu bestellen. Werden für ein bestimmtes KBR-Mitgl. mehrere Ersatzmitgl. bestellt, so ist gleichzeitig die **Reihenfolge des Nachrückens** festzulegen. Die Bestellung der Ersatzmitgl. erfolgt in derselben Weise wie die der ordentlichen Mitgl. des KBR.

3 (3) Für die **Stimmenzahl** eines Mitgl. des KBR kommt es nicht auf die Mitgl.-Zahl im GBR an. Abzustellen ist vielmehr auf die **Summe aller Stimmen**, die die Mitgl. im GBR haben (vgl. § 47 Abs. 7). In ihrer Stimmabgabe sind die Mitgl. des KBR frei und an **keine Aufträge oder Weisungen** des entsendenden GBR oder BR gebunden. Allerdings kann der entsendende GBR oder BR das seine Beschlüsse ignorierende Mitgl. jederzeit aus dem KBR **abberufen** und durch ein anderes Mitgl. ersetzen. Die Mitgl. des KBR können die auf sie entfallenden Stimmen bei der Abstimmung nicht aufteilen (siehe aber die Erl. zu § 47 Abs. 9).

(4) Gehören dem nach Abs. 1 zu bildenden KBR mehr als 40 Mitgl. an, sind Größe und Zusammensetzung des KBR durch TV oder BV mit dem herrschenden UN zu regeln. Hinsichtlich der Änderung der Mitgl.-Zahl des KBR durch TV oder BV gelten die Erl. zu § 47 Abs. 4 bis 6 entsprechend.

§ 56
Ausschluss von Konzernbetriebsratsmitgliedern

Mindestens ein Viertel der wahlberechtigten Arbeitnehmer der Konzernunternehmen, der Arbeitgeber, der Konzernbetriebsrat oder eine im Konzern vertretene Gewerkschaft können beim Arbeitsgericht den Ausschluss eines Mitglieds aus dem Konzernbetriebsrat wegen grober Verletzung seiner gesetzlichen Pflichten beantragen.

1 Die Bestimmung hinsichtlich des **gerichtl. Ausschlusses** von Mitgl. des KBR wegen grober Pflichtverletzung entspricht der für den GBR geltenden (vgl. § 48 mit Erl.).

§ 57
Erlöschen der Mitgliedschaft

Die Mitgliedschaft im Konzernbetriebsrat endet mit dem Erlöschen der Mitgliedschaft im Gesamtbetriebsrat, durch Amtsniederlegung, durch Ausschluss aus dem Konzernbetriebsrat auf-

grund einer gerichtlichen Entscheidung oder Abberufung durch den Gesamtbetriebsrat.

Für den KBR sieht das Gesetz **keine bestimmte Amtszeit** der einzelnen Mitgl. vor. Ist der KBR einmal errichtet, so bleibt er auch über die Amtszeit der einzelnen BR hinaus bestehen. Er wird also **ständig** durch die GBR **ergänzt**. Lediglich die Mitgl. des KBR werden für eine bestimmte Amtszeit, die regelmäßig mit der im GBR identisch ist, in diesen entsandt. Unabhängig davon endet ihre Mitgliedschaft im KBR aus den in dieser Vorschrift genannten Gründen. Die Vorschrift lehnt sich an die auch für den GBR maßgebenden Regelungen an (vgl. § 49 mit Erl.). Scheidet ein UN nach Bildung des KBR aus dem Konzern aus, so endet dadurch auch die Mitgliedschaft der Vertr. dieses UN im KBR. 1

§ 58
Zuständigkeit

(1) Der Konzernbetriebsrat ist zuständig für die Behandlung von Angelegenheiten, die den Konzern oder mehrere Konzernunternehmen betreffen und nicht durch die einzelnen Gesamtbetriebsräte innerhalb ihrer Unternehmen geregelt werden können; seine Zuständigkeit erstreckt sich insoweit auch auf Unternehmen, die einen Gesamtbetriebsrat nicht gebildet haben, sowie auf Betriebe der Konzernunternehmen ohne Betriebsrat. Er ist den einzelnen Gesamtbetriebsräten nicht übergeordnet.

(2) Der Gesamtbetriebsrat kann mit der Mehrheit der Stimmen seiner Mitglieder den Konzernbetriebsrat beauftragen, eine Angelegenheit für ihn zu behandeln. Der Gesamtbetriebsrat kann sich dabei die Entscheidungsbefugnis vorbehalten. § 27 Abs. 2 Satz 3 gilt entsprechend.

(1) Die **Zuständigkeit** des KBR ist in Anlehnung an den für den GBR maßgebenden § 50 Abs. 1 geregelt (vgl. die Erl. dort). Der KBR ist z. B. zuständig hinsichtlich der Errichtung und Verwaltung von Sozialeinrichtungen, deren Wirkungsbereich sich auf den Konzern erstreckt (BAG, DB 79, 2039). Für die Frage, ob der AG die Anpassung von Betriebsrenten an die Kaufkraftentwicklung wegen übermäßiger wirtschaftlicher Belastung des UN ganz oder teilweise ablehnen kann, kann es wegen der wirtschaftlichen Verflechtung von Konzern-UN für die wirtschaftliche Leistungsfähigkeit auf die wirtschaftliche Lage des Konzerns ankommen (BAG, AuR 94, 242); auf konzernweit geltende Regelungen (z. B. bei Gratifikationen) kommt grundsätzlich der Gleichbehandlungsgrundsatz zur Anwendung (LAG Köln, AiB 00, 636). Ebenso kann für Abfindungsansprüche aus einem Sozialplan die Durchgriffshaftung gegenüber dem herrschenden UN in Betracht kommen (LAG Frankfurt, NZA 89, 107). Bei personellen Einzelmaß- 1

nahmen im Konzernleitungsbereich besteht auch dann keine Zuständigkeit des KBR, sondern des dort gebildeten BR, wenn ein AN eingestellt werden soll, der nach dem Inhalt seines Arbeitsvertrages im gesamten Konzernbereich eingesetzt werden kann. Entsprechendes gilt für die Versetzung eines AN von einem Konzern-UN in ein anderes (BAG, DB 81, 1833). Für eine Regelung über den konzerninternen Austausch von Mitarbeiterdaten ist der KBR zuständig (BAG, NZA 96, 945). **Im Rahmen seiner Zuständigkeit** kann der KBR mit dem herrschenden UN BV abschließen, die auch für die abhängigen Konzern-UN und deren AN gelten. Der KBR ist auch für Betriebe zuständig, die nicht betriebsratsfähig sind, keinen BR gewählt haben oder deren BR pflichtwidrig keinen Vertreter in den GBR entsandt hat. BV zwischen KBR und Konzern gelten auch für die AN solcher Betriebe unmittelbar und zwingend. Eine originäre Zuständigkeit des KBR schließt Regelungen auf niedrigerer Ebene nicht aus, wenn ausfüllungsbedürftige Spielräume belassen sind oder der KBR seine Zuständigkeit nicht in Anspruch nimmt (BAG, DB 84, 2413).

2 (2) Soweit der GBR nach dieser Bestimmung **Aufgaben** auf den KBR **übertragen** kann, gelten dieselben Grundsätze wie für die Übertragung von Aufgaben durch den BR auf den GBR (vgl. § 50 Abs. 2). In Mitbestimmungsangelegenheiten nach § 87 Abs. 1 Nr. 4 hat der **beauftragte** KBR mit den jeweiligen Konzern-UN zu verhandeln; die Leitung der herrschenden Konzerngesellschaft kann in solchen Fällen nicht zum Abschluss einer Konzern-BV verpflichtet werden (BAG, NZA 98, 497).

§ 59
Geschäftsführung

(1) Für den Konzernbetriebsrat gelten § 25 Abs. 1, die §§ 26, 27 Abs. 2 und 3, § 28 Abs. 1 Satz 1 und 3, Abs. 2, die §§ 30, 31, 34, 35, 36, 37 Abs. 1 bis 3 sowie die §§ 40, 41 und 51 Abs. 1 Satz 2 und Abs. 3 bis 5 entsprechend.

(2) Ist ein Konzernbetriebsrat zu errichten, so hat der Gesamtbetriebsrat des herrschenden Unternehmens oder, soweit ein solcher Gesamtbetriebsrat nicht besteht, der Gesamtbetriebsrat des nach der Zahl der wahlberechtigten Arbeitnehmer größten Konzernunternehmens zu der Wahl des Vorsitzenden und des stellvertretenden Vorsitzenden des Konzernbetriebsrats einzuladen. Der Vorsitzende des einladenden Gesamtbetriebsrats hat die Sitzung zu leiten, bis der Konzernbetriebsrat aus seiner Mitte einen Wahlleiter bestellt hat. § 29 Abs. 2 bis 4 gilt entsprechend.

1 (1) Für die **Geschäftsführung** des KBR gilt die für den GBR maßgebende Vorschrift des § 51 entsprechend (vgl. die Erl. dort). Notwendige Kosten der Arbeit eines KBR (§ 40) sind auch Reisekosten

und Spesen, die dadurch anfallen, dass ein Mitglied des KBR im Rahmen eines von diesem gefassten Beschlusses zur Bildung eines EBR in das Ausland entsandt wird, um mit der AN-Vertr. eines dort ansässigen Konzern-UN Fragen der Vorbereitung zu besprechen (ArbG Hamburg, AuR 98, 42).

(2) Die Vorschrift über die Einladung zur **konstituierenden** Sitzung des KBR entspricht dem für den GBR geltenden § 51 Abs. 2 (vgl. die Erl. dort). Die Einladung muss im Übrigen auch an die BR und GBR gerichtet werden, die sich **gegen** einen KBR ausgesprochen oder sich an der Beschlussfassung über dessen Bildung nicht beteiligt haben. Über Streitigkeiten wegen der Geschäftsführung entscheiden die ArbG im Beschlussverfahren (§§ 2a, 80ff. ArbGG). Örtlich zuständig ist das ArbG, in dessen Bezirk das herrschende Konzern-UN seinen Sitz hat. 2

§ 59 a
Teilnahme der Konzernschwerbehindertenvertretung

Die Konzernschwerbehindertenvertretung (§ 97 Abs. 2 des Neunten Buches Sozialgesetzbuch) kann an allen Sitzungen des Konzernbetriebsrats beratend teilnehmen.

Die durch das BetrVerf-ReformG in das BetrVG eingefügte Vorschrift entspricht § 32 zum Teilnahmerecht der Schwerbehindertenvertr. an BR-Sitzungen und § 52 zum Teilnahmerecht der Gesamtschwerbehindertenvertr. an GBR-Sitzungen. Sie ermöglicht eine Vertr. der Schwerbehinderten auf der Konzernebene, sofern die Gesamtschwerbehindertenvertr. eine Konzernschwerbehindertenvertr. gewählt haben. Hinsichtlich des Inhalts des Teilnahmerechts gelten die Erl. zu § 52 entsprechend. 1

Dritter Teil Jugend- und Auszubildendenvertretung

Erster Abschnitt

Betriebliche Jugend- und Auszubildendenvertretung

§ 60
Errichtung und Aufgabe

(1) In Betrieben mit in der Regel mindestens fünf Arbeitnehmern, die das 18. Lebensjahr noch nicht vollendet haben (jugendliche Arbeitnehmer) oder die zu ihrer Berufsausbildung beschäftigt sind und das 25. Lebensjahr noch nicht vollendet haben, werden Jugend- und Auszubildendenvertretungen gewählt.

(2) Die Jugend- und Auszubildendenvertretung nimmt nach Maßgabe der folgenden Vorschriften die besonderen Belange der in Absatz 1 genannten Arbeitnehmer wahr.

1 (1, 2) Interessenvertretung der Jugendlichen und Auszubildenden ist die **JAV**. Für die Errichtung der JAV wird vorausgesetzt, dass in dem Betrieb ein BR besteht.

2 Das **Wahlrecht** wurde 1988 geändert (BGBl. I S. 1034). Ersetzt wurde die ausschließliche Persönlichkeitswahl durch das Verhältniswahlrecht, wenn mehrere Vorschlagslisten eingereicht werden (vgl. § 63). Verabschiedet wurde in diesem Zusammenhang auch eine neue **WO zum JAVG** (vgl. BGBl. I S. 1034).

3 Zum Kreis der zu ihrer Berufsausbildung Beschäftigten gehören außer den Auszubildenden nach dem BBiG Anlernlinge, Umschüler sowie Teilnehmer an berufsvorbereitenden Ausbildungsmaßnahmen im Betrieb, auch wenn es sich nur um kurzzeitige handelt (BAG, AuR 82, 133; DB 82, 606; vgl. im Übrigen auch § 5 Rn. 1), ferner **Volontäre** und **Praktikanten**, jedenfalls soweit für sie – wie im Regelfall – eine Pflicht zur Arbeit besteht (str. bei Studenten, die ein betriebliches Praktikum als Bestandteil des Studiums absolvieren müssen, und bei Schülern, die in einigen Bundesländern im Rahmen der schulischen Ausbildung ein ein- oder mehrwöchiges Betriebspraktikum abzuleisten haben, um einen Einblick in die Arbeitswelt zu gewinnen; vgl. hierzu Engels/Natter, BB 88, 1453, 1455).

4 Die Errichtung einer JAV nach dieser Vorschrift setzt voraus, dass die zu ihrer Berufsausbildung Beschäftigten AN i. S. des § 5 Abs. 1 sind. Diesbezüglich ist nach der neueren Rspr. des BAG (AuR 94, 331; NZA 97, 273) zu unterscheiden, ob die Ausbildung in einem produzierenden Betrieb oder in einem reinen Ausbildungsbetrieb erfolgt. Die zu ihrer Berufsausbildung Beschäftigten sind dann AN i.S. dieses Gesetzes, wenn sich ihre Berufsausbildung im Rahmen des arbeitstechnischen Zwecks eines Produktions- oder Dienstleistungsbetriebs vollzieht und sie deshalb in vergleichbarer Weise wie die sonstigen AN in den Betrieb eingegliedert sind (betriebliche Berufsbildung i.S. von § 1 Abs. 5 BBiG). Einrichtungen der betrieblichen Berufsbildung sind auch **überbetriebliche Ausbildungsstätten** (z. B. Lehrwerkstätten, Ausbildungszentren), so dass die dort zu ihrer Berufsausbildung Beschäftigten ebenfalls AN i.S. dieses Gesetzes sind. Findet die praktische Ausbildung dagegen **außerbetrieblich** in einem reinen Ausbildungsbetrieb statt, also in einem Betrieb, dessen arbeitstechnischer Zweck in der Berufsausbildung besteht (sonstige Berufsbildungseinrichtung nach § 1 Abs. 5 BBiG), so gehören die Auszubildenden nicht zur Belegschaft des Ausbildungsbetriebs und haben deshalb dort auch kein Wahlrecht zur Wahl einer betrieblichen Interessenvertretung. Das gilt auch dann, wenn sie gelegentlich zusammen mit anderen Mitarbeitern praktische Arbeiten vornehmen (BAG, AiB 97, 595; vgl. auch § 5 Rn. 5). Für die Auszubildenden in außerbetrieblichen Ausbildungsstätten ermöglicht der neu in das BBiG aufgenommene § 18 a nunmehr die Wahl einer besonderen Interessenvertretung. Auszubildende, die mit einem AG ein Ausbildungsverhältnis abgeschlossen haben, tatsächlich aber **im Betrieb eines anderen AG** ausgebildet werden, sind dort allerdings wahlberechtigt und wählbar (LAG Hamm, DB 88, 2058; ArbG Bielefeld, DB 89, 1580). Die Errichtung einer JAV setzt also nicht voraus, dass zwischen den wahlberechtigten AN und dem AG des Betriebs **unmittelbar** ein Ausbildungsvertrag besteht. Findet die Ausbildung in verschiedenen Betrieben statt, haben die AN in allen Betrieben, in denen ihnen gegenüber Weisungsrechte tatsächlich ausgeübt werden, ein Wahlrecht (zu eng BAG, BB 91, 6624, wonach der bloße Vollzug einzelner Ausbildungsabschnitte in einem anderen Betrieb keine Zugehörigkeit zu diesem und damit auch keine Wahlberechtigung der dort vorübergehend beschäftigten AN begründen soll). Dasselbe soll nach Ansicht des BAG gelten, wenn der Inhaber eines Betriebs einem Dritten einen Teil der Lehrwerkstatt überlässt, damit dieser dort mit eigenen Lehrkräften die Berufsausbildung seiner Auszubildenden durchführt (BAG, NZA 91, 315). Die JAV hat ihre Aufgaben (vgl. § 70) in enger **Zusammenarbeit** mit dem **BR** zu erfüllen. Sie vertritt diese Interessen somit nicht unabhängig vom BR und direkt gegenüber dem AG, sondern gemeinsam mit dem BR. Die JAV kann deshalb **allein** auch **keine** gegenüber dem AG wirksamen Beschlüsse fassen (BAG, DB 74, 683; 77, 914).

§ 61
Wahlberechtigung und Wählbarkeit

(1) Wahlberechtigt sind alle in § 60 Abs. 1 genannten Arbeitnehmer des Betriebs.

(2) Wählbar sind alle Arbeitnehmer des Betriebs, die das 25. Lebensjahr noch nicht vollendet haben; § 8 Abs. 1 Satz 3 findet Anwendung. Mitglieder des Betriebsrats können nicht zu Jugend- und Auszubildendenvertretern gewählt werden.

1 (1, 2) **Wahlberechtigt** sind alle in § 60 Abs. 1 genannten AN, die am Wahltage das 18. bzw. 25. Lebensjahr noch nicht vollendet haben. Erstreckt sich die Wahl über mehrere Tage, ist das Alter am letzten Wahltag maßgebend. Ein **Mindestalter** für die Ausübung des aktiven Wahlrechts wird **nicht** vorausgesetzt. **Wählbar** sind alle AN, die das 25. Lebensjahr noch nicht vollendet haben, und zwar auch dann, wenn sie nicht zu ihrer Berufsausbildung beschäftigt werden. Eine untere Lebensaltersgrenze gibt es auch hier nicht. Ferner ist für die Wählbarkeit **keine Mindestdauer der Betriebszugehörigkeit** vorgeschrieben. AN können auch dann wahlberechtigt für JAV-Wahlen sein, wenn sie nicht in einem Vertragsverhältnis zum Betriebsinhaber stehen, aber wie die anderen AN so auf Dauer in den Betrieb eingegliedert sind, dass sie von diesen nur noch das Fehlen vertraglicher Beziehungen zum Betriebsinhaber unterscheidet (LAG Frankfurt, BB 85, 2173).

2 Mitgl. einer JAV können in den BR gewählt werden, aber nicht umgekehrt. Mit der Annahme der Wahl zum BR-Mitgl. erlischt das Amt als JAV-Mitgl. Damit soll eine **Doppelmitgliedschaft** in beiden Organen vermieden werden. Rückt ein Mitgl. der JAV, das zugleich Ersatzmitgl. des BR ist, auf Dauer in den BR nach, endet **automatisch** die Mitgliedschaft in der JAV (nach BAG, DB 80, 454 soll dies auch bei nur vorübergehendem Nachrücken für ein zeitweilig verhindertes BR-Mitgl. gelten). Wird ein JAV-Mitgl. im Laufe der Amtszeit 25 Jahre alt, bleibt es bis zum Ende der Amtszeit Mitgl. der JAV (§ 64 Abs. 3).

§ 62
Zahl der Jugend- und Auszubildendenvertreter, Zusammensetzung der Jugend- und Auszubildendenvertretung

(1) Die Jugend- und Auszubildendenvertretung besteht in Betrieben mit in der Regel

5 bis 20 der in § 60 Abs. 1 genannten Arbeitnehmer aus einer Person,

21 bis 50 der in § 60 Abs. 1 genannten Arbeitnehmer aus 3 Mitgliedern,

51 bis 150 der in § 60 Abs. 1 genannten Arbeitnehmer aus 5 Mitgliedern,

151 bis 300 der in § 60 Abs. 1 genannten Arbeitnehmer aus 7 Mitgliedern,

301 bis 500 der in § 60 Abs. 1 genannten Arbeitnehmer aus 9 Mitgliedern,

501 bis 700 der in § 60 Abs. 1 genannten Arbeitnehmer aus 11 Mitgliedern,

701 bis 1000 der in § 60 Abs. 1 genannten Arbeitnehmer aus 13 Mitgliedern,

mehr als 1000 der in § 60 Abs. 1 genannten Arbeitnehmer aus 15 Mitgliedern.

(2) Die Jugend- und Auszubildendenvertretung soll sich möglichst aus Vertretern der verschiedenen Beschäftigungsarten und Ausbildungsberufe der im Betrieb tätigen in § 60 Abs. 1 genannten Arbeitnehmer zusammensetzen.

(3) Das Geschlecht, das unter den in § 60 Abs. 1 genannten Arbeitnehmern in der Minderheit ist, muss mindestens entsprechend seinem zahlenmäßigen Verhältnis in der Jugend- und Auszubildendenvertretung vertreten sein, wenn diese aus mindestens drei Mitgliedern besteht.

(1) Maßgebend für die Größe der JAV ist die Zahl der **am Tage des Erlasses des Wahlausschreibens** »in der Regel« im Betrieb beschäftigten in § 60 Abs. 1 genannten AN. In Grenzfällen hat der WV nach pflichtgemäßem Ermessen zu entscheiden. Ein **späteres Ansteigen oder Sinken** der Zahl der in § 60 Abs. 1 genannten AN ist ohne Bedeutung. Sinkt die Zahl allerdings **nicht nur vorübergehend** unter fünf, so entfallen die Voraussetzungen für die Bildung einer JAV (§ 60 Abs. 1); eine bestehende JAV verliert ihr Amt. Auch bei einer außerordentlichen vorzeitigen Wahl ist die Mitgliederzahl einer JAV nach der Zahl der bei Erlass des Wahlausschreibens zu dieser Wahl im Betrieb beschäftigten jugendlichen AN zu bestimmen (BAG, NZA 85, 715). **1**

(2, 3) Wie auch der BR, so **soll** sich die JAV möglichst aus Vertr. der **verschiedenen Beschäftigungsarten** sowie der **Ausbildungsberufe** der im Betrieb tätigen in § 60 Abs. 1 genannten AN zusammensetzen. Die Geschlechter **müssen** entsprechend ihrem zahlenmäßigen Verhältnis vertreten sein. Die Vorschrift ist wortgleich mit der für den BR geltenden Regelung des § 15 Abs. 2 (vgl. deshalb die Erl. dort; siehe im Übrigen auch § 126). **2**

§ 63
Wahlvorschriften

(1) Die Jugend- und Auszubildendenvertretung wird in geheimer und unmittelbarer Wahl gewählt.

(2) Spätestens acht Wochen vor Ablauf der Amtszeit der Jugend- und Auszubildendenvertretung bestellt der Betriebsrat den Wahlvorstand und seinen Vorsitzenden. Für die Wahl der Jugend- und Auszubildendenvertreter gelten § 14 Abs. 2 bis 5, § 16 Abs. 1 Satz 4 bis 6, § 18 Abs. 1 Satz 1 und Abs. 3 sowie die §§ 19 und 20 entsprechend.

(3) Bestellt der Betriebsrat den Wahlvorstand nicht oder nicht spätestens sechs Wochen vor Ablauf der Amtszeit der Jugend- und Auszubildendenvertretung oder kommt der Wahlvorstand seiner Verpflichtung nach § 18 Abs. 1 Satz 1 nicht nach, so gelten § 16 Abs. 2 Satz 1 und 2, Abs. 3 Satz 1 und § 18 Abs. 1 Satz 2 entsprechend; der Antrag beim Arbeitsgericht kann auch von jugendlichen Arbeitnehmern gestellt werden.

(4) In Betrieben mit in der Regel fünf bis fünfzig der in § 60 Abs. 1 genannten Arbeitnehmer gilt auch § 14a entsprechend. Die Frist zur Bestellung des Wahlvorstands wird im Falle des Absatzes 2 Satz 1 auf vier Wochen und im Falle des Absatzes 3 Satz 1 auf drei Wochen verkürzt.

(5) In Betrieben mit in der Regel 51 bis 100 der in § 60 Abs. 1 genannten Arbeitnehmer gilt § 14a Abs. 5 entsprechend.

1 (1–5) Die **Wahlvorschriften** sind weitgehend an die für die Wahl des BR geltenden angepasst worden; das gilt auch für das vereinfachte Wahlverfahren nach § 14a (siehe die Erl. dort) sowie für die Möglichkeit des GBR bzw. KBR, im Falle des Untätigbleibens des BR den WV zu bestellen.

2 Regelwahl für die Bildung der JAV ist die **Verhältniswahl**. Lediglich dann, wenn nur **ein** Wahlvorschlag eingereicht wird oder nur **ein** JAV zu wählen ist, findet die Wahl nach den Grundsätzen der **Mehrheitswahl** statt.

3 Wie bei der Wahl des BR ist auch für die Wahl der JAV den Gew. ein eigenständiges Recht zur Einreichung von Wahlvorschlägen eingeräumt worden (vgl. Erl. zu § 14 Rn. 5). Ferner können wie bei der BR-Wahl dem Betrieb angehörende Gew.-Vertr. in den WV entsandt werden. In Betrieben mit weiblichen und männlichen Wahlberechtigten **sollen** dem WV Frauen und Männer angehören (Abs. 2). Die Regelung über die öffentliche Feststellung des Wahlergebnisses (§ 18 Abs. 3) ist auch bei der Wahl der JAV zu beachten.

4 Durch Verweis auf § 16 Abs. 1 Sätze 4 bis 6 wird die Wahl von Ersatzmitgl. für den WV zur Wahl der JAV zugelassen.

Werden irrtümlich **mehr Mitgl**. zur JAV gewählt, als nach dem Gesetz zu wählen sind, und wird die Wahl nicht angefochten, verbleibt es für die Wahlperiode bei der vom WV festgelegten Zahl (BAG, DB 72, 686). Für den **Schutz** und die **Kosten der Wahl** gelten die für den BR maßgebenden Bestimmungen entsprechend. Eine einstweilen – und sei es auch auf gerichtl. Anordnung hin – abgesetzte Wahl zur JAV kann nicht später fortgeführt werden; die Wahl muss vielmehr neu ausgeschrieben werden (LAG Hamm, DB 74, 1241). Im Verfahren über die Anfechtung der Wahl einer JAV ist der BR Beteiligter (BAG, DB 86, 2552). 5

§ 64
Zeitpunkt der Wahlen und Amtszeit

(1) Die regelmäßigen Wahlen der Jugend- und Auszubildendenvertretung finden alle zwei Jahre in der Zeit vom 1. Oktober bis 30. November statt. Für die Wahl der Jugend- und Auszubildendenvertretung außerhalb dieser Zeit gilt § 13 Abs. 2 Nr. 2 bis 6 und Abs. 3 entsprechend.

(2) Die regelmäßige Amtszeit der Jugend- und Auszubildendenvertretung beträgt zwei Jahre. Die Amtszeit beginnt mit der Bekanntgabe des Wahlergebnisses oder, wenn zu diesem Zeitpunkt noch eine Jugend- und Auszubildendenvertretung besteht, mit Ablauf von deren Amtszeit. Die Amtszeit endet spätestens am 30. November des Jahres, in dem nach Absatz 1 Satz 1 die regelmäßigen Wahlen stattfinden. In dem Fall des § 13 Abs. 3 Satz 2 endet die Amtszeit spätestens am 30. November des Jahres, in dem die Jugend- und Auszubildendenvertretung neu zu wählen ist. In dem Fall des § 13 Abs. 2 Nr. 2 endet die Amtszeit mit der Bekanntgabe des Wahlergebnisses der neu gewählten Jugend- und Auszubildendenvertretung.

(3) Ein Mitglied der Jugend- und Auszubildendenvertretung, das im Laufe der Amtszeit das 25. Lebensjahr vollendet, bleibt bis zum Ende der Amtszeit Mitglied der Jugend- und Auszubildendenvertretung.

(1) Die **Wahl** der JAV wird **alle zwei Jahre** durchgeführt. Als **einheitlicher Wahlzeitraum** ist die Zeit vom **1. Oktober bis 30. November** festgelegt worden. Außerhalb des einheitlichen Wahlzeitraumes findet die Wahl einer JAV dann statt, wenn für sie einer der Tatbestände des § 13 Abs. 2 Nr. 2 bis 6 gegeben ist. Die Regelung des § 13 Abs. 2 Nr. 1 (Steigen oder Sinken der Zahl der beschäftigten AN) findet auf die JAV keine Anwendung. Durch den Hinweis auf § 13 Abs. 3 wird sichergestellt, dass auch in den Fällen, in denen die Wahl der JAV außerhalb des einheitlichen Wahlzeitraumes durchgeführt 1

wird, die nächste Wahl wieder in den gesetzlich vorgeschriebenen einheitlichen Wahlzeitraum fällt.

2 (2) Hinsichtlich des **Beginns und des Endes der regelmäßigen** zweijährigen Amtszeit der JAV gelten die für die vierjährige Amtszeit des BR maßgebenden Grundsätze (vgl. die Erl. zu § 21) entsprechend mit dem Unterschied, dass in den Fällen, in denen das Ende der Amtszeit mit dem Ende des einheitlichen Wahlzeitraums zusammenfällt, nicht auf den 31. Mai, sondern auf den 30. November abzustellen ist.

3 (3) Es wird klargestellt, dass ein Mitgl. der JAV, das während der Amtszeit durch Überschreiten der Altersgrenze die Voraussetzungen für die Wählbarkeit verliert, im Interesse einer kontinuierlichen Weiterführung des Amtes **nicht vorzeitig** aus der JAV ausscheiden **muss**. Das Mitgl. der JAV darf allerdings das 25. Lebensjahr nicht bereits vor Beginn der Amtszeit vollendet haben. Zum Beginn der Amtszeit vgl. Abs. 2.

§ 65
Geschäftsführung

(1) Für die Jugend- und Auszubildendenvertretung gelten § 23 Abs. 1, die §§ 24, 25, 26, 28 Abs. 1 Satz 1 und 2, die §§ 30, 31, 33 Abs. 1 und 2 sowie die §§ 34, 36, 37, 40 und 41 entsprechend.

(2) Die Jugend- und Auszubildendenvertretung kann nach Verständigung des Betriebsrats Sitzungen abhalten; § 29 gilt entsprechend. An diesen Sitzungen kann der Betriebsratsvorsitzende oder ein beauftragtes Betriebsratsmitglied teilnehmen.

1 (1) Eine Reihe der für die **Organisation** und die **Geschäftsführung** des BR maßgebenden Bestimmungen gilt entsprechnd für die JAV. Dies gilt beispielsweise für die Möglichkeit, die JAV aufzulösen oder einzelne Mitgl. aus ihr auszuschließen (§ 23 Abs. 1), für die Beendigung der Mitgliedschaft in der JAV (§ 24 Abs. 1) oder die **Wahl des Vors**. und seines Stellvertr. (§ 26) sowie für die Bildung von Ausschüssen (§ 28). Ist die Wahl zur JAV nach den Grundsätzen der Verhältniswahl durchgeführt worden, rückt bei Ausscheiden eines Mitgl. der JAV der nicht gewählte Bewerber aus der Liste nach, der das ausgeschiedene oder verhinderte Mitgl. angehörte; bei Mehrheitswahl rückt das Ersatzmitgl. nach, das unter den nicht gewählten Bewerbern die höchste Stimmenzahl erreicht hat. Hat das Ersatzmitgl. nach der Wahl, aber vor Amtsbeginn das 25. Lebensjahr vollendet, so rückt es nicht nach; ggf. sind Neuwahlen anzusetzen (LAG Düsseldorf, BB 93, 141). Die Mitgl. der JAV haben auch Anspruch auf Arbeitsbefreiung, soweit dies für ihre Aufgabenerfüllung erforderlich ist (§ 37); für notwendige Tätigkeit außerhalb ihrer Arbeitszeit besteht Anspruch auf Freizeitausgleich oder Entgeltzahlung. Ebenso haben sie Anspruch auf Arbeitsbefreiung für die Teilnahme an **Schulungs-**

und Bildungsveranstaltungen (§ 37 Abs. 6 und 7). Über die zeitliche Lage einer Schulungsveranstaltung und die an ihr teilnehmenden Personen entscheidet jedoch der BR und nicht die JAV, weil diese keine unmittelbar gegenüber dem AG wirksamen Beschlüsse fassen kann (BAG, AuR 74, 215; DB 75, 2092). Soll ein Mitgl. der GJAV an einer Schulung teilnehmen, entscheidet ebenfalls der BR unter Hinzuziehung der JAV des Betriebs, dem das zu schulende Mitgl. angehört (BAG, DB 75, 2092). Die Kosten der JAV trägt der AG (§ 40). Vgl. im Übrigen die entsprechenden Erl. zu den in dieser Vorschrift angeführten Bestimmungen.

(2) Für die **Einberufung der Sitzungen** der JAV, die diese nach vorheriger Information des BR abhalten kann, gelten die für den BR maßgebenden Regelungen (§ 29) entsprechend. Soweit der BR-Vors. oder ein Beauftragter des BR an den Sitzungen der JAV teilnimmt, steht ihm kein Stimmrecht zu. **2**

§ 66
Aussetzung von Beschlüssen des Betriebsrats

(1) Erachtet die Mehrheit der Jugend- und Auszubildendenvertreter einen Beschluss des Betriebsrats als eine erhebliche Beeinträchtigung wichtiger Interessen der in § 60 Abs. 1 genannten Arbeitnehmer, so ist auf ihren Antrag der Beschluss auf die Dauer von einer Woche auszusetzen, damit in dieser Frist eine Verständigung, gegebenenfalls mit Hilfe der im Betrieb vertretenen Gewerkschaften, versucht werden kann.

(2) Wird der erste Beschluss bestätigt, so kann der Antrag auf Aussetzung nicht wiederholt werden; dies gilt auch, wenn der erste Beschluss nur unerheblich geändert wird.

(1, 2) Die Bestimmung entspricht § 35 (vgl. die Erl. dort).

§ 67
Teilnahme an Betriebsratssitzungen

(1) Die Jugend- und Auszubildendenvertretung kann zu allen Betriebsratssitzungen einen Vertreter entsenden. Werden Angelegenheiten behandelt, die besonders die in § 60 Abs. 1 genannten Arbeitnehmer betreffen, so hat zu diesen Tagesordnungspunkten die gesamte Jugend- und Auszubildendenvertretung ein Teilnahmerecht.

(2) Die Jugend- und Auszubildendenvertreter haben Stimmrecht, soweit die zu fassenden Beschlüsse des Betriebsrats überwiegend die in § 60 Abs. 1 genannten Arbeitnehmer betreffen.

(3) Die Jugend- und Auszubildendenvertretung kann beim Betriebsrat beantragen, Angelegenheiten, die besonders die in § 60 Abs. 1 genannten Arbeitnehmer betreffen und über die sie beraten hat, auf die nächste Tagesordnung zu setzen. Der Betriebsrat soll Angelegenheiten, die besonders die in § 60 Abs. 1 genannten Arbeitnehmer betreffen, der Jugend- und Auszubildendenvertretung zur Beratung zuleiten.

1 (1) Es obliegt der JAV, welches ihrer Mitgl. sie zu der BR-Sitzung entsenden will. Es können **auch weitere** Mitgl. der JAV an der BR-Sitzung teilnehmen, **wenn der BR damit einverstanden** ist. Werden Angelegenheiten behandelt, die **besonders** die in § 60 Abs. 1 genannten AN betreffen, so hat die gesamte JAV ein Teilnahmerecht. »Besonders« bedeutet nicht, dass eine Frage ausschließlich oder überwiegend die in § 60 Abs. 1 genannten AN berühren muss. Es kann sich vielmehr auch um Angelegenheiten handeln, die für die anderen AN ebenso von Belang sind. Entscheidend ist, dass eine Frage erörtert werden soll, deren Behandlung für die in § 60 Abs. 1 genannten AN **von nicht unerheblicher** Bedeutung ist. Das Teilnahmerecht der JAV besteht auch dann, wenn der BR aus besonderem Anlass ein Verhalten der JAV oder sein Verhältnis zu dieser erörtert. Schließlich hängt es nicht davon ab, dass die behandelten Maßnahmen kollektiven Charakter haben; es ist vielmehr auch bei jeder **personellen Einzelmaßnahme** gegenüber einem der in § 60 Abs. 1 genannten AN gegeben.

2 (2) Über die Heranziehung der JAV zu den BR-Sitzungen hinaus haben ihre Mitgl. dann ein **Stimmrecht**, wenn Beschlüsse gefasst werden sollen, die **überwiegend** die von den JAV vertretenen AN betreffen. Das Merkmal »überwiegend« ist erfüllt, wenn eine Angelegenheit entweder zahlenmäßig oder aber vom Gewicht her mehr die in § 60 Abs. 1 genannten als die übrigen AN berührt. Eine pflichtwidrige Nichthinzuziehung der JAV zu den Sitzungen des BR kann zur Unwirksamkeit der jeweiligen Beschlüsse des BR führen, sofern nicht feststeht, dass eine Beteiligung der JAV auf das Ergebnis der Beschlussfassung keinen Einfluss gehabt hätte, etwa weil der Beschluss dem Antrag der JAV selbst entsprach (vgl. auch BAG, DB 75, 1706). Für die Ermittlung der Beschlussfähigkeit des BR werden die Stimmen der JAV nicht mitgezählt.

3 (3) Die Vorschrift will sicherstellen, dass die JAV bei Angelegenheiten, die besonders die von ihr vertretenen AN betreffen (vgl. Abs. 1), nicht nur initiativ werden, sondern auch erreichen kann, dass die betreffende Frage in der nächsten BR-Sitzung behandelt wird. Der BR **ist verpflichtet**, diesem Antrag nachzukommen. Unabhängig vom Antragsrecht der JAV hat der BR alle Angelegenheiten, die besonders die in § 60 Abs. 1 genannten AN betreffen, der JAV zuzuleiten.

§ 68
Teilnahme an gemeinsamen Besprechungen

Der Betriebsrat hat die Jugend- und Auszubildendenvertretung zu Besprechungen zwischen Arbeitgeber und Betriebsrat beizuziehen, wenn Angelegenheiten behandelt werden, die besonders die in § 60 Abs. 1 genannten Arbeitnehmer betreffen.

Es sind hier nicht nur die mindestens monatlich einmal stattfindenden 1
Besprechungen nach § 74 Abs. 1 gemeint, sondern **Besprechungen jeglicher Art** zwischen AG und BR, in denen Angelegenheiten behandelt werden, die besonders die von der JAV vertretenen AN (§ 60 Abs. 1) betreffen (zum Merkmal »besonders« vgl. § 67 Rn. 1). Soweit Besprechungen zwischen dem AG und dem BA oder anderen Ausschüssen des BR stattfinden und diesen die selbstständige Erledigung von Angelegenheiten übertragen ist, gilt die Vorschrift entsprechend.

§ 69
Sprechstunden

In Betrieben, die in der Regel mehr als fünfzig der in § 60 Abs. 1 genannten Arbeitnehmer beschäftigen, kann die Jugend- und Auszubildendenvertretung Sprechstunden während der Arbeitszeit einrichten. Zeit und Ort sind durch Betriebsrat und Arbeitgeber zu vereinbaren. § 39 Abs. 1 Satz 3 und 4 und Abs. 3 gilt entsprechend. An den Sprechstunden der Jugend- und Auszubildendenvertretung kann der Betriebsratsvorsitzende oder ein beauftragtes Betriebsratsmitglied beratend teilnehmen.

Es obliegt der JAV, ob sie für die von ihr vertretenen AN des Betriebs 1
Sprechstunden während der Arbeitszeit einrichten will. Einen entsprechenden Beschluss fasst daher sie, nicht der BR. Voraussetzung ist allerdings, dass im Betrieb in der Regel mehr als 50 der in § 60 Abs. 1 genannten AN beschäftigt sind. Hat die JAV den Beschluss gefasst, sind zwischen BR und AG Zeit und Ort der Durchführung der Sprechstunden zu vereinbaren. Im Streitfall entscheidet die ESt. verbindlich. **Versäumnis von Arbeitszeit**, die zum Besuch der Sprechstunden oder durch sonstige Inanspruchnahme der JAV erforderlich ist, berechtigt den AG nicht zur Minderung des Arbeitsentgelts. Fasst die JAV keinen Beschluss über die Abhaltung eigener Sprechstunden oder hat der Betrieb regelmäßig 50 oder weniger der in § 60 Abs. 1 genannten AN, so kann ein Mitgl. der JAV nur an den Sprechstunden des BR zur Beratung der von ihr vertretenen AN teilnehmen (§ 39 Abs. 2).

§ 70
Allgemeine Aufgaben

(1) Die Jugend- und Auszubildendenvertretung hat folgende allgemeine Aufgaben:

1. Maßnahmen, die den in § 60 Abs. 1 genannten Arbeitnehmern dienen, insbesondere in Fragen der Berufsbildung und der Übernahme der zu ihrer Berufsausbildung Beschäftigten in ein Arbeitsverhältnis, beim Betriebsrat zu beantragen;

1a. Maßnahmen zur Durchsetzung der tatsächlichen Gleichstellung der in § 60 Abs. 1 genannten Arbeitnehmer entsprechend § 80 Abs. 1 Nr. 2a und 2b beim Betriebsrat zu beantragen;

2. darüber zu wachen, dass die zugunsten der in § 60 Abs. 1 genannten Arbeitnehmer geltenden Gesetze, Verordnungen, Unfallverhütungsvorschriften, Tarifverträge und Betriebsvereinbarungen durchgeführt werden;

3. Anregungen von in § 60 Abs. 1 genannten Arbeitnehmern, insbesondere in Fragen der Berufsbildung, entgegenzunehmen und, falls sie berechtigt erscheinen, beim Betriebsrat auf eine Erledigung hinzuwirken. Die Jugend- und Auszubildendenvertretung hat die betroffenen in § 60 Abs. 1 genannten Arbeitnehmer über den Stand und das Ergebnis der Verhandlungen zu informieren;

4. die Integration ausländischer, in § 60 Abs. 1 genannter Arbeitnehmer im Betrieb zu fördern und entsprechende Maßnahmen beim Betriebsrat zu beantragen.

(2) Zur Durchführung ihrer Aufgaben ist die Jugend- und Auszubildendenvertretung durch den Betriebsrat rechtzeitig und umfassend zu unterrichten. Die Jugend- und Auszubildendenvertretung kann verlangen, dass ihr der Betriebsrat die zur Durchführung ihrer Aufgaben erforderlichen Unterlagen zur Verfügung stellt.

1 (1) Die Vorschrift konkretisiert die **Aufgaben** der JAV. Die Aufzählung ist **nicht abschließend**. Durch das BetrVerf-ReformG ausdrücklich hervorgehoben wurde die gerade in Zeiten hoher Arbeitslosigkeit besonders wichtige Frage der Übernahme in ein Arbeitsverhältnis nach Abschluss der Ausbildung. Aufgenommen wurde ferner die große Bedeutung der Themen Gleichstellung der Geschlechter und Integration von Ausländern im Betrieb auch für die JAV. Durch die Hervorhebung der **Berufsbildung** wird deutlich, dass in diesem Bereich einer der Schwerpunkte der Tätigkeit der JAV liegt. Das **Überwachungsrecht** beinhaltet gleichzeitig eine Überwachungspflicht. Gemeint sind alle Rechtsnormen, die für die von der JAV vertretenen AN von Bedeutung sind, wie insbesondere das BBiG und das

JArbSchG. Soweit Maßnahmen beim AG zu beantragen sind oder auf eine Erledigung von Anregungen oder bei ihm beantragter Maßnahmen (etwa nach Nrn. 1a oder 4) der von der JAV vertretenen AN hinzuwirken ist, kann dies **nur über** den **BR** geschehen. Der BR ist nach § 80 Abs. 1 Nr. 3 verpflichtet, solche Anregungen oder bei ihm beantragte Maßnahmen (etwa nach Nrn. 1a oder 4) gegenüber dem AG zu verfolgen. Die JAV ist zwar auch befugt, in allen die in § 60 Abs. 1 genannten AN betreffenden Angelegenheiten selbst Beschlüsse zu fassen. Die Durchführung dieser Beschlüsse erfordert jedoch in jedem einzelnen Fall die Einschaltung des BR (BAG, DB 75, 1706). Will die JAV beispielsweise unter den von ihr vertretenen AN eine **Fragebogenaktion** durchführen, ist ein Beschluss des BR unter Beteiligung der JAV über die Durchführung der Meinungsumfrage erforderlich (BAG, AuR 77, 121). Der BR kann der JAV bei ihrer Aufgabenerfüllung allerdings keine Vorschriften machen. Ebenso wenig hat er die JAV zu überwachen; er soll diese lediglich beraten, unterstützen sowie berechtigte Anliegen der JAV dem AG gegenüber vertreten. Die der JAV nach Nr. 2 dieser Bestimmung zugewiesenen Überwachungsaufgaben kann diese selbstständig **ohne Hinzuziehung** des BR ausüben. Zu diesem Zweck kann die JAV auch die Arbeitsplätze der von ihr vertretenen AN aufsuchen, ohne dass sie einen konkreten Verdacht der Nichtbeachtung von zugunsten dieser AN bestehenden Rechtsvorschriften darlegen muss. Allerdings bedarf sie nach Auffassung des BAG auch für eine solche **Betriebsbegehung** der Zustimmung des BR (BAG, DB 82, 1277). Lädt der AG alle neu eingestellten Auszubildenden und deren Eltern zu einer Veranstaltung ein, hat die JAV ein eigenes Teilnahmerecht, das sich aus ihrer Überwachungspflicht und aus dem Grundsatz der vertrauensvollen Zusammenarbeit ergibt. Dies gilt auch dann, wenn der BR ebenfalls an der Veranstaltung teilnimmt (a.A. ArbG Darmstadt, DB 89, 232). In einem sie berührenden arbeitsgerichtl. Beschlussverfahren ist die JAV selbst Beteiligte (BAG, AuR 77, 121).

(2) Der BR ist verpflichtet, die zur Durchführung der Aufgaben der JAV **notwendigen Auskünfte** zu erteilen und sie sich ggf. vom AG zu beschaffen. Reicht die bloße Einsichtnahme in Unterlagen zur Durchführung der Aufgaben der JAV nicht aus, kann diese verlangen, dass ihr die **Unterlagen auf Zeit überlassen** werden, damit sie ihr etwa in einer JAV-Sitzung zur Verfügung stehen. Zu solchen Unterlagen gehören z.B. betriebliche Ausbildungspläne oder Berichte über die nach den Bestimmungen des JArbSchG vorgeschriebenen ärztlichen Untersuchungen, soweit sie zur Überwachung der Einhaltung des Gesetzes durch den AG notwendig sind. 2

§ 71
Jugend- und Auszubildendenversammlung

Die Jugend- und Auszubildendenvertretung kann vor oder nach jeder Betriebsversammlung im Einvernehmen mit dem Betriebsrat eine betriebliche Jugend- und Auszubildendenversammlung einberufen. Im Einvernehmen mit Betriebsrat und Arbeitgeber kann die betriebliche Jugend- und Auszubildendenversammlung auch zu einem anderen Zeitpunkt einberufen werden. § 43 Abs. 2 Satz 1 und 2, die §§ 44 bis 46 und § 65 Abs. 2 Satz 2 gelten entsprechend.

1 Die hier vorgesehenen Jugend- und Auszubildendenversamml. sollen den von der JAV vertretenen AN Gelegenheit geben, die sie betreffenden Angelegenheiten zu erörtern. Eine zwingende Verpflichtung der JAV zur Einberufung der Versamml. besteht allerdings nicht. Will sie sie einberufen, bedarf sie der **Übereinstimmung** mit dem BR. Der BR darf sein Einvernehmen jedoch nicht ohne sachlich gerechtfertigten Grund versagen. Die Versamml. wird vom Vors. der JAV geleitet. Ihm steht auch das Hausrecht zu.

2 Die Jugend- und Auszubildendenversamml. wird grundsätzlich in einem **zeitlichen Zusammenhang** mit einer Betriebsversamml. durchgeführt. Soweit es möglich und zumutbar ist, soll sie möglichst an demselben Tag stattfinden, an dem die Betriebsversamml. durchgeführt wird, und zwar unmittelbar vor oder nach dieser bzw. – je nach den Umständen des Einzelfalles – auch am Tag davor oder danach. Der Besuch von zwei Versamml. an einem Tag ist für die betreffenden AN jedenfalls dann nicht als unzumutbar angesehen worden, wenn zwischen den beiden Versamml. eine Mittagspause liegt (LAG Düsseldorf, DB 76, 539; vgl. auch BAG, DB 78, 2275). Im **Einvernehmen** mit dem BR und AG kann die betriebliche Jugend- und Auszubildendenversamml. auch ohne direkten zeitlichen Zusammenhang mit einer Betriebsversamml. zu jedem beliebigen anderen Zeitpunkt durchgeführt werden.

3 Als Betriebsversamml. gelten auch die **Abteilungsversamml**. nach § 42 Abs. 2. Die Jugend- und Auszubildendenversamml. ist **als betriebliche Versamml**. durchzuführen. Sie kann auch in Form von Teilversamml. durchgeführt werden, wenn eine Versamml. aller Jugendlichen und zu ihrer Berufsausbildung beschäftigten AN nicht durchgeführt werden kann; ein völliger Verzicht auf eine Versamml. des betroffenen Personenkreises wegen der betrieblichen Gegebenheiten würde dem Gesetzeszweck am wenigsten gerecht. Auch dann, wenn die von der JAV vertretenen AN eigene Versamml. durchführen, können sie darüber hinaus an den Betriebsversamml. teilnehmen. Hinsichtlich der **zeitlichen Lage** der Jugend- und Auszubildendenversamml. und der **Erstattung des Entgeltausfalls** gelten die für die

Teilnahme an Betriebsversamml. maßgebenden Vorschriften entsprechend (§ 44). Entsprechende Anwendung finden auch die Vorschriften über die Teilnahme von Vertr. der Verbände und die in den Jugend- und Auszubildendenversamml. zulässigen Themen (§§ 45, 46). Der AG ist zu den Jugend- und Auszubildendenversamml. unter Mitteilung der Tagesordnung einzuladen. Er hat das Recht, in den Versamml. zu sprechen. Ebenso kann der BR-Vors. oder ein beauftragtes BR-Mitgl. an der Jugend- und Auszubildendenversamml. teilnehmen und sich zu Wort melden.

Zweiter Abschnitt

Gesamt-Jugend- und Auszubildendenvertretung

§ 72
Voraussetzungen der Errichtung, Mitgliederzahl, Stimmengewicht

(1) Bestehen in einem Unternehmen mehrere Jugend- und Auszubildendenvertretungen, so ist eine Gesamt-Jugend- und Auszubildendenvertretung zu errichten.

(2) In die Gesamt-Jugend- und Auszubildendenvertretung entsendet jede Jugend- und Auszubildendenvertretung ein Mitglied.

(3) Die Jugend- und Auszubildendenvertretung hat für das Mitglied der Gesamt-Jugend- und Auszubildendenvertretung mindestens ein Ersatzmitglied zu bestellen und die Reihenfolge des Nachrückens festzulegen.

(4) Durch Tarifvertrag oder Betriebsvereinbarung kann die Mitgliederzahl der Gesamt-Jugend- und Auszubildendenvertretung abweichend von Absatz 2 geregelt werden.

(5) Gehören nach Absatz 2 der Gesamt-Jugend- und Auszubildendenvertretung mehr als zwanzig Mitglieder an und besteht keine tarifliche Regelung nach Absatz 4, so ist zwischen Gesamtbetriebsrat und Arbeitgeber eine Betriebsvereinbarung über die Mitgliederzahl der Gesamt-Jugend- und Auszubildendenvertretung abzuschließen, in der bestimmt wird, dass Jugend- und Auszubildendenvertretungen mehrerer Betriebe eines Unternehmens, die regional oder durch gleichartige Interessen miteinander verbunden sind, gemeinsam Mitglieder in die Gesamt-Jugend- und Auszubildendenvertretung entsenden.

(6) Kommt im Fall des Absatzes 5 eine Einigung nicht zustande, so entscheidet eine für das Gesamtunternehmen zu bildende Einigungsstelle. Der Spruch der Einigungsstelle ersetzt die Einigung zwischen Arbeitgeber und Gesamtbetriebsrat.

(7) Jedes Mitglied der Gesamt-Jugend- und Auszubildendenvertretung hat so viele Stimmen, wie in dem Betrieb, in dem es gewählt wurde, in § 60 Abs. 1 genannte Arbeitnehmer in der Wählerliste eingetragen sind. Ist ein Mitglied der Gesamt-Jugend- und Auszubildendenvertretung für mehrere Betriebe entsandt worden, so hat es so viele Stimmen, wie in den Betrieben, für die es entsandt ist, in § 60 Abs. 1 genannte Arbeitnehmer in den Wählerlisten eingetragen sind. Sind mehrere Mitglieder der Ju-

gend- und Auszubildendenvertretung entsandt worden, so stehen diesen die Stimmen nach Satz 1 anteilig zu.

(8) Für Mitglieder der Gesamt-Jugend- und Auszubildendenvertretung, die aus einem gemeinsamen Betrieb mehrerer Unternehmen entsandt worden sind, können durch Tarifvertrag oder Betriebsvereinbarung von Absatz 7 abweichende Regelungen getroffen werden.

(1) Die GJAV ist den einzelnen JAV nicht übergeordnet. Ihre **Bildung** ist **zwingend** vorgeschrieben, wenn in einem UN mehrere JAV bestehen. Das Bestehen eines GBR ist zwar nicht gesetzliche Voraussetzung für die Bildung einer GJAV; da sie ihre Aufgaben aber nur über den GBR erfüllen kann, ist sie im Fall des Nichtbestehens eines GBR in ihrer Tätigkeit weitgehend beschränkt. 1

Die GJAV ist eine **ständige Einrichtung**. Sie hat keine feste Amtszeit. Lediglich die einzelnen Mitgl. werden für eine bestimmte Amtszeit in die GJAV entsandt, die regelmäßig mit ihrer Amtszeit in der JAV identisch ist. 2

(2) **Jede JAV entsendet ein Mitgl**. in die GJAV. Die Entscheidung darüber wird durch Beschluss der JAV mit einfacher Stimmenmehrheit gefasst. 3

(3) Es besteht die Verpflichtung der JAV, für jedes entsandte Mitgl. **mindestens ein Ersatzmitgl**. zu bestellen, das in die GJAV nachrückt, wenn das betreffende ordentliche Mitgl. zeitweilig verhindert ist oder ganz aus der GJAV ausscheidet. Bestellt die JAV mehrere Ersatzmitgl., hat sie die Reihenfolge des Nachrückens festzulegen. 4

Besteht die JAV **nur aus einem Mitgl**., rückt das nach § 63 Abs. 4 i.V.m. § 14a im vereinfachten Wahlverfahren gewählte Ersatzmitgl. in die GJAV nach.

Das GJAV-Mitgl. kann von der entsendenden JAV **jederzeit** und ohne Angabe von Gründen durch einfachen Mehrheitsbeschluss wieder **abberufen** werden. In diesem Fall rückt das bestellte Ersatzmitgl. nach. 5

(4) Die hier vorgesehenen TV oder BV können bestimmen, dass sowohl **eine JAV mehrere** Mitgl. als auch **mehrere JAV ein gemeinsames Mitgl**. in die GJAV entsenden. Sofern ein TV nicht besteht, ist für den Abschluss einer entsprechenden BV der GBR zuständig. Dabei wirken die Mitgl. der GJAV stimmberechtigt mit (§ 73 Abs. 2, § 67 Abs. 2). 6

Soweit die Mitgl.-Zahl der GJAV durch TV oder BV geregelt wird, legt das Gesetz **keine obere Begrenzung** fest. Die GJAV kann daher in solchen Fällen auch aus mehr als 20 Mitgl. bestehen. 7

(5) Der erzwingbare Abschluss einer BV über die Verkleinerung der Mitgl.-Zahl ist – anders als beim GBR (vgl. § 47 Abs. 5) – bereits 8

vorgeschrieben, wenn die Zahl der GJAV 20 Mitgl. übersteigt. Zu beachten ist jedoch, dass die Regelung **nur in Betracht** kommt, wenn die Zahl der Mitgl. der GJAV **nach dem normalen Entsendungsverfahren** nach Abs. 2 **mehr als 20** beträgt. Beruht die erhöhte Mitgl.-Zahl auf einem TV oder einer BV nach Abs. 4, ist eine (weitere) BV nach Abs. 5 nicht abzuschließen.

9 (6) Diese Vorschrift entspricht wörtlich der Regelung, wie sie für den GBR nach § 47 Abs. 6 maßgebend ist (vgl. die Erl. dort). Zu beachten ist jedoch, dass die ESt. nur durch den AG oder den GBR, nicht dagegen durch die GJAV angerufen werden kann.

10 (7) Das **Stimmengewicht** der Mitgl. der GJAV ist in Anlehnung an das der Mitgl. des GBR geregelt worden (vgl. § 47 Abs. 7 und 8). Es kommt auf die Zahl der in die Wählerlisten eingetragenen in § 60 Abs. 1 genannten AN der Betriebe an, aus denen die Mitgl. der GJAV kommen.

11 Wird die Größe der GJAV durch TV oder BV abweichend vom Gesetz geregelt und entsenden die JAV mehrerer Betriebe nur einen Vertr. in die GJAV, so hat dieser so viele Stimmen, wie in § 60 Abs. 1 genannte AN insgesamt in diesen Betrieben in den Wählerlisten eingetragen waren. Entsendet dagegen die JAV eines Betriebs mehrere Mitgl. in die GJAV (Abs. 4), so wird die gesamte Stimmenzahl gleichmäßig auf die einzelnen Mitgl. aufgeteilt.

(8) Die Vorschrift, nach der das Stimmengewicht von Mitgl. der GJAV, die aus einem **gemeinsamen Betrieb** mehrerer UN entsandt worden sind, durch TV oder BV abweichend von der allgemeinen Bestimmung des Abs. 7 geregelt werden kann, entspricht der für den GBR geltenden Vorschrift des § 47 Abs. 9 (siehe deshalb die Erl. dort).

§ 73
Geschäftsführung und Geltung sonstiger Vorschriften

(1) Die Gesamt-Jugend- und Auszubildendenvertretung kann nach Verständigung des Gesamtbetriebsrats Sitzungen abhalten. An den Sitzungen kann der Vorsitzende des Gesamtbetriebsrats oder ein beauftragtes Mitglied des Gesamtbetriebsrats teilnehmen.

(2) Für die Gesamt-Jugend- und Auszubildendenvertretung gelten § 25 Abs. 1, die §§ 26, 28 Abs. 1 Satz 1, die §§ 30, 31, 34, 36, 37 Abs. 1 bis 3, die §§ 40, 41, 48, 49, 50, 51 Abs. 2 bis 5 sowie die §§ 66 bis 68 entsprechend.

1 (1) Für die **Durchführung der Sitzungen** der GJAV gelten die für den GBR maßgebenden Regelungen entsprechend (§ 51 Abs. 3). Die geforderte vorherige Verständigung des GBR setzt lediglich dessen

Unterrichtung voraus. Der GBR hat also Kenntnis von der beabsichtigten Sitzung des GJAV zu erhalten; er kann sie jedoch nicht untersagen.

(2) Die Bestimmung legt fest, dass eine Reihe von Vorschriften für die **Organisation** und **Geschäftsführung** der GJAV entsprechend gilt (vgl. die Erl. zu den entsprechenden Bestimmungen). Durch das BetrVerf-ReformG hat die GJAV die Möglichkeit zur Bildung von Ausschüssen erhalten. Auch wenn nicht ausdrücklich auf die Abs. 4 bis 7 des § 37 verwiesen wird, haben Mitgl. der GJAV in ihrer Eigenschaft als JAV-Mitgl. einen Anspruch auf Freistellung für Schulungs- und Bildungsveranstaltungen nach Maßgabe dieser Bestimmungen, sofern die vermittelten Kenntnisse für die Tätigkeit der Mitgl. der JAV erforderlich i. S. des § 37 Abs. 6 sind. Dies gilt nicht nur für das unmittelbar in die GJAV entsandte Mitgl., sondern auch für das Ersatzmitgl. (vgl. auch § 65 Rn. 1). **2**

Dritter Abschnitt
Konzern-Jugend- und Auszubildendenvertretung

§ 73a
Voraussetzung der Errichtung, Mitgliederzahl, Stimmengewicht

(1) Bestehen in einem Konzern (§ 18 Abs. 1 des Aktiengesetzes) mehrere Gesamt-Jugend- und Auszubildendenvertretungen, kann durch Beschlüsse der einzelnen Gesamt-Jugend- und Auszubildendenvertretungen eine Konzern-Jugend- und Auszubildendenvertretung errichtet werden. Die Errichtung erfordert die Zustimmung der Gesamt-Jugend- und Auszubildendenvertretungen der Konzernunternehmen, in denen insgesamt mindestens 75 vom Hundert der in § 60 Abs. 1 genannten Arbeitnehmer beschäftigt sind. Besteht in einem Konzernunternehmen nur eine Jugend- und Auszubildendenvertretung, so nimmt diese die Aufgaben einer Gesamt-Jugend- und Auszubildendenvertretung nach den Vorschriften dieses Abschnitts wahr.

(2) In die Konzern-Jugend- und Auszubildendenvertretung entsendet jede Gesamt-Jugend- und Auszubildendenvertretung eines ihrer Mitglieder. Sie hat für jedes Mitglied mindestens ein Ersatzmitglied zu bestellen und die Reihenfolge des Nachrückens festzulegen.

(3) Jedes Mitglied der Konzern-Jugend- und Auszubildendenvertretung hat so viele Stimmen, wie die Mitglieder der entsendenden Gesamt-Jugend- und Auszubildendenvertretung insgesamt Stimmen haben.

(4) § 72 Abs. 4 bis 8 gilt entsprechend.

1 (1) Die Vorschrift über die Voraussetzungen für die Bildung einer KJAV ist der für die Errichtung eines KBR (§ 54 Abs. 1) nachgebildet (vgl. deshalb die Erl. dort). Wie beim KBR handelt es sich um eine **freiwillige** Institution; allerdings bedarf sie der Zustimmung der GJAV der Konzern-UN, in denen insgesamt mindestens 75 v.H. der in § 60 Abs. 1 genannten AN der Konzern-UN beschäftigt sind.

2 (2–4) Die Vorschriften über die **Entsendung** der Mitgl. der KJAV und die Bestellung von Ersatzmitgl. (Abs. 2) sowie über die Möglichkeit der **Festlegung** einer anderweitigen **Mitgl.-Zahl** und über das **Stimmengewicht** ihrer Mitgl. (Abs. 3 und 4) entsprechen inhaltlich den Regelungen, die für den GBR und KBR sowie die GJAV gelten (vgl. deshalb die Erl. dort).

§ 73b
Geschäftsführung und Geltung sonstiger Vorschriften

(1) Die Konzern-Jugend- und Auszubildendenvertretung kann nach Verständigung des Konzernbetriebsrats Sitzungen abhalten. An den Sitzungen kann der Vorsitzende oder ein beauftragtes Mitglied des Konzernbetriebsrats teilnehmen.

(2) Für die Konzern-Jugend- und Auszubildendenvertretung gelten § 25 Abs. 1, die §§ 26, 28 Abs. 1 Satz 1, die §§ 30, 31, 34, 36, 37 Abs. 1 bis 3, die §§ 40, 41, 51 Abs. 3 bis 5, die §§ 56, 57, 58, 59 Abs. 2 und die §§ 66 bis 68 entsprechend.

(1) Die Vorschrift enthält Regelungen über die **Sitzungen** der KJAV, die inhaltlich denen über die Sitzungen der JAV bzw. der GJAV entsprechen. **1**

(2) Die Bestimmung regelt im Wege der **Verweisung** auf entsprechende Vorschriften des BR, des GBR und KBR sowie der JAV Fragen der **Geschäftsführung** und der **Zuständigkeit** der KJAV sowie der Beendigung der Mitgliedschaft in diesen Gremien. **2**

Vierter Teil
Mitwirkung und Mitbestimmung der Arbeitnehmer

Erster Abschnitt
Allgemeines

§ 74
Grundsätze für die Zusammenarbeit

(1) Arbeitgeber und Betriebsrat sollen mindestens einmal im Monat zu einer Besprechung zusammentreten. Sie haben über strittige Fragen mit dem ernsten Willen zur Einigung zu verhandeln und Vorschläge für die Beilegung von Meinungsverschiedenheiten zu machen.

(2) Maßnahmen des Arbeitskampfes zwischen Arbeitgeber und Betriebsrat sind unzulässig; Arbeitskämpfe tariffähiger Parteien werden hierdurch nicht berührt. Arbeitgeber und Betriebsrat haben Betätigungen zu unterlassen, durch die der Arbeitsablauf oder der Frieden des Betriebs beeinträchtigt werden. Sie haben jede parteipolitische Betätigung im Betrieb zu unterlassen; die Behandlung von Angelegenheiten tarifpolitischer, sozialpolitischer, umweltpolitischer und wirtschaftlicher Art, die den Betrieb oder seine Arbeitnehmer unmittelbar betreffen, wird hierdurch nicht berührt.

(3) Arbeitnehmer, die im Rahmen dieses Gesetzes Aufgaben übernehmen, werden hierdurch in der Betätigung für ihre Gewerkschaft auch im Betrieb nicht beschränkt.

1 (1) Die mindestens einmal im Monat durchzuführenden Zusammenkünfte sollen den BR wie den AG anhalten, über **beide Seiten berührende Probleme** zu sprechen. Teilnahmerecht haben alle **BR-Mitgl.**, sofern der BR nicht den BA (§ 27) oder einen anderen Ausschuss (§ 28) mit der Durchführung der Besprechungen beauftragt (FKHES, Rn. 7). Zu diesen Gesprächen können Gew.-Beauftragte hinzugezogen werden. Der **Schwerbehindertenvertr**. steht ein **Teilnahmerecht** nach § 95 Abs. 5 SGB IX zu (vgl. dazu auch BAG, AuR 93, 337). Die **JAV** (§ 68) ist zu beteiligen, wenn auch Angelegenheiten behandelt werden, die besonders den in § 60 genannten Personenkreis betreffen (ausführlich zu den monatlichen Besprechungen Rädel, AiB 99, 671). Die Verpflichtung des AG, mit dem BR mit dem ernsten Willen zur Einigung zu verhandeln und Vorschläge für die Beilegung

von Meinungsverschiedenheiten zu machen, ist Ausdruck der in § 2 Abs. 1 geforderten grundsätzlichen Verhaltensweise. Da der AG nur in seltenen Fällen auf die Mitwirkung des BR angewiesen ist, während der BR, da ihm das Direktionsrecht nicht zusteht, in der Regel eines **Entgegenkommens des AG** bedarf, betrifft diese Bestimmung überwiegend den AG. Der AG hat die Vorstellungen des BR nicht nur anzuhören, sondern auch zu bedenken und zu überprüfen, wieweit er ihnen nachkommen kann. Er ist dabei auch zur Überprüfung der eigenen Position verpflichtet. Eine aus § 74 Abs. 1 herzuleitende rechtliche Verpflichtung zum Kompromiss besteht zwar nicht (BAG, DB 74, 731), doch kann die dauernde Verweigerung der Zusammenarbeit eine grobe Pflichtverletzung i.S. des § 23 Abs. 3 sein. Gegen den Willen des BR kann der AG zu den monatlichen Besprechungen **keine betriebsfremde Person zur Protokollführung** heranziehen (ArbG Hersfeld, BB 87, 2452).

(2) Das Verbot, **Maßnahmen des Arbeitskampfes** (zum Begriff des Arbeitskampfes vgl. u.a. BVerfG, AuR 92, 29; 93, 150) durchzuführen, gilt nur für den AG und den BR als Organe. Der BR kann also nicht Arbeitskämpfe zur Erzwingung betriebsverfassungsrechtlicher Regelungen durchführen (BAG, DB 77, 728). Die einzelnen Mitgl. des BR können sich aber, wie jeder andere AN des Betriebs, an gewerkschaftlichen Kampfmaßnahmen beteiligen, insbesondere auch aktiv und an hervorragender und führender Stelle außerhalb und innerhalb des Betriebs den Streik vorbereiten, organisieren und leiten, z.B. die Urabstimmung mitorganisieren, zum Streik aufrufen und in der Streikleitung mitarbeiten (LAG Düsseldorf, AuR 95, 107). Streikaufrufe dürfen sie jedoch nicht unter ausdrücklicher Bezugnahme auf ihre BR-Mitgliedschaft unterzeichnen. Das BR-Amt mit seinen Rechten und Pflichten besteht grundsätzlich auch während eines Arbeitskampfes weiter (BAG, DB 71, 1061; DB 89, 682; DB 79, 1464; vgl. auch Bobke/Grimberg, AiB 84, 20ff. und ArbG Regensburg, AuR 87, 178). Auch das BVerfG betont (BVerfG, AuR 75, 350) die Bedeutung der weiteren Funktionsfähigkeit des BR. In Ausübung ihrer BR-Tätigkeit darf den streikenden oder ausgesperrten BR-Mitgl. auch der Zutritt zum Betrieb nicht verwehrt werden (ArbG Stuttgart v. 22. 5. 84 – 2 BVGa 1/84, v. 30. 5. 84 – 18 BVGa 3/84). Im Übrigen verstößt der BR nicht gegen die Friedenspflicht, wenn er sich bei spontan streikenden AN gegenüber dem AG um eine Vermittlung bemüht, um den Betriebsfrieden wieder herzustellen (BAG v. 5. 12. 78 – 6 AZR 485/76). Andererseits trifft weder den BR noch das einzelne BR-Mitgl. eine rechtliche Verpflichtung, auf rechtswidrig streikende AN einzuwirken, um diese zur Wiederaufnahme der Arbeit zu veranlassen (BAG a.a.O.). Zur Verneinung des Lohnanspruchs bei BR-Tätigkeit während des Arbeitskampfes durch das BAG vgl. § 37 Rn. 15. Nicht zu den Aufgaben des BR gehört es, während eines rechtmäßigen Arbeitskampfes mit dem AG **Notdienstvereinbarungen** (zum Inhalt 2

BAG, DB 82, 2139) abzuschließen. Das ist allein Aufgabe der kämpfenden Gew. (zu den rechtlichen Auswirkungen einer Notdienstvereinbarung jetzt BAG, AuR 95, 36). Diese bestimmt auch über die Zahl der vom Notdienst betroffenen AN und deren Auswahl. Notdienstvereinbarungen zwischen AG und BR sind unwirksam (vgl. dazu auch DKK-Berg, Rn. 21 a).

3 Der Arbeitsablauf oder der Frieden des Betriebs dürfen weder durch den AG noch durch den BR oder einzelne BR-Mitgl. beeinträchtigt werden. Das Verbot richtet sich aber nicht gegen die AN des Betriebs, die allerdings aufgrund ihres Arbeitsvertrags verpflichtet sind, derartige Störungen zu unterlassen. Der BR ist jedoch nicht verpflichtet, auf die AN einzuwirken, die sich betriebsstörend verhalten (vgl. u. a. FKHES, Rn. 25). Betätigungen, durch die der **Arbeitsablauf oder der Frieden** des Betriebs beeinträchtigt wird, liegen nur dann vor, wenn es sich um eine konkrete Störung handelt (vgl. dazu BAG, DB 83, 2578). Die bloße Möglichkeit einer Beeinträchtigung reicht nicht aus. Die Wahrnehmung der dem BR zustehenden Rechte, insbesondere die Durchführung einer Betriebsversamml. unter Darlegung des Scheiterns von Verhandlungen mit dem AG, stellt in keinem Fall einen Verstoß gegen § 74 Abs. 2 Satz 2 dar. Der BR kann auch eine Fragebogenaktion unter den AN durchführen, wenn sich die Fragen im Rahmen der Zuständigkeit der Betriebsverfassungsorgane halten und die Persönlichkeitssphäre anderer AN nicht unnötig verletzt wird (BAG, DB 77, 914). Die Verteilung eines Flugblatts des BR an die Belegschaft, in dem gegen Überstunden Stellung genommen wird, stellt grundsätzlich keine Störung des Betriebsfriedens dar (ArbG Stuttgart, AiB 4/80, S. 14). Gleiches gilt auch bei der Benutzung von E-mail oder Internet durch den BR (vgl. § 40 Rn. 22, 28). Der BR ist auch berechtigt, z.B. bei Rechtsverstößen des AG, die Beschäftigten zu mobilisieren und entsprechend der Überzeugung des BR zu beeinflussen (ArbG Hamburg v. 2. 2. 94 – 1 GaBV 1/94). Unzulässig ist jedoch, wenn der AG ein von ihm verfasstes, polemische Angriffe gegen den BR enthaltendes Schreiben an AN des Betriebs verteilt (LAG Köln, BB 91, 1191) oder am »Schwarzen Brett« wahrheitswidrige Informationen über das Verhalten des BR veröffentlicht (vgl. ArbG Trier, AiB 89, 53 mit Anm. v. Schoof). Unzulässig ist es auch, wenn der AG eine Veröffentlichung des BR am »Schwarzen Brett« einseitig entfernt, weil er mit den darin gemachten Aussagen nicht einverstanden ist (VG Berlin, PersR 95, 96). Der AG ist auch nicht befugt, die **Fehlzeiten von BR-Mitgl**., die durch BR-Tätigkeit, Krankheit oder sonstige Gründe bedingt sind, im Betrieb bekannt zu geben (LAG Niedersachsen, AuR 91, 153). Zu den **Kosten der BR-Arbeit** darf der AG sich in einer Betriebsversamml. nur dann äußern, wenn für ihn daran ein berechtigtes Interesse besteht. Durch die Art und Weise der Informationsgestaltung und -vermittlung darf er den BR jedoch nicht in seiner Amtsführung beeinträchtigen, was z.B.

der Fall sein kann, wenn der BR gegenüber der Belegschaft wegen der verursachten Kosten unter Rechtfertigungsdruck gesetzt wird, was sich nachteilig auf eine sachgerechte Interessenvertretung auswirkt (BAG, BB 96, 328; BB 98, 1006; nach ArbG Leipzig, [NZA- RR 03, 142] kann der Unterlassungsanspruch nach § 23 Abs. 3 auch im einstweiligen Verfügungsverfahren geltend gemacht werden; vgl. dazu § 23 Rn. 14). Es stellt auch eine Behinderung der Amtstätigkeit des BR dar, wenn der AG sich dahingehend äußert, dass für AN vorgesehene Fortbildungsmaßnahmen ggf. nicht durchgeführt werden könnten, weil aus dem vorgesehenen Etat auch die BR-Kosten bestritten würden und der BR diesen Etat sehr stark ausschöpfe (BAG, BetrR 98, 5f. mit Anm. v. Rosendahl). Wenn der AG im Zusammenhang mit Verhandlungen mit dem BR über freiwilliges Weihnachtsgeld die Kosten der BR-Arbeit durch Aushang bekannt macht und dokumentiert, dass er bei Reduzierung der BR-Kosten das Weihnachtsgeld erhöhen würde, handelt es sich ebenfalls um eine Behinderung der BR-Tätigkeit (ArbG Wesel, AiB 97, 52 mit Anm. v. Grimberg).

Das Verbot der **parteipolitischen Betätigung** gilt für AG wie BR als **4**
Organ. Es gilt aber nicht für die JAV und auch nicht für die einzelnen AN. Für letztere besteht ein Verbot, sich im Betrieb parteipolitisch zu betätigen erst dann, wenn durch deren Verhalten der Betriebsfrieden oder der Betriebsablauf konkret gestört oder die Erfüllung der Arbeitspflicht beeinträchtigt wird (so auch BAG, DB 83, 2578). Durch das Verbot wird das **Grundrecht der freien Meinungsäußerung** erheblich eingeschränkt, was im Hinblick auf Art. 5 GG bedenklich ist (vgl. Däubler, Arbeitsrecht 1, Rn. 781 ff.). Unter parteipolitischer Betätigung ist **nicht jede politische Tätigkeit** zu verstehen (BVerfG, DB 76, 1485). Angelegenheiten tarifpolitischer, sozialpolitischer, umweltpolitischer und wirtschaftlicher Art, die den Betrieb oder seine AN unmittelbar betreffen, z. B. Fragen der Berufsausbildung oder der MB, können vom BR in Betriebsversamml. behandelt werden, auch wenn sie gleichzeitig im parteipolitischen Bereich diskutiert werden. Eine unzulässige parteipolitische Betätigung liegt allerdings dann vor, wenn in einer Betriebsversamml. ein Referat über ein sozialpolitisches Thema nur zu Zeiten des Wahlkampfes von einem Spitzenpolitiker in seinem Wahlkreis im Rahmen seiner Wahlkampfstrategie gehalten wird (BAG, DB 77, 2452). Eine parteipolitische Betätigung ist jedoch zu verneinen, wenn ein BR-Mitgl. an seinem Privatwagen den **Aufkleber einer bestimmten Partei** angebracht hat oder ein entsprechendes Zeichen an seinem Anzug trägt. Auch das Tragen von sog. **Anti-Strauß-Plaketten** war nicht grundsätzlich unzulässig. Es darf sich nur nicht um große, auffällige Plaketten handeln, mit denen der politische Gegner diffamiert und verächtlich gemacht werden soll (BAG, DB 83, 2578). Zulässig ist auch das Tragen einer Plakette mit einer stilisierten weißen Taube auf blauem Grund **(Friedenstaube)** oder einer Plakette, auf der die gewerkschaftliche Forderung nach der **35-Stunden-Woche**

in den Farben Rot-Gelb abgebildet ist (ArbG Köln, AuR 85, 98; a. A. LAG Rheinland-Pfalz v. 28. 8. 86 – 5 Sa 240/86). Auch das Tragen von sog. **Anti-Atom-Plaketten** ist keine parteipolitische Betätigung. Da die Kernenergie in fast allen politischen Gruppierungen umstritten ist, fehlt insoweit der parteipolitische Bezug (vgl. dazu aber BAG, DB 82, 2142, das Lehrern im öffentlichen Dienst das Tragen derartiger Plaketten während des Unterrichts untersagt hat, die Frage, ob sich andere AN ebenso verhalten müssen, aber offen gelassen hat). Die Verteilung von Flugblättern vor dem Betrieb, die zur Unterstützung des »Krefelder Appells« aufrufen, verletzt keine arbeitsvertragliche Pflicht (LAG München, DB 85, 1539). Richtigerweise kann auch die **Auseinandersetzung mit ausländerfeindlichen oder rechtsradikalen Aktivitäten** nicht als parteipolitische Betätigung i. S. dieser Vorschrift angesehen werden (zum Meinungsstreit vgl. Berg a. a. O. Rn. 32). Andererseits findet die Meinungsfreiheit ihre Grenze in den Diskriminierungsverboten des § 75 Abs. 1 (ArbG Bremen, BB 94, 1568). Von einer parteipolitischen Betätigung kann auch keine Rede sein, wenn ein BR-Mitgl. außerhalb des Betriebs im Rahmen seiner zulässigerweise ausgeübten parteipolitischen Tätigkeit auf seine BR-Funktion hinweist (vgl. dazu auch BAG v. 20. 3. 79 – 1 AZR 450/76). Bei einer **unzulässigen parteipolitischen Betätigung** von AN im Betrieb besteht keine Verpflichtung des BR (oder des AG) zum Einschreiten. Eine solche Verpflichtung ist dem Gesetz nicht zu entnehmen.

5 Im eindeutigen Widerspruch sowohl zur Rechtspr. des BVerfG (vgl. BVerfG, DB 76, 1485) als auch zu seiner früheren eigenen (vgl. z. B. BAG v. 18. 1. 68, AP Nr. 28 zu § 66 BetrVG) vertritt das BAG nunmehr die Ansicht, dass **alle politischen Fragen** in den Bereich der parteipolitischen Stellungnahme fallen und deshalb vom BR nicht behandelt werden dürfen. Diese Schlussfolgerung soll sich insbesondere daraus ergeben, dass angeblich eine Trennung zulässiger allgemeinpolitischer Betätigung von der verbotenen parteipolitischen Betätigung nicht möglich ist (BAG, DB 87, 1898). Hier verkennt das BAG die Realitäten in den Betrieben. Seine Auffassung ist weder aus dem Wortlaut noch aus der Entstehungsgeschichte des BetrVG abzuleiten; sie ist lebensfremd (zur Kritik vgl. Wendeling-Schröder, AiB 87, 173; Derleder, AuR 88, 17; zutreffend LAG Hamburg, BetrR 86, 475; LAG Baden-Württemberg, BB 85, 589; LAG München, DB 85, 1539; allgemein zur parteipolitischen Betätigung im Betrieb Däubler, AiB 83, 27 ff.). Das Verbot erfasst lediglich parteipolitische Betätigung auf dem Betriebsgelände (weitergehend BAG, DB 78, 1547, das auch eine Betätigung in unmittelbarer Betriebsnähe, z. B. das Verteilen eines parteipolitischen Flugblattes vor dem Fabriktor, dazurechnet).

6 (3) Durch diese Bestimmung wird klargestellt, dass sich BR-Mitgl. in gleicher Weise wie alle anderen AN für ihre Gew. im Betrieb betätigen können. Sie dürfen ihr Amt nur nicht dazu benutzen, **unzulässigen** Druck zum Eintritt in eine bestimmte Gew. auszuüben. Bei neu in den Betrieb eintretenden AN kann der BR darauf hinweisen, dass eine enge Zusammenarbeit mit der Gew. und ein hoher Organisationsgrad bestehen. Die BR-Mitgl. dürfen ansonsten für ihre Gew. werbend tätig werden. Eine **Abmahnung**, die der AG deshalb ausspricht, weil ein BR-Mitgl. während der Arbeitszeit für seine Gew. Informationsmaterial und Aufnahmeformulare verteilt, ist **rechtswidrig**, da für die Mitgl.-Werbung im Betrieb der Grundrechtsschutz des Art. 9 Abs. 3 GG (Koalitionsfreiheit) besteht (vgl. dazu im Einzelnen BVerfG, BB 96, 590, das damit eine gegenteilige Entscheidung des BAG [DB 92, 483] aufgehoben hat; siehe auch Heilmann, AuR 96, 121 und im Übrigen zur individualrechtlichen Abmahnung von BR-Mitgl. § 23 Rn. 5). Wenn ein AN und BR-Mitgl. private E-mails mit Werbung für seine Gewerkschaft außerhalb der Arbeitszeit an die dienstlichen E-mail-Adressen von AN des Betriebes sendet, stellt dieses ebenso wenig eine arbeitsrechtliche Pflichtverletzung dar (LAG Schleswig-Holstein, AiB 01, 305). Selbstverständlich dürfen BR-Mitgl. – wie jeder andere AN auch – gewerkschaftliche Funktionen (beispielsweise als Vertrauensleute) ausüben. Aus der Vorschrift ergibt sich im Übrigen, dass der AG verpflichtet ist, die zulässige **gewerkschaftliche Information und Werbung** (z.B. Verteilung von Informationsmaterial, Plakatwerbung, Mitgliederwerbung) in seinem Betrieb zu dulden (vgl. auch § 2 Rn. 7; zur Verteilung einer **Gewerkschaftszeitung** im Betrieb – auch in einem Betrieb, der verfassungsrechtlich dem kirchlichen Bereich zuzuzählen ist –, vgl. LAG Köln, AuR 99, 411 f.).

§ 75
Grundsätze für die Behandlung der Betriebsangehörigen

(1) Arbeitgeber und Betriebsrat haben darüber zu wachen, dass alle im Betrieb tätigen Personen nach den Grundsätzen von Recht und Billigkeit behandelt werden, insbesondere, dass jede unterschiedliche Behandlung von Personen wegen ihrer Abstammung, Religion, Nationalität, Herkunft, politischen oder gewerkschaftlichen Betätigung oder Einstellung oder wegen ihres Geschlechts oder ihrer sexuellen Identität unterbleibt. Sie haben darauf zu achten, dass Arbeitnehmer nicht wegen Überschreitung bestimmter Altersstufen benachteiligt werden.

(2) Arbeitgeber und Betriebsrat haben die freie Entfaltung der Persönlichkeit der im Betrieb beschäftigten Arbeitnehmer zu schützen und zu fördern. Sie haben die Selbständigkeit und Eigeninitiative der Arbeitnehmer und Arbeitsgruppen zu fördern.

(1) Die Vorschrift erfasst **alle im Betrieb beschäftigten Personen**, 1
also auch die AN, die im Betrieb des AG tätig sind, ohne zu diesem

in einem Arbeitsverhältnis zu stehen (z. B. Leih-AN, Werkvertrags-AN, Monteure, entsandte Bauarbeiter u. ä.). Darüber hinaus handelt es sich um eine **Rahmenvorschrift** hinsichtlich der Regelungsmacht des BR, die u. a. durch die MBR eine nähere Konkretisierung erfährt. Aus der Überwachungspflicht ergibt sich, dass AG und BR nicht gegen die aufgeführten Grundsätze verstoßen dürfen. (Zur Verpflichtung des AG, den BR auch über die bei ihm beschäftigten **freien Mitarbeiter** zu informieren, damit die Grundsätze des § 75 gewährleistet werden, siehe § 80 Abs. 2 Satz 1 sowie dort Rn. 14; zur alten Regelung des § 80 vgl. BAG, AuR 99, 242 ff. mit Anm. v. Buschmann.) Entsprechendes gilt für die einzelnen BR-Mitgl. Die Formulierung »insbesondere« macht deutlich, dass unter Recht und Billigkeit nicht nur **das Verbot einer Diskriminierung** aus den genannten Gründen, sondern jede sachlich **nicht gerechtfertigte willkürliche Behandlung** zu verstehen ist (vgl. Richtlinie des Europäischen Parlaments und des Rates v. 23. 9. 02 zur Änderung der Richtlinie 76/207/EWG des Rates zur Verwirklichung des Grundsatzes der Gleichbehandlung von Männern und Frauen hinsichtlich des Zugangs zur Beschäftigung, zur Berufsbildung und zum beruflichen Aufstieg sowie in Bezug auf die Arbeitsbedingungen [AmtsBl EG v. 5. 10. 02, L 269/15]; Richtlinie des Rates v. 29. 6. 00 zur Anwendung des Gleichbehandlungsgrundsatzes ohne Unterschied der Rasse oder der ethnischen Herkunft [AmtsBlEG v. 19. 7. 00, L 180/22] sowie Richtlinie v. 27. 11. 00 zur Festlegung eines allgemeinen Rahmens für die Verwirklichung der Gleichbehandlung in Beschäftigung und Beruf [AmtsBlEG v. 2. 12. 00, L 303, 16]). Eine solche liegt dann vor, wenn zwar die Rechtsansprüche aller Betriebsangehörigen anerkannt und erfüllt werden, jedoch deren berechtigte soziale, wirtschaftliche und persönliche Interessen in Abwägung gegenüber den Interessen anderer Personen nicht ausreichend berücksichtigt werden (zum Maßregelungsverbot nach einem Arbeitskampf vgl. BAG, NZA 93, 39; 93, 1135; vgl. auch BVerfG, NZA 88, 473; zum Ausschluss von übertariflichen Zulagen wegen Teilnahme an einer gewerkschaftlichen Protestveranstaltung vgl. LAG Rheinland-Pfalz, BB 87, 1459; zu Ansprüchen von AN aus den **neuen Bundesländern**, die aber in den alten Bundesländern ihre Arbeitsleistung erbringen, vgl. BAG, DB 93, 332 und AuR 94, 160).

Daneben räumt diese Vorschrift auch dem einzelnen AN das individuelle Recht ein, nach den Grundsätzen von Recht und Billigkeit behandelt zu werden (siehe Rn. 6). Diese Grundsätze prägen inhaltlich den **arbeitsrechtlichen Gleichbehandlungsgrundsatz** mit.

2 Aus Abs. 1 folgt u. a., dass AG und BR darauf zu achten haben, dass der **Grundsatz der Lohngleichheit** von Mann und Frau bei gleichartiger Arbeit im Betrieb eingehalten wird und Frauen gleichberechtigt an Fortbildungsmaßnahmen teilnehmen (vgl. auch §§ 80 Abs. 1

Nr. 2a, 2b, 92 Abs. 3 sowie §§ 611a und b BGB; Horstkötter, AiB 02, 34; zum Grundsatz der Lohngleichheit vgl. u.a. BAG, DB 82, 2354; zur **Geschlechtsdiskriminierung** bei übertariflicher Entlohnung vgl. BAG, NZA 93, 891, wonach die benachteiligte Gruppe Anspruch auf die Leistungen hat, die der bevorzugten Gruppe gewährt werden). Untersagt ist aber nicht nur die unmittelbare Diskriminierung wegen des Geschlechts. Unzulässig ist auch jede **»mittelbare Diskriminierung«**. Eine solche liegt beispielsweise vor, wenn **teilzeitbeschäftigte Frauen** von der betrieblichen Altersversorgung ausgeschlossen werden (vgl. dazu EuGH, NZA 86, 599; BAG, DB 87, 994; DB 90, 330; BVerfG, AuR 99, 276; zur Gleichbehandlung unterschiedlicher AN-Gruppen in der betrieblichen Altersversorgung vgl. BAG, NZA 98, 762 und für den Bereich des öffentlichen Dienstes BAG, NZA 00, 659) oder eine tarifliche Regelung geringfügig Beschäftigte von der Zahlung einer Sonderzuwendung (Weihnachtsgeld) ausschließt, wenn davon mehr Frauen als Männer betroffen sind (EuGH, AuR 99, 401; zur mittelbaren Diskriminierung von schwangeren ANinnen, Wöchnerinnen und stillenden ANinnen vgl. EuGH, AuR 00, 66 mit Anm. v. Feldhoff). Im Bereich des öffentlichen Dienstes wurde § 23a BAT alte Fassung teilweise wegen mittelbarer Frauendiskriminierung beim **Bewährungsaufstieg** teilzeitbeschäftigter Frauen als unwirksam angesehen (BAG, NZA 93, 367). Unwirksam war auch § 39 Abs. 1 Unterabs. 3 Satz 2 BAT alte Fassung, nach dem teilzeitbeschäftigte Ang. nur eine anteilige Jubiläumszuwendung erhielten (siehe jetzt § 39 Abs. 1 und Abs. 3 BAT neue Fassung). Da Teilzeitbeschäftigte nicht wegen der Teilzeitarbeit gegenüber Vollzeitbeschäftigten unterschiedlich behandelt werden dürfen (§ 4 Abs. 1 TzBfG), haben sie Anspruch auf die **volle Jubiläumszuwendung** (BAG, DB 96, 1783). Der frühere Meinungsstreit, ob eine mittelbare Diskriminierung auch vorliegt, wenn **teilzeitbeschäftigten BR-Mitgl. bei ganztägigen Schulungsveranstaltungen** vom AG nur die Vergütung für die entfallene Teilzeit gewährt wird (bejahend EuGH, AuR 92, 382 mit Anm. v. Dieball; einschränkend aber EuGH, BetrR 96, 74 mit Anm. v. Rudolph; völlig ablehnend, BAG, AuR 98, 171 mit Anm. v. Dieball und v. 12. 11. 97 – 7 AZR 563/93), ist durch die Neuregelung in § 37 Abs. 6 Satz 2 sowie in § 37 Abs. 7 Satz 3 erledigt. Einem teilzeitbeschäftigten BR-Mitgl. steht ein entsprechender Freizeitausgleich zu (vgl. § 37 Rn. 40, 46). Die Verweigerung von **Überstundenzuschlägen an Teilzeitbeschäftigte** ist nach der Auffassung des EuGH keine mittelbare Diskriminierung i.S. des Art. 119 EWG-V, weil objektiv keine Unterscheidung zwischen Vollzeit und Teilzeit vorliege, da die Vergütung bei gleicher Arbeitszeit jeweils gleich sei (EuGH, DB 95, 49; vgl. auch BAG, AuR 96, 151). Das in dem früheren § 19 AZO normierte Nachtarbeitsverbot für Frauen ist vom BVerfG als verfassungswidrig angesehen worden (BVerfG, AiB 92, 281). Nach dem neuen ArbZG dürfen sowohl Männer als auch Frauen **Nachtarbeit** leisten. Da aber Nachtarbeit nach der Rechtspr. des BVerfG (a.a.O.) grundsätzlich schädlich ist, bestimmt § 7 Abs. 1 ArbZG, dass die Nachtarbeitszeit nach den gesicherten arbeitswissenschaftlichen Erkenntnissen über die menschengerechte Gestaltung der Arbeit festzulegen ist. Eine tarifvertragliche Regelung, die die Zahlung von **Spätarbeits-** und **Nachtarbeitszuschlägen** an Teilzeitbeschäftigte ausschließt, verstößt gegen § 4 Abs. 1 TzBfG und ist damit unwirksam (BAG, DB 99, 1762). Im Übrigen besteht bei der Einführung von Nachtarbeit ein MBR des BR (vgl. dazu DKK-Klebe, § 87 Rn. 84, 204). Die Bemessung einer Sozialplanabfindung, wonach Zeiten der Teilzeit- und der Vollzeitbeschäftigung anteilig berücksichtigt werden, verstößt nicht gegen den arbeitsrechtlichen Gleichbehandlungsgrundsatz (BAG, DB 02, 153). Unzulässig ist, für Frauen und Männer **unterschiedliche Einstellungsvoraussetzungen** festzulegen oder überhaupt Frauen wegen ihres Geschlechts schon im **Bewerbungsverfahren** zu benachteiligen (BVerfG, AuR 94, 110). Deshalb ist in der Regel auch die **Frage nach dem Vorliegen einer Schwangerschaft** bei Bewerberinnen unzulässig (BAG, DB 93, 435). Die Frage ist jedoch ausnahmsweise sachlich gerechtfertigt, wenn sie objektiv dem gesundheitlichen Schutz der Bewerberin und des ungeborenen Kindes dient (Einstellung einer Arzthelferin; BAG, AuR 93, 252, 335; vgl. dazu aber auch EuGH, BetrR 94, 94 mit Anm. v. Rudolph; siehe auch § 94 Rn. 5). Muss an einem Arbeitsplatz schwere körperliche Arbeit verrichtet werden, so ist in der körperlichen Leistungsfähigkeit des Bewerbers ein Einstellungskriterium gegeben, nicht aber per se in der Zugehörigkeit zu einem bestimmten Geschlecht. Der AG trägt die Beweislast dafür, dass die Einstellung einer Bewerberin auch ohne Diskrimminierung nicht erfolgt wäre (LAG Köln, NZA-RR 01, 232).

3 Aus dieser Vorschrift kann sich auch die Verpflichtung zum Abschluss und zur Durchführung von besonderen **Frauenförderplänen** – siehe hierzu jetzt § 92 Abs. 3 – ergeben (vgl. auch Pfarr, Frauenförderung und Grundgesetz [1988]). Eine sog. **Quotenregelung**, nach der Frauen gegenüber Männern bei gleicher Qualifikation bevorzugt bei der Übertragung einer höherwertigen Tätigkeit zu berücksichtigen sind, hat das BAG für den öffentlichen Dienst (BremLGG) zunächst als mit dem GG vereinbar angesehen. Es hat allerdings in dieser Frage den EuGH zur Vorabentscheidung angerufen (BAG, AuR 94, 30). Daraufhin hat der EuGH entschieden, dass eine solche Regelung mit dem Recht der EG unvereinbar ist, weil sie weiblichen Bewerbern um eine Beförderungsstelle automatisch den Vorrang einräumt, wenn sie gleich qualifiziert sind wie männliche Mitbewerber. Eine derartige Regelung darf bei Auswahlentscheidungen nicht angewandt werden (EuGH, BB 95, 2481; BAG, BB 96, 1332; differenzierend jetzt aber EuGH, AuR 98, 40 mit Anm. v. Pape; zur Frauenquote im öffentlichen Dienst vgl. u.a. auch OVG NRW, VG Trier und ArbG Berlin, alle AuR 96, 154). Nach einer Entsch. des HessStGH (PersR 94, 67) verstößt die Regelung des HessPersVG, nach der die Personalräte entsprechend dem zahlenmäßigen Verhältnis von Männern und Frauen in der Dienststelle zu bilden sind, nicht gegen die HessLV. Darüber hinaus ist es das Ziel des am 1. 9. 94 in Kraft getretenen Zweiten Gleichberechtigungsgesetzes (BGBl. I S. 1406), die Durchsetzung der Gleichberechtigung von Frauen und Männern durch eine Vielzahl neuer Vorschriften zu fördern, was nunmehr auch z. B. durch die zwingende Regelung in § 15 Abs. 2 erfolgt.

Aus der Neuregelung des Abs. 1 ergibt sich, dass AG und BR ebenfalls darüber zu wachen haben, dass die im Betrieb tätigen Personen wegen ihrer sexuellen Identität nicht unterschiedlich behandelt werden (vgl. Richtlinie 2000/78/EG des Rates v. 27. 11. 00 zur Festlegung eines allgemeinen Rahmens für die Verwirklichung der Gleichbehandlung in Beschäftigung und Beruf). Daraus folgt, dass kein AN wegen seiner Homosexualität, Transsexualität oder einer anderen sexuellen Identität bei der Einstellung oder seiner Tätigkeit im Betrieb benachteiligt werden darf. Darunter fallen jedoch nicht sexuelle Verhaltensweisen, die nach strafrechtlichen Vorschriften unter Strafe gestellt sind (§ 2 Abs. 2 BeschSchG; vgl. auch DKK-Berg, § 75 Rn. 23 a.). **3a**

Der BR hat weiterhin darauf zu achten, dass kein AN wegen seiner **gewerkschaftlichen Betätigung** benachteiligt wird. Ein AG darf die Einstellung eines AN nicht von dessen **Austritt aus der Gew**. abhängig machen (BAG, DB 87, 2312). Rechtswidrig handelt der AG z. B. auch dann, wenn er nur Gew.-Mitgl. **aussperrt** (BAG, DB 80, 1355), an Arbeitswillige während oder nach einem Streik **»Streikbruchprämien«** zahlt (BAG, NZA 93, 39; differenzierend aber BAG, NZA 93, 1135) oder wegen der **Streikteilnahme** AN eine Jahresprämie kürzt (BAG, DB 88, 183; vgl. auch Rn. 1). Die betroffene Gew. kann sich gegen rechtswidrige Angriffe auf ihr Koalitionsbetätigungsrecht mit einer **Unterlassungsklage** gegen den AG wehren (BAG, DB 87, 2312). **4**

Aus Satz 2 ergibt sich die konkrete Verpflichtung des BR, darauf zu achten, dass **ältere AN** nicht benachteiligt werden. Dies bedeutet, dass er sich ggf. um Umschulungsmaßnahmen oder Versetzungen für diesen Personenkreis bemühen muss. Die Erreichung einer bestimmten **Altersgrenze** rechtfertigt für sich die Kündigung des Arbeitsverhältnisses durch den AG nicht (BAG v. 28. 9. 61, AP Nr. 1 zu § 1 KSchG Personenbedingte Kündigung; vgl. jetzt auch § 41 Abs. 4 Satz 1, 2 SGB VI). Durch das am 1. 8. 94 in Kraft getretene Gesetz zur Änderung des Sechsten Buches Sozialgesetzbuch (SGB VI ÄndG) (BGBl. I S. 1797) hat § 41 Abs. 4 Satz 3 SGB VI eine neue Fassung erhalten (zur alten Fassung vgl. die Erl. zur 10. Aufl.). Nunmehr gilt eine Vereinbarung, die die **Beendigung des Arbeitsverhältnisses** eines AN ohne Kündigung zu einem Zeitpunkt vorsieht, in dem der **5**

AN vor Vollendung des 65. Lebensjahres eine Rente wegen Alters beantragen kann, dem AN gegenüber als auf die Vollendung des 65. Lebensjahres abgeschlossen, es sei denn, dass die Vereinbarung innerhalb der letzten drei Jahre vor diesem Zeitpunkt abgeschlossen oder von dem AN bestätigt worden ist. Das BAG ist nunmehr in ständiger Rspr. der Ansicht, dass die aus der Verletzung des § 41 Abs. 4 Satz 3 SGB VI in der bis zum 31. 7. 94 geltenden Fassung folgende Unwirksamkeit der Altersgrenzenregelung durch das am 1. 8. 94 in Kraft getretene SGB VI ÄndG (a. a. O.) beseitigt worden ist (vgl. statt vieler BAG, DB 97, 2280). Gegen die Neuregelung bestehen keine durchgreifenden verfassungsrechtlichen Bedenken (BVerfG, AuR 99, 283 f.). Wenn durch § 14 Abs. 3 TzBfG die Möglichkeit eingeräumt wird, die Arbeitsverhältnisse mit AN, die bei Beginn des Arbeitsverhältnisses das 58. Lebensjahr bereits vollendet haben, unbegrenzt zu befristen, so steht dem § 41 Abs. 4 Satz 3 SGB VI nicht entgegen; denn bei der Befristungsregelung des § 14 Abs. 3 TzBfG handelt es sich um eine Vorschrift, die nicht auf das Rentenalter abstellt.

6 Die Vorschrift des Abs. 1 spricht zwar direkt nur den AG und den BR an. Sie räumt aber auch dem einzelnen AN das **individuelle Recht** ein, nach diesen Grundsätzen behandelt zu werden (so zutreffend BAG, DB 85, 602; a. A. und ohne Begründung für die Abweichung BAG v. 3. 12. 85, AP Nr. 2 zu § 74 BAT). So kann ein Sozialplan, der die AN von Leistungen ausschließt, die das Arbeitsverhältnis selbst gekündigt haben, nachdem ihnen der AG mitgeteilt hatte, für sie bestehe aufgrund der Betriebsänderung keine Beschäftigungsmöglichkeit mehr, gegen diese Vorschrift verstoßen und damit rechtsunwirksam sein (BAG, DB 91, 1526; zum Ausschluss von Sozialplanansprüchen vgl. u. a. aber auch BAG, DB 96, 1682; 98, 1138; zu **Höchstbegrenzungsklauseln** in Sozialplänen, die insbesondere ältere AN betreffen, vgl. BAG, DB 00, 930; LAG Rheinland-Pfalz, DB 02, 1167). Andererseits kann der BR nach § 104 die Kündigung oder Versetzung eines AN verlangen, der wiederholt die in Abs. 1 enthaltenen Grundsätze grob verletzt und dadurch den Betriebsfrieden ernstlich stört. Eine BV, in der für die AN Vertragsstrafen begründet werden, ist unwirksam, wenn darin bestimmt wird, dass einzelvertraglich vereinbarte Vertragsstrafen der BV auch dann vorgehen, wenn diese für den AN ungünstiger sind (BAG, DB 92, 146). Wenn ein AG die missbräuchliche Nutzung der betrieblichen **Telefonanlage** kontrollieren will, verstößt er dann gegen § 75, wenn er ohne besondere Anhaltspunkte und außerhalb einer allgemeinen Stichprobenregelung ausschließlich die Gesprächsdaten des BR-Vors. auswertet (LAG Sachsen-Anhalt, RDV 01, 28).

7 Die Verpflichtungen des BR aus Abs. 1 bestehen seit In-Kraft-Treten des SprAuG (vgl. § 27 SprAuG) gegenüber leit. Ang. nicht mehr (so bereits zum alten Recht BAG, DB 75, 1320).

(2) Diese Bestimmung verpflichtet insbesondere den AG, bei seinen Maßnahmen auf die **freie Entfaltung der Persönlichkeit** der im Betrieb beschäftigten AN sowie die Selbständigkeit und Eigeninitiative der AN und Arbeitsgruppen zu achten und zu fördern. Zuerst bedeutet dieses den Schutz der freien Persönlichkeit des AN, das Verhindern rechtswidriger Verletzungen des Persönlichkeitrechts des AN durch den AG. Dieser Grundsatz ist insbesondere bei der rechtlich zulässigen Einschränkung einzelner Persönlichkeitsrechte gegenüber betrieblichen Interessen zu berücksichtigen, z. B. bei Kontrolleinrichtungen. Die damit zusammenhängenden Fragen unterliegen dem MBR des BR nach § 87 Abs. 1 Nr. 1 oder Nr. 6. Das MBR des BR nach dieser Vorschrift besteht auch dann, wenn der AG in Arbeitsbereichen allgemein zugänglich einen sog. Personalplaner aushängt, auf dem für jeden einzelnen AN für das laufende Jahr An- und Abwesenheitszeiten, diese nach Gründen wie Beurlaubung, Krankheit, Freischicht aufgeschlüsselt, aufgeführt sind. Darin liegt zugleich ein Verstoß gegen Abs. 2. Entsprechendes gilt auch bei der Bekanntgabe von **Abmahnungen** am »Schwarzen Brett« durch den AG (ArbG Regensburg, AiB 89, 354) sowie bei Versendung von Abmahnungen bzw. **»Krankenbriefen«** durch den AG an arbeitsunfähig erkrankte AN (LAG Bremen, AiB 87, 191 f.; LAG Köln, AiB 89, 163). Ob **Nichtraucher** unter Berufung auf ihr Persönlichkeitsrecht ein allgemeines Rauchverbot in ihrem Arbeitsbereich erwirken können, ist umstritten (zu den Verpflichtungen des AG vgl. § 3 a ArbStättV). Sollen **nichtrauchende AN** während des Aufenthalts im Betrieb vor gesundheitlichen Gefährdungen und Belästigungen durch Passivrauchen geschützt werden, kann sich ein Rauchverbot auf sämtliche geschlossenen Räume des Betriebs erstrecken (BAG, AiB 99, 404 mit ablehnender Anm. v. Heilmann; die Entscheidung wird bejaht von Künzel, BB 99, 2187). Ein absolutes **Rauchverbot** auf dem Freigelände des Betriebs ist dagegen nicht begründet, da beim Rauchen im Freien Nichtraucher nicht nennenswert beeinträchtigt werden (BAG a. a. O.; vgl. auch DKK-Berg, Rn. 40). In jedem Fall unterliegt aber sowohl ein generelles als auch ein beschränktes Rauchverbot dem **MBR** des BR (DKK-Klebe, § 87 Rn. 50 mit weit. Hinweisen). Einen arbeitsvertraglichen Anspruch auf einen tabakrauchfreien Arbeitsplatz haben AN nach § 618 Abs. 1 BGB, wenn das im Einzelfall aus gesundheitlichen Gründen geboten und dem AG zumutbar ist (BAG, AuR 98, 459). Das **Abhören von Telefongesprächen** ist ein unzulässiger Eingriff in die Persönlichkeitsrechte (Recht am gesprochenen Wort). Bedeutungslos ist dabei, ob es sich um private oder dienstliche Gespräche handelt (BVerfG, NZA, 92, 307). Unzulässig ist im Allgemeinen auch das **heimliche Mithörenlassen** von Telefongesprächen zwischen AN und AG. Wer jeweils mithören lassen will, hat seinen Gesprächspartner vorher darüber zu informieren. Dieser ist allerdings nicht verpflichtet, sich seinerseits zu vergewissern, ob **8**

jemand mithört (BAG, DB, 98, 371). Unzulässig ist grundsätzlich auch eine **heimliche Videoüberwachung** (Verletzung des Rechtes am eigenen Bild). Diese Videobänder unterliegen in einem Kündigungsschutzverfahren einem **Beweisverwertungsverbot** und sind zu Beweiszwecken unzulässig (LAG Hamm, NZA-RR 02, 464). Solche Eingriffe in das Persönlichkeitsrecht können auch nicht durch Zustimmung des BR legitimiert werden (BAG, NZA 92, 43). Im Rahmen von **Mobbing** kann die Verletzung des Persönlichkeitsrechts nicht nur im Totalentzug der Beschäftigung, sondern auch in einer nicht arbeitsvertragsgemäßen Beschäftigung des AN liegen, wenn dieses Verhalten zielgerichtet als Mittel der Zermürbung des AN genutzt wird, um ihn zur Aufgabe des Arbeitsplatzes zu veranlassen (LAG Thüringen, DB 01, 1204). Die Persönlichkeitsrechte der AN können auch durch eine betriebliche **Kleiderordnung** beeinträchtigt werden, da grundsätzlich die AN selbst bestimmen, welche Arbeitskleidung sie tragen wollen. Ist aus betrieblichen Gründen das Tragen einer einheitlichen Arbeitskleidung geboten, besteht insoweit ein MBR des BR (vgl. § 87 Rn. 12). Ein Verstoß gegen Abs. 2 soll jedoch nach Auffassung des BAG nicht vorliegen, wenn unter Beachtung des MBR des BR den AN untersagt wird, während der vorgeschriebenen Mittagspause den Betrieb zu verlassen, wenn sie berechtigt sind, außerhalb der Mittagspause für eine Stunde den Betrieb zu verlassen (BAG, DB 91, 394). Unzulässig ist es dagegen, vom AN zu verlangen, dass er an einer **Routieneuntersuchung** teilnimmt, die klären soll, ob er alkohol- oder drogenabhängig ist (BAG, DB 99, 2369). Ebenfalls unzulässig ist es, wenn der AN verpflichtet werden soll, am Kantinenessen teilzunehmen und dafür die entstehenden Kosten zu tragen. Eine entsprechende BV ist unwirksam, weil sie in die der Regelungskompetenz der Betriebspartner grundsätzlich entzogenen privaten Lebensgestaltung des AN eingreift (BAG, AuR 00, 307).

9 In einem besonderen Maße ist die freie Entfaltung der Persönlichkeit der AN durch den **Einsatz neuer Technologien**, vor allem durch moderne Personalinformationssysteme, gefährdet, mit deren Hilfe fast unbegrenzt AN-Daten gespeichert und ausgewertet werden können (zu den Grenzen einer umfassenden Registrierung und dem daraus resultierenden »informationellen Selbstbestimmungsrecht« des Menschen vgl. das »Volkszählungsurteil« des BVerfG, NJW 84, 419; vgl. auch DKK-Berg, Rn. 38 und ausführliche DKK-Klebe, § 87 Rn. 123 ff.). Abs. 2 verpflichtet daher BR und AG, bei Regelungen über die Verarbeitung von personenbezogenen Daten der AN den Grundsätzen über den **Persönlichkeitsschutz des AN** im Arbeitsverhältnis Rechnung zu tragen. Das gilt nicht nur für Regelungen im Rahmen einer BV, sondern auch bei einem Spruch der ESt. (BAG, DB 86, 1287).

10 Durch die Förderungspflicht wird gerade der AG angehalten, die **freie Entfaltung der Persönlichkeit**, insbesondere die Selbständigkeit und

Eigeninitiative der AN zu fördern und damit einen Beitrag zu mehr Demokratie im Betrieb zu leisten (vgl. BT-Drucks. 14/5741, 45). Diese Verpflichtung soll sich widerspiegeln in einer entsprechenden Gestaltung der Arbeit und der Betriebsorganisation, damit Freiräume für Entscheidungen, Eigenverantwortung und Kreativität der AN geschaffen werden (vgl. BT-Drucks. 14/5741, 45). Die Förderungspflicht gegenüber den Arbeitsgruppen realisiert sich über deren AN sowie über arbeitsorganisatorische Vorgaben und Regelungen. Die Förderungspflicht schafft jedoch keine neuen MBR des BR (so BAG, BB 99, 2357).

Verstößt der AG gegen die in dieser Vorschrift genannten Grundsätze, **11**
ist der BR berechtigt, dem AG die Pflichtverletzung **gerichtlich untersagen** zu lassen, und zwar auch dann, wenn die Voraussetzungen des § 23 Abs. 3 BetrVG nicht vorliegen (so u. a. LAG Bremen, AiB 86, 191; LAG Köln, AiB 89, 163).

Durch die Neuregelung in § 253 Abs. 2 BGB ist ein AG zudem zu **Schadensersatz** verpflichtet, wenn er nicht alles unternimmt, um eine Verletzung des Körpers, der Gesundheit, der Freiheit oder der sexuellen Selbstbestimmung zu unterbinden. Dieser Anspruch besteht auch bei einer Schädigung durch einen Anderen, z.B. einen Arbeitnehmer, und kann auch ein Schmerzensgeld umfassen. Der Schadensersatzanspruch gilt insbesondere bei Mobbing und sexueller Belästigung (vgl. zum alten Recht LAG Thüringen, DB 01, 1783).

§ 76
Einigungsstelle

(1) Zur Beilegung von Meinungsverschiedenheiten zwischen Arbeitgeber und Betriebsrat, Gesamtbetriebsrat oder Konzernbetriebsrat ist bei Bedarf eine Einigungsstelle zu bilden. Durch Betriebsvereinbarung kann eine ständige Einigungsstelle errichtet werden.

(2) Die Einigungsstelle besteht aus einer gleichen Anzahl von Beisitzern, die vom Arbeitgeber und Betriebsrat bestellt werden, und einem unparteiischen Vorsitzenden, auf dessen Person sich beide Seiten einigen müssen. Kommt eine Einigung über die Person des Vorsitzenden nicht zustande, so bestellt ihn das Arbeitsgericht. Dieses entscheidet auch, wenn kein Einverständnis über die Zahl der Beisitzer erzielt wird.

(3) Die Einigungsstelle hat unverzüglich tätig zu werden. Sie fasst ihre Beschlüsse nach mündlicher Beratung mit Stimmenmehrheit. Bei der Beschlussfassung hat sich der Vorsitzende zunächst der Stimme zu enthalten; kommt eine Stimmenmehrheit nicht zustande, so nimmt der Vorsitzende nach weiterer Beratung an der erneuten Beschlussfassung teil. Die Beschlüsse der Einigungsstelle

sind schriftlich niederzulegen, vom Vorsitzenden zu unterschreiben und Arbeitgeber und Betriebsrat zuzuleiten.

(4) Durch Betriebsvereinbarung können weitere Einzelheiten des Verfahrens vor der Einigungsstelle geregelt werden.

(5) In den Fällen, in denen der Spruch der Einigungsstelle die Einigung zwischen Arbeitgeber und Betriebsrat ersetzt, wird die Einigungsstelle auf Antrag einer Seite tätig. Benennt eine Seite keine Mitglieder oder bleiben die von einer Seite genannten Mitglieder trotz rechtzeitiger Einladung der Sitzung fern, so entscheiden der Vorsitzende und die erschienenen Mitglieder nach Maßgabe des Absatzes 3 allein. Die Einigungsstelle fasst ihre Beschlüsse unter angemessener Berücksichtigung der Belange des Betriebs und der betroffenen Arbeitnehmer nach billigem Ermessen. Die Überschreitung der Grenzen des Ermessens kann durch den Arbeitgeber oder den Betriebsrat nur binnen einer Frist von zwei Wochen, vom Tage der Zuleitung des Beschlusses an gerechnet, beim Arbeitsgericht geltend gemacht werden.

(6) Im Übrigen wird die Einigungsstelle nur tätig, wenn beide Seiten es beantragen oder mit ihrem Tätigwerden einverstanden sind. In diesen Fällen ersetzt ihr Spruch die Einigung zwischen Arbeitgeber und Betriebsrat nur, wenn beide Seiten sich dem Spruch im Voraus unterworfen oder ihn nachträglich angenommen haben.

(7) Soweit nach anderen Vorschriften der Rechtsweg gegeben ist, wird er durch den Spruch der Einigungsstelle nicht ausgeschlossen.

(8) Durch Tarifvertrag kann bestimmt werden, dass an die Stelle der in Absatz 1 bezeichneten Einigungsstelle eine tarifliche Schlichtungsstelle tritt.

1 (1) Die ESt. ist bei **Bedarf** zu bilden, d.h., wenn alle anderen Einigungsmöglichkeiten zwischen BR und AG erschöpft sind und die Streitigkeit in die Kompetenz der ESt. fällt. Vor Anrufung der ESt. muss eine gütliche Einigung versucht worden sein (LAG Sachsen, NZA-RR, 02, 362). Das ist u.a. der Fall, wenn BR und AG über eine mitbestimmungspflichtige Angelegenheit ernsthaft verhandelt haben, eine Seite es dann aber ablehnt, trotz zweimaliger Aufforderung zu den näher entwickelten Vorschlägen der Gegenseite überhaupt Stellung zu nehmen (HessLAG, NZA 95, 1118), oder eine Seite nach Ablehnung des Entwurfes einer neuen BV erklärt, es solle nach der gekündigten BV weiterverfahren werden (LAG Sachsen, a.a.O.). Das Verfahren vor der ESt. verstößt nicht gegen das Rechtsstaatsprinzip (vgl. BVerfG, NZA 88, 25). Die **Kosten** der ESt. trägt der AG (vgl. im Übrigen zu den Kosten der ESt. § 76 a).

Das Gesetz geht von einer **nicht ständigen** ESt. aus. Von der Einrichtung einer ständigen ESt. ist abzuraten, da sonst u. a. nicht auszuschließen ist, dass die Einigungsmöglichkeiten nicht voll ausgeschöpft werden, sondern im Streitfall sofort die ESt. angerufen wird. Das Gesetz unterscheidet im Übrigen zwischen dem **erzwingbaren** (Abs. 5) und dem – in der Praxis seltenen – freiwilligen **ESt.-Verfahren** (Abs. 6 Satz 1). **2**

(2) Die Vorschrift ist zwingend. Akzeptiert der AG den Vorschlag des BR hinsichtlich der **Person des Vors.**, so ist dieser damit bestellt (zum ESt.-Vors. ausführlich U. Fischer, DB 00, 217 ff.). Kommt eine Einigung über den Vors. nicht zustande, bestellt ihn das **zuständige ArbG**, das auch bei Nichteinigung über die **Anzahl der Beisitzer** entscheidet. Der Antrag auf Bestellung eines Vors. der ESt. kann vom ArbG nur zurückgewiesen werden, wenn die ESt. **offensichtlich unzuständig** ist (§ 98 Abs. 1 Satz 1 ArbGG; siehe dazu Goergens, AiB 98, 481). Im Gerichtsverfahren (§ 98 ArbGG) verhandelt und entscheidet der Vors. Richter in beiden Instanzen ohne ehrenamtliche Richter (Änderung durch das Job-Aqtiv-Gesetz ab dem 1. 1. 02). In der Regel ist der vom Antragsteller beantragte Vors. einzusetzen, wenn nicht begründete Bedenken gegen seine Unparteilichkeit und Neutralität bestehen (LAG Bremen, AiB 88, 315) und die Zuständigkeit der ESt. ganz offensichtlich unter keinem denkbaren Gesichtspunkt gegeben ist (§ 98 Abs. 1 ArbGG; vgl. dazu z. B. LAG Köln, AuR 02, 278; LAG Hamburg, NZA 85, 604; LAG Hamm, NZA-RR 02, 139, das die Zuständigkeit bejaht hat bei der Beschwerde einer Abteilungsleiterin, die sich über die personelle Unterbesetzung ihrer Abteilung und die damit verbundene Arbeitsüberlastung beschwert hat; ArbG Elmshorn, AiB 95, 675, das die Zuständigkeit für eine Vereinbarung »Kontinuierlicher Verbesserungsprozess« [§ 87 Abs. 1 Nr. 12] bejaht hat; LAG Köln, AiB 98, 593 mit Anm. v. Ratayczak). Allerdings muss bei einem Antrag auf gerichtliche Errichtung einer ESt. der Antragsteller sein Begehren an die ESt. ausreichend klarstellen. Er kann die Feststellung, dass die Unzuständigkeit der ESt. nicht offensichtlich i. S. des § 98 Abs. 1 Satz 1 ArbGG n. F. sei, nicht dadurch erreichen, dass er sein Begehren an die ESt. im Unklaren lässt (LAG Köln, AuR 98, 378). Andererseits genügt aber für die Einleitung des gerichtl. Bestellungsverfahrens, wenn BR und AG wissen, worum es bei den Verhandlungen der ESt. gehen soll (LAG Niedersachsen, AiB 99, 647). Unzulässig ist ein »Widerantrag«, durch den weitere Angelegenheiten noch vor die ESt. kommen sollen (LAG Sachsen, NZA-RR 02, 362). Bei der Bestellung des Vors. der ESt. hat das Gericht die Wünsche und auch die rein subjektiven Vorstellungen der Beteiligten zu beachten (LAG Frankfurt, BB 86, 600). Vors. einer ESt. wird regelmäßig ein Nichtbetriebsangehöriger sein. Die Bestellung des Vors. der ESt. und auch die Bestimmung der Anzahl der Beisitzer durch einstweilige Verfügung ist unzulässig **3**

(ArbG Siegburg, DB 02, 278; ArbG Ludwigshafen, DB 97, 1188). Eine **besondere Regelung** gilt für die Betriebe, die unter den **Geltungsbereich des PostPersRG** fallen (privatisierte Post-UN), wenn bei Meinungsverschiedenheiten über bestimmte Personalangelegenheiten der Bea. (§ 76 Abs. 1 BPersVG) eine ESt. zu bilden ist und keine Einigung über die Person des Vors. erzielt wird. Dann ist der Vors. vom Präsidenten des zuständigen VG zu bestellen (§ 30 PostPersRG). Allerdings kann auch der gerichtl. bestellte ESt.-Vors. im laufenden ESt.-Verfahren wegen **Besorgnis der Befangenheit** abgelehnt werden, wenn sich Anhaltspunkte für seine Parteilichkeit ergeben. Dieses Verfahren richtet sich nach den Vorschriften des Schiedsverfahrens (§§ 1036ff. ZPO; BAG, BB 02, 576). Nur die Betriebsparteien, nicht die Beisitzer können den Befangenheitsantrag stellen (BAG, DB 02, 1948). Die ablehnende Betriebspartei hat innerhalb von 2 Wochen ab Bekanntwerden der Ablehnungsgründe diese gegenüber der ESt. schriftlich darzulegen, ansonsten sind sie unbeachtlich. Über den Antrag entscheidet die ESt., wobei der ESt.-Vors. an der Beschlussfassung nicht teilzunehmen hat (BAG, BB 02, 576). Über den abgelehnten Befangenheitsantrag ist nach überwiegender Auffassung durch das zuständige ArbG gemäß § 98 ArbG zu entscheiden (BAG a.a.O.; DKK-Berg, Rn. 66). Innerhalb einer Frist von 1 Monat nach Zurückweisung des Antrages durch die ESt. muss eine Entscheidung des ArbG beantragt werden. Das Ablehnungsrecht verliert jedoch derjenige, der sich auf die Verhandlung der ESt. rügelos einlässt, obwohl ihm die Ablehnungsgründe bekannt sind (BAG a. a. O.). Wird der Befangenheitsantrag in Verzögerungsabsicht missbräuchlich gestellt oder bedarf es einer kurzfristigen Sachentscheidung der ESt., dann kann die ESt. mit der Stimme des Vors. die Fortführung des Verfahrens beschließen. Legt der Vors. sein Amt freiwillig nieder, weil er zumindest das Bestehen einer Besorgnis der Befangenheit als begründet ansieht, muss der Vors. der ESt. im üblichen Verfahren (entweder durch BR und AG oder durch das ArbG) neu bestimmt werden (LAG Köln, FA 97, 20).

4 **Beisitzer** der ESt. können sowohl der AG selbst als auch Mitgl. des BR sein (BAG, AuR 86, 282). Es können aber auch allein Nichtbetriebsangehörige bestellt werden (BAG, NZA 89, 515; BAG, BB 96, 1991). Wird im **Insolvenzverfahren** des AG aus Anlass einer Betriebsstilllegung ein Sozialplan aufgestellt, brauchen Vertreter der Gläubiger nicht zu Mitgl. der ESt. bestellt zu werden (zur alten KO: BAG, DB 86, 2027). Die Beisitzer werden für die AN-Seite vom BR benannt, während der AG seine Beisitzer bestimmt. In der Auswahl ihrer Beisitzer sind beide Seiten frei. Besondere Voraussetzungen brauchen die Beisitzer nicht zu erfüllen. Für die **Anzahl der Beisitzer** einer ESt. sind die Schwierigkeiten des Streitgegenstandes und die zur Beilegung der Streitigkeiten notwendigen Fachkenntnisse und betriebspraktischen Erfahrungen maßgebend (h. M.; vgl. u. a. LAG Ham-

burg, AiB 99, 221). Im Allgemeinen sind für **beide Seiten drei Beisitzer** zu bestellen (LAG Bremen, AuR 84, 91; vgl. auch LAG Hamm, DB 87, 1441; nach der Ansicht des LAG Schleswig-Holstein [AuR 97, 176 mit Anm. v. Hjort] dürfen **auf keinen Fall weniger als zwei Beisitzer pro Seite** bestellt werden; das LAG Hamburg [a. a. O.] hat bei einer nicht als gewöhnlich einzuordnenden Sachlage die Anzahl der Beisitzer auf je **vier für jede Seite** festgesetzt). Die Gegenseite kann die Beisitzer der anderen Seite, gleich aus welchen Gründen, nicht ablehnen, auch nicht wegen Besorgnis der Befangenheit (vgl. BAG, NZA 89, 515; LAG Baden-Württemberg, AuR 02, 151; LAG Düsseldorf, AuR 81, 284). Für die AN-Seite ist es regelmäßig zweckmäßig, neben betrieblichen Beisitzern **Gew.-Ang**. in die ESt. zu berufen. Im Geltungsbereich des **PostPersRG** sind bei Meinungsverschiedenheiten in **Personalangelegenheiten der Bea**. (§ 76 Abs. 1 BPersVG) die Beisitzer des BR nur von den Bea.-Vertr. zu bestimmen, wenn die Bea. eine eigene Gruppe im BR bilden. Bilden sie keine eigene Gruppe, muss mindestens einer der vom BR zu bestellenden Beisitzer Bea. sein (§ 30 PostPersRG). Die Bestellung von **Ersatzbeisitzern** ist zulässig. Die ESt. ist befugt, einen Sachverständigen nach § 80 Abs. 3 hinzuzuziehen, soweit dies zur ordnungsmäßigen Erfüllung ihrer Aufgaben erforderlich ist (vgl. BAG, BB 90, 918). Es bedarf dabei keiner Einschaltung des ArbG, um eine fehlende Einigung zwischen AG und BR zu ersetzen (LAG Niedersachsen, AiB 88, 311).

(3–4) Die für die ESt. maßgeblichen **Verfahrensvorschriften** sind in **5**
dieser Bestimmung zwar zwingend, aber nicht abschließend geregelt, so dass insoweit die ESt. ihr weiteres Verfahren nach pflichtgemäßen Ermessen selbst bestimmt, wobei aber rechtsstaatliche Grundsätze zu beachten sind (BAG, DB 99, 1457; vgl. auch DKK-Berg, Rn. 60; Rupp, AiB 02, 335). Die ESt. hat ihre Tätigkeit unverzüglich aufzunehmen (Neuregelung ab dem 1. 1. 02 durch das Job-Aqtiv-Gesetz). Sie hat somit ohne zeitliche Verzögerung zusammenzutreten und die Verhandlungen zu beginnen. Wenn der AG in der ESt. erklärt, nunmehr doch keine Betriebsstilllegung vorzunehmen, ist dieses für die ESt. nicht bindend; sie verliert deshalb nicht ihre Zuständigkeit (LAG Köln, AuR 01, 77). An welchem **Ort** die ESt. zu tagen hat (ob inner- oder außerbetrieblich), kann zwischen AG und BR vereinbart werden. Kommt eine Einigung darüber nicht zustande, entscheidet der Vors. der ESt. (DKK-Berg, Rn. 65). Der Vors. hat auch für die **Einladung der Beisitzer** zu sorgen, wenn Ort und Zeit einer Sitzung der ESt. nicht zwischen allen Mitgl. abgesprochen wurde. Bedient er sich dazu einzelner Beisitzer und leiten diese die Einladung nicht weiter, so fehlt es an einer ordnungsgemäßen Einladung. Haben nicht alle Beisitzer an der Sitzung der ESt. teilgenommen, weil sie nicht ordnungsgemäß eingeladen wurden, und ergeht dennoch ein ESt.-Spruch, so ist dieser unwirksam (BAG, BB 95, 2581). Unschädlich ist es, dass Vertr. des

AG und Mitgl. des BR bzw. von der Sache unmittelbar betroffene AN an der mündlichen Verhandlung der ESt. als **Zuhörer** teilnehmen. Die **abschließende mündliche Beratung und Beschlussfassung** darf dagegen nur in Abwesenheit der Betriebsparteien erfolgen; andernfalls ist der ergangene Spruch unwirksam (BAG, DB 94, 838). Die Pflicht zur Zusammenarbeit bedingt, dass AG und BR der ESt. die angeforderten **Unterlagen** zur Verfügung stellen (vgl. ArbG Berlin [AiB 00, 436] für den Fall, dass der AG die von der ESt. angeforderten Unterlagen nicht aushändigt bzw. die entsprechenden Informationen nicht erteilt). **Zwangsmittel** hat die ESt. aber nicht. Zu den Verfahrensgrundsätzen, die die ESt. immer zu beachten hat, gehört die Gewährung des **rechtlichen Gehörs** (Art. 103 Abs. 1 GG; BAG, DB 92, 1730). Den Beteiligten muss deshalb stets Gelegenheit eingeräumt werden, sich ausführlich zur Sache zu äußern. Die ESt. ist an die **Anträge der Betriebsparteien nicht gebunden**. Sie kann im vorgegebenen Entscheidungsrahmen durchaus abweichende Lösungsvorschläge zur Beilegung der Meinungsverschiedenheiten zur Abstimmung stellen (BAG, DB 90, 1090). Liegt ein erzwingbares ESt.-Verfahren vor und bleiben die Beisitzer einer Seite trotz rechtzeitiger Einladung ohne sachliche Rechtfertigung der Sitzung der ESt. fern, entscheiden die **anwesenden Beisitzer und der Vors. allein**. Darin liegt kein Verstoß gegen den Anspruch auf rechtliches Gehör (ArbG Mannheim, NZA 87, 682). Wird der ESt.-Spruch in einzelnen Abschnitten zur Abstimmung gestellt, muss gewährleistet sein, dass er im Ergebnis in seiner Gesamtheit von der Mehrheit der Mitgl. der ESt. getragen wird (BAG, DB 89, 1926). Die Entscheidung der ESt. wird mit **einfacher** Stimmenmehrheit der anwesenden Mitgl. getroffen. Der Vors. hat sich bei der Beschlussfassung zunächst der Stimme zu enthalten. Erst bei der zweiten Abstimmung, der eine weitere mündliche Beratung vorausgehen muss, nimmt er an der Abstimmung teil (Abs. 3 Satz 2). Unterbleibt die weitere Beratung, liegt ein grober Verfahrensverstoß vor, der einen ESt.-Spruch, der ohne diese weitere Beratung ergangen ist, unwirksam macht (ArbG München, CR 92, 219). Die Beisitzer dürfen sich grundsätzlich nicht der Stimme enthalten. Geschieht dies doch, zählen Stimmenthaltungen nach Auffassung des BAG jedenfalls in den Fällen, in denen der Spruch einer ESt. die Einigung der Betriebsparteien ersetzt, nicht als Nein-Stimmen (BAG, BB 91, 2535). Nach dieser Auffassung ist daher der Spruch der ESt. auch im ersten Abstimmungsgang mit Stimmenmehrheit beschlossen, wenn die Zahl der Ja-Stimmen größer ist als die der Nein-Stimmen (BAG a. a. O.; zum Stimmverhalten des Vors. und der Beisitzer vgl. auch BAG, DB 99, 1457).

6 Die schriftliche **Begründung der Beschlüsse** ist nicht zwingend vorgeschrieben, dient jedoch den Interessen aller Beteiligten. Von Verfassungs wegen ist eine Begründung allerdings nicht geboten

(BVerfG, NZA 88, 25). Beschluss nebst Begründung sind unverzüglich BR und AG zuzuleiten.

(5–8) In den Fällen, in denen der Spruch der ESt. die Einigung zwischen AG und BR ersetzt, kommt in aller Regel eine BV zustande, z. B. in den Fällen der sozialen MB nach § 87 Abs. 1. In diesen Fällen wird sie auf Antrag einer Seite tätig. In den Fällen der § 37 Abs. 6, 7, § 38 Abs. 2 und § 95 Abs. 1 kann sie nur vom AG, im Falle des § 85 nur vom BR angerufen werden. Im Geltungsbereich des **PostPersRG** kann bei Meinungsverschiedenheiten über die in § 76 Abs. 1 BPersVG genannten Personalangelegenheiten der Bea. lediglich die **Einsetzung** einer ESt. **erzwungen** werden. Diese kann aber keinen verbindlichen Spruch fällen, sondern lediglich eine **Empfehlung** aussprechen. Ggf. trifft der zuständige Bundesminister die endgültige Entscheidung (§ 29 Abs. 3 PostPersRG). Ansonsten ist die Zuständigkeit auch in **Eilfällen** gegeben (BAG, DB 75, 647). Bestimmt ein TV, dass in einer **nichtmitbestimmungspflichtigen** Angelegenheit ein Einvernehmen zwischen AG und BR zu erzielen ist, kann darin festgelegt werden, dass bei einer Nichteinigung die ESt. **verbindlich** entscheidet (BAG, DB 87, 2257; 88, 1397). Die ESt. hat ihre Beschlüsse unter angemessener Berücksichtigung der Belange des Betriebs und der betroffenen AN nach billigem Ermessen zu treffen und den Konflikt im Rahmen der gestellten Anträge vollständig zu lösen (vgl. LAG Bremen, AiB 99, 161, wonach der Spruch unwirksam ist, wenn die ESt. dem AG lediglich aufgibt, dem BR eine BV vorzulegen, die sich nach Grundsätzen richtet, die von der Mehrheit der ESt.-Mitgl. für richtig gehalten wurden). Sie hat einen Ermessensspielraum, der als solcher gerichtl. nicht nachgeprüft werden kann. Die Frage, ob ein Spruch der ESt. die **Grenzen des Ermessens** überschreitet, ist eine Rechtsfrage, die der unbeschränkten Überprüfung durch das ArbG unterliegt (zur Ermessenüberschreitung bei der Aufstellung eines Sozialplans vgl. u. a. BAG, DB 95, 430). Die Anrufung des ArbG zur Überprüfung der Entscheidung der ESt. darf durch Vereinbarung nicht ausgeschlossen werden (BAG, DB 91, 1025). Ob der Spruch der ESt. die Grenzen des Ermessens wahrt, ist davon abhängig, ob die getroffene Regelung die Belange des Betriebs und der betroffenen AN angemessen berücksichtigt und billigem Ermessen entspricht (vgl. BAG, DB 89, 48). Es kommt nicht darauf an, welche Überlegungen die ESt. selbst angestellt hat und von welchen Umständen sie sich bei ihrer Entscheidung hat leiten lassen (BAG, BB 83, 1597). Eine Entscheidung der ESt. außerhalb des ihr eingeräumten Gestaltungs- und Ermessensspielraums liegt etwa vor, wenn sie dem AG in einer mitbestimmungspflichtigen Angelegenheit eine Gestaltungsfreiheit eingeräumt hat, die einem »mitbestimmungsfreien« Zustand gleichkommt (BAG, DB 87, 692; BAG, NZA 90, 399). Entsprechendes hat zu gelten, wenn die ESt. einfach den Antrag einer Seite zurückweist, ohne die im Streit befindlichen Angelegenheiten im Rahmen eines bestehenden MBR 7 selbst zu regeln (vgl. BAG, DB 90, 1090; vgl. auch LAG Hamm, NZA 90, 500). Ein ESt.-Spruch kann nur im Rahmen eines Mitbestimmungsrechtes erfolgen, die Mitbestimmungsrechte des BR können nicht ohne dessen Zustimmung durch die ESt. erweitert werden (BAG, NZA 01, 1154). Ein die AN belastender ESt.-Spruch kann ausnahmsweise **rückwirkende Kraft** entfalten, wenn die betroffenen AN mit einer rückwirkend belastenden Regelung rechnen mussten und sich darauf einstellen konnten. Soll ein belastender Spruch der ESt. rückwirkend in Kraft treten, so muss das im Spruch selbst deutlich zum Ausdruck gebracht werden. Im Zweifel ist eine Rückwirkung nicht gewollt (BAG, BB 96, 326).

8 Das ArbG kann den Spruch der ESt. aufheben, wenn diese ihren Ermessensspielraum überschritten hat. Die Anrufung des ArbG suspendiert den Spruch nicht. Dieser ist während des noch laufenden Gerichtsverfahrens auszuführen. Die **Durchführung** kann durch einstweilige Verfügung erzwungen werden (vgl. u.a. LAG Berlin, BB 85, 1199). Einstweilige Verfügungen, die die Durchführung eines ESt.-Spruchs **verhindern** sollen, sind – wenn überhaupt – nur in ganz engen Grenzen zulässig, ggf. dann, wenn der Spruch krasse Rechtsverstöße enthält und diese zudem offensichtlich sind (LAG Köln, NZA 00, 334). Nach Auffassung des BAG kann der AG auch während des laufenden ESt.-Verfahrens beim ArbG im Beschlussverfahren geltend machen, dem BR stehe in der streitigen Angelegenheit ein MBR nicht zu (vgl. u.a. BAG, DB 84, 775; a.A. ArbG Wetzlar, AuR 87, 181, wonach ein entsprechender Antrag des AG unzulässig ist, da die ESt. über diese Frage selbst zu entscheiden habe). Aber auch dadurch wird der Spruch der ESt. nicht suspendiert.

9 **Ermessensfehler** darf das ArbG nur überprüfen, wenn es innerhalb der vorgeschriebenen 2-Wochen-Frist angerufen wird (vgl. dazu auch BAG, DB 85, 2153). Bei der Frist von zwei Wochen handelt es sich um eine materiell-rechtliche Ausschlussfrist. Sie ist nicht gewahrt, wenn innerhalb dieser Frist die Feststellung der Unwirksamkeit eines Sozialplans ohne Begründung beim ArbG beantragt wird (BAG, DB 88, 2154). Der Spruch der ESt. kann **außerhalb** der 2-Wochen-Frist gerichtlich angefochten werden, wenn er gegen **zwingende Rechtsvorschriften** verstößt. Eine **Überprüfung** des Spruchs der ESt. über personelle Angelegenheiten der Bea. im Geltungsbereich des **PostPersRG** obliegt – bei Vorliegen der entsprechenden Voraussetzungen – dem **VG** (§ 29 Abs. 9 PostPersRG). Wird der Betrieb stillgelegt, erledigt sich ein anhängiges Beschlussverfahren (BAG, DB 01, 2659).

10 Durch TV kann eine **tarifliche Schlichtungsstelle** errichtet werden, die die Befugnisse der betriebsverfassungsrechtlichen ESt. übernimmt (Abs. 8). Ein solcher TV kann festlegen, dass sich die Zuständigkeit der tariflichen Schlichtungsstelle auf alle Aufgaben der ESt. oder nur auf einen Teil erstrecken soll (BAG, DB 87, 2160). Er findet bereits dann Anwendung, wenn nur der AG tarifgebunden ist (§ 3 Abs. 2 TVG).

§ 76a
Kosten der Einigungsstelle

(1) Die Kosten der Einigungsstelle trägt der Arbeitgeber.

(2) Die Beisitzer der Einigungsstelle, die dem Betrieb angehören, erhalten für ihre Tätigkeit keine Vergütung; § 37 Abs. 2 und 3 gilt entsprechend. Ist die Einigungsstelle zur Beilegung von Meinungsverschiedenheiten zwischen Arbeitgeber und Gesamtbetriebsrat oder Konzernbetriebsrat zu bilden, so gilt Satz 1 für die einem Betrieb des Unternehmens oder eines Konzernunternehmens angehörenden Beisitzer entsprechend.

(3) Der Vorsitzende und die Beisitzer der Einigungsstelle, die nicht zu den in Absatz 2 genannten Personen zählen, haben gegenüber dem Arbeitgeber Anspruch auf Vergütung ihrer Tätigkeit. Die Höhe der Vergütung richtet sich nach den Grundsätzen des Absatzes 4 Satz 3 bis 5.

(4) Der Bundesminister für Arbeit und Sozialordnung kann durch Rechtsverordnung die Vergütung nach Absatz 3 regeln. In der Vergütungsordnung sind Höchstsätze festzusetzen. Dabei sind insbesondere der erforderliche Zeitaufwand, die Schwierigkeit der Streitigkeit sowie ein Verdienstausfall zu berücksichtigen. Die Vergütung der Beisitzer ist niedriger zu bemessen als die des Vorsitzenden. Bei der Festsetzung der Höchstsätze ist den berechtigten Interessen der Mitglieder der Einigungsstelle und des Arbeitgebers Rechnung zu tragen.

(5) Von Absatz 3 und einer Vergütungsordnung nach Absatz 4 kann durch Tarifvertrag oder in einer Betriebsvereinbarung, wenn ein Tarifvertrag dies zulässt oder eine tarifliche Regelung nicht besteht, abgewichen werden.

(1–5) Der am 1. 1. 89 in Kraft getretene § 76a hat **keine wesentliche** 1
Änderung der früheren Rechtslage erbracht. Der AG hatte auch schon vorher die durch die Tätigkeit der ESt. entstandenen Kosten zu tragen, wie etwa den Sachaufwand (z.B. Miete für Räume, Zurverfügungstellung von Schreibmaterial und Schreibkräften) oder Aufwendungen der Mitgl. der ESt. (z.B. Reise-, Übernachtungs- und Verpflegungskosten; dazu gehören aber auch die Kosten für einen Sachverständigen, den die ESt. in ihrem Verfahren hinzuzieht [vgl. dazu BAG, NZA 92, 459]). Auch soweit in Abs. 4 die Ermächtigung des Bundesministers für Arbeit und Sozialordnung zum Erlass einer **Rechtsverordnung** über die Vergütung des ESt.-Vors. und der außerbetrieblichen Beisitzer festgelegt wird, dürfte keine grundsätzliche Änderung ge-

geben sein. Schon bislang waren der Zeitaufwand für die Tätigkeit der ESt. und der Schwierigkeitsgrad der Streitigkeit entscheidende Maßstäbe bei der Festsetzung des Honorars für den ESt.-Vors. und die sich daran orientierende Vergütung für die außerbetrieblichen Beisitzer. Solange die Rechtsverordnung noch nicht erlassen worden ist, gilt die **Rechtspr. des BAG** zum Vergütungsanspruch des ESt.-Vors. und der außerbetrieblichen Beisitzer prinzipiell weiter, wobei der erforderliche **Zeitaufwand**, die **Schwierigkeit der Streitigkeit** sowie ein eventueller **Verdienstausfall** zu berücksichtigen sind. Die BRAGO und der damit verbundene Gegenstandswert können grundsätzlich nicht mehr als Bemessungskriterium für die Vergütung herangezogen werden. Es wird allgemein als naheliegend angesehen, die Vergütung auf der Grundlage der Neuregelung nach **Stunden- oder Tagessätzen** abzurechnen (vgl. DKK-Berg, Rn. 21 ff.). Die ArbG sind nicht befugt, Höchstbeträge für die Honorare von ESt.-Mitgl. festzusetzen, da es an einer planmäßigen Gesetzeslücke fehlt, die von den ArbG geschlossen werden könnte (BAG, AuR 97, 37). Zu beachten ist ferner, dass nach der Neuregelung nicht nur der ESt.-Vors., sondern auch die außerbetrieblichen Beisitzer ohne eine ausdrückliche Vergütungsabrede bzw. Vergütungszusage einen **Anspruch gegen den AG auf Vergütung** der ESt.-Tätigkeit haben (Abs. 3 Satz 1). Der Vergütungsanspruch der Mitgl. der ESt. besteht jedoch nur dann, wenn sie **rechtswirksam bestellt** worden sind. Bei den vom BR bestellten Beisitzern setzt dies einen **rechtswirksamen BR-Beschluss** voraus (BAG, BB 96, 1991). Bei der **Auswahl** der vom BR zu benennenden Beisitzer einer ESt. hat dieser nicht zu prüfen, ob die Benennung eines oder mehrerer **außerbetrieblicher Beisitzer erforderlich** ist (BAG a. a. O.). Die Vergütung der außerbetrieblichen Beisitzer ist niedriger zu bemessen als die des Vors. der ESt. (vgl. Rn. 2).

2 Die eine Honorarabstufung vorsehende Regelung des Abs. 4 Satz 3 entspricht im Grundsatz der früheren Rechtslage (vgl. etwa BAG, NZA 89, 515), nach der eine solche Abstufung **als vernünftig und angemessen** angesehen wurde. Es besteht daher keine Veranlassung, von dem bisher geltenden Grundsatz der Abstufung abzugehen, wonach die außerbetrieblichen Beisitzer **Anspruch auf** $^{7}/_{10}$ der Vergütung des ESt.-Vors. haben. Die Vergütung in dieser Höhe entspricht im Allgemeinen billigem Ermessen (BAG, AuR 96, 374; siehe dazu auch LAG München, AiB 99, 359 mit Anm. v. Manske). Die Geltendmachung von **Mehrwertsteuer** bedarf nicht mehr der vorherigen Vereinbarung mit dem AG (BAG a. a. O.). **Unzulässig** ist die **Gewährung unterschiedlich hoher Vergütungen** für die Beisitzer des AG und der BR-Seite. Differenzierungen können sich allenfalls dann ergeben, wenn bei der Anwendung des Vergütungsrahmens der einzelnen Mitgl. der ESt. ein Verdienstausfall zu berücksichtigen ist (BAG, DB 97, 283 f.; zum Vergütungsanspruch im Einzelnen siehe DKK-Berg, Rn. 21 ff.). Von den Grundsätzen des Abs. 3 und von einer

Vergütungsordnung nach Abs. 4 kann sowohl durch TV als auch durch eine (freiwillige) BV abgewichen werden. In diesem Rahmen ist es möglich, niedrigere, aber auch höhere Vergütungen für die Mitgl. der ESt. zu vereinbaren (FKHES, Rn. 31). Läßt sich der BR vor der ESt. durch einen **Rechtsanwalt als Bevollmächtigten** vertreten, was einen ordnungsgemäßen BR-Beschluss voraussetzt, hat der AG auch die dadurch entstehenden Kosten zu übernehmen. Eine solche Kostentragungspflicht des AG besteht allerdings nach Auffassung des BAG nur dann, wenn der Regelungsgegenstand der ESt. schwierige und zwischen den Betriebsparteien umstrittene Rechtsfragen aufwirft (BAG, DB 96, 2187). Die durch die Hinzuziehung eines Rechtsanwalts als Bevollmächtigten des BR entstehenden Kosten sind nicht unmittelbare Kosten der ESt., so dass nicht § 76a Abs. 1, sondern § 40 Abs. 1 als Anspruchsgrundlage in Betracht kommt. Muss ein Mitgl. der ESt. seinen Vergütungsanspruch gerichtl. durchsetzen und beauftragt es einen Rechtsanwalt mit der Prozessvertretung, handelt es sich bei den dadurch entstehenden Kosten jedoch um solche der ESt., die der AG ebenfalls zu tragen hat (BAG, BB 95, 104).

Die Beisitzer der ESt., die dem Betrieb angehören, erhalten keine 3
Vergütung. Die dem Betrieb bzw. UN angehörenden Beisitzer haben jedoch einen gesetzlich ausdrücklich festgelegten **Anspruch auf Arbeitsbefreiung** für die Tätigkeit in der ESt. unter **Fortzahlung des Arbeitsentgelts** (§ 37 Abs. 2). Aufwendungen, wie z. B. Fahrkosten oder Übernachtungskosten, sind ebenfalls zu erstatten. Hat der dem Betrieb angehörende Beisitzer die Tätigkeit für die ESt. **außerhalb der Arbeitszeit** durchgeführt, hat er Anspruch auf entsprechende Arbeitsbefreiung unter Fortzahlung des Arbeitsentgelts. Sie ist vor Ablauf eines Monats zu gewähren. Kann aus betriebsbedingten Gründen die Arbeitsbefreiung nicht gewährt werden, ist die außerhalb der Arbeitszeit in der ESt. aufgewendete Zeit **wie Mehrarbeit** zu vergüten (§ 37 Abs. 3). Die Regelungen des § 37 Abs. 2 und 3 gelten für die Beisitzer der ESt., die dem Betrieb angehören, **unabhängig** davon, ob sie BR-Mitgl. sind. Diese Vorschriften finden ferner auf die Tätigkeit in einer ESt. Anwendung, die zur Beilegung von Meinungsverschiedenheiten zwischen **AG** und **GBR** oder **KBR** gebildet worden ist, sofern der Beisitzer einem Betrieb des UN oder des Konzerns angehört. Von der Bildung einer ESt. auf der Ebene des UN oder des Konzerns ist der Fall zu unterscheiden, dass eine ESt. für einen Betrieb gebildet wird, der BR dieses Betriebs aber Beisitzer in die ESt. entsendet, die (ggf. als BR-Mitgl.) einem **anderen Betrieb desselben UN bzw. des Konzerns** angehören. Solche Beisitzer fallen als **betriebsfremde Beisitzer** nicht unter die Vorschrift des Abs. 2, sondern haben einen Vergütungsanspruch gemäß Abs. 3 (vgl. zur Rechtslage vor dem 1. 1. 89 BAG, DB 89, 2438; LAG Baden-Württemberg, DB 89, 736; a. A. LAG Niedersachsen, NZA 88, 290).

§ 77
Durchführung gemeinsamer Beschlüsse, Betriebsvereinbarungen

(1) Vereinbarungen zwischen Betriebsrat und Arbeitgeber, auch soweit sie auf einem Spruch der Einigungsstelle beruhen, führt der Arbeitgeber durch, es sei denn, dass im Einzelfall etwas anderes vereinbart ist. Der Betriebsrat darf nicht durch einseitige Handlungen in die Leitung des Betriebs eingreifen.

(2) Betriebsvereinbarungen sind von Betriebsrat und Arbeitgeber gemeinsam zu beschließen und schriftlich niederzulegen. Sie sind von beiden Seiten zu unterzeichnen; dies gilt nicht, soweit Betriebsvereinbarungen auf einem Spruch der Einigungsstelle beruhen. Der Arbeitgeber hat die Betriebsvereinbarungen an geeigneter Stelle im Betrieb auszulegen.

(3) Arbeitsentgelte und sonstige Arbeitsbedingungen, die durch Tarifvertrag geregelt sind oder üblicherweise geregelt werden, können nicht Gegenstand einer Betriebsvereinbarung sein. Dies gilt nicht, wenn ein Tarifvertrag den Abschluss ergänzender Betriebsvereinbarungen ausdrücklich zulässt.

(4) Betriebsvereinbarungen gelten unmittelbar und zwingend. Werden Arbeitnehmern durch die Betriebsvereinbarung Rechte eingeräumt, so ist ein Verzicht auf sie nur mit Zustimmung des Betriebsrats zulässig. Die Verwirkung dieser Rechte ist ausgeschlossen. Ausschlussfristen für ihre Geltendmachung sind nur insoweit zulässig, als sie in einem Tarifvertrag oder einer Betriebsvereinbarung vereinbart werden; dasselbe gilt für die Abkürzung der Verjährungsfristen.

(5) Betriebsvereinbarungen können, soweit nichts anderes vereinbart ist, mit einer Frist von drei Monaten gekündigt werden.

(6) Nach Ablauf einer Betriebsvereinbarung gelten ihre Regelungen in Angelegenheiten, in denen ein Spruch der Einigungsstelle die Einigung zwischen Arbeitgeber und Betriebsrat ersetzen kann, weiter, bis sie durch eine andere Abmachung ersetzt werden.

1 (1) Die **Durchführung von Vereinbarungen** im Betrieb obliegt dem AG. Führt der AG eine BV nicht oder nicht vollständig durch, kann der BR auch bei individuellen Ansprüchen der AN vom AG verlangen und ggf. durch Einleitung eines arbeitsgerichtl. Beschlussverfahrens durchsetzen, dass dieser die BV ihrem Regelungsinhalt entsprechend im Betrieb anwendet und die durch die BV geschaffene Ordnung verwirklicht (BAG, DB 87, 1435; DB 88, 611; vgl. aber auch BAG, BB 90, 489, wonach es das BAG als unzulässig ansieht, dass der BR Ansprüche einzelner AN im Beschlussverfahren geltend macht). Der BR kann den Anspruch notfalls auch im Rahmen einer einstweiligen

Verfügung geltend machen (ArbG Darmstadt v. 22. 9. 97 – 1 BVGa 13/97; DKK-Berg, Rn. 5, 83).

Dem Anspruch des BR auf **Unterlassung** betriebsverfassungswidriger Maßnahmen stehen im Übrigen die Voraussetzungen und Rechtsfolgen des § 23 Abs. 3 nicht entgegen (ArbG Köln, AiB 92, 650; vgl. im Übrigen § 23 Rn. 13). Dies gilt auch bei einer freiwilligen BV (ArbG Köln a. a. O.). Entsprechendes gilt für die Durchführung von ESt.-Sprüchen selbst dann, wenn der AG den Spruch angefochten hat, es sei denn, sie sind offensichtlich rechtswidrig (LAG Berlin, AuR 91, 251). **Verstöße gegen BV** können dem AG vom Gericht auf Antrag des BR (Unterlassungsantrag) untersagt werden (BAG, DB 88, 611; BAG, AuR 95, 67; ArbG Hamburg, AiB 01, 360; vgl. ergänzend DKK-Berg, Rn. 3 ff.). Eine zwischen den Betriebsparteien ergangene rechtskräftige gerichtl. Entscheidung über den Inhalt einer BV wirkt auch gegenüber den AN, die Ansprüche aus der BV geltend machen (BAG, AiB 92, 651 mit Anm. v. Neuhaus). **2**

In den Fragen seiner **eigenen Geschäftsführung**, z. B. den Inhalt einer Bekanntmachung am »Schwarzen Brett«, das der AG zur Verfügung zu stellen hat, bestimmt allein der BR (vgl. Erl. zu §§ 37, 40); einer BV bedarf es nicht. BV dürfen grundsätzlich nicht gegen **höherrangiges, zwingendes staatliches Recht** wie Gesetze, Verordnungen, UVV verstoßen. Diese BV sind nach § 134 BGB nichtig (vgl. HessLAG v. 22. 9. 94 – 5 TaBV 183/93 zu einer BV, die das Mithören von Telefonaten zulässt; vgl. ergänzend DKK-Berg, Rn. 28). Eine unwirksame BV kann nicht nach § 140 BGB in eine Regelungsabrede bzw. eine vertragliche Einheitsregelung umgedeutet werden (BAG, NZA 02, 874). Eine **Teilunwirksamkeit** hat nicht die Unwirksamkeit der gesamten BV zur Folge, wenn der verbleibende Teil auch ohne den unwirksamen Teil eine sinnvolle und in sich geschlossene Regelung enthält (BAG, NZA 01, 1154). Eine **nichtige BV** kann ausnahmsweise in ein entsprechendes **Vertragsangebot an die AN** umgedeutet werden, wenn besondere Umstände darauf schließen lassen, dass der AG sich unabhängig von einer BV binden wollte. Dieses Angebot können die AN annehmen, ohne dass es einer ausdrücklichen Annahmeerklärung (§ 151 BGB) bedarf (BAG, BB 96, 1717; AuR 97, 336; LAG Köln, BB 98, 538). Eine die AN belastende BV kann ausnahmsweise **rückwirkend in Kraft** treten, wenn die betroffenen AN mit einer rückwirkend belastenden Regelung rechnen mussten und dies deutlich in der BV zum Ausdruck gebracht wird (BAG, DB 96, 1576). Die Rückwirkung ist allerdings begrenzt durch die Grundsätze des **Vertrauensschutzes** (BAG, BB 99, 1976). Ebenso kann eine BV unter einer aufschiebenden Bedingung abgeschlossen werden, wenn der Eintritt der Bedingung für alle Beteiligten ohne weiteres feststellbar ist (BAG, DB 02, 1896). Sofern eine BV über die Einführung von Kurzarbeit normative Wirkung für die betroffenen AN entfalten soll, **3** müssen in ihr Beginn und Dauer, Lage und Verteilung der Arbeitszeit, Auswahl der AN oder Abteilungen sowie Zeiträume festgelegt werden. Der Verweis auf vom AG auszuhängenden Listen in der BV suspendiert dann nicht die Arbeitspflicht und den Vergütungsanspruch, sofern AN der Kurzarbeit widersprechen (HessLAG, ZTR 97, 525).

4 Von der **formbedürftigen BV** (vgl. Abs. 4) zu unterscheiden ist die **formlose Regelungsabrede** (»mündliche« Vereinbarung zwischen AG und BR). Regelungsabreden begründen nur **schuldrechtliche Beziehungen** zwischen AG und BR und wahren das MBR des BR (BAG, DB 91, 1990). Sie erfüllen eine wichtige Funktion z.B. bei Freistellungen und Arbeitsbefreiung von BR-Mitgl. (§§ 38 Abs. 2, 37 Abs. 2, 6, 7). Auch in sozialen Angelegenheiten kommen entsprechende formlose Einigungen in Betracht, z.B. in **Eilfällen** oder bei echten **Einzelmaßnahmen** (z.B. Überstunden; vgl. auch BAG, AiB 92, 583 mit Anm. v. Neuhaus). Bei der Regelungsabrede müssen jedoch die Aushöhlung der MBR des BR und die Verschleppung des Abschlusses einer BV vermieden werden.

5 Die **Regelungsabrede** führt nicht zu einer entsprechenden Änderung der Arbeitsverträge der hiervon betroffenen AN. Hierzu bedarf es zusätzlich einer vertraglichen Vereinbarung oder einer Änderungskündigung (BAG a.a.O.). Eine Regelungsabrede kann jederzeit durch eine BV **abgelöst** werden, nicht jedoch eine BV als höherrangiges Recht durch eine Regelungsabrede (BAG, NZA 86, 401; BB 91, 835; vgl. auch DKK-Berg, Rn. 78ff.). Die Einhaltung einer Regelungsabrede kann der BR in einem arbeitsgerichtl. **Beschlussverfahren** durchsetzen (BAG, NZA 92, 1098). Zum Abschluss, zur Kündigung und Nachwirkung einer Regelungsabrede vgl. Rn. 6, 9, 16, 17.

6 (2) Die **BV** bedarf zwingend der **Schriftform**. Die Schriftform ist für eine BV nur dann gewahrt, wenn das vollständige Original gemeinsam von BR und AG unterzeichnet wird. Die Unterzeichnung einer Kopie der BV durch den AG und die des Originals durch den BR reichen daher nicht aus (LAG Berlin, AiB 92, 294 mit Anm. v. Kuster). Die BV kann nur zwischen AG und BR abgeschlossen werden. Ein gemeinsam von AG und BR unterzeichnetes Protokoll kann eine BV darstellen (vgl. ergänzend DKK-Berg, Rn. 30). Für die **Beschlussfassung** des BR sind § 29 Abs. 2 und § 33 Abs. 1, 2 zu beachten (vgl. hierzu § 29 Rn. 4f.; § 33 Rn. 3, 5). Dies gilt entsprechend auch für den Abschluss einer Regelungsabrede. Der Verpflichtung zur **Auslegung** wird am besten genügt, wenn nach Abschluss der BV am **»Schwarzen Brett«** mitgeteilt wird, wo sie eingesehen werden kann. Die Verletzung dieser Vorschrift bewirkt nicht die Unwirksamkeit der BV, kann jedoch den AG schadensersatzpflichtig machen (vgl. dazu F.W. Fischer, BB 00, 354, 360; ders., Anm. zu BVerfG, BB 00, 1143f.).

Die funktionale **Zuständigkeit der Parteien der BV** ist nicht unbeschränkt (Thannheiser, AiB 99, 315ff.). So kann durch eine BV z.B. nur in dem unbedingt erforderlichen Umfang in die **Persönlichkeitsrechte der einzelnen AN** oder in bereits fällige Einzelansprüche der AN eingegriffen werden. In einer BV kann nach der Rechtspr. des BAG (DB 90, 1724) zwar festgelegt werden, dass das Arbeitsverhältnis endet, wenn der AN das 65. Lebensjahr vollendet, allerdings nur dann, wenn bestimmte Voraussetzungen vorliegen. So muss beim Abschluss der BV u.a. das Recht auf freie Entfaltung der Persönlichkeit der AN (siehe dazu § 75 Rn. 8f.) und das Recht der Berufsfreiheit beachtet werden. Im Streitfall ist eine entsprechende BV dahin gehend auszulegen, dass das Arbeitsverhältnis nur enden soll, wenn der betroffenen AN zu diesem Zeitpunkt auch ein gesetzliches Altersruhegeld zu beanspruchen hat (BAG v. 25. 3. 71, AP Nr. 5 zu § 57 BetrVG; vgl. aber auch BAG, AiB 88, 290 mit Anm. v. Schoden; vgl. ergänzend § 75 Rn. 5 und ferner FHKE, Rn. 55ff.). In einer BV kann sich der AG dem BR gegenüber auch verpflichten, Arbeitsverträge nur mit festen Arbeitszeiten abzuschließen und **Teilzeitbeschäftigte** nur zu den zuvor im Arbeitsvertrag festgelegten festen Arbeitszeiten zu beschäftigen (BAG, NZA 88, 253). In einer BV kann abschließend festgelegt werden, mit welchen Mitteln ein zwischen AG und BR vereinbartes **Alkoholverbot** überwacht wird (BAG, DB 88, 611). Unwirksam ist eine BV, die dem AN finanzielle Verpflichtungen für Arbeits- und Schutzkleidung, die er allein für den Betrieb benötigt, auferlegt (BAG, AuR 76, 348) ebenso wie für ein Kantinenessen, dass der AN nicht in Anspruch nimmt (BAG, NZA 01, 462). **7**

Eine **BV verdrängt die Normen** einer alten BV (BAG, DB 87, 1639; NZA 90, 813; vgl. auch BB 95, 2060, verschlechternder TV nach Betriebsübergang), auch dann, wenn diese schlechtere Bedingungen enthält (BAG, AiB 98, 45), aber grundsätzlich **nicht vertraglich begründete Ansprüche** der AN auf Sozialleistungen oder sog. **betriebliche Einheitsregelungen** bzw. **Gesamtzusagen**, wenn diese für die AN günstiger sind (BAG, DB 02, 1383 zur vertraglichen Einheitsregelung). Im Verhältnis von **betrieblichen Einheitsregelungen, Gesamtzusagen** und der **betrieblichen Übung** zu den Normen einer **BV** gilt das **Günstigkeitsprinzip** (BAG, DB 88, 333). Solche Ansprüche können durch eine nachfolgende BV in den Grenzen von Recht und Billigkeit nur beschränkt werden, wenn die Neuregelung insgesamt bei kollektiver Betrachtung nicht ungünstiger ist (BAG a.a.O.; vgl. ergänzend DKK-Berg, Rn. 21ff.). Dabei ist auch zu prüfen, ob die Ablösung auch den Grundsätzen der Verhältnismäßigkeit und des Vertrauensschutzes genügt (BAG, DB 02, 1383). Dies gilt auch für konzerneinheitliche Regelungen (z.B. Jubiläumszuwendungen), die mit dem KBR abgestimmt sind (BAG, DB 88, 1275). Etwas anderes gilt allerdings dann, wenn der AG die Kürzung oder Streichung der Sozialleistung wegen eines Widerrufvorbehaltes, sofern die Voraus- **8** setzungen vorliegen, die ihn zur Ausübung des Widerrufs berechtigen, oder wegen Wegfalls der Geschäftsgrundlage verlangen kann (BAG, DB 88, 333). Soweit es sich jedoch nicht um arbeitsvertragliche Ansprüche auf Sozialleistungen handelt, die (nur) auf einer arbeitsvertraglichen Einheitsregelung, einer Gesamtzusage oder einer betrieblichen Übung beruhen, kommt einer BV gegenüber arbeitsvertraglichen Vereinbarungen **keine ablösende Wirkung** in dem Sinne zu, dass die Normen der BV an die Stelle der vertraglichen Vereinbarung treten. Durch eine BV kann nämlich der Inhalt des Arbeitsvertrags nicht geändert werden (BAG, BB 90, 994; vgl. auch Rn. 15).

9 Soweit Normen einer **BV** für den AN **günstiger** sind als die arbeitsvertragliche Vereinbarung, verdrängen sie diese lediglich für die Dauer ihrer Wirkung, machen aber die einzelvertragliche Vereinbarung nicht nichtig (BAG, BB 90, 994). Bei einer die AN begünstigenden, aber nichtigen BV bleiben den AN ihre Ansprüche jedoch dann erhalten, wenn diese gemäß § 140 BGB als Vertragsangebot an die AN umgedeutet werden können (BAG, DB 81, 274; DB 90, 184; vgl. auch Rn. 3). Eine BV, in der für die AN Vertragsstrafen begründet werden, ist jedoch dann unwirksam, wenn darin bestimmt wird, dass einzelvertragliche Vertragsstrafen der BV auch dann vorgehen, wenn diese für den AN ungünstiger sind (BAG, DB 92, 146). Vertragsstrafenabreden sind nach § 309 Nr. 6 BGB unwirksam, wenn sie in allgemeinen Vertragsbedingungen enthalten sind. Durch die Schuldrechtsreform ist die bisherige Rspr. insoweit überholt (ArbG Bochum, AiB 02, 577 mit Anmerkung Klevemann).

10 Die BV endet nicht beim **Wechsel des Betriebsinhabers**. Auch der **Zusammenschluss von UN** (Eingliederung) berührt bei Wahrung der Identität des Betriebs den Bestand der für den aufnehmenden Betrieb geltenden BV nicht. In deren Geltungsbereich werden die AN des eingegliederten Betriebsteils einbezogen. Die BV des übergegangenen Betriebsteils, die nicht unmittelbar durch bereits im neuen Betrieb bestehende BV ersetzt werden (§ 613 a Abs. 1 Satz 3 BGB; vgl. BAG, NZA 86, 401), werden Inhalt der Einzelarbeitsverträge mit einjähriger Veränderungssperre (§ 613 a Abs. 1 Satz 2 BGB). Diese einzelvertraglichen Inhalte sind nicht weiter geschützt, als wenn sie als BV weiter gelten würden. Im Verhältnis zu einer neuen BV gilt deshalb das Ablösungsprinzip, nicht das Günstigkeitsprinzip (BAG, AiB 02, 438). BV gelten, wenn deren Geltungsbereich nicht eingeschränkt ist, grundsätzlich **für alle AN des Betriebs** bzw. des UN oder des Konzerns, wenn der Abschluss durch den GBR bzw. den KBR erfolgte. Demgegenüber kann der Geltungsbereich einer BV nicht durch eine freiwillige Vereinbarung des BR und AG auf andere betriebsratslose oder selbständige Betriebsteile ausgeweitet werden (BAG, AuR 02, 318).

11 (3) Diese Vorschrift trägt dem **Vorrang der Tarifautonomie** (Art. 9 Abs. 3 GG) auch gegenüber **nichttarifgebunden AG** (BAG, AuR 97, 336) Rechnung und stellt klar, dass auch die inhaltliche Übernahme eines für den Betrieb geltenden TV durch eine BV und damit die Erstreckung auf Außenseiter nicht möglich ist (vgl. DKK-Berg, Rn. 67; vgl. auch BAG, NZA 02, 872; BB 92, 1418, 1423). Das sog. **Günstigkeitsprinzip** gilt nicht im Verhältnis **zwischen TV und BV**, soweit nicht der TV selbst eine entsprechende **Öffnungsklausel** enthält (Berg a.a.O. Rn. 62; vgl. auch Rn. 14). Eine tarifliche Regelung liegt bereits dann vor, wenn der AG tarifgebunden ist und bei Tarifbindung auch des AN die tarifliche Regelung unmittelbar und zwingend gelten würde; ob und wie viele AN tatsächlich tarifgebunden sind, ist unerheblich (BAG, NZA 02, 872; DB 87, 1435). Durch die Sperrwirkung werden jedoch nicht Zahlungen für zusätzliche Leistungen (z.B. Prämien), sofern sich der TV nur auf die Regelung des Zeitlohns beschränkt, oder für Leistungen mit anderen tatbestandlichen Voraussetzungen (z.B. Schmutz-, Erschwernis-, Leistungs- oder Funktionszulage) erfasst. § 87 hat Vorrang vor § 77 Abs. 3 (BAG a.a.O.; BB 92, 490; BB 92, 1418), d.h., bei Angelegenheiten des § 87 besteht ein MBR des BR nur dann nicht, wenn ein TV eine abschließende Regelung i.S. des § 87 Abs. 1 Eingangssatz enthält (vgl. dazu im Einzelnen § 87 Rn. 7f.).

12 Eine BV verstößt gegen den **Tarifvorrang** des Abs. 3, wenn sie Regelungen z.B. über die Erhöhung der bisherigen Vergütung und Weihnachtsgratifikation oder über die Dauer der wöchentlichen bzw. jährlichen **Arbeitszeit** enthält, die im Widerspruch zum geltenden TV stehen bzw. üblich sind (BAG, BB 96, 1717; DB 94, 234; vgl. auch LAG Baden-Württemberg, AuR 96, 359; AiB 97, 536 mit Anm. v. Petri). Sind in einem betrieblichen Bereich tarifliche Regelungen über die Entgelthöhe und Anpassung von Entgelten üblich, sind BV über die Entgelthöhe unwirksam (BAG, AuR 97, 336; vgl. auch BAG, NZA 98, 661; vgl. ergänzend Rn. 3). Nach der abzulehnenden Auffassung des BAG soll eine BV nach § 87 Abs. 1 jedoch dann nicht gegen Abs. 3 verstoßen, wenn sie in einzelnen Bestimmungen zwingende tarifliche Vorgaben verletzt (BAG, DB 92, 275). Die gegen diesen Beschluss eingelegte Verfassungsbeschwerde hat das BVerfG zwar nicht zur Entsch. angenommen, aber ausgeführt, dass es **nicht unproblematisch** erscheint, wenn das BAG generell Schutzansprüche der Gew. gegen Betriebsparteien bei nichttarifkonformen BV über mitbestimmungspflichtige Angelegenheiten i.S. von § 87 Abs. 1 BetrVG verneint (BVerfG, NZA 94, 34). Ein **Unterlassungsanspruch der Gew**. ist zu bejahen (so auch LAG Schleswig-Holstein [AiB 00, 105 mit Anm. v. Zabel] und hinsichtlich tarifwidriger Regelungsabreden und betrieblicher Einheitsregelungen nunmehr auch das BAG [AuR 99, 408]; zum Unterlassungsanspruch vgl. auch DKK-Berg, Rn. 85a; ders., AiB 99, 304; siehe auch § 23 Rn. 10; zu **tarifwidrigen BV** siehe

jetzt BAG, AuR 01, 144, wonach ein Unterlassungsanspruch gewährt wird, wenn trotz tarifvertraglicher Leistungsregelungen diese durch BV gekürzt werden sollen). Lässt eine tarifliche Regelung nur **notwendige Mehrarbeit** zu, sind BV über die Einführung von Mehrarbeit, die nicht notwendig ist, unwirksam (BAG, AuR 92, 250). Die Regelungssperre dieser Vorschrift bedeutet, dass auch günstigere BV im Sperrbereich unwirksam sind; dies ist gesetzlich gewollt zur Sicherung der Tarifautonomie (ArbG Stuttgart, AuR 97, 336). Die MBR des BR nach § 87 Abs. 1 sind nicht ausgeschlossen, wenn die entsprechende mitbestimmungspflichtige Angelegenheit nur **üblicherweise** durch TV geregelt ist (BAG, DB 87, 1435; BAG, DB 88, 813). Eine TV-Regelung entfaltet Sperrwirkung i. S. dieser Vorschrift nur innerhalb ihres räumlichen Geltungsbereichs (BAG, NZA 98, 661). Ein lediglich nachwirkender TV schließt ebenfalls das MBR des BR nach § 87 Abs. 1 nicht aus (BAG, DB 87, 1435). Der Tarifvorrang nach dieser Vorschrift bezieht sich jedoch nicht nur auf materielle Arbeitsbedingungen (BAG, NZA 91, 734; BB 92, 1418; vgl. ergänzend DKK-Berg, Rn. 62 ff.).

13 Da Zweck der Vorschrift die Gewährleistung des Vorrangs der Tarifautonomie und nicht etwa die Vermeidung kollektiver Auseinandersetzungen über materielle Vertragsbedingungen im Betrieb ist, ist eine BV für **AT-Ang**. möglich (BAG, AuR 80, 382 mit Anm. v. von Friesen). Von **TV-Üblichkeit** kann gesprochen werden, wenn überhaupt für den räumlichen, betrieblichen und fachlichen Tätigkeitsbereich des Betriebs TV über entsprechende Regelungen abgeschlossen zu werden pflegen. Üblichkeit liegt aber nicht schon vor, wenn die TV-Parteien erklären, sie wollten in Zukunft bestimmte Arbeitsbedingungen durch TV regeln. TV-Üblichkeit ist auch nicht gegeben, wenn der AG die Geltung eines TV, von dessen Geltungsbereich er nicht erfasst wird, einzelvertraglich mit seinen AN vereinbart (BAG, NZA 87, 489). Auch der Abschluss von Firmen-TV mit einzelnen UN begründet keine TV-Üblichkeit für die Branche (BAG a. a. O.).

14 BV können immer abgeschlossen werden, wenn tarifliche **Öffnungsklauseln** bestehen (vgl. dazu auch BAG, BB 99, 1976) oder die TV-Parteien nachträglich eine entsprechende Öffnungsklausel vereinbaren (BAG, NZA 02, 927). Die Zulassung kann auch von der Genehmigung der TV-Parteien abhängig gemacht werden. Für **Sozialpläne** gilt das Vorrangprinzip generell nicht (§ 112 Abs. 1). Nach der bisher vom BAG vertretenen Auffassung soll die **Gew**. kein originäres Recht haben, durch ein arbeitsgerichtl. **Beschlussverfahren** überprüfen zu lassen, ob eine BV oder ein Spruch einer ESt. gegen einen TV verstößt (vgl. u. a. BAG, DB 87, 2368; dagegen bisher schon LAG Schleswig Holstein, NZA 86, 795 und AiB 00, 1059; vgl. jetzt auch

BAG, AuR 99, 408, welches dazu neigt, dass das Beschlussverfahren geboten ist, wenn der BR bei der Schaffung oder Realisierung einer betrieblichen Einheitsregelung aktiv beteiligt war und/oder der im Verfahren gestellte Antrag sich gegen die Durchführung einer BV richtet). Die bisherige Auffassung ist insbesondere dann nicht nachvollziehbar, wenn die Betriebsparteien die Regelungsbefugnis überhaupt erst durch die TV-Parteien übertragen erhalten haben (wie z.B. Verteilung der wöchentlichen Arbeitszeit).

(4) Weder durch eine **Vereinbarung** noch durch eine **Ausgleichsquittung** kann auf Rechte aus einer BV verzichtet werden, es sei denn, der BR hat zugestimmt. BV können nicht durch einzelvertragliche Abreden zu Lasten der AN geändert werden. Durch BV können auch keine günstigeren einzelvertraglichen Arbeitszeitregelungen der AN beseitigt werden (LAG Düsseldorf, AiB 91, 433 mit Anm. v. Schoof; vgl. auch BAG, NZA 92, 177, das BV-Regelungen als unwirksam ansieht, wonach einzelvertragliche Vertragsstrafenversprechen der BV auch dann vorgehen sollen, wenn sie für den AN ungünstiger sind). Der Wegfall der **Geschäftsgrundlage** gibt dem AG nicht das Recht, einseitig eine BV (z.B. Gesamtzusage eines errichteten Versorgungswerkes) zu ändern. Kommt über die beabsichtigte Änderung keine Einigung mit dem BR zustande, ist die ESt. zuständig (BAG, NZA 98, 719). Die BV sind wie Gesetze **auszulegen**. Es kommt nicht nur auf den Wortlaut, sondern auch auf den von den Betriebsverfassungsorganen verfolgten Sinn und Zweck an, soweit er im Wortlaut wenigstens andeutungsweise Ausdruck gefunden hat. Sind in einem TV **Ausschlussfristen** geregelt, kann durch BV keine andere Ausschlussfrist vereinbart werden, sofern der TV insoweit keine Öffnungsklausel (vgl. Rn. 14) enthält (BAG, BB 91, 2012). **15**

(5) Neben der gesetzlichen **Frist** von drei Monaten (vgl. BAG, DB 90, 1871) – wenn keine andere Vereinbarung getroffen worden ist (ArbG Hamburg, BB 91, 2445) – kann eine BV auch **fristlos gekündigt** werden, wenn ein wichtiger Grund vorliegt oder die Geschäftsgrundlage entfallen ist (vgl. auch Rn. 15). Dies gilt auch für eine BV, die auf dem Spruch einer ESt. beruht, es sei denn, die BV hat eine feste Laufzeit. Die außerordentliche Kündigung einer BV, z.B. eines Sozialplans, die nicht als Dauerregelung vorgesehen ist, ist unzulässig (Kreisgericht Suhl, AiB 92, 102 mit Anm. v. Oberhofer). Auch formlose Regelungsabreden können mit einer Frist von drei Monaten gekündigt werden, wenn keine andere Kündigungsfrist vereinbart ist (BAG, AiB 92, 583 mit Anm. v. Neuhaus). Im Übrigen bedarf die Ausübung des Kündigungsrechts keiner Rechtfertigung und unterliegt keiner inhaltlichen Kontrolle. Die Grundsätze des Vertrauensschutzes und der Verhältnismäßigkeit begrenzen aber die Kündigungswirkungen (BAG, BB 00, 777 zur Kündigung einer BV über betriebliche Altersversorgung). **16**

17 (6) Die **Nachwirkung** setzt voraus, dass es sich um eine BV in Angelegenheiten der sog. **erzwingbaren** MB (z.B. nach § 87) handelt (ArbG Hamburg, BB 91, 2445; vgl. auch BAG, DB 90, 1871). Führt die Kündigung der BV nicht zu einer Beseitigung der Ansprüche der AN, z.B. bei einer BV über betriebliches Altersruhegeld, bleibt für diese BV die Nachwirkung insoweit bestehen (ArbG Hamburg a.a.O.). Die Nachwirkung soll entfallen, wenn jährlich eine neue BV abgeschlossen und vereinbart wird, dass keine Ansprüche für künftige Jahre daraus hergeleitet werden können (BAG, BB 95, 1643). Eine gekündigte **Regelungsabrede** wirkt zwischen AG und BR bis zum Abschluss einer neuen Vereinbarung weiter, wenn Gegenstand der Regelungsabrede eine mitbestimmungspflichtige Angelegenheit ist (BAG, AiB 92, 585). Eine andere Abmachung ist nicht nur ein TV oder eine neue BV, sondern auch ein Einzelvertrag. Das MBR darf jedoch nicht durch den Abschluss gleich lautender Einzelverträge umgangen werden. Das BAG lässt den Ausschluss der Nachwirkung durch BV zu (BAG, BB 84, 1746, DB 95, 1918). Für **freiwillige** BV kann die Nachwirkung vereinbart werden (siehe dazu Boemke/Kursawe, DB 00, 1405 ff.). Nach der Rechtspr. des BAG (BB 98, 1057), kann die Nachwirkung auch gegen den Willen einer Seite durch die Anrufung der ESt. nach § 76 Abs. 5 beendet werden, wenn die Bemühungen um eine einvernehmliche neue Regelung scheitern.

18 Sind in einer BV Regelungstatbestände nach § 87 (erzwingbare) und § 88 (freiwillige) untrennbar verbunden, wirkt die BV jedenfalls dann insgesamt nach, wenn der erzwingbare und freiwillige Teil der BV eine untrennbare Einheit bilden (LAG Köln, AuR 96, 115; BAG, NZA 94, 572 für den Fall, dass der AG mit der Kündigung beabsichtigt, das für eine freiwillige Leistung zur Verfügung stehende Volumen lediglich zu reduzieren; a.A. allerdings BAG, DB 91, 232, jedenfalls bei freiwilligen Sozialleistungen; vgl. hierzu auch § 87 Rn. 56 f.; BAG, DB 93, 441, sofern die mitbestimmungspflichtige Angelegenheit eine aus sich heraus handhabbare Regelung enthält; vgl. ferner BAG, BB 94, 1072; Rn. 17).

19 Haben sich die Betriebsparteien über die Umsetzung einer tariflichen **Änderung der Wochenarbeitszeit** bis zum In-Kraft-Treten des TV nicht geeinigt, ist der AG nicht berechtigt, Anfang und Ende der tariflichen Arbeitszeit einschl. der Pausen sowie der Verteilung der wöchentlichen Arbeitszeit auf die einzelnen Wochentage ohne Zustimmung des BR einseitig festzulegen, solange die bisherige Arbeitszeit nach dem neuen TV beibehalten werden kann (BAG, AiB 91, 431). Eine BV, die als **Ergänzung zu einem TV** abgeschlossen wurde, ist grundsätzlich in ihrer Laufzeit auf die Dauer des TV sowie ggf. dessen Nachwirkung beschränkt (BAG, DB 84, 1302; vgl. auch BAG, BB 84, 1746). Ist eine **ergänzende BV** auch im Hinblick auf

einen künftigen TV geschlossen, hängt ihre Weitergeltung vom Inhalt dieses TV ab (BAG, DB 84, 1302).

§ 78
Schutzbestimmungen

Die Mitglieder des Betriebsrats, des Gesamtbetriebsrats, des Konzernbetriebsrats, der Jugend- und Auszubildendenvertretung, der Gesamt-Jugend- und Auszubildendenvertretung, der Konzern-Jugend- und Auszubildendenvertretung, des Wirtschaftsausschusses, der Bordvertretung, des Seebetriebsrats, der in § 3 Abs. 1 genannten Vertretungen der Arbeitnehmer, der Einigungsstelle, einer tariflichen Schlichtungsstelle (§ 76 Abs. 8) und einer betrieblichen Beschwerdestelle (§ 86) sowie Auskunftspersonen (§ 80 Abs. 2 Satz 3) dürfen in der Ausübung ihrer Tätigkeit nicht gestört oder behindert werden. Sie dürfen wegen ihrer Tätigkeit nicht benachteiligt oder begünstigt werden; dies gilt auch für ihre berufliche Entwicklung.

Eine verbotene **Behinderung** oder **Störung** der Tätigkeit der Betriebsverfassungsorgane der AN-Seite kann jedes positive Tun und – soweit eine Mitwirkungspflicht besteht – auch ein Unterlassen sein, z.B. ständige Unterlassung der Mitteilungs- und Auskunftspflicht nach §§ 80 Abs. 2, 99 Abs. 1, 102 Abs. 1 und § 105, Behinderung bzw. Verhinderung von BR-Sitzungen (ArbG Frankfurt, AiB 89, 78; ArbG München v. 16. 4. 91 – 15 GaBV 59/91), Verweigerung des **Zutritts von BR-Mitgl.** auch zu den Arbeitsplätzen solcher Räume, deren Betreten nur bestimmten Beschäftigten erlaubt ist, ohne Nachweis eines besonderen Interesses (ArbG Hamburg, AiB 97, 611; vgl. auch Rn. 2), Verweigerung des **Zutritts von Gew.-Beauftragten** ohne Vorliegen der Ausnahmetatbestände des § 2 Abs. 2 oder das Aussprechen von außerordentlichen anstelle von ordentlichen Kündigungen, um das Widerspruchsrecht des BR nach § 102 zu umgehen. Eine unzulässige **Behinderung liegt auch vor, wenn der AG einem BR-Mitgl., dessen Kündigung er beabsichtigt und deswegen** das Zustimmungsersetzungsverfahren **nach § 103 Abs. 2 betreibt**, den Zugang zum Betrieb (LAG Berlin v. 14. 8. 87 – 13 TaBV 5/87) sowie zu den einzelnen Arbeitsplätzen verwehrt (ArbG Elmshorn, AiB 91, 56; 97, 173) oder es unterlässt, dem BR die notwendigen sachlichen Mittel für die BR-Arbeit zur Verfügung zu stellen (siehe dazu U. Fischer, BB 99, 1920). 1

Eine **unzulässige Behinderung der BR-Tätigkeit** liegt z.B. vor bei Androhung und Durchführung von Sanktionen gegenüber WA-Mitgl. (ArbG Köln, AiB 86, 68), bei monatlicher Bekanntgabe der Kosten des BR (ArbG Darmstadt, AiB 87, 140; vgl. auch BAG, BB 98, 1006, sofern die Angaben nicht den gesetzlichen Vorgaben 2 entsprechen und nach Art und Inhalt erkennen lassen, dass der AG diese Kosten zu tragen hat, soweit diese für die BR-Arbeit erforderlich sind) bzw. Weitergabe (zwecks Stimmungsmache) eines an den BR gerichteten Schreibens durch den AG (LAG Köln, AuR 91, 121), bei Öffnung der Post des BR, auch wenn diese an das UN adressiert, aber in der Anschrift erkennbar ist, dass sie an den BR gerichtet ist (ArbG Stuttgart, AiB 88, 109; ArbG Elmshorn, AiB 91, 269), Entfernung von Mobiliar aus dem BR-Büro (ArbG Duisburg, AuR 94, 381), Streichung von freiwilligen Leistungen bzw. Anrechnung von übertariflichen Zulagen, weil der BR auf seinen Rechten nach dem BetrVG, z.B. Information bei der Einstellung von Aushilfskräften, bestehen bleibt (ArbG Darmstadt v. 24. 3. 94 – 2 BV Ga 2/94), Verweigerung des Betretens der Betriebsräume durch ein BR-Mitgl., auch wenn diesem bereits gekündigt ist (ArbG Elmshorn, AiB 97, 173), Beeinträchtigung der Amtsführung des BR in der Art und Weise der Berichterstattung über die verursachten Kosten des BR durch den AG in einer Betriebsversammlung (BAG, BB 96, 328).

3 Es genügt allein eine **objektiv feststellbare Beeinträchtigung**, ohne dass eine darauf zielende Absicht vorhanden sein muss. Verstöße werden nach § 119 Abs. 1 Nr. 2 auf Antrag des BR oder der Gew. **strafrechtlich** verfolgt. Dabei ist strafbar allerdings nur ein vorsätzliches Verhalten. Ein Antrag nach § 23 Abs. 3 kann zusätzlich gestellt werden.

4 Neben der Kündigung (vgl. Erl. zu § 103) kommen als **Benachteiligung** eines **BR-Mitgl**. u. a. in Betracht: die Versetzung oder Zuweisung einer unangenehmen Arbeit (LAG Bremen v. 12. 8. 82, AP Nr. 15 zu § 99 BetrVG 1972; LAG Frankfurt, BB 86, 2199; vgl. auch ArbG Trier, AiB 93, 241), der Ausschluss vom beruflichen Aufstieg (BAG v. 15. 5. 68, AP Nr. 1 zu § 23a BAT; NZA 91, 694; AiB 93, 236; LAG Frankfurt, AiB 02, 372), die Verweigerung von Zusatzurlaub und Altersfreizeit, die ein freigestelltes BR-Mitgl. erhalten würde, wenn es weiterhin seine frühere berufliche Tätigkeit ausgeübt hätte (BAG v. 29. 9. 99 – 7 AZR 378/98), die Verweigerung des Aufstiegs in eine Position mit höherer Vergütung (vgl. BAG, NZA 93, 909, sofern dem BR-Mitgl. der Nachweis gelingt), die nachteilige Berücksichtigung einer Freistellung bei Beförderungen (BAG, AuR 99, 241 zum PersVG), die Nicht-Gewährung von Zusatzurlaub und Altersfreizeit gemäß MTV für die chemische Industrie bei freigestelltem BR-Mitgl. (BAG v. 29. 9. 99 – 7 AZR 378/98), die Ablehnung einer Fahrzeugüberlassung (LAG Brandenburg, AiB 02, 573); die Angabe der BR-Tätigkeit im Zeugnis gegen den Willen des AN (LAG Hamm, DB 91, 1527; LAG Frankfurt, AuR 84, 287). Schlechterstellungen, die alle AN des Betriebs betreffen, gelten grundsätzlich auch für BR-Mitgl. Die Benachteiligung eines **Mitgl. einer ESt**. kann gegeben sein, wenn seine Vergütung weniger als 1/3 der dem Vors. gewährten Vergütung beträgt (LAG München, AuR 91, 382 bei einem anwaltlichen Beisitzer). **Keine Benachteiligung** soll nach Auffassung des BAG (NZA 94, 284) jedoch bei der Ablehnung der Kostenerstattung eines Rechtsanwalts für die Prozessvertretung eines BR-Mitgl. bei der gerichtl. Verfolgung seines auf § 37 Abs. 2 gestützten Lohnanspruchs bestehen. Entsprechendes soll gelten für die Weiterzahlung der Fahrkosten für die regelmäßigen Fahrten eines freigestellten BR-Mitgl. von seiner Wohnung in den Betrieb, sofern sich durch die erfolgte Freistellung nach § 38 eine Änderung des Arbeitsorts, wofür keine Fahrkostenerstattung erfolgt, ergeben hat (BAG, DB 91, 2594; vgl. umfassend DKK-Buschmann, Rn. 7 ff.).

Bei Behinderungen oder Störungen der Tätigkeit des BR als auch des BR-Mitgl. kann mit einem **Unterlassungsanspruch** gegen den AG vorgegangen werden (LAG Brandenburg, AiB 02, 573; vgl. auch Roos, AiB 02, 332). Der BR kann ggf. per einstweiliger Verfügung durchsetzen, dass der AG diesen Gesetzesverstoß unterlässt (ArbG Stuttgart, AiB 88, 109). Ebenfalls kann dem AG durch einstweilige Verfügung untersagt werden, den Zugriff des BR auf dessen eigenen PC über das firmeninterne PC-Netzwerk zu erschweren (ArbG Düsseldorf, AiB 99, 648).

Die **Begünstigung** des durch die Vorschrift erfassten Personenkreises **5**
wegen ihrer Tätigkeit im Rahmen der Betriebsverfassung ist ebenfalls unzulässig. Unzulässige Begünstigungen können z. B. sein: Gewährung besonderer Zuwendungen oder Zahlung überhöhter Entschädigungen für Auslagen oder Reisekosten (BAG, BB 74, 1023; DB 75, 1707; vgl. auch BAG, BB 91, 2228), die Gewährung einer Zulage nach § 24 Abs. 1 BAT (so LAG Köln, AuR 02, 358 bei einer Vertrauensfrau der Schwerbehinderten), die Zahlung einer höheren Abfindung aufgrund eines Sozialplanes oder eines eigenen Aufhebungsvertrages als an andere AN (LAG Düsseldorf, BB 02, 306). Die Vereinbarung einer unzulässigen Begünstigung ist nichtig (§ 134 BGB).

§ 78a
Schutz Auszubildender in besonderen Fällen

(1) Beabsichtigt der Arbeitgeber, einen Auszubildenden, der Mitglied der Jugend- und Auszubildendenvertretung, des Betriebsrats, der Bordvertretung oder des Seebetriebsrats ist, nach Beendigung des Berufsausbildungsverhältnisses nicht in ein Arbeitsverhältnis auf unbestimmte Zeit zu übernehmen, so hat er dies drei Monate vor Beendigung des Berufsausbildungsverhältnisses dem Auszubildenden schriftlich mitzuteilen.

(2) Verlangt ein in Absatz 1 genannter Auszubildender innerhalb der letzten drei Monate vor Beendigung des Berufsausbildungs-

verhältnisses schriftlich vom Arbeitgeber die Weiterbeschäftigung, so gilt zwischen Auszubildendem und Arbeitgeber im Anschluss an das Berufsausbildungsverhältnis ein Arbeitsverhältnis auf unbestimmte Zeit als begründet. Auf dieses Arbeitsverhältnis ist insbesondere § 37 Abs. 4 und 5 entsprechend anzuwenden.

(3) Die Absätze 1 und 2 gelten auch, wenn das Berufsausbildungsverhältnis vor Ablauf eines Jahres nach Beendigung der Amtszeit der Jugend- und Auszubildendenvertretung, des Betriebsrats, der Bordvertretung oder des Seebetriebsrats endet.

(4) Der Arbeitgeber kann spätestens bis zum Ablauf von zwei Wochen nach Beendigung des Berufsausbildungsverhältnisses beim Arbeitsgericht beantragen,

1. festzustellen, dass ein Arbeitsverhältnis nach Absatz 2 oder 3 nicht begründet wird, oder

2. das bereits nach Absatz 2 oder 3 begründete Arbeitsverhältnis aufzulösen,

wenn Tatsachen vorliegen, aufgrund derer dem Arbeitgeber unter Berücksichtigung aller Umstände die Weiterbeschäftigung nicht zugemutet werden kann. In dem Verfahren vor dem Arbeitsgericht sind der Betriebsrat, die Bordvertretung, der Seebetriebsrat, bei Mitgliedern der Jugend- und Auszubildendenvertretung auch diese Beteiligte.

(5) Die Absätze 2 bis 4 finden unabhängig davon Anwendung, ob der Arbeitgeber seiner Mitteilungspflicht nach Absatz 1 nachgekommen ist.

1 (1–5) Da ein Berufsausbildungsverhältnis grundsätzlich mit **Ablauf** der Ausbildungszeit endet, **ohne** dass es einer **Kündigung** bedarf, kommt der nach diesem Gesetz geltende besondere Kündigungsschutz (§ 103) für Auszubildende, die zugleich Mitgl. eines betriebsverfassungsrechtlichen Vertretungsorgans sind, nicht zur Anwendung. § 78 a soll die insoweit bestehende Gesetzeslücke füllen.

2 Die Vorschrift ist nicht nur auf die nach dem BBiG staatlich anerkannten **Ausbildungsberufe** anzuwenden, sondern auch auf Ausbildungsverhältnisse, die tariflichen Regelungen entsprechen und eine geordnete Ausbildung von mindestens zwei Jahren Dauer vorsehen (BAG, DB 84, 1786; anders dagegen nach LAG Köln [AiB 01, 53] bei einem Volontär, der 18 Monate lang zu Bedingungen mit teilweise arbeitsvertraglichem Charakter in unterschiedlichen Bereichen der Film- und Fernsehbranche beschäftigt und mit deren Arbeit vertraut gemacht wird). Auszubildender ist auch, wer sich in einem **Umschulungsverhältnis** für einen anerkannten Ausbildungsberuf befindet.

3 Der **Schutz** der Auszubildenden **beginnt** mit Feststellung des Wahlergebnisses (BAG, NZA 84, 45).

Die **Nichtmitteilung** nach Abs. 1 durch den AG bedingt zwar nicht das Zustandekommen eines Arbeitsverhältnisses, jedoch können dem Auszubildenden dadurch Schadensersatzansprüche entstehen (BAG, NZA 86, 401). Ein Arbeitsverhältnis kommt nur dann zustande, wenn der Auszubildende **innerhalb** der letzten drei Monate vor Beendigung der Berufsausbildung vom AG **schriftlich** die Weiterbeschäftigung verlangt. Ansonsten scheidet er mit Ablauf des Ausbildungsverhältnisses aus. 4

Ein früher als drei Monate vor Beendigung des Ausbildungsverhältnisses erklärtes Weiterbeschäftigungsverlangen ist unwirksam und muss innerhalb der Dreimonatsfrist wiederholt werden (BAG, DB 80, 1648). Umgekehrt kann ein in einem Ausbildungsverhältnis stehendes Mitgl. der JAV nicht durch einen **vor Beginn** der **Dreimonatsfrist** abgeschlossenen **Aufhebungsvertrag** auf den Sonderschutz nach dieser Vorschrift verzichten (LAG Frankfurt, BB 75, 1205; anders dagegen nach Auffassung des LAG Köln [AiB 01, 53], wenn der Auszubildende vor Ablauf der Ausbildungszeit vorbehaltlos einen **befristeten** Arbeitsvertrag unterzeichnet). Für die Berechnung der Dreimonatsfrist ist grundsätzlich auf die vertraglich vereinbarte Beendigung des Ausbildungsverhältnisses abzustellen. Bei vorgezogener Abschlussprüfung ist der Zeitpunkt der Bekanntgabe des Prüfungsergebnisses maßgebend (BAG, NZA 86, 401; 89, 439). 5

Der Auszubildende hat keinen Anspruch auf einen bestimmten Arbeitsplatz, aber auf Weiterbeschäftigung in dem Betrieb, für den er als Mitgl. der JAV gewählt worden ist, weil er sonst sein Amt verlieren würde (LAG Berlin, BB 75, 837). Verlangt der Auszubildende vom AG fristgemäß und schriftlich die Übernahme in ein **Vollzeitarbeitsverhältnis**, so gilt gemäß Abs. 2 im Anschluss an das Berufsausbildungsverhältnis ein Vollzeitarbeitsverhältnis auf unbestimmte Zeit als begründet (BAG, NZA 89, 439; 92, 174). Ist dem AG unter Berücksichtigung aller Umstände die Weiterbeschäftigung im Rahmen eines unbefristeten Vollzeitarbeitsverhältnisses nicht zumutbar (vgl. Rn. 8 f.), muss er dies in einem Beschlussverfahren nach Abs. 4 geltend machen (BAG a. a. O.; vgl. auch Rn. 7). 6

Der AG kann sich **gegen eine Übernahme** des Auszubildenden nur wenden, indem er nach Abs. 4 das ArbG im **Beschlussverfahren** anruft (BAG, DB 84, 1992; vgl. auch Rn. 8). Die Anrufung des ArbG durch den AG muss spätestens **innerhalb von zwei Wochen** nach Beendigung des Ausbildungsverhältnisses erfolgen. Solange das Ausbildungsverhältnis **noch nicht beendet** ist, kann der AG den Feststellungsantrag nach Abs. 4 Satz 1 Nr. 1 stellen mit dem Ziel, dass ein Arbeitsverhältnis wegen Unzumutbarkeit der Weiterbeschäftigung **nicht begründet** wird. Ist aber das Ausbildungsverhältnis **bereits beendet** und durch das Weiterbeschäftigungsverlangen nach Abs. 2 ein **Arbeitsverhältnis begründet**, kann der AG den Auflösungsantrag 7 nach Abs. 4 Satz 1 Nr. 2 stellen, um die **Auflösung** des bereits begründeten Arbeitsverhältnisses zu erreichen. Hat der AG jedoch vor Beendigung des Berufsausbildungsverhältnisses einen Feststellungsantrag nach Abs. 4 Satz 1 Nr. 1 gestellt, braucht er ihn nach Beendigung des Ausbildungsverhältnisses nicht ausdrücklich in einen Auflösungsantrag abzuändern (BAG, BB 91, 65). Mit dem Weiterbeschäftigungsverlangen nach Abs. 2 gilt zwischen dem Auszubildenden und dem AG im Anschluss an das Ausbildungsverhältnis ein Arbeitsverhältnis auf unbestimmte Zeit zunächst als begründet. Der Auszubildende hat deshalb unabhängig vom Zeitpunkt der Verfahrenseinleitung durch den AG zunächst einen Beschäftigungsanspruch aus dem Arbeitsverhältnis (so nunmehr auch BAG, DB 87, 2104; vgl. auch BAG, NZA 95, 647), der auch mit Hilfe einer einstweiligen Verfügung gesichert werden kann (LAG Frankfurt, BB 87, 2160). Sowohl der Auflösungsantrag nach Abs. 4 Satz 1 Nr. 2 als auch der Feststellungsantrag nach Abs. 4 Satz 1 Nr. 1 zielen auf eine rechtsgestaltende gerichtliche Entscheidung, die ihre Wirkung immer erst mit ihrer Rechtskraft für die Zukunft entfaltet (BAG, BB 91, 65; NZA 95, 647). Die Weiterbeschäftigung erfolgt also in jedem Fall bis zur Rechtskraft der Entscheidung. Ein Antrag des AG, gerichtlich festzustellen, dass zwischen ihm und dem Auszubildenden kein Arbeitsverhältnis zustande gekommen ist, weil die Voraussetzungen nach Abs. 2 oder 3 dieser Bestimmung überhaupt nicht vorliegen, wird nicht von Abs. 4 erfasst; ein solcher Feststellungsantrag bezieht sich auf das individualrechtliche Verhältnis und ist deshalb auch nicht im Beschlussverfahren, sondern im arbeitsgerichtlichen Urt.-Verfahren geltend zu machen (vgl. aber inzwischen BAG, NZA 95, 647). Der AG kann beide Verfahren unabhängig voneinander betreiben (BAG, DB 90, 234). Im Wege der einstweiligen Verfügung kann die Auflösung des gesetzl. begründeten Arbeitsverhältnisses des Auszubildenden nicht herbeigeführt werden. Dies gilt auch, wenn der AG glaubhaft macht, dass offensichtlich keine Weiterbeschäftigungsmöglichkeit bestehe (ArbG Rostock v. 4. 2. 93 – 1 BV Ga 1/93).

8 Der Antrag auf Entbindung von der Weiterbeschäftigungspflicht ist nur dann begründet, wenn dem AG die Weiterbeschäftigung unter Berücksichtigung aller Umstände unzumutbar ist. Die Unzumutbarkeit kann sich zum Einen aus **schwerwiegenden persönlichen** Gründen (BAG, DB 79, 1138), z.B. wiederholtem Nichtbestehen der Abschlussprüfung (LAG Düsseldorf, DB 75, 1995) ergeben. Schlechtere Prüfungsnoten allein begründen die Unzumutbarkeit einer Weiterbeschäftigung aber nicht; der AG darf also nicht anstelle des Mitgl. einer JAV einen besser benoteten Ausgebildeten auf einer im Zeitpunkt der Abschlussprüfung freien Stelle weiter beschäftigen (LAG Hamm, BB 93, 294). Ebenso begründet allein der Konsum von Canabis noch keine Unzumutbarkeit; dies gilt auch für den bloßen Verdacht des chronischen Gebrauchs, solange noch keine Aufklärung über das Gefährdungspotenzial für die Arbeitswelt stattgefunden hat und eine Verhaltensänderung durch Abmahnung möglich ist (OVG Saarland, AiB 99, 463). Eine Ausschlussfrist, vergleichbar der des § 626 Abs. 2 BGB oder § 15 Abs. 5 BBiG, nach der das Gericht nur binnen zwei Wochen von den die Unzumutbarkeit begründenden Umständen angerufen werden kann, besteht nicht (BAG, NZA 84, 44). Zum Anderen können **betriebliche** Gründe zur Unzumutbarkeit der Weiterbeschäftigung führen. Da der Begriff der Unzumutbarkeit der Regelung in § 626 BGB über die außerordentliche Kündigung aus wichtigem Grund entstammt, reicht das Vorliegen dringender betrieblicher Gründe nicht aus, vielmehr müssen diese Gründe zwingend sein (ArbG Bayreuth v. 21. 2. 02 – 2 BV 5/01 H).

Grundsätzlich kommt es für die Übernahmeverpflichtung darauf an, **9** dass zum Zeitpunkt der Beendigung des Berufsausbildungsverhältnisses ein **freier Arbeitsplatz** zur Verfügung steht (BAG, NZA 92, 174). Ist das der Fall, hat bei der Prüfung der Unzumutbarkeit einer Weiterbeschäftigung ein künftiger Wegfall von Arbeitsplätzen unberücksichtigt zu bleiben (BAG, NZA 96, 493). Die Unzumutbarkeit der Weiterbeschäftigung ist zu verneinen, wenn der AG kurz vor Beendigung des Ausbildungsverhältnisses eines Mitgl. der JAV einen freien Arbeitsplatz besetzt hat und nicht darlegen kann, dass für dessen unverzügliche Besetzung eine betriebliche Notwendigkeit bestand (BAG, DB 98, 2440), ebenso wenn freie Arbeitsplätze in anderen Betrieben des UN vorhanden sind (LAG Niedersachsen, NZA-RR 97, 14; ArbG Bayreuth v. 21. 2. 02 – 2 BV 5/01 H für einen Gemeinschaftsbetrieb mehrerer UN; a. A. LAG Köln, NZA-RR, 97, 435; offen gelassen BAG, NZA 97, 783) oder der Auszubildende sich spätestens mit seinem Übernahmeverlangen nach Abs. 2 bereit erklärt, gegebenenfalls auch zu anderen Bedingungen zu arbeiten und eine solche anderweitige Beschäftigung möglich wäre (BAG, AuR 97, 291). Kann der AG nur einen Teil der Auszubildenden übernehmen, so muss er dies jedenfalls bezüglich des in § 78 a geschützten Personenkreises tun. Das unternehmerische Ziel, die geringe Zahl freier Stellen nur solchen Auszubildenden anzubieten, die ihre Ausbildung in verkürzter Zeit und mit besonders guter Bewertung absolviert haben, gestattet nicht generell den Schluss, die Weiterbeschäftigung eines Mitgl. der JAV, das diese Bedingungen nicht erfüllt, sei dem AG nicht zuzumuten (LAG Berlin v. 18. 7. 95, LAGE § 78 a BetrVG 1972 Nr. 8). Die Schaffung **zusätzlicher** Arbeitsplätze oder Entlassung anderer AN kann nicht verlangt werden (nach BAG, BB 96, 2393), auch nicht durch den Abbau von Überstunden (vgl. aber auch ArbG Bochum, DB 94, 1192), jedoch können vom AG **organisatorische Maßnahmen** verlangt werden, die eine Übernahme des Auszubildenden ermöglichen, sofern sie nicht unzumutbar sind (LAG Niedersachsen, AuR 84, 287). Für die Beurteilung der Unzumutbarkeit kommt es nicht nur auf den Zeitpunkt der Beendigung des Ausbildungsverhältnisses, sondern auch auf den der letzten mündlichen Verhandlung in der Tatsacheninstanz an. Im Laufe des Verfahrens eingetretene Umstände, die eine Unzumutbarkeit beseitigen, sind zu berücksichtigen (LAG Hamm, AiB 88, 285).

10 Der AG hat die **Beweislast**, dass eine Beschäftigung nicht möglich ist. Bis zu einer rechtskräftigen negativen Entscheidung bleibt der JAV im Betrieb (BAG, DB 81, 889). Der AG ist verpflichtet, die durch die anwaltliche Vertret. eines JAV-Mitgl. im Beschlussverfahren entstehenden **Kosten** zu tragen (ArbG Fulda, AiB 97, 609). Grundsätzlich hat auch das vorzeitig vor Ablauf der Amtsperiode der JAV ausgeschiedene Mitgl. der JAV die Rechte nach § 78a Abs. 3 i. V. m. Abs. 2, sofern das vorzeitige Ende der Mitgliedschaft nicht auf einer gerichtlichen Entscheidung beruht (BAG, DB 80, 451).

11 Auch ein **Ersatzmitgl**. der JAV, selbst wenn es nur vorübergehend nachgerückt war, hat den Schutz nach dieser Bestimmung, sofern das Berufsausbildungsverhältnis innerhalb eines Jahres nach dem Vertretungsfall erfolgreich abgeschlossen wird und der Auszubildende innerhalb von drei Monaten vor der Beendigung des Ausbildungsverhältnisses seine Weiterbeschäftigung verlangt (BAG, DB 86, 2235).

§ 79
Geheimhaltungspflicht

(1) Die Mitglieder und Ersatzmitglieder des Betriebsrats sind verpflichtet, Betriebs- oder Geschäftsgeheimnisse, die ihnen wegen ihrer Zugehörigkeit zum Betriebsrat bekannt geworden und vom Arbeitgeber ausdrücklich als geheimhaltungsbedürftig bezeichnet worden sind, nicht zu offenbaren und nicht zu verwerten. Dies gilt auch nach dem Ausscheiden aus dem Betriebsrat. Die Verpflichtung gilt nicht gegenüber Mitgliedern des Betriebsrats. Sie gilt ferner nicht gegenüber dem Gesamtbetriebsrat, dem Konzernbetriebsrat, der Bordvertretung, dem Seebetriebsrat und den Arbeitnehmervertretern im Aufsichtsrat sowie im Verfahren vor der Einigungsstelle, der tariflichen Schlichtungsstelle (§ 76 Abs. 8) oder einer betrieblichen Beschwerdestelle (§ 86).

(2) Absatz 1 gilt sinngemäß für die Mitglieder und Ersatzmitglieder des Gesamtbetriebsrats, des Konzernbetriebsrats, der Jugend- und Auszubildendenvertretung, der Gesamt-Jugend- und Auszubildendenvertretung, der Konzern-Jugend- und Auszubildenvertretung, des Wirtschaftsausschusses, der Bordvertretung, des Seebetriebsrats, der gemäß § 3 Abs. 1 der gebildeten Vertretungen der Arbeitnehmer, der Einigungsstelle, der tariflichen Schlichtungsstelle (§ 76 Abs. 8) und einer betrieblichen Beschwerdestelle (§ 86) sowie für die Vertreter von Gewerkschaften oder von Arbeitgebervereinigungen.

(1, 2) Die Geheimhaltungspflicht (besser Verschwiegenheitspflicht; vgl. DKK-Buschmann, Rn. 4), die von UN sehr häufig auch als Druckmittel gegenüber dem BR eingesetzt wird (vgl. Th. Schmidt, AiB 80 [Heft 4], 2), erstreckt sich nur auf Betriebs- und Geschäftsgeheimnisse, also auf Tatsachen, die im Zusammenhang mit dem technischen Betrieb oder der wirtschaftlichen Betätigung stehen, nur einem eng begrenzten Personenkreis bekannt, also nicht offenkundig sind und nach dem bekundeten Willen des AG geheim gehalten werden sollen und deren Geheimhaltung für den Betrieb oder das UN wichtig ist. **Vertrauliche Angaben**, die diesen Kriterien nicht standhalten, unterliegen auch dann nicht der Verschwiegenheitspflicht, wenn der AG sie ausdrücklich als geheimhaltungsbedürftig bezeichnet. Ebenso wenig ist eine Erweiterung der Verschwiegenheitspflicht über § 79 hinaus zulässig (vgl. auch BGH DB 75, 1308). Unlautere oder gesetzeswidrige Vorgänge (z. B. Steuerhinterziehung) genießen keinen Geheimschutz. **Betriebsgeheimnisse** sind z. B. Patente, Herstellungsverfahren, Versuchsprotokolle (vgl. auch BAG, BB 82, 1792). **Geschäftsgeheimnisse** sind dagegen z. B. Kundenlisten, Kalkulationsunterlagen (vgl. auch BAG, DB 87, 2526), Liquidität des UN (vgl. umfassend DKK-Buschmann, Rn. 6ff.; zum Unterrichtungsanspruch des BR und Geheimhaltungsinteressen des AG siehe BAG, AuR 99, 242). 1

Anonymisierte Daten über gezahlte durchschnittliche Bruttogehälter (-Löhne), übertarifliche Zulagen und Spannen der übertariflichen Zulagen, die der BR nach erfolgter Einblicknahme in die Listen über Bruttolöhne und -gehälter selbst erstellt, unterliegen nicht der Verschwiegenheitspflicht (Blanke, AiB 82, 6; Bobke, AiB 88, 69; vgl. auch LAG Köln, AiB 93, 334 mit Anm. v. Schirge; a. A., wenn die Gehaltsdaten weitgehend mit den Produktionskosten identisch sind, BAG, DB 87, 2526, das aber auch in diesem Fall die Information einzelner AN über festgestellte Ungleichbehandlungen in abstrakter Form anerkennt). Dies gilt jedenfalls dann, wenn der AG seinerseits davon Gebrauch macht, in eigenen Veröffentlichungen Personaldaten bekannt zu geben (vgl. hierzu LAG Hamburg, CR 89, 409; ArbG Hamburg, AiB 92, 44 mit Anm. v. Hjort). 2

Der Verschwiegenheitspflicht unterliegen nur Kenntnisse, die den BR-Mitgl. wegen ihrer Zugehörigkeit zum BR bekannt geworden sind. Gesetzwidrige Vorgänge sind keine Geschäftsgeheimnisse. Die **Verschwiegenheitspflicht besteht** z. B. **nicht** gegenüber BR- und AR-Mitgl. (BAG, DB 87, 2526) sowie GBR und KBR-Mitgl. § 82 Abs. 2, § 83 Abs. 1, § 99 Abs. 1 und § 102 Abs. 2 enthalten **Sondervorschriften** über die Schweigepflicht. Es besteht keine generelle Pflicht, Stillschweigen über den Inhalt von **BR-Sitzungen** zu bewahren (BAG v. 5. 9. 67, AP Nr. 8 zu § 37 BetrVG; LAG München, DB 78, 894). Eine entsprechende Verschwiegenheitspflicht gegenüber 3 dem AG kann sich aber aus der Natur der Sache ergeben (BAG a. a. O.; LAG München a. a. O.), z. B. bei vertraulichen oder internen Überlegungen hinsichtlich eines Vorgehens des BR gegenüber dem AG.

4 **Die Pflicht zur Verschwiegenheit** richtet sich in erster Linie an die BR-Mitgl., aber auch an die Ersatzmitgl., da diese durch zeitweilige Vertr. in Betriebs- oder Geschäftsgeheimnisse eingeweiht werden können. Darüber hinaus gilt die Verschwiegenheitspflicht auch für alle betrieblichen und außerbetrieblichen Mitgl. und Ersatzmitgl. der in Abs. 2 aufgeführten Betriebsverfassungsorgane sowie für die Vertr. der Gew. und der AG-Vereinigungen sowie für Sachverständige. Für die Schwerbehindertenvertr. gilt nach § 96 Abs. 7 SGB IX inhaltlich die gleiche Schweigepflicht. Für die AN-Vertr. im AR gilt jedoch die Verschwiegenheitspflicht nach dieser Vorschrift nicht. Sie unterliegen der Schweigepflicht beispielsweise nach dem AktG (§§ 116, 93), dem MitbG (§ 25 Abs. 1) und BetrVG 1952 (§ 77 Abs. 1).

§ 80
Allgemeine Aufgaben

(1) Der Betriebsrat hat folgende allgemeine Aufgaben:

1. darüber zu wachen, dass die zugunsten der Arbeitnehmer geltenden Gesetze, Verordnungen, Unfallverhütungsvorschriften, Tarifverträge und Betriebsvereinbarungen durchgeführt werden;

2. Maßnahmen, die dem Betrieb und der Belegschaft dienen, beim Arbeitgeber zu beantragen;

2a. die Durchsetzung der tatsächlichen Gleichstellung von Frauen und Männern, insbesondere bei der Einstellung, Beschäftigung, Aus-, Fort- und Weiterbildung und dem beruflichen Aufstieg, zu fördern;

2b. die Vereinbarkeit von Familie und Erwerbstätigkeit zu fördern;

3. Anregungen von Arbeitnehmern und der Jugend- und Auszubildendenvertretung entgegenzunehmen und, falls sie berechtigt erscheinen, durch Verhandlungen mit dem Arbeitgeber auf eine Erledigung hinzuwirken; er hat die betreffenden Arbeitnehmer über den Stand und das Ergebnis der Verhandlungen zu unterrichten;

4. die Eingliederung Schwerbehinderter und sonstiger besonders schutzbedürftiger Personen zu fördern;

5. die Wahl einer Jugend- und Auszubildendenvertretung vorzubereiten und durchzuführen und mit dieser zur Förderung der Belange der in § 60 Abs. 1 genannten Arbeitnehmer eng

zusammenzuarbeiten; er kann von der Jugend- und Auszubildendenvertretung Vorschläge und Stellungnahmen anfordern;

6. die Beschäftigung älterer Arbeitnehmer im Betrieb zu fördern;

7. die Integration ausländischer Arbeitnehmer im Betrieb und das Verständnis zwischen ihnen und den deutschen Arbeitnehmern zu fördern sowie Maßnahmen zur Bekämpfung von Rassismus und Fremdenfeindlichkeit im Betrieb zu beantragen;

8. die Beschäftigung im Betrieb zu fördern und zu sichern;

9. Maßnahmen des Arbeitsschutzes und des betrieblichen Umweltschutzes zu fördern.

(2) Zur Durchführung seiner Aufgaben nach diesem Gesetz ist der Betriebsrat rechtzeitig und umfassend vom Arbeitgeber zu unterrichten; die Unterrichtung erstreckt sich auch auf die Beschäftigung von Personen, die nicht in einem Arbeitsverhältnis zum Arbeitgeber stehen. Dem Betriebsrat sind auf Verlangen jederzeit die zur Durchführung seiner Aufgaben erforderlichen Unterlagen zur Verfügung zu stellen; in diesem Rahmen ist der Betriebsausschuss oder ein nach § 28 gebildeter Ausschuss berechtigt, in die Listen über die Bruttolöhne und -gehälter Einblick zu nehmen. Soweit es zur ordnungsgemäßen Erfüllung der Aufgaben des Betriebsrats erforderlich ist, hat der Arbeitgeber ihm sachkundige Arbeitnehmer als Auskunftspersonen zur Verfügung zu stellen; er hat hierbei die Vorschläge des Betriebsrats zu berücksichtigen, soweit betriebliche Notwendigkeiten nicht entgegenstehen.

(3) Der Betriebsrat kann bei der Durchführung seiner Aufgaben nach näherer Vereinbarung mit dem Arbeitgeber Sachverständige hinzuziehen, soweit dies zur ordnungsgemäßen Erfüllung seiner Aufgaben erforderlich ist.

(4) Für die Geheimhaltungspflicht der Auskunftspersonen und der Sachverständigen gilt § 79 entsprechend.

(1) Der BR hat bei der **Überwachungspflicht** nach Nr. 1, die sich auf **alle Rechtsvorschriften** einschließlich der allgemeinen arbeitsrechtlichen Grundsätze (wie Gleichbehandlungsgrundsatz) erstreckt, die zugunsten der im Betrieb beschäftigten AN wirken, darauf zu achten, dass sämtliche Vorschriften eingehalten werden (vgl. auch LAG Frankfurt, BB 94, 66, wonach der BR, auch ohne tatsächliche Anhaltspunkte für die Nichtanwendung einer EDV-BV, Stichproben machen und Ausdrucke verlangen kann). Dem BR (ggf. dem GBR/KBR) steht bei hoch vernetzten betriebsübergreifenden Personalinformationssys- 1

temen ein systemweites Überwachungsrecht zu (vgl. HessLAG, AiB 93, 661 mit Anm. v. Wedde). Hierunter fallen z. B. auch die im Betrieb verwandten **Formulararbeitsverträge**, die daraufhin zu überprüfen sind, wieweit sie den gesetzl. Bestimmungen sowie den **europarechtlichen Vorschriften**, z. B. zum Arbeits- und Gesundheitsschutz, und den dazu ergangenen Richtlinien, die auch bei der Auslegung nationalen Rechts zu berücksichtigen sind, entsprechen (vgl. auch BAG, AuR 93, 225 mit Anm. v. Richter; Faber, AiB 95, 31). Auch das **BDSG** ist ein zugunsten der AN geltendes Gesetz i. S. dieser Vorschrift (zum BDSG a.F. BAG v. 17. 3. 87, AP Nr. 29 zu § 80 BetrVG 1972; Wagner, AiB 91, 413; Wohlgemuth, BB 95, 653; vgl. ergänzend DKK-Buschmann, Rn. 5 ff.). Die Rechte des Datenschutzbeauftragten schränken die Rechte des BR nicht ein. Zum Überwachungsrecht des BR gehört z. B. auch die Prüfung, ob die Arbeitszeitquoten nach dem MTV Metall NW eingehalten werden (ArbG Münster, AiB 98, 468); es erstreckt sich auch darauf, ob der Datenschutzbeauftragte die erforderliche Fachkunde und Zuverlässigkeit hat (BAG, DB 94, 1678 = AuR 94, 347); ebenso, ob sich die aus dem Gesetz zu Korrekturen in der Sozialversicherung und zur Sicherung der Arbeitnehmerrechte v. 10. 12. 98 (vgl. dazu DKK-Buschmann, Rn. 7) ergebenden Rechte der AN beachtet werden.

2 Die allgemeine Überwachungsaufgabe gibt dem BR nach Auffassung des BAG keinen Anspruch, die Durchführung entsprechender Vorschriften durch den AG in einem arbeitsgerichtl. Beschlussverfahren durchzusetzen (BAG v. 16. 7. 85, AP Nr. 17 zu § 87 BetrVG 1972 Lohngestaltung, v. 10. 6. 86, 24. 7. 87, AP Nrn. 26, 28 zu § 80 BetrVG 1972; vgl. auch BAG v. 5. 5. 92, AuR 92, 181 zur Unwirksamkeit einer Befristung; a. A. noch BAG v. 29. 4. 82, AP Nr. 4 zu § 15 BAT: vgl. auch ArbG Münster, AiB 98, 468, das dem BR einen Unterlassungsanspruch einräumt; zur Kritik vgl. DKK-Buschmann, Rn. 18 ff.). Das schließt nicht aus, dass der BR im Rahmen seines Schutzauftrages nach Nr. 1 in Einzelfällen überprüft, ob individuelle Arbeitsverträge arbeitsrechtlichen Vorschriften, etwa Schutzgesetzen, TV oder BV, entsprechen oder dagegen verstoßen (SR, Rn. 26); ggf. ist der BR über einzelne Vereinbarungen in den individuellen Arbeitsverträgen der AN zu unterrichten (vgl. BAG, AiB 89, 221). Überdies hat der BR das Recht, die AN über die zu ihren Gunsten bestehenden arbeitsrechtlichen Bestimmungen, z. B. über Tarifregelungen, zu informieren und dabei eine andere Rechtsauffassung als der AG zu vertreten (vgl. ArbG Detmold, AuR 86, 349; SR, Rn. 30).

3 Der BR hat außerdem das Recht, **Betriebsbegehungen** durchzuführen (BAG v. 21. 1. 82, AP Nr. 1 zu § 70 BetrVG 1972, v. 13. 6. 89, EzA § 80 BetrVG 1972 Nr. 36). In diesem Rahmen ist der AG verpflichtet, dem BR jederzeit ohne Begleitung durch den AG nach erfolgter Abmeldung beim jeweiligen Vorgesetzten durch das/die begehenden

BR-Mitgl. Zugang zu **allen Arbeitsplätzen** zu gewähren (BAG a.a.O.; ArbG Berlin, AiB 88, 187; ArbG Elmshorn, AiB 91, 56; LAG Nürnberg v. 18. 10. 93, LAGE § 80 BetrVG 1972 Nr. 11; ArbG Hamburg, AiB 97, 611; vgl. ergänzend § 37 Rn. 11 ff.; § 78 Rn. 1). Dies gilt auch während eines **Arbeitskampfes** zur Wahrnehmung betriebsverfassungsrechtlicher Aufgaben jedenfalls dann, wenn im Betrieb AN arbeiten (LAG Düsseldorf, BB 94, 1940). Der BR hat zur Wahrnehmung seiner betriebsverfassungsrechtlichen Aufgaben das Recht, **alle Arbeitsplätze** – auch in »Hochsicherheitsabteilungen« – selbst dann aufzusuchen, wenn keine bestimmten Verdachtsmomente eines drohenden oder erfolgten Verstoßes gegen AN-Schutzvorschriften vorliegen (ArbG Frankfurt v. 30. 10. 86 – 13 BV 16/86; einschränkender BVerwG, ZTR 90, 254 für das Zugangsrecht zu den Arbeitsplätzen in einem Klinikum; vgl. auch DKK-Buschmann, Rn. 14).

Stellt der BR bei der Betriebsbegehung Missstände fest, etwa Verstöße gegen Arbeitsschutzvorschriften, kann er die AN darauf aufmerksam machen und sie über ihre Rechte aufklären (SR, Rn. 30); dabei kann er auch **Fremdfirmen-** bzw. **Leih-AN** über die Einhaltung von **Sicherheits- und Unfallverhütungsvorschriften** belehren (ArbG Hagen v. 1. 7. 87 – 3 Ca 143/87; im Ergebnis bestätigt durch LAG Hamm v. 17. 2. 88 – 3 Sa 1575/87). Eine ordnungsgemäße Geltendmachung von AN-Ansprüchen zur Wahrung von tariflichen Ausschlussfristen durch den BR setzt allerdings voraus, dass eine ausdrückliche Bevollmächtigung durch den AN vorliegt (LAG Berlin, NZA 88, 442). 4

Nr. 2 gibt dem BR das Recht, **Maßnahmen, die dem Betrieb und der Belegschaft** dienen, beim AG zu beantragen. Dies gilt z.B. auch für die Verbesserung der materiellen **Arbeitsbedingungen** und der **Arbeitsmethoden**, Beseitigung von Arbeitserschwernissen, Maßnahmen des **Arbeitsschutzes** und der **Betriebsökologie** (vgl. DKK-Buschmann, Rn. 23 ff.; Herbst, AiB 93, 144; Trümner, AiB 91, 522; Teichert, AiB 94, 229) sowie des Gesundheitsschutzes. Das Antragsrecht umfasst auch Einzelmaßnahmen einschließlich individueller Belange von AN (str.; vgl. DKK-Buschmann, Rn. 23). So kann der BR z.B. tätig werden, wenn eine Teilzeitbeschäftigte wegen der Versorgung des Kindes die Arbeitszeit geändert haben möchte (SR, Rn. 36). Eine Durchsetzung seiner Anträge kann der BR jedoch nur in den im Gesetz ausdrücklich genannten Fällen erzwingen. 5

Die Nrn. 2a und b verpflichten den BR im Rahmen seiner allgemeinen Aufgaben, die **Gleichstellung** von Frauen und Männern in allen Bereichen, so z.B. bei personellen Einzelmaßnahmen, bei betrieblichen Berufsbildungsmaßnahmen und bei dem beruflichen Aufstieg zu fördern. Darüber hinaus hat der BR die Aufgabe, sich beim AG für Maßnahmen einzusetzen, mit denen Erwerbstätigkeit und Familien- 6 pflichten vereinbart werden können. Dazu gehören etwa: betriebliche Kinderbetreuungseinrichtungen, Bereitstellung von Kinderbetreuungsplätzen in Einrichtungen anderer Träger, Einführung familienfreundlicher Arbeitszeiten, Möglichkeiten der individuellen Arbeitszeitgestaltung, Gewährung von Arbeitsbefreiung aus familiären Gründen sowie über den gesetzlichen Rahmen hinausgehenden Erziehungsurlaub oder »Familienpausen« mit Sicherung des Arbeitsplatzes, Angebot von beruflichen Anpassungsmaßnahmen nach Beendigung des Erziehungsurlaubs bzw. der Familienpause, neue Organisationsformen bei Bildungsangeboten (vgl. DKK-Buschmann, Rn. 26ff.; Colneric, RdA 94, 65; Schiek, Zweites Gleichberechtigungsgesetz für die Privatwirtschaft [1994], § 80 BetrVG, Rn. 1ff.). Bei der Durchsetzung der tatsächlichen Gleichberechtigung ist auch die Rspr. des EuGH zu Art. 141 EG-Vertrag (vorher Art. 119 EWG-Vertrag) zu beachten, die auch auf das Verbot der **mittelbaren Diskriminierung** abstellt. Eine mittelbare Diskriminierung liegt vor, wenn Frauen und Männer von bestimmten Regelungen oder Maßnahmen ungleich betroffen sind, obwohl das Geschlecht nicht der unmittelbare Anknüpfungspunkt für die Ungleichbehandlung ist (vgl. DKK-Buschmann, Rn. 26f.; SR, Rn. 54).

7 Die Regelung in Nr. 3 ergänzt die der Nrn. 2 und 2a, b. Der BR ist somit Anlaufstelle für **Anregungen** der AN des Betriebs und der JAV. Auch **Beschwerden** können unter diese Bestimmung fallen. Diese behandelt der BR jedoch zweckmäßigerweise nach § 85 (vgl. die dortigen Erl.). Die Behandlung von Anregungen gehört zu den **Pflichtaufgaben** des BR. Hält der BR die Anregung für berechtigt, hat er in **Verhandlungen mit dem AG** auf eine Erledigung hinzuwirken. Die Betroffenen hat er über den Stand und das Ergebnis zu unterrichten (vgl. DKK-Buschmann, Rn. 39ff.). Der einzelne AN muss die Anregung nicht selbst beim BR vortragen. Es kann auch ein anderer AN für ihn tätig werden; ebenso kann eine AN-Gruppe (Arbeitsbereich, Abteilung) einen Beschäftigten beauftragen, die Anregung beim BR vorzubringen (SR, Rn. 43).

8 Bei der **Eingliederung Schwerbehinderter** und **schutzbedürftiger Personen** (Nr. 4) hat der BR mit der Schwerbehindertenvertr. zusammen zu arbeiten, damit die Zielsetzungen des Schwerbehindertenrechts (SGB IX) möglichst umfassend verwirklicht werden. Dazu gehören insbesondere die Aufgaben der Schwerbehindertenvertr. zur Integration schwerbehinderter Menschen (§ 95 Abs. 1 SGB IX) und die Verpflichtung des BR, darauf zu achten, dass ein bestimmter Teil der Arbeitsplätze mit Schwerbehinderten besetzt wird und das UN sich nicht durch Zahlung der Ausgleichsabgabe von dieser Pflicht entbindet. Der AG hat dem BR und der Schwerbehindertenvertr. die frei gewordenen Arbeitsplätze mitzuteilen (BAG, NZA 93, 376). Er hat darauf hinzuwirken, dass den Schwerbehinderten eine ihren Kräften und Fähigkeiten entsprechende Beschäftigung zugewiesen wird und ggf. auch eine Änderung der Arbeitsplätze erfolgt. Das Gesetz weist dem BR darüber hinaus allgemein die Aufgabe zu, die Eingliederung schutzbedürftiger Personen (zum Begriff der »besonders schutzbedürftigen Personen« vgl. SR, Rn. 58) zu fördern und z.B. **Programme und Maßnahmen** anzuregen, die geeignet sind, spezifische **Eingliederungsbarrieren** gegenüber solchen Personen abzubauen und die ihrer **Integration** in die Belegschaft dienen (vgl. DKK-Buschmann, Rn. 22ff.).

Bei seiner **Zusammenarbeit mit der JAV** nach Nrn. 3, 5 hat der BR mit dieser darauf hinzuwirken, dass eine JAV gewählt und ihre Arbeit konstruktiv unterstützt wird. Er hat weiterhin u.a. zu beachten, dass die Ausbildungsplätze gut ausgestattet sind, ein Werksunterricht in ausreichendem Maße angeboten wird, die Aus- und Fortbildung der Ausbilder gesichert ist, ein angemessenes Verhältnis der Ausbilder zur Anzahl der Auszubildenden besteht, moderne Ausbildungsmittel verwandt werden und eine planmäßige Ausbildung stattfindet (vgl. DKK-Buschmann, Rn. 46). 9

Nr. 6 (**Beschäftigung älterer AN**) konkretisiert und ergänzt die Regelung des § 75 Abs. 1 (vgl. die dortigen Erl.; vgl. auch BAG, NZA 92, 992; DKK-Buschmann, Rn. 49f.; Fritsch, BB 92, 701; § 77 Rn. 7). Im Rahmen der Personalplanung (§ 92) und bei den personellen Einzelmaßnahmen (§§ 99ff.) wird der BR dafür Sorge zu tragen haben, dass auch ältere Menschen eingestellt sowie frei werdende und entsprechend geeignete Arbeitsplätze mit älteren AN besetzt werden. Die Anpassung bereits beschäftigter älterer AN an veränderte wirtschaftliche und technische Begebenheiten sind weitere wichtige Aspekte bei der Förderungspflicht nach Nr. 6 (SR, Rn. 60). 10

Bei der Ausfüllung der Nr. 7, der **Integration ausländischer AN** im Betrieb, geht es z.B. darum, gesonderte Informationsveranstaltungen für Ausländer oder besondere Sprechstunden für diese durchzuführen oder ggf. den AG dazu zu bringen, einen Deutschkursus während der Arbeitszeit durchzuführen (vgl. auch Helm, AiB 93, 70; Kleveman, AiB 93, 529; Parkinus, PersR 95, 193). AG und BR haben auch die Aufgabe, gegen betriebliche Erscheinungsformen von **Ausländerfeindlichkeit und Rassismus** vorzugehen. Bei Straftatbeständen kann auch eine Kündigung in Frage kommen (BAG, AuR 93, 124; LAG Köln, AuR 94, 315; ArbG Hannover, BB 93, 1218 mit Anm. v. Däubler; ArbG Siegburg, DB 94, 1146; vgl. DKK-Buschmann, Rn. 51f.). 11

Mit der neuen Regelung der **Nr. 8** wird ein Schwerpunkt innerhalb der allgemeinen Aufgaben des BR gesetzt. Vor dem Hintergrund der häufigen Umstrukturierungen und anderer Betriebsänderungen, die regelmäßig mit einem Personalabbau verbunden sind, soll sich der BR dafür einsetzen, dass die **Beschäftigung im Betrieb gesichert** 12

und gefördert wird. Zur Erfüllung dieser wichtigen Aufgabe hat das neue Recht dem BR mehrere Beteiligungsrechte gegeben. Anzuführen sind insbesondere: die umfassenden Vorschlagsrechte, mit denen der BR ein Instrumentarium zur Ergreifung von Initiativen mit der Zielsetzung der Beschäftigungssicherung erhält (§ 92a); die Möglichkeit der Ermittlung des Qualifizierungsbedarfs und damit des Berufsbildungsbedarfs zur Durchführung betrieblicher Berufsbildungsmaßnahmen (§ 96 Abs. 1 Satz 2); die Durchsetzung von Maßnahmen der betrieblichen Berufsbildung unter bestimmten Voraussetzungen (§ 97 Abs. 2 Satz 1); die Hinzuziehung von Sachverständigen bei Betriebsänderungen in Betrieben mit mehr als 300 AN (§ 111 Satz 2); die MB bei der Verwendung von Sozialplanmitteln zur Schaffung neuer Beschäftigungsperspektiven, die der Vermeidung von Arbeitslosigkeit dienen (§ 112 Abs. 5 Nr. 2a).

13 Die Förderung von Maßnahmen des **Arbeitsschutzes und des betrieblichen Umweltschutzes** gehört nach **Nr. 9** nunmehr ausdrücklich zu den allgemeinen Aufgaben des BR. Das Gesetz gibt auch hier dem BR über die allgemeine Förderpflicht hinaus bestimmte Beteiligungsrechte, damit er sich nachhaltig für dieses Ziel einsetzen kann. Es ist vor allem auf die Regelungen des § 89 hinzuweisen. Danach erhält der BR im Bereich des betrieblichen Umweltschutzes eine vergleichbare Rechtsstellung, wie er sie im Arbeitsschutz innehat (vgl. die Erl. zu § 89). Die Bedeutung des betrieblichen Umweltschutzes soll außerdem in den Betriebs- und Abteilungsversamml. sowie in den BR-Versamml. thematisiert werden (vgl. §§ 45, 53 Abs. 2).

14 (2) Der AG hat den BR – unaufgefordert und ggf. mehrmals zur gleichen Sache – in den Fällen, in denen dieser nach dem BetrVG Rechte haben kann, **rechtzeitig und umfassend** zu **unterrichten**. Diese Generalklausel, die ggf. ergänzend für sämtliche Aufgaben und Befugnisse des BR nach dem BetrVG gilt, bedeutet, dass der AG die Unterrichtung anhand von Unterlagen vorzunehmen und diese dem BR auch zur Verfügung zu stellen und zu erläutern hat, weil nur so eine sinnvolle Vorbereitung und Zusammenarbeit möglich ist. Die vom AG geschuldete Unterrichtung des BR soll diesen in die Lage versetzen, in **eigener Verantwortung** selbst zu prüfen, ob sich für ihn Aufgaben ergeben und ob er tätig werden muss (ständige Rspr. des BAG; vgl. etwa BAG, AiB 89, 256; BAG, NZA 99, 722 und 1345). Der Unterrichtungsanspruch des BR kann ggf. zu einem **»gestuften« Informationsanspruch** führen. Das wird etwa durch Abs. 2 Satz 1 zweiter Halbsatz deutlich. Der AG wird danach zur Unterrichtung des BR über die Beschäftigung von Personen verpflichtet, die **nicht in einem Arbeitsverhältnis** zum AG stehen. Sofern der AG von sich aus dieser Unterrichtungspflicht nicht nachkommt, kann der BR nähere Informationen über die Beschäftigung von Personen wie z. B. Leih-

AN, sog. freie Mitarbeiter oder solcher Beschäftigter verlangen, die nach Meinung des AG im Rahmen eines Werkvertrags tätig sind. Dabei kann sich das Auskunftsbegehren auf einzelne Personen erstrecken. Der BR kann aber auch »gestuft« in der Weise vorgehen, dass er wegen der großen Zahl der in Betracht kommenden Personen vom AG zunächst eine **Gesamtübersicht** zu einem bestimmten Stichtag verlangt, um sich eine Übersicht zu verschaffen. Der BR hat dabei nach der Rechtspr. des BAG (v. 15. 12. 98, NZA 99, 722), die auch auf die jetzige Regelung des § 80 Abs. 2 Satz 1 zweiter Halbsatz anzuwenden ist, Anspruch auf insbesondere folgende Informationen: das Aufgabengebiet; die Arbeitszeiten (soweit festgelegt); die Art der Entlohnung (z.B. Pauschalentlohnung, Stundensatz, Tariflohn/Gehalt). Dadurch kann der BR Hinweise dafür gewinnen, ob die betriebsverfassungsrechtliche AN-Eigenschaft vorliegt. Soweit der BR weitere Auskünfte braucht oder zur Prüfung Unterlagen benötigt, sind diese vom AG zu geben bzw. zur Verfügung zu stellen. Wichtig ist in diesem Zusammenhang auch die Feststellung des BAG (a.a.O.), der BR habe in **eigener Verantwortung** zu prüfen, ob sich für ihn aufgrund der getroffenen Feststellungen zum Beschäftigtenstatus Aufgaben i.S. des BetrVG ergeben.

Rechtzeitig bedeutet, dass noch Alternativvorschläge des BR berück- **15**
sichtigt werden können. Im Rahmen seiner Informationspflicht nach dieser Vorschrift ist der AG auch verpflichtet, dem BR **Betriebs- und Geschäftsgeheimnisse** mitzuteilen (vgl. hierzu auch BAG, DB 91, 1382), die er ggf. unter die Geheimhaltungspflicht des § 79 stellen kann (vgl. hierzu die Erl. zu § 79).

Die Informationspflicht des AG über die **Verarbeitung personenbe-** **16**
zogener Daten der AN ist auch gegeben, wenn die Verarbeitung nicht im Betrieb selbst, sondern in einem Dritt-UN erfolgt (so auch BAG v. 17. 3. 87, AP Nr. 29 zu § 80 BetrVG 1972 bei der Verarbeitung der Daten in einem anderen UN einer UN-Gruppe). So ist der AG u.a. verpflichtet, den BR darüber zu unterrichten, nach welchen Gesichtspunkten allgemein geregelte **Zulagen**, z.B. Funktionszulagen, Leistungszulagen, Einmalzahlungen, gewährt werden, damit er ggf. überprüfen kann, ob der Gleichbehandlungsgrundsatz (§ 75 Abs. 1) beachtet worden ist oder seine MBR nach § 87 Abs. 1 Nr. 10 berührt werden (BAG v. 30. 6. 81, 10. 2. 87, 26. 1. 88, AP Nrn. 15, 27, 31 zu § 80 BetrVG 1972; vgl. im Übrigen § 87 Rn. 56ff.). Weiterhin ist der AG verpflichtet, den BR darüber zu informieren, welche AN angemeldete **Nebentätigkeiten** verrichten, welchen Umfang diese haben und welcher Art sie sind (LAG Baden-Württemberg, AiB 93, 238 mit Anm. v. Stather; a.A. LAG Köln, NZA 95, 443). Der AG ist auch verpflichtet, den BR vor **Ausspruch von Abmahnungen** zu informieren, damit dieser überprüfen kann, ob seine MBR aus § 87 Abs. 1 Nr. 1 tangiert werden (LAG Niedersachsen, AuR 85, 99, das den AG

jedenfalls für verpflichtet hält, den BR gleichzeitig mit der Äußerung an den AN zu informieren; ArbG Bremen, AiB 84, 95, das den AG für verpflichtet hält, den BR anhand von Unterlagen über kollektive Abmahnungen zu informieren; a. A. LAG Hamburg v. 16. 6. 83 – 7 TaBV 1/83; LAG Schleswig-Holstein, DB 83, 2145). Führt der AG **Belegschaftsbefragungen** durch, in denen er etwa nach den Einstellungen der AN zu ihrer Arbeit fragt (Arbeitszufriedenheit, Gehalt und Sozialleistungen, Verhalten von Vorgesetzten, Betriebsklima usw.) hat der BR Anspruch auf Mitteilung der Befragungsergebnisse, damit er prüfen kann, ob und inwieweit sich für ihn daraus Aufgaben ergeben (BAG 8. 6. 99, AiB 00, 292). Dies gilt auch dann, wenn im Ausland ansässige Konzernmutter die Befragung per E-Mail oder Intranet durchführen (vgl. zum MBR des BR nach § 94 LAG Frankfurt, NZA-RR 02, 200).

17 Im Zusammenhang mit Verhandlungen über einen Interessenausgleich und Sozialplan wird das **Informationsrecht** des BR über Nebentätigkeiten einzelner AN ebenso wenig **durch** die Vorschriften des **BDSG** eingeschränkt wie über die sich aus den Personalakten der AN ergebenden Daten (Name, Anschrift, Geburtsdatum, Personenstand, Anzahl der Kinder, Datum des Betriebseintritts u. ä.; LAG Baden-Württemberg a. a. O.; ArbG Düsseldorf, AiB 92, 654; vgl. auch LAG Berlin, DB 84, 1936). In einem UN, in dem kein WA nach § 106 f. gebildet werden kann, kann sich der Anspruch des BR/GBR auf Informationen zu **wirtschaftlichen Angelegenheiten** unmittelbar aus Abs. 2 ergeben, da sich aus § 106 Abs. 2 insoweit keinerlei Beschränkung ergibt (Bösche-Moderegger/Grimberg, AuR 90, 298; Mayer, AuR 91, 14; vgl. auch BAG, DB 91, 1382, v. 5. 2. 91, AP Nr. 89 zu § 613 a BGB, sofern der BR die Auskünfte und Unterlagen für konkrete Aufgaben benötigt; vgl. ferner Oetker, DB 90, 2320; a. A. LAG Köln, NZA 88, 210; LAG Hamm, AuR 90, 296). Die Unterrichtung des BR durch den AG hat grundsätzlich in **deutscher Sprache** zu erfolgen. Eine Unterrichtung in einer fremden Sprache setzt grundsätzlich das Einverständnis aller BR-Mitgl. voraus. Sie hat auch in verständlicher Form (nicht in »Fachchinesisch«) zu erfolgen (Hess-LAG, AuR 94, 107; vgl. im Übrigen DKK-Buschmann, Rn. 81 ff.). Umgekehrt ist der AG verpflichtet, deutsche Unterlagen in eine andere Sprache übersetzen zu lassen, wenn BR-Mitglieder nur diese sprechen und verstehen. Ggf. muss der Arbeitgeber auch Übersetzer für Sitzungen zur Verfügung stellen (ArbG Frankfurt, AiB 98, 524 für den Fall eines 26-köpfigen GBR mit 12 ausschließlich **Englisch** sprechenden Mitgliedern; a. A. noch LAG Schleswig-Holstein v. 20. 4. 1984 – 3 TaBV 46/83: Verpflichtung eines Ersatzmitglieds Deutsch zu lernen; vgl. § 90 Rn. 7). Die Informationsrechte des BR sind auch einzuhalten, wenn der nationale AG kaum eigenen Entscheidungsspielraum hat, weil die maßgeblichen Entscheidungen in einer Konzernzentrale im Ausland fallen (vgl. LAG Nürnberg, NZA-RR 02, 247; § 87 Rn. 5).

Auf Verlangen des BR sind ihm die zur Erfüllung seiner Aufgaben erforderlichen (vorhandenen oder erstellbaren; vgl. BAG v. 17. 3. 83, AP Nr. 18 zu § 80 BetrVG 1972 sowie BAG, NZA 92, 275) **Unterlagen zur Verfügung** zu stellen, d. h. im Original, in Durchschrift oder Fotokopie zu überlassen (vgl. DKK-Buschmann, Rn. 44 ff.). Der AG ist im Allgemeinen nicht verpflichtet, von sich aus dem BR die Unterlagen zu überlassen (BAG, NZA 92, 275). Will der BR z. B. von seinem Initiativrecht nach § 87 oder seinem Überwachungsrecht nach § 80 Abs. 1 oder von den sonstigen Beteiligungsrechten nach dem BetrVG Gebrauch machen, hat ihm der AG auf Verlangen die dazu notwendigen Unterlagen zur Verfügung zu stellen. 18

Dem BR sind auf Verlangen vom AG u. a. zur Verfügung zu stellen: der monatliche **Stellenplan**, der die personellen Zielvorstellungen des AG enthält, sowie der **Stellenbesetzungsplan** mit dem aktuellen tatsächlichen Personalstand (LAG Bremen, BB 93, 290); eine Auflistung der frei gewordenen »Schwerbehinderten«-**Arbeitsplätze** (BAG, NZA 93, 376); eine namentliche Auflistung mit **Anschriften der Außendienstmitarbeiter**, z. B. Zeitungszusteller (ArbG Mannheim v. 18. 3. 91 – 10 BV 36/90 H); **Zeiterfassungskarten** (Stechkarten), wenn der BR den Umfang der Ableistung von Überstunden prüfen will (LAG Frankfurt AuR 81, 30); Ausdrucke von **elektronischen Zeiterfassungsgeräten**, z. B. über monatliche Aufstellungen von erfassten Anwesenheitszeiten und bezahlter Arbeitszeiten (LAG Baden-Württemberg v. 21. 2. 94, LAGE § 80 BetrVG 1972 Nr. 13 = AuR 94, 311); Unterlagen, woraus der BR entnehmen kann, an welchen Arbeitsplätzen welche AN wann und wie viele Überstunden geleistet haben (ArbG Münster v. 24. 11. 87 – 2 BV 148/87); Unterlagen über die **Kriterien über- bzw. außertariflicher Lohnzahlungen**, Leistungszulagen bzw. Einmalzulagen, einschließlich der **AT-Ang.** (BAG v. 26. 1. 88, AP Nr. 31 zu § 80 BetrVG 1972; v. 22. 12. 81, AP Nr. 7 zu § 87 BetrVG 1972 Lohngestaltung) Informationen über den Inhalt von Zielvereinbarungen mit einzelnen Arbeitnehmern, wenn konkrete Anhaltspunkte für eine Verletzung des Gleichbehandlungsgrundsatzes bestehen (LAG München v. 1. 8. 02 – 3 TaBV 80/01); **Nachweis über die Durchführung gesetzlicher Vorschriften;** bei Beschäftigung von **AN aus Fremdfirmen** (Werksverträge) die Verträge mit den Fremdfirmen (BAG, NZA 92, 275); **Kontrolllisten** über die **Einsatztage und Einsatzzeiten** der einzelnen AN von Fremdfirmen (BAG v. 31. 1. 89, AP Nr. 33 zu § 80 BetrVG 1972); die Personalien aller im Betrieb eingesetzten AN von Fremdfirmen (ArbG Mainz, AiB 91, 58); die Modalitäten des Einsatzes der als Redakteure tätigen freien Mitarbeiter im Betrieb des AG (ArbG Hamburg, AuR 97, 497); die **Veräußerungs- und Übertragungsverträge durch den Konkursverwalter**, mit denen er das Vermögen und die Inbetriebnahme- und Gewährleistungspflichten gegenüber Kunden aus dem Vermögen der Gesamtschuldnerin auf 19 einen Erwerber übertrug (LAG Berlin, AiB 98, 167 mit Anm. v. Bichlmeier); eine Auflistung der **Privatanschriften der AN** während eines arbeitskampfbedingten Produktionsstillstandes zur Versendung von situationsbezogenen Informationen (LAG Berlin, DB 84, 1936); Unterlagen über die von einem UN-Beratungsbüro **durchgeführten Untersuchungen zur Gemeinkostensenkung**, z.B. erarbeitete Arbeitsblätter über Rationalisierungspotenzial und den Maßnahmeplan (LAG Schleswig-Holstein, AuR 94, 202; a.A. offenbar ArbG Minden v. 10. 8. 94 – 2 BV 26/93); bei Geltung einer BV über die **gleitende Arbeitszeit** auf jeden AN bezogen eine zeitbezogene Aufstellung über monatlich erfasste Anwesenheitszeiten und monatlich bezahlte Arbeitszeiten (LAG Baden-Württemberg, AiB 94, 563); Unterlagen über Formen und Inhalte der **Verarbeitung personenbezogener Daten der AN**, auch wenn die Datenverarbeitung bei einem anderen UN erfolgt (BAG v. 17. 3. 87, AP Nr. 29 zu § 80 BetrVG 1972); Unterlagen über die bei Erteilung einer individuellen **Versorgungszusage an AT-Ang.** angewandten Grundsätze (BAG, BB 81, 1952); jeweils ein Exemplar der einem ausgeschiedenen AN gemäß § 2 Abs. 6 BetrAVG erteilten **Versorgungsauskunft** (LAG Baden-Württemberg, AiB 91, 271) die Etatansätze für die **berufliche Weiterbildung** (LAG Hamm, AuR 98, 125). Die Vorlagepflicht ist grundsätzlich nicht von einem konkreten Streitfall anhängig (vgl. BAG, PersR 91, 182; vgl. DKK-Buschmann, Rn. 45ff.). Nach Auffassung des BAG soll der Unterrichtungsanspruch den BR jedoch nicht berechtigen, vom AG die Installierung von **Messgeräten** zu verlangen, um auf diese Weise Unterlagen über die tatsächliche Lärmbelästigung der AN zu erhalten (BAG, AuR 86, 346; zur Kritik vgl. DKK-Buschmann, Rn. 44a). Für den **Auskunftsanspruch** genügt es, dass der BR die Auskunft benötigt, um feststellen zu können, ob ihm – z.B. bei der Gewährung einer **Streikprämie** – ein MBR zusteht und ob er davon Gebrauch machen soll (BAG, NZA 88, 620). Der AG ist verpflichtet, dem GBR bzw. dem KBR eine Liste betriebsratsloser, aber betriebsratsfähiger Betriebe zu erstellen, damit diese ihrer Aufgabe zur Bestellung von WV nachkommen können (§§ 17, 17a).

20 Der AG ist verpflichtet, dem BR erforderlichenfalls sachkundige AN als **Auskunftspersonen** zur Verfügung zu stellen. Dieser Anspruch besteht unabhängig von dem Anspruch des BR auf Hinzuziehung eines Sachverständigen nach Abs. 3; es sei denn, der BR hält die von der Auskunftsperson gegebenen Auskünfte für so umfassend und erschöpfend, dass er die Hinzuziehung eines außerbetrieblichen Sachverständigen als nicht erforderlich ansieht. Die Erforderlichkeit zur Hinzuziehung der betrieblichen Auskunftsperson ist gegeben, wenn die benötigte Unterrichtung im Rahmen der Aufgaben des BR liegt und der BR ohne die Auskunft seine Tätigkeit nicht ordnungsgemäß erfüllen kann. Die Hinzuziehung setzt einen Beschluss nach § 33 und eine entsprechende Mitteilung an den AG voraus.

Als **sachkundige Arbeitnehmer** kommen alle AN in Betracht; auch gew. Vertrauensleute (vgl. Becker/Kunz/Schneider, AiB 02, 537). Es kommen auch **leit. Ang. nach § 5 Abs. 3** in Betracht (DKK-Buschmann, Rn. 120; a. A. FKHES, Rn. 85). Sie sind AN, wenn auch nicht nach § 5 Abs. 1. Der Einschluss der leit. Ang. in den potenziellen Personenkreis der Auskunftspersonen i. S. des § 80 Abs. 2 Satz 3 ergibt sich bereits daraus, dass leit. Ang. der AG-Sphäre zuzurechnen sind und es ohnehin der AG ist, der die Auskunftspflicht nach § 80 Abs. 2 zu erfüllen hat. Leit. Ang. haben aufgrund ihrer AG-(UN-)Nähe häufig das erforderliche Wissen, das der BR zur Erfüllung seiner Aufgaben benötigt. Der Gesetzgeber hat im Übrigen auch an anderer Stelle leit. Ang. in das betriebliche AN-Informationssystem eingebunden, nämlich beim WA. So kann der BR (GBR) leit. Ang. zu **Mitgl. des WA** bestimmen (§ 107 Abs. 1 Satz 2). 21

Der BR kann von dem AG verlangen, dass ihm **bestimmte Beschäftigte** als Auskunftspersonen zur Verfügung gestellt werden. Wenn dies etwa wegen der Komplexität der erforderlichen Auskünfte erforderlich ist, kann der BR auch die Zurverfügungstellung mehrerer Auskunftspersonen verlangen. Er ist nicht auf den betrieblichen Bereich beschränkt. Die Auskunftspersonen können auch **anderen Betrieben** des UN angehören. Der BR kann aber auch vom AG verlangen, dass dieser ihm eine **Liste** mit entsprechend sachkundigen Personen des Betriebs bzw. des UN zugänglich macht. 22

Der AG ist grundsätzlich verpflichtet, dem BR den von diesem bezeichneten Beschäftigten als Auskunftsperson zur Verfügung zu stellen. Dazu ist er nur dann nicht verpflichtet, wenn **betriebliche Notwendigkeiten** dem entgegenstehen. Es muss sich um solche zwingenden betrieblichen Notwendigkeiten handeln, bei denen das Interesse an der Nichtzurverfügungstellung wesentlich höher zu bewerten ist als das Interesse des BR, dass ihm diese Auskunftsperson zur Verfügung gestellt wird. Das Vorliegen der betrieblichen Notwendigkeit hat der **AG zu beweisen**. Im Streitfalle entscheidet das ArbG. Besteht ein dringendes Interesse des BR an der Zurverfügungstellung, kommt ggf. eine **einstweilige Verfügung** in Betracht. 23

Das Gesetz verlangt, dass dem BR die Auskunftsperson **»zur Verfügung«** gestellt wird. Das bedeutet, dass der BR in die Lage versetzt wird, ohne Einschränkung auf das Wissen der Auskunftsperson zurückgreifen zu können. So muss er der Auskunftsperson beispielsweise jederzeit Fragen vorlegen können, die **schriftlich** zu beantworten sind. Eine andere Möglichkeit ist, von der Auskunftsperson in einer **BR-Sitzung** mündlich Auskunft zu erhalten. Die Auskunftsperson hat sich in dem für die Auskünfte erforderlichen zeitlichen Umfang zur Verfügung zu halten. Sie darf sich insoweit nicht auf arbeitsvertragliche 24

Pflichten berufen. Bei umfangreichen Projekten und entsprechenden Fragekomplexen kann auch eine **zeitweise Freistellung** in Betracht kommen. Im Übrigen ist der AG aufgrund des gesetzlichen Auftrags der Zurverfügungstellung, aber auch auf der Grundlage der Zusammenarbeit mit dem BR verpflichtet, auf die betriebliche Auskunftsperson **einzuwirken**, auch mit arbeitsvertraglichen Mitteln, wenn sich diese der Zusammenarbeitspflicht mit dem BR entziehen will. Die Zusammenarbeit mit dem BR gehört für die Auskunftsperson zu ihren arbeitsvertraglichen Pflichten. Die aufgewendete Zeit ist Arbeitszeit und entsprechend zu vergüten (FKHES Rn. 85).

25 In die **Listen über die Bruttolöhne und -gehälter** hat der BA, wo ein solcher nicht besteht, der BR-Vors. oder ein beauftragtes BR-Mitgl., ein Einsichtsrecht (Schneider, AiB 87, 209) auch dann, wenn die BR-Wahl gemäß § 19 angefochten wurde (LAG Düsseldorf v. 26. 2. 91 – 6 TaBV 133/90). »Einblick« bedeutet nicht Aushändigung der Listen, schließt aber die Möglichkeit ein, Notizen zu machen (BAG, AuR 77, 125), ggf. auch in hierfür eigens vom BR vorbereiteten Listen, die in Bezug auf Tarif- und Effektivgehalt handschriftlich vollständig ergänzt werden können (so LAG Hamburg, AuR 97, 39; vgl. auch ArbG Fulda, DB 92, 2404, das zutreffend die Anfertigung von Abschriften als zulässig ansieht; LAG Frankfurt, DB 90, 2376; vgl. ferner SR, Rn. 90 ff. zu Einzelfragen des Einblickrechts). Ein Anwesenheitsrecht des AG bei der Einsichtnahme besteht nicht (LAG Frankfurt, BetrR 85, 386; vgl. BAG, NZA 96, 330 = AiB 96, 380 mit Anm. v. Grimberg, wonach keine vom AG zur Überwachung des BR beauftragten Personen anwesend sein dürfen; vgl. ferner auch LAG Köln, AiB 92, 582, das zutreffend darauf hinweist, dass es in diesem Fall dem AG möglich wäre, Gespräche der BR-Mitgl. mitzuhören; Leege, BB 96, 479; a. A. LAG Bremen, DB 95, 1771; Leßmann, NZA 92, 832).

26 Das Einblicksrecht erstreckt sich auch auf die **effektiven Bruttobezüge** einschließlich der übertariflichen Zulagen (BAG v. 18. 9. 73, 12. 2. 80, AP Nrn. 3, 12 zu § 80 BetrVG 1972), freiwilligen Prämien (BAG v. 17. 3. 83, AP Nr. 18 zu § 80 BetrVG 1972) und auf **alle Zahlungen**, einschl. Sonderzahlungen, Gratifikationen und sog. Einmalzahlungen (z. B. »Streikprämien«), die individuell ausgehandelt und gewährt werden (BAG v. 28. 5. 74, 30. 6. 81, 10. 2. 87, AP Nrn. 27, 7, 15 zu § 80 BetrVG 1972). Es ist nicht davon abhängig, dass die über- bzw. außertariflichen Lohnbestandteile **kollektiven oder kollektivähnlichen Bezug** haben (BAG v. 8. 2. 77, 30. 6. 81, AP Nrn. 10, 15 zu § 80 BetrVG 1972). Der Begriff »Liste« bezieht sich auch auf in EDV-Anlagen gespeicherte Gehaltsdaten (BAG v. 17. 3. 83 a. a. O.).

27 Für die Ausübung des Einblicksrechts benötigt der BR keinen besonderen Anlass (BAG v. 18. 9. 73, 28. 5. 74, 17. 3. 83, AP Nrn. 4, 7, 18 zu

§ 80 BetrVG 1972). Dies gilt auch dann bei **AT-Ang.**, wenn die Höhe der Gehälter individuell ohne kollektiven Bezug vereinbart wurde (BAG v. 30. 6. 81, AP Nr. 15 zu § 80 BetrVG 1972). AT-Ang. sind Ang., die kraft ihrer Tätigkeitsmerkmale nicht mehr unter den persönlichen Geltungsbereich des TV fallen (BAG v. 18. 9. 73, 28. 5. 74, AP Nrn. 3, 6 zu § 80 BetrVG 1972). In der Einblicknahme liegt **keine Verletzung der geschützten Individualsphäre** des einzelnen AN (BAG v. 18. 9. 73, 30. 6. 81, AP Nrn. 3, 15 zu § 80 BetrVG 1972) und kein Verstoß gegen das BDSG (BAG v. 17. 3. 83 a. a. O.). Das Einblicksrecht kann ggf. auch **gegen den** ausdrücklichen **Willen** der AN vorgenommen werden (BAG, BB 83, 1214, v. 20. 12. 88, AP Nr. 5 zu § 92 ArbGG 1979; vgl. ergänzend DKK-Buschmann, Rn. 113 ff.).

(3) Ein Recht auf Beauftragung eines **Sachverständigen** (vgl. hierzu DKK-Buschmann, Rn. 127 ff.; Pflüger, NZA 88, 45; Schierbaum, AiB 96, 217; Warschkow, Rechtspr.-Übersicht, AiB 94, 751) besteht nach näherer Vereinbarung mit dem AG. Nur dann hat der AG die Kosten zu tragen (BAG v. 25. 4. 78, AP Nr. 11 zu § 80 BetrVG 1972). Die **vorherige Zustimmung** des AG braucht nach richtiger Auffassung jedoch nicht vorzuliegen, sofern das verweigerte Einverständnis nachträglich gerichtl. ersetzt wird (LAG Frankfurt, BB 87, 614; a. A. offenbar BAG, AiB 90, 36; NZA 90, 33). Allerdings muss nach Auffassung des BAG der BR zunächst **alle betrieblichen Informationsmöglichkeiten** ausschöpfen und versuchen, sich auf andere Weise (etwa durch den Besuch von Schulungsveranstaltungen) sachkundig zu machen, bevor er einen außerbetrieblichen Sachverständigen beauftragt (BAG, AuR 88, 92; 88, 289; 93, 70; zur umfassenden Kritik an dieser Rspr. des BAG, mit der unverständlicherweise Hürden bei der Bestellung eines Sachverständigen errichtet werden, die im Gesetz selbst nicht vorhanden sind, vgl. insbesondere Wagner, AuR 93, 70; Däubler, Gläserne Belegschaften? [2. Aufl.], Rn. 344 ff.; Linnenkohl, AuR 88, 95; ders. BB 88, 766; Matthiesen, CR 88, 478; SR, Rn. 101 ff.; Trittin, AuR 88, 291). Zu den betrieblichen Informationsmöglichkeiten gehört auch die Frage, ob und inwieweit der BR auf Beschäftigte des Betriebs bzw. des UN zurückgreifen sollte, um sie als Auskunftsperson i. S. des Abs. 2 Satz 3 in Anspruch zu nehmen (vgl. Rn. 20 ff.). Bei der Vermittlung besonderer fachlicher Kenntnisse kommt die Hinzuziehung eines Sachverständigen bereits im **Informationsstadium** in Betracht, damit der BR ggf. in der Lage ist, zu erkennen, welche Aufgaben sich für ihn stellen (so offenbar auch BAG, AuR 88, 92; SR a. a. O.; vgl. auch ArbG Berlin v. 7. 5. 87 – 4 BV 8/87, das den BR bei der Einführung von EDV immer für berechtigt hält, einen Sachverständigen hinzuzuziehen, wenn dem BR keine EDV-Spezialisten angehören). Wird der BR von einem Sequester zur Aufnahme von Verhandlungen über einen Interessenausgleich und 28

Sozialplan aufgefordert, kann die Hinzuziehung eines Sachverständigen erforderlich sein (ArbG Wesel, AiB 97, 538 mit Anm. v. Bell).

29 Sachverständige sind Personen, die dem BR die fehlenden fachlichen und rechtlichen Kenntnisse vermitteln und/oder aus einem feststehenden Sachverhalt Schlussfolgerungen ziehen, damit der BR ihm konkret obliegende betriebsverfassungsrechtliche Aufgaben sachgerecht erfüllen kann (BAG, AiB 90, 36; HessLAG, NZA 94, 379; LAG Hamm, AiB 94, 423; DKK-Buschmann, Rn. 137; FKHES, Rn. 87). In Betracht kommt jede Person, die über die erforderlichen Kenntnisse verfügt, z. B. Informatiker, Arbeitswissenschaftler, Rechtswissenschaftler, Bilanzsachverständige und Rechtsanwälte (DKK-Buschmann a. a. O.). Auch die Zuziehung eines **Rechtsanwalts als Berater** des BR soll sich nach der Rechtspr. nicht nach § 40 Abs. 1, sondern nach dieser Vorschrift mit der Folge richten, dass eine nähere Vereinbarung mit dem AG getroffen werden muss (BAG, NZA 93, 86; vgl. auch BAG, NZA 98, 900; vgl. ferner LAG Schleswig-Holstein, AiB 00, 162, wonach zur Unterscheidung zwischen einer anwaltlichen Vertretung und einer Sachverständigentätigkeit maßgebend ist, ob der Rechtsanwalt zur Durchsetzung der Rechte des BR beauftragt wurde). Der BR kann als Sachverständigen eine Person seines Vertrauens hinzuziehen; er ist nicht auf die kostengünstigste Möglichkeit beschränkt (LAG Baden-Württemberg, AiB 86, 261; offen gelassen BAG, NZA 93, 86, 89). Eine spezielle Sachverständigenregelung enthält das neue Recht in § 111 Satz 2. Danach kann der BR bei geplanten Betriebsänderungen zu seiner Unterstützung einen Berater hinzuziehen. Dazu bedarf es nicht einer näheren Vereinbarung mit dem AG, wie sie in § 80 Abs. 3 vorgesehen ist. Andererseits schließen sich die speziellen Regelungen zur Hinzuziehung eines Beraters nach § 111 Satz 2 und zur Hinzuziehung eines Sachverständigen nach § 80 Abs. 3 nicht gegenseitig aus (vgl. auch § 111 Rn. 1 b).

30 Bei entsprechender Eilbedürftigkeit kann der AG im Wege der einstweiligen Verfügung verpflichtet werden, die Zustimmung zur Hinzuziehung eines Sachverständigen zu erteilen (LAG Baden-Württemberg, AiB 86, 261; LAG Düsseldorf, AuR 84, 191; LAG Hamm, AiB 94, 423; vgl. auch Knauber-Bergs, AiB 87, 160). Sofern dies zur ordnungsgemäßen Erfüllung ihrer Aufgaben erforderlich ist, kann auch die ESt. einen Sachverständigen ohne vorherige Zustimmung des AG hinzuziehen (BAG, DB 92, 789; LAG Hamm a. a. O.; LAG Niedersachsen, AiB 88, 311).

31 (4) Für die hinzugezogenen Sachverständigen gilt ebenso wie für die Auskunftspersonen nach Abs. 2 Satz 3 die **Schweigepflicht** nach § 79 Abs. 1 Satz 3, 4 (vgl. die Erl. dort). Die Schweigepflicht gilt nicht gegenüber dem BR und seinen Mitgl. sowie gegenüber den in § 79 Abs. 1 Satz 3, 4 genannten Betriebsverfassungsorganen.

Zweiter Abschnitt
Mitwirkungs- und Beschwerderecht des Arbeitnehmers

§ 81
Unterrichtungs- und Erörterungspflicht des Arbeitgebers

(1) Der Arbeitgeber hat den Arbeitnehmer über dessen Aufgabe und Verantwortung sowie über die Art seiner Tätigkeit und ihre Einordnung in den Arbeitsablauf des Betriebs zu unterrichten. Er hat den Arbeitnehmer vor Beginn der Beschäftigung über die Unfall- und Gesundheitsgefahren, denen dieser bei der Beschäftigung ausgesetzt ist, sowie über die Maßnahmen und Einrichtungen zur Abwendung dieser Gefahren und die nach § 10 Abs. 2 des Arbeitsschutzgesetzes getroffenen Maßnahmen zu belehren.

(2) Über Veränderungen in seinem Arbeitsbereich ist der Arbeitnehmer rechtzeitig zu unterrichten. Absatz 1 gilt entsprechend.

(3) In Betrieben, in denen kein Betriebsrat besteht, hat der Arbeitgeber die Arbeitnehmer zu allen Maßnahmen zu hören, die Auswirkungen auf Sicherheit und Gesundheit der Arbeitnehmer haben können.

(4) Der Arbeitgeber hat den Arbeitnehmer über die aufgrund einer Planung von technischen Anlagen, von Arbeitsverfahren und Arbeitsabläufen oder der Arbeitsplätze vorgesehenen Maßnahmen und ihre Auswirkungen auf seinen Arbeitsplatz, die Arbeitsumgebung sowie auf Inhalt und Art seiner Tätigkeit zu unterrichten. Sobald feststeht, dass sich die Tätigkeit des Arbeitnehmers ändern wird und seine beruflichen Kenntnisse und Fähigkeiten zur Erfüllung seiner Aufgaben nicht ausreichen, hat der Arbeitgeber mit dem Arbeitnehmer zu erörtern, wie dessen beruflichen Kenntnisse und Fähigkeiten im Rahmen der betrieblichen Möglichkeiten den künftigen Anforderungen angepasst werden können. Der Arbeitnehmer kann bei der Erörterung ein Mitglied des Betriebsrats hinzuziehen.

(1–4) Die Bestimmung enthält allgemeine, sich bereits aus vertraglichen Nebenpflichten ergebende, arbeitsrechtliche Grundsätze, beinhaltet zugleich aber auch Elemente einer Mitbestimmung am Arbeitsplatz (Däubler/Klebe Mitb. 90, 363, 395). Die §§ 81 ff. beeinträchtigen oder verdrängen in keiner Weise nach anderen Bestimmungen bestehende Beteiligungsrechte des BR, falls es zu Überschneidungen kommen sollte. So kann der AG Ansprüche des BR, die dieser im Rahmen der Berufsausbildung nach §§ 96 ff. hat, nicht damit abwehren, es handele sich insoweit um Unterrichtungen nach § 81 1

Abs. 1 (zur Abgrenzung der §§ 81 ff. von §§ 96 ff. vgl. auch BAG, NZA 86, 535; 91, 837). Der AN ist nicht nur über seinen unmittelbaren Aufgabenbereich, sondern darüber hinaus auch darüber zu unterrichten, wie sich seine **Tätigkeit im Arbeitsablauf** darstellt. Abs. 3 stellt insbesondere auf eine Unterrichtung und Erörterung bei Problemen ab, wie sie mit der Einführung neuer Techniken verbunden sind. Die Einzelrechte gelten auch für Auszubildende, nicht aber für leit. Ang. (BAG, AuR 75, 1320); für Leih-AN gelten die §§ 81 bis 86 im Verleiherbetrieb uneingeschränkt, im Entleiherbetrieb mit Ausnahme der §§ 82 Abs. 2 und 83 (Art. 1 § 14 Abs. 2 Satz 3 AÜG). Die Unterrichtungspflicht nach dieser Vorschrift betrifft auch die **vorübergehende Zuweisung** einer anderen Arbeit und Veränderungen, die sich auf den Stand des Arbeitsverhältnisses selbst beziehen (ArbG Gelsenkirchen v. 21. 10. 82 – 3 Ca 1768/82). Von besonderer Bedeutung ist die Belehrung vor einem Einsatz in gesundheitsgefährdenden Arbeitszeitsystemen wie Nachtarbeit (vgl. BVerfG, AuR 92, 187 ff.).

2 Solange der AG seine Verpflichtungen nach dieser Vorschrift nicht erfüllt, hat der AN ein **Leistungsverweigerungsrecht** nach § 273 BGB, ohne dass er seinen Lohnanspruch verliert. Für die Unterweisung in die Unfall- und Gesundheitsgefahren genügt nicht die Aushändigung eines Merkblatts. Sind im Betrieb Betriebsärzte und Fachkräfte für Arbeitssicherheit, gehört es zu ihren Aufgaben, den AG bei seiner Unterweisungspflicht zu unterstützen. Ausländische AN sind ggf. in ihrer Muttersprache zu belehren (LAG Baden-Württemberg, AiB 90, 313 f.).

§ 82
Anhörungs- und Erörterungsrecht des Arbeitnehmers

(1) Der Arbeitnehmer hat das Recht, in betrieblichen Angelegenheiten, die seine Person betreffen, von den nach Maßgabe des organisatorischen Aufbaus des Betriebs hierfür zuständigen Personen gehört zu werden. Er ist berechtigt, zu Maßnahmen des Arbeitgebers, die ihn betreffen, Stellung zu nehmen sowie Vorschläge für die Gestaltung des Arbeitsplatzes und des Arbeitsablaufs zu machen.

(2) Der Arbeitnehmer kann verlangen, dass ihm die Berechnung und Zusammensetzung seines Arbeitsentgelts erläutert und dass mit ihm die Beurteilung seiner Leistungen sowie die Möglichkeiten seiner beruflichen Entwicklung im Betrieb erörtert werden. Er kann ein Mitglied des Betriebsrats hinzuziehen. Das Mitglied des Betriebsrats hat über den Inhalt dieser Verhandlungen Stillschweigen zu bewahren, soweit es vom Arbeitnehmer im Einzelfall nicht von dieser Verpflichtung entbunden wird.

(1, 2) Das Recht des AN, in bestimmten Angelegenheiten, die seine Person betreffen, gehört zu werden, beschränkt sich nicht auf ein bloßes Anhören. Der AN kann vielmehr verlangen, in der betreffenden Angelegenheit eine **Auskunft** vom AG oder der dafür zuständigen Person zu erhalten. Der AN kann selbst dann ein Mitgl. des BR hinzuziehen, wenn ein **Beratungs- und Förderungsgespräch** auf Veranlassung des AG stattfindet (BAG, AuR 79, 152). Unabhängig von der Bestimmung des § 82 kann sich auch aus dem allgemeinen Persönlichkeitsrecht aus Art. 2 Abs. 1 GG i. V. m. Art 1 Abs. 1 GG das Recht des AN auf Zulassung eines Rechtsbeistandes seiner Wahl bei dienstlichen Gesprächen über seinen Gesundheitszustand ergeben, da nur so der Eintritt von Nachteilen zu Lasten des AN vermieden werden kann (ArbG Münster, BB 88, 164). 1

§ 83
Einsicht in die Personalakten

(1) Der Arbeitnehmer hat das Recht, in die über ihn geführten Personalakten Einsicht zu nehmen. Er kann hierzu ein Mitglied des Betriebsrats hinzuziehen. Das Mitglied des Betriebsrats hat über den Inhalt der Personalakte Stillschweigen zu bewahren, soweit es vom Arbeitnehmer im Einzelfall nicht von dieser Verpflichtung entbunden wird.

(2) Erklärungen des Arbeitnehmers zum Inhalt der Personalakte sind dieser auf sein Verlangen beizufügen.

(1) Die Vorschrift schreibt nicht vor, dass eine Personalakte zu führen ist und welchen Inhalt sie haben muss, wenn sie geführt wird. § 83 geht der Bestimmung des **§ 34 BDSG** vor. Personalakte ist **jede Sammlung von schriftlichen Unterlagen** über einen bestimmten AN, ohne Rücksicht auf die Form, in der sie geführt wird. Darunter fallen auch die in **elektronischen Datenbanken** gespeicherten Personaldaten. Dem AN ist dabei in allgemeiner Form lesbar und entschlüsselt Auskunft darüber zu erteilen, welche Daten über ihn gespeichert werden und an wen sie übermittelt worden sind (ArbG Berlin, BB 88, 70). Das Einsichtsrecht aus dieser Vorschrift geht dem Auskunftsanspruch des **§ 34 BDSG** vor (zum BDSG vgl. im Übrigen die Erl. zu § 94). Aufgrund des verfassungsrechtlich gewährleisteten Persönlichkeitsschutzes ist der AG verpflichtet, die Personalakten des AN **sorgfältig** zu verwahren, bestimmte Informationen **vertraulich** zu behandeln und für die vertrauliche Behandlung durch die Sachbearbeiter Sorge zu tragen. Auch muss der AG den Kreis der mit Personalakten befassten AN **möglichst eng** halten (BAG, NZA 88, 53). 1

Die Personalakten dürfen nur Angaben enthalten, für die ein **sachliches Interesse** des AG besteht (LAG Niedersachsen v. 10. 7. 80, AP Nr. 85 zu § 611 BGB Fürsorgepflicht). Auch **Sonder- und Neben-** 2

akten, persönliche Aufzeichnungen des Vorgesetzten sowie **Unterlagen des Werkschutzes** gehören zur Personalakte. Entscheidend ist nicht, was der AG als Personalakte bezeichnet. Maßgebend ist vielmehr der sog. **materielle Begriff** der Personalakte (BAG, AuR 81, 124). Der AN hat somit das Recht der Einsichtnahme in alle Unterlagen, die auf das Arbeitsverhältnis bezogene Aufzeichnungen enthalten und damit in einem Zusammenhang stehen.

3 Die Führung von **Geheimakten** ist unzulässig. Der AN hat Anspruch darauf, dass in der Personalakte Hinweise auf geführte Sonderakten angebracht werden (LAG Bremen, BB 77, 648). Das Einsichtsrecht besteht **jederzeit** und erfolgt grundsätzlich während der **Arbeitszeit**. Eine Minderung des Arbeitsentgelts darf nicht stattfinden. Auch **außerbetrieblich** geführte Unterlagen dürfen eingesehen werden. **Verschlüsselte Angaben** sind dem AN zu erläutern. Das ist von besonderer Bedeutung, wenn Personaldaten in Datenbanken gespeichert werden. Sie müssen dem AN in einer für ihn verständlichen Form zugänglich gemacht werden. Der AN kann sich anhand der Personalakten auch **Notizen** machen oder auf eigene Kosten **Kopien** anfertigen. Eine BV, beispielsweise nach § 87 Abs. 1 Nr. 1, darf nicht zu einer grundsätzlichen Beschränkung des Einsichtsrechts führen. Von der Möglichkeit, ein BR-Mitgl. hinzuzuziehen, sollte regelmäßig Gebrauch gemacht werden. Ansonsten ist der Personenkreis, der sich mit Personalakten befasst, möglichst klein zu halten. **Ohne Einverständnis** des AN ist es unzulässig, die Personalakten an Betriebsfremde weiterzugeben, z.B. an einen AG, bei dem sich der AN bewerben will (vgl. BAG, NZA 85, 811).

4 (2) Die Erklärung ist auch dann beizufügen, wenn der AG sie für unzutreffend oder nicht in die Personalakten gehörend ansieht. Daneben hat der AN das **Recht auf Entfernung** von unrichtigen Angaben und missbilligenden Äußerungen aus den Personalakten, wenn diese unzutreffende Tatsachenbehauptungen enthalten, die den AN in seiner Rechtsstellung und in seinem beruflichen Fortkommen beeinträchtigen können (BAG, DB 72, 1783; NZA 86, 227), und zwar auch dann, wenn konkrete Tatsachen nicht vorliegen, die eine Beeinträchtigung des beruflichen Fortkommens durch den Verbleib der Abmahnung in der Personalakte erwarten lassen (ArbG Köln, BB 94, 580). Entsprechendes gilt, wenn sich in den Personalakten eine auf die Verletzung arbeitsvertraglicher Pflichten erstreckende schriftliche Abmahnung befindet, die unbegründet ist (BAG, AuR 84, 220; vgl. auch § 87 Rn. 12). Werden in einem Abmahnungsschreiben gleichzeitig verschiedene Pflichtverletzungen gerügt, von denen nur einzelne zutreffen, ist die Abmahnung nicht teilweise aufrecht zu erhalten, sondern sie muss vollständig aus der Personalakte entfernt werden (LAG Hamm v. 23. 4. 94 – 4 Sa 1811/91). Auch nach Entfernung einer Abmahnung aus der Personalakte besteht nach der Auffassung des

BAG (AuR 99, 352) bei fortdauernden Rechtsbeeinträchtigungen ein Widerrufsanspruch.

§ 84
Beschwerderecht

(1) Jeder Arbeitnehmer hat das Recht, sich bei den zuständigen Stellen des Betriebs zu beschweren, wenn er sich vom Arbeitgeber oder von Arbeitnehmern des Betriebs benachteiligt oder ungerecht behandelt oder in sonstiger Weise beeinträchtigt fühlt. Er kann ein Mitglied des Betriebsrats zur Unterstützung oder Vermittlung hinzuziehen.

(2) Der Arbeitgeber hat den Arbeitnehmer über die Behandlung der Beschwerde zu bescheiden und, soweit er die Beschwerde für berechtigt erachtet, ihr abzuhelfen.

(3) Wegen der Erhebung einer Beschwerde dürfen dem Arbeitnehmer keine Nachteile entstehen.

(1–3) Das Beschwerderecht kann auch von mehreren AN gemeinsam 1
ausgeübt werden. Erforderlich für eine Beschwerde ist, dass ein betrieblicher Bezug besteht (ArbG Mannheim, BB 79, 833). Der sich beschwerende AN muss eine Beeinträchtigung seiner persönlichen Position empfinden (ArbG Hannover, AiB 89, 313); es kann sich sowohl um tatsächliche als auch um rechtliche Beeinträchtigungen des AN handeln (LAG Frankfurt, BetrR 87, 223), z.B. sexuelle Belästigung (vgl. insoweit auch die Regelungen im Gesetz zum Schutz der Beschäftigten vor sexuellen Belästigungen am Arbeitsplatz v. 24. 6. 94, BGBl. I S. 1406; ferner LAG Hamm, NZA 97, 769), das sog. Mobbing (BAG, NZA 97, 781) oder ausländerfeindliches Verhalten von Mitarbeitern. Die Beschwerde eines AN über Vorgänge, die nicht ihn persönlich, sondern andere AN betreffen oder auch nur über allgemeine Missstände, löst nicht das in dieser und den nachfolgenden Vorschriften geregelte besondere Beschwerdeverfahren aus (LAG Schleswig-Holstein, NZA 90, 703 f.), es sei denn, der die allgemeinen Missstände rügende AN fühlt sich durch diese ebenfalls beeinträchtigt; in jedem Fall kann er sich auch mit allgemeinen Beschwerden an den BR wenden. Die Beschwerde hat **keine aufschiebende Wirkung** gegenüber Anordnungen des AG. Gesetzl. Fristen werden durch eine Beschwerde nicht gehemmt. Es besteht kein Anspruch auf anonyme Behandlung der Beschwerde.

Lehnt der AG die Beschwerde ab, soll die Ablehnung eine **Begrün-** 2
dung enthalten. Der AN kann im Falle der Ablehnung seiner Beschwerde den BR nach § 85 anrufen. Daneben hat er, soweit Gegenstand der Beschwerde ein Rechtsanspruch ist, die Möglichkeit der Einleitung eines Klageverfahrens oder, allerdings nur wenn die Vo-

raussetzungen des § 273 BGB erfüllt sind, der Zurückbehaltung seiner Arbeitsleistung. Das Benachteiligungsverbot nach Abs. 2 bezieht sich sowohl auf tatsächliche als auch auf rechtliche Benachteiligungen des AN (LAG Frankfurt, BetrR 87, 223); es gilt auch, wenn die Beschwerde sich als unbegründet erweist (LAG Köln v. 20. 1. 99 – 8 Sa 1215/98). Ausnahmen sind allenfalls im Hinblick auf Begleitumstände und Inhalt der Beschwerde denkbar, z.B. völlig haltlose schwere Anschuldigungen in beleidigendem Ton (LAG Köln a. a. O.).

§ 85
Behandlung von Beschwerden durch den Betriebsrat

(1) Der Betriebsrat hat Beschwerden von Arbeitnehmern entgegenzunehmen und, falls er sie für berechtigt erachtet, beim Arbeitgeber auf Abhilfe hinzuwirken.

(2) Bestehen zwischen Betriebsrat und Arbeitgeber Meinungsverschiedenheiten über die Berechtigung der Beschwerde, so kann der Betriebsrat die Einigungsstelle anrufen. Der Spruch der Einigungsstelle ersetzt die Einigung zwischen Arbeitgeber und Betriebsrat. Dies gilt nicht, soweit Gegenstand der Beschwerde ein Rechtsanspruch ist.

(3) Der Arbeitgeber hat den Betriebsrat über die Behandlung der Beschwerde zu unterrichten. § 84 Abs. 2 bleibt unberührt.

1 (1–3) Unabhängig von der Möglichkeit, sich selbst beim AG zu beschweren, kann der AN die Beschwerde auch beim BR anbringen. Nur in diesem Fall kann **Abhilfe** einer berechtigten Beschwerde unabhängig von der Haltung des AG **durchgesetzt** werden. Der BR ist verpflichtet, die Beschwerde gegenüber dem AG weiter zu verfolgen, wenn er sie für berechtigt erachtet. Auch Beschwerden, die vom AG nach § 84 abschlägig beschieden worden sind, können auf diese Weise weiter verfolgt werden. Der Beschwerdegegenstand nach § 84 und nach § 85 ist identisch (LAG Frankfurt, BetrR 87, 223). Gegenstand einer Beschwerde können hierbei auch **Rechtsansprüche** sein (ArbG Hamburg, AiB 83, 189; LAG Hamburg, BB 85, 1729), etwa eine vom AN beanstandete Ablehnung von Sonderurlaub durch den AG oder die Geltendmachung eines Anspruchs auf Rücknahme einer Abmahnung (str.; wie hier LAG Köln, BB 85, 524; a. A. LAG Berlin, BB 88, 2040). Mit dieser Auffassung ist auch die Entstehungsgeschichte des Gesetzes vereinbar (a. A. LAG Düsseldorf v. 6. 2. 91 – 12 TaBV 138/90). Bei Nichteinigung zwischen BR und AG kann in jedem Fall die ESt. angerufen werden, für die allerdings **nicht** die Möglichkeit einer **verbindlichen** Entscheidung über den Rechtsanspruch besteht (a. A. BAG, NZA 85, 189, das entgegen des ausdrücklich zwischen der Anrufungsmöglichkeit der ESt. und der Nichtverbindlichkeit ihres Spruchs über einen Rechtsanspruch unter-

scheidenden Gesetzeswortlauts die ESt. in solchen Fällen schlechthin als unzuständig bezeichnet). Für die Beschwerde eines AN über seine totale Arbeitsüberlastung ist die ESt. nicht offensichtlich unzuständig (LAG Düsseldorf, NZA 94, 767; LAG Hamm, NZA-RR 02, 139; vgl. auch § 76 Rn. 9). **Offensichtliche Unzuständigkeit** der ESt. nach § 98 ArbGG bei einem Rechtsanspruch liegt allenfalls dann vor, wenn der AG den Rechtsanspruch zwar anerkennt, ihn zu erfüllen aber nicht bereit ist; dann ist das Klageverfahren vorrangig. Nur der BR, nicht jedoch der einzelne AN, kann die ESt. anrufen. Die MBR des BR können über das Beschwerdeverfahren zwar nicht erweitert werden (LAG Hamm, BB 86, 1359; LAG Schleswig-Holstein, NZA 90, 703). Gleichwohl kann Gegenstand der Beschwerde auch eine Angelegenheit sein, in der dem BR ein Beteiligungsrecht nach anderen Vorschriften zusteht; jedenfalls ist die Durchführung des ESt.-Verfahrens auch in solchen Fällen nicht insgesamt ausgeschlossen. Im gerichtl. Verfahren auf Bestellung des ESt.-Vors. nach § 98 ArbGG hat das Gericht nicht zu entscheiden, ob die dem prozessualen Verfahrensantrag zur Einsetzung des ESt.-Vors. zugrunde liegenden AN-Beschwerden das MBR des BR auslösen oder ob Sinn und Zweck des § 85 BetrVG einer solchen Annahme entgegenstehen. Über ihre Zuständigkeit hat die ESt. als **Vorfrage** selbst zu befinden. Das ArbG übt im Rahmen des Bestellungsverfahrens lediglich eine Missbrauchskontrolle aus und kann den Antrag nur dann zurückweisen, wenn die ESt. offensichtlich unzuständig ist (LAG Hamburg v. 13. 7. 90 – 8 TaBV 5/90).

§ 86
Ergänzende Vereinbarungen

Durch Tarifvertrag oder Betriebsvereinbarung können die Einzelheiten des Beschwerdeverfahrens geregelt werden. Hierbei kann bestimmt werden, dass in den Fällen des § 85 Abs. 2 an die Stelle der Einigungsstelle eine betriebliche Beschwerdestelle tritt.

Einzelheiten können sowohl für das individuelle Beschwerderecht 1
(§ 84) wie für das in § 85 vorgesehene kollektive Beschwerdeverfahren geregelt werden. Ein bestehender TV hat dabei **Vorrang** vor einer BV. Letztere unterliegt im Übrigen nicht dem erzwingbaren MBR; sie kann deshalb nur im Rahmen einer freiwilligen Einigung zwischen AG und BR abgeschlossen werden.

§ 86 a
Vorschlagsrecht der Arbeitnehmer

Jeder Arbeitnehmer hat das Recht, dem Betriebsrat Themen zur Beratung vorzuschlagen. Wird ein Vorschlag von mindestens 5 vom Hundert der Arbeitnehmer des Betriebs unterstützt, hat der

Betriebsrat diesen innerhalb von zwei Monaten auf die Tagesordnung einer Betriebsratssitzung zu setzen.

Die mit dem BetrVerf-ReformG neu in das Gesetz aufgenommene Vorschrift erweitert die Individualrechte des AN, in diesem Fall nicht im Verhältnis zum AG, sondern gegenüber dem BR. Vorschlagen kann der AN nicht nur **Beratungsgegenstände**, durch die er sich in besonderer Weise persönlich betroffen fühlt. Für sie dürfte vorrangig das Beschwerdeverfahren nach § 85 Abs. 1 in Betracht kommen. Gemeint sind vielmehr alle Fragen, die zum Aufgabenbereich des BR gehören und die Interessen des Betriebs und seiner Beschäftigten berühren. Der Kreis der in Betracht kommenden Themen deckt sich im Wesentlichen mit denen, die gemäß § 45 Gegenstand auch von Anträgen der Betriebs- und Abteilungsversamml. sein können. Der BR handelt **pflichtwidrig**, wenn er den Vorschlag des AN nicht behandelt, obwohl die in dieser Bestimmung vorgesehene Mindestzahl anderer AN ihn unterstützt. Auch wenn das Gesetz es nicht ausdrücklich vorschreibt, hat der BR das Ergebnis der Beratung dem AN mitzuteilen, da dies dem Sinn der Regelung entspricht. Der AN kann allerdings nicht verlangen, dass seinem Vorschlag in dem von ihm gewollten Sinne auch entsprochen wird.

Dritter Abschnitt

Soziale Angelegenheiten

§ 87
Mitbestimmungsrechte

(1) Der Betriebsrat hat, soweit eine gesetzliche oder tarifliche Regelung nicht besteht, in folgenden Angelegenheiten mitzubestimmen:

1. **Fragen der Ordnung des Betriebs und des Verhaltens der Arbeitnehmer im Betrieb;**
2. **Beginn und Ende der täglichen Arbeitszeit einschließlich der Pausen sowie Verteilung der Arbeitszeit auf die einzelnen Wochentage;**
3. **vorübergehende Verkürzung oder Verlängerung der betriebsüblichen Arbeitszeit;**
4. **Zeit, Ort und Art der Auszahlung der Arbeitsentgelte;**
5. **Aufstellung allgemeiner Urlaubsgrundsätze und des Urlaubsplans sowie die Festsetzung der zeitlichen Lage des Urlaubs für einzelne Arbeitnehmer, wenn zwischen dem Arbeitgeber und den beteiligten Arbeitnehmern kein Einverständnis erzielt wird;**
6. **Einführung und Anwendung von technischen Einrichtungen, die dazu bestimmt sind, das Verhalten oder die Leistung der Arbeitnehmer zu überwachen;**
7. **Regelungen über die Verhütung von Arbeitsunfällen und Berufskrankheiten sowie über den Gesundheitsschutz im Rahmen der gesetzlichen Vorschriften oder der Unfallverhütungsvorschriften;**
8. **Form, Ausgestaltung und Verwaltung von Sozialeinrichtungen, deren Wirkungsbereich auf den Betrieb, das Unternehmen oder den Konzern beschränkt ist;**
9. **Zuweisung und Kündigung von Wohnräumen, die den Arbeitnehmern mit Rücksicht auf das Bestehen eines Arbeitsverhältnisses vermietet werden, sowie die allgemeine Festlegung der Nutzungsbedingungen;**
10. **Fragen der betrieblichen Lohngestaltung, insbesondere die Aufstellung von Entlohnungsgrundsätzen und die Einführung und Anwendung von neuen Entlohnungsmethoden sowie deren Änderung;**
11. **Festsetzung der Akkord- und Prämiensätze und vergleich-**

barer leistungsbezogener Entgelte, einschließlich der Geldfaktoren;

12. Grundsätze über das betriebliche Vorschlagswesen;

13. Grundsätze über die Durchführung von Gruppenarbeit; Gruppenarbeit im Sinne dieser Vorschrift liegt vor, wenn im Rahmen des betrieblichen Arbeitsablaufs eine Gruppe von Arbeitnehmern eine ihr übertragene Gesamtaufgabe im Wesentlichen eigenverantwortlich erledigt.

(2) Kommt eine Einigung über eine Angelegenheit nach Absatz 1 nicht zustande, so entscheidet die Einigungsstelle. Der Spruch der Einigungsstelle ersetzt die Einigung zwischen Arbeitgeber und Betriebsrat.

1 (1) Dem AG ist es in allen MB-Angelegenheiten verwehrt, einseitige Maßnahmen durchzuführen, sofern ein BR besteht (vgl. BAG, DB 82, 1727; DKK-Klebe, Rn. 8). Kann zwischen AG und BR keine Übereinstimmung erzielt werden, sind beide Seiten berechtigt, die ESt. anzurufen, die verbindlich entscheidet. Deshalb sind **einseitige Maßnahmen** des AG **rechtswidrig** und damit unwirksam (vgl. z. B. BAG, DB 88, 2411; 89, 2491; BB 92, 276; DB 96, 1576; NZA 02, 342; DB 02, 2725; BB 03, 740). Dies gilt auch, wenn der AG den Betrieb so organisiert, dass er immer damit rechnen muss, dass z. B. Überstunden anfallen (BAG, BB 91, 548 f.). Eine nachträgliche Genehmigung des BR kann die einseitige Maßnahme nicht wirksam machen (BAG, DB 74, 1389; NZA 98, 1237). Ordnet der AG z. B. einseitig Kurzarbeit oder Überstunden an, ist kein AN verpflichtet, den Anordnungen Folge zu leisten (LAG Berlin, BetrR 82, 418 ff.). Das MBR erfasst auch AN, die aufgrund eines **Eingliederungsvertrags** beschäftigt werden (§ 231 Abs. 3 Satz 1 SGB III; FKHES, Rn. 13). Es erstreckt sich zudem auf den Einsatz von **Leih-AN**. Für solche, die länger als 3 Monate eingesetzt werden, wird dies durch § 7 Satz 2 klargestellt, der ihnen das aktive Wahlrecht zubilligt und damit ihre Zugehörigkeit zum Einsatzbetrieb anerkennt. Bei kürzerer Einsatzdauer besteht das MBR immer dann, wenn dies der Normzweck und das dem Entleiher zustehende Direktionsrecht wegen des Schutzzwecks des BetrVG erforderlich machen (BAG, DB 93, 888; BB 01, 2582; LAG München, AiB 02, 432). Es besteht so z. B. gemäß Abs. 1 Nrn. 1, 2, 6, 7, 9 und 12, regelmäßig jedoch nicht in Entlohnungsfragen und auch dann nicht, wenn die Leih-AN an Betriebe mit einer längeren Arbeitszeit ausgeliehen werden und dort über ihre vertragliche Wochenarbeitszeit hinaus tätig sind (BAG, BB 01, 2582). Hier stehen die MBR dem BR des Verleiherbetriebs zu. Werden allerdings Überstunden erst nach Aufnahme der Tätigkeit aufgrund einer späteren Entscheidung des Entleihers geleistet, so übt dessen BR das MBR aus (BAG, BB 01, 2582). Diese Abgrenzung gilt für alle Formen der Leiharbeit.

Auch bei sonstigem **Fremdfirmeneinsatz** können diese Grundsätze gelten, wenn das Direktionsrecht tatsächlich vom AG des Beschäftigungsbetriebs ausgeübt wird oder sich für dessen Belegschaft durch die Eingliederung der Fremdfirmenbeschäftigten Auswirkungen bzw. Koordinierungsbedarf ergeben oder für diese ansonsten eine Schutzlücke entsteht (DKK-Klebe, Rn. 6a). Zum gleichen Ergebnis kommt man, wenn man einen Umgehungstatbestand annimmt (vgl. LAG Düsseldorf, NZA-RR 02, 361; LAG Frankfurt, DB 90, 2126f.; LAG Baden-Württemberg, AiB 88, 314; ArbG Wiesbaden, AiB 98, 285; BAG, DB 92, 686 für die Umgehung des MBR durch Einschaltung eines **Strohmanns** und BAG, NZA 97, 955). Die Umgehung des MBR durch Änderung der Arbeitsverträge ist ebenso unzulässig, wobei die gewählte Form gleichgültig ist (vgl. BAG, DB 93, 439; 96, 1576). **Änderungskündigungen** sind dabei vor Durchführung eines für die entsprechende Modifizierung der Arbeitsbedingungen ebenfalls erforderlichen Mitbestimmungsverfahrens auch dann unwirksam, wenn sie unter dem Vorbehalt einer späteren mitbestimmten Regelung ausgesprochen werden (DKK-Klebe, Rn. 5; FKHES, Rn. 599; **a. A.** BAG, DB 98, 2170).

Andererseits bleibt der AG zur Lohnzahlung verpflichtet, wenn AN **2** Überstunden leisten, obwohl diese ohne Berücksichtigung des MBR vom AG angeordnet wurden (BAG, DB 76, 1868; vgl. auch LAG Baden-Württemberg, AiB 95, 291ff. und BAG, BB 92, 276; zur Umdeutung einer nichtigen BV in ein Vertragsangebot an die AN vgl. BAG, BB 96, 1717). **Allein** aus der Verletzung des MBR kann sich aber nach Auffassung des BAG kein individualrechtlicher Anspruch ergeben, der zuvor noch nicht bestanden hat (BAG, DB 92, 687; NZA 98, 1237; DB 02, 2725; BB 03, 740). Mitbestimmungwidrig vom AG erlangte Informationen unterliegen einem **Beweisverwertungsverbot** (LAG Baden-Württemberg, RDV 00, 27). Etwas anderes gilt nur, wenn AN sie zu ihrer Entlastung nützen. Der BR kann die **Unterlassung** derartiger Maßnahmen des AG bzw. die Beseitigung fortdauernder Wirkungen – bei entsprechender Eilbedürftigkeit auch im Wege der einstweiligen Verfügung – gerichtl. durchsetzen (vgl. Rn. 81).

Die MB räumt beiden Seiten (BR und AG) gleiche Rechte ein (BAG, **3** DB 75, 647). Somit steht dem BR grundsätzlich ein sog. **Initiativrecht** zu. Der BR kann also an den AG herantreten und von ihm verlangen, dass dieser eine MB-Maßnahme durchführt. Dabei kann es sich z.B. um die Einführung der gleitenden Arbeitszeit oder der bargeldlosen Lohnzahlung, die Reduzierung von Schichtarbeit, die Einführung eines neuen Entlohnungssystems oder eine Regelung für die Vergabe von Werkwohnungen handeln. Kann eine Übereinstimmung mit dem AG nicht erzielt werden, entscheidet die ESt. verbindlich (vgl. z.B. BAG, DB 90, 282). Das Initiativrecht ist dem BR in allen MB-Angelegenheiten eingeräumt, da sonst von einer gleichberechtigten MB keine Rede sein könnte, obwohl dadurch, zumindest mittelbar, die **unternehmerische Entscheidungsfreiheit eingeschränkt** wird (vgl. BAG, DB 83, 453; 86, 1395; 88, 811; BVerfG v. 18. 12. 85, AP Nr. 15 zu § 87 BetrVG 1972 Arbeitszeit).

4 Das MBR wird regelmäßig durch Abschluss von **BV** ausgeübt. Es sind jedoch auch formlose Absprachen möglich (vgl. BAG, NZA 91, 607; DB 92, 1734; vgl. § 77 Rn. 4). Diese können allerdings, anders als eine BV (vgl. hierzu § 77 Rn. 5, 8), die Arbeitsverträge nicht abändern (BAG, NZA 91, 607). Daher bleibt z. B. der volle Lohnanspruch trotz einer **Regelungsabrede** über Kurzarbeit erhalten. Auch bei formlosen Absprachen muss ein ordnungsgemäßer Beschluss des BR vorliegen. Ein »stillschweigendes« Einverständnis ist ebenso wenig ausreichend wie eine »widerspruchslose Hinnahme« des AG-Vorschlags (BAG, DB 93, 439). Eine **Zustimmungsverweigerung** des BR ist nicht an bestimmte Gründe gebunden. Sie ist auch dann nicht rechtsmissbräuchlich, wenn der BR seine Zustimmung zu Überstunden von der Zahlung einer Lärmzulage (LAG Nürnberg, DB 91, 707) oder anderen zusätzlichen Leistungen abhängig macht, die nicht vom MBR erfasst werden (ArbG Hamburg, AiB 94, 120). Es gibt also kein Verbot sog. **»Koppelungsgeschäfte«**. Der BR hat zudem die Ausübung seiner MBR nicht unter den Vorbehalt der Erforderlichkeit zu stellen (BAG, BB 96, 1991).

5 Die MB besteht unabhängig davon, wie viele AN von einer MB-Maßnahme erfasst werden (BAG, DB 81, 946); sie besteht auch **im Einzelfall**, wenn ein kollektiver Bezug vorliegt (BAG, DB 89, 2386; DB 92, 1579, 1585 f.; DB 93, 1143; NZA 00, 1067). Maßnahmen, die nur durch die individuellen Umstände eines einzelnen AN veranlasst worden sind, unterliegen demgegenüber nicht der MB. Darüber hinaus vermögen **Eilfälle** die MB ebenso wenig auszuschließen (BAG, DB 82, 1115; NZA 99, 662; BB 01, 2582) wie Notfälle (**str.;** vgl. z. B. DKK-Klebe, Rn. 23 m. w. N.; **einseitige Anordnungsrechte** können sich je nach Einzelfall allerdings für den AG aus § 2 Abs. 1 und § 242 BGB ergeben), die **probeweise** Durchführung von Maßnahmen (LAG Berlin, CR 87, 26 ff.) oder deren **Erledigung durch Dritte** (z. B. Verarbeitung von Personaldaten in einem externen Rechenzentrum). Der AG muss in diesem Fall in Verträgen mit dem Dritten sicherstellen, dass das MBR ausgeübt werden kann (BAG, DB 86, 1343; NZA 98, 1185; DB 00, 2227). Die MBR sind auch einzuhalten, falls der nationale AG keinen eigenen Entscheidungsspielraum hat, weil die maßgeblichen Entscheidungen bei einer **Konzernzentrale im Ausland** fallen. Die Voraussetzungen des Eingangssatzes liegen nicht vor, die unternehmerischen Entscheidungsstrukturen hat ggf. die ESt. bei ihrer Ermessensentscheidung zu berücksichtigen (vgl. BAG, NZA 93, 906; LAG Hessen, DB 01, 2254; LAG Nürnberg, NZA-RR 02, 247).

Die MB entfällt dagegen, wenn eine zwingende **gesetzl. Regelung** vorliegt. So kann der BR z.B. keine Arbeitszeitregelung mit dem AG vereinbaren, die gegen zwingende Vorschriften des Arbeitszeitgesetzes verstößt (BAG, DB 82, 117 [zur AZO]; vgl. auch LAG Frankfurt, NZA 93, 279). Dann gilt allein die gesetzl. Regelung. Muss diese jedoch noch betrieblich konkretisiert werden, wie z.B. die Sondervorschriften über **Sonntagsarbeit** oder § 5 Abs. 1 Satz 3 EFZG (BAG, DB 00, 1128), besteht insoweit ein MBR des BR (vgl. z.B. BAG, DB 85, 1898). Eine zwingende Regelung liegt nach Auffassung des BAG (NZA 03, 171) auch vor, wenn von einer gesetzlichen Regelung nur nicht zuungunsten der AN abgewichen werden kann, wie dies § 8 AWbG NW vorsieht. **Verwaltungsakte** oder sonstige Anordnungen aufgrund gesetzl. Vorschriften (z.B. Sicherheitskontrolle in Kernforschungsanlagen) stehen einer gesetzl. Regelung **nicht** gleich (LAG Baden-Württemberg, NZA 87, 251 f.; durch BAG, DB 88, 2055 offen gelassen). Nach der abzulehnenden Auffassung des BAG (vgl. DB 88, 2055; DB 92, 143 [bestätigt durch BVerfG, NZA 95, 129]) sollen MBR allerdings ausscheiden, wenn die Anordnung für den AG eine bindende Anweisung ohne Gestaltungsspielraum darstellt. **6**

Weiterhin entfällt die MB, wenn ein Tatbestand, der ansonsten der MB unterliegt, für den Betrieb (DKK-Klebe, Rn. 30) bereits abschließend **tariflich geregelt** ist (BAG, DB 86, 914; 90, 127 f.). Unter Umständen ist durch Auslegung des TV festzustellen, ob eine Ergänzung durch die MB des BR noch in Frage kommt. Im Übrigen kann die MB durch einen TV nur dann ausgeschlossen werden, wenn der TV selbst eine ausreichende Regelung beinhaltet, die dem Zweck der gesetzl. MB Genüge tut (vgl. BAG, DB 89, 1676; 92, 1579, 1583; 00, 1128). Ein völliger Ausschluss der MB ohne »Ersatzlösung« durch TV ist unzulässig. Ein einseitiges Anordnungsrecht des AG kann daher nur in **Ausnahmefällen** als Teil des MB-Verfahrens für außergewöhnliche eng umgrenzte Fallgestaltungen angeordnet werden, wenn es erkennbar eine mitbestimmte Entscheidung nicht ersetzen, sondern nur mit Rücksicht auf besondere Umstände eine **vorläufige** und kurzfristige **Übergangslösung** schaffen soll, die die abschließende Klärung aber soweit als möglich offen hält (so BAG NZA 99, 662). Der BR kann auch nicht auf die ihm gesetzlich eingeräumten MBR verzichten, z.B. durch Untätigbleiben (BAG, DB 84, 724; 98, 265; BB 00, 47; NZA 02, 276). Ebenso wenig kann das **MBR** durch eine BV **aufgehoben** oder eingeschränkt werden. Eine Übertragung von Befugnissen auf den AG oder eine paritätische Kommission darf das MBR nicht in seiner **Substanz** beeinträchtigen (BAG, DB 89, 384; BB 99, 2674; zur Übertragung von BR-Aufgaben auf AN-Arbeitsgruppen vgl. § 28 a). Auch der Verweis in einer BV auf den jeweils geltenden TV ist ein unzulässiger Verzicht auf MBR (BAG, DB 93, 441). **7**

8 Durch den Tarifvorbehalt des § 77 Abs. 3 wird das MBR weder eingeschränkt noch ausgeschlossen, wenn die mitbestimmungspflichtige Angelegenheit **üblicherweise** durch TV geregelt ist (keine sog. Zweischrankentheorie; vgl. z.B. BAG, NZA 87, 639; DB 93, 441; BB 96, 1717; vgl. auch § 77 Rn. 11). Ein lediglich nachwirkender TV schließt die MBR des BR ebenfalls nicht aus (BAG, DB 89, 1929).

9 Eine **Erweiterung** des gesetzl. MBR ist sowohl durch TV und BV (BAG, DB 87, 2160; 95, 1670; 95, 2610), wie auch durch Regelungsabrede (BAG, NZA 02, 342) zulässig.

10 Dem MBR unterliegen alle AN des Betriebs, somit auch die **AT-Ang.** (BAG, DB 92, 1730; NZA 95, 277; vgl. den Überblick von Bergmeier, AiB 00, 18). Nur die leit. Ang. (§ 5 Abs. 3) sind ausgeschlossen (BAG, DB 86, 2391; 88, 1397; 95, 1671).

11 *Zu Nr. 1:* Nach der Rechtspr. des BAG bestehen MBR bei der Gestaltung der **betrieblichen Ordnung** durch Schaffung allgemein gültiger verbindlicher Verhaltensregeln und bei jeder Maßnahme des AG, durch die das Verhalten des AN in Bezug auf diese betriebliche Ordnung berührt wird. Das BAG unterscheidet dabei mitbestimmungspflichtige Maßnahmen, die das Ordnungsverhalten zum Gegenstand haben, von mitbestimmungsfreien, die auf das **reine Arbeitsverhalten** bezogen sind, die bei der unmittelbaren Erbringung der Arbeitsleistung selbst zu beachten sind (u.a. BAG, DB 81, 1674; 90, 483ff.; 93, 990; 97, 1062; 99, 2651; 00, 1128; 02, 2280). Um Arbeitsverhalten soll es sich handeln, wenn der AG in Ausübung seiner Organisations- und Leitungsmacht bestimmt, welche Arbeiten in welcher Weise auszuführen sind. Nur solche Anordnungen unterliegen danach nicht dem MBR, mit denen die **Arbeitspflicht unmittelbar konkretisiert** wird (BAG, NZA 03, 166). Diese Rechtspr. schränkt die Möglichkeit des BR, Persönlichkeitsrechte der AN ohne Einsatz technischer Einrichtungen zu schützen, erheblich ein. Sie verstößt auch gegen den Wortlaut des Gesetzes (vgl. insoweit auch BAG, DB 02, 2280) und ist daher abzulehnen. Richtigerweise wird jede Anordnung, die **verbindlich** oder **mittelbar** auf ein **einheitliches Verhalten der AN** im Betrieb zielt, erfasst, sofern es sich nicht um eine konkrete arbeitsbezogene Einzelanweisung handelt (zur Kritik vgl. z.B. DKK-Klebe, Rn. 43ff. m.w.N.).

12 Auch wenn man die zu enge Rechtspr. des BAG zugrunde legt, besteht bei folgenden Sachverhalten ein MBR: **Anwesenheitskontrollen, An-** und **Abmeldeverfahren** (BAG, AuR 78, 278f.; vgl. auch LAG Nürnberg v. 26. 1. 90 – 6 TaBV 17/89), Einführung und Anwendung von **Passierscheinen** und **Betriebsausweisen** (BAG, DB 87, 791), Tragen einer vorgeschriebenen **Arbeitskleidung** (BAG, DB 90, 893f.; 93, 990; BB 98, 2527), Anordnung, **Namensschilder** an der Dienstkleidung zu tragen, wenn dies für die geschuldete Arbeitsleistung nur geringe Bedeutung hat (BAG, DB 02, 2280), **Alkohol-** (BAG, DB 87,

337; HessLAG, AiB 98, 709) und **Rauchverbote** (BAG, DB 99, 958; zum **Nichtraucherschutz** am Arbeitsplatz vgl. BAG, DB 96, 1782; BB 98, 2113; § 3a ArbStättV), Benutzung von **betrieblichen Park- und Abstellmöglichkeiten** (BAG v. 5. 3. 59, AP Nr. 26 zu § 611 BGB Fürsorgepflicht; LAG Hamm, NZA 87, 35), Gründung und Tätigkeit eines betrieblichen **Werkschutzes, Taschenkontrollen** (BAG, DB 00, 48), **Torkontrollen** aller Art (BAG, DB 88, 2055; 00, 48; a. A. zu Unrecht BAG, DB 84, 2097 für den Sonderfall eines Zugangssicherungssystems mit kodierten Ausweiskarten nach dem »Schlüsselprinzip« ohne weitere Festlegungen für den Zugang; vgl. auch LAG Baden-Württemberg, NZA 92, 186 und zur Zulässigkeit Seefried, AiB 99, 428), Regelung zur generellen **Herausgabe von Werbegeschenken** (LAG Köln, DB 84, 2202), Umstellung des dienstlichen Umgangs der AN untereinander durch den AG auf die Anrede mit Vornamen und »Du« (LAG Hamm, NZA-RR 98, 481), Regelung der **Kantinenbenutzung** (BAG, BB 01, 471; dabei können allerdings AN, die das Essen nicht in Anspruch nehmen, nicht zur Kostentragung verpflichtet werden; vgl. auch Rn. 50), Einführung eines Formblatts, mit dem Redakteure einer Wirtschaftszeitung ihren Aktienbesitz offenlegen müssen (BAG, NZA 03, 166).

Der MB unterliegen auch eine Regelung gegen **Mobbing** (ArbG Köln, **13**
AiB 02, 374 mit Anm. Wolmerath; Wolmerath/Esser, AiB 00, 388; zu Unrecht a. A. LAG Hamburg, NZA-RR 98, 1245; zum Begriff und individualrechtlichen Schutz vgl. LAG Thüringen, BB 01, 1358; zum Anspruch auf **Schmerzensgeld** LAG Rheinland-Pfalz, AuR 02, 224; LAG Nürnberg, AuR 02, 396; LAG Hamm, NZA-RR 03, 8 sowie § 253 Abs. 2 BGB), die Einführung eines **Sicherheitswettbewerbs**, der zu einem sicherheitsbewussten Verhalten anregen soll und der für die Verringerung von Unfallzahlen Prämien aussetzt (BAG, DB 81, 1674), **Kundenbefragungen**, die Aufschluss über das AN-Verhalten geben sollen (vgl. aber auch BAG, DB 92, 1634, das nur Nr. 6 prüft), die generelle Versendung von **Abmahnungsschreiben wegen Krankheit** (ArbG Köln v. 1. 9. 77 – 13 BV 55/77), die Festlegung von **Krankenkontrollen** (Kohte, AiB 83, 22), Regeln für **Krankheitsgespräche** und -nachforschungen (BAG, BB 95, 1188; LAG Frankfurt, BB 94, 1711; a. A. LAG Baden-Württemberg, NZA 92, 184), die Anordnung genereller ärztlicher Eignungsuntersuchungen (ArbG Offenbach, DB 91, 554) und Nachweispflichten für kurzfristige Erkrankungen (vgl. BAG v. 27. 6. 90, EzA § 3 LohnFG Nr. 12; v. 5. 5. 92, EzA § 87 BetrVG 1972 Betriebliche Ordnung Nr. 19), die formularmäßige Anforderung ärztlicher Bescheinigungen darüber, ob eine Fortsetzungserkrankung vorliegt (HessLAG, LAGE § 87 BetrVG 1972 Betriebliche Ordnung Nr. 13), die Verwendung von **Formularen zum Arztbesuch** (BAG, DB 97, 282; LAG Düsseldorf, DB 81, 1677), die Verkürzung des Vorlagezeitraums für ärztliche Bescheinigungen gemäß § 5 Abs. 1 Satz 3 EFZG (BAG, DB 00, 1128), die Veröffentlichung von indivi-

duellen krankheitsbedingten Fehlzeiten im Betrieb, sofern sie überhaupt zulässig ist (ArbG Würzburg, AiB 96, 560), eine Anordnung zum **Radiohören** im Betrieb (BAG, DB 86, 1025), Regelungen für die grundsätzlich vom AG erlaubte private Nutzung **firmeneigener Kfz** (ArbG Hamburg, AiB 94, 760), betrieblicher Telefonanlagen/**Mobiltelefone** (vgl. auch LAG Nürnberg, NZA 87, 572) und PC mit Internetzugang, die Festlegung der Umgangssprache auf Englisch oder Deutsch im Betrieb (vgl. LAG Frankfurt v. 22. 10. 91 – 4 TaBV 92/91; vgl. auch die Vorinstanz ArbG Marburg, AiB 92, 48), die Einführung von **Mitarbeitergesprächen mit Zielvereinbarung** (vgl. VG Karlsruhe, RDV 98, 31; VGH Mannheim, RDV 00, 225; siehe auch BAG, BB 95, 1188 zu formalisierten [Kranken-]Gesprächen) und eine Regelung über die Mitnahme und Bearbeitung von **Arbeitsunterlagen** zu Hause (ArbG Hamburg, MitbGespr. 77, 66). Nicht der Vorschrift unterliegt die Einführung von pauschalen **Spesensätzen** im Rahmen des **Aufwendungsersatzes** (BAG, NZA 99, 381; vgl. aber auch Rn. 58, 65) und die Anweisung des AG an die Sachbearbeiter, in Geschäftsbriefen auch ihren Vornamen anzugeben (BAG, DB 99, 2218). Dies gilt ebenfalls für anonym durchgeführte Tests zur Überprüfung der Beratungsqualität z. B. in einer Bank, wenn es hierbei nur um eine Bestandsaufnahme geht, die nicht Einzelnen oder Gruppen von AN zugeordnet werden kann (BAG, DB 00, 2227). Der Einsatz sog. **Testkäufer**, die im Betrieb anonym Einkäufe tätigen, um anschließend dem AG Bericht über das Verhalten der einzelnen Verkaufspersonen zu erstatten, ist demgegenüber ebenso mitbestimmungspflichtig (vgl. auch BAG, DB 01, 2558 zu § 99). Wie bei der Durchführung eines **Wissensmanagements**, wie z.B. dem Aufbau einer Datenbank, die auf Anordnung des AG von den AN durch formularmäßig erfasste Erfahrungen gespeist wird (vgl. auch Rn. 38 und § 94 Rn. 2).

14 Kein MBR soll nach der abzulehnenden Rechtspr. des BAG bei **arbeitsbegleitenden Papieren** bestehen (ggf. kommen allerdings Rechte nach § 87 Abs. 1 Nr. 6 oder § 94 in Betracht). Nach Meinung des BAG ist die Anordnung des AG, über die einzelnen Arbeitsvorgänge, Pausen u. ä. Buch zu führen, auf die Erbringung der Arbeitsleistung bezogen, also »arbeitsbezogen« (BAG, DB 82, 1116). Mit der gleichen Begründung lehnt das BAG das MBR beim Ausfüllen sog. Tageszettel zum **Überstundennachweis** (v. 9. 12. 80, AP Nr. 2 zu § 87 BetrVG 1972 Ordnung des Betriebes; DB 82, 383), beim Erlass einer **Dienstreiseordnung** (DB 82, 960) oder von **Führungsrichtlinien** (DB 85, 495) ab. Auch der **Detektiveinsatz**, z. B. zur Überprüfung betrieblicher Verbote, soll nicht dem MBR unterliegen. Es kann allerdings ein Verstoß gegen § 75 Abs. 2 in Betracht kommen (BAG, DB 91, 1834 f.; 00, 726).

15 Sollen bei Verstößen gegen die betriebliche Ordnung sog. **Betriebsbußen** verhängt werden, ist das nur möglich, wenn zuvor eine betriebliche Bußordnung eingeführt worden ist, die der MB ebenso unterliegt wie die Verhängung der Buße im Einzelfall (BAG, DB 76, 583; 90, 483 f.). Darin müssen die Tatbestände aufgeführt sein, die zur Verhängung einer Buße berechtigen (BAG, DB 90, 483 f.). Das Verfahren muss in allen Einzelheiten geregelt sein und rechtsstaatlichen Grundsätzen entsprechen, sofern man Betriebsbußen überhaupt für zulässig hält (für eine Unzulässigkeit z. B. LAG Niedersachsen, DB 81, 1985 f.). Auch der **Entzug von Vergünstigungen** (z. B. ermäßigte Flugscheine) kann eine Betriebsbuße sein, wenn es sich um die Reaktion auf Verstöße gegen die betriebliche Ordnung oder gegen nach Nr. 1 begründete Verhaltenspflichten handelt (BAG, DB 86, 384).

Rügt der AG ein Verhalten des AN, so kann es sich ebenfalls um eine **16**
Betriebsbuße **(Verwarnung, Verweis)** handeln. Dies ist der Fall, wenn ein Verstoß gegen die kollektive betriebliche Ordnung und nicht nur gegen einzelvertragliche Pflichten **(Abmahnung)** kritisiert wird. Ist in dem kritisierten Verhalten des AN sowohl eine Verletzung seiner arbeitsvertraglichen Pflichten als auch ein Verstoß gegen die betriebliche Ordnung zu sehen, ist die beabsichtigte Maßnahme des AG stets mitbestimmungspflichtig (einschränkend BAG, DB 79, 1511; 80, 550; 83, 2695 und BAG, DB 93, 438, das zu Unrecht ausschließlich auf die Formulierung des AG abstellt). Eine Betriebsbuße liegt jedenfalls dann vor, wenn eine Rüge faktisch zu einer **Beförderungssperre** führt (BAG, DB 90, 483 f.). Verletzt ein **BR-Mitglied** lediglich seine betriebsverfassungsrechtlichen Pflichten, kann es keine Betriebsbuße erhalten und auch nicht abgemahnt werden (BAG, DB 93, 438; NZA 95, 225; vgl. auch LAG Hamm, BB 96, 1115 wegen Teilnahme an BR-Sitzung). Der AG kann nur nach § 23 Abs. 1 vorgehen (BAG, DB 93, 438, das allerdings die Amtspflicht zu eng definiert). Nach richtiger Auffassung kommt die Abmahnung eines **BR-Mitgl**. nur in Betracht, wenn eine arbeitsvertragliche Pflichtverletzung vorliegt und nicht die Verletzung der Amtspflicht im Vordergrund steht, wie z. B. bei der Teilnahme an einer nicht erforderlichen Schulungsveranstaltung (vgl. auch § 23 Rn. 5 und DKK-Klebe, Rn. 67; **a. A.** BAG, NZA 94, 500, das die besondere Situation eines BR-Mitgl. verkennt).

Zu Nr. 2: Das MBR erstreckt sich im Rahmen des zwingenden Ar- **17**
beitszeitrechts (LAG Frankfurt, NZA 93, 279) nicht nur auf **Beginn und Ende**, sondern auch auf die **Dauer der täglichen Arbeitszeit** (vgl. BAG, DB 88, 334; 89, 385 und zum Begriff BAG, DB 82, 2469 und § 2 Abs. 1 ArbZG) und der **Pausen** (zum Begriff BAG, DB 93, 1194: im Voraus festgelegte Unterbrechungen der Arbeitszeit, bei denen der AN frei darüber entscheiden kann, wo und wie er sie verbringen will). Das gilt selbst dann, wenn die Arbeitszeit nur an einem Tag abgeändert werden soll (BAG, DB 77, 2235). Der BR hat

auch ein MBR und damit ein Initiativrecht bei der Frage, ob die Arbeitszeit bereits am Werkstor oder erst am Arbeitsplatz beginnt, ob Waschen und Umkleiden zur Arbeitszeit zählen (vgl. BAG v. 17. 3. 88 – 2 AZR 576/87; LAG Baden-Württemberg, AiB 87, 246 ff.; zur individualrechtlichen Seite BAG, BB 01, 473).

18 Nach der Rechtspr. des BAG (DB 89, 1630; 94, 234; 99, 1555) soll allerdings die **Dauer der wöchentlichen Arbeitszeit** nicht der MB unterliegen (a. A. DKK-Klebe, Rn. 73 f. m. w. N.). Ein MBR scheidet insoweit jedenfalls aus, wenn der TV die Dauer, was in aller Regel üblich ist, abschließend festlegt. Im Übrigen erfasst die MB Einführung, Änderung oder Abbau von **Schichtarbeit** und alle anderen damit zusammenhängenden Fragen (BAG, DB 90, 1191 f.; 91, 1734; NZA 94, 718; DB 02, 2385). Sie greift selbst bei der Anordnung des **Schichtwechsels** für einen einzelnen AN ein, wenn der AG in einer Vielzahl von Situationen, die sich mit betriebsbedingter Notwendigkeit immer wieder ergeben, veranlasst ist, für einen oder mehrere AN einen Schichtwechsel durchzuführen (BAG, DB 89, 2386; BB 03, 740) und kann nach Auffassung des BAG (DB 02, 2385) auch durch eine Rahmenvereinbarung ausgeübt werden, die sich auf die Grundsätze der Schichtplanerstellung beschränkt und es dem AG gestattet, auf dieser Basis die Einzelschichtpläne festzulegen.

19 Das MBR besteht bei der Einführung der **gleitenden Arbeitszeit** (BAG, DB 89, 1978), auch hinsichtlich des Umfangs der Kernarbeitszeit und der sog. Gleitspanne. Werden dabei Regelungen vereinbart, die maximal übertragbare Gleitzeitguthaben definieren oder festlegen, dass am Ende eines Ausgleichszeitraums bestimmte Höchstwerte nicht überschritten werden dürfen, so begründet dies entsprechende Durchführungspflichten des AG, die der BR mit dem Unterlassungsanspruch durchsetzen kann (LAG Baden-Württemberg, DB 02, 1613; vgl. auch BAG, BB 98, 1419, das ein MBR hinsichtlich der Vor- oder Nacharbeit eines AN ausschließt, mit der er nach individueller Entscheidung den Arbeitsausfall wegen eines **Betriebsausflugs** ausgleicht, sowie Rn. 23). Besondere Probleme wirft die Ausübung der MBR bei Modellen sog. **Vertrauensarbeitszeit** auf, bei denen der AG einen Zeitrahmen vorgibt, in dem bestimmte Arbeitsziele vom AN »eigenverantwortlich«, gleichwie und mit welchem Zeitaufwand, zu erreichen sind. Kernarbeitszeiten, Anwesenheitspflichten im Betrieb oder elektronische Zeiterfassung existieren dabei nicht. Hier muss der BR unter aktiver Einbeziehung der Beschäftigten z. B. sicherstellen, dass gesetzliche und tarifliche Vorschriften eingehalten, realistische Arbeitsziele definiert, Überlastung vermieden und die tatsächlichen Arbeitszeiten betrieblich erfasst werden (vgl. z. B. Hamm, AiB 00, 152; Ahrens, CF 5/01, S. 12 ff.). Zeiten eines **Bereitschaftsdienstes**, die auch arbeitszeitrechtlich als Arbeitszeit anzusehen sind (EuGH,

AuR 00, 466; 01, 355; BAG, AuR 03, 119 [Pressemitteilung]; LAG Hamburg, NZA 02, 507; vgl. auch LAG Schleswig-Holstein, NZA 02, 621), und einer sog. **Rufbereitschaft** (auch bei Erreichbarkeit für den AG per Funktelefon: BAG, NZA 01, 165) sind Arbeitszeiten i. S. dieser Vorschrift, so dass bei der Aufstellung eines Rufbereitschaftsplans ein MBR besteht (BAG, DB 83, 611; 97, 380; 01, 1371; zur Abgrenzung der Arbeitsbereitschaft von Bereitschaftsdienst und Ruhezeit BVerwG, BB 88, 1046 f.; Hinweise für eine BV bei Bösche/Grimberg, AiB 94, 199 ff.). Dies gilt nach richtiger Auffassung auch für **freiwillige** Dienstbesprechungen außerhalb des Betriebs (z. B. in einer Gaststätte), die Fachkenntnisse vermitteln (ArbG Gießen, AiB 93, 50; ArbG Nürnberg, AiB 97, 176 und auch ArbG Münster, AiB 98, 168 wenn die AN zur Teilnahme vom AG kraft des Direktionsrechts verpflichtet werden könnten oder eine anderweitige Verpflichtung, wie z. B. eine Selbstverpflichtung gegenüber dem AG, besteht [BAG, NZA 01, 976]). Arbeitszeiten sind auch **Wegezeiten** vom Betrieb zum Kunden und zurück bzw. von Kunde zu Kunde und **generell Dienstreisezeiten** (hierzu enger BAG, DB 97, 380; zur individualrechtlichen Vergütung von Reisezeiten vgl. BAG, BB 98, 52). Der BR hat ein MBR, wenn die wöchentliche Arbeitszeit von 38,5 Std. auf sechs Arbeitstage in der Woche verteilt werden muss, und zwar sowohl hinsichtlich der Frage, ob in einem sog. **Rolliersystem** oder in einem Schichtdienst anderer Art gearbeitet werden soll, als auch hinsichtlich der Frage, auf welche einzelnen Tage der Woche die Arbeitszeit verteilt wird. Damit besteht das MBR auch im Hinblick darauf, ob einzelne Tage, wie z. B. (Wochen-)Feiertage, als freie Tage »ausgespart« bleiben (vgl. BAG, DB 89, 1630; 89, 1631; NZA 89, 979 ff.; vgl. zum MBR bei Neuverteilung der Arbeitszeit wegen einer tariflichen Verkürzung BAG, NZA 91, 609 ff.). Das MBR besteht auch bei Wahl und Änderung des Ausgleichszeitraums nach § 3 ArbZG und der Festlegung des Ersatzruhetages für **Sonntagsarbeit** (LAG Köln, AiB 99, 467).

Wenn sich durch öffentlich-rechtlich angeordnete Zeitumstellung die **20** Bezeichnung der Stunden ändert (Sommerzeit), hat der BR ein MBR z. B. wegen vorübergehender Verkürzung der Arbeitszeit in der entsprechenden Schicht (BAG, DB 86, 1780). Im Einzelhandel besteht bei der Änderung der **Ladenöffnungszeiten** ein MBR. Dabei kann eine Regelung getroffen werden, die die Ausschöpfung der **gesetzl. Ladenschlusszeiten** unmöglich macht (BAG, DB 83, 453; BVerfG v. 18. 12. 85, AP Nr. 15 zu § 87 BetrVG 1972 Arbeitszeit).

Bei der Einführung von **Teilzeitarbeit** unterliegen alle Regelungen **21** der MB, die eine tägliche Mindestarbeitszeit, eine Höchstzahl von Arbeitstagen in der Woche und einen zeitlichen Rahmen vorsehen, innerhalb dessen Teilzeit-AN an den einzelnen Tagen zu beschäftigen sind. Gleiches gilt für Regelungen, die die Lage der **Pausen** und deren

Dauer betreffen und somit die tägliche Schichtzeit der Teilzeit-AN berühren (BAG, DB 88, 334). Der AG kann sich in einer BV verpflichten, Teilzeit-AN nur in den zuvor im Arbeitsvertrag festgelegten festen Arbeitszeiten zu beschäftigen und Arbeitsverträge nur mit festen Arbeitszeiten unter Verzicht auf Abrufmöglichkeiten entsprechend dem Arbeitsanfall zu vereinbaren (BAG, DB 88, 334). **TzBfG** und **BErzGG** beschränken die MB nicht. Sie enthalten in § 8 bzw. § 15 keine abschließenden gesetzlichen Regelungen i. S. d. Eingangssatzes. Der Inhalt von BV kann so ein betrieblicher Grund i. S. v. § 8 Abs. 4 TzBfG sein (BAG, AR 03, 119 [Pressemitteilung; Bestätigung von LAG Berlin, AuR 02, 190]; FKHES, Rn. 125). Die MB besteht auch hinsichtlich der kapazitätsorientierten variablen Arbeitszeit **(KAPOVAZ)** und des **Jobsharing-Systems**. Diese können nicht einseitig eingeführt werden (BAG a. a. O.; NZA 89, 184; vgl. auch Kleveman, AiB 86, 156 ff.).

22 *Zu Nr. 3:* Hiernach besteht das MBR bei der **Einführung von Überstunden**, wenn die **regelmäßige betriebliche Arbeitszeit** (BAG, DB 91, 2492; 97, 378; vgl. auch BAG, BB 02, 1970 zur Regelung einer Jahresarbeitszeit) vorübergehend verlängert wird. Die betriebsübliche Arbeitszeit kann für bestimmte Arbeitsplätze oder für einzelne Abteilungen unterschiedlich sein (BAG a. a. O.). Das MBR besteht bereits, wenn der AG die Überstunden nur für einen AN anordnen will, sofern noch ein kollektiver Bezug vorliegt (vgl. BAG, DB 86, 914; 86, 2391; 91, 2492). Es wird nicht dadurch ausgeschlossen, dass AN auf Wunsch des AG bereit sind, freiwillig Überstunden zu leisten (BAG, DB 86, 2391; 87, 336). Gleiches gilt, wenn der AG die Überstunden nicht anordnet, sondern lediglich duldet (BAG, BB 91, 548).

23 Zur Einführung von Überstunden zählt auch die Einlegung von ganzen Schichten (Sonderschichten; vgl. BAG, DB 84, 2099; NZA 91, 607) und die Anordnung von zusätzlicher Arbeit für Teilzeitbeschäftigte, die die betriebsübliche Arbeitszeit für Vollzeitbeschäftigte nicht überschreitet (BAG, DB 91, 2492; 97, 378; LAG Berlin, AuA 96, 279). Ebenso unterliegen der MB **freiwillige Dienstbesprechungen** außerhalb des Betriebs (z. B. in einer Gaststätte) und außerhalb der betriebsüblichen Arbeitszeit, die Fachkenntnisse vermitteln (BAG, NZA 01, 976; ArbG Gießen, AiB 93, 50; ArbG Nürnberg, AiB 97, 176; vgl. auch Rn. 19), **Wege-** (vgl. ArbG Berlin, AuR 97, 212) und **Dienstreisezeiten** außerhalb der betriebsüblichen Arbeitszeit (DKK-Klebe, Rn. 98 a; zu eng BAG, DB 97, 380), sowie der Tatbestand, dass der AG entgegen bisheriger betrieblicher Übung nunmehr für bestimmte Tage Arbeitsleistung anordnen will (vgl. HessLAG, BB 94, 430 für Rosenmontag/Faschingsdienstag; vgl. aber auch BAG, DB 94, 2034). Sollen zwischen Weihnachten und Neujahr sog. **Feierschichten** eingelegt werden, bedarf es auch dazu einer Übereinstimmung zwischen BR und AG (BAG, DB 84, 2099; LAG

Hamm, BB 94, 139). Der BR kann aufgrund seines MBR Höchstgrenzen (vgl. BAG, NZA 90, 235) und **vorausgreifende Rahmenvereinbarungen** für Überstunden erzwingen (vgl. BAG, DB 92, 1734; NZA 99, 662; DB 00, 1971; 01, 1371; für Rufbereitschaft BAG, DB 82, 1115, für Schichtarbeit BAG, DB 02, 2385). Bei **Gleitzeitregelungen** besteht das MBR, wenn die vereinbarten Höchstgrenzen für eine Unter-/Überschreitung der Sollzeit nicht eingehalten werden (LAG Hessen, NZA-RR 99, 98).

Darüber hinaus unterliegt jede vorübergehende **Verkürzung der Arbeitszeit**, wie die Absage einer Schicht (vgl. BAG, DB 77, 2235; LAG Hamm, BB 94, 139; ArbG Berlin 9. 5. 96 – 6 BVGa 14940/96: das MBR besteht auch bei **Insolvenz**; offen gelassen von LAG Hamm, LAGE § 55 InsO Nr. 3) oder die Einführung von Kurzarbeit (vgl. die Übersicht von Bichlmeier, AiB 93, 713 ff.) der MB. Diese umfasst das Recht des BR, selbst die Einführung von Kurzarbeit zu verlangen (Initiativrecht; vgl. BAG, DB 86, 1395) und auch die finanzielle Milderung der Folgen (**str.**; vgl. DKK-Klebe, Rn. 102 m. w. N.). Bei BV sind die in **§§ 169 ff. SGB III** normierten Voraussetzungen für die Zahlung von Kurzarbeitergeld zu beachten (z. B. in der Regel die vorherige Nutzung aller im Betrieb zulässigen Arbeitszeitschwankungen wie Gleitzeitsalden oder Urlaub, nicht aber der Möglichkeiten der **BeschäftigungssicherungsTV** in der Metall- und Elektroindustrie). Die MB besteht auch dann, wenn das Landesarbeitsamt der Kurzarbeit zugestimmt hat (§ 19 Abs. 1 KSchG), um Massenentlassungen zu verhindern oder hinauszuschieben. Bestimmt ein TV z. B., dass Kurzarbeit nach einer **Ankündigungsfrist** von zwei Wochen eingeführt werden kann, berechtigt das den AG nicht, die Kurzarbeit einseitig einzuführen. Durch eine solche TV-Regelung bleibt das MBR des BR unberührt (BAG, DB 82, 909). Wird die Kurzarbeit durch den AG einseitig eingeführt, bleibt dieser zur vollen Lohnzahlung verpflichtet. Eine BV ist unwirksam, wenn die tarifliche Ankündigungsfrist nicht eingehalten wird (BAG, DB 95, 734). Der Entgeltanspruch der Beschäftigten bleibt ebenfalls erhalten, falls die Kurzarbeit mit einer Regelungsabrede statt einer BV eingeführt wird. Zwar wird das MBR gewahrt, die Regelungsabrede hat aber keine normative Wirkung (BAG, DB 91, 2492; vgl. HessLAG, NZA-RR 97, 479 zu den inhaltlichen Anforderungen an eine BV, die Arbeitspflicht und Vergütungsanspruch suspendiert). Auch die Einführung von **Strukturkurzarbeit** (§ 175 SGB III) unterliegt der MB (**str.**; DKK-Klebe, Rn. 88; a. A. FKHES, Rn. 152). **24**

Will der AG während eines **Streiks** die Arbeitszeit der arbeitswilligen AN aus streikbedingten Gründen vorübergehend verlängern, soll kein MBR bestehen (vgl. BAG v. 24. 4. 74, AP Nr. 63 zu Art. 9 GG Arbeitskampf; NZA 95, 183). Nach der Rechtspr. des BAG (vgl. BAG, DB 81, 321; vgl. BSG, NZA 91, 985 m. w. N. auch zur Zahlung **25** von Kurzarbeitergeld) entfällt ebenfalls das MBR, wenn der AG wegen eines **Arbeitskampfes** in einem anderen Tarifgebiet »arbeitskampfbedingte« Kurzarbeit einführt. Dem BR wird lediglich ein MBR hinsichtlich der mit der Einführung derartiger Kurzarbeit verbundenen Modalitäten eingeräumt. Diese Auffassung des BAG findet im BetrVG keine Stütze und ist deshalb abzulehnen. Sie beruht auf schon vor Änderung des § 147 SGB III verfehlten Paritätsüberlegungen (vgl. auch BVerfG, DB 95, 1464) und wird den technologischen Rahmenbedingungen nicht gerecht (vgl. LAG Bremen, AiB 89, 316f.; Schwitzer/Unterhinninghofen, AiB 90, 5ff.). Falls die Kurzarbeit nicht Folge des Arbeitskampfes ist oder der BR bei der Regelung der Modalitäten nicht beteiligt wird, kann er dem AG die Kurzarbeit durch **einstweilige Verfügung** untersagen lassen (vgl. BAG, DB 81, 321; LAG Bremen, DB 84, 1935f.).

26 Das BAG (DB 79, 655) verneint zu Unrecht (vgl. DKK-Klebe, Rn. 91) das MBR, wenn Kurzarbeit früher als zunächst vorgesehen wieder aufgehoben werden soll und auch für den **Abbau von Überstunden**, die über eine längere Zeit geleistet worden sind (BAG, DB 78, 403; vgl. auch BAG, BB 03, 740). Die Auffassung des BAG ist insbesondere abzulehnen, wenn über den MB-Tatbestand eine BV abgeschlossen worden ist oder/und eine nur teilweise Rückführung der Arbeitszeit vom AG geplant wird (vgl. auch LAG Nürnberg v. 7. 4. 92 – 6 Ta BV 10/91 und BAG v. 25. 2. 97 – 1 AZR 642/96). Darüber hinaus kommt auch das MBR gemäß Nr. 2 in Betracht.

27 *Zu Nr. 4:* Die MB bei der **Auszahlung des Arbeitsentgelts** umfasst die Festlegung der Lohnzahlungszeiträume (monatlich, wöchentlich u.ä.; bei der **Umwandlung von Entgelt in Versorgungszusagen** gem. § 1 a BetrAVG wird ebenfalls der Zeitpunkt [neu] festgelegt; vgl. auch Rn. 49, 66), den Ort (Betrieb oder sonstige Zahlstelle) und die Art (Barzahlung oder bargeldlose Überweisung) der Entgeltzahlung. Die Festlegung, dass ein über die regelmäßige tarifliche Wochenarbeitszeit hinausgehendes Zeitguthaben erst am Ende eines einjährigen Verteilungszeitraums vergütet wird, betrifft ebenfalls die Zeit der Auszahlung und unterliegt daher der MB (BAG, NZA 02, 1112 [Ls.]). Zum Entgelt gehört u.a. auch das zusätzliche Urlaubsgeld (BAG, DB 89, 1928). Bei der Einführung der bargeldlosen Lohnzahlung, die als solche der MB unterliegt, erstreckt sich das MBR auf die Übernahme der **Kontoführungsgebühren** (BAG, DB 77, 1464; NZA 91, 611f.; BB 94, 140). Derartige Gebühren können in Form einer Pauschale erstattet werden (2,50 DM [ab 2002: 1,33 Euro] monatlich steuerfrei bis zur Steuerreform 1990; nach der Steuerreform und wegen erhöhter Kontoführungskosten z.B. in Höhe von 1,80 bis 2,05 Euro; BAG, NZA 91, 611f.).

28 Der MB unterliegt auch die Erstattung von Wegekosten und die Einführung einer **»Kontostunde«**, die es dem AN gestattet, die Bank zur Abhebung des Lohnes während der Arbeitszeit aufzusuchen (BAG, BB 94, 140; NZA 98, 497). Voraussetzung ist allerdings, dass zwischen den Gebühren/Kosten bzw. dem Besuch der Bank und der Einführung der bargeldlosen Entgeltzahlung ein notwendiger Zusammenhang besteht (BAG, BB 94, 140).

Wird durch TV die **Einführung der bargeldlosen Lohnzahlung** für zulässig erklärt, nicht aber ausdrücklich bestimmt, wer im Falle der Einführung die Kontoführungsgebühren zu tragen hätte, sollen nach der abzulehnenden Rechtspr. des BAG (DB 82, 2519) die AN selbst verpflichtet sein, diese Gebühren zu zahlen. **29**

Zu Nr. 5: Die Vorschrift erfasst **jede Form des Urlaubs**, z.B. auch den Bildungs- (BAG, NZA 03, 171; ArbG Frankfurt, AiB 88, 288; Mittag, AiB 01, 1) oder Sonderurlaub. Letzterer steht gerade bei ausländischen AN häufig im Vordergrund (BAG, DB 78, 499). Eine Form des Urlaubs sind auch allgemeine **Betriebsferien** unter Schließung des Betriebs. Sie können nur unter Berücksichtigung der MB des BR eingeführt werden (BAG, DB 81, 2621; 88, 2261), der auch hier ein **Initiativrecht** hat (LAG Niedersachsen, AuR 99, 319, vorrangig zur Dauer der Betriebsferien). Der Zusatzurlaub von Schwerbehinderten unterliegt ebenfalls der MB (LAG Frankfurt, BB 87, 1461). **30**

Das MBR erstreckt sich auf die **»allgemeinen Urlaubsgrundsätze«**. Das sind Richtlinien, nach denen dem AN im Einzelfall Urlaub zu gewähren ist (BAG, DB 81, 2621). Dazu gehören z.B. Regelungen über das Bewilligungsverfahren, über geteilten/ungeteilten Urlaub, die Verteilung des Urlaubs innerhalb des Kalenderjahres, Regelungen über den Ausgleich paralleler Urlaubswünsche, die Aufstellung von Prioritätskriterien oder auch zu etwaigen Urlaubssperren und -vertretungen (BAG, NZA 03, 171). Beim Bildungsurlaub NW erfasst das MBR so z.B. die Aufstellung solcher allgemeiner Grundsätze zur Inanspruchnahme von Freistellungen, nicht jedoch – unabhängig von gesetzlichen Vorschriften – Regelungen zu den Voraussetzungen, dem Umfang und den Berechtigten des Anspruchs. Auch eine Regelung zur Erörterung und Dokumentation des Bildungsurlaubs soll nach Auffassung des BAG vom MBR nicht erfasst werden (NZA 03, 171; vgl. aber auch Rn. 41). Der »Urlaubsplan«, der ebenfalls der MB unterliegt, regelt die genaue Festlegung des Urlaubs der einzelnen AN und deren Vertretung. Ist der einzelne AN mit der zeitlichen Festlegung seines Urlaubs nicht einverstanden, so besteht hier wiederum ein MBR des BR, und zwar auch, wenn nur zwischen den AN ein Konflikt besteht (ArbG Frankfurt, AiB 88, 288f.). Im Übrigen ist jede Änderung der Urlaubsgrundsätze oder des Urlaubsplans dem MBR unterworfen. Dies gilt auch dann, wenn bereits erteilter Urlaub widerrufen werden soll (LAG München, BB 88, 2175). Die Dauer des Urlaubs ist dagegen der MB entzogen, da sie sich aus dem TV oder den gesetzl. Bestimmungen (BUrlG) ergibt. **31**

32 *Zu Nr. 6:* Die Vorschrift dient dem Schutz der Persönlichkeitssphäre gegen **anonyme technische Kontrolleinrichtungen** (vgl. z. B. BAG, CR 94, 111). Hieraus folgert das BAG (DB 90, 743 f.) in dieser Allgemeinheit **zu Unrecht**, dass der BR kein Initiativrecht zur Einführung von Überwachungstechnik haben könne (DKK-Klebe, Rn. 135). Nach Auffassung des BAG ist eine technische Einrichtung dazu bestimmt, Verhalten und Leistung der AN zu überwachen, wenn sie zur Überwachung objektiv und unmittelbar geeignet ist. Dies ist der Fall, wenn durch sie **Verhaltens- oder Leistungsdaten** der AN ermittelt und aufgezeichnet (vgl. z. B. BAG, DB 74, 1868; 75, 2233; 79, 2428) oder sonstige Daten zu Aussagen über Leistung und Verhalten verarbeitet werden (BAG, DB 86, 1469). Für das MBR ist es gleichgültig, ob die Verarbeitung der Daten bis zu einer Beurteilung von Leistung oder Verhalten i. S. eines Soll-Ist-Vergleichs erfolgt, ob der AG eine solche Beurteilung auch ohne technische Einrichtung anschließend überhaupt wahrnehmen will, ob er eine subjektive Überwachungsabsicht hat (BAG, DB 84, 2513; 85, 1898; BAG, CR 94, 111).

33 Ebenso wenig kommt es darauf an, ob die Daten eine vernünftige und sachgerechte Beurteilung ermöglichen. Die Voraussetzungen der Vorschrift sind erfüllt, wenn überhaupt **Informationen über Leistung und Verhalten erfasst oder gewonnen** werden (BAG, DB 84, 775; 84, 2513; 85, 1898; 86, 1469; vgl. auch DB 00, 2228).

34 Damit unterliegen, sozusagen als erste Generation von Kontrolleinrichtungen, die folgenden technischen Geräte der MB: **Multimomentkameras, Produktographen, Fahrtenschreiber, Filmkameras** (BAG, DB 74, 1868; 75, 2233; 79, 2428; 79, 2427), **Fernsehanlagen** (BVerwG, PersR 88, 271), **Videokameras** (LAG Baden-Württemberg, AiB 88, 281; zu datenschutzrechtlichen Grenzen der Videoüberwachung in öffentlich zugänglichen Räumen siehe § 6b BDSG und zu Schmerzensgeldansprüchen bei unzulässigem Einsatz von Kameras ArbG Frankfurt, RDV 01, 190), **Stechuhren** oder **automatische Zeiterfassungsgeräte** (LAG Berlin, DB 84, 2098), **Spiegel** oder **Einwegscheiben** (a. A. zu Unrecht BVerwG a. a. O.; Einwegscheiben sind allerdings wegen Art. 1 Abs. 1, 2 Abs. 2 GG, § 75 Abs. 2 unzulässig; siehe auch Rn. 42) sowie **automatische Sicherungssysteme** (vgl. z. B. OVG Hamburg, BB 88, 2245). Die Verwendung einer Stoppuhr ist nicht mitbestimmungspflichtig, weil sie nicht selbst die Überwachung bewirkt (BAG, DB 95, 783).

35 Heute stehen **DV-gestützte** Anwendungen im Mittelpunkt. Dabei geht es um **Personaldatenverarbeitung jeder Art** (Personalinformationssysteme, Betriebsdatenerfassung, Technikerberichtssysteme usw.) und den Schutz von Persönlichkeitsrechten. Darüber hinaus entsteht jedoch für den BR mit dem DV-Einsatz eine Vielzahl weiterer Handlungsnotwendigkeiten. Arbeitsplatzsicherung, Erhaltung und Ausbau der Qualifikation, Schaffung einer humanen Arbeitsorganisation und Ge-

sundheitsschutz sind hierbei einige Stichworte. Im Zusammenspiel mit den sonstigen Mitbestimmungspositionen (vgl. z. B. § 87 Abs. 1 Nrn. 7, 13, §§ 91, 97, 111 ff.) hat § 87 Abs. 1 Nr. 6 eine zentrale Funktion. Daneben ist die aktive Wahrnehmung von Informations- und Beratungsrechten (vgl. z. B. §§ 80, 90) sehr wichtig. Will der BR negative Folgen vermeiden, muss er mit aktiven Gestaltungsvorschlägen die Ursachen bereits in der Planungs- und Einführungsphase beeinflussen.

Das BAG bejaht das MBR bei der Einrichtung von **Bildschirmarbeitsplätzen**, wenn aufgrund vorhandener Programme Verhaltens- und Leistungsdaten aufgezeichnet werden (BAG, DB 84, 775), ebenso wie bei Computern zur automatischen Erfassung von **Telefondaten/Gebühren** (BAG, DB 86, 2080; NZA 96, 218; vgl. auch ArbG Hamburg, AiB 01, 361). Es hat weiter klargestellt, dass das MBR auch bei bloß datenverarbeitenden, nicht selbst datenerhebenden Systemen, wie z. B. **Personalinformationssystemen**, besteht (BAG, DB 84, 2513; 85, 1897; 86, 1469; CR 94, 111; NZA 95, 185; vgl. auch ArbG Hamburg, RDV 96, 143 zu dem Softwaresystem **SAP R/3**). **36**

Das MBR besteht bereits dann, wenn überhaupt personenbezogene oder -beziehbare Daten (eine Zuordnung auf einzelne AN kann auch anhand von Zusatzwissen erfolgen wie Arbeitsgebieten oder Anwesenheitslisten; vgl. hierzu BAG, CR 94, 111) verarbeitet werden (str.). Diese Auffassung deckt sich mit dem **Volkszählungsurteil** des BVerfG (DB 84, 37): Entscheidend für die Bedeutung von Daten für das Persönlichkeitsrecht ist ihre Verwendungs**möglichkeit**. Durch die den Informationstechnologien eigenen Verarbeitungs- und Verknüpfungsmöglichkeiten können Daten einen neuen Stellenwert erhalten. Es gibt kein belangloses, **kein harmloses Datum** mehr. Jedes Datum kann in seinem konkreten Verwendungszusammenhang das Persönlichkeitsrecht beeinträchtigen (zu Krankheitsdaten vgl. BAG, DB 86, 1469; zum Begriff der »Leistung« vgl. BAG, DB 85, 1898). **37**

Das MBR (vgl. die Beispiele bei DKK-Klebe, Rn. 164 ff.) besteht auch beim Einsatz von **Laptops**, **PCs** (ArbG Berlin, CR 90, 482; BVerwG, CR 90, 132), **E-mail-** (ArbG Mainz v. 19. 10. 95 – 8 BVGa 2776/95), Vertriebssteuerungs-, Fahrtenoptimierungs- und **Betriebsdatenerfassungssystemen** (vgl. z. B. BAG, DB 84, 2513; ArbG Hamburg, CR 96, 742), Systemen zur Fehlzeitenüberwachung (LAG Nürnberg, NZA-RR 02, 21), **CAD/CAM** (LAG Hamburg v. 3. 3. 86 – 2 TaBV 3/85), Produktionsplanungs- und -steuerungssystemen (PPS; vgl. ArbG Bielefeld, AiB 95, 600), bei der Durchführung eines **Wissensmanagements** mit Expertendatenbank (vgl. auch Rn. 13 und § 94 Rn. 2), bei **Bürokommunikationssystemen** (vgl. ArbG Berlin, CR 90, 482), EDV-gestützter Kantinenabrechnung (ArbG Berlin, DB 84, 410 f.), **Telearbeitsplätzen** (BV-Beispiele bei Gola, CF 12/99, S. 20), automatischen Anrufverteilsystemen in **Call-Centern**, bei **biometrischen Identifikationsverfahren**, sofern diese überhaupt zulässig **38** sind, sowie auch bei der Regelung der Nutzung eines **Intranets** oder des **Internets** und der Anwendung von **Firewall**-Systemen.

39 Werden Personaldaten im Auftrag des AG bei einem **Dritt-UN** verarbeitet, so muss dieser durch Vereinbarungen sicherstellen, dass der BR seine Rechte ungehindert ausüben kann (LAG Frankfurt, NZA 85, 35; LAG Hamburg, DB 85, 2308; vgl. auch BAG, DB 00, 2227 und Rn. 5). Dies gilt bereits für **Probeläufe** (ArbG Hamburg v. 13. 8. 82 – 18 BVGa 1/82; LAG Berlin, CR 87, 26 ff.) und auch dann, wenn der Betrieb des Dritt-UN im Ausland liegt.

40 Das MBR ist auch gegeben, wenn Daten lediglich für eine **Gruppe** erhoben oder ausgewertet werden. Zumindest gilt dies z.B. dann, wenn eine kleine und überschaubare Gruppe im **Gruppenakkord** arbeitet, weil der von der technischen Einrichtung ausgehende Überwachungsdruck auf die Gruppe auf den einzelnen AN durchschlägt (vgl. BAG, DB 86, 1178; 94, 1573). Dies ist aber auch bei leistungsunabhängigem Entgelt der Fall, wenn die Gruppe in ihrer Gesamtheit für ihr Arbeitsergebnis verantwortlich gemacht wird und schlechte Leistungen einzelner für die übrigen Gruppenmitglieder bestimmbar bleiben (BAG, DB 94, 1573). Auf solchen Arbeitsgruppen laste, so das BAG (a.a.O.), ein **Überwachungsdruck**, der sich in Gruppenzwängen auch für den einzelnen AN auswirken könne und daher das MBR begründe. Diese Gesichtspunkte treffen jedoch auf jede Arbeitsgruppe zu, die ein abgrenz- und vergleichbares Ergebnis produziert.

41 Besteht das MBR, so erstreckt es sich auf die gesamte technische Einrichtung und nicht nur auf bestimmte Programmfunktionen (BAG, DB 84, 2513). Es erstreckt sich auf die **Einheit von Rechner und Software** (vgl. auch BAG, NZA 95, 185 und DKK-Klebe, Rn. 137 f., 156 ff. m.w.N.) und daher z.B. auf die Festlegung der verwendeten Geräte (z.B. den Einsatz von PC), der einzugebenden Daten, die Verwendungszwecke (vgl. BAG, DB 88, 1552 f.; siehe auch §§ 4 Abs. 3 Nr. 2, 4 a Abs. 1 und 28 Abs. 1 Satz 2 BDSG), Protokollierung der Datenläufe, Zugriffsrechte, BR-Rechte und auch auf den Zugriffsschutz (so offenbar BAG, DB 86, 1469; NZA 95, 218; demgegenüber a.A. BAG, DB 84, 775; 89, 1032 f.; 96, 1725 für eine **Vollzugs- und Kontrollordnung**). Soll der BR seiner »präventiven Schutzfunktion« für die AN effektiv nachkommen, so ist das MBR bereits bei der manuellen Erfassung von AN-Daten anzunehmen, falls diese in ein elektronisches Datenverarbeitungssystem eingespeichert werden sollen und eine Verarbeitung zulassen, die die Kontrolle von Leistung und Verhalten ermöglicht (so auch ArbG Offenbach v. 29. 1. 85 – 3 BVGa 1/85 und ArbG Hamburg, RDV 96, 143).

42 BV über technische Einrichtungen dürfen nicht in das **Persönlichkeitsrecht** eingreifen (vgl. BAG, DB 88, 403; LAG Baden-Württemberg, BB 99, 1439 zu Videokameras; BAG, DB 88, 1552 f. zur Weitergabe von Schaublättern aus Fahrtenschreibern; vgl. zur Unzulässigkeit des Mithörens von Telefonaten BVerfG, DB 92, 786; 98, 371). § 75 Abs. 2, BDSG (vgl. DKK-Klebe, Rn. 162f.: z.B. Grundsatz der **Datenvermeidung** [§ 3a], **Direkterhebung** der Daten beim Betroffenen [§ 4 Abs. 2], Einschränkung automatisierter Einzelentscheidungen [§ 6a] oder Zulässigkeitsvoraussetzungen für **grenzüberschreitende Datenverarbeitung** in Länder außerhalb der EU [§§ 4b, 4c]) und insbesondere das Volkszählungsurt. des BVerfG sind zu beachten (vgl. BAG, DB 86, 1469).

Zu Nr. 7: Wenn man berücksichtigt, dass im Jahre 2001 in der Bundes- **43**
republik trotz der bekannt hohen Dunkelziffer 1706319 Arbeitsunfälle, Berufskrankheiten und Wegeunfälle angezeigt worden sind (Bericht der Bundesregierung, BT-Drucks. 15/279, S. 120, 133; vgl. auch zur Arbeitsumwelt in der EU Merllié/Paoli, AuR 02, 132), ist es nur folgerichtig, dass durch diese Vorschrift das MBR **alle** Maßnahmen des Arbeitsschutzes erfasst, die im Rahmen der **gesetzlichen Vorschriften** oder der **Unfallverhütungsvorschriften** im Betrieb zu treffen sind, gleich, ob sie dem Gesundheitsschutz unmittelbar oder nur mittelbar dienen (BAG, NZA 98, 441; 02, 995; vgl. auch die BV in AiB 00, 536ff.). Voraussetzung ist, dass eine **Gesundheitsgefahr** oder die Gefahr besteht, dass Arbeitsunfälle (vgl. § 8 Abs. 1 SGB VII; zum Wegeunfall § 8 Abs. 2 SGB VII und z.B. auch BAG, NZA 01, 549; Udke, AiB 99, 456; ders., AuA 01, 412) oder Berufskrankheiten (vgl. § 9 Abs. 1 SGB VII und die BerufskrankheitenVO i.d. F. v. 31. 10. 97, AuR 98, 63) eintreten. Weiter muss dem AG ein gewisser Beurteilungsspielraum zur Verfügung stehen, die Vorschriften müssen also einen **Regelungsspielraum** lassen. Dort wo der AG lediglich zwingende Anordnungen umzusetzen hat, scheidet das MBR aus (BAG, DB 82, 386; 84, 775; NZA 02, 995). Der Regelungsspielraum kann dabei sowohl die Rechtsfolgen als auch die Voraussetzungen der Vorschriften betreffen (FKHES, Rn. 272f., 275; vgl. auch BAG, DB 99, 438; a.A. LAG Baden-Württemberg, NZA 88, 515). Das MBR umfasst ein **Initiativrecht** (vgl. z.B. LAG Niedersachsen, AiB 88, 110; FKHES, Rn. 281).

Seit dem In-Kraft-Treten der **Einheitlichen Europäischen Akte** be- **44**
kommt das europäische Arbeitsschutzrecht eine immer größere Bedeutung für das nationale Recht. Dabei wird das Schutzniveau stärker vereinheitlicht, die präventive organisationsbezogene betriebliche Umsetzung und Gefahrenvermeidung betont und der Gesundheitsschutz als dynamischer Prozess verstanden. Schon vor ihrer Umsetzung in deutsches Recht können die europäischen Richtlinien Bedeutung erlangen. Klare und unbedingte Richtlinien gelten nach Ablauf der Umsetzungspflicht im öffentlichen Dienst (EuGH, NJW 86, 2178; DB 90, 2428; AuR 94, 307; NZA 01, 1243; BAG, DB 96, 1725). Zudem ist das nationale Recht schon mit Erlass einer Richtlinie **richtlinienkonform** auszulegen (vgl. EuGH, NJW 86, 3020; AuR 94, 307;

BAG, DB 93, 737; 96, 1725). Ist für eine nationale Vorschrift eine Auslegung möglich, die sie in möglichst große Übereinstimmung mit der Richtlinie bringt, ist sie von den Gerichten vorzunehmen (vgl. im Übrigen zum Schadenersatz bei nicht rechtzeitiger Umsetzung EuGH, ZIP 91, 1610; NZA 97, 985, 988; NJW 99, 3181). Auch nach ihrer Umsetzung sind die Richtlinien weiter für die **Auslegung deutscher Gesetze** und **VO** von großer Bedeutung. Diese ist soweit wie möglich an Wortlaut und Zweck der Richtlinien auszurichten.

45 Zu den durch die MB ausfüllungsfähigen gesetzl. Vorschriften gehören z. B. die **ArbStättV** (vgl. Nahrmann/Schierbaum, AiB 98, 273 und zum in § 3a geregelten **Nichtraucherschutz** Düwell, AiB 02, 400) mit den dazu erlassenen Richtlinien, das Gesetz über technische Arbeitsmittel, das **ASiG** (vgl. DKK-Klebe, Rn. 188 ff.), die **GefStoffV** (vgl. z. B. §§ 16 Abs. 1, 2, 4; 17; 19; 20 Abs. 1, 2; ArbG Neumünster, AiB 94, 311; zu eng LAG Baden-Württemberg, NZA 88, 515 ff., das die Vorschrift bei Vorliegen eines Beurteilungsspielraums ablehnt und ein MBR nur bei § 20 GefStoffV für möglich hält), die **VBG**, wie §§ 2 Abs. 1; 4 Abs. 1 VBG 1/BGV Nr. A 1 und § 12 Abs. 3 VBG 37 (BAG, DB 99, 438) und vor allem das **ArbSchG** (vgl. z. B. §§ 3 Abs. 1 und 2 [LAG Hamburg, NZA-RR 01, 190, aus formellen Gründen aufgehoben und zurückverwiesen durch BAG, NZA 02, 995; HessLAG v. 26. 7. 01 – 5 TaBV 51/01, ebenfalls aus formellen Gründen aufgehoben vom BAG, DB 02, 2727; ArbG Hamburg, AuA 99, 36; AuR 99, 115; offen gelassen von BAG, DB 99, 438]; 4 [LAG Hamburg a. a. O.]; 5 [LAG Hamburg a. a. O.; HessLAG a. a. O.; ArbG Hamburg a. a. O.; a. A. ArbG Braunschweig, NZA-RR 98, 214]; 6 (zur unzureichenden Umsetzung der europäischen Richtlinie durch diese Vorschrift EuGH, NZA 02, 321); 8 bis 12; 13 Abs. 2 und 16 Abs. 2 [vgl. LAG Hamburg a. a. O. für §§ 6, 11, 12, 13 Abs. 2, dagegen ablehnend zu §§ 15–17; vgl. insgesamt DKK-Klebe, Rn. 188 ff.] mit den aufgrund seines § 19 ergangenen **Verordnungen** z. B. zur Bildschirmarbeit und Lastenhandhabung (vgl. unten und Rn. 48). Weiterhin haben die Berufsgenossenschaften eine Vielzahl von (ausfüllungsbedürftigen) Unfallverhütungsvorschriften erlassen. Das **BAG** hat die Frage, ob die sog. **Generalklauseln** wie § 618 BGB, § 62 HGB, § 2 Abs. 1 VBG 1 (Unfallverhütungsvorschriften – allgemeine Vorschriften) und bis zur Aufhebung im August 1996 auch § 120a GewO als ausfüllungsfähige Rahmenvorschriften in Betracht kommen, jedenfalls im Hinblick auf § 120a GewO (DB 96, 1725) und § 2 Abs. 1 VBG 1/BGV Nr. A 1 (DB 99, 438) bejaht. Es hat zudem die Auffassung vertreten, dass Rahmenvorschriften konkret und nicht durch Regelungen, die selbst allgemeinen Charakter haben, auszufüllen sind. Hieraus folgt für den BR, dass er z. B. möglichst detaillierte Forderungen zur ergonomischen Gestaltung von Arbeitsplätzen aufstellen muss (vgl. hierzu Richenhagen, AiB 95, 758). Bei einem kollektiven Tatbestand (vgl. Rn. 5) besteht das MBR auch, wenn nur ein einzelner Arbeitsplatz betroffen ist (LAG Niedersachsen, AiB 88, 110). Für **Bildschirmarbeit** (zum Begriff des Bildschirmarbeitsplatzes EuGH, AuR 00, 683) enthält die **BildscharbV** eine Reihe ausfüllungsfähiger Rahmenvorschriften, wie z. B. mit § 3 zur Gefährdungsanalyse, § 4 zu ergonomischen Maßnahmen, § 5 zur Arbeitsorganisation (**Mischarbeit/Pausen** zur Belastungsunterbrechung) und § 6 zu **Augenuntersuchungen** (LAG Hamburg, NZA-RR 01, 190; zu § 3 vgl. ArbG Hamburg, AuA 99, 36; AuR 99, 115). Entgegen der Ansicht des BAG (DB 84, 775) ist zudem § 4 MuSchG eine Rahmenvorschrift für den Schutz werdender Mütter bei der Bildschirmarbeit (vgl. DKK-Klebe, Rn. 184).

Ist der AG zur Bestellung von **Betriebsärzten** oder **Fachkräften für Arbeitssicherheit** verpflichtet, können diese als AN eingestellt oder als freiberufliche Kräfte verpflichtet werden. Es besteht aber auch die Möglichkeit, einen überbetrieblichen Dienst zu verpflichten (§§ 2 Abs. 3, 5 Abs. 3, 19 ASiG). Von welcher Möglichkeit Gebrauch gemacht wird, unterliegt dem MBR (BAG, DB 79, 1995). Soll ein Betriebsarzt oder eine Fachkraft für Arbeitssicherheit in den Betrieb eingestellt werden, ist dazu die Zustimmung des BR ebenso wie bei einer Abberufung erforderlich (§ 9 Abs. 3 ASiG). Die Beteiligungsrechte nach **§ 99** bzw. **§ 102** bleiben hiervon unberührt (vgl. auch LAG Bremen, NZA-RR 98, 250). Umgekehrt ist allerdings die ohne Zustimmung des BR zur Abberufung ausgesprochene Kündigung jedenfalls dann unwirksam, wenn sie auf Gründe gestützt wird, die sachlich mit der Tätigkeit als Betriebsarzt im untrennbaren Zusammenhang stehen (BAG, DB 89, 227). 46

Da die Aufgaben der Betriebsärzte, Sicherheitsingenieure und anderen Fachkräfte für Arbeitssicherheit im Gesetz nicht abschließend geregelt sind, hat der BR nach Nr. 7 auch ein MBR bei der konkreten Festlegung der Tätigkeit, der Rangordnung der einzelnen Aufgaben und der Durchführung zusätzlicher Maßnahmen (vgl. ArbG Hamburg, AiB 91, 92 f.). Das MBR beinhaltet das **Initiativrecht**. Dieses besteht allgemein, also auch für die Abberufung (LAG Baden-Württemberg, NZA 92, 184) und die Bestellung (str.) eines Betriebsarztes oder einer Fachkraft für Arbeitssicherheit. Bei der Bestellung der **Sicherheitsbeauftragten** bestimmt der BR jedenfalls hinsichtlich der **generellen Auswahlentscheidungen**, wie z. B. der Festlegung der Tätigkeitsbereiche und der Zahl der Sicherheitsbeauftragten, mit, da die Bestellung gemäß § 22 Abs. 1 SGB VII unter Berücksichtigung der im UN für die Beschäftigten bestehenden Unfall- und Gesundheitsgefahren und der Zahl der Beschäftigten zu erfolgen hat, dem UN also insoweit ein Handlungsspielraum verbleibt. 47

Aus der UVV-Lärm ergeben sich eine Reihe von Rahmenvorschriften, wie z. B. §§ 3, 4, 5, 6, 9 (vgl. DKK-Klebe, Rn. 199). Die ESt. ist zudem auch zuständig, wenn der BR betriebliche **Lärmschutzmaß-** 48

nahmen zur Einhaltung von § 15 ArbStättV durchsetzen will (LAG Niedersachsen, AiB 88, 110). Für die Verteilung der Arbeitsplätze in einem **Großraumbüro** wird das MBR zu Unrecht teilweise abgelehnt (LAG München, DB 88, 186f.). Jedenfalls kommt aber § 91 in Betracht (LAG München a.a.O.). Weitere Rahmenvorschriften finden sich z.B. in **§ 6 Abs. 5 ArbZG** (zu der Frage, ob ein Ausgleich für Nachtarbeit durch bezahlte freie Tage oder durch Entgeltzuschlag zu gewähren ist vgl. BAG, NZA 98, 441), im JArbSchG (§§ 22, 23, 28–30), HAG (§§ 12 Abs. 1, 16 Abs. 1), SGB VII, PSA-BV (vgl. z.B. zu § 2 Abs. 1 Nr. 3 BAG, DB 99, 438), AMBV (§§ 3–6), BioStoffV (§§ 5–8, 10–12; hierzu Pieper, AiB 01, 437), BaustellV (z.B. § 5), LasthandV (§§ 2–4) und **MuSchG** (§§ 2 Abs. 1, 4; vgl. insgesamt DKK-Klebe, Rn. 204 m.w.N.). Bei nicht nur geringfügigen und kurzfristigen arbeitsschutzrechtlichen Pflichtverletzungen des AG kann dem einzelnen AN ein **Leistungsverweigerungsrecht** gem. § 273 BGB zustehen (BAG, DB 96, 2446; BB 97, 1364), das keine unmittelbare Gesundheitsgefahr erfordert. Bei unmittelbarer Gefahr für Leib und Leben kann ein **Entfernungsrecht** gem. § 21 Abs. 6 Satz 2 GefStoffV bestehen, das keine Pflichtverletzung voraussetzt (vgl. DKK-Klebe, Rn. 205 und dort die restriktive BAG-Rechtspr.), bei unmittelbarer erheblicher Gefahr gem. § 9 Abs. 3 ArbSchG (vgl. auch § 91 Rn. 11). Die Kosten, die durch arbeitsschutzrechtliche Vorschriften entstehen, hat der AG zu tragen (vgl. § 3 Abs. 2 ArbSchG und auch BAG, BB 98, 2527; zu Bildschirmarbeitsbrillen: § 6 Abs. 2 BildscharbV und ArbG Neumünster, AiB 01, 244 mit Anm. Bertelsmann; Rundnagel/Seefried, AiB 01, 420).

49 *Zu Nr. 8:* Als **Sozialeinrichtungen** gelten alle Einrichtungen des Betriebs (UN oder Konzern), durch die den AN oder ihren Angehörigen über das Entgelt hinaus, das unmittelbar im Austauschverhältnis zur Arbeitsleistung steht (vgl. BAG, NZA 98, 1185), **zusätzliche Vorteile** gewährt werden, Unentgeltlichkeit ist nicht Voraussetzung (BAG, ZIP 01, 262). Dem sozialen Zweck bzw. der Begrenzung des Wirkungsbereichs auf Betrieb/UN/Konzern widerspricht nicht, dass gelegentlich auch Gäste, die nicht dem Betrieb angehören, die Einrichtung nutzen (BAG, ZIP 01, 262). Es muss allerdings auf Dauer eine gewisse Organisation vorhanden sein, die sich mit der anfallenden Verwaltung befasst (vgl. z.B. BAG, NZA 98, 1185; 02, 230). Zu den Sozialeinrichtungen zählen u.a. **Kantinen** und Werksküchen (BAG, DB 88, 404; ZIP 01, 262), Verkaufsautomaten, der Betrieb eines Selbstbedienungsladens durch einen rechtlich selbständigen Dritten, wenn der AG Räume zur Verfügung stellt und Kosten übernimmt (LAG Hamm v. 2. 3. 83 – 12 TaBV 68/82), **Beschäftigungs- und Qualifizierungsgesellschaften** eines AG, die mit den früheren Beschäftigten Arbeitsverhältnisse eingehen, um ihnen den Bezug von Kurzarbeitergeld zu ermöglichen (BAG, NZA 02, 230), **Sportanlagen**, Bibliotheken, **Erholungsheime, Fortbildungseinrichtungen**

und **Kindergärten** (BAG, DB 82, 811), nicht jedoch ein **Betriebsausflug** (BAG, BB 98, 1419; kritisch Grimberg, AiB 98, 711) oder ein **ärztlicher Liquidationspool** (BAG, NZA 98, 1185; vgl. aber auch Rn. 58). Ein Werkverkehr mit Bussen kann eine Sozialeinrichtung darstellen, wenn eine eigenständige Organisation mit abgesonderten Betriebsmitteln vorliegt (BAG, DB 86, 230). **Betriebliche Pensions-** und **Unterstützungseinrichtungen** (vgl. auch Furier, AiB 99, 197) sind nur dann als Sozialeinrichtungen anzusehen, wenn die Leistungen aus einem zweckgebundenen Sondervermögen erbracht werden (BAG, DB 88, 2411; 03, 293). Sog. **Direktzusagen** sind keine Sozialeinrichtungen (BAG, BB 75, 1062; 75, 1064; 76, 1175), unterliegen aber der MB nach Nr. 10 (vgl. Rn. 66). Die Vorschriften greifen auch bei der Durchführung des AN-Anspruchs auf **Umwandlung von Entgelt in Versorgungszusagen** ein (vgl. auch Rn. 27, 66 und DKK-Klebe, Rn. 264 a).

Der MB des BR unterliegen die Form, Ausgestaltung und Verwaltung **50**
der Sozialeinrichtung (BAG, DB 88, 2411). Unter »Form« ist die juristische Gestaltung (eingetragener Verein, GmbH u. ä.) zu verstehen. Zur »Ausgestaltung« der Sozialeinrichtung gehört insbesondere deren gesamte Organisation. Zur »Verwaltung« zählt nicht nur die Aufstellung allgemeiner Verwaltungsrichtlinien; die MB erstreckt sich vielmehr auch auf die **einzelnen Verwaltungsmaßnahmen** (BAG v. 14. 2. 67, AP Nr. 9 zu § 56 BetrVG Wohlfahrtseinrichtungen). Dazu zählen auch bei freiwilligen, jederzeit widerruflichen Leistungen die Verteilung der zur Verfügung stehenden finanziellen Mittel (Leistungsplan) und die konkrete Auswahl der begünstigten AN (vgl. BAG, DB 78, 2189; 88, 2411). Darüber hinaus ist die **Änderung des Leistungsplans** mitbestimmungspflichtig (BAG v. 5. 6. 84, AP Nr. 3 zu § 1 BetrAVG Unterstützungskassen). Bei einer **Werkskantine** unterliegt die Festsetzung der einzelnen Kantinenpreise, der Öffnungszeiten und auch die Frage dem MBR, wer sie nutzen darf und wie (BAG, ZIP 01, 262; dabei können allerdings AN, die das Essen nicht in Anspruch nehmen, nicht zur Kostentragung verpflichtet werden; vgl. auch Rn. 12). Der AG kann zudem nicht ohne Zustimmung des BR die bisher übliche Nutzung (z. B. für Jubiläumsfeiern der AN) einschränken (BAG, DB 88, 404).

Wird die Sozialeinrichtung als selbständige juristische Einrichtung **51**
betrieben, kann der MB dadurch Rechnung getragen werden, dass der BR in den zur Entscheidung befugten Organen **paritätisch** vertreten ist oder die zu treffenden Entscheidungen **unmittelbar zwischen BR und AG** vereinbart werden (BAG, DB 78, 2189; 88, 2411; 03, 293). Wird das MBR z. B. bei der Aufstellung einer neuen Leistungsordnung verletzt, ist der Widerruf der Versorgungszusagen (individualrechtlich) unwirksam (BAG, DB 88, 2411; 92, 1885). Sind an einer Unterstützungskasse allerdings mehrere UN beteiligt, setzen Ansprü-

che einzelner AN wegen Verletzung der MBR voraus, dass die Verletzung bei der Willensbildung in der **Gruppenunterstützungskasse** für die nachteilige Änderung der Leistungsrichtlinien kausal werden konnte (BAG, DB 89, 2491).

52 Der BR als solcher kann nicht Träger einer Sozialeinrichtung sein, weil er insoweit weder rechts- noch vermögensfähig ist. Allerdings kann dem BR die **Alleinverwaltung einer Sozialeinrichtung** übertragen werden (BAG, DB 86, 2680).

53 Nicht der MB unterliegen die Errichtung und Schließung einer Sozialeinrichtung, die Festlegung des allgemeinen Benutzerkreises (vgl. hierzu aber auch BAG, DB 88, 2411) sowie die sog. Dotierung. Der **AG bestimmt** also **allein, welche finanziellen Mittel** er der Einrichtung zur Verfügung stellt. Führt der AG eine **Kürzung** durch, bestimmt der BR aber bei der Neuverteilung der Mittel mit (BAG, DB 88, 2411; 92, 1885; 03, 293; zur Kündigung und Nachwirkung einer BV zur Altersversorgung vgl. BAG, AuR 00, 386 mit kritischer Anm. Herbst/Matthes; DB 00, 774; 02, 1114; NZA 02, 575).

54 *Zu Nr. 9:* Das MBR erstreckt sich auf die Zuweisung von Wohnräumen (insbesondere Werkmietwohnungen; vgl. hierzu und zu Rechtswegfragen bei Streitigkeiten BAG, DB 00, 628; für Werkmietwohnungen ist das AG, für Werkdienstwohnungen das ArbG zuständig) aller Art, soweit diese im Eigentum des AG stehen oder dem AG daran ein Verfügungsrecht zusteht. Auch die Zuweisung an leit. Ang. kann nur mit Zustimmung des BR erfolgen, wenn ein einheitlicher Bestand von Wohnungen vorliegt (BAG, DB 74, 1627; NZA, 93, 766). Das MBR besteht auch ansonsten, wenn Wohnungen auch an dritte Personen, die nicht vom BR repräsentiert werden, vergeben werden. Es ist gleich, ob zwischen dem AG und dem Dritten ein Vertragsverhältnis besteht (BAG, NZA 93, 272 und 766). Nicht dem MBR unterliegt, ob der Arbeitgeber überhaupt Wohnraum zur Verfügung stellt oder diesen später entwidmet (vgl. z.B. BAG, NZA 93, 766). Auch hinsichtlich der finanziellen Mittel, die er zur Verfügung stellt, ist der AG frei.

55 Zu den **Nutzungsbedingungen** zählt u.a. der Inhalt der Mietverträge und der Hausordnung. Aber auch die Festsetzung der Miethöhe (im Rahmen der vorgegebenen Dotierung; BAG, NZA 93, 272) gehört dazu. Die Erhöhung der **Grundmiete** kann nur unter Berücksichtigung des MBR erfolgen (BAG, DB 73, 1458). Die MB besteht zudem bei der Festlegung der **Übernachtungsgebühren** für AN in einem möblierten betrieblichen Wohnheim (BAG v. 3. 6. 76, AP Nr. 3 zu § 87 BetrVG 1972 Werkmietwohnungen). Dagegen gehört die Lieferung von Heizgas nicht zu den Nutzungsbedingungen, wenn der AG nur die Wohnräume einschließlich einer Heizgelegenheit zur Verfügung stellt (BAG, DB 86, 704). Auch die Kündigung der Wohnräume unterliegt dem MBR. Handelt es sich um einen einheitlichen

Bestand ohne feste Zuordnung, erfasst das MBR alle Wohnungen und nicht nur die der AN (BAG, NZA 93, 272). Es ist davon auszugehen, dass die fristgerechte Kündigung des Mietverhältnisses regelmäßig nur in Verbindung mit der gleichzeitigen Beendigung des Arbeitsverhältnisses möglich ist. Das MBR bleibt auch bestehen, wenn das Arbeitsverhältnis bereits beendet worden ist (BAG, NZA 93, 272). Eine ohne Beachtung des MBR ausgesprochene Kündigung ist unwirksam. Unabhängig von der MB kann der AN auch mietrechtlichen Schutz in Anspruch nehmen.

Zu Nr. 10: **Betriebliche Lohngestaltung** i. S. dieser Bestimmung ist die Festlegung allgemeiner Regelungen, die sich auf die Grundlagen der Entgeltfindung (Lohn ist i. S. von Entgelt allgemein zu verstehen) beziehen (BAG, DB 80, 1895; 90, 1090; 94, 1573). Das MBR in diesem Bereich soll den AN, sofern kein TV eingreift (Rn. 7), vor einer einseitig an den Interessen des AG orientierten oder gar willkürlichen Lohngestaltung schützen. Dabei geht es um die Angemessenheit und Durchsichtigkeit des innerbetrieblichen Lohngefüges (vgl. z. B. BAG, DB 86, 914; 94, 1573; NZA 00, 1066; BB 01, 2320; DB 02, 798 und Herbst, AiB 86, 186 ff.), nach h. M. und Rechtspr. des BAG nicht jedoch um die Entgelthöhe (vgl. z. B. DB 95, 2610; BB 96, 1717; NZA 00, 495, 783; DB 02, 798; a. A. DKK-Klebe, Rn. 253 ff.). Dennoch können auch auf diesem Wege die finanziellen Aufwendungen des AG erhöht werden, wenn der BR eine Lohnfindung unter dem Gesichtspunkt der Lohngerechtigkeit (zusätzliche Vergütung für zusätzliche Leistung; § 75) betreibt (DKK-Klebe, Rn. 259, 260 m. w. N. zur BAG-Rechtspr.) oder der AG ohne Beachtung des MBR Leistungen gewährt hat **und** die Ansprüche der begünstigten AN wirksam sind, der AG die Gelder also nicht zurückfordern kann (BAG, DB 95, 680). Wird das MBR, z. B. bei Anrechnung/Widerruf von **über-/außertariflichen Zulagen**, nicht beachtet, sind die Maßnahmen des AG gegenüber dem einzelnen AN unwirksam (BAG, DB 91, 2593), sie behalten also ihren bisherigen Zahlungsanspruch. Darüber hinaus ist auch die individualrechtliche Zulässigkeit einer Verrechnung jeweils zu prüfen (vgl. z. B. BAG, NZA 93, 806; DB 95, 1769; 96, 1630; 98, 2119; DKK-Klebe, Rn. 260 m. w. N.). **56**

Das MBR besteht nur bei kollektiven Tatbeständen (vgl. BAG, DB 95, 680; 97, 332; NZA 98, 1237; 00, 1066). Um solche handelt es sich z. B. bei übertariflichen Zulagen, wenn die Verteilungsgrundsätze geändert werden (vgl. z. B. BAG, DB 93, 380, DB 93, 1143). Ein **kollektiver Tatbestand**, für den die Zahl der betroffenen AN ein Indiz sein kann (BAG DB 97, 2081; NZA 00, 1066), liegt vor, wenn die Zulagen für einzelne AN wegen besonderer Leistungen gewährt (BAG, NZA 00, 1066) oder wegen unzureichender Arbeitsleistung (BAG, DB 93, 385, DB 93, 1143), der Kürze der Betriebszugehörigkeit, der absehbaren Beendigung des Arbeitsverhältnisses, Mutter- **57** schutzes, Erziehungsurlaubs (vgl. zu diesen Beispielen BAG, DB 93, 1143), wegen der Erhöhung des Tarifgehalts aufgrund von Alterssprüngen, Höhergruppierungen oder der Steigerung tariflicher Leistungszulagen (BAG, DB 97, 2081) oder wegen krankheitsbedingter Fehlzeiten (BAG, DB 93, 382 und 1143) gekürzt werden sollen (vgl. LAG Hamm, NZA 95, 93 und die Vorinstanz ArbG Paderborn, AiB 94, 249 im Falle der Anrechnung bei allen Arb., nicht aber bei den Ang.). Keine kollektiven Tatbestände liegen z.B. vor, falls die Tariflohnerhöhung gegenüber einem einzelnen AN mit Rücksicht darauf angerechnet wird, dass dieser trotz Umsetzung auf einen niedriger bewerteten Arbeitsplatz seine bisherige Vergütung behalten hat (BAG, DB 93, 384; a.A. FKHES, Rn. 479) oder er dies zur Vermeidung steuerlicher Nachteile wünscht (BAG, DB 93, 1143).

58 Zu den Fragen der betrieblichen Lohngestaltung gehören alle **Formen der Vergütung**, alle Geld- oder geldwerten Leistungen/Vorteile, die aus Anlass eines Arbeitsverhältnisses gewährt werden, auch wenn es **Einmalzahlungen** sind (BAG, NZA 00, 1066). Nicht erfasst werden daher Zahlungen, die **keinen Vergütungscharakter** haben, also z.B. reiner **Aufwendungsersatz**, wie die Erstattung von Umzugskosten oder Kontoführungsgebühren. **Spesen** sind nach Auffassung des BAG (NZA 99, 381) auch dann Aufwendungsersatz, wenn sie die Pauschalbeträge übersteigen, die lohnsteuerfrei bleiben, es sein denn, sie übersteigen von vornherein die Aufwendungen, die der AG für erforderlich halten kann. Andererseits soll der steuerpflichtige Teil der **Nahauslösung** Entgelt sein (BAG, DB 98, 2170; vgl. auch Rn. 13 und DKK-Klebe, Rn. 244). Zur Lohngestaltung gehören alle AG-Leistungen, bei denen die Bemessung nach bestimmten Grundsätzen oder nach einem System erfolgt (BAG, DB 86, 2340; 88, 1551). Demnach unterliegen beispielsweise der MB auch alle allgemeinen **freiwilligen Leistungen**, wie z.B. Zulagen des AG, die dieser zusätzlich zum tariflich geregelten Entgelt zahlt (BAG, DB 90, 1238; NZA 00, 1066; zur MB bei Verteilung des **»Liquidationspools«** von Chefärzten an nachgeordnete Ärzte vgl. BAG, NZA 98, 1185). Hierbei erfasst die MB zumindest, ob die Zahlung, zu der sich der AG zuvor entschlossen hat, überhaupt gewährt und wie sie im Einzelnen ausgestaltet werden soll (BAG, DB 88, 1551). Mitbestimmungsfrei soll der AG entscheiden können, ob er eine Leistung erbringt/einstellt, welche finanziellen Mittel er zur Verfügung stellt, welchen Zweck er mit der Leistung verfolgt und wie er den begünstigten Personenkreis abstrakt eingrenzt (BAG, DB 90, 1238 m.w.N.; DB 92, 1579, 1586ff.; NZA 00, 1066; DB 02, 380). Dieser Auffassung kann nicht allgemein gefolgt werden (vgl. DKK-Klebe, Rn. 257ff.). Das MBR kann auch dann bestehen, wenn eine zusätzliche Sozialleistung nicht nur gekürzt, sondern vollständig in Wegfall gebracht werden soll (ArbG Mannheim, AiB 88, 88; Trittin, AiB 88, 81ff.).

Zudem kann die Ausübung des MBR durchaus zu einer Ausweitung des Dotierungsrahmens führen (vgl. BAG, DB 88, 1551 und v. 20. 3. 90 – 1 ABN 61/89 und auch Rn. 56).

Will der AG die finanzielle Belastung durch freiwillige übertarifliche Zulagen insgesamt kürzen, hat der BR darüber mitzubestimmen, wie das **gekürzte Zulagenvolumen** auf die betroffenen AN **verteilt** werden soll (BAG, DB 88, 1223 f.; DB 92, 1579; BB 93, 135; NZA 03, 224), auch wenn die Zulage »automatisch« auf eine Tariflohnerhöhung angerechnet wird, die zum Ausgleich einer Arbeitszeitverkürzung gewährt wurde (BAG, DB 92, 1579; zur individualrechtlichen Zulässigkeit vgl. BAG, DB 96, 736; 96, 1630; NZA 02, 342; DB 02, 2494; BB 03, 369). **59**

Das BAG (DB 92, 1579) hat folgende Grundsätze aufgestellt: **60**

- Anrechnung/Widerruf lösen das MBR aus, wenn sich die **Verteilungsgrundsätze** für die Zulagen ändern und dem AG Spielraum für eine andere Verteilung bleibt;
- auch bei einer prozentual gleichmäßigen Verrechnung der Tariflohnerhöhung mit allen Zulagen entfällt das MBR nur, wenn das **Verhältnis der Zulagen zueinander** unverändert bleibt (vgl. BAG, DB 96, 736 zur Zulässigkeit der unterschiedlichen Verrechnung in zwei verschiedenartigen betrieblichen Entgeltsystemen);
- das MBR scheidet demgegenüber aus, wenn der AG die bisherigen Verteilungsgrundsätze beachtet, wenn Anrechnung bzw. Widerruf zum **vollständigen Wegfall** der Zulagen führen (vgl. aber auch BAG, DB 95, 1410; 95, 1411; 97, 332; 98, 2119: **MBR** bei vollständiger Streichung der Zulage, wenn aufgrund einheitlicher Konzeption des AG anschließend, möglicherweise auch erst Monate später, von ihm eine neue Zulage gewährt wird) oder der Änderung der Verteilungsgrundsätze **rechtliche Hindernisse** entgegenstehen, wie z. B. bei einer vollständigen und gleichmäßigen Verrechnung der Tariflohnerhöhung auf alle Zulagen (ebenso BAG, BB 93, 135; DB 93, 1143; BB 97, 790; 98, 1419; NZA 00, 898; 02, 342; DB 02, 2494; vgl. auch zur betrieblichen Altersversorgung BAG, DB 00, 525 und 774). Dies gilt nach Auffassung des BAG auch, wenn der AG die Anrechnung bei wenigen AN **irrtümlich** unterlässt, die betroffenen AN aber unmittelbar nach Feststellung seines Irrtums über die nunmehrige Anrechnung informiert (BB 96, 646). Für den Irrtum ist der AG darlegungs- und beweispflichtig. Der für die Ausübung des MBR erforderliche Regelungsspielraum bleibt allerdings für den AG erhalten, wenn er bei einer Tariflohnerhöhung auch die in unterschiedlicher Höhe gezahlten übertariflichen Zulagen ohne Rechtspflicht entsprechend anhebt und diese gleichzeitig voll auf eine neu geschaffene tarifliche Zulage anrechnet (BAG, DB 95, 1917). Das MBR bei den Verteilungsgrundsätzen ist

ebenso wie § 2 Abs. 1 auch dann verletzt, wenn der AG keine Verhandlungen über seine Grundsätze zulässt und für den Fall abweichender Vorstellungen des BR zur Verteilung von vornherein eine mitbestimmungsfreie Vollanrechnung vorsieht (BAG, DB 98, 2120).

61 Dem BAG ist zuzustimmen, dass das MBR ausscheidet, falls die bisherigen Verteilungsgrundsätze beibehalten werden. Seine Auffassung, bei **vollständiger und gleichmäßiger Anrechnung** sei das MBR auch ausgeschlossen, wenn sich die Verteilungsgrundsätze ändern, ist allerdings **abzulehnen**. Hier sind ebenfalls Fragen der innerbetrieblichen Lohngerechtigkeit betroffen. Der AG kann durchaus individuelle Verpflichtungen und MBR nebeneinander beachten und harmonisieren (vgl. im einzelnen DKK-Klebe, Rn. 258; ebenso FKHES, Rn. 472). Bei mitbestimmungspflichtigen Anrechnungen kann der AG das Zulagenvolumen/die einzelnen Zulagen bis zur Einigung mit dem BR nur kürzen, wenn er die bisherigen Verteilungsgrundsätze beibehält. Ansonsten sind Anrechnung bzw. Widerruf insgesamt unwirksam (BAG, DB 92, 1579, 1588; BB 96, 326; DB 97, 332). Eine auf den Zeitpunkt der Tariferhöhung **zurückwirkende BV** über die Anrechnung übertariflicher Zulagen kommt ausnahmsweise in Betracht, wenn die betroffenen AN mit einer rückwirkend belastenden Regelung rechnen mussten und sich hierauf einstellen konnten (BAG, DB 96, 326). Wird die **teilmitbestimmte BV** über freiwillige Leistungen vom AG gekündigt, wirkt sie gemäß § 77 Abs. 6 nach, wenn der AG das Volumen reduzieren und den Verteilerschlüssel ändern will (BAG, DB 94, 987). Die Nachwirkung soll allerdings entfallen, wenn der AG die freiwillige Leistung vollständig streichen will (vgl. hierzu aber auch Rn. 58).

62 Die Anordnung des AG, **Zeiten der Dienstbereitschaft** künftig nicht mehr pauschal abzurechnen, sondern nach den **tatsächlich geleisteten Stunden**, unterliegt ebenso der MB (LAG Frankfurt, DB 85, 1799) wie die Frage, welche Zeit als Nachtarbeitszeit zuschlagspflichtig sein soll (BAG, DB 94, 1193). Bei der Zahlung von **Prämienlohn** erstreckt sich das MBR sowohl auf den Verlauf der Prämienkurve als auch auf die Zuordnung von Geldbeträgen zu bestimmten Leistungsgraden (BAG, DB 87, 1198), bei Außendienstangestellten allerdings nicht auf die Einteilung der Verkaufsgebiete (BAG, DB 91, 2677). Der BR hat auch darüber mitzubestimmen, ob innerhalb eines Akkordlohnsystems die in der Vorgabezeit enthaltene Erholungszeit zu feststehenden Kurzpausen zusammengefasst werden soll (BAG, DB 88, 811) und bei **Umstellung von Akkord- auf Zeitlohn** (BAG, DB 02, 1948 [Ls.]; LAG Berlin, BB 88, 1956; LAG Baden-Württemberg, AiB 93, 406). Dann besteht u. a. ein MBR bei der Frage der Ausgestaltung von Besitzstandsregelungen jedenfalls innerhalb eines vom AG zur Verfügung gestellten Dotierungsrahmens (BAG, NZA 03, 224, das offenlässt, ob auch hinsichtlich der Höhe der Besitzstandsregelung ein MBR gem. Nr. 11 besteht).

Bei der Einführung einer **Vergütungsordnung** besteht ein MBR, ebenso, wenn diese abgeändert oder durch eine andere ersetzt werden soll (BAG, NZA 87, 489; DB 93, 441; 94, 1573; NZA 00, 495; 02, 111 [Ls.]; DB 02, 798; 02, 2725). Eine Änderung soll nach Auffassung des BAG nicht vorliegen, wenn bei **unveränderter Monatsvergütung** die **Wochenarbeitszeit erhöht** wird (DB 02, 798). Hierdurch verringert sich allerdings das Entgelt pro Zeiteinheit und in der Regel auch die Relation zwischen und in den Vergütungsgruppen. Dies rechtfertigt entgegen der Meinung des BAG die Anwendung der Vorschrift (vgl. auch BAG, NZA 98, 441; BB 98, 1419 und Rn. 65). Diese erfasst auch die Festlegung von Kriterien zur Bildung von Gehaltsgruppen der **AT-Ang**. (BAG, NZA 91, 434; DB 93, 1143), bei der Frage, ob die AT-Gehälter linear oder unterschiedlich nach abstrakten Kriterien erhöht werden sollen (BAG, NZA 91, 434; DB 93, 1143) und für die Ausgestaltung einer für sie geschaffenen Jahressonderzahlung (BAG, DB 92, 1730). Das MBR soll allerdings zu Unrecht nicht die Festlegung der Abstände der Gehaltsgruppen zur höchsten Tarifgruppe umfassen (BAG, NZA 91, 436 m. w. N.; DB 93, 1143; 95, 678). **63**

Bei **Provisionszahlungen** besteht zumindest ein MBR nach Nr. 10 (vgl. auch Rn. 71), das sich zwar nicht auf den Geldfaktor, aber auf alle anderen Elemente, die das Provisionssystem im Einzelnen ausgestalten, bezieht. Das MBR erfasst daher z. B. bei einer Abschlussprovision auch die Frage, welche Verkaufsartikel den unterschiedlich provisionierten Gruppen zuzuordnen sind (BAG, DB 89, 384). **64**

Weiter besteht ein MBR bei Gestattung einer günstigen privaten Nutzung von **Firmenwagen** (vgl. auch BAG NZA 02, 394), Telefonanlagen/Mobiltelefonen und bei Nachlässen auf vom AG bezogene Waren (BAG, ZIP 93, 1251), wie z. B. Jahreswagen, bei Regelungen des **Mankogeldes** (Hjort, AiB 94, 279; vgl. auch LAG Baden-Württemberg v. 14. 9. 93 – 13 TaBV 2/93), bei der Zahlung von **Spesensätzen**, die über die steuerfrei zu zahlenden Aufwendungserstattungen hinausgehen, es sei denn, der AG belegt, dass die tatsächlichen Aufwendungen des AN höher als der Steuerfreibetrag sind (DKK-Klebe, Rn. 244; vgl. auch HessLAG, AuR 98, 170 [Vorinstanz zu BAG, NZA 99, 381]; **a. A**. BAG, NZA 99, 381), von **Mietzuschüssen** oder bei steuerpflichtigen Auslösungen (BAG, DB 98, 2170) und der Übernahme der Kosten für **Familienheimfahrten** durch den AG (BAG, DB 86, 2340). Gleiches gilt für die Festsetzung der **Beiträge für betriebliche Kindergärten** (BAG, DB 82, 811), die Gewährung von günstigen Firmendarlehen (BAG, DB 81, 996), **Jahressonderzahlungen** (BAG, DB 92, 1730; erfasst werden auch etwaige Rückzahlungsklauseln; vgl. DKK-Klebe, Rn. 267 [**str.**]; vgl. insgesamt Hinrichs, AiB 01, 590), die Ausgabe von **Belegschaftsaktien** und **65**

Aktienoptionen (BAG, NZA 90, 559), auch wenn die entsprechenden Entscheidungen (wie z.B. begünstigter Personenkreis, Verteilungskriterien) letztlich bei einer Muttergesellschaft im Ausland fallen (LAG Nürnberg, NZA-RR 02, 247), Umsatzprämien (BAG, DB 96, 278), verbilligte/kostenlose **Outplacement-Beratungen**, eine Beteiligung der AN am Ertrag des UN, Zeitgutschriften für einen Betriebsausflug als Erfolgsprämie (BAG, BB 98, 1419), Sonderboni oder andere **Sonderzahlungen**, auch wenn sie nur einmalig und erst nachträglich im Hinblick auf erbrachte Leistungen gezahlt werden (BAG, DB 95, 680; NZA 00, 1066), die abstrakte Festlegung von Tatbeständen (Arbeitsplätzen), nach denen sich die Zahlung eines tariflichen Erschwerniszuschlags richten soll (BAG, DB 90, 127), für die Zahlung eines zusätzlichen Urlaubsgeldes (BAG, DB 88, 1223), für Zuschüsse zu Essenmarken und Fahrgeld (vgl. z.B. BAG v. 15. 1. 87, AP Nr. 21 zu § 75 BPersVG), für die Veranstaltung von Wettbewerben mit Sonderprämien für die Gewinner (vgl. BAG, DB 82, 1519; sog. **Incentives**), für die Frage, ob ein **Ausgleich für Nachtarbeit** gem. § 6 Abs. 5 ArbZG durch bezahlte freie Tage oder durch Entgeltzuschlag zu gewähren ist (BAG, NZA 98, 441) und für die Einführung eines **Prämienplans für Unfallfreiheit** (LAG Schleswig-Holstein, BetrR 81, 428).

66 Zur betrieblichen Lohngestaltung gehört auch die Gewährung einer **betrieblichen Altersversorgung** in Form von sog. Direktzusagen oder Gruppenversicherungen (BAG, DB 75, 1559; 92, 1885; 93, 1240). Sie unterliegt dem MBR, wenn auch der AG allein die Entscheidung darüber treffen kann, welchen Personenkreis er versorgen will, welche Versorgungsform (z.B. Direktzusage) zur Anwendung kommt und welche finanziellen Mittel zur Verfügung gestellt werden (vgl. z.B. BAG, DB 93, 1240; DB 03, 293). Auch die Beendigung der Leistungen und die Auswahl und der Wechsel von Versicherungs-UN sind mitbestimmungsfrei, es sei denn, hiermit ist eine Änderung des Leistungsplans verbunden (BAG a. a. O.; vgl. BAG, DB 00, 525; 00, 774; 02, 1114; NZA 02, 575 zur Kündigung einer BV und ihren Auswirkungen). Es bestehen auch MBR, wenn die betriebliche Altersversorgung durch Entgelt des AN finanziert wird, das z.B. entsprechend § 1 a BetrAVG **in Versorgungszusagen umgewandelt** worden ist (vgl. im Einzelnen DKK-Klebe, Rn. 264 a, a. A. FKHES, Rn. 465; siehe auch Rn. 27, 49).

67 **Entlohnungsgrundsätze** und **Entlohnungsmethoden** sind lediglich Unterfälle der umfassenden betrieblichen Lohngestaltung und nur beispielhaft angeführt (BAG, DB 80, 1895).

68 Bei den **Entlohnungsgrundsätzen** handelt es sich um Systeme, nach denen das Arbeitsentgelt bemessen werden soll, und um ihre Ausformung (BAG, DB 80, 1895; 89, 984). Dazu zählt u. a. die Entscheidung, ob im Zeitlohn oder im Leistungslohn zu arbeiten ist (BAG, BB

91, 835 f.). Aber auch Prämien- und andere Systeme einer erfolgsabhängigen Vergütung (z.B. Provisionen) sowie ihre Ausgestaltung (BAG, DB 81, 2031), (z.B. bei **Gruppenarbeit**), gehören zu den Entlohnungsgrundsätzen.

Unter **Entlohnungsmethoden** ist die Art und Weise der Durchführung des gewählten Entlohnungssystems zu verstehen (BAG, DB 80, 1895; 91, 2677). Ist z.B. festgelegt worden, dass im Akkordlohn gearbeitet wird, muss im Rahmen der Entlohnungsmethode noch bestimmt werden, ob nach einem arbeitswissenschaftlichen System (Refa, Bedaux) oder nach einer frei ausgehandelten Methode verfahren werden soll (BAG, DB 03, 212). Gleiches gilt auch bei der Einführung von Prämien- oder Provisionsgrundsätzen oder eines sog. **Cafeteria-Systems** für betriebliche Sozialleistungen, bei dem die AN bei vom AG vorgegebenem Gesamtvolumen Auswahl und Zusammenstellung selbst vornehmen können (Felix/Mache, AiB 01, 338 ff.). Der MB unterliegt die Einführung von Entlohnungsgrundsätzen/-methoden und deren **Änderung**. **69**

Zu Nr. 11: Die MBR bezieht sich auf den gesamten Bereich der **Leistungsentlohnung** (zum Inhalt von BV vgl. Tondorf/Mache, AiB 94, 88 ff.). Sie erstrecken sich zunächst auf die **Festsetzung der Akkordsätze** einschließlich der **Geldfaktoren**. Darunter ist die Festlegung aller Bezugsgrößen zu verstehen, die für die Ermittlung und Berechnung des Akkordlohns von Bedeutung sind. In diesem Rahmen unterliegen auch die Festsetzung und Änderung der sog. **Vorgabezeiten** der MB (BAG, DB 88, 811; 89, 1929; 03, 212) und dabei auch der Umfang der in die Vorgabezeit eingehenden Rüst-, Verteil- und Erholungszeiten (BAG, DB 03, 212). Werden Vorgabezeiten unter Beachtung der MB entsprechend den tarifvertraglichen und arbeitswissenschaftlichen Regeln ermittelt, so spricht der erste Anschein für ihre Richtigkeit (LAG Hamm, DB 91, 2247). Auch bei der Festsetzung der **Prämiensätze** erstreckt sich die MB auf die Festlegung aller Bezugsgrößen (vgl. dazu Pornschlegel, AiB 82, 9 ff. und zu den unterschiedlichen Prämienlohnsystemen DKK-Klebe, Rn. 279). Das MBR umfasst Studien, die der AG zur Meinungsbildung vor Festlegung des Zeitfaktors durchführen lässt (LAG Berlin, LAGE § 87 BetrVG 1972 Leistungslohn Nr. 5; **a.A.** BAG, DB 79, 2427; AuR 93, 374). **70**

Nach der Auffassung des BAG sind Akkord- und Prämiensätzen **»vergleichbare leistungsbezogene Entgelte«** Vergütungsformen, bei denen eine »Leistung« des AN gemessen und mit einer Bezugsleistung (»Normalleistung«) verglichen wird. Dabei muss sich die Höhe der Vergütung in irgendeiner Weise nach dem Verhältnis der Leistung des AN zur Bezugsgröße bemessen (BAG, DB 84, 2145; NZA 98, 1188; 00, 1066; BB 01, 2320). Das BAG fordert zur Unrecht eine aktuelle Leistungsbeurteilung, eine Beurteilung aus dem vergan- **71** genen Jahr soll für ein leistungsbezogenes Entgelt nicht ausreichen (NZA 86, 296), und lässt auch eine, die sich jährlich lediglich aus der Arbeit der ersten drei Monate ergibt, nicht genügen (BB 01, 2320). Zu den vergleichbaren leistungsbezogenen Entgelten können auch **Provisionen** zählen, soweit sie leistungsbezogen sind (DKK-Klebe, Rn. 282; FKHES, Rn. 533). Das BAG nimmt daher zu Unrecht an, dass ein MBR bei den Abschlussprovisionen nicht besteht (BAG, DB 84, 2145 unter Aufgabe seiner bisherigen Rechtspr.; vgl. auch BAG, DB 89, 384) und verweist den BR ebenso wie bei Anteils- und Leitungsprovisionen (BAG, DB 81, 2031) auf Nr. 10 (vgl. Rn. 64). **Programmlohn** fällt ebenso unter die Vorschrift wie **Leistungszulagen**, die der AG in entsprechenden Prozentsätzen zusätzlich zum Zeitlohn für besondere Leistungen zahlt.

72 Unter **»Geldfaktor«** i.S. dieser Vorschrift ist der Geldbetrag zu verstehen, der in einem Leistungssystem die Lohnhöhe für die Bezugs- und Ausgangsleistung und damit den Preis für die im Leistungslohn zu erbringende Arbeit bestimmt (BAG, DB 87, 1198).

73 Durch die MB bei der **Festsetzung der Geldfaktoren** ist dem BR ein unmittelbarer Einfluss auf die Lohnhöhe der AN eingeräumt worden (vgl. z.B. BAG, DB 95, 2610).

74 *Zu Nr. 12:* Die Vorschrift (vgl. auch Schwab, AiB 99, 445; Fischer, AiB 01, 263) erfasst alle sog. **Verbesserungsvorschläge**. Das sind von AN entwickelte Vorschläge, die die Vereinfachung oder Verbesserung betrieblicher Einrichtungen oder Verfahren bezwecken, zusätzliche Leistungen, zu denen keine Verpflichtung des AN aufgrund des Arbeitsverhältnisses besteht (ArbG Heilbronn, DB 87, 541). Die MB erstreckt sich sowohl auf die **Einführung/Aufhebung** als auch auf die **Ausgestaltung** von Grundsätzen über das betriebliche Vorschlagswesen. Insoweit steht dem BR selbstverständlich auch ein Initiativrecht zu. Er kann also die Aufstellung allgemeiner Grundsätze für das betriebliche Vorschlagswesen verlangen, sobald er hierfür ein Bedürfnis sieht (BAG, DB 81, 1882). Ob der AG bereits finanzielle Mittel zur Verfügung gestellt hat, ist für die MB bedeutungslos (BAG a.a.O.).

75 Bei der Aufstellung von Grundsätzen über das betriebliche Vorschlagswesen ist vor allem auch festzulegen, wie die Prüfung der eingereichten Vorschläge vorzunehmen ist, welche Bewertungsmethoden Anwendung finden sollen und wie bei Streitigkeiten zu verfahren ist (vgl. z.B. LAG Saarland, BB 96, 487 zur Beschränkung der Prozessführungsbefugnis auf ein bevollmächtigtes Gruppenmitglied bei Gruppenvorschlägen). Wird ein **Prüfungsausschuss** eingesetzt, muss dieser paritätisch (AG und BR) besetzt werden (**a.A.** BAG, DB 81, 1882). Haben sich AG und BR darauf geeinigt, dass ein Beauftragter für das betriebliche Vorschlagswesen einzusetzen ist, soll nach der abzulehnenden Rspr. des BAG (DB 82, 1468) der AG über die Person allein entscheiden können. Der BR bestimmt auch darüber mit, in welchem Verhältnis die Prämie zum Jahresnutzen eines verwerteten Vorschlags stehen soll (DKK-Klebe, Rn. 298; **a. A.** allerdings BAG a. a. O.), über die Annahme/Verwertung entscheidet der AG allerdings allein (BAG a. a. O.). Das MBR besteht bei der Einführung von **KVP** (ArbG Elmshorn, AiB 95, 675 zur Einsetzung einer ESt.) und von **Qualitätszirkeln**, da in diesen auch Verbesserungsvorschläge erarbeitet werden sollen.

Zu den Verbesserungsvorschlägen zählen nicht die AN-Erfindungen. **76**
Diese werden durch das **ArbNErfG** geregelt.

Zu Nr. 13: Das MBR soll nach dem Willen des Gesetzgebers **teil-** **77**
autonome Gruppen erfassen (BT-Drucks. 14/5741, S. 47). Danach ist es also nicht ausreichend, dass Beschäftigte lediglich organisatorisch in einer Gruppe zusammengefasst werden und dort in Koordination ihre Einzelaufgaben erledigen. Die Gruppe muss vielmehr eine **Gesamtaufgabe** übertragen bekommen. Durch eine Ergänzung der Einzeltätigkeiten um vor- und nachgelagerte Aufgaben, wie qualitätssichernde Arbeiten sowie dispositive, nicht disziplinarische Vorgesetztenfunktionen, kann so eine Gesamtaufgabe definiert werden, die die einzelnen Arbeitsaufgaben zusammenfasst und nach deren Ausführung ein abgegrenztes, abgeschlossenes Gesamtergebnis der Gruppe steht, wie ein komplettes Produkt/Dienstleistung oder ein Produktteil. Darüber hinaus muss die Gruppe ihre Arbeit **im Wesentlichen eigenverantwortlich** erledigen. Sie muss also eigenständig die einzelnen Arbeitsschritte organisieren, d. h. planen, steuern und verteilen und das Ergebnis kontrollieren. Ohne diese Entscheidungskompetenz für die konkrete Arbeitsorganisation liegt, wie z. B. bei einer Akkordkolonne, keine Gruppenarbeit i. S. von Nr. 13 vor. Auch eine lediglich überwiegend eigenverantwortliche Erledigung der Gesamtaufgabe würde nicht ausreichen. Diese muss der Arbeitsgruppe schließlich **im Rahmen des betrieblichen Arbeitsablaufes** übertragen worden sein. Das bedeutet jedoch nicht, dass damit Projekt- und Steuerungsgruppen ausscheiden müssten (so aber BT-Drucks. 14/5741, S. 48). Auch diese Arbeitsformen können im Betrieb oder in einzelnen Abteilungen eine übliche Arbeitsorganisation sein. Der Gruppenbegriff in § 28 a ist demgegenüber erheblich weiter gefasst. Zudem ist dort der Regelungsgegenstand ein anderer (vgl. § 28 a Rn. 6, sowie Malottke, AiB 01, 625; Wedde, AiB 01, 630 mit dem Entwurf einer Rahmen-BV).

Das MBR betrifft **Grundsätze** über die **Durchführung** der Gruppen- **78**
arbeit. Die Entscheidung über ihre Einführung und Beendigung soll dem AG also allein überlassen bleiben. Sobald er allerdings die Entscheidung getroffen hat, ist der BR einzuschalten. Mit der Gruppenarbeit kann erst nach einer entsprechenden Einigung mit ihm begonnen werden, anderenfalls ist die Einführung unwirksam (vgl.

Rn. 1). Unter Grundsätzen sind allgemeine Regeln zu verstehen. Diese können vor allem die interne Arbeitsorganisation betreffen, da nach der Definition Gruppenarbeit mit einem erheblichen Maß von Eigenverantwortung verbunden ist. Die Grundsätze können so z. B. Festlegungen über einen Aufgabenwechsel in der Gruppe, die interne Kommunikation, die internen Entscheidungsstrukturen (z. B. Wahl von **Gruppensprechern**, deren Stellung und Aufgaben) und die innerbetriebliche Koordination mit anderen Gruppen betreffen. Auch Regeln für die Gruppenzusammensetzung und ihre Größe sowie für Konfliktlösungen in der Gruppe sind möglich.

79 Die schon **bisher bestehenden Rechte** des BR bei Gruppenarbeit, wie z. B. Informations- und Beratungsrechte nach §§ 90, 92, 106, 111 und MBR gemäß § 87 Abs. 1 Nr. 1, 6, 10, 12, § 95 oder § 111 werden durch die Vorschrift nicht berührt. Ebenso ist § 99 zu beachten, da die Zuweisung von Gruppenarbeit regelmäßig eine **Versetzung** darstellt. **Individualrechtlich** setzt diese voraus, dass der Arbeitsvertrag auch Gruppenarbeit abdeckt. Ansonsten ist eine Vertragsänderung – einverständlich oder mit einer Änderungskündigung – erforderlich.

Besteht bereits eine BV, die bisher freiwillig war und jetzt erzwingbar geworden ist, so kann diese Regelung jederzeit durch eine neue, nunmehr mitbestimmte BV abgelöst werden.

Hat der AG **einseitig** Gruppenarbeit **vor der Novellierung** eingeführt, ohne dass MBR betroffen waren, muss der **AG** unverzüglich die Initiative ergreifen, um die Zustimmung des BR zu erhalten bzw. durch eine BV der Gruppenarbeit die erforderliche Basis zu geben (vgl. auch § 94 Rn. 11).

80 (2) Für den Fall, dass in einer dem MBR unterliegenden Angelegenheit eine Übereinstimmung zwischen AG und BR nicht erzielt werden kann, besteht die Möglichkeit der **Anrufung der betriebsverfassungsrechtlichen ESt**. Der Spruch der ESt. ist für beide Seiten verbindlich. Zur Möglichkeit der Überprüfung des ESt.-Spruchs durch das ArbG und zum ESt.-Verfahren selbst vgl. die Erl. zu § 76.

81 Geht es nicht um die Schaffung einer Regelung, sondern um die Frage, ob und in welchem Umfang ein MBR besteht, entscheidet das ArbG im **Beschlussverfahren**. Verstößt der AG gegen MBR nach Abs. 1, kann der BR auch außerhalb von § 23 Abs. 3 (vgl. dort Rn. 9 ff., 13) einen **allgemeinen Anspruch auf Unterlassung** der mitbestimmungswidrigen Maßnahme geltend machen (BAG, DB 94, 2450; NZA 95, 488; 97, 955; 02, 111 [Ls.]; 02, 342; BB 02, 1970; NZA 03, 166) bzw. auf deren **Beseitigung**, falls sie bereits vollzogen ist und fortwirkt (BAG, DB 99, 438). Ist das MBR bereits verletzt worden, besteht Unterlassungsanspruch bei **Wiederholungsgefahr**. Für diese spricht eine tatsächliche Vermutung, es sei denn, besondere Umstände machen eine erneute Verletzung unwahrscheinlich (BAG, NZA 00,

1066). Bei entsprechender Eilbedürftigkeit kann der BR den Unterlassungs- bzw. Beseitigungsanspruch auch mit einer **einstweiligen Verfügung** durchsetzen (FKHES, Rn. 610).

§ 88
Freiwillige Betriebsvereinbarungen

Durch Betriebsvereinbarung können insbesondere geregelt werden

1. zusätzliche Maßnahmen zur Verhütung von Arbeitsunfällen und Gesundheitsschädigungen;

1 a. Maßnahmen des betrieblichen Umweltschutzes;

2. die Errichtung von Sozialeinrichtungen, deren Wirkungsbereich auf den Betrieb, das Unternehmen oder den Konzern beschränkt ist;

3. Maßnahmen zur Förderung der Vermögensbildung;

4. Maßnahmen zur Integration ausländischer Arbeitnehmer sowie zur Bekämpfung von Rassismus und Fremdenfeindlichkeit im Betrieb.

Die Vorschrift nennt beispielhaft fünf Regelungsbereiche für freiwillige BV, deren Begriffe und Inhalte teilweise in anderen Vorschriften (vgl. z.B. § 89 Abs. 3 für den betrieblichen Umweltschutz) erläutert werden. Die Aufzählung ist, wie die Formulierung »insbesondere« zeigt, nicht abschließend (vgl. z.B. BAG, NZA 02, 342). Die Vorschrift begründet vielmehr eine umfassende Zuständigkeit, die nicht auf **soziale Angelegenheiten** beschränkt ist (FKHES, Rn. 4; **str.**). Hierzu zählt u.a. auch die Regelung allgemeiner Voraussetzungen für **personelle Maßnahmen**, wie z.B. von **Kündigungsfristen** (BAG, NZA 90, 818; vgl. auch BAG, DB 98, 265). Durch freiwillige BV können weitere Maßnahmen dem obligatorischen MBR des BR unterworfen werden, soweit nicht das tarifliche oder gesetzl. Vorrangprinzip berührt wird (§§ 77 Abs. 3, 87 Abs. 1 Satz 1; LAG Baden-Württemberg, AuR 99, 156). **Regelbar** sind z.B. Treueprämien (BAG v. 30. 8. 63, AP Nr. 4 zu § 57 BetrVG), Lohnabtretungsverbote (BAG v. 26. 1. 83, AP Nr. 1 zu § 75 LPVG Rheinl.-Pfalz), die Anrechnung von Tariferhöhungen auf übertarifliche Zulagen (BAG, NZA 98, 661), die Veranstaltung von Betriebsfeiern und Betriebsausflügen, freiwillige Sozialpläne (vgl. z.B. BAG, DB 98, 265), die Mindestausstattung von Arbeitsräumen und Arbeitsplätzen sowie eine Konkretisierung des Direktionsrechts (weitere Beispiele bei DKK-Berg, Rn. 6ff.). Wegen seiner **sozialen Schutzfunktion** darf der BR jedoch die materiellen Arbeitsbedingungen nicht verschlechtern (BAG, DB 82, 2183). Rahmenvereinbarungen nach § 28a sind ebenfalls freiwillige BV (vgl. § 28a Rn. 2). 1

2 Auch für freiwillige BV gelten die Vorschriften des § 77 zu **Abschluss, Wirkung** und **Kündigung**. Eine **Nachwirkung** besteht nur, wenn sie vereinbart wird (vgl. § 77 Rn. 17). Der **Tarifvorrang** des Abs. 3 ist zu beachten (LAG Baden-Württemberg, AuR 99, 156).

§ 89
Arbeits- und betrieblicher Umweltschutz

(1) Der Betriebsrat hat sich dafür einzusetzen, dass die Vorschriften über den Arbeitsschutz und die Unfallverhütung im Betrieb sowie über den betrieblichen Umweltschutz durchgeführt werden. Er hat bei der Bekämpfung von Unfall- und Gesundheitsgefahren die für den Arbeitsschutz zuständigen Behörden, die Träger der gesetzlichen Unfallversicherung und die sonstigen in Betracht kommenden Stellen durch Anregung, Beratung und Auskunft zu unterstützen.

(2) Der Arbeitgeber und die in Absatz 1 Satz 2 genannten Stellen sind verpflichtet, den Betriebsrat oder die von ihm bestimmten Mitglieder des Betriebsrats bei allen im Zusammenhang mit dem Arbeitsschutz oder der Unfallverhütung stehenden Besichtigungen und Fragen und bei Unfalluntersuchungen hinzuzuziehen. Der Arbeitgeber hat den Betriebsrat auch bei allen im Zusammenhang mit dem betrieblichen Umweltschutz stehenden Besichtigungen und Fragen hinzuzuziehen und ihm unverzüglich die den Arbeitsschutz, die Unfallverhütung und den betrieblichen Umweltschutz betreffenden Auflagen und Anordnungen der zuständigen Stellen mitzuteilen.

(3) Als betrieblicher Umweltschutz im Sinne dieses Gesetzes sind alle personellen und organisatorischen Maßnahmen sowie alle die betrieblichen Bauten, Räume, technischen Anlagen, Arbeitsverfahren, Arbeitsabläufe und Arbeitsplätze betreffenden Maßnahmen zu verstehen, die dem Umweltschutz dienen.

(4) An den Besprechungen des Arbeitgebers mit den Sicherheitsbeauftragten im Rahmen des § 22 Abs. 2 des Siebten Buches Sozialgesetzbuch nehmen vom Betriebsrat beauftragte Betriebsratsmitglieder teil.

(5) Der Betriebsrat erhält vom Arbeitgeber die Niederschriften über Untersuchungen, Besichtigungen und Besprechungen, zu denen er nach den Absätzen 2 und 4 hinzuzuziehen ist.

(6) Der Arbeitgeber hat dem Betriebsrat eine Durchschrift der nach § 193 Abs. 5 des Siebten Buches Sozialgesetzbuch vom Betriebsrat zu unterschreibenden Unfallanzeige auszuhändigen.

1 (1, 2, 4) § 89 ergänzt die Bestimmungen des § 80 Abs. 1, § 87 Abs. 1 Nr. 7, §§ 88, 90, 91, § 115 Abs. 7 Nr. 7. Aus Abs. 1 ergibt sich, dass

der BR ein **selbstständiges Überwachungsrecht** und eine **Überwachungspflicht** bei der Bekämpfung von Gefahren für Leben und Gesundheit der AN und beim betrieblichen Umweltschutz hat. Er soll mit seinem betrieblichen Wissen auf den Abbau von Umweltbelastungen und den Ausbau umweltschonender Produktionstechniken und -verfahren, wie z.B. mit der Vermeidung von Abfall, hinwirken (BT-Drucks. 14/5741 S. 26, 30). Zwischen Arbeits- und **Umweltschutz** besteht häufig dabei ein enger Zusammenhang (vgl. BAG, NZA 96, 934; DKK-Buschmann, Rn. 49ff. auch zum **Öko**-Audit). Für eine effektive Arbeit empfiehlt sich die Bildung von **paritätischen Ausschüssen**, die gemeinsam den Arbeits- und betrieblichen Umweltschutz im Betrieb weiterentwickeln und fördern. Der BR kann **Betriebsbegehungen** und unangekündigte Stichproben vornehmen. Er ist dabei nicht vom Vorliegen konkreter Verdachtsmomente abhängig (vgl. § 80 Rn. 1, 3). Er kann auch **Betriebskontrollen** durch die Gewerbeaufsichtsämter, Umweltschutzbehörden und sonstige in Betracht kommende Stellen anregen, insbesondere wenn bei Verstößen des AG gegen Arbeitsschutzvorschriften eine Einigung im Betrieb nicht gelingt (BAG, DB 84, 775; 87, 101). Dann entfällt seine Schweigepflicht nach § 79. Bei der **Bestellung der Sicherheitsbeauftragten** hat der BR jedenfalls bei den generellen Auswahlentscheidungen, wie z.B. der Festlegung der jeweiligen Tätigkeitsbereiche und der Zahl der Sicherheitsbeauftragten, ein MBR gemäß § 87 Abs. 1 Nr. 7 (vgl. § 87 Rn. 47). Der AG hat die beabsichtigte Bestellung dabei rechtzeitig und eingehend mit dem BR zu erörtern.

(3) Die **Definition des betrieblichen Umweltschutzes** ist umfassend. **2**
Sie erfasst nicht nur alle dem Umweltschutz dienenden Maßnahmen, die Bauten, technische Anlagen, Arbeitsverfahren, Arbeitsabläufe und Arbeitsplätze betreffen (vgl. § 90 Abs. 1 und dort Rn. 2ff.), sondern auch entsprechende personelle und organisatorische Maßnahmen. Der Begriff umfasst den Schutz betrieblicher Umweltgüter vor außer- und innerbetrieblichen Einflüssen ebenso wie umgekehrt den Schutz außerbetrieblicher Güter gegenüber betrieblichen Einflüssen (Konzen, RdA 01, 76 [89]).

(5, 6) Anspruch auf Aushändigung der Niederschriften nach Abs. 5 **3**
hat der BR selbst dann, wenn er nicht an den einzelnen Maßnahmen teilgenommen hat. Durch seine Unterschrift unter die Unfallanzeige (Abs. 6) übernimmt der BR keine Mitverantwortung für den Inhalt. Der BR kann ggf. auch eine abweichende Darstellung geben.

Vierter Abschnitt
Gestaltung von Arbeitsplatz, Arbeitsablauf und Arbeitsumgebung

§ 90
Unterrichtungs- und Beratungsrechte

(1) Der Arbeitgeber hat den Betriebsrat über die Planung

1. von Neu-, Um- und Erweiterungsbauten von Fabrikations-, Verwaltungs- und sonstigen betrieblichen Räumen,

2. von technischen Anlagen,

3. von Arbeitsverfahren und Arbeitsabläufen oder

4. der Arbeitsplätze

rechtzeitig unter Vorlage der erforderlichen Unterlagen zu unterrichten.

(2) Der Arbeitgeber hat mit dem Betriebsrat die vorgesehenen Maßnahmen und ihre Auswirkungen auf die Arbeitnehmer, insbesondere auf die Art ihrer Arbeit sowie die sich daraus ergebenden Anforderungen an die Arbeitnehmer so rechtzeitig zu beraten, dass Vorschläge und Bedenken des Betriebsrats bei der Planung berücksichtigt werden können. Arbeitgeber und Betriebsrat sollen dabei auch die gesicherten arbeitswissenschaftlichen Erkenntnisse über die menschengerechte Gestaltung der Arbeit berücksichtigen.

1 (1) Die Vorschrift gibt dem BR das Recht auf **Unterrichtung und Beratung** bei den genannten Planungsmaßnahmen. Informations- und Beratungsrechte haben gerade beim Einsatz neuer Technologien eine ganz entscheidende Bedeutung. Nur ihre aktive Nutzung versetzt den Betriebsrat in die Lage, sozial gestaltend Einfluss zu nehmen (zu weiteren Beteiligungs- und MBR vgl. die Erl. zu § 87 Abs. 1 Nrn. 1, 6, 7, §§ 91, 111 und §§ 80 Abs. 2, 92, 106 ff.).

2 Im Rahmen der Nr. 1 spielt es keine Rolle, ob es sich um einen Neubau oder um einen Um- bzw. Erweiterungsbau handelt. Es ist ferner **unerheblich**, in welchem Umfang die bauliche Substanz verändert wird. Reparatur- oder Renovierungsmaßnahmen fallen im Allgemeinen nicht darunter. Dagegen erfasst die Bestimmung auch sog. Sozialräume, wie z. B. Kantinen, Aufenthaltsräume und Toiletten.

3 Der Begriff »technische Anlagen« in Nr. 2 bezieht sich auf Maschinen und sonstige technische Geräte und Einrichtungen, die dem Betriebszweck und damit dem Arbeitsablauf dienen, für die Arbeitsumgebung von Bedeutung sind oder sonst Auswirkungen auf die Gestaltung des

Arbeitsplatzes haben, auch wenn dies nur **mittelbar** (z. B. Klimaanlage, Raumbeleuchtung, Fahrstühle) der Fall ist (OLG Düsseldorf, BB 82, 1113). Gemeint ist nicht nur der technische (gewerbliche) Bereich des Betriebs, sondern auch der kaufmännische (Verwaltung), sofern dort technische Anlagen zum Einsatz kommen. Hierzu zählen z. B. die Umstellung der Lohn- und Gehaltsabrechnung von Off-line- auf Online-Betrieb (LAG Hamburg, AiB 86, 23 f.; die Rechtsbeschwerdeentscheidung des BAG, DB 87, 1491 stützt den Anspruch auf § 80 Abs. 2 Satz 1) und die Einführung einer neuen DV-Anlage (OLG Stuttgart, AuR 85, 293). Erfasst wird auch die Einführung von Robotern, NC-, CNC-Maschinen, Bildschirmgeräten (BAG, DB 94, 775) oder CAD-Terminals (vgl. Klebe/Roth, AiB 84, 70).

In Nr. 3 werden die Arbeitsverfahren und die Arbeitsabläufe ange- 4
sprochen. Es geht hier um die Konzipierung der **Art und Weise** der Arbeit im Zusammenwirken mit den technischen Betriebsmitteln. Darunter ist sowohl die **organisatorische** als auch die räumliche und **zeitliche** Gestaltung der Arbeit zu verstehen (z. B. Gruppen- oder Einzelarbeit, Schichtarbeit, **Telearbeit**, aktenlose Sachbearbeitung, **Outsourcing**, Einführung von **TQM, Kaizen**, von Managementkonzepten wie **Balanced Scorecard** oder des **Öko-Audit-Systems**). Vor allem sind aber hier auch **Rationalisierungsmaßnahmen** einzuordnen (Ersetzung der Handarbeit durch Maschinenarbeit, Anwendung [weiterer] DV-Systeme).

Die Nr. 4, die die Planung von Arbeitsplätzen nennt, stellt eine Art 5
begrenzte **Generalklausel** dar. Sie begründet nicht nur ein Unterrichtungs- und Beratungsrecht des BR bei der Ausgestaltung der einzelnen Arbeitsplätze, damit die Leistungsanforderungen die physische und psychische Leistungsfähigkeit der AN nicht übersteigen. Darüber hinaus will sie erreichen, dass schädigende Einflüsse auch aus der Arbeitsumgebung auf den Arbeitsplatz ausgeschaltet oder zumindest zurückgedrängt werden. Als **Anwendungsbeispiele** sind etwa zu nennen: räumliche Anordnung und Gestaltung der Maschinen und sonstiger Betriebsmittel; Raumbedarf der AN entsprechend der Arbeitssituation (zu **Großraumbüros** vgl. LAG München, NZA 88, 69); Ablösesysteme bei Tätigkeiten mit hohen körperlichen und nervlichen Beanspruchungen; Arbeitseinsatzbeschränkungen für Jugendliche, Schwerbehinderte und sonstige schutzbedürftige Personengruppen; Ausschaltung schädigender Einflüsse wie Staub, Gase, Lärm und Verminderung zu schneller Arbeitstakte.

Die Unterrichtung hat **rechtzeitig** zu erfolgen: Die Information muss 6
so frühzeitig wie möglich gegeben werden (BAG v. 18. 7. 72, AP Nr. 10 zu § 72 BetrVG), spätestens jedoch zu einem Zeitpunkt, in dem der AG noch Alternativen überlegt, also noch Einfluss auf die Entscheidung genommen werden kann (HansOLG Hamburg, DB 85, 1846 f.; LAG Hamburg, DB 85, 2308; LAG Frankfurt, AuR 93, 306).

Diese bereits von der Rechtspr. entwickelte Konkretisierung hat der Gesetzgeber 1989 sinngemäß in Abs. 2 für den Beratungszeitpunkt aufgenommen; für die Information muss sie selbstverständlich erst recht gelten. Die Rechte des BR setzen bei der **Planung** an, nicht erst bei deren Ergebnis, dem Plan (vgl. auch BAG, DB 92, 1732). Sie werden allerdings nicht dadurch beseitigt, dass der AG eine unvorhergesehene Maßnahme trifft bzw. keine systematische Vorbereitung erfolgt (OLG Hamm, BB 78, 748).

7 Die Unterrichtung hat unter **Vorlage der erforderlichen Unterlagen** zu erfolgen. Der AG muss also **unaufgefordert** alle Unterlagen vorlegen, die notwendig sind, damit sich der BR ein möglichst genaues Bild von Umfang und Auswirkungen der geplanten Maßnahmen machen kann (so BT-Drucks. 11/2503 S. 35). Der BR muss alle wesentlichen Tatsachen, Einschätzungen und Bewertungen auf Deutsch (HessLAG, NZA 95, 285; vgl. auch LG München, BB 01, 1648 zum Recht von Aktionären, Informationen in deutscher Sprache zu erhalten), in verständlicher Sprache und überschaubarer Form aufbereitet erhalten (vgl. auch BAG, DB 87, 1491; 92, 2246). Falls eine sinnvolle Beschäftigung mit den Problemen und eine Vorbereitung auf spätere Beratungen nur mit schriftlichen Unterlagen möglich ist, sind diese vom AG zur Verfügung zu stellen (so schon ArbG Bochum v. 19. 2. 86 – 2 BV 15/85; vgl. auch FKHES, Rn. 11; DKK-Klebe, Rn. 24). Falls erforderlich, hat der AG weitere Erläuterungen zu geben. Der BR kann zudem, dies wird insbesondere bei neuen Technologien erforderlich sein, auf **gewerkschaftliche Unterstützung** zurückgreifen und **Sachverständige** (§§ 80 Abs. 3, 111 Satz 2) und auch betriebsinterne Fachleute **(Auskunftspersonen)** heranziehen (vgl. § 80 Abs. 2 Satz 3 und dort Rn. 20 ff.). Da die Planung ein **dynamischer Prozess** ist, hat der AG die Informationen ständig zu aktualisieren und jeweils die erforderlichen Beratungen vorzunehmen (BAG, DB 92, 1732).

8 Der BR verliert seine Rechte nicht dadurch, dass der AG ohne die erforderliche Information bereits die Veränderungen vorgenommen hat oder der BR in Kenntnis der Vorgänge seine Rechte unzureichend wahrnimmt. Der **Informations- und Beratungsanspruch** des BR **entsteht ständig neu;** ein Verzicht auf zukünftige Mitwirkungs- und Mitbestimmungsrechte ist zudem unwirksam (vgl. hierzu BAG, DB 84, 724; 98, 265; NZA 00, 783; 02, 276). Auch eine Begrenzung der Unterrichtungspflicht analog § 106 Abs. 2 kommt nicht in Betracht (so auch BAG, DB 91, 1937 für § 80).

9 (2) Die Information ist von der anschließenden **Beratung**, deren Gegenstand und Zeitpunkt in Abs. 2 festgelegt sind, zu trennen. Sie muss ebenfalls so rechtzeitig erfolgen, dass die Vorstellungen des BR bei der Planung noch berücksichtigt werden können. Erst wenn ausreichende Informationen gegeben worden sind, kann der BR sinnvoll

mit dem AG beraten. Hierbei geht es um die Beeinflussung der betrieblichen Vorhaben i. S. einer sozialen Gestaltung. Der BR kann Änderungen vorschlagen, z. B. beim DV-Einsatz alternative Lösungen fordern, und Einfluss auf die Auswahlkriterien nehmen. Der AG ist verpflichtet, diese Vorschläge und Forderungen mit dem BR mit dem ernsten Willen zur Verständigung zu beraten. Er hat ihm auch ausreichend Zeit zu lassen, eigene Vorstellungen zu erarbeiten.

Die Beratung hat sich auf die Maßnahme selbst und **alle ihre Auswirkungen** auf die AN zu erstrecken. **Insbesondere** ist über die Auswirkungen auf die Art der Arbeit (z. B. Grad der Arbeitsteilung, Umfang der Automatisierung, Arbeitstempo, Einzel- oder Gruppenarbeit, Arbeitsinhalte) und die Anforderungen an die AN (z. B. Kenntnisse, Geschicklichkeit, Verantwortung, Belastungen, Umgebungseinflüsse) zu beraten. Dabei **sollen** »auch« die gesicherten arbeitswissenschaftlichen Erkenntnisse über die menschengerechte Gestaltung der Arbeit berücksichtigt werden (vgl. Erl. zu § 91). Von dieser ausdrücklichen Verpflichtung kann nur bei Vorliegen besonderer Gründe abgewichen werden (vgl. BAG, NZA 92, 944; 93, 270 zur Interpretation von Soll-Vorschriften). 10

Erfüllt der AG seine Pflichten nicht rechtzeitig, unvollständig oder wahrheitswidrig, so handelt er **ordnungswidrig** i. S. des § 121. Darüber hinaus kann der BR seine Rechte im Beschlussverfahren, ggf. auch gestützt auf § 23 Abs. 3 (LAG Frankfurt, AuR 93, 306; ArbG Frankfurt, AuR 94, 201), oder mit einer **einstweiligen Verfügung** verfolgen, wenn die erforderliche Eilbedürftigkeit gegeben ist (vgl. z. B. LAG Hamburg v. 2. 12. 76 – 1 TaBV 5/75 und auch LAG Hamm, AiB 02, 114; § 23 Rn. 14). Weiter kann er das Beratungsrecht dadurch sichern, dass die vom AG beabsichtigten Maßnahmen durch einstweilige Verfügung gestoppt werden (str.; wie hier LAG Frankfurt, DB 83, 613 und DB 85, 178 ff.; LAG Hamburg, DB 83, 2369 ff.; ArbG Berlin v. 4. 11. 82 – 25 BVGa 3/82; vgl. DKK-Klebe, Rn. 37). 11

§ 91
Mitbestimmungsrecht

Werden die Arbeitnehmer durch Änderungen der Arbeitsplätze, des Arbeitsablaufs oder der Arbeitsumgebung, die den gesicherten arbeitswissenschaftlichen Erkenntnissen über die menschengerechte Gestaltung der Arbeit offensichtlich widersprechen, in besonderer Weise belastet, so kann der Betriebsrat angemessene Maßnahmen zur Abwendung, Milderung oder zum Ausgleich der Belastung verlangen. Kommt eine Einigung nicht zustande, so entscheidet die Einigungsstelle. Der Spruch der Einigungsstelle ersetzt die Einigung zwischen Arbeitgeber und Betriebsrat.

1 Die Bestimmung, die zum »gesetzlichen Arbeitsschutz« nach § 87 Abs. 1 Nr. 7 mit eigenständiger Bedeutung hinzutritt, gibt dem BR ein **erzwingbares** MBR, wenn der AG bei Änderungen der Arbeitsplätze, des Arbeitsablaufs oder der Arbeitsumgebung die Grundsätze einer menschengerechten Gestaltung der Arbeit nicht ausreichend berücksichtigt. Sie bringt zum Ausdruck, dass die Rentabilität **nicht** der allein ausschlaggebende Gesichtspunkt sein darf. Ein zumindest **gleichrangiges Ziel** ist die menschengerechte Arbeitsgestaltung, mit der die Arbeit den Bedürfnissen und Interessen des arbeitenden Menschen anzupassen ist.

2 Die Arbeit muss für ihn zumindest **ausführbar, erträglich, zumutbar** und möglichst **subjektiv zufriedenstellend** sein. Die **Arbeitswissenschaft** soll hierzu die entsprechenden Grundlagen und Erkenntnisse liefern.

3 Arbeitswissenschaft ist die Wissenschaft von der menschlichen Arbeit, den Voraussetzungen und Bedingungen, unter denen die Arbeit sich vollzieht, den Wechselwirkungen und Folgen, die sie auf Menschen, ihr Verhalten und damit auch auf ihre Leistungsfähigkeit hat, sowie den Faktoren, durch die die Arbeit, ihre Bedingungen und Wirkungen menschengerecht beeinflusst werden können. Sie umfasst eine Reihe von Bereichen der Wissenschaft, wie etwa die **Arbeitsmedizin**, die **Arbeitsphysiologie** und die **Arbeitspsychologie**.

4 Diese Wissenschaftsbereiche können wichtige Erkenntnisse über die Anpassung der Arbeit an den Menschen liefern, wie z. B. die Anpassung von Maschinen und Büromöbeln an die Körpermaße des Menschen, die optimale Gestaltung der Arbeitsumgebung und der äußeren Umwelteinflüsse, wie Licht-, Lärm-, Temperaturverhältnisse u. ä. mehr (vgl. LAG München, DB 88, 186 f. zur Verteilung von Arbeitsplätzen in Großraumbüros). In den Gesamtkomplex der menschengerechten Arbeitsgestaltung gehören neben den ergonomischen Fragen auch **Arbeitsablaufprobleme** (z. B. Rationalisierungsmaßnahmen, Mehrstellenbedienung) und Probleme der **sozialen Angemessenheit** der Arbeit (z. B. Abbau autoritärer Führungsstrukturen, Verbesserung der innerbetrieblichen Kommunikationsmöglichkeiten).

5 Als **mögliche Quellen** für die vom Gesetz geforderten wissenschaftlichen Erkenntnisse sind z. B. zu nennen: **Meinungen** innerhalb der Fachkreise, wie sie in der Fachliteratur ihren Ausdruck finden können, **Gesetze und Verordnungen**, wie vor allem die ArbStättV mit den entsprechenden Richtlinien oder die BildscharbV, die Arbeitsschutzgesetze und UVV, europäische Richtlinien, TV, wie z. B. der Lohnrahmen-TV II für die Metallindustrie von Nord-Württemberg/Nord-Baden v. 1. 11. 73 (RdA 74, 177 ff.) oder der TV über die Einführung und Anwendung rechnergesteuerter Textsysteme v. 20. 3. 78 (Druck- und Verlagsbereich; RdA 78, 116), **DIN-Normen, ISO-Normen, VDI-Richtlinien** u. ä. technische Regelwerke. Für **Bildschirmar-**

beitsplätze enthält die BildscharbV eine Reihe gesicherter arbeitswissenschaftlicher Erkenntnisse, wie z.B. in § 4 i.V.m. dem Anhang zu ergonomischen Anforderungen (die von der Verwaltungs-Berufsgenossenschaft herausgegebenen Sicherheitsregeln [ZH 1/618; vgl. hierzu BAG, DB 84, 775] können zur Auslegung und Konkretisierung herangezogen werden), in § 5 zur Organisation der Arbeit oder in § 6 zu Augenuntersuchungen. Auch die ISO-Norm 9241 ist hier anzuführen. Darüber hinaus ist darauf hinzuweisen, dass sich der BR im Rahmen des § 80 Abs. 3 eines **Sachverständigen** bedienen kann, um festzustellen, ob und inwieweit arbeitswissenschaftliche Erkenntnisse vorliegen bzw. eine nicht menschengerechte Gestaltung der Arbeit gegeben ist. Dies gilt selbstverständlich auch für die Software-Gestaltung (vgl. Becker-Töpfer, AiB 88, 147ff. und z.B. BildscharbV Anhang Nr. 21 sowie Kiesche/Schierbaum, AiB 97, 624).

Das Gesetz spricht von **»gesicherten«** arbeitswissenschaftlichen Erkenntnissen. Rein theoretische Überlegungen, die keinen Anklang in der Fachwelt gefunden haben, scheiden damit ebenso aus wie noch erheblich umstrittene praktische Versuche. Eine Erkenntnis ist nach richtiger Auffassung gesichert, wenn sie nach anerkannten Methoden zu plausiblen/wahrscheinlichen Ergebnissen geführt hat, nicht widerlegt ist und unter Arbeitswissenschaftlern der internationalen Fachwelt breite Anerkennung gefunden hat, also **h.M.** geworden ist. **Offensichtlich** ist ein Widerspruch hierzu, wenn er für einen Fachmann, der mit dem Lebenssachverhalt und der arbeitswissenschaftlichen Fragestellung vertraut ist, **ohne weiteres erkennbar** ist (DKK-Klebe, Rn. 14 m.w.N.). Das BAG fordert vom BR, dass er sein MBR konkret auf den einzelnen Arbeitsplatz bezogen geltend macht und nicht lediglich generelle Regelungen anstrebt. Demnach muss der BR für jeden einzelnen Arbeitsplatz den offensichtlichen Widerspruch zu gesicherten arbeitswissenschaftlichen Erkenntnissen benennen. 6

Für das Einsetzen des MBR ist **allein** entscheidend, dass die (ggf. erst geplante) Arbeitsgestaltung (vgl. BAG, DB 84, 775) den wissenschaftlichen Erkenntnissen über die menschengerechte Gestaltung der Arbeit offensichtlich widerspricht. Ist diese Voraussetzung gegeben, bedarf es **keiner zusätzlichen** Feststellung mehr, ob eine **besondere Belastung** vorhanden ist. Eine Arbeitsgestaltung, die in einem offensichtlichen Widerspruch zu gesicherten arbeitswissenschaftlichen Erkenntnissen steht, bringt **immer** eine besondere Belastung für die AN mit sich (**str.;** vgl. DKK-Klebe, Rn. 16 m.w.N.). Die besondere Belastung ist daher keine zusätzliche Voraussetzung, sondern lediglich eine Verdeutlichung dessen, was der Gesetzgeber **sozialpolitisch** anstrebt: den Wegfall bzw. die Milderung dieser Belastung (**a.A.** offenbar BAG a.a.O.; eine unmittelbare Gefahr für die Gesundheit ist jedoch keinesfalls erforderlich [BAG, DB 96, 1725]). Eine besondere Belastung soll, prüft man diese als selbständiges 7

Merkmal, vorliegen, wenn das normale Maß der Belastung nicht unwesentlich überschritten wird.

8 Aus der im Gesetz genannten **Reihenfolge** ergibt sich, dass der BR zunächst fordern kann, dass Maßnahmen zur **Abwendung** der Belastung ergriffen werden. Es muss also in erster Linie versucht werden, die Quelle der **Belastungen selbst zu beseitigen** (vgl. auch § 4 Nrn. 1, 2 ArbSchG). Das bedeutet beispielsweise den Ersatz gesundheitsschädlicher Werkstoffe durch solche unschädlicher Art, die Vermeidung von Staub, Lärm oder Gasen an der Entstehungsquelle oder die Beseitigung von Überforderungen durch Weiterbildungsmaßnahmen. Es ist nicht erforderlich, dass die vom BR zur **Abhilfe** vorgeschlagenen Maßnahmen ihrerseits wieder gesicherten arbeitswissenschaftlichen Erkenntnissen entsprechen.

9 Sofern die Abwendung technisch nicht möglich oder wirtschaftlich nicht vertretbar ist (dies kann nur in Ausnahmefällen, wenn die Kosten außer Verhältnis zu dem belastungsbeseitigenden Erfolg stehen, der Fall sein; vgl. auch BAG, DB 79, 1995), haben Maßnahmen zur **Milderung** zur Anwendung zu kommen. Das kann etwa durch Schutzeinrichtungen aller Art (Schutzbekleidung bei staubigen Arbeiten, schallisolierende Maßnahmen bei großem Lärm) geschehen. Auch die Herabsetzung der Arbeitsgeschwindigkeit oder die Einführung zusätzlicher Pausen kann eine Milderung in bestimmten Fällen herbeiführen. Als ein weiteres Beispiel sind Vorsorge- und Überwachungsuntersuchungen zu nennen (vgl. z. B. BAG, DB 84, 775: **Augenuntersuchungen** bei Bildschirmarbeit; vgl. auch § 6 BildscharbV). Lassen sich auch Maßnahmen der Milderung nicht durchführen, kann der BR für die betroffenen AN einen **Ausgleich** verlangen. Zu denken ist hier insbesondere an eine Herabsetzung der Arbeitszeit, zusätzlich bezahlte Arbeitsunterbrechungen oder Sonderurlaub. **Geldzuwendungen** sind im Hinblick auf den sozialpolitischen Zweck der Vorschrift prinzipiell verfehlt (vgl. zum CAD/CAM-Einsatz Klebe/Roth, AiB 84, 70 ff.). Kommt zwischen BR und AG eine Einigung über die zu ergreifenden Maßnahmen nicht zustande, so entscheidet die ESt. (§ 76) **verbindlich**. Ihr Spruch erstreckt sich darauf, welche Maßnahmen zur Abwendung, Milderung oder zum Ausgleich der sich für die AN ergebenden Belastungen angemessen sind und durchgeführt werden müssen. Nach § 77 Abs. 1 trifft den AG eine **Durchführungspflicht**, die der BR ggf. auch mit einer einstweiligen Verfügung durchsetzen kann (LAG Berlin, BB 85, 1199; LAG Baden-Württemberg v. 16. 12. 83 – 12 TaBV 5/83).

10 Schließlich ist darauf hinzuweisen, dass die Vorschrift nur von **Änderungen** der Arbeitsplätze, des Arbeitsablaufs oder der Arbeitsumgebung spricht, bestehende Anlagen bzw. gleichbleibende Verhältnisse also nicht erfasst (BAG, DB 82, 386; a. A. ArbG Hamm, MitbGespr. 73, 100). Der BR kann allerdings so lange auf die Ver-

änderung reagieren, bis er die Auswirkungen umfassend einschätzen kann. Ist bereits im **Planungsstadium** für den BR erkennbar, dass die Voraussetzungen der Vorschrift gegeben sind, muss er den Verstoß gegen arbeitswissenschaftliche Erkenntnisse nicht abwarten, sondern kann sofort Abhilfemaßnahmen verlangen (BAG, DB 84, 775).

Bei nicht nur geringfügigen und kurzfristigen arbeitsschutzrechtlichen **11**
Pflichtverletzungen des AG kommt ein **Leistungsverweigerungsrecht** des AN gemäß § 273 BGB in Betracht (BAG, DB 96, 2446; BB 97, 1364). Eine unmittelbare Gesundheitsgefahr ist hierfür nicht erforderlich. Bei unmittelbarer Gefahr für Leib oder Leben kann ein **Entfernungsrecht** des AN gemäß § 21 Abs. 6 Satz 2 GefStoffV bestehen, das keine Pflichtverletzung des AG voraussetzt (DKK-Klebe, Rn. 26; vgl. auch BAG a. a. O., das die Vorschrift nur anwendet, wenn jemand selbst mit Gefahrstoffen umgeht oder andere dies in seiner Gegenwart tun, nicht aber beim Arbeiten in belasteten Räumen), bei unmittelbarer erheblicher Gefahr gemäß § 9 Abs. 3 ArbSchG (vgl. auch zu Selbsthilfemaßnahmen und Beschwerderechten der AN [bei AG und zuständiger Behörde] §§ 9 Abs. 2, 17 Abs. 2 ArbSchG).

Fünfter Abschnitt
Personelle Angelegenheiten

Erster Unterabschnitt
Allgemeine personelle Angelegenheiten

§ 92
Personalplanung

(1) Der Arbeitgeber hat den Betriebsrat über die Personalplanung, insbesondere über den gegenwärtigen und künftigen Personalbedarf sowie über die sich daraus ergebenden personellen Maßnahmen und Maßnahmen der Berufsbildung an Hand von Unterlagen rechtzeitig und umfassend zu unterrichten. Er hat mit dem Betriebsrat über Art und Umfang der erforderlichen Maßnahmen und über die Vermeidung von Härten zu beraten.

(2) Der Betriebsrat kann dem Arbeitgeber Vorschläge für die Einführung einer Personalplanung und ihre Durchführung machen.

(3) Die Absätze 1 und 2 gelten entsprechend für Maßnahmen im Sinne des § 80 Abs. 1 Nr. 2a und 2b, insbesondere für die Aufstellung und Durchführung von Maßnahmen zur Förderung der Gleichstellung von Frauen und Männern.

1 (1, 2) Der BR soll durch die Beteiligung an der Personalplanung in die Lage versetzt werden, auf personelle Maßnahmen des AG, wie Einstellungen, Versetzungen und Kündigungen nicht nur reagieren zu müssen; er soll vielmehr die Daten und Voraussetzungen **mit beeinflussen** können, die zu den Einzelentscheidungen führen. Es soll auch eine stärkere **Objektivierung** und bessere **Durchschaubarkeit** personeller Entscheidungen erreicht werden.

2 Personalplanung besteht aus den **Einzelbereichen:** Personalbedarf, Personalbeschaffung, Personaleinsatz, Personalabbau, Personalentwicklung und Personalkosten. Unter Personalplanung wird regelmäßig die **Gesamtheit** der Maßnahmen zur Ermittlung des zukünftigen Personalbedarfs sowie zur Bereitstellung der benötigten Arbeitskräfte in der erforderlichen Anzahl, zum richtigen Zeitpunkt, am richtigen Ort und mit der für die Arbeit besten Qualifikation verstanden. So gesehen ist Personalplanung als Bestandteil der gesamten UN-Planung der Versuch, **vorausschauend** zu ergründen, welche Personalbewegungen sich in einem bestimmten Zeitraum (z.B. ein bis zwei Jahre) vollziehen werden. Damit umfasst der Be-

griff vor allem den gegenwärtigen und zukünftigen Personalbedarf in quantitativer und qualitativer Hinsicht (LAG Düsseldorf, DB 88, 1860). Auch **Stellenbeschreibungen** und **Anforderungsprofile** sind Teil der Personalplanung, über die der BR umfassend zu unterrichten ist (BAG, BB 84, 275, 915; vgl. auch LAG Bremen, AiB 93, 185, das dem BR einen Anspruch auf monatliche Vorlage des Stellenplanes gibt, der die personellen Zielvorstellungen des AG enthält, sowie des Stellenbesetzungsplanes mit dem aktuellen tatsächlichen Personalbestand). Darüber hinaus bezieht die Personalplanung ein, welche Steuerungsinstrumente erforderlich sind und eingesetzt werden können.

Die Unterrichtung des BR hat sich auch auf die **Methoden der Personalplanung** und die eingesetzten organisatorischen und technischen Hilfsmittel zu erstrecken (DKK-Schneider, Rn. 35). Zu den **technischen Hilfsmitteln**, derer sich der AG im Rahmen der Personalplanung häufig bedient und über die der BR zu unterrichten ist, gehören auch DV-gestützte **Personalinformationssysteme** (vgl. dazu § 87 Rn. 35ff. und § 94 Rn. 13). Diese sind in besonderem Maße geeignet, eine **technisierte Verhaltens- und Leistungskontrolle** der AN herbeizuführen. Schon von daher besteht ein ausgeprägtes Schutzbedürfnis der betroffenen AN. Dienen Personalinformationssysteme lediglich **personalwirtschaftlichen Verwaltungsabläufen** (sog. administrative Systeme), ist die Unterrichtungspflicht des AG ebenfalls gegeben. Das gilt umsomehr, als die erfassten Informationen, z.B. über Altersaufbau, Betriebszugehörigkeit, Einkommensstruktur und Fehlzeiten, wesentliche Daten für eine Personalplanung liefern können. 3

Dem BR muss bewusst sein, dass Personalplanung i. S. dieser Vorschrift **nicht allein unter betriebswirtschaftlichen Gesichtspunkten** und lediglich als Folgeplanung der allgemeinen UN-Planung betrieben werden darf. Vielmehr hat es darum zu gehen, die Personalplanung **gleichberechtigt** in die UN-Planung einzubauen und die **AN-Interessen** bei der Personalplanung zu berücksichtigen. Diese lassen sich im **Wesentlichen** so zusammenfassen: Sicherung der Arbeitsplätze; Verbesserung der Arbeitsbedingungen durch menschengerechte Arbeitsplatzgestaltung; Einkommenssicherung; Schaffung von beruflichen Aufstiegschancen und entsprechende Qualifizierung der AN durch Maßnahmen der Berufsbildung; Wahrnehmung besonderer Schutzinteressen von AN-Gruppen, wie etwa älterer AN; Abbau von Risiken, die durch Rationalisierungsmaßnahmen und technischen Wandel entstehen; Einsatz und Förderung der AN entsprechend ihren Neigungen und Fähigkeiten; Gewährung von Chancen zur Entfaltung der Persönlichkeit durch die Arbeitsgestaltung. 4

Personalplanung geht von der vorhandenen Belegschaft aus. Es sind sodann die **Einflussgrößen** zu berücksichtigen, die sowohl aus der 5

UN- als auch der AN-Sphäre her diesen Ist-Zustand im Laufe der Zeit verändern können. Solche Einflüsse aus der **UN-Sphäre** können z. B. sein: **Outsourcing** oder sonstige Fremdvergabe von bisher intern verrichteten Arbeiten (BAG, NZA 99, 722), **Lean Management**, die Teilnahme am **Öko-Audit**, Investitionsvorhaben, Rationalisierungsmaßnahmen, Umstellung der Produktion sowie überhaupt alle der in § 106 Abs. 3 und § 111 genannten Angelegenheiten. Einflüsse aus der **AN-Sphäre** können sich z. B. ergeben aus: Fluktuation, Erreichen der Altersgrenze, Einberufung zum Wehrdienst und Herabsetzung der Arbeitszeit. Diese Einflüsse können dazu führen, dass sich ein **zukünftiger Personalbedarf**, das Erfordernis einer weiteren **beruflichen Qualifizierung** der AN oder aber auch die Notwendigkeit eines **Personalabbaus** ergibt.

6 Bei sich änderndem Personalbedarf ist zwischen BR und AG zu überlegen, auf **welche Weise** reagiert werden soll. Wird die weitere berufliche Qualifizierung von AN erforderlich, sind entsprechende **Fortbildungs- und Umschulungsmaßnahmen** mit den sich daraus ergebenden Fragen zu bedenken, wie etwa der Kreis der in Betracht kommenden AN, die Deckung der Kosten durch den Betrieb und die Freistellung von der Arbeit für die Bildungsmaßnahmen (zum MBR bei der Anpassungsqualifizierung s. § 97 Rn. 2 f.). Bei einem notwendigen Personalabbau sollen alle geeigneten Maßnahmen überlegt werden, die vor einem **Verlust von Arbeitsplätzen schützen**. Dazu gehören etwa: Rücknahme von Lohnaufträgen, Wegfall von Überstunden, mögliche Versetzungen, vorzeitige Pensionierungen, Einstellungsstopps und evtl. die Einführung von Kurzarbeit.

7 Die Beteiligung des BR bei der Personalplanung ist somit **umfassend** und berührt eine Reihe weiterer Rechte nach dem Gesetz: MBR bei Arbeitszeit und Kurzarbeit (§ 87 Abs. 1 Nr. 2 u. 3), Gestaltung von Arbeitsplätzen, Arbeitsablauf und Arbeitsumgebung (§§ 90 und 91), innerbetriebliche Stellenausschreibung (§ 93), Personalfragebogen und Beurteilungsgrundsätze (§ 94), Auswahlrichtlinien (§ 95), Berufsbildung (§§ 96 bis 98), Interessenausgleich und Sozialplan (§§ 111 bis 113). Besondere Bedeutung haben in diesem Zusammenhang das Recht des BR Vorschläge zur Beschäftigungssicherung zu machen (§ 92 a) und das MBR bei der Anpassungsqualifizierung (§ 97 Abs. 2).

8 Der Anspruch auf Unterrichtung und Beratung besteht **auch** dann, wenn **keine** oder nur eine **lückenhafte** Personalplanung praktiziert wird. Unter den Begriff der Personalplanung i. S. dieser Vorschrift fällt auch eine »intuitive Planung«, bei der unter Umständen nur eine kurzfristige Maßnahmenplanung aufgrund schwer nachvollziehbarer Vorstellungen des AG betrieben wird (LAG Berlin, DB 88, 1860). In diesem Zusammenhang ist von Bedeutung, dass der Gesetzgeber wegen der **sozialpolitischen Bedeutung** der Personalplanung aus-

drücklich bestimmt hat, dass der BR ihre Einführung anregen und Vorschläge für die konkrete Durchführung machen kann, wenn derartige Planungen bisher nicht oder nur lückenhaft betrieben worden sind. Das Unterrichtungs- und Beratungsrecht des BR ist auch in Betrieben und UN gegeben, die nach § 118 Abs. 1 den **Tendenzbestimmungen** unterliegen (vgl. BAG, BB 91, 689; DKK-Wedde, § 118 Rn. 85 m. w. N.).

Der AG hat den BR über die Personalplanung **rechtzeitig** zu unterrichten, also in einem Stadium, in dem sie noch **beeinflussbar** ist. Das Unterrichtungsrecht des BR besteht somit schon, wenn der AG **Grundlagen für die Personalbedarfsplanung** erarbeitet. Dem BR muss eine **ausreichende Zeitspanne** bleiben, um aufgrund der Unterrichtung die Mitberatung vorzubereiten und durchzuführen. Darüber hinaus muss es ihm möglich sein, Alternativen aufzuzeigen und Personalplanungsvorschläge auszuarbeiten, die nach Auffassung des BR bei dem weiteren Planungsvorgang berücksichtigt werden und in den Plan selbst Eingang finden sollen. Die Unterrichtungspflicht erstreckt sich von der Entscheidungsvorbereitung über die einzelnen Schritte der Planung bis hin zu dem abgeschlossenen Planungsvorgang (ArbG Frankfurt v. 2. 6. 86 – 1 BVGa 5/86). 9

Nach Auffassung des BAG (DB 84, 2305) ist der BR zu unterrichten, wenn die Überlegungen des AG das **Stadium der Planung** erreicht haben, dagegen noch nicht, solange der AG nur Möglichkeiten einer Personalreduzierung erkundet, diese Möglichkeiten ersichtlich aber nicht nutzen will. Das BAG (BB 91, 689) verweist allerdings darauf, dass die Feststellung des Personalbedarfs für ein geplantes Projekt schon vor der Zustimmung des einzigen Zuwendungsgebers einer karitativen Organisation Personalplanung i. S. des § 92 ist und damit der Unterrichtung des BR und seiner Beratung unterliegt. 10

Die Beteiligung des BR an der Meinungsbildung und Entscheidungsfindung muss bei der Personalplanung **allgemein** und bei jeder ihrer **Einzelmaßnahmen** gewährleistet sein. Bei der Unterrichtung sind **unaufgefordert** die **notwendigen Unterlagen** vorzulegen und auszuhändigen. Falls eine sinnvolle Beschäftigung mit den Problemen und eine Vorbereitung auf spätere Beratungen nur mit schriftlichen Unterlagen möglich ist, sind diese vom AG ggf. auch **zur Verfügung zu stellen** (vgl. FKHES, Rn. 31 unter Hinweis auf die übergreifende Norm des § 80 Abs. 2 Satz 2; für eine Aushändigung LAG München, DB 87, 281). Ein bloßes Vorlesen oder Zitieren aus Unterlagen genügt keinesfalls. Zu den Unterlagen, die dem BR zugänglich zu machen sind, gehören ggf. auch solche über Produktions-, Investitions- oder Rationalisierungsentscheidungen (BAG, DB 84, 2305) und auch Arbeitsblätter, die eine UN-Beratungsfirma für den AG als Ergebnis innerbetrieblicher Planungsüberlegungen erstellt hat (LAG Schleswig-Holstein, AuR 94, 202). Auch bei Detailfragen kann sich die Notwendigkeit der Vorlage von 11

Unterlagen ergeben, wie etwa bei der Frage, ob ein **Werkvertrag oder Scheinwerkvertrag** vorliegt (vgl. auch § 99 Rn. 5). Hat der BR Zweifel, kann er Einblick in die vom AG abgeschlossenen Verträge mit den Fremdfirmen über den Einsatz von Fremdfirmen-AN verlangen (vgl. BAG v. 31. 3. 89, AP Nr. 33 zu § 80 BetrVG 1972; vgl. auch BAG, NZA 92, 275). Da Planung ein **dynamischer Prozess** ist, hat der AG die Informationen ständig zu aktualisieren und jeweils die erforderlichen Beratungen vorzunehmen (BAG, DB 92, 1732).

12 Die Unterrichtung des BR hat **umfassend** zu erfolgen und daher alle wesentlichen Tatsachen, Einschätzungen und Bewertungen in verständlicher Sprache und überschaubarer Form aufbereitet zu beinhalten (vgl. auch HessLAG, NZA 95, 285). Sie hat **insbesondere** einzuschließen: Angaben über den jeweiligen Personalbestand, die durch den Abgang von AN zu erwartenden Veränderungen, über geplantes **Outsourcing** oder sonstige Fremdvergabe (z. B. Leiharbeit/Werkverträge) bisher intern verrichteter Arbeiten (BAG, NZA 99, 722), den gegenwärtigen und künftigen Personalbedarf, die daraus notwendig werdenden personellen Maßnahmen wie Einstellungen, Versetzungen oder Kündigungen sowie die erforderlichen Maßnahmen der Berufsbildung. Angaben über den jeweiligen Personalbestand haben sich dabei auch auf die Struktur der Belegschaft, z. B. die altersmäßige Zusammensetzung, Gliederung nach Beschäftigungsarten, Zahl der weiblichen (einschließlich ihres Anteils an Führungsfunktionen), männlichen und jugendlichen AN, der Schwerbehinderten oder den Anteil der ausländischen AN zu erstrecken. Hinsichtlich der Fluktuation innerhalb der Belegschaft sind auch die Gründe für die zu erwartenden Veränderungen anzuzeigen, etwa der durchschnittliche Abgang aufgrund eigener Kündigungen der AN, Ausscheiden aus Altersgründen, Einberufung zum Wehrdienst u. ä.

13 Der BR ist im Rahmen der Personalplanung – unabhängig von anderen Beteiligungsrechten – auch zu unterrichten, wenn es um Änderungen von **Arbeitszeitsystemen** geht, z. B. Einführung von Teilzeitarbeit oder kapazitätsorientierter variabler Arbeitszeit.

14 Soweit wegen vorgesehener wirtschaftlicher oder betriebsorganisatorischer Maßnahmen mit **besonderen Veränderungen** im Personalbestand zu rechnen ist, sind auch hierfür **umfassende Angaben** zu machen. Bei den Beratungen ist dabei insbesondere zu erörtern, wie Härten für die beschäftigten **AN vermieden** werden können. Ist eine Erhöhung des Personalbestands notwendig, hat die Unterrichtung Angaben über die neu zu besetzenden Arbeitsplätze und die dort zu verrichtenden Tätigkeiten zu enthalten.

15 Der BR hat nach Abs. 2 das Recht, dem AG Vorschläge für die **Einführung einer Personalplanung und ihre Durchführung** zu machen. Das wird vor allem von Bedeutung sein, wenn arbeitgeberseitig keine oder nur eine unvollständige Personalplanung durch-

geführt wird. Das Initiativrecht kann aber auch unabhängig davon sinnvoll sein und bestimmte Planungsbereiche und aktuelle Fragen umfassen. Beispielhaft sind anzuführen: personalpolitische Überlegungen im Vorfeld der Durchführung von Rationalisierungsmaßnahmen, Fragen des Personalersatzbedarfs, Qualifizierungsmaßnahmen für bestimmte AN-Gruppen und Nachwuchsplanung (vgl. auch § 92a und die dortigen Erl.).

(3) Abs. 3 fasst die Regelungen zur Gleichstellung und damit zur Förderung der Frauen im Rahmen der Personalplanung zusammen. Der BR hat somit den gesetzlichen Auftrag, dass bei den allgemeinen personalpolitischen Maßnahmen, den personellen Einzelmaßnahmen und bei der betrieblichen Berufsbildung die **tatsächliche Gleichberechtigung** von Frauen und Männern gefördert wird. Ein wesentliches Instrument, das diesem Ziel bei der Personalplanung dienen kann, sind **Gleichstellungspläne**. Die Verknüpfung des Abs. 3 mit den Abs. 1 und 2 macht überdies deutlich, dass der AG auch von sich aus verpflichtet ist, bei der Personalplanung die Frauenförderung zu berücksichtigen und entsprechende Vorstellungen in die Beratungen mit dem BR einzuführen. Bei diesen Beratungen ist zu erörtern, welche Maßnahmen geeignet sind, bei den personellen Einzelmaßnahmen, der Aus-, Fort- und Weiterbildung sowie bei dem beruflichen Aufstieg die Vereinbarkeit von Familie und Erwerbstätigkeit zu fördern (vgl. § 80 Abs. 1 Nrn. 2a und 2b). **16**

§ 92a
Beschäftigungssicherung

(1) Der Betriebsrat kann dem Arbeitgeber Vorschläge zur Sicherung und Förderung der Beschäftigung machen. Diese können insbesondere eine flexible Gestaltung der Arbeitszeit, die Förderung von Teilzeitarbeit und Altersteilzeit, neue Formen der Arbeitsorganisation, Änderungen der Arbeitsverfahren und Arbeitsabläufe, die Qualifizierung der Arbeitnehmer, Alternativen zur Ausgliederung von Arbeit oder ihrer Vergabe an andere Unternehmen sowie zum Produktions- und Investitionsprogramm zum Gegenstand haben.

(2) Der Arbeitgeber hat die Vorschläge mit dem Betriebsrat zu beraten. Hält der Arbeitgeber die Vorschläge des Betriebsrats für ungeeignet, hat er dies zu begründen; in Betrieben mit mehr als 100 Arbeitnehmern erfolgt die Begründung schriftlich. Zu den Beratungen kann der Arbeitgeber oder der Betriebsrat einen Vertreter des Arbeitsamtes oder des Landesarbeitsamtes hinzuziehen.

(1) Die in dieser Vorschrift enthaltenen Vorschlags- und Beratungsrechte kennzeichnen ein eigenständiges Handlungsfeld für den BR und stellen zugleich auch eine **Ausgestaltung und Konkretisierung** **1**

des Vorschlagsrechts dar, wie es § 92 Abs. 2 enthält. Darüber hinaus sind diese Rechte zur Beschäftigungssicherung den Beteiligungsrechten des BR bei den Betriebsänderungen nach § 111 **vorgelagert**. Sie sollen dazu beitragen, den mit diesen Maßnahmen häufig verbundenen Personalabbau zu vermeiden oder zumindest abzuschwächen. Die Bestimmung bringt kein MBR, sondern ein **Vorschlags- und Beratungsrecht**, wenngleich mit einem bestimmten **Rechtfertigungszwang** für den AG, wenn er die Vorschläge des BR als ungeeignet ansieht. Weitergehende Rechte des BR bleiben von den Regelungen des § 92a unberührt. So kann der BR beispielsweise auf der Grundlage seines MBR nach § 87 Abs. 1 Nr. 3 den Abbau von Überstunden als beschäftigungssichernde Maßnahme anstreben und ggf. durchsetzen (vgl. DKK-Däubler, Rn. 3). Ein weiteres Beispiel sind seine Mitwirkungs- und MBR nach den §§ 96 bis 98, wie etwa das MBR nach § 97 Abs. 2 (vgl. dazu auch Rn. 3, fünftes Aufzählungszeichen, das ebenfalls eine beschäftigungssichernde Maßnahme darstellt).

2 Die Tatbestände des § 92a haben große Bedeutung auch für die Tätigkeit des GBR nach § 50 Abs. 1, da sie vielfach die UN-Ebene berühren und nicht durch die einzelnen BR in ihren Betrieben einer abschließenden Beratung mit dem AG zugeführt werden können.

3 Die in der Bestimmung angeführten Angelegenheiten sind **nicht abschließend** (DKK-Däubler, Rn. 5). Sie verdeutlichen allerdings den weit gespannten Rahmen, innerhalb dessen der BR Vorschläge zur Sicherung und Förderung der Beschäftigung entwickeln und dem AG mit dem Anspruch auf eine umfassende Beratung vorlegen kann. Die vom Gesetz ausdrücklich angesprochenen Beratungspunkte erstrecken sich auf folgende Handlungsfelder:

- *Flexible Gestaltung der Arbeitszeit*
  Die Flexibilisierung der Arbeitszeit soll dazu dienen, betriebliche Kapazitäten im Interesse der Beschäftigungssicherung besser zu nutzen. Dabei ist allerdings auch darauf zu achten, dass bei der Gestaltung der Arbeitszeitsysteme die AN-Interessen ausreichende Berücksichtigung finden.

- *Förderung von Teilzeitarbeit*
  Durch Teilzeitarbeit kann die Vereinbarkeit von Familienbetreuung und Erwerbstätigkeit gefördert werden (vgl. auch § 80 Abs. 1 Nr. 2b). Familienpflichten und die Pflichten aus dem Arbeitsverhältnis können etwa dadurch besser in Einklang gebracht werden, dass die Betreuung kleiner Kinder oder pflegebedürftiger Familienangehöriger erleichtert wird.

- *Förderung von Altersteilzeit*
  Die Anwendung von Altersteilzeit kann, wenn die Voraussetzungen dafür vorliegen, die Nachwuchsplanung fördern. Das betrifft nicht nur die Möglichkeiten von Einstellungen und Versetzungen,

sondern dient auch der Förderung des beruflichen Aufstiegs von Nachwuchskräften.

- *Neue Formen der Arbeitsorganisation*
  Änderungen der Arbeitsorganisation, der Arbeitsverfahren und der Arbeitsabläufe, wie beispielsweise die Einführung von Gruppenarbeit (Engels u. a., DB 01, 539) oder Maßnahmen zur Produktionserhöhung und/oder Qualitätssicherung, können die Wettbewerbsfähigkeit steigern und damit dazu beitragen, dass Personalabbau vermieden wird. Auch Managementmethoden, wie beispielsweise Zielvereinbarungen, können dazu gehören, und zwar unabhängig davon, dass weitergehende Beteiligungsrechte bestehen.

- *Qualifizierung der AN*
  Dieses Handlungsfeld hängt eng zusammen mit den Aufgaben und Rechten des BR bei der betrieblichen Berufsbildung nach den §§ 96 bis 98; nicht zuletzt mit den neuen Grundlagen, die der Ermittlung des Bildungsbedarfs auf Verlangen des BR (§ 96 Abs. 1 Satz 2) dienen, sowie mit seiner MB bei der Einführung von Maßnahmen der betrieblichen Berufsbildung, wenn sich durch arbeitstechnische Änderungen die Arbeitstätigkeiten ändern und die Kenntnisse der AN nicht ausreichen, um die neuen Arbeitsaufgaben zu erfüllen (§ 97 Abs. 2). Mit diesem MBR sollen rechtzeitig und präventiv betriebliche Berufsbildungsmaßnahmen zugunsten betroffener AN durchgesetzt werden, um deren Beschäftigung zu sichern (RegE BetrVerf-Reformgesetz, BT-Drucks. 14/5741, B. zu Nr. 63). Aber auch unabhängig davon kann die Personalentwicklung ein geeignetes Instrument sein, um einem Personalabbau entgegenzuwirken.

- *Ausgliederung von Arbeit oder ihre Vergabe an andere UN*
  Der Ausgliederung von Arbeit oder der Vergabe betrieblicher (Teil-)Tätigkeiten liegen häufig vorgeschobene oder tatsächlich begründete Kostenargumente zugrunde. Der BR sollte deshalb – ggf. unter Einbeziehung entsprechender Beratungen im WA – fordern, dass ein umfassender Kostenvergleich erfolgt und nicht einfach unterstellt wird, dass Fremdfirmen billiger arbeiten. Das gilt vor allem, wenn die Eigenfertigung von Vor- oder Teilprodukten aufgegeben bzw. andere UN diese Tätigkeiten auf dem Betriebsgelände erledigen sollen. Zu einer solchen Prüfung gehört auch ein Qualitätsvergleich bei eigener Herstellung einerseits und bei der Herstellung durch Fremdfirmen andererseits. Außerdem kann die Ausgliederung von Arbeit eine Betriebseinschränkung i.S. des § 111 sein (vgl. DKK-Däubler, § 111 Rn. 42 a, 88). Es kann dann zur Beschäftigungssicherung sinnvoll sein, fällig werdende Sozialplanmittel für Rationalisierungsmaßnahmen oder andere kostensparende Möglichkeiten einzusetzen, um Ausgliederungen zu vermeiden.

- *Produktions- und Investitionsprogramm*
  Das Produktionsprogramm betrifft die Art und den Umfang der künftigen Gütererzeugung. Das Investitionsprogramm steht damit in einem engen Zusammenhang. Es erfasst die zur Durchführung des Produktionsprogramms notwendigen Investitionen und die dafür erforderlichen finanziellen Mittel. Beschäftigungssichernde Maßnahmen können in diesem Zusammenhang etwa sein: Kapazitätserweiterungen, Erschließung neuer Geschäftsfelder, allgemeine Maßnahmen zur Erhöhung der Nachfrage, aber auch Veränderungen der UN- und Betriebsstrukturen. Bei der Erörterung solcher Maßnahmen ist der WA im Rahmen seiner Unterrichtung und Beratung einzubinden (vgl. § 106 Abs. 3 Nr. 3). So werden im WA Beratungen darüber zu führen sein, wie ein geplantes Investitionsprogramm durchgeführt werden soll und wie dessen Finanzierung möglich ist (DKK-Däubler, § 106 Rn. 67).

4 Weitere Maßnahmen, die der Beschäftigungssicherung dienen, können etwa ein **Beschäftigungsausgleich** zwischen den Betrieben eines UN oder die Einrichtung eines **Personaleinsatzbetriebs** sein. Aber auch Produktionsumstellungen, um durch die Herstellung **umweltfreundlicherer Produkte** die Beschäftigung zu sichern, gehören dazu. Generell gilt, dass die Maßnahmen nach § 92 a der Zielsetzung des § 2 Abs. 1 Nr. 2 SGB III dienen, wonach die Inanspruchnahme von Leistungen der Arbeitsverwaltung, insbesondere soweit sie mit Entlassungen zusammenhängen, vorrangig durch betriebliche Maßnahmen vermieden werden soll (DKK-Däubler, Rn. 23). Die Gesamtsituation des UN und der Beschäftigten soll einer Analyse unterzogen und zur Grundlage von Vereinbarungen gemacht werden, die der Beschäftigungssicherung dienen. Das wiederum kann dazu führen, dass Vereinbarungen über beschäftigungssichernde Maßnahmen, wie der Abbau von Überstunden oder die Einführung von Kurzarbeit, kündigungsschutzrechtliche Auswirkungen haben. Diese Maßnahmen können bei Kündigungsschutzverfahren gegen das Vorliegen dringender betrieblicher Erfordernisse sprechen (vgl. dazu DKK-Däubler, Rn. 21 f.).

5 Der AG ist gehalten, sich mit den vom BR gemachten Vorschlägen auseinanderzusetzen und in entsprechende Beratungen einzutreten. Ein Verstoß dagegen kann **Sanktionen** nach § 23 Abs. 3 nach sich ziehen (vgl. auch DKK-Däubler, Rn. 24, mit dem Hinweis, dass der AG im Wege des Beschlussverfahrens gerichtl. dazu angehalten werden kann, die Beratungen fortzusetzen, wenn er sie zwar aufgenommen, aber einseitig beendet hat). Ist der AG der Auffassung, dass die Vorschläge nicht der Sicherung oder der Förderung der Beschäftigung dienen, hat er dies gegenüber dem BR zu begründen. In Betrieben mit mehr als 100 AN ist dabei die **Schriftform** erforderlich.

Zu den Beratungen können der BR und AG einen **Vertr. des Arbeitsamtes oder des Landesarbeitsamtes**, in dessen Bezirk der Betrieb liegt, hinzuziehen. Bei entsprechenden Beratungen zwischen GBR und AG ist der Sitz des UN maßgebend. Die Hinzuziehung ist bereits erforderlich, wenn eine der beiden Betriebsparteien dies verlangt. Es wird allerdings zweckmäßig sein, dass sich BR und AG auf die Hinzuziehung eines oder mehrerer Vertreter **einigen**. Durch die Hinzuziehung von Vertr. der Arbeitsverwaltung sollen nicht nur allgemeine sozial- und arbeitsmarktpolitische Aspekte berücksichtigt werden. Der Vertr. der Arbeitsverwaltung soll, bezogen auf die zwischen BR und AG zu erörternden Interessenlagen, sein **überbetriebliches Wissen** über mögliche Fortbildungs-, Umschulungs- und sonstige Bildungsmaßnahmen einbringen, die der Sicherung und Förderung der Beschäftigung im Betrieb dienen. Außerdem soll der Vertr. der Arbeitsverwaltung bei Meinungsverschiedenheiten zwischen AG und BR **vermittelnd** tätig werden und insoweit eine Funktion als »neutrale Instanz« erfüllen. 6

Erfolgt mit oder ohne Hinzuziehung eines Vertr. der Arbeitsverwaltung eine Einigung, kann sie in der Form einer Regelungsabrede (vgl. DKK-Berg, § 77 Rn. 79ff.) vorgenommen werden. Auch der Abschluss einer BV ist möglich; dabei muss aber der Tarifvorrang gem. § 77 Abs. 3 gewahrt bleiben. Im Rahmen des § 92a kann eine BV allerdings nicht erzwungen werden. Das schließt wiederum ein freiwilliges Est.-Verfahren nach § 76 Abs. 5 nicht aus. 7

§ 93
Ausschreibung von Arbeitsplätzen

Der Betriebsrat kann verlangen, dass Arbeitsplätze, die besetzt werden sollen, allgemein oder für bestimmte Arten von Tätigkeiten vor ihrer Besetzung innerhalb des Betriebs ausgeschrieben werden.

Die nach dieser Vorschrift vorgesehene innerbetriebliche Stellenausschreibung soll dazu beitragen, die im Betrieb vorhandenen **Möglichkeiten der Personalbedarfsdeckung** zu nutzen. Es wird in vielen Fällen sinnvoller sein, auf AN des Betriebs zurückzugreifen, als Außenstehende anzuwerben oder gar AN-Überlassungsverträge abzuschließen (vgl. BAG, DB 88, 1452). Der BR hat daher das Recht zu verlangen, dass frei werdende Arbeitsplätze vor ihrer Wiederbesetzung innerhalb des Betriebs ausgeschrieben werden, und zwar auch dann, wenn der AG diese Arbeitsplätze mit Leih-AN oder freien Mitarbeitern besetzen will (vgl. BAG, BB 93, 2233). Dasselbe gilt für die **erstmalige** Besetzung neugeschaffener Arbeitsplätze. Der BR kann die Ausschreibung **allgemein** für alle Arbeitsplätze des Betriebs, für **bestimmte Arten** von Tätigkeiten oder auch für einen **konkreten** 1

Einzelfall verlangen (vgl. DKK-Buschmann, Rn. 3 m.w.N.; a.A. LAG Köln, LAGE § 93 BetrVG 1972 Nr. 2). Weigert sich der AG, die Stellenausschreibung im Einzelfall vorzunehmen, so ist dem BR jedenfalls anzuraten, sofort die Ausschreibung **sämtlicher** frei werdender Stellen zu fordern. Im Übrigen ist der AG nach der Bestimmung des § 611 b BGB gehalten, einen Arbeitsplatz weder inner- noch außerbetrieblich nur für Männer oder nur für Frauen auszuschreiben, es sei denn, dass ein bestimmtes Geschlecht unverzichtbare Voraussetzung für die betreffende Tätigkeit ist (vgl. auch EuGH, BB 97, 1481; BVerfG, NZA 94, 745; LAG Hamm, BB 97, 525). Der § 93 findet auch Anwendung, wenn ein Arbeitsplatz nur vorübergehend mit einer Aushilfskraft oder auf andere Weise zeitlich befristet besetzt werden soll. Die Ausschreibung der Arbeitsplätze von **AT-Angestellten**, nicht aber die der leit. Ang., kann ebenfalls vom BR verlangt werden (h.M.). § 7 Abs. 1 TzBfG bestimmt, dass der AG einen Arbeitsplatz, den er öffentlich oder innerhalb des Betriebs ausschreibt, auch als Teilzeitarbeitsplatz auszuschreiben hat, wenn sich der Arbeitsplatz hierfür eignet. Nach § 18 TzBfG ist der AG verpflichtet befristet beschäftigte AN über freie unbefristete Stellen zu informieren. Auch bei einer Umwandlung eines befristeten Arbeitsverhältnisses in ein unbefristetes kann der BR eine Stellenausschreibung verlangen (LAG Frankfurt, LAGE § 93 BetrVG 72 Nr. 3).

2 Kommt der AG dem Verlangen des BR nicht nach, so kann dieser gemäß § 99 Abs. 2 Nr. 5 seine Zustimmung zur Einstellung eines von außen kommenden Bewerbers oder zur Versetzung eines betriebsangehörigen AN auf diese Stelle **verweigern**. Dasselbe gilt, wenn der AG die innerbetriebliche Stellenausschreibung nicht in einer dem Sinne dieser Vorschrift gerecht werdenden Weise vornimmt. Dies wäre beispielsweise der Fall, wenn er es im Gegensatz zur Ausschreibung nach außen unterlassen würde, die für eine Bewerbung **notwendigen Einzelheiten**, etwa hinsichtlich der Anforderungen, die der Arbeitsplatz stellt, mitzuteilen. Die Zustimmung nach § 99 Abs. 2 Nr. 5 kann in gleicher Weise wie bei völlig unterbliebener Ausschreibung verweigert werden, wenn der AG bei der Stellenausschreibung gegen **Grundsätze der Gleichbehandlung** nach § 75 dieses Gesetzes oder § 611 b BGB verstößt (DKK-Buschmann, Rn. 8; vgl. auch ArbG Essen, BetrR 91, 280; LAG Berlin, DB 83, 2633). Der AG genügt auch nicht der vom BR geforderten innerbetrieblichen Stellenausschreibung, wenn er eine bestimmte Stelle im Betrieb zwar ausschreibt, in einer Stellenanzeige in der Tagespresse dann aber **geringere Anforderungen** für eine Bewerbung um diese Stelle nennt. Der BR kann daher die Zustimmung zur Einstellung eines Bewerbers verweigern, der sich auf diese Stellenanzeige mit den geringeren Anforderungen hin beworben hat (BAG, DB 88, 1452).

3 Dem AG ist es zwar nicht verwehrt, **gleichzeitig** mit der internen auch eine außerbetriebliche Stellenausschreibung (etwa durch Zeitungsanzeige) vorzunehmen. Er darf die freie Stelle aber nicht bereits einem außen stehenden Bewerber verbindlich zusagen, **bevor** die innerbetriebliche Ausschreibung endgültig durchgeführt worden ist und ihm die hierauf eingegangenen Bewerbungen aus dem Betrieb vorgelegen haben. Andererseits können grundsätzlich weder der BR noch der im Betrieb tätige Bewerber erzwingen, dass letzterem bei der Besetzung des Arbeitsplatzes der Vorzug vor dem außen Stehenden gegeben wird (BAG, DB 78, 447; 81, 998). In **Auswahlrichtlinien** nach § 95 kann dies jedoch vorgesehen werden.

Zum Recht des BR, die Stellenausschreibung verlangen zu können, 4
gehört auch die **Einbeziehung von Einzelheiten** wie Form (z.B. Aushang am »Schwarzen Brett« oder Rundschreiben), Ausschreibungsdauer und die Beschreibung der vorgesehenen Arbeitsplätze sowie die notwendigen fachlichen und persönlichen Voraussetzungen (vgl. aber BAG, DB 93, 885, das eine MB über Form und Inhalt der Stellenausschreibung verneint). Werden in der Stellenausschreibung fachliche und persönliche Voraussetzungen festgelegt, handelt es sich zugleich um **Auswahlrichtlinien**, bei deren Aufstellung der BR ein MBR hat (vgl. aber BAG, DB 88, 1452, wonach der AG bei einer innerbetrieblichen Stellenausschreibung allein bestimmen kann, welche Anforderungen ein Bewerber für die ausgeschriebene Stelle erfüllen muss). Der BR kann die Ausschreibung von Arbeitsplätzen verlangen, die der AG mit **freien Mitarbeitern** besetzen will, sofern es sich um solche Arbeitsplätze handelt, für die der BR nach § 99 funktional zuständig ist, also solche, die bisher oder üblicherweise mit AN des Betriebs besetzt werden (BAG, DB 94, 332).

BV sind nach Ansicht des BAG nur freiwillig möglich (DB 93, 885). 5
Die Verpflichtung zur Ausschreibung besteht allerdings auch ohne entsprechende Vereinbarung (BAG, BB 93, 2233). Nach Auffassung des BAG (DB 81, 998) liegt in einer BV über den Aushang innerbetrieblicher Stellenausschreibungen, in der vorgesehen wird, dass der letzte Tag der Aushangfrist in der Stellenausschreibung anzugeben ist, noch keine Beschränkung der Auswahl des AG auf den Kreis derjenigen Betriebsangehörigen, die sich innerhalb der Aushangfrist beworben haben. Die Regelung des § 93 spricht zwar nur von einer innerbetrieblichen Stellenausschreibung. Der **GBR** kann jedoch verlangen, dass die Ausschreibung **innerhalb des UN** erfolgt (vgl. § 51 Abs. 6; **str.**). Entsprechendes gilt für den **KBR** in Bezug auf Stellenausschreibungen im **Konzern** (vgl. § 59 Abs. 1 i.V.m. § 51 Abs. 6; **str.**). Auch in **Tendenzbetrieben** kann der BR bzw. in **Tendenz-UN** der GBR die innerbetriebliche Stellenausschreibung verlangen. Das gilt auch für solche Arbeitsplätze, die mit Tendenzträgern besetzt werden sollen (BAG, DB 79, 1609; HessLAG, NZA 97, 671; vgl. auch § 118 Rn. 15).

§ 94
Personalfragebogen, Beurteilungsgrundsätze

(1) Personalfragebogen bedürfen der Zustimmung des Betriebsrats. Kommt eine Einigung über ihren Inhalt nicht zustande, so entscheidet die Einigungsstelle. Der Spruch der Einigungsstelle ersetzt die Einigung zwischen Arbeitgeber und Betriebsrat.

(2) Absatz 1 gilt entsprechend für persönliche Angaben in schriftlichen Arbeitsverträgen, die allgemein für den Betrieb verwendet werden sollen, sowie für die Aufstellung allgemeiner Beurteilungsgrundsätze.

1 (1) Als **Fragebogen** (vgl. insgesamt auch Schmidt/Stracke, AiB 99, 191) werden formularmäßig gefasste Zusammenstellungen von auszufüllenden oder zu beantwortenden Fragen verstanden, die Aufschluss über die Person sowie Kenntnisse und Fähigkeiten des Befragten geben sollen (BAG, DB 94, 480; BB 00, 1093). Dabei kann die Vorschrift nicht auf schriftlich in einem Formular zusammengefasste Fragen beschränkt (vgl. BAG a. a. O.), sie muss vielmehr auf **alle formalisierten Informationserhebungen** des AG von AN-Daten (wie z. B. auch **Tests**, **Interviews** oder ansonsten **standardisierte Einstellungsgespräche**) erstreckt werden. Es ist gleichgültig, ob die Daten von einem externen Bewerber um den Arbeitsplatz oder bereits eingestellten AN erfragt werden (siehe auch BAG, DB 96, 634), ob der AG sie direkt vom Bewerber/Beschäftigten erfragt oder die Auskünfte ein Dritter, wie der frühere AG oder eine Detektei, erteilt (zum Grundsatz der Direkterhebung beim Betroffenen § 4 Abs. 2 BDSG). Auch Fragebogen, die z. B. Gäste in Hotels über die Beschäftigten ausfüllen, unterliegen der MB (**str.;** vgl. DKK-Klebe, Rn. 5). Es ist also für den BR wichtig, nicht nur den »klassischen« Fragebogen im Auge zu haben. Das MBR besteht grundsätzlich auch dann, wenn dem AG zur Auflage gemacht worden ist, nur Personen einzustellen und weiterzubeschäftigen, die anhand eines Personalfragebogens von der Aufsichtsbehörde sicherheitsüberprüft worden sind (a. A. BAG, DB 92, 144; vgl. aber auch § 87 Rn. 6).

2 Das MBR (als Zustimmungserfordernis ohne Initiativrecht; vgl. LAG Düsseldorf, DB 85, 134 f.; LAG Frankfurt, DB 92, 534) kann auch bei **Organisationsanalysen, Mitarbeitergesprächen mit Zielvereinbarung** (a. A. VG Karlsruhe, RDV 98, 31; vgl. auch § 87 Rn. 13), **arbeitsbegleitenden Papieren** (vgl. § 87 Rn. 14) oder Arbeitsplatzbeschreibungen bestehen, wenn von den Beschäftigten nicht nur eine Tätigkeitsbeschreibung, sondern auch persönliche Angaben verlangt werden, wie z. B. darüber, welche Berufs- und Verwaltungserfahrungen nach Auffassung des befragten Stelleninhabers zur anforderungsgerechten Erfüllung der auf dem Arbeitsplatz zu erledigenden Aufgaben erforderlich sind (BVerwG v. 15. 2. 80 – 6 P 80/78), welche

persönlichen Verlust- und Erholungszeiten bestehen (HessVGH, RDV 86, 270 ff.), ob sich der AN eher als unter- oder überfordert ansieht und eine Hilfestellung benötigt (LAG Köln, AiB 97, 664 für sog. **Jahresgespräche** der Vorgesetzten mit ihren Mitarbeitern) oder, bei einer Organisationsuntersuchung, welche Vorstellungen die Beschäftigten zur Bürokommunikation an ihrem Arbeitsplatz aktuell und in Zukunft (z.B. DV-Unterstützung) haben (VGH Baden-Württemberg, PersR 93, 360). Ein Fragebogen liegt auch vor, wenn aus der Beantwortung ein Leistungsprofil des AN abgelesen werden kann, das einer Eignungsbeurteilung zugrunde gelegt werden könnte (ArbG Stuttgart v. 19. 10. 81 – 7 Ga 2/81). Verlangt der AG bei Einstellungen von AN Bescheinigungen der AOK über die krankheitsbedingten Fehlzeiten der letzten beiden Jahre, so ist dies unabhängig davon, ob überhaupt ein derartiges Fragerecht besteht, ein Personalfragebogen (ArbG Berlin v. 20. 10. 82 – 28 BV 6/82). Das MBR besteht für **Checklisten** zum Führen von Einstellungs- oder Krankengesprächen (vgl. auch § 87 Rn. 13) und, wenn der AG vor Einstellungen die Bewerber fragt, ob sie ggf. bereit sind, die Ermächtigung zum Umgang mit Verschlusssachen (sog. **VS-Ermächtigung** nach Sicherheitsüberprüfung) zu beantragen (ArbG Köln v. 3. 3. 89 – 12 BV 37/88), bei ergänzenden Personalfragebogen zur betriebsinternen Sicherheitsüberprüfung (BAG, DB 92, 144) und solchen zur Diebstahlsaufklärung (ArbG Offenbach, AiB 95, 671 mit Anm. v. Thon), bei sog. Assessment-Centern, bei **ärztlichen Untersuchungen** (vgl. DKK-Klebe, Rn. 11 m. w. N.; str.) und auch bei Durchführung eines **Wissensmanagements**, wie z.B. mit der Erhebung von Mitarbeiterprofilen zur Einführung einer Expertendatenbank (vgl. auch § 87 Rn. 13, 38).

Das MBR beschränkt sich nicht auf die **Abfassung des Fragebogens** 3
und dessen Änderung (LAG Frankfurt v. 17. 2. 83 – 4 TaBV 107/82). Nach richtiger Auffassung kann der BR auch mit festlegen, in welchem Zusammenhang die erfragten Informationen verwendet werden dürfen (vgl. die Bedeutung des Verwendungszwecks im BDSG: z.B. §§ 4 Abs. 3 Nr. 2, 4 a Abs. 1 und 28 Abs. 1 Satz 2). Daher besteht das MBR fort, wenn bereits die Datenerhebung in einem Fragebogen vereinbart wurde, nämlich hinsichtlich der weitergehenden Verwendungszwecke. Neben einer etwaigen Beschränkung von Verwendungszwecken kann z.B. auch festgelegt werden, dass bestimmte Informationen nach einer gewissen Zeit nicht mehr berücksichtigt werden dürfen, dass sie zu anonymisieren (vgl. § 3 a BDSG) oder zu löschen sind und wer welche Zugriffsmöglichkeiten haben soll. Das MBR wird nicht dadurch ausgeschlossen, dass die AN an der Befragung **freiwillig** teilnehmen (LAG Köln, AiB 97, 664). Es besteht auch, wenn die Durchführung einer weltweiten, den ganzen Konzern erfassenden Fragebogenaktion von der Konzernzentrale im Ausland festgelegt wird und dem nationalen AG kein eigener Entscheidungsspielraum verbleibt. Diesen Umstand hat allerdings die ESt. gegebenenfalls bei ihrer Ermessensent-

scheidung zu berücksichtigen (HessLAG, NZA-RR 02, 200; vgl. auch BAG, NZA 93, 906; § 87 Rn. 5, 65 m. w. N.).

4 Es ist Aufgabe des BR, vor allem darauf zu achten, dass die Fragebogen keine Fragen enthalten, die in **unzulässiger Weise** in den **Persönlichkeitsbereich** des einzelnen AN eingreifen (§ 75 Abs. 2; vgl. auch BAG, DB 92, 144). Dabei können Fragen, die **vor** der Einstellung unzulässig waren, danach zulässig werden (z. B. nach einer Schwangerschaft). Welche Fragen zulässig sind, ergibt sich aus allgemeinen arbeitsrechtlichen Grundsätzen (vgl. BAG, DB 94, 939 und DB 96, 634 zur Auskunftspflicht im bestehenden Arbeitsverhältnis) und ggf. auch aus dem BDSG, wie z. B. aus §§ 3 a (Grundsatz der Datenvermeidung, Anonymisierung, Pseudonymisierung), 4 Abs. 2 (Grundsatz der Direkterhebung der Daten beim Betroffenen), 4 d Abs. 5 (Vorabkontrolle durch den Datenschutzbeauftragten) oder im Hinblick auf **sensitive Daten**, wie ethnische Herkunft, politische Meinungen, Gewerkschaftszugehörigkeit oder Gesundheit aus §§ 28 Abs. 6 ff. und 4 a Abs. 3. So sind beispielsweise Fragen nach **Krankheiten oder Vorstrafen** nur zulässig, wenn und soweit der AG unter Berücksichtigung der Art der vorgesehenen Tätigkeit und der Stellung des AN ein **berechtigtes, billigenswertes** und **schutzwürdiges** Interesse an der Beantwortung hat (BAG, DB 84, 2706; 99, 1859; NZA 01, 319; DB 03, 396; vgl. im Einzelnen auch die Übersicht von Bellgardt, AiB 84, 61 ff.; zur Frage nach einer Mitarbeit beim **MfS** vgl. FKHES, Rn. 18 m. w. N.; BAG, NZA 98, 474, 1052; NZA 01, 317; DB 03, 396; BVerfG, NZA 98, 588, 1329). Die Frage nach **laufenden Ermittlungsverfahren** wird teilweise wegen der Unschuldsvermutung für unzulässig gehalten (ArbG Münster, RDV 94, 32; a. A. FKHES, Rn. 19). Nach Auffassung des **BAG** (DB 99, 1859) soll sie demgegenüber wie die nach Vorstrafen zu behandeln sein, wenn auch ein Ermittlungsverfahren Zweifel an der persönlichen Eignung des AN begründen kann. Medizinische AN-Daten genießen, auch wenn sie zulässig erhoben worden sind, besonderen Schutz (BAG, DB 87, 2571 f.; Wohlgemuth, AiB 87, 243 ff.). Nach dem **schulischen** und **beruflichen Werdegang** kann sich der AG bei unmittelbarem Bezug zur vorgesehenen Tätigkeit erkundigen (LAG Berlin, RDV 89, 181; vgl. auch LAG Köln, DB 96, 892).

5 Die Frage nach einer **Schwangerschaft** war schon bisher grundsätzlich unzulässig (vgl. BAG, DB 93, 435, 1978; EuGH, BB 91, 692). Das BAG lässt allerdings Ausnahmen zu. Diese werden angenommen, wenn es um die Besetzung eines Arbeitsplatzes geht, auf dem nach den Mutterschutzvorschriften oder der GefStoffV Schwangere nicht beschäftigt werden dürfen, wenn die Tätigkeit aus sonstigen Gründen überhaupt nicht aufgenommen werden kann oder darf oder falls die Frage objektiv dem gesundheitlichen Schutz der Bewerberin oder des ungeborenen Kindes dient (BAG, DB 93, 435, 1978 = AiB 94, 122 mit

kritischer Anm. v. Degen). Sind diese Beschäftigungshindernisse allerdings, wie bei einer unbefristeten Einstellung, vorübergehender Natur, bleibt die Frage eine unzulässige Diskriminierung (BAG, AuR 03, 118 [Pressemitteilung]). Selbst diese Auffassung lässt sich im Hinblick auf die neuere Rechtspr. des EuGH nicht mehr halten (vgl. DB 00, 380; BB 01, 2478; NZA 01, 1243). Der EuGH hält die Frage auch bei **befristeten Einstellungen** und wenn feststeht, dass die AN aufgrund ihrer Schwangerschaft während eines wesentlichen Teils ihrer Vertragszeit nicht würde arbeiten, für unzulässig. Dabei stehe die Dauer auch eines befristeten Arbeitsverhältnisses nicht von vornherein fest, da es erneuert oder verlängert werden könne. Danach dürfte die Frage ohne Ausnahme unzulässig sein (vgl. auch Thüsing/Lambrich, BB 02, 1147). Die Frage nach der Eigenschaft als **Schwerbehinderter** oder Gleichgestellter ist zulässig, wenn die Schwerbehinderungserkrankung für die auszuübende Tätigkeit von Bedeutung ist. Das **BAG** (DB 96, 580; 99, 852; BB 01, 628) wendet diesen Grundsatz nur bei der Frage nach der **Behinderung** an. Die Frage nach der Schwerbehinderteneigenschaft bzw. Gleichstellung soll demgegenüber auch dann uneingeschränkt zulässig sein, wenn die Behinderung, auf der die Anerkennung beruht, tätigkeitsneutral ist (a. A. DKK-Klebe, Rn. 13 m. w. N.). Dies ist jedenfalls jetzt im Hinblick auf **§ 81 Abs. 2 Nr. 1 SGB IX** nicht mehr haltbar. Die Frage nach der Zugehörigkeit zu **Parteien, Gew.** oder **Religionsgemeinschaften** ist grundsätzlich unzulässig. Etwas anderes kann in Tendenzbetrieben gelten (hierzu vgl. auch § 28 Abs. 6 ff. und insbesondere Abs. 9 BDSG). Fragen nach den **Vermögensverhältnissen** sind nur zulässig, wenn es sich um **besondere Vertrauensstellungen** handelt, insbesondere, wenn der AN über Geld verfügen kann (Filialleiter, Bankkassierer u. ä.). Werden zulässige Fragen unrichtig beantwortet, kann der AG das Recht haben, den Arbeitsvertrag anzufechten, unzulässige Fragen kann der AN ohne Sanktionen wahrheitswidrig beantworten (BAG, DB 94, 939; 99, 1859; BB 01, 628).

Auch wenn eine Frage an sich nach allgemeinen arbeitsrechtlichen Grundsätzen zulässig ist, kann der BR ihrer Aufnahme in einen Personalfragebogen **widersprechen**. Stimmt der BR dagegen einem Personalfragebogen zu, der unzulässige Fragen enthält, so erhält der AG dadurch im Falle einer wahrheitswidrigen Beantwortung durch den AN nicht das Recht zur Anfechtung des Arbeitsvertrages. Unzulässig erhobene Daten dürfen nicht gespeichert werden (BAG, DB 87, 1048). Mitbestimmungswidrig erhobene Daten können auch nicht prozessual verwertet werden (»Beweisverwertungsverbot«; vgl. auch LAG Baden-Württemberg, RDV 00, 27; LAG Sachsen-Anhalt, NZA-RR 00, 478). 6

Einigen AG und BR sich über die Verwendung von Personalfragebogen und deren inhaltliche Gestaltung nicht, so trifft die ESt. eine **verbindliche** Entscheidung. Die ESt. entscheidet dabei nicht über 7 die rechtliche Zulässigkeit einer Frage, sondern nur darüber, ob sie gestellt werden soll. Die ESt. kann also auch bestimmen, dass eine nach allgemeinen arbeitsrechtlichen Grundsätzen an sich zulässige Frage nicht in den Personalfragebogen aufgenommen wird. Entscheidet sie dagegen, dass eine Frage, die bereits nach **allgemeinen Rechtsgrundsätzen** unzulässig ist, in den Fragebogen aufgenommen werden soll, so ist der Spruch insoweit **unwirksam**.

8 Der BR kann seine Zustimmung zur Verwendung von Personalfragebogen oder deren inhaltlicher Ausgestaltung durch eine BV oder eine Regelungsabrede (vgl. LAG Frankfurt, DB 92, 534) geben, die von beiden Seiten gekündigt werden können. Verwendet der AG einen **Fragebogen ohne Zustimmung** des BR, hat er nach richtiger Auffassung bei wahrheitswidriger Antwort des AN **kein Anfechtungsrecht** (**a. A.** BAG, BB 00, 1092, das zu Unrecht die Unwirksamkeit einseitiger AG-Maßnahmen in MB-Angelegenheiten [vgl. auch § 87 Rn. 1] ignoriert). Der AN kann auch die Ausfüllung des Bogens verweigern (LAG Frankfurt, DB 89, 2030 f.). Erfolglos gebliebene Bewerber haben Anspruch auf Vernichtung des Fragebogens, wenn er Angaben über die Privatsphäre enthält und der AG kein berechtigtes Interesse an der Aufbewahrung hat (BAG, DB 84, 2626).

9 Werden AN-Daten computermäßig erfasst, gespeichert und verwendet, bestehen neben dem Auskunftsanspruch des einzelnen AN nach § 83 Abs. 1 (vgl. ArbG Berlin, CR 88, 408 ff.) und weiteren Individualrechten nach dem BDSG (vgl. §§ 6, 19 ff., 33 ff.) verschiedene Beteiligungsrechte des BR. Neben den Regelungen nach § 94 Abs. 1 und 2 sowie dem Überwachungsrecht nach § 80 Abs. 1 Nr. 1 ist auf die Bestimmungen des § 87 Abs. 1 Nr. 1 und Nr. 6 hinzuweisen und den dort genannten Regelungsbedarf (§ 87 Rn. 41 f.; zur Unzulässigkeit **konzernweiter Datenverarbeitung** vgl. Wohlgemuth, AuR 87, 264 ff. und ArbG Berlin, DB 84, 410). Das BDSG beeinträchtigt wegen seiner **Nachrangigkeit** (§ 1 Abs. 3 BDSG) die Rechte des BR nicht (vgl. z. B. BAG, NZA 87, 385). Dieser ist auch nicht Dritter i. S. von § 3 Abs. 8 BDSG, sondern **unselbständiger Teil** der verantwortlichen Stelle (§ 3 Abs. 7 BDSG; BAG, DB 98, 627; DKW, § 3 Rn. 23). Die Datenweitergabe vom AG an ihn ist ein innerbetrieblicher Vorgang und jedenfalls durch die Spezialvorschriften des BetrVG, wie z. B. § 80, erlaubt (vgl. §§ 1 Abs. 3, 28 BDSG; zum Recht der Betriebsvertretung, Beschäftigtendaten zu speichern, vgl. BVerwG, CR 91, 290 f.; DKK-Klebe, Rn. 43).

10 Schließlich ist darauf hinzuweisen, dass es **nicht** Aufgabe des Datenschutzbeauftragten ist, den **BR zu überwachen**. Das würde letztlich auf eine Überwachung des BR durch den AG hinauslaufen (BAG, DB 98, 627; DKW, § 5 Rn. 13; Wedde, AiB 99, 695; Schierbaum, AiB 01, 512). Es scheidet ebenfalls eine sog. formale Verpflichtung der BR-Mitgl. nach § 5 BDSG aus.

Auch Fragebogen, die bereits vor **In-Kraft-Treten des Gesetzes** bestanden und unverändert weiterverwendet werden, unterliegen dem MBR (BAG, DB 87, 1048). Der AG muss also unverzüglich die entsprechenden Initiativen einleiten, um die Zustimmung des BR zu erhalten (LAG Frankfurt, DB 91, 1027 zu Abs. 2; a. A. BAG a. a. O.). **11**

(2) Damit die Beteiligungsbefugnisse des BR bei der Verwendung und inhaltlichen Ausgestaltung von Personalfragebogen nicht umgangen werden können, stehen ihm dieselben Rechte auch hinsichtlich der **persönlichen Angaben** von AN in schriftlichen Arbeitsverträgen zu, die allgemein in einem Betrieb verwendet werden. Zu beachten ist, dass das MBR des BR sich auf die »persönlichen Angaben« in Formulararbeitsverträgen beschränkt. Die Aufnahme allgemeiner Arbeitsbedingungen unterliegt dagegen nicht seiner Beteiligung. **12**

Beurteilungsgrundsätze sind Richtlinien, die einheitliche Kriterien für die Beurteilung von Leistung und Verhalten der AN liefern (BAG, DB 85, 495; 00, 2228; LAG Frankfurt, 91, 1027). Werden also beispielsweise in einem **Personalinformationssystem** Fähigkeits- und Eignungsprofile erstellt (vgl. auch § 6a BDSG zur Einschränkung automatisierter Einzelentscheidungen, die für den Betroffenen eine rechtliche Folge nach sich ziehen oder ihn erheblich beeinträchtigen), so setzt dies die Feststellung der Merkmale, also die Aufstellung von Beurteilungsgrundsätzen voraus. Demzufolge hat der BR ein MBR (vgl. aber auch BAG, DB 83, 2311; 84, 1199 sowie BAG, DB 88, 1452 zu Anforderungsprofilen), das sich auf den Erlass wie auch auf die Verwendung der Grundsätze erstreckt (BAG, DB 79, 1703). **Führungsrichtlinien**, in denen Beurteilungskriterien festgelegt werden, sind ebenso mitbestimmungspflichtig (**a. A.** BAG, DB 85, 485) wie **Assessment-Center**, Mitarbeitergespräche mit Zielvereinbarung (**»Zielgespräche«**; vgl. auch Rn. 2 und § 87 Rn. 13), **arbeitsbegleitende Papiere** (a. A. BAG, DB 82, 1116; vgl. auch § 87 Rn. 14), **biometrische Identifikationsverfahren** mit Aussagen z. B. zum Gesundheits- und Gemütszustand, **Alkohol**- und **Drogentests** (vgl. auch § 95 Rn. 3), **psychologische Tests** und **graphologische Gutachten**, sofern diese Verfahren überhaupt zulässig sind (vgl. DKK-Klebe, Rn. 38 und BAG, DB 99, 2369; 00, 93, sowie Rehwald, AiB 00, 125 [zu Alkohol- und Drogentests]). Nicht dem MBR unterliegen demgegenüber lediglich auf den Arbeitsplatz bezogene **Stellenbeschreibungen** (BAG, DB 86, 1286; 88, 1452; vgl. auch BAG, DB 94, 481; 00, 2228). Als allgemeine Beurteilungsgrundsätze kommen nicht nur stark ausdifferenzierte, die Gesamtheit von Führung und Leistung umfassende Systeme in Betracht; auch Systeme, die nur Teilaspekte der Tätigkeit im Auge haben und deren Beurteilungsdichte eingeschränkt ist, unterliegen § 94 Abs. 2, solange die Beurteilung angesichts der (wenn auch wenigen) Kriterien noch generellen Charakter hat (LAG Berlin, AuR 88, 122). **13**

14 Das MBR bei der Aufstellung **allgemeiner Beurteilungsgrundsätze** soll sicherstellen, dass die Beurteilung der in den Betrieb einzustellenden oder im Betrieb tätigen AN möglichst nach **objektiven** und für das Arbeitsverhältnis erheblichen Gesichtspunkten vorgenommen wird. Ein Beurteilungssystem, das auch Grundsätze einbezieht, die mit dem Arbeitsverhältnis in keiner unmittelbaren Beziehung stehen, ist rechtlich unzulässig. Entsprechende Beurteilungen sind ebenso aus der Personalakte zu entfernen wie solche, die unter Verletzung des MBR erfolgt sind (LAG Frankfurt, DB 91, 1027). Beurteilungsgrundsätze sollten im Übrigen erst verwendet werden, wenn eine Stellenbeschreibung besteht.

15 Eine **sachgerechte Gestaltung** der Beurteilungsgrundsätze ist, ebenso wie die des Personalfragebogens, ein wesentliches Hilfsmittel für AG und BR zur Gewinnung eines möglichst objektiven Bildes über den einzelnen AN. Sie vermitteln auch die für die Anwendung von **Auswahlrichtlinien** nach § 95 notwendigen Daten und erleichtern den Entscheidungsprozess bei **personellen Einzelmaßnahmen**. Darüber hinaus können sachgerechte Beurteilungsgrundsätze eine Hilfe für **individuelle** und **betriebliche Entscheidungen** über **Personaleinsatz, Personalförderung, Personalentwicklung** und **Bildungsmaßnahmen** sein.

16 Verstößt der AG gegen die Vorschrift, z.B. weil er einseitig einen Personalfragebogen anwendet, kann der BR gemäß § 23 Abs. 3 oder mit dem allgemeinen **Unterlassungs- bzw. Beseitigungsanspruch** (vgl. hierzu BAG, DB 94, 2450; 99, 438; NZA 02, 342) dagegen vorgehen.

§ 95
Auswahlrichtlinien

(1) Richtlinien über die personelle Auswahl bei Einstellungen, Versetzungen, Umgruppierungen und Kündigungen bedürfen der Zustimmung des Betriebsrats. Kommt eine Einigung über die Richtlinien oder ihren Inhalt nicht zustande, so entscheidet auf Antrag des Arbeitgebers die Einigungsstelle. Der Spruch der Einigungsstelle ersetzt die Einigung zwischen Arbeitgeber und Betriebsrat.

(2) In Betrieben mit mehr als 500 Arbeitnehmern kann der Betriebsrat die Aufstellung von Richtlinien über die bei Maßnahmen des Absatzes 1 Satz 1 zu beachtenden fachlichen und persönlichen Voraussetzungen und sozialen Gesichtspunkte verlangen. Kommt eine Einigung über die Richtlinien oder ihren Inhalt nicht zustande, so entscheidet die Einigungsstelle. Der Spruch der Einigungsstelle ersetzt die Einigung zwischen Arbeitgeber und Betriebsrat.

(3) Versetzung im Sinne dieses Gesetzes ist die Zuweisung eines anderen Arbeitsbereichs, die voraussichtlich die Dauer von einem Monat überschreitet, oder die mit einer erheblichen Änderung der Umstände verbunden ist, unter denen die Arbeit zu leisten ist. Werden Arbeitnehmer nach der Eigenart ihres Arbeitsverhältnisses üblicherweise nicht ständig an einem bestimmten Arbeitsplatz beschäftigt, so gilt die Bestimmung des jeweiligen Arbeitsplatzes nicht als Versetzung.

(1) Auswahlrichtlinien können dazu beitragen, die Personalpolitik **1**
transparenter zu machen und auf sie aktiven Einfluss zu nehmen, willkürliche personelle Maßnahmen zu erschweren, die Persönlichkeit der von personellen Entscheidungen betroffenen AN besser zu schützen, die Berücksichtigung sozialer Gesichtspunkte verstärkt zur Geltung zu bringen und den Schutz des Arbeitsverhältnisses durch Ausweitung der Zustimmungsverweigerungs- (§ 99 Abs. 2 Nr. 2) und Widerspruchsgründe für den BR (§ 102 Abs. 3 Nr. 2) zu verbessern (vgl. hierzu und zu Regelungsvorschlägen für eine BV Dirx/Klebe, AiB 84, 8ff. und 10ff.).

Das Zustimmungsrecht des BR nach Abs. 1 erstreckt sich nicht nur auf **2**
die Ausgestaltung von Auswahlrichtlinien, sondern auch auf die Frage, ob diese überhaupt verwendet werden sollen (LAG Frankfurt, DB 85, 1534). Was unter Auswahlrichtlinien zu verstehen ist, ergibt sich nicht ausdrücklich aus der Vorschrift. Dem Abs. 2 ist jedoch zu entnehmen, dass in ihnen vor allem die bei der Durchführung personeller Maßnahmen zu beachtenden **fachlichen, persönlichen und sozialen** Gesichtspunkte festgelegt werden sollen (vgl. BAG, DB 84, 1199; 93, 885; LAG Frankfurt, DB 85, 1534). Daher sind auch sog. **Fähigkeits- oder Eignungsprofile**, sofern sie geeignet sind, zu einer Auswahl unter den AN bei personellen Einzelmaßnahmen zu führen, Auswahlrichtlinien i.S. dieser Vorschrift (vgl. jedoch **BAG**, DB 83, 2311, wonach **Anforderungsprofile**, mit denen die für einen bestimmten Arbeitsplatz erforderlichen fachlichen, persönlichen und sonstigen Anforderungen abstrakt festgelegt werden, **keine Auswahlrichtlinien** sein sollen). Nach Auffassung des BAG fallen unter § 95 keine **Stellen- und Funktionsbeschreibungen**, mit denen für Gruppen von Stelleninhabern mit vergleichbaren Tätigkeiten lediglich deren Funktionen festgelegt und Tätigkeitsschwerpunkte beschrieben werden und die keine Anforderungen hinsichtlich der fachlichen und persönlichen Voraussetzungen der jeweiligen Funktionsträger enthalten (BAG, DB 84, 1199; 86, 1286; DKK-Klebe, Rn. 7f.).

Regelanfragen bei Einstellungen beim Landesamt für Verfassungs- **3**
schutz durch ein privates UN sind Auswahlrichtlinien und unterliegen der MB des BR (ArbG München, AiB 88, 267; offen gelassen von BAG, DB 92, 144) ebenso wie **Assessment-Center**, Grundsätze für die Zusammensetzung der Teams bei **Gruppenarbeit** (daneben kom-

men vor allem Rechte gemäß § 87 Abs. 1 Nr. **13** und auch Nrn. 1, 6, 12 und §§ 97f., 111f. in Betracht), **ärztliche Tauglichkeitsuntersuchungen** und **Alkohol-** und **Drogentests** bei Einstellungen (AG Baden-Württemberg, AuR 03, 158 [Ls.]; vgl. auch § 94 Rn. 13). Werden Bewerber, die es ablehnen, die Ermächtigung zum Umgang mit Verschlusssachen (»VS-Ermächtigung« nach Sicherheitsüberprüfung) zu beantragen, deshalb nicht eingestellt, bringt der AG hiermit ebenfalls eine Auswahlrichtlinie zur Anwendung (ArbG Köln v. 3. 3. 89 – 12 BV 37/88; vgl. aber auch BAG, DB 92, 144, das ein MBR ablehnt, falls der AG aufgrund verbindlichen Verwaltungsakts nur überprüfte Bewerber einstellen darf, und hierzu § 87 Rn. 6). Werden AN-Daten durch ein **Personalinformationssystem** (evtl. in Verknüpfung mit anderen Datensystemen) erfasst und in einer Weise ausgewertet, dass personelle Entscheidungen vorbereitet oder getroffen werden, sind ebenfalls die Voraussetzungen des MBR erfüllt (vgl. auch §§ 87 Abs. 1 Nr. 6 und 94). Auch Richtlinien zur **Fremdfirmenarbeit** (Leiharbeit/Werkverträge) unterliegen als Einstellungsregeln der Vorschrift und bekommen vor dem Hintergrund der Arbeitsmarktpolitik (»Hartz-Konzept«) für den BR besondere Bedeutung.

4 **Schriftform** ist nicht erforderlich (ArbG München, AiB 88, 267), ausreichend ist auch eine mündliche Vereinbarung, die auf einem förmlichen Beschluss des BR beruhen muss (LAG Frankfurt, DB 85, 1534; zur **Nachwirkung** bei Kündigung der Richtlinie DKK-Klebe, Rn. 13).

5 Zu den **fachlichen Voraussetzungen** gehören die für den Arbeitsplatz oder eine bestimmte Tätigkeit notwendigen Kenntnisse und Fähigkeiten, wie etwa Schulbildung, bisherige Berufsbildung oder abgelegte Prüfungen. Zu beachtende **persönliche Voraussetzungen** können z.B. die physische und psychische Belastbarkeit, das Alter, die Betriebszugehörigkeit oder das Geschlecht (vgl. auch § 83 Abs. 2 Satz 2 SGB IX [Integrationsvereinbarung] und hierzu Feldes/Scholz, AiB 01, 327; zu gesetzlichen **Quotenregelungen** EuGH, DB 95, 2172; 97, 2383; NZA 00, 473; 00, 935; BAG, DB 96, 2627) sein. Als **soziale Gesichtspunkte** können in Betracht kommen das Alter, der Gesundheitszustand, der Familienstand oder die Dauer der Betriebszugehörigkeit. Es ist also denkbar, dass dasselbe Kriterium sowohl den fachlichen als auch den persönlichen Voraussetzungen sowie den sozialen Gesichtspunkten zuzuordnen ist.

6 Der BR hat darauf hinzuwirken, dass nach **sachlichen Gesichtspunkten** festgelegt wird, in welchem Verhältnis und in welcher Rangfolge die einzelnen Gesichtspunkte bei der Durchführung personeller Maßnahmen bewertet werden sollen. Dabei sind insbesondere auch die Belange des Betroffenen und der übrigen AN gegeneinander abzuwägen. Während bei Einstellungen häufig die fachlichen und persönlichen Voraussetzungen eine besondere Rolle spielen werden, stehen bei **Versetzungen** und **Kündigungen** regelmäßig die sozialen Überlegungen im Vordergrund.

Durch die Erarbeitung gemeinsamer Grundsätze, die AG und BR binden, sollen später notwendig werdende Auswahlprozesse **objektiviert** werden. Je differenzierter diese Auswahlmerkmale gestaltet werden, umso geringer werden der Ermessensspielraum des AG bei späteren Einzelentscheidungen einerseits, aber auch die Widerspruchsmöglichkeiten des BR gemäß §§ 99 und 102 andererseits sein. Personelle Maßnahmen können an so strenge Voraussetzungen gebunden werden, dass für den UN **kein Ermessensspielraum** bei der Durchführung der Maßnahme mehr verbleibt (DKK-Klebe, Rn. 23; offen gelassen von BAG, DB 93, 885; vgl. auch § 1 Abs. 4 KSchG). **7**

Auswahlrichtlinien können sich nach richtiger Auffassung auf sämtliche personelle Einzelmaßnahmen, somit z. B. nicht nur auf betriebsbedingte, sondern auch auf personen- oder verhaltensbedingte Kündigungen erstrecken. Dem Gesetz ist **keine Beschränkung** auf eine bestimmte Kündigungsart zu entnehmen (DKK-Klebe, Rn. 24; vgl. aber auch BAG, DB 00, 2435, das zu Unrecht zu einer Beschränkung auf betriebsbedingte Kündigungen neigt, die Frage aber letztlich offen lässt). Auswahlrichtlinien dürfen allerdings nicht gegen zwingendes Gesetzesrecht wie **§ 75** oder die Vorschriften des **KSchG** verstoßen. Das KSchG, das zugunsten des AN zwingende Wirkung hat, kann weder ausgeschlossen noch eingeschränkt werden (BAG, DB 76, 1387; 90, 380 und 1335 f.; zu sog. **Punktekatalogen** BAG, DB 84, 563; NZA 93, 607; LAG Niedersachsen, DB 03, 452 [Ls.] und § 1 Abs. 4 KSchG). Daher müssen Auswahlrichtlinien Raum für eine abschließende Berücksichtigung der **individuellen Besonderheiten** des Einzelfalles lassen, es sein denn, alle in Betracht kommenden Gesichtspunkte sind berücksichtigt. **8**

Die zwingende Wirkung des KSchG gilt nur zugunsten des AN. Deshalb kann in den Auswahlrichtlinien auch eine Bestimmung enthalten sein, nach der eine **ordentliche Kündigung** des AG von bestimmten über das KSchG hinausgehenden Voraussetzungen abhängig gemacht wird oder gegenüber AN mit einer langjährigen Betriebszugehörigkeit oder wegen arbeitsplatzbedingter Erkrankung überhaupt **ausgeschlossen** ist (DKK-Klebe, Rn. 22 f., 28; **str.**; vgl. auch LAG Sachsen, NZA 02, 905). Ebenso kann durch Auswahlrichtlinien vereinbart werden, dass bei der Besetzung von Arbeitsplätzen bei gleicher fachlicher Qualifikation ein **betrieblicher Bewerber** grundsätzlich den Vorrang vor einem außen Stehenden genießt. Auswahlrichtlinien konnten auch über die vorübergehend in § 1 Abs. 3 KSchG aufgeführten Kriterien Dauer der Betriebszugehörigkeit, Lebensalter und Unterhaltspflichten hinaus **zusätzliche** Voraussetzungen festlegen, die betrieblichen Interessen näher definieren oder auch in ihrer Wirkung beschränken (vgl. FKHES, Rn. 26; DKK-Klebe, **9**

Rn. 22). Eine Kündigung kommt dann nur in Betracht, wenn sie sowohl die Voraussetzungen der Richtlinie als auch von § 1 Abs. 3 KSchG erfüllt. Wird in einer **BV**-Auswahlrichtlinie (nicht Regelungsabrede; vgl. LAG Düsseldorf, NZA-RR 00, 423) festgelegt, welche sozialen Gesichtspunkte zu berücksichtigen und wie sie im Verhältnis zueinander zu bewerten sind, kann die soziale Auswahl im Kündigungsschutzprozess nur auf **grobe Fehlerhaftigkeit** überprüft werden (§ 1 Abs. 4 KSchG). Diese liegt vor, wenn von der (wirksamen) Richtlinie abgewichen wird oder die Auswahl zwar der Richtlinie entspricht, diese aber selbst grob fehlerhaft ist. Die Richtlinie ist grob fehlerhaft, wenn die Gewichtung der Kriterien jede Ausgewogenheit vermissen lässt (z. B. gänzliche Überbewertung oder Nichtberücksichtigung einzelner Gesichtspunkte; BAG, BB 99, 1556; 00, 1338; LAG Niedersachsen, DB 03, 452 [Ls.]; vgl. auch HessLAG, NZA-RR 00, 74). Sie muss also alle in Betracht kommenden Punkte berücksichtigen oder eine Einzelfallwürdigung für weitere soziale Kriterien zulassen (DKK-Klebe, Rn. 21, 31; a. A. LAG Düsseldorf, NZA-RR 00, 422).

10 Zum Inhalt der Auswahlrichtlinien gehört nicht nur die Feststellung der zu beachtenden fachlichen, persönlichen und sozialen Gesichtspunkte, sondern auch die Regelung des **Verfahrens**, durch das das Vorliegen dieser Voraussetzungen ermittelt werden soll. Der BR hat vor allem darauf zu achten, dass keine unzulässigen Methoden (etwa unzulässige Persönlichkeits- oder Eignungstests) angewandt werden. Dabei können auch formelle Festlegungen getroffen werden, wie z. B., welche Unterlagen bei Entscheidungen zu berücksichtigen sind und dass Bewerber aus **besonderen Problemgruppen** (z. B. Langzeitarbeitslose, Hauptschulabsolventen) bei beabsichtigter Einstellung zu Vorstellungsgesprächen einzuladen sind. Einigen AG und BR sich nicht über die Frage, ob und mit welchem Inhalt Auswahlrichtlinien im Betrieb Verwendung finden sollen, trifft die ESt. auf Antrag des AG eine **verbindliche** Entscheidung.

11 (2) Nach dieser Bestimmung kann der BR in Betrieben mit **mehr als 500 AN** die Aufstellung von Auswahlrichtlinien verlangen und im Falle der Nichteinigung mit dem AG über die ESt. erzwingen. Anders als nach Abs. 1 ist somit der BR in Betrieben der genannten Größenordnung **nicht** darauf angewiesen, dass der AG Auswahlrichtlinien einführen will; er kann diese selbst, falls erforderlich auch gegen den Widerstand des AG, herbeiführen. Im Übrigen gelten hinsichtlich des Inhalts der Auswahlrichtlinien und der ansonsten zu beachtenden Gesichtspunkte die Grundsätze des Abs. 1 (vgl. dort).

12 Für die Erstellung von Auswahlrichtlinien ist **grundsätzlich** der BR zuständig. In besonderen Fällen kann die **Zuständigkeit des GBR** nach § 50 Abs. 1 gegeben sein (vgl. BAG, DB 83, 2311; 84, 1199; 84, 2413). Liegt die Zuständigkeit des GBR vor, erstreckt sich sein Initiativrecht nach Abs. 2 in verfassungskonformer Auslegung auf das **gesamte UN**, wenn in ihm insgesamt mehr als 500 AN beschäftigt werden (**str**. DKK-Klebe, Rn. 20; vgl. auch BAG, BB 99, 2244 zu § 111; für eine UN-weite Zuständigkeit, sofern wenigstens ein Betrieb mehr als 500 AN beschäftigt: FKHES, § 95 Anm. 17; LAG Baden-Württemberg, DB 80, 1076f.; LAG Bremen, DB 87, 195. Zumindest für diese Lösung sprechen jetzt auch die neu gefassten §§ 50 Abs. 1, 58 Abs. 1, die die Zuständigkeit des GBR/KBR auch auf BR/GBR-lose Betriebe/UN erstrecken). Diese UN-bezogene Betrachtung ist um eine konzernbezogene zu ergänzen (vgl. auch DKK-Däubler, § 111 Rn. 24b). Auch bei einer Zuständigkeit des GBR sind ergänzende Vereinbarungen auf BR-Ebene möglich, sofern sie nicht im Gegensatz zum Inhalt der Gesamt-BV stehen oder den gleichen Gegenstand regeln (vgl. BAG, DB 84, 2413).

Führt der AG unter Verstoß gegen das MBR Auswahlrichtlinien ein, **13**
kann der BR die Anwendung gemäß § 23 Abs. 3 oder aufgrund des allgemeinen **Unterlassungs-** bzw. **Beseitigungsanspruchs** (vgl. hierzu BAG, DB 94, 2450; 99, 438; NZA 02, 342), ggf. auch durch einstweilige Verfügung, untersagen lassen.

(3) Zum **Versetzungsbegriff** vgl. § 99 und die dortigen Erl. **14**

Zweiter Unterabschnitt
Berufsbildung

§ 96
Förderung der Berufsbildung

(1) Arbeitgeber und Betriebsrat haben im Rahmen der betrieblichen Personalplanung und in Zusammenarbeit mit den für die Berufsbildung und den für die Förderung der Berufsbildung zuständigen Stellen die Berufsbildung der Arbeitnehmer zu fördern. Der Arbeitgeber hat auf Verlangen des Betriebsrats den Berufsbildungsbedarf zu ermitteln und mit ihm Fragen der Berufsbildung der Arbeitnehmer des Betriebs zu beraten. Hierzu kann der Betriebsrat Vorschläge machen.

(2) Arbeitgeber und Betriebsrat haben darauf zu achten, dass unter Berücksichtigung der betrieblichen Notwendigkeiten den Arbeitnehmern die Teilnahme an betrieblichen oder außerbetrieblichen Maßnahmen der Berufsbildung ermöglicht wird. Sie haben dabei auch die Belange älterer Arbeitnehmer, Teilzeitbeschäftigter und von Arbeitnehmern mit Familienpflichten zu berücksichtigen.

1 (1, 2) Nach dieser Vorschrift hat der BR die Aufgabe, in Zusammenarbeit mit dem AG und den in Betracht kommenden Stellen die **Berufsbildung** (vgl. Hamm, AiB 93, 86ff.; Satzer, AiB 99, 129; Gilberg, AiB 00, 13) der AN zu fördern. Zuständige Stellen sind insbesondere die nach dem BBiG zu errichtenden **Berufsbildungsausschüsse**, aber auch die **Arbeitsämter** bzw. JobCenter, denen die Förderung der Berufsbildung nach dem SGB III obliegt. Die beispielhafte Anführung dieser Institutionen zeigt, dass mit den Bildungsmaßnahmen i.S. dieser Vorschrift vielfach Träger gemeint sind, die entsprechende Maßnahmen **außerhalb** des Betriebs durchführen. Die Rechte des BR sind somit nicht davon abhängig, ob es sich um betriebliche Bildungsmaßnahmen handelt. Sie bestehen auch dann, wenn die Maßnahme in Zusammenarbeit mit einem Dritten erfolgt und der AG auf Inhalt und Organisation rechtlich oder tatsächlich beherrschenden Einfluss hat (BAG, DB 91, 971; 92, 741).

2 Der Begriff »Berufsbildung« i.S. dieser Bestimmung ist **umfassend**. Er schließt die **berufliche Ausbildung**, die **Fortbildung** und die **Umschulung** ein. Dabei ist zu beachten, dass der betriebsverfassungsrechtliche Begriff der Berufsbildung keineswegs mit dem des BBiG identisch sein muss. Es geht vielmehr um einen **sehr weiten Bereich** von Maßnahmen, deren Durchführung dazu führt, dass bei den AN ein Zuwachs an **Fertigkeiten, Kenntnissen** und **Wissen** entsteht. Der Beteiligung des BR sind **alle Maßnahmen** zu unterwerfen, die den

AN diejenigen Kenntnisse und Erfahrungen verschaffen sollen, die der Ausfüllung ihres Arbeitsplatzes und ihrer beruflichen Tätigkeit dienen (BAG, DB 86, 1341). Bei den betrieblichen Bildungsmaßnahmen i. S. der §§ 96ff. sind deshalb alle denkbaren Typen vertreten, angefangen von Vorträgen über Themen allgemeinerer Art bis hin zu umfassenden Seminaren (BAG, BB 91, 1794) und Kursen über Fachfragen auf Spezialgebieten, **Trainee-Programmen** und **Eingliederungsverträgen**. Kurzfristige Bildungsmaßnahmen, etwa für Anlernlinge oder Praktikanten (BAG, NZA 92, 808), gehören ebenso dazu wie Bildungsprogramme, **Assessment-Center**, die auch Kenntnisse und Fähigkeiten vermitteln, Besuche von Ausstellungen, Messen und Kongressen sowie Vorbereitungsseminare für eine Auslandstätigkeit und Anleitungen zur Bedienung neuer Maschinen. Angesichts dieses weitgespannten Rahmens darf nicht die Unterrichtungspflicht des AG nach § 81 zuungunsten der MBR bei der Berufsbildung verschoben werden. Die vom AG nach § 81 vorzunehmenden **arbeitsplatzbezogenen Informationen** verdrängen nicht die Rechte des BR nach den §§ 96 bis 98, sondern bestehen **unabhängig** von diesen. Somit besteht kein Gegensatz zwischen **tätigkeits-** und **funktionsbezogenen Informationen** einerseits und den **berufsbezogenen Informationen** andererseits (BAG, DB 86, 1341; vgl. auch BAG, BB 91, 1794; DKK-Buschmann, Rn. 10 m. w. N.). Die neben der bloßen Anwendung des § 81 gegenüber den AN erfolgenden Informationen über die Tätigkeit und ihre Funktion im Betrieb können daher ebenfalls zur Berufsbildung i. S. dieser Vorschrift zählen (Hammer, Mitb. 85, 463). Deshalb dienen auch **»Qualitätszirkel«** oder ähnliche Einrichtungen der Berufsbildung nach § 96, wenn sie geeignet sind, durch Problemanalyse und Problemerörterung die berufliche Qualifikation der AN zu verbessern (DKK-Buschmann, Rn. 9; vgl. auch BAG, DB 92, 1634). Der Begriff »Berufsausbildung« erstreckt sich auch auf **kurzfristige Bildungsmaßnahmen** in Betrieben für **Umschüler und für Teilnehmer an berufsvorbereitenden Ausbildungsmaßnahmen** (BAG, DB 81, 1935ff., DB 82, 606f.). Auch ein Lehrgang über Sicherheits- und Notfallmaßregeln, dessen erfolgreicher Abschluss Voraussetzung dafür ist, dass der AN für eine bestimmte Tätigkeit eingesetzt werden darf, ist eine Maßnahme der Berufsbildung (vgl. BAG, DB 88, 1325).

Die Förderung der Berufsbildung der AN hat einen engen Bezug zur Personalentwicklung als einem wesentlichen Teil der Personalplanung (§ 92), deren Aufgabe es auch ist, den AN im Rahmen der betrieblichen Möglichkeiten **Aufstiegschancen** unter Beachtung objektiver Gesichtspunkte zu sichern. Es geht wesentlich darum, bei den AN fachliche Kenntnisse, Fähigkeiten und Fertigkeiten zu schaffen und vorhandene zu verbessern. Bei den Maßnahmen der Berufsbildung haben AG und BR auch die Belange **älterer AN**, von **Teilzeitbeschäftigten** und von **AN mit Familienpflichten** zu berücksichtigen. 3

4 Das Gesetz bestimmt mit der neu aufgenommenen Regelung des Abs. 1 Satz 2, dass der AG auf Verlangen des BR den **Berufsbildungsbedarf** zu ermitteln und mit ihm Fragen der Berufsbildung der AN des Betriebs zu beraten hat. Zugleich erfolgt eine **Konkretisierung** der Pflicht von AG und BR, im Rahmen der Personalplanung (§ 92) die betriebliche Berufsbildung der AN zu fördern. Bei den AN nicht vorhandene fachliche Kenntnisse, Fähigkeiten und Fertigkeiten sollen **geschaffen** und vorhandene Qualifikationen **erhalten und ausgebaut** werden. Eine ausreichende Qualifikation der AN ist für das UN ein wesentliches Kriterium für die **Wettbewerbsfähigkeit**, für die AN eine wichtige Voraussetzung für den **Erhalt des Arbeitsplatzes** und den **beruflichen Aufstieg**.

5 Die **Ermittlung des Berufsbildungsbedarfs** setzt zunächst die Erfassung der derzeit im Betrieb benötigten Qualifikationen (technische, aber auch soziale) sowie der derzeit bei den AN vorhandenen beruflichen Fähigkeiten voraus (Ist-Analyse). Dem muss der künftige Bedarf (Soll-Analyse) gegenüber gestellt werden. Dabei ist auf einen zwei bis drei Jahres-Zeitraum abzustellen. Ohne eine Einschätzung der Entwicklung des Betriebes und der Branche lässt sich ein der Berufsbildungsbedarf nur schwer ermitteln (ausführlich zur Ermittlung des Berufsbildungsbedarfs s. Heilmann/Cartarius/Cox, Weiterbildung im Betrieb, Kapitel 3). Informationen hierzu kann der BR über den WA (§ 106 Abs. 3: Lage des Unternehmens, Produktions- und Investitionsprogramm) sowie die Informationsrechte zur Planung von technischen Anlagen und Arbeitsverfahren (§ 90) und zur Personalplanung (§ 92) erhalten. Anhaltspunkte für den unmittelbaren Bedarf bieten auch die in vielen Beurteilungssystemen enthaltenen Frage nach dem Qualifikationsbedarf aus Sicht der Vorgesetzten und AN.

6 Die Feststellung des Bildungsbedarfs muss sich keineswegs auf den gesamten Betrieb erstrecken. Sie kann auch **einzelne betriebliche Bereiche** umfassen, etwa aufgrund aktueller Vorgänge in diesen Bereichen. Der AG ist verpflichtet, auf Verlangen des BR den Berufsbildungsbedarf zu ermitteln und die daraus sich ergebenden Konsequenzen mit ihm zu beraten. Eine **Weigerung des AG**, den Berufsbildungsbedarf zu ermitteln oder nach Vorliegen des Ergebnisses in entsprechende Beratungen mit dem BR einzutreten, begründet einen **Gesetzesverstoß** i. S. des § 23 Abs. 3.

§ 97
Einrichtungen und Maßnahmen der Berufsbildung

(1) Der Arbeitgeber hat mit dem Betriebsrat über die Errichtung und Ausstattung betrieblicher Einrichtungen zur Berufsbildung, die Einführung betrieblicher Berufsbildungsmaßnahmen und die

Teilnahme an außerbetrieblichen Berufsbildungsmaßnahmen zu beraten.

(2) Hat der Arbeitgeber Maßnahmen geplant oder durchgeführt, die dazu führen, dass sich die Tätigkeit der betroffenen Arbeitnehmer ändert und ihre beruflichen Kenntnisse und Fähigkeiten zur Erfüllung ihrer Aufgaben nicht mehr ausreichen, so hat der Betriebsrat bei der Einführung von Maßnahmen der betrieblichen Berufsbildung mitzubestimmen. Kommt eine Einigung nicht zustande, so entscheidet die Einigungsstelle. Der Spruch der Einigungsstelle ersetzt die Einigung zwischen Arbeitgeber und Betriebsrat.

(1) Die Vorschrift gibt dem BR bei der **Errichtung** und **Ausstattung** **1**
von betrieblichen **Bildungseinrichtungen**, etwa einer Lehrwerkstatt, eines betrieblichen Bildungszentrums, einer Umschulungswerkstatt oder einer Beschäftigungs- und Qualifizierungsgesellschaft (vgl. DKK-Buschmann, Rn. 1) ein Recht auf Beratung mit dem AG. Ausstattung bedeutet **Sachausstattung**, also etwa die Anschaffung von technischen Anlagen, Maschinen, Werkzeugen und Lehrmaterial. Auch die **finanzielle** und **personelle Ausstattung** betrieblicher Einrichtungen zur Berufsbildung unterliegt dem Beratungsrecht, letztere ggf. dem MBR nach § 98 Abs. 2. Entsprechendes gilt für die **Änderung** solcher Einrichtungen, wenn sie bereits bestehen. Das Beratungsrecht des BR besteht darüber hinaus bei der **Einführung** betrieblicher Berufsbildungsmaßnahmen, z.B. Fortbildungskurse oder Technikerausbildung, und zwar **unabhängig** davon, ob diese innerhalb oder außerhalb der Arbeitszeit stattfinden. Das Beteiligungsrecht gilt ferner für die Teilnahme von AN an **außerbetrieblichen** Maßnahmen der Berufsbildung, etwa bei Sonderkursen an Berufs- oder Fachschulen oder beim Besuch von Fachlehrgängen der Gew. Die Beratung erstreckt sich auf den **Umfang und die Art von Kursen** sowie auf den **Zeitpunkt**. Auch **zusätzliche Prüfungen und Kurse** fallen darunter.

(2) Die in das Gesetz eingefügte Regelung des Abs. 2 gibt dem BR ein **2**
MBR bei notwendigen Anpassungsqualifikationen, wenn der AG Maßnahmen **plant** oder **durchgeführt hat** und die **beruflichen Qualifikationen** der AN zur Erfüllung der Arbeitsaufgaben **nicht ausreichen**. Der Begriff »Maßnahmen« ist **umfassend** (LAG Hamm v. 8. 11. 02 – 10 (13) TaBV 59/02; DKK-Buschmann Rn. 10; FKHES Rn. 11). Er erstreckt sich auf **alle Maßnahmen** des AG – auch wenn sie nicht unmittelbar arbeitstechnischer Art sind –, die dazu **führen** oder dazu **führen können**, dass die beruflichen Qualifikationen der AN zur Erfüllung der durch die Maßnahme des AG geänderten, erweiterten oder neuen Arbeitsaufgaben nicht mehr ausreichen. Soweit AN lediglich an einer neuen Maschine eingewiesen werden (§ 81 Abs. 1) ist dies keine betriebliche Berufsausbildung i.S.v. § 97 Abs. 2

(LAG Hamm a.a.O.). Es liegt sowohl im Interesse des AG als auch im AN-Interesse, dass rechtzeitig Maßnahmen gegen schleichende Entqualifizierungsprozesse ergriffen werden.

3 Das MBR besteht bereits bei **»geplanten« Maßnahmen**. Der AG hat den BR über die geplante Maßnahme zu unterrichten. Die Anspruchsgrundlage dafür kann sich entweder unmittelbar aus dem MBR nach § 97 Abs. 2 ergeben, aber auch aus anderen Unterrichtungsansprüchen, wie etwa bei einer Änderung der technischen Anlagen oder bei Änderungen der Arbeitsverfahren aus den §§ 90, 91 oder über die Personalplanung § 92. Eine Anspruchsgrundlage kann aber auch der allgemeine Unterrichtungsanspruch des BR nach § 80 Abs. 2 sein. Sind Maßnahmen unter Beachtung der einschlägigen Beteiligungsrechte des BR eingeführt und stellt sich erst danach heraus, dass die beruflichen Qualifikationen der AN für die neuen Arbeitsaufgaben nicht ausreichen, setzt das MBR zu diesem **Zeitpunkt** ein.

4 Das MBR kann in der Weise ausgeübt werden, dass AG und BR zunächst **beraten**, welche Berufsbildungsmaßnahmen ergriffen werden sollen, um die Qualifikationsdefizite auszugleichen. In Betracht kommen alle betrieblichen Berufsbildungsmaßnahmen im Rahmen der §§ 96, 97. Kommt eine Einigung nicht zustande, entscheidet die ESt. **verbindlich**, welche berufsbildenden Maßnahmen notwendig sind. Die **Kosten** zur Durchführung dieser Maßnahmen hat der AG zu tragen. Das MBR kann aber auch in der Weise ausgeübt werden, dass der BR auf der Grundlage des ihm zustehenden **erzwingbaren Initiativrechts** und vor dem Hintergrund der Qualifikationsdefizite selbst Vorstellungen zu deren Beseitigung entwickelt. Er kann dabei auf die Hilfe der Gew. oder auf außenstehende Stellen (Arbeitsamt, Bildungswerke) zurückgreifen. In Betracht kommen auch betriebliche Auskunftspersonen (§ 80 Abs. 2 Satz 3) oder Sachverständige (§ 80 Abs. 3). Der AG ist verpflichtet, über die vom BR entwickelten Vorstellungen in **Beratungen** einzutreten. Bei Nichteinigung entscheidet die ESt. verbindlich. Im Streitfalle hat die ESt. vor dieser Entscheidung darüber zu befinden, **ob und in welchem Umfang** Qualifikationsdefizite bei den AN vorliegen.

§ 98
Durchführung betrieblicher Bildungsmaßnahmen

(1) Der Betriebsrat hat bei der Durchführung von Maßnahmen der betrieblichen Berufsbildung mitzubestimmen.

(2) Der Betriebsrat kann der Bestellung einer mit der Durchführung der betrieblichen Berufsbildung beauftragten Person widersprechen oder ihre Abberufung verlangen, wenn diese die persönliche oder fachliche, insbesondere die berufs- und arbeits-

pädagogische Eignung im Sinne des Berufsbildungsgesetzes nicht besitzt oder ihre Aufgaben vernachlässigt.

(3) Führt der Arbeitgeber betriebliche Maßnahmen der Berufsbildung durch oder stellt er für außerbetriebliche Maßnahmen der Berufsbildung Arbeitnehmer frei oder trägt er die durch die Teilnahme von Arbeitnehmern an solchen Maßnahmen entstehenden Kosten ganz oder teilweise, so kann der Betriebsrat Vorschläge für die Teilnahme von Arbeitnehmern oder Gruppen von Arbeitnehmern des Betriebs an diesen Maßnahmen der beruflichen Bildung machen.

(4) Kommt im Fall des Absatzes 1 oder über die nach Absatz 3 vom Betriebsrat vorgeschlagenen Teilnehmer eine Einigung nicht zustande, so entscheidet die Einigungsstelle. Der Spruch der Einigungsstelle ersetzt die Einigung zwischen Arbeitgeber und Betriebsrat.

(5) Kommt im Fall des Absatzes 2 eine Einigung nicht zustande, so kann der Betriebsrat beim Arbeitsgericht beantragen, dem Arbeitgeber aufzugeben, die Bestellung zu unterlassen oder die Abberufung durchzuführen. Führt der Arbeitgeber die Bestellung einer rechtskräftigen gerichtlichen Entscheidung zuwider durch, so ist er auf Antrag des Betriebsrats vom Arbeitsgericht wegen der Bestellung nach vorheriger Androhung zu einem Ordnungsgeld zu verurteilen; das Höchstmaß des Ordnungsgeldes beträgt 10000 Euro. Führt der Arbeitgeber die Abberufung einer rechtskräftigen gerichtlichen Entscheidung zuwider nicht durch, so ist auf Antrag des Betriebsrats vom Arbeitsgericht zu erkennen, dass der Arbeitgeber zur Abberufung durch Zwangsgeld anzuhalten sei; das Höchstmaß des Zwangsgeldes beträgt für jeden Tag der Zuwiderhandlung 250 Euro. Die Vorschriften des Berufsbildungsgesetzes über die Ordnung der Berufsbildung bleiben unberührt.

(6) Die Absätze 1 bis 5 gelten entsprechend, wenn der Arbeitgeber sonstige Bildungsmaßnahmen im Betrieb durchführt.

(1) Bei der Durchführung von Maßnahmen der betrieblichen Berufs- **1**
bildung hat der BR ein MBR. Erfolgen sie auf **UN-Ebene**, ist bei Vorliegen der Voraussetzungen nach § 50 Abs. 1 der **GBR zuständig**. Unter den **Begriff der betrieblichen Berufsbildung** fallen alle Maßnahmen, bei denen bei den AN ein Zuwachs an Fertigkeiten, Kenntnissen und Wissen entsteht (vgl. auch § 96 Rn. 2). Es geht dabei nicht nur um die **Berufsausbildung**, **Fortbildung** und **Umschulung**, sondern um alle Maßnahmen, mit denen die berufliche Verwendungsbreite der AN erhöht und ihnen neue Kenntnisse, Fähigkeiten und Fertigkeiten vermittelt werden, die für das berufliche Fortkommen von Bedeutung sind, wie etwa bei einer Schulung von AN zur Vorbereitung auf ihren Einsatz an Personalcomputern oder zur Vermitt-

lung der für den Betrieb eines Atomkraftwerks erforderlichen Fachkunde an das verantwortliche Schichtpersonal (BAG, DB 86, 1341). Das MBR erstreckt sich auf den gesamten Inhalt solcher Maßnahmen. Soweit bei den Maßnahmen der Berufsbildung **betriebliche Prüfungen** abgehalten werden, ist deren Ausgestaltung Teil der Maßnahme und unterliegt daher dem MBR (BAG a. a. O.). Es ist allerdings zu beachten, dass im Bereich der Berufsbildung – das gilt vor allem für die Berufsausbildung – **gesetzliche Vorschriften** das MBR des BR verdrängen können. Der BR hat jedoch ein Überwachungsrecht nach § 80 Abs. 1 Nr. 1, ob die gesetzlichen Vorschriften eingehalten werden. Lassen die gesetzlichen Regelungen dem AG einen **Gestaltungsspielraum**, ist insoweit das MBR des BR gegeben.

2 Soweit das MBR des BR gegeben ist, kann er durchsetzen, wie eine bestimmte Berufsbildungsmaßnahme durchgeführt werden soll (zu dem darüber hinausgehenden MBR des BR nach § 97 Abs. 2 vgl. § 97 Rn. 2ff.). Im Übrigen kann der BR im Rahmen seiner MB bei der Durchführung betrieblicher Berufsbildungsmaßnahmen selbst **initiativ** werden und seine Vorstellungen ggf. über die **ESt**. durchsetzen. So kann der BR die Einführung von Richtlinien fordern, nach denen die Auszubildenden in regelmäßigen Abständen zu beurteilen sind und ihr Ausbildungsstand kontrolliert wird (LAG Köln v. 12. 4. 83, EzA § 98 BetrVG 1972 Nr. 1) oder einen Plan für das Durchlaufen verschiedener Abteilungen, die Führung/Überwachung von Berichtsheften und die Abhaltung betrieblicher Zwischenprüfungen verlangen (FKHES, Rn. 6). Liegt eine Maßnahme der betrieblichen Berufsbildung i. S. des Abs. 1 vor, hat der BR nach § 87 Abs. 1 Nrn. 2 und 3 über die **zeitliche Lage** einer solchen Schulungs- und Bildungsveranstaltung mitzubestimmen (DKK-Buschmann, § 97 Rn. 3; vgl. auch BAG, AiB 89, 356).

3 (2) Der BR hat ein **Widerspruchs-** bzw. **Abberufungsrecht** hinsichtlich der mit der Durchführung der betrieblichen Berufsbildung beauftragten Personen. Voraussetzung ist, dass diese die **persönliche** oder **fachliche**, insbesondere die berufs- oder arbeitspädagogische Eignung (§§ 20, 21 BBiG; §§ 21, 22 HandwO; vgl. auch DKK-Buschmann, Rn. 10; LAG Berlin, NZA-RR 00, 370) nicht besitzen oder ihre Aufgaben vernachlässigen. Das Fehlen der persönlichen und fachlichen Eignung ist auch gegeben, wenn die betreffende Person Jugendliche nicht beschäftigen darf oder wiederholt oder schwer gegen das BBiG verstoßen hat. Eine Vernachlässigung der Aufgaben kann darin liegen, dass der Ausbilder die Ausbildung nicht mit der erforderlichen Gründlichkeit und Gewissenhaftigkeit ausführt, so dass befürchtet werden muss, dass die Auszubildenden das Ziel der Ausbildung nicht erreichen. Das Recht zum Widerspruch bzw. die Möglichkeit, die Abberufung verlangen zu können, erstreckt sich auch auf solche Personen, die als **leit. Ang**. tätig oder **nicht** AN des Betriebs sind.

Bei Nichteinigung zwischen AG und BR über die Bestellung bzw. Abberufung des Ausbilders entscheidet nicht die **ESt.**, sondern das **ArbG**. Das Verfahren nach § 98 Abs. 2 i.V.m. Abs. 5 ist gegenüber § 99 ein **Sondertatbestand**.

(3) Voraussetzung ist, dass es sich um **betriebliche Maßnahmen** der Berufsbildung handelt oder um **außerbetriebliche Berufsbildungsmaßnahmen**, für die der AG entweder die AN mit oder ohne Fortzahlung des Entgelts von der Arbeit freistellt oder bei denen er zumindest die Teilnahmekosten wie Teilnahmegebühren, Reisekosten u.ä. ganz oder teilweise trägt. Für das Einsetzen des MBR genügt bereits die Freistellung eines **einzelnen** AN oder die **ganze oder teilweise** Übernahme der durch seine Teilnahme entstehenden Kosten durch den AG. Träger bzw. Veranstalter einer betrieblichen Berufsbildungsmaßnahme ist der AG auch, wenn er sie in Zusammenarbeit mit einem Dritten durchführt und hierbei auf Inhalt und Organisation **rechtlich oder tatsächlich** einen **beherrschenden Einfluss** hat (BAG, NZA 91, 388; 92, 657). Vereinbaren **mehrere AG die gemeinsame Durchführung** von Maßnahmen der Berufsbildung, ohne dass für einzelne AG insoweit ein beherrschender Einfluss besteht, so haben die BR der betroffenen Betriebe bei der Durchführung der Bildungsmaßnahmen zwar kein MBR. Sie haben jedoch in entsprechender Anwendung des § 98 Abs. 1 beim **Abschluss der Vereinbarung** über die Zusammenarbeit der AG insoweit mitzubestimmen, als Regelungen über die spätere Durchführung der Bildungsmaßnahmen getroffen werden (BAG, NZA 01, 167). Eine Berufsbildungsmaßnahme ist für die AN eines Betriebs auch dann bestimmt, wenn bei einer **begrenzten Teilnehmerzahl** die AN des AG den Vorrang haben und andere Personen nur zur Lückenfüllung berücksichtigt werden (BAG, NZA 91, 388). Ebenso wenig ist der **Ort der Teilnahme** an der Berufsbildungsmaßnahme maßgebend, sofern die Betriebsbezogenheit gegeben ist (DKK-Buschmann, Rn. 22 m.w.N.). Das MBR besteht auch, wenn zu einem auf der Ebene des UN errichteten Schulungszentrum aus den einzelnen Betrieben Teilnehmer entsandt werden sollen (Buschmann a.a.O.). Das MBR entfällt nicht deshalb, weil die AN zu einem Lehrgang entsandt werden, um bei einem Streik anderer AN aushilfsweise deren Tätigkeit übernehmen zu können (BAG, DB 88, 1325; vgl. auch § 96 Rn. 2). **4**

Sofern die MBR gegeben sind, hat der BR auch ein **Initiativrecht**. Er kann im Rahmen der vom AG nach Beratung vorgegebenen Zahl (DKK-Buschmann, Rn. 23) eigene Vorschläge für die Teilnahme von AN oder Gruppen von AN des Betriebs an solchen Maßnahmen machen. Das MBR des BR bezieht sich nicht auf die schlichte Ablehnung von Teilnehmern, die der AG vorschlägt. Der BR muss eigene Teilnehmer benennen. Das MBR des BR soll sicherstellen, dass alle AN die **gleiche Chance** haben, wenn es um die Qualifizierung beim **5** beruflichen Fortkommen oder um die Bemühungen zur Erhaltung des Arbeitsplatzes geht. Kommt es zwischen BR und AG bei der Auswahl der AN zu keiner Einigung, so trifft die ESt. eine **verbindliche** Entscheidung. Im Falle einer zahlenmäßigen Beschränkung der Bildungsgelegenheiten muss somit sie unter Umständen eine Auswahl aus den vom AG und den vom BR Vorgeschlagenen treffen. Die ESt. wird dabei **Kriterien** aufstellen und danach alle vorgeschlagenen Teilnehmer beurteilen, unabhängig davon, ob der AG oder der BR sie vorgeschlagen hat (BAG, DB 88, 760). Zu einer Entscheidung der ESt. kommt es somit nicht, wenn der BR sein Vorschlagsrecht nach Abs. 3 nicht ausübt (BAG a. a. O.).

6 (4) Es wird bestimmt, dass die ESt. zur verbindlichen Entscheidung über alle Meinungsverschiedenheiten zwischen AG und BR, die Fragen der **Durchführung** von **betrieblichen Berufsbildungsmaßnahmen** (Abs. 1) sowie die **Teilnahme** von AN an **betrieblichen** und **außerbetrieblichen Maßnahmen** der Berufsbildung betreffen (Abs. 3), zuständig ist. Eine Ausnahme gilt jedoch für die Bestellung oder Abberufung von Personen, die mit der Durchführung der betrieblichen Berufsbildung beauftragt sind; dafür sind die ArbG zuständig (Abs. 5).

7 (5) Die Bestimmung regelt die gerichtliche Durchsetzung des Widerspruchs- und Abberufungsrechts des BR nach Abs. 2 in teilweiser Anlehnung an die Vorschrift des § 23 Abs. 3. Soweit der AG einer rechtskräftigen gerichtl. Entscheidung **zuwiderhandelt**, die es ihm verbietet, einen bestimmten Ausbilder zu bestellen, muss der Verurteilung des AG zu einem Ordnungsgeld in jedem Falle eine **Androhung** seitens des Gerichts vorhergehen.

8 Wird der AG dagegen rechtskräftig verurteilt, einen Ausbilder abzuberufen, so ist die Verhängung des in dieser Bestimmung genannten Zwangsgeldes von bis zu 250 € täglich zur Durchsetzung der gerichtl. Entscheidung ohne vorherige Androhung möglich. Es kommt im Übrigen bei der Frage, ob dem AG aufzugeben ist, eine Bestellung zu unterlassen oder eine Abberufung durchzuführen, nicht auf ein subjektives Verschulden des Ausbilders an. Maßgebend sind vielmehr die **objektiven Kriterien** (FKHES, Rn. 17). Der AG wird durch die Vorschrift nicht gehindert, die Wirksamkeit des BR-Widerspruchs im Beschlussverfahren überprüfen zu lassen (LAG Berlin, NZA-RR 00, 370).

9 Soweit das **BBiG** für die Abberufung eines Ausbilders besondere Vorschriften enthält, bleiben diese **unberührt**. Beide Verfahren können nebeneinander betrieben werden, insbesondere, weil die rechtlichen Folgen einer Untersagung des Ausbildens im Rahmen des BBiG weitergehen als die der Abberufung des Ausbilders nach dieser Bestimmung.

(6) Die Bestimmung stellt klar, dass das dem BR bei der Durchführung von betrieblichen Berufsbildungsmaßnahmen zustehende MBR, insbesondere hinsichtlich der Bestellung und Abberufung von Ausbildern und der Auswahl von Teilnehmern, auch für **alle sonstigen** Bildungsmaßnahmen gilt, die im Betrieb durchgeführt werden. Es geht somit um Bildungsmaßnahmen, die sich **nicht** auf die aktuelle oder zukünftige berufliche Tätigkeit von AN beziehen (DKK-Buschmann, Rn. 27). Ggf. können gleichwohl Kenntnisse vermittelt werden, die eine irgendwie geartete berufliche Fortbildung mit sich bringen. So kann beispielsweise ein Lehrgang über Arbeits- und Sozialrecht durchaus eine betriebliche Berufsbildungsmaßnahme sein, die von vornherein unter das MBR nach Abs. 1 bis 5 fällt, wenn Teilnehmer Mitarbeiter der Personalabteilung sind (vgl. Buschmann a.a.O.). Zu den sonstigen Bildungsmaßnahmen können z.B. allgemein bildende Kurse, Lehrgänge über Arbeits- und Sozialrecht sowie Kurse über Erste Hilfe gehören. Nicht unter die Bestimmung des Abs. 6 fallen dagegen Bereiche, die lediglich der **Unterhaltung** oder **Freizeitbeschäftigung** dienen, wie etwa die Einrichtung eines betrieblichen Sportvereins oder eines Werkorchesters. **10**

Dritter Unterabschnitt
Personelle Einzelmaßnahmen

§ 99
Mitbestimmung bei personellen Einzelmaßnahmen

(1) In Unternehmen mit in der Regel mehr als zwanzig wahlberechtigten Arbeitnehmern hat der Arbeitgeber den Betriebsrat vor jeder Einstellung, Eingruppierung, Umgruppierung und Versetzung zu unterrichten, ihm die erforderlichen Bewerbungsunterlagen vorzulegen und Auskunft über die Person der Beteiligten zu geben; er hat dem Betriebsrat unter Vorlage der erforderlichen Unterlagen Auskunft über die Auswirkungen der geplanten Maßnahme zu geben und die Zustimmung des Betriebsrats zu der geplanten Maßnahme einzuholen. Bei Einstellungen und Versetzungen hat der Arbeitgeber insbesondere den in Aussicht genommenen Arbeitsplatz und die vorgesehene Eingruppierung mitzuteilen. Die Mitglieder des Betriebsrats sind verpflichtet, über die ihnen im Rahmen der personellen Maßnahmen nach den Sätzen 1 und 2 bekannt gewordenen persönlichen Verhältnisse und Angelegenheiten der Arbeitnehmer, die ihrer Bedeutung oder ihrem Inhalt nach einer vertraulichen Behandlung bedürfen, Stillschweigen zu bewahren; § 79 Abs. 1 Satz 2 bis 4 gilt entsprechend.

(2) Der Betriebsrat kann die Zustimmung verweigern, wenn

1. **die personelle Maßnahme gegen ein Gesetz, eine Verordnung, eine Unfallverhütungsvorschrift oder gegen eine Bestimmung in einem Tarifvertrag oder in einer Betriebsvereinbarung oder gegen eine gerichtliche Entscheidung oder eine behördliche Anordnung verstoßen würde,**

2. **die personelle Maßnahme gegen eine Richtlinie nach § 95 verstoßen würde,**

3. **die durch Tatsachen begründete Besorgnis besteht, dass infolge der personellen Maßnahme im Betrieb beschäftigte Arbeitnehmer gekündigt werden oder sonstige Nachteile erleiden, ohne dass dies aus betrieblichen oder persönlichen Gründen gerechtfertigt ist; als Nachteil gilt bei unbefristeter Einstellung auch die Nichtberücksichtigung eines gleich geeigneten befristet Beschäftigten,**

4. **der betroffene Arbeitnehmer durch die personelle Maßnahme benachteiligt wird, ohne dass dies aus betrieblichen oder in der Person des Arbeitnehmers liegenden Gründen gerechtfertigt ist,**

5. eine nach § 93 erforderliche Ausschreibung im Betrieb unterblieben ist oder

6. die durch Tatsachen begründete Besorgnis besteht, dass der für die personelle Maßnahme in Aussicht genommene Bewerber oder Arbeitnehmer den Betriebsfrieden durch gesetzwidriges Verhalten oder durch grobe Verletzung der in § 75 Abs. 1 enthaltenen Grundsätze, insbesondere durch rassistische oder fremdenfeindliche Betätigung, stören werde.

(3) Verweigert der Betriebsrat seine Zustimmung, so hat er dies unter Angabe von Gründen innerhalb einer Woche nach Unterrichtung durch den Arbeitgeber diesem schriftlich mitzuteilen. Teilt der Betriebsrat dem Arbeitgeber die Verweigerung seiner Zustimmung nicht innerhalb der Frist schriftlich mit, so gilt die Zustimmung als erteilt.

(4) Verweigert der Betriebsrat seine Zustimmung, so kann der Arbeitgeber beim Arbeitsgericht beantragen, die Zustimmung zu ersetzen.

Voraussetzungen der Mitbestimmung

(1) Für das Bestehen der Beteiligungsbefugnisse des BR bei personellen Einzelmaßnahmen nach dieser Bestimmung kommt es seit In-Kraft-Treten des BetrVerf-ReformG nicht mehr auf die **Größe** des Betriebs, sondern **des UN** an (zum Begriff vgl. § 47 Rn. 1). Voraussetzung für die Beteiligung ist die regelmäßige Beschäftigung von **mehr als 20 wahlberechtigten AN** (zum Begriff vgl. § 7) **im UN**. Daher hat auch ein aus einer Person bestehender BR ein Beteiligungsrecht, wenn der Betrieb, in dem er gewählt ist, zusammen mit anderen Betrieben desselben UN in der Regel mehr als 20 wahlberechtigte AN beschäftigt. Ob in den anderen Betrieben des UN ebenfalls BR bestehen, ist unerheblich (vgl. aber auch Rn. 2). Ein aus einer Person bestehender BR hat aber dann kein Beteiligungsrecht bei personellen Einzelmaßnahmen (anders bei Kündigungen nach § 102), wenn es sich bei dem Betrieb, in dem er gewählt ist, um den einzigen Betrieb des UN handelt. Steigt während der Amtszeit des aus einer Person bestehenden BR die Zahl der im UN in der Regel wahlberechtigten AN auf mehr als 20, so erhält er das Beteiligungsrecht in personellen Angelegenheiten; umgekehrt verliert er es, wenn sich die Zahl der in der Regel beschäftigten wahlberechtigten AN auf weniger als 21 verringert. Maßgeblicher **Zeitpunkt** für das Vorhandensein der erforderlichen AN-Zahl ist die tatsächliche Durchführung der personellen Einzelmaßnahme. 1

Verfolgt ein AG den gleichen arbeitstechnischen Zweck in mehreren selbstständigen Betrieben, von denen nur einer die **Voraussetzungen des § 1** erfüllt, so bilden die übrigen nichtbetriebsratsfähigen Kleinbetriebe mit dem betriebsratsfähigen Betrieb einen Betrieb. In diesem 2

Fall ist der dort bestehende BR zu beteiligen, wenn in allen Betrieben insgesamt in der Regel mehr als 20 wahlberechtigte AN beschäftigt werden (BAG, NZA 86, 334). Das **Bestehen eines BR** ist Voraussetzung für die Wahrnehmung der Beteiligungsrechte nach §§ 99ff. Die Wahrnehmung dieser Rechte kann der BR einem **Personalausschuss** übertragen, wenn er einen BA hat (BAG v. 1. 6. 76, AP Nr. 1 zu § 28 BetrVG 1972). Im Falle der **erstmaligen Bildung** eines BR soll § 99 erst gelten, wenn sich der BR konstituiert hat (BAG, NZA 85, 566).

3 Von dem Beteiligungsrecht des BR **betroffene Beschäftigte** sind alle Personen, die in den Betrieb eingegliedert werden, um zusammen mit den dort bereits Beschäftigten den arbeitstechnischen Zweck des Betriebs durch weisungsgebundene Tätigkeit zu verwirklichen. Auf das zum AG bestehende Rechtsverhältnis dieser Personen kommt es dabei nicht an. Für leit. Ang. gilt nicht § 99, sondern § 105. Zur Geltung für Tendenzträger s. § 118 Rn. 16. In den privatisierten UN der **Bundesbahn** und **Bundespost** ist der BR auch in **beamtenspezifischen** Personalangelegenheiten (§§ 76 Abs. 1, 78 Abs. 1 Nr. 3–5 und § 79 BPersVG) zu beteiligen. Insoweit bestehen abweichend von §§ 99ff. aber Sonderregelungen; insbesondere liegt die Beschlussfassungskompetenz bei der im BR vertretenen Gruppe der Bea.; deren Beschlüsse hat der BR zu vertreten (vgl. § 19 Abs. 2 DBGrG, § 28 PostPersRG). Auch bei der Versetzung von Bea., die bei den Nachfolge-UN der Deutschen Bundespost beschäftigt sind, richtet sich das MBR des BR ausschließlich nach den §§ 28 und 29 PostPersRG, wenn die Maßnahme von § 76 Abs. 1 BPersVG erfasst wird. Gehört eine Versetzung aber nicht zu den nach § 76 Abs. 1 BPersVG mitbestimmungspflichtigen Angelegenheiten, erfüllt sie jedoch die Merkmale des § 95 Abs. 3, so unterfällt sie § 99 (BAG, AiB 98, 234). Werden bisher als Bea.-Posten ausgewiesene Arbeitsposten als Ang.-Posten umkategorisiert, ist dieser Vorgang allein noch nicht mitbestimmungspflichtig; er macht aber eine Überprüfung der bisherigen Eingruppierungen erforderlich. Deshalb kann der BR die Durchführung eines Verfahrens nach § 99 über die Neueingruppierung jedenfalls dann verlangen, wenn der AG aus der Umkategorisierung der Arbeitsposten vergütungsrechtliche Konsequenzen zieht (BAG, AiB 98, 230).

4 **Betriebs- bzw. UN-übergreifende Maßnahmen** begründen keine Zuständigkeit des GBR bzw. KBR; die Wahrnehmung der Beteiligungsrechte bei personellen Einzelmaßnahmen ist auf den Betrieb und den dortigen BR bezogen. Bei Versetzungen von einem Betrieb zu einem anderen desselben UN bzw. innerhalb des Konzerns hat der BR des abgebenden Betriebs über die Versetzung und der BR des aufnehmenden Betriebs über die Einstellung mitzubestimmen (BAG, NZA 91, 1915; 93, 714). Dabei kann es zu einander widersprechenden Entscheidungen der beiden BR kommen; daraus sich möglicherweise

ergebende Schwierigkeiten für den AG hat das Gesetz in Kauf genommen.

Unter **Einstellung** ist sowohl der Abschluss des Arbeitsvertrags, d. h. die **Begründung des Arbeitsverhältnisses**, als auch die damit zusammenfallende oder bereits erfolgte oder erst zukünftige **tatsächliche Arbeitsaufnahme** im Betrieb zu verstehen. Erfolgen der Abschluss des Arbeitsvertrags und die Arbeitsaufnahme zu unterschiedlichen Zeitpunkten, löst die jeweils erste Maßnahme das MBR aus (BAG, NZA 92, 1141). Wird zunächst nur ein **Rahmenvertrag** vereinbart, der Zeitpunkt und Dauer einer späteren tatsächlichen Beschäftigung im Betrieb noch offen lässt, so ist der BR vor dessen Abschluss zu unterrichten und seine Zustimmung vor einer auf der Grundlage dieses Rahmenvertrags erfolgenden Beschäftigung einzuholen (BAG, a. a. O.). 5

Das MBR besteht immer dann, wenn eine Person (also nicht nur AN) in den Betrieb eingegliedert wird, um zusammen mit den dort bereits beschäftigten AN den arbeitstechnischen Zweck des Betriebs durch **weisungsgebundene Tätigkeit** zu verwirklichen (BAG, NZA 86, 688). Auf das zugrunde liegende Rechtsverhältnis kommt es dabei nicht an (BAG v. 11. 9. 01, EzA Nr. 10 zu § 99 BetrVG 1972 Einstellung). Auch wird für die Eingliederung keine Mindestzeitdauer vorausgesetzt (BAG, DB 87, 747). Entscheidend ist vielmehr, ob die zu verrichtende Tätigkeit ihrer Art nach eine weisungsgebundene Tätigkeit ist, die der Verwirklichung des arbeitstechnischen Zwecks des Betriebs zu dienen bestimmt ist und daher vom AG organisiert werden muss; darauf, ob und ggf. von wem tatsächlich Weisungen gegeben werden, kommt es nicht an (BAG, BB 90, 419). § 99 erfasst neben dem sog. Normalarbeitsverhältnis auch befristete, Probe-, Teilzeit-, Aushilfs- und Telearbeitsverhältnisse. Bei Personen, die aufgrund von **Dienst- oder Werkverträgen** im Betrieb tätig werden, besteht das MBR nach der restriktiven neueren Rspr. des BAG (DB 91, 1334) nur dann, wenn nicht die Fremdfirma, sondern der AG, in dessen Betrieb die Fremdfirmen-AN eingesetzt werden, die für ein Arbeitsverhältnis typischen Entscheidungen über den Arbeitseinsatz auch nach Zeit und Ort selbst trifft, wenn er die **Personalhoheit** über die Fremdfirmen-AN hat. Sofern es sich beim Fremdfirmeneinsatz um **verdeckte AN-Überlassung** handelt, kommen nach §§ 10 Abs. 1, 9 Nr. 1 AÜG Arbeitsverhältnisse zustande mit der Folge, dass der BR nach § 99 zu beteiligen ist. Bei der vorübergehenden Einstellung von **Leih-AN** besteht das MBR unabhängig davon, ob es sich um erlaubte oder unzulässige AN-Überlassung handelt (BAG, DB 74, 1580; vgl. auch § 14 Abs. 3 AÜG; zur Abgrenzung von Dienst- oder Werkverträgen von AN-Überlassung vgl. ArbG Wiesbaden, AiB 98, 285). Erforderlich ist auch insoweit, dass der Leih-AN innerhalb der **Betriebsorganisation des Entleihers** für diesen und nicht weiterhin 6 ausschließlich für seinen AG tätig wird (BAG, NZA 95, 462). Dagegen ist die Rückkehr in den Verleiherbetrieb keine Einstellung. Zur Frage der **Franchise-AN** vgl. § 5 Rn. 2. **Testkäufer** sind dann nicht in den Betrieb des AG eingegliedert, wenn ihr Einsatz von einem anderen UN gesteuert wird (BAG, DB 01, 2558). Beim Einsatz von **Rote-Kreuz-Pflegekräften** in einem Krankenhaus auf der Grundlage eines Gestellungsvertrags wurde das MBR bejaht, obwohl sie nicht als AN gelten, weil sie ihre Tätigkeit auf vereinsrechtlicher Grundlage erbringen (BAG, AiB 97, 720). Bei der Beschäftigung eines **freien Handelsvertreters** kann ein MBR nur bei atypischer Fallgestaltung in Betracht kommen (BAG, NZA 95, 649).

7 Eine Einstellung liegt nicht vor bei der **Rücknahme einer Kündigung** (LAG Frankfurt, BB 87, 2093) oder der Wiederaufnahme eines ruhenden Arbeitsverhältnisses nach Ableistung des Wehrdienstes; anders aber, wenn mit einem AN während des **Erziehungsurlaubs** (jetzt Elternzeit) eine befristete Teilzeitbeschäftigung vereinbart wird (BAG, AiB 99, 229). Überlässt ein konzernangehöriges UN einem anderen UN desselben Konzerns AN **aushilfsweise**, so ist dieser Vorgang im entleihenden Betrieb als Einstellung mitbestimmungspflichtig (BAG, AuR 76 152; LAG Frankfurt, DB 87, 1200), und zwar unbeschadet der Tatsache, dass es sich gemäß § 1 Abs. 3 Nr. 2 AÜG insoweit nicht um AN-Verleih i.S. des AÜG handelt. Ein MBR besteht auch bei der Beschäftigung von Umschülern im Rahmen des AFG (BAG, AuR 81, 321), ebenso bei zu ihrer **Ausbildung** Beschäftigten, und zwar auch ohne Ausbildungsvertrag gemäß § 3 BBiG (BAG, DB 90, 1140). Unerheblich ist, dass für die Ausbildung kein Entgelt gezahlt werden soll (BAG, DB 90, 1140). Wenn Personen für eine in Aussicht genommene Beschäftigung eine Ausbildung erhalten, ohne die eine solche Beschäftigung nicht möglich ist, kommt es für die Zustimmungsbedürftigkeit der Einstellung nicht darauf an, ob diese Personen nach der Ausbildung in einem Arbeitsverhältnis oder als freie Mitarbeiter beschäftigt werden sollen (BAG, BB 93, 1946). Kein Beteiligungsrecht soll bestehen bei **Schülerpraktikanten**, die in erster Linie zur persönlichen Information und zur Erleichterung der Ausbildungs- und Berufswahl eingesetzt werden (BAG, NZA 90, 896), anders jedoch, soweit Schülerpraktikanten über die Praktikumszweckbestimmung hinaus zur Arbeit herangezogen werden. Ein MBR besteht auch dann, wenn anlässlich eines **Sonntagsverkaufs** AN für lediglich einen Tag im Betrieb beschäftigt werden (ArbG Flensburg, AiB 98, 591), ferner beim Einsatz **studentischer Hilfskräfte**, die aushilfsweise überwiegend in Zeiten des Spitzenbedarfs beschäftigt, bei ihren jeweiligen Einsätzen in den Betrieb voll eingegliedert werden und die gleichen Arbeiten verrichten wie ständig beschäftigte AN (BAG, AuR 93, 186). Die Eintragung in eine Interessentenliste für studentische Aushilfskräfte löst jedoch kein MBR aus (LAG Köln, Mitb. 93, 67). Eine Einstellung ist auch die Beschäftigung von Arbeitslosen im Rahmen des sog. berufspraktischen Jahres (ArbG Passau v. 19. 11. 84 – 1 BV 5/84). Mit dem Antrag beim Bundesamt für den Zivildienst auf Zuweisung eines bestimmten **Zivildienstleistenden** nach einem vorangegangenen (Einstellungs-)Gespräch trifft der AG eine (Auswahl-)Entscheidung, die das MBR des BR auslöst (BAG, DB 02, 1278). Die Beschäftigung von **Strafgefangenen** wird als mitbestimmungsfrei angesehen (BAG, DB 79, 1186).

Um eine **mitbestimmungspflichtige** Einstellung handelt es sich bei der **späteren Verlängerung** eines zunächst nur **befristeten Arbeitsverhältnisses** (LAG Hamburg, AiB 97, 677; das gilt jedoch nicht, wenn bei Abschluss eines befristeten Probearbeitsverhältnisses die Übernahme im Falle der Bewährung schon zugesagt wurde [BAG, AiB 91, 120]), ebenso bei der Weiterbeschäftigung nach dem Ende eines Berufsausbildungsverhältnisses oder der Weiterbeschäftigung gem. § 17 BBiG (LAG Hamm, DB 82, 2303). Bei der Weiterbeschäftigung gem. § 78 a besteht jedoch kein MBR des BR. Die erneute Eingehung eines befristeten Arbeitsverhältnisses ist auch dann eine mitbestimmungspflichtige Einstellung, wenn es sich wegen des kurzen Zeitraums zwischen diesem und einem vorhergehenden befristeten oder unbefristeten Arbeitsverhältnis um keine Neueinstellung im arbeitsvertragsrechtlichen Sinn handelt (a. A. offenbar LAG Hamm v. 27. 7. 92 – 17 Sa 527/92; zum MBR bei der Befristung eines Arbeitsverhältnisses allgemein vgl. Rn. 28). Bei einer **Vorverlegung** des ursprünglich festgelegten Einstellungstermins ist die erneute Beteiligung des BR nicht erforderlich, wenn sich die sonstigen Umstände nicht geändert haben (LAG Düsseldorf, DB 76, 799). Bestimmt ein TV oder eine BV, dass das Arbeitsverhältnis mit Ablauf des Monats endet, in dem der AN das 65. Lebensjahr vollendet, und soll dieses dann noch **über die Altersgrenze hinaus** fortgesetzt werden, so ist der BR nach Abs. 1 zu beteiligen (BAG, DB 78, 2319; ebenso BAG, BB 88, 2176; zur Zulässigkeit von Altersgrenzen vgl. § 75 Rn. 5). 8

Eingruppierung ist die in der Regel mit der Einstellung oder Versetzung verbundene Festlegung der vorgesehenen Entgeltgruppe, die sich üblicherweise aus dem für den Betrieb geltenden TV oder aus der Einordnung des AN in ein für den Betrieb geltendes **kollektives Entgeltschema** ergibt, wobei nicht nur arbeitsplatzbezogene Tätigkeitsmerkmale, sondern auch personenbezogene Voraussetzungen in die Entscheidung einzubeziehen sein können (LAG Düsseldorf, AiB Telegramm 11/99, S. II). Die Eingruppierung in die jeweils zutreffende Entgeltgruppe ergibt sich regelmäßig aus der ausgeübten bzw. vertraglich auszuübenden Tätigkeit. Die Eingruppierung ist kein Gestaltungs-, sondern ein rechtsanwendender Beurteilungsakt; daher ist das MBR kein Mitgestaltungs-, sondern ein **Mitbeurteilungsrecht**, das der Richtigkeitskontrolle dient. Bei **nichttariflich** entlohnten AN ist unter Eingruppierung die Festlegung der betriebsüblichen Entloh- 9 nung zu verstehen, z. B. die Eingruppierung von **AT-Ang**. in **betriebliche Gehaltsgruppen**. Das MBR entfällt nicht deshalb, weil der AG bei seiner Prüfung zu dem Ergebnis gelangt, dass die zu bewertende Tätigkeit Anforderungen stellt, die die Qualifikationsmerkmale der obersten Vergütungsgruppe der für den Betrieb maßgebenden Vergütungsordnung übersteigen (BAG, NZA 96, 890). Die Änderung von Entgeltgruppen oberhalb des Tarifniveaus unterliegt im Übrigen ebenfalls dem MBR des BR nach § 87 BetrVG, soweit nicht ausschließlich **leit. Ang**. betroffen sind. Dies gilt unabhängig davon, ob diese Änderungen der AT-Gehälter rechtlich als eine Korrektur der übertariflichen Gehaltsgruppen oder aber als teilweise Anrechnung übertariflicher Zulagen zu bewerten sind. Das MBR ist dabei auch dann gegeben, wenn der AG innerhalb der AT-Gruppen Spielräume für individuelle Gehaltsvereinbarungen hat (BAG, NZA 95, 277). Die Vereinbarung **übertariflicher Arbeitsentgelte im Einzelfall** unterliegt aber nicht dem MBR des BR. Der BR kann mit Rücksicht auf die Regelungssperre des § 87 nach Auffassung des BAG für die nicht tarifgebundenen AN kein MBR zur Aufstellung einer betrieblichen Lohn- und Gehaltsordnung geltend machen (BAG, DB 90, 2023); anders allerdings bei einem vom AG einseitig gestalteten nichttariflichen Entlohnungsschema. Eine mitbestimmungspflichtige Eingruppierung ist dagegen gegeben, wenn nach einer **Zulagenregelung** AN einer bestimmten Vergütungsgruppe eine Zulage gewährt wird, die an Tätigkeitsmerkmale anknüpft, die für die Eingruppierung in die Vergütungsgruppe nicht maßgebend waren; ebenso für Zulagen, die Zwischenstufen zwischen Vergütungsgruppen darstellen (BAG, NZA 96, 1105). Das gilt nicht für Zulagen, die nur in »angemessener« Höhe für eine unspezifische Kombination von Tätigkeiten geschuldet werden, deren Wertigkeit in beliebiger Weise die Merkmale einer tariflichen Vergütungsgruppe übersteigt (BAG, NZA 96, 1105) oder die für die Dauer einer Tätigkeit unter erschwerten Umständen gezahlt werden (z. B. Erschwerniszulagen), aber nichts über die Stellung des AN innerhalb der Vergütungsgruppe aussagen (BAG, NZA 87, 31).

10 Jede wegen eines **geänderten Gehaltsgruppenschemas** gebotene Überprüfung der Einreihung in die Tarifgruppen stellt sich als mitbestimmungspflichtige Ein- oder Umgruppierung dar. Ob sich wesentliche, unwesentliche oder gar keine Änderungen vollziehen, ist für das MBR ebenso ohne Belang wie die bloße Änderung von Tätigkeitsbeispielen zu einer Vergütungsgruppe (vgl. BAG, AiB 98, 230). Teilen die TV-Parteien eine bisherige Gehaltsgruppe in zwei Gehaltsgruppen auf, deren eine dem bisherigen Gehaltsniveau entspricht und deren andere eine höhere Vergütung vorsieht, ist die neue Zuordnung aller AN der bisherigen Gehaltsgruppe ebenfalls eine Ein- oder Umgruppierung, die dem MBR des BR unterliegt (LAG Hamburg, NZA 93, 424). Das MBR erstreckt sich bei einer nach Lohn- und Fallgruppen aufgebauten tariflichen Vergütungsordnung nicht nur auf die

Bestimmungen der Lohngruppe, sondern auch auf die richtige Fallgruppe dieser Lohngruppe, wenn damit unterschiedliche Rechtsfolgewirkungen verbunden sein können, etwa ein sog. **Bewährungsaufstieg** (BAG, BB 93, 2240). Wird die von neu eingestellten AN zu verrichtende Tätigkeit von einer tariflichen Gehaltsgruppenordnung erfasst, die kraft **betrieblicher Übung** (einseitige Einführung durch den AG) im Betrieb zur Anwendung kommt, ist der AG zur Eingruppierung der neu eingestellten AN in diese Gehaltsgruppenordnung und zur Beteiligung des BR an dieser Eingruppierung ebenfalls verpflichtet (BAG, NZA 90, 359; BAG, DB 94, 1575). Wenn die im Betrieb Anwendung findende Gehaltsgruppenordnung durch eine tarifliche Neuregelung nicht nur redaktionell, sondern in der Struktur geändert wird, hat der AG die AN unter Beteiligung des BR stets neu einzugruppieren (BAG, NZA 93, 1045).

Umgruppierung ist jede Änderung der Eingruppierung, also jede 11
Höher- oder Herabstufung, aber auch eine Anpassung an Änderungen des für den Betrieb maßgeblichen Gehalts- oder Lohngruppensystems, und zwar auch bei unverändertem Tätigkeitsbereich des AN (BAG, BB 94, 1287), ggf. auch bei gleich bleibendem Verdienst (vgl. BAG, NZA 90, 899); ebenso im Falle eines **Wechsels** des für den Betrieb maßgeblichen TV die notwendig werdenden Umstufungen von den Vergütungsgruppen des bisher geltenden in die entsprechenden des nunmehr zur Anwendung kommenden TV. Eine Umgruppierung ist häufig die Folge einer Versetzung, wenn der AN infolge veränderter Tätigkeit in eine andere Entgeltgruppe hineinwächst; in diesem Fall hat der BR auch ein **Initiativrecht** und kann eine erneute Eingruppierungsentscheidung unter seiner Beteiligung verlangen (BAG, NZA 91, 852). Auch die Korrektur einer nach Auffassung des AG unrichtigen Eingruppierung bedarf der Zustimmung des BR (BAG, NZA 90, 699; anders BAG v. 21. 4. 86, AP Nr. 5 zu § 1 TVG TV Bundesbahn, für den Fall der Zahlungseinstellung nach einer irrtümlich vom AG des öffentlichen Dienstes angenommenen höheren Vergütungsgruppe).

Der Begriff **»Versetzung«** ist in § 95 Abs. 3 definiert. Danach ist 12
Versetzung die Zuweisung eines anderen Arbeitsbereichs, die **entweder** die Dauer von **einem Monat** voraussichtlich überschreitet **oder** aber – unabhängig von ihrer Dauer – mit einer **erheblichen** Änderung der Arbeitsbedingungen verbunden ist. Arbeitsbereich ist der Arbeitsplatz und seine Beziehung zur betrieblichen Umgebung in räumlicher, technischer und organisatorischer Hinsicht (BAG, DB 86, 915). Unter Arbeitsbedingungen sind alle Umstände zu verstehen, unter denen die Arbeit zu verrichten ist (technische Bedingungen, Umwelteinflüsse usw.; vgl. auch BAG, DB 88, 2158), auch **längere Wegezeiten** zur Arbeitsstelle (BAG, DB 87, 747; ArbG Stuttgart, NZA-RR 97, 481). Die Versetzung kann sich somit auf die Art der Tätigkeit, den Ort der

Arbeitsleistung oder die Einordnung in die betriebliche Organisation beziehen. Die Zuweisung eines **anderen Arbeitsbereichs** liegt vor, wenn dem AN ein neuer Tätigkeitsbereich zugewiesen wird, so dass der Gegenstand der geschuldeten Arbeitsleistung, der Inhalt der Arbeitsaufgabe ein anderer wird und sich **das Gesamtbild der Tätigkeit** des AN ändert (BAG, DB 88, 2158), ebenso, wenn dem AN ein wesentlicher Teil seiner Aufgaben entzogen wird (BAG, DB 96, 1880). Wird der bisherige Arbeitsbereich durch Zuweisung oder Wegnahme von Teilfunktionen jedoch erweitert oder verkleinert, ohne dass dadurch ein von dem bisherigen Arbeitsbereich grundlegend abweichender, neuer Arbeitsbereich entsteht, liegt keine Versetzung vor (BAG, DB 80, 1603), auch nicht bei bloßer Freistellung eines AN während des Ablaufs einer Kündigungsfrist, da es an der Zuweisung eines anderen Arbeitsbereichs fehlt (BAG, NZA 00, 1355). Beteiligungspflichtig ist stets der BR; eine Zuständigkeit des GBR kommt bei der Versetzung eines AN in einen anderen Betrieb nicht in Betracht.

13 Bejaht wurde eine zustimmungspflichtige Versetzung in folgenden Fällen der **Änderung von Arbeitsaufgabe und -inhalt:**

- **Wechsel vom Außen- in den Innendienst** (ArbG Hamm, DB 79, 2042),
- Zuweisung eines neuen Verkaufsgebiets im Außendienst (LAG Köln, NZA 90, 534),
- Entzug des etwa 25 % seiner Gesamttätigkeit betragenden Ladengeschäfts eines als Gebietsverkäufer beschäftigten Autoverkäufers (BAG, DB 96, 1880),
- Wechsel von Arbeit im **Leistungslohn** zu solcher im **Zeitlohn** und umgekehrt (LAG Düsseldorf, DB 81, 1938), je nach Ausgestaltung der Arbeitsleistung auch vom Einzel- in den Gruppenakkord (BAG, AuR 97, 449),
- zusätzliche Übertragung der Funktion des Datenschutzbeauftragten mit einem Anteil von maximal 20 % der Gesamtarbeitszeit des vollzeitbeschäftigten Ang. (ArbG Offenbach, CR 93, 776),
- Bestellung eines Piloten zum Trainingskapitän (LAG Frankfurt, NZA 92, 232),
- bei im Betrieb eingeführter Gruppenarbeit, je nach deren Ausgestaltung, auch der arbeitgeberseitig veranlasste Gruppenwechsel (LAG Köln, NZA 97, 280),
- bei Übertragung einer anderen Abteilung als Abteilungsleiter (BAG, AiB 89, 215).
- Für Auszubildende kann der kurzfristige Wechsel des Ausbilders oder der Ausbildungsgruppe eine Versetzung bedeuten (BAG, NZA 89, 188; 89, 402).

- Eine arbeitsvertraglich vereinbarte **»Jobrotation«**, wonach die AN eine Abteilung auf Weisung des AG in jeweiligem mehrwöchigem Turnus zwischen den Arbeitsgruppen der Abteilung und Tätigkeitsbereichen von völlig unterschiedlichen fachlichen Anforderungen wechseln, schließt ein MBR nicht aus (LAG Düsseldorf v. 27. 5. 92 – 2 TaBV 25/92).
- Eine Versetzung ist schließlich auch der Entzug von Programmierarbeiten (ArbG Kempten, AuR 93, 256).

Eine Versetzung wurde verneint bei bloßen Änderungen der Arbeitszeit, wie dem Übergang von **Normal- zur Wechselschicht** (BAG v. 19. 2. 91, EzA § 95 BetrVG 1972 Nr. 23) oder der Umsetzung von der Tag- in die Nachtschicht (BAG, DB 84, 2198).

Eine Versetzung liegt auch vor, wenn dem AN ein **anderer Arbeitsort** zugewiesen wird, ohne dass sich seine Arbeitsaufgabe ändert oder er in eine andere organisatorische Einheit eingegliedert wird (BAG, NZA 86, 616). Mitbestimmungspflichtig ist deshalb z.B. die Versetzung in einen anderen Betrieb (BAG v. 19. 2. 91, EzA § 95 BetrVG 1972 Nr. 24) oder in eine **andere Filiale** (BAG, NZA 87, 424), auch eine mehrmonatige Abordnung in eine andere UN-Filiale derselben Großstadt (LAG Berlin, AiB 98, 228), die Versetzung einer Verkäuferin innerhalb eines Kaufhauses (LAG Düsseldorf, DB 87, 1439), die Umsetzung einer Altenpflegekraft von einer Station in eine andere eines Seniorenheimes mit anderen Heimbewohnern, Vorgesetzten und Kollegen (BAG, NZA 00, 1357), eines Auszubildenden in eine andere Filiale oder Ausbildungsstätte des UN (BAG v. 3. 12. 85, AP Nr. 30 zu § 99 BetrVG 1972) oder der vorübergehende **Einsatz** eines AN **im Ausland**, wenn während dieser Zeit die wesentlichen rechtlichen Beziehungen zum Heimatbetrieb erhalten bleiben, der AN also weiterhin als diesem Betrieb zugehörig angesehen werden muss bzw. von vornherein feststeht, dass er nach Beendigung des Einsatzes an seinen bisherigen Arbeitsort zurückkehren wird (BAG, NZA 86, 616); ein MBR des BR ist jedenfalls dann gegeben, wenn die Mitarbeiter die Aufgabe haben, im Ausland Maschinen aufzubauen, zu warten, zu reparieren oder die Fertigung zu betreuen (LAG Niedersachsen v. 14. 5. 98 – 8 TaBV 67/96; vgl. auch BAG, AiB 01, 55). Die Zuweisung eines Arbeitsbereichs in einer anderen geographischen Gemeinde ist regelmäßig eine mitbestimmungspflichtige Versetzung. Zur Mitbestimmungspflichtigkeit bei der Anordnung von **Dienstreisen** siehe BAG, NZA 97, 216; DB 99, 2012. 14

Die Zuweisung eines anderen Arbeitsplatzes ist dann keine mitbestimmungspflichtige Versetzung, wenn ein AN nach der **Eigenart seines Arbeitsverhältnisses** üblicherweise nicht ständig an einem bestimmten Arbeitsplatz beschäftigt wird (z.B. Montagearbeiter, AN im Baugewerbe, sog. Springer; vgl. auch LAG Hamm, DB 79, 2042). Daher 15 ist auch der jeweilige Einsatz von Leih-AN keine Versetzung (BAG, NZA 01, 1263).

16 Soll eine Versetzung innerhalb eines UN von einem Betrieb in einen anderen erfolgen, so hat der BR des **abgebenden** Betriebs unter dem Gesichtspunkt der Versetzung, der des neuen Betriebs unter dem der Einstellung mitzubestimmen (vgl. aber auch BAG, DB 81, 1833, das die Zustimmung des BR des abgebenden Betriebs jedenfalls dann nicht für notwendig hält, wenn der betroffene AN in die Versetzung eingewilligt hat; vgl. demgegenüber BAG, NZA 86, 616; NZA 87, 424 für den Fall, dass mit der voraussichtlich die Dauer eines Monats übersteigenden Versetzung gleichzeitig bereits die anschließende **Rückversetzung** vorgesehen wird; vgl. auch BAG, BB 91, 550; zur Versetzung von Bea. innerhalb der DB AG vgl. BAG, DB 96, 1044).

17 Das MBR besteht auch dann, wenn die Versetzung **nach dem Arbeitsvertrag ohne weiteres zulässig ist** (BAG, DB 90, 1093) oder der AN ihr zustimmt (LAG Brandenburg, AiB 96, 123). Umgekehrt ersetzt die Beteiligung des BR nicht die individualrechtlichen Voraussetzungen für eine Versetzung (LAG Düsseldorf, DB 78, 2494). Das MBR entfällt nicht deshalb, weil der AG mit dem BR zuvor schon die Personalplanungsmaßnahmen gemäß § 92 beraten hatte (LAG Düsseldorf, BB-Beilage 15/73, S. 14). Eine Versetzung, die ohne Zustimmung des BR oder ohne Ersetzung der Zustimmung durch das ArbG erfolgt, ist dem AN gegenüber **unwirksam** (BAG, BB 88, 1327). Bedarf die Versetzung einer **Änderungskündigung**, sind neben den Beteiligungsrechten nach dieser Vorschrift auch die nach § 102 gegeben. Die Zustimmung des BR nach § 99 ist Wirksamkeitsvoraussetzung nur für die tatsächliche Zuweisung des neuen Arbeitsbereichs nach Ablauf der Kündigungsfrist. Wird die Zustimmung nicht erteilt oder nicht gerichtlich ersetzt, so führt dies nicht zur schwebenden Unwirksamkeit der Änderungskündigung. Der AG kann die geänderten Vertragsbedingungen allerdings nicht durchsetzen, solange das Verfahren nach § 99 nicht ordnungsgemäß abgeschlossen ist; der AN muss vielmehr in dem alten Arbeitsbereich weiterbeschäftigt werden, der ihm nicht wirksam entzogen worden ist (BAG v. 30. 9. 93, EzA § 99 BetrVG 1972 Nr. 118).

18 Wenn ein Ang. durch eine **Versetzung zum »leit.« Ang**. befördert werden soll, löst dieser Vorgang nach dem BAG nur die Mitteilungspflicht des AG nach § 105 aus (BAG, DB 80, 1946). Allerdings kann eine mitbestimmungswidrige Handlung durch bloße »Beförderung« zum leit. Ang. nicht geheilt werden (anders LAG Baden-Württemberg, DB 92, 744). Ist der AG kraft Direktionsrechts befugt, einen AN von einem Betrieb in einen anderen zu versetzen, so bedarf diese Versetzung, wenn der AN **Mitgl. des BR** ist, wegen der mit ihr verbundenen Beendigung des Arbeitsverhältnisses zum alten Betrieb und damit der Mitgliedschaft im BR gemäß § 103 Abs. 3 der **Zustim-**

mung des BR des abgebenden Betriebs und gemäß § 99 der Zustimmung des BR des aufnehmenden Betriebs.

Der AG erfüllt seine **Unterrichtungspflicht** nur dann ordnungsgemäß, wenn er den BR **rechtzeitig und umfassend** informiert. Zeitpunkt und Inhalt der Information sind für das weitere Verfahren personeller Einzelmaßnahmen von ausschlaggebender Bedeutung: Die Unterrichtung durch den AG löst die Wochenfrist aus, innerhalb derer der BR seine Zustimmung verweigern kann (§ 99 Abs. 3 Satz 1) bzw. nach deren widerspruchslosem Ablauf die Zustimmung als erteilt gilt (§ 99 Abs. 3 Satz 2). Nach fristgerecht verweigerter Zustimmung muss der AG sie beim ArbG ersetzen lassen (§ 99 Abs. 4) und ggf. ein Verfahren zur vorläufigen Durchführung der personellen Maßnahme einleiten (§ 100). Demgegenüber kann eine verspätete oder unvollständige Information dazu führen, dass die Wochenfrist für den BR nicht zu laufen beginnt mit der Folge, dass seine Zustimmung weder nach § 99 Abs. 3 Satz 2 als erteilt gilt noch nach § 99 Abs. 4 vom ArbG ersetzt werden kann. Eine gleichwohl durchgeführte Maßnahme kann der BR nach § 101 vom ArbG aufheben lassen. In gravierenden Fällen kann der BR ein Verfahren nach § 23 Abs. 3 einleiten (vgl. § 101 Rn. 4). Wird der BR entgegen §§ 99, 100 nicht beteiligt, kann er den Erlass einer einstweiligen Verfügung auf Unterlassung der mitbestimmungswidrigen personellen Einzelmaßnahmen beantragen (LAG Köln v. 13.8.02 – 12 Ta 244/02). Der Verstoß gegen die Unterrichtungspflicht kann schließlich eine Ordnungswidrigkeit gem. § 121 darstellen. 19

Die Unterrichtung ist vom AG **rechtzeitig** vorzunehmen. Da der BR nach Abs. 3 eine Äußerungsfrist von einer Woche hat, muss sie spätestens **eine Woche** vor Durchführung der geplanten Maßnahme erfolgen. Die Fristberechnung richtet sich nach § 188 BGB: Soll die Maßnahme an einem Mittwoch durchgeführt werden, ist der späteste Termin für eine rechtzeitige Information der Dienstag der vorhergehenden Woche. Hat der AG allerdings innerhalb der Wochenfrist Informationen gegeben, die üblicherweise zu einer ordnungsgemäßen Unterrichtung gehören, darf der BR, der diese Information für unvollständig hält, sich nicht einfach damit begnügen, die Zustimmung zu verweigern. Das BAG verlangt vielmehr, dass der BR den AG in einem solchen Fall innerhalb der Wochenfrist auf eine etwaige Unzulänglichkeit seiner Information hinweist und entsprechende Nachfragen stellt (BAG, DB 89, 1523). Gibt der AG ergänzende Informationen, beginnt die Frist des Abs. 3 grundsätzlich erneut zu laufen. Die Wochenfrist verkürzt sich auch in Eilfällen nicht. Die Möglichkeit, den BR nach § 100 erst nach vollzogener vorläufiger Maßnahme über die Gründe ihrer Dringlichkeit zu informieren, ersetzt nicht die Notwendigkeit der Information nach dieser Vorschrift (BAG, DB 78, 447). 20

21 Die dem AG obliegende **Unterrichtungspflicht** ist **umfassend**. Sie erstreckt sich auf alle Umstände, deren Kenntnis für die Beurteilung der beabsichtigten personellen Maßnahme durch den BR bedeutsam sein können. Der Informationsstand des BR hat grundsätzlich dem des AG zu entsprechen. Zur ordnungsgemäßen Unterrichtung gehört es, dass dem BR **alle Unterlagen** vorgelegt werden, die für eine Beurteilung der vorgesehenen Maßnahme erheblich sein könnten. Bei einer beabsichtigten Einstellung hat der AG die **Bewerbungsunterlagen aller Bewerber** vorzulegen und nicht nur diejenigen, für die er sich im Wege der Vorauswahl bereits entschieden hat (BAG, DB 73, 1456; 78, 2320; 81, 2384); dies gilt auch dann, wenn der AG ein **Personalberatungs-UN** eingeschaltet hat und dieses den AG über einige Bewerber nicht informiert hat, weil es sie für ungeeignet hält (BAG, DB 91, 969). Der AG hat auch mitzuteilen, dass keine weiteren Bewerber vorhanden sind (BAG, DB 89, 1240). Zur umfassenden Information gehören auch Hinweise auf die **Auswirkungen der geplanten personellen Maßnahme**. So hat der AG z. B. bei einer Einstellung Mitteilung darüber zu machen, an welchem Arbeitsplatz der Bewerber beschäftigt werden, welche Funktion er ausüben und nach welcher Entgeltgruppe er vergütet werden soll (BAG, DB 89, 1523); bei der Einstellung von teilzeitbeschäftigten AN ist auch die Dauer ihrer Arbeitszeit mitzuteilen (LAG Frankfurt, NZA 87, 714). Die umfassende Unterrichtungspflicht des AG besteht auch dann, wenn er annehmen konnte, dass der BR keine Bedenken gegen die geplanten Maßnahmen geltend machen würde (BAG, DB 73, 1456). Dasselbe gilt, wenn ein AN, dessen Einstellung beabsichtigt ist, kurzfristig in einem fremden Betrieb gearbeitet hat, aber aufgrund seiner früheren langjährigen Tätigkeit für den AG dem BR bestens bekannt ist (ArbG Hannover, BB 74, 135). Bei der Einstellung von Leih-AN kann der BR die Mitteilung der Namen, die Vorlage der **AN-Überlassungsverträge** (§ 12 AÜG) verlangen, aber nicht die der Arbeitsverträge der Leih-AN mit dem Verleiher (BAG, DB 78, 1841). Der AG hat dem BR auch die schriftliche Erklärung des Verleihers über die **Erlaubnis** nach § 1 AÜG vorzulegen und ihm Mitteilung zu geben, wenn die Erlaubnis endet. Zur Prüfung, ob ein MBR besteht, kann der BR auch die Überlassung von Werkverträgen verlangen, die der AG mit Fremdfirmen abschließt (BAG, DB 89, 982; 92, 327). **»Vorlegen«** bedeutet, dass die Unterlagen dem BR bis zur Beschlussfassung über den Antrag auf Zustimmung, längstens für eine Woche, **zu überlassen** sind (BAG, NZA 86, 335). Ordnungsgemäß ist die Unterrichtung nur dann, wenn sie gegenüber dem BR-Vors. oder im Falle seiner Verhinderung gegenüber dem Stellvertr. erfolgt (§ 26 Abs. 2). Die Frist wird dagegen nicht dadurch in Lauf gesetzt, dass der BR anderweitig ausreichende Kenntnis von der geplanten Maßnahme erhält. Eine bloße Versetzungsanzeige genügt selbst dann nicht, wenn der betroffene AN BR-Vors. ist (LAG Hamm, DB 73, 1047). Eine zeitliche Ver-

schiebung der mitgeteilten Maßnahme kann nur in engen Grenzen akzeptiert werden, ohne dass es erneut einer Beteiligung nach § 99 bedarf. So wurde eine Verschiebung um 14 Tage ohne erneute Informationspflicht (LAG Düsseldorf, DB 76, 779) als möglich angesehen, für eine zurückgestellte Maßnahme nach etwa einem halben Jahr jedoch ein erneutes Verfahren nach § 99 für notwendig gehalten (BAG, NZA 91, 392).

Die gesetzlichen Beteiligungsrechte des BR können durch **TV erweitert und verstärkt** werden. Zulässig ist auch eine tarifliche Regelung, die dem BR ein echtes MBR einräumt und im Streitfall eine Entscheidung der ESt. vorsieht (BAG, BB 88, 1386). Im Übrigen stehen die MBR nach § 99 aber nicht zur Disposition der TV-Parteien; sie können von diesen also nicht eingeschränkt oder ausgeschlossen werden (BAG, AiB 93, 732). Keine grundsätzlichen Bedenken bestehen auch gegen eine Erweiterung und Verstärkung der Beteiligungsrechte durch BV. Allerdings wirkt diese nicht nach, es sei denn, auch die **Nachwirkung** gemäß § 77 Abs. 6 ist ausdrücklich vereinbart worden, und zwar in einer Weise, die den AG im Falle einer beabsichtigten Änderung oder Ablösung der BV nicht vom Einvernehmen des BR abhängig macht (HessLAG v. 22. 3. 1994, Mitb. 1/95, 60). Eine Regelung, nach der Abmahnungen in entsprechender Anwendung des § 99 mitbestimmungspflichtig sein sollen, kann nicht durch Beschluss einer ESt. gegen den Willen des AG oder des BR erzwungen werden (BAG, NZA 96, 218). Eine **Verlängerung** der für das Zustimmungsverfahren nach § 99 Abs. 3 vorgeschriebenen **Wochenfrist** kann zwischen AG und BR wirksam vereinbart werden (vgl. Rn. 35; a. A. Sächsisches LAG, BB 96, 426; allerdings dürfte die Berufung des AG auf die Nichteinhaltung der Wochenfrist durch den BR entgegen der Auffassung des Gerichts dann als unzulässige Rechtsausübung zu werten sein). 22

Die Zustimmung des BR ist eine **zusätzliche Wirksamkeitsvoraussetzung** für die vom AG beabsichtigte Maßnahme. Auch wenn der BR ihr zustimmt, bleibt es dem von der personellen Maßnahme **betroffenen AN** unbenommen, das ArbG anzurufen, wenn er sich beeinträchtigt fühlt. Die in dieser Bestimmung genannten personellen Einzelmaßnahmen sind selbständig und voneinander unabhängig und deshalb jeweils getrennt zustimmungsbedürftig (BAG, DB 76, 778). Einer gesonderten Einholung der Zustimmung bedarf es nicht, wenn der AG die Maßnahme auf Verlangen des BR durchführt; die Zustimmung ist dann in dem Verlangen schon enthalten (BAG, AiB 97, 374). 23

Die Beteiligungsrechte des BR bestehen auch während eines **Arbeitskampfes** für personelle Maßnahmen, die mit dem Arbeitskampf selbst in keinem direkten Zusammenhang stehen (BAG v. 10. 12. 02 – 1 ABR 7/02). Etwas anderes gilt nach Auffassung der Gerichte, soweit personelle Maßnahmen oder die Beteiligung des BR zu einer mög- 24 lichen Beeinträchtigung der Kampfparität führen oder sogar auf die Abwendung von Folgen des Arbeitskampfes ausgerichtet sind (BAG, DB 78, 1231; 79, 1464; vgl. auch Rn. 3). Voraussetzung ist allerdings, dass der AG sich selbst im Arbeitskampf befindet (BAG, DB 91, 1627; vgl. aber auch BAG, DB 81, 578 zur Einschränkung von BR-Rechten in mittelbar kampfbetroffenen Betrieben). Das MBR entfällt nicht, wenn der AG während eines Streiks in einem Tochter-UN mit einem anderen fachlichen Geltungsbereich AN in das Tochter-UN abordnet (BAG, DB 91, 1627). Im Übrigen bleibt die Unterrichtungspflicht des AG immer bestehen, auch bei Einstellung oder Versetzung in einem bestreikten Betrieb, da die bloße Unterrichtung keine Beeinträchtigung der Waffengleichheit zur Folge haben kann (BAG v. 10. 12. 02 – 1 ABR 7/02).

25 (2) *Zu Nr. 1:* Personelle Maßnahmen des AG, die **gegen Rechtsvorschriften** verstoßen, sind an sich schon dadurch unwirksam. Wären sie nach dieser Bestimmung aber nicht zusätzlich an die Zustimmung des BR gebunden, so hätte dieser im Falle seines Widerspruchs keine Möglichkeit, nach § 101 vorzugehen und die Rücknahme der personellen Maßnahme zu erreichen. Ein Verstoß gegen ein Gesetz i. S. des Abs. 2 liegt nach Auffassung des BAG nicht vor, wenn der AG den BR **nicht rechtzeitig** oder **nicht ordnungsgemäß** nach Abs. 1 unterrichtet hat (BAG, NZA 94, 187). Ohne die gesetzlich vorgeschriebene Unterrichtung läuft aber die Wochenfrist nach Abs. 3 nicht (vgl. auch Rn. 19, 21).

26 Eine das Zustimmungsverweigerungsrecht des BR begründende Gesetzesverletzung liegt vor, wenn die geplante personelle Maßnahme als solche nach dem Zweck der Norm untersagt ist (BAG, NZA 00, 1294), auch wenn sie **gegen allgemeine Rechtsgrundsätze** verstößt, deren Beachtung dem AG und dem BR nach diesem Gesetz ausdrücklich aufgegeben ist, etwa gemäß §§ 74, 75 und 80. So kann der BR die Zustimmung zur Einstellung verweigern, wenn der AG sie davon abhängig gemacht hat, dass der Bewerber nicht **Gewerkschaftsmitglied** ist (BAG, NZA 00, 1294), da ein solches Auswahlkriterium gegen Art. 9 Abs. 3 GG verstößt, ebenso kann er bei erheblichem Verdacht der **Diskriminierung von älteren** Einstellungsbewerbern der Einstellung jüngerer Bewerber widersprechen, wenn für diesen Verdacht tatsächliche Anhaltspunkte vorhanden sind (LAG Frankfurt, DB 75, 2328); dasselbe gilt, wenn eine **weibliche** Bewerberin wegen ihres Geschlechts nicht eingestellt wird (§ 611 a BGB; zur Zulässigkeit einer gesetzlichen Quotenregelung, die bei gleicher Qualifikation von Bewerbern unterschiedlichen Geschlechts zwingend die Bevorzugung eines Geschlechts bei der Besetzung einer freien Stelle vorsieht, vgl. EuGH, AuR 95, 473; vgl. auch § 95 Rn. 5). War ein Beschäftigter einer PSA während der letzten vier Jahre mehr als drei Monate versicherungspflichtig beim AG beschäftigt, so verstößt dessen erneute Beschäftigung beim alten AG gegen § 37c Abs. 2 Satz 9 SGB III und berechtigt daher zur Zustimmungsverweigerung. Ein Verstoß gegen Rechtsvorschriften wird auch bejaht bei der Bestellung einer Aufsichtsperson, der die notwendigen Voraussetzungen fehlen, die nach den UVV bestehenden Pflichten auf dem Gebiete der Unfallverhütung zu erfüllen (ArbG Berlin, AiB 88, 292). Der BR kann auch die Zustimmung zur Einstellung eines Nichtschwerbehinderten verweigern bei unterlassener Prüfung gemäß § 14 Abs. 1 SchwbG, ob der freie Arbeitsplatz nicht mit einem **schwerbehinderten** AN besetzt werden kann (BAG, DB 90, 636). Ähnliches gilt für die Zustimmungsverweigerung bei Beschäftigung von Ausländern ohne Arbeitserlaubnis (BAG, AuR 91, 219), unzulässiger AN-Überlassung nach dem AÜG (vgl. BAG, NZA 89, 358) oder Bestellung oder Versetzung eines Datenschutzbeauftragten ohne die nach dem Gesetz erforderliche **Qualifikation** und Zuverlässigkeit (BAG, BB 95, 1352). Bedenken gegen die Zuverlässigkeit können sich auch daraus ergeben, dass der AN neben seiner Aufgabe als Datenschutzbeauftragter Tätigkeiten ausübt, die mit seiner Kontrollfunktion unvereinbar sind, weil sie den AN in einen Interessenkonflikt geraten lassen (BAG a. a. O.).

Der BR kann der Einstellung widersprechen, wenn der TV die Be- **27**
schäftigung untersagt (BAG, AuR 92, 251), z. B. wenn der AG über einen von den TV-Parteien vereinbarten Prozentsatz hinaus Beschäftigte mit einer längeren regelmäßigen Wochenarbeitszeit einstellt (LAG Baden-Württemberg, AiB 96, 484; ArbG Hannover, AiB 97, 293; a. A. BAG v. 17. 6. 97, AP Nr. 2 zu § 3 TVG Betriebsnorm). Dasselbe gilt bei der beabsichtigten Einstellung eines AN für eine Tätigkeit außerhalb der mit dem BR vereinbarten Arbeitszeit; sie verstößt gegen § 87 Abs. 1 Nr. 2 BetrVG und damit gegen ein Gesetz (LAG Baden-Württemberg, AiB 00, 36). Sieht ein Sozialplan vor, dass entlassene AN unter bestimmten Voraussetzungen wieder eingestellt werden müssen, kann der BR die Zustimmung zur Einstellung anderer Personen verweigern (BAG, DB 91, 969). Eine BV, nach der das Arbeitsverhältnis der im Betrieb beschäftigten AN mit Erreichen des 65. Lebensjahres endet, enthält kein Verbot der Weiterbeschäftigung über die Altersgrenze hinaus, es sei denn, ein solches Verbot fände in der BV deutlichen Ausdruck. Deshalb ist der BR in einem solchen Fall regelmäßig nicht berechtigt, die Zustimmung zur Weiterbeschäftigung des AN zu verweigern (BAG, DB 92, 1530; vgl. im Übrigen auch Rn. 8 und § 75 Rn. 5).

Die Bestimmung hat vor allem auch Bedeutung für Eingruppierungen **28**
und Umgruppierungen in tarifliche Lohngruppen. Insoweit liegt ein Verstoß gegen den TV allerdings nur bei einer zu niedrigen, nicht aber auch bei einer zu hohen (außertariflichen) Vergütung vor (LAG Hamm, LAGE § 99 BetrVG 1972 Eingruppierung Nr. 3), ebenso nicht, wenn nach Kündigung des TV ein AN im Nachwirkungszeit-

raum (§ 4 Abs. 5 TVG) zu untertariflichen Bedingungen eingestellt wird (BAG, BB 96, 2570). Der BR kann die Zustimmung zu einer Eingruppierung auch mit der Begründung verweigern, dass der AG den falschen TV oder eine unzutreffende Vergütungsordnung anwendet (BAG, AiB 95, 178). Hat der AG die bisherige **Vergütungsgruppenordnung** des Betriebs unter Nichtachtung des dem BR nach § 87 Abs. 1 Nr. 10 zustehenden MBR einseitig geändert, so kann der BR den vom AG geplanten neuen Eingruppierungen die Zustimmung mit der Begründung verweigern, die vom AG angewandte Vergütungsordnung sei nicht diejenige, die für den Betrieb zu gelten habe (BAG, NZA 87, 489); ein solcher Fall liegt auch vor, wenn der AG bei einem an die geleistete Arbeitszeit anknüpfenden Vergütungssystem einseitig Änderungen der Arbeitszeit vornimmt (LAG Hamburg, AiB 00, 575; a. A. BAG, NZA 02, 919). Besteht bei der **Einstellung** des AN allerdings nur Streit über die richtige **Eingruppierung**, so kann der BR lediglich dieser, nicht dagegen der Einstellung schlechthin widersprechen, da der AN die auf einer unrichtigen Eingruppierung beruhenden Vergütungsansprüche auch nach der Einstellung gegenüber dem AG durchsetzen kann, so dass es nicht erforderlich ist, dass diese insgesamt unterbleibt (vgl. BAG, DB 96, 2551; BAG, NZA 00, 1294). Nach Auffassung des BAG soll der BR einer befristeten Einstellung nicht mit der Begründung widersprechen können, die **Befristung** sei unzulässig (BAG, DB 92, 1049; DB 95, 326), weil es beispielsweise keinen die Befristung des Arbeitsverhältnisses sachlich rechtfertigenden Grund gibt oder die Befristung gegen arbeitsrechtliche Gesetzesvorschriften verstößt. Nach Meinung des BAG soll in diesem Fall nicht die Einstellung, sondern erst die vorgesehene Art der späteren Bedingungen des Arbeitsverhältnisses gegen ein Gesetz verstoßen. Schließt sich unmittelbar an ein befristetes Arbeitsverhältnis ein weiteres an, ist eine erneute Eingruppierung nicht erforderlich, wenn sich weder die Tätigkeit noch das maßgebende Entgeltschema geändert haben (BAG, NZA 98, 319). Generell sind nach Auffassung des BAG unzulässige Vertragsklauseln kein Grund zur Verweigerung der Zustimmung zur Einstellung als solcher (vgl. BAG, DB 86, 124; DB 95, 326).

29 Verstöße gegen den Gleichbehandlungsgrundsatz (Art. 3 GG) ordnet das BAG regelmäßig nicht der Nr. 1, sondern der Nr. 4 zu (vgl. BAG, NZA 89, 814). Im Übrigen hat der AG bei der **Auswahl unter den Stellenbewerbern** nach Ansicht des BAG eine mitbestimmungsfreie Entscheidungsbefugnis (BAG, DB 78, 2320), es sei denn, es bestehen Auswahlrichtlinien nach § 95 (vgl. Rn. 30).

30 *Zu Nr. 2:* Die Regelung soll sicherstellen, dass der AG bei personellen Maßnahmen die für den Betrieb geltenden, mit dem BR vereinbarten **Auswahlrichtlinien** beachtet. Auswahlrichtlinien i. S. von § 95 sind nur dann gegeben, wenn sie nicht nur für einen betrieblichen

Anlass, sondern für alle zukünftigen Fälle gelten sollen. Einseitig vom AG aufgestellte Richtlinien, die der BR lediglich formlos hingenommen hat, fallen nicht unter diese Bestimmung (LAG Frankfurt, DB 85, 1534); allerdings dürfte in einem solchen Fall Nr. 3 oder 4 zur Anwendung kommen (vgl. im Übrigen die Erl. zu § 95). Soweit die ESt. bei der Aufstellung von Auswahlrichtlinien z.B. für Versetzungen eine Bewertung in Form eines Punktsystems beschließt, muss dem AG nach Auffassung des BAG gleichwohl ein Entscheidungsspielraum verbleiben, der um so größer gestaltet sein muss, je weniger differenziert das Punktsystem ausgestaltet ist (BAG, DB 93, 885).

Zu Nr. 3: Eine begründete Besorgnis, dass andere im Betrieb tätige AN Nachteile erleiden, kann bei einer beabsichtigten Einstellung gegeben sein, wenn es bislang wegen schlechter Auftragslage zu Personaleinschränkungen oder Kurzarbeit gekommen war und sich die Situation noch nicht geändert hat. Dasselbe kann gelten, wenn jemand für eine Position eingestellt werden soll, die noch von einem anderen AN besetzt ist oder diesem zwar gekündigt wurde, er aber **Kündigungsschutzklage** erhoben hat (ähnlich ArbG Hameln, BB 84, 1616 bei der Gefährdung des Weiterbeschäftigungsanspruchs eines gekündigten AN durch Neueinstellung), nach der jetzt vorgenommenen Gesetzesergänzung bei einer **unbefristeten** Einstellung auch die Nichtberücksichtigung eines gleich geeigneten bereits befristet im Betrieb tätigen AN. Die Formulierung **»gleich geeignet«** ist dabei insofern missverständlich, als es aus der Natur der Sache heraus nur auf die Geeignetheit für den zu **besetzenden Arbeitsplatz**, nicht dagegen auf den Vergleich mit einer Person ankommen kann, die im Betrieb noch nicht gearbeitet hat und hinsichtlich ihrer Eignung von daher nicht einmal abschließend beurteilt werden kann. Die Versetzung eines AN, dessen Arbeitsplatz wegfällt, auf einen **noch besetzten** Arbeitsplatz begründet die Besorgnis, dass der Arbeitsplatzinhaber gekündigt wird. Eine vom BR mit dieser Begründung verweigerte Zustimmung kann gerichtlich ersetzt werden, wenn nach den Grundsätzen der sozialen Auswahl die betriebsbedingte Kündigung gerade demjenigen AN gegenüber auszusprechen ist, auf dessen Arbeitsplatz die Versetzung erfolgen soll (BAG, DB 88, 235). Fallen die Arbeitsplätze mehrerer vergleichbarer AN weg und stehen nur für einen Teil dieser AN andere Beschäftigungsmöglichkeiten zur Verfügung, so dass eine **Sozialauswahl** vorzunehmen ist, begründet die Versetzung eines AN auf einen der freien Arbeitsplätze die Besorgnis, dass einem anderen AN infolge der Maßnahme gekündigt wird. Der BR kann dann die Zustimmung zu dieser Versetzung mit der Begründung verweigern, der AG habe soziale Auswahlkriterien nicht berücksichtigt (BAG, NZA 97, 219). Eine solche Fallgestaltung kommt auch in Betracht, wenn durch Umorganisation ein Teil der Arbeitsplätze wegfällt, gleichzeitig aber neue Beförderungsstellen geschaffen werden, auf denen überwiegend gleiche Tätigkeiten verrichtet werden 31 müssen; Voraussetzung ist, dass die bisherigen Arbeitsplatzinhaber persönlich und fachlich geeignet sind (BAG, NZA 96, 496). Die Nichtrealisierung einer **Beförderungschance** allein ist kein Nachteil; anders aber, wenn eine rechtserhebliche Anwartschaft auf die von einem anderen besetzte Arbeitsstelle bestand (vgl. zum Beförderungsanspruch eines BR-Mitgl. im Hinblick auf § 37 Abs. 4 BAG, BB 88, 765; vgl. im Übrigen BAG, DB 79, 311). Nachteile für die in einer Abteilung verbleibenden AN können auch die auf der Versetzung eines AN beruhenden Erschwerungen der Arbeit von nicht unerheblichem Gewicht sein (BAG, DB 88, 128). Der BR muss **konkrete** Tatsachen für die von ihm geäußerte Besorgnis der Benachteiligung anderer AN vortragen; reine Vermutungen reichen nicht aus (LAG Rheinland-Pfalz, DB 82, 652).

32 *Zu Nr. 4:* Die Vorschrift soll verhindern, dass der durch die personelle Maßnahme betroffene AN **ungerechtfertigt benachteiligt** wird. Die Rüge der mangelnden oder fehlenden Eingruppierung sowie der unzulässigen Befristung des Arbeitsverhältnisses werden als Verweigerungsgrund für die Einstellung nicht anerkannt (vgl. Rn. 28). Entspricht eine Maßnahme, etwa eine Versetzung, dem Wunsch des betreffenden AN, kann der BR die Zustimmung nicht wegen ungerechtfertigter Benachteiligung des AN verweigern (BAG, NZA 97, 219). Der AG ist nicht gehalten, anstelle einer wegen Spannungen zwischen den AN beabsichtigten Umsetzung eines AN eine vom BR verlangte Abmahnung auszusprechen (BAG, DB 96, 1931). Nach Auffassung des BAG (NZA 00, 1355) ist der Verlust des BR-Amts kein Nachteil im Sinne dieser Vorschrift; vor einer zum Mandatsverlust führenden Versetzung ist nunmehr jedoch die Zustimmung des BR einzuholen (vgl. § 103 Rn. 31).

33 *Zu Nr. 5:* Die Bestimmung beinhaltet die rechtliche **Sanktion** für den Fall, dass der AG dem Verlangen des BR nach einer innerbetrieblichen **Stellenausschreibung** (§ 93) nicht oder nicht ordnungsgemäß nachgekommen ist. Für das Widerspruchsrecht des BR kommt es nicht darauf an, ob es im Betrieb tatsächlich Bewerber für die vakante Stelle gibt (BAG, DB 73, 1456). Ein Verweigerungsgrund liegt auch vor, wenn der AG in außerbetrieblichen Stellenanzeigen geringere Anforderungen als bei der innerbetrieblichen Ausschreibung stellt (BAG, DB 88, 1452), wenn die Ausschreibung zu spät erfolgt, etwa erst an dem Tag, an dem der BR über die Maßnahmen nach Abs. 1 informiert wird (LAG Frankfurt, AuR 90, 132), ebenso wenn die Ausschreibung gegen geltendes Recht verstößt, etwa gegen das Gebot geschlechtsneutraler Ausschreibung gemäß § 611 b BGB (Hess. LAG, NZA-RR 99, 641; ArbG Essen, BetrR 91, 280; vgl. LAG Berlin, DB 83, 2633). Als Begründung für die Zustimmungsverweigerung reicht es aus, dass der BR deutlich macht, die erforderliche innerbetriebliche Ausschreibung sei unterblieben (LAG Hamm, DB 92, 2639). Der BR kann auch die Ausschreibung von Arbeitsplätzen verlangen, die der AG mit freien Mitarbeitern besetzen will, wenn es sich bei der vorgesehenen Beschäftigung um eine gemäß § 99 mitbestimmungspflichtige Einstellung handelt (BAG, BB 93, 2233).

Zu Nr. 6: Die Besorgnis, der für die Maßnahme in Aussicht genommene Bewerber oder AN werde den **Betriebsfrieden** durch unsoziales oder gesetzwidriges Verhalten **stören**, kann nur auf konkrete Tatsachen gestützt werden, die bei objektiver Beurteilung der Persönlichkeit diesen Rückschluss zulassen. Gesetzwidriges Verhalten, das mit dem betrieblichen Geschehen in keinerlei Zusammenhang steht, kommt hierfür nicht in Betracht (BAG v. 5. 12. 57, AP Nr. 2 zu § 123 BGB.) Als besonders krasse Fälle eines den Betriebsfrieden und die Zusammenarbeit im Betrieb störenden Verhaltens werden nunmehr ausdrücklich rassistische und fremdenfeindliche Betätigungen hervorgehoben. **34**

(3) Ist der BR mit einer vom AG beabsichtigten Maßnahme nicht einverstanden, so muss er diesem die Verweigerung seiner Zustimmung innerhalb **einer Woche** nach Unterrichtung **unter Angabe der Gründe schriftlich** mitteilen. Geschieht dies vor Ablauf der genannten Frist nicht, gilt die Zustimmung als erteilt. Wird das unterzeichnete Verweigerungsschreiben dem AG vor Fristablauf per Telefax übermittelt, so genügt dies zur Einhaltung des Schriftlichkeitserfordernisses des Abs. 3 (BAG, NZA 03, 226). Die einwöchige Erklärungsfrist endet mit Ablauf des Tages, der seiner Benennung nach dem Tage entspricht, an dem der AG die ihm nach Abs. 1 obliegende Unterrichtungspflicht erfüllt hat. AG und BR können eine Verlängerung der Frist vereinbaren (BAG, DB 83, 2638; vgl. aber auch Rn. 22). Die Wochenfrist kann auch durch TV verlängert werden (vgl. BAG, NZA 86, 566 zur Verweigerung der Zustimmung des BR zu Umgruppierungen, die anlässlich des In-Kraft-Tretens einer neuen Gehaltsgruppenordnung erforderlich werden; vgl. im Übrigen auch Rn. 22). **35**

Über die Frage, ob der vom AG beabsichtigten personellen Maßnahme zugestimmt werden soll, beschließt der BR gemäß § 33 Abs. 1. Ist ein Mitgl. des BR von der personellen Maßnahme betroffen, darf es weder an der Beratung noch an der Abstimmung teilnehmen; vielmehr ist das zuständige Ersatzmitglied zu laden; andernfalls ist der Beschluss des BR, die Zustimmung zu verweigern, unwirksam. Die Zustimmung gilt mit Ablauf der Wochenfrist (Abs. 3 Satz 1) als erteilt (BAG, AuR 00, 158). Zur Begründung, warum der BR die Zustimmung verweigert, reicht es nicht aus, dass dieser lediglich den Gesetzeswortlaut eines der in Abs. 2 angeführten Tatbestände wiederholt. Es müssen **konkrete Tatsachen und Gründe** angeführt werden. Geschieht dies, so kann der AG sich über die vom BR verweigerte Zustimmung nicht einfach mit der Behauptung, sie sei fehlerhaft oder unbegründet, hinwegsetzen; er hat vielmehr die gerichtl. Ersetzung der Zustimmung **36** zu beantragen. Die vom BR angegebenen Gründe brauchen nicht schlüssig zu sein (BAG, DB 78, 2322) und einer gerichtl. Nachprüfung letztlich auch nicht standzuhalten. Es genügt, dass die vorgetragenen Tatsachen als solche die geäußerten Besorgnisse auftreten lassen **können** (BAG, BB 79, 678) oder die vom BR für die Verweigerung seiner Zustimmung gegebene Begründung es **als möglich** erscheinen lässt, dass einer der in Abs. 2 abschließend genannten Zustimmungsverweigerungsgründe geltend gemacht wird (BAG, DB 91, 1474). Nur eine Begründung, die **offensichtlich** nicht auf einen der Verweigerungsgründe Bezug nimmt, ist unbeachtlich mit der Folge, dass die Zustimmung des BR als erteilt gilt (BAG, BB 88, 1327). Trotzdem sollte der BR schon im Hinblick auf ein mögliches Verfahren nach §§ 99 Abs. 4 oder 100 die Zustimmungsverweigerung **so ausführlich wie möglich** begründen. Ein Nachschieben von Zustimmungsverweigerungsgründen **nach Ablauf** der Wochenfrist des Abs. 3 Satz 1 ist regelmäßig nicht möglich; die Zustimmungsverweigerung kann deshalb auf einen solchen Grund nicht gestützt werden (LAG Köln, AiB 95, 797).

37 (4) Ist der BR mit einer personellen Maßnahme nicht einverstanden und **verweigert** er deshalb seine **Zustimmung**, so hat der AG, falls er die Maßnahme gleichwohl durchführen will, die Ersetzung der Zustimmung des BR beim ArbG zu beantragen. Der AG ist nicht berechtigt, anstelle des Gerichts selbst darüber zu entscheiden, ob der BR seine Zustimmung grundlos und ungerechtfertigt nicht erteilt hat. Hält der AG die Zustimmungsverweigerung für nicht form- oder fristgerecht erfolgt, kann er die Feststellung beantragen, dass die Zustimmung des BR als erteilt gilt, und hilfsweise den Zustimmungsersetzungsantrag stellen (BAG, DB 86, 1077; 89, 530).

38 Soweit bei Eingruppierungen im Zustimmungsersetzungsverfahren eine bestimmte Entgeltgruppe vom ArbG als zutreffend ermittelt oder als unzutreffend ausgeschlossen wird, kann der AN seinen Entgeltanspruch unmittelbar auf die gerichtl. Entscheidung stützen. Insoweit ist sein Anspruch nicht von einer weiteren Prüfung der tariflichen Eingruppierungsvoraussetzungen abhängig. Allerdings ist der AN auch nicht gehindert, gegenüber dem AG eine günstigere als die im Beschlussverfahren angenommene Eingruppierung geltend zu machen (BAG, NZA 95, 484).

39 Das ArbG entscheidet im Beschlussverfahren. Der AG hat im Verfahren die **Darlegungs- und Beweislast** dafür, dass die vom BR vorgetragenen Gründe zur Verweigerung der Zustimmung nicht gegeben sind. Der BR kann nach Auffassung des BAG im arbeitsgerichtlichen Beschlussverfahren weitere Gründe **nicht nachschieben** (BAG, NZA 85, 67; 86, 755); auf jeden Fall wird der BR aber ihm vorher nicht bekannt gewesene Gründe noch geltend machen können. Weist das ArbG den Antrag des AG auf Ersetzung der Zustimmung mit der Begründung ab, die Zustimmung gelte bereits als erteilt, so kann der BR gegen diese Entscheidung Beschwerde einlegen, wenn er anderer Auffassung ist (BAG, NZA 86, 366). Die von der personellen Maßnahme betroffenen AN sind im Beschlussverfahren weder Beteiligte noch antragsberechtigt (BAG, DB 82, 2410; 83, 2638); sie haben auch keinen Anspruch auf ein wie auch immer geartetes Tätigwerden des BR (BAG, NZA 97, 713, 715). Der Rechtsweg zu den ArbG ist auch gegeben, wenn die Beteiligungsrechte nach dieser Vorschrift Bea. betreffen (BAG, NZA 96, 1061).

§ 100
Vorläufige personelle Maßnahmen

(1) Der Arbeitgeber kann, wenn dies aus sachlichen Gründen dringend erforderlich ist, die personelle Maßnahme im Sinne des § 99 Abs. 1 Satz 1 vorläufig durchführen, bevor der Betriebsrat sich geäußert oder wenn er die Zustimmung verweigert hat. Der Arbeitgeber hat den Arbeitnehmer über die Sach- und Rechtslage aufzuklären.

(2) Der Arbeitgeber hat den Betriebsrat unverzüglich von der vorläufigen personellen Maßnahme zu unterrichten. Bestreitet der Betriebsrat, dass die Maßnahme aus sachlichen Gründen dringend erforderlich ist, so hat er dies dem Arbeitgeber unverzüglich mitzuteilen. In diesem Fall darf der Arbeitgeber die vorläufige personelle Maßnahme nur aufrechterhalten, wenn er innerhalb von drei Tagen beim Arbeitsgericht die Ersetzung der Zustimmung des Betriebsrats und die Feststellung beantragt, dass die Maßnahme aus sachlichen Gründen dringend erforderlich war.

(3) Lehnt das Gericht durch rechtskräftige Entscheidung die Ersetzung der Zustimmung des Betriebsrats ab oder stellt es rechtskräftig fest, dass offensichtlich die Maßnahme aus sachlichen Gründen nicht dringend erforderlich war, so endet die vorläufige personelle Maßnahme mit Ablauf von zwei Wochen nach Rechtskraft der Entscheidung. Von diesem Zeitpunkt an darf die personelle Maßnahme nicht aufrechterhalten werden.

(1) Die Vorschrift regelt die Voraussetzungen, die den AG zur **vor-** 1
läufigen Durchführung einer personellen Maßnahme berechtigen, bevor der BR sich dazu geäußert hat oder falls er seine Zustimmung verweigert (zur Unterscheidung von einer kommissarischen Stellenbesetzung vgl. HessLAG, NZA 94, 1052). Die vorläufige personelle Maßnahme ist nur dann zulässig, wenn sachliche Gründe sie **dringend erforderlich** machen. Ob diese Voraussetzungen vorliegen, lässt sich regelmäßig nur **unter Berücksichtigung aller Umstände** des Einzelfalles beurteilen. Die vorläufige Durchführung einer Maßnahme ist

grundsätzlich nur gerechtfertigt, wenn sie **unaufschiebbar** ist, weil feststeht, dass anderenfalls ein spürbarer und nicht wieder gutzumachender Schaden entstehen oder ein vergleichbarer Vorteil entgehen würde (LAG Köln v. 15. 1. 97 – 8 Ta BV 61/96). Gründe für die vorläufige Durchführung einer personellen Maßnahme können immer nur auf einer betrieblichen Notwendigkeit beruhen. Dagegen reicht z. B. das **besondere Interesse eines Bewerbers** an einer sofortigen Einstellung nicht aus. **Bejaht** wurde die dringende Erforderlichkeit bei der vorläufigen Einstellung einer Fachkraft in einem Fall, in dem in einem für die Produktion wichtigen Labor ein AN ausgeschieden und ein weiterer in Urlaub war (ArbG Darmstadt v. 14. 8. 73 – 3 BV 7/73); bei der vorläufigen Einstellung eines Bewerbers für eine Betriebsabteilung, in der von insgesamt vier beschäftigten AN zwei ausgeschieden waren (ArbG Essen, DB 72, 977); im Fall einer sofortigen Versetzung von AN zur Sicherstellung der monatlichen Lohnabrechnung im Betrieb (BAG, DB 78, 447) sowie bei der Einstellung einer dringend benötigten Fachkraft, die sich sonst ernsthaft anderweitig entschieden hätte (LAG Berlin, DB 83, 776). Bei Ein- oder Umgruppierungen wird eine Unaufschiebbarkeit bereits deshalb nicht zu bejahen sein, weil es sich dabei nicht um gestaltende, sondern um beurteilende Vorgänge handelt (vgl. § 99 Rn. 9).

2 Bevor der AG die Maßnahme vorläufig durchführt, hat er den davon betroffenen AN jedoch auf die Vorläufigkeit der Maßnahme und die mögliche Notwendigkeit, sie später wieder rückgängig machen zu müssen, hinzuweisen. Unterlässt er dies, so können sich daraus **Schadensersatzverpflichtungen** des AG gegenüber dem Betroffenen ergeben.

3 (2) Damit der BR von der vorläufigen personellen Maßnahme Kenntnis erhält, ist der AG verpflichtet, ihn **unverzüglich zu unterrichten** (BAG, DB 78, 447). Behauptet der BR die Nichtberechtigung der vorläufigen Maßnahme und teilt er dies dem AG unverzüglich mit, so muss dieser die Maßnahme rückgängig machen, es sei denn, dass er **innerhalb von drei Tagen** (Kalendertage) beim ArbG die Ersetzung der Zustimmung des BR zur Durchführung der personellen Maßnahme sowie die Feststellung, dass deren vorläufige Durchführung aus sachlichen Gründen dringend erforderlich war, beantragt. **Beide Anträge** müssen in diesem Fall innerhalb der **Ausschlussfrist** von drei Tagen beim ArbG gestellt (BAG, BB 78, 1166) und begründet werden, da sonst ein nicht behebbarer, zur Unzulässigkeit des Antrags führender Mangel vorliegt (LAG Frankfurt, DB 90, 1092). Das Gebot der doppelten Antragstellung soll verhindern, dass der AG den Streit auf die Wirksamkeit der vorläufigen Maßnahme beschränkt und das Verfahren gemäß § 99 Abs. 4 in der Schwebe hält (BAG, NZA 88, 101). Stellt der AG innerhalb der Drei-Tage-Frist nur den Feststellungsantrag zur vorläufigen personellen Maßnahme, ist dieser unzulässig

(BAG a. a. O.). Strittig ist, ob das Gericht über beide Anträge gleichzeitig zu entscheiden hat oder darin frei ist, welchen der beiden Anträge es zuerst behandelt (vgl. auch LAG Schleswig-Holstein, BB 78, 611), und ob eine Vorabentscheidung über die Berechtigung der vorläufigen Maßnahme erforderlich ist (vgl. BAG, NZA 89, 183). Es spricht viel für die Freiheit des Gerichts in der Behandlung der Anträge, so dass es ggf. auch zunächst über den Zustimmungsersetzungsantrag entscheiden kann, wenn dies aufgrund der Sach- und Rechtslage ohne größere Verzögerung möglich ist (LAG Köln v. 8. 11. 83 – 6 TaBV 33/83). Der BR sollte seinen Antrag auf Abweisung der Anträge des AG zum einen mit dem Antrag verbinden, dem AG aufzugeben, die vorläufige personelle Maßnahme gemäß § 101 aufzuheben (ArbG Stuttgart v. 26. 3. 92 – 6 BV 161/91); zum anderen sollte der BR zusätzlich einen Antrag stellen, mit dem die Feststellung begehrt wird, dass die vorläufige Maßnahme nicht aus sachlichen Gründen dringend erforderlich war. Dies schafft die Grundlage für künftige Unterlassungsanträge im Verfahren nach § 23 Abs. 3.

Bei der Beurteilung der Frage, ob aus sachlichen Gründen die vorläu- **4**
fige Durchführung der Personalmaßnahme dringend erforderlich ist, scheiden **Gesichtspunkte der sozialen Auswahl** nach Auffassung des BAG aus (BAG, DB 78, 447). Der vom AG zu stellende Antrag auf Feststellung der Dringlichkeit für eine vorläufige Maßnahme ist dann unbegründet, wenn die Maßnahme offensichtlich aus sachlichen Gründen nicht dringend erforderlich war. Das Merkmal »offensichtlich« erfordert eine **grobe Verkennung** der sachlich-betrieblichen Notwendigkeit der vorläufigen Durchführung der Personalmaßnahme seitens des AG (BAG a. a. O.). War die personelle Maßnahme **zur Zeit der Durchführung** dringend erforderlich, so braucht der AG sie nach Auffassung des BAG anschließend vor Abschluss des von ihm eingeleiteten Verfahrens nicht aufzuheben, wenn nachträglich der dringende betriebliche Grund wieder entfällt (BAG, DB 75, 311). Das gerichtl. Verfahren ist jedoch nicht auf die Klärung der Frage beschränkt, ob der AG die personelle Maßnahme vorläufig durchführen durfte; es kann sich vielmehr gleichzeitig auch auf die Ersetzung der Zustimmung des BR nach § 99 Abs. 4 erstrecken. Deshalb ist es zweckmäßig, dass der BR in einem solchen Verfahren **sowohl die für eine Verweigerung seiner Zustimmung maßgebenden Gründe** vorträgt als auch darlegt, warum er die vorläufige Durchführung der Maßnahme für sachlich **nicht dringend erforderlich** erachtet.

(3) Hat der AG **sowohl** den Antrag gestellt, die fehlende Zustimmung **5**
des BR zu ersetzen, **als auch** festzustellen, dass die von ihm vorläufig durchgeführte personelle Maßnahme aus sachlichen Gründen dringend erforderlich war, so ist zu beachten, dass es sich im Grunde um **zwei Verfahren** handelt, die zwar vom Gericht zusammen entschieden werden können, aber nicht gleichzeitig entschieden werden

müssen (vgl. Rn. 3). Es ist sogar möglich, dass beide Anträge bei verschiedenen Kammern desselben Gerichts anhängig sind, wenn nämlich der Antrag nach § 99 Abs. 4 auf Ersetzung der Zustimmung des BR schon vorher gestellt wurde.

6 Stellt das Gericht fest, dass die vorläufige Durchführung der personellen Maßnahme offensichtlich aus sachlichen Gründen nicht dringend notwendig war, so endet diese mit Ablauf von zwei Wochen **nach Rechtskraft der Entscheidung** ohne Rücksicht auf die Dauer von Kündigungsfristen (vgl. auch ArbG Göttingen, DB 73, 338). Sie darf von diesem Zeitpunkt an nicht aufrechterhalten werden (wegen der rechtlichen Sanktionen vgl. § 101). Dasselbe gilt, wenn das Gericht die Ersetzung der Zustimmung des BR nach § 99 Abs. 4 ablehnt, da damit zugleich auch die Grundlage zur Durchführung einer vorläufigen personellen Maßnahme entfällt. An diesem Ergebnis ändert sich auch dann nichts, wenn **zwei verschiedene Kammern desselben Gerichts** über die Anträge befinden und die eine Kammer den Antrag auf Ersetzung der Zustimmung des BR ablehnt, während die andere die Notwendigkeit der vorläufigen Durchführung der Maßnahme bejaht hat. Ersetzt das Gericht die Zustimmung, verneint es aber die Dringlichkeit zur vorläufigen Durchführung der Maßnahme, darf der AG diese ebenfalls nicht aufrechterhalten (a. A. BAG v. 19. 6. 84, AP Nr. 1 zu Art. 72 ZA-Nato-Truppenstatut; LAG Hamm, DB 84, 2043; vgl. auch ArbG Braunschweig v. 24. 2. 87 – 6 BV 6/87, das einen Anspruch des BR auf Aufhebung der Maßnahme nur bis zur rechtskräftigen Zustimmungsersetzung bejaht). Nach Auffassung des LAG Frankfurt (DB 88, 915) kann der BR die Aufhebung einer vorläufigen personellen Maßnahme nicht im Wege der **einstweiligen Verfügung** vor Abschluss des normalen Beschlussverfahrens verlangen, da nach Abs. 3 und § 101 Zwangsmittel zur Durchsetzung der Rückgängigmachung der personellen Maßnahme erst eingesetzt werden können, wenn das ArbG die Ersetzung der Zustimmung des BR **rechtskräftig** abgelehnt bzw. festgestellt hat, dass die vorläufige Durchführung der Maßnahme offensichtlich aus sachlichen Gründen nicht dringend erforderlich war. Allerdings kommt insbesondere bei kurzzeitigen personellen Maßnahmen die Geltendmachung eines allgemeinen Unterlassungsanspruchs im Wege der einstweiligen Verfügung vor rechtskräftigem Abschluss eines Verfahrens nach § 101 in Betracht, um den Rechtsverlust des BR, der durch die Erledigung derartiger Maßnahmen bis zum Abschluss des gerichtlichen Verfahrens eintreten würde, zu verhindern (vgl. Soost/Hummel, AiB 00, 621; § 101 Rn. 4). Im Übrigen kann der BR bei dauerndem Missbrauch der Möglichkeit zur vorläufigen Durchführung personeller Maßnahmen durch den AG ein Verfahren nach § 23 Abs. 3 einleiten, um die Unterlassung für die Zukunft zu beantragen (vgl. Rn. 3).

§ 101
Zwangsgeld

Führt der Arbeitgeber eine personelle Maßnahme im Sinne des § 99 Abs. 1 Satz 1 ohne Zustimmung des Betriebsrats durch oder hält er eine vorläufige personelle Maßnahme entgegen § 100 Abs. 2 Satz 3 oder Abs. 3 aufrecht, so kann der Betriebsrat beim Arbeitsgericht beantragen, dem Arbeitgeber aufzugeben, die personelle Maßnahme aufzuheben. Hebt der Arbeitgeber entgegen einer rechtskräftigen gerichtlichen Entscheidung die personelle Maßnahme nicht auf, so ist auf Antrag des Betriebsrats vom Arbeitsgericht zu erkennen, dass der Arbeitgeber zur Aufhebung der Maßnahme durch Zwangsgeld anzuhalten sei. Das Höchstmaß des Zwangsgeldes beträgt für jeden Tag der Zuwiderhandlung 250 Euro.

Die Vorschrift sichert die Einhaltung der personellen MBR des BR 1
durch die Möglichkeit einer gerichtl. **Verhängung von Zwangsgeld** gegen den AG. Sie gilt auch, wenn eine personelle Maßnahme aufgrund der Erweiterung der MB der vollen MB des BR unterliegt und dieses MBR nicht beachtet worden ist (BAG, DB 90, 483). Der BR kann durch das ArbG die Aufhebung einer personellen Maßnahme erzwingen, wenn der AG sie ohne Zustimmung des BR durchgeführt hat. Dabei ist es gleichgültig, ob der AG die Zustimmung überhaupt nicht eingeholt hat, ob sie vom BR verweigert wurde, ohne dass ihre Ersetzung durch das ArbG erfolgt ist, oder ob das ArbG die Ersetzung der Zustimmung abgelehnt hat. Ebenso kann der AG durch das Gericht angehalten werden, eine vorläufig durchgeführte Maßnahme rückgängig zu machen, wenn der BR deren Berechtigung unverzüglich bestritten und der AG es unterlassen hat, das ArbG **innerhalb von drei Tagen** anzurufen.

Hat der AG eine Eingruppierung ohne die Zustimmung des BR 2
vorgenommen, kann nach Auffassung des BAG **nicht** die **Aufhebung der Eingruppierung**, sondern nur die nachträgliche Einholung der Zustimmung und bei Verweigerung der Zustimmung die Durchführung des arbeitsgerichtl. Zustimmungsersetzungsverfahrens vom BR verlangt werden (BAG, NZA 95, 484), da es sich bei der Eingruppierung nur um einen Akt der **Rechtsanwendung** handelt; in diesem Verfahren mit dem Antrag des BR auf Durchführung des Zustimmungsersetzungsverfahrens ist ein hilfsweise gestellter Antrag des AG auf Ersetzung der Zustimmung unzulässig (LAG Hamburg, AiB 00, 575). Das Beteiligungsverfahren ist erst dann abgeschlossen, wenn es zu einer Eingruppierung geführt hat, für die eine vom BR erteilte oder vom Gericht ersetzte Zustimmung vorliegt. Gleiches gilt, wenn der AG eine notwendige Eingruppierung unterlassen hat (BAG, NZA 89, 518). Hält der BR jedoch eine mit seiner Zustimmung erfolgte Eingruppierung nicht oder nicht mehr für zutreffend,

so kann er vom AG nicht verlangen, dass dieser eine erneute Eingruppierungsentscheidung unter seiner Beteiligung trifft (BAG, NZA 91, 852). Der AG ist seiner Verpflichtung zur Beteiligung des BR im Übrigen erst dann nachgekommen, wenn das Beteiligungsverfahren zu einer positiven Bestimmung der Vergütungsgruppe geführt hat. Dies bedeutet, dass der AG, wenn er mit dem Ersetzungsantrag gescheitert ist, die Zustimmung des BR zur Eingruppierung in eine andere Vergütungsgruppe beantragen muss. Die im Beteiligungsverfahren gefundene Eingruppierung ist dann **für den AG** verbindlich; der betreffende AN kann seinen Entgeltanspruch unmittelbar auf diese Eingruppierung stützen (BAG, NZA 95, 484). Der AN ist allerdings nicht gehindert, gegenüber dem AG eine **günstigere** als die im Beschlussverfahren angenommene Eingruppierung geltend zu machen (BAG a. a. O.; zum Klagerecht des betroffenen AN vgl. auch § 99 Rn. 38).

3 Für den Antrag auf Aufhebung der personellen Maßnahme schreibt das Gesetz **keine Frist** vor. Der Anspruch des BR kann aber durch längeren Zeitablauf verwirken (LAG Frankfurt, BB 84, 1684); das ist allerdings nicht schon der Fall, weil der BR mit der Einleitung des (LAG Köln v. 7. 4. 92 – 1 TaBV 75/91). Stellt der BR den Antrag, die personelle Maßnahme aufzuheben, so kann der AG dem **nicht mit** einem **Hilfsantrag begegnen**, die fehlende Zustimmung des BR gemäß § 99 Abs. 4 gerichtl. zu ersetzen; er kann auch nicht geltend machen, es fehlte an einem Zustimmungsverweigerungsgrund (BAG, DB 79, 749; NZA 86, 163). Ferner ist es unbeachtlich, dass der Grund, auf den der BR seine Zustimmungsverweigerung gestützt hat, im Laufe des Aufhebungsverfahrens wegfällt (BAG, DB 91, 1474). Ebenso kann sich der AG dem Aufhebungsverlangen des BR nach § 101 **nicht** dadurch entziehen, dass er vor Rückgängigmachung der Maßnahme erneut, und zwar diesmal ordnungsgemäß, die Verfahren nach §§ 99, 100 einleitet (vgl. LAG Frankfurt v. 5. 7. 88 – 4 TaBV 75/88; wegen der Besonderheiten bei Eingruppierungen vgl. Rn. 2). War dem AG wegen Versäumung der Antragsfrist (§ 100 Abs. 2) nach dieser Bestimmung aufgegeben worden, einen vorläufig eingestellten AN zu entlassen und stellt der AG den AN **nach** der Entlassung erneut vorläufig ein und stellt er die Anträge nach § 100 Abs. 2 nunmehr rechtzeitig, so kann ihm nicht erneut die Entlassung des AN aufgegeben werden (ArbG Kassel, DB 77, 1418). Dies gilt dann nicht, wenn das Gericht das offensichtliche Fehlen der sachlichen Dringlichkeit festgestellt hatte und zwischenzeitlich **keine wesentliche Änderung** der Umstände eingetreten ist (vgl. auch HessLAG, BB 94, 430, wonach der AG trotz eines Aufhebungsbeschlusses nach dieser Vorschrift nicht gehindert ist, dieselbe personelle Maßnahme [Einstellung oder Versetzung] erneut vorzunehmen, wenn er dem Aufhebungsbeschluss vorher genügt hat, was durch kurzfristige tatsächliche Rückgängigmachung geschehen kann).

Handelt der AG einer **rechtskräftigen** gerichtl. **Entscheidung zuwider**, kann deren Einhaltung durch Zwangsgeld erzwungen werden. Die Androhung des Zwangsgeldes kann bereits mit dem Antrag auf Aufhebung nach Satz 1 beantragt und im Beschluss des ArbG ausgesprochen werden (LAG Frankfurt, DB 89, 536). Ist die gerichtl. Entscheidung in einem Verfahren ergangen, in dem die Nichtberechtigung einer vorläufig durchgeführten Maßnahme festgestellt wurde (§ 100 Abs. 3), ist der AG zu deren Aufhebung allerdings **erst nach Ablauf von zwei Wochen** seit Rechtskraft der Entscheidung verpflichtet. Ein Verfahren nach dieser Bestimmung wird wegen **fehlenden Rechtsschutzbedürfnisses** unzulässig, wenn das Arbeitsverhältnis aus anderen Gründen bereits geendet hat (BAG, DB 79, 408). § 101 schließt den Anspruch des BR auf künftige Beachtung seiner MBR nach § 23 Abs. 3 nicht aus (BAG, NZA 87, 785; 91, 46), zumal das Verfahren nach § 101 vor allem bei wiederholter Einstellung nur für kurze Zeit oft ins Leere geht (vgl. § 100 Rn. 6; wegen des allgemeinen Unterlassungsanspruchs des BR bei mitbestimmungswidrigem Verhalten des AG vgl. BAG, NZA 95, 40). Der Antrag des BR auf Unterlassung mitbestimmungswidriger Maßnahmen darf aber nicht so global gefasst sein, dass er auch Fallgestaltungen umfasst, in denen der AG beispielsweise nach § 100 Abs. 1 Personalmaßnahmen vorläufig auch ohne Zustimmung des BR durchführen kann (BAG, NZA 95, 488; Soost/Hummel, AiB 00, 621). 4

§ 102
Mitbestimmung bei Kündigungen

(1) Der Betriebsrat ist vor jeder Kündigung zu hören. Der Arbeitgeber hat ihm die Gründe für die Kündigung mitzuteilen. Eine ohne Anhörung des Betriebsrats ausgesprochene Kündigung ist unwirksam.

(2) Hat der Betriebsrat gegen eine ordentliche Kündigung Bedenken, so hat er diese unter Angabe der Gründe dem Arbeitgeber spätestens innerhalb einer Woche schriftlich mitzuteilen. Äußert er sich innerhalb dieser Frist nicht, gilt seine Zustimmung zur Kündigung als erteilt. Hat der Betriebsrat gegen eine außerordentliche Kündigung Bedenken, so hat er diese unter Angabe der Gründe dem Arbeitgeber unverzüglich, spätestens jedoch innerhalb von drei Tagen, schriftlich mitzuteilen. Der Betriebsrat soll, soweit dies erforderlich erscheint, vor seiner Stellungnahme den betroffenen Arbeitnehmer hören. § 99 Abs. 1 Satz 3 gilt entsprechend.

(3) Der Betriebsrat kann innerhalb der Frist des Absatzes 2 Satz 1 der ordentlichen Kündigung widersprechen, wenn

1. der Arbeitgeber bei der Auswahl des zu kündigenden Arbeitnehmers soziale Gesichtspunkte nicht oder nicht ausreichend berücksichtigt hat,

2. die Kündigung gegen eine Richtlinie nach § 95 verstößt,

3. der zu kündigende Arbeitnehmer an einem anderen Arbeitsplatz im selben Betrieb oder in einem anderen Betrieb des Unternehmens weiterbeschäftigt werden kann,

4. die Weiterbeschäftigung des Arbeitnehmers nach zumutbaren Umschulungs- oder Fortbildungsmaßnahmen möglich ist oder

5. eine Weiterbeschäftigung des Arbeitnehmers unter geänderten Vertragsbedingungen möglich ist und der Arbeitnehmer sein Einverständnis hiermit erklärt hat.

(4) Kündigt der Arbeitgeber, obwohl der Betriebsrat nach Absatz 3 der Kündigung widersprochen hat, so hat er dem Arbeitnehmer mit der Kündigung eine Abschrift der Stellungnahme des Betriebsrats zuzuleiten.

(5) Hat der Betriebsrat einer ordentlichen Kündigung frist- und ordnungsgemäß widersprochen und hat der Arbeitnehmer nach dem Kündigungsschutzgesetz Klage auf Feststellung erhoben, dass das Arbeitsverhältnis durch die Kündigung nicht aufgelöst ist, so muss der Arbeitgeber auf Verlangen des Arbeitnehmers diesen nach Ablauf der Kündigungsfrist bis zum rechtskräftigen Abschluss des Rechtsstreits bei unveränderten Arbeitsbedingungen weiterbeschäftigen. Auf Antrag des Arbeitgebers kann das Gericht ihn durch einstweilige Verfügung von der Verpflichtung zur Weiterbeschäftigung nach Satz 1 entbinden, wenn

1. die Klage des Arbeitnehmers keine hinreichende Aussicht auf Erfolg bietet oder mutwillig erscheint oder

2. die Weiterbeschäftigung des Arbeitnehmers zu einer unzumutbaren wirtschaftlichen Belastung des Arbeitgebers führen würde oder

3. der Widerspruch des Betriebsrats offensichtlich unbegründet war.

(6) Arbeitgeber und Betriebsrat können vereinbaren, dass Kündigungen der Zustimmung des Betriebsrats bedürfen und dass bei Meinungsverschiedenheiten über die Berechtigung der Nichterteilung der Zustimmung die Einigungsstelle entscheidet.

(7) Die Vorschriften über die Beteiligung des Betriebsrats nach dem Kündigungsschutzgesetz bleiben unberührt.

1 (1) Jede ohne Anhörung des BR ausgesprochene Kündigung ist **unwirksam**. Die Unwirksamkeit wird nicht durch **nachträgliche Anhörung** oder Zustimmung des BR geheilt (BAG, NZA 94, 311). Sie kann auch nach Ablauf der **dreiwöchigen Klagefrist** des § 4 KSchG noch gerichtl. geltend gemacht werden. Die Anhörung kann **mündlich** erfolgen; die Schriftform oder eine Übergabe schriftlicher Unterlagen schreibt das Gesetz nicht vor, auch nicht bei komplexem Kündigungssachverhalt (BAG, AiB 98, 668).

Die Anhörungspflicht gilt **sowohl** für die **ordentliche** (fristgemäße) als auch für die **außerordentliche** (fristlose), auch für die mit einer tarifvertraglichen Eintagesfrist (LAG Hamm, BB 96, 959) und die schon vor **Dienstantritt** des AN ausgesprochene Kündigung des Arbeitsvertrages (LAG Frankfurt, DB 85, 2689), ebenso für **Änderungskündigungen**, bei denen neben § 102 auch § 99 gelten kann, wenn dessen Voraussetzungen ebenfalls erfüllt sind, z.B. bei einer Rückgruppierung (BAG, DB 78, 1135) oder Versetzung (LAG Frankfurt, BB 87, 2453). Die Anhörungspflicht besteht auch bei einer vom **Konkursverwalter** nach Konkurseröffnung ausgesprochenen Kündigung (LAG Baden-Württemberg, AuR 74, 93), ebenso für Kündigungen bei **Betriebsstilllegung** oder sonstigen Betriebsänderungen nach § 111 (LAG Hamm, BB 76, 170) auch dann, wenn Bestandteil des Interessenausgleichs eine Namensliste der zu kündigenden AN ist oder wenn einem Heimarbeiter gekündigt werden soll, der hauptsächlich für den Betrieb arbeitet (BAG, DB 96, 1525). Widerspricht ein AN dem Übergang seines Arbeitsverhältnisses auf einen neuen Betriebsinhaber nach § 613a BGB und kündigt daraufhin der bisherige Betriebsinhaber wegen fehlender Weiterbeschäftigungsmöglichkeiten, ohne den AN zuvor einem anderen Betrieb seines UN zuzuordnen, so ist jedenfalls **nicht der GBR** im UN des bisherigen Betriebsinhabers anzuhören (BAG, NZA 96, 974). Auch die **während eines Streiks** ausgesprochene Kündigung des AG bedarf der vorherigen Anhörung des BR (BAG v. 6. 3. 79, AP Nr. 20 zu § 102 BetrVG 1972); etwas anderes soll gelten, wenn die Kündigung aus arbeitskampfbedingten Gründen, etwa wegen Teilnahme an rechtswidrigen Arbeitsniederlegungen, erfolgt (BAG v. 14. 2. 78, AP Nr. 58 zu Art. 9 GG Arbeitskampf). 2

Die Anhörungspflicht entfällt auch in **Eilfällen** nicht. Sie besteht auch dann, wenn auf das Arbeitsverhältnis eines AN die Bestimmungen des **KSchG nicht** zur Anwendung kommen, weil dieser z.B. noch keine sechs Monate im Betrieb tätig ist (BAG, BB 94, 1783). Der BR muss auch gehört werden, wenn in einem Tendenz-UN einem sog. **Tendenzträger** aus tendenzbedingten Gründen gekündigt werden soll (BAG v. 7. 11. 75, AP Nr. 4 zu § 118 BetrVG 1972; BVerfG, BB 80, 259). Ein Anhörungsrecht des BR besteht nicht, wenn das Arbeitsverhältnis durch Eigenkündigung des AN oder durch einen **Aufhebungsvertrag** beendet oder durch einen Änderungsvertrag verändert wird (BAG, BB 78, 403). Eine Anhörung scheidet ferner aus, wenn ein Zeitvertrag mit Fristablauf **ohne Kündigung** endet. Bei 3

Probe- und Aushilfsarbeitsverhältnissen ist die Anhörung durchzuführen, sofern es zu deren Beendigung einer Kündigung bedarf; dies gilt auch für eine Kündigung, die während der Probezeit eines Ausbildungsverhältnisses ausgesprochen wird (LAG Baden-Württemberg v. 4. 10. 84 – 7 Sa 24/84). Bei einem Auslandsarbeitsverhältnis entfällt die Anhörungspflicht dann, wenn sich dieses nach Vertrag und Abwicklung auf den **ausschließlichen Einsatz** des AN im Ausland beschränkt (BAG, DB 87, 1897).

4 Für die Beteiligung des BR bei der vorzeitigen Versetzung in den Ruhestand von Bea., die in den privatisierten Postunternehmen beschäftigt sind, gelten die Sonderregelungen nach § 28 PostPersRG i. V. m. § 78 Abs. 1 Nr. 5 BPersVG. Zur Beschlussfassung s. § 99 Rn. 3.

5 Vor der **Konstituierung** des BR besteht keine Anhörungspflicht; der AG ist auch nicht verpflichtet, mit der Kündigung zu warten, bis der BR sich konstituiert hat (BAG v. 23. 8. 84, AP Nr. 36 zu § 102 BetrVG 1972; anders BAG, AuR 84, 190). Das Anhörungsrecht hat auch der aus einer Person bestehende BR. Es entfällt grundsätzlich, wenn diese verhindert ist und ein Ersatzmitgl. fehlt. Ist das einzige Mitglied des BR arbeitsunfähig erkrankt und ein Stellvertr. nicht vorhanden, ist der AG jedenfalls dann zur Anhörung des erkrankten einzigen Mitgl. des BR vor Ausspruch der Kündigung verpflichtet, wenn er davon ausgehen kann, dass dieses bereit und in der Lage ist, derartige BR-Tätigkeiten auszuüben (BAG, NZA 85, 96). Der BR kann seine Mitwirkungsrechte bei Kündigungen auf einen von ihm gebildeten **Personalausschuss** übertragen (BAG v. 12. 7. 84, AP Nr. 32 zu § 102 BetrVG 1972). Der AG hat grundsätzlich den für den Beschäftigungsbetrieb zuständigen BR anzuhören. Bei einer Betriebsaufspaltung besteht nach Maßgabe des § 21 a ein Restmandat des BR für den abgetrennten Betriebsteil bis zu einer dort stattgefundenen Neuwahl; kündigt der für den abgespalteten Betriebsteil zuständige AG während dieser Zeit, hat er deshalb diesen BR anzuhören (a. A. nach früherem Recht BAG v. 23. 11. 88, EzA § 102 BetrVG 1972 Nr. 72; zur Anhörung nach Betriebsübergang i. S. des § 613 a BGB durch den bisherigen AG gegenüber dem widersprechendem AN vgl. auch Rn. 2).

6 Dem BR sind die Gründe für die Kündigung so **umfassend** und **detailliert** mitzuteilen, dass er sich ein Bild über die Stichhaltigkeit machen kann. Der AG hat dem BR sowohl die **Person des AN**, dem gekündigt werden soll, die **Art der Kündigung** (z. B. ordentliche oder außerordentliche) als auch den **Kündigungstermin** mitzuteilen (BAG, DB 74, 1294), wobei die lediglich fehlerhafte **Angabe** einer **falschen Kündigungsfrist** oder eines unrichtigen Endtermins nicht zur Unwirksamkeit der Kündigung führt (LAG Schleswig-Holstein, BB 95, 1593). Der AG muss auch zu erkennen geben, wann er die

Kündigung aussprechen will (BAG, AuR 94, 107). Ob eine ordentliche oder eine außerordentliche Kündigung ausgesprochen werden soll, hat der AG dem BR auch im Fall der beabsichtigten Kündigung eines »unkündbaren AN« mitzuteilen, wenn er etwa eine nach der objektiven Rechtslage nur außerordentlich mögliche Kündigung unter Einhaltung einer Frist aussprechen will (BAG v. 29. 8. 91, EzA § 102 BetrVG 1972 Nr. 82). Die Pflicht zur umfassenden Information besteht auch, wenn der betroffene AN noch keinen Kündigungsschutz nach dem KSchG genießt (BAG v. 12. 3. 86, EzA Art. 33 GG Nr. 13), wobei im Einzelfall allerdings geringere Anforderungen an die Substantiiertheit der Mitteilungen des AG zu stellen sind (BAG, DB 89, 1575) und auch subjektive Wertungen genügen können (BAG, NZA 99, 477). Bei beabsichtigter **Änderungskündigung** gehört hierzu auch die Mitteilung des Änderungsangebots (BAG, DB 84, 629). Ob der AG schon vor der Anhörung des BR seinen **Kündigungswillen abschließend gebildet** hat, ist auf die im Übrigen ordnungsgemäße Anhörung ohne Einfluss (BAG, DB 74, 1294; LAG Köln v. 3. 8. 01 – 11 Sa 1339/00).

Bei einer **betriebsbedingten Kündigung** muss dem BR im Einzelnen mitgeteilt werden, inwiefern der Arbeitsplatz des zu kündigenden AN weggefallen ist. Es **reicht nicht aus**, wenn der AG lediglich eine unbestimmte und pauschale Begründung wie »Auftragsmangel«, »Arbeitsmangel« oder »Rationalisierungsmaßnahme« angibt. Auch genügen nicht Angaben über die mangelnde Auslastung des Betriebs oder einer Betriebsabteilung, wenn zugleich außer Frage steht, dass die Beschäftigung einzelner Arbeitsgruppen im Betrieb oder in der betreffenden Abteilung sich nicht unerheblich voneinander unterscheidet oder die Auftragsabwicklung in verschiedenen Bereichen sogar entgegengesetzt verläuft. Werden dem BR hierzu Hinweise unrichtig gegeben oder verschwiegen, kann es an einer ordnungsgemäßen Anhörung fehlen (vgl. auch BAG, NZA 95, 521). Der pauschale Hinweis auf fehlende Weiterbeschäftigungsmöglichkeiten reicht jedenfalls dann nicht, wenn der BR selbst schon vor Einleitung des Anhörungsverfahrens auf einen für den AN in Betracht kommenden Arbeitsplatz hingewiesen hat (BAG, AiB 01, 235). Im Falle einer Betriebsstilllegung sind zwar nicht deren Motive, wohl aber der **Zeitpunkt** mitzuteilen, zu dem die vollständige Schließung des Betriebs beabsichtigt ist; erfolgt die Stilllegung in Etappen, bedarf es der Mitteilung, in welcher zeitlichen Abfolge welche Bereiche eingeschränkt, welche AN zunächst weiterbeschäftigt und zu welchem Zeitpunkt welche AN entlassen werden (LAG Hamm v. 17. 2. 95 – 5 Sa 1066/94). Dem BR müssen auch die Gesichtspunkte für die **soziale Auswahl** mitgeteilt werden, und zwar nicht nur die sozialen Daten des zu kündigenden AN, sondern auch die der AN mit einer vergleichbaren Tätigkeit. Der AG muss dem BR dabei, und zwar **auch ohne ausdrückliches Verlangen** des BR, von vornherein die Gründe mitteilen, die ihn zur **7**

Auswahl gerade des zu kündigenden AN veranlasst haben (BAG, NZA 84, 169), auch solche, die einer Auswahl nach sozialen Gesichtspunkten nach § 1 Abs. 3 Satz 2 KSchG entgegenstehen (LAG Berlin, BB 97, 442). Die Mitteilung der Sozialdaten kann sich erübrigen, wenn ein ganzer Betrieb oder Betriebsteil gemäß § 613 a BGB übergeht oder ausgegliedert wird und einem AN wegen des Widerspruchs gegen den Übergang seines Arbeitsverhältnisses betriebsbedingt gekündigt wird (BAG, AiB 00, 696). War der zu kündigende AN bereits in einem gemäß § 613 a BGB übernommenen Vorgängerbetrieb beschäftigt, setzt eine ordnungsgemäße Anhörung die Angabe der **Gesamtbeschäftigungsdauer** voraus (ArbG Reutlingen, BB 95, 677). Aus Sinn und Zweck der Anhörung folgt, dass der AG dem BR gegenüber auch eindeutig darstellen muss, ob er sich nur aus betrieblichen Gründen zur Kündigung veranlasst sieht oder ob er diese unabhängig davon auch unmittelbar auf personen- oder verhaltensbedingte Gründe stützen will (BAG, DB 82, 1171).

8 Bei einer Kündigung wegen **häufiger Kurzerkrankungen** sind nicht nur die bisherigen Fehlzeiten und die Art der Erkrankungen mitzuteilen, sondern auch die wirtschaftlichen Belastungen und Betriebsbeeinträchtigungen, die infolge der Fehlzeiten entstanden sind oder mit denen noch gerechnet werden muss (BAG, NZA 84, 93). Pauschale Hinweise auf »wiederholte Arbeitsunfähigkeit« reichen nicht aus (BAG v. 18. 9. 86 – 2 AZR 638/83). An die Mitteilungspflicht des AG hinsichtlich der **wirtschaftlichen Belastungen** sollen allerdings nicht die strengen Anforderungen wie im Kündigungsschutzprozess zu stellen sein. Angaben sollen ausnahmsweise sogar entbehrlich sein, wenn der BR den Arbeitsplatz und die Folgen wiederholter Ausfälle genau kennt, wofür jedoch **keine Erfahrungsregel** spricht (BAG a. a. O.; abzulehnen LAG Hamm, DB 88, 506, das eine EDV-mäßige Darstellung der Fehlzeiten und Mitteilung der entstandenen Lohnfortzahlungskosten als ausreichend ansehen will).

9 Bei der **verhaltensbedingten Kündigung** sind die konkreten Vorfälle zu bezeichnen und alle Umstände darzulegen, die dem AG bekannt sowie im Rahmen der Interessenabwägung von Bedeutung sind (BAG, NZA 89, 775). Bei der **Verdachtskündigung** sind auch die Namen evtl. **Tatzeugen** zu nennen (ArbG Darmstadt, AiB 86, 118; vgl. auch Rn. 10). Dem BR sind dabei auch eine vorangegangene **Abmahnung** sowie eine ggf. vorliegende Gegendarstellung des AN mitzuteilen (BAG v. 31. 8. 89, EzA § 102 BetrVG 1972 Nr. 75). Der Vorlage von **Beweismaterial** bedarf es im Allgemeinen jedoch nicht (BAG, DB 95, 1134). Eine wirksame Anhörung des BR zu einem vom AN angekündigten, aber noch nicht eingetretenen Verhalten ist dann nicht möglich, wenn nicht die Ankündigung selbst, sondern nur das zu **erwartende Verhalten** des AN vom AG als Kündigungsgrund genannt wird (BAG v. 19. 1. 83, AP Nr. 28 zu § 102 BetrVG 1972).

Wenn der BR bei Einleitung des Anhörungsverfahrens bereits über den erforderlichen Kenntnisstand verfügt, um zu der konkret beabsichtigten Kündigung eine Stellungnahme abgeben zu können, bedarf es keiner weiteren Darlegung der Kündigungsgründe durch den AG mehr (BAG, NZA 86, 426). Dies kann beispielsweise der Fall sein, wenn die Tatumstände, mit denen der AG die Kündigung rechtfertigen will, sich über einen längeren Zeitraum zugetragen haben und alle diese Umstände dem BR-Vors. jeweils zu der Zeit, als sie sich ereigneten, mitgeteilt wurden (BAG, DB 74, 1438). Für den Umfang der Mitteilungspflicht des AG ist es **unerheblich**, ob es sich um einen Klein- oder Großbetrieb handelt (BAG, NZA 86, 426). Unterlässt der AG die Unterrichtung des BR in der **irrigen Annahme**, dass dieser bereits über den erforderlichen und aktuellen Kenntnisstand verfügt, liegt **keine** ordnungsgemäße Anhörung vor (BAG a. a. O.). Dasselbe gilt, wenn erst ein Mitgl. des BR dessen Vors. auf Nachfrage Kenntnis von wesentlichen Kündigungstatsachen verschafft, diese Mitteilung aber nicht auf Veranlassung des AG erfolgt (LAG Nürnberg v. 24. 2. 94, LAGE § 102 BetrVG 1972 Nr. 38). Das Anhörungsverfahren ist nur dann ordnungsgemäß, wenn der BR weiß, dass es wegen einer noch auszusprechenden Kündigung eingeleitet wird (BAG, DB 76, 344). 10

Der AG ist nur verpflichtet, die **Kündigungsgründe** mitzuteilen; er braucht dem BR die für die Kündigung maßgebenden Tatsachen **nicht nachzuweisen;** dies muss der AG erst, wenn der AN ein Kündigungsschutzverfahren einleitet (BAG, DB 77, 1853). Bei wahrheitswidriger, unvollständiger und dadurch **irreführender Darstellung** des Kündigungssachverhalts fehlt es aber an der ordnungsgemäßen Anhörung des BR; die Kündigung ist daher unwirksam (BAG, DB 95, 477). Informiert der AG nicht auch über Begleitumstände, die dem Kündigungssachverhalt ein besonderes Gewicht verleihen und für die Interessenabwägung erhebliche Bedeutung haben können, sind diese bei der Prüfung der Kündigungsberechtigung nicht verwertbar (Hess. LAG, NZA 99, 269). Hat der AG eine außerordentliche Kündigung ausgesprochen, weil der AN in einem Schreiben, in dem er ausführlich das Verhalten seines Vorgesetzten kritisiert, diesen als notorischen Lügner bezeichnet hat, so liegt eine ordnungsgemäße Anhörung nicht vor, wenn der AG dem BR zwar die beleidigende Äußerung mitteilt, ihn aber nicht auch über den sonstigen Inhalt des Schreibens informiert (LAG Köln, NZA 95, 128). Führt der AG kein ordnungsgemäßes Anhörungsverfahren durch, dann wird dieser Mangel grundsätzlich nicht dadurch geheilt, dass der BR zur beabsichtigten Kündigung abschließend Stellung nimmt. Etwas anderes kann allenfalls dann gelten, wenn der BR **ausdrücklich und vorbehaltlos** der Kündigung zugestimmt hat (BAG, DB 79, 1135). Eine gesonderte Anhörung erübrigt sich, wenn die Kündigung auf Verlangen des BR (vgl. etwa § 104) ausgesprochen wird; in dem Verlangen ist die Zustimmung schon enthalten (BAG, AuR 97, 374). 11

12 Zur **Entgegennahme** von Erklärungen ist nur der **Vors. des BR** und im Falle seiner Verhinderung dessen Stellvertr. befugt. Der BR muss sich grundsätzlich nur das Wissen eines zur Entgegennahme von Erklärungen berechtigten oder hierzu ausdrücklich ermächtigten BR-Mitgl. zurechnen lassen (BAG, NZA 86, 426). Zieht der AG bei der Ermittlung des Kündigungssachverhalts ein (einfaches) BR-Mitgl. hinzu, sind dessen Kenntnisse dem Wissen des BR nur dann zuzurechnen, wenn es sie vor oder bei Einleitung des Anhörungsverfahrens dem Vors. des BR, seinem Stellv. oder dem BR-Gremium mitgeteilt hat (LAG München, BB 88, 2175). Ist das MBR des BR auf einen **Ausschuss** übertragen worden, so ist dessen Vors. zur Entgegennahme der Erklärungen des AG befugt (BAG, DB 75, 2184). Mitteilungen des AG an den BR haben **während der Arbeitszeit** zu erfolgen; außerhalb der Arbeitszeit sind die für den BR empfangsberechtigten Personen grundsätzlich nicht verpflichtet, Erklärungen des AG nach dieser Vorschrift entgegenzunehmen. Nur wenn sie dies dennoch widerspruchslos tun, sind sie dem BR damit zugegangen (BAG v. 27. 2. 82, EzA § 102 BetrVG 1972 Nr. 49). Ein Anhörungsschreiben geht dem BR erst am folgenden Tag zu, wenn es vom AG zu einer Zeit in das Postfach gelegt wird, zu welcher (etwa nach Dienstschluss) nicht mehr mit einer Leerung am selben Tag gerechnet werden muss (BAG, AiB 98, 113). Einer **ausdrücklichen Aufforderung** an den BR, zur beabsichtigten Kündigung Stellung zu nehmen, bedarf es **nicht**. Sie liegt bereits in der Mitteilung der Kündigungsgründe (BAG, DB 74, 1294).

13 Sofern nach ordnungsgemäßer Einleitung des Anhörungsverfahrens dem BR bei der Behandlung der Sache **Fehler unterlaufen**, insbesondere der Vors. des BR die Mitteilung nicht an seine BR-Kollegen weitergibt oder keine rechtlich einwandfreie Beschlussfassung des BR über die Kündigungsmaßnahme stattfindet, hat dies auf die Gültigkeit der Anhörung grundsätzlich keinen Einfluss, wenn der AG mit dem Ausspruch der Kündigung **bis zum Ablauf der Äußerungsfrist** des Abs. 2 wartet. Weiß der AG aber oder muss er den Umständen nach annehmen, dass sich der BR in seiner Gesamtheit mit der Angelegenheit überhaupt noch nicht befasst haben kann, so ist eine von ihm vor Ablauf der Erklärungsfrist des Abs. 2 ausgesprochene Kündigung auch dann unwirksam, wenn ihm vom Vors. oder einem einzelnen Mitgl. des BR die angebliche Stellungnahme des BR mitgeteilt worden ist (BAG, DB 74, 1294; 74, 1438). Wenn der AG während einer **auf sein Verlangen einberufenen Sitzung** des BR, in der die beabsichtigte Kündigung des AN behandelt wird, auch bei der Beschlussfassung des BR anwesend ist, wirkt sich dies auf die Ordnungsmäßigkeit des Anhörungsverfahrens jedenfalls dann nicht aus, wenn er den BR **weder veranlasst** hat, sofort eine abschließende Stellungnahme abzugeben, noch davon abgehalten hat, eine weitere Sitzung **ohne seine Anwesenheit** durchzuführen (BAG, DB 77, 1853). Eine ordnungsgemäße Anhörung würde in diesem Fall aber dann nicht vor-

liegen, wenn der BR bei seiner Beschlussfassung beispielsweise fehlerhaft zusammengesetzt war und der anwesende AG dies erkennen konnte (LAG Düsseldorf, DB 75, 743).

Eine gesetzl. Verpflichtung des BR, den betroffenen AN in jedem Fall **anzuhören**, besteht nicht. Er hat hierüber nach pflichtgemäßem Ermessen zu entscheiden. Erfolgt keine Anhörung des AN, so hat dies auf die **Ordnungsmäßigkeit des Anhörungsverfahrens** keinen Einfluss (BAG, DB 76, 1063). Stützt der AG eine Kündigung auf den **Verdacht einer strafbaren Handlung** des AN, so hat er auch den AN vor Ausspruch der Kündigung grundsätzlich anzuhören. Verletzt der AG schuldhaft diese Pflicht, so ist die gleichwohl ausgesprochene Kündigung unwirksam, es sei denn, der AN war von vornherein nicht bereit, sich zu den Verdachtsgründen substantiiert zu äußern (BAG, NZA 96, 81). **14**

Für die Frage, ob eine Kündigung vor Ablauf der Erklärungsfristen des Abs. 2 ausgesprochen worden ist, kommt es im Übrigen nicht auf den Zugang der Kündigungserklärung beim AN, sondern darauf an, zu welchem Zeitpunkt die **Kündigungserklärung aus dem Machtbereich des AG** gelangt ist (BAG, DB 76, 969). Die **Darlegungs-** und **Beweislast** dafür, dass der BR **vor** einer Kündigung ordnungsgemäß gehört worden ist oder nicht gehört zu werden brauchte, weil es sich um die Kündigung eines leit. Ang. handelte, hat im Kündigungsschutzverfahren im Streitfall der AG (BAG, a. a. O.). Im Kündigungsschutzprozess kann der AG sich nur auf solche **Kündigungsgründe** berufen, die vor Ausspruch der Kündigung **Gegenstand der Anhörung** waren (BAG, AiB 97, 668); dies gilt auch, wenn der BR der Kündigung aufgrund der mitgeteilten Gründe zugestimmt hat (BAG v. 26. 9. 91 – 2 AZR 132/91). Vor Ausspruch der Kündigung kann der AG seine Informationen gegenüber dem BR jederzeit ergänzen (BAG, DB 97, 1284). Ihm ist es aber verwehrt, Kündigungsgründe **nachzuschieben**, die er dem BR zuvor nicht mitgeteilt hatte. Dabei kommt es nicht darauf an, ob der AG vor Kündigungsausspruch bereits Kenntnis von diesen Gründen hatte (teilweise a. A. BAG, NZA 86, 674, wonach Kündigungsgründe, die bei Ausspruch der Kündigung bereits entstanden, dem AG aber noch nicht bekannt waren, im Kündigungsschutzprozess nachgeschoben werden können, wenn der AG zuvor den BR hierzu erneut angehört hat). Erhält der AG erst **nach Ausspruch** der Kündigung Kenntnis von weiteren Kündigungsgründen, so kann er sie nach Anhörung des BR zum Anlass einer erneuten Kündigung machen. Nicht gehindert ist der AG auch, im Kündigungsschutzprozess Tatsachen nachzutragen, die ohne wesentliche Veränderung des Kündigungssachverhalts lediglich der Erläuterung und Konkretisierung der dem BR mitgeteilten Kündigungsgründe dienen (BAG a. a. O.). Teilt der AG dem BR mit, er beabsichtige, dem AN wegen einer nach dem geschilderten Sachverhalt für **nachgewiesen** **15** erachteten **Straftat** fristlos und vorsorglich ordentlich zu kündigen, und stützt er später die Kündigung bei unverändert gebliebenem Sachverhalt auch auf den **Verdacht dieser Straftat**, ist der nachgeschobene Kündigungsgrund der Verdachtskündigung wegen insoweit fehlender Anhörung des BR im Kündigungsschutzprozess nicht zu verwerten (BAG v. 3. 4. 86, AP Nr. 41 zu § 102 BetrVG 1972).

16 Die Kündigung muss in einem **zeitlichen Zusammenhang** mit dem Anhörungsverfahren stehen. Eine erneute Anhörung des BR kann auch unter ausdrücklicher Bezugnahme auf die bereits gegebenen Mitteilungen und den damit beim BR bereits vorhandenen Kenntnisstand erfolgen. Hat der AG nach durchgeführter Anhörung die Kündigung ausgesprochen, wird sein Kündigungsrecht zunächst ausgeübt und »verbraucht«. Teilt der AN dem AG binnen eines Monats nach Kündigungserhalt mit, er habe vor Kündigungszugang die Anerkennung als **Schwerbehinderter** beantragt, muss der AG den BR erneut anhören (LAG Hamm, DB 88, 916). Stellt sich heraus, dass die ausgesprochene Kündigung beispielsweise wegen fehlender Zustimmung der Hauptfürsorgestelle (jetzt: Integrationsamt) nach dem SchwbG (jetzt: SGB IX) unwirksam war, muss der AG nach Erteilung der Zustimmung durch die Hauptfürsorgestelle den BR erneut anhören (BAG, NZA 94, 311; vgl. aber auch BAG, BB 94, 1857 zur Entbehrlichkeit einer erneuten Anhörung zu einer fristlosen Kündigung eines schwerbehinderten AN bei erst nach jahrelangem verwaltungsgerichtlichem Verfahren erteilter Zustimmung der Hauptfürsorgestelle). Ist in einem Kündigungsprozess **rechtskräftig** entschieden, dass das Arbeitsverhältnis durch eine bestimmte Kündigung nicht aufgelöst worden ist, kann der AG eine erneute Kündigung nicht auf Gründe stützen, die er schon zur Begründung der ersten Kündigung vorgebracht hatte und die gerichtlich geprüft worden sind mit dem Ergebnis, dass sie die Kündigung nicht rechtfertigen können (BAG, BB 94, 862). Hat ein **Bevollmächtigter** des AG die Kündigung ausgesprochen und ergeben sich nachträglich Zweifel, ob die Kündigungserklärung des Bevollmächtigten dem AG zugerechnet werden kann, dann hat der AG den BR wiederum anzuhören, bevor er erneut eine weitere Kündigung aussprechen will (BAG, NZA 96, 649).

17 (2) Die Vorschrift setzt **Fristen** fest, innerhalb derer der BR evtl. Bedenken gegen eine beabsichtigte Kündigung gegenüber dem AG schriftlich geltend zu machen hat. Versäumt er die Fristen, so gilt seine Zustimmung als erteilt (hinsichtlich des Fristablaufs gelten die Grundsätze des § 99 Abs. 3). AG und BR können eine **Verlängerung der Frist** vereinbaren; einen Anspruch hierauf hat der BR auch bei Massenentlassungen grundsätzlich nicht. Jedoch kann das Berufen des AG auf die Anhörungsfrist **rechtsmissbräuchlich** sein, wenn ihre Einhaltung wegen der Zahl der im BR zu behandelnden Kündigungen Schwierigkeiten bereitet und der BR deswegen innerhalb der Wochen-

frist vom AG Fristverlängerung verlangt hat (BAG, NZA 87, 601). Im Übrigen läuft die Äußerungsfrist des BR nicht bereits mit Dienstschluss der Personalabteilung, sondern erst mit Ende des Tages (24.00 Uhr) ab, der durch seine Benennung dem Tag entspricht, an dem der BR die Anhörungsmitteilung erhalten hat; der BR kann diese Frist voll ausschöpfen (BAG, AiB 98, 113). Der BR ist grundsätzlich nicht verpflichtet, die das Anhörungsverfahren einleitenden Erklärungen des AG außerhalb der Arbeitszeit oder der Betriebsräume entgegenzunehmen (BAG, DB 83, 181). Eine einseitig vom AG veranlasste **Verkürzung** der gesetzlichen Anhörungsfrist ist auch in Eilfällen nicht möglich (BAG v. 13. 11. 75, AP Nr. 6 zu § 102 BetrVG 1972). Das Verfahren zur Anhörung des BR vor einer Kündigung ist **vor** Ablauf der Frist nur dann beendet, wenn der BR zu der Kündigungsabsicht des AG eine Erklärung abgegeben hat, aus der sich ergibt, dass der BR eine weitere Erörterung des Falles nicht mehr wünscht oder er sich zu der Kündigung nicht äußern wird und darin eine **abschließende** Stellungnahme liegt (BAG, DB 76, 1241). Ein derartiger Erklärungsinhalt kann sich nach Auffassung des BAG auch aus einem bestimmten Verhalten oder einer bisherigen Übung des BR ergeben (BAG, NZA 88, 137).

Auch wenn die Zustimmung des BR wegen Fristablaufs als erteilt gilt, **18**
bedeutet das – ebenso wie in dem Fall, in dem der BR der Kündigung ausdrücklich zustimmt – nicht, dass die Kündigung damit bereits **rechtswirksam** ist. Die Zustimmung des BR führt nur dazu, dass der AG aus der Sicht des MBR eine rechtlich relevante Kündigungserklärung abgegeben hat. Ob sie **aus anderen rechtlichen Gesichtspunkten** (z. B. den Vorschriften des KSchG oder des MuSchG) unwirksam ist, bleibt damit noch offen.

(3) Die Bestimmung enthält eine Aufzählung von Tatbeständen, bei **19**
deren Vorliegen der BR der Kündigung **widersprechen** kann. Sie gilt jedoch **nur für ordentliche** Kündigungen. Der Widerspruch führt zwar nicht zur Unwirksamkeit der Kündigung, löst aber den Weiterbeschäftigungsanspruch des AN nach Abs. 5 aus. Der Widerspruch muss schriftlich erfolgen und eine Begründung enthalten. Diese darf nicht nur den Gesetzestext wiederholen; es müssen vielmehr Tatsachen dargelegt werden, die es möglich erscheinen lassen, dass einer der in Abs. 3 aufgezählten Gründe vorliegt (LAG Düsseldorf, BB 78, 810). Die Aufzählung der Widerspruchsgründe ist nach h. M. abschließend (BAG, NZA 86, 424).

Der BR kann einer Kündigung selbstverständlich auch aus anderen als **20**
den in dieser Vorschrift aufgezählten Gründen widersprechen. In diesem Fall reicht der Widerspruch des BR allein jedoch **nicht aus**, um die **Weiterbeschäftigungspflicht** nach Abs. 5 auszulösen, auch wenn die vom BR vorgebrachten Bedenken durchgreifen. Ob die Kündigung wirksam ist, bestimmt sich nach anderen arbeitsrecht-

lichen Grundsätzen. Es kann auch sein, dass eine Kündigung nach den Bestimmungen des KSchG sozial ungerechtfertigt und damit unwirksam ist, obwohl der BR dieser **nicht widersprochen** hat. So wird beispielsweise eine Kündigung, die der AG ausspricht, obwohl eine Weiterbeschäftigung des AN unter geänderten Vertragsbedingungen möglich wäre und der AN hiermit sein Einverständnis erklärt hat, grundsätzlich nach den Vorschriften des KSchG sozial ungerechtfertigt und damit unwirksam sein, unabhängig davon, ob der BR ihr widersprochen hat oder nicht (BAG, DB 73, 1856; vgl. im Übrigen Rn. 28).

21 Der BR kann bei Vorliegen eines der in dieser Bestimmung genannten Tatbestände nicht **nur einer betriebsbedingten**, sondern **auch** einer **personenbedingten** oder **verhaltensbedingten** Kündigung widersprechen (BAG, DB 78, 1454; DB 83, 180). Dasselbe gilt im Falle einer sog. außerordentlichen Kündigung mit sozialer Auslauffrist, die nach der Rechtspr. unter bestimmten Voraussetzungen auch gegenüber einem AN ausgesprochen werden kann, für den die ordentliche Kündigung durch TV ausgeschlossen ist (BAG v. 4. 2. 93, EzA § 626 BGB Nr. 144 im Falle dauernder Unfähigkeit des AN zur Erbringung der Arbeitsleistung).

22 *Zu Nr. 1:* Widerspricht der BR mit der Begründung, der AG habe bei der Auswahl der zu kündigenden AN **soziale Gesichtspunkte** nicht oder nicht ausreichend berücksichtigt, so ist er nicht verpflichtet, darüber hinaus die AN im Einzelnen zu bezeichnen, die nach seiner Meinung anstelle der vom AG zur Kündigung vorgesehenen AN entlassen werden sollten (LAG Niedersachsen, DB 75, 1898; LAG Rheinland-Pfalz, AuR 82, 323). Es reicht aus, dass der BR in seinem Widerspruch geltend macht, welche sozialen Daten der AG nicht ausreichend berücksichtigt hat. Ebenfalls reicht es aus, dass die weniger schutzbedürftige Person konkretisierbar ist (ArbG Stuttgart v. 31. 8. 93 – 23 Ga 60/93). Gemeint sind im Übrigen **alle** sozialen Gesichtspunkte, **nicht nur** Dauer der Betriebszugehörigkeit, Lebensalter und Unterhaltspflicht.

23 *Zu Nr. 2:* Die Bestimmung soll sicherstellen, dass der AG bei einer Kündigung die mit dem BR vereinbarten **Auswahlrichtlinien** (vgl. die Erl. zu § 95) beachtet. Erfolgt die soziale Auswahl bei einer betriebsbedingten Kündigung aufgrund von Auswahlrichtlinien nach § 95 (s. dort Rn. 9), kann sie im Kündigungsschutzprozess gemäß § 1 Abs. 4 Satz 1 KSchG nur noch auf **grobe Fehlerhaftigkeit** überprüft werden. Soweit ein Punkteschema vorgesehen wird, müssen die Richtlinien Spielraum für eine Berücksichtigung individueller Besonderheiten bei der abschließenden Würdigung des Falles lassen (BAG, BB 96, 1993). Dabei darf der AG das Angebot eines sozial schutzwürdigeren AN berücksichtigen, für den Fall einer Weiterbeschäftigung seines zur Kündigung vorgesehenen Sohnes auf seinen Arbeitsplatz zu verzichten, weil im Verhältnis zueinander letzterer vorrangig zum Unterhalt verpflichtet ist; nimmt der AG ein solches Angebot an, führt dies nicht zur Sozialwidrigkeit anderer Kündigungen unter dem Gesichtspunkt der fehlerhaften Sozialauswahl (BAG, BB 96, 1993).

Zu Nr. 3: Das Widerspruchsrecht ist auch dann gegeben, wenn der AN nicht an einem anderen Arbeitsplatz im selben Betrieb, sondern an seinem **alten Arbeitsplatz weiterbeschäftigt** werden kann (a. A. BAG v. 12. 9. 85, AP Nr. 7 zu § 102 BetrVG 1972 Weiterbeschäftigung; wie hier LAG Düsseldorf, DB 80, 2043; ebenso bei Möglichkeit der Weiterbeschäftigung in einem anderen Betrieb des Konzerns, wenn dies arbeitsvertraglich möglich ist oder der AG sich umgekehrt einen konzernweiten Einsatz seiner Beschäftigten vorbehalten hatte, BAG, NZA 87, 125). Zur Begründung des Widerspruchs reicht es nicht aus, wenn der BR nur allgemein auf eine anderweitige Beschäftigungsmöglichkeit im selben Betrieb oder in einem anderen Betrieb des Unternehmens verweist, er muss vielmehr in bestimmbarer Weise angeben, auf welchem Arbeitsplatz der zu kündigende AN nach seiner Meinung eingesetzt werden kann (BAG, AiB 00, 164; vgl. aber auch BAG, DB 79, 652). Der AG ist nach Auffassung des BAG nicht verpflichtet, zum Zwecke der Weiterbeschäftigung einen neuen Arbeitsplatz zu schaffen (BAG, NZA 91, 181). Allerdings ist auch ein in **absehbarer Zeit** nach Ablauf der Kündigungsfrist **freiwerdender Arbeitsplatz** zu berücksichtigen (BAG, NZA 95, 521). Macht der BR geltend, dass in konkret bezeichneten Betriebsabteilungen Leih-AN tätig sind, auf deren Arbeitsplätze AN weiterbeschäftigt werden können, so handelt es sich um Arbeitsplätze, die in absehbarer Zeit frei gemacht werden. Ob der AN auf dem bezeichneten Arbeitsplatz tatsächlich eingesetzt werden kann, ist nicht erforderlich; die **Möglichkeit** reicht für den Widerspruch aus (ArbG Stuttgart, AiB 97, 723). Ein zwar wegrationalisierter Arbeitsplatz ist gleichwohl als frei anzusehen, wenn sein Wegfall zu einer so weitgehenden Personalreduzierung geführt hat, dass eine neunmonatige Urlaubssperre für die übrigen AN erforderlich wurde (ArbG Hamburg, AiB 91, 443). 24

Zu Nr. 4: Bei den **Umschulungs-** oder **Fortbildungsmaßnahmen** muss es sich nicht um innerbetriebliche Maßnahmen handeln; sie können auch außerbetrieblicher Art sein. Ob Umschulungs- oder Fortbildungsmaßnahmen für den AG ausnahmsweise unzumutbar sind, lässt sich nur im Einzelfall beurteilen. Der AG hat die Unzumutbarkeit ggf. darzulegen und zu beweisen. 25

Zu Nr. 5: Der AN kann sich mit einer Weiterbeschäftigung unter **geänderten Vertragsbedingungen** vorbehaltlich der gerichtl. Nachprüfung der sozialen Rechtfertigung der Änderung im Kündigungsschutzprozess einverstanden erklären. Dann hat der AG eine Änderungskündigung auszusprechen. Kündigt er gleichwohl das Arbeitsverhältnis, ohne dessen Fortsetzung zu den geänderten Bedin- 26 gungen anzubieten, so führt der Widerspruch des BR dazu, dass diese Kündigung sozial ungerechtfertigt ist.

27 (4) Der entlassene AN soll durch die Kenntnis der Widerspruchsgründe des BR in die Lage versetzt werden, die **Aussichten eines Kündigungsschutzprozesses** besser abschätzen und sich im Verfahren auf den Widerspruch des BR berufen zu können.

28 (5) Die Bestimmung regelt die **Rechtsfolgen** eines ordnungsgemäßen Widerspruchs des BR bei ordentlichen Kündigungen. Ordnungsgemäß ist der Widerspruch, wenn er das Vorliegen einer der in Abs. 3 genannten Gründe als **möglich** erscheinen lässt (LAG München, BB 94, 1287). Die nach dieser Bestimmung vorgesehene Rechtsfolge, das Weiterbestehen des Arbeitsverhältnisses bei unveränderten Arbeitsbedingungen über die ordentliche Kündigungsfrist hinaus, tritt nur dann ein, wenn der betroffene AN die **Weiterbeschäftigung verlangt und Kündigungsschutzklage** vor dem ArbG erhebt. Das Weiterbeschäftigungsverlangen muss spätestens am ersten Arbeitstag nach Ablauf der Kündigungsfrist erfolgt sein (BAG, BB 00, 2049). Der AG kann unabhängig vom Vorliegen der Voraussetzungen nach dieser Bestimmung oder über diese hinausgehend die Weiterbeschäftigung vertraglich zusagen; er ist an die Einhaltung dieser Zusage gebunden (ArbG Lörrach, AiB 01, 58).

29 Bis zum rechtskräftigen Abschluss des Kündigungsschutzprozesses hat der AG die **Pflicht zur Beschäftigung** des AN, die er gegen dessen Willen nicht durch Weiterzahlung des Lohnes und Freistellung von der Arbeit abwenden kann (BAG, DB 77, 2099). Der AN kann den Weiterbeschäftigungsanspruch im **einstweiligen Verfügungsverfahren** durchsetzen (LAG Düsseldorf, DB 80, 2043), ohne dass es hierbei der Darlegung eines besonderen Verfügungsgrundes (der Gefährdung der Interessen des gekündigten AN) bedarf (LAG Hamburg, AiB 93, 53; a.A. LAG Düsseldorf, BB 93, 1151 für den Fall einer vom AN unter Vorbehalt nach § 2 KSchG angenommenen Änderungskündigung und Durchsetzung des Anspruchs auf vorläufige Weiterbeschäftigung am bisherigen Arbeitsplatz während des Rechtsstreits im Wege des einstweiligen Rechtsschutzes). Er hat jedoch ein Wahlrecht. Verlangt er die vorläufige Weiterbeschäftigung nicht, kann er nach Obsiegen im Kündigungsschutzprozess gleichwohl in den Betrieb zurück. Liegen die Voraussetzungen des Abs. 5 nicht vor (z.B. besteht kein BR oder dieser hat nicht widersprochen), kann gleichwohl ein Anspruch des AN auf vorläufige Weiterbeschäftigung nach dem Beschluss des Großen Senats des BAG (v. 27. 2. 85, NZA 85, 702) gegeben sein, wenn der AN Kündigungsschutzklage erhoben und in 1. Instanz ein **obsiegendes Urt**. erstritten hat. Der Beschäftigungsanspruch besteht regelmäßig bis zum Ergehen einer gegenteiligen Entscheidung der höheren Instanz (BAG a.a.O.). Er wird weder durch eine weitere offensichtlich unwirksame Kündigung des AG noch durch eine weitere Kündigung beendet, die auf dieselben Gründe gestützt ist, die nach Auffassung des ArbG schon für die erste Kündigung nicht ausgereicht hatten. Stützt der AG die weitere Kündigung auf einen **neuen** Sachverhalt, sind bei der Prüfung der Frage, ob die neue Kündigung zu einer anderen Beurteilung führen kann, auch die Umstände zu berücksichtigen, die dafür sprechen (z.B. bei Kettenkündigungen), dass der neue Sachverhalt nur vorgeschoben ist (BAG v. 19. 12. 85, AP Nr. 17 zu § 611 BGB Beschäftigungspflicht).

Die Bestimmung gilt nur im Falle der **ordentlichen Kündigung** (BAG, DB 77, 2099). Glaubt der AG, dass ein Grund zur fristlosen Kündigung vorliegt, spricht er gleichzeitig jedoch vorsorglich auch eine ordentliche Kündigung aus, so dürfte er nach richtiger Auffassung gleichwohl zur Weiterbeschäftigung des AN nach dieser Bestimmung verpflichtet sein. Will er die Weiterbeschäftigung unbedingt vermeiden, so darf er **nur außerordentlich** kündigen (str.). In jedem Fall aber besteht ein Anspruch des AN auf Weiterbeschäftigung, wenn über die fristlose Kündigung zu seinen Gunsten entschieden, der Kündigungsschutzprozess jedoch noch nicht beendet ist (vgl. DKK-Kittner, § 102 Rn. 249). 30

Im Übrigen liegt, wenn der AG durch den **gleichzeitigen Ausspruch** einer fristlosen und fristgemäßen Kündigung bewusst den BR ausschalten und ihm die Möglichkeit des Widerspruchs nehmen will, eine Behinderung der Tätigkeit des BR nach § 78 vor, die nach § 119 geahndet werden kann. 31

Der einmal vom BR erklärte, die Beschäftigungspflicht des AN begründende Widerspruch kann **nicht zurückgenommen** werden. Der Beschäftigungsanspruch selbst ist zwar durch das kollektivrechtliche Widerspruchsrecht des BR ausgelöst worden, sein weiteres Bestehen hängt jedoch nur noch von dem individualrechtlichen Kündigungsschutzverfahren ab. Der gesetzl. Anspruch auf Beschäftigung kann durch eine BV nicht abbedungen werden (LAG Düsseldorf, DB 77, 2383). Hat der AN die Weiterbeschäftigung erlangt, so kann er sich nur bei Vorlage eines wichtigen Grundes oder unter Einhaltung der Kündigungsfrist davon lösen. 32

Nur unter den in Nrn. 1 bis 3 genannten Voraussetzungen kann die Verpflichtung zur Weiterbeschäftigung des AN durch eine vom AG beantragte einstweilige Verfügung des ArbG aufgehoben werden. Der AG hat einen der **Ausnahmefälle** dieser Bestimmung darzulegen und glaubhaft zu machen. Dazu bedarf es der eidesstattlichen Versicherung (§§ 936, 920, 294 ZPO). Der AG muss auch die Eilbedürftigkeit glaubhaft machen. Verlangt er erst Monate nach dem schriftlichen Weiterbeschäftigungsbegehren des AN die Befreiung von der Beschäftigungspflicht, ohne dass in der Zwischenzeit neue Gesichtspunkte eingetreten sind, so ist ein Grund für eine einstweilige Verfügung nicht gegeben (LAG Düsseldorf, DB 77, 1952; LAG Köln, DB 33

83, 2368). Ebenso kann der AG, wenn sein Antrag auf Erlass einer einstweiligen Verfügung rechtskräftig abgewiesen worden ist, diesen nur wiederholen, wenn **neue Tatsachen** vorliegen, die er **im ersten Verfahren nicht** vorbringen konnte. Der AG kann den erneuten Antrag aber nicht darauf stützen, die Kündigungsschutzklage des weiterbeschäftigten AN sei in erster Instanz abgewiesen worden (BAG, DB 83, 2368).

34 Zur **fehlenden Aussicht auf Erfolg** der Kündigungsschutzklage gehört, dass eine summarische Prüfung ergibt, dass die Klage offensichtlich oder doch mit hinreichender Wahrscheinlichkeit keinen Erfolg haben wird (LAG Hamburg, AiB 93, 53; ArbG Hannover, AuR 72, 381). Haben sowohl der AG als auch der AN hinreichende Erfolgsaussichten glaubhaft gemacht, scheidet eine Befreiung von der Weiterbeschäftigungspflicht aus (LAG Düsseldorf v. 23. 5. 75, EzA § 102 BetrVG 1972 Beschäftigungspflicht Nr. 4; ArbG Stuttgart, AuR 93, 222). Der pauschale Vortrag, der gekündigte AN sei von einer Personalreduzierung betroffen, reicht selbst dann nicht, wenn der AN die kürzeste Betriebszugehörigkeit aller vergleichbaren Mitarbeiter aufweist; auf Vergleichbarkeit und soziale Auswahl kommt es nicht an (LAG Baden-Württemberg v. 30. 8. 93 – 15 Sa 36/93).

35 Eine **unzumutbare wirtschaftliche Belastung** des AG lässt sich nicht bereits mit gesunkenen Umsätzen begründen. Der AG muss eine Existenzgefährdung des Betriebs wegen der Weiterbeschäftigung gerade des betroffenen AN dartun (ArbG Rosenheim, AuR 74, 218; ArbG Stuttgart, AuR 93, 222; ArbG Solingen, DB 76, 1385); es reicht also nicht aus, wenn der AG lediglich allgemein vorträgt, dass er mit der Weiterbeschäftigung mehrerer AN zu rechnen hat und hierfür pauschale Kostenberechnungen aufgrund von Durchschnittswerten vorlegt (ArbG Stuttgart v. 31. 8. 93 – 23 Ga 75/93). Von einem **offensichtlich unbegründeten** Widerspruch des BR kann nur dann gesprochen werden, wenn dieser mutwillig erfolgte (ArbG Hannover, AuR 72, 381), die Grundlosigkeit sich bei unbefangener Beurteilung geradezu aufdrängt (ArbG Berlin, DB 73, 192) und für die Überlegungen des BR keinerlei Anhaltspunkte vorlagen (LAG Frankfurt, AuR 77, 156) oder auch ohne besondere gerichtl. Aufklärung feststeht, dass der Widerspruchsgrund nicht vorliegen kann (LAG Hamburg, AiB 93, 53).

36 **Keine Weiterbeschäftigungspflicht** des AG nach dieser Bestimmung besteht, wenn der AN **nicht den Kündigungsschutz** nach dem KSchG genießt (ArbG Wuppertal, DB 75, 2329). Die vorstehenden Grundsätze gelten entsprechend auch für eine fristgemäße Änderungskündigung. Die Entbindung des AG von der Weiterbeschäftigungspflicht lässt die bis zur gerichtl. Entbindungsentscheidung angefallenen Vergütungsansprüche des AN unberührt (BAG, NZA 96, 930).

37 (6) Wenn die Vorschrift eine BV, die dem BR ein volles MBR bei Kündigungen einräumt, ausdrücklich für zulässig erklärt, so bedeutet dies nicht, dass die MBR des BR nicht auch in anderen Fällen über das Gesetz hinaus erweitert werden könnten. So kann **auch durch TV** wirksam festgelegt werden, dass eine Kündigung der **Zustimmung** des BR bedarf und im Streitfall die ESt. verbindlich entscheidet (BAG, DB 88, 1397).

Eine Vereinbarung, nach der eine Kündigung nur mit Zustimmung des BR zulässig ist, kann sich **sowohl** auf **ordentliche als auch** auf **außerordentliche** Kündigungen erstrecken. Sie bedarf der Unterzeichnung durch AG und BR auf **einer Urkunde** (BAG, DB 78, 1501). Liegt eine solche Vereinbarung vor und verweigert der BR seine Zustimmung, gleichgültig aus welchen Gründen, so entscheidet die ESt. und nicht das ArbG, ob die Verweigerung der Zustimmung durch den BR berechtigt ist. **38**

Erklärt die ESt. die Verweigerung der Zustimmung durch den BR für begründet, so ist eine Kündigung **unzulässig**. Ersetzt die ESt. die Zustimmung des BR, so bedeutet dies nicht, dass die Kündigung damit begründet ist. Ob die Kündigung wirksam ist, stellt das ArbG im **Kündigungsschutzverfahren** fest. Dabei kann der AN sich darauf berufen, dass der BR aus einem der in Abs. 3 genannten Gründe widersprochen hat, ohne dass der AG dem entgegenhalten kann, dass der Widerspruch des BR durch die ESt. ersetzt worden sei. Ebenso kann der AN nach Abs. 5 die Weiterbeschäftigung zu unveränderten Arbeitsbedingungen über die Kündigungsfrist hinaus bis zur rechtskräftigen Entscheidung des Rechtsstreits verlangen (str.). **39**

(7) Die Vorschrift stellt klar, dass die Beteiligung des BR bei **anzeigepflichtigen** Entlassungen nach dem KSchG unberührt bleibt. Danach ist der AG verpflichtet, Massenentlassungen gemäß § 17 KSchG dem Arbeitsamt innerhalb von vier Wochen vorher schriftlich anzuzeigen. Der BR ist vom AG zu hören, der dessen Stellungnahme seiner Anzeige beifügen muss. Soweit erkennbare Veränderungen des Betriebs innerhalb der nächsten zwölf Monate voraussichtlich zu **Massenentlassungen** nach § 17 KSchG führen oder in dem dort genannten Umfang AN voraussichtlich auf andere Tätigkeiten umgesetzt werden, ist der BR ebenfalls zu hören. Der AG ist verpflichtet, die Stellungnahme des BR seiner Anzeige an das Landesarbeitsamt beizufügen. Die Unterrichtung nach § 17 Abs. 2 KSchG kann mit der Anhörung des BR nach § 102 Abs. 1 verbunden werden (BAG, NZA 87, 601). **40**

§ 103
Außerordentliche Kündigung und Versetzung in besonderen Fällen

(1) Die außerordentliche Kündigung von Mitgliedern des Betriebsrats, der Jugend- und Auszubildendenvertretung, der Bord-

vertretung und des Seebetriebsrats, des Wahlvorstands sowie von Wahlbewerbern bedarf der Zustimmung des Betriebsrats.

(2) Verweigert der Betriebsrat seine Zustimmung, so kann das Arbeitsgericht sie auf Antrag des Arbeitgebers ersetzen, wenn die außerordentliche Kündigung unter Berücksichtigung aller Umstände gerechtfertigt ist. In dem Verfahren vor dem Arbeitsgericht ist der betroffene Arbeitnehmer Beteiligter.

(3) Die Versetzung der in Absatz 1 genannten Personen, die zu einem Verlust des Amtes oder der Wählbarkeit führen würde, bedarf der Zustimmung des Betriebsrats; dies gilt nicht, wenn der betroffene Arbeitnehmer mit der Versetzung einverstanden ist. Absatz 2 gilt entsprechend mit der Maßgabe, dass das Arbeitsgericht die Zustimmung zu der Versetzung ersetzen kann, wenn diese auch unter Berücksichtigung der betriebsverfassungsrechtlichen Stellung des betroffenen Arbeitnehmers aus dringenden betrieblichen Gründen notwendig ist.

1 (1) Die Bestimmung regelt den Schutz von Mitgl. des BR, der JAV, der Bordvertretung und des See-BR, des WV sowie von Wahlbewerbern vor **außerordentlichen** Kündigungen. Der Schutz dieses Personenkreises gegen ordentliche Kündigungen ist im KSchG geregelt (§ 15 KSchG). **Ordentliche** Kündigungen sind danach grundsätzlich unzulässig, und zwar während der Amtszeit der genannten Personen sowie innerhalb eines Jahres, für Mitglieder einer Bordvertretung innerhalb von sechs Monaten, vom Zeitpunkt der Beendigung der Amtszeit an gerechnet.

2 Bei **Mitgl. des WV** beginnt der Kündigungsschutz mit ihrer Bestellung, bei Wahlbewerbern mit der Aufstellung des gültigen Wahlvorschlags, der die nach § 14 Abs. 6 und 7 erforderlichen Stützunterschriften aufweist. Bei Wahlbewerbern setzt der Schutz allerdings Wählbarkeit voraus (BAG, AiB 97, 596). Er endet bei Mitgl. des WV und bei nicht gewählten Wahlbewerbern mit Ablauf von sechs Monaten nach Bekanntgabe des Wahlergebnisses (§ 15 Abs. 3 KSchG; ArbG Frankfurt am Main, AiB 00, 117; vgl. auch Rn. 10.). Wird die Betriebsabteilung eines Wahlbewerbers stillgelegt, ist die Kündigung frühestens zum Zeitpunkt der Stilllegung zulässig (ArbG Frankfurt am Main, AiB 00, 117). Dieser Kündigungsschutz gilt auch für **Änderungskündigungen**, und zwar auch dann, wenn die Änderung der Arbeitsbedingungen eines durch § 15 KSchG geschützten AN im Rahmen von Massenänderungskündigungen herbeigeführt werden soll (BAG, AuR 87, 343). Dem Kündigungsschutz nach dieser Vorschrift unterliegen nicht die Organmitglieder, die aus einer **nichtigen Wahl** hervorgegangen sind (BAG v. 7. 5. 86, AP Nr. 18 zu § 15 KSchG 1969).

3 Mitgl. des BR, die ihr **Amt niedergelegt** haben, genießen den nachwirkenden Kündigungsschutz grundsätzlich auch. Erklärt der AG im

Nachwirkungszeitraum gegenüber einem früheren Mitgl. des BR eine ordentliche Kündigung, so ist diese auch dann nichtig, wenn ein wichtiger Grund zur fristlosen Kündigung vorgelegen hat (BAG v. 5. 7. 79, AP Nr. 6 zu § 15 KSchG 1969). Endet die Amtszeit des BR **vorzeitig**, führt der BR die Geschäfte jedoch weiter, bis der neue gewählt und das Wahlergebnis bekannt gegeben ist (vgl. § 13 Abs. 2 Nr. 1 bis 3 und § 22), so beginnt der nachwirkende einjährige Kündigungsschutz erst vom **Zeitpunkt der tatsächlichen Beendigung** der Geschäftsführung an.

Ersatzmitgl. genießen den Kündigungsschutz für die **gesamte Dauer** 4 **der Vertretung** eines ordentlichen BR-Mitgl. (vgl. dazu im Einzelnen Besgen, AiB 81, 98 f.) und nicht nur an den Tagen, an denen sie Geschäfte eines BR-Mitgl. – etwa Teilnahme an einer Sitzung – wahrnehmen (BAG v. 9. 11. 77, AP Nr. 3 zu § 15 KSchG 1969). Die Vertretung beginnt mit der Arbeitsaufnahme des Ersatzmitgl. an dem Tag, an dem das ordentliche Mitgl. erstmals verhindert ist. Eine **zeitweilige Verhinderung** eines BR-Mitgl. liegt in der Regel auch vor, wenn es sich krank gemeldet hat und der Arbeit fernbleibt, sich später aber herausstellt, dass das BR-Mitgl. tatsächlich nicht arbeitsunfähig krank und deshalb unberechtigt der Arbeit ferngeblieben war (BAG v. 5. 9. 86, AP Nr. 25 § 103 BetrVG 1972). Das **erste Ersatzmitgl. der jeweiligen Vorschlagsliste** ist so lange Vertreter im BR, wie ein Vertretungsfall gegeben ist. Weitere Ersatzmitgl. rücken nach, solange und soweit weitere Vertretungsfälle eintreten. Fällt in eine kurze Vertretung oder zu Beginn einer längeren Vertretung eine Sitzung des BR, genießt das Ersatzmitgl. auch in der **Vorbereitungszeit** den besonderen Kündigungsschutz. Dies ist die Zeit ab Ladung; in der Regel sind jedoch drei Arbeitstage als Vorbereitungszeit ausreichend (BAG v. 17. 1. 79, AP Nr. 5 zu § 15 KSchG 1969). Tritt bei einem zur Amtsausübung berufenen Ersatzmitgl. nachträglich ebenfalls ein **Verhinderungsfall** ein, so behält es den besonderen Kündigungsschutz auch während der eigenen Verhinderung, sofern deren Dauer im Vergleich zur voraussichtlichen Dauer des Vertretungsfalles als unerheblich anzusehen ist. Eine ersichtlich unbedeutende Unterbrechung der Amtsausübung gilt nicht als Unterbrechung der Berufung des Ersatzmitgl. zur stellvertretenden Wahrnehmung des BR-Amtes (BAG, DB 78, 495).

Ersatzmitgl. des BR, die stellvertretend für ein zeitweilig verhindertes 5 ordentliches BR-Mitgl. dem BR angehört und Aufgaben eines BR-Mitgl. wahrgenommen haben, genießen nach Beendigung des Vertretungsfalles grundsätzlich den **nachwirkenden Kündigungsschutz**; dies gilt unabhängig von der Dauer ihrer Amtszeit und ihres Einsatzes im BR. Die Tätigkeit eines Ersatzmitgl. setzt auch nicht die tatsächliche Teilnahme an einer BR-Sitzung voraus; ausreichend sind vielmehr bereits eine Ladung und Vorbereitung des Betroffenen zu dieser

Sitzung. Schon während dieser Phase kann das Ersatzmitgl. amtsbedingt in eine Konfliktstellung zum AG geraten, insbesondere wenn dieser die Teilnahme an der BR-Sitzung dadurch verhindert, dass er eine betriebsbedingte Unabkömmlichkeit des Ersatzmitgl. einwendet (LAG Brandenburg, BB 95, 1912). Der nachwirkende Kündigungsschutz besteht auch dann, wenn dem AG bei Ausspruch einer ordentlichen Kündigung nicht bekannt ist, dass das Ersatzmitgl. vor Ablauf eines Jahres stellvertretend als Mitgl. des BR amtiert hat (vgl. aber auch BAG a. a. O.).

6 Der nachwirkende sechsmonatige Kündigungsschutz gegen ordentliche Kündigungen gilt nicht für Mitgl. eines WV, der aufgrund einer **gerichtl. Entscheidung** durch einen **anderen** WV **ersetzt** worden ist, weil er seiner Verpflichtung zur unverzüglichen Einleitung und Durchführung der Wahl nicht nachgekommen war. Dagegen erwerben die Mitgl. eines WV, die vor Durchführung der BR-Wahl ihr Amt niederlegen, vom Zeitpunkt der Amtsniederlegung an den nachwirkenden Kündigungsschutz (BAG, NZA 87, 279). Durch den neu in § 15 KSchG aufgenommenen Abs. 3a ist auch die ordentliche Kündigung von AN unzulässig, die zur Wahl eines WV **einladen** oder dessen Bestellung beim ArbG **beantragen**. Der Kündigungsschutz gilt für die **ersten drei** in der Einladung oder Antragstellung angeführten AN. Er beginnt mit der Einladung oder Antragstellung und endet mit der Bekanntgabe des Wahlergebnisses, falls eine AN-Vertretung nicht gewählt wird, drei Monate nach Einladung oder Antragstellung. Der kollektive Schutz nach § 103 für den Fall einer außerordentlichen Kündigung gilt für diesen zuletzt genannten Personenkreis allerdings nicht.

7 Entfällt der Arbeitsplatz eines nach § 15 KSchG geschützten AN, hat der AG den AN auf einen anderen Arbeitsplatz zu übernehmen. Nach § 15 Abs. 4 KSchG ist die ordentliche Kündigung des geschützten Personenkreises (Rn. 1 f.) ausnahmsweise zulässig im Falle einer **Betriebsstilllegung**. Sie kann dann unter Einhaltung der Kündigungsfrist, jedoch frühestens zum Zeitpunkt der Stilllegung erfolgen (ArbG Frankfurt am Main, AiB 00, 117), es sei denn, dass zwingende betriebliche Erfordernisse die Kündigung schon zu einem früheren Zeitpunkt bedingen. Wird eine dem besonderen Kündigungsschutz unterliegende Person in einer Betriebsabteilung beschäftigt, die stillgelegt wird, ist sie in eine andere Betriebsabteilung zu übernehmen, wobei der AG einen Arbeitsplatz unter Umständen durch Kündigung frei machen muss (ArbG Frankfurt am Main a. a. O.). Kann ein in der stillgelegten Betriebsabteilung beschäftigtes BR-Mitgl. nach entsprechender Änderungskündigung zu im Übrigen unveränderten Arbeitsbedingungen auf einem freien Arbeitsplatz in einer anderen Betriebsabteilung weiterbeschäftigt werden, ist der AG grundsätzlich jedoch nicht verpflichtet, wegen der geringeren Belastung für das BR-Mitgl.

einen näher gelegenen Arbeitsplatz frei zu kündigen (BAG, AiB 00, 581). Die Kündigung eines BR-Mitgl. wegen Betriebsstilllegung ist im Übrigen über den Wortlaut des § 15 Abs. 4 KSchG hinaus stets nur gerechtfertigt, wenn **keine Weiterbeschäftigungsmöglichkeit** in einem **anderen** Betrieb des AG besteht (BAG, DB 93, 1224). Auf derartige Kündigungen findet § 102 Anwendung. Der BR ist vor ihrem Ausspruch zu hören und kann gemäß § 102 Abs. 3 Widerspruch erheben (BAG v. 29. 3. 77, EzA § 102 BetrVG 1972 Nr. 27). Im Anhörungsverfahren ist dem BR neben der Entscheidung des UN über die geplante Stilllegung auch der voraussichtliche Stilllegungstermin mitzuteilen (LAG Köln, ZIP 93, 1107).

Ist dem Mitgl. eines BR zum voraussichtlichen Termin der Betriebsstilllegung gekündigt, so endet das Arbeitsverhältnis, falls sich die Betriebsstilllegung verzögert, mit dem nächstzulässigen Termin nach der Betriebsstilllegung. Kommt es nicht zur Stilllegung, weil der Betrieb veräußert wird, etwa im Konkurs, ist die Kündigung gegenstandslos. Das Arbeitsverhältnis geht dann auf den Erwerber über (BAG v. 23. 4. 80 – 5 AZR 49/78). Die vorstehenden Grundsätze kommen auch zur Anwendung bei der Schließung einer Betriebsabteilung eines von mehreren UN geführten **Gemeinschaftsbetriebs**. Eine geschützte Person ist deshalb auch in einem anderen Betriebsteil eines **anderen UN** zu übernehmen, sofern die am Gemeinschaftsbetrieb beteiligten UN AG geworden sind (BAG, NZA 88, 32). Überträgt der AG Betriebsabteilungen auf einen Erwerber und legt er gleichzeitig die verbleibenden Abteilungen mit nach § 15 Abs. 5 KSchG geschützten Funktionsträgern still, hat er diese im Rahmen der betrieblichen Möglichkeit in die zu übertragenden Abteilungen zu übernehmen. Geschieht dies bis zum Zeitpunkt des Betriebsübergangs nicht, geht das Arbeitsverhältnis des geschützten Funktionsträgers gemäß § 613 a BGB auf den Erwerber über, sofern der Funktionsträger nicht widerspricht. Dieser kann den Übergang des Arbeitsverhältnisses grundsätzlich auch unmittelbar dem Erwerber gegenüber geltend machen (LAG Sachsen-Anhalt, AiB 99, 470). 8

Auch in **Eilfällen** hat der AG vor der Kündigung von BR-Mitgl. die Anhörungsfristen des § 102 Abs. 2 einzuhalten. Er kann nicht alsbald nach Mitteilung der Kündigungsabsicht an den BR wirksam kündigen, weil der von einer plötzlichen Betriebsstilllegung überraschte BR schweigt. Der BR besteht trotz tatsächlicher Betriebsstilllegung jedenfalls so lange fort, wie die Arbeitsverhältnisse der AN rechtlich noch nicht beendet sind oder doch deren Beendigung noch nicht feststeht (BAG v. 29. 3. 77, AP Nr. 11 zu § 102 BetrVG 1972). 9

Der **besondere Schutz** gegen ordentliche sowie außerordentliche Kündigungen beginnt bei Mitgl. des WV vom **Zeitpunkt der Bestellung** an (LAG Hamm, DB 74, 389). Für **Wahlbewerber** beginnt der Kündigungsschutz, sobald ein WV für die Wahl bestellt ist und für den 10

Wahlbewerber ein **Wahlvorschlag** vorliegt, der die erforderliche Mindestzahl von Unterschriften aufweist. Auf den Zeitpunkt der Einreichung des Wahlvorschlags beim WV kommt es nicht an (BAG, DB 76, 1335). Der besondere Kündigungsschutz für den Wahlbewerber entfällt nicht, weil die Vorschlagsliste durch spätere Streichung von Stützunterschriften ungültig wird (BAG, DB 81, 1142). Nach Beendigung des nachwirkenden Kündigungsschutzes kann der AG dem erfolglosen Wahlbewerber wieder wie jedem anderen AN kündigen. Er kann die Kündigung auch auf Pflichtverletzungen des AN stützen, die dieser **während der Schutzfrist** begangen hat und die erkennbar nicht im Zusammenhang mit der Wahlbewerbung stehen (BAG, NZA 96, 1032).

11 Die **Benennung** eines AN **als Kandidat** für die BR-Wahl **in** einer **Versammlung gew. Vertrauensleute** und die Aufzeichnung seines Namens auf einen Zettel ohne Unterschriften löst den besonderen Kündigungsschutz noch nicht aus (BAG v. 4. 4. 74, AP Nr. 1 zu § 626 BGB Arbeitnehmervertreter im Aufsichtsrat). Eine ordentliche Kündigung ist **auch während der Probezeit im Rahmen des Berufsausbildungsverhältnisses** ausgeschlossen.

12 Die für eine **außerordentliche** Kündigung aus wichtigem Grund (§ 626 BGB) notwendige Zustimmung kann der AG dann nicht beim BR einholen, wenn im Betrieb **kein BR besteht**. Er muss die Zustimmung dann durch das ArbG nach Abs. 2 ersetzen lassen (BAG v. 12. 8. 76, AP Nr. 2 zu § 15 KSchG 1969). Dasselbe muss gelten, wenn der **BR** nur **aus einer Person besteht** und das Ersatzmitgl. bereits aus dem Betrieb ausgeschieden ist, da das von der außerordentlichen Kündigung betroffene einzige BR-Mitgl. schwerlich selbst über die erforderliche Zustimmung entscheiden kann (BAG v. 16. 12. 82, AP Nr. 13 zu § 15 KSchG 1969). Aber selbst dann, wenn das gewählte Ersatzmitgl. noch im Betrieb tätig ist, muss der AG die Zustimmung zur fristlosen Kündigung des einzigen BR-Mitgl. durch das ArbG ersetzen lassen, da von dem Ersatzmitgl. – wegen des erheblichen Eigeninteresses – regelmäßig keine objektive Entscheidung erwartet werden kann (ArbG Siegen, NZA 86, 267). Auch wenn der AG **allen Mitgl. des BR** aus demselben Anlass außerordentlich kündigen will und keine Ersatzmitgl. vorhanden sind, die nachrücken könnten, muss er, solange ein beschlussfähiger BR besteht, vor Ausspruch der Kündigung zunächst beim BR die Zustimmung beantragen. Ein Mitgl. des BR darf zwar an der Beratung und Abstimmung des BR über seine eigene Kündigung nicht teilnehmen. Es kann aber auch dann an der Beschlussfassung über die Kündigung eines anderen teilnehmen, wenn ihm aus dem gleichen Grund gekündigt werden soll (BAG v. 25. 3. 76, AP Nr. 6 zu § 103 BetrVG 1972).

13 Da das BR-Mitgl., dem gekündigt werden soll, weder an der Beratung noch an der Beschlussfassung des BR teilnehmen darf, ist für das betroffene BR-Mitgl. ein **Ersatzmitgl. zu laden**. Ist das nicht geschehen und nimmt das betroffene BR-Mitgl. an der Beratung über seine eigene Kündigung teil, so ist der BR-Beschluss über die Kündigung nichtig (BAG v. 23. 8. 84, AP Nr. 17 zu § 103 BetrVG 1972). Die Selbstbetroffenheit gilt nur für die Frage, ob der beabsichtigten Kündigung zugestimmt werden soll oder nicht. Will der BR einen Rechtsanwalt zu seiner Vertretung im gerichtlichen Zustimmungsersetzungsverfahren hinzuziehen, ist das zu kündigende Mitgl. des BR von der Mitwirkung an einem Beschluss hierüber nicht ausgeschlossen (LAG Hamm, BB 99, 743). Im Übrigen **gehen Mängel bei der Beschlussfassung** des BR regelmäßig zu Lasten des AG, da die sog. Sphärentheorie im Zustimmungsverfahren keine Anwendung findet (BAG a. a. O.).

Die Zustimmung des BR zur außerordentlichen Kündigung gegenüber den in dieser Bestimmung genannten Personen ist **Wirksamkeitsvoraussetzung** für die Kündigung. Dasselbe gilt im Übrigen auch für die durch Entscheidung des ArbG nach Abs. 2 ersetzte Zustimmung. Eine mit Zustimmung des BR erklärte fristlose Kündigung eines Mitgl. des BR ist gleichwohl unwirksam, wenn der AG nicht gleichzeitig mit der Kündigung dem AN die schriftlich erteilte Zustimmung des BR vorlegt und der AN deshalb die Kündigung unverzüglich zurückweist, vorausgesetzt, dass der BR den AN von der Zustimmung nicht in Kenntnis gesetzt hat (LAG Hamm, AuR 98, 490). Eine **nachträgliche**, nach Ausspruch der Kündigung erteilte Zustimmung ist rechtlich bedeutungslos. Zu einer bereits erklärten Kündigung kann der AG auch die Ersetzung der Zustimmung nach Abs. 2 nicht beantragen (BAG, AiB 97, 541). Hat der AG einen Zustimmungsantrag beim BR gestellt und nach spontaner Zustimmungserklärung des BR-Vors. vor Ablauf von 3 Tagen gekündigt, muss er deshalb erneut die Zustimmung beantragen, wenn er wegen Bedenken gegen die Wirksamkeit der ersten Kündigung eine weitere aussprechen will. Die Kündigung darf erst ausgesprochen werden, wenn die fehlende Zustimmung durch das Gericht aufgrund einer rechtskräftigen Entscheidung ersetzt worden ist (BAG, AiB 97, 541; vgl. auch BAG v. 20. 3. 75, AP Nr. 2 zu § 103 BetrVG 1972). **14**

Für die Zustimmungsbedürftigkeit der Kündigung kommt es auf den **Zeitpunkt** ihres Ausspruchs an (LAG Düsseldorf, DB 76, 202). Äußert der BR sich auf die Bitte des AG um Zustimmung zu einer beabsichtigten außerordentlichen Kündigung nicht innerhalb von drei Tagen, so gilt die Zustimmung als **verweigert** (BAG v. 18. 8. 77, AP Nr. 10 zu § 103 BetrVG 1972). **15**

Nach § 626 Abs. 2 BGB kann eine fristlose Kündigung nur innerhalb von **zwei Wochen** erfolgen, beginnend mit dem Zeitpunkt, in dem der AG von den für die Kündigung maßgebenden Tatsachen **Kenntnis** **16** erlangt. Die Ausschlussfrist des § 626 Abs. 2 BGB gilt auch im Rahmen des § 103 BetrVG. Dies bedeutet, dass der AG **innerhalb** der Frist auf jeden Fall die Zustimmung des BR beantragen muss (BAG v. 22. 8. 74, AP Nr. 1 zu § 103 BetrVG 1972). Bei dem Zustimmungsersuchen handelt es sich um eine einseitige empfangsbedürftige Willenserklärung, das von einem Vertr. des AG gestellt (§ 164 ff. BGB), vom BR aber nach § 174 BGB wegen fehlender Vollmacht zurückgewiesen werden kann (HessLAG, NZA 99, 878).

17 Erteilt der BR die Zustimmung, so kann der AG nunmehr außerordentlich kündigen. Die Kündigung muss ebenfalls **innerhalb** der Zweiwochenfrist des § 626 Abs. 2 BGB ausgesprochen werden (für den Fall der Verweigerung der Zustimmung vgl. Rn. 20 ff.).

18 (2) Das Gesetz regelt nicht, unter welchen Voraussetzungen der BR seine Zustimmung zu einer außerordentlichen Kündigung verweigern kann. Die Entscheidung dieser Frage ist deshalb in sein **pflichtgemäßes Ermessen** gestellt. Bei der Prüfung der Frage, ob ein wichtiger Grund i. S. des § 626 BGB vorliegt, ist auch zu berücksichtigen, ob es um eine Verletzung **arbeitsvertraglicher** Pflichten geht oder ob zugleich eine Amtspflichtverletzung vorliegt. Letztere rechtfertigt grundsätzlich nur betriebsverfassungsrechtliche Sanktionen, also etwa einen Ausschluss aus dem BR nach § 23 Abs. 1. Nur wenn durch die Amtspflichtverletzung zugleich das konkrete Arbeitsverhältnis unmittelbar und erheblich beeinträchtigt wird, ist eine außerordentliche Kündigung denkbar. Handelt es sich dagegen ausschließlich um eine arbeitsvertragliche Pflichtverletzung, gelten für BR-Mitgl. die zu § 626 Abs. 1 BGB entwickelten Grundsätze zur außerordentlichen Kündigung uneingeschränkt (LAG Berlin, BB 99, 421).

19 Hängt das arbeitsvertragswidrige Verhalten des AN mit der Amtstätigkeit zusammen, ist die Kündigung nur unter Anlegung eines besonders strengen Maßstabs gerechtfertigt (BAG v. 16. 10. 86, AP Nr. 95 zu § 626 BGB). So ist Kritik an der Einstellung oder dem Verhalten des AG gegenüber den Belangen der Beschäftigten, auch wenn sie in zugespitzter und provozierender Weise geübt wird, grundsätzlich kein eine außerordentliche Kündigung rechtfertigender Grund (LAG Hamburg, AuR 97, 301), auch nicht die bloße Anwesenheit oder auch Teilnahme eines BR-Mitgl. bei einem kurzen Warnstreik (LAG Hamm, AiB 96, 736); wird in dem zuletzt genannten Fall eine fristlose Kündigung nur dem BR-Mitgl. gegenüber ausgesprochen, verstößt sie sogar gegen das Benachteiligungsverbot des § 78 (LAG Hamm a. a. O.). Wegen häufiger krankheitsbedingter Fehlzeiten kann das Arbeitsverhältnis eines BR-Mitgl. grundsätzlich nicht außerordentlich gekündigt werden (BAG, DB 94, 1426); etwas anderes kann allenfalls dann gelten, wenn eine **dauernde** krankheitsbedingte Leistungsunfähigkeit des BR-Mitgl. offensichtlich ist (ArbG Hagen v. 5. 8. 93 – 5 BV 4/93). Der objektive Verstoß gegen einen Straftatbestand (ungenehmigte Tonbandaufnahme in der BR-Sitzung) rechtfertigt nicht zwingend eine fristlose Kündigung, wenn keine Wiederholungsgefahr besteht und die Rechtsverletzung sich in Zukunft nicht belastend im Arbeitsverhältnis auswirkt; in einem solchen Fall kann bei nur fahrlässiger Rechtsgutverletzung vor Ausspruch einer Kündigung eine Abmahnung erforderlich sein (LAG Düsseldorf, AiB 00, 170; vgl. aber auch ArbG Detmold, AiB 99, 41, wonach eine vom AG gegenüber einem BR-Mitgl. ausgesprochene Abmahnung wegen angeblicher Amtspflichtverstöße unzulässig ist). Will der AG eine **außerordentliche Änderungskündigung** aussprechen, ist die fehlende Zustimmung des BR vom ArbG nur dann zu ersetzen, wenn die vorgesehene Änderung der Arbeitsbedingungen für den AG unabweisbar und für den AN zumutbar ist (BAG, NZA 95, 1157).

Verweigert der BR die Zustimmung, so kann der AG eine wirksame Kündigung nur aussprechen, wenn das ArbG auf seinen Antrag die fehlende Zustimmung ersetzt hat. Dasselbe gilt, wenn der BR sich innerhalb einer angemessenen Zeit nicht äußert. Das Schweigen des BR ist als **Zustimmungsverweigerung** zu werten (BAG v. 18. 8. 77, AP Nr. 10 zu § 103 BetrVG 1972). **20**

Der AG muss, wenn er sein Kündigungsrecht nicht verlieren will, innerhalb der zweiwöchigen Ausschlussfrist des § 626 Abs. 2 BGB nicht nur den Zustimmungsantrag beim BR stellen, sondern bei ausdrücklicher oder wegen Fristablaufs zu unterstellender Verweigerung der Zustimmung **auch** das Verfahren auf deren Ersetzung beim ArbG einleiten (BAG v. 18. 8. 77 a. a. O.). **21**

Verweigert der BR bei einem **Schwerbehinderten**, der gleichzeitig BR-Mitgl. ist, die Zustimmung zu einer außerordentlichen Kündigung, so hat der AG das Verfahren auf Ersetzung der Zustimmung in entsprechender Anwendung des § 91 Abs. 5 SGB IX (früher: § 21 Abs. 5 SchwbG) unverzüglich nach Erteilung der Zustimmung oder nach Ablauf der Zweiwochenfrist des § 91 Abs. 3 SGB IX (früher: § 21 Abs. 3 SchwbG) beim ArbG einzuleiten (BAG v. 22. 1. 87, AP Nr. 24 zu § 103 BetrVG 1972). **22**

Ein **vor** der Entscheidung des BR gestellter (vorsorglicher) Zustimmungsersetzungsantrag des AG ist unzulässig; er wird auch nicht mit der Zustimmungsverweigerung des BR zulässig (BAG, NZA 86, 719). **23**

Hat der BR die Zustimmung zu einer beabsichtigten außerordentlichen Kündigung zunächst verweigert und hat der AG deshalb das gerichtliche Zustimmungsersetzungsverfahren eingeleitet, kann der BR seine Zustimmung auch noch **nachträglich** erteilen, wenn sich herausgestellt hat, dass die Voraussetzungen für eine außerordentliche Kündigung (§ 626 Abs. 1 BGB) erfüllt sind. Dadurch erledigt sich das vom AG angestrengte Zustimmungsersetzungsverfahren (BAG v. 23. 6. 93 – 2 ABR 58/92). Er muss dann aber die Kündigung unver- **24** züglich aussprechen (BAG, DB 82, 2041). Ein vorher eingeleitetes Zustimmungsersetzungsverfahren gemäß § 103 wird auch mit **Beendigung des besonderen Kündigungsschutzes** nach § 15 KSchG für Amtsträger und Wahlbewerber wegen Wegfalls des Rechtsschutzinteresses gegenstandslos (LAG Frankfurt, BB 88, 1331). Der AG kann in das gerichtliche Zustimmungsersetzungsverfahren unbeschränkt neue Kündigungsgründe einführen, sofern er sie vorher dem BR mitgeteilt und ihm Gelegenheit zur Stellungnahme gegeben hat. Das gilt auch noch für das gerichtliche Beschwerdeverfahren (LAG Nürnberg, NZA-RR 99, 413, wobei allerdings offen gelassen wurde, ob für das Nachschieben der Kündigungsgründe die zweiwöchige Ausschlussfrist des § 626 Abs. 2 BGB gilt).

25 Spricht der AG eine außerordentliche Kündigung vor der abschließenden rechtskräftigen und damit unanfechtbar gewordenen gerichtl. Entscheidung aus, so ist diese unheilbar nichtig (BAG, BB 98, 2317). Ist gegen den die Zustimmung ersetzenden Beschluss eines LAG **Nichtzulassungsbeschwerde** eingelegt worden, ist die Kündigung erst dann zulässig, wenn das BAG die Nichtzulassungsbeschwerde zurückgewiesen hat (ArbG Köln, AiB 85, 63).

26 Da die Entscheidung des ArbG Auswirkungen auf den Bestand des Arbeitsverhältnisses hat, hat der **betroffene AN** im arbeitsgerichtl. Beschlussverfahren kraft Gesetzes die Rechtsstellung eines **Beteiligten**. Auch wenn das ArbG die fehlende Zustimmung des BR ersetzt, bleibt es dem betroffenen AN unbenommen, nach Ausspruch der außerordentlichen Kündigung Klage zu erheben. Der AN kann allerdings der vom Gericht bereits getroffenen Entscheidung, die auch die bindende Feststellung beinhaltet, dass die außerordentliche Kündigung unter Berücksichtigung aller Umstände gerechtfertigt ist, nur neue Tatsachen entgegenhalten, die im Beschlussverfahren noch nicht berücksichtigt werden konnten, insbesondere, weil sie erst nach Abschluss des Beschlussverfahrens oder erst nach Ausspruch der Kündigung entstanden oder bekannt geworden sind (BAG v. 27. 5. 75, AP Nr. 4 zu § 103 BetrVG 1972).

27 Das betroffene BR-Mitgl. kann gegen den Beschluss eines ArbG, mit dem die vom BR verweigerte Zustimmung zur fristlosen Entlassung ersetzt wurde, auch dann **Beschwerde** einlegen, wenn sich im BR selbst für die Beschwerdeeinlegung keine Mehrheit findet (LAG Hamm, DB 75, 939; BAG v. 10. 12. 92, EzA § 103 BetrVG 1972 Nr. 33). Ist gegen den die Zustimmung ersetzenden Beschluss eines LAG Nichtzulassungsbeschwerde eingelegt worden, ist die Kündigung erst dann zulässig, wenn das BAG die Nichtzulassungsbeschwerde zurückgewiesen hat (ArbG Köln, AiB 85, 63; ArbG Berlin, DB 89, 486).

28 **Einstweilige Verfügungen** auf Ersetzung der Zustimmung des BR sind grundsätzlich unzulässig (ArbG Hamm, BB 75, 1065). Umgekehrt kann ein Mitgl. des BR, das ohne Zustimmung des BR und ohne Ersetzung der Zustimmung durch das ArbG entlassen worden ist, seinen Anspruch auf Weiterbeschäftigung im Wege der einstweiligen Verfügung durchsetzen (ArbG Hagen v. 10. 1. 74 – 3 GA 2/74; ArbG Berlin v. 4. 2. 76 – 4 Ga 2/76; siehe aber auch LAG Hamm, BB 74, 1638).

Will der AG gegenüber Mitgl. des BR, des WV oder Wahlbewerbern **29** wegen Teilnahme an **rechtswidrigen Arbeitsniederlegungen** außerordentliche Kündigungen (Kampfkündigungen) aussprechen, so bedürfen diese nach Auffassung des BAG nicht der Zustimmung des BR. Der AG hat aber ebenso wie in einem betriebsratslosen Betrieb in entsprechender Anwendung des § 103 Abs. 2 alsbald die Erteilung der Zustimmung beim ArbG zu beantragen (BAG v. 14. 2. 78, AP Nr. 57 zu Art. 9 GG Arbeitskampf; vgl. auch Rn. 20). Im Falle einer **völligen Betriebsstilllegung** findet § 103 **keine** Anwendung. Es kommt nur eine ordentliche Kündigung unter Einhaltung der Kündigungsfristen und frühestens zum Zeitpunkt der Stilllegung in Betracht; das Verfahren nach § 102 ist einzuhalten (BAG v. 1. 12. 77, AP Nr. 11 zu § 103 BetrVG 1972; zur Frage der Änderungskündigung bei der Stilllegung einer Betriebsabteilung vgl. BAG v. 20. 1. 84, AP Nr. 16 zu § 15 KSchG 1969). Der AG darf einem Mitgl. des BR während eines die Frage der Beendigung seines Arbeitsverhältnisses betreffenden Gerichtsverfahrens nicht den Zugang zu den Betriebsräumen und die Teilnahme an BR-Sitzungen verwehren; der Zutritt zum Betrieb und zu den Arbeitsplätzen kann notfalls im Wege der einstweiligen Verfügung durchgesetzt werden (ArbG Hamburg, AiB 97, 659; ArbG Elmshorn, AiB 97, 173).

Verletzt ein BR-Mitgl. nur seine **Amtspflichten**, aber nicht seine **30** Arbeitspflichten, findet § 103 ebenfalls keine Anwendung. Der AG hat dann lediglich die Möglichkeit, ein Verfahren nach § 23 Abs. 1 anzustrengen (BAG, DB 87, 1304). Bei einer außerordentlichen Kündigung, die wegen einer Verletzung der Pflichten aus dem Arbeitsvertrag, die **im Rahmen einer Amtstätigkeit** begangen wird, ausgesprochen werden soll, ist im Interesse des Schutzes der Amtstätigkeit ein **besonders strenger** Maßstab anzulegen (BAG, BB 87, 1952; 88, 1120). Das LAG Berlin (BB 88, 2109) hat einen wichtigen Grund zur fristlosen Entlassung eines BR-Mitgl. bejaht, wenn es als Zeuge vor Gericht zum Nachteil des AG vorsätzlich eine Falschaussage macht. Ist der vom AG wegen des Verdachts einer Straftat gestellte Antrag auf gerichtliche Zustimmungsersetzung mit der Begründung rechtskräftig zurückgewiesen worden, dass die Tatvorwürfe nicht erwiesen seien, dann ist eine spätere strafrechtliche Verurteilung des BR-Mitgl. erst dann eine neue Tatsache, die ein erneutes Zustimmungsersetzungsverfahren rechtfertigt, wenn die strafrechtliche Verurteilung rechtskräftig geworden ist (BAG, NZA

00, 158; zur Bindungswirkung eines früheren Verfahrens in solchen Fällen vgl. auch LAG Düsseldorf, AiB 99, 470).

31 (3) Die neu in das Gesetz aufgenommene Bestimmung stellt klar, dass der AG auch vor der Versetzung (zum Begriff vgl. § 99 Rn. 12ff.) einer der in Abs. 1 genannten Personen, zu der er aufgrund seines Direktionsrechts zwar befugt ist, die aber zum Verlust des Amtes oder der Wählbarkeit des AN führen würde (z. B. Versetzung in einen anderen Betrieb), die Zustimmung des BR einholen und im Falle der Verweigerung gerichtlich ersetzen lassen muss (so früher schon LAG Hamm, BB 77, 696; anders noch BAG, NZA 00, 1355). Das ArbG kann die Zustimmung ersetzen, wenn die Versetzung auch unter Berücksichtigung der betriebsverfassungsrechtlichen Stellung des AN aus dringenden betrieblichen Gründen notwendig ist. Die Formulierung entspricht der für die soziale Rechtfertigung einer betriebsbedingten Kündigung (§ 1 KSchG). An das Vorliegen der Voraussetzungen sind deshalb hohe Anforderungen zu stellen. Nicht jedes betriebliche Erfordernis ist auch ein dringendes. Im Übrigen setzt der Begriff der Notwendigkeit voraus, dass alternative Lösungen ausscheiden. Auf die Zustimmung des BR oder ihre Ersetzung durch das Gericht kommt es nicht an, wenn der betroffenen AN mit der Versetzung einverstanden ist. Dieses Einverständnis muss aber bezogen auf die konkrete Versetzungsmaßnahme erklärt worden sein. Insoweit genügt nicht die in Arbeitsverträgen häufig enthaltene allgemeine Klausel, nach der ein Arbeitnehmer jederzeit »unternehmens- oder konzernweit eingesetzt oder auch mit anderen ihm zumutbaren Arbeiten beschäftigt« werden kann. Lässt eine Versetzung, die der AG aufgrund seines Direktionsrechts vornehmen kann, das Amt und die betriebsverfassungsrechtliche Stellung einer der in Abs. 1 genannten Personen unberührt, ist zwar der besondere kollektive Schutz nach dieser Vorschrift nicht gegeben; in jedem Fall ist dann jedoch das Verfahren nach § 99 durchzuführen, und zwar selbst dann, wenn der betroffene AN seiner Versetzung zugestimmt hat. Schließlich kann die Versetzung einer der in Abs. 1 genannten Personen, und zwar unabhängig davon, ob sie zum Verlust des Amtes oder der Wählbarkeit führen würde oder nicht, sogar grundsätzlich unzulässig sein, nämlich dann, wenn sie z. B. eine weitreichende Änderung bisheriger Arbeitsbedingungen zur Folge hätte, die nicht kraft einseitigen Direktionsrechts, sondern nur über eine nach § 15 KSchG ausgeschlossene Änderungskündigung herbeigeführt werden könnte.

§ 104
Entfernung betriebsstörender Arbeitnehmer

Hat ein Arbeitnehmer durch gesetzwidriges Verhalten oder durch grobe Verletzung der in § 75 Abs. 1 enthaltenen Grundsätze, insbesondere durch rassistische und fremdenfeindliche Betätigun-

gen, den Betriebsfrieden wiederholt ernstlich gestört, so kann der Betriebsrat vom Arbeitgeber die Entlassung oder Versetzung verlangen. Gibt das Arbeitsgericht einem Antrag des Betriebsrats statt, dem Arbeitgeber aufzugeben, die Entlassung oder Versetzung durchzuführen, und führt der Arbeitgeber die Entlassung oder Versetzung einer rechtskräftigen gerichtlichen Entscheidung zuwider nicht durch, so ist auf Antrag des Betriebsrats vom Arbeitsgericht zu erkennen, dass er zur Vornahme der Entlassung oder Versetzung durch Zwangsgeld anzuhalten sei. Das Höchstmaß des Zwangsgeldes beträgt für jeden Tag der Zuwiderhandlung 250 Euro.

Die Vorschrift gilt nach richtiger Auffassung für alle AN, also auch **1** für leit. Ang. Nur wenn der Betriebsfrieden **wiederholt** und **ernstlich** gestört wird, kann der BR die Entlassung oder Versetzung eines AN verlangen. Ein einmaliges Fehlverhalten des AN genügt also **nicht**. Eine ernstliche Störung des Betriebsfriedens kann beispielsweise bei Diebstählen, Tätlichkeiten oder Beleidigungen, etwa Ehrverletzungen durch ausländerfeindliche Äußerungen (vgl. LAG Hamm, NZA 95, 994), gegeben sein. Ausdrücklich im Gesetz hervorgehoben ist nunmehr, dass es sich bei rassistischen und fremdenfeindlichen Betätigungen um besonders grobe Fälle einer Verletzung der in § 75 Abs. 1 enthaltenen Grundsätze handelt, die ein Eingreifen des BR gebieten. Der Betriebsfrieden muss so erheblich beeinträchtigt sein, dass die Zusammenarbeit im Betrieb tatsächlich erschüttert ist; zumindest muss eine erhebliche Beunruhigung unter der Belegschaft entstanden sein (LAG Köln, NZA 94, 431).

Kommt der AG dem Verlangen des BR nicht nach, so kann der BR das **2** ArbG anrufen mit dem Antrag, dem AG aufzugeben, die Maßnahme durchzuführen und für den Fall, dass der AG der gerichtl. Entscheidung nicht nachkommt, die nach dieser Bestimmung vorgesehenen Zwangsgelder gegen ihn zu verhängen. Entspricht der AG dem Verlangen des BR nach Kündigung oder Versetzung eines AN, ist dessen gesonderte Beteiligung (§§ 99, 102) nicht erforderlich, weil das Verlangen die Zustimmung zur Maßnahme beinhaltet (BAG, AuR 97, 374).

§ 105
Leitende Angestellte

Eine beabsichtigte Einstellung oder personelle Veränderung eines in § 5 Abs. 3 genannten leitenden Angestellten ist dem Betriebsrat rechtzeitig mitzuteilen.

Die Mitteilungspflicht des AG bezieht sich nicht nur auf Einstel- **1** lungen, Umgruppierungen, Versetzungen und Kündigungen, sondern auf jede **Änderung** der **Führungsfunktion** des leit. Ang., seine Stellung in der Organisation des Betriebs oder UN, auch auf ein Ausscheiden im gegenseitigen Einverständnis. Die Mitteilung hat so **rechtzeitig** zu geschehen, dass dem BR noch die Möglichkeit bleibt, sich **vor** Durchführung der Maßnahme zu äußern und ggf. die AN zu unterrichten.

2 Die Beachtung der Vorschrift kann gemäß § 23 Abs. 3 erzwungen werden. Wird einem Ang. ein **neuer Aufgabenbereich** übertragen, der ihn zum leit. Ang. macht, so hat der BR nach Auffassung des BAG kein MBR nach § 99, sondern nur das Informationsrecht nach dieser Vorschrift (BAG, DB 80, 1946); das MBR nach § 99 besteht aber, wenn ein Ang. »entleitet« wird. Die Anhörung des BR nach § 102 ist auch dann zwingende Voraussetzung für die Wirksamkeit einer Kündigung, wenn AG und BR **übereinstimmend, aber irrtümlich** den zu kündigenden AN für einen leit. Ang. halten. Aus der Mitteilung des AG muss sich eindeutig ergeben, ob er den BR nur informieren oder nach § 102 (vorsorglich) auch anhören will (BAG, DB 80, 742). Es gibt keinen Rechtssatz dahingehend, dass eine Information nach § 105 über die beabsichtigte Kündigung eines leit. Ang. stets oder in der Regel dann in eine Anhörung des BR nach § 102 umzudeuten ist, wenn dem BR die Kündigungsgründe bekannt gegeben werden oder aber bekannt sind (BAG, DB 75, 2231).

Sechster Abschnitt
Wirtschaftliche Angelegenheiten

Erster Unterabschnitt
Unterrichtung in wirtschaftlichen Angelegenheiten

§ 106
Wirtschaftsausschuss

(1) In allen Unternehmen mit in der Regel mehr als einhundert ständig beschäftigten Arbeitnehmern ist ein Wirtschaftsausschuss zu bilden. Der Wirtschaftsausschuss hat die Aufgabe, wirtschaftliche Angelegenheiten mit dem Unternehmer zu beraten und den Betriebsrat zu unterrichten.

(2) Der Unternehmer hat den Wirtschaftsausschuss rechtzeitig und umfassend über die wirtschaftlichen Angelegenheiten des Unternehmens unter Vorlage der erforderlichen Unterlagen zu unterrichten, soweit dadurch nicht die Betriebs- und Geschäftsgeheimnisse des Unternehmens gefährdet werden, sowie die sich daraus ergebenden Auswirkungen auf die Personalplanung darzustellen.

(3) Zu den wirtschaftlichen Angelegenheiten im Sinne dieser Vorschrift gehören insbesondere

1. die wirtschaftliche und finanzielle Lage des Unternehmens;

2. die Produktions- und Absatzlage;

3. das Produktions- und Investitionsprogramm;

4. Rationalisierungsvorhaben;

5. Fabrikations- und Arbeitsmethoden, insbesondere die Einführung neuer Arbeitsmethoden;

5a. Fragen des betrieblichen Umweltschutzes;

6. die Einschränkung oder Stilllegung von Betrieben oder von Betriebsteilen;

7. die Verlegung von Betrieben oder Betriebsteilen;

8. der Zusammenschluss oder die Spaltung von Unternehmen oder Betrieben;

9. die Änderung der Betriebsorganisation oder des Betriebszwecks sowie

10. sonstige Vorgänge und Vorhaben, welche die Interessen der Arbeitnehmer des Unternehmens wesentlich berühren können.

1 (1) Die Einrichtung des WA ist **zwingend** vorgeschrieben (zur Arbeit des WA vgl. Bösche/Grimberg, AiB 89, 108 ff. und die Rechtspr.-Übersicht in AiB 93, 177 ff.). Die Nichterrichtung kann eine grobe Pflichtverletzung des BR/GBR sein (§ 23 Abs. 1). Der WA wird immer für das **gesamte** UN gebildet, unabhängig davon, wie viele Betriebe diesem angehören. Er ist auch für Vorgänge in **betriebsratslosen Betrieben** zuständig (so auch BAG, NZA 96, 55 für Abs. 3 Nr. 6).

2 Der WA kann nur gebildet werden, wenn mindestens in einem der Betriebe ein BR besteht (vgl. LAG Frankfurt v. 7. 11. 89, LAGE § 106 BetrVG 1972 Nr. 5). Andererseits ist seine Errichtung auch dann möglich, wenn das UN lediglich aus einem Betrieb besteht und in diesem ein BR vorhanden ist. Bei der Ermittlung der AN-Zahl kommt es nicht auf den Durchschnitt eines bestimmten Zeitraums (BAG, DB 87, 1591), sondern auf die normale Beschäftigtenzahl des UN an. Diese ist anhand eines Rückblicks und einer Einschätzung der nahen zukünftigen Entwicklung festzustellen (BAG, DB 87, 2365; 92, 48; LAG Berlin, BB 88, 1388). Dabei sind auch **Teilzeitbeschäftigte** (LAG Baden-Württemberg v. 16. 6. 87, LAGE § 111 BetrVG 1972 Nr. 6), zur Arbeitsleistung überlassene AN, wie Leih-AN (DKK-Däubler, Rn. 12 bei Einsatz auf Dauerarbeitsplatz; vgl. auch § 7 Satz 2), im Arbeitsverhältnis beschäftigte **Sozialhilfeempfänger** (BAG, DB 00, 2126) und Auszubildende mitzurechnen (LAG Niedersachsen, NZA 85, 332), nicht allerdings leit. Ang. Bei regelmäßiger Auswechslung der AN können die normalerweise besetzten Arbeitsplätze maßgebend sein (LAG Berlin, DB 90, 538). Betreiben **mehrere UN** gemeinsam einen **einheitlichen Betrieb** mit mehr als 100 AN, ist der WA auch dann zu bilden, wenn keines der beteiligten UN für sich allein diese Beschäftigtenzahl erreicht (BAG, DB 91, 1782; vgl. auch BAG, NZA 98, 723). Sinkt die Belegschaftsstärke **dauerhaft** unter die Grenze von 101 Beschäftigten, bleibt der WA so lange im Amt wie der ihn bildende BR/GBR (HessLAG, DB 94, 1248). Ein **KBR** soll nach Auffassung des BAG (DB 90, 1519) nur aufgrund einer freiwilligen Vereinbarung mit der Konzernspitze einen WA errichten können.

3 Für die Bildung des WA kommt es nicht darauf an, ob die UN-Leitung vom Inland oder vom Ausland aus erfolgt. Deshalb ist bei Vorliegen der sonstigen gesetzl. Voraussetzungen auch für inländische UN-Teile (Betriebe) eines **ausländischen** UN ein WA zu bilden (BAG, DB 75, 453; 76, 295). Hat ein inländisches UN auch **ausländische Betriebe**, sind die ausländischen AN bei der Feststellung der UN-Größe mitzurechnen, sie können nach richtiger Auffassung auch in den WA berufen werden (DKK-Däubler, Rn. 23; **str.**).

Der WA ist kein MB-Organ der Betriebsverfassung. Seine Aufgabe besteht in der **Beratung** (zum Inhalt der Beratungsrechte vgl. § 90 Rn. 9) wirtschaftlicher Angelegenheiten mit dem UN und der entsprechenden Unterrichtung des BR. Kann in einem UN kein WA gebildet werden, weil zu wenig AN beschäftigt werden, stehen die entsprechenden wirtschaftlichen Informationen dem BR regelmäßig gemäß **§ 80 Abs. 2** zu (vgl. BAG, DB 91, 1382; LAG Düsseldorf, DB 90, 2479; LAG Köln, NZA 88, 210; für eine analoge Anwendung des § 106 ArbG Bochum, AiB 86, 226; Mayer, AuR 91, 14). Auch wenn ein WA besteht, bleiben die weiteren Beteiligungsrechte des BR/GBR, wie z.B. nach § 80 Abs. 2, erhalten (BAG, DB 91, 1937). 4

(2) Die Bestimmung stellt klar, dass die Unterrichtung des WA durch den UN **(unaufgefordert)** rechtzeitig und umfassend unter Vorlage der notwendigen Unterlagen zu erfolgen hat. **Rechtzeitig** bedeutet, dass die Unterrichtung des WA über wirtschaftliche Angelegenheiten jedenfalls vorgenommen werden muss, bevor über diese entschieden ist. Es muss noch die Möglichkeit bestehen, **vor** der Entscheidung Kritik oder sonstige Stellungnahmen und eigene Vorschläge des WA oder BR anzubringen (KG Berlin, DB 79, 112; HansOLG, DB 85, 1846f.; Bußgeldbescheid des Regierungspräsidiums Tübingen, AiB 92, 461). Damit setzt die Pflicht zur Unterrichtung ein, wenn der UN mit der systematischen Suche nach Lösungen beginnt (DKK-Däubler, Rn. 39ff.). 5

Umfassend ist die Unterrichtung nur, wenn der UN alle Informationen weitergibt, die seine Entscheidung beeinflussen. Die Informationen müssen in überschaubarer Form aufbereitet werden (BAG, DB 87, 1491). Welche **Unterlagen** im Einzelnen vorzulegen sind, bestimmt sich nach den Angelegenheiten, die der UN jeweils mit dem WA berät. Der WA kann z.B. bei der Diskussion von Zukunftsperspektiven verlangen, dass ihm auch für die Vergangenheit vom UN gefertigte, nach Kostenstellen **aufgeschlüsselte monatliche Gegenüberstellungen** der Plan- und der Ist-Zahlen vorgelegt werden, da für die wirtschaftliche und finanzielle Lage des UN eine längerfristige Betrachtung von besonderer Bedeutung ist (ArbG Offenbach, ZIP 88, 803f.). Bei der Erläuterung des Jahresabschlusses (§ 108 Abs. 5) wird regelmäßig die Vorlage des Wirtschaftsprüferberichts erforderlich sein (vgl. § 108 Rn. 10). Zur Unterrichtung gehören die mit den wirtschaftlichen Angelegenheiten verbundenen Auswirkungen auf die **Personalplanung** (vgl. § 92 Rn. 2), der Bericht einer UN-Beratungsfirma (LAG Frankfurt, NZA 89, 193) oder **Marktanalysen** (OLG Karlsruhe, NZA 85, 571). Vorzulegen sind regelmäßig auch Gutachten, **Bedarfsanalysen**, **Produktionsprogramme**, Rationalisierungspläne und **wichtige Liefer- und Bezugsverträge**. Auch monatliche Erfolgsrechnungen für einzelne Filialen oder Betriebe haben einen Bezug zu wirtschaftlichen Angelegenheiten. Ob und ggf. wann eine Vorlage erforderlich ist, muss im Streitfall gemäß § 109 die ESt. 6

entscheiden (BAG, BB 91, 2527). Das **UmwG** enthält ebenso weitere spezielle Unterrichtungspflichten: z. B. §§ 5 Abs. 3, 126 Abs. 3, 176, 177, 194 Abs. 2, wie das WpÜG in §§ 10 Abs. 5 Satz 2, 14 Abs. 4 Satz 2 und 27 Abs. 3 Satz 2 bei UN-Übernahmen.

7 Die Mitgl. des WA müssen die Möglichkeit der **Einsichtnahme** in die vorzulegenden Unterlagen haben. Sie können sich von diesen **Notizen** fertigen, nach Auffassung des BAG allerdings keine Abschriften/Ablichtungen (BAG, DB 85, 924; vgl. auch § 108 Abs. 3). Umfangreiche Unterlagen hat der UN dem WA schon **vor der Sitzung** entweder in Kopie zu übergeben oder sie im Original für kurze Zeit auszuhändigen, sofern deren Auswertung und sofortige Beratung im Rahmen einer Sitzung zeitlich mit Schwierigkeiten verbunden oder nicht möglich wäre (BAG a. a. O.).

8 Die Mitgl. des WA haben das Recht, die Beantwortung ergänzender Fragen und vor allem eine gemeinsame Erörterung der wirtschaftlichen Angelegenheit zu verlangen. Es ist von entscheidender Bedeutung, dass der WA nicht nur Berichte entgegennimmt, sondern eine **aktive Informationspolitik** betreibt. Er muss eine **strategische Vorgehensweise** entwickeln, in der genau festgelegt wird, welche Daten in welchem zeitlichen Abstand für die Beschäftigten und für eine gezielte Interessenvertretung des BR/GBR erforderlich sind, diese kontinuierlich abfragen und mit anderen Informationen (z. B. aus Belegschaft, Aufsichtsrat, Gewerkschaft) zusammenfügen. Ein solches arbeitnehmerorientiertes Berichtswesen oder **»Kennziffernsystem«** bringt für den WA Klarheit und Ordnung in die Vielzahl der im UN gesammelten Daten (vgl. auch DKK-Däubler, Rn. 49 f.).

9 Bei Meinungsverschiedenheiten zwischen AG und BR über die Ordnungsmäßigkeit der Unterrichtung entscheidet die **ESt**. (vgl. hierzu BAG, DB 01, 599). Das gilt auch, soweit der UN sich auf eine Beschränkung seiner Unterrichtungspflicht wegen einer **Gefährdung** von Betriebs- und Geschäftsgeheimnissen beruft (§ 109 Rn. 1 f.; vgl. BAG, BB 90, 458; DB 01, 599; OLG Karlsruhe, NZA 85, 571; zum Begriff der Betriebs- und Geschäftsgeheimnisse vgl. **§ 79**). Eine solche Gefährdung kommt nur in **Ausnahmefällen** in Betracht, wenn objektiv ein sachliches Interesse an der völligen Geheimhaltung bestimmter Tatsachen wegen der sonst zu befürchtenden Gefährdung des Bestands oder der Entwicklung des UN besteht **und** die konkrete Befürchtung begründet ist, dass Informationen von WA-Mitgl. trotz der ihnen auferlegten Verschwiegenheitspflicht (§ 79) weitergegeben werden (BAG, DB 01, 600; DKK-Däubler, Rn. 58). Der Einwand, die gewerkschaftlichen Mitgl. des WA könnten die erlangten Kenntnisse im Rahmen von Tarifverhandlungen verwerten, ist dabei nicht geeignet, die Unterrichtungspflicht einzuschränken (BAG a. a. O.).

10 Verletzt der UN die ihm nach dieser Bestimmung obliegenden Unterrichtungspflichten, so begeht er eine **Ordnungswidrigkeit** (§ 121).

Der BR hat auch die Möglichkeit, gemäß § 23 Abs. 3 vorzugehen (vgl. ArbG Ludwigshafen v. 22. 4. 88 – 7 BV 13/88).

(3) Der in Nr. 5a als Beispiel für wirtschaftliche Angelegenheiten genannte **betriebliche Umweltschutz** wird in § 89 Abs. 3 definiert (vgl. dort Rn. 2). Dabei sind nicht nur die Kosten für bereits verwirklichte oder geplante Maßnahmen zu behandeln, sondern vor allem die Auswirkungen auf die wirtschaftliche Situation des UN und damit auch auf dessen Arbeitsplätze (BT-Drucks. 14/5741, S. 51). Auch die Teilnahme des UN am **Öko-Audit-System** nach der entsprechenden EU-Verordnung fällt unter Abs. 3. 11

Der Katalog der wirtschaftlichen Angelegenheiten, in denen der UN den WA **unaufgefordert** zu unterrichten hat, ist **nicht erschöpfend**. Das ergibt sich aus der im Einleitungssatz enthaltenen Formulierung »insbesondere« und aus der beschränkten Generalklausel der Nr. 10 (BAG, DB 01, 599). Hiernach ist auch über alle sonstigen Vorgänge und Vorhaben, welche die Interessen der AN des UN wesentlich berühren können, zu unterrichten. Zu beachten ist, dass es nicht darauf ankommt, ob die Interessen der AN durch solche Vorgänge und Vorhaben tatsächlich wesentlich berührt werden. Es reicht aus, wenn lediglich die **Möglichkeit** besteht, dass sie berührt werden könnten.

Zu den wirtschaftlichen Angelegenheiten des Abs. 3 gehören z.B. auch Managementkonzepte wie **Balanced Scorecard** (Däubler, AiB 01, 208 ff.), **Kostenangaben** für Pilotprojekte zur **Fremdvergabe von Dienstleistungen** (BAG, BB 01, 599), geplante **Inhaberwechsel**, die Übertragung der **Kapitalanteile** (LAG Düsseldorf v. 16. 6. 88 – 5 TaBV 45/88) sowie Gesellschafterwechsel und damit verbundene Änderungen der UN-Politik (BAG, DB 91, 1176). Wird ein Teil des Betriebsvermögens veräußert, kann auch der BR die Vorlage der Verträge gem. § 80 Abs. 2 verlangen, um festzustellen, ob ein MBR besteht (LAG Berlin, AuR 99, 71). Der notarielle Vertrag über die Veräußerung der Geschäftsanteile ist allerdings nach Auffassung des BAG (a.a.O.) bei der Unterrichtung nicht vorzulegen. Auch Auskünfte über die allgemeine Situation in der Branche, über die **Zusammenarbeit** mit anderen UN und gerichtl. Auseinandersetzungen fallen unter Abs. 3. 12

§ 107
Bestellung und Zusammensetzung des Wirtschaftsausschusses

(1) Der Wirtschaftsausschuss besteht aus mindestens drei und höchstens sieben Mitgliedern, die dem Unternehmen angehören müssen, darunter mindestens einem Betriebsratsmitglied. Zu Mitgliedern des Wirtschaftsausschusses können auch die in § 5 Abs. 3

genannten Angestellten bestimmt werden. Die Mitglieder sollen die zur Erfüllung ihrer Aufgaben erforderliche fachliche und persönliche Eignung besitzen.

(2) Die Mitglieder des Wirtschaftsausschusses werden vom Betriebsrat für die Dauer seiner Amtszeit bestimmt. Besteht ein Gesamtbetriebsrat, so bestimmt dieser die Mitglieder des Wirtschaftsausschusses; die Amtszeit der Mitglieder endet in diesem Fall in dem Zeitpunkt, in dem die Amtszeit der Mehrheit der Mitglieder des Gesamtbetriebsrats, die an der Bestimmung mitzuwirken berechtigt waren, abgelaufen ist. Die Mitglieder des Wirtschaftsausschusses können jederzeit abberufen werden; auf die Abberufung sind die Sätze 1 und 2 entsprechend anzuwenden.

(3) Der Betriebsrat kann mit der Mehrheit der Stimmen seiner Mitglieder beschließen, die Aufgaben des Wirtschaftsausschusses einem Ausschuss des Betriebsrats zu übertragen. Die Zahl der Mitglieder des Ausschusses darf die Zahl der Mitglieder des Betriebsausschusses nicht überschreiten. Der Betriebsrat kann jedoch weitere Arbeitnehmer einschließlich der in § 5 Abs. 3 genannten leitenden Angestellten bis zur selben Zahl, wie der Ausschuss Mitglieder hat, in den Ausschuss berufen; für die Beschlussfassung gilt Satz 1. Für die Verschwiegenheitspflicht der in Satz 3 bezeichneten weiteren Arbeitnehmer gilt § 79 entsprechend. Für die Abänderung und den Widerruf der Beschlüsse nach den Sätzen 1 bis 3 sind die gleichen Stimmenmehrheiten erforderlich wie für die Beschlüsse nach den Sätzen 1 bis 3. Ist in einem Unternehmen ein Gesamtbetriebsrat errichtet, so beschließt dieser über die anderweitige Wahrnehmung der Aufgaben des Wirtschaftsausschusses; die Sätze 1 bis 5 gelten entsprechend.

1 (1) **Mindestens** ein Mitgl. des WA muss dem BR oder dem GBR (vgl. § 108 Abs. 4) angehören. Selbstverständlich können auch die übrigen Mitgl. BR-Mitgl. sein. Erforderlich ist dies aber nicht. Es können auch andere AN in den WA berufen werden. Hierfür kommen auch **AN ausländischer Betriebe** des UN in Betracht (FKHES, Rn. 7). In Anlehnung an das frühere Recht ist die Berufung leit. Ang., die nicht unter den Geltungsbereich des BetrVG fallen, möglich. Personen gemäß § 5 Abs. 2 Nr. 1 und 2 können dagegen nicht Mitgl. des WA werden.

2 Die Mitgl. des WA sollen, aber müssen **nicht unbedingt** die zur Erfüllung ihrer Aufgaben erforderliche, fachliche und persönliche Eignung besitzen (vgl. auch LAG Berlin v. 13. 11. 90 – 3 TaBV 3/90). Der BR hat damit ein großes Maß an **Ermessensfreiheit** bei der Auswahl der zu entsendenden Personen. Mit **fachlicher Eignung**, die vorhanden sein soll, ist die Fähigkeit gemeint, die im WA erhal-

tenen Informationen auch verarbeiten zu können bzw. über ein entsprechendes Grundlagenwissen zu verfügen (BAG, DB 76, 729; 78, 2223). Dazu zählen betriebswirtschaftliche Basiskenntnisse und praktische Erfahrungen im Betrieb, die zum Verständnis der wirtschaftlichen und technischen Gegebenheiten des UN ausreichen. **Persönliche Eignung** verlangt vor allem Loyalität und Diskretion (DKK-Däubler, Rn. 13). Vielfach werden auch Zuverlässigkeit und gesunder Menschenverstand erwähnt.

§ 37 Abs. 6 gilt für Mitgl. des WA nach Auffassung des BAG (DB 75, **3**
780) allerdings im Regelfall nur, wenn es sich bei ihnen gleichzeitig um Mitgl. des BR handelt. Ausnahmen sollen im Einzelfall möglich sein, wenn Mitglieder des WA die vom AG kraft Gesetzes zu gebenden Informationen nicht verstehen, z.B., weil der BR völlig neu gewählt wurde oder er keinen AN findet, der die erforderliche Eignung besitzt (BAG, NZA 89, 221; 99, 1119; zur Kritik vgl. DKK-Däubler, Rn. 32; vgl. auch für den Anspruch des Schwerbehindertenvertr. LAG Hamburg, NZA-RR 97, 348).

(2) Die Mitgl. des WA werden durch den BR oder, wenn ein GBR **4**
besteht, durch diesen bestimmt. Nach der Rechtspr. des BAG (DB 90, 1519) kann der **KBR** keinen WA einrichten. Die Bildung ist jedoch aufgrund einer Vereinbarung mit der Konzernleitung möglich (vgl. den TV bei Jung/Klebe/Polzmacher, AiB 93, 527). Ggf. kann auch die Bildung eines Ausschusses nach § 59 Abs. 1 für wirtschaftliche Angelegenheiten eine gewisse Hilfe für die KBR-Arbeit bedeuten. Die Bestellung der Mitgl. des WA erfolgt mit **einfacher Stimmenmehrheit** in Mehrheitswahl; der sog. Minderheitenschutz (vgl. § 27 Abs. 1) spielt hier keine Rolle. Dasselbe gilt für die **Abberufung**, die »jederzeit« auch ohne besonderen sachlichen Grund erfolgen kann (vgl. ArbG Hamburg v. 29. 9. 95 – 22 BV 10/95; Hjort, AiB 98, 605). Bei Bestellung und Abberufung durch den GBR ist jedoch zu beachten, dass es für den Beschluss nicht auf die Mehrheit der Zahl seiner Mitgl., sondern auf die **Mehrheit der Stimmenzahl** ankommt, die die Mitgl. des GBR haben (§ 47 Abs. 7). Der WA ist eine **ständige Einrichtung**. Er hat keine bestimmte Amtszeit. Lediglich seine Mitgl. werden für eine bestimmte Amtszeit in den WA entsandt. Bei Mitgl. des WA, die vom BR bestellt wurden, ist die Amtszeit im WA **identisch** mit der im BR (vgl. HessLAG, DB 94, 1248). Dagegen endet die Amtszeit des durch einen GBR bestellten Mitgl. des WA zu dem Zeitpunkt, in dem die Amtszeit der Mehrheit der Mitgl. des GBR, die berechtigt waren, an der Bestellung mitzuwirken, abgelaufen ist. Zu beachten ist, dass es im letzten Fall anders als bei der Bestellung und Abberufung der Mitgl. des WA durch den GBR **nur** auf die Mehrheit der Mitgl.-Zahl des GBR, nicht dagegen auf **die** Zahl ihrer Stimmen ankommt. Das ist zwar inkonsequent, entspricht aber dem Wortlaut des Gesetzes.

5 Neben der Möglichkeit der Abberufung durch die entsendende Stelle (BR oder GBR) kann das Amt eines WA-Mitgl. auch durch **Rücktritt** enden. Wird dieser erklärt, hat die entsendende Stelle unverzüglich die Berufung eines neuen WA-Mitgl. vorzunehmen. Eine Bestellung von Ersatzmitgl. ist zulässig und zweckmäßig.

6 (3) Soweit der **BR** beschließen kann, die Aufgaben des WA auf einen von ihm gebildeten Ausschuss zu übertragen, ist dazu nicht die einfache, sondern die **absolute Mehrheit** der Stimmen seiner Mitgl. notwendig. Für die Bestellung und Zusammensetzung des Ausschusses gilt § 28 Abs. 1 Satz 2 i. V. m. § 27 Abs. 1 Satz 3 bis 5 entsprechend, nicht aber für die Entsendung der weiteren Mitgl., die in Mehrheitswahl vorgenommenen wird. Die Grundsätze des Minderheitenschutzes finden ebenfalls **keine Anwendung**, wenn der **GBR** die Aufgaben des WA einem seiner Ausschüsse überträgt (vgl. § 51 Abs. 4; FKHES, Rn. 36). Die Bestimmung der Mitgl. und weiteren Mitgl. erfolgt auch hier in Mehrheitswahl.

7 In allen Fällen, in denen der BR die Aufgaben des WA auf einen von ihm gebildeten Ausschuss überträgt, darf die Zahl der Mitgl. dieses Ausschusses die Zahl der Mitgl. des BA nicht übersteigen. Der BR kann allerdings weitere AN, die nicht dem BR angehören müssen, einschließlich der **leit. Ang**. in den Ausschuss berufen und diesen bis zur doppelten Zahl seiner Mitgl. auffüllen. Dadurch kann der mit den Aufgaben des WA betraute Ausschuss z. B. in einem Betrieb, in dem der BR aus neun und der BA aus fünf Mitgl. besteht, bis zu zehn Mitgl. haben, also in diesem extremen Fall sogar größer als der BR selbst sein.

8 **In kleineren Betrieben** bis zu 200 AN, in denen kein BA zu bilden ist, kann der **BR** von Abs. 3 keinen Gebrauch machen. Er kann also formal die Aufgaben des WA nicht selbst übernehmen, aber alle BR-Mitgl. in den WA entsenden und so ein ähnliches Ergebnis erzielen.

9 Die vorstehenden Grundsätze gelten entsprechend, wenn in einem UN ein **GBR** besteht.

10 Soweit in einen Ausschuss, dem die Aufgaben des WA übertragen worden sind, zusätzliche AN berufen werden, gilt für sie die **Verschwiegenheitspflicht** des § 79 entsprechend (vgl. die Erl. zu § 79).

11 Die Mitgl. des WA führen ihr Amt **ehrenamtlich**, auch soweit es sich nicht zugleich um Mitgl. des BR oder GBR handelt. Arbeitszeitversäumnisse, die durch die Tätigkeit im WA entstehen, berechtigen den AG allerdings nicht zur Minderung des Arbeitsentgelts (§ 37 Abs. 2 gilt entsprechend). Die durch die Tätigkeit des WA entstehenden **Kosten** trägt der UN. Ein besonderer **Kündigungsschutz** (siehe die Erl. zu § 103) gilt für ein Mitgl. des WA nur, wenn es **gleichzeitig** BR-Mitgl. ist. Nimmt der AG allerdings die Tätigkeit im WA zum Anlass einer Kündigung, ist diese wegen Verstoßes gegen zwingende

Gesetzesvorschriften (§ 78 BetrVG i. V. m. § 134 BGB) nichtig. Alle Streitigkeiten über die Einrichtung, Zusammensetzung und Amtszeit des WA entscheidet das ArbG ebenso im Beschlussverfahren wie Fragen der dem Ausschuss entstehenden Kosten.

§ 108
Sitzungen

(1) Der Wirtschaftsausschuss soll monatlich einmal zusammentreten.

(2) An den Sitzungen des Wirtschaftsausschusses hat der Unternehmer oder sein Vertreter teilzunehmen. Er kann sachkundige Arbeitnehmer des Unternehmens einschließlich der in § 5 Abs. 3 genannten Angestellten hinzuziehen. Für die Hinzuziehung und die Verschwiegenheitspflicht von Sachverständigen gilt § 80 Abs. 3 und 4 entsprechend.

(3) Die Mitglieder des Wirtschaftsausschusses sind berechtigt, in die nach § 106 Abs. 2 vorzulegenden Unterlagen Einsicht zu nehmen.

(4) Der Wirtschaftsausschuss hat über jede Sitzung dem Betriebsrat unverzüglich und vollständig zu berichten.

(5) Der Jahresabschluss ist dem Wirtschaftsausschuss unter Beteiligung des Betriebsrats zu erläutern.

(6) Hat der Betriebsrat oder der Gesamtbetriebsrat eine anderweitige Wahrnehmung der Aufgaben des Wirtschaftsausschusses beschlossen, so gelten die Absätze 1 bis 5 entsprechend.

(1) Der Ausschuss kann auch öfter als monatlich tagen, da die Re- **1**
gelung nicht zwingend ist. Die Sitzungen finden grundsätzlich während der Arbeitszeit statt (§ 37 Abs. 2, 3). § 40 Abs. 2 gilt für den WA entsprechend (BAG, DB 91, 1523). Der Gesetzgeber hat darauf verzichtet, besondere Geschäftsführungsbestimmungen zu erlassen. Der WA kann sich selbst eine **Geschäftsordnung** geben. Es wird notwendig sein, zu regeln, wer den Vorsitz führt, die Einladungen vornimmt, die Tagesordnungen festsetzt oder in welchem Umfang eine Niederschrift geführt werden soll. Das BAG (DB 91, 1523) ist der Auffassung, dass der WA kein Recht hat, zusätzlich ein BR/GBR-Mitgl. als **Protokollführer** hinzuzuziehen. Das Protokoll muss entweder ein WA-Mitgl. oder eine Bürokraft gemäß § 40 Abs. 2 führen. Die Sitzungen des WA sind **nicht öffentlich**. Das folgt schon aus den im Allgemeinen vertraulich zu behandelnden bzw. zum Teil geheimzuhaltenden Beratungsgegenständen.

(2) Der UN oder sein Vertr. sind **verpflichtet**, an Sitzungen des **2**
WA teilzunehmen. Hieraus kann jedoch nicht gefolgert werden,

dass ohne eine solche Teilnahme eine Sitzung des WA nicht stattfinden könne. Der WA hat vielmehr auch das Recht, allein zusammenzukommen (BAG, DB 82, 1326). Wer den UN vertreten kann, bestimmt sich nach der inneren Organisation, ggf. auch nach den in Aussicht genommenen Beratungsgegenständen. Im Allgemeinen ist Vertr. diejenige Person, die nach Satzung, Geschäftsordnung oder Organisation des UN als rangnächste in der UN-Hierarchie anstelle des UN die Verantwortung trägt (vgl. auch BAG, DB 91, 1176).

3 Der UN kann sachkundige AN des UN ebenso wie Vertreter des AG-Verbandes gemäß § 29 Abs. 4 analog hinzuziehen. Der WA kann neben sachkundigen AN/**Auskunftspersonen** (§§ 80 Abs. 2, 120 Abs. 1 Nr. 3 b und 4; DKK-Däubler, Rn. 22) auch **außenstehende Sachverständige** gemäß § 80 Abs. 3 einschalten. Aufgabe des Sachverständigen ist es, dem WA die ihm zur Beurteilung einer konkreten aktuellen Frage fehlenden sachlichen Kenntnisse zu vermitteln (BAG, DB 78, 2223). Für geplante Betriebsänderungen ermöglicht § 111 Satz 2 dem BR die erleichterte und beschleunigte Einschaltung von **Beratern** (vgl. § 111 Rn. 1 a).

4 Auch ein Gew.-Beauftragter kann analog § 31 an den WA-Sitzungen teilnehmen (BAG, DB 81, 1240). Der BR/GBR kann das Teilnahmerecht wegen der Unterstützungsfunktion der Gewerkschaften auch durch **generellen Beschluss** in seiner Geschäftsordnung einräumen (BAG, DB 90, 1288). Die frühere Entscheidung des BAG (DB 87, 2468), die einen Mehrheitsbeschluss des BR/GBR für jede einzelne Sitzung verlangte, ist als überholt anzusehen. Der WA kann die Hinzuziehung eines Gew.-Beauftragten jedenfalls selbst beschließen, wenn ihm der BR oder der GBR eine entsprechende Ermächtigung erteilt hat. Eine Gew. ist im Beschlussverfahren antragsberechtigt, wenn das Recht ihres Beauftragten auf Teilnahme an den Sitzungen des WA bestritten wird (BAG, DB 81, 1240). Die Gesamtschwerbehindertenvertr. ist ebenfalls berechtigt, an den Sitzungen des WA teilzunehmen (BAG, DB 87, 2467).

5 (3) Soweit der UN nach § 106 verpflichtet ist, den WA anhand der notwendigen Unterlagen umfassend über alle wirtschaftlichen Angelegenheiten zu unterrichten, haben die Mitgl. des WA das Recht, **Einblick** in diese **Unterlagen** zu nehmen. Das Einsichtsrecht steht jedem einzelnen Mitgl. zu. Soweit es zur Aufgabenerfüllung des WA notwendig ist, sind dessen Mitgl. nach Auffassung des BAG zwar berechtigt, sich Notizen zu machen, allerdings keine Abschriften/Ablichtungen (BAG, DB 85, 924).

6 Je nach dem Umfang der Unterlagen muss den Mitgl. des WA vor der Beratung der entsprechenden Angelegenheiten **ausreichend** Zeit zur Einsicht gewährt werden. Daher kann der UN verpflichtet sein, Un-

terlagen schon vor der Sitzung vorzulegen oder diese den Mitgl. des WA zeitweise zu überlassen (BAG a. a. O.).

(4) Da der WA eng mit dem BR zusammenzuarbeiten hat, ist er nach dieser Bestimmung zu **unverzüglicher** und **vollständiger** Berichterstattung über jede stattgefundene Sitzung verpflichtet. Besteht in einem UN ein GBR, so hat die Berichterstattung diesem gegenüber zu erfolgen. Eine besondere **Schweigepflicht** besteht nicht. Auch mitgeteilte Betriebs- und Geschäftsgeheimnisse sind weiterzugeben. 7

Die **Form**, in der die Unterrichtung zu erfolgen hat, ist im Gesetz nicht geregelt. Eine bloße Aushändigung von Sitzungsprotokollen reicht jedoch grundsätzlich nicht aus. 8

(5) Der für das jeweilige Geschäftsjahr aufzustellende **Jahresabschluss**, den der UN dem WA unter Beteiligung des BR zu erläutern hat, umfasst die Jahresbilanz und die Gewinn- und Verlustrechnung sowie bei Kapitalgesellschaften und eingetragenen Genossenschaften den als ergänzende Erläuterung aufzustellenden Anhang. Ein Anspruch des WA auf Offenlegung der privaten Vermögenslage des UN als Person besteht nicht. 9

Zum Verständnis des zu erläuternden Jahresabschlusses wird regelmäßig der **Lagebericht** und auch der **Bericht des Wirtschaftsprüfers** vorzulegen sein (LAG Frankfurt, DB 88, 1807 f.; DKK-Däubler, Rn. 35 f.; vgl. auch BAG, BB 90, 458 und LAG Berlin, AiB 88, 314 f.). Zudem können neben **Auskunftspersonen** (§ 80 Abs. 2) auch **Sachverständige** herangezogen werden (vgl. Rn. 3; zu eng BAG, DB 78, 2223, das eine solche Möglichkeit nur im Fall besonderer und begründeter Notwendigkeit bejahen will). Die Mitgl. des WA sind berechtigt, sich bei der Erläuterung des Jahresabschlusses **schriftliche Notizen** zu machen (BAG, DB 85, 924; ausdrücklich für den Jahresabschluss LAG Hamm, DB 83, 131 f.). 10

Ein Verstoß gegen diese Vorschrift ist eine **Ordnungswidrigkeit** i. S. des § 121. 11

(6) Die Bestimmung regelt, dass die vorstehenden Grundsätze entsprechend gelten, wenn die Aufgaben des WA auf einen Ausschuss des BR oder GBR nach § 107 Abs. 3 übertragen worden sind. 12

§ 109
Beilegung von Meinungsverschiedenheiten

Wird eine Auskunft über wirtschaftliche Angelegenheiten des Unternehmens im Sinne des § 106 entgegen dem Verlangen des Wirtschaftsausschusses nicht, nicht rechtzeitig oder nur ungenügend erteilt und kommt hierüber zwischen Unternehmer und Betriebsrat eine Einigung nicht zustande, so entscheidet die Ei-

nigungsstelle. Der Spruch der Einigungsstelle ersetzt die Einigung zwischen Arbeitgeber und Betriebsrat. Die Einigungsstelle kann, wenn dies für ihre Entscheidung erforderlich ist, Sachverständige anhören; § 80 Abs. 4 gilt entsprechend. Hat der Betriebsrat oder der Gesamtbetriebsrat eine anderweitige Wahrnehmung der Aufgaben des Wirtschaftsausschusses beschlossen, so gilt Satz 1 entsprechend.

1 Die Anrufung des ESt. kann nicht durch den WA selbst erfolgen. Dieser muss vielmehr zunächst den BR/GBR einschalten. Kommt es dann zu keiner Einigung, kann der BR/GBR die ESt. anrufen, deren Entscheidung **verbindlich** ist. Da eine Verschwiegenheitspflicht der WA-Mitgl. besteht, kann sich der UN auch nicht durch die Berufung auf eine Vertraulichkeit der zu behandelnden Angelegenheiten der Unterrichtungspflicht entziehen. Lediglich dann, wenn durch die Unterrichtung Betriebs- oder Geschäftsgeheimnisse des UN gefährdet werden, kann er die Unterrichtung verweigern (§ 106 Abs. 2). Es muss sich um Geschäfts- und Betriebsgeheimnisse handeln, an deren absoluter Geheimhaltung ein **dringendes** Interesse des UN besteht. Das festzustellen liegt nicht im subjektiven Ermessen des UN. Es muss sich vielmehr um objektiv feststellbare Tatbestände handeln.

2 Die **Zuständigkeit der ESt. ist weitreichend**. Sie entscheidet nicht nur über Erteilung, Zeitpunkt und Umfang einer verlangten Auskunft, sondern auch darüber, ob der UN die Auskunftserteilung unter Berufung darauf verweigern kann, dass andernfalls ein Betriebs- oder Geschäftsgeheimnis des UN gefährdet werden könnte (vgl. BAG, DB 01, 600; OLG Karlsruhe, DB 86, 387 f.; LAG Düsseldorf, DB 78, 1695 ff.). Sie befindet damit über Rechtsfragen. Die Frage, ob eine **wirtschaftliche Angelegenheit** vorliegt, ist demgegenüber im arbeitsgerichtlichen Beschlussverfahren zu klären (BAG, DB 91, 1176; NZA 96, 55), kann aber auch als Vorfrage von der ESt. geprüft werden.

3 Zur Beilegung von Streitigkeiten über das Einsichtsrecht in vorzulegende Unterlagen nach § 108 Abs. 3 und über die Erl. des Jahresabschlusses nach § 108 Abs. 5 ist ebenfalls die ESt. zuständig (BAG, BB 90, 458; LAG Düsseldorf, DB 78, 1695 ff.). Sie kann zudem darüber befinden, ob der UN verpflichtet ist, dem WA im Zusammenhang mit der Erl. den Wirtschaftsprüferbericht vorzulegen (BAG a. a. O.; vgl. auch LAG Berlin, AiB 88, 314 ff.).

4 Die ESt. ist für die Frage nicht offensichtlich unzuständig, ob der WA verlangen kann, dass ihm bereits der **Entwurf** des Jahresabschlusses vor konzerninterner Abgleichung vorzulegen ist (LAG Berlin, AiB 88, 314 f.). Deshalb ist sie in diesem Fall ebenfalls zu bilden. Das gilt auch für die Vorlage von Studien, die der AG selbst nicht in Auftrag

gegeben hat, die ihm jedoch zur Verfügung stehen und von denen er Kenntnis genommen hat (HessLAG, AiB 96, 668).

Hält die ESt. es für erforderlich, kann sie auch ohne entsprechende Vereinbarung zwischen BR und AG **Sachverständige** hinzuziehen. Entscheidet sie zugunsten des WA, kann sich der BR/GBR einen Vollstreckungstitel im arbeitsgerichtl. Beschlussverfahren verschaffen, um z.B. die Auskunft zu erzwingen. Der Spruch der ESt. unterliegt der vollen Rechtskontrolle durch die ArbG (BAG, DB 01, 598f.). Wegen der **Primärzuständigkeit** der ESt. kann der BR seine Informationsrechte gemäß §§ 106ff. nicht unter Verzicht auf das ESt.-Verfahren oder parallel hierzu direkt im Beschlussverfahren verfolgen (BAG, BB 90, 459; LAG Frankfurt, DB 88, 2519). 5

§ 110
Unterrichtung der Arbeitnehmer

(1) In Unternehmen mit in der Regel mehr als 1000 ständig beschäftigten Arbeitnehmern hat der Unternehmer mindestens einmal in jedem Kalendervierteljahr nach vorheriger Abstimmung mit dem Wirtschaftsausschuss oder den in § 107 Abs. 3 genannten Stellen und dem Betriebsrat die Arbeitnehmer schriftlich über die wirtschaftliche Lage und Entwicklung des Unternehmens zu unterrichten.

(2) In Unternehmen, die die Voraussetzungen des Absatzes 1 nicht erfüllen, aber in der Regel mehr als zwanzig wahlberechtigte ständige Arbeitnehmer beschäftigen, gilt Absatz 1 mit der Maßgabe, dass die Unterrichtung der Arbeitnehmer mündlich erfolgen kann. Ist in diesen Unternehmen ein Wirtschaftsausschuss nicht zu errichten, so erfolgt die Unterrichtung nach vorheriger Abstimmung mit dem Betriebsrat.

(1, 2) Die Berichterstattung des UN hat nach **vorheriger Abstimmung** mit dem BR und dem WA oder, falls die Aufgaben des WA einem anderen Ausschuss übertragen worden sind, mit diesem zu erfolgen. Besteht in einem UN kein WA und kein anderer für ihn gebildeter Ausschuss, ist die Berichterstattung allein mit dem BR abzustimmen. 1

Zum Zwecke der Abstimmung hat der UN den Inhalt des vorgesehenen Berichts mit dem BR und dem WA bzw. dem für diesen eingesetzten Ausschuss **eingehend** zu erörtern. Dabei können BR und WA Änderungsvorschläge unterbreiten. Geht der UN, der ausschließlich für die Berichterstattung verantwortlich ist (BAG v. 1. 3. 66, AP Nr. 1 zu § 69 BetrVG), hierauf nicht ein, sind BR und WA berechtigt, den AN gegenüber ihre abweichende Auffassung darzulegen. Der Bericht des UN soll den AN einen Überblick über die **wirtschaftliche Lage** 2 des UN und seiner Betriebe, **die Marktlage** sowie die zurückliegende und die zu erwartende **Entwicklung** geben und sich zweckmäßigerweise an § 106 Abs. 3 orientieren.

3 Ein UN, der die ihm obliegende Unterrichtungspflicht nicht, nicht rechtzeitig, wahrheitswidrig oder unvollständig erfüllt, handelt im Übrigen **ordnungswidrig** i. S. des § 121.

Zweiter Unterabschnitt
Betriebsänderungen

§ 111
Betriebsänderungen

In Unternehmen mit in der Regel mehr als zwanzig wahlberechtigten Arbeitnehmern hat der Unternehmer den Betriebsrat über geplante Betriebsänderungen, die wesentliche Nachteile für die Belegschaft oder erhebliche Teile der Belegschaft zur Folge haben können, rechtzeitig und umfassend zu unterrichten und die geplanten Betriebsänderungen mit dem Betriebsrat zu beraten. Der Betriebsrat kann in Unternehmen mit mehr als 300 Arbeitnehmern zu seiner Unterstützung einen Berater hinzuziehen; § 80 Abs. 4 gilt entsprechend; im Übrigen bleibt § 80 Abs. 3 unberührt. Als Betriebsänderungen im Sinne des Satzes 1 gelten

1. **Einschränkung und Stilllegung des ganzen Betriebs oder von wesentlichen Betriebsteilen,**
2. **Verlegung des ganzen Betriebs oder von wesentlichen Betriebsteilen,**
3. **Zusammenschluss mit anderen Betrieben oder die Spaltung von Betrieben,**
4. **grundlegende Änderungen der Betriebsorganisation, des Betriebszwecks oder der Betriebsanlagen,**
5. **Einführung grundlegend neuer Arbeitsmethoden und Fertigungsverfahren.**

1 Das Beteiligungsrecht des BR in wirtschaftlichen Angelegenheiten (vgl. auch den Überblick von Kraushaar, AiB 94, 289 ff. und Hamm, Sozialplan und Interessenausgleich, Handlungshilfen für Betriebsräte und Vertrauensleute Nr. 11, Hrsg. IG Metall [2001]) besteht nur in UN mit regelmäßig mehr als 20 wahlberechtigten AN (vgl. zur früheren Rechtslage bereits BAG, NZA 90, 443; BB 99, 2244). Hierbei sind auch, falls die Voraussetzungen des § 7 Satz 2 vorliegen, zur **Arbeits-**

leistung Überlassene, wie z. B. Leih-AN, mitzurechnen, da vom Gesetz ihre Betriebszugehörigkeit/Wahlberechtigung zum Einsatzbetrieb anerkannt wird (BT-Drucks. 14/5741, S. 36) und sie damit AN des § 5 vergleichbar werden (vgl. auch FKHES, Rn. 25). **Leit. Ang.** sind demgegenüber nicht zu berücksichtigen. Die unternehmensbezogene Betrachtung ist nach richtiger Auffassung bei verfassungskonformer Interpretation um eine **konzernbezogene** entsprechend zu ergänzen, da es vom Sinn der Vorschrift her keinen Unterschied machen kann, ob zu einem Betrieb mit 15 AN ein weiterer mit 10 oder eine gleich große Tochtergesellschaft hinzukommt (DKK-Däubler, Rn. 24b). Bei einem **Gemeinschaftsbetrieb** mehrerer UN ist auf die Gesamtzahl aller in ihm beschäftigten AN abzustellen (so schon zu § 106 BAG, DB 91, 1782; vgl. auch BAG, NZA 98, 723). Diese bleibt auch dann maßgeblich, wenn über das Vermögen eines der beteiligten UN das Insolvenzverfahren eröffnet wird und der **InsV** den diesem UN zuzuordnenden Betriebsteil mit weniger als 21 AN direkt stilllegt (BAG, NZA 98, 723). Geht der Stilllegung eines Betriebs ein **Personalabbau** voraus, der sich über einen längeren Zeitraum erstreckt, bleibt die ursprüngliche Beschäftigtenzahl maßgeblich, falls sich der Personalabbau im Zeitpunkt des Stilllegungsbeschlusses rückwirkend als **Vorstufe der Stilllegung** erweist. Sollte die Personalverminderung dagegen die Betriebsfortführung ermöglichen und hat sie für eine nicht unerhebliche Zeit zu einer Stabilisierung der Beschäftigtenzahl auf niedrigem Niveau geführt, so ist diese Zwischenstufe maßgeblich (BAG, DB 95, 2075). Ist unklar, ob in dem betroffenen UN regelmäßig mehr als 20 AN beschäftigt sind, muss das ArbG die ESt. für Interessenausgleich und Sozialplan einsetzen (LAG Berlin, AiB 93, 733). Existiert im Zeitpunkt der Planung und noch bis zur Durchführung der Betriebsänderung kein BR, so kommen Abfindungs- oder Ausgleichsansprüche (§§ 112, 113) der AN nicht in Betracht (BAG, DB 00, 1230). Nach Ansicht des BAG (DB 82, 1727; BB 93, 140; **a. A.** zu Recht ArbG Reutlingen, AuR 98, 492) kommt ein Sozialplan auch nicht in Frage, wenn im Stilllegungszeitraum erstmalig ein BR gewählt worden ist. Zudem bestehe keine Verpflichtung des AG, mit der Betriebsänderung so lange zu warten, bis ein funktionsfähiger BR vorhanden sei (kritisch hierzu DKK-Däubler, Rn. 124f.). Ist in einem Betriebsteil ein BR gewählt und die Wahl nicht angefochten worden, hat der BR alle betriebsverfassungsrechtlichen Befugnisse, auch die gemäß § 111. Es kommt nicht darauf an, ob der Betriebsteil betriebsratsfähig war und er zu Recht gewählt wurde (BAG, DB 96, 147; BB 00, 47). Besteht allerdings ein **GBR/KBR** und ist dieser für die Betriebsänderung zuständig, so handelt er auch für Betriebe/UN, die keinen BR/GBR gebildet haben (§§ 50 Abs. 1, 58 Abs. 1).

In UN mit mehr als 300 AN (vgl. Rn. 1) kann der BR einen **externen Berater** ohne vorherige Vereinbarung mit dem AG, wie in § 80 Abs. 3 vorgesehen, hinzuziehen. Dadurch wird diese Unterstützung erheblich **1a** beschleunigt. Dass es sich um einen externen Berater handelt, folgt aus der Gesetzesbegründung (BT-Drucks. 14/5741, S. 52) und seiner Systematik (vgl. § 80 Abs. 2 Satz 3). Der **Schwellenwert** wird auf die »in der Regel« beschäftigten AN zu beziehen sein. Eine Stichtagsbetrachtung (Tag, an dem mit der Planung der Betriebsänderung begonnen wird) wäre im Hinblick auf die vom Gesetzgeber gewollte Entlastung kleinerer UN wohl zu zufällig, daher nicht sachgerecht und auch praktisch nur schwierig durchführbar. Bei einem Gemeinschaftsbetrieb kommt es auch hier auf die Gesamtzahl aller in ihm beschäftigten AN an (vgl. Rn. 1). Im Hinblick auf den Gesetzeszweck ist die Vorschrift entsprechend anzuwenden, wenn nur in allen **Konzern-UN** zusammengenommen mehr als 300 AN beschäftigt sind (vgl. auch Rn. 1).

1b Der BR **entscheidet nach pflichtgemäßem Ermessen** selbst darüber, welcher Person er das nötige Vertrauen entgegenbringt; er ist, wie auch ansonsten bei Sachverständigen (vgl. § 80 Rn. 29), Rechtsanwälten oder Fachliteratur (§ 40 Rn. 24), nicht auf die kostengünstigste Möglichkeit beschränkt (vgl. BAG, DB 89, 1774; LAG Baden-Württemberg, AiB 86, 261). Anders als z. B. in §§ 80 Abs. 2 Satz 3, 80 Abs. 3 oder auch §§ 37 Abs. 2, 40 Abs. 2 ist die Einschaltung des Beraters nicht ausdrücklich an weitere Voraussetzungen geknüpft, wie z. B. »... zur ordnungsgemäßen Erfüllung seiner Aufgaben erforderlich ...«. Da wegen der gleichzeitigen Normierung des § 80 Abs. 2 Satz 3 ein Redaktionsversehen ausscheidet, kann auch bei Heranziehung der Gesetzesbegründung (BT-Drucks. 14/5741, S. 52) gefolgert werden, dass der Gesetzgeber im Rahmen von § 111 wegen der »oft hoch komplizierten Fragestellungen« die **Erforderlichkeit unterstellt** (vgl. auch DKK-Däubler, Rn. 135 g; FKHES, Rn. 123). Hält man mit der Rechtspr. den Grundsatz der **Verhältnismäßigkeit** im Rahmen von § 40 Abs. 1 für anwendbar (§ 40 Rn. 14, vgl. auch m. w. N. und kritisch DKK-Wedde, § 40 Rn. 5), so wird hierdurch der AG ebenso wie gemäß § 2 Abs. 1 vor unverhältnismäßigen Belastungen geschützt. Lässt sich zwischen Berater und AG keine **Honorarvereinbarung** treffen, ist deren Höhe gemäß § 612 Abs. 2 BGB marktüblich festzusetzen, wobei die Tätigkeit mit der eines UN-Beraters vergleichbar ist (vgl. DKK-Däubler, Rn. 135 p). Wäre dies nicht möglich, würden §§ 316, 315 Abs. 1 BGB heranzuziehen sein: Der Berater setzt die Vergütung nach billigem Ermessen fest. Der BR, der sich **nicht** zunächst auf interne Fachleute verweisen lassen muss (s. o.), kann **einen** Berater hinzuziehen. Damit wird allerdings nicht ausgeschlossen, dass er einen Berater, der sein Vertrauen verloren hat, durch einen anderen ersetzt, oder, bei komplizierten Fällen, nacheinander mehrere Berater oder ein Beratungsbüro mit den benötigten unterschiedlichen fachlichen Schwerpunkten (vgl. DKK-Däubler, Rn. 135 k; weitergehend und gegen eine zahlenmäßige Beschränkung FKHES, Rn. 121) einschaltet. Die **Geheimhaltungspflicht** gemäß § 79 gilt auch für Berater.

Ist es zweifelhaft, ob eine geplante Betriebsänderung vorliegt, reicht es aus, dass der BR die Voraussetzungen unter Abwägung aller Umstände für gegeben und damit die Einschaltung des Beraters für erforderlich halten darf (vgl. auch § 40 Rn. 1, 5; § 37 Rn. 6). Schließlich wird klargestellt, dass bei Betriebsänderungen in UN mit weniger als 301 AN der BR auch weiterhin Sachverständige nach § 80 Abs. 3 einschalten kann. **1c**

Das Beteiligungsrecht des BR besteht bei allen Betriebsänderungen, die wesentliche Nachteile für die Belegschaft oder erhebliche Teile der Belegschaft zur Folge haben **können**. Die Vorschriften gelten auch bei Insolvenz des UN (BAG, DB 79, 261; NZA 98, 723). Die Löschung des UN im Handelsregister lässt die Partei- und Beteiligtenfähigkeit unberührt (BAG, NZA 90, 443). Unter Betriebsänderung ist jede Änderung der Betriebsorganisation, der Betriebsstruktur, des Tätigkeitsbereichs, der Arbeitsweise u. ä. zu verstehen. Ob eine Betriebsänderung vorliegt, kann von der nach § 112 angerufenen ESt. als **Vorfrage** mit entschieden werden (BAG, DB 75, 1322). Als wesentlicher Nachteil kommen nicht nur der Verlust des Arbeitsplatzes oder die Versetzung im Betrieb in Betracht, sondern beispielsweise auch eine Erschwerung der Arbeit (z. B. Tempsteigerung, Leistungsverdichtung), ein Qualifikationsverlust, eine Minderung des Arbeitsverdienstes, längere Anfahrtswege zur Arbeit, erhöhte Kosten für die Fahrt zur Arbeitsstelle oder dass Beschäftigte nur noch Teilzeit arbeiten können und daher weniger verdienen (LAG Baden-Württemberg v. 16. 6. 87, LAGE § 111 BetrVG 1972 Nr. 6). **2**

Die Bestimmung enthält einen Katalog von Tatbeständen (Satz 3 Nrn. 1 bis 5), bei deren Vorliegen der Gesetzgeber von vornherein die **Möglichkeit** damit verbundener **wesentlicher Nachteile** für die AN unterstellt (vgl. z. B. BAG, NZA 00, 1069), wobei durchaus ein und dieselbe Maßnahme des UN mehrere Tatbestände erfüllen kann (BAG, ZIP 01, 1825). Die **Voraussetzungen für Betriebsänderungen** sind durch die Novellierung 2001 nicht verändert worden; die Berurteilung bleibt **betriebsbezogen**. Die Aufzählung ist nicht erschöpfend (DKK-Däubler, Rn. 33 m. w. N. zur Rechtspr.; offen gelassen von BAG, DB 83, 344; 89, 883; ZIP 01, 1825; **str**.). Liegt einer der im Gesetz aufgeführten Tatbestände vor, ist der BR stets zu beteiligen, **ohne** dass zusätzlich geprüft werden muss, ob die Maßnahme wesentliche Nachteile zur Folge haben kann (BAG, DB 83, 344, 1766; 86, 2085). Nur soweit der UN die Durchführung einer wirtschaftlichen Maßnahme beabsichtigt, die nicht einen der ausdrücklich genannten Tatbestände erfüllt, kommt es für die Beteiligung des BR darauf an, ob sich aus ihr nachteilige Auswirkungen auf die Belegschaft oder erhebliche Teile der Belegschaft (§ 17 Abs. 1 KSchG ist eine Richtschnur, die für Betriebe mit weniger als 21 Beschäftigten dahingehend zu ergänzen ist, dass mindestens ein Drittel der AN betroffen sein muss **3** [vgl. Rn. 5, 6]) ergeben können. Zu beachten ist, dass die negativen Folgen nicht tatsächlich eintreten müssen; sie brauchen lediglich **möglich** zu sein (BAG, NZA 85, 628).

4 *Nr. 1*: **Betriebsstilllegung** ist die Aufgabe des Betriebszwecks unter gleichzeitiger Auflösung der **Betriebsorganisation** für eine unbestimmte, wirtschaftlich nicht unerhebliche Zeit (BAG, DB 85, 1399; ZIP 02, 2055). Eine witterungsbedingte Betriebseinstellung auf dem Bau erfüllt daher die Voraussetzungen der Vorschrift nicht (LAG Niedersachsen, DB 98, 1139). Auch die Veräußerung des Betriebs/Betriebsteils (ohne AN) allein ist nach Auffassung des BAG ebenso wenig eine Stilllegung oder sonstige Betriebsänderung (BAG, DB 94, 1731; vgl. auch Rn. 9, 13) wie ein Antrag auf Eröffnung des Insolvenzverfahrens bzw. die entsprechende Eröffnung (BAG, NZA 98, 723). Maßgeblich für die Betriebsänderung ist eine Änderung der betrieblichen Organisation. Ist die Stilllegung durchgeführt, stellt die Veräußerung der verbliebenen Betriebsmittel an einen Dritten keinen Betriebsübergang nach § 613 a BGB dar, es sei denn, der Erwerber nimmt alsbald die Produktion wieder auf. Dann spräche eine tatsächliche Vermutung gegen die ernsthafte Stilllegungsabsicht des Veräußerers (BAG, BB 87, 2370; DKK-Däubler, Rn. 38). Macht der AG nach einem Brand im Betrieb von einer im TV eingeräumten Möglichkeit Gebrauch, allen AN fristlos unter Einräumung eines Wiedereinstellungsanspruchs nach Beendigung der Schäden zu kündigen, so ist dies nur eine Betriebsunterbrechung und keine Stilllegung (BAG, DB 87, 2365). Entschließt er sich allerdings später, den Betrieb nicht wieder aufzubauen, liegt darin ebenso eine Betriebsstilllegung wie in der **Übertragung** des Betriebs zu diesem Zweck (BAG, NZA 87, 523; 99, 310). Eine Stilllegung liegt auch vor, wenn ein AG die betriebliche Organisation dadurch auflöst, dass er alle AN entlässt. Wegen § 242 BGB kann er sich dann nicht darauf berufen, die Kündigungen seien unwirksam gewesen, weil in Wirklichkeit ein Betriebsübergang (§ 613 a BGB) vorgelegen habe (BAG, DB 96, 147). Der BR amtiert über eine Stilllegung oder einen sonstigen Betriebsuntergang hinaus weiter wegen der damit in Zusammenhang stehenden Rechte: Er hat ein **Restmandat**, bis alle von ihm wahrzunehmenden Aufgaben erledigt sind (§ 21 b; vgl. bereits zur früheren Rechtslage BAG, DB 93, 385; 98, 1471; BB 00, 1088; DB 01, 1563). Das Restmandat besteht auch bei einer Ausgliederung von Betriebsteilen oder Aufspaltung des Betriebs für den bisherigen Betrieb (BAG, DB 87, 2365; zum Übergangsmandat vgl. § 21 a).

5 Ein **wesentlicher Betriebsteil** ist anzunehmen, wenn der betroffene Bereich einen erheblichen Teil der AN (vgl. Rn. 1) des Gesamtbetriebs beschäftigt, die Zahlen in § 17 KSchG geben hier einen Anhaltspunkt (vgl. BAG, NZA 91, 114; 98, 723; 27. 6. 02 – 2 AZR 489/01), oder eine wesentliche wirtschaftliche Bedeutung für diesen

hat (BAG, DB 89, 883; 95, 432; BB 00, 47; 27. 6. 02 – 2 AZR 489/01; vgl. auch LAG Frankfurt v. 11. 10. 77 – 5 TaBV 63/76, wonach jede nicht völlig bedeutungslose Abteilung die Voraussetzungen erfüllt). Da § 17 KSchG wegen seiner primär arbeitsmarktpolitischen Zielsetzung Zahlenwerte nur für Betriebe mit mehr als 20 Beschäftigen enthält, wird man die prozentuale Schwelle für Kleinbetriebe entsprechend der Logik der Vorschrift weiter ansteigen lassen müssen und bei einem Drittel der Beschäftigten ansetzen können (vgl. DKK-Däubler, Rn. 45 a). Bei der **Betriebseinschränkung** wird der Zweck des Betriebs weiterverfolgt, aber dessen Gesamtleistung erheblich (»betriebsuntypisch«) herabgesetzt (vgl. BAG, DB 79, 1896; NZA 91, 114; 93, 1142). Das kann z. B. durch die Außerbetriebsetzung von Maschinen geschehen, muss sich aber nicht darauf beschränken. Die Fremdvergabe **(Outsourcing)** von Vor- und Teilprodukten wird häufig unter Nr. 1 fallen (str.; vgl. DKK-Däubler, Rn. 42 a und auch LAG Baden-Württemberg, AiB 96, 492), die von Dienstleistungen unter Nr. 4 (vgl. Rn. 14).

Auch eine nicht unerhebliche Verringerung der Zahl der AN (vgl. Rn. 1), also eine sog. **Massenentlassung**, kann den Tatbestand einer Betriebseinschränkung erfüllen (BAG, DB 80, 549; 89, 883; NZA 91, 114; 21. 2. 02 – 2 AZR 581/00), es sei denn, es handelt sich nur um eine vorübergehende Anpassung an die Marktlage aufgrund saisonbedingter oder kurzfristiger konjunktureller Schwankungen (BAG, DB 79, 1896). Das BAG hat die Frage, wann eine Massenentlassung vorliegt, anhand der in § 17 KSchG festgelegten Staffel beantwortet (DB 80, 549; NZA 91, 114). Bei Großbetrieben wird von ihm zusätzlich verlangt, dass mindestens 5 v. H. der Belegschaft betroffen sind (DB 83, 2776; NZA 91, 114; BAG v. 27. 6. 02 – 2 AZR 489/01). Dabei können die Zahlen des § 17 KSchG bzw. die 5 v. H. – es handelt sich hierbei um eine »Richtschnur« – durchaus geringfügig unterschritten werden (vgl. auch BAG, NZA 91, 114; LAG Berlin, AuR 96, 159). Da auch Betriebe mit weniger als 21 AN betroffen sein können und § 17 KSchG wegen seiner primär arbeitsmarktpolitischen Zielsetzung hierfür keine Schwellenwerte enthält, wird man in der Logik der Vorschrift den entsprechenden Prozentsatz erhöhen und auf ein Drittel (33,3 %) festsetzen können (DKK-Däubler, Rn. 50 a). Bei zur Arbeitsleistung Überlassenen, die bei Vorliegen der Voraussetzungen von § 7 Satz 2 einzubeziehen sind, ist von ihrer Entlassung bei Beendigung der Überlassung auszugeben. 6

In § 112 a wird nur eine (abweichende) Staffel für die **Erzwingbarkeit des Sozialplans** festgelegt (BAG, DB 89, 331; LAG Berlin, DB 94, 2635); für die Definition der Betriebseinschränkung und die hieran ansonsten anknüpfenden Rechte des BR (Information, Beratung, Interessenausgleich) ist die geschilderte Rechtspr. maßgeblich. Der 4-Wochen-Zeitraum des § 17 KSchG spielt keine Rolle (BAG, DB 7

79, 1897). Es kommt nur darauf an, dass es sich um eine **einheitliche unternehmerische Maßnahme** handelt (vgl. auch BAG, DB 95, 2075). Auch ein stufenweiser, sich über einen längeren Zeitraum erstreckender Personalabbau erfüllt die Voraussetzungen. Entscheidend ist dann, wie viele AN voraussichtlich von den geplanten unternehmerischen Maßnahmen, dem **»Planungssachverhalt«**, insgesamt betroffen sein können (grundlegend BAG, DB 79, 1751; BB 00, 47 [sachlicher Zusammenhang, einheitliche Konzeption]; vgl. auch ArbG Stuttgart, AuR 87, 181; LAG Düsseldorf, DB 87, 180f.; LAG Thüringen, NZA-RR 99, 309). Bei einem zeitlichen Zusammenhang der Personalmaßnahmen (z.B. Durchführung mit einem Abstand von 6 Monaten) besteht eine (widerlegbare) Vermutung für eine einheitliche unternehmerische Maßnahme (ArbG Hamburg, AiB 94, 566; 98, 526; FKHES, § 111 Rn. 46).

8 Bei der **Berechnung der Personalmaßnahmen** kommt es auf den wahren Auflösungsgrund an, nicht auf die Form der Beendigung. Deshalb sind nicht nur betriebsbedingte Kündigungen des AG, z.B. auch von AN, die einem Übergang gem. § 613a BGB auf einen Teilbetriebserwerber widersprochen haben (BAG, NZA 97, 787; BB 00, 47), sondern auch von ihm **veranlasste Aufhebungsverträge** (vgl. § 112a Abs. 1 Satz 2) und **Eigenkündigungen** der AN zu berücksichtigen (BAG, DB 88, 2413; 90, 485; 91, 1526; 93, 590; vgl. auch § 112a Rn. 1). Von einer Veranlassung durch den AG ist auszugehen, wenn durch die UN-Führung Bedingungen entstehen, die es einem vernünftigen AN nahe legen, von sich aus das Arbeitsverhältnis zu beenden (DKK-Däubler, Rn. 55). So reicht es z.B. aus, wenn der AG empfiehlt, nach neuen Arbeitsplätzen Ausschau zu halten, und ein Interessenausgleich vorsieht, dass auch Beschäftigte mit der Funktion des kündigenden AN ausscheiden sollen (BAG, DB 93, 590). Nicht ausreichen soll demgegenüber ein bloßer Hinweis des AG auf die unsichere Lage des UN, auf notwendig werdende Betriebsänderungen oder der Rat, sich eine neue Stelle zu suchen (BAG, BB 95, 2534). Der AG muss den AN vielmehr im Hinblick auf eine konkret geplante Betriebsänderung bestimmen, selbst zu kündigen oder einen Aufhebungsvertrag zu schließen (BAG, DB 96, 2083). Mitgerechnet werden auch AN, die in andere Betriebe des UN/Konzerns versetzt werden und die Beendigung von befristeten Arbeitsverhältnissen jedenfalls dann, wenn diese auf der vorzeitigen Kündigung beruht (LAG Nürnberg, NZA-RR 02, 138). Wird ein Betrieb von vornherein nur zur Erledigung einer begrenzten Aufgabe innerhalb absehbarer Zeit gegründet, so stellt seine Schließung nach Erreichen des Betriebszwecks keine mitbestimmungspflichtige Betriebsänderung dar (LAG Hamm, BB 77, 695).

9 Wechselt der Betrieb den Inhaber und führt ihn der Erwerber bei unverändertem Betriebszweck und mit im Wesentlichen gleicher Belegschaft fort, liegt nach Auffassung des BAG (vgl. z.B. DB 80, 164; 81, 1190; NZA 96, 499; BB 00, 47; NZA 00, 1069; **a.A.** DKK-Däubler, Rn. 102) im bloßen **Betriebsübergang keine Betriebsänderung**. Da die zum Erwerber überwechselnden AN durch die Bestimmung des § 613a BGB vor Nachteilen aus der Betriebsveräußerung geschützt werden, sollen sie keine zusätzlichen Ausgleichs- oder Abfindungsansprüche nach den §§ 111ff. gegenüber dem früheren AG haben (BAG, DB 80, 164; 81, 698; 87, 1540; 97, 1416). Dies galt nach Meinung des BAG auch, wenn nicht der gesamte Betrieb, sondern nur ein **Betriebsteil** veräußert wird, für die mit dem veräußerten Betriebsteil übergehenden Beschäftigten, nicht allerdings für die AN des verbleibenden **Restbetriebs**, sofern damit nicht gleichzeitig Maßnahmen verbunden sind, die als solche einen der Tatbestände des § 111 erfüllen. Durch **Nr. 3** sind **Betriebsspaltungen** jetzt allerdings ausdrücklich erfasst (BAG, DB 97, 1416).

Nr. 2: Das MBR bei **Ortsverlegungen** (vgl. Peiseler, AiB 99, 261) **10** bezieht sich nur auf solche Betriebe und Betriebsteile, die ihrer Natur nach ortsgebunden sind, also beispielsweise nicht auf Baustellen. Eine Verlegung liegt auch vor, wenn das neue Gebäude nur 4,3km vom alten in der gleichen Stadt entfernt liegt und günstige Verkehrsbedingungen bestehen (BAG, DB 83, 344), nicht aber beim Umzug von der einen auf die andere Straßenseite. Auch die **Verlegung** einer Betriebsabteilung **innerhalb des Betriebs** ist grundsätzlich keine Betriebsänderung (BAG a.a.O.). Etwas anderes gilt jedoch, wenn mit ihr wesentliche Nachteile für die Belegschaft verbunden sind.

Nr. 3: Der **Zusammenschluss** eines Betriebs mit anderen kann da- **11** durch geschehen, dass aus zwei oder mehreren Betrieben ein neuer Betrieb gebildet wird oder ein bestehender Betrieb einen weiteren oder mehrere weitere Betriebe unter Aufgabe von deren arbeitstechnischer Selbständigkeit in sich aufnimmt. Es kommt dabei nicht darauf an, ob die Betriebe verschiedenen UN angehören. Zu beachten ist, dass der Zusammenschluss von UN nicht notwendigerweise den einzelnen Betrieb in seinem Bestand ändert. Bleiben die einzelnen Betriebe trotz des UN-Zusammenschlusses in ihrer Betriebsorganisation, ihrem Betriebszweck u.ä. unverändert, ist keine die MB des BR auslösende Betriebsänderung gegeben. Auch die Zusammenlegung von **selbständigen** Betriebsabteilungen mit dem **eigenen** Hauptbetrieb unterliegt dem MBR (str.).

Die **Aufspaltung eines Betriebs** kann innerhalb des UN, aber auch **12** mit einem Inhaberwechsel erfolgen. Sie kann auf Gesamtrechtsnachfolge im Rahmen einer Umwandlung oder auf Veräußerung des Betriebsteils beruhen (BAG, BB 00, 47). Auch **»Bagatellausgründungen«** werden erfasst (offen gelassen von BAG, DB 97, 1416), es kommt nicht auf die Zahl der betroffenen AN an. Die Auflösung eines **Gemeinschaftsbetriebs** ist ebenfalls als Spaltung zu behandeln (LAG

Nürnberg, DB 95, 1972). Die Beteiligungsrechte erstrecken sich auf den gesamten früheren Betrieb (so schon BAG, DB 87, 1842). Bei Betriebsspaltungen wird häufig auch Nr. 4 vorliegen.

13 Die **Aufspaltung eines Unternehmens** allein ist keine Betriebsänderung, wenn sich die betriebliche Organisation nicht ändert (BAG, NZA 98, 723). Erfolgt allerdings die Aufspaltung in je eine rechtlich selbstständige Besitz- und Produktionsgesellschaft derart, dass die Produktionsgesellschaft die Betriebsmittel von der Besitzgesellschaft pachtet und die AN übernimmt, ist diese Maßnahme als Betriebsänderung anzusehen, sofern nicht die Einheit des Betriebs erhalten bleibt (vgl. hierzu BAG, DB 87, 176; NZA 91, 977 und auch § 322 Abs. 1 UmwG). Im letzten Fall müssen die weiteren Tatbestandsvoraussetzungen insbesondere nach Nrn. 1 bis 5 hinzutreten. Bleibt die Einheit des Betriebs nicht erhalten, liegt eine Betriebsänderung vor und kann der insbesondere mit der »Betriebsaufspaltung« verbundenen möglichen Gefährdung künftiger AN-Ansprüche (Verminderung der Haftungsmasse) nach Maßgabe der §§ 111 ff. begegnet werden (DKK-Däubler, § 111, Rn. 102 und 75 mit Hinweis auf § 134 UmwG; **a. A.** BAG, DB 81, 1190; 97, 1416; NZA 00, 1069, das einen bloßen Betriebsübergang nicht als Betriebsänderung ansieht [Rn. 9.]; vgl. auch LAG Frankfurt, DB 85, 1999 ff. und zu Gegenwehrmöglichkeiten der Belegschaft Klebe/Trittin, Betriebsaufspaltung und Unternehmensteilung [3. Aufl.], IG Metall-Schriftenreihe »Für den Betriebsrat«). Häufig wird anlässlich des Betriebsübergangs eine sonstige Betriebsänderung erfolgen, die jedenfalls dann die Rechte des BR auslöst (vgl. BAG, NZA 00, 1069).

14 *Nr. 4*: Unter einer grundlegenden Änderung der **Betriebsorganisation** sind alle wesentlichen Änderungen innerhalb des organisatorischen Aufbaus und der Gliederung eines Betriebs zu verstehen, wie z. B. Änderung der Betriebshierarchie durch Wegfall oder Schaffung einer Führungsebene (vgl. LAG Köln, AiB 96, 669). Bei einem umfassenden Neueinsatz oder einer vollständigen Modernisierung von DV-Systemen sind die Voraussetzungen regelmäßig gegeben, da hiermit nicht nur technische Neuerungen, sondern auch wesentliche organisatorische Änderungen verbunden sind. Auch die Fremdvergabe von Reinigungsarbeiten ist, jedenfalls in Hotel oder Schnellrestaurant, eine entsprechende Betriebsänderung (ArbG München, AiB 00, 766; ArbG Würzburg, AiB 01, 302). Die grundlegende Änderung des **Betriebszwecks**, hiermit ist der arbeitstechnische Zweck, nicht der wirtschaftliche gemeint (BAG, DB 86, 2085), betrifft vor allem die völlige Umstellung der Produktion. Eine Änderung ist auch dann anzunehmen, wenn wesentliche Teile der Tätigkeit eingestellt (vgl. BAG, DB 87, 1842) oder aber in einer weiteren Abteilung neue arbeitstechnische Zwecke zusätzlich erfüllt werden (vgl. BAG a. a. O.). Demgegenüber liegt z. B. keine grundlegende Änderung des

Betriebszwecks vor, wenn in einem Schlachthof, in dem bisher Rinder, Kälber und Schweine geschlachtet wurden, die Tätigkeit sich jetzt auf Schweine beschränkt (BAG, NZA 93, 1142).

Hinsichtlich der **Betriebsanlagen** ist die grundlegende Änderung in der technischen Gestaltung des Betriebs gemeint, z. B. die Einführung eines neuen technischen Produktionsverfahrens, aber auch von Einrichtungen des Rechnungswesens, **Internetanschlüssen** und Datensichtgeräten (BAG, DB 83, 1766; 84, 775; vgl. für die Einführung einer Bücherrotationsmaschine BAG v. 27. 6. 89 – 1 ABR 24/88). Das BAG (vgl. auch NZA 91, 115) hat dabei klargestellt, dass nicht die Änderung sämtlicher Betriebsanlagen erforderlich ist. Auch die Änderung einzelner kann eine Betriebsänderung darstellen, wenn es sich um solche handelt, die in der Gesamtschau von erheblicher Bedeutung für den gesamten Betriebsablauf sind. Diese Voraussetzungen können nur im Einzelfall festgestellt werden. So werden sie z. B. beim CAD/CAM-Einsatz gegeben sein (vgl. auch LAG Baden-Württemberg v. 23. 10. 84 – 4 TaBV 1/84), weil dieser abteilungs- und betriebsübergreifend wirkt und eine Integration aller Bereiche bis hin zur Fertigung herbeiführt. Nur wenn die Bedeutung zweifelhaft ist, ist auf die **Zahl der AN**, die von der Änderung der Betriebsanlagen betroffen werden, abzustellen. Hierbei soll nach dem BAG an dessen mit Hilfe von § 17 KSchG entwickelte Rechtspr. zur Betriebseinschränkung angeknüpft werden. Ergänzend wird man den prozentualen Schwellenwert für Betriebe mit weniger als 21 AN auf ein Drittel (33,3 %) festsetzen können (vgl. auch Rn. 5, 6). Bei der Frage, ob die Änderung der Betriebsanlagen **»grundlegend«** ist, entscheidet der Grad der technischen Änderung (BAG a. a. O.). Im Zweifel ist dieser nach dem Grad der nachteiligen Auswirkungen der Änderung auf die betroffenen AN, danach, ob sich für diese wesentliche Nachteile ergeben, zu beantworten. Auch die Einführung von CNC-Maschinen wird regelmäßig den Tatbestand des § 111 erfüllen. Neben den Voraussetzungen der Nr. 4 werden auch häufig die der Nr. 5 gegeben sein. **15**

Nr. 5: Die **Arbeitsmethoden** betreffen die Art des Einsatzes und die Verwendung der menschlichen Arbeitskraft (vgl. z. B. den Übergang von Einzelarbeitsplätzen zu **Gruppenarbeit** (vgl. auch § 87 Abs. 1 Nr. 13) oder den Fall, dass ein Vorprodukt nicht mehr selbst gefertigt wird; BAG, NZA 91, 115). Hingegen bezieht sich das **Fertigungsverfahren** auf die technische Seite des Produktionsablaufs. Beide Begriffe lassen sich nicht scharf trennen, sondern gehen häufig ineinander über. Mit der Einführung z. B. von CAD/CAM werden die bisherigen Arbeitsinhalte und -methoden total verändert (vgl. z. B. Klebe/Roth, AiB 84, 70 ff.), so dass eine Betriebsänderung auch aus diesem Grunde vorliegt. **16**

Soll eine Betriebsänderung durchgeführt werden, hat der UN den BR **rechtzeitig** und **umfassend** über die Gründe, den Umfang und die **17** möglichen Auswirkungen der vorgesehenen Maßnahme in allen Einzelheiten zu **informieren** und diese mit ihm zu erörtern (vgl. auch § 90 Rn. 6ff.; zu eng LAG Hamm, NZA 86, 651). Dies muss anhand der dazu notwendigen Unterlagen geschehen.

18 Wenn die Bestimmung davon spricht, dass der BR bei »geplanten Betriebsänderungen« zu beteiligen ist, so bedeutet dies **nicht**, dass es sich um Maßnahmen handeln muss, die vom UN längerfristig geplant sind. Auch **kurzfristig** notwendig werdende Betriebsänderungen fallen darunter. Dabei kommt es nicht darauf an, welche Gründe die vom UN vorgesehene Maßnahme veranlassen. Das Beteiligungsrecht des BR besteht auch dann, wenn der UN z.B. wegen einer von ihm **nicht vorhergesehenen** Änderung der Marktlage oder einer Verschlechterung der Auftragslage gezwungen wird, die Betriebsänderung durchzuführen (vgl. auch LAG Baden-Württemberg, NZA 95, 1222). »Geplante Betriebsänderungen« bedeutet lediglich, dass der UN den BR schon im **Planungsstadium** zu beteiligen hat, also zu einer Zeit, zu der weder mit der Durchführung der Maßnahme begonnen noch die Entscheidung darüber getroffen worden ist (BAG v. 18. 7. 72, AP Nr. 10 zu § 72 BetrVG; DB 77, 309). Der BR ist dabei so rechtzeitig einzuschalten, dass er noch ausreichende Möglichkeiten hat, sich nicht nur mit allen Einzelheiten der vorgesehenen Maßnahme zu befassen, sondern auch die zur Abgabe einer Stellungnahme, zur Formulierung von Alternativen und zur Durchführung der Verhandlungen mit dem AG notwendigen Überprüfungen und Überlegungen anzustellen (vgl. § 90 Rn. 6, 9). Auch eine wirtschaftliche Zwangslage des UN, die eine sofortige Betriebsänderung erfordert, lässt die Notwendigkeit einer Einschaltung des BR vor der abschließenden Entscheidung über die Betriebsänderung unberührt (BAG, DB 77, 309).

19 Bei juristischen Personen hat eine **Einschaltung des BR** regelmäßig bereits dann zu erfolgen, wenn zwar entsprechende Planungsabsichten des Vorstands oder der Geschäftsleitung bestehen, aber noch nicht die Genehmigung des AR oder eines vergleichbaren Gremiums vorliegt (BAG, DB 77, 309; OLG Düsseldorf, NZA 86, 371).

20 Für die Beteiligungsrechte nach dieser Bestimmung ist grundsätzlich der **Einzel-BR** zuständig. Eine Kompetenz des GBR kommt nur dann in Betracht, wenn die vom UN geplante Maßnahme **betriebsübergreifend** ist und ein zwingendes Erfordernis für eine betriebsübergreifende Regelung besteht (BAG, NZA 95, 89; BB 02, 1487; BAG v. 23. 10. 02 – 7 ABR 55/01; LAG Berlin, NZA-RR 99, 34), wie etwa bei konkursbedingter Stilllegung sämtlicher Betriebe des UN (BAG, DB 81, 1414), der notwendig unternehmenseinheitlichen Einführung eines **DV-Systems** (vgl. LAG Köln, CR 88, 315; LAG Düsseldorf, CR 88, 1016), der grundlegenden Änderung der Organisationsstruktur des UN, die den überwiegenden Teil der Einzelbetriebe betrifft (LAG Niedersachsen, LAGE § 50 BetrVG 1972 Nr. 1; bestätigt durch

BAG v. 23. 10. 02 – 7 ABR 55/01), der Entlassung aller bisher in Kleinbetrieben organisierten Außendienstmitarbeiter und Übertragung ihrer Aufgaben auf freie Handelsvertreter (BAG, BB 99, 2244), dem Zusammenschluss mehrerer Betriebe oder der Verlegung eines Betriebs und Einfügung in einen anderen (BAG, BB 96, 2093). Aus der Zuständigkeit des GBR für einen **Interessenausgleich** folgt dabei nicht ohne weiteres seine Zuständigkeit für einen Sozialplan. Diese bestimmt sich auch nach dem Inhalt des Interessenausgleichs (BAG, BB 02, 1487; § 50 Rn. 5). Ebenso wenig folgt aus einem etwaigen wirtschaftlichen Zwang zur UN-Sanierung allein ein überbetrieblicher Regelungsbedarf und eine Zuständigkeit des GBR (BAG, DB 02, 1564). Auch bei UN-einheitlichen Maßnahmen soll der GBR nur über einen Rahmeninteressenausgleich verhandeln können. Die Konkretisierung bleibt dem örtlichen BR überlassen (ArbG Reutlingen, AiB 96, 489 mit Anm. v. Däubler). Ist der **GBR/KBR** zuständig, kann er auch für **Betriebe/UN ohne BR/GBR** handeln (§§ 50 Abs. 1, 58 Abs. 1). Auch bei einer Zuständigkeit des GBR kommt es für die Feststellung der Betriebsänderung auf die Verhältnisse im Einzelnen Betrieb und nicht auf die im UN an.

Sowohl die rechtzeitige und umfassende Unterrichtung des BR als **21** auch die Beratung mit ihm gehören zu den betriebsverfassungsrechtlichen Pflichten des UN, deren Erfüllung im normalen **Beschlussverfahren** oder aber bei Eilbedürftigkeit auch durch **einstweilige Verfügung** erzwungen werden kann (z. B. ArbG Köln, BB 93, 2311). Darüber hinaus kann der BR nach richtiger Auffassung seine Rechte im Wege einstweiliger Verfügung dadurch sichern, dass dem UN z. B. der Ausspruch von Kündigungen oder die Durchführung einer sonstigen Betriebsänderung bis zum Abschluss der Verhandlungen über den Interessenausgleich untersagt wird (z. B. LAG Hamburg, DB 86, 598; NZA-RR 97, 296; AuR 98, 87; LAG Frankfurt, DB 85, 178 ff.; HessLAG v. 6. 4. 93, LAGE § 111 BetrVG 1972 Nr. 12; LAG Hamm, AuR 84, 54; LAG Berlin, NZA 96, 1284; LAG Thüringen, LAGE §111 BetrVG 1972 Nr. 17; ArbG Hamburg, AiB 94, 246; ArbG Oldenburg, DB 94, 1195; ArbG Kaiserslautern, AiB 97, 179 [im Konkurs]; ArbG Würzburg, AiB 01, 302; **weiter gehend** ArbG Berlin, AiB 01, 544 mit Anm. Hummel, das den Unterlassungsanspruch bis zum Abschluss von Sozialplanverhandlungen zubilligt; **str.:** a. A. z. B. LAG Schleswig-Holstein, DB 92, 1788; LAG Düsseldorf, DB 97, 1286; ArbG Nürnberg, BB 96, 1723; ArbG Dresden, BB 00, 363; offen gelassen vom LAG Baden-Württemberg, AiB 96, 492 [Versetzungen]; vgl. insgesamt DKK-Däubler, §§ 112, 112 a Rn. 23; zu Tendenzbetrieben vgl. § 118 Rn. 19). Diese Auffassung wird durch den neuen § 92 a jetzt zusätzlich gestärkt. Die Sicherung des Verhandlungsanspruchs des BR ist von der individualrechtlichen Sanktion des § 113 **unabhängig** (vgl. auch FKHES, Rn. 115, 122; DKK-Däubler, §§ 112, 112 a, Rn. 23). § 113 ist keine abschließende Sonderregelung.

Der UN begeht eine **Ordnungswidrigkeit**, wenn er seinen Verpflichtungen nicht rechtzeitig, unvollständig oder wahrheitswidrig nachkommt (§ 121).

§ 112
Interessenausgleich über die Betriebsänderung, Sozialplan

(1) Kommt zwischen Unternehmer und Betriebsrat ein Interessenausgleich über die geplante Betriebsänderung zustande, so ist dieser schriftlich niederzulegen und vom Unternehmer und Betriebsrat zu unterschreiben. Das Gleiche gilt für eine Einigung über den Ausgleich oder die Milderung der wirtschaftlichen Nachteile, die den Arbeitnehmern infolge der geplanten Betriebsänderung entstehen (Sozialplan). Der Sozialplan hat die Wirkung einer Betriebsvereinbarung. § 77 Abs. 3 ist auf den Sozialplan nicht anzuwenden.

(2) Kommt ein Interessenausgleich über die geplante Betriebsänderung oder eine Einigung über den Sozialplan nicht zustande, so können der Unternehmer oder der Betriebsrat den Präsidenten des Landesarbeitsamtes um Vermittlung ersuchen. Geschieht dies nicht oder bleibt der Vermittlungsversuch ergebnislos, so können der Unternehmer oder der Betriebsrat die Einigungsstelle anrufen. Auf Ersuchen des Vorsitzenden der Einigungsstelle nimmt der Präsident des Landesarbeitsamtes an der Verhandlung teil.

(3) Unternehmer und Betriebsrat sollen der Einigungsstelle Vorschläge zur Beilegung der Meinungsverschiedenheiten über den Interessenausgleich und den Sozialplan machen. Die Einigungsstelle hat eine Einigung der Parteien zu versuchen. Kommt eine Einigung zustande, so ist sie schriftlich niederzulegen und von den Parteien und vom Vorsitzenden zu unterschreiben.

(4) Kommt eine Einigung über den Sozialplan nicht zustande, so entscheidet die Einigungsstelle über die Aufstellung eines Sozialplans. Der Spruch der Einigungsstelle ersetzt die Einigung zwischen Arbeitgeber und Betriebsrat.

(5) Die Einigungsstelle hat bei ihrer Entscheidung nach Absatz 4 sowohl die sozialen Belange der betroffenen Arbeitnehmer zu berücksichtigen als auch auf die wirtschaftliche Vertretbarkeit ihrer Entscheidung für das Unternehmen zu achten. Dabei hat die Einigungsstelle sich im Rahmen billigen Ermessens insbesondere von folgenden Grundsätzen leiten zu lassen:

1. Sie soll beim Ausgleich oder bei der Milderung wirtschaftlicher Nachteile, insbesondere durch Einkommensminderung, Wegfall von Sonderleistungen oder Verlust von Anwartschaften auf betriebliche Altersversorgung, Umzugskosten oder

erhöhte Fahrtkosten, Leistungen vorsehen, die in der Regel den Gegebenheiten des Einzelfalles Rechnung tragen.

2. Sie hat die Aussichten der betroffenen Arbeitnehmer auf dem Arbeitsmarkt zu berücksichtigen. Sie soll Arbeitnehmer von Leistungen ausschließen, die in einem zumutbaren Arbeitsverhältnis im selben Betrieb oder in einem anderen Betrieb des Unternehmens oder eines zum Konzern gehörenden Unternehmens weiterbeschäftigt werden können und die Weiterbeschäftigung ablehnen; die mögliche Weiterbeschäftigung an einem anderen Ort begründet für sich allein nicht die Unzumutbarkeit.

2a. Sie soll insbesondere die im Dritten Buch des Sozialgesetzbuches vorgesehenen Förderungsmöglichkeiten zur Vermeidung von Arbeitslosigkeit berücksichtigen.

3. Sie hat bei der Bemessung des Gesamtbetrages der Sozialplanleistungen darauf zu achten, dass der Fortbestand des Unternehmens oder die nach Durchführung der Betriebsänderung verbleibenden Arbeitsplätze nicht gefährdet werden.

(1) Die Bestimmung unterscheidet zwischen »**Interessenausgleich**« 1
und »**Sozialplan**«. Beide stehen zwar in einem inneren Zusammenhang. Gleichwohl darf die Unterscheidung bei der praktischen Anwendung der Vorschrift nicht unbeachtet bleiben. Dies gilt vor allem wegen der fehlenden Erzwingbarkeit des Interessenausgleichs und im Hinblick auf die nach Auffassung des BAG unterschiedliche Rechtswirkung. Der Interessenausgleich entfaltet sie danach für die AN nach § 113 (**Nachteilsausgleich;** vgl. auch BAG, DB 92, 380; LAG Düsseldorf, LAGE § 112 BetrVG 1972 Nr. 41), demgegenüber entstehen aufgrund eines Sozialplans **unmittelbare Rechtsansprüche** der einzelnen AN (BAG, DB 90, 486). Diese Auffassung ist abzulehnen. Der Interessenausgleich, für den anders als für den Sozialplan die **Regelungssperre des § 77 Abs. 3** gilt (LAG Baden-Württemberg, AuR 99, 156), bindet UN und BR. Beide erlangen einen Anspruch auf Einhaltung der getroffenen Vereinbarung, der ggf. auch mit einstweiliger Verfügung durchgesetzt werden kann (LAG München, AuR 98, 89; FKHES, §§ 112, 112a, Rn. 49; DKK-Däubler, §§ 112, 112a, Rn. 15ff.; zum Abschluss einer jedenfalls durchsetzbaren freiwilligen BV anstelle des Interessenausgleichs vgl. Däubler a. a. O., Rn. 19ff.).

Liegt einer der Tatbestände vor, bei denen der BR nach § 111 zu 2
beteiligen ist, hat der UN, auch wenn der Sozialplan nicht nach § 112a erzwungen werden kann, zunächst zu versuchen, mit dem BR einen **Interessenausgleich** herbeizuführen (vgl. BAG, DB 89, 331). Voraussetzung ist, dass im Zeitpunkt der Planung und Durchführung der Betriebsänderung ein BR vorhanden ist (BAG, DB 84, 724; BB 93,

140; vgl. aber auch § 111 Rn. 1); andernfalls ist der UN berechtigt, die Betriebsänderung einseitig anzuordnen und durchzuführen. Der Interessenausgleich soll klären, ob, wann und in welcher Weise die vorgesehene Maßnahme durchgeführt werden kann (vgl. z.B. BAG, DB 92, 229; BB 94, 1936; DB 98, 2372). Der BR kann den beabsichtigten Betriebsänderungen zustimmen, ihnen widersprechen oder andere Lösungsvorschläge unterbreiten (vgl. das Beispiel in AiB 93, 593 ff.; Computerinformation 3/95, S. 16; Thannheiser, AiB 95, 229 ff.; zu § 125 f. InsO vgl. Rn. 13; zur Zuordnung von AN in einem Interessenausgleich zu einem bestimmten Betrieb/Betriebsteil nach **Umwandlung** vgl. § 323 Abs. 2 UmwG. § 613 a BGB geht der Vorschrift vor. Diese ist nur auf AN anwendbar, die nicht ohne weiteres zugeordnet werden können [FKHES, §§ 112, 112 a Rn. 75]). Erstreckt sich die geplante Betriebsänderung über einen längeren Zeitraum und eine Vielzahl von Maßnahmen, kann der Interessenausgleich zunächst auch nur einen Teil dieser Maßnahmen zum Inhalt haben (BAG, BB 94, 1936). Der Ausspruch von Kündigungen vor Abschluss der Verhandlungen über den Interessenausgleich kann durch **einstweilige Verfügung** untersagt werden (**str**.; vgl. § 111 Rn. 21). Auch wenn ein zeitlich unbefristeter Sozialplan vereinbart worden ist, der Leistungen für alle zukünftigen Betriebsänderungen vorsieht, muss der UN bei jeder später von ihm geplanten Betriebsänderung einen neuen Interessenausgleich mit dem BR versuchen. Die Beteiligungsrechte, auf die der BR auch nicht wirksam verzichten kann, knüpfen an die jeweilige **konkrete Betriebsänderung** an (BAG, DB 84, 724; 98, 265; BB 00, 47; 02, 1862). Wird der BR nicht tätig, muss der UN selbst die Initiative ergreifen, um die Folge des § 113 zu vermeiden (BAG, DB 85, 1293; 86, 279).

3 Soweit die Bestimmung vorschreibt, dass der Interessenausgleich **schriftlich** niederzulegen und vom UN und BR zu unterzeichnen ist, handelt es sich um eine zwingende Formvorschrift. Eine mündliche Vereinbarung reicht nicht aus (BAG, DB 86, 279; 21. 2. 02 – 2 AZR 581/00). Der Interessenausgleich muss allerdings nicht in einer gesonderten Urkunde niedergelegt und auch nicht ausdrücklich als solcher bezeichnet werden (BAG, BB 94, 1936). Für die Unterzeichnung genügt in der Regel die Unterschrift des BR-Vors. Allerdings muss die Annahme vom BR **mehrheitlich beschlossen** worden sein (BAG, DB 00, 1287).

4 Unabhängig davon, ob zwischen BR und UN ein Interessenausgleich zustande kommt, kann der BR die Aufstellung eines **Sozialplans** verlangen. Dies gilt auch, wenn der UN einen Interessenausgleich überhaupt nicht versucht hat, also zugleich auch die weiteren Rechtsfolgen nach § 113 eintreten können (LAG Hamm v. 1. 3. 72, AP Nr. 1 zu § 112 BetrVG 1972). Der UN hat also **kein Wahlrecht** zwischen Sozialplan und Nachteilsausgleich (FKHES, §§ 112, 112 a Rn. 79).

Für noch nicht geplante aber in groben Umrissen schon abschätzbare Betriebsänderungen können AG und BR freiwillig einen **vorsorglichen Sozialplan** aufstellen, sofern hierin kein unzulässiger Verzicht auf MBR liegt (BAG, DB 98, 265; BB 00, 47). Dies gilt auch, wenn unklar ist, ob ein Betriebsübergang oder eine -stilllegung vorliegt. BR und AG können dann für den Fall, dass eine Stilllegung anzunehmen ist, ebenfalls vorsorglich einen Sozialplan vereinbaren (BAG, DB 98, 1471).

Der Sozialplan soll einem Ausgleich oder der **Milderung der wirtschaftlichen Nachteile** dienen, die sich für die AN aus der vorgesehenen Betriebsänderung ergeben. Die Bestimmung enthält keine genauen Angaben darüber, was zweckmäßigerweise **Gegenstand eines Sozialplans** sein sollte. Die Beteiligten können alles regeln, was geeignet ist, für die AN nachteilige Auswirkungen der unternehmerischen Maßnahmen auszugleichen oder zu mildern (vgl. auch Thannheiser, AiB 02, 484). **5**

Inhalt des Sozialplans, der als BV besonderer Art wie ein TV auszulegen ist (BAG, DB 99, 749, 1402), können z. B. sein: Vereinbarungen über die Zahlung von **Abfindungen** für die zu entlassenden AN, **Ausgleichszahlungen** für mit Verdienstminderung verbundene Umsetzungen, Aufrechterhaltung von **Anwartschaften** oder Zahlung zusätzlicher Leistungen der Altersversorgung (vgl. auch das Altersteilzeitgesetz und hierzu Marschner, AuA 00, 62; Pahde, AiB 01, 136 ff.), eine über die Beendigung des Arbeitsverhältnisses hinausgehende weitere Überlassung von **Werkswohnungen**, die Gewährung des vollen **Jahresurlaubs**, die Anrechnung früherer Betriebszugehörigkeit, **Wiedereinstellungsklauseln** (sieht der Sozialplan z. B. vor, dass entlassene AN unter bestimmten Voraussetzungen wieder eingestellt werden müssen, kann der BR der Einstellung anderer Personen seine Zustimmung nach § 99 Abs. 2 Nr. 1 verweigern [BAG, DB 91, 969]), Rückzahlungsregeln für **Werksdarlehen**, die Vereinbarung und Finanzierung von Umschulungs-/**Weiterbildungsmaßnahmen**, **Umzugskosten**, Trennungsentschädigungen, Fahrt-, Miet-, Essenszuschüsse oder Sonderregelungen für Auszubildende (vgl. z.B. Hamm, Rechte des BR bei Betriebsänderungen [Schriftenreihe AiB, 1995], S. 61 ff.; Thannheiser, AiB 98, 130 ff., 254 ff.; LAG Hamm, AiB 93, 600 ff.; zu eng und wenig überzeugend BAG, DB 92, 229). Angesichts der konstanten Massenarbeitslosigkeit sind beschäftigungssichernde Maßnahmen besonders wichtig. Ihre Notwendigkeit erkennt auch der Gesetzgeber z. B. in §§ 80 Abs. 1 Nr. 8, 92 a, 97 Abs. 2 und in dieser Vorschrift in Abs. 5 Nr. 2 a verstärkt an. **Beschäftigungspläne** (vgl. Klebe/Roth, DB 89, 1518), die unter Heranziehung öffentlicher Stellen (Bund, Land, Kommune, Arbeitsverwaltung) Regelungen zur Aufnahme zusätzlicher Produktionsbereiche, zur vorübergehenden Kürzung/Absenkung der betrieblichen Arbeitszeit (hier- **6** zu Ohl, AiB 02, 488), zur Qualifikation von AN und Humanisierung der Arbeit vereinbaren, sind in diesem Zusammenhang zu nennen und insbesondere die aktive Einschaltung der Arbeitsverwaltung (vgl. auch Rn. 24 zu Abs. 5 Nr. 2a) im Hinblick auf **Sozialplanzuschüsse** (§§ 254 ff. SGB III), **Strukturanpassungsmaßnahmen** (§§ 272 ff., 415 Abs. 3 SGB III) und Struktur-Kurzarbeitergeld (§ 175 SGB III). Teilweise werden hierfür **Beschäftigungs- und Qualifizierungsgesellschaften** eingesetzt (hierzu DKK-Däubler, §§ 112, 112a, Rn. 155 ff.; Filzek, AiB 98, 661; Thannheiser, AiB 99, 89, 153; vgl. auch § 87 Rn. 49).

7 **Auszugleichen** sind im Sozialplan **wirtschaftliche Nachteile**. Dies können auch Verschlechterungen der Arbeitsbedingungen oder Arbeitserschwerungen sein, da hiermit das Verhältnis von Leistung und Gegenleistung zum Nachteil des AN geändert wird. Der Ausgleich, die Milderung dieses wirtschaftlichen Nachteils kann dann bei Bildschirmarbeit z. B. in einer zeitlichen Begrenzung, der Festlegung von **Arbeitsunterbrechungen**, von **Mischarbeit** oder/und ergonomischen Gestaltungsgrundsätzen bestehen. Ebenso kann ein Ausgleich durch neue Formen der Arbeitsorganisation (z. B. **Gruppenarbeit**, teilautonome Arbeitsgruppen; vgl. auch § 87 Abs. 1 Nr. 13) herbeigeführt werden (vgl. auch Däubler, DB 85, 2301; str.). Der Sozialplan kann Regelungen über Arbeitsentgelt und sonstige Arbeitsbedingungen zum Inhalt haben, die üblicherweise in TV geregelt werden und sogar Gegenstand eines für den Betrieb geltenden TV sind. **§ 77 Abs. 3** findet, anders als beim Interessenausgleich (Rn. 1), keine Anwendung. Soweit der Sozialplan allerdings hinter einer für den Betrieb bestehenden tariflichen Regelung zurückbleibt, kommt für die gewerkschaftlich organisierten AN der TV zur Anwendung.

8 Der Hinweis, dass der Sozialplan die Wirkung einer BV hat, bedeutet, dass die einzelnen AN aus dem Sozialplan einen **unmittelbaren Anspruch** (zu Entstehungszeitpunkt und Vererbung des Anspruchs vgl. LAG Frankfurt, NZA 85, 634 und BAG, DB 97, 281; zur **Verjährung** nach altem Recht: BAG, NZA 02, 449 [30 Jahre gemäß § 195 BGB alte Fassung]; **ab 1. 1. 02** gemäß § 195 BGB neue Fassung **3 Jahre**) gegenüber dem AG ableiten können (§ 77 Abs. 4). Dies gilt auch für bereits ausgeschiedene AN (LAG Hamm v. 1. 3. 72, AP Nr. 1 zu § 112 BetrVG 1972). Es bestehen keine Bedenken gegen die Regelung eines Sozialplans, die einem von der Betriebsstilllegung betroffenen AN eine Abfindung nur dann gewährt, wenn ihm weder im eigenen noch in einem zum Konzern gehörenden UN ein zumutbarer Arbeitsplatz angeboten werden kann. Dasselbe gilt für den Ausschluss von Abfindungen für den Fall, dass der AN ein **zumutbares Umsetzungs- oder Versetzungsangebot** ausschlägt und deshalb entlassen werden muss (BAG, DB 77, 729; 81, 1414; 84, 725; LAG Bremen, AiB 00, 108). Hierzu kann bei ausdrücklicher Regelung

(vgl. BAG, DB 99, 1402) der Fall zählen, dass der AN einem Betriebsübergang ohne triftigen Grund widerspricht (BAG, DB 97, 1623; 98, 2224; vgl. aber auch DKK-Däubler, §§ 112, 112a, Rn. 73; Hamm, AiB 98, 54 und § 112 Abs. 5 Satz 2 Nr. 2). Ein Ausschluss kann auch vorgenommen werden, wenn der AN vorgezogenes Altersruhegeld in Anspruch nehmen (BAG, DB 88, 2464; LAG Rheinland-Pfalz, DB 02, 1167) oder, so das BAG, nach Ablauf des Arbeitslosengeldes übergangslos Rente beziehen kann (DB 97, 281; LAG Köln, AiB 00, 109). Ebenso sollen für diese AN geringere Abfindungen vorgesehen werden können (BAG, DB 84, 1529; 88, 2464; LAG Rheinland-Pfalz, a.a.O.).

Im Sozialplan darf nach verschiedenen möglichen Nachteilen – Ver- 9
setzung oder Entlassung – und nach der Vermeidbarkeit dieser Nachteile differenziert werden (BAG, DB 77, 729). Die Betriebsparteien sind beim Abschluss in den **Grenzen von Recht** (vgl. z.B. § 75 oder den arbeitsrechtlichen Gleichbehandlungsgrundsatz; hierzu BAG, DB 88, 2464; 98, 1138; LAG Niedersachsen, DB 02, 2227) und **Billigkeit** also frei, darüber zu entscheiden, welche Nachteile, die der Verlust eines Arbeitsplatzes mit sich bringt, durch eine Abfindung ausgeglichen werden sollen (BAG, DB 79, 795; BB 95, 620; DB 96, 1682; 00, 930). Es ist zulässig, dass Sozialpläne Leistungen **pauschalieren**, sie individuell festlegen (BAG, DB 85, 1487) oder aber beide Regelungselemente miteinander verbinden (BAG, DB 84, 1529). Maßgebend ist der Zeitpunkt vor der Betriebsänderung auch dann, wenn der Sozialplan erst später abgeschlossen wird. Demzufolge können auch Nachteile ausgeglichen werden, mit denen typischerweise zu rechnen war, selbst wenn der einzelne AN diese Nachteile tatsächlich später nicht erlitten hat (BAG, NZA 85, 628). Die nur für die **Entscheidung der ESt**. (vgl. BAG, DB 88, 2464) zu beachtenden Besonderheiten sind in Rn. 22ff. ausgeführt.

Stuft ein Sozialplan die Abfindungen für von einer Betriebsstilllegung 10
betroffene AN nach dem Alter und der Dauer der Betriebszugehörigkeit ab und bestimmt er zugleich, dass bei einer **Unterbrechung der Betriebszugehörigkeit**, die länger als sechs Monate gedauert hat, die davor liegenden Jahre der Betriebszugehörigkeit nicht angerechnet werden, so ist eine solche Regelung aus Billigkeitsgründen nach Auffassung des BAG nicht zu beanstanden (DB 75, 1945). Die Festlegung, dass nur die tatsächliche **Betriebszugehörigkeit** beim AG und seinem Rechtsvorgänger, nicht aber vertraglich anerkannte Zeiten bei einem früheren AG, zu berücksichtigen sind, ist mit § 75 Abs. 1 ebenso vereinbar (BAG, DB 94, 2365) wie die aus Praktikabilitätsgründen getroffene Regelung, die Zahlung einer erhöhten Abfindung für unterhaltsberechtigte Kinder von deren Eintragung in die Steuerkarte abhängig zu machen (BAG, DB 97, 1522). Die Abfindungen aus dem Sozialplan **müssen** sich **nicht** im Rahmen von **§ 10 KSchG**

bewegen (BAG, DB 88, 558; 88, 2465; LAG Hamm, BB 86, 259 f. m. w. N.); trotzdem **können** AG und BR Höchstbegrenzungsklauseln **vereinbaren** (BAG, DB 88, 2465; 00, 930). Eine Klausel, die die Zahlung einer Abfindung davon abhängig macht, dass der entlassene AN keine **Kündigungsschutzklage** erhebt, ist nichtig (BAG, DB 84, 723). Zulässig ist aber eine Vereinbarung, nach der die Fälligkeit der Abfindung bis zum rechtskräftigen Abschluss des Kündigungsschutzprozesses hinausgeschoben und bestimmt wird, dass eine Zahlung nach §§ 9, 10 KSchG auf die Sozialplanabfindung anzurechnen ist (BAG, DB 85, 2357). In einem Sozialplan kann nach Auffassung des BAG (DB 88, 503; 89, 587) nicht festgelegt werden, dass die ESt. entscheidet, ob ein einzelner AN Anspruch auf Zahlung einer Abfindung hat. Eine solche Entscheidung obliege allein den ArbG.

11 **Leit. Ang**. werden vom Sozialplan nicht erfasst; es besteht für den UN auch keine Verpflichtung, aufgrund des Gleichbehandlungsgrundsatzes Einzelvereinbarungen zu treffen (BAG, DB 85, 2207). AN, die wegen der Betriebsänderung auf **Veranlassung des AG** (vgl. hierzu BAG, DB 94, 1882; BB 95, 2534; vgl. auch § 111 Rn. 8) selbst **gekündigt** oder einen **Aufhebungsvertrag** geschlossen haben, dürfen wegen § 75 i. V. m. § 112a Abs. 1 nicht vom Sozialplan ausgeschlossen werden (BAG, DB 91, 1526; 93, 2034; BB 95, 2534; DB 96, 2083). Die Betriebsparteien können allerdings nach Auffassung des BAG im Sozialplan eine Kürzung der Abfindung oder ihren Wegfall bei Eigenkündigungen vor bestimmten Zeitpunkten vereinbaren, wenn diese nicht vom AG veranlasst sind und der **Stichtag** sachlich gerechtfertigt ist (vgl. BAG, DB 94, 102 und 1043; BB 95, 620; DB 96, 1682 und zu vertraglichen Abfindungen BAG, DB 95, 1239). Im Sozialplan/Interessenausgleich kann festgelegt werden, dass AN keine Abfindung erhalten, wenn sie durch Vermittlung des AG einen **neuen Arbeitsplatz** erhalten und eventuelle Nachteile aufgrund der Betriebsänderung ausreichend berücksichtigt sind (z. B. Lohnbeihilfen für Lohneinbußen im neuen Arbeitsverhältnis; vgl. BAG, DB 96, 2083) oder dass der BR vor Abschluss von Aufhebungsverträgen in jedem Einzelfall hinzugezogen und beteiligt wird (ArbG Darmstadt, AuR 94, 202). Auch **Teilzeitkräfte** dürfen nicht vom Sozialplan ausgeschlossen werden. Ihr Anspruch darf lediglich entsprechend der Arbeitszeit gekürzt werden (BAG, DB 93, 591). Darüber hinaus können Zeiten der Teilzeit- und der Vollzeitbeschäftigung anteilig bei der Bemessung der Abfindung berücksichtigt werden (BAG, NZA 02, 451). AN, die dem AG während des Arbeitsverhältnisses vorsätzlich Vermögensschäden in beträchtlicher Höhe zugefügt haben, können von Sozialplanleistungen ausgeschlossen werden (LAG Thüringen, NZA 96, 671). Sind einzelne Teile des Sozialplans unwirksam, bleibt der Rest gültig, sofern er noch eine sinnvolle Regelung ergibt (BAG, DB 88, 558). Ist der Sozialplan insgesamt unwirksam, kann ein entsprechender Anspruch des AN aus **Gesamtzusage** folgen (ArbG

Berlin, BB 93, 141). AG und BR können den Sozialplan einvernehmlich durch einen neuen ersetzen (BAG, DB 81, 2178). Sie dürfen allerdings nicht in bereits entstandene Rechte eingreifen und müssen mit der Neuregelung der Billigkeit entsprechen (BAG, DB 95, 480). Die Grundsätze des Vertrauensschutzes und der Verhältnismäßigkeit sind zu beachten (BAG, DB 01, 1563).

Weil Sozialpläne wirtschaftliche Nachteile ausgleichen oder mildern 12
sollen, die den AN durch Betriebsänderung entstehen, dürfen sie **keine Regelung** enthalten, die **ausschließlich zu Lasten** der AN wirkt. Kündigungsabfindungen in Sozialplänen sind regelmäßig nicht dazu bestimmt, **unverfallbare Versorgungsanwartschaften** abzugelten (BAG, DB 75, 1991; 81, 699, 2178).

Ein Sozialplan ist auch aufzustellen, wenn ein UN **mit Verlust** 13
liquidiert wird (LAG Hamm, DB 75, 1160). Ggf. kann im Sozialplan der Anspruch auf eine Abfindung von einer entsprechenden Zweckzuwendung der (damaligen) Treuhandanstalt abhängig gemacht werden (BAG, NZA 94, 94). Die Vorschriften über den Sozialplan gelten auch bei Insolvenz. Auch hier ist Voraussetzung, dass ein BR gewählt worden ist (BAG, DB 00, 1230). Der **InsV** hat dann mit diesem einen Interessenausgleich zu versuchen und einen Sozialplan aufzustellen (BAG, DB 86, 2027; NZA 98, 723; zum Höchstumfang vgl. § 123 Abs. 1 InsO und zum Rang von Sozialplanforderungen als **Masseverbindlichkeit** [§ 123 Abs. 2 InsO] oder **Insolvenzforderung** [§ 38 InsO] bei Aufstellung des Sozialplans nach bzw. vor Insolvenzeröffnung z.B. auch BAG, DB 02, 2451 m.w.N.). Dabei gelten **Besonderheiten** gemäß §§ 120ff. **InsO**, wie z.B. das Recht des InsV, beim ArbG drei Wochen nach ordnungsgemäßem Beginn der Verhandlungen über den Interessenausgleich die Zustimmung zur Durchführung der Betriebsänderung zu beantragen (§ 122 InsO; hierzu ArbG Berlin, AiB 99, 239; ArbG Lingen, ZIP 99, 1892). Werden im Interessenausgleich die AN, die gekündigt werden sollen, **namentlich bezeichnet**, wird vermutet, dass ihnen gegenüber ausgesprochene betriebsbedingte Kündigungen sozial gerechtfertigt sind und die Überprüfung der Sozialauswahl erheblich eingeschränkt. Sie erfolgt nur im Hinblick auf Lebensalter, Betriebszugehörigkeit und Unterhaltspflichten und auch insoweit nur auf **grobe Fehlerhaftigkeit** (§ 125 Abs. 1 InsO; vgl. BAG, BB 99, 1556; DB 00, 1338; LAG Niedersachsen, NZA-RR 02, 517 und auch Bichlmeier/Engberding/Oberhofer, AiB 99, 569).

Die Beteiligungsfähigkeit des BR bleibt auch erhalten, wenn der 14
Betrieb inzwischen stillgelegt worden ist (BAG, DB 77, 1320). Der BR hat hinsichtlich der Vereinbarung und Abwicklung eines Sozialplans ein **Restmandat** (vgl. § 21b und die dortigen Erl.; vor der Novellierung z.B. BAG, DB 98, 1471; BB 00, 1088; DB 01, 1563). Dasselbe gilt für den GBR, der bei der Stilllegung sämtlicher Betriebe

eines UN infolge Insolvenz für die Aufstellung von Sozialplan und Interessenausgleich zuständig ist (BAG, DB 81, 1414).

15 (2) Es bleibt dem BR und dem UN überlassen, ob sie von der im Gesetz gegebenen Möglichkeit Gebrauch machen wollen, den **Präsidenten des Landesarbeitsamtes** um Vermittlung zu ersuchen, falls eine Einigung über einen Interessenausgleich oder einen Sozialplan nicht zustande kommt. Obwohl das Gesetz lediglich den »Präsidenten des Landesarbeitsamtes« nennt, können BR oder UN auch andere Stellen oder Personen um Vermittlung ersuchen, z. B. eine im Betrieb vertretene Gewerkschaft. Lässt der AG oder der BR sich nicht auf die Vermittlungsbemühungen des Präsidenten des Landesarbeitsamtes ein, so müssen diese als ergebnislos angesehen werden.

16 Die **ESt. kann angerufen werden**, wenn ein Vermittlungsversuch ergebnislos bleibt. BR und AG können sich bei Nichteinigung (vgl. hierzu LAG Frankfurt, NZA 92, 853) über einen Interessenausgleich oder einen Sozialplan aber auch sofort an die ESt. wenden, ohne vorher einen Vermittlungsversuch unternommen zu haben.

17 (3) Für das **Verfahren vor der ESt**. (vgl. § 76), die auch allein wegen des Interessenausgleichs angerufen werden kann (LAG Berlin, DB 94, 2635), schreibt die Regelung vor, dass im Falle einer Einigung diese schriftlich niederzulegen und von den Parteien und vom Vors. zu unterschreiben ist. Ohne Schriftform ist kein Interessenausgleich zustande gekommen (BAG, DB 86, 279; BB 94, 1936 und Rn. 3). Zu beachten ist, dass die ESt. bezüglich des Interessenausgleichs nur einen unverbindlichen Einigungsvorschlag unterbreiten kann.

18 Gelingt es der ESt., eine Einigung der Parteien über einen Interessenausgleich herbeizuführen, so bestimmen sich nach Ansicht des **BAG** die Rechtsfolgen bei einem etwaigen Abweichen des UN von der Regelung nach § 113 (BAG, DB 92, 380). Nach hier vertretener Auffassung haben darüber hinaus die Vertragsparteien einen Anspruch auf **Einhaltung** und Durchführung des Interessenausgleichs (Rn. 1). Kommt eine Einigung über einen Interessenausgleich auch vor der ESt. nicht zustande, ist das Verfahren beendet. Die Austragung der Meinungsverschiedenheiten zwischen AG und BR beschränkt sich dann auf die **Erstellung des Sozialplans** (vgl. Abs. 4). Unabhängig vom Interessenausgleich sind zudem die sonstigen Rechte des BR einzuhalten (vgl. z. B. § 87 Abs. 1 Nr. 6, §§ 91, 92a, 98, 99, 102).

19 (4) Die ESt. hat hinsichtlich der **sozialen Auswirkungen** der unternehmerischen Maßnahme, also des Sozialplans, im Falle der Nichteinigung einen **verbindlichen Spruch** zu treffen. Gelingt es der ESt., eine Einigung der Parteien über die Aufstellung eines Sozialplans herbeizuführen, so hat dieser die Wirkung einer BV (vgl. Abs. 1). Dasselbe gilt, wenn die Parteien sich im Verfahren vor der ESt. nicht einigen und diese selbst eine Entscheidung trifft. Auch die ESt. ist von

der Beschränkung des § 77 Abs. 3 befreit. Der Spruch erstreckt sich auf den Inhalt des Sozialplans in allen seinen Einzelheiten.

(5) Bei ihrer Entscheidung hat die ESt. nach Abs. 1 Satz 2 Nachteile, die den AN infolge der geplanten Betriebsänderung entstehen, auszugleichen (vgl. z.B. BAG, DB 97, 1416 zur Betriebsspaltung). Sie hat die Interessen beider Seiten zu berücksichtigen und gegeneinander abzuwägen. Es handelt sich um eine **Ermessensentscheidung**, auf die die Grundsätze des § 76 Abs. 5 Anwendung finden. **20**

Die ESt. ist zur Beachtung sowohl der **sozialen Belange** der betroffenen AN als auch der **wirtschaftlichen Vertretbarkeit** für das UN (ggf. kann auch die Lage des Konzerns maßgeblich sein; so BAG v. 19. 5. 81, AP Nr. 13 zu § 16 BetrAVG zur Betriebsrentenanpassung; DB 94, 1780; 95, 528; vgl. auch Rn. 24 am Ende) verpflichtet. **21**

In Abs. 5 werden der ESt. **Grundsätze** – das BAG (DB 88, 2154; 95, 430) spricht von Richtlinien oder Leitlinien – **für die Ermessensausübung** vorgegeben, die die oben bei Abs. 1 geschilderten Grundsätze teilweise modifizieren. »In der Regel« sollen die **tatsächlich entstehenden Nachteile** ausgeglichen, soll den Gegebenheiten des Einzelfalls möglichst konkret Rechnung getragen werden (Nr. 1). Hiermit ist z.B. eine undifferenzierte generelle Festlegung von Abfindungen ausschließlich nach der Dauer der Betriebszugehörigkeit nicht vereinbar (BAG, DB 95, 430). Vielfach lassen sich diese jedoch im Zeitpunkt der ESt.-Entscheidung gar nicht feststellen. Daher werden teilweise nur Regelungen in Betracht kommen, die typischerweise zu erwartende **Nachteile pauschalieren** (BAG, DB 88, 558). **22**

In Nr. 2 wird die ESt. verpflichtet, für die ausscheidenden AN eine **Prognose über deren Arbeitsmarktchancen** abzugeben, nicht aber umfassende Ermittlungen im Einzelfall anzustellen (vgl. BR-Drucks. 39/84 S. 28). Hierbei wird nach AN-Gruppen zu unterscheiden sein, die z.B. im Hinblick auf Qualifikation, Alter, Geschlecht und Nationalität gebildet werden können. Zumutbar – maßgeblich ist dafür der Zeitpunkt der Kündigung (LAG Hamm v. 25. 1. 90, LAGE § 112 BetrVG 1972 Nr. 15) – ist ein **anderer Arbeitsplatz** nur dann, wenn er der bisherigen Vorbildung und Berufserfahrung des AN entspricht (BAG v. 15. 10. 83, AP Nr. 18 zu § 111 BetrVG 1972) und keine geringere Eingruppierung als bisher erfolgt (LAG Düsseldorf, DB 87, 1254; vgl. auch BAG, DB 88, 558; 89, 48). Es muss ein verbindliches Angebot bestehen, das bei einem anderen Konzern-UN auch den sozialen Besitzstand (z.B. die Anrechnung der bisherigen Betriebszugehörigkeit) zu garantieren hat. Angebote von konzernfremden AG sind nicht zu berücksichtigen; sie können allerdings bei der Beurteilung der Arbeitsmarktchancen anzuführen sein. Dabei ist zu berücksichtigen, dass mit diesem AG-Wechsel in der Regel der gesamte soziale Besitzstand (z.B. die Betriebszugehörigkeitsdauer) verloren geht. **23**

24 Der mit dem angebotenen Arbeitsplatz verbundene **Ortswechsel** allein soll die Unzumutbarkeit noch nicht begründen. Es werden allerdings oft weitere persönliche Gesichtspunkte hinzutreten (z.B. Lebensalter, Arbeitsplatz des Ehegatten, pflegebedürftige Familienangehörige, Umschulung der Kinder, Hauseigentum ggf. auch in Verbindung mit evtl. Fahrzeit), die den Wechsel unzumutbar machen. Die ESt. soll bestimmte persönliche Gründe bei der Zumutbarkeitsprüfung ausklammern und auch etwas geringer bezahlte Arbeitsplätze einbeziehen können (BAG, DB 89, 48; kritisch zu Recht DKK-Däubler, §§ 112, 112a Rn. 79). Die ESt. **soll** bei Vorliegen aller Voraussetzungen den AN von Leistungen ausschließen, Ausnahmen sind also z.B. in **Härtefällen** möglich. Zudem soll sie die im **SGB III** vorgesehenen Instrumente zur Vermeidung von Arbeitslosigkeit einsetzen (**Nr. 2a**). Hiermit, so die Gesetzesbegründung, wird zum Ausdruck gebracht, dass der Sozialplan vorrangig den betroffenen AN **neue Beschäftigungsperspektiven** schaffen soll (BT-Drucks. 14/5741, S. 52). Mit den Förderungsmöglichkeiten des SGB III sind z.B. Qualifizierungsmaßnahmen (§§ 48, 77), die Förderung einer Anschlusstätigkeit bei einem anderen AG (§ 53) oder auch Leistungen gemeint, die der Vorbereitung einer Existenzgründung des AN dienen (§ 57). Durch die Ergänzung des § 256 Abs. 2 SGB III kann nun auch die ESt., nicht nur der UN, beim Landesarbeitsamt eine **Vorabentscheidung** darüber beantragen, ob und unter welchen Voraussetzungen gem. §§ 254ff. SGB III Maßnahmen gefördert werden können.

Der Sozialplan darf schließlich den Fortbestand des UN oder der verbliebenen Arbeitsplätze nicht gefährden (vgl. im Einzelnen DKK-Däubler, §§ 112, 112a Rn. 83ff.). Dies gilt natürlich nur, wenn die Fortführung überhaupt beabsichtigt (vgl. LAG Baden-Württemberg, ZIP 85, 703ff. zur früheren Rechtslage) und auch nicht auf die Lage des evtl. bestehenden Konzerns abzustellen ist (zum sog. **Berechnungsdurchgriff** vgl. LAG Frankfurt, NZA 89, 107; BAG, DB 92, 2402; 95, 528 [§ 16 BetrAVG] und NZA 98, 723 [offen gelassen für den Gemeinschaftsbetrieb]; zur **Durchgriffshaftung** insbesondere BAG, DB 88, 1166; 91, 1472 und 94, 1780; vgl. auch § 134 UmwG für die »Betriebsaufspaltung« in Anlage- und Betriebsgesellschaft). Das UN kann aber durch den Sozialplan so belastet werden, dass die Aufwendungen einschneidend für die Ertragskraft sind (BAG, NZA 90, 443).

25 Eine ordentliche **Kündigung des Sozialplans** kommt nur in seltenen Ausnahmefällen für zeitlich unbefristete Dauerleistungen in Betracht (BAG, DB 81, 2178; vgl. auch DB 95, 480), eine außerordentliche Kündigung ist ausgeschlossen (DKK-Däubler, §§ 112, 112a Rn. 136; ähnlich, wenngleich im Ergebnis offen, BAG, DB 95, 480). Soweit eine Kündigung zulässig ist, tritt die Nachwirkung gemäß § 77 Abs. 6 ein. Dies würde auch für eine außerordentliche Kündigung gelten,

hielte man sie für zulässig. Bei **Wegfall** der **Geschäftsgrundlage** kommt eine nachträgliche Änderung in Betracht, die auch schon entstandene Ansprüche der AN zu ihren Ungunsten abändern kann. Im Streitfall erfolgt die Anpassung des Sozialplans durch die ESt. (BAG, DB 95, 480; 97, 100; 98, 1087; LAG Sachsen-Anhalt, NZA-RR 98, 406). Dies gilt auch für Initiativen des BR, wenn z.B. die verfügbaren finanziellen Mittel viel zu gering veranschlagt worden waren (BAG, DB 79, 261; 81, 1414) oder aber eine Sanierung des UN fehlschlug, derentwegen relativ niedrige Leistungen festgesetzt worden waren (BAG, DB 82, 908). Ein geltender Sozialplan kann darüber hinaus von den Betriebsparteien einverständlich auch zum Nachteil der betroffenen AN für die Zukunft abgeändert werden, wenn die Grenzen des Vertrauensschutzes und der Verhältnismäßigkeit beachtet werden (BAG, DB 01, 1563). Die Ansprüche aus einem Sozialplan unterliegen tariflichen Ausschlussfristen (BAG, DB 95, 781; NZA 96, 986; LAG Hamburg, BB 99, 2677).

§ 112a
Erzwingbarer Sozialplan bei Personalabbau, Neugründungen

(1) Besteht eine geplante Betriebsänderung im Sinne des § 111 Satz 3 Nr. 1 allein in der Entlassung von Arbeitnehmern, so findet § 112 Abs. 4 und 5 nur Anwendung, wenn

1. **in Betrieben mit in der Regel weniger als 60 Arbeitnehmern 20 vom Hundert der regelmäßig beschäftigten Arbeitnehmer, aber mindestens 6 Arbeitnehmer,**
2. **in Betrieben mit in der Regel mindestens 60 und weniger als 250 Arbeitnehmern 20 vom Hundert der regelmäßig beschäftigten Arbeitnehmer oder mindestens 37 Arbeitnehmer,**
3. **in Betrieben mit in der Regel mindestens 250 und weniger als 500 Arbeitnehmern 15 vom Hundert der regelmäßig beschäftigten Arbeitnehmer oder mindestens 60 Arbeitnehmer,**
4. **in Betrieben mit in der Regel mindestens 500 Arbeitnehmern 10 vom Hundert der regelmäßig beschäftigten Arbeitnehmer, aber mindestens 60 Arbeitnehmer**

aus betriebsbedingten Gründen entlassen werden sollen. Als Entlassung gilt auch das vom Arbeitgeber aus Gründen der Betriebsänderung veranlasste Ausscheiden von Arbeitnehmern aufgrund von Aufhebungsverträgen.

(2) § 112 Abs. 4 und 5 findet keine Anwendung auf Betriebe eines Unternehmens in den ersten vier Jahren nach seiner Gründung. Dies gilt nicht für Neugründungen im Zusammenhang mit der rechtlichen Umstrukturierung von Unternehmen und Konzernen. Maßgebend für den Zeitpunkt der Gründung ist die Aufnahme

einer Erwerbstätigkeit, die nach § 138 der Abgabenordnung dem Finanzamt mitzuteilen ist.

1 (1) Die vom BAG in Anlehnung an § 17 KSchG entwickelte Staffel (vgl. § 111 Rn. 6) für Betriebsänderungen, die allein in Entlassungen bestehen, wird »nur« im Hinblick auf das MBR **(Erzwingbarkeit des Sozialplans)** für den BR verschlechtert. Ob eine Betriebsänderung vorliegt und die sonstigen BR-Rechte gegeben sind, beantwortet sich nach den vom BAG aufgestellten Grundsätzen und der erforderlichen Ergänzung für Kleinbetriebe (§ 111 Rn. 5f.). Demzufolge sind z. B. die Verhandlungen über den Interessenausgleich auch dann wie geschildert (§ 112 Rn. 2) durchzuführen, wenn ein Sozialplan nicht erzwungen werden kann (BAG, DB 89, 331). Klargestellt wird zudem, dass ein vom AG aus Gründen der Betriebsänderung veranlasstes **einverständliches Ausscheiden** mitzuzählen ist. Es kommt nur auf das Ausscheiden aus Gründen der geplanten Betriebsänderung an, nicht aber auf die äußere Form, die zur Beendigung des Arbeitsverhältnisses führt. Daher sind auch vom AG veranlasste **Eigenkündigungen** der AN mitzurechnen (BAG, DB 88, 2413; BB 95, 2534; DB 96, 2083). Teilzeitkräfte sind voll mitzurechnen (LAG Baden-Württemberg v. 16. 6. 87, LAGE § 111 BetrVG 1972 Nr. 6; vgl. auch BAG, DB 93, 591), ebenso Versetzungen in andere Betriebe oder UN des Konzerns (DKK-Däubler, §§ 112, 112a Rn. 31). Da zur **Arbeitsleistung Überlassene** bei Vorliegen der Voraussetzungen des § 7 Satz 2 einzubeziehen sind (§ 111 Rn. 1), ist bei ihnen von einer Entlassung bei vorzeitiger Beendigung der Überlassung auszugehen (vgl. auch § 111 Rn. 6). Ebenso verhält es sich bei vorzeitiger Beendigung eines befristeten Arbeitsverhältnisses (LAG Nürnberg, NZA-RR 02, 138).

2 (2) Ein Sozialplan ist bei Betrieben **neu gegründeter UN** für vier Jahre nicht erzwingbar; auf die Art der Betriebsänderung kommt es dabei nicht an. Die Regelung findet aber keine Anwendung, wenn lediglich der Betrieb und nicht das UN neu gegründet worden ist. Sie scheidet ebenfalls aus, wenn ein Konzern ein neues UN gründet (DKK-Däubler, §§ 112, 112a Rn. 37) und bei den genannten Umstrukturierungen (z. B. **Umwandlung** eines VEB in eine GmbH [BAG, DB 95, 2075], **Abspaltung** von UN-Teilen [BAG, DB 95, 1182 und 1287], **Verschmelzung** von UN). Wird ein Betrieb eines neu gegründeten UN an ein UN veräußert, das bereits länger als vier Jahre besteht, werden spätere Betriebsänderungen sozialplanpflichtig.

3 Nach Auffassung des BAG (DB, 89, 2335; 95, 1287; 97, 1416; vgl. auch LAG Frankfurt, NZA 92, 853; LAG Chemnitz, ZIP 96, 2178) soll § 112a Abs. 2 auch anwendbar sein, wenn ein neu gegründetes UN einen Betrieb übernimmt, der bereits **länger als vier Jahre** besteht. Eine Ausnahme soll nur gelten, falls die Neugründung nur den Zweck hat, Betriebe **aufzukaufen**, um sie anschließend **stillzulegen**. Diese Meinung ist abzulehnen, da sie gegen § 613a BGB

verstößt (a. A. LAG Chemnitz a.. a. O.) und im Übrigen bei länger bestehenden Betrieben durchaus wirtschaftliche Zukunftsprognosen möglich sind, also der Schutzzweck des Abs. 2 nicht gegeben ist (DKK-Däubler, §§ 112, 112 a Rn. 35; FKHES, §§ 112, 112 a, Rn. 94).

§ 113
Nachteilsausgleich

(1) Weicht der Unternehmer von einem Interessenausgleich über die geplante Betriebsänderung ohne zwingenden Grund ab, so können Arbeitnehmer, die infolge dieser Abweichung entlassen werden, beim Arbeitsgericht Klage erheben mit dem Antrag, den Arbeitgeber zur Zahlung von Abfindungen zu verurteilen; § 10 des Kündigungsschutzgesetzes gilt entsprechend.

(2) Erleiden Arbeitnehmer infolge einer Abweichung nach Absatz 1 andere wirtschaftliche Nachteile, so hat der Unternehmer diese Nachteile bis zu einem Zeitraum von zwölf Monaten auszugleichen.

(3) Die Absätze 1 und 2 gelten entsprechend, wenn der Unternehmer eine geplante Betriebsänderung nach § 111 durchführt, ohne über sie einen Interessenausgleich mit dem Betriebsrat versucht zu haben, und infolge der Maßnahme Arbeitnehmer entlassen werden oder andere wirtschaftliche Nachteile erleiden.

(1) Weicht der UN von einem Interessenausgleich **ohne zwingenden Grund** ab, können AN, die deshalb entlassen werden, einen Anspruch auf Abfindung beim ArbG geltend machen. Der BR kann nach der abzulehnenden Ansicht des **BAG** nicht die Einhaltung des Interessenausgleichs aus eigenem Recht erzwingen (BAG, DB 92, 380; **a. A.** § 112 Rn. 1). Zu beachten ist, dass die Norm nur bei der Abweichung von einem Interessenausgleich über die Durchführung der unternehmerischen Maßnahme gilt. Hält der UN sich nicht an einen vereinbarten Sozialplan, so kommt sie nicht zur Anwendung, da die einzelnen AN Ansprüche **unmittelbar** aus dem Sozialplan haben (vgl. § 112 Abs. 1). 1

Die Verpflichtung des UN zur Zahlung von Abfindungen nach dieser Bestimmung besteht nur, soweit die Kündigungen von AN **wirksam** erfolgt sind (BAG, DB 96, 1683). Ist eine Kündigung unwirksam, kann der betroffene AN auf Feststellung klagen, dass sein Arbeitsverhältnis fortbesteht. Stellt das ArbG in diesem Fall die Unwirksamkeit der Kündigung fest, löst es das Arbeitsverhältnis jedoch durch seine Entscheidung auf, bestimmt sich der Anspruch des AN auf Zahlung einer Abfindung unmittelbar nach den Vorschriften des KSchG. 2

Der Abfindungsanspruch setzt voraus, dass der AG vom Interessenausgleich **ohne zwingenden Grund** abgewichen und das Abweichen 3

ursächlich für die Kündigung ist. Daher scheidet der Anspruch aus, wenn die Beendigung des Arbeitsverhältnisses ausschließlich auf der **Eigenkündigung** des AN beruht (LAG Berlin, AuR 87, 116). Ist diese jedoch durch den AG aus betrieblichen Gründen veranlasst, handelt es sich ebenso um eine **»Entlassung«** i. S. von § 113 wie bei vom AG aus diesen Gründen veranlassten Aufhebungsverträgen (BAG, DB 88, 2413; 96, 2083; vgl. auch § 111 Rn. 8 m. w. N.). Ein zwingender Grund für ein Abweichen vom Interessenausgleich kann nur dann in Betracht kommen, wenn dieser nach dem Zustandekommen des Interessenausgleichs eingetreten ist (BAG, DB 74, 2207). An die Notwendigkeit der Abweichung ist ein strenger Maßstab anzulegen. Es kommt nicht darauf an, ob sich die wirtschaftliche Entscheidung des UN nachträglich als sachlich richtig oder falsch erweist; vielmehr durfte dem AG zur Abwendung einer drohenden Gefahr für das UN praktisch keine andere Wahl bleiben. Fehlendes **Verschulden** kann die Abweichung nicht rechtfertigen (BAG, DB 84, 724; ZIP 96, 1391; HessLAG, AiB 03, 41 mit Anm. Backmeister).

4 Hat ein AN Anspruch auf Zahlung einer Abfindung gegenüber dem AG nach dieser Bestimmung, so richtet sich ihre Höhe nach **§ 10 KSchG**, ein Wegfall entsprechend § 112 Abs. 5 Satz 2 Nr. 2 kommt nicht in Betracht (BAG, BB 00, 47: Mangels Verweises und weil durch den Nachteilsausgleich ein **betriebsverfassungswidriges Verhalten** des AG durch Kostenbelastung **sanktioniert** werden soll). Danach kann die Abfindung grundsätzlich bis zur Höhe von zwölf Monatsverdiensten festgesetzt werden. Bei älteren und langjährig beschäftigten AN sind Abfindungen bis zu einem Betrag von 18 Monatsverdiensten möglich. Der AN hat in diesem Fall eine **Leistungsklage** zu erheben, in der er jedoch die Höhe der geforderten Abfindung nicht selbst angeben muss, sondern in das Ermessen des Gerichts stellen kann, das die Summe von Amts wegen festzusetzen hat. Die Erhebung der Leistungsklage ist an keine Frist gebunden, es sei denn, dass der AN sie mit einer Feststellungsklage nach dem KSchG verbindet. In diesem Fall ist die dreiwöchige Frist nach § 4 KSchG zu beachten.

5 (2) Neben dem nach Abs. 1 vorgesehenen Anspruch auf Zahlung einer Abfindung sieht die Bestimmung einen Ausgleich auch für die sonstigen wirtschaftlichen Nachteile (z. B. bei einer Versetzung geringerer Verdienst, höhere Fahrkosten usw.; vgl. auch BAG, DB 88, 2413; 96, 1683) vor, die AN wegen einer Abweichung nach Abs. 1 erleiden. Muss z. B. ein AN deshalb auf einen geringer bezahlten Arbeitsplatz versetzt werden, so ist ihm der bisherige Lohn in voller Höhe weiterzuzahlen. Der Nachteilsausgleich erstreckt sich jedoch nur auf einen Zeitraum von zwölf Monaten. Es ist denkbar, dass ein AN **sowohl** Ansprüche aus einem **Sozialplan** als auch wegen des

Abweichens des UN von einem vereinbarten **Interessenausgleich** hat (LAG Hamm, AuR 72, 158). Ein solcher Fall wäre z.B. gegeben, wenn der Sozialplan für die zu entlassenden AN Abfindungen vorsieht, der UN die Entlassungen aber schon früher durchführt, als im Interessenausgleich vereinbart war. Der UN hat dann neben der sich aus dem Sozialplan ergebenden Abfindung auch die durch die vorzeitige Entlassung entstandenen Nachteile, in diesem Fall beispielsweise den eingetretenen Lohnausfall, auszugleichen.

(3) Die Bestimmung stellt ausdrücklich klar, dass der UN, der den BR **6**
bei geplanten Betriebsänderungen nicht ordnungsgemäß beteiligt, sich so behandeln lassen muss, als wäre er ohne zwingenden Grund von einem mit dem BR vereinbarten Interessenausgleich abgewichen (vgl. hierzu auch LAG Hamm, AiB 93, 735). Er ist dann ebenfalls verpflichtet, die nach Abs. 1 vorgesehenen Abfindungen zu zahlen und den Nachteilsausgleich nach Abs. 2 vorzunehmen. Der UN muss den Interessenausgleich mit dem **zuständigen** BR bzw. GBR versuchen. Bei Zweifeln über den Verhandlungspartner trägt der AG die **Initiativlast**, d.h., er muss die in Betracht kommenden AN-Vertretungen zur Klärung der Zuständigkeitsfragen auffordern. Weist er allerdings ohne weiteres einen der möglichen Verhandlungspartner zurück, so trägt er das Risiko, dass sein Verhandlungsversuch als unzureichend gewertet wird, wenn dieser zuständig gewesen wäre (BAG, BB 96, 2093). Die Verhandlungspflicht des UN besteht auch dann, wenn die Voraussetzungen für eine Betriebseinschränkung durch Personalabbau erst dadurch entstehen, dass einzelne AN dem Übergang ihres Arbeitsverhältnisses gemäß § 613a BGB widersprechen (BAG, NZA 97, 787). Der UN ist verpflichtet, das in § 112 Abs. 2 vorgesehene Verfahren **insgesamt** zu durchlaufen, bevor er die wirtschaftliche Maßnahme durchführt (BAG, DB 85, 1293; NZA 95, 89; BB 02, 1862). Hat also der UN den BR eingeschaltet, eine Einigung über den Interessenausgleich ist aber nicht zustande gekommen, so muss er die ESt. anrufen – selbst wenn der BR abweisend auf seine Verhandlungsangebote reagiert hat (LAG Berlin v. 8. 7. 87, LAGE § 112a BetrVG 1972 Nr. 2). Ansonsten greift die Sanktion des Abs. 3 (vgl. auch die Sonderregelung des **§ 122 InsO**). Die nachträgliche Erklärung des BR, er wolle keine rechtlichen Schritte wegen des unterbliebenen Versuchs eines Interessenausgleichs unternehmen, ändert ebenfalls **nichts** an dem Bestehen des Anspruchs auf Nachteilsausgleich oder Abfindung, der einem AN nach dieser Bestimmung erwachsen ist (BAG, DB 77, 309).

Der Anspruch auf Nachteilsausgleich ist, wenn er durch Handeln des **7**
InsV entsteht, sonstige Masseverbindlichkeit nach § 55 Abs. 1 Nr. 1 InsO. Ist der Anspruch vor Eröffnung des Insolvenzverfahrens entstanden, handelt es sich um eine Insolvenzforderung (BAG, DB 03, 618; vgl. auch BAG, DB 90, 2275; 98, 138).

8 Da der AG in **Tendenzbetrieben** nach Auffassung des BAG (vgl. auch § 118 Rn. 19; a. A. zu Recht DKK-Wedde, § 118 Rn. 61 f. m. w. N.) nicht verpflichtet ist, einen Interessenausgleich zu versuchen, setzt der Nachteilsausgleich hier voraus, dass der AG eine Betriebsänderung durchführt, ohne rechtzeitig seiner Unterrichtungs- und Beratungspflicht gegenüber dem BR im Hinblick auf einen Sozialplan genügt zu haben (BAG, NZA 99, 328). Darüber hinaus besteht der Anspruch, wenn der AG ohne zwingenden Grund von einem freiwillig abgeschlossenen Interessenausgleich abweicht (§ 113 Abs. 1, 2; offen gelassen von BAG a. a. O.).

9 Hat der UN den Betrieb stillgelegt, ohne vorher einen Interessenausgleich mit dem BR versucht zu haben, so können die in Folge der Betriebsstilllegung entlassene AN Abfindungsansprüche nach Auffassung des BAG allerdings dann nicht erheben, wenn Ereignisse eingetreten sind, die eine **sofortige** Schließung des Betriebs **unausweichlich** gemacht haben, und ein Hinausschieben der Betriebsstilllegung zum Zwecke des Versuches eines Interessenausgleichs den betroffenen AN nur weitere Nachteile hätte bringen können (BAG, DB 79, 1139; 96, 1683).

10 Auch wenn der UN den BR nicht eingeschaltet hat und die betroffenen AN Ansprüche nach dieser Bestimmung geltend machen, ist der BR nicht gehindert, auf die Erstellung eines Sozialplans hinzuwirken und diesen ggf. über die ESt. zu erzwingen. Der Anspruch auf Nachteilsausgleich oder Abfindung wird nicht durch einen Sozialplan beseitigt, der nach Einleitung der Betriebsänderung (Stilllegung) und den aus diesem Grunde ausgesprochenen Kündigungen gegenüber den AN zustande kommt. Die AN brauchen sich die nachträgliche Einigung des BR mit dem AG nicht zurechnen zu lassen; denn der BR ist nicht Vertreter der AN, sondern lediglich deren **Interessenwahrer** (BAG, DB 77, 309; LAG Hamm v. 1. 3. 72, AP Nr. 1 zu § 112 BetrVG). Der Nachteilsausgleich ist auf Sozialplanleistungen ebenso wenig automatisch anzurechnen (DKK-Däubler, §§ 112, 112 a Rn. 58 ff.; **a. A.:** BAG, DB 79, 261; 80, 549) wie ein Sozialplananspruch auf einen Nachteilsausgleich (DKK-Däubler, a. a. O.; **a. A**. BAG, BB 02, 1862). Allerdings kann im Sozialplan eine Anrechnungsklausel vereinbart werden. Der entlassene AN kann ggf. seine Kündigungsschutzklage mit der Klage nach § 113 (als Hilfsantrag) verbinden.

11 Ein Anspruch auf Nachteilsausgleich oder Abfindung besteht im Übrigen auch dann, wenn ein Interessenausgleich **nicht schriftlich** abgefasst wurde (ArbG Kassel, DB 74, 95).

12 **Tarifliche Ausschlussfristen** gelten, sofern sie sich auf beiderseitige Ansprüche aus dem Arbeitsverhältnis und solche, die mit dem Arbeitsverhältnis in Verbindung stehen, beziehen, auch für Abfindungsansprüche nach dieser Bestimmung. Die Ausschlussfrist zur Geltendmachung des Abfindungsanspruchs beginnt mit dem Ausscheiden des

AN aus dem Arbeitsverhältnis (BAG v. 20. 6. 78, AP Nr. 3 zu § 113 BetrVG 1972). Dies gilt auch dann, wenn der Kündigungsrechtsstreit noch nicht entschieden ist (BAG v. 3. 8. 82, AP Nr. 5 zu § 113 BetrVG 1972). Eine Bezifferung ist für die ordnungsgemäße Geltendmachung nicht erforderlich (BAG, DB 84, 724).

Fünfter Teil
Besondere Vorschriften für einzelne Betriebsarten

Erster Abschnitt

Seeschifffahrt

§ 114
Grundsätze

(1) Auf Seeschifffahrtsunternehmen und ihre Betriebe ist dieses Gesetz anzuwenden, soweit sich aus den Vorschriften dieses Abschnitts nichts anderes ergibt.

(2) Seeschifffahrtsunternehmen im Sinne dieses Gesetzes ist ein Unternehmen, das Handelsschifffahrt betreibt und seinen Sitz im Geltungsbereich dieses Gesetzes hat. Ein Seeschifffahrtsunternehmen im Sinne dieses Abschnitts betreibt auch, wer als Korrespondentreeder, Vertragsreeder, Ausrüster oder aufgrund eines ähnlichen Rechtsverhältnisses Schiffe zum Erwerb durch die Seeschifffahrt verwendet, wenn er Arbeitgeber des Kapitäns und der Besatzungsmitglieder ist oder überwiegend die Befugnisse des Arbeitgebers ausübt.

(3) Als Seebetrieb im Sinne dieses Gesetzes gilt die Gesamtheit der Schiffe eines Seeschifffahrtsunternehmens einschließlich der in Absatz 2 Satz 2 genannten Schiffe.

(4) Schiffe im Sinne dieses Gesetzes sind Kauffahrteischiffe, die nach dem Flaggenrechtsgesetz die Bundesflagge führen. Schiffe, die in der Regel binnen 24 Stunden nach dem Auslaufen an den Sitz eines Landbetriebs zurückkehren, gelten als Teil dieses Landbetriebs des Seeschifffahrtsunternehmens.

(5) Jugend- und Auszubildendenvertretungen werden nur für die Landbetriebe von Seeschifffahrtsunternehmen gebildet.

(6) Besatzungsmitglieder sind die in § 3 des Seemannsgesetzes genannten Personen. Leitende Angestellte im Sinne des § 5 Abs. 3 dieses Gesetzes sind nur die Kapitäne.

§ 115
Bordvertretung

(1) Auf Schiffen, die mit in der Regel mindestens fünf wahlberechtigten Besatzungsmitgliedern besetzt sind, von denen drei wählbar sind, wird eine Bordvertretung gewählt. Auf die Bordvertretung finden, soweit sich aus diesem Gesetz oder aus anderen gesetzlichen Vorschriften nicht etwas anderes ergibt, die Vorschriften über die Rechte und Pflichten des Betriebsrats und die Rechtsstellung seiner Mitglieder Anwendung.

(2) Die Vorschriften über die Wahl und Zusammensetzung des Betriebsrats finden mit folgender Maßgabe Anwendung:

1. Wahlberechtigt sind alle Besatzungsmitglieder des Schiffes.
2. Wählbar sind die Besatzungsmitglieder des Schiffes, die am Wahltag das 18. Lebensjahr vollendet haben und ein Jahr Besatzungsmitglied eines Schiffes waren, das nach dem Flaggenrechtsgesetz die Bundesflagge führt. § 8 Abs. 1 Satz 3 bleibt unberührt.
3. Die Bordvertretung besteht auf Schiffen mit in der Regel

   5 bis 20 wahlberechtigten Besatzungsmitgliedern aus einer Person,

   21 bis 75 wahlberechtigten Besatzungsmitgliedern aus drei Mitgliedern,
   über 75 wahlberechtigten Besatzungsmitgliedern aus fünf Mitgliedern.
4. (aufgehoben)
5. § 13 Abs. 1 und 3 findet keine Anwendung. Die Bordvertretung ist vor Ablauf ihrer Amtszeit unter den in § 13 Abs. 2 Nr. 2 bis 5 genannten Voraussetzungen neu zu wählen.
6. Die wahlberechtigten Besatzungsmitglieder können mit der Mehrheit aller Stimmen beschließen, die Wahl der Bordvertretung binnen 24 Stunden durchzuführen.
7. Die in § 16 Abs. 1 Satz 1 genannte Frist wird auf zwei Wochen, die in § 16 Abs. 2 Satz 1 genannte Frist wird auf eine Woche verkürzt.
8. Bestellt die im Amt befindliche Bordvertretung nicht rechtzeitig einen Wahlvorstand oder besteht keine Bordvertretung, wird der Wahlvorstand in einer Bordversammlung von der Mehrheit der anwesenden Besatzungsmitglieder gewählt; § 17 Abs. 3 gilt entsprechend. Kann aus Gründen der Aufrechterhaltung des ordnungsgemäßen Schiffsbetriebs eine Bordversammlung nicht stattfinden, so kann der Kapitän auf Antrag von drei Wahlberechtigten den Wahlvorstand bestellen. Be-

stellt der Kapitän den Wahlvorstand nicht, so ist der Seebetriebsrat berechtigt, den Wahlvorstand zu bestellen. Die Vorschriften über die Bestellung des Wahlvorstands durch das Arbeitsgericht bleiben unberührt.

9. Die Frist für die Wahlanfechtung beginnt für Besatzungsmitglieder an Bord, wenn das Schiff nach Bekanntgabe des Wahlergebnisses erstmalig einen Hafen im Geltungsbereich dieses Gesetzes oder einen Hafen, in dem ein Seemannsamt seinen Sitz hat, anläuft. Die Wahlanfechtung kann auch zu Protokoll des Seemannsamtes erklärt werden. Wird die Wahl zur Bordvertretung angefochten, zieht das Seemannsamt die an Bord befindlichen Wahlunterlagen ein. Die Anfechtungserklärung und die eingezogenen Wahlunterlagen sind vom Seemannsamt unverzüglich an das für die Anfechtung zuständige Arbeitsgericht weiterzuleiten.

(3) Auf die Amtszeit der Bordvertretung finden die §§ 21, 22 bis 25 mit der Maßgabe Anwendung, dass

1. die Amtszeit ein Jahr beträgt,
2. die Mitgliedschaft in der Bordvertretung auch endet, wenn das Besatzungsmitglied den Dienst an Bord beendet, es sei denn, dass es den Dienst an Bord vor Ablauf der Amtszeit nach Nummer 1 wieder antritt.

(4) Für die Geschäftsführung der Bordvertretung gelten die §§ 26 bis 36, § 37 Abs. 1 bis 3 sowie die §§ 39 bis 41 entsprechend. § 40 Abs. 2 ist mit der Maßgabe anzuwenden, dass die Bordvertretung in dem für ihre Tätigkeit erforderlichen Umfang auch die für die Verbindung des Schiffes zur Reederei eingerichteten Mittel zur beschleunigten Übermittlung von Nachrichten in Anspruch nehmen kann.

(5) Die §§ 42 bis 46 über die Betriebsversammlung finden für die Versammlung der Besatzungsmitglieder eines Schiffes (Bordversammlung) entsprechende Anwendung. Auf Verlangen der Bordvertretung hat der Kapitän der Bordversammlung einen Bericht über die Schiffsreise und die damit zusammenhängenden Angelegenheiten zu erstatten. Er hat Fragen, die den Schiffsbetrieb, die Schiffsreise und die Schiffssicherheit betreffen, zu beantworten.

(6) Die §§ 47 bis 59 über den Gesamtbetriebsrat und den Konzernbetriebsrat finden für die Bordvertretung keine Anwendung.

(7) Die §§ 74 bis 105 über die Mitwirkung und Mitbestimmung der Arbeitnehmer finden auf die Bordvertretung mit folgender Maßgabe Anwendung:

1. Die Bordvertretung ist zuständig für die Behandlung derjenigen nach diesem Gesetz der Mitwirkung und Mitbestimmung

des Betriebsrats unterliegenden Angelegenheiten, die den Bordbetrieb oder die Besatzungsmitglieder des Schiffes betreffen und deren Regelung dem Kapitän aufgrund gesetzlicher Vorschriften oder der ihm von der Reederei übertragenen Befugnisse obliegt.

2. Kommt es zwischen Kapitän und Bordvertretung in einer der Mitwirkung oder Mitbestimmung der Bordvertretung unterliegenden Angelegenheit nicht zu einer Einigung, so kann die Angelegenheit von der Bordvertretung an den Seebetriebsrat abgegeben werden. Der Seebetriebsrat hat die Bordvertretung über die weitere Behandlung der Angelegenheit zu unterrichten. Bordvertretung und Kapitän dürfen die Einigungsstelle oder das Arbeitsgericht nur anrufen, wenn ein Seebetriebsrat nicht gewählt ist.

3. Bordvertretung und Kapitän können im Rahmen ihrer Zuständigkeiten Bordvereinbarungen abschließen. Die Vorschriften über Betriebsvereinbarungen gelten für Bordvereinbarungen entsprechend. Bordvereinbarungen sind unzulässig, soweit eine Angelegenheit durch eine Betriebsvereinbarung zwischen Seebetriebsrat und Arbeitgeber geregelt ist.

4. In Angelegenheiten, die der Mitbestimmung der Bordvertretung unterliegen, kann der Kapitän, auch wenn eine Einigung mit der Bordvertretung noch nicht erzielt ist, vorläufige Regelungen treffen, wenn dies zur Aufrechterhaltung des ordnungsgemäßen Schiffsbetriebs dringend erforderlich ist. Den von der Anordnung betroffenen Besatzungsmitgliedern ist die Vorläufigkeit der Regelung bekannt zu geben. Soweit die vorläufige Regelung der endgültigen Regelung nicht entspricht, hat das Schifffahrtsunternehmen Nachteile auszugleichen, die den Besatzungsmitgliedern durch die vorläufige Regelung entstanden sind.

5. Die Bordvertretung hat das Recht auf regelmäßige und umfassende Unterrichtung über den Schiffsbetrieb. Die erforderlichen Unterlagen sind der Bordvertretung vorzulegen. Zum Schiffsbetrieb gehören insbesondere die Schiffssicherheit, die Reiserouten, die voraussichtlichen Ankunfts- und Abfahrtszeiten sowie die zu befördernde Ladung.

6. Auf Verlangen der Bordvertretung hat der Kapitän ihr Einsicht in die an Bord befindlichen Schiffstagebücher zu gewähren. In den Fällen, in denen der Kapitän eine Eintragung über Angelegenheiten macht, die der Mitwirkung oder Mitbestimmung der Bordvertretung unterliegen, kann diese eine Abschrift der Eintragung verlangen und Erklärungen zum Schiffstagebuch abgeben. In den Fällen, in denen über eine

der Mitwirkung oder Mitbestimmung der Bordvertretung unterliegende Angelegenheit eine Einigung zwischen Kapitän und Bordvertretung nicht erzielt wird, kann die Bordvertretung dies zum Schiffstagebuch erklären und eine Abschrift dieser Eintragung verlangen.

7. Die Zuständigkeit der Bordvertretung im Rahmen des Arbeitsschutzes bezieht sich auch auf die Schiffssicherheit und die Zusammenarbeit mit den insoweit zuständigen Behörden und sonstigen in Betracht kommenden Stellen.

§ 116
Seebetriebsrat

(1) In Seebetrieben werden Seebetriebsräte gewählt. Auf die Seebetriebsräte finden, soweit sich aus diesem Gesetz oder aus anderen gesetzlichen Vorschriften nicht etwas anderes ergibt, die Vorschriften über die Rechte und Pflichten des Betriebsrats und die Rechtsstellung seiner Mitglieder Anwendung.

(2) Die Vorschriften über die Wahl, Zusammensetzung und Amtszeit des Betriebsrats finden mit folgender Maßgabe Anwendung:

1. Wahlberechtigt zum Seebetriebsrat sind alle zum Seeschifffahrtsunternehmen gehörenden Besatzungsmitglieder.

2. Für die Wählbarkeit zum Seebetriebsrat gilt § 8 mit der Maßgabe, dass
   a) in Seeschifffahrtsunternehmen, zu denen mehr als acht Schiffe gehören oder in denen in der Regel mehr als 250 Besatzungsmitglieder beschäftigt sind, nur nach § 115 Abs. 2 Nr. 2 wählbare Besatzungsmitglieder wählbar sind;
   b) in den Fällen, in denen die Voraussetzungen des Buchstabens a nicht vorliegen, nur Arbeitnehmer wählbar sind, die nach § 8 die Wählbarkeit im Landbetrieb des Seeschifffahrtsunternehmens besitzen, es sei denn, dass der Arbeitgeber mit der Wahl von Besatzungsmitgliedern einverstanden ist.

3. Der Seebetriebsrat besteht in Seebetrieben mit in der Regel

   5 bis 400 wahlberechtigten Besatzungsmitgliedern aus einer Person,

   401 bis 800 wahlberechtigten Besatzungsmitgliedern aus drei Mitgliedern,

   über 800 wahlberechtigten Besatzungsmitgliedern aus fünf Mitgliedern.

4. Ein Wahlvorschlag ist gültig, wenn er im Falle des § 14 Abs. 4 Satz 1 erster Halbsatz und Satz 2 mindestens von drei wahlberechtigten Besatzungsmitgliedern unterschrieben ist.
5. § 14a findet keine Anwendung.
6. Die in § 16 Abs. 1 Satz 1 genannte Frist wird auf drei Monate, die in § 16 Abs. 2 Satz 1 genannte Frist auf zwei Monate verlängert.
7. Zu Mitgliedern des Wahlvorstands können auch im Landbetrieb des Seeschifffahrtsunternehmens beschäftigte Arbeitnehmer bestellt werden. § 17 Abs. 2 bis 4 findet keine Anwendung. Besteht kein Seebetriebsrat, so bestellt der Gesamtbetriebsrat oder, falls ein solcher nicht besteht, der Konzernbetriebsrat den Wahlvorstand. Besteht weder ein Gesamtbetriebsrat noch ein Konzernbetriebsrat, wird der Wahlvorstand gemeinsam vom Arbeitgeber und den im Seebetrieb vertretenen Gewerkschaften bestellt; Gleiches gilt, wenn der Gesamtbetriebsrat oder Konzernbetriebsrat die Bestellung des Wahlvorstands nach Satz 3 unterlässt. Einigen sich Arbeitgeber und Gewerkschaften nicht, so bestellt ihn das Arbeitsgericht auf Antrag des Arbeitgebers, einer im Seebetrieb vertretenen Gewerkschaft oder von mindestens drei wahlberechtigten Besatzungsmitgliedern. § 16 Abs. 2 Satz 2 und 3 gilt entsprechend.
8. Die Frist für die Wahlanfechtung nach § 19 Abs. 2 beginnt für Besatzungsmitglieder an Bord, wenn das Schiff nach Bekanntgabe des Wahlergebnisses erstmalig einen Hafen im Geltungsbereich dieses Gesetzes oder einen Hafen, in dem ein Seemannsamt seinen Sitz hat, anläuft. Nach Ablauf von drei Monaten seit Bekanntgabe des Wahlergebnisses ist eine Wahlanfechtung unzulässig. Die Wahlanfechtung kann auch zu Protokoll des Seemannsamtes erklärt werden. Die Anfechtungserklärung ist vom Seemannsamt unverzüglich an das für die Anfechtung zuständige Arbeitsgericht weiterzuleiten.
9. Die Mitgliedschaft im Seebetriebsrat endet, wenn der Seebetriebsrat aus Besatzungsmitgliedern besteht, auch, wenn das Mitglied des Seebetriebsrats nicht mehr Besatzungsmitglied ist. Die Eigenschaft als Besatzungsmitglied wird durch die Tätigkeit im Seebetriebsrat oder durch eine Beschäftigung gemäß Absatz 3 Nr. 2 nicht berührt.

(3) Die §§ 26 bis 41 über die Geschäftsführung des Betriebsrats finden auf den Seebetriebsrat mit folgender Maßgabe Anwendung:

1. In Angelegenheiten, in denen der Seebetriebsrat nach diesem Gesetz innerhalb einer bestimmten Frist Stellung zu nehmen

hat, kann er, abweichend von § 33 Abs. 2, ohne Rücksicht auf die Zahl der zur Sitzung erschienenen Mitglieder einen Beschluss fassen, wenn die Mitglieder ordnungsgemäß geladen worden sind.

2. Soweit die Mitglieder des Seebetriebsrats nicht freizustellen sind, sind sie so zu beschäftigen, dass sie durch ihre Tätigkeit nicht gehindert sind, die Aufgaben des Seebetriebsrats wahrzunehmen. Der Arbeitsplatz soll den Fähigkeiten und Kenntnissen des Mitglieds des Seebetriebsrats und seiner bisherigen beruflichen Stellung entsprechen. Der Arbeitsplatz ist im Einvernehmen mit dem Seebetriebsrat zu bestimmen. Kommt eine Einigung über die Bestimmung des Arbeitsplatzes nicht zustande, so entscheidet die Einigungsstelle. Der Spruch der Einigungsstelle ersetzt die Einigung zwischen Arbeitgeber und Seebetriebsrat.

3. Den Mitgliedern des Seebetriebsrats, die Besatzungsmitglieder sind, ist die Heuer auch dann fortzuzahlen, wenn sie im Landbetrieb beschäftigt werden. Sachbezüge sind angemessen abzugelten. Ist der neue Arbeitsplatz höherwertig, so ist das diesem Arbeitsplatz entsprechende Arbeitsentgelt zu zahlen.

4. Unter Berücksichtigung der örtlichen Verhältnisse ist über die Unterkunft der in den Seebetriebsrat gewählten Besatzungsmitglieder eine Regelung zwischen dem Seebetriebsrat und dem Arbeitgeber zu treffen, wenn der Arbeitsplatz sich nicht am Wohnort befindet. Kommt eine Einigung nicht zustande, so entscheidet die Einigungsstelle. Der Spruch der Einigungsstelle ersetzt die Einigung zwischen Arbeitgeber und Seebetriebsrat.

5. Der Seebetriebsrat hat das Recht, jedes zum Seebetrieb gehörende Schiff zu betreten, dort im Rahmen seiner Aufgaben tätig zu werden sowie an den Sitzungen der Bordvertretung teilzunehmen. § 115 Abs. 7 Nr. 5 Satz 1 gilt entsprechend.

6. Liegt ein Schiff in einem Hafen innerhalb des Geltungsbereichs dieses Gesetzes, so kann der Seebetriebsrat nach Unterrichtung des Kapitäns Sprechstunden an Bord abhalten und Bordversammlungen der Besatzungsmitglieder durchführen.

7. Läuft ein Schiff innerhalb eines Kalenderjahres keinen Hafen im Geltungsbereich dieses Gesetzes an, so gelten die Nummern 5 und 6 für europäische Häfen. Die Schleusen des Nordostseekanals gelten nicht als Häfen.

8. Im Einvernehmen mit dem Arbeitgeber können Sprechstunden und Bordversammlungen, abweichend von den Nummern 6 und 7, auch in anderen Liegehäfen des Schiffes durchgeführt werden, wenn ein dringendes Bedürfnis hierfür besteht. Kommt eine Einigung nicht zustande, so entscheidet die Eini-

gungsstelle. Der Spruch der Einigungsstelle ersetzt die Einigung zwischen Arbeitgeber und Seebetriebsrat.

(4) Die §§ 42 bis 46 über die Betriebsversammlung finden auf den Seebetrieb keine Anwendung.

(5) Für den Seebetrieb nimmt der Seebetriebsrat die in den §§ 47 bis 59 dem Betriebsrat übertragenen Aufgaben, Befugnisse und Pflichten wahr.

(6) Die §§ 74 bis 113 über die Mitwirkung und Mitbestimmung der Arbeitnehmer finden auf den Seebetriebsrat mit folgender Maßgabe Anwendung:

1. Der Seebetriebsrat ist zuständig für die Behandlung derjenigen nach diesem Gesetz der Mitwirkung oder Mitbestimmung des Betriebsrats unterliegenden Angelegenheiten,
   a) die alle oder mehrere Schiffe des Seebetriebs oder die Besatzungsmitglieder aller oder mehrerer Schiffe des Seebetriebs betreffen,
   b) die nach § 115 Abs. 7 Nr. 2 von der Bordvertretung abgegeben worden sind oder
   c) für die nicht die Zuständigkeit der Bordvertretung nach § 115 Abs. 7 Nr. 1 gegeben ist.
2. Der Seebetriebsrat ist regelmäßig und umfassend über den Schiffsbetrieb des Seeschifffahrtsunternehmens zu unterrichten. Die erforderlichen Unterlagen sind ihm vorzulegen.

Zweiter Abschnitt
Luftfahrt

§ 117
Geltung für die Luftfahrt

(1) Auf Landbetriebe von Luftfahrtunternehmen ist dieses Gesetz anzuwenden.

(2) Für im Flugbetrieb beschäftigte Arbeitnehmer von Luftfahrtunternehmen kann durch Tarifvertrag eine Vertretung errichtet werden. Über die Zusammenarbeit dieser Vertretung mit den nach diesem Gesetz zu errichtenden Vertretungen der Arbeitnehmer der Landbetriebe des Luftfahrtunternehmens kann der Tarifvertrag von diesem Gesetz abweichende Regelungen vorsehen.

Dritter Abschnitt

Tendenzbetriebe und Religionsgemeinschaften

§ 118
Geltung für Tendenzbetriebe und Religionsgemeinschaften

(1) Auf Unternehmen und Betriebe, die unmittelbar und überwiegend

1. politischen, koalitionspolitischen, konfessionellen, karitativen, erzieherischen, wissenschaftlichen oder künstlerischen Bestimmungen oder

2. Zwecken der Berichterstattung oder Meinungsäußerung, auf die Artikel 5 Abs. 1 Satz 2 des Grundgesetzes Anwendung findet,

dienen, finden die Vorschriften dieses Gesetzes keine Anwendung, soweit die Eigenart des Unternehmens oder des Betriebs dem entgegensteht. Die §§ 106 bis 110 sind nicht, die §§ 111 bis 113 nur insoweit anzuwenden, als sie den Ausgleich oder die Milderung wirtschaftlicher Nachteile für die Arbeitnehmer infolge von Betriebsänderungen regeln.

(2) Dieses Gesetz findet keine Anwendung auf Religionsgemeinschaften und ihre karitativen und erzieherischen Einrichtungen unbeschadet deren Rechtsform.

1 (1) Das BetrVG gilt grundsätzlich auch für sog. Tendenzbetriebe/UN. Die Voraussetzung ist sowohl für den jeweiligen Betrieb des UN als auch für das Gesamt-UN zu prüfen. Die **Tendenzbestimmung** tritt nur für die UN/Betriebe ein, die **unmittelbar und überwiegend** einer oder mehreren der in Nrn. 1 und 2 genannten Zielsetzungen dienen. **Beide Kriterien** müssen erfüllt werden. Nach der Rechtspr. des BAG ist es weder tendenzschädlich, wenn ein UN mehreren in Abs. 1 genannten Bestimmungen dient, noch kommt es auf die Motivation des UN und darauf an, ob der UN das UN lediglich betreibt, um Gewinne zu erzielen (BAG, DB 76, 151; 76, 297); ausschlaggebend ist die Art des UN. Entgegen der Ansicht des BAG ist jedoch davon auszugehen, dass jedenfalls bei vorherrschendem Gewinnstreben von einer geistig-ideellen Zielrichtung nicht mehr gesprochen werden kann (DKK-Wedde, Rn. 18f.). Der AG kann auf den Tendenzschutz verzichten, da es bei der Einschränkung der Beteiligungsbefugnisse des BR nicht um unverzichtbare Grundrechtspositionen geht; das gilt jedenfalls bei karitativer und erzieherischer Zwecksetzung (BAG v. 5.10.00 – 1 ABR 14/00).

Unmittelbar bedeutet, dass der UN-Zweck selbst auf die Tendenz ausgerichtet sein muss. Demnach reicht es nicht aus, wenn der UN-Zweck nach seiner wirtschaftlichen Tätigkeit lediglich geeignet ist, den eigentlichen Tendenzbetrieb/-UN zu unterstützen. Reine **Lohndruckereien**, die als rechtlich selbstständige Betriebe für Tendenz-UN Lohnaufträge durchführen, oder rechtlich selbstständige **Verlagsdruckereien** fallen daher selbst dann nicht unter die Tendenzbestimmung, wenn ihre Kapazitäten zu über 90 v.H. oder gar ausschließlich vom Verlag in Anspruch genommen werden und Personenidentität hinsichtlich der Organmitglieder und Gesellschafter gegeben ist (BAG, DB 76, 151; 81, 2624). Auch UN, die Tätigkeiten im **Staatsauftrag** ausführen, wie auswärtige Kulturpolitik und Öffentlichkeitsarbeit, sind grundsätzlich keine Tendenz-UN (vgl. BAG, DB 98, 1566). 2

»Mischbetriebe« (z.B. wenn Verlag und Druckerei ein einheitliches UN/Betrieb bilden) fallen nur dann unter die Tendenzbestimmung, wenn die tendenzbezogenen Tätigkeiten **quantitativ überwiegen** (BAG v. 21. 6. 89, AP Nr. 43 zu § 118 BetrVG 1972; vgl. auch BAG v. 31. 10. 75, 9. 12. 75, AP Nrn. 3,7 zu § 118 BetrVG 1972; vgl. auch NZA 94, 329). Deshalb müssen auch die technischen Abteilungen des Betriebs **überwiegend** den Tendenzzwecken dienen und dürfen nicht etwa überwiegend mit anderen Druckaufträgen ausgelastet sein, es sei denn, der Verlag hätte hinsichtlich der AN-Zahl ein Übergewicht (BAG a.a.O.). 3

Unter dem Begriff **»politisch«** sind grundsätzlich parteipolitische, nicht dagegen auch allgemeinpolitische Zielsetzungen zu verstehen (z.B. der Verwaltungsapparat einer politischen Partei), da dies zu einer Ausuferung des Begriffs führen würde; deshalb fallen wirtschaftspolitische oder sozialpolitische Vereinigungen nicht darunter (a.A. BAG, NZA 99, 217). **Koalitionspolitischen** Bestimmungen dienen sowohl die Gew. als auch die AG-Verbände. Rechtlich selbständige Wirtschafts-UN der Gew. und AG-Verbände und Einrichtungen der TV-Parteien fallen nicht unter § 118, wohl aber (eigene) Bildungseinrichtungen, sofern sie der Weiterbildung und Schulung von Gew.-Mitgl. zur Förderung und Stärkung ihrer gewerkschaftlichen Tätigkeit dienen (BAG, NZA 90, 903), sowie Forschungsinstitute der Verbände. Unter **konfessionelle** Einrichtungen fallen z.B. Betriebe der Inneren Mission oder der Caritas, nicht jedoch private Krankenanstalten und Sanatorien, die im Wesentlichen der Gewinnerzielung dienen (vgl. zur Gewinnerzielung auch BayObLG, AiB 96, 494). 4

Karitativ ist eine Tätigkeit im Dienste Hilfsbedürftiger, insbesondere körperlich und geistig kranker Menschen, so unter bestimmten Voraussetzungen auch Werkstätten für Behinderte (BAG v. 7. 4. 81, AP Nr. 16 zu § 118 BetrVG 1972) bzw. Berufsförderungswerke zur beruf- 5 lichen Rehabilitation Behinderter, sofern der Zweck nicht auf Gewinnerzielung ausgerichtet ist (BAG a.a.O.; NZA 95, 1059). Auch Krankenhäuser, die in privater Rechtsform betrieben werden, können karitativen Bestimmungen dienen, sofern der Zweck des UN nicht darauf ausgerichtet ist, Gewinn zu erzielen (BAG, DB 96, 1347; vgl. auch BAG, NZA 96, 1056; vgl. ferner BayrOLG, AiB 96, 494). Kostendeckende Einnahmen, z.B. durch Zuschüsse von Sozialversichungsträgern, werden als zulässig und als unschädlich angesehen (BAG v. 7. 4. 81, 29. 6. 88, 8. 11. 88, AP Nrn. 16, 37, 38 zu § 118 BetrVG 1972, v. 12. 11. 91 – 1 ABR 4/91; a. A. Kohte in Anm. zu AP Nr. 37 zu § 118 BetrVG 1972, der zutreffend nur solche Organisationen als karitativ i.S. dieser Bestimmung ansieht, die aus ihrem Vermögen freiwillige Zuwendungen an Hilfsbedürftige erbringen). Ein in privatrechtlicher Rechtsform betriebenes Krankenhaus kann auch dann eine karitative Einrichtung sein, wenn die Anteile nur von Gebietskörperschaften gehalten werden, die zur Sicherung der Versorgung der Bevölkerung mit leistungsfähigen Krankenhäusern gesetzlich verpflichtet sind (BAG, NZA 96, 444 = PersR 96, 79 mit Anm. v. Trümner).

6 **Erzieherischen** Bestimmungen dienen, soweit das Erwerbsstreben nicht im Vordergrund steht, z.B. Privatschulen (BAG v. 13. 1. 87, AP Nr. 33 zu § 118 BetrVG 1972; BAG, NZA 88, 507), Internate, Fernlehrinstitute, Berufsbildungswerke (BAG v. 14. 4. 88, AP Nr. 36 zu § 118 BetrVG 1972), aber nicht Autofahrschulen, Volkshochschulen, Musikschulen oder Sprachschulen (BAG v. 7. 4. 81, AP Nr. 17 zu § 118 BetrVG 1972).

7 **Wissenschaftlichen** Zwecken dienen z.B. Bibliotheken, wissenschaftliche Buch- und Zeitschriftenverlage (soweit sie nicht unter Nr. 2 einzuordnen sind) sowie Forschungsinstitute (BAG v. 10. 4. 84, AP Nr. 3 zu § 81 ArbGG 1979, v. 7. 9. 88, AP Nr. 35 zu § 87 BetrVG 1972 Lohngestaltung, v. 13. 2. 90, EzA § 118 BetrVG 1972 Nr. 51), aber nicht Rechenzentren für wissenschaftliche Datenverarbeitung (BAG, NZA 91, 513) und zoologische Gärten (BAG, NZA 90, 402). **Künstlerischen** Bestimmungen dienen z.B. Theater (BAG v. 28. 10. 86, AP Nr. 32 zu § 118 BetrVG 1972), Filmherstellungsbetriebe, Musikverlage, Orchestervereinigungen, aber nicht Buchhandlungen, Lichtspieltheater, Schallplattenbetriebe oder Verwertungsgesellschaften wie die GEMA (BAG v. 8. 3. 83, AP Nr. 26 zu § 118 BetrVG 1972).

8 Zwecken der **Berichterstattung oder Meinungsäußerung** können grundsätzlich z.B. Zeitungsverlage, Zeitschriftenverlage, Buchverlage, Rundfunk und Fernsehen, soweit sie privatrechtlich organisiert sind (LAG Hamm, AfP 97, 739; a.A. für die nordrhein-westfälischen Lokalfunkstationen Pahde-Syrbe, AuR 94, 333), aber nicht Lohndruckereien und rechtlich selbstständige Verlagsdruckereien (vgl. Rn. 2) dienen.

9 Im Streitfall trägt der AG die **Beweislast** dafür, ob das UN unter die Tendenzbestimmung fällt und ob wegen des Tendenzcharakters einzelne MBR des BR entfallen oder eingeschränkt sind. Nach der mittlerweile gefestigten Rechtspr. des BAG kommt eine Einschränkung der Beteiligungsrechte des BR durch § 118 allenfalls dann in Betracht, wenn die nachfolgenden drei **Grundvoraussetzungen** kumulativ vorliegen: Tendenz-UN, Tendenzträger, tendenzbedingte Maßnahme. Selbst wenn diese drei Grundvoraussetzungen vorliegen, bleiben jedoch die **Informations-, Beratungs- und Anhörungsrechte** des BR erhalten (BAG, DB 76, 151; 76, 584; 79, 1609). Durch **TV** oder **BV** kann jedoch dem BR ein MBR **in personellen, sozialen und wirtschaftlichen** Angelegenheiten eingeräumt werden (vgl. auch BAG, NZA 95, 1059).

10 Mit der **Notwendigkeit der Alleinentscheidung** des AG im Tendenz-UN können grundsätzlich nur MBR unvereinbar (BAG, DB 76, 151) sein. Für eine etwaige Einschränkung der MBR des BR ist daher bei jeder Fallgestaltung weiter zu unterscheiden, ob sich die MB des BR tendenzschädlich auswirkt und, wenn ja, in welchem Umfang die MB der Eigenart des Tendenz-UN entgegensteht (Ihlefeld, AuR 80, 60; vgl. ergänzend Rn. 13ff.).

11 **Tendenzträger** sind diejenigen AN, für deren Tätigkeit die Bestimmungen und Zwecke der in Abs. 1 genannten UN und Betriebe prägend sind. Sie müssen einen maßgeblichen (inhaltlich prägenden) Einfluss auf die Tendenzverwirklichung nehmen können (BAG v. 28. 10. 86, AP Nr. 32 zu § 118 BetrVG 1972, v. 18. 4. 89, AP Nr. 34 zu § 87 BetrVG 1972 Arbeitszeit, v. 12. 11. 91 – 1 ABR 4/91). In **Verlags-UN** sind Tendenzträger Personen, die unmittelbar für die Berichterstattung und/oder Meinungsäußerung tätig sind, d. h. inhaltlich hierauf Einfluss nehmen können, und zwar entweder durch eigene Veröffentlichung oder durch Auswahl und Redigieren der Beiträge anderer. Tendenzträger sind nach der Rechtspr. des BAG grundsätzlich alle **Redakteure** (BAG v. 22. 4. 75, 7. 11. 75, 9. 12. 75, AP Nrn. 2, 4, 7 zu § 118 BetrVG 1972, v. 7. 11. 75, AP Nr. 3 zu § 99 BetrVG 1972, v. 1. 9. 87, AP Nrn. 10, 11 zu § 101 BetrVG 1972; zutreffend a. A. ArbG Hamburg v. 10. 4. 96 – 24 BV 5/95, das den Kreis der Tendenzträger auf Redakteure mit eigenem Verantwortungsbereich bzw. auf Ressortleiter beschränkt) und **Programmmitarbeiter** (Redakteure) von privaten Rundfunksendern (BAG, NZA 92, 705; NZA 94, 329). Die Tendenzbestimmung steht jedoch grundsätzlich der Begründung eines Arbeitsverhältnisses nach § 78 a mit einem Redaktionsvolontär nach Beendigung seiner Ausbildung nicht entgegen (BAG v. 26. 3. 83, AP Nr. 10 zu § 78 a BetrVG 1972).

12 Tendenzträger sind auch **Parteisekretäre** bzw. **Rechts- oder Gew.-Sekretäre** (BAG v. 6. 12. 79, AP Nr. 2 zu § 1 KSchG 1969 Verhal-

tensbedingte Kündigung; HessLAG, AuR 97, 259) sowie **Solisten, erste Hornisten**, **erste Oboisten** eines Orchesters (BAG v. 7. 11. 75, AP Nr. 1 zu § 130 BetrVG 1972, v. 3. 11. 82, AP Nr. 12 zu § 15 KSchG 1969), **Lektoren** eines Buchverlages, **Schauspieler** einer Bühne (BAG v. 28. 10. 86 a.a.O., v. 4. 8. 81, AP Nr. 5 zu § 87 BetrVG 1972 Arbeitszeit, sofern ihr künstlerischer Gestaltungsspielraum nicht stark eingeschränkt ist), die **Leiterin eines konfessionellen Kindergartens** (vgl. BAG v. 25. 4. 78, 4. 3. 80 AP Nrn. 2, 3 zu Art. 140 GG), **Gruppenleiter und Betreuer** einer Behindertenwerkstatt (BAG v. 31. 1. 84, AP Nr. 15 zu § 87 BetrVG 1972 Lohngestaltung), **angestellte Ärzte**, wenn ihnen zusätzliche Forschungsaufgaben übertragen sind (BAG, NZA 89, 804), **Lehrer** und **Honorarlehrkräfte** an Privatschulen, sofern diese erzieherischen Bestimmungen dienen (BAG, NZA 90, 903), bzw. an konfessionellen oder karitativen Einrichtungen (BAG v. 31. 1. 87, AP Nr. 33 zu § 118 BetrVG 1972), **Erzieher** an einer Ersatzschule bzw. Behinderteneinrichtung (BAG v. 3. 12. 85, AP Nr. 31 zu § 99 BetrVG 1972) und **Psychologen** an einem Berufsförderungswerk für Behinderte (BAG v. 8. 11. 88, AP Nr. 38 zu § 118 BetrVG 1972).

13 **Nicht Tendenzträger** sind dagegen z.B. **Redaktionsvolontäre** (Blanke, AiB 81, 59 und 83, 30; a.A. BAG v. 19. 5. 81, AP Nr. 21 zu § 118 BetrVG 1972; h.M.), **Redaktionssekretärinnen** (BAG v. 7. 11. 75, AP Nr. 3 zu § 99 BetrVG 1972), **Verwaltungsangestellte, Korrektoren** (LAG Hamburg, DB 74, 2406), **Drucker** (BAG v. 30. 4. 74, AP Nr. 1 zu § 118 BetrVG 1972), **Pflegepersonal** (BAG, NZA 97, 1297) **oder Krankenschwestern** (BAG v. 18. 4. 89, AP Nr. 34 § 118 BetrVG 1972; DB 91, 2141; NZA 91, 388), **Gärtnermeister**, die Behinderte zu handwerklichen Arbeiten anleiten (BAG v. 12. 11. 91, a.a.O.).

14 Eine **Einschränkung der MBR des BR** in **sozialen Angelegenheiten** (§§ 87 bis 89) kommt im Allgemeinen nicht in Betracht (BAG v. 31. 1. 84, AP Nr. 29 zu § 118 BetrVG 1972 bezüglich der betrieblichen Lohngestaltung); dies gilt grundsätzlich auch bei **Arbeitszeitregelungen** für Redakteure (BAG v. 22. 5. 79, AP Nr. 13 zu § 118 BetrVG 1972; ArbG Wuppertal v. 1. 9. 88 – 3 BV 8/88) sowie für Solotänzer (BAG v. 4. 8. 81, EzA § 87 BetrVG 1972 Arbeitszeit Nr. 10) und für die Festlegung der Unterrichtsstunden von Lehrern (BAG, BB 92, 1724). Bei **Arbeitszeitregelungen** oder bei der Gestaltung von Dienstplänen für Redakteure kommt allenfalls eine Einschränkung der MBR des BR in Betracht, wenn hierdurch eine **ernsthafte Beeinträchtigung der Aktualität der Berichterstattung** eintreten und dadurch die Tendenzverwirklichung des AG gefährdet würde (vgl. BAG, NZA 90, 603; 92, 705); Plander, AuR 91, 353; Weller, FS für Gnade, 235 ff.). Auch das MBR des BR bei **Fragen der betrieblichen Lohngestaltung** entfällt nicht in Tendenzbetrieben, wenn es um die Lohngestaltung von Tendenzträgern geht (vgl. BAG v. 31. 1. 84, AP Nr. 15 zu § 87 BetrVG 1972 Lohngestaltung, v. 13. 2. 90, EzA § 118 BetrVG 1972 Nr. 51, das aber eine Einschränkung dann für möglich hält, wenn eine Entgeltform gerade die Tendenz fördern soll).

Ebenso gelten die Beteiligungsrechte des BR nach §§ 80 bis 86, 88 bis 98 auch in Tendenzbetrieben uneingeschränkt, z. B. bei der **Personalplanung** (FKHES, Rn. 33; vgl. auch BAG, NZA 91, 358), der **innerbetrieblichen Stellenausschreibung** (BAG, DB 79, 1609), dem **Einblicksrecht in die Listen der Bruttolöhne und -gehälter** (BAG v. 22. 5. 79, AP Nr. 12 zu § 118 BetrVG 1972, v. 30. 6. 81, AP Nr. 15 zu § 80 BetrVG 1972), der **Gestaltung des Arbeitsplatzes, des Arbeitsablaufs und der Arbeitsumgebung** (LAG Hamburg v. 2. 12. 76 – 1 TaBV 5/75; FAKH, Rn. 33) und den Maßnahmen der **beruflichen Bildung** (FAKH, Rn. 34; einschränkend Weiss/Weyand, BB 90, 2109; Spruch der ESt. beim Verlag D-GmbH & Co. KG, NZA 90, 681). Grundsätzlich erstrecken sich die Beteiligungsrechte des BR auch auf die inhaltliche Gestaltung des **Personalfragebogens**, die Aufstellung **allgemeiner Beurteilungsgrundsätze**, die Festlegung der **persönlichen Angaben in schriftlichen Arbeitsverträgen** und die **Aufstellung von Auswahlrichtlinien**. Eine Einschränkung der **MBR** des BR nach diesen Vorschriften kann allenfalls in Ausnahmefällen in Betracht kommen, soweit es sich um tendenzbezogene Fragen bzw. Maßnahmen handelt (vgl. BAG, NZA 94, 375). Ein solcher Tendenzbezug liegt nach Ansicht des BAG vor bei der Einführung von Ethikregeln, mit denen eine Wirtschaftszeitung von ihren Redakteuren verlangt, keine Aktien solcher UN zu halten, deren Branche Gegenstand der kontinuierlichen Zeitungsberichterstattung ist (BAG v. 28. 5. 02, EzA-Schnelldienst 12/2002, 3). 15

Umstritten ist, ob und ggf. inwieweit die Beteiligungsrechte des BR bei **personellen Einzelmaßnahmen** (§§ 99, 102) gegenüber Tendenzträgern eingeschränkt sind, sofern dem BR nicht durch **TV oder BV ein MBR** eingeräumt wurde (vgl. auch BAG, NZA 95, 1059). Einmütigkeit besteht darüber, dass die Anhörungs-, Unterrichtungs- und Beratungsrechte gemäß §§ 99 Abs. 1 und 102 Abs. 1 in vollem Umfang bestehen (BAG v. 22. 4. 75, 7. 11. 75, 9. 12. 75, AP Nrn. 2, 4, 7 zu § 118 BetrVG 1972, v. 7. 11. 75, AP Nr. 3 zu § 99 BetrVG 1972, 1. 9. 87, AP Nrn. 10, 11 zu § 101 BetrVG 1972) und dass keine Einschränkung der Beteiligungsrechte des BR bei **Kündigungen** von Tendenzträgern aus **tendenzfreien Gründen** in Betracht kommt, so dass auch insoweit die Widerspruchsrechte des BR nach § 102 Abs. 3 erhalten bleiben (vgl. auch LAG Hamm, BB 92, 2507). **Schlechtleistung** ist keine tendenzbezogene Leistungsstörung, die eine Kündigung nach § 15 KSchG rechtfertigt (BAG, DB 83, 830). Die **Kündigung einer** nach § 103 **geschützten Person** bedarf auch 16 dann der Zustimmung des BR, wenn die Kündigung ausschließlich aus tendenzbedingten Gründen erfolgt (LAG Hamm a. a. O.; vgl. auch ArbG Köln v. 27. 5. 92 – 3 BV 63/92). Im Gegensatz zu Kündigungen hält das BAG **Einstellungen** und **Versetzungen** immer für **tendenzbedingte Maßnahmen** (BAG v. 7. 11. 75, AP Nr. 3 zu § 99 BetrVG 1972; NZA 94, 239). Da es sich jedoch bei dem Zustimmungsverweigerungsrecht nach § 99 Abs. 2 und dem Widerspruchsrecht nach § 102 Abs. 3 nicht um MBR, sondern allenfalls um verstärkte Mitwirkungsrechte handelt, bleiben dem BR entgegen der Auffassung des BAG diese Rechte erhalten, da der BR auch durch noch so konsequente Ausschöpfung dieser Rechte die Maßnahme des UN nicht verhindern kann (Blanke, AiB 81, 61; ArbG Frankfurt v. 30. 7. 80 – 11 BV 10/80; LAG Düsseldorf, AuR 91, 251; vgl. auch LAG Hamm a. a. O. [II, 2, c, cc der Gründe], wonach die Anwendung des § 103 die Durchsetzung der Tendenz höchstens verzögert, denn auch BR und Gericht müssen die Tendenz berücksichtigen; a. A. BAG v. 7. 11. 75 a. a. O., v. 9. 12. 75, AP Nr. 7 zu § 118 BetrVG 1972, v. 1. 9. 87, AP Nr. 11 zu § 101 BetrVG 1972).

17 Dem BR sind **alle Gründe** für die personellen Maßnahmen mitzuteilen, nicht nur die sog. tendenzfreien (BAG, DB 76, 585; BVerfG v. 6. 11. 79, AP Nr. 14 zu § 118 BetrVG 1972), und **sämtliche Bewerbungsunterlagen aller Bewerber** vorzulegen (BAG, DB 81, 2384). Lehnt der BR die Einstellung eines AN, dessen Status als Tendenzträger str. ist, aus Gründen des § 99 Abs. 2 ab, ist der AG nach Auffassung des BAG nicht gezwungen, das Zustimmungsersetzungsverfahren nach § 99 Abs. 4 einzuleiten. Der BR kann jedoch ein gerichtl. Verfahren zur Aufhebung der Maßnahme nach § 101 einleiten (BAG v. 1. 9. 87, AP Nr. 11 zu § 101 BetrVG 1972). Bei der **Versetzung** eines Tendenzträgers ist der BR vom AG vor der Durchführung der Maßnahme zu unterrichten. Dabei hat der AG deutlich zu machen, dass es sich um eine tendenzbedingte Maßnahme handelt (vgl. auch LAG Düsseldorf v. 14. 11. 90, LAGE § 118 BetrVG 1972 Nr. 15; a. A. BAG, NZA 94, 329, das Versetzungen generell als tendenzbedingte Maßnahmen ansieht). Unterlässt der AG die vorherige, ausreichende Information des BR nach § 99 Abs. 1, hat das ArbG auf Antrag des BR dem AG aufzugeben, die Versetzung aufzuheben (BAG, NZA 88, 99). Bei tariflichen **Ein- bzw. Umgruppierungen** von Tendenzträgern werden die Beteiligungsrechte des BR durch § 118 nicht eingeschränkt (BAG v. 31. 5. 83, 3. 12. 85, AP Nrn. 27, 31 zu § 118 BetrVG 1972, v. 10. 3. 92, AiB 93, 449).

18 Neben dem relativen Ausschluss von Beteiligungsrechten des BR entfallen zum Teil die Beteiligungsrechte **in wirtschaftlichen Angelegenheiten** nach Abs. 1 Satz 2 absolut, so für die Errichtung und Tätigkeit des WA (§§ 106 bis 110 BetrVG). Diese Vorschrift ist rechtspolitisch verfehlt (vgl. Blanke/Wedde in DKK, Rn. 56; Weiss/Weyand, AuR 90, 33), weil der WA als Beratungs- und Informationsgremium ohnehin keine Möglichkeit hat, auf die Tendenz Einfluss zu nehmen (FKHES, Rn. 43); sie widerspricht den in anderen Entscheidungen des BAG zum Ausdruck gebrachten Grundsätzen, wonach Informations- und Beratungsrechte des BR auch in Tendenzbetrieben nicht entfallen (vgl. u.a. BAG v. 22. 4. 75, 30. 1. 79, AP Nrn. 2, 11 zu § 118 BetrVG 1972). Der Gesetzgeber hat die mit dem BetrVerf-ReformG verbundene Chance, hier Änderungen vorzunehmen, jedoch nicht genutzt.

Bei **Betriebsänderungen** ist der BR eines Tendenzbetriebs sowohl bei der Aufstellung eines **Sozialplans** als auch bei der Herbeiführung eines **Interessenausgleichs** zu beteiligen (vgl. auch LAG Niedersachsen, DB 93, 2510 = AiB 94, 504 mit Anm. v. Kraushaar, das die Bildung einer ESt. für den Versuch einer Einigung über den Interessenausgleich für zulässig ansieht; vgl. ferner ArbG Hamburg, AiB 94, 246 mit Anm. v. Müller-Knapp; HessLAG v. 20. 7. 93 – 4 TaBV 214/92, das das Informationsrecht allerdings aus § 80 Abs. 2 Satz 1 ableitet; vgl. aber auch BAG, AiB 00, 38, das einen Nachteilsausgleich nach § 113 Abs. 3 nur bejaht, wenn der AG den BR nicht rechtzeitig unterrichtet und keine Verhandlungen über den Sozialplan ermöglicht hat und die Anwendung der Abs. 1 und 2 des § 113 für den Fall der Abweichung vom Interessenausgleich offen lässt). Auch in Tendenzbetrieben hat der BR einen **Unterlassungsanspruch** darauf, dass der AG Maßnahmen zur Durchführung einer Betriebsänderung unterlässt, solange das Verfahren der Unterrichtung und Beratung mit dem BR über die geplante Betriebsänderung nicht durchgeführt worden ist (ArbG Hamburg a.a.O.; a.A. ArbG Frankfurt a.M. a.a.O.). Bei **Betriebsübernahmen** (§ 613a BGB) gehen auch die Arbeitsverhältnisse der Tendenzträger auf den neuen Betriebsinhaber über (BAG v. 7. 11. 75, AP Nr. 3 zu § 99 BetrVG 1972). **19**

Redaktionsstatute für Zeitungs- bzw. Zeitschriftenverlage sollen die »innere Pressefreiheit« zwischen Verlegern und Redakteuren sichern und der Redaktion über § 118 Abs. 1 Satz 1 hinausgehende Beteiligungsrechte (z.B. in journalistischen Fragen, bei personellen Veränderungen) einräumen. Redaktionsstatute können durch TV nach § 1 Abs. 1 TVG abgeschlossen oder zum Inhalt der Einzelarbeitsverträge gemacht werden; die Zulässigkeit des Abschlusses von BV orientiert sich an § 3 (s. dort Rn. 8). Ein Redaktionsstatut, das MBR eines von den Redakteuren gewählten **Redaktionsrats** in tendenzbezogenen Angelegenheiten vorsieht, verstößt nicht gegen das BetrVG; eine Konkurrenz des nach dem Redaktionsstatut gebildeten Redaktionsrats zu dem nach dem BetrVG gebildeten BR besteht nicht, soweit die Kompetenz des Redaktionsrats nur Maßnahmen betrifft, für die der **19a**

BR gemäß § 118 kein MBR hat. Ein solches Redaktionsstatut ist nicht aus verfassungsrechtlichen Gründen unwirksam (BAG, BB 01, 1414).

20 (2) Unter Religionsgemeinschaften fällt **jede Glaubensgemeinschaft** weltanschaulicher Art. Unter Abs. 2 fallen auch die karitativen und erzieherischen Einrichtungen der Religionsgemeinschaften. Voraussetzung ist aber, dass die Religionsgemeinschaft laut Satzung **maßgeblichen Einfluss** auf die Einrichtung ausüben kann (BAG v. 21. 11. 75, AP Nr. 6 zu § 118 BetrVG 1972). Abzulehnen ist die Ansicht, dass kraft Verfassungsrechts nur das Selbstverständnis maßgebend ist (so aber BVerfG v. 11. 10. 77, AP Nr. 1 zu Art. 140 GG). Es muss eine institutionelle, tatsächliche Verbindung mit durchsetzbarer Verantwortung zwischen Einrichtung und Kirche bestehen. Eine Behinderten-Tagesstätte fällt nicht unter § 118 Abs. 2 (BAG v. 7. 4. 81, AP Nr. 16 zu § 118 BetrVG 1972), ebenso wenig wissenschaftliche Einrichtungen (LAG Hamm, AuR 80, 181). Auf einen rechtlich selbständigen evangelischen **Presseverband** als Teil der evangelischen Kirche soll dagegen nach dieser Vorschrift das BetrVG keine Anwendung finden, weil auch die Öffentlichkeitsarbeit mit publizistischen Mitteln als Teil kirchlicher Mission zählt (BAG, NZA 91, 977). Nach der Rspr. des BAG wird ein von einem nichtkirchlichen Träger betriebenes **Krankenhaus** bei rechtsgeschäftlicher Übernahme durch einen **kirchlichen Träger** eine karitative Einrichtung der Kirche i. S. des Abs. 2. Eine in dieser Einrichtung durchgeführte BR-Wahl ist nichtig (BAG v. 9. 2. 82, AP Nr. 24 zu § 118 BetrVG 1972). Ein auf die Verwirklichung des christlichen Auftrags gerichtetes, von einem Mitglied des Diakonischen Werks betriebenes Krankenhaus ist eine karitative Einrichtung einer Religionsgemeinschaft (BAG v. 31. 7. 02 – 7 ABR 12/01). Auch für nicht verselbständigte Einrichtungen wirtschaftlicher Art von **Ordensgemeinschaften** der katholischen Kirche, die den Status einer Körperschaft des öffentlichen Rechts verliehen bekommen und behalten haben, soll das BetrVG keine Anwendung finden (so BAG, NZA 88, 402). Entsprechendes soll für ein **Berufsbildungswerk** einer Religionsgemeinschaft gelten, wenn Kirche und Einrichtung die Erziehung nach Inhalt und Ziel identisch vornehmen und statusmäßig sichergestellt ist, dass die Kirche ihre Vorstellungen zur Gestaltung der Erziehung in der Einrichtung durchsetzen kann (BAG v. 14. 4. 88, AP Nr. 36 zu § 118 BetrVG 1972).

21 Das **Recht der Gew.**, im Betrieb zu werben, besteht auch in kirchlichen Einrichtungen (vgl. BAG v. 14. 2. 78, AP Nr. 26 zu Art. 9 GG; vgl. dazu aber BVerfG v. 17. 2. 81, AP Nr. 9 zu Art. 140 GG, das die Werbung auf die in der kirchlichen Einrichtung beschäftigten Gew.-Mitgl. beschränkt).

Sechster Teil
Straf- und Bußgeldvorschriften

§ 119
Straftaten gegen Betriebsverfassungsorgane und ihre Mitglieder

(1) Mit Freiheitsstrafe bis zu einem Jahr oder mit Geldstrafe wird bestraft, wer

1. eine Wahl des Betriebsrats, der Jugend- und Auszubildendenvertretung, der Bordvertretung, des Seebetriebsrats oder der in § 3 Abs. 1 Nr. 1 bis 3 oder 5 bezeichneten Vertretungen der Arbeitnehmer behindert oder durch Zufügung oder Androhung von Nachteilen oder durch Gewährung oder Versprechen von Vorteilen beeinflusst,

2. die Tätigkeit des Betriebsrats, des Gesamtbetriebsrats, des Konzernbetriebsrats, der Jugend- und Auszubildendenvertretung, der Gesamt-Jugend- und Auszubildendenvertretung, der Konzern-Jugend- und Auszubildendenvertretung, der Bordvertretung, des Seebetriebsrats, der in § 3 Abs. 1 bezeichneten Vertretungen der Arbeitnehmer, der Einigungsstelle, der in § 76 Abs. 8 bezeichneten tariflichen Schlichtungsstelle, der in § 86 bezeichneten betrieblichen Beschwerdestelle oder des Wirtschaftsausschusses behindert oder stört oder

3. ein Mitglied oder ein Ersatzmitglied des Betriebsrats, des Gesamtbetriebsrats, des Konzernbetriebsrats, der Jugend- und Auszubildendenvertretung, der Gesamt-Jugend- und Auszubildendenvertretung, der Konzern-Jugend- und Auszubildendenvertretung, der Bordvertretung, des Seebetriebsrats, der in § 3 Abs. 1 bezeichneten Vertretungen der Arbeitnehmer, der Einigungsstelle, der in § 76 Abs. 8 bezeichneten Schlichtungsstelle, der in § 86 bezeichneten betrieblichen Beschwerdestelle oder des Wirtschaftsausschusses um seiner Tätigkeit willen oder eine Auskunftsperson nach § 80 Abs. 2 Satz 3 um ihrer Tätigkeit willen benachteiligt oder begünstigt.

(2) Die Tat wird nur auf Antrag des Betriebsrats, des Gesamtbetriebsrats, des Konzernbetriebsrats, der Bordvertretung, des Seebetriebsrats, einer der in § 3 Abs. 1 bezeichneten Vertretungen der Arbeitnehmer, des Wahlvorstands, des Unternehmers oder einer im Betrieb vertretenen Gewerkschaft verfolgt.

(1) Unter Strafe gestellt sind nach dieser Vorschrift die Wahlbehinderung, die Behinderung oder Störung der Tätigkeit sowie die Benachteiligung oder Begünstigung von Mitgl. betriebsverfassungs- 1

rechtlicher Organe. Unter **Wahlbehinderung** fällt **jede** Beeinflussung der Wahlen durch Zufügung oder Androhung von Nachteilen oder durch Gewährung oder Versprechen von Vorteilen. Hierunter fallen auch **vorbereitende** Maßnahmen, wie beispielsweise die Einberufung und Durchführung einer Betriebsversamml. zur Wahl des WV oder sonstige der Wahl vorausgehende Beschlussfassungen oder Vorabstimmungen (BayObLG v. 29. 7. 80, AP Nr. 1 zu § 119 BetrVG 1972). Eine Wahlbehinderung liegt in der Aufforderung des AG an den WV, die Wahl nicht durchzuführen (LAG Siegen, AiB 92, 41), in der Weigerung, die zur Wahl erforderlichen Unterlagen zu übergeben (AG Detmold, BB 79, 783; AG Bremen, AiB 92, 42) oder in der eigenhändigen Streichung von Namen und Unterschriften aus einer im Betrieb ausgelegten Wählerliste (AG Konstanz, AiB 92, 34). Auch die Verweigerung des Zutrittsrechts eines Gew.-Beauftragten erfüllt den Tatbestand der strafbaren Wahlbehinderung (AG Aichach v. 29. 10. 87 – Ds 506 – Js 20042/87). Der AG hat sich hinsichtlich der Wahl strikt neutral zu verhalten (BAG, AuR 87, 116). Eine unzulässige Wahlbeeinflussung liegt auch darin, dass der AG beispielsweise in Schreiben an Ang. diese mit dem Hinweis, dass er sie als »leit. Ang.« ansehe, auffordert, gegen ihre Eintragung in die Wählerliste beim WV Einspruch zu erheben (ArbG Bochum, BB 72, 494; vgl. auch LAG Hamm, DB 72, 1298).

2 Eine strafbare **Behinderung** oder **Störung** der Tätigkeit betriebsverfassungsrechtlicher Organe und deren Mitgl. kann sowohl in einem positiven Handeln liegen als auch in einer Unterlassung, sofern eine Rechtspflicht zum Handeln besteht. So liegt z.B. eine unzulässige Behinderung oder Störung der BR-Tätigkeit vor, wenn der AG sich weigert, die zur ordnungsgemäßen Durchführung dieser Tätigkeit notwendigen Kosten zu tragen oder die sächlichen Mittel zur Verfügung zu stellen, ebenso wenn der AG die Kosten des BR öffentlich bekannt gibt (BAG v. 12. 11. 97; AP Nr. 27 zu § 23 BetrVG 1972; ArbG Wesel, AiB 97, 52; ArbG Darmstadt, AiB 87, 140), oder wenn er einem gekündigten BR-Mitgl. vor rechtskräftigem Abschluss des Gerichtsverfahrens Hausverbot erteilt und dadurch die Wahrnehmung von BR-Aufgaben sowie die Teilnahme an BR-Sitzungen verwehrt (ArbG Hamburg, AiB 97, 659; ArbG Elmshorn, AiB 97, 173). Der AG ist auch nach § 43 Abs. 2 nicht verpflichtet, sich auf einer Betriebsversamml. zu den Kosten des BR zu äußern. Hat er hieran ein berechtigtes Interesse, darf er durch die Art und Weise der Informationsgestaltung und -vermittlung den BR nicht in seiner Amtsführung beeinträchtigen (BAG, NZA 96, 332). Eine strafbare Störung der BR-Tätigkeit liegt auch vor, wenn der AG erkennbar an den BR gerichtete Post öffnet (ArbG Stuttgart v. 22. 12. 87, BetrR 88 [Heft 3], 17), Telefongespräche des BR verhindert oder unterbricht (AG Passau, AiB 92, 42) oder durch einen öffentlichen Aushang die Empfehlung gibt, eine Betriebsversamml. nicht zu besuchen (OLG Stuttgart, BB 88, 2245). Strafbar ist auch die beharrliche Weigerung, überhaupt mit dem BR zusammenzuarbeiten, ebenso ein Hausverbot gegen ein gekündigtes Mitgl. des BR, um ihm die Teilnahme an Sitzungen des BR zu verwehren (ArbG Hamburg, AiB 97, 659).

Benachteiligung ist jede **tatsächliche, persönliche** oder **wirtschaftliche** Schlechterstellung eines Wahlberechtigten oder einer anderen in dieser Bestimmung genannten Person. Dabei genügt es bereits, wenn Nachteile **angedroht** werden, etwa wenn AN durch Androhung der Zuweisung schlechterer Arbeit oder den Ausspruch einer Kündigung unter Druck gesetzt werden, von einer vorgesehenen oder eingeleiteten BR-Wahl Abstand zu nehmen (OLG Hamm v. 26. 7. 87 – 1 Ss 164/87). Der AG verletzt das Wahlbeeinflussungsverbot auch, wenn er in einer Betriebsversamml. offen oder unterschwellig beim Zuhörer Angst vor dem Verlust eines finanziellen Vorteils erzeugt, falls dieser bestimmte Kandidaten wählt (vgl. ArbG Berlin v. 8. 8. 84 – 18 BV 5/84). Strafbar kann es auch sein, wenn der AG den AN in einem Aushang empfiehlt, eine Betriebsversamml. nicht zu besuchen (OLG Stuttgart, BB 88, 2245). Eine unzulässige Behinderung oder Störung der BR-Tätigkeit kann auch die beharrliche Verweigerung der Zusammenarbeit mit dem BR sein. Auch für die Begünstigung reicht es aus, dass ein Vorteil oder eine Besserung zugesagt wird. Die Strafvorschrift richtet sich nicht nur gegen den AG und dessen Vertr., sondern gegen **jedermann**. 3

(2) Eine Strafverfolgung tritt nur auf **Antrag** ein. Von besonderer Bedeutung ist, dass auch jede im Betrieb vertretene Gew. die Einleitung eines Strafverfahrens beantragen kann. Soweit ein betriebsverfassungsrechtliches Organ antragsberechtigt ist, können nicht die einzelnen Mitgl., sondern nur das Organ selbst den Antrag stellen, wozu es eines mit einfacher Stimmenmehrheit gefassten Beschlusses bedarf. Der Antrag ist innerhalb einer Frist von drei Monaten zu stellen. Seine Rücknahme ist jederzeit möglich. Der Strafantrag durch ein betriebsverfassungsrechtliches Organ ist kein Grund zur fristlosen Entlassung der Mitgl. des Organs durch den AG, es sei denn, es läge ein Rechtsmissbrauch vor (LAG Baden-Württemberg v. 25. 10. 57, AP Nr. 2 zu § 78 BetrVG). 4

§ 120
Verletzung von Geheimnissen

(1) Wer unbefugt ein fremdes Betriebs- oder Geschäftsgeheimnis offenbart, das ihm in seiner Eigenschaft als

1. **Mitglied oder Ersatzmitglied des Betriebsrats oder einer der in § 79 Abs. 2 bezeichneten Stellen,**
2. **Vertreter einer Gewerkschaft oder Arbeitgebervereinigung,**

3. Sachverständiger, der vom Betriebsrat nach § 80 Abs. 3 hinzugezogen oder von der Einigungsstelle nach § 109 Satz 3 angehört worden ist,

3a. Berater, der vom Betriebsrat nach § 111 Satz 2 hinzugezogen worden ist,

3b. Auskunftsperson, die dem Betriebsrat nach § 80 Abs. 2 Satz 3 zur Verfügung gestellt worden ist, oder

4. Arbeitnehmer, der vom Betriebsrat nach § 107 Abs. 3 Satz 3 oder vom Wirtschaftsausschuss nach § 108 Abs. 2 Satz 2 hinzugezogen worden ist,

bekannt geworden und das vom Arbeitgeber ausdrücklich als geheimhaltungsbedürftig bezeichnet worden ist, wird mit Freiheitsstrafe bis zu einem Jahr oder mit Geldstrafe bestraft.

(2) Ebenso wird bestraft, wer unbefugt ein fremdes Geheimnis eines Arbeitnehmers, namentlich ein zu dessen persönlichem Lebensbereich gehörendes Geheimnis, offenbart, das ihm in seiner Eigenschaft als Mitglied oder Ersatzmitglied des Betriebsrats oder einer der in § 79 Abs. 2 bezeichneten Stellen bekannt geworden ist und über das nach den Vorschriften dieses Gesetzes Stillschweigen zu bewahren ist.

(3) Handelt der Täter gegen Entgelt oder in der Absicht, sich oder einen anderen zu bereichern oder einen anderen zu schädigen, so ist die Strafe Freiheitsstrafe bis zu zwei Jahren oder Geldstrafe. Ebenso wird bestraft, wer unbefugt ein fremdes Geheimnis, namentlich ein Betriebs- oder Geschäftsgeheimnis, zu dessen Geheimhaltung er nach den Absätzen 1 oder 2 verpflichtet ist, verwertet.

(4) Die Absätze 1 bis 3 sind auch anzuwenden, wenn der Täter das fremde Geheimnis nach dem Tode des Betroffenen unbefugt offenbart oder verwertet.

(5) Die Tat wird nur auf Antrag des Verletzten verfolgt. Stirbt der Verletzte, so geht das Antragsrecht nach § 77 Abs. 2 des Strafgesetzbuches auf die Angehörigen über, wenn das Geheimnis zum persönlichen Lebensbereich des Verletzten gehört; in anderen Fällen geht es auf die Erben über. Offenbart der Täter das Geheimnis nach dem Tode des Betroffenen, so gilt Satz 2 sinngemäß.

1 (1) Die Bestrafung wegen einer unbefugten Offenbarung fremder Betriebs- oder Geschäftsgeheimnisse setzt voraus, dass es sich **objektiv** um solche handelt und diese ausdrücklich vom AG als **geheimhaltungsbedürftig** bezeichnet worden sind (zum Begriff des Betriebs- oder Geschäftsgeheimnisses vgl. § 79 Abs. 1).

2 Eine unbefugte Offenbarung eines Betriebs- oder Geschäftsgeheimnisses liegt nicht schon dann vor, wenn sie ohne Einwilligung des AG geschieht. »Unbefugt« bedeutet vielmehr »ohne Rechtfertigung«.

3 Das vom Träger offenbarte Geheimnis muss ihm aus Anlass einer der in dieser Bestimmung bezeichneten Tätigkeiten bekannt geworden sein. Hat er es auf andere Weise, etwa in Erfüllung seiner arbeitsvertraglichen Pflichten erlangt, greift diese Strafvorschrift nicht ein.

4 (2–5) Zum stärkeren Schutz der **Intimsphäre** der im Betrieb beschäftigten AN erstreckt sich die Strafandrohung nach Abs. 2 dieser Bestimmung auch auf die Weitergabe von Geheimnissen aus dem persönlichen Lebensbereich eines AN, soweit nach diesem Gesetz insoweit ausdrücklich eine Verschwiegenheitspflicht besteht (vgl. z.B. § 99 Abs. 1).

§ 121
Bußgeldvorschriften

(1) Ordnungswidrig handelt, wer eine der in § 90 Abs. 1, 2 Satz 1, § 92 Abs. 1 Satz 1 auch in Verbindung mit Absatz 3, § 99 Abs. 1, § 106 Abs. 2, § 108 Abs. 5, § 110 oder § 111 bezeichneten Aufklärungs- oder Auskunftspflichten nicht, wahrheitswidrig, unvollständig oder verspätet erfüllt.

(2) Die Ordnungswidrigkeit kann mit einer Geldbuße bis zu 10000 Euro geahndet werden.

1 (1, 2) Es wird nur **vorsätzliches Handeln** geahndet. Fehlendes Unrechtsbewusstsein schließt die Ordnungswidrigkeit nur aus, wenn der Irrtum nicht vorzuwerfen ist. Dem AG aber wird regelmäßig die Unkenntnis der ihm obliegenden Aufklärungs- und Auskunftspflichten zum Vorwurf gemacht werden können (so auch Landkreis Hannover, Bußgeldbescheid v. 15. 8. 89, BetrR 90, 24).

2 Die Verfolgung der Ordnungswidrigkeit erfolgt **von Amts** wegen. Voraussetzung ist selbstverständlich, dass die zuständige Behörde Kenntnis von der Ordnungswidrigkeit erhält, ihr diese also angezeigt wird. Zuständig ist die oberste Arbeitsbehörde des Landes, in deren Bezirk die Ordnungswidrigkeit begangen wurde oder der ordnungswidrig Handelnde seinen Wohnsitz hat (§ 35 ff. OWiG). Die Verfolgung verjährt in zwei Jahren, beginnend mit dem Tage, an dem die Handlung begangen wurde.

3 Die Gew. haben in einer Untersuchung festgestellt, dass Verstöße gegen das BetrVG sehr häufig zu verzeichnen sind, die teils als Straftaten gemäß § 119, teils als Ordnungswidrigkeiten nach dieser Bestimmung zu ahnden wären. Staatsanwälte und Ordnungsbehörden stellen die Verfahren jedoch häufig ein (der Regierungspräsident Stuttgart hat wegen fortgesetzten Verstoßes gegen die Unterrichtungs-

pflichten bei personellen Maßnahmen nach § 99 Abs. 1 eine Geldbuße von nur 300 DM gegen den Geschäftsführer eines UN festgesetzt – Bußgeldbescheid v. 27. 10. 88 – 15 – 0523.0 – 2/87; vgl. auch Landkreis Hannover, Bußgeldbescheid v. 15. 8. 89, BetrR 90, 24 sowie Bezirksregierung Düsseldorf, AiB 97, 177). Im Übrigen gibt es nur wenige Entscheidungen, in denen die Verstöße des AG geahndet wurden (vgl. etwa OLG Hamm, DB 78, 748, das einem AG wegen drei Verstößen Geldbußen von mehreren tausend DM auferlegte; vgl. auch OLG Düsseldorf, BB 82, 1113; OLG Stuttgart, DB 78, 592; OLG Hamburg, DB 85, 1846 sowie Bußgeldbescheid des Regierungspräsidiums Tübingen, AiB 92, 461 f. zur Verhängung eines Bußgeldes gegen Vorstandsmitgl. wegen nicht rechtzeitiger und vollständiger Unterrichtung des BR und WA über eine Betriebsänderung; nach OLG Karlsruhe, DB 86, 38 zu Unrecht dagegen keine Bestrafung des AG, der eine Auskunft wegen Gefährdung eines Geschäftsgeheimnisses verweigert, solange über den Umfang der Auskunftspflicht eine Entscheidung der ESt. nach § 109 nicht herbeigeführt ist). Grundsätzlich kann eine Anzeige wegen Verstoßes gegen diese Vorschrift durch **jedermann** erfolgen, also auch durch einzelne AN. Von Letzterem ist aber grundsätzlich abzuraten, weil Anzeigenerstattungen gegen den AG nach abzulehnender Rechtspr. (vgl. BAG v. 5. 2. 59 AP Nr. 2 zu § 70 HGB; LAG Baden-Württemberg, KJ 79, 323) zur fristlosen Kündigung berechtigen können (vgl. aber auch LAG Frankfurt, LAGE § 626 BGB Nr. 28, das nur völlig haltlose Vorwürfe für kündigungsrechtlich erheblich hält).

Siebenter Teil
Änderung von Gesetzen

§§ 122 bis **124** (nicht abgedruckt)

Achter Teil
Übergangs- und Schlussvorschriften

§ 125
Erstmalige Wahlen nach diesem Gesetz

(1) Die erstmaligen Betriebsratswahlen nach § 13 Abs. 1 finden im Jahre 1972 statt.

(2) Die erstmaligen Wahlen der Jugend- und Auszubildendenvertretung nach § 64 Abs. 1 Satz 1 finden im Jahre 1988 statt. Die Amtszeit der Jugendvertretung endet mit der Bekanntgabe des Wahlergebnisses der neu gewählten Jugend- und Auszubildendenvertretung, spätestens am 30. November 1988.

(3) Auf Wahlen des Betriebsrats, der Bordvertretung, des Seebetriebsrats und der Jugend- und Auszubildendenvertretung, die nach dem 28. Juli 2001 eingeleitet werden, finden die Erste Verordnung zur Durchführung des Betriebsverfassungsgesetzes vom 16. Januar 1972 (BGBl. I S. 49), zuletzt geändert durch die Verordnung vom 16. Januar 1995 (BGBl. I S. 43), die Zweite Verordnung zur Durchführung des Betriebsverfassungsgesetzes vom 24. Oktober 1972 (BGBl. I S. 2029), zuletzt geändert durch die Verordnung vom 28. September 1989 (BGBl. I S. 1795) und die Verordnung zur Durchführung der Betriebsratswahlen bei den Postunternehmen vom 26. Juni 1995 (BGBl. I S. 871) bis zu deren Änderung entsprechende Anwendung.

(4) Ergänzend findet für das vereinfachte Wahlverfahren nach § 14a die Erste Verordnung zur Durchführung des Betriebsverfassungsgesetzes bis zu deren Änderung mit folgenden Maßgaben entsprechende Anwendung:

1. Die Frist für die Einladung zur Wahlversammlung zur Wahl des Wahlvorstands nach § 14a Abs. 1 des Gesetzes beträgt mindestens sieben Tage. Die Einladung muss Ort, Tag und Zeit der Wahlversammlung sowie den Hinweis enthalten, dass bis zum Ende dieser Wahlversammlung Wahlvorschläge zur Wahl des Betriebsrats gemacht werden können (§ 14a Abs. 2 des Gesetzes).

2. § 3 findet wie folgt Anwendung:

   a) Im Fall des § 14a Abs. 1 des Gesetzes erlässt der Wahlvorstand auf der Wahlversammlung das Wahlausschreiben. Die Einspruchsfrist nach § 3 Abs. 2 Nr. 3 verkürzt sich auf drei Tage. Die Angabe nach § 3 Abs. 2 Nr. 4 muss die Zahl der Mindestsitze des Geschlechts in der Minderheit (§ 15 Abs. 2 des Gesetzes) enthalten. Die Wahlvorschläge sind abweichend von § 3 Abs. 2 Nr. 7 bis zum Abschluss der Wahlversammlung zur Wahl des Wahlvorstands bei diesem einzureichen. Ergänzend zu § 3 Abs. 2 Nr. 10 gibt der Wahlvorstand den Ort, Tag und Zeit der nachträglichen Stimmabgabe an (§ 14a Abs. 4 des Gesetzes).

b) Im Fall des § 14a Abs. 3 des Gesetzes erlässt der Wahlvorstand unverzüglich das Wahlausschreiben mit den unter Buchstabe a genannten Maßgaben zu § 3 Abs. 2 Nr. 3, 4 und 10. Abweichend von § 3 Abs. 2 Nr. 7 sind die Wahlvorschläge spätestens eine Woche vor der Wahlversammlung zur Wahl des Betriebsrats (§ 14a Abs. 3 Satz 2 des Gesetzes) beim Wahlvorstand einzureichen.

3. Die Einspruchsfrist des § 4 Abs. 1 verkürzt sich auf drei Tage.
4. Die §§ 6 bis 8 und § 10 Abs. 2 finden entsprechende Anwendung mit der Maßgabe, dass die Wahl aufgrund von Wahlvorschlägen erfolgt. Im Fall des § 14a Abs. 1 des Gesetzes sind die Wahlvorschläge bis zum Abschluss der Wahlversammlung zur Wahl des Wahlvorstands bei diesem einzureichen; im Fall des § 14a Abs. 3 des Gesetzes sind die Wahlvorschläge spätestens eine Woche vor der Wahlversammlung zur Wahl des Betriebsrats (§ 14a Abs. 3 Satz 2 des Gesetzes) beim Wahlvorstand einzureichen.
5. § 9 findet keine Anwendung.
6. Auf das Wahlverfahren finden die §§ 21 ff. entsprechende Anwendung. Auf den Stimmzetteln sind die Bewerber in alphabetischer Reihenfolge unter Angabe von Familienname, Vorname und Art der Beschäftigung im Betrieb aufzuführen.
7. § 25 Abs. 5 bis 8 findet keine Anwendung.
8. § 26 Abs. 1 findet mit der Maßgabe Anwendung, dass der Wahlberechtigte sein Verlangen auf schriftliche Stimmabgabe spätestens drei Tage vor dem Tag der Wahlversammlung zur Wahl des Betriebsrats dem Wahlvorstand mitgeteilt haben muss.
9. § 31 findet entsprechende Anwendung mit der Maßgabe, dass die Wahl der Jugend- und Auszubildendenvertretung aufgrund von Wahlvorschlägen erfolgt.

§ 126
Ermächtigung zum Erlass von Wahlordnungen

Der Bundesminister für Arbeit und Sozialordnung wird ermächtigt, mit Zustimmung des Bundesrates Rechtsverordnungen zu erlassen zur Regelung der in den §§ 7 bis 20, 60 bis 63, 115 und 116 bezeichneten Wahlen über

1. die Vorbereitung der Wahl, insbesondere die Aufstellung der Wählerlisten und die Errechnung der Vertreterzahl;

2. die Frist für die Einsichtnahme in die Wählerlisten und die Erhebung von Einsprüchen gegen sie;

3. die Vorschlagslisten und die Frist für ihre Einreichung;

4. das Wahlausschreiben und die Fristen für seine Bekanntmachung;

5. die Stimmabgabe;

5a. die Verteilung der Sitze im Betriebsrat, in der Bordvertretung, im Seebetriebsrat sowie in der Jugend- und Auszubildendenvertretung auf die Geschlechter, auch soweit die Sitze nicht gemäß § 15 Abs. 2 und § 62 Abs. 3 besetzt werden können;

6. die Feststellung des Wahlergebnisses und die Fristen für seine Bekanntmachung;

7. die Aufbewahrung der Wahlakten.

§§ 127 bis **129** (nicht abgedruckt)

§ 130
Öffentlicher Dienst

Dieses Gesetz findet keine Anwendung auf Verwaltungen und Betriebe des Bundes, der Länder, der Gemeinden und sonstiger Körperschaften, Anstalten und Stiftungen des öffentlichen Rechts.

Die Vorschrift stellt klar, dass die Bestimmungen dieses Gesetzes nur für die Betriebe der privaten Wirtschaft anzuwenden sind. Für den Bereich des öffentlichen Dienstes gelten das Bundespersonalvertretungsgesetz und die Personalvertretungsgesetze der Länder. Betriebe mit **privater Rechtsform** fallen auch dann unter das BetrVG, wenn sie der öffentlichen Hand gehören (Regiebetrieb) oder wenn etwa zwei Körperschaften des öffentlichen Rechts eine Gesellschaft bürgerlichen Rechts zur Führung eines Theaterbetriebs bilden (BAG v. 8. 3. 77, AP Nr. 1 zu § 43 BetrVG 1972; vgl. aber auch BAG v. 18. 1. 89, AP Nr. 2 zu § 14 AÜG). Anderes gilt dagegen, wenn die öffentliche Hand einen Betrieb unmittelbar als Eigenbetrieb führt, ohne dass dieser eine besondere private Rechtsform besitzt (BAG v. 7. 11. 75, AP Nr. 1 zu § 130 BetrVG 1972). Auf im Inland bestehende Betriebe internationaler oder zwischenstaatlicher Organisationen findet nicht das PersVG, sondern das BetrVG Anwendung. Soweit in den privatisierten Betrieben der Deutschen Bundesbahn und der Bundespost Bea. beschäftigt sind, gelten für diese teilweise Sonderregelungen, die im Zusammenhang mit den jeweiligen Bestimmungen des BetrVG erläutert werden (siehe zum Wechsel von einer öffentlich-rechtlichen zur privatrechtlichen Organisationsform und der Anerkennung von Übergangsmandaten aus Anlass der Privatisierung auch FKHES Rn. 10ff. zu § 130).

§§ **131** bis **132** (nicht abgedruckt)

Artikel 14 des Gesetzes zur Reform des Betriebsverfassungsgesetzes (BetrVerf-ReformG) hat folgenden Wortlaut:

In-Kraft-Treten

Dieses Gesetz tritt am Tage nach der Verkündung in Kraft. Für im Zeitpunkt des In-Kraft-Tretens bestehende Betriebsräte gilt Artikel 1 Nr. 8, 13 und 35 Buchstabe a erst bei deren Neuwahl.

Das Gesetz ist am 28. 7. 2001 in Kraft getreten. Es ist ein sog. Artikel-Gesetz. Für BR, die am Tage des In-Kraft-Tretens bereits bestanden, gelten die in Nrn. 8, 13 und 35 a vorgenommenen Gesetzesänderungen erst bei ihrer Neuwahl. Es sind dies die neuen §§ 9, 15 und 47 Abs. 2. Dadurch wird sichergestellt, dass solche BR bis zur Neuwahl ihre Größe, geschlechtermäßige Zusammensetzung und zahlenmäßige Vertretung im GBR nach altem Recht behalten. Dasselbe dürfte auch für BR gelten, die bei In-Kraft-Treten des Gesetzes nicht bestanden, aber im Entstehen begriffen waren, weil ihre Wahl bereits vorher noch nach altem Recht eingeleitet worden war.

Anhang

Wahlordnung Betriebsverfassungsgesetz*

Inhaltsübersicht

	§§
Erster Teil. Wahl des Betriebsrats (§ 14 des Gesetzes)	1 bis 27
Erster Abschnitt Allgemeine Vorschriften	1 bis 5
Zweiter Abschnitt. Wahl von mehr als drei Betriebsratsmitgliedern (aufgrund von Vorschlagslisten)	6 bis 23
Erster Unterabschnitt. Einreichung und Bekanntmachung von Vorschlagslisten	6 bis 10
Zweiter Unterabschnitt Wahlverfahren bei mehreren Vorschlagslisten (§ 14 Abs. 2 Satz 1 des Gesetzes)	11 bis 19
Dritter Unterabschnitt, Wahlverfahren bei nur einer Vorschlagsliste (§ 14 Abs. 2 Satz 2 erster Halbsatz des Gesetzes)	20 bis 23
Dritter Abschnitt Schriftliche Stimmabgabe	24 bis 26
Vierter Abschnitt Wahlvorschläge der Gewerkschaften	27
Zweiter Teil. Wahl des Betriebsrats im vereinfachten Wahlverfahren (§ 14a des Gesetzes)	28 bis 37
Erster Abschnitt Wahl des Betriebsrats im zweistufigen Verfahren (§ 14a Abs. 1 des Gesetzes)	28 bis 35
Erster Unterabschnitt Wahl des Wahlvorstands	28 bis 29
Zweiter Unterabschnitt Wahl des Betriebsrats	30 bis 35
Zweiter Abschnitt Wahl des Betriebsrats im einstufigen Verfahren (§ 14a Abs. 3 des Gesetzes)	36
Dritter Abschnitt Wahl des Betriebsrats in Betrieben mit in der Regel 51 bis 100 Wahlberechtigten (§ 14a Abs. 5 des Gesetzes)	37
Dritter Teil. Wahl der Jugend- und Auszubildendenvertretung	38 bis 40
Vierter Teil. Übergangs- und Schlussvorschriften	41 bis 43

* Erste Verordnung zur Durchführung des Betriebsverfassungsgesetzes (Wahlordnung – WO) vom 11. 12. 2001 (BGBl. I S. 3494)

Erster Teil
Wahl des Betriebsrats
(§ 14 des Gesetzes)

Erster Abschnitt

Allgemeine Vorschriften

§ 1
Wahlvorstand

(1) Die Leitung der Wahl obliegt dem Wahlvorstand.

(2) Der Wahlvorstand kann sich eine schriftliche Geschäftsordnung geben. Er kann Wahlberechtigte als Wahlhelferinnen und Wahlhelfer zu seiner Unterstützung bei der Durchführung der Stimmabgabe und bei der Stimmenzählung heranziehen.

(3) Die Beschlüsse des Wahlvorstands werden mit einfacher Stimmenmehrheit seiner stimmberechtigten Mitglieder gefasst. Über jede Sitzung des Wahlvorstands ist eine Niederschrift aufzunehmen, die mindestens den Wortlaut der gefassten Beschlüsse enthält. Die Niederschrift ist von der oder dem Vorsitzenden und einem weiteren stimmberechtigten Mitglied des Wahlvorstands zu unterzeichnen.

§ 2
Wählerliste

(1) Der Wahlvorstand hat für jede Betriebsratswahl eine Liste der Wahlberechtigten (Wählerliste), getrennt nach den Geschlechtern, aufzustellen. Die Wahlberechtigten sollen mit Familienname, Vorname und Geburtsdatum in alphabetischer Reihenfolge aufgeführt werden. Die nach § 14 Abs. 2 Satz 1 des Arbeitnehmerüberlassungsgesetzes nicht passiv Wahlberechtigten sind in der Wählerliste auszuweisen.

(2) Der Arbeitgeber hat dem Wahlvorstand alle für die Anfertigung der Wählerliste erforderlichen Auskünfte zu erteilen und die erforderlichen Unterlagen zur Verfügung zu stellen. Er hat den Wahlvorstand insbesondere bei Feststellung der in § 5 Abs. 3 des Gesetzes genannten Personen zu unterstützen.

(3) Das aktive und passive Wahlrecht steht nur Arbeitnehmerinnen und Arbeitnehmern zu, die in die Wählerliste eingetragen sind. Wahlberechtigten Leiharbeitnehmerinnen und Leiharbeitnehmern

im Sinne des Arbeitnehmerüberlassungsgesetzes steht nur das aktive Wahlrecht zu (§ 14 Abs. 2 Satz 1 des Arbeitnehmerüberlassungsgesetzes).

(4) Ein Abdruck der Wählerliste und ein Abdruck dieser Verordnung sind vom Tage der Einleitung der Wahl (§ 3 Abs. 1) bis zum Abschluss der Stimmabgabe an geeigneter Stelle im Betrieb zur Einsichtnahme auszulegen. Der Abdruck der Wählerliste soll die Geburtsdaten der Wahlberechtigten nicht enthalten. Ergänzend können der Abdruck der Wählerliste und die Verordnung mittels der im Betrieb vorhandenen Informations- und Kommunikationstechnik bekannt gemacht werden. Die Bekanntmachung ausschließlich in elektronischer Form ist nur zulässig, wenn alle Arbeitnehmerinnen und Arbeitnehmer von der Bekanntmachung Kenntnis erlangen können und Vorkehrungen getroffen werden, dass Änderungen der Bekanntmachung nur vom Wahlvorstand vorgenommen werden können.

(5) Der Wahlvorstand soll dafür sorgen, dass ausländische Arbeitnehmerinnen und Arbeitnehmer, die der deutschen Sprache nicht mächtig sind, vor Einleitung der Betriebsratswahl über Wahlverfahren, Aufstellung der Wähler- und Vorschlagslisten, Wahlvorgang und Stimmabgabe in geeigneter Weise unterrichtet werden.

§ 3
Wahlausschreiben

(1) Spätestens sechs Wochen vor dem ersten Tag der Stimmabgabe erlässt der Wahlvorstand ein Wahlausschreiben, das von der oder dem Vorsitzenden und von mindestens einem weiteren stimmberechtigten Mitglied des Wahlvorstands zu unterschreiben ist. Mit Erlass des Wahlausschreibens ist die Betriebsratswahl eingeleitet. Der erste Tag der Stimmabgabe soll spätestens eine Woche vor dem Tag liegen, an dem die Amtszeit des Betriebsrats abläuft.

(2) Das Wahlausschreiben muss folgende Angaben enthalten:

1. das Datum seines Erlasses;
2. die Bestimmung des Orts, an dem die Wählerliste und diese Verordnung ausliegen, sowie im Fall der Bekanntmachung in elektronischer Form (§ 2 Abs. 4 Satz 3 und 4) wo und wie von der Wählerliste und der Verordnung Kenntnis genommen werden kann;
3. dass nur Arbeitnehmerinnen und Arbeitnehmer wählen oder gewählt werden können, die in die Wählerliste eingetragen sind, und dass Einsprüche gegen die Wählerliste (§ 4) nur vor Ablauf von zwei Wochen seit dem Erlass des Wahlausschreibens schriftlich beim Wahlvorstand eingelegt werden können; der letzte Tag der Frist ist anzugeben;

4. den Anteil der Geschlechter und den Hinweis, dass das Geschlecht in der Minderheit im Betriebsrat mindestens entsprechend seinem zahlenmäßigen Verhältnis vertreten sein muss, wenn der Betriebsrat aus mindestens drei Mitgliedern besteht (§ 15 Abs. 2 des Gesetzes);
5. die Zahl der zu wählenden Betriebsratsmitglieder (§ 9 des Gesetzes) sowie die auf das Geschlecht in der Minderheit entfallenden Mindestsitze im Betriebsrat (§ 15 Abs. 2 des Gesetzes);
6. die Mindestzahl von Wahlberechtigten, von denen ein Wahlvorschlag unterzeichnet sein muss (§ 14 Abs. 4 des Gesetzes);
7. dass der Wahlvorschlag einer im Betrieb vertretenen Gewerkschaft von zwei Beauftragten unterzeichnet sein muss (§ 14 Abs. 5 des Gesetzes);
8. dass Wahlvorschläge vor Ablauf von zwei Wochen seit dem Erlass des Wahlausschreibens beim Wahlvorstand in Form von Vorschlagslisten einzureichen sind, wenn mehr als drei Betriebsratsmitglieder zu wählen sind; der letzte Tag der Frist ist anzugeben;
9. dass die Stimmabgabe an die Wahlvorschläge gebunden ist und dass nur solche Wahlvorschläge berücksichtigt werden dürfen, die fristgerecht (Nr. 8) eingereicht sind;
10. die Bestimmung des Orts, an dem die Wahlvorschläge bis zum Abschluss der Stimmabgabe aushängen;
11. Ort, Tag und Zeit der Stimmabgabe sowie die Betriebsteile und Kleinstbetriebe, für die schriftliche Stimmabgabe (§ 24 Abs. 3) beschlossen ist;
12. den Ort, an dem Einsprüche, Wahlvorschläge und sonstige Erklärungen gegenüber dem Wahlvorstand abzugeben sind (Betriebsadresse des Wahlvorstands);
13. Ort, Tag und Zeit der öffentlichen Stimmauszählung.

(3) Sofern es nach Größe, Eigenart oder Zusammensetzung der Arbeitnehmerschaft des Betriebs zweckmäßig ist, soll der Wahlvorstand im Wahlausschreiben darauf hinweisen, dass bei der Aufstellung von Wahlvorschlägen die einzelnen Organisationsbereiche und die verschiedenen Beschäftigungsarten berücksichtigt werden sollen.

(4) Ein Abdruck des Wahlausschreibens ist vom Tage seines Erlasses bis zum letzten Tage der Stimmabgabe an einer oder mehreren geeigneten, den Wahlberechtigten zugänglichen Stellen vom Wahlvorstand auszuhängen und in gut lesbarem Zustand zu erhalten. Ergänzend kann das Wahlausschreiben mittels der im Betrieb vorhandenen In-

formations- und Kommunikationstechnik bekannt gemacht werden. § 2 Abs. 4 Satz 4 gilt entsprechend.

§ 4
Einspruch gegen die Wählerliste

(1) Einsprüche gegen die Richtigkeit der Wählerliste können mit Wirksamkeit für die Betriebsratswahl nur vor Ablauf von zwei Wochen seit Erlass des Wahlausschreibens beim Wahlvorstand schriftlich eingelegt werden.

(2) Über Einsprüche nach Absatz 1 hat der Wahlvorstand unverzüglich zu entscheiden. Der Einspruch ist ausgeschlossen, soweit er darauf gestützt wird, dass die Zuordnung nach § 18 a des Gesetzes fehlerhaft erfolgt sei. Satz 2 gilt nicht, soweit die nach § 18 a Abs. 1 oder 4 Satz 1 und 2 des Gesetzes am Zuordnungsverfahren Beteiligten die Zuordnung übereinstimmend für offensichtlich fehlerhaft halten. Wird der Einspruch für begründet erachtet, so ist die Wählerliste zu berichtigen. Die Entscheidung des Wahlvorstands ist der Arbeitnehmerin oder dem Arbeitnehmer, die oder der den Einspruch eingelegt hat, unverzüglich schriftlich mitzuteilen; die Entscheidung muss der Arbeitnehmerin oder dem Arbeitnehmer spätestens am Tage vor dem Beginn der Stimmabgabe zugehen.

(3) Nach Ablauf der Einspruchsfrist soll der Wahlvorstand die Wählerliste nochmals auf ihre Vollständigkeit hin überprüfen. Im Übrigen kann nach Ablauf der Einspruchsfrist die Wählerliste nur bei Schreibfehlern, offenbaren Unrichtigkeiten, in Erledigung rechtzeitig eingelegter Einsprüche oder bei Eintritt von Wahlberechtigten in den Betrieb oder bei Ausscheiden aus dem Betrieb bis zum Tage vor dem Beginn der Stimmabgabe berichtigt oder ergänzt werden.

§ 5
Bestimmung der Mindestsitze für das Geschlecht in der Minderheit

(1) Der Wahlvorstand stellt fest, welches Geschlecht von seinem zahlenmäßigen Verhältnis im Betrieb in der Minderheit ist. Sodann errechnet der Wahlvorstand den Mindestanteil der Betriebsratssitze für das Geschlecht in der Minderheit (§ 15 Abs. 2 des Gesetzes) nach den Grundsätzen der Verhältniswahl. Zu diesem Zweck werden die Zahlen der am Tage des Erlasses des Wahlausschreibens im Betrieb beschäftigten Frauen und Männer in einer Reihe nebeneinander gestellt und beide durch 1, 2, 3, 4 usw. geteilt. Die ermittelten Teilzahlen sind nacheinander reihenweise unter den Zahlen der ersten Reihe aufzuführen, bis höhere Teilzahlen für die Zuweisung der zu verteilenden Sitze nicht mehr in Betracht kommen.

(2) Unter den so gefundenen Teilzahlen werden so viele Höchstzahlen ausgesondert und der Größe nach geordnet, wie Betriebsratsmitglieder zu wählen sind. Das Geschlecht in der Minderheit erhält so viele Mitgliedersitze zugeteilt, wie Höchstzahlen auf es entfallen. Wenn die niedrigste in Betracht kommende Höchstzahl auf beide Geschlechter zugleich entfällt, so entscheidet das Los darüber, welchem Geschlecht dieser Sitz zufällt.

Zweiter Abschnitt

Wahl von mehr als drei Betriebsratsmitgliedern (aufgrund von Vorschlagslisten)

Erster Unterabschnitt

Einreichung und Bekanntmachung von Vorschlagslisten

§ 6
Vorschlagslisten

(1) Sind mehr als drei Betriebsratsmitglieder zu wählen, so erfolgt die Wahl aufgrund von Vorschlagslisten. Die Vorschlagslisten sind von den Wahlberechtigten vor Ablauf von zwei Wochen seit Erlass des Wahlausschreibens beim Wahlvorstand einzureichen.

(2) Jede Vorschlagsliste soll mindestens doppelt so viele Bewerberinnen und Bewerber aufweisen, wie Betriebsratsmitglieder zu wählen sind.

(3) In jeder Vorschlagsliste sind die einzelnen Bewerberinnen oder Bewerber in erkennbarer Reihenfolge unter fortlaufender Nummer und unter Angabe von Familienname, Vorname, Geburtsdatum und Art der Beschäftigung im Betrieb aufzuführen. Die schriftliche Zustimmung der Bewerberinnen oder der Bewerber zur Aufnahme in die Liste ist beizufügen.

(4) Wenn kein anderer Unterzeichner der Vorschlagsliste ausdrücklich als Listenvertreter bezeichnet ist, wird die oder der an erster Stelle Unterzeichnete als Listenvertreterin oder Listenvertreter angesehen. Diese Person ist berechtigt und verpflichtet, dem Wahlvorstand die

zur Beseitigung von Beanstandungen erforderlichen Erklärungen abzugeben sowie Erklärungen und Entscheidungen des Wahlvorstands entgegenzunehmen.

(5) Die Unterschrift eines Wahlberechtigten zählt nur auf einer Vorschlagsliste. Hat ein Wahlberechtigter mehrere Vorschlagslisten unterzeichnet, so hat er auf Aufforderung des Wahlvorstands binnen einer ihm gesetzten angemessenen Frist, spätestens jedoch vor Ablauf von drei Arbeitstagen, zu erklären, welche Unterschrift er aufrechterhält. Unterbleibt die fristgerechte Erklärung, so wird sein Name auf der zuerst eingereichten Vorschlagsliste gezählt und auf den übrigen Listen gestrichen; sind mehrere Vorschlagslisten, die von demselben Wahlberechtigten unterschrieben sind, gleichzeitig eingereicht worden, so entscheidet das Los darüber, auf welcher Vorschlagsliste die Unterschrift gilt.

(6) Eine Verbindung von Vorschlagslisten ist unzulässig.

(7) Eine Bewerberin oder ein Bewerber kann nur auf einer Vorschlagsliste vorgeschlagen werden. Ist der Name dieser Person mit ihrer schriftlichen Zustimmung auf mehreren Vorschlagslisten aufgeführt, so hat sie auf Aufforderung des Wahlvorstands vor Ablauf von drei Arbeitstagen zu erklären, welche Bewerbung sie aufrechterhält. Unterbleibt die fristgerechte Erklärung, so ist die Bewerberin oder der Bewerber auf sämtlichen Listen zu streichen.

§ 7
Prüfung der Vorschlagslisten

(1) Der Wahlvorstand hat bei Überbringen der Vorschlagsliste oder, falls die Vorschlagsliste auf eine andere Weise eingereicht wird, der Listenvertreterin oder dem Listenvertreter den Zeitpunkt der Einreichung schriftlich zu bestätigen.

(2) Der Wahlvorstand hat die eingereichten Vorschlagslisten, wenn die Liste nicht mit einem Kennwort versehen ist, mit Familienname und Vorname der beiden in der Liste an erster Stelle Benannten zu bezeichnen. Er hat die Vorschlagsliste unverzüglich, möglichst binnen einer Frist von zwei Arbeitstagen nach ihrem Eingang, zu prüfen und bei Ungültigkeit oder Beanstandung einer Liste die Listenvertreterin oder den Listenvertreter unverzüglich schriftlich unter Angabe der Gründe zu unterrichten.

§ 8
Ungültige Vorschlagslisten

(1) Ungültig sind Vorschlagslisten,

1. die nicht fristgerecht eingereicht worden sind,

2. auf denen die Bewerberinnen oder Bewerber nicht in erkennbarer Reihenfolge aufgeführt sind,

3. die bei der Einreichung nicht die erforderliche Zahl von Unterschriften (§ 14 Abs. 4 des Gesetzes) aufweisen. Die Rücknahme von Unterschriften auf einer eingereichten Vorschlagsliste beeinträchtigt deren Gültigkeit nicht; § 6 Abs. 5 bleibt unberührt.

(2) Ungültig sind auch Vorschlagslisten,

1. auf denen die Bewerberinnen oder Bewerber nicht in der in § 6 Abs. 3 bestimmten Weise bezeichnet sind,

2. wenn die schriftliche Zustimmung der Bewerberinnen oder Bewerber zur Aufnahme in die Vorschlagsliste nicht vorliegt,

3. wenn die Vorschlagsliste infolge von Streichung gemäß § 6 Abs. 5 nicht mehr die erforderliche Zahl von Unterschriften aufweist,

falls diese Mängel trotz Beanstandung nicht binnen einer Frist von drei Arbeitstagen beseitigt werden.

§ 9
Nachfrist für Vorschlagslisten

(1) Ist nach Ablauf der in § 6 Abs. 1 genannten Frist keine gültige Vorschlagsliste eingereicht, so hat dies der Wahlvorstand sofort in der gleichen Weise bekannt zu machen wie das Wahlausschreiben und eine Nachfrist von einer Woche für die Einreichung von Vorschlagslisten zu setzen. In der Bekanntmachung ist darauf hinzuweisen, dass die Wahl nur stattfinden kann, wenn innerhalb der Nachfrist mindestens eine gültige Vorschlagsliste eingereicht wird.

(2) Wird trotz Bekanntmachung nach Absatz 1 eine gültige Vorschlagsliste nicht eingereicht, so hat der Wahlvorstand sofort bekannt zu machen, dass die Wahl nicht stattfindet.

§ 10
Bekanntmachung der Vorschlagslisten

(1) Nach Ablauf der in § 6 Abs. 1, § 8 Abs. 2 und § 9 Abs. 1 genannten Fristen ermittelt der Wahlvorstand durch das Los die Reihenfolge der Ordnungsnummern, die den eingereichten Vorschlagslisten zugeteilt werden (Liste 1 usw.). Die Listenvertreterin oder der Listenvertreter sind zu der Losentscheidung rechtzeitig einzuladen.

(2) Spätestens eine Woche vor Beginn der Stimmabgabe hat der Wahlvorstand die als gültig anerkannten Vorschlagslisten bis zum Abschluss der Stimmabgabe in gleicher Weise bekannt zu machen wie das Wahlausschreiben (§ 3 Abs. 4).

Zweiter Unterabschnitt

Wahlverfahren bei mehreren Vorschlagslisten (§ 14 Abs. 2 Satz 1 des Gesetzes)

§ 11 Stimmabgabe

(1) Die Wählerin oder der Wähler kann ihre oder seine Stimme nur für eine der als gültig anerkannten Vorschlagslisten abgeben. Die Stimmabgabe erfolgt durch Abgabe von Stimmzetteln in den hierfür bestimmten Umschlägen (Wahlumschlägen).

(2) Auf den Stimmzetteln sind die Vorschlagslisten nach der Reihenfolge der Ordnungsnummern sowie unter Angabe der beiden an erster Stelle benannten Bewerberinnen oder Bewerber mit Familienname, Vorname und Art der Beschäftigung im Betrieb untereinander aufzuführen; bei Listen, die mit Kennworten versehen sind, ist auch das Kennwort anzugeben. Die Stimmzettel für die Betriebsratswahl müssen sämtlich die gleiche Größe, Farbe, Beschaffenheit und Beschriftung haben. Das Gleiche gilt für die Wahlumschläge.

(3) Die Wählerin oder der Wähler kennzeichnet die von ihr oder ihm gewählte Vorschlagsliste durch Ankreuzen an der im Stimmzettel hierfür vorgesehenen Stelle.

(4) Stimmzettel, die mit einem besonderen Merkmal versehen sind oder aus denen sich der Wille der Wählerin oder des Wählers nicht unzweifelhaft ergibt oder die andere Angaben als die in Absatz 1 genannten Vorschlagslisten, einen Zusatz oder sonstige Änderungen enthalten, sind ungültig.

§ 12 Wahlvorgang

(1) Der Wahlvorstand hat geeignete Vorkehrungen für die unbeobachtete Bezeichnung der Stimmzettel im Wahlraum zu treffen und für die Bereitstellung einer Wahlurne oder mehrerer Wahlurnen zu sorgen. Die Wahlurne muss vom Wahlvorstand verschlossen und so eingerichtet sein, dass die eingeworfenen Wahlumschläge nicht herausgenommen werden können, ohne dass die Urne geöffnet wird.

(2) Während der Wahl müssen immer mindestens zwei stimmberechtigte Mitglieder des Wahlvorstands im Wahlraum anwesend sein; sind Wahlhelferinnen oder Wahlhelfer bestellt (§ 1 Abs. 2), so genügt die Anwesenheit eines stimmberechtigten Mitglieds des Wahlvorstands und einer Wahlhelferin oder eines Wahlhelfers.

(3) Die Wählerin oder der Wähler gibt ihren oder seinen Namen an und wirft den Wahlumschlag, in den der Stimmzettel eingelegt ist, in die Wahlurne ein, nachdem die Stimmabgabe in der Wählerliste vermerkt worden ist.

(4) Wer infolge seiner Behinderung bei der Stimmabgabe beeinträchtigt ist, kann eine Person seines Vertrauens bestimmen, die ihm bei der Stimmabgabe behilflich sein soll, und teilt dies dem Wahlvorstand mit. Wahlbewerberinnen oder Wahlbewerber, Mitglieder des Wahlvorstands sowie Wahlhelferinnen und Wahlhelfer dürfen nicht zur Hilfeleistung herangezogen werden. Die Hilfeleistung beschränkt sich auf die Erfüllung der Wünsche der Wählerin oder des Wählers zur Stimmabgabe; die Person des Vertrauens darf gemeinsam mit der Wählerin oder dem Wähler die Wahlzelle aufsuchen. Sie ist zur Geheimhaltung der Kenntnisse verpflichtet, die sie bei der Hilfeleistung zur Stimmabgabe erlangt hat. Die Sätze 1 bis 4 gelten entsprechend für des Lesens unkundige Wählerinnen und Wähler.

(5) Nach Abschluss der Stimmabgabe ist die Wahlurne zu versiegeln, wenn die Stimmenzählung nicht unmittelbar nach Beendigung der Wahl durchgeführt wird. Gleiches gilt, wenn die Stimmabgabe unterbrochen wird, insbesondere wenn sie an mehreren Tagen erfolgt.

§ 13
Öffentliche Stimmauszählung

Unverzüglich nach Abschluss der Wahl nimmt der Wahlvorstand öffentlich die Auszählung der Stimmen vor und gibt das aufgrund der Auszählung sich ergebende Wahlergebnis bekannt.

§ 14
Verfahren bei der Stimmauszählung

(1) Nach Öffnung der Wahlurne entnimmt der Wahlvorstand die Stimmzettel den Wahlumschlägen und zählt die auf jede Vorschlagsliste entfallenden Stimmen zusammen. Dabei ist die Gültigkeit der Stimmzettel zu prüfen.

(2) Befinden sich in einem Wahlumschlag mehrere gekennzeichnete Stimmzettel (§ 11 Abs. 3), so werden sie, wenn sie vollständig übereinstimmen, nur einfach gezählt, andernfalls als ungültig angesehen.

§ 15
Verteilung der Betriebsratssitze auf die Vorschlagslisten

(1) Die Betriebsratssitze werden auf die Vorschlagslisten verteilt. Dazu werden die den einzelnen Vorschlagslisten zugefallenen Stimmenzahlen in einer Reihe nebeneinander gestellt und sämtlich durch

1, 2, 3, 4 usw. geteilt. Die ermittelten Teilzahlen sind nacheinander reihenweise unter den Zahlen der ersten Reihe aufzuführen, bis höhere Teilzahlen für die Zuweisung der zu verteilenden Sitze nicht mehr in Betracht kommen.

(2) Unter den so gefundenen Teilzahlen werden so viele Höchstzahlen ausgesondert und der Größe nach geordnet, wie Betriebsratsmitglieder zu wählen sind. Jede Vorschlagsliste erhält so viele Mitgliedersitze zugeteilt, wie Höchstzahlen auf sie entfallen. Entfällt die niedrigste in Betracht kommende Höchstzahl auf mehrere Vorschlagslisten zugleich, so entscheidet das Los darüber, welcher Vorschlagsliste dieser Sitz zufällt.

(3) Wenn eine Vorschlagsliste weniger Bewerberinnen oder Bewerber enthält, als Höchstzahlen auf sie entfallen, so gehen die überschüssigen Mitgliedersitze auf die folgenden Höchstzahlen der anderen Vorschlagslisten über.

(4) Die Reihenfolge der Bewerberinnen oder Bewerber innerhalb der einzelnen Vorschlagslisten bestimmt sich nach der Reihenfolge ihrer Benennung.

(5) Befindet sich unter den auf die Vorschlagslisten entfallenden Höchstzahlen nicht die erforderliche Mindestzahl von Angehörigen des Geschlechts in der Minderheit nach § 15 Abs. 2 des Gesetzes, so gilt Folgendes:

1. An die Stelle der auf der Vorschlagsliste mit der niedrigsten Höchstzahl benannten Person, die nicht dem Geschlecht in der Minderheit angehört, tritt die in derselben Vorschlagsliste in der Reihenfolge nach ihr benannte, nicht berücksichtigte Person des Geschlechts in der Minderheit.
2. Enthält diese Vorschlagsliste keine Person des Geschlechts in der Minderheit, so geht dieser Sitz auf die Vorschlagsliste mit der folgenden, noch nicht berücksichtigten Höchstzahl und mit Angehörigen des Geschlechts in der Minderheit über. Entfällt die folgende Höchstzahl auf mehrere Vorschlagslisten zugleich, so entscheidet das Los darüber, welcher Vorschlagsliste dieser Sitz zufällt.
3. Das Verfahren nach den Nummern 1 und 2 ist so lange fortzusetzen, bis der Mindestanteil der Sitze des Geschlechts in der Minderheit nach § 15 Abs. 2 des Gesetzes erreicht ist.
4. Bei der Verteilung der Sitze des Geschlechts in der Minderheit sind auf den einzelnen Vorschlagslisten nur die Angehörigen dieses Geschlechts in der Reihenfolge ihrer Benennung zu berücksichtigen.
5. Verfügt keine andere Vorschlagsliste über Angehörige des Geschlechts in der Minderheit, verbleibt der Sitz bei der Vorschlags-

liste, die zuletzt ihren Sitz zu Gunsten des Geschlechts in der Minderheit nach Nummer 1 hätte abgeben müssen.

§ 16 Wahlniederschrift

(1) Nachdem ermittelt ist, welche Arbeitnehmerinnen und Arbeitnehmer als Betriebsratsmitglieder gewählt sind, hat der Wahlvorstand in einer Niederschrift festzustellen:

1. die Gesamtzahl der abgegebenen Wahlumschläge und die Zahl der abgegebenen gültigen Stimmen;
2. die jeder Liste zugefallenen Stimmenzahlen;
3. die berechneten Höchstzahlen;
4. die Verteilung der berechneten Höchstzahlen auf die Listen;
5. die Zahl der ungültigen Stimmen;
6. die Namen der in den Betriebsrat gewählten Bewerberinnen und Bewerber;
7. gegebenenfalls besondere während der Betriebsratswahl eingetretene Zwischenfälle oder sonstige Ereignisse.

(2) Die Niederschrift ist von der oder dem Vorsitzenden und von mindestens einem weiteren stimmberechtigten Mitglied des Wahlvorstands zu unterschreiben.

§ 17 Benachrichtigung der Gewählten

(1) Der Wahlvorstand hat die als Betriebsratsmitglieder gewählten Arbeitnehmerinnen und Arbeitnehmer unverzüglich schriftlich von ihrer Wahl zu benachrichtigen. Erklärt die gewählte Person nicht binnen drei Arbeitstagen nach Zugang der Benachrichtigung dem Wahlvorstand, dass sie die Wahl ablehne, so gilt die Wahl als angenommen.

(2) Lehnt eine gewählte Person die Wahl ab, so tritt an ihre Stelle die in derselben Vorschlagsliste in der Reihenfolge nach ihr benannte, nicht gewählte Person. Gehört die gewählte Person dem Geschlecht in der Minderheit an, so tritt an ihre Stelle die in derselben Vorschlagsliste in der Reihenfolge nach ihr benannte, nicht gewählte Person desselben Geschlechts, wenn ansonsten das Geschlecht in der Minderheit nicht die ihm nach § 15 Abs. 2 des Gesetzes zustehenden Mindestsitze erhält. § 15 Abs. 5 Nr. 2 bis 5 gilt entsprechend.

§ 18
Bekanntmachung der Gewählten

Sobald die Namen der Betriebsratsmitglieder endgültig feststehen, hat der Wahlvorstand sie durch zweiwöchigen Aushang in gleicher Weise bekannt zu machen wie das Wahlausschreiben (§ 3 Abs. 4). Je eine Abschrift der Wahlniederschrift (§ 16) ist dem Arbeitgeber und den im Betrieb vertretenen Gewerkschaften unverzüglich zu übersenden.

§ 19
Aufbewahrung der Wahlakten

Der Betriebsrat hat die Wahlakten mindestens bis zur Beendigung seiner Amtszeit aufzubewahren.

Dritter Unterabschnitt

Wahlverfahren bei nur einer Vorschlagsliste (§ 14 Abs. 2 Satz 2 erster Halbsatz des Gesetzes)

§ 20
Stimmabgabe

(1) Ist nur eine gültige Vorschlagsliste eingereicht, so kann die Wählerin oder der Wähler ihre oder seine Stimme nur für solche Bewerberinnen oder Bewerber abgeben, die in der Vorschlagsliste aufgeführt sind.

(2) Auf den Stimmzetteln sind die Bewerberinnen oder Bewerber unter Angabe von Familienname, Vorname und Art der Beschäftigung im Betrieb in der Reihenfolge aufzuführen, in der sie auf der Vorschlagsliste benannt sind.

(3) Die Wählerin oder der Wähler kennzeichnet die von ihr oder ihm gewählten Bewerberinnen oder Bewerber durch Ankreuzen an der hierfür im Stimmzettel vorgesehenen Stelle; es dürfen nicht mehr Bewerberinnen oder Bewerber angekreuzt werden, als Betriebsratsmitglieder zu wählen sind. § 11 Abs. 1 Satz 2, Abs. 2 Satz 2 und 3, Abs. 4, §§ 12 und 13 gelten entsprechend.

§ 21
Stimmauszählung

Nach Öffnung der Wahlurne entnimmt der Wahlvorstand die Stimmzettel den Wahlumschlägen und zählt die auf jede Bewerberin und jeden Bewerber entfallenden Stimmen zusammen; § 14 Abs. 1 Satz 2 und Abs. 2 gilt entsprechend.

§ 22
Ermittlung der Gewählten

(1) Zunächst werden die dem Geschlecht in der Minderheit zustehenden Mindestsitze (§ 15 Abs. 2 des Gesetzes) verteilt. Dazu werden die dem Geschlecht in der Minderheit zustehenden Mindestsitze mit Angehörigen dieses Geschlechts in der Reihenfolge der jeweils höchsten auf sie entfallenden Stimmenzahlen besetzt.

(2) Nach der Verteilung der Mindestsitze des Geschlechts in der Minderheit nach Absatz 1 erfolgt die Verteilung der weiteren Sitze. Die weiteren Sitze werden mit Bewerberinnen und Bewerbern, unabhängig von ihrem Geschlecht, in der Reihenfolge der jeweils höchsten auf sie entfallenden Stimmenzahlen besetzt.

(3) Haben in den Fällen des Absatzes 1 oder 2 für den zuletzt zu vergebenden Betriebsratssitz mehrere Bewerberinnen oder Bewerber die gleiche Stimmenzahl erhalten, so entscheidet das Los darüber, wer gewählt ist.

(4) Haben sich weniger Angehörige des Geschlechts in der Minderheit zur Wahl gestellt oder sind weniger Angehörige dieses Geschlechts gewählt worden als ihm nach § 15 Abs. 2 des Gesetzes Mindestsitze zustehen, so sind die insoweit überschüssigen Mitgliedersitze des Geschlechts in der Minderheit bei der Sitzverteilung nach Absatz 2 Satz 2 zu berücksichtigen.

§ 23
Wahlniederschrift, Bekanntmachung

(1) Nachdem ermittelt ist, welche Arbeitnehmerinnen und Arbeitnehmer als Betriebsratsmitglieder gewählt sind, hat der Wahlvorstand eine Niederschrift anzufertigen, in der außer den Angaben nach § 16 Abs. 1 Nr. 1, 5 bis 7 die jeder Bewerberin und jedem Bewerber zugefallenen Stimmenzahlen festzustellen sind. § 16 Abs. 2, § 17 Abs. 1, §§ 18 und 19 gelten entsprechend.

(2) Lehnt eine gewählte Person die Wahl ab, so tritt an ihre Stelle die nicht gewählte Person mit der nächsthöchsten Stimmenzahl. Gehört die gewählte Person dem Geschlecht in der Minderheit an, so tritt an ihre Stelle die nicht gewählte Person dieses Geschlechts mit der nächsthöchsten Stimmenzahl, wenn ansonsten das Geschlecht in der

Minderheit nicht die ihm nach § 15 Abs. 2 des Gesetzes zustehenden Mindestsitze erhalten würde. Gibt es keine weiteren Angehörigen dieses Geschlechts, auf die Stimmen entfallen sind, geht dieser Sitz auf die nicht gewählte Person des anderen Geschlechts mit der nächsthöchsten Stimmenzahl über.

Dritter Abschnitt

Schriftliche Stimmabgabe

§ 24
Voraussetzungen

(1) Wahlberechtigten, die im Zeitpunkt der Wahl wegen Abwesenheit vom Betrieb verhindert sind, ihre Stimme persönlich abzugeben, hat der Wahlvorstand auf ihr Verlangen

1. das Wahlausschreiben,
2. die Vorschlagslisten,
3. den Stimmzettel und den Wahlumschlag,
4. eine vorgedruckte von der Wählerin oder dem Wähler abzugebende Erklärung, in der gegenüber dem Wahlvorstand zu versichern ist, dass der Stimmzettel persönlich gekennzeichnet worden ist, sowie
5. einen größeren Freiumschlag, der die Anschrift des Wahlvorstands und als Absender den Namen und die Anschrift der oder des Wahlberechtigten sowie den Vermerk »Schriftliche Stimmabgabe« trägt,

auszuhändigen oder zu übersenden. Der Wahlvorstand soll der Wählerin oder dem Wähler ferner ein Merkblatt über die Art und Weise der schriftlichen Stimmabgabe (§ 25) aushändigen oder übersenden. Der Wahlvorstand hat die Aushändigung oder die Übersendung der Unterlagen in der Wählerliste zu vermerken.

(2) Wahlberechtigte, von denen dem Wahlvorstand bekannt ist, dass sie im Zeitpunkt der Wahl nach der Eigenart ihres Beschäftigungsverhältnisses voraussichtlich nicht im Betrieb anwesend sein werden (insbesondere im Außendienst oder mit Telearbeit Beschäftigte und in Heimarbeit Beschäftigte), erhalten die in Absatz 1 bezeichneten Unterlagen, ohne dass es eines Verlangens der Wahlberechtigten bedarf.

(3) Für Betriebsteile und Kleinstbetriebe, die räumlich weit vom Hauptbetrieb entfernt sind, kann der Wahlvorstand die schriftliche Stimmabgabe beschließen. Absatz 2 gilt entsprechend.

§ 25
Stimmabgabe

Die Stimmabgabe erfolgt in der Weise, dass die Wählerin oder der Wähler

1. den Stimmzettel unbeobachtet persönlich kennzeichnet und in dem Wahlumschlag verschließt,
2. die vorgedruckte Erklärung unter Angabe des Orts und des Datums unterschreibt und
3. den Wahlumschlag und die unterschriebene vorgedruckte Erklärung in dem Freiumschlag verschließt und diesen so rechtzeitig an den Wahlvorstand absendet oder übergibt, dass er vor Abschluss der Stimmabgabe vorliegt.

Die Wählerin oder der Wähler kann unter den Voraussetzungen des § 12 Abs. 4 die in den Nummern 1 bis 3 bezeichneten Tätigkeiten durch eine Person des Vertrauens verrichten lassen.

§ 26
Verfahren bei der Stimmabgabe

(1) Unmittelbar vor Abschluss der Stimmabgabe öffnet der Wahlvorstand in öffentlicher Sitzung die bis zu diesem Zeitpunkt eingegangenen Freiumschläge und entnimmt ihnen die Wahlumschläge sowie die vorgedruckten Erklärungen. Ist die schriftliche Stimmabgabe ordnungsgemäß erfolgt (§ 25), so legt der Wahlvorstand den Wahlumschlag nach Vermerk der Stimmabgabe in der Wählerliste ungeöffnet in die Wahlurne.

(2) Verspätet eingehende Briefumschläge hat der Wahlvorstand mit einem Vermerk über den Zeitpunkt des Eingangs ungeöffnet zu den Wahlunterlagen zu nehmen. Die Briefumschläge sind einen Monat nach Bekanntgabe des Wahlergebnisses ungeöffnet zu vernichten, wenn die Wahl nicht angefochten worden ist.

Vierter Abschnitt

Wahlvorschläge der Gewerkschaften

§ 27
Voraussetzungen, Verfahren

(1) Für den Wahlvorschlag einer im Betrieb vertretenen Gewerkschaft (§ 14 Abs. 3 des Gesetzes) gelten die §§ 6 bis 26 entsprechend.

(2) Der Wahlvorschlag einer Gewerkschaft ist ungültig, wenn er nicht von zwei Beauftragten der Gewerkschaft unterzeichnet ist (§ 14 Abs. 5 des Gesetzes).

(3) Die oder der an erster Stelle unterzeichnete Beauftragte gilt als Listenvertreterin oder Listenvertreter. Die Gewerkschaft kann hierfür eine Arbeitnehmerin oder einen Arbeitnehmer des Betriebs, die oder der Mitglied der Gewerkschaft ist, benennen.

Zweiter Teil
Wahl des Betriebsrats im vereinfachten Wahlverfahren (§ 14 a des Gesetzes)

Erster Abschnitt
Wahl des Betriebsrats im zweistufigen Verfahren (§ 14 a Abs. 1 des Gesetzes)

Erster Unterabschnitt
Wahl des Wahlvorstands

§ 28
Einladung zur Wahlversammlung

(1) Zu der Wahlversammlung, in der der Wahlvorstand nach § 17 a Nr. 3 des Gesetzes (§ 14 a Abs. 1 des Gesetzes) gewählt wird, können drei Wahlberechtigte des Betriebs oder eine im Betrieb vertretene Gewerkschaft einladen (einladende Stelle) und Vorschläge für die Zusammensetzung des Wahlvorstands machen. Die Einladung muss mindestens sieben Tage vor dem Tag der Wahlversammlung erfolgen. Sie ist durch Aushang an geeigneten Stellen im Betrieb bekannt zu machen. Ergänzend kann die Einladung mittels der im Betrieb vorhandenen Informations- und Kommunikationstechnik bekannt gemacht werden; § 2 Abs. 4 Satz 4 gilt entsprechend. Die Einladung muss folgende Hinweise enthalten:

a) Ort, Tag und Zeit der Wahlversammlung zur Wahl des Wahlvorstands;

b) dass Wahlvorschläge zur Wahl des Betriebsrats bis zum Ende der Wahlversammlung zur Wahl des Wahlvorstands gemacht werden können (§ 14a Abs. 2 des Gesetzes);

c) dass Wahlvorschläge der Arbeitnehmerinnen und Arbeitnehmer zur Wahl des Betriebsrats mindestens von einem Zwanzigstel der Wahlberechtigten, mindestens jedoch von drei Wahlberechtigten unterzeichnet sein müssen; in Betrieben mit in der Regel bis zu zwanzig Wahlberechtigten reicht die Unterzeichnung durch zwei Wahlberechtigte;

d) dass Wahlvorschläge zur Wahl des Betriebsrats, die erst in der Wahlversammlung zur Wahl des Wahlvorstands gemacht werden, nicht der Schriftform bedürfen.

(2) Der Arbeitgeber hat unverzüglich nach Aushang der Einladung zur Wahlversammlung nach Absatz 1 der einladenden Stelle alle für die Anfertigung der Wählerliste erforderlichen Unterlagen (§ 2) in einem versiegelten Umschlag auszuhändigen.

§ 29
Wahl des Wahlvorstands

Der Wahlvorstand wird in der Wahlversammlung zur Wahl des Wahlvorstands von der Mehrheit der anwesenden Arbeitnehmerinnen und Arbeitnehmer gewählt (§ 17a Nr. 3 Satz 1 des Gesetzes). Er besteht aus drei Mitgliedern (§ 17a Nr. 2 des Gesetzes). Für die Wahl der oder des Vorsitzenden des Wahlvorstands gilt Satz 1 entsprechend.

Zweiter Unterabschnitt
Wahl des Betriebsrats

§ 30
Wahlvorstand, Wählerliste

(1) Unmittelbar nach seiner Wahl hat der Wahlvorstand in der Wahlversammlung zur Wahl des Wahlvorstands die Wahl des Betriebsrats einzuleiten. § 1 gilt entsprechend. Er hat unverzüglich in der Wahlversammlung eine Liste der Wahlberechtigten (Wählerliste), getrennt nach den Geschlechtern, aufzustellen. Die einladende Stelle hat dem Wahlvorstand den ihr nach § 28 Abs. 2 ausgehändigten versiegelten Umschlag zu übergeben. Die Wahlberechtigten sollen in der Wählerliste mit Familienname, Vorname und Geburtsdatum in alphabetischer

Reihenfolge aufgeführt werden. § 2 Abs. 1 Satz 3, Abs. 2 bis 4 gilt entsprechend.

(2) Einsprüche gegen die Richtigkeit der Wählerliste können mit Wirksamkeit für die Betriebsratswahl nur vor Ablauf von drei Tagen seit Erlass des Wahlausschreibens beim Wahlvorstand schriftlich eingelegt werden. § 4 Abs. 2 und 3 gilt entsprechend.

§ 31
Wahlausschreiben

(1) Im Anschluss an die Aufstellung der Wählerliste erlässt der Wahlvorstand in der Wahlversammlung das Wahlausschreiben, das von der oder dem Vorsitzenden und von mindestens einem weiteren stimmberechtigten Mitglied des Wahlvorstands zu unterschreiben ist. Mit Erlass des Wahlausschreibens ist die Betriebsratswahl eingeleitet. Das Wahlausschreiben muss folgende Angaben enthalten:

1. das Datum seines Erlasses;
2. die Bestimmung des Orts, an dem die Wählerliste und diese Verordnung ausliegen, sowie im Fall der Bekanntmachung in elektronischer Form (§ 2 Abs. 4 Satz 3 und 4) wo und wie von der Wählerliste und der Verordnung Kenntnis genommen werden kann;
3. dass nur Arbeitnehmerinnen und Arbeitnehmer wählen oder gewählt werden können, die in die Wählerliste eingetragen sind, und dass Einsprüche gegen die Wählerliste (§ 4) nur vor Ablauf von drei Tagen seit dem Erlass des Wahlausschreibens schriftlich beim Wahlvorstand eingelegt werden können; der letzte Tag der Frist ist anzugeben;
4. den Anteil der Geschlechter und den Hinweis, dass das Geschlecht in der Minderheit im Betriebsrat mindestens entsprechend seinem zahlenmäßigen Verhältnis vertreten sein muss, wenn der Betriebsrat aus mindestens drei Mitgliedern besteht (§ 15 Abs. 2 des Gesetzes);
5. die Zahl der zu wählenden Betriebsratsmitglieder (§ 9 des Gesetzes) sowie die auf das Geschlecht in der Minderheit entfallenden Mindestsitze im Betriebsrat (§ 15 Abs. 2 des Gesetzes);
6. die Mindestzahl von Wahlberechtigten, von denen ein Wahlvorschlag unterzeichnet sein muss (§ 14 Abs. 4 des Gesetzes) und den Hinweis, dass Wahlvorschläge, die erst in der Wahlversammlung zur Wahl des Wahlvorstands gemacht werden, nicht der Schriftform bedürfen (§ 14 a Abs. 2 zweiter Halbsatz des Gesetzes);
7. dass der Wahlvorschlag einer im Betrieb vertretenen Gewerkschaft von zwei Beauftragten unterzeichnet sein muss (§ 14 Abs. 5 des Gesetzes);

8. dass Wahlvorschläge bis zum Abschluss der Wahlversammlung zur Wahl des Wahlvorstands bei diesem einzureichen sind (§ 14a Abs. 2 erster Halbsatz des Gesetzes);
9. dass die Stimmabgabe an die Wahlvorschläge gebunden ist und dass nur solche Wahlvorschläge berücksichtigt werden dürfen, die fristgerecht (Nr. 8) eingereicht sind;
10. die Bestimmung des Orts, an dem die Wahlvorschläge bis zum Abschluss der Stimmabgabe aushängen;
11. Ort, Tag und Zeit der Wahlversammlung zur Wahl des Betriebsrats (Tag der Stimmabgabe – § 14a Abs. 1 Satz 3 und 4 des Gesetzes);
12. dass Wahlberechtigten, die an der Wahlversammlung zur Wahl des Betriebsrats nicht teilnehmen können, Gelegenheit zur nachträglichen schriftlichen Stimmabgabe gegeben wird (§ 14a Abs. 4 des Gesetzes); das Verlangen auf nachträgliche schriftliche Stimmabgabe muss spätestens drei Tage vor dem Tag der Wahlversammlung zur Wahl des Betriebsrats dem Wahlvorstand mitgeteilt werden;
13. Ort, Tag und Zeit der nachträglichen schriftlichen Stimmabgabe (§ 14a Abs. 4 des Gesetzes) sowie die Betriebsteile und Kleinstbetriebe, für die nachträgliche schriftliche Stimmabgabe entsprechend § 24 Abs. 3 beschlossen ist;
14. den Ort, an dem Einsprüche, Wahlvorschläge und sonstige Erklärungen gegenüber dem Wahlvorstand abzugeben sind (Betriebsadresse des Wahlvorstands);
15. Ort, Tag und Zeit der öffentlichen Stimmauszählung.

(2) Ein Abdruck des Wahlausschreibens ist vom Tage seines Erlasses bis zum letzten Tage der Stimmabgabe an einer oder mehreren geeigneten, den Wahlberechtigten zugänglichen Stellen vom Wahlvorstand auszuhängen und in gut lesbarem Zustand zu erhalten. Ergänzend kann das Wahlausschreiben mittels der im Betrieb vorhandenen Informations- und Kommunikationstechnik bekannt gemacht werden. § 2 Abs. 4 Satz 4 gilt entsprechend.

§ 32
Bestimmung der Mindestsitze für das Geschlecht in der Minderheit

Besteht der zu wählende Betriebsrat aus mindestens drei Mitgliedern, so hat der Wahlvorstand den Mindestanteil der Betriebsratssitze für das Geschlecht in der Minderheit (§ 15 Abs. 2 des Gesetzes) gemäß § 5 zu errechnen.

§ 33
Wahlvorschläge

(1) Die Wahl des Betriebsrats erfolgt aufgrund von Wahlvorschlägen. Die Wahlvorschläge sind von den Wahlberechtigten und den im Betrieb vertretenen Gewerkschaften bis zum Ende der Wahlversammlung zur Wahl des Wahlvorstands bei diesem einzureichen. Wahlvorschläge, die erst in dieser Wahlversammlung gemacht werden, bedürfen nicht der Schriftform (§ 14 a Abs. 2 des Gesetzes).

(2) Für Wahlvorschläge gilt § 6 Abs. 2 bis 4 entsprechend. § 6 Abs. 5 gilt entsprechend mit der Maßgabe, dass ein Wahlberechtigter, der mehrere Wahlvorschläge unterstützt, auf Aufforderung des Wahlvorstands in der Wahlversammlung erklären muss, welche Unterstützung er aufrechterhält. Für den Wahlvorschlag einer im Betrieb vertretenen Gewerkschaft gilt § 27 entsprechend.

(3) § 7 gilt entsprechend. § 8 gilt entsprechend mit der Maßgabe, dass Mängel der Wahlvorschläge nach § 8 Abs. 2 nur in der Wahlversammlung zur Wahl des Wahlvorstands beseitigt werden können.

(4) Unmittelbar nach Abschluss der Wahlversammlung hat der Wahlvorstand die als gültig anerkannten Wahlvorschläge bis zum Abschluss der Stimmabgabe in gleicher Weise bekannt zu machen wie das Wahlausschreiben (§ 31 Abs. 2).

(5) Ist in der Wahlversammlung kein Wahlvorschlag zur Wahl des Betriebsrats gemacht worden, hat der Wahlvorstand bekannt zu machen, dass die Wahl nicht stattfindet. Die Bekanntmachung hat in gleicher Weise wie das Wahlausschreiben (§ 31 Abs. 2) zu erfolgen.

§ 34
Wahlverfahren

(1) Die Wählerin oder der Wähler kann ihre oder seine Stimme nur für solche Bewerberinnen oder Bewerber abgeben, die in einem Wahlvorschlag benannt sind. Auf den Stimmzetteln sind die Bewerberinnen oder Bewerber in alphabetischer Reihenfolge unter Angabe von Familienname, Vorname und Art der Beschäftigung im Betrieb aufzuführen. Die Wählerin oder der Wähler kennzeichnet die von ihr oder ihm Gewählten durch Ankreuzen an der hierfür im Stimmzettel vorgesehenen Stelle; es dürfen nicht mehr Bewerberinnen oder Bewerber angekreuzt werden, als Betriebsratsmitglieder zu wählen sind. § 11 Abs. 1 Satz 2, Abs. 2 Satz 2 und 3, Abs. 4 und § 12 gelten entsprechend.

(2) Im Fall der nachträglichen schriftlichen Stimmabgabe (§ 35) hat der Wahlvorstand am Ende der Wahlversammlung zur Wahl des Betriebsrats die Wahlurne zu versiegeln und aufzubewahren.

(3) Erfolgt keine nachträgliche schriftliche Stimmabgabe, hat der Wahlvorstand unverzüglich nach Abschluss der Wahl die öffentliche Auszählung der Stimmen vorzunehmen und das sich daraus ergebende Wahlergebnis bekannt zu geben. Die §§ 21, 23 Abs. 1 gelten entsprechend.

(4) Ist nur ein Betriebsratsmitglied zu wählen, so ist die Person gewählt, die die meisten Stimmen erhalten hat. Bei Stimmengleichheit entscheidet das Los. Lehnt eine gewählte Person die Wahl ab, so tritt an ihre Stelle die nicht gewählte Person mit der nächsthöchsten Stimmenzahl.

(5) Sind mehrere Betriebsratsmitglieder zu wählen, gelten für die Ermittlung der Gewählten die §§ 22 und 23 Abs. 2 entsprechend.

§ 35
Nachträgliche schriftliche Stimmabgabe

(1) Können Wahlberechtigte an der Wahlversammlung zur Wahl des Betriebsrats nicht teilnehmen, um ihre Stimme persönlich abzugeben, können sie beim Wahlvorstand die nachträgliche schriftliche Stimmabgabe beantragen (§ 14 a Abs. 4 des Gesetzes). Das Verlangen auf nachträgliche schriftliche Stimmabgabe muss die oder der Wahlberechtigte dem Wahlvorstand spätestens drei Tage vor dem Tag der Wahlversammlung zur Wahl des Betriebsrats mitgeteilt haben. Die §§ 24, 25 gelten entsprechend.

(2) Wird die nachträgliche schriftliche Stimmabgabe aufgrund eines Antrags nach Absatz 1 Satz 1 erforderlich, hat dies der Wahlvorstand unter Angabe des Orts, des Tags und der Zeit der öffentlichen Stimmauszählung in gleicher Weise bekannt zu machen wie das Wahlausschreiben (§ 31 Abs. 2).

(3) Unmittelbar nach Ablauf der Frist für die nachträgliche schriftliche Stimmabgabe öffnet der Wahlvorstand in öffentlicher Sitzung die bis zu diesem Zeitpunkt eingegangenen Freiumschläge und entnimmt ihnen die Wahlumschläge sowie die vorgedruckten Erklärungen. Ist die nachträgliche schriftliche Stimmabgabe ordnungsgemäß erfolgt (§ 25), so legt der Wahlvorstand den Wahlumschlag nach Vermerk der Stimmabgabe in der Wählerliste in die bis dahin versiegelte Wahlurne.

(4) Nachdem alle ordnungsgemäß nachträglich abgegebenen Wahlumschläge in die Wahlurne gelegt worden sind, nimmt der Wahlvorstand die Auszählung der Stimmen vor. § 34 Abs. 3 bis 5 gilt entsprechend.

Zweiter Abschnitt

Wahl des Betriebsrats im einstufigen Verfahren (§ 14 a Abs. 3 des Gesetzes)

§ 36
Wahlvorstand, Wahlverfahren

(1) Nach der Bestellung des Wahlvorstands durch den Betriebsrat, Gesamtbetriebsrat, Konzernbetriebsrat oder das Arbeitsgericht (§ 14 a Abs. 3, § 17 a des Gesetzes) hat der Wahlvorstand die Wahl des Betriebsrats unverzüglich einzuleiten. Die Wahl des Betriebsrats findet auf einer Wahlversammlung statt (§ 14 a Abs. 3 des Gesetzes). Die §§ 1, 2 und 30 Abs. 2 gelten entsprechend.

(2) Im Anschluss an die Aufstellung der Wählerliste erlässt der Wahlvorstand das Wahlausschreiben, das von der oder dem Vorsitzenden und von mindestens einem weiteren stimmberechtigten Mitglied des Wahlvorstands zu unterschreiben ist. Mit Erlass des Wahlausschreibens ist die Betriebsratswahl eingeleitet. Besteht im Betrieb ein Betriebsrat, soll der letzte Tag der Stimmabgabe (nachträgliche schriftliche Stimmabgabe) eine Woche vor dem Tag liegen, an dem die Amtszeit des Betriebsrats abläuft.

(3) Das Wahlausschreiben hat die in § 31 Abs. 1 Satz 3 vorgeschriebenen Angaben zu enthalten, soweit nachfolgend nichts anderes bestimmt ist:

1. Abweichend von Nummer 6 ist ausschließlich die Mindestzahl von Wahlberechtigten anzugeben, von denen ein Wahlvorschlag unterzeichnet sein muss (§ 14 Abs. 4 des Gesetzes).
2. Abweichend von Nummer 8 hat der Wahlvorstand anzugeben, dass die Wahlvorschläge spätestens eine Woche vor dem Tag der Wahlversammlung zur Wahl des Betriebsrats beim Wahlvorstand einzureichen sind (§ 14 a Abs. 3 Satz 2 des Gesetzes); der letzte Tag der Frist ist anzugeben.

Für die Bekanntmachung des Wahlausschreibens gilt § 31 Abs. 2 entsprechend.

(4) Die Vorschriften über die Bestimmung der Mindestsitze nach § 32, das Wahlverfahren nach § 34 und die nachträgliche Stimmabgabe nach § 35 gelten entsprechend.

(5) Für Wahlvorschläge gilt § 33 Abs. 1 entsprechend mit der Maßgabe, dass die Wahlvorschläge von den Wahlberechtigten und den im Betrieb vertretenen Gewerkschaften spätestens eine Woche vor der Wahlversammlung zur Wahl des Betriebsrats beim Wahlvorstand schriftlich einzureichen sind (§ 14 a Abs. 3 Satz 2 zweiter Halbsatz

des Gesetzes). § 6 Abs. 2 bis 5 und die §§ 7 und 8 gelten entsprechend mit der Maßgabe, dass die in § 6 Abs. 5 und § 8 Abs. 2 genannten Fristen nicht die gesetzliche Mindestfrist zur Einreichung der Wahlvorschläge nach § 14a Abs. 3 Satz 2 erster Halbsatz des Gesetzes überschreiten dürfen. Nach Ablauf der gesetzlichen Mindestfrist zur Einreichung der Wahlvorschläge hat der Wahlvorstand die als gültig anerkannten Wahlvorschläge bis zum Abschluss der Stimmabgabe in gleicher Weise bekannt zu machen wie das Wahlausschreiben (Absatz 3).

(6) Ist kein Wahlvorschlag zur Wahl des Betriebsrats gemacht worden, hat der Wahlvorstand bekannt zu machen, dass die Wahl nicht stattfindet. Die Bekanntmachung hat in gleicher Weise wie das Wahlausschreiben (Absatz 3) zu erfolgen.

Dritter Abschnitt

Wahl des Betriebsrats in Betrieben mit in der Regel 51 bis 100 Wahlberechtigten (§ 14a Abs. 5 des Gesetzes)

§ 37 Wahlverfahren

Haben Arbeitgeber und Wahlvorstand in einem Betrieb mit in der Regel 51 bis 100 Wahlberechtigten die Wahl des Betriebsrats im vereinfachten Wahlverfahren vereinbart (§ 14a Abs. 5 des Gesetzes), richtet sich das Wahlverfahren nach § 36.

Dritter Teil
Wahl der Jugend- und Auszubildendenvertretung

§ 38
Wahlvorstand, Wahlvorbereitung

Für die Wahl der Jugend- und Auszubildendenvertretung gelten die Vorschriften der §§ 1 bis 5 über den Wahlvorstand, die Wählerliste, das Wahlausschreiben und die Bestimmung der Mindestsitze für das Geschlecht in der Minderheit entsprechend. Dem Wahlvorstand muss mindestens eine nach § 8 des Gesetzes wählbare Person angehören.

§ 39
Durchführung der Wahl

(1) Sind mehr als drei Mitglieder zur Jugend- und Auszubildendenvertretung zu wählen, so erfolgt die Wahl aufgrund von Vorschlagslisten. § 6 Abs. 1 Satz 2, Abs. 2 und 4 bis 7, die §§ 7 bis 10 und § 27 gelten entsprechend. § 6 Abs. 3 gilt entsprechend mit der Maßgabe, dass in jeder Vorschlagsliste auch der Ausbildungsberuf der einzelnen Bewerberinnen oder Bewerber aufzuführen ist.

(2) Sind mehrere gültige Vorschlagslisten eingereicht, so kann die Stimme nur für eine Vorschlagsliste abgegeben werden. § 11 Abs. 1 Satz 2, Abs. 3 und 4, die §§ 12 bis 19 gelten entsprechend. § 11 Abs. 2 gilt entsprechend mit der Maßgabe, dass auf den Stimmzetteln auch der Ausbildungsberuf der einzelnen Bewerberinnen oder Bewerber aufzuführen ist.

(3) Ist nur eine gültige Vorschlagsliste eingereicht, so kann die Stimme nur für solche Bewerberinnen oder Bewerber abgegeben werden, die in der Vorschlagsliste aufgeführt sind. § 20 Abs. 3, die §§ 21 bis 23 gelten entsprechend. § 20 Abs. 2 gilt entsprechend mit der Maßgabe, dass auf den Stimmzetteln auch der Ausbildungsberuf der einzelnen Bewerber aufzuführen ist.

(4) Für die schriftliche Stimmabgabe gelten die §§ 24 bis 26 entsprechend.

§ 40
Wahl der Jugend- und Auszubildendenvertretung im vereinfachten Wahlverfahren

(1) In Betrieben mit in der Regel fünf bis fünfzig der in § 60 Abs. 1 des Gesetzes genannten Arbeitnehmerinnen und Arbeitnehmern wird die Jugend- und Auszubildendenvertretung im vereinfachten Wahlverfah-

ren gewählt (§ 63 Abs. 4 Satz 1 des Gesetzes). Für das Wahlverfahren gilt § 36 entsprechend mit der Maßgabe, dass in den Wahlvorschlägen und auf den Stimmzetteln auch der Ausbildungsberuf der einzelnen Bewerberinnen oder Bewerber aufzuführen ist. § 38 Satz 2 gilt entsprechend.

(2) Absatz 1 Satz 2 und 3 gilt entsprechend, wenn in einem Betrieb mit in der Regel 51 bis 100 der in § 60 Abs. 1 des Gesetzes genannten Arbeitnehmerinnen und Arbeitnehmern Arbeitgeber und Wahlvorstand die Anwendung des vereinfachten Wahlverfahrens vereinbart haben (§ 63 Abs. 5 des Gesetzes).

Vierter Teil
Übergangs- und Schlussvorschriften

§ 41
Berechnung der Fristen

Für die Berechnung der in dieser Verordnung festgelegten Fristen finden die §§ 186 bis 193 des Bürgerlichen Gesetzbuchs entsprechende Anwendung.

§ 42
Bereich der Seeschifffahrt

Die Regelung der Wahlen für die Bordvertretung und den Seebetriebsrat (§§ 115 und 116 des Gesetzes) bleibt einer besonderen Rechtsverordnung vorbehalten.

§ 43
In-Kraft-Treten

(1) Diese Verordnung tritt am Tage nach der Verkündung in Kraft. Gleichzeitig tritt die Erste Verordnung zur Durchführung des Betriebsverfassungsgesetzes vom 16. Januar 1972 (BGBl. I S. 49), zuletzt geändert durch die Verordnung vom 16. Januar 1995 (BGBl. I S. 43) außer Kraft.

(2) Mit dem In-Kraft-Treten dieser Verordnung finden die Vorschriften der Ersten Rechtsverordnung zur Durchführung des Betriebsverfassungsgesetzes vom 18. März 1953 (Bundesgesetzbl. I S. 58), geändert durch die Verordnung zur Änderung der Ersten Rechtsver-

ordnung zur Durchführung des Betriebsverfassungsgesetzes vom 7. Februar 1962 (Bundesgesetzbl. I S. 64), nur noch auf die in den §§ 76 und 77 des Betriebsverfassungsgesetzes 1952 bezeichneten Wahlen Anwendung.

Stichwortverzeichnis

Die halbfett gedruckten Zahlen beziehen sich auf die jeweiligen Paragraphen des Betriebsverfassungsgesetzes, die mager gedruckten Zahlen auf die jeweiligen Randnummern.

Abfindung
- nichtversuchter Interesssenausgleich **113** 6ff.
- Sozialplan **112** 6ff.
- tarifliche Ausschlussfrist **113** 12

Abmahnung **23** 4; **75** 8; **83** 4; **87** 16; **102** 9

Abschlussprovision **87** 71

Abteilungsversammlung **42** 7; **43** 1, 3; **44** 1

Akkordlohn **87** 70

Aktienoptionen **87** 65

Alkoholtest **94** 13; **95** 3

Alter
- Beendigung der Amtszeit im Betriebsrat **24** 1
- Diskriminierungsverbot **75** 5
- Förderung älterer Arbeitnehmer **80** 10

Altersteilzeit **7** 1, 7; **8** 2; **42** 2

Altersversorgung, betriebliche **87** 66

Amtsenthebung **23** 1ff.

Amtsniederlegung **24** 1

Amtspflichtverletzung **23** 2ff.; **43** 8

Amtszeit des Betriebsrats
- abweichende **21** 6ff.
- Beginn **21** 2f.
- Ende bei regelmäßiger **21** 4f.
- Ende bei sinkender Arbeitnehmerzahl **21** 8
- regelmäßige **21** 1

Änderungskündigung **87** 1; **99** 17; **102** 2, 6; **103** 2

Änderungsvertrag **102** 3

Anfechtung **19** 1ff.; **22** 1; **24** 1; **26** 2; **27** 5

Anforderungsprofile **92** 2

Angestellte
- Beförderung zum leitenden **99** 18
- keine Doppelvertretung durch Betriebsrat und Sprecherausschuss **18a** 1

Anhörung, Kündigung **102** 5ff.; **118** 16

Anlernlinge **5** 5; **7** 1; **60** 3

Anpassungsqualifizierung **97** 2

Arbeitgeber
- Aushändigung der Sitzungsniederschrift **34** 3
- Auskunft gegenüber Arbeitnehmer **82**
- Behinderung der Betriebsratswahl **20** 1; **119** 1ff.
- Besprechungen mit Betriebsrat **74** 1; **80** 14ff.; **81** 1f.; **90** 1; **99** 19ff.
- Durchführungspflicht **91** 9
- einseitige Maßnahmen **87** 1
- Geschäftsführer einer GmbH **5** 6
- grobe Pflichtverletzung **23** 9; **91** 11
- Informationspflicht gegenüber Betriebsrat **99** 19ff.
- Kostentragung für Betriebsrat **40** 1ff.
- Unterrichtung durch Gewerkschaftsvertreter **2** 4
- Vorstandsmitglieder einer AG **5** 6
- Zusammenarbeit mit Betriebsrat **2** 1; **29** 8; **80** 14ff.; **90** 1

Arbeitgeberverband
- Teilnahme an Betriebsversammlung **46** 3

Arbeitnehmer
- Altersgrenze **75** 5
- Beamte als **5** 4
- Begriff **5** 1
- Behandlung im Betrieb **75** 1ff.
- Beschwerderecht (Benachteiligungsverbot) **81** 2
- Dozenten **5** 2
- Eingliederung in den Betrieb **5** 1; **7** 4

– Einordnung in Arbeitsablauf **81** 1
– Entfaltung der Persönlichkeit **75** 8
– Gesundheitsgefahren **81** 2
– gewerkschaftliche Betätigung **75** 4
– im Außendienst **5** 3
– Medienmitarbeiter **5** 2
– nicht tarifgebundene **99** 9
– persönliche Abhängigkeit **5** 1
– Rechtsansprüche **85**
– regelmäßig beschäftigte **9** 2
– Routineuntersuchung **75** 8
– Scheinselbstständigkeit **5** 2
– Schwerbehinderte in einer Behindertenwerkstatt **5** 6; **7** 2
– sexuelle Belästigung **84** 1
– Störung des Betriebsfriedens **104** 1 f.
– teilzeitbeschäftigte **5** 1; **7** 1; **37** 17 ff.; **75** 2; **96** 3; **112** 11; **112 a** 1
– Telearbeitnehmer **5** 3
– unterschiedliche Beschäftigungsvarianten **5** 2
– Vorschlagsrecht **86 a**
– wehrdienstleistende **5** 4
– Zeitungszusteller **5** 3
– zivildienstleistende **5** 4
Arbeitnehmerdaten
– Beteiligung des Betriebsrats bei Erfassung **87** 32; **94** 9
Arbeitnehmererfindungen **87** 76
Arbeitnehmerüberlassung **5** 4
Arbeitsablauf **74** 3; **81** 1; **91** 4 ff.
Arbeitsbedingungen **80** 3, 5; **88** 1
Arbeitsbefreiung **37** 3 ff.
Arbeitsbegleitende Papiere **87** 14; **94** 2, 13
Arbeitsbereich **99** 14
Arbeitsentgelt, Auszahlung **87** 27
Arbeitskampf
– Betriebsbegehung durch Betriebsrat **80** 3
– Kurzarbeit **87** 25 f.
– Mitbestimmung bei personellen Einzelmaßnahmen **99** 4, 23
– Notdienstvereinbarung **74** 2
– Teilnahme an Betriebsversammlung **44** 4
– Verbot **74** 2
– Zugangsrecht der Gewerkschaft **2** 5
Arbeitslose
– berufspraktisches Jahr **99** 7
Arbeitsmethoden **80** 5; **111** 16
Arbeitsplatz
– Änderung **91** 9
– Ausschreibung **93** 1 ff.
– Beschreibung **94** 2
– menschengerechte Gestaltung **91** 1
– Planung neuer **90** 5
– Verlassen durch Betriebsratsmitglied **37** 11 ff.
Arbeitsschutz **87** 43 ff.; **89** 1
Arbeitssicherheit **87** 43 ff.; **89** 1
Arbeitsversäumnis **20** 8; **37** 3 ff.; **39** 4
Arbeitsvertrag
– Abschluss **99** 5
– Beendigung des befristeten **102** 3
– Formularvertrag **80** 1
– unzulässige Befristung **99** 32
– Weiterbeschäftigung nach Beendigung des Ausbildungsverhältnisses **99** 8
Arbeitswissenschaft **91** 2 ff.
Arbeitszeit
– Betriebsversammlung **44** 1 f.
– Dienstreisezeiten **87** 19, 23
– gleitende **87** 19, 23
– Inanspruchnahme der Sprechstunden **39** 4; **69**
– Mitbestimmung **87** 17; **118** 14 f.
– Neuverteilung **87** 19
– Teilnahme an Betriebsratssitzungen **30** 1
– Teilnahme an Betriebsratswahl **20** 8
– Wegezeiten **87** 19, 23
Arbeitszeitsysteme **92** 13
Assessment-Center **94** 2, 13; **95** 3; **96** 2
AT-Angestellte **87** 10, 63; **93** 1; **99** 9
Aufhebungsvertrag **102** 3
Auflösung des Betriebsrats **23** 1 ff.
Aufwendungsersatz **87** 13, 58, 65
Augenuntersuchungen **91** 6, 9
Ausbildungsstätte
– überbetriebliche **5** 5; **60** 4
Ausbildungsverhältnis
– schulische Ausrichtung **5** 5
– Weiterbeschäftigung nach Beendigung **78 a** 1 ff.
Ausgleichsquittung **77** 15
Auskunftspersonen
– aus anderen Betrieben des Unternehmens **80** 22
– Behinderungsverbot **78** 1
– bestimmte Beschäftigte **80** 20
– Erforderlichkeit **80** 20

– Hinzuziehung **80** 20
– Informationsmöglichkeit **80** 28
– Schweigepflicht **80** 31
– Verletzung von Geheimnissen **120** 1
– Wirtschaftsausschuss **108** 3, 10
– zeitweise Freistellung **80** 24
Ausland
– Ausländerfeindlichkeit **74** 4; **84** 1
– ausländisches Unternehmen **54** 2; **106** 3
– Auslandstätigkeit **5** 4; **99** 14
ausländische Arbeitnehmer
– aktives Wahlrecht **8** 1
– Berichtspflicht des Unternehmers **53**
– Eingliederung in den Betrieb **80** 11
– Integration **45** 2; **70** 1
– Zustimmungsverweigerung bei Einstellungen **99** 26
Auslösung **87** 58
Ausschluss aus Betriebsrat **23** 1 ff.; **24** 3
Ausschreibung von Arbeitsplätzen **93** 1 ff.
Außerordentliche Kündigung **102** 2, 13; **103** 1 ff.
Auswahlrichtlinien **93** 3 f.; **94** 15; **95** 1 ff.; **99** 30
Auszubildende
– Arbeitnehmer **5** 1, 5
– Einstellung **99** 7
– Einzelrechte **81** 1
– Personenkreis **60** 3
– Übernahme in ein Arbeitsverhältnis eines Mitglieds der Jugend- und Auszubildendenvertretung **78 a** 1 ff.
– Wählbarkeit zum Betriebsrat **8** 2
– Wahlberechtigung zum Betriebsrat **7** 1
– besondere Interessenvertretung **5** 5, **60** 4

Balanced Scorecard **90** 4
Bargeldlose Lohnzahlung **87** 27 ff.
Baustellenverordnung **87** 48
Beamte **5** 4; **7** 1; **8** 1; **9** 3; **14** 2; **14** 9 f; **16** 3; **25** 10; **26** 4; **47** 3; **76** 3, 4, 7, 9; **99** 3, 16, 39; **102** 4; **130**
Befristeter Arbeitsvertrag **99** 8
Begünstigungsverbot **37** 1; **78** 5
Behindertenwerkstatt **5** 6
Behinderung
– Androhung von Sanktionen gegen Wirtschaftsausschussmitglieder **78** 2
– der Betriebsratstätigkeit **74** 3; **78** 1
– des Zugangs zum Betrieb **78** 1
– Unterlassung von Mitteilungs- und Auskunftspflichten **78** 1
– Verhinderung von Betriebsratssitzungen **78** 1
Belegschaft **15** 5
Belegschaftsaktien **87** 65
Belegschaftsbefragung durch Arbeitgeber **80** 16
Belegschaftszahl
– Neuwahl bei veränderter **13** 2; **21** 8
Benachteiligungsverbot **37** 1, 24 ff.; **78** 1 ff.; **103** 19
Berater
– bei EDV-Fragen **40** 6
– bei geplanten Betriebsänderungen **108** 3
– externe **111** 1 a ff.
– Verletzung von Geheimnissen **120** 1
Beratungs- und Förderungsgespräch **82**
Bereitschaftsdienst **87** 19
Berichterstattung **110** 2
Berufliche Entwicklung, Erörterung **82**
Berufliche Weiterbildung
– freigestelltes Betriebsratsmitglied **38** 10
– Mitbestimmung **98** 1, 10
– Zuständigkeit des Gesamtbetriebsrats **98** 1
Berufsausbildung **5** 5; **60** 4
Berufsbildung
– ältere Arbeitnehmer **96** 3
– Aufstiegschancen **96** 3
– Ausschüsse **96** 1
– außerbetriebliche Maßnahmen **97** 1; **98** 4; **102** 25
– beauftragte Personen **98** 3
– Bedarf **96** 4
– Begriff **96** 1 f.
– Beratung mit Betriebsrat **97** 1
– Bestellung und Abberufung von Ausbildern **98** 3, 7 ff.
– betriebliche Prüfungen **98** 1
– Bildungseinrichtung **97** 1

Berufsbildung
- Förderung **96** 1
- gemeinsame Durchführung durch mehrere Arbeitgeber **98** 4
- geplante Maßnahmen **97** 3
- Initiativrecht des Betriebsrats **96** 4; **97** 4
- kurzfristige Bildungsmaßnahmen **96** 2
- Mitbestimmung des Betriebsrats **97** 2; **98** 2
- Ort der Teilnahme **98** 4
- Qualifikation der Arbeitnehmer **97** 2
- Sachausstattung **97** 1
- Teilzeitbeschäftigte **96** 3
- Zuständigkeit der Einigungsstelle **98** 6

Beschäftigungsplan **112** 6
Beschäftigungssicherung
- Ausgestaltung **92a** 1
- Beratungspunkte **92a** 3
- Beschäftigungsausgleich **92a** 4
- Konkretisierung **92a** 1
- Produktionsumstellung **92a** 4
- Rechtfertigungszwang für Arbeitgeber **92a** 1
- Sanktionen **92a** 5
- Vertreter des Arbeitsamtes **92a** 6
- Vorschlags- und Beratungsrecht **92a** 1

Beschäftigungssicherungstarifvertrag **87** 27
Beschäftigungs- und Qualifizierungsgesellschaften **87** 49; **112** 6
Beschlussverfahren
- einstweilige Verfügung **23** 14; **87** 2; **90** 11; **111** 21
- Durchführung einer Betriebsvereinbarung **77** 14
- Umfang des Mitbestimmungsrechts **87** 81
- Unterbrechung **21** 7

Beschwerde
- des Arbeitnehmers **80** 7; **84** 1

Beschwerdestelle, betriebliche **86**
Beschwerdeverfahren **84** 1f.
Beseitigungsanspruch **87** 81
Betrieb
- arbeitstechnische Zwecke **1** 1
- Aufspaltung **21** 9; **102** 5; **111** 12; **112** 24
- Begriff **1** 1ff.
- Eingliederung von Arbeitnehmern, Beteiligung des Betriebsrats **99** 5
- öffentlicher Dienst **130**
- private Wirtschaft **1** 1
- Stilllegung **21** 9; **103** 7f.; **111** 4
- technisch-organisatorische Einheit **1** 1
- unrichtige Abgrenzung **18** 4f.; **19** 2
- Verteilung einer Gewerkschaftszeitung **74** 6
- wirtschaftliche Einheit **1** 1
- Zusammenschluss **21** 9; **111** 11
- Zutritt durch Gewerkschaftsvertreter **2** 3
- Zutritt eines Betriebsratsmitglieds während Kündigungsschutzprozess **103** 29; **119** 2

Betriebliche
- Altersversorgung **87** 66
- Beschwerdestelle **86**
- Einheitsregelungen **77** 8
- Gesamtzusagen **77** 8
- Lohngestaltung **87** 56ff.; **118** 14
- Lohngruppe, Eingruppierung **99** 9f.; **101** 2
- Ordnung **87** 11
- Übung **77** 8
- Vorschlagswesen **87** 74ff.

Betriebsänderung
- Arbeitsmethoden **111** 16
- Beteiligungsrecht des Betriebsrats **111** 1ff.; **118** 9f.
- Betriebsabteilung, Verlegung **111** 10
- Betriebsanlagen **111** 15
- Betriebseinschränkung **111** 5
- Betriebsorganisation **111** 4, 14
- einheitliche unternehmerische Maßnahme **111** 7
- Einschaltung des Betriebsrats **111** 18f.
- Erzwingbarkeit des Sozialplans **111** 7
- Fertigungsverfahren **111** 16
- Massenentlassung **111** 6
- Ortsverlegung **111** 10
- Personalmaßnahmen **111** 8
- Planungssachverhalt **111** 7, 16
- Restbetrieb **111** 9
- Unternehmensspaltung **111** 13
- wesentlicher Betriebsteil **111** 5
- Zahl der Arbeitnehmer **111** 15

– Zusammenschluss mit anderen Betrieben **111** 11
Betriebsärzte **87** 46f.
Betriebsanlagen **111** 15
Betriebsaufspaltung **21** 9; **102** 5; **111** 13
Betriebsausflug **87** 19, 49, 65
Betriebsausschuss
– Abwahl von Mitgliedern **27** 4
– Ausübung von Mitbestimmungsrechten **27** 7
– Bildung **27** 1
– Einblicksrecht in Lohn- und Gehaltslisten **27** 8
– Sitzungen **30** 1ff., 6
– Teilnahme von Gewerkschaftsbeauftragten an Sitzungen **31** 1ff.
– Wahrnehmung laufender Geschäfte **27** 6
– weiterer Ausschuss, Übertragung von Aufgaben **28** 1; **29** 3
– Zahl der Mitglieder **27** 2
Betriebsausweis **87** 12
Betriebsbegehung **80** 3f.; **89** 1
Betriebsbußen **87** 15f.
Betriebsdaten **87** 36f.
Betriebsdatenerfassungssysteme **87** 38
Betriebseinschränkung **111** 5
Betriebsferien **87** 30
Betriebsfrieden **74** 3; **99** 34
Betriebsgeheimnis **5** 22; **79** 1; **80** 15
Betriebskontrolle **89** 1
Betriebsorganisation **111** 4, 13
Betriebsräteversammlung **53**
Betriebsrat
– allgemeine Aufgaben **37** 8ff.; **80** 1ff.
– Arbeitsschutz **37** 31; **80** 3; **89** 1
– Auflösung **23** 1ff.
– Aussetzung von Beschlüssen **35** 1ff.
– Behandlung von Beschwerden **85**
– Behinderung **74** 3
– Berichterstattung **110** 2
– Beschlüsse **29** 5f.; **33** 1ff.
– Besprechung mit Arbeitgeber **74** 1; **81** 1
– Bestellung des Wahlvorstands **16** 1ff.; **17** 1f.
– Beteiligung bei Kündigung **102** 1ff.
– Beteiligung bei personeller Einzelmaßnahme **99** 1ff.
– Beteiligungsrechte in wirtschaftlichen Angelegenheiten **111** 1ff.
– Betriebsausschuss **27** 1ff.; **30** 6
– Betriebsbegehung **80** 3f.; **89** 1
– Betriebskontrollen **89** 1
– Bildung von Ausschüssen **28** 1; **30** 6; **32**
– Büropersonal **40** 22
– Büroräume **40** 22, 26
– Diktiergerät **40** 23, 29
– Erlöschen der Mitgliedschaft **24** 3
– Ersatzfreistellung **38** 2
– Fotokopiergerät **40** 28f.
– freie Meinungsäußerung **74** 4
– Geschäftsordnung **26** 5; **36** 1ff.
– gewerkschaftliche Betätigung **74** 6
– grobe Pflichtverletzung **21** 8; **23** 2ff.; **29** 7; **32** 1; **43** 1; **106** 1
– Hausrecht **40** 26
– Informationsblatt **45** 5
– Initiativrecht **87** 3, 17, 24, 32, 47; **92** 15; **94** 2; **97** 4; **98** 2, 5; **99** 11
– konstituierende Sitzung **18** 1; **21** 3; **27** 1; **29** 1
– Kosten der Tätigkeit **40** 1ff.
– Kündigungsschutz **21** 3; **25** 5; **103** 1ff.
– mehrere Unternehmen **1** 2f.
– Mindestfreistellungen **38** 1f.
– Mitbestimmung in sozialen Angelegenheiten **87** 1ff.
– Neuwahl nach Gesetzesänderung **Art. 14** BetrVerf-ReformG
– parteipolitische Betätigung **74** 4
– Personalcomputer **40** 28
– Rechte des Vorsitzenden **26** 5; **29** 4f.
– Restmandat **21** 9; **21b** 1ff.
– Schriftführer **29** 3
– Sprechstunden **39** 1ff.
– stellvertretender Vorsitzender **26** 1ff.
– Störung des Betriebsfriedens **74** 3
– Teilzeitbeschäftigung **37** 20
– Telefon **40** 28f.
– Übergangsmandat **21** 9; **21a** 1ff.
– Überlassung von Unterlagen an Jugend- und Auszubildendenvertretung **70** 2
– Überwachungspflicht **80** 1; **89** 1

– Umlageverbot **41**
– Unabhängigkeit **37** 1
– Unfallanzeige **89** 2
– Unterlassungsanspruch gegen Arbeitgeber **23** 13; **87** 2, 81; **101** 4; **118** 19
– Unterrichtung durch Arbeitgeber **80** 14 ff.
– Verschwiegenheitspflicht **31** 4; **79** 1 ff.; **89** 1; **120** 1 ff.
– Vorsitzender **26** 1 ff.; **29** 2 ff.
– Wahl der freizustellenden Mitglieder **38** 4
– Wahlzeitraum **13** 1
– Weiterführung der Geschäfte **22** 1 f.
– Zahl der Mitglieder **9** 1, 3; **11**
– Zuordnung der Beamten **26** 4
– Zusammensetzung nach Geschlechtern **15** 3 ff., 14
Betriebsrat aus einer Person
– außerordentliche Kündigung **103** 12
– Gesamtbetriebsrat **47** 5
– Mitbestimmungsrechte bei personellen Angelegenheiten **99** 1 ff.
– Wahl **9**
Betriebsratsamt
– Ablauf der Amtszeit **21** 4 f.; **24** 1
– Ehrenamt **37** 1
– Niederlegung **24** 1
– Restmandat **21** 9; **21 b**; **111** 4; **112** 14
– Übergangsmandat **21** 9; **21 a**
Betriebsratsausschuss **28** 1 ff.; **30** 6; **89** 1
Betriebsratsbeschluss
– Aussetzung **35** 1
– Aussetzungsantrag durch Schwerbehindertenvertretung **35** 4
Betriebsratsmitglied
– Abberufung von Freistellung **38** 7
– Abhaltung von Sprechstunden **37** 8
– Abmahnung **23** 4: **37** 7; **74** 6
– Abmeldeverfahren **37** 11 ff.
– Amtsniederlegung **24** 1
– Anmeldepflicht **37** 13
– Anspruch auf Schulung **37** 36 ff.
– Arbeitsbefreiung **37** 3 ff.
– Arbeitsentgelt **37** 14 ff., 25
– Arbeitspensum **37** 3
– Aufopferung von Vermögenswerten – Ersatz **40** 8
– Ausgleichsanspruch auf Freizeit **37** 17 ff.
– außerordentliche Kündigung **23** 5; **103** 5 ff.
– Ausschluss **23** 1 ff.; **24** 3
– Ausschluss von Beratung und Abstimmung **33** 3; **99** 36; **103** 13
– Beendigung des Arbeitsverhältnisses **24** 1
– Beförderung, Aufstieg **37** 24
– Benachteiligungsverbot **37** 1, 14 ff.; **78** 1 ff.
– berufliche Absicherung **37** 28; **38** 10; **78** 4
– betriebsübliche Entwicklung **37** 24
– »Bildungsurlaub« **37** 29 ff., 46
– Einsicht in Unterlagen des Betriebsrats **34** 4
– Entgeltschutz **37** 14 ff.; **38** 9
– Ersatzmitglied **25** 1 ff.; **33** 1; **37** 46
– Fahrkostenerstattung **78** 4
– freie Meinungsäußerung **74** 4
– Freistellung **37** 3 ff.; **38** 1 ff.
– Freizeitausgleich **30** 1; **37** 17 f.
– gewerkschaftliche Betätigung **74** 6
– grobe Amtspflichtverletzung **23** 2 ff.; **103** 18 f., 30
– krankheitsbedingte Fehlzeiten **103** 19
– Kündigungsschutz **23** 5; **25** 3, 5 ff.; **103** 1 ff.
– parteipolitische Betätigung **74** 4 f.
– Schichtarbeit **37** 4, 19
– Selbststudium **37** 30
– Störung des Betriebsfriedens **74** 3
– Teilnahme an Arbeitskampf **74** 2
– Teilnahme an Betriebsratssitzung während Kündigungsschutzprozess **103** 29; **119** 2
– Teilzeitbeschäftigung **37** 17 ff., 40
– Überwachungspflicht **75** 1
– Verlassen des Arbeitsplatzes **37** 11 f.
– Verletzung des Arbeitsvertrags **23** 5
– Verlust der Wählbarkeit **24** 3
– Verteilen von Flugblättern im Betrieb **74** 3
– Versetzung **103** 31
– Vorbereitung von Sitzungen **37** 8
– Vorteilsverbot **37** 1
– Wege- und Reisezeit **37** 10
– Werbung für Gewerkschaft **37** 7
– Zeugnis **37** 2

- Zulagen **37** 14
- Zutritt zum Betrieb bei Arbeitskampf **74** 2
- Zutritt zum Betrieb während Kündigungsschutzprozess **103** 29; **119** 2

Betriebsratssitzung
- Änderung von Beschlüssen **33** 4
- außerhalb des Betriebsgeländes **37** 8
- Beschlussfähigkeit **33** 2, 5
- Dauer **30** 2; **37** 5
- Einberufung **29** 4f.; **33** 1
- Ersatzmitglieder **33** 1
- Hinzuziehung einer Schreibkraft **34** 2
- im Ausland **37** 10
- konstituierende **27** 1; **29** 1ff.; **99** 1
- Nichtöffentlichkeit **30** 5; **34** 2
- Ort der Sitzungen **30** 3
- Protokoll **34** 1ff.
- Sitzungsleitung **29** 2
- während der Arbeitszeit **30** 1
- Tagesordnung **29** 5; **33** 1
- Teilnahme der Gewerkschaft **29** 2; **31** 1ff.
- Teilnahme der Jugend- und Auszubildendenvertretung **30** 5; **33** 1, 6; **67** 1
- Teilnahme der Schwerbehindertenvertretung **30** 5; **32** 1f.
- Teilnahme des Arbeitgebers **29** 8
- Teilnahme eines Betriebsratsmitglieds während Kündigungsschutzprozess **103** 29; **119** 2
- Unwirksamkeit eines Beschlusses **33** 1ff.

Betriebsratsvorsitzender
- Abwahl **26** 3
- Amtsniederlegung **26** 3
- Einberufung der Sitzungen **29** 4f.
- Übertragung laufender Geschäfte **26** 5
- Vertretungsbefugnis **26** 5f.
- Wahl **26** 2

Betriebsratswahl
- Anfechtung **19** 1ff.; **26** 2
- Aussetzung **18** 3
- Beeinflussung **20** 1
- Behinderung **20** 1; **119** 1ff.
- Beschäftigungsarten **15** 2
- Besonderheiten bei privatisierten Postunternehmen **14** 9
- Briefwähler **20** 3
- Einleitung **18** 1
- geheime Wahl **14** 1
- Geschlechterquote **15** 3
- Kosten **20** 3, 6f.
- Mehrheitswahl **14** 4; **25** 9
- Nichtigkeit **19** 2; **103** 2
- Organisationsbereiche **15** 2
- Organisationseinheit **18** 4
- regelmäßige **13** 1
- schriftliche Stimmabgabe **14a** 8, 12f.
- vereinfachtes Wahlverfahren **14a**; **17a**
- Verhältniswahl **14** 2; **25** 8
- Wahlausschreiben **9** 1f.
- Wahlvorschläge **14** 5
- Werbetätigkeit einer Gewerkschaft **20** 2
- Zeitpunkt **13** 1ff.

Betriebsstilllegung **102** 2, 7; **103** 7, 29; **111** 4

Betriebsteile
- als selbstständige Betriebe **4** 2; **18** 4
- Begriff **4** 1
- eigene Betriebsräte **4** 2
- Veräußerung **111** 9
- Wahl des Betriebsrats im Hauptbetrieb **4** 2
- wesentliche **111** 5

Betriebsübergang **1** 4; **102** 2; **103** 7; **111** 13

Betriebsvereinbarung
- Arbeitsentgelte **77** 11
- Auslegung im Betrieb **77** 6
- Ausschlussfrist **77** 15
- Beendigung **77** 16
- Beteiligungsrechte **99** 22
- Betriebsinhaberwechsel **77** 10
- betriebsverfassungsrechtliche Organisationsstrukturen **3** 8
- Durchführung **77** 1
- Eilfälle **77** 4
- Festsetzung einer Altersgrenze **77** 7
- freiwillige **77** 17; **86**; **88** 1f.
- Geschäftsgrundlage **77** 15
- Gesetz und **77** 3, 10; **88** 1
- Günstigkeitsprinzip **77** 8f.
- Inhalt **77** 7

– kein Verzicht durch Ausgleichsquittung **77** 15
– Kündigung **77** 16
– Nachwirkung **77** 17f.; **88** 2
– Persönlichkeitsrechte einzelner Arbeitnehmer **77** 7
– Rückwirkung **77** 3
– Schriftform **77** 6
– schuldrechtliche Beziehungen **77** 4
– Tarifvertrag und **77** 11f.; **88** 2
– Umdeutung **77** 3; **87** 2
– Unterzeichnung **77** 6
– Verstöße des Arbeitgebers **77** 2
– Vertragsstrafe **77** 9
– Vertrauensschutz **77** 3
– Verzicht auf Ansprüche **77** 15
Betriebsverlegung **111** 10
Betriebsversammlung
– Abteilungsversammlung **42** 7; **43** 1, 3, 6; **44** 1
– Arbeitskampf **42** 2; **44** 4
– Arbeitszeit **44** 1f.
– Aussprache **42** 1; **43** 2; **45** 1
– außerordentliche **43** 6; **44** 1, 7
– Begriff **42** 1
– Bericht des Arbeitgebers **43** 4
– Dauer **44** 1
– Dolmetscher **44** 4
– Einladung **43** 1
– Entgeltfortzahlung **44** 3, 6
– Fahrkosten **44** 7
– freie Meinungsäußerung **45** 6
– Häufigkeit **43** 1, 6, 8
– Hausrecht **42** 1
– Heimarbeitnehmer **42** 2
– Kritik des Betriebsrats **43** 1
– Kurzarbeit **44** 4
– Leitung **42** 1; **43** 2
– Mitarbeiterversammlung **42** 1; **43**, 6
– Mitteilung an Gewerkschaft **46** 4
– Pressevertreter **42** 5
– Referenten, betriebsfremde **42** 5; **45** 3
– regelmäßige **43** 1
– schriftliche Aufzeichnung durch Arbeitgeber **43** 2
– Tagesordnung **44** 1, 6; **45** 3
– Tätigkeitsbericht **43** 1
– Teilnahme der Gewerkschaft **42** 5; **46** 1
– Teilnahme des Arbeitgebers **43** 4f.
– Teilnahme des Arbeitgeberverbandes **46** 3
– Teilnehmer **17** 2; **42** 2, 5; **43** 4
– Teilversammlung **42** 3, 6
– Themen **44** 6; **45** 1ff.
– Tonbandaufzeichnung **42** 4; **43** 2
– Urlaub **44** 4
– Verhinderung durch Arbeitgeber **42** 1; **43** 1
– Wahl des Wahlvorstands **17** 2
– Wortprotokoll **43** 2
– Zeitpunkt **43** 1; **44** 1f.
Betriebszweck **111** 9
Beurteilungsgrundsätze **94** 13f.
Beweisverwertungsverbot **87** 2; **94** 6
Bewerbungsunterlagen **99** 21
Bildschirmarbeitsbrillen **87** 48
Bildschirmarbeitsplätze **87** 36, 45; **90** 3ff.; **91** 5f.
Bildungsmaßnahmen
– allgemeine **98** 10
– betriebliche **96** 2
– Durchführung **98** 1
Biometrie **87** 38; **94** 13
Biostoffe **87** 48
Bürokommunikationssysteme **87** 38

CAD/CAM-Einsatz **87** 38; **111** 15f.
Cafeteria-System **87** 69
Call-Center **87** 38
Checkliste **94** 2
CNC-Maschinen **111** 15
Computergestütztes Informationssystem **87** 35ff.

Datenschutz **80** 1; **87** 37f., 42
Datenschutzbeauftragter **94** 4, 10
Detektiveinsatz **87** 14
d'Hondtsches Höchstzahlensystem **14** 2
Dienstreisezeit **87** 19, 23
Diktiergerät **40** 23, 29
Direktionsrecht
– Konkretisierung **88** 1
Diskriminierungsverbot **75** 1; **80** 6; **99** 26
Dozenten **5** 2
Drittfirma
– Werkvertrag **99** 6
Drogentest **94** 13; **95** 3

Eilfälle **76** 7; **77** 4; **87** 2, 5; **103** 9
Eingliederungsvertrag **87** 1; **96** 2

Eingruppierung **99** 9f.; **101** 2
Einheitsregelungen **77** 8
Einigungsstelle
– Abstimmung **76** 5
– außerbetriebliche Beisitzer **76** 4; **76a** 1ff.
– Begründung der Beschlüsse **76** 6
– Beisitzer **76** 4f.
– Beratung **76** 5
– Berücksichtigung betrieblicher Belange **37** 36; **76** 7; **112** 20f.
– betriebliche Beisitzer **76** 4; **76a** 3
– Bildung **76** 1
– Durchführung des Spruches **76** 8
– Eilfälle **76** 7
– Ermessensfehler **76** 9
– Ersatzbeisitzer **76** 4
– freiwilliges Verfahren **76** 2, 7
– gerichtliche Überprüfung der Entscheidung **76** 7ff.
– Grenzen des Ermessens **76** 7; **109** 4; **112** 20
– Hinzuziehung von Sachverständigen **76** 4; **76a** 1; **109** 5
– in privatisierten Postunternehmen **76** 3, 4, 7, 9
– Kosten **76** 1; **76a** 1ff.
– Mitglieder, Benachteiligungs- und Begünstigungsverbot **78** 4f.
– rechtliches Gehör **76** 5
– Rechtsanwalt als Bevollmächtigter **76a** 2
– ständige Einrichtung **76** 2
– Tagungsort **76** 5
– tarifliche Schlichtungsstelle **76** 10
– Unterlagen **76** 5
– Verfahrensvorschriften **76** 5; **112** 17ff.
– Vergütungsanspruch des Vorsitzenden **76a** 1
– Vergütungsanspruch für außerbetriebliche Beisitzer **76a** 1
– Vorsitzender **76** 3
– Zuhörer **76** 5
– Zuständigkeit **37** 36, 45; **85**; **87** 80; **94** 7; **97** 4; **109** 2; **111** 2
Einstellung
– Begriff **99** 5
– unbefristete **99** 31
– unzulässige Vertragsklauseln **99** 28
Einstweilige Verfügung
– Absetzung einer Betriebsratssitzung **30** 2
– auf Ersetzung der Zustimmung des Betriebsrats **103** 28
– Ausschluss eines Gesamtbetriebsratsmitglieds **48**
– Aussetzung der Betriebsratswahl **18** 3; **19** 3
– bei Behinderung der Betriebsratstätigkeit **78** 2
– bei Öffnen der Betriebsratspost durch Arbeitgeber **78** 2
– Beschlussverfahren **23** 13ff.; **87** 81; **90** 11; **111** 21
– Beseitigungsanspruch **87** 81
– Durchführung eines Spruchs der Einigungsstelle **76** 8
– Ersatzfreistellung **38** 2
– gegen Maßnahmen des Wahlvorstands **19** 3
– Kurzarbeit bei Arbeitskampf **87** 25
– Reisekostenvorschuss für Mitglieder des Gesamtbetriebsrats **51** 1
– Schulungsveranstaltung **37** 37
– Unterlassungsanspruch **87** 81
– Weiterbeschäftigungsanspruch **102** 29
– Zutritt eines Betriebsratsmitglieds während Kündigungsschutzprozess zum Betrieb **24** 2
Einzelrechte des Arbeitnehmers **82**
Elektronische Datenverarbeitung **19** 1; **40** 28; **87** 41; **102** 8; **111** 14, 20
Elternzeit
– Vereinbarung von Teilzeitbeschäftigung **99** 7
– Wahlrecht **7** 7; **8** 2
E-Mail **40** 28; **74** 3; **87** 38
Entfernung, räumliche **4** 1
Entgeltfortzahlung
– Sprechstunden der Jugend- und Auszubildendenvertretung **69**
– Sprechstunden des Betriebsrats **39** 4f.
Entgeltschutz **37** 14f.; **38** 9
Entlohnungsgrundsätze **87** 68
Entlohnungsmethoden **87** 69
Ergonomische Anforderungen **91** 5
Ermittlungsverfahren
– Fragerecht des Arbeitgebers **94** 4
Ersatzmitglieder

– Gruppe der Beamten **25** 10
– Kündigungsschutz **25** 5; **103** 4f.
– Nachrücken in Betriebsrat **15** 14; **25** 8f.
– Teilnahme an Betriebsratssitzung **25** 1ff.; **29** 5
– Teilnahme an Schulungsveranstaltung **37** 40
– Vorschlagslisten **25** 8
– Wahl in Betriebsausschuss **27** 3
Erzwingbarkeit, Sozialplan **111** 7
Europäischer Betriebsrat **40** 7, 9; **42** 5; **54** 2; **59** 1
Europarecht **37** 8, 10, 34; **40** 7; **80** 1; **87** 44; **91** 5

Fachkräfte für Arbeitssicherheit **81** 2; **87** 46f.
Fachliteratur **40** 23ff.
Fachzeitschriften **40** 23ff.
Fahrkosten
– freigestelltes Betriebsratsmitglied **78** 4
– zur Betriebsversammlung **44** 7
Fahrtenschreiber **87** 34, 42
Fertigungsverfahren **111** 16
Firewall-System **87** 38
Firmenwagen, private Nutzung **87** 13, 65
Formulararbeitsverträge **80** 1; **94** 12
Fortbildung, berufliche **38** 9f.; **92** 6
Fotokopiergerät **40** 28
Fragebogen, Verwendungszweck **94** 3ff.
Franchise-Nehmer **5** 2
Frauenförder-, Gleichstellungspläne **75** 3; **92** 15
Freie Mitarbeiter **5** 2; **7** 4; **75** 1; **80** 14; **93** 4
Freistellung von Betriebsratsmitgliedern **37** 3ff.; **38** 1ff.
Freiwillige Betriebsvereinbarung **77** 17f.; **86**; **88** 1f.
Fremdfirmen **5** 3; **87** 1; **92** 11; **95** 3
Friedenspflicht **74** 2
Fristverlängerung
– Kündigung **102** 17
– personelle Einzelmaßnahme **99** 35
Führungsrichtlinien **87** 14; **94** 13

Gehaltslisten, Einsicht **27** 8; **79** 2; **80** 25ff.; **118** 15
Geheimhaltungspflicht **31** 4; **79** 1ff.; **89** 1; **111** 1a; **120** 1ff.
Gekündigter Arbeitnehmer
– aktives Wahlrecht **7** 7
– passives Wahlrecht **8** 2
Geldfaktor, Festsetzung **87** 72f.
Gemeinsamer Betrieb (Gemeinschaftsbetrieb)
– Betriebsänderung **111** 1, 12
– einheitliche Leitung **1** 3
– Organisationseinheit **18** 4
– soziale und personelle Angelegenheiten **1** 3
– Sozialplan, Berechnungsdurchgriff **112** 24
– Stilllegung, Kündigung der Betriebsratsmitglieder **103** 8
– Vermutungsregelungen **1** 2
– Wahl eines Betriebsrats **1** 2f.
Generalvollmacht **5** 12
Gesamtbetriebsrat
– allgemeine Aufgaben **50** 1ff.
– Amtsniederlegung eines Mitglieds **49**
– Amtszeit **47** 2
– ausländisches Unternehmen **47** 1
– Auslandstätigkeit **51** 4
– Ausschluss eines Mitglieds **48**
– Auswahlrichtlinien, Aufstellung **50** 3
– Berücksichtigung der Geschlechter **47** 3f.
– Beschlussfähigkeit **51** 6
– Beschlussfassung **51** 5
– Bestellung eines Wahlvorstands **16** 7; **17** 1f.; **17a** 2
– Dauer der Sitzungen **51** 4
– Erlöschen der Mitgliedschaft **49**
– Errichtung **47** 1
– Ersatzmitglieder **48**
– Freistellung von Mitgliedern **51** 2
– Geschäftsführung **36** 2; **51** 1
– Hinzuziehung von Sachverständigen **51** 8
– Konstituierung **51** 4
– Kosten der Tätigkeit **51** 1, 5
– Mitbestimmung **50** 5
– Mitgliederzahl **47** 2ff.
– privatisierte Postunternehmen **47** 3
– Reisekostenvorschuss für Mitglieder **51** 1
– Rücktritt **49**

– Schulungsveranstaltung **51** 1
– Stellenausschreibung **50** 3
– Stimmengewichtung **47** 9 f.
– Übertragung von Aufgaben **50** 7
– unternehmenseinheitliches EDV-System **50** 4
– Vertreter der Beamten **47** 3
– Zusammensetzung **47** 2 f.
– Zuständigkeit **50** 1 ff.; **93** 5; **95** 12; **99** 16; **102** 5; **111** 20
Gesamt-Jugend- und Auszubildendenvertretung
– Amtszeit **72** 2
– Ersatzmitglied **72** 4
– Freistellung für Schulungs- und Bildungsveranstaltung **73** 2
– Mitgliederzahl **72** 3, 6 ff.
– Sitzungen **73** 1
– Stimmengewichtung **72** 10, 12
– Unterrichtung des Gesamtbetriebsrats **73** 1
– Zusammensetzung **72** 3, 6 ff.
Gesamtschwerbehindertenvertretung **52**
Gesamtzusagen **77** 8
Geschäftsgeheimnis
– Gehaltsvergleich **5** 22
– Wirtschaftsausschuss **79** 1; **109** 1
Geschäftsordnung
– Aushändigung an Arbeitgeber **36** 3
– Betriebsrat **26** 5; **29** 4; **31** 3; **36** 1 ff.
– Wirtschaftsausschuss **108** 1
Geschlechterquote
– Anzahl Betriebsratssitze **9** 4; **11**; **14a** 9; **15** 3; **15** 6, 14
– Berücksichtigung in der Jugend- und Auszubildendenvertretung **62** 2
– Gesamtbetriebsrat **47** 3 f.
– Konzernbetriebsrat **55** 1
– Wahlausschreiben **15** 8
Geschlechtsdiskriminierung
– Benachteiligung bei Einstellung **99** 26
– Bewährungsaufstieg **75** 2
– Bewerbungsverfahren **75** 2
– Diskriminierungsverbot **75** 1 f.
– Quotenregelung **75** 3
Gesundheitsschutz **87** 43; **89** 1
Gewerbeaufsichtsamt **89** 1
Gewerkschaft
– Antrag auf Bestellung des Wahlvorstands **16** 6, 8
– Antrag auf gerichtliche Ersetzung des Wahlvorstands **18** 2
– Auflösung des Betriebsrats **23** 1
– Begriff **2** 2
– beratende Stimme **31** 4
– Betätigung **75** 4
– Betriebsversammlung auf Antrag der **43** 7 f.
– Schulungsträger **40** 14, 16
– Teilnahme an Betriebsratssitzungen **29** 2; **30** 5; **31** 1 ff.
– Teilnahme an Sitzungen des Wirtschaftsausschusses **108** 4
– Unterstützungs- und Beratungsfunktion **20** 2
– Unterlassungsanspruch gegen Arbeitgeber **77** 12
– Verteilung der Gewerkschaftszeitung im Betrieb **74** 6
– Voraussetzungen **2** 2
– Wahlanfechtung **19** 6
– Wahlvorschlag **14** 7
– Werbetätigkeit bei Betriebsratswahl **2** 7; **20** 2
– Zugang zum Betrieb **2** 3 ff.; **31** 4; **78** 1
– Zusammenarbeit mit Betriebsrat **2** 1; **31** 1 ff.
Gleichbehandlung **75** 1 ff.; **80** 16; **93** 2
Gleichbehandlungsgrundsatz, arbeitsrechtlicher **75** 2
Gleichstellung von Frauen und Männern
– Aufgabe der Jugend- und Auszubildendenvertretung **70** 1
– Ausschreibung von Arbeitsplätzen **93** 1
– Begriff **80** 6
– Betriebsräteversammlung, Berichtspflicht des Unternehmers **53**
– Lohngleichheit **75** 2
– Personalplanung **92** 16
– Thema in Betriebsversammlung **43** 4; **45** 2
Gleichordnungskonzern **3** 5; **54** 1
Gleichstellungspläne **75** 3
Gleitzeit **87** 19, 23
Graphologisches Gutachten **94** 13
Grenzüberschreitende Datenverarbeitung **87** 42
Grobe Pflichtverletzung **23** 2, 9; **29** 7; **43** 1

Großraumbüro **87** 48; **90** 5
Gruppenarbeit (Arbeitsgruppen)
– als Betriebsänderung **111** 16
– Arbeitsmethoden **111** 16
– Aufgaben **28a** 3
– Begriff **87** 77
– bestehende Rechte **87** 79
– Durchführung **87** 78
– Eigeninitiative **75** 8
– Entlohnung **87** 68
– Grundsätze **87** 78
– Gruppensprecher **28a** 5, 7; **87** 78
– Gruppenvereinbarung mit Arbeitnehmern **28a** 10
– Informations- und Beratungsrechte **90** 4
– Kontrolle **87** 40
– Kündigung der Rahmenvereinbarung **28a** 9
– Mitbestimmung des Betriebsrats, Voraussetzungen und Inhalt **87** 77 ff.
– personelle Auswahl **95** 3
– Rahmenvereinbarung **28a** 2
– Regelungsbefugnisse **28a** 4
– Selbständigkeit **75** 8
– Übertragung von Aufgaben (Schriftform) **28a** 8
– Verbesserungsvorschläge **87** 75
– Widerruf von Aufgaben **28a** 9
Gruppenunterstützungskasse **87** 51

Hartz-Konzept **95** 3
Hauptbetrieb **4** 1
Hausgewerbetreibende **5** 4
Heimarbeiter **5** 4; **42** 2; **102** 2
Höhergruppierung **99** 11
Homepage **40** 28

Informations- und Kommunikationstechniken **40** 22, 28
Initiativrecht des Betriebsrats **87** 3, 17, 24, 32, 47; **92** 15; **94** 2; **95** 1 ff.; **97** 4; **98** 2, 5; **99** 11
Insolvenz **40** 21; **87** 24; **111** 1, 4; **112** 13; **113** 7
Insolvenzforderung
– Nachteilsausgleich als **113** 7
– Sozialplanforderung als **112** 13
Insolvenzverwalter **111** 1; **112** 13; **113** 7
Integrationsvereinbarung **95** 5
Interessenausgleich **102** 2; **112** 2 f.; **112a** 1; **113** 1 ff.; **118** 19
Internet **40** 28; **87** 13, 38; **111** 15
Intranet **40** 28; **42** 1; **87** 38

Jahresabschluss **106** 6
Jahressonderzahlung **87** 59 ff.
Jobsharing **87** 21
Jugend- und Auszubildendenversammlung
– Erstattung des Entgeltausfalls **71** 3
– Übereinstimmung mit dem Betriebsrat **71** 1
– zeitliche Lage **71** 3
– zeitlicher Zusammenhang zur Betriebsversammlung **71** 2
Jugend- und Auszubildendenvertretung
– aktives Wahlrecht **60** 4; **61** 1
– allgemeine Aufgaben **70** 1
– Amtszeit **64** 2
– Auskunftserteilung durch Betriebsrat **70** 2
– Aussetzungen von Beschlüssen des Betriebsrats **35** 1; **66**
– Berücksichtigung der Geschlechter **62** 1
– Beschlussfassung **60** 4
– Doppelmitgliedschaft **61** 2
– Erörterung von personellen Einzelmaßnahmen **67** 1
– Ersatzmitglied **65** 1
– Geschäftsführung **65** 1
– Kosten **63** 5; **65** 1
– Kündigungsschutz **103** 1
– Mehrheitswahl **63** 2
– Mitgliederzahl **62** 1
– parteipolitische Betätigung **74** 4
– Schulungsveranstaltung **65** 1
– Sitzungen **65** 2
– Sprechstunden **39** 3; **69**
– Stimmrecht **67** 2
– Teilnahme an Besprechungen zwischen Betriebsrat und Arbeitgeber **68**; **74** 1
– Teilnahme an Betriebsratssitzungen **30** 5; **33** 1, 6; **67** 1 ff.
– Teilnahme an Sitzungen des Betriebsausschusses und sonstiger Ausschüsse **27** 3; **28** 2
– vereinfachtes Wahlverfahren **63** 1
– Verhältniswahl **63** 2

– Vorsitzender **65** 1
– Wahl **63** 1 ff.
– Wählbarkeit **61** 1
– Wahlvorschläge **63** 1, 3
– Zeitpunkt der Wahl **64** 1
– Zusammenarbeit mit Betriebsrat **60** 4
– Zusammensetzung **62** 2
Just-in-time **3** 5

Kantine
– Nutzung **87** 12, 50
– Sozialeinrichtung **87** 49
Kapazitätsorientierte variable Arbeitszeit (KAPOVAZ) **87** 21
Kleinstbetriebe
– Zuordnung durch Tarifvertrag **4** 5
– Zuordnungsregelung **4** 5
Kontoführungsgebühren **50** 4; **87** 27
Kontrolleinrichtung **87** 32
Kontrollordnung **87** 41
Konzernbetriebsrat
– allgemeine Aufgaben **58** 1 f.
– Amtszeit **57**
– Auflösung **54** 6
– Ausschluss von Mitgliedern **56**
– Berücksichtigung der Geschlechter **55** 1
– Bestellung eines Wahlvorstands **16** 7; **17** 1; **17a** 2
– Entsendung der Mitglieder **55** 1 ff.
– Erlöschen der Mitgliedschaft **57**
– Errichtung **54** 1 ff.
– Ersatzmitglieder **55** 2
– Geschäftsführung **59** 1
– konstituierende Sitzung **59** 2
– laufende Geschäfte **59** 1
– privatisierte Postunternehmen **55** 1
– Sitzungen **59** 1
– Stimmengewichtung **55** 3
– Streitigkeiten **59** 2
– Teil-Konzernbetriebsrat **54** 2
– Vertreter der Beamten **55** 1
– Wirtschaftsausschuss **107** 4
– Zahl der Mitglieder **55** 1 ff.
– Zusammensetzung **55** 1
– Zuständigkeit **58** 1
Konzern-Jugend- und Auszubildendenvertretung
– Errichtung **73a** 1 f.
– Geschäftsführung **73b**
– Mitgliederzahl **73a** 1 f.
– Stimmengewicht **73a** 1 f.
Konzernschwerbehindertenvertretung **59a**
Koppelungsgeschäfte **87** 4
Kosten
– Anrufbeantworter **40** 29
– Aufopferung von Vermögenswerten – Ersatz **40** 8
– Ausschlussverfahren **40** 9
– Betriebsratstätigkeit **40** 1 ff.
– Büropersonal **40** 22, 27
– Dolmetscher **40** 2
– Einigungsstelle **76** 1; **76a** 1 ff.
– fachkundige Beratung **40** 6
– Fachliteratur **40** 24 f.
– Fahrkosten für Betriebsratsmitglieder **40** 4
– Fragebogenaktion **40** 3
– Fotokopiergerät **40** 29
– Gesamtbetriebsrat **51** 1, 4
– Gesetzestexte **40** 25
– Gewerkschaft als Schulungsträger **40** 17
– Informationsblatt **40** 3
– Informations- und Kommunikationstechniken **40** 22, 28
– Jugend- und Auszubildendenvertretung **65** 1
– Kommentare **40** 25
– Postgebühren **40** 1
– Rechtsanwalts- **40** 5 f., 9 ff.
– Reise und Übernachtung **40** 4, 15
– Reisekostenvorschuss **40** 8
– Sachverständiger **40** 6
– Schreibmaterialien **40** 22 f.
– schriftlicher Tätigkeitsbericht des Betriebsrats **40** 3
– Schulungsveranstaltung **40** 14 ff.
– Tätigkeit des Wahlvorstands **20** 3
– Telefax **40** 1, 28
– Telefon **40** 1, 28
– Übersetzung von Schriftstücken **40** 2
– Veranstaltungen **40** 7
– Verpflegungskostenpauschale **40** 16
– Verpflichtungsumfang durch Arbeitgeber **40** 22
– Wahlanfechtung **40** 9
Krankengespräche **87** 13; **94** 2
Krankenschwestern **5** 6
Kundenbefragungen **87** 13

Kündigung
– Änderungskündigung **99** 17; **102** 2, 6; **103** 19
– Anhörungsverfahren **102** 1 ff.; **118** 10
– Äußerungsfristen des Betriebsrats **102** 17
– arbeitskampfbedingte **102** 2
– außerordentliche **102** 2, 17
– außerordentliche eines Betriebsratsmitglieds **23** 6; **103** 1 ff.
– Auswahlrichtlinien, Verstoß gegen **102** 23
– Beamte **102** 4
– Bedenken des Betriebsrats **102** 19 f.
– Beschlussfassung im Betriebsrat **102** 13
– betriebsstörender Arbeitnehmer **104** 1
– Eilfälle **102** 3; **103** 9
– Erklärungsempfänger, Anhörungsverfahren **102** 12
– Insolvenz **102** 2
– leitender Angestellter **105** 1
– Massenentlassung **102** 17
– Mitteilung der Kündigungsgründe **102** 6 ff.
– nachträgliche Anhörung **102** 1
– ordentliche **102** 2
– ordentliche eines Betriebsratsmitglieds **103** 1
– Personalausschuss **102** 5
– Sozialdaten, Mitteilung **102** 7, 22
– soziale Auswahl **102** 7
– Tendenzträger **102** 3
– »unkündbarer Arbeitnehmer« **102** 6
– Verdachtskündigung **102** 9
– verhaltensbedingte **102** 9
– Verlängerung der Äußerungsfrist **102** 17
– vorläufige Weiterbeschäftigung **102** 28 ff.
– Weiterbeschäftigung im Konzern **102** 24
– Widerspruch **102** 19 ff., 35; **118** 16
Kündigungsfristen, Vereinbarung in Betriebsvereinbarung **88** 1
Kündigungsgründe, Nachschieben im Prozess **102** 15
Kündigungsschutz **23** 5 f.; **25** 5; **103** 1 ff.
Kurzarbeit **87** 24

Laptop **87** 38
Lärmschutz **87** 48
Lean Management **92** 5
Leiharbeitnehmer **5** 2; **7** 3; **9** 3; **75** 1; **80** 4; **87** 1; **93** 1; **99** 6, 19; **102** 24
Leistungsbeurteilung, Erörterung mit Arbeitnehmer **82**
Leistungsentlohnung **87** 70; **99** 13
Leistungsverweigerungsrecht **81** 2; **87** 48; **91** 11
Leistungszulage **87** 71
Leitende Angestellte
– Arbeitsvertrag und Stellung im Unternehmen **5** 13
– Begriff **5** 7 ff.
– besondere Erfahrungen und Kenntnisse **5** 13
– besonderes Zuordnungsverfahren **18 a** 1 ff.
– Beteiligung des Betriebsrats bei personeller Maßnahme **99** 18; **105** 1 f.
– bisherige Einordnung **5** 19
– eigener erheblicher Entscheidungsspielraum **5** 13
– Eigenverantwortlichkeit **5** 14
– Einstellung **105** 1
– freiwillige Zulage **5** 21
– Generalvollmacht **5** 12
– Leitungsebene **5** 20
– Prokura **5** 12
– regelmäßiges Jahresarbeitsentgelt **5** 21
– Restaurantleiter **5** 16
– selbstständige Einstellungs- und Entlassungsbefugnis **5** 10
– Selbsteinschätzung **5** 13
– soziale Angelegenheiten **87** 10
– spezifische unternehmerische Aufgaben **5** 13
– unternehmerische Aufgabenwahrnehmung **5** 10, 13
– Verkennung des Begriffs bei Kündigung **105** 2
Liquidationspool **87** 49, 58
Lohnabtretungsverbote **88** 1
Lohngestaltung, betriebliche **87** 56 ff.; **118** 14
Lohngleichheit **75** 2
Lohnlisten, Einsicht **27** 8; **80** 25; **118** 15
Lohnzahlung **87** 2

Luftfahrt **117**

Mankogeld, Regelungen **87** 65
Massenentlassung **102** 17; **111** 6
Masseschuld
– Nachteilsausgleich als **113** 7
– Sozialplanforderung als **112** 13
Medienmitarbeiter **5** 2
Mehrarbeit **37** 14; **87** 22f.
mehrere Stellenbewerber, Auswahl **99** 21
Mehrfachbeschäftigte **5** 5
Mehrheitswahl **14** 4; **25** 9; **63** 2
menschengerechte Arbeit **91** 1ff.
Mietwohnung, Mitbestimmung **87** 54f.
Mietzuschuss **87** 65
Minderheitengeschlecht **15** 3
Misstrauensvotum **42** 1
Mitarbeitergespräche **87** 13; **94** 2, 13
Mitarbeiterversammlung **42** 1
Mitbestimmung des Betriebsrats **87** 1ff.; **91** 1; **94** 2ff.; **95** 1ff.; **98** 1ff.; **99** 1ff.; **102** 1ff.; **111** 1ff.
mittelbare Diskriminierung **75** 2
Mobbing **37** 34; **75** 8; **87** 13
Mobiltelefon **40** 28; **87** 13
Monatliche Besprechungen **74** 1
Montagearbeiter, Versetzung **99** 15
Mutterschaftsurlaub
– Wahlrecht im **7** 7; **8** 2

Nachschieben von Kündigungsgründen im Prozess **102** 15
Nachtarbeit **87** 48, 65
Nachteilsausgleich
– Aufhebungsverträge **113** 3
– bei Abweichung von Interessenausgleich **113** 1ff.
– Eigenkündigung des Arbeitnehmers **113** 3
– Insolvenz **113** 7
– Leistungsklage **113** 4
– Masseforderung bei Insolvenz **113** 7
– rechtswirksame Kündigung des Arbeitgebers **113** 2
– Schriftform **113** 11
– tarifliche Ausschlussfrist **113** 12
– Tendenzbetrieb **113** 8
Nachwirkender Schutz, Auszubildende **78a** 1ff.
Nahauslösung **87** 58
Namensschild **87** 12
Nationalität **75** 1
Nebentätigkeit **80** 16
Neubauten, Unterrichtung des Betriebsrats bei geplanten **90** 2
Neue Bundesländer
– Ansprüche von Arbeitnehmern **75** 1
– »Beschäftigungsgesellschaften« **112** 6
Neue Technologien **75** 9; **81** 1; **90** 1
Nichtarbeitnehmer **5** 6
Nichtigkeit
– Betriebsratsbeschlüsse **33** 4
– Betriebsratswahl **19** 2; **40** 1
Nichtraucher **75** 8; **87** 12, 45
Notdienstvereinbarung **74** 2

Öffentlicher Dienst **130**
Öko-Audit **89** 1; **90** 4; **92** 5
Ordnung des Betriebs **87** 11ff.
Ordnungsverhalten **87** 11
Ordnungswidrigkeiten **90** 11; **106** 10; **108** 11; **110** 3; **111** 21; **121** 1ff.
Outplacement-Beratung **87** 65
Outsourcing **90** 4; **92** 5

Parteipolitische Betätigung
– außerhalb des Betriebs **74** 4
– im Betrieb **74** 4f.
– Tragen von politischen Emblemen **74** 4
Passives Wahlrecht (siehe dazu auch Wahlrecht)
– neu errichteter Betrieb **8**
– Verlust **24** 3
Pausen, Mitbestimmung **87** 17
Pensionskasse, betriebliche **87** 49, 66
Personalabbau **92** 2, 5; **111** 1, 5; **112a** 1
Personalabbauplanung **111** 6
Personalakte
– Begriff **83** 1
– Daten **80** 16
– Einsichtsrecht **83** 3
– Entfernung von unrichtigen Angaben **83** 4; **94** 14
– Erklärung des Arbeitnehmers **83** 4
– Geheimakte **83** 3
Personalausschuss **99** 2; **102** 5
Personalbedarf **92** 2, 5, 9; **93** 1
Personalberatungsunternehmen **99** 21
Personalcomputer **40** 28; **87** 38

Personaldatenverarbeitung **87** 35, 41 f.
Personaleinsatz
– drittbezogener **7** 4
Personalfragebogen
– Abfassung **94** 3
– Begriff **94** 1
– einseitige Anwendung **94** 16
– Inhalt **94** 4 ff.
– Sicherheitsüberprüfung **94** 1 f.
– wahrheitswidrige Antwort **94** 5 f., 8
Personalinformationssysteme **87** 35; **92** 3; **94** 13; **95** 3
Personalplanung
– Begriff **92** 1 f.
– Durchführung **92** 15
– Einführung **92** 15
– Maßnahmen **99** 20
– Methoden **92** 3
– Stellenplan **92** 2
– Unterrichtung **92** 9
Personelle Einzelmaßnahme
– Angelegenheiten der Beamten **99** 3, 39
– Befristung **99** 8
– Dringlichkeit **100** 1
– Eingruppierung **99** 9; **101** 2
– Einstellung **99** 5
– erneuter Fristbeginn **99** 20
– erneutes Verfahren **99** 21
– Ersetzung der Zustimmung **100** 3 ff.
– Erteilung der Zustimmung **99** 22 ff.
– Frist für Zustimmungsverweigerung des Betriebsrats **99** 35
– Fristversäumnis **99** 35
– gerichtliche Ersetzung der Zustimmung des Betriebsrats **99** 37 ff.
– Gesamtbetriebsrat **50** 2; **99** 16
– Gewerkschaftsmitgliedschaft, kein Auswahlkriterium **99** 26
– Größe des Unternehmens **99** 1
– Kündigung **102** 1 ff.
– Mitbestimmung, Erweiterung durch Tarifvertrag **99** 22
– Personalausschuss **99** 4
– Probearbeitsverhältnis **99** 8
– Rückgängigmachung **101** 1
– Stellenausschreibung **99** 33
– Umgruppierung **99** 11
– unbefristete Einstellung **99** 31
– Unterrichtung des Betriebsrats **99** 19 ff.; **118** 9
– Verfahren nach § 23 Abs. 3 **101** 4
– Verlängerung der Wochenfrist **99** 35
– Verletzung der Beteiligungsrechte **101** 1; **121** 1 f.
– Verneinung der Dringlichkeit durch Gericht **100** 6
– Versetzung **99** 12 ff.
– Verweigerung der Zustimmung des Betriebsrats **93** 2; **99** 35 f.
– vorläufige Durchführung **100** 1 ff.
– Werkvertrag **99** 6
– Wochenfrist **99** 20
– Zivildienstleistende, Anforderung **99** 7
– Zustimmungsbedürftigkeit **99** 23
– Zustimmungsersetzungsverfahren **100** 3, 5; **118** 17
– Zwangsgeldverfahren **101** 1
Personenbezogene Daten **87** 32 f.; **94** 9
Persönliche Angelegenheit, Verschwiegenheitspflicht **82**; **83** 1
Persönlichkeitsschutz des Arbeitnehmers **75** 1 ff., 8 ff.; **77** 7; **80** 27; **82**; **83** 1; **87** 11, 42; **94** 4
Pflichtverletzung, Ausschluss aus Betriebsrat **23** 2 ff.
Planung **90** 5
Praktikanten **5** 5; **7** 1; **60** 3
Prämienlohn **87** 62
Prämiensätze **87** 70
Presse, Tendenzbestimmung **118** 11
Privatisierte Postunternehmen
– Beamte, Arbeitnehmereigenschaft **5** 4
– Besonderheiten bei Betriebsratswahl **14** 9
– Beteiligungsrechte in Personalangelegenheiten **26** 4
– eigenständige Gruppe der Beamten **14** 9
– Minderheitengeschlecht **14** 10
– Nachrücken von Ersatzmitgliedern **25** 10
– Vertreter der Beamten im Gesamtbetriebsrat **47** 3
– Vertreter der Beamten im Konzernbetriebsrat **55** 1
– Wahlvorstand, Zusammensetzung **16** 3
Programmlohn **87** 71
Prokura **5** 12
Provisionen **87** 71
PSA **99** 26

Psychologische Tests **94** 13

Qualitätszirkel **87** 75

Rahmenvereinbarung **87** 23
Rassismus und Fremdenfeindlichkeit
– Bekämpfung **37** 34; **80** 11
– freiwillige Betriebsvereinbarungen **88** 1
– Störung des Betriebsfriedens **99** 34; **104** 1
– Thema in Betriebsversammlung **45** 2
Rationalisierungsmaßnahmen **90** 4
Rauchverbot **75** 8; **87** 12, 45
Räumliche Entfernung **4** 1
Rechtsanwalt
– Anspruch auf Vorschuss **40** 13
– Kosten **40** 5, 9 ff.; **78a** 10
Rechtsbeistand **82**
Rechtsradikalismus, Auseinandersetzung **74** 4
Redaktionsrat **118** 19a
Redaktionsstatut **118** 19a
Regelungsabrede **77** 4 f.; **87** 4, 9, 24
Regional-Betriebsrat **3** 3
Rehabilitation
– Schwerbehinderte **5** 5
Reisekostenordnung **40** 16
Religionsgemeinschaften
– Begriff **118** 20
– karitative und erzieherische Einrichtungen **118** 20
– kirchliches Berufsbildungswerk **118** 20
Restaurantleiter **5** 16
Restmandat
– Abwicklung der Aufgaben **21b** 2
– Betriebsstilllegung **21** 9; **21b** 1; **111** 4; **112** 14
– Verlängerung der Amtszeit **21b** 2
– zeitlich unbefristet **21b** 2
Rücktritt des Betriebsrats **13** 2; **22** 1

Sachkosten des Betriebsrats **40** 1 ff.
Sachverständiger **30** 5; **40** 6; **76** 4; **80** 21 ff., 28, 31; **91** 5
Scheinselbständigkeit **5** 2
Schmerzensgeld
– bei Mobbing **87** 13
Schreibkraft **30** 5; **34** 2
Schriftform
– Auswahlrichtlinien **95** 4
– Interessenausgleich **112** 3
Schüler **60** 3
Schulungsveranstaltung
– Anbieter **40** 14
– Anerkennungsverfahren **37** 43
– Aufschlüsselung der Kosten **40** 18 f.
– Aufwendungen für Referenten **40** 17
– Berücksichtigung betrieblicher Notwendigkeiten **37** 36
– Betriebsratsmitglied **37** 36
– Dauer **37** 41, 46
– Entgeltfortzahlung **37** 38 f.
– Entsendungsbeschluss des Betriebsrats **37** 33
– Erforderlichkeit **37** 29 ff.
– Ersatzmitglieder **37** 40, 46
– Fahrkosten **40** 15
– für langjähriges Betriebsratsmitglied **37** 30
– Grundkenntnisse **37** 30 ff.
– im Ausland **37** 43
– Jugend- und Auszubildendenvertreter **65** 1
– Kostentragung **40** 14 ff.
– kurz vor Ablauf der Amtszeit des Betriebsrats **37** 32, 46
– Mitglied des Gesamtbetriebsrats **51** 1
– Mitglied des Wirtschaftsausschusses **107** 3
– rechtzeitige Unterrichtung des Arbeitgebers **37** 36
– Spezialwissen **37** 29 ff.
– Teilnehmergebühr **40** 15
– teilzeitbeschäftigte Betriebsratsmitglieder **37** 40
– Trägerprinzip **37** 43
– Unfallversicherungsschutz **37** 41
– Verpflegungskosten **40** 15
– Wahlvorstand **20** 7
– Widerspruch des Arbeitgebers **37** 37
– Wiederholungsschulung **37** 33
Schutz des Auszubildenden **78a** 1 ff.
Schwarzes Brett
– Aushang **17** 2; **40** 30; **74** 3; **77** 3, 6
Schweigepflicht **31** 4; **79** 1 ff.; **89** 1; **120** 1 ff.
Schwerbehinderte
– Eingliederung **80** 8

– Einstellung **99** 26
– Integration **80** 8
– in Behindertenwerkstatt **5** 6; **7** 2
– Kündigungsschutz **103** 22
Schwerbehindertenvertretung **27** 3; **28** 2; **29** 7; **30** 5; **32** 1 f.; **35** 1, 4; **52**; **74** 1; **80** 8
Seebetriebsrat **114** ff.
Sexuelle Belästigung **84** 1
Sexuelle Identität
– Homosexualität **75** 1, 3 a
– Transsexualität **75** 1, 3 a
Sicherheitsbeauftragter **87** 47; **89** 1
Sicherheitsingenieur **87** 47
Sicherheitsüberprüfung **94** 1 f.
Sicherheitswettbewerb **87** 13
Sonntagsarbeit **87** 6, 19
Soziale Angelegenheiten
– Abmahnung **87** 13, 16
– Abmahnungsschreiben wegen Krankheit **87** 13
– Aktienoptionen **87** 65
– Alkoholverbote **87** 12
– An- und Abmeldeverfahren **87** 12
– Anwesenheitskontrollen **87** 12
– arbeitsbegleitende Papiere **87** 14
– Arbeitsbereitschaft **87** 19
– Arbeitsentgelt, Auszahlung **87** 27
– Arbeitskleidung, vorgeschriebene **87** 12
– Arbeitsunfähigkeitsbescheinigung **87** 13
– Arbeitszeit, tägliche und wöchentliche **87** 17 f., 22
– ärztliche Eignungsuntersuchung **87** 13
– bargeldlose Lohnzahlung **87** 27 f.
– Beförderungssperre **87** 16
– Belegschaftsaktien **87** 65
– Bereitschaftsdienst **87** 19
– betriebliche Altersversorgung **87** 66
– betriebliche Lohngestaltung **87** 66 ff.
– betriebliche Ordnung **87** 11
– Betriebsausflug **87** 19, 49
– Betriebsbußen **87** 15 f.
– Betriebsdatenerfassungssysteme **87** 38
– Betriebsferien **87** 30
– Betriebsvereinbarung **87** 4
– Bildschirmarbeit **87** 36, 45
– Bürokommunikationssysteme **87** 38
– CAD/CAM-Einsatz **87** 38
– Call-Center **87** 38
– Detektiveinsatz **87** 14
– Dienstreiseordnung **87** 14
– Dienstreisezeiten **87** 19, 23
– Eilfälle **87** 5
– einseitige Maßnahme des Arbeitgebers **87** 1
– Einzelfälle **87** 5
– Entscheidungsfreiheit, unternehmerische **87** 3
– Erschwerniszuschläge **87** 65
– Familienheimfahrten **87** 65
– Feierschichten **87** 23
– Firewall-System **87** 38
– Firmendarlehen **87** 65
– Firmenwagen, private Nutzung **87** 13, 65
– formlose Absprache **87** 4
– Führungsrichtlinien **87** 14
– Geldfaktor **87** 72 f.
– gesetzliche Regelung **87** 6
– Gesundheitsschutz **87** 43
– Großraumbüro **87** 48
– Gruppenakkord **87** 40
– individuelle Umstände **87** 5
– Initiativrecht des Betriebsrats **87** 3, 17, 24, 32, 47
– Internet **87** 38
– Intranet **87** 38
– Jahressonderzahlung **87** 65
– Jobsharing-System **87** 21
– kapazitätsorientierte variable Arbeitszeit (KAPOVAZ) **87** 21
– Kindergärten **87** 65
– Kontoführungsgebühren **87** 27
– Kontrolleinrichtungen **87** 32
– Krankenkontrollen **87** 13
– Krankheitsgespräche **87** 13
– Kundenbefragung **87** 13
– Kurzarbeit **87** 4, 24
– Ladenöffnungszeiten **87** 20
– Laptop **87** 38
– Lärmzulage **87** 4
– Leistungsplan **87** 50
– Liquidationspool **87** 49, 58
– Lohngerechtigkeit **87** 56
– Mankogeld, Regelungen **87** 65
– Mietzuschüsse **87** 65
– Mitarbeitergespräche **87** 13
– Mobbing **87** 13
– Mobiltelefon **87** 13, 65

- Nachtarbeit **87** 48, 65
- Nahauslösung **87** 58
- Nichtraucherschutz **87** 12
- Notfälle **87** 5
- Nutzungsbedingungen **87** 55
- Outplacement-Beratung **87** 65
- Park- und Abstellmöglichkeiten **87** 12
- Passierscheine, Betriebsausweise **87** 12
- Pausenregelungen **87** 17ff., 21
- Personalcomputer **87** 38
- Personaldatenverarbeitung **87** 35, 42
- Prämienlohn **87** 62
- Produktionsplanungssystem **87** 38
- Produktionssteuerungssystem **87** 38
- Rauchverbote **87** 12
- Rechtsmissbrauch **87** 4
- Regelungsabrede **87** 4, 24
- Rolliersystem **87** 19
- Rufbereitschaft **87** 19, 23
- Schichtarbeit **87** 18
- Schichtwechsel **87** 18
- Sicherheitswettbewerb, Einführung **87** 13
- Sonntagsarbeit **87** 6, 19
- Sozialeinrichtungen, Form, Ausgestaltung, Verwaltung **87** 49ff.
- Spesensätze **87** 65
- tarifliche Regelung **87** 7
- Tarifüblichkeit **87** 8
- Taschenkontrollen **87** 12
- Teilzeitarbeit **87** 21
- Telefon **87** 36, 65
- Torkontrollen **87** 12
- Übernachtungsgebühren **87** 55
- Überstunden, Einführung **87** 22
- Überstundennachweis **87** 14
- übertarifliche Zulagen **87** 56ff.
- Überwachungsdruck **87** 40
- Überwachungstechnik **87** 32ff.
- Umgangssprache (deutsch oder englisch) **87** 13
- Unfallverhütungsvorschriften **87** 43
- Unterlassungsanspruch **87** 81
- Urlaub **87** 30f.
- Urlaubsgrundsätze **87** 31
- Urlaubsplan **87** 31
- Verbesserungsvorschläge **87** 74
- Vergütungsformen **87** 58
- Verhalten der Arbeitnehmer **87** 11
- Verkaufsautomaten **87** 49
- Verwaltungsmaßnahmen **87** 50
- Verwarnung **87** 16
- Verweis **87** 16
- Vorgabezeiten **87** 70
- Wegezeiten **87** 19, 23
- Werkmietwohnungen **87** 54
- Werkschutz, Gründung und Tätigkeit **87** 12
- Wohnräume **87** 54
- Zeitfaktor **87** 70
- zusätzliche Sozialleistungen **87** 58
- zusätzliches Urlaubsgeld **87** 65
- Zuständigkeit des Gesamtbetriebsrats **50** 4
- Zuständigkeit des Konzernbetriebsrats **58** 1
- Zustimmungsverweigerung **87** 4

Soziale Auswahl **102** 7; **112** 2

Sozialhilfeempfänger **106** 2

Sozialplan
- Abfindung **112** 6ff.
- Ausgleich wirtschaftlicher Nachteile **112** 7
- Begriff **112** 1, 4f.
- Eigenkündigung des Arbeitnehmers **112** 11; **112a** 1
- Einigungsstelle, Verfahren **112** 17ff.
- Erzwingbarkeit **112** 16ff.; **112a** 1ff.
- freiwilliger **88** 1
- Grenzen von Recht und Billigkeit **112** 9
- Höchstbegrenzungsklausel **75** 6
- Inhalt **112** 6
- Insolvenzverfahren **112** 13
- Kündigung **112** 25
- neu gegründete Unternehmen **112a** 2f.
- Personalabbau **111** 6; **112a** 1
- Präsident des Landesarbeitsamtes **112** 15
- Qualifizierungsmaßnahmen **112** 24
- unmittelbarer Anspruch aus **112** 8
- Verhandlungen über Interessenausgleich **112a** 1
- vorsorglicher **112** 4
- Wegfall der Geschäftsgrundlage **112** 25

– Wiedereinstellung von Arbeitnehmern **99** 27
– Zuschüsse **112** 6
Sozialplanforderung
– Behandlung bei Insolvenz **112** 13
– Vererbung **112** 8
– Verjährung **112** 8
Sparten-Betriebsrat **3** 4
Spesensätze **87** 13, 58, 65
Spielbank
– Tronc **41**
Sprechstunden
– Aufsuchen während der Arbeitszeit **39** 4
– außerhalb der Arbeitszeit **39** 1
– Behandlung von Angelegenheiten im Zusammenhang mit dem Arbeitsverhältnis **39** 2
– Betriebsrat **39** 1 ff.
– Dauer **39** 1
– Freistellung von Betriebsratsmitgliedern **37** 6 ff.
– Jugend- und Auszubildendenvertretung **39** 3
– keine Minderung des Arbeitsentgelts **39** 6
– Lage **39** 1, 3
– Ort **39** 1, 3
– Teilnahme von Gewerkschaftsbeauftragten **39** 5
Stellenausschreibung
– befristete Verträge **93** 1
– Begriff **93** 1; **99** 33
– Form und Inhalt **93** 4
– im Konzern **93** 5
– Mitbestimmung des Betriebsrats **93** 4
– unternehmensweite **50** 3; **93** 5
Stellenbeschreibung **92** 2; **94** 13; **95** 2
Stellenbewerber **99** 19, 29
Stellvertretender Vorsitzender, Stellung **26** 1 ff.; **27** 1; **29** 2 f.
Stilllegung des Betriebs **21 b**; **102** 2; **103** 7, 29; **111** 4
Stimmengewicht
– Gesamtbetriebsrat **47** 9
– Gesamt-Jugend- und Auszubildendenvertretung **72** 10
– Konzern-Jugend- und Auszubildendenvertretung **73 a** 2
Störung des Betriebsfriedens **104** 1 f.
Strafgefangene **99** 7
Strafvorschriften **78** 2; **119** 1 ff.; **120** 1 ff.
Strukturanpassungsmaßnahmen **112** 6
Strukturkurzarbeit **87** 24; **112** 6
Studenten **60** 3; **99** 7
Stufenweiser Personalabbau **111** 7

Tätigkeitsschutz **78** 1 ff.
Tarifpolitik **45** 3; **74** 4
Tarifüblichkeit **77** 12 f.; **87** 8
Tarifvertrag
– Abweichen von organisatorischen Bestimmungen des BetrVG **3** 1 ff.
– Ausschlussfrist **112** 25; **113** 12
– Beachtung durch Betriebsrat **2** 1
– Betriebsteil **3** 3 ff.
– betriebsverfassungsrechtliche Organisationseinheiten **3** 11
– Eingruppierung **99** 9 f.; **101** 2
– erweiterte Beteiligungsrechte **99** 22
– erweiterte Mitbestimmung bei Kündigung **102** 37
– freiwillige Betriebsvereinbarungen **88** 1, 2
– Gestaltungsmöglichkeiten **3** 1
– mittelbare Diskriminierung **75** 2
– Öffnungsklausel für Betriebsvereinbarung **77** 11, 14
– Regelung über Gesamtbetriebsrat **47** 6; **50** 1
– Regelung über Gesamt-Jugend- und Auszubildendenvertretung **72** 6
– Regional-Betriebsrat **3** 3
– sachgerechte Vertretungsstrukturen **3** 2
– soziale Angelegenheiten **87** 7, 9 ff.
– Sperrwirkung für Betriebsvereinbarung **77** 7, 11 f.; **88** 2
– Strukturwandel **3** 1
– Überwachung der Einhaltung durch Betriebsrat **80** 1 f.
– unternehmenseinheitlicher Betriebsrat **3** 3
– Vorrang **3** 8
– zusätzliche betriebsverfassungsrechtliche Arbeitnehmervertretungen **3** 7
Taschenkontrollen **87** 12
Teilzeitbeschäftigte **5** 5; **7** 1; **8** 2; **9** 1; **37** 17 ff.; **75** 2; **77** 7; **80** 5; **93** 1; **96** 3; **99** 7; **106** 2; **111** 2; **112** 11; **112 a** 1

Telearbeitnehmer **5** 3; **7** 1; **42** 2; **87** 38; **90** 4
Telefax **40** 1, 28
Telefon **40** 1, 28; **75** 6, 8; **87** 36, 65
Tendenzbetriebe
- Auswahlrichtlinien **118** 15
- Bericht des Arbeitgebers in Betriebsversammlung **43** 5
- betriebliche Lohngestaltung **118** 14
- »Beweislast« **118** 9
- Einschränkung der Rechte des Betriebsrats **118** 14ff.
- innerbetriebliche Stellenausschreibung **93** 5; **118** 15
- Interessenausgleich **113** 8; **118** 19
- »Mischbetriebe« **118** 3
- Nachteilsausgleich **113** 8
- Personalfragebogen **118** 15
- Personalplanung **118** 15
- personelle Einzelmaßnahme **118** 16
- Tendenzträger **102** 3; **118** 11f.
- Unterlassungsanspruch des Betriebsrats **118** 19
- Unterrichtungs- und Beratungsrecht des Betriebsrats **92** 8
- Voraussetzungen **118** 1ff.

Testkäufer **87** 13
Torkontrolle **87** 12
Total Quality Management **90** 4
Trainee-Programm **96** 2
Treueprämien **88** 1
Treuhandanstalt **112** 13

Übergangsmandat
- Änderung der Betriebsorganisation **21a** 6
- betriebliche Umstrukturierungen **21** 9
- Betriebsspaltung **21a** 1
- Betriebsübergang **21a** 6
- Höchstdauer **21a** 4

Überstunden
- Höchstgrenzen **87** 23
- Lohnzahlungspflicht **87** 2
- Rahmenvereinbarung **87** 23

Überstundennachweis **87** 14
Übertarifliche Leistungen
- Änderung der Verteilungsgrundsätze **87** 59f.
- Ausgleich einer Arbeitszeitverkürzung **87** 59
- Lohngerechtigkeit **87** 61
- Tariferhöhung, Anrechenbarkeit **87** 60
- Zulagenvolumen **87** 59

Überwachungsdruck **87** 40
Überwachungsrecht **89** 1
Überwachungspflicht **89** 1
Überwachungstechnik **87** 32ff.
Umgruppierung **99** 11
Umlageverbot **41**
Umlaufverfahren, Betriebsrat **33** 3
Umschüler **7** 1; **60** 3; **96** 2; **99** 7
Umschulung **92** 6; **98** 1; **102** 25
Umwandlung **21** 9; **112** 2
Umweltschutz, betrieblicher
- Aufgaben des Betriebsrats **80** 18
- Betriebsräteversammlung, Berichtspflicht des Unternehmers **53**
- Gegenstand freiwilliger Betriebsvereinbarungen **88** 1
- Thema in Betriebsversammlung **43** 4; **45** 2
- umweltpolitische Betätigung **74** 4
- wirtschaftliche Angelegenheiten **106** 1, 11
- Zusammenhang mit Arbeitsschutz **89** 1f.

Umzugskosten **112** 6
Unfallanzeige **89** 2
Unfallverhütung **89** 1
Unfallverhütungsvorschriften **80** 4; **87** 43
Unterlagen, Vorlage **80** 15f.; **90** 7; **99** 21
Unterlassungsanspruch **2** 1; **23** 13; **77** 12; **80** 2; **87** 81; **101** 4; **118** 19
Unternehmen
- abhängiges **54** 1
- Einschränkung der Entscheidungsfreiheit **87** 3
- herrschendes **54** 1
- mehrere für einen Betrieb **1** 2f.
- Spaltung **1** 4; **3** 3, 9; **111** 13
- Versetzung innerhalb **99** 16
- Zusammenschluss **21** 9

Unterordnungskonzern **54** 1
Unterstützungseinrichtung, betriebliche **87** 65f.
Urlaubsplan **87** 31

Verbesserungsvorschläge **87** 74
Vereinfachtes Wahlverfahren

Vereinfachtes Wahlverfahren
- Abweichungen vom zweistufigen Wahlverfahren **14a** 11
- Einspruchsfrist gegen Wählerliste **14a** 7
- einstufiges Verfahren **14a** 1
- in Kleinbetrieben **14** 6; **14a** 1 ff.
- Jugend- und Auszubildendenvertretung **63** 1
- Mehrheitswahl **14a** 6
- Minderheitengeschlecht **14a** 9; **15** 4
- schriftliche Stimmabgabe **14a** 12
- Stimmzettel **14a** 7
- Wahlausschreiben **14a** 5
- Wahlergebnis **14a** 9
- Wählerliste **14a** 4
- Wahlversammlung **14a** 2, 8
- Wahlvorschläge **14a** 2, 6
- Wahlvorstand **14a** 3; **17a**
- zweistufiges Verfahren **14** 6; **14a** 1

Vergütungsordnung **87** 63
Verhältniswahl **14** 2; **25** 8; **27** 4; **38** 4, 7 f.; **63** 2
Verhalten der Arbeitnehmer **87** 11 ff.
Verkaufsautomaten **87** 49
Verlag, Tendenzbetrieb **118** 3 ff.
Verlegung eines Betriebs **111** 10
Vermittler **18**a 4
Verschlusssachen **94** 2; **95** 3
Verschwiegenheitspflicht **31** 4; **79** 1 ff.; **89** 1; **107** 10
Versetzung **24** 1; **37** 5; **99** 12 f.; **103** 31; **104** 1; **118** 9
Versorgungszusage
- Umwandlung von Entgelt in – **87** 27, 49, 66

Vertrauensarbeitszeit **87** 19
Vertrauensleute
- gewerkschaftliche **2** 7

Vertrauensvolle Zusammenarbeit **2** 1
Vertrauliche Angaben **79** 1
Verwarnung **87** 16
Verzicht, Anspruch aus Betriebsvereinbarung **77** 15
Videokameras **87** 34, 42
Vierteljährliche Berichterstattung **43** 1
Vollzugsordnung **87** 41
Volontäre **5** 5; **7** 1; **60** 3
Vorgabezeit **87** 70
Vorläufige Durchführung, personelle Einzelmaßnahme **100** 1 ff.
Vorschlagslisten
- Ersatzmitglieder **25** 8

Wählbarkeit
- ausländische Arbeitnehmer **8** 1
- Auszubildende **8** 2
- freie Mitarbeiter **8** 2
- Teilzeitbeschäftigte **8** 2

Wahl
- der Jugend- und Auszubildendenvertretung **63** 1 ff.
- des Betriebsrats **14** 1 ff.; **14a** 1 ff.

Wahlakten
- Übergabe an den Betriebsrat **18** 1

Wahlanfechtung
- Anfechtungsfrist **19** 5
- Berechtigung **19** 5 f.
- durch Gewerkschaft **19** 6
- Nichtigkeit **19** 2 f.
- Rechtsschutzinteresse **19** 5; **22** 1
- Verkennung des Betriebsbegriffs **19** 2
- Wahl der Mitglieder des Betriebsausschusses **27** 5
- Wahl des Betriebsratsvorsitzenden oder Stellvertreters **26** 2
- Wirkung **19** 7

Wahlausschreiben **9** 1 f.; **15** 8
Wahlbeeinflussung **20** 2; **119** 1 f.
Wahlbehinderung **20** 1; **119** 1 f.
Wahlbewerber
- Kündigung, Wahlwerbung **20** 1
- Kündigungsschutz **103** 1 f., 10
- Voraussetzungen **8** 1 f.

Wahlkosten **20** 3, 6 ff.
Wahlordnung Post (WOP) **14** 10
Wahlrecht
- aktives **7** 1
- Altersteilzeit **7** 7
- Anlernlinge **7** 1
- Ausweitung **7** 5
- Auszubildende **7** 1
- im Mutterschaftsurlaub **7** 7
- in Elternzeit **7** 7
- Jugend- und Auszubildendenvertretung **61** 1 f.
- Leiharbeitnehmer **7** 6
- passives **8** 1 f.
- Praktikanten **7** 1
- Schwerbehinderte in Behindertenwerkstatt **7** 2
- Teilzeitbeschäftigte **7** 1
- Telearbeitnehmer **7** 1
- Umschüler **7** 1

– vereinfachtes Wahlverfahren **14a**, **125**
– Volontäre **7** 1
– Wehrdienstleistende **7** 7; **8** 2
– Werkstudenten **7** 1
– Zeitungszusteller **7** 2
– Zivildienstleistende **7** 7; **8** 2
Wahlvorschläge
– Stützunterschriften **14** 5
– von Gewerkschaften **14** 7
– zusammenhängende Urkunde **14** 5
Wahlvorstand
– Arbeitsversäumnis **20** 4
– Aufgaben **18** 1; **29** 1
– Berücksichtigung der Geschlechter **16** 3
– Bestellung **13** 2; **16** 1 f.; **17a** 1 f.
– Bestellung in Sonderfällen **16** 6; **17** 1
– entsandte Beauftragte **16** 5
– Entscheidungen und einstweilige Verfügung **19** 3
– Ersatzmitglied **16** 1 f.
– Ersetzung durch Arbeitsgericht **18** 2
– fehlerhafte Maßnahmen **18** 3
– gerichtliche Bestellung **16** 6; **17** 6; **17a** 2; **18** 2
– Gewerkschaftsbeauftragte **16** 5 f.
– Hinzuziehung eines Rechtsanwalts **20** 5
– Jugend- und Auszubildendenvertretung **63** 1 ff.
– Kosten **20** 6 f.
– Kündigungsschutz **103** 1 f., 10
– Mängel bei der Bestellung **16** 2
– Schulung **20** 7
– stimmberechtigte Mitglieder **16** 5
– Stimmenauszählung durch EDV **19** 1
– Überstunden **20** 4
– Verlassen des Arbeitsplatzes **20** 4
– Zuordnungsverfahren nach SprAuG **16** 2; **18** 1; **18a** 1 ff.
Wegezeiten **87** 19, 23; **99** 12
Wehrdienstleistende **5** 4; **7** 7; **8** 2
Weiterbeschäftigungsanspruch
– Einstweilige Verfügung **102** 29, 33
– Grundlagen **102** 28 ff.
– Voraussetzungen für Entbindung **102** 32
Weiterbeschäftigungsverlangen
– Auflösungsantrag **78a** 7
– Auszubildender **78a** 1 ff.
– Prüfungsnote **78a** 8
– Unzumutbarkeit **78a** 9
Werkarbeitnehmer **5** 4
Werkmietwohnung **87** 54
Werkstudenten **7** 1
Werkverträge **5** 4; **80** 19; **92** 11; **99** 6
Wirtschaftliche Angelegenheiten **106** 4 ff., 10; **118** 18 f.
Wirtschaftsausschuss
– Abberufung von Mitgliedern **107** 4
– Arbeitsbefreiung für Mitglieder **37** 3
– Aufgaben **106** 4
– ausländische Betriebe **106** 3
– Beilegung von Meinungsverschiedenheiten **109** 1 ff.
– Berichterstattung gegenüber Betriebsrat **108** 7
– Bestellung der Mitglieder **107** 4
– ehrenamtliche Tätigkeit **107** 11
– Einsichtsrecht in Unterlagen **108** 5
– Erläuterung des Jahresabschlusses **106** 6; **108** 9
– Ersatzmitglieder **107** 5
– fachliche und persönliche Eignung der Mitglieder **107** 2
– gemeinsamer Betrieb **106** 2
– Gesamtschwerbehindertenvertretung, Teilnahme an Sitzungen **52**; **108** 4
– Geschäftsordnung **108** 1
– Gewerkschaftsbeauftragter, Teilnahme an Sitzungen **31** 5; **108** 4
– Konzernbetriebsrat **107** 4
– Kosten **107** 11
– Kündigungsschutz **107** 11
– Lagebericht des Unternehmers **108** 10
– Rechte **106** 8
– Schulung der Mitglieder **107** 3
– Sitzungen **30** 6; **108** 1 ff.
– Teilnahme des Unternehmers an Sitzungen **108** 2
– Unterrichtung der Arbeitnehmer **110** 1 ff.
– Unterrichtung durch den Unternehmer **106** 5 f.
– Verschwiegenheitspflicht **107** 10
– Vorlage des Berichts des Wirtschaftsprüfers **108** 10

– Zusammensetzung **107** 1
– Zuziehung von sachkundigen Arbeitnehmern **108** 3
– Zuziehung von Sachverständigen **108** 3
Wissensmanagement **87** 13, 38; **94** 2
Wohnräume **87** 54

Zeitfaktor **87** 70
Zeitungszusteller **5** 3
Zielgespräche, Zielvereinbarung **87** 13; **94** 2, 13
Zivildienstleistende **5** 4; **7** 7; **8** 2; **99** 7
Zugang zum Betrieb durch Gewerkschaftsvertreter **2** 3, 5
Zulagen, freiwillige **87** 59 ff.
Zuordnungsverfahren
– Beeinträchtigung von Betriebsratsrechten **18 a** 7
– gemeinsame Sitzung der Wahlvorstände **18 a** 3
– für leitende Angestellte bei Wahlen **18 a** 1 ff.
– offensichtlich fehlerhafte Zuordnung **18 a** 7
– Vermittler **18 a** 4
Zusammenarbeit
– zwischen Betriebsrat und Arbeitgeber **2** 1
– zwischen Betriebsrat und Gewerkschaft **2** 1; **31** 1 f.
Zusätzliche Betriebsvertretung **3** 1 ff.
Zwangsgeld **101** 1 ff.